中華古籍保護計劃

ZHONG HUA GU JI BAO HU JI HUA CHENG GUO

·成果·

河北省石家莊市圖書館古籍普查登記目録

全國古籍普查登記目録

國家圖書館出版社
National Library of China Publishing House

圖書在版編目(CIP)數據

河北省石家莊市圖書館古籍普查登記目録/石家莊市圖書館編. --北京:國家圖書館出版社,2018.5

(全國古籍普查登記目録)

ISBN 978-7-5013-6263-9

Ⅰ.①河… Ⅱ.①石… Ⅲ.①公共圖書館—古籍—圖書館目録—石家莊 Ⅳ.①Z838

中國版本圖書館 CIP 數據核字(2017)第 241599 號

書　　名 河北省石家莊市圖書館古籍普查登記目録
著　　者 石家莊市圖書館　編
責任編輯 王燕來

出　　版 國家圖書館出版社(100034　北京市西城區文津街 7 號)
(原書目文獻出版社　北京圖書館出版社)
發　　行 010-66114536　66126153　66151313　66175620
66121706(傳真)　66126156(門市部)
E-mail nlcpress@nlc.cn(郵購)
Website www.nlcpress.com →投稿中心
經　　銷 新華書店
印　　裝 河北三河弘翰印務有限公司
版　　次 2018 年 5 月第 1 版　2018 年 5 月第 1 次印刷

開　　本 787×1092(毫米)　1/16
印　　張 33.75
字　　數 700 千字

書　　號 ISBN 978-7-5013-6263-9
定　　價 350.00 圓

《全國古籍普查登記目録》

工作委員會

主　任： 周和平

副主任： 張永新　詹福瑞　劉小琴　李致忠　張志清

委　員（按姓氏筆畫排序）：

于立仁　王水喬　王　沛　王紅蕾　王筱雯
方自今　尹壽松　包菊香　任　競　全　勤
李西寧　李　彤　李忠昊　李春來　李　培
李曉秋　吳建中　宋志英　努　木　林世田
易向軍　周建文　洪　琰　倪曉建　徐欣禄
徐　蜀　高文華　郭向東　陳荔京　陳紅彦
張　勇　湯旭巖　楊　揚　賈貴榮　趙　嫄
鄭智明　劉洪輝　歷　力　鮑盛華　韓　彬
魏存慶　鍾海珍　謝冬榮　謝　林　應長興

《全國古籍普查登記目録》

序　言

全國古籍普查登記工作是“中華古籍保護計劃”的首要任務，是全面開展古籍搶救、保護和利用工作的基礎，也是有史以來第一次由政府組織、參加收藏單位最多的全國性古籍普查登記工作。

2007 年國務院辦公廳發佈《關於進一步加强古籍保護工作的意見》（國辦發[2007]6 號），明確了古籍保護工作的首要任務是對全國公共圖書館、博物館和教育、宗教、民族、文物等系統的古籍收藏和保護狀况進行全面普查，建立中華古籍聯合目録和古籍數字資源庫。2011 年 12 月，文化部下發《文化部辦公廳關於加快推進全國古籍普查登記工作的通知》（文辦發[2011]518 號），進一步落實了全國古籍普查登記工作。根據文化部 2011 年 518 號文件精神，國家古籍保護中心擬訂了《全國古籍普查登記工作方案》，進一步規範了古籍普查登記工作的範圍、内容、原則、步驟、辦法、成果和經費。目前進行的全國古籍普查登記工作的中心任務是通過每部古籍的身份證——“古籍普查登記編號”和相關信息，建立古籍總臺賬，全面瞭解全國古籍存藏情况，開展全國古籍保護的基礎性工作，加强各級政府對古籍的管理、保護和利用。

《全國古籍普查登記工作方案》規定了全國古籍普查登記工作的三個主要步驟：一、開展古籍普查登記工作；二、在古籍普查登記基礎上，編纂出版館藏古籍普查登記目録，形成《全國古籍普查登記目録》；三、在古籍普查登記工作基本完成的前提下，由省級古籍保護中心負責編纂出版本省古籍分類聯合目録《中華古籍總目》分省卷，由國家古籍保護中心負責編纂出版《中華古籍總目》統編卷。

在黨和政府領導下，在各地區、各有關部門和全社會共同努力下，古籍普查登記工作得以扎實推進。古籍普查已在除臺、港、澳之外的全國各省級行政區域開展，普查内容除漢文古籍外，還包括各少數民族文字古籍，特别是於 2010 年分别啓動了新疆古籍保護和西藏古籍保護專項，因地制宜，開展古籍普查登記工作；國家古籍保護中心研製的“全國古籍普查登記平臺”已覆蓋到全國各省級古籍保護中心，並進一步研發了“中華古籍索引庫”，爲及時展現古籍普查成果提供有力支持；截至目前，已有 11375 部古籍進入《國家珍貴古籍名録》，浙江、江蘇、山東、河北等省公佈了省級《珍貴古籍名録》,古籍分級保護機制初步形成。

《全國古籍普查登記目録》是古籍普查工作的階段性成果,旨在摸清家底,揭示館藏,反映古籍的基本信息。原則上每申報單位獨立成册,館藏量少不能獨立成册者,則在本省範圍内幾個館目合併成册。無論獨立成册還是合併成册,均編製獨立的書名筆畫索引附於書後。著録的必填基本項目有:古籍普查登記編號、索書號、題名卷數、著者(含著作方式)、版本、册數及存缺卷數。其他擴展項目有:分類、批校題跋、版式、裝幀形式、叢書子目、書影、破損狀況等。有條件的收藏單位多著録的一些擴展項目,也反映在《全國古籍普查登記目録》上。目録編排按古籍普查登記編號排序,内在順序給予各古籍收藏單位較大自由度,可按分類排列古籍普查登記編號,也可按排架號、按同書名等排列古籍普查登記編號,以反映各館特色。

此次全國古籍普查登記工作,克服了古籍數量多、普查人員少、普查難度大等各種困難,也得到了全國古籍保護工作者的極大支持。在古籍普查登記過程中,國家古籍保護中心、各省古籍保護中心爲此舉辦了多期古籍普查、古籍鑒定、古籍普查目録審校等培訓班,全國共1600餘家單位參加了培訓,爲古籍普查登記工作培養了大量人才。同時在古籍普查登記工作中,也鍛煉了普查員的實踐能力,爲將來古籍保護事業發展奠定了良好的基礎。

《全國古籍普查登記目録》的出版,將摸清我國古籍家底,爲古籍保護和利用工作提供依據,也將是古籍保護長期工作的一個里程碑。

國家古籍保護中心

2013年10月

《全國古籍普查登記目録》

編纂凡例

一、收録範圍爲我國境内各收藏機構或個人所藏，産生於 1912 年以前，具有文物價值、學術價值和藝術價值的文獻典籍，包括漢文古籍和少數民族文字古籍以及甲骨、簡帛、敦煌遺書、碑帖拓本、古地圖等文獻。其中，部分文獻的收録年限適當延伸。

二、以各收藏機構爲分冊依據，篇幅較小者，適當合併出版。

三、一部古籍一條款目，複本亦單獨著録。

四、著録基本要求爲客觀登記、規範描述。

五、著録款目包括古籍普查登記編號、索書號、題名卷數、著者、版本、冊數、存缺卷等。古籍普查登記編號的組成方式是：省級行政區劃代碼—單位代碼—古籍普查登記順序號。

六、以古籍普查登記編號順序排序。

七、編製各館藏目録書名筆畫索引附於書後，以便檢索。

《河北省石家莊市圖書館古籍普查登記目録》

編委會

主　　編：劉國紅

副 主 編：劉桂芳

執行主編：靳伯雲

編　　委：靳伯雲　李錫鳳　閆　昭　王麗利

《河北省石家莊市圖書館古籍普查登記目録》

前　言

《河北省石家莊市圖書館古籍普查登記目録》於2015年底編纂完成,經過數次審校,終於交由國家圖書館出版社審核出版。這標志着我館的古籍整理工作有了階段性的成果,是一件非常有意義的事情,實現了我們多年的心愿。

石家莊市圖書館现存古籍16萬册(包括民国綫裝書及綫裝古籍影印本),這些藏書的來源,可追溯至1947年。1947年石家莊解放,從冀南軍區圖書館、晋冀魯豫邊區圖書館(後改爲華北政府圖書館)等解放區圖書館(室)調進一批古籍,這批古籍是解放區文化工作者在極其艱苦的環境下從社會上收集起來的,其中不乏珍善之本。因爲當時我市尚未建立圖書館,這批古籍暫存於石家莊文化館圖書室。1958年7月1日,石家莊市圖書館正式成立,這批古籍移交我館,爲我館建立古籍部打下了典藏基礎。之後,我們又從社會上陸續收集到了一些流散的古籍,最終古籍典藏量達到了今天的16萬册。由於當時多方面的原因和條件所限,這批古籍一直没有進行全面的清理。直到20世纪70年代初期,國務院成立了古籍整理出版規劃小組,開始在全國範圍内進行古籍普查選善工作。我館也着手對古籍進行全面的整理、編目、選善,由我館副館長、研究館員劉家珍先生總攬其事,并從社會上聘請了一批學識淵博的文史工作者參與古籍版本的鑒定、選善工作。在這期間,國務院古籍整理出版規劃小組成員、古籍版本專家冀淑英先生、丁瑜先生等都曾先後親臨我館指導工作。經過幾年的努力,我館選送了一批古籍,經審定有34種640册編入《中國古籍善本書目》。其中有我館獨家收藏的明弘治四年(1491)羅氏竹坪書堂刻本《周易傳義大全》二十四卷,明萬曆刻本《湟中牘》七卷《家食藁》一卷,有存世稀少的明天啓五年(1625)三山書林周鳴岐啓新齋刻本《易經講意綱目集注》四卷,明末金陵光啓堂刻三色套印本《新刻顧隣初先生批點四書大文》五卷,明萬曆刻本《學林就正》四卷、《新刻三蘇論策選粹》八卷等。我館有省級古籍善本近600種,近萬册,獨家收藏有《[康熙]邢臺縣志》和抄本《璧山縣志》等。選善之後,我館有了較爲固定的古籍整理編目人員,經過多年的努力,初步建立了古籍卡片式目録。

2007年,國務院辦公廳頒發了《關於進一步加强古籍保護工作的意見》,對全國古籍保護工作進行了統一部署。《意見》如催化劑,促進了我館古籍保護工作的開展。2008 年我館升級改造,建立了符合國家文化行業標準的古籍特藏書庫,購買了樟木書柜,古籍文獻得到有效的保護,配備了受過專業培訓的古籍工作人員,我館的古籍保護和整理工作步入了正軌,進入了一個新時期。2010 年,我館被國務院命名爲"全國古籍重點保護單位"。2012 年,我館古籍部正式開展了古籍普查工作。

古籍普查工作分爲兩個階段,第一階段是館藏古籍普查平臺數據的録入工作。我們以已有的卡片式目録作为參考,立足於古籍原書,對題名卷數、著者、版本、冊數、存缺卷等信息仔細擇取,多方考證,認真清點,然後將信息録入國家古籍普查平臺中。第二階段是對數據進行審校。録入工作全部完成後,將平臺數據導出爲 Excel 目録格式,按照《全國古籍普查登記手冊》《全國古籍普查登記目録審校要求》統一著録格式和體例,對每一條數據進行數次校對,發現疑問,進書庫對照古籍反復核實修改,確保著録内容的準確,避免内容出現"硬傷"。

《河北省石家莊市圖書館古籍普查登記目録》按照古籍普查登記編號,從小至大順序排列;普查登記編號的順序則遵循本館的古籍文獻分類法,以經、史、子、集、叢的順序排列,共計收録本館古籍 7756 種,以清宣統三年(1911)爲下限,凡其前的刻本、活字本、抄本、稿本等皆在收録範圍之内。著録基本項目爲古籍普查登記編號、索書號、題名卷數、著者及著作方式、版本、冊數及存缺卷數等信息。域外版本古籍不録。

經過幾年冬寒夏暑的辛勤努力,我們終於完成了古籍普查登記目録的任務,摸清了"家底",比較全面地揭示了我館古籍館藏及館藏基本信息。我們深知,成績的取得,凝聚着我館一代代古籍人的心血,是我館所有從事過古籍工作的同仁一起努力的結果。追憶過去,思慕前仁,感恩當下。

古籍普查工作情況複雜,難度較大,時間匆忙,加之水平有限,失誤疏漏尚存,敬請方家批評指正。

編者

2018 年 3 月

目　録

《河北省石家莊市圖書館古籍普查登記目録》編委會…………………………………… 1
《河北省石家莊市圖書館古籍普查登記目録》前言………………………………………… 1
130000－0402－0000001 至 0007756（古籍普查登記編號）…………………………… 1
書名筆畫字頭索引 ………………………………………………………………………… 405
書名筆畫索引 ……………………………………………………………………………… 419

130000－0402－0000001　2/1(1)
十三經注疏三百四十七卷　清同治十年(1871)廣東書局刻本　一百二十册

130000－0402－0000002　2/1(2)
十三經注疏三百四十七卷　清同治十年(1871)廣東書局刻本　一百二十册

130000－0402－0000003　2/1(3)
十三經注疏三百四十七卷　清同治十年(1871)廣東書局刻本　十一册　存二種二十四卷(儀禮注疏附考證一、五、八至十一,禮記注疏附考證四十三至六十)

130000－0402－0000004　2/1－2(1)
宋本十三經注疏附校勘記　(清)阮元撰　(清)盧宣旬摘錄　**識語四卷**　(清)汪文臺撰　清光緒十三年(1887)脈望仙館石印本　三十二册

130000－0402－0000005　2/1－2(2)
宋本十三經注疏附校勘記　(清)阮元撰　(清)盧宣旬摘錄　**識語四卷**　(清)汪文臺撰　清光緒十三年(1887)脈望仙館石印本　三十二册

130000－0402－0000006　2/1－2(3)
宋本十三經注疏附校勘記　(清)阮元撰　(清)盧宣旬摘錄　**識語四卷**　(清)汪文臺撰　清光緒十三年(1887)脈望仙館石印本　四十册

130000－0402－0000007　2/1－2(4)
宋本十三經注疏附校勘記　(清)阮元撰　(清)盧宣旬摘錄　**識語四卷**　(清)汪文臺撰　清光緒十三年(1887)脈望仙館石印本　二十三册　缺二種一百二十卷(周易兼義九卷、音義一卷、注疏校勘記九卷、釋文校勘記一卷,儀禮注疏五十卷、校勘記五十卷)

130000－0402－0000008　2/1－2(5)
宋本十三經注疏附校勘記　(清)阮元撰　(清)盧宣旬摘錄　**識語四卷**　(清)汪文臺撰　清光緒十三年(1887)脈望仙館石印本　十九册　存六種四百六十二卷(周易兼義九卷、音義一卷、注疏校勘記九卷、釋文校勘記一卷,附釋音尚書注疏二十卷、校勘記二十卷,附釋音毛詩注疏七十卷、校勘記七十卷,附釋音周禮注疏一至十六,附釋音禮記注疏六十三卷、校勘記六十三卷,附釋音左傳注疏六十卷、校勘記六十卷)

130000－0402－0000009　2/1－2(6)
宋本十三經注疏附校勘記　(清)阮元撰　(清)盧宣旬摘錄　**識語四卷**　(清)汪文臺撰　清光緒十三年(1887)脈望仙館石印本　三十册　缺三種二百二十五卷(附釋音周禮注疏十三至四十二、校勘記四十二卷,儀禮注疏五十卷、校勘記五十卷,附釋音禮記注疏一至五十三)

130000－0402－0000010　2/1－2(7)
宋本十三經注疏附校勘記　(清)阮元撰　(清)盧宣旬摘錄　**識語四卷**　(清)汪文臺撰　清光緒十三年(1887)脈望仙館石印本　二十四册　缺六種二百八十二卷(周易兼義九卷、音義一卷、注疏校勘記九卷、釋文校勘記一卷,附釋音尚書注疏二十卷、校勘記二十卷,附釋音毛詩注疏七十卷、校勘記七十卷,附釋音周禮注疏一至十二,附釋音禮記注疏五十四至六十三,附釋音左傳校勘記六十卷)

130000－0402－0000011　2/1－2(8)
宋本十三經注疏附校勘記　(清)阮元撰　(清)盧宣旬摘錄　**識語四卷**　(清)汪文臺撰　清光緒十三年(1887)脈望仙館石印本　八册　存四種二百十一卷(附釋音周禮注疏十七至四十二、校勘記四十二卷,儀禮注疏五十卷、校勘記五十卷,附釋音禮記注疏十四至二十六,附釋音左傳注疏十六至三十、四十六至六十)

130000－0402－0000012　2/1－3(1)
重刊宋本十三經注疏附校勘記　(清)阮元撰　(清)盧宣旬摘錄　清同治十二年(1873)江西書局刻本　一百四十四册　缺三種八十六卷(附釋音毛詩注疏一至十一、校勘記一至十一;附釋音周禮注疏一至十一、二十八至四十二,校勘記一至十一、二十八至四十二;監本

附音春秋公羊注疏二十三至二十八、校勘記二十三至二十八)

130000－0402－0000013　2/1－3(2)

重刊宋本十三經注疏附校勘記　(清)阮元撰　(清)盧宣旬摘錄　清同治十二年(1873)江西書局刻本　一百十三册　存八種三百九十四卷(周易兼義二、四至九,校勘記二、四至九,音義一卷,釋文校勘記一卷;附釋音尚書注疏二十卷、校勘記二十卷;附釋音毛詩注疏一至二十、校勘記一至二十;附釋音禮記注疏一至四十四、校勘記一至四十四;附釋音春秋左傳注疏一至二十二、二十五至六十,校勘記一至二十二、二十五至六十;監本附音春秋公羊注疏二十八卷、校勘記二十八卷;孝經注疏九卷、校勘記九卷;爾雅注疏十卷、校勘記十卷)

130000－0402－0000014　2/1－3(3)

重刊宋本十三經注疏附校勘記　(清)阮元撰　(清)盧宣旬摘錄　清同治十二年(1873)江西書局刻本　三十二册　存三種一百三十六卷(附釋音尚書注疏六至八、十二至十五,校勘記六至八、十二至十五;附釋音春秋左傳注疏十四至四十二、四十九至六十,校勘記十四至四十二、四十九至六十;監本附音春秋公羊注疏三至八、一至十四,校勘記三至八、一至十四)

130000－0402－0000015　2/1－3(4)

重刊宋本十三經注疏附校勘記　(清)阮元撰　(清)盧宣旬摘錄　清同治十二年(1873)江西書局刻本　七十八册　存七種三百五十八卷(附釋音毛詩注疏一至二十、校勘記一至二十;附釋音周禮注疏四十二卷、校勘記四十二卷;附釋音禮記注疏一至三十九、校勘記一至三十九;附釋音春秋左傳注疏一至二十八、四十四至六十,校勘記一至二十八、四十四至六十;孝經注疏九卷、校勘記九卷;爾雅注疏十卷、校勘記十卷;孟子注疏解經十四卷、校勘記十四卷)

130000－0402－0000016　2/1－3(5)

重刊宋本十三經注疏附校勘記　(清)阮元撰　(清)盧宣旬摘錄　清同治十二年(1873)江西書局刻本　一百八十册

130000－0402－0000017　2/1－3.2

附釋音尚書注疏二十卷校勘記二十卷　(唐)孔穎達撰　清同治十二年(1873)江西書局刻重刊宋本十三經注疏本　十册

130000－0402－0000018　2/1－4(1)

重刊宋本十三經注疏附校勘記　(清)阮元撰　(清)盧宣旬摘錄　清嘉慶二十年(1815)江西南昌府學刻本　七十五册　存六種三百六十八卷(附釋音毛詩注疏一至二十、校勘記一至二十,附釋音周禮注疏四十二卷、校勘記四十二卷,儀禮注疏五十卷、校勘記五十卷,附釋音禮記注疏三至四十五、校勘記三至四十五,論語注疏解經二十卷、校勘記二十卷,孝經注疏九卷、校勘記九卷)

130000－0402－0000019　2/1－4(2)

重刊宋本十三經注疏附校勘記　(清)阮元撰　(清)盧宣旬摘錄　清嘉慶二十年(1815)江西南昌府學刻本　一百六十七册　缺一種一百十二卷(附釋音毛詩注疏七、十六至七十,校勘記七、十六至七十)

130000－0402－0000020　2/1－4(3)

重刊宋本十三經注疏附校勘記　(清)阮元撰　(清)盧宣旬摘錄　清嘉慶二十年(1815)江西南昌府學刻本　八十一册　存十種四百二十八卷(周易兼義九卷、音義一卷、注疏校勘記九卷、釋文校勘記一卷;附釋音尚書注疏二十卷、校勘記二十卷;附釋音毛詩注疏一至八、校勘記一至八;附釋音周禮注疏二十八至四十二、校勘記二十八至四十二;儀禮注疏十九至五十、校勘記十九至五十;附釋音禮記注疏一至十八、二十八至四十四,校勘記一至十八、二十八至四十四;附釋音春秋左傳注疏一至十七、四十六至六十,校勘記一至十七、四十六至六十;監本附音春秋公羊注疏二十八卷、校勘記二十八卷;監本附音春秋穀梁注疏二十卷、校勘記二十卷;孟子注疏解經十四卷、校勘記十四卷)

130000－0402－0000021　2/1－4(4)

重刊宋本十三經注疏附校勘記　(清)阮元撰　(清)盧宣旬摘錄　清嘉慶二十年(1815)江西南昌府學刻本　六十八冊　存十種三百八十二卷(附釋音毛詩注疏一至二十、校勘記一至二十,附釋音周禮注疏四十二卷、校勘記四十二卷,儀禮注疏一至二十三、校勘記一至二十三,附釋音禮記注疏四十六至六十三、校勘記四十六至六十三,附釋音春秋左傳注疏四十六至六十、校勘記四十六至六十,監本附音春秋穀梁注疏二十卷、校勘記二十卷,論語注疏解經二十卷、校勘記二十卷,孝經注疏九卷、校勘記九卷,爾雅注疏十卷、校勘記十卷,孟子注疏解經十四卷、校勘記十四卷)

130000－0402－0000022　2/1－4(5)

重刊宋本十三經注疏附校勘記　(清)阮元撰　(清)盧宣旬摘錄　清嘉慶二十年(1815)江西南昌府學刻本　九十一冊　存十種四百二十六卷(附釋音尚書注疏六至二十、校勘記六至二十;附釋音毛詩注疏一至十五、校勘記一至十五;附釋音周禮注疏二十三至四十二、校勘記二十三至四十二;儀禮注疏一至十七、三十六至五十,校勘記一至十七、三十六至五十;附釋音禮記注疏一至八、三十八至六十三,校勘記一至八、三十八至六十三;附釋音春秋左傳注疏一至十五、校勘記一至十五;監本附音春秋公羊注疏二十八卷、校勘記二十八卷;監本附音春秋穀梁注疏二十卷、校勘記二十卷;論語注疏解經二十卷、校勘記二十卷;孟子注疏解經十四卷、校勘記十四卷)

130000－0402－0000023　2/1－4(6)

重刊宋本十三經注疏附校勘記　(清)阮元撰　(清)盧宣旬摘錄　清嘉慶二十年(1815)江西南昌府學刻本　十九冊　存三種一百二十二卷(附釋音尚書注疏十至十一、十五至十九,校勘記十至十一、十五至十九;儀禮注疏一至二十、三十七至五十,校勘記一至二十、三十七至五十;監本附音春秋穀梁注疏二十卷校勘記二十卷)

130000－0402－0000024　2/1－4.8

監本附音春秋公羊注疏二十八卷校勘記二十八卷　(漢)何休學　(唐)徐彥疏　清嘉慶二十年(1815)江西南昌府學刻重刊宋本十三經注疏本　六冊　存四十卷(注疏一至二十、校勘記一至二十)

130000－0402－0000025　2/1－5

重刊宋本十三經注疏附校勘記　(清)阮元撰　(清)盧宣旬摘錄　清光緒十八年(1892)湖南寶慶務本書局刻本　一百五十八冊

130000－0402－0000026　2/1－6(1)

十三經註疏三百三十三卷　(明)毛晉編　明崇禎元年至十三年(1628－1640)古虞毛氏汲古閣刻本　六十三冊　存八種二百三十九卷(尚書註疏一至四,毛詩註疏二十卷,周禮註疏一至三十四、三十九至四十二,儀禮註疏十七卷,禮記註疏六十三卷,春秋左傳註疏六十卷,春秋公羊註疏二十八卷,孝經註疏九卷)

130000－0402－0000027　2/1－6(2)

十三經註疏三百三十三卷　(明)毛晉編　明崇禎元年至十三年(1628－1640)古虞毛氏汲古閣刻本　十八冊　存三種三十八卷(周易兼義九卷、毛詩註疏十八至二十、春秋左傳註疏四至二十九)

130000－0402－0000028　2/1－6(3)

十三經註疏三百三十三卷　(明)毛晉編　明崇禎元年至十三年(1628－1640)古虞毛氏汲古閣刻本　五十六冊　存五種一百三十一卷(周易兼義九卷、禮記註疏六十三卷、春秋左傳註疏一至二十、春秋公羊註疏二十八卷、爾雅註疏十一卷)

130000－0402－0000029　2/1－6(4)

十三經註疏三百三十三卷　(明)毛晉編　明崇禎元年至十三年(1628－1640)古虞毛氏汲古閣刻本　二十三冊　存三種六十四卷(春秋左傳註疏十五至三十、春秋公羊註疏二十八卷、春秋穀梁註疏二十卷)

130000－0402－0000030　2/1－6(5)

十三經註疏三百三十三卷　（明）毛晉編　明崇禎元年至十三年（1628－1640）古虞毛氏汲古閣刻本　六冊　存二種三十四卷（論語註疏解經二十卷、孟子註疏解經十四卷）

130000－0402－0000031　2/1－6.7

春秋左傳註疏六十卷　（晉）杜預註　（唐）孔穎達疏　明崇禎元年至十三年（1628－1640）古虞毛氏汲古閣刻十三經註疏本　八冊　存十八卷（一至十八）

130000－0402－0000032　2/1－6.8

春秋公羊註疏二十八卷　（漢）何休學　（唐）徐彥疏　明崇禎元年至十三年（1628－1640）古虞毛氏汲古閣刻十三經註疏本　十冊

130000－0402－0000033　2/1－7

仿宋刻阮本十三經注疏附校勘記　（清）阮元撰　（清）盧宣旬摘錄　清袖海山房石印本　十三冊　存七種三百二十二卷（附釋音春秋左傳注疏六十卷、校勘記六十卷，監本附音春秋公羊注疏二十八卷、校勘記二十八卷，監本附音春秋穀梁注疏二十卷、校勘記二十卷，論語注疏解經二十卷、校勘記二十卷，孝經注疏九卷、校勘記九卷，爾雅疏十卷、校勘記十卷、孟子注疏解經十四卷、校勘記十四卷）

130000－0402－0000034　2/1－8.13

孟子注疏解經十四卷　（漢）趙岐注　（宋）孫奭疏　**校勘記十四卷**　（清）阮元撰　清同治十三年（1874）湖南書局刻重刊宋本十三經注疏本　六冊　存二十七卷（三至十四、音義一卷、校勘記十四卷）

130000－0402－0000035　2/1－10（1）

重刊宋本十三經注疏附校勘記　（清）阮元撰　（清）盧宣旬摘錄　清道光六年（1826）刻本　四十冊　存七種一百八十卷（周易兼義九卷、音義一卷、注疏校勘記九卷、釋文校勘記一卷；附釋音毛詩注疏十七至二十、校勘記十七至二十；儀禮注疏十四至三十七、校勘記十四至三十七；附釋音禮記注疏五十至五十五、六十一至六十三，校勘記五十至五十五、六十一至六十三；監本附音春秋公羊注疏十五至二十八、校勘記十五至二十八；論語注疏解經二十卷、校勘記二十卷；孝經注疏九卷、校勘記九卷）

130000－0402－0000036　2/1－10（2）

重刊宋本十三經注疏附校勘記　（清）阮元撰　（清）盧宣旬摘錄　清道光六年（1826）刻本　二十四冊　存四種一百五十卷（儀禮注疏一至二、十一至二十七，校勘記一至二、十一至二十七；附釋音禮記注疏四十至五十、五十四至六十三，校勘記四十至五十、五十四至六十三；附釋音春秋左傳注疏一至十二、十五至十七，校勘記一至十二、十五至十七；論語注疏解經二十卷、校勘記二十卷）

130000－0402－0000037　2/1－10（3）

重刊宋本十三經注疏附校勘記　（清）阮元撰　（清）盧宣旬摘錄　清道光六年（1826）刻本　五十一冊　存八種二百六十二卷（附釋音毛詩注疏一至二十、校勘記一至二十，附釋音周禮注疏一至二、校勘記一至二，附釋音禮記注疏一至二十五、校勘記一至二十五，附釋音春秋左傳注疏三十至六十、校勘記三十至六十，論語注疏解經二十卷、校勘記二十卷，孝經注疏九卷、校勘記九卷，爾雅注疏十卷、校勘記十卷，孟子注疏解經十四卷、校勘記十四卷）

130000－0402－0000038　2/1/2

十三經注疏校勘記二百四十八卷　（清）阮元撰　清光緒二十四年（1898）蘇州官書坊刻本　五十六冊

130000－0402－0000039　2/1/3

十三經注疏校勘記識語四卷　（清）汪文臺撰　清光緒三年（1877）江西書局刻本　二冊

130000－0402－0000040　2/2（1）

通志堂經解一百四十種　（清）納蘭成德　（清）徐乾學輯　清同治十二年（1873）粵東書局刻本　四百八十冊

130000－0402－0000041　2/2（2）

通志堂經解一百四十種　（清）納蘭成德

(清)徐乾學輯　清同治十二年(1873)粵東書局刻本　四百八十冊

130000－0402－0000042　2/2－2
通志堂經解一百四十種　(清)納蘭成德　(清)徐乾學輯　清康熙十九年(1680)通志堂刻本　三百九十六冊

130000－0402－0000043　2/3(1)
皇清經解一千四百卷　(清)阮元輯　清道光九年(1829)廣東學海堂刻本　三百二十冊

130000－0402－0000044　2/3(2)
皇清經解一千四百卷　(清)阮元輯　清道光九年(1829)廣東學海堂刻本　二百八十八冊　缺一百二十一卷(三百二至三百十八、五百二十四、五百二十八至五百四十七、六百七十九至七百十八、一千五十五至一千八十八、一千一百四十七至一千一百五十五)

130000－0402－0000045　2/3(3)
皇清經解一千四百卷　(清)阮元輯　清道光九年(1829)廣東學海堂刻本　八冊　存二十八卷(一千三百五十五至一千三百八十二)

130000－0402－0000046　2/3(4)
皇清經解一千四百卷　(清)阮元輯　清道光九年(1829)廣東學海堂刻本　一百九十二冊　缺六百十一卷(一百四十六至二百二、二百四十至二百六十三、三百二至三百八、三百五十九至三百九十二、四百四十九至四百八十四、五百四至五百二十七、五百四十八至六百六十三、六百七十九至六百九十七、七百十一至七百十六、七百十九至七百五十七、七百九十至八百八、八百七十八至九百十四、九百六十五至一千八十八、一千一百九至一千一百二十二、一千一百二十六至一千一百五十五、一千三百三十六至一千三百六十)

130000－0402－0000047　2/3－2(1)
皇清經解一千四百八卷　(清)阮元輯　清咸豐十一年(1861)補刻本　二百六十冊　缺二百五十四卷(六十至一百五十、四百五十至四百九十五、五百二十八至五百九十五、六百四十三至六百六十九、一千一百七十三至一千一百九十四)

130000－0402－0000048　2/3－2(2)
皇清經解一千四百八卷　(清)阮元輯　清咸豐十一年(1861)補刻本　四十二冊　存一百十九卷(三百九十八至四百六、五百十四至五百三十七、六百七十至六百七十六、七百八十四至八百一、一千七十四至一千一百二、一千二百一至一千二百十七、一千三百九十四至一千四百八)

130000－0402－0000049　2/3－2(3)
皇清經解一千四百八卷　(清)阮元輯　清咸豐十一年(1861)補刻本　三百六十冊

130000－0402－0000050　2/3－2(4)
皇清經解一千四百八卷　(清)阮元輯　清咸豐十一年(1861)補刻本　三百五十九冊

130000－0402－0000051　2/3－2(5)
皇清經解一千四百八卷　(清)阮元輯　清咸豐十一年(1861)補刻本　三百六十冊

130000－0402－0000052　2/3－2(6)
皇清經解一千四百八卷　(清)阮元輯　清咸豐十一年(1861)補刻本　三百四十二冊　缺十二卷(七百九十至八百一)

130000－0402－0000053　2/3－2(7)
皇清經解一千四百八卷　(清)阮元輯　清咸豐十一年(1861)補刻本　二百七十九冊　缺二百三十三卷(五十至七十五、一百五十六至一百七十、四百四十三至四百六十一、五百三十八至五百四十七、五百五十二至五百五十六、六百三十四至六百八十七、七百十一至七百十六、八百六十七至八百七十四、九百九十七至一千二、一千五十六至一千五十八、一千六十六至一千八十八、一千一百二十九至一千一百五十、一千一百六十一至一千一百六十九、一千一百九十至一千二百、一千二百七下至一千二百十七、一千二百五十至一千二百五十二、一千二百五十五至一千二百五十六)

130000－0402－0000054　2/3－2(8)

皇清經解一千四百八卷　(清)阮元輯　清咸豐十一年(1861)補刻本　四十二册　存二百十八卷(二百八至二百二十七、三百四十九至三百七十七、四百二十九至四百三十八、五百六十八至五百九十五、六百至六百十九、八百七十五至九百四十八、一千二十二至一千五十八)

130000－0402－0000055　2/3－3
皇清經解一百九十卷　(清)阮元輯　清光緒十七年(1891)上海鴻寶齋石印本　二十四册

130000－0402－0000056　2/3－4
皇清經解一百九十卷　(清)阮元輯　清光緒十三年(1887)石印本　七册　存二十三卷(四十八至五十、五十三至五十六、六十六至八十、八十五)

130000－0402－0000057　2/4(1)
皇清經解續編二百八種　王先謙輯　清光緒十四年(1888)南菁書院刻本　一百五十九册　存七百一卷(七十八至一百六、二百六十八至三百十七、三百六十八至三百八十一、三百八十九至三百九十八、四百七十二至五百十五、五百五十三至五百九十六、六百六十五至七百九、七百三十二至九百八十三、一千六十六至一千九十四、一千一百六十一至一千二百六、一千二百十二至一千二百二十、一千二百六十八至一千三百九十六)

130000－0402－0000058　2/4(2)
皇清經解續編二百八種　王先謙輯　清光緒十四年(1888)南菁書院刻本　一百六十八册　存六百九十九卷(一至六十一、二百二十七至二百七十六、三百七至四百六十九、五百二十至七百五十六、八百四十至八百八十七、九百四十三至九百八十八、一千四十二至一千七十八、一千一百六十七至一千一百八十二、一千三百二十五至一千三百六十五)

130000－0402－0000059　2/4(3)
皇清經解續編二百八種　王先謙輯　清光緒十四年(1888)南菁書院刻本　三百二十册

130000－0402－0000060　2/4(4)
皇清經解續編二百八種　王先謙輯　清光緒十四年(1888)南菁書院刻本　三百三册　存一千三百五十三卷(一至一百六十八、一百七十七至三百五十一、三百五十七至六百六十四、六百七十九至六百九十七、七百至九百九十九、一千二十一至一千九十七、一千九十九至一千一百三、一千一百九至一千一百八十四、一千一百九十至一千二百九、一千二百十四至一千三百八、一千三百十三至一千三百八十四、一千三百九十三至一千四百三十)

130000－0402－0000061　2/4(5)
皇清經解續編二百八種　王先謙輯　清光緒十四年(1888)南菁書院刻本　三百二十册

130000－0402－0000062　2/4(6)
皇清經解續編二百八種　王先謙輯　清光緒十四年(1888)南菁書院刻本　三百九十四册　缺四十五卷(一百九十四至二百六、三百五十四至三百五十六、三百六十五至三百八十一、一千一百三十八至一千一百四十九)

130000－0402－0000063　2/4－2(1)
皇清經解續編二百九卷　王先謙輯　清光緒十八年(1892)上海蜚英館石印本　五册　存二十六卷(三、七至八、三十五至三十六、四十六至四十七、四十九、七十五至七十六、八十七、一百十四至一百十八、一百二十六、一百二十八、一百五十二、一百五十九至一百六十二、一百七十二、一百八十三、二百七)

130000－0402－0000064　2/4－2(2)
皇清經解續編二百九卷　王先謙輯　清光緒十八年(1892)上海蜚英館石印本　二十四册　缺五十二卷(一百六下至一百五十七上)

130000－0402－0000065　2/4－2(3)
皇清經解續編二百九卷　王先謙輯　清光緒十八年(1892)上海蜚英館石印本　八册　存四十六卷(六十一至一百六中)

130000－0402－0000066　2/5(1)
古經解彙函十六種小學彙函十四種　(清)鍾謙鈞等輯　清同治十二年(1873)粵東書局刻本　六十六册

130000－0402－0000067　2/5(2)

古經解彙函十六種小學彙函十四種　(清)鍾謙鈞等輯　清同治十二年(1873)粵東書局刻本　三十三册　存十四種一百二十四卷(鄭氏周易注三卷、補遺一卷,陸氏周易述一卷,周易集解十七卷,周易口訣義六卷,易緯十二卷,尚書大傳三卷、序錄一卷、辨僞一卷,韓詩外傳十卷、校注拾遺一卷,毛詩草木鳥獸蟲魚疏二卷,春秋繁露十七卷、附錄一卷,春秋釋例十五卷,春秋啖趙集傳纂例十卷,春秋微旨三卷,春秋啖趙二先生集傳辯疑十卷,論語集解義疏十卷)

130000－0402－0000068　2/5(3)

古經解彙函十六種小學彙函十四種　(清)鍾謙鈞等輯　清同治十二年(1873)粵東書局刻本　四十四册　存十八種一百七十七卷(鄭氏周易注三卷、補遺一卷,陸氏周易述一卷,周易集解十七卷,周易口訣義六卷,春秋釋例十五卷,論語筆解二卷,鄭志三卷、補遺一卷,輶軒使者絕代語釋别國方言十三卷、校正補遺一卷,釋名八卷,廣雅十卷,匡謬正俗八卷,急就章四卷,說文解字繫傳四十卷、校勘記三卷,說文解字篆韻譜五卷、附錄一卷,大廣益會玉篇三十卷,干祿字書一卷,五經文字三卷,新加九經字樣一卷)

130000－0402－0000069　2/5－2(1)

古經解彙函十六種小學彙函十四種　(清)鍾謙鈞等輯　清光緒十四年(1888)石印本　十三册　缺十種八十卷(春秋釋例七至十五,春秋啖趙集傳纂例十卷,春秋微旨三卷,春秋啖趙二先生集傳辯疑十卷,論語集解義疏十卷,論語筆解二卷,鄭志三卷、補遺一卷,輶軒使者絕代語釋别國方言十三卷、校正補遺一卷,釋名八卷,廣雅十卷)

130000－0402－0000070　2/5－2(2)

古經解彙函十六種小學彙函十四種　(清)鍾謙鈞等輯　清光緒十四年(1888)石印本　二册　存五種三十五卷(韓詩外傳十卷、校注拾遺一卷,毛詩草木鳥獸蟲魚疏二卷,春秋繁露一至九,春秋微旨三卷,春秋啖趙二先生集傳辯疑十卷)

130000－0402－0000071　2/6

御纂七經二百九十四卷　(清)李光地等撰　清同治十年(1871)湖北崇文書局刻本　一百七十册

130000－0402－0000072　2/6－2

御纂七經二百九十四卷　(清)李光地等撰　清乾隆内府刻本　一百六十八册

130000－0402－0000073　2/6－3

御纂七經二百九十四卷　(清)李光地等撰　清光緒十四年(1888)戶部江南書局刻本　一百三十九册　缺二種七卷(欽定儀禮義疏三、欽定禮記義疏三至八)

130000－0402－0000074　2/6－4

御纂七經二百九十四卷　(清)李光地等撰　清同治七年至九年(1868－1870)浙江書局刻本　九十七册　缺五種九十六卷(御纂周易折中二十二卷、首二卷;欽定詩經傳說彙纂五;欽定周官義疏一、六至二十一、二十四至二十六、三十二至三十三、三十六至四十、四十五至四十六,首一卷;欽定儀禮義疏九至二十三、二十九至三十四、三十七至三十八、四十一至四十四、四十七;欽定禮記義疏五至十四、四十至四十二)

130000－0402－0000075　2/7(1)

十三經讀本十五種　(清)丁寶楨等校　清同治十一年(1872)山東書局刻本　五十八册　缺二種二十三卷(春秋公羊傳十一卷、春秋穀梁傳十二卷)

130000－0402－0000076　2/7(2)

十三經讀本十五種　(清)丁寶楨等校　清同治十一年(1872)山東書局刻本　六十六册

130000－0402－0000077　2/7－2

十三經讀本十五種　(清)丁寶楨等校　清末李光明莊刻本　十九册　存七種四十一卷(周易四卷,書經六卷、首一卷、末一卷,春秋公羊經傳解詁十二卷,重刊宋紹熙公羊傳注附音本校記一卷,春秋穀梁傳十二卷,孝經一

卷,爾雅三卷)

130000－0402－0000078　2/9
東山五經備解十卷　(清)周東山撰　清道光二十七年(1847)刻本　十冊

130000－0402－0000079　2/10
欽定篆文六經四書六十三卷　(清)李光地等編　清康熙内府刻本　十四冊

130000－0402－0000080　2/10－2
欽定篆文六經四書六十三卷　(清)李光地等編　清光緒九年(1883)上海同文書局石印本　十冊

130000－0402－0000081　2/11
唐刻石經拓本一百七十一卷　清拓本　一百三十五冊

130000－0402－0000082　2/12
十一經讀本　(清)閻敬銘等校刊　清光緒六年(1880)山西濬文書局刻本　六十一冊

130000－0402－0000083　2/13(1)
十三經策案二十二卷首一卷　(清)王謨彙輯　(清)喻祥麟編次　清嘉慶十三年(1808)書業堂刻本　十二冊

130000－0402－0000084　2/13(2)
十三經策案二十二卷首一卷　(清)王謨彙輯　(清)喻祥麟編次　清嘉慶十三年(1808)書業堂刻本　五冊　存十卷(十一至十七、二十至二十二)

130000－0402－0000085　2/13－2
十三經策案二十二卷　(清)王謨彙輯　(清)喻祥麟編次　清刻本　九冊　存二十一卷(二至二十二)

130000－0402－0000086　2/14
鄭氏佚書二十三種　(漢)鄭玄撰注　(清)袁鈞輯　清光緒十年(1884)四明觀稼樓刻本　十冊

130000－0402－0000087　2/15
經學叢書初編十三種　(清)朱記榮輯訂　清光緒十三年(1887)行素草堂刻本　十二冊

130000－0402－0000088　2/16
省吾堂四種　(清)蔣光弼輯　清常熟蔣氏省吾堂刻本　六冊　存二種十九卷(九經古義十六卷、五經同異三卷)

130000－0402－0000089　2/18
十三經札記二十二卷　(清)朱亦棟撰　清光緒四年(1878)武林竹簡齋刻本　六冊

130000－0402－0000090　2/19
古微書三十六卷　(明)孫穀著錄　清光緒二十一年(1895)鴻文書局石印本　四冊

130000－0402－0000091　2/21(1)
皇朝五經彙解二百七十卷　(清)抉經心室主人原纂　清光緒十九年(1893)同文書局石印本　二十六冊　存二百一卷(一至五十八、六十七至七十四、一百三十六至二百七十)

130000－0402－0000092　2/21(2)
皇朝五經彙解二百七十卷　(清)抉經心室主人原纂　清光緒十九年(1893)同文書局石印本　十五冊　存一百十六卷(七至十五、四十一至四十七、八十二至九十二、一百七至一百六十、二百六至二百四十)

130000－0402－0000093　2/21(3)
皇朝五經彙解二百七十卷　(清)抉經心室主人原纂　清光緒十九年(1893)同文書局石印本　三十二冊

130000－0402－0000094　2/21(4)
皇朝五經彙解二百七十卷　(清)抉經心室主人原纂　清光緒十九年(1893)同文書局石印本　十三冊　存一百二卷(一百六十九至二百七十)

130000－0402－0000095　2/21(5)
皇朝五經彙解二百七十卷　(清)抉經心室主人原纂　清光緒十九年(1893)同文書局石印本　八冊　存六十七卷(一百四十五至二百十一)

130000－0402－0000096　2/21(6)
皇朝五經彙解二百七十卷　(清)抉經心室主人原纂　清光緒十九年(1893)同文書局石印

本　一册　存九卷(一百二十七至一百三十五)

130000－0402－0000097　2/22(1)
經典釋文三十卷附考證　(唐)陸德明撰　清同治八年(1869)湖北崇文書局刻本　十二册

130000－0402－0000098　2/22(2)
經典釋文三十卷附考證　(唐)陸德明撰　清同治八年(1869)湖北崇文書局刻本　十二册

130000－0402－0000099　2/22(3)
經典釋文三十卷附考證　(唐)陸德明撰　清同治八年(1869)湖北崇文書局刻本　十二册

130000－0402－0000100　2/23
經義考補正十二卷　(清)翁方綱撰　清乾隆五十七年(1792)刻本　二册

130000－0402－0000101　2/24(1)
經義述聞三十二卷　(清)王引之撰　清道光七年(1827)京師壽藤書屋刻本　二十册

130000－0402－0000102　2/24(2)
經義述聞三十二卷　(清)王引之撰　清道光七年(1827)京師壽藤書屋刻本　十六册

130000－0402－0000103　2/24－2
經義述聞三十二卷　(清)王引之撰　清光緒七年(1881)上海文瑞樓刻本　十六册

130000－0402－0000104　2/24－3
經義述聞三十二卷　(清)王引之撰　清光緒十三年(1887)鴻寶齋石印本　六册

130000－0402－0000105　2/25
有竹石軒經句說二十二卷　(清)吳英學　清嘉慶二十三年(1818)有竹石軒刻本　二十册

130000－0402－0000106　2/26
五經類編二十八卷　(清)周世樟編輯　清雍正二年(1724)穀詒堂刻本　十册

130000－0402－0000107　2/26－2
五經類編二十八卷　(清)周世樟編輯　清刻本　六册　存十四卷(十五至二十八)

130000－0402－0000108　2/26－3(1)
五經類編二十八卷　(清)周世樟編輯　清刻本　十五册

130000－0402－0000109　2/26－3(2)
五經類編二十八卷　(清)周世樟編輯　清刻本　二册　存八卷(五至十二)

130000－0402－0000110　2/26－4
五經類編二十八卷　(清)周世樟編輯　清乾隆四十四年(1779)芥子園刻本　十六册

130000－0402－0000111　2/27
劉仲肩遺書二種　(清)劉士毅撰　清光緒六年(1880)刻本　四册

130000－0402－0000112　2/29
味經齋遺書十二種　(清)莊存與撰　清光緒八年(1882)陽湖莊氏刻本　十册　存八種二十九卷(彖傳論二卷,彖象論一卷,繫辭傳論二卷,八卦觀象解二卷、卦氣解一卷,尚書既見三卷,尚書說一卷,毛詩說四卷,春秋正辭十一卷、春秋舉例一卷、春秋要指一卷)

130000－0402－0000113　2/30(1)
重訂七經精義　(清)黃淦纂　清嘉慶十三年(1808)成錦堂刻本　十六册

130000－0402－0000114　2/30(2)
重訂七經精義　(清)黃淦纂　清嘉慶十三年(1808)成錦堂刻本　八册　存四種二十二卷(周易精義四卷、首一卷,書經精義四卷、首一卷、末一卷,詩經精義四卷、首一卷、末一卷,春秋精義四卷、首一卷)

130000－0402－0000115　2/30(3)
重訂七經精義　(清)黃淦纂　清嘉慶十三年(1808)成錦堂刻本　七册　存四種二十卷(周禮精義六卷、首一卷,儀禮精義上,禮記精義六卷、首一卷,春秋精義四卷、首一卷)

130000－0402－0000116　2/30(4)
重訂七經精義　(清)黃淦纂　清嘉慶十三年(1808)成錦堂刻本　十六册

130000－0402－0000117　2/30(5)
重訂七經精義　(清)黃淦纂　清嘉慶十三年

(1808)成錦堂刻本　七册　存三種十八卷(周易精義四卷、首一卷,詩經精義四卷、首一卷、末一卷,周禮精義六卷、首一卷)

130000－0402－0000118　2/30(6)
重訂七經精義　(清)黄淦纂　清嘉慶十三年(1808)成錦堂刻本　七册　存四種十九卷(周易精義一、首一卷,周禮精義一至四、首一卷,禮記精義六卷、首一卷,春秋精義四卷、首一卷)

130000－0402－0000119　2/30－2
重訂七經精義　(清)黄淦纂　清嘉慶十五年(1810)尊德堂刻本　十二册　缺一種三卷(周禮精義一至二、首一卷)

130000－0402－0000120　2/31
五經體註大全五種　(□)□□撰　清光緒九年(1883)四明珍經閣銅版影印本　十四册

130000－0402－0000121　2/31－2
增訂五經體註大全四十二卷　(清)嚴氏家塾主人輯　清光緒八年(1882)湖南寶芸堂刻本　十三册

130000－0402－0000122　2/32
雪樵經解三十卷首一卷附錄三卷　(清)馮世瀛輯　清光緒二十二年(1896)上海點石齋石印本　七册　缺四卷(五至八)

130000－0402－0000123　2/33
經苑二十五種　(清)錢儀吉輯　清同治七年(1868)王儒行刻本　四十三册　存十七種一百六十九卷(溫公易說六卷,吳園周易解九卷、附錄一卷,尚書精義五十卷,洪範統一一卷,詩總聞二十卷,呂氏家塾讀詩記一至二十一,周官新義十六卷、考工記解二卷,儀禮集釋十八至三十,儀禮釋宮一卷,孝經刊誤一卷,孝經本義二卷,孝經或問三卷,孝經翼一卷,論語意原四卷,孟子外書四卷,讀四書叢說八卷,瑟譜六卷)

130000－0402－0000124　2/34
經學輯要二十四卷　(清)吳熲炎編　清光緒二十年(1894)上海點石齋石印本　二十三册　缺十七卷(八至二十四上之一、二十四下之二)

130000－0402－0000125　2/35－2
春秋繁露十七卷附錄一卷　(漢)董仲舒撰　(明)孫鑛評　明天啓五年(1625)沈鼎新花齋刻本　二册

130000－0402－0000126　2/35－3
春秋繁露十七卷附錄一卷　(漢)董仲舒撰　清光緒八年(1882)淮南書局刻本　二册

130000－0402－0000127　2/36
相臺書塾刊正九經三傳沿革例一卷　(宋)岳珂撰　清光緒三年(1877)湖北崇文書局刻三十三種叢書本　一册

130000－0402－0000128　2/37(1)
柏堂經說九種　(清)方宗誠撰　清光緒桐城方氏刻柏堂遺書本　六册　缺二種十三卷(春秋集義十二卷、孝經章義一卷)

130000－0402－0000129　2/37(2)
柏堂經說九種　(清)方宗誠撰　清光緒桐城方氏刻柏堂遺書本　四册　存五種十三卷(書傳補義三卷、詩傳補義三卷、禮記集說補義一卷、春秋傳正誼四卷、讀學庸筆記二卷)

130000－0402－0000130　2/39
群經義證八卷　(清)武億撰　清嘉慶二年(1797)刻授堂遺書本　二册

130000－0402－0000131　2/40
應試模範一卷　(宋)蘇軾撰　(清)崔永安輯　清光緒二十八年(1902)渠渠書屋刻本　一册

130000－0402－0000132　2/41
九經補注八種　(清)姜兆錫撰　清雍正、乾隆寅清樓刻本　八册　存二種十八卷(爾雅注疏參義六卷、春秋公羊穀梁諸傳彙義十二卷)

130000－0402－0000133　2/42(1)
增補五經備旨精萃四十五卷　(清)鄒聖脉纂輯　清善成堂刻本　十二册　缺二種二十四

卷(禮記備旨萃精十一卷,御案春秋左傳經解備旨十二卷、首一卷)

130000-0402-0000134　2/42(2)
增補五經備旨精萃四十五卷　(清)鄒聖脉纂輯　清善成堂刻本　二十一册

130000-0402-0000135　2/42(3)
增補五經備旨精萃四十五卷　(清)鄒聖脉纂輯　清善成堂刻本　二十四册

130000-0402-0000136　2/42-2
增廣五經備旨四十五卷　(清)鄒聖脉纂輯　清義德堂刻本　六册　存二種二十三卷(寄傲山房塾課纂輯禮記全文備旨十一卷、御案春秋左傳經解備旨十二卷)

130000-0402-0000137　2/42-3(1)
五經備旨四十五卷　(清)鄒聖脉纂輯　清翠筠山房刻本　二十册

130000-0402-0000138　2/42-3(2)
五經備旨四十五卷　(清)鄒聖脉纂輯　清翠筠山房刻本　十册　存三種二十二卷(寄傲山房塾課纂輯御案易經備旨七卷,寄傲山房塾課纂輯書經備旨蔡註捷錄七卷、首一卷,詩經備旨萃精二至八)

130000-0402-0000139　2/42-4(1)
五經備旨四十五卷　(清)鄒聖脉纂輯　清光緒十二年(1886)上海點石齋石印本　五册　缺三種十五卷(御案詩經備旨一至四、寄傲山房塾課纂輯禮記全文備旨一至七、寄傲山房塾課纂輯春秋備旨九至十二)

130000-0402-0000140　2/42-4(2)
五經備旨四十五卷　(清)鄒聖脉纂輯　清光緒十二年(1886)上海點石齋石印本　九册　缺二種十一卷(寄傲山房塾課纂輯易經備旨四至七、寄傲山房塾課纂輯禮記全文備旨一至七)

130000-0402-0000141　2/43
欽定五經義疏一百八十八卷　(清)王頊齡等纂　清光緒二十六年(1900)煥文書局鉛印本　二十册

130000-0402-0000142　2/44
御纂五經　(清)李光地等撰　清刻本　二十二册　存三種二十九卷(欽定詩經傳說彙纂五至十,欽定書經傳說彙纂十一至二十一、首一卷,欽定禮記義疏一至十、首一卷)

130000-0402-0000143　2/47
五經圖十二卷　(明)盧謙訂正　(清)盧雲英編錄　清雍正二年至四年(1724-1726)刻本　一册　存二卷(一至二)

130000-0402-0000144　2/48
經訓約編不分卷　(清)□□撰　清刻本　六册

130000-0402-0000145　2/49
四經精華　(清)魏朝俊輯　清光緒十六年(1890)宏道堂刻本　六册　存二種十五卷(易經精華六卷、首一卷、末一卷,周禮精華六卷、首一卷)

130000-0402-0000146　2/50
十一經音訓　(清)楊國楨編　清光緒三年(1877)湖北崇文書局刻本　九册　存三種(春秋左傳音訓不分卷、孝經音訓不分卷、爾雅音訓不分卷)

130000-0402-0000147　2/51
五經擇粹　(清)□□撰　清道光二十二年至二十三年(1842-1843)琉璃廠刻本　十册　存五種十八卷(周易擇粹二卷,書經擇粹二卷,詩經擇粹八卷,禮記擇粹一、三,春秋擇粹四卷)

130000-0402-0000148　2/52
精義彙選六卷　(清)陳春甲輯　清嘉慶二十三年(1818)聚錦堂刻本　六册

130000-0402-0000149　21/1
丘方二太史硃訂秘笥易經講意綱目集註四卷　(明)丘兆麟評訂　(明)李光祚纂著　明天啓五年(1625)吳郡周鳴岐啟新齋三色套印本　四册

130000-0402-0000150　21/2
周易傳義大全二十四卷　(明)胡廣　(明)楊榮

輯　明弘治四年(1491)羅氏竹坪書堂刻本　八冊　存十卷(一至七、十六至十七、二十四)

130000－0402－0000151　21/3(1)
易經四卷卦歌一卷圖説一卷新增圖説一卷　(宋)朱熹本義　清光緒十二年(1886)湖北官書處刻本　二冊

130000－0402－0000152　21/3(2)
易經四卷卦歌一卷圖説一卷新增圖説一卷　(宋)朱熹本義　清光緒十二年(1886)湖北官書處刻本　二冊

130000－0402－0000153　21/3－2
周易四卷筮儀一卷卦歌一卷圖説一卷　(宋)朱熹本義　清同治十三年(1874)江西書局刻本　一冊

130000－0402－0000154　21/3－3
周易四卷卦歌一卷筮儀一卷易圖一卷　(宋)朱熹本義　清蘇州琴川閣刻本　二冊

130000－0402－0000155　21/3－4
周易四卷卦歌一卷筮儀一卷圖説一卷　(宋)朱熹本義　清務本堂刻本　二冊

130000－0402－0000156　21/3－5
周易四卷筮儀一卷卦歌一卷圖説一卷　(宋)朱熹本義　清同治元年(1862)存仁堂刻本　二冊

130000－0402－0000157　21/3－6
周易四卷筮儀一卷卦歌一卷易圖一卷　(宋)朱熹本義　清聚錦堂刻本　二冊

130000－0402－0000158　21/3－7
周易四卷筮儀一卷圖説一卷卦歌一卷　(宋)朱熹本義　清光緒十六年(1890)蘭州刻本　二冊

130000－0402－0000159　21/3－8
周易四卷筮儀一卷卦歌一卷易圖一卷　(宋)朱熹本義　清光緒十二年(1886)三義堂刻本　二冊

130000－0402－0000160　21/3－9
周易四卷筮儀一卷卦歌一卷易圖一卷　(宋)朱熹本義　清同治九年(1870)榴紅書屋刻本　二冊

130000－0402－0000161　21/3－10
周易四卷筮儀一卷卦歌一卷易圖一卷　(宋)朱熹本義　清乾隆五十四年(1789)文盛堂刻本　二冊

130000－0402－0000162　21/3－11
周易四卷筮儀一卷卦歌一卷易圖一卷　(宋)朱熹本義　清光緒五年(1879)崇德堂刻本　二冊

130000－0402－0000163　21/3－12
周易四卷筮儀一卷卦歌一卷易圖一卷　(宋)朱熹本義　清光緒五年(1879)善成堂刻本　二冊

130000－0402－0000164　21/3－13
周易四卷筮儀一卷卦歌一卷圖説一卷　(宋)朱熹本義　清道光十九年(1839)函青閣刻本　二冊

130000－0402－0000165　21/3－14
周易四卷筮儀一卷易圖一卷卦歌一卷　(宋)朱熹本義　清乾隆五十七年(1792)文會堂刻本　二冊

130000－0402－0000166　21/4(1)
易經補注附考備旨六卷　(清)鄒聖脉輯　清光緒二十七年(1901)善成堂刻本　六冊

130000－0402－0000167　21/4(2)
易經補注附考備旨六卷　(清)鄒聖脉輯　清光緒二十七年(1901)善成堂刻本　六冊

130000－0402－0000168　21/5
易經增註十卷易考一卷　(明)張鏡心著　**墓誌銘一卷**　(清)湯斌撰　清康熙六年(1667)雲隱堂刻本　四冊

130000－0402－0000169　21/6
周易闡真四卷首一卷孔易闡真二卷　(清)劉一明述注　清嘉慶二十四年(1819)刻本　八冊

130000－0402－0000170　21/8

誠齋易傳二十卷 (宋)楊萬里撰 清光緒二十一年(1895)湖北官書處刻本 八册

130000－0402－0000171 21/9
周易讀本六卷 (清)夏與賢輯 清光緒三年(1877)陝西乾陽官舍刻本 五册

130000－0402－0000172 21/10
御纂周易折中二十二卷首一卷 (清)李光地等編纂 清光緒十四年(1888)江南書局刻本 十册

130000－0402－0000173 21/10－2(1)
御纂周易折中二十二卷首一卷 (清)李光地等編纂 清康熙五十五年(1716)刻本 十二册

130000－0402－0000174 21/10－2(2)
御纂周易折中二十二卷首一卷 (清)李光地等編纂 清康熙五十五年(1716)刻本 十二册

130000－0402－0000175 21/10－2(3)
御纂周易折中二十二卷首一卷 (清)李光地等編纂 清刻本 十二册

130000－0402－0000176 21/10－2(4)
御纂周易折中二十二卷首一卷 (清)李光地等編纂 清刻本 十六册

130000－0402－0000177 21/10－3
御纂周易折中二十二卷首一卷 (清)李光地等編纂 清刻本 十六册

130000－0402－0000178 21/10－4
御纂周易折中二十二卷首一卷 (清)李光地等編纂 清刻本 六册 缺十二卷(四至九、十七至二十二)

130000－0402－0000179 21/10－5
御纂周易折中二十二卷首一卷 (清)李光地等編纂 清刻本 九册 存十三卷(十至二十二)

130000－0402－0000180 21/11
焦氏易林四卷 (漢)焦贑著 (明)毛晉校 明末毛氏汲古閣刻本 四册

130000－0402－0000181 21/11－2
易林四卷 (漢)焦贑撰 清光緒元年(1875)湖北崇文書局刻本 四册

130000－0402－0000182 21/12
周易説略四卷 (清)張爾岐著 清嘉慶二年(1797)文源堂刻本 八册

130000－0402－0000183 21/13(1)
易酌十四卷周易雜卦圖一卷 (清)刁包學 (清)刁再濂編輯 清道光二十三年(1843)順積樓刻本 十四册

130000－0402－0000184 21/13(2)
易酌十四卷周易雜卦圖一卷 (清)刁包學 (清)刁再濂編輯 清道光二十三年(1843)順積樓刻本 十四册

130000－0402－0000185 21/13(3)
易酌十四卷周易雜卦圖一卷 (清)刁包學 (清)刁再濂編輯 清道光二十三年(1843)順積樓刻本 十四册

130000－0402－0000186 21/14
御纂周易述義十卷 (清)傅恒總裁 (清)吳鼎 (清)梁錫璵纂修 清乾隆二十年(1755)刻本 六册

130000－0402－0000187 21/15
周易卦象六卷 (清)張丙嘉撰 清光緒二十二年(1896)刻本 六册

130000－0402－0000188 21/16(1)
讀易錄十八卷 (清)陳克緒註 清同治三年(1864)傅天秩、陳紱麟刻本 六册

130000－0402－0000189 21/16(2)
讀易錄十八卷 (清)陳克緒註 清同治三年(1864)傅天秩、陳紱麟刻本 六册

130000－0402－0000190 21/16(3)
讀易錄十八卷 (清)陳克緒註 清同治三年(1864)傅天秩、陳紱麟刻本 六册

130000－0402－0000191 21/17
周易本義正解二十二卷 (清)丁鼎時 (清)吳瑞麟纂輯 清康熙三十一年(1692)賜書堂

刻本　十冊　存十一卷(一至十一)

130000－0402－0000192　21/18(1)
芸窗易草四卷　(清)閻斌注　清同治十二年(1873)刻本　四冊

130000－0402－0000193　21/18(2)
芸窗易草四卷　(清)閻斌注　清同治十二年(1873)刻本　四冊

130000－0402－0000194　21/18(3)
芸窗易草四卷　(清)閻斌注　清同治十二年(1873)刻本　四冊

130000－0402－0000195　21/19
新刻來瞿唐先生易註十五卷圖一卷首一卷末一卷　(明)來知德撰　(清)高奣映鑒定　清朝爽堂刻本　十二冊

130000－0402－0000196　21/19－3
梁山來知德先生易經來註十五卷末一卷易學六十四卦啟蒙一卷　(明)來知德撰　(清)高奣映鑒定　清敦仁堂刻本　十一冊

130000－0402－0000197　21/19－4
來瞿唐先生易註十五卷首一卷末一卷　(明)來知德撰　(清)高奣映鑒定　清道光十四年(1834)寧遠堂刻本　八冊　存八卷(一至七、首一卷)

130000－0402－0000198　21/21
周易質義不分卷　(清)汪思迴纂輯　清乾隆七年(1742)積秀堂刻本　二冊

130000－0402－0000199　21/22
湘薌漫錄二卷易經集説一卷　(清)查彬撰　清道光十九年(1839)有懷堂刻本　五冊

130000－0402－0000200　21/23
鄭氏爻辰補六卷　(清)戴棠撰　清道光二十九年(1849)燕山書屋刻本　四冊

130000－0402－0000201　21/24
新鐫增補周易備旨一見能解六卷　(清)黄淳耀撰　(清)嚴而寬增補　清嘉慶二十二年(1817)文盛堂刻本　六冊

130000－0402－0000202　21/24－2
新鐫增補周易備旨一見能解六卷　(清)黄淳耀撰　(清)嚴而寬增補　清裕元堂刻本　六冊

130000－0402－0000203　21/24－3(1)
叅訂增補周易備旨一見能解六卷　(清)黄淳耀撰　(清)嚴而寬增補　清光緒二十五年(1899)書業德刻本　六冊

130000－0402－0000204　21/24－3(2)
叅訂增補周易備旨一見能解六卷　(清)黄淳耀撰　(清)嚴而寬增補　清光緒二十五年(1899)書業德刻本　四冊

130000－0402－0000205　21/24－4
新鐫增補周易備旨一見能解六卷　(清)黄淳耀撰　(清)嚴而寬增補　清嘉慶九年(1804)敬文堂刻本　六冊

130000－0402－0000206　21/24－5
新鐫增補周易備旨一見能解六卷　(清)黄淳耀撰　(清)嚴而寬增補　清嘉慶元年(1796)致和堂刻本　六冊

130000－0402－0000207　21/24－6
新鐫增補周易備旨一見能解六卷　(清)黄淳耀撰　(清)嚴而寬增補　清敬文堂刻本　四冊

130000－0402－0000208　21/24－7
新鐫增補周易備旨一見能解六卷　(清)黄淳耀撰　(清)嚴而寬增補　清刻本　六冊

130000－0402－0000209　21/24－8
新鐫增補周易備旨一見能解六卷　(清)黄淳耀撰　(清)嚴而寬增補　清嘉慶二十二年(1817)致和堂刻本　六冊

130000－0402－0000210　21/25
日講易經解義十八卷　(清)牛鈕等撰　清康熙二十三年(1684)刻本　八冊

130000－0402－0000211　21/26
周易程傳八卷　(宋)程頤傳　清同治五年(1866)金陵書局刻本　三冊

130000－0402－0000212　21/28

周易集解十七卷　(唐)李鼎祚集解　清嘉慶二十三年(1818)木瀆周氏刻本　四册

130000－0402－0000213　21/29
周易傳義合訂十二卷　(清)朱軾輯　清刻本　六册

130000－0402－0000214　21/30
大易闡微錄十二卷　(清)劉琯著　清同治十二年(1873)刻本(附圖說)　四册

130000－0402－0000215　21/31
周易揭主遵孔錄便解四卷　(清)張允樸著　清光緒十二年(1886)寶興堂刻本　四册

130000－0402－0000216　21/32(1)
復堂易貫不分卷　(清)于大鯤著　清乾隆三十八年(1773)刻本　三册

130000－0402－0000217　21/32(2)
春秋貫不分卷　(清)于大鯤著　清乾隆三十八年(1773)刻本　一册

130000－0402－0000218　21/32(3)
復堂易貫不分卷　(清)于大鯤著　清乾隆三十八年(1773)刻本　三册

130000－0402－0000219　21/32(4)
春秋貫不分卷　(清)于大鯤著　清乾隆三十八年(1773)刻本　一册

130000－0402－0000220　21/33
周易傳注七卷筮考一卷　(清)李塨撰　清道光二十三年(1843)刻本　四册

130000－0402－0000221　21/34
壽山堂易說二卷圖解一卷繫辭一卷　(清)呂子撰　清嘉慶四年(1799)刻本　六册

130000－0402－0000222　21/35
易經體註不分卷　(清)范翔撰　(清)來爾繩纂輯　清嘉慶十五年(1810)聚文堂刻本　四册

130000－0402－0000223　21/35－2
易經大全會解不分卷　(清)來爾繩纂輯　清光緒善成堂刻本　四册

130000－0402－0000224　21/35－3
易經體註不分卷　(清)來爾繩纂輯　清道光二十三年(1843)崇文堂刻本　四册

130000－0402－0000225　21/35－4
易經體註大全合叅不分卷　(清)范翔鑒　(清)李兆賢輯著　清學源堂刻本　二册

130000－0402－0000226　21/36
漢魏二十一家易注　(清)孫堂輯　清嘉慶四年(1799)平湖孫氏映雪草堂刻本　十册

130000－0402－0000227　21/37
周易大象應大學說不分卷附卦畫生數序　高賡恩撰　清光緒三十三年(1907)刻本　一册

130000－0402－0000228　21/38
周易擬像六卷　(清)黎曙寅著　清刻本　三册　存三卷(二至三、五)

130000－0402－0000229　21/42
周易注疏十三卷　(三國魏)王弼　(晉)韓康伯注　(唐)陸德明音義　(唐)孔穎達疏　**略例一卷**　(三國魏)王弼撰　(唐)邢璹注　(唐)陸德明音義　**考證**　(清)朱良裘等撰　清乾隆四年(1739)武英殿刻十三經注疏本　五册

130000－0402－0000230　21/43
易緯八種　(漢)鄭玄注　清乾隆浙江刻本　二册

130000－0402－0000231　21/45
周易函書約注十八卷　(清)胡煦撰　清雍正七年(1729)葆璞堂刻本　九册　存十六卷(一至十二、十五至十八)

130000－0402－0000232　21/45/1
周易函書約存十五卷首三卷　(清)胡煦撰　清乾隆葆璞堂刻本　三册　存六卷(三至四、十二至十三,首中、下)

130000－0402－0000233　21/45/2
周易函書別集十六卷　(清)胡煦撰　清雍正二年(1724)葆璞堂刻本　五册　存十三卷(一至三、七至十六)

130000－0402－0000234　21/47

周易審鵠要解四卷　(清)林錫齡輯　清乾隆十年(1745)刻本　一册

130000－0402－0000235　21/48

和序堂易經貫一二十二卷　(清)金誠撰　清紫蓴堂刻本　八册　存八卷(元部一至四、首一卷,利部四至六)

130000－0402－0000236　21/49

易經酌注二卷易圖酌説三卷氣交變篇一卷　(清)何詒霈學　清抄本　六册

130000－0402－0000237　21/51

易圖解不分卷　(清)德沛注釋　清乾隆元年(1736)刻本　一册

130000－0402－0000238　21/52

新刻增訂太史仇滄柱先生家傳周易備旨四卷　(清)黄國鼎　(清)梁惠疇著　清乾隆五十五年(1790)文會堂刻本　二册

130000－0402－0000239　22/2(1)

書六卷　(宋)蔡沈集傳　清京都善成堂刻本　四册

130000－0402－0000240　22/2(2)

書六卷　(宋)蔡沈集傳　清京都善成堂刻本　四册

130000－0402－0000241　22/2－2(1)

書經六卷　(宋)蔡沈集傳　清光緒十五年(1889)有益堂刻本　四册

130000－0402－0000242　22/2－2(2)

書經六卷　(宋)蔡沈集傳　清光緒十五年(1889)有益堂刻本　四册

130000－0402－0000243　22/2－3

書經六卷　(宋)蔡沈集傳　清光緒十四年(1888)天津文美齋刻本　四册

130000－0402－0000244　22/2－4

書經六卷　(宋)蔡沈集傳　清嘉慶十年(1805)刻本　四册

130000－0402－0000245　22/2－5

書經六卷　(宋)蔡沈集傳　清萬氏蓮峰書屋刻本　四册

130000－0402－0000246　22/2－6

書經六卷　(宋)蔡沈集傳　清嘉慶十年(1805)刻本　四册

130000－0402－0000247　22/2－7

書經六卷　(宋)蔡沈集註　清綠蔭堂刻本　四册

130000－0402－0000248　22/2－8(1)

書經六卷　(宋)蔡沈集傳　清光緒十二年(1886)三義堂刻本　四册

130000－0402－0000249　22/2－8(2)

書經六卷　(宋)蔡沈集傳　清光緒十二年(1886)三義堂刻本　四册

130000－0402－0000250　22/2－8(3)

書經六卷　(宋)蔡沈集傳　清光緒十二年(1886)三義堂刻本　四册

130000－0402－0000251　22/2－9

書經六卷　(宋)蔡沈集傳　清嘉慶十六年(1811)揚州十笏堂刻本　四册

130000－0402－0000252　22/2－10

書經六卷　(宋)蔡沈集傳　清同治十年(1871)萬源堂刻本　四册

130000－0402－0000253　22/2－11

書經六卷　(宋)蔡沈集傳　清蘇州尚古堂刻本　四册

130000－0402－0000254　22/2－12

書經六卷　(宋)蔡沈集傳　清恕堂刻本　四册

130000－0402－0000255　22/2－13(1)

書經六卷　(宋)蔡沈集傳　清光緒四年(1878)文會堂刻本　四册

130000－0402－0000256　22/2－13(2)

書經六卷　(宋)蔡沈集傳　清光緒四年(1878)文會堂刻本　四册

130000－0402－0000257　22/2－14(1)

書經六卷　(宋)蔡沈集傳　清乾隆五十八年

(1793)文盛堂刻本　五冊

130000－0402－0000258　22/2－14(2)
書經六卷　(宋)蔡沈集傳　清乾隆五十八年(1793)文盛堂刻本　四冊

130000－0402－0000259　22/3
尚書六卷　(漢)孔安國傳　清稽古樓刻本　四冊

130000－0402－0000260　22/5
尚書離句六卷　(清)劉梅垞鑒定　(清)錢在培輯解　清同治二年(1863)宏道堂刻本　二冊

130000－0402－0000261　22/5－2
尚書離句六卷　(清)錢在培輯解　清光緒四年(1878)刻本　二冊

130000－0402－0000262　22/6
書經近指六卷　(清)孫奇逢纂　清康熙十五年(1676)刻本　四冊

130000－0402－0000263　22/7
尚書大傳四卷　(漢)伏勝撰　(漢)鄭玄注　**補遺一卷續補遺一卷考異一卷**　(清)盧文弨學　清嘉慶五年(1800)愛日草廬刻本　二冊

130000－0402－0000264　22/8(1)
新刻書經備旨善本輯要六卷　(清)汪右衡鑒定　(清)馬大猷輯　清文玉堂刻本　三冊

130000－0402－0000265　22/8(2)
新刻書經備旨善本輯要六卷　(清)汪右衡鑒定　(清)馬大猷輯　清文玉堂刻本　二冊

130000－0402－0000266　22/8(3)
新刻書經備旨善本輯要六卷　(清)汪右衡鑒定　(清)馬大猷輯　清文玉堂刻本　五冊

130000－0402－0000267　22/8－2(1)
新刻書經備旨善本輯要六卷　(清)汪右衡鑒定　(清)馬大猷輯　清經國堂刻本　四冊

130000－0402－0000268　22/8－2(2)
新刻書經備旨善本輯要六卷　(清)汪右衡鑒定　(清)馬大猷輯　清經國堂刻本　二冊

130000－0402－0000269　22/8－3(1)
新刻書經備旨善本輯要六卷　(清)馬大猷輯　清光緒善成堂刻本　四冊

130000－0402－0000270　22/8－3(2)
新刻書經備旨善本輯要六卷　(清)馬大猷輯　清光緒善成堂刻本　四冊

130000－0402－0000271　22/10
深柳堂彙輯書經大全正解十二卷首一卷　(清)吳荃彙輯　清康熙二十九年(1690)深柳堂刻本　十二冊

130000－0402－0000272　22/11(1)
桐城吳氏尚書讀本二卷　(清)吳汝綸撰　(清)吳闓生勘定　清光緒三十四年(1908)保陽書局鉛印本　二冊

130000－0402－0000273　22/11(2)
桐城吳氏尚書讀本二卷　(清)吳汝綸撰　(清)吳闓生勘定　清光緒三十四年(1908)保陽書局鉛印本　二冊

130000－0402－0000274　22/12
尚書古文疏證八卷朱子古文書疑一卷　(清)閻若璩撰　清嘉慶元年(1796)天津吳人驥刻本　八冊

130000－0402－0000275　22/13
尚書後案三十卷後辨一卷　(清)王鳴盛撰　清乾隆四十五年(1780)禮堂刻本　八冊

130000－0402－0000276　22/15
禹貢錐指二十卷圖一卷　(清)胡渭撰　清康熙四十四年(1705)漱六軒刻本　十二冊

130000－0402－0000277　22/16(1)
欽定書經傳説彙纂二十一卷首二卷　(清)王頊齡等纂　清光緒十四年(1888)江南書局刻本　十二冊

130000－0402－0000278　22/16(2)
欽定書經傳説彙纂二十一卷首二卷　(清)王頊齡等纂　清光緒十四年(1888)江南書局刻本　十二冊

130000－0402－0000279　22/16－2(1)

欽定書經傳説彙纂二十一卷首二卷書序一卷　（清）王頊齡等纂　清同治十一年（1872）江西書局刻本　十六册

130000－0402－0000280　22/16－2(2)
欽定書經傳説彙纂二十一卷首二卷書序一卷　（清）王頊齡等纂　清同治十一年（1872）江西書局刻本　八册　存十二卷（一至十、首二卷）

130000－0402－0000281　22/16－2(3)
欽定書經傳説彙纂二十一卷首二卷書序一卷　（清）王頊齡等纂　清同治十一年（1872）江西書局刻本　七册　存十一卷（十一至二十一）

130000－0402－0000282　22/16－3
欽定書經傳説彙纂二十一卷首二卷書序一卷　（清）王頊齡等纂　清雍正八年（1730）刻本　二十册

130000－0402－0000283　22/16－4
欽定書經傳説彙纂二十一卷首二卷書序一卷　（清）王頊齡等纂　清同治七年（1868）刻本　十二册

130000－0402－0000284　22/16－5
欽定書經傳説彙纂二十一卷首二卷書序一卷　（清）王頊齡等纂　清内府刻本　九册　存十卷（一至八、首下、書序一卷）

130000－0402－0000285　22/17
欽定書經圖説五十卷　（清）孫家鼐等纂輯　清光緒三十一年（1905）石印本　十六册

130000－0402－0000286　22/18
禹貢譜二卷　（清）王澍考定　清刻本　一册

130000－0402－0000287　22/19
書經體註大全合条六卷　（清）范翔鑒定　（清）錢希祥纂輯　清雍正三年（1725）金閶掃葉山房刻本　四册

130000－0402－0000288　22/19－2(1)
書經體註大全合条六卷　（清）范翔鑒定　（清）錢希祥纂輯　清詩禮堂刻本　四册

130000－0402－0000289　22/19－2(2)
書經體註大全合条六卷　（清）范翔鑒定　（清）錢希祥纂輯　清道光二十三年（1843）晋祁書業德記刻本　四册

130000－0402－0000290　22/19－2(3)
書經體註大全合条六卷　（清）范翔鑒定　（清）錢希祥纂輯　清道光十三年（1833）晋祁書業成記刻本　四册

130000－0402－0000291　22/19－2(4)
書經體註大全合条六卷　（清）范翔鑒定　（清）錢希祥纂輯　清光緒十五年（1889）聚錦旭刻本　四册

130000－0402－0000292　22/19－3(1)
書經體註大全合条六卷　（清）范翔鑒定　（清）錢希祥纂輯　清道光十四年（1834）崇文堂刻本　四册

130000－0402－0000293　22/19－3(2)
書經體註大全合条六卷　（清）范翔鑒定　（清）錢希祥纂輯　清文錦堂刻本　四册

130000－0402－0000294　22/19－3(3)
書經體註大全合条六卷　（清）范翔鑒定　（清）張聖度訂　（清）錢希祥条　清善成堂刻本　四册

130000－0402－0000295　22/19－4
書經體註大全合条六卷　（清）范翔鑒定　（清）錢希祥纂輯　清光緒十三年（1887）有益堂刻本　四册

130000－0402－0000296　22/19－5(1)
書經體註大全合条六卷　（清）范翔鑒定　（清）錢希祥纂輯　清同治六年（1867）書業德記刻本　四册

130000－0402－0000297　22/19－5(2)
書經體註大全合条六卷　（清）范翔鑒定　（清）錢希祥纂輯　清同治六年（1867）書業德記刻本　四册

130000－0402－0000298　22/19－6
書經體註大全合条六卷　（清）范翔鑒定

(清)錢希祥纂輯　清咸豐八年(1858)東郡崇德堂記刻本　四册

130000－0402－0000299　22/19－7(1)
書經體註大全合条六卷　(清)范翔鑒定(清)錢希祥纂輯　清光緒三年(1877)三義堂刻本　四册

130000－0402－0000300　22/19－7(2)
書經體註大全合条六卷　(清)范翔鑒定(清)錢希祥纂輯　清光緒三年(1877)三義堂刻本　四册

130000－0402－0000301　22/20
書經精華六卷　(清)薛嘉穎撰　清同治五年(1866)光韙堂刻本　四册

130000－0402－0000302　22/21
書經精華十卷　(□)□□撰　清刻本(附圖)　四册

130000－0402－0000303　22/23
禹貢指南四卷　(宋)毛晃撰　清乾隆浙江刻本　二册

130000－0402－0000304　22/26
融堂書解二十卷　(宋)錢時撰　清乾隆浙江刻本　一册　存六卷(十五至二十)

130000－0402－0000305　23/1(1)
詩經八卷　(宋)朱熹集傳　清嘉慶十年(1805)刻本　四册

130000－0402－0000306　23/1(2)
詩經八卷　(宋)朱熹集傳　清嘉慶十年(1805)刻本　四册

130000－0402－0000307　23/1－2
詩經八卷　(宋)朱熹集傳　清刻本　四册

130000－0402－0000308　23/1－4
詩經八卷　(宋)朱熹集傳　清刻本　四册

130000－0402－0000309　23/1－5
詩八卷　(宋)朱熹集傳　清京都老二酉堂刻本　四册

130000－0402－0000310　23/1－8
詩八卷　(宋)朱熹集傳　清光緒十九年(1893)泊鎮聚元堂記刻本　四册

130000－0402－0000311　23/1－9(1)
詩經八卷　(宋)朱熹集傳　清李光明莊刻本　六册

130000－0402－0000312　23/1－9(2)
詩經八卷　(宋)朱熹集傳　清李光明莊刻本　六册

130000－0402－0000313　23/1－9(3)
詩八卷圖說一卷句辨一卷字考一卷　(宋)朱熹集傳　清學源堂刻本　四册

130000－0402－0000314　23/1－10(1)
詩經八卷　(宋)朱熹集傳　清道光二十一年(1841)嘉樂堂刻本　四册

130000－0402－0000315　23/1－10(2)
詩八卷　(宋)朱熹集傳　清同治十一年(1872)刻本　四册

130000－0402－0000316　23/1－11
遵註義釋詩經離句襯解八卷首一卷　(清)朱榛編訂　清道光二十四年(1844)經餘堂刻本　四册

130000－0402－0000317　23/1－13
詩八卷　(宋)朱熹集傳　清同治六年(1867)修文堂刻本　四册

130000－0402－0000318　23/1－14(1)
詩經八卷　(宋)朱熹集傳　清同治三年(1864)書業德記刻本　四册

130000－0402－0000319　23/1－14(2)
詩經八卷　(宋)朱熹集傳　清同治三年(1864)書業德記刻本　四册

130000－0402－0000320　23/1－14(3)
詩經八卷　(宋)朱熹集傳　清同治三年(1864)書業德記刻本　四册

130000－0402－0000321　23/1－15(1)
詩經八卷　(宋)朱熹集傳　清三益堂刻本　四册

130000－0402－0000322　23/1－15(2)
詩經八卷　(宋)朱熹集傳　清光緒十一年(1885)刻本　四册

130000－0402－0000323　23/1－16(1)
詩經八卷　(宋)朱熹集傳　清光緒六年(1880)京都聚珍堂刻本　四册

130000－0402－0000324　23/1－16(2)
詩經八卷　(宋)朱熹集傳　清光緒六年(1880)京都聚珍堂刻本　四册

130000－0402－0000325　23/1－18(1)
詩八卷　(宋)朱熹集傳　清光緒善成堂刻本　四册

130000－0402－0000326　23/1－18(2)
詩八卷　(宋)朱熹集傳　清善成堂刻本　四册

130000－0402－0000327　23/1－19
詩八卷　(宋)朱熹集傳　清光緒九年(1883)聚盛堂刻本　四册

130000－0402－0000328　23/1－20
詩八卷　(宋)朱熹集傳　清刻本　四册

130000－0402－0000329　23/1－22(1)
詩八卷　(宋)朱熹集傳　清同治八年(1869)書業德記刻本　四册

130000－0402－0000330　23/1－22(2)
詩八卷　(宋)朱熹集傳　清同治八年(1869)書業德記刻本　四册

130000－0402－0000331　23/1－23
詩八卷　(宋)朱熹集傳　清光緒十四年(1888)書業德記刻本　四册

130000－0402－0000332　23/1－24
芥子園重訂監本詩經八卷　(宋)朱熹集傳　清同治二年(1863)金陵芥子園刻本　四册

130000－0402－0000333　23/1－25
詩經八卷　(宋)朱熹集傳　清宣統三年(1911)上海校經山房石印本　四册

130000－0402－0000334　23/1－28
詩經八卷　(宋)朱熹集傳　清宣統元年(1909)三義堂刻本　四册

130000－0402－0000335　23/1－29
詩經八卷　(宋)朱熹集傳　清慎詒堂刻本　四册

130000－0402－0000336　23/1－30
詩經八卷　(宋)朱熹集傳　清宣統元年(1909)上海會文學社石印本　四册

130000－0402－0000337　23/1－31
詩經八卷　(宋)朱熹集傳　清光緒十一年(1885)善成堂刻本　四册

130000－0402－0000338　23/1－32
詩八卷　(宋)朱熹集傳　清乾隆十八年(1753)文會堂刻本　四册

130000－0402－0000339　23/1－33
詩經八卷　(宋)朱熹集傳　清咸豐五年(1855)文會堂刻本　四册

130000－0402－0000340　23/1－34
詩八卷　(宋)朱熹集傳　清同治九年(1870)榴紅書屋刻本　四册

130000－0402－0000341　23/1－35
詩八卷　(宋)朱熹集傳　清光緒七年(1881)寶興堂刻本　四册

130000－0402－0000342　23/1－36
詩八卷　(宋)朱熹集傳　清光緒十四年(1888)寶興堂刻本　四册

130000－0402－0000343　23/1－37
詩經八卷　(宋)朱熹集傳　清末著易堂鉛印本　三册

130000－0402－0000344　23/2
欽定詩經傳説彙纂二十一卷首一卷詩序二卷　(清)王鴻緒等纂　清同治七年(1868)刻本　十六册

130000－0402－0000345　23/2－2(1)
欽定詩經傳説彙纂二十一卷首二卷詩序二卷　(清)王鴻緒等纂　清雍正五年(1727)內府刻本　二十四册

130000－0402－0000346　23/2－2(2)
欽定詩經傳説彙纂二十一卷首二卷詩序二卷　(清)王鴻緒等纂　清雍正五年(1727)内府刻本　二十四册

130000－0402－0000347　23/2－2(3)
欽定詩經傳説彙纂二十一卷首二卷詩序二卷　(清)王鴻緒等纂　清雍正五年(1727)内府刻本　十二册　缺十三卷(九至二十一)

130000－0402－0000348　23/2－3
欽定詩經傳説彙纂二十一卷首二卷詩序二卷　(清)王鴻緒等纂　清刻本　十八册　存十九卷(二至二十)

130000－0402－0000349　23/2－4
欽定詩經傳説彙纂二十一卷首二卷詩序二卷　(清)王鴻緒等纂　清同治十年(1871)湖北崇文書局刻本　十八册

130000－0402－0000350　23/2－5
欽定詩經傳説彙纂二十一卷首一卷詩序二卷　(清)王鴻緒等纂　清刻本　六册　存五卷(十九至二十一、詩序二卷)

130000－0402－0000351　23/2－6
欽定詩經傳説彙纂二十一卷首二卷詩序二卷　(清)王鴻緒等纂　清刻本　十册　存十三卷(一至十一、首二卷)

130000－0402－0000352　23/3(1)
御纂詩義折中二十卷　(清)傅恒等撰　清乾隆二十年(1755)三義堂刻本　六册

130000－0402－0000353　23/3(2)
御纂詩義折中二十卷　(清)傅恒等撰　清乾隆二十年(1755)三義堂刻本　六册

130000－0402－0000354　23/3(3)
御纂詩義折中二十卷　(清)傅恒等撰　清乾隆二十年(1755)三義堂刻本　六册

130000－0402－0000355　23/3(4)
御纂詩義折中二十卷　(清)傅恒等撰　清乾隆二十年(1755)三義堂刻本　五册　存十七卷(四至二十)

130000－0402－0000356　23/3(5)
御纂詩義折中二十卷　(清)傅恒等撰　清乾隆二十年(1755)三義堂刻本　三册

130000－0402－0000357　23/3(6)
御纂詩義折中二十卷　(清)傅恒等撰　清乾隆二十年(1755)三義堂刻本　六册

130000－0402－0000358　23/3(7)
御纂詩義折中二十卷　(清)傅恒等撰　清乾隆二十年(1755)三義堂刻本　八册

130000－0402－0000359　23/3－2(1)
御纂詩義折中二十卷　(清)傅恒等撰　清刻本　六册

130000－0402－0000360　23/3－2(2)
御纂詩義折中二十卷　(清)傅恒等撰　清刻本　六册

130000－0402－0000361　23/3－3
御纂詩義折中二十卷　(清)傅恒等撰　清文光堂刻本　八册

130000－0402－0000362　23/4(1)
詩經嗜鳳詳解八卷圖説一卷　(清)陳抒孝輯著　(清)汪基增訂　清雍正十三年(1735)三多齋刻本　八册

130000－0402－0000363　23/4(2)
詩經嗜鳳詳解八卷圖説一卷　(清)陳抒孝輯著　(清)汪基增訂　清道光二十九年(1849)三益堂刻本　四册

130000－0402－0000364　23/4(3)
詩經嗜鳳詳解八卷圖説一卷　(清)陳抒孝輯著　(清)汪基增訂　清光緒十三年(1887)善成堂刻本　六册

130000－0402－0000365　23/4(4)
詩經嗜鳳詳解八卷圖説一卷　(清)陳抒孝輯著　(清)汪基增訂　清光緒十四年(1888)聚元堂刻本　六册

130000－0402－0000366　23/4(5)
詩經嗜鳳詳解八卷圖説一卷　(清)陳抒孝輯著　(清)汪基增訂　清善成堂刻本　四册

130000－0402－0000367　23/4－2
詩經喈鳳詳解八卷首一卷　（清）陳抒孝輯著　（清）汪基增訂　清末上海大成書局石印本　六冊

130000－0402－0000368　23/4－3
詩經喈鳳詳解八卷圖說一卷　（清）陳抒孝輯著　（清）汪基增訂　清光緒二十一年（1895）書業德刻本　四冊

130000－0402－0000369　23/4－4
詩經喈鳳詳解八卷圖說一卷　（清）陳抒孝輯著　（清）汪基增訂　清光緒十年（1884）有益堂刻本　四冊

130000－0402－0000370　23/4－5
詩經喈鳳詳解八卷圖說一卷　（清）陳抒孝輯著　（清）汪基增訂　清嘉慶十四年（1809）文秀堂刻本　四冊

130000－0402－0000371　23/5
詩經精華十卷　（清）薛嘉穎纂　清同治八年（1869）京都善成堂刻本　五冊

130000－0402－0000372　23/5－2
詩經精華十卷　（清）薛嘉穎纂　清道光七年（1827）姑蘇步月樓刻本　二冊　缺五卷（三至七）

130000－0402－0000373　23/5－3
詩經精華十卷　（清）薛嘉穎纂　清刻本　二冊　存六卷（五至十）

130000－0402－0000374　23/6（1）
新增詩經補註附考備旨八卷　（清）鄒聖脉纂輯　清乾隆二十八年（1763）善成堂刻本　三冊

130000－0402－0000375　23/6（2）
新增詩經補註附考備旨八卷　（清）鄒聖脉纂輯　清乾隆二十八年（1763）善成堂刻本　四冊

130000－0402－0000376　23/6（3）
新增詩經補註附考備旨八卷　（清）鄒聖脉纂輯　清刻本　四冊

130000－0402－0000377　23/6（4）
新增詩經補註附考備旨八卷　（清）鄒聖脉纂輯　清光緒三年（1877）有益堂刻本　六冊

130000－0402－0000378　23/6（5）
新增詩經補註附考備旨八卷　（清）鄒聖脉纂輯　清光緒三年（1877）有益堂刻本　四冊

130000－0402－0000379　23/6－2
新增詩經補註附考備旨八卷　（清）鄒聖脉纂輯　清聚錦旭刻本　四冊

130000－0402－0000380　23/6－3
仇滄柱先生增補詩經備旨十二卷　（清）仇兆鰲鑒定　（清）祁文友　（清）尹源進增定　清乾隆五十四年（1789）文盛堂刻本　八冊

130000－0402－0000381　23/7
毛詩傳箋二十卷詩譜一卷音義三卷　（漢）鄭玄箋　清江南書局刻本　六冊

130000－0402－0000382　23/7－2
毛詩傳箋二十卷詩譜一卷音義三卷　（漢）鄭玄箋　清江南書局刻本　六冊

130000－0402－0000383　23/8
詩經體註大全合參八卷　（清）高朝瓔定　（清）沈世楷輯　清康熙五十年（1711）宏道堂刻本　四冊

130000－0402－0000384　23/8－2（1）
詩經融註大全體要八卷　（清）高朝瓔定　（清）沈世楷輯　清光緒二十七年（1901）善成堂刻本　四冊

130000－0402－0000385　23/8－2（2）
詩經融註大全體要八卷　（清）高朝瓔定　（清）沈世楷輯　清光緒二十七年（1901）善成堂刻本　四冊

130000－0402－0000386　23/8－2（3）
詩經融註大全體要八卷　（清）高朝瓔定　（清）沈世楷輯　清同治八年（1869）聚錦堂刻本　一冊　存二卷（一至二）

130000－0402－0000387　23/8－3（1）
詩經融註大全體要八卷　（清）高朝瓔定

(清)沈世楷輯　清光緒十年(1884)善成堂刻本　四冊

130000－0402－0000388　23/8－3(2)
詩經融註大全體要八卷　(清)高朝瓔定　(清)沈世楷輯　清光緒十年(1884)善成堂刻本　四冊

130000－0402－0000389　23/8－4
詩經體註圖考大全八卷　(清)高朝瓔定　(清)沈世楷輯　清同治九年(1870)書業德記刻本　四冊

130000－0402－0000390　23/8－5
詩經融註大全體要八卷　(清)高朝瓔定　(清)沈世楷輯　清乾隆五十六年(1791)文英堂刻本　四冊

130000－0402－0000391　23/8－6(1)
詩經體註大全體要八卷　(清)高朝瓔定　(清)沈世楷輯　清文德堂刻本　四冊

130000－0402－0000392　23/8－6(2)
詩經體註大全體要八卷　(清)高朝瓔定　(清)沈世楷輯　清文德堂刻本　一冊　存二卷(一至二)

130000－0402－0000393　23/8－7(1)
詩經體註大全體要八卷　(清)高朝瓔定　(清)沈世楷輯　清刻本　一冊　存二卷(一至二)

130000－0402－0000394　23/8－7(2)
詩經體註大全體要八卷　(清)高朝瓔定　(清)沈世楷輯　清文盛堂刻本　三冊　存六卷(三至八)

130000－0402－0000395　23/8－8
詩經融註大全體要八卷　(清)高朝瓔定　(清)沈世楷輯　清道光二十一年(1841)武水經餘堂刻本　三冊　存六卷(一至二、五至八)

130000－0402－0000396　23/8－9
詩經融註大全體要八卷　(清)高朝瓔定　(清)沈世楷輯　清同治十一年(1872)三益堂刻本　一冊　存四卷(一至四)

130000－0402－0000397　23/8/1
詩經融註大全體要八卷　(清)高朝瓔定　(清)沈世楷輯　清乾隆二十八年(1763)天德堂刻本　四冊

130000－0402－0000398　23/9
詩經增訂旁訓四卷首一卷　(□)□□撰　清光緒三十四年(1908)浙紹明達書莊石印本　四冊

130000－0402－0000399　23/10(1)
增補詩經衍義體註大全合粂八卷　(清)顧豹文鑒定　(清)范翔評選　(清)沈李龍增訂　清康熙二十八年(1689)宏道堂刻本　四冊

130000－0402－0000400　23/10(2)
增補詩經衍義體註大全合粂八卷　(清)顧豹文鑒定　(清)范翔評選　(清)沈李龍增訂　清康熙二十八年(1689)宏道堂刻本　四冊

130000－0402－0000401　23/11(1)
詩經說鈴十二卷　(清)潘克溥學　清同治元年(1862)書業德記刻本　六冊

130000－0402－0000402　23/11(2)
詩經說鈴十二卷　(清)潘克溥學　清同治元年(1862)書業德記刻本　六冊

130000－0402－0000403　23/13(1)
詩經集成三十一卷圖考一卷　(清)趙燦英彙輯　清康熙二十九年(1690)金陵陳君美刻本　二十冊

130000－0402－0000404　23/13(2)
詩經集成三十一卷圖考一卷　(清)趙燦英彙輯　清康熙二十九年(1690)金陵三樂齋刻本　十六冊

130000－0402－0000405　23/13(3)
詩經集成三十一卷圖考一卷　(清)趙燦英彙輯　清康熙二十九年(1690)金陵陳君美刻本　五冊　存九卷(一、十一至十八)

130000－0402－0000406　23/16(1)
詩古微十五卷首一卷　(清)魏源輯　清光緒

十一年(1885)飛青閣楊氏黄岡學署刻本　八冊

130000－0402－0000407　23/16(2)
詩古微十五卷首一卷　(清)魏源輯　清光緒十三年(1887)梁谿浦氏刻本　八冊

130000－0402－0000408　23/18
詩貫十四卷首三卷　(清)張敘著　清乾隆二十年(1755)續草堂刻本　六冊

130000－0402－0000409　23/19
韓詩外傳十卷　(漢)韓嬰著　清嘉慶四年(1799)味經堂刻本　二冊

130000－0402－0000410　23/21(1)
毛詩㕧訂十卷　(清)苗夔撰　清咸豐元年(1851)壽陽祁氏漢磚亭刻苗氏説文本　四冊

130000－0402－0000411　23/21(2)
毛詩㕧訂十卷　(清)苗夔撰　清咸豐元年(1851)壽陽祁氏漢磚亭刻苗氏説文本　四冊

130000－0402－0000412　23/22
詩所八卷　(清)李光地註　清雍正六年(1728)刻本　四冊

130000－0402－0000413　23/24
詩經不分卷　(清)吳汝綸點勘　清光緒十二年(1886)都門印書局鉛印本　二冊

130000－0402－0000414　23/25
詩本義十五卷鄭氏詩譜補亡一卷　(宋)歐陽修撰　清光緒十二年(1886)都門印書局鉛印本　二冊

130000－0402－0000415　23/26
詩經比義述八卷　(清)王千仞學　(清)戴震鑒定　清嘉德堂刻本　三冊

130000－0402－0000416　23/28
毛詩禮徵十卷　(清)包世榮述　清道光七年(1827)小倦遊閣刻本　六冊

130000－0402－0000417　23/29
毛詩復古録十二卷首一卷　(清)吳懋清著　清光緒二十年(1894)廣州學使者署刻本　六冊

130000－0402－0000418　23/32
毛詩名物畧四卷　(清)朱桓編纂　清嘉慶七年(1802)蔚齋刻本　四冊

130000－0402－0000419　23/34
毛詩品物圖考七卷　(日本)岡元鳳纂輯　清光緒十二年(1886)上海積山書局石印本　四冊

130000－0402－0000420　23/35
詩經去疑八卷　(清)王文烜編輯　清古吳三樂齋刻本　四冊

130000－0402－0000421　23/35－2
詩經去疑八卷　(清)王文烜編輯　清江寧文盛堂刻本　四冊

130000－0402－0000422　23/36(1)
詩毛氏傳疏三十卷　(清)陳奐學　清光緒十年(1884)掃葉山房刻本　十冊

130000－0402－0000423　23/36(2)
釋毛詩音四卷　(清)陳奐撰　清咸豐元年(1851)蘇州漱芳齋刻本　一冊

130000－0402－0000424　23/36(3)
毛詩説一卷　(清)陳奐撰　清道光二十七年(1847)武林愛日軒刻本　一冊

130000－0402－0000425　23/36(4)
毛詩傳義類十九篇　(清)陳奐編　清咸豐九年(1859)王載雲刻本　一冊

130000－0402－0000426　23/36(5)
鄭氏箋攷徵一卷　(清)陳奐録　清咸豐八年(1858)許文一刻本　一冊

130000－0402－0000427　23/36－2(1)
詩毛氏傳疏三十卷　(清)陳奐學　清末民初上海文瑞樓石印本　四冊　存十一卷(二十至三十)

130000－0402－0000428　23/36－2(2)
釋毛詩音四卷　(清)陳奐撰　清末民初上海文瑞樓石印本　一冊

130000－0402－0000429　23/36－2(3)
毛詩説一卷　(清)陳奐撰　清末民初上海文

瑞樓石印本　一冊

130000－0402－0000430　23/36－2(4)
毛詩傳義類十九篇　(清)陳奐編　清末民初上海文瑞樓石印本　一冊

130000－0402－0000431　23/36－2(5)
鄭氏箋攷徵一卷　(清)陳奐錄　清末民初上海文瑞樓石印本　一冊

130000－0402－0000432　23/36－3
詩毛氏傳疏三十卷　(清)陳奐學　清刻本　六冊　存十五卷(十六至三十)

130000－0402－0000433　24/1(1)
五禮通考二百六十二卷首四卷總目二卷　(清)秦蕙田編輯　清刻本　一百冊

130000－0402－0000434　24/1(2)
五禮通考二百六十二卷首四卷總目二卷　(清)秦蕙田編輯　清刻本　四十冊　存一百一卷(五十五至一百四、一百八十七至二百三十七)

130000－0402－0000435　24/1(3)
五禮通考二百六十二卷首四卷總目二卷　(清)秦蕙田編輯　清乾隆秦氏味經窩刻本　九十冊

130000－0402－0000436　24/1(4)
五禮通考二百六十二卷首四卷總目二卷　(清)秦蕙田編輯　清乾隆秦氏味經窩刻本　七十五冊

130000－0402－0000437　24/1(5)
五禮通考二百六十二卷首四卷總目二卷　(清)秦蕙田編輯　清乾隆秦氏味經窩刻本　三十六冊　缺一百三十四卷(二十一至六十六、八十五至一百二十九、二百二十至二百六十二)

130000－0402－0000438　24/1－2
五禮通考二百六十二卷首四卷總目二卷　(清)秦蕙田編輯　清光緒六年(1880)江蘇書局刻本　一百冊

130000－0402－0000439　24/1/2(1)
讀禮通考一百二十卷　(清)徐乾學撰　清康熙三十五年(1696)錢塘飛鴻堂刻本　三十二冊

130000－0402－0000440　24/1/2(2)
讀禮通考一百二十卷　(清)徐乾學撰　清刻本　二十五冊

130000－0402－0000441　24/1/2(3)
讀禮通考一百二十卷　(清)徐乾學撰　清刻本　十八冊　存七十四卷(一至七十四)

130000－0402－0000442　24/1/2－2
讀禮通考一百二十卷　(清)徐乾學撰　清光緒七年(1881)江蘇書局刻本　四十冊

130000－0402－0000443　24/3(1)
三禮約編十九卷　(清)汪基撰　清嘉慶九年(1804)敬堂家塾刻本　八冊

130000－0402－0000444　24/3(2)
三禮約編十九卷　(清)汪基撰　清刻本　八冊

130000－0402－0000445　24/3－2
三禮約編十九卷　(清)汪基撰　清同治十三年(1874)掃葉山房刻本　六冊

130000－0402－0000446　24/4
呂叔簡先生四禮翼不分卷　(明)呂坤撰　清光緒二十一年(1895)湖北官書處刻本　一冊

130000－0402－0000447　24/5
三禮便讀九卷　(清)王一清訂　清乾隆四十六年(1781)刻本　四冊

130000－0402－0000448　24/6
禮記輯宜一卷　(明)馬從聘輯　清康熙二十五年(1686)刻本　一冊

130000－0402－0000449　24/7
新定三禮圖二十卷　(宋)聶崇義集註　清康熙十九年(1680)通志堂刻本　二冊

130000－0402－0000450　24/8－2
欽定三禮義疏一百七十八卷首四卷　(清)允祿監理　(清)鄂爾泰總裁　清同治十年(1871)湖北崇文書局刻本　八十三冊　缺四

十九卷（周官四十五、四十八，儀禮二十四至二十九、三十二至三十九、四十五至四十七，禮記四十二至五十二、五十七至七十二、七十六至七十八）

130000－0402－0000451　24/8－3
欽定三禮義疏一百七十八卷首四卷　（清）允祿監理　（清）鄂爾泰總裁　清刻本　十五册　存二十九卷（周官二十四至四十、四十三至四十八，儀禮一至四、首二卷）

130000－0402－0000452　241/1
周禮六卷　（漢）鄭玄注　（唐）陸德明音義　清光緒二十年（1894）金陵書局刻本　六册

130000－0402－0000453　241/1－2（1）
周禮十二卷　（漢）鄭玄注　（唐）陸德明音義　清光緒十二年（1886）湖北官書處刻本　六册

130000－0402－0000454　241/1－2（2）
周禮十二卷　（漢）鄭玄注　（唐）陸德明音義　清光緒十二年（1886）湖北官書處刻本　六册

130000－0402－0000455　241/1－2（3）
周禮十二卷　（漢）鄭玄注　（唐）陸德明音義　清光緒十二年（1886）湖北官書處刻本　六册

130000－0402－0000456　241/1－3
周禮六卷　（漢）鄭玄注　（唐）陸德明音義　清狀元閣李光明莊刻本　六册

130000－0402－0000457　241/1－4
周禮十二卷　（清）姜兆錫輯義　清雍正九年（1731）寅清樓刻本　八册　存十一卷（一至十一）

130000－0402－0000458　241/2（1）
周禮節訓六卷　（清）黄叔琳撰　（清）姚培謙重訂　清光緒十三年（1887）善成堂刻本　二册

130000－0402－0000459　241/2（2）
周禮節訓六卷　（清）黄叔琳撰　（清）姚培謙重訂　清雍正九年（1731）善成堂刻本　二册

130000－0402－0000460　241/3
周禮精華六卷　（清）陳龍標編輯　清光緒善成堂刻本　六册

130000－0402－0000461　241/3－2（1）
周禮精華六卷　（清）陳龍標編輯　清同治五年（1866）崇德堂刻本　五册

130000－0402－0000462　241/3－2（2）
周禮精華六卷　（清）陳龍標編輯　清同治五年（1866）崇德堂刻本　三册

130000－0402－0000463　241/3－2（3）
周禮精華六卷　（清）陳龍標編輯　清道光六年（1826）山西書業德刻本　六册

130000－0402－0000464　241/4
周官精義十二卷　（清）連斗山編次　清乾隆四十六年（1781）安徽督學使者署刻本　六册

130000－0402－0000465　241/4－2（1）
周官精義十二卷　（清）連斗山編次　清嘉慶三年（1798）集錦堂刻本　六册

130000－0402－0000466　241/4－2（2）
周官精義十二卷　（清）連斗山編次　清刻本　六册

130000－0402－0000467　241/4－3
周官精義十二卷　（清）連斗山編次　清嘉慶二十二年（1817）富有堂刻本　六册

130000－0402－0000468　241/5（1）
欽定周官義疏四十八卷首一卷　（清）允祿監理　（清）鄂爾泰總裁　清同治七年（1868）刻本　二十三册　缺二卷（十八至十九）

130000－0402－0000469　241/5（2）
欽定周官義疏四十八卷首一卷　（清）允祿監理　（清）鄂爾泰總裁　清同治七年（1868）刻本　二十四册

130000－0402－0000470　241/7
周禮政要二卷　（清）孫詒讓著　清光緒二十九年（1903）京都琉璃廠刻本　二册

130000－0402－0000471　241/7－2(1)
周禮政要二卷　(清)孫詒讓著　清光緒二十八年(1902)鉛印本　二冊

130000－0402－0000472　241/7－2(2)
周禮政要二卷　(清)孫詒讓著　清光緒二十八年(1902)鉛印本　二冊

130000－0402－0000473　241/8
考工記圖二卷　(清)戴震撰　清光緒十一年(1885)花雨樓刻本　二冊

130000－0402－0000474　241/9
周禮六卷　(清)黄叔琳注　(清)許寶香重訂　清嘉慶四年(1799)自怡軒刻本　二冊

130000－0402－0000475　241/10(1)
周禮注疏刪翼三十卷　(明)王志長輯　清天德堂刻本　十八冊

130000－0402－0000476　241/10(2)
周禮注疏刪翼三十卷　(明)王志長輯　清刻本　八冊　存十六卷(十五至三十)

130000－0402－0000477　242/1(1)
儀禮鄭註句讀十七卷監本正誤一卷石本誤字一卷　(漢)鄭玄註　(清)張爾岐句讀　清同治七年(1868)金陵書局刻本　六冊

130000－0402－0000478　242/1(2)
儀禮鄭註句讀十七卷監本正誤一卷石本誤字一卷　(漢)鄭玄註　(清)張爾岐句讀　清同治七年(1868)金陵書局刻本　四冊

130000－0402－0000479　242/1(3)
儀禮鄭註句讀十七卷監本正誤一卷石本誤字一卷　(漢)鄭玄註　(清)張爾岐句讀　清同治七年(1868)金陵書局刻本　四冊

130000－0402－0000480　242/2
儀禮圖六卷　(清)張惠言述　清同治九年(1870)楚北崇文書局刻本　三冊

130000－0402－0000481　242/2－2
儀禮圖六卷　(清)張惠言述　清嘉慶十年(1805)刻本　二冊

130000－0402－0000482　242/2－3
儀禮圖十七卷旁通圖一卷　(宋)楊復撰　清通志堂刻本　三冊　缺八卷(一至八)

130000－0402－0000483　242/3
儀禮十七卷校錄一卷　(漢)鄭玄注　清同治九年(1870)楚北崇文書局刻本　二冊

130000－0402－0000484　242/3－2
儀禮十七卷監本正誤一卷石本誤字一卷　(漢)鄭玄註　(清)張爾岐句讀　清狀元閣李光明莊刻本　六冊

130000－0402－0000485　242/3－3
儀禮鄭註句讀十七卷監本正誤一卷石本誤字一卷　(漢)鄭玄註　(清)張爾岐句讀　清乾隆八年(1743)高氏和衷堂刻本　八冊

130000－0402－0000486　242/4(1)
儀禮十七卷　(漢)鄭玄注　(清)張爾岐句讀　清同治七年(1868)湖北崇文書局刻本　四冊

130000－0402－0000487　242/4(2)
儀禮十七卷　(漢)鄭玄注　(清)張爾岐句讀　清同治七年(1868)湖北崇文書局刻本　四冊

130000－0402－0000488　242/5
儀禮彙說十七卷　(清)焦以恕著　(清)林克銓輯錄　清乾隆三十七年(1772)研雨齋刻本　四冊

130000－0402－0000489　242/6
儀禮古今文疏義十七卷　(清)胡承珙撰　清光緒三年(1877)湖北崇文書局刻本　四冊

130000－0402－0000490　242/7(1)
欽定儀禮義疏四十八卷首二卷　(清)允祿等撰　清刻本　二十八冊

130000－0402－0000491　242/7(2)
欽定儀禮義疏四十八卷首二卷　(清)允祿等撰　清刻本　二十八冊

130000－0402－0000492　242/7－2
欽定儀禮義疏四十八卷首二卷　(清)允祿等撰　清刻本　二十四冊　缺十三卷(二十六

至三十八)

130000－0402－0000493　242/7－3
欽定儀禮義疏四十八卷首二卷　(清)允祿等撰　清光緒十四年(1888)江南書局刻本　二十八册

130000－0402－0000494　242/9
儀禮經傳内編二十三卷外編五卷　(清)姜兆錫註疏參義　清寅清樓刻本　九册　存十六卷(内編三至四、十五至二十三,外編五卷)

130000－0402－0000495　243/1
禮記十卷　(元)陳澔集說　清乾隆五十七年(1792)嘉興博古堂刻本　五册

130000－0402－0000496　243/1－2(1)
禮記十卷　(元)陳澔集說　清光緒十九年(1893)江南書局刻本　十册

130000－0402－0000497　243/1－2(2)
禮記十卷　(元)陳澔集說　清光緒十九年(1893)江南書局刻本　八册　存八卷(二至七、九至十)

130000－0402－0000498　243/1－3(1)
禮記十卷　(元)陳澔集說　清嘉慶十年(1805)刻本　十册

130000－0402－0000499　243/1－3(2)
禮記十卷　(元)陳澔集說　清嘉慶十年(1805)刻本　十册

130000－0402－0000500　243/1－4
禮記十卷　(元)陳澔集說　清光緒善成堂刻本　十册

130000－0402－0000501　243/1－5
禮記十卷　(元)陳澔集說　清同治十三年(1874)江西書局刻本　十册

130000－0402－0000502　243/1－6(1)
禮記十卷　(元)陳澔集說　清道光十二年(1832)刻本　五册

130000－0402－0000503　243/1－6(2)
禮記十卷　(元)陳澔集說　清嘉慶十七年(1812)吳郡山淵堂刻本　五册

130000－0402－0000504　243/1－7(1)
禮記十卷　(元)陳澔集說　清乾隆五十九年(1794)崇文堂刻本　十册

130000－0402－0000505　243/1－7(2)
禮記十卷　(元)陳澔集說　清乾隆五十九年(1794)崇文堂刻本　十册

130000－0402－0000506　243/1－8
禮記十卷　(元)陳澔集說　清光緒十六年(1890)蘭州刻本　十册

130000－0402－0000507　243/1－9
禮記十卷　(元)陳澔集說　清同治十一年(1872)山東書局刻本　十册

130000－0402－0000508　243/1－10
禮記十卷　(元)陳澔集說　清狀元閣李光明莊刻本　十册

130000－0402－0000509　243/1－11
禮記六十一卷尚書顧命解一卷　(清)孫希旦集解　清同治刻本　七册　存三十三卷(二十九至六十一)

130000－0402－0000510　243/1－12
禮記十卷　(元)陳澔集說　清嘉慶十六年(1811)金閶多文堂刻本　九册　存九卷(一至九)

130000－0402－0000511　243/1－13
禮記十卷　(元)陳澔集說　清刻本　十册

130000－0402－0000512　243/1－15
禮記十卷　(元)陳澔集說　清世德堂刻本　九册　缺一卷(二)

130000－0402－0000513　243/1－16
禮記增訂旁訓六卷　(元)陳澔集說　清孝思堂刻本　三册

130000－0402－0000514　243/1－17
禮記十卷　(元)陳澔集說　清刻本　七册　存七卷(四至十)

130000－0402－0000515　243/1－18
禮記十卷　(元)陳澔集說　清同治十年(1871)刻本　九册　缺一卷(四)

130000－0402－0000516　243/2(1)
欽定禮記義疏八十二卷首一卷　(清)允祿等撰　清光緒十四年(1888)江南書局刻本　三十一册　缺二卷(四十九至五十)

130000－0402－0000517　243/2(2)
欽定禮記義疏八十二卷首一卷　(清)允祿等撰　清光緒十四年(1888)江南書局刻本　三十二册

130000－0402－0000518　243/2(3)
欽定禮記義疏八十二卷首一卷　(清)允祿等撰　清刻本　二十八册　存七十四卷(二至九、十五至十七、二十至八十二)

130000－0402－0000519　243/2(4)
欽定禮記義疏八十二卷首一卷　(清)允祿等撰　清刻本　八册　存二十一卷(二十三至二十四、四十至四十二、四十七至六十二)

130000－0402－0000520　243/2－2
欽定禮記義疏八十二卷首一卷　(清)允祿等撰　清刻本　四十册　存五十卷(一至九、三十四至七十三,首一卷)

130000－0402－0000521　243/2－3
欽定禮記義疏八十二卷首一卷　(清)允祿等撰　清刻本　三十二册　存四十二卷(一至八、十九至二十九、五十一至六十一、七十二至八十二,首一卷)

130000－0402－0000522　243/2－4
欽定禮記義疏八十二卷首一卷　(清)允祿等撰　清刻本　三十六册

130000－0402－0000523　243/3
求古録禮説十六卷補遺一卷　(清)金鶚撰　**校勘記三卷**　(清)王士駿輯　清光緒刻本　八册

130000－0402－0000524　243/4
大戴禮管箋十三卷首一卷　(漢)戴德撰　(清)孔廣森補注　(清)丁宗洛箋　清道光十八年(1838)刻本　三册

130000－0402－0000525　243/5－2(1)
宋撫州本禮記二十卷　(漢)鄭玄注　**考異二卷**　(清)張敦仁撰　清同治九年(1870)楚北崇文書局刻本　七册　缺三卷(十八至二十)

130000－0402－0000526　243/5－2(2)
宋撫州本禮記二十卷　(漢)鄭玄注　**考異二卷**　(清)張敦仁撰　清同治九年(1870)楚北崇文書局刻本　八册

130000－0402－0000527　243/6
禮記衷要三十卷　(清)李式穀輯　清嘉慶二十二年(1817)刻本　十五册

130000－0402－0000528　243/8(1)
禮記易讀二卷　(清)志遠堂主人編選　清光緒善成堂刻本　二册

130000－0402－0000529　243/8(2)
禮記易讀二卷　(清)志遠堂主人編選　清光緒善成堂刻本　二册

130000－0402－0000530　243/8(3)
禮記易讀二卷　(清)志遠堂主人編選　清光緒二十八年(1902)有益堂刻本　二册

130000－0402－0000531　243/8(4)
禮記易讀二卷　(清)志遠堂主人編選　清光緒二十八年(1902)有益堂刻本　二册

130000－0402－0000532　243/8－2(1)
禮記易讀二卷　(清)志遠堂主人編選　清書業德刻本　一册　存一卷(下)

130000－0402－0000533　243/8－2(2)
禮記易讀二卷　(清)志遠堂主人編選　清光緒二年(1876)書業德刻本　二册

130000－0402－0000534　243/8－2(3)
禮記易讀二卷　(清)志遠堂主人編選　清光緒二年(1876)書業德刻本　二册

130000－0402－0000535　243/8－2(4)
禮記易讀二卷　(清)志遠堂主人編選　清光緒二年(1876)書業德刻本　二册

130000－0402－0000536　243/8－3
禮記易讀二卷　(清)志遠堂主人編選　清光緒四年(1878)三盛堂刻本　二册

130000－0402－0000537　243/9
大戴禮記十三卷　(漢)戴德撰　(北周)盧辯注　清乾隆刻本　二冊

130000－0402－0000538　243/10(1)
大戴禮記補注十三卷序録一卷　(北周)盧辯注　(清)孔廣森補　清光緒九年(1883)刻本　二冊

130000－0402－0000539　243/10(2)
大戴禮記補注十三卷序録一卷　(北周)盧辯注　(清)孔廣森補　清光緒九年(1883)刻本　二冊

130000－0402－0000540　243/10－2
大戴禮記補注十三卷序録一卷　(清)孔廣森注　清同治十三年(1874)淮南書局刻本　四冊

130000－0402－0000541　243/11(1)
校正孔氏大戴禮記補注十三卷　王樹枏撰　清刻本　二冊

130000－0402－0000542　243/11(2)
校正孔氏大戴禮記補注十三卷　王樹枏撰　清刻本　二冊

130000－0402－0000543　243/11－2
校正孔氏大戴禮記補注十三卷　王樹枏撰　清刻本　二冊

130000－0402－0000544　243/12(1)
禮記心典傳本三卷　(清)胡瑤光輯　清康熙三十二年(1693)四教堂刻本　四冊

130000－0402－0000545　243/12(2)
禮記心典傳本三卷　(清)胡瑤光輯　清康熙三十二年(1693)四教堂刻本　三冊

130000－0402－0000546　243/12(3)
禮記心典傳本四卷　(清)胡瑤光輯　清康熙三十二年(1693)刻本　四冊

130000－0402－0000547　243/13(1)
禮記旁訓辨體合訂六卷　(清)徐立綱輯　清刻本　二冊

130000－0402－0000548　243/13(2)
禮記旁訓辨體合訂六卷　(清)徐立綱輯　清刻本　一冊　存三卷(二至四)

130000－0402－0000549　243/13(3)
禮記旁訓辨體合訂六卷　(清)徐立綱輯　清刻本　六冊

130000－0402－0000550　243/13(4)
禮記旁訓辨體合訂六卷　(清)徐立綱輯　清刻本　六冊

130000－0402－0000551　243/14(1)
漱芳軒合纂禮記體註四卷　(清)范翔叅訂　清蘇州書業興記刻本　四冊

130000－0402－0000552　243/14(2)
漱芳軒合纂禮記體註四卷　(清)范翔叅訂　清同治十年(1871)刻本　四冊

130000－0402－0000553　243/14－2(1)
漱芳軒合纂禮記體註四卷　(清)范翔叅訂　清康熙五十二年(1713)刻本　四冊

130000－0402－0000554　243/14－2(2)
漱芳軒合纂禮記體註四卷　(清)范翔叅訂　清康熙五十二年(1713)刻本　四冊

130000－0402－0000555　243/14－3(1)
漱芳軒合纂禮記體註四卷　(清)范翔叅訂　清康熙五十二年(1713)刻本　四冊

130000－0402－0000556　243/14－3(2)
漱芳軒合纂禮記體註四卷　(清)范翔叅訂　清刻本　四冊

130000－0402－0000557　243/14－3(3)
漱芳軒合纂禮記體註四卷　(清)范翔叅訂　清康熙五十二年(1713)繼志堂刻本　四冊

130000－0402－0000558　243/14－4
漱芳軒合纂禮記體註四卷　(清)范翔叅訂　清乾隆五十五年(1790)刻本　四冊

130000－0402－0000559　243/14－5
漱芳軒合纂禮記體註四卷　(清)范翔叅訂　清有益堂刻本　四冊

130000－0402－0000560　243/14－6

全本禮記體註大全合參十卷　(清)范翔原定　(清)徐旦參訂　(清)徐瑄補輯　清經綸堂刻本　四册　存五卷(一至五)

130000－0402－0000561　243/15－2
禮記省度四卷　(清)彭頤纂　清康熙十一年(1672)書業德記刻本　四册

130000－0402－0000562　243/15－3
禮記省度四卷　(清)彭頤纂　清乾隆二十四年(1759)芸經堂刻本　四册

130000－0402－0000563　243/15－4
禮記省度四卷　(清)彭頤纂　清嘉慶十二年(1807)刻本　四册

130000－0402－0000564　243/16
寄傲山房塾課纂輯禮記全文備旨十一卷　(清)鄒聖脉纂輯　(清)鄒廷猷編次　清務本堂刻本　八册

130000－0402－0000565　243/16－2
寄傲山房塾課纂輯禮記全文備旨十一卷　(清)鄒聖脉纂輯　(清)鄒廷猷編次　清宏德堂刻本　五册　存九卷(一至六、九至十一)

130000－0402－0000566　243/17
弟子職注解一卷　(清)張爾岐著　清同治五年(1866)濟南府文華堂刻本　一册

130000－0402－0000567　25/1
欽定春秋傳說彙纂三十八卷首二卷　(清)王掞等編　清康熙六十年(1721)內府刻本　二十四册

130000－0402－0000568　25/1－2
欽定春秋傳說彙纂三十八卷首二卷　(清)王掞等編　清光緒十四年(1888)江南書局刻本　二十册

130000－0402－0000569　25/1－3(1)
欽定春秋傳說彙纂三十八卷首二卷　(清)王掞等編　清刻本　三十二册

130000－0402－0000570　25/1－3(2)
欽定春秋傳說彙纂三十八卷首二卷　(清)王掞等編　清刻本　三十册　缺一卷(八)

130000－0402－0000571　25/1－3(3)
欽定春秋傳說彙纂三十八卷首二卷　(清)王掞等編　清刻本　十册　存二十一卷(二十至三十八、首二卷)

130000－0402－0000572　25/1－3(4)
欽定春秋傳說彙纂三十八卷首二卷　(清)王掞等編　清刻本　十二册　存二十一卷(九至十八、二十八至三十八)

130000－0402－0000573　25/1－3(5)
欽定春秋傳說彙纂三十八卷首二卷　(清)王掞等編　清刻本　十二册　存十二卷(一至四、十二至十七,首二卷)

130000－0402－0000574　25/1－3(6)
欽定春秋傳說彙纂三十八卷首二卷　(清)王掞等編　清刻本　二十四册　存三十卷(一至十七、二十八至三十八,首二卷)

130000－0402－0000575　25/1－3(7)
欽定春秋傳說彙纂三十八卷首二卷　(清)王掞等編　清刻本　六册　存十一卷(二十八至三十八)

130000－0402－0000576　25/1－3(8)
欽定春秋傳說彙纂三十八卷首二卷　(清)王掞等編　清刻本　六册　存十卷(十八至二十七)

130000－0402－0000577　25/1－4(1)
欽定春秋傳說彙纂三十八卷首二卷　(清)王掞等編　清刻本　十八册　存三十卷(九至三十八)

130000－0402－0000578　25/1－4(2)
欽定春秋傳說彙纂三十八卷首二卷　(清)王掞等編　清刻本　十册　存十七卷(二至八、十八至二十七)

130000－0402－0000579　25/2/2
春秋公羊傳十二卷　(明)閔齊伋注　明天啓元年(1621)文林閣唐錦池刻本　四册

130000－0402－0000580　25/2/3
春秋穀梁傳十二卷　(明)閔齊伋注　明天啓

元年(1621)文林閣唐錦池刻本　四册

130000－0402－0000581　25/3

春秋四傳三十八卷總目一卷　(宋)胡安國著傳　清刻本　七册

130000－0402－0000582　25/5

春秋三十卷　(宋)胡安國傳　清書業德刻本　八册

130000－0402－0000583　25/5－2(1)

春秋三十卷　(宋)胡安國傳　清嘉慶十六年(1811)刻本　六册

130000－0402－0000584　25/5－2(2)

春秋三十卷　(宋)胡安國傳　清京都文錦堂刻本　六册

130000－0402－0000585　25/5－3

春秋三十卷　(宋)胡安國傳　清道光二十七年(1847)書業德刻本　六册

130000－0402－0000586　25/5－4

春秋三十卷　(宋)胡安國傳　**陸氏三傳釋文音義十六卷**　(唐)陸德明撰　清刻本　八册　存二十三卷(十至十六、音義十六卷)

130000－0402－0000587　25/5－5

春秋三十卷總目一卷　(宋)胡安國傳　清刻本　六册

130000－0402－0000588　25/5－6

春秋三十卷　(宋)胡安國傳　清三槐堂、焕文堂合刻本　八册

130000－0402－0000589　25/5－7

春秋十二卷　(宋)胡安國傳　(清)姜兆錫參義　清雍正元年(1723)刻本　六册

130000－0402－0000590　25/6

半農先生春秋説十五卷　(清)惠士奇撰　清刻本　八册

130000－0402－0000591　25/7(1)

春秋説畧十二卷春秋比二卷　(清)郝懿行學　(清)趙銘彝校刊　清光緒七年(1881)刻本　四册

130000－0402－0000592　25/7(2)

春秋説畧十二卷春秋比二卷　(清)郝懿行學　(清)趙銘彝校刊　清光緒七年(1881)刻本　四册

130000－0402－0000593　25/9

春秋三傳駁語十卷　(清)毛士述　清光緒八年(1882)刻本　八册

130000－0402－0000594　25/10(1)

御纂春秋直解十二卷　(清)傅恒等纂　清乾隆二十三年(1758)内府刻本　八册

130000－0402－0000595　25/10(2)

御纂春秋直解十二卷　(清)傅恒等纂　清乾隆二十三年(1758)内府刻本　八册

130000－0402－0000596　25/11

春秋會義二十六卷　(宋)杜諤撰　清光緒十八年(1892)問經精舍刻本　十二册

130000－0402－0000597　25/12.2

春秋公羊傳　(漢)何休學　(明)閔齊伋裁注　清稽古樓刻本　六册

130000－0402－0000598　25/12.3

春秋穀梁傳　(晉)范甯集解　(明)閔齊伋裁注　清稽古樓刻本　五册

130000－0402－0000599　25/13(1)

春秋體注大全合条四卷　(清)周爔纂輯　清崇文堂刻本　三册　存三卷(二至四)

130000－0402－0000600　25/13(2)

春秋體注大全合条四卷　(清)周爔纂輯　清崇文堂刻本　四册

130000－0402－0000601　25/14

公羊穀梁春秋合編附註疏纂十二卷　(漢)何休學　(晉)范甯集解　(唐)楊士勛疏　(明)朱泰禎纂述　清三餘堂刻本　六册

130000－0402－0000602　25/15

重訂春秋體註大全四卷　(宋)胡安國傳　(清)范翔条訂　清乾隆四十年(1775)刻本　四册

130000－0402－0000603　25/16

春秋世族譜不分卷 (清)陳厚耀撰 (清)葉蘭補鈔 清東昌葉氏書林刻本 二冊

130000－0402－0000604 251/2
春秋左傳十五卷 (明)孫鑛批點 明萬曆四十四年(1616)閔齊伋刻朱墨套印本 十六冊

130000－0402－0000605 251/3－2
春秋經傳集解三十卷 (晉)杜預注 **春秋年表一卷** (宋)岳珂刊補 **春秋名號歸一圖二卷** (後蜀)馮繼先撰 清同治八年(1869)崇文書局刻本 十二冊

130000－0402－0000606 251/3－4
春秋左傳杜注補輯三十卷 (清)姚培謙學 清同治五年(1866)金陵書局刻本 十冊

130000－0402－0000607 251/3－5
春秋左傳杜注三十卷首一卷 (清)姚培謙學 清道光七年(1827)洪都漱經堂刻朱墨套印本 十二冊

130000－0402－0000608 251/3－6
春秋左傳三十卷首一卷 (晉)杜預註 (宋)林堯叟附註 (唐)陸德明音釋 (清)馮李驊集解 清同治七年(1868)楚北崇文書局刻本 四冊 存八卷(一、三至五、十二至十三、二十九至三十)

130000－0402－0000609 251/3－7(1)
春秋左傳五十卷 (晉)杜預 (宋)林堯叟註釋 (唐)陸德明音義 (明)鍾惺等評點 清光緒十五年(1889)狀元閣李光明莊刻本 八冊

130000－0402－0000610 251/3－7(2)
春秋左傳五十卷 (晉)杜預 (宋)林堯叟註釋 (唐)陸德明音義 (明)鍾惺等評點 清狀元閣李光明莊刻本 十六冊

130000－0402－0000611 251/3－8
春秋左傳三十卷首一卷 (晉)杜預註 (明)鍾惺批評 清毛氏汲古閣刻本 十冊 存十七卷(一至十六、首一卷)

130000－0402－0000612 251/3－9
春秋左傳五十卷 (晉)杜預 (宋)林堯叟註釋 (唐)陸德明音義 (明)鍾惺等評點 清光緒三十年(1904)京都鴻文齋石印本 十一冊 存十五卷(一、五至十八)

130000－0402－0000613 251/3－10(1)
春秋左傳五十卷 (晉)杜預 (宋)林堯叟註釋 (唐)陸德明音義 (明)鍾惺等評點 清光緒三十一年(1905)直隸官書局刻本 八冊 存二十六卷(一至二十六)

130000－0402－0000614 251/3－10(2)
春秋左傳五十卷 (晉)杜預 (宋)林堯叟註釋 (唐)陸德明音義 (明)鍾惺等評點 清光緒三十一年(1905)直隸官書局刻本 十四冊 存四十三卷(一至六、十一至二十、二十四至五十)

130000－0402－0000615 251/3－10(3)
春秋左傳五十卷 (晉)杜預 (宋)林堯叟註釋 (唐)陸德明音義 (明)鍾惺等評點 清光緒三十一年(1905)直隸官書局刻本 十六冊

130000－0402－0000616 251/3－11
春秋左傳杜注三十卷 (清)姚培謙學 清刻本 六冊 存十四卷(一至十四)

130000－0402－0000617 251/3－12
春秋左傳五十卷 (晉)杜預 (宋)林堯叟註釋 (唐)陸德明音義 (明)鍾惺等評閱 清崇文堂刻本 八冊 存二十五卷(一至二十五)

130000－0402－0000618 251/3－13
春秋左傳五十卷 (晉)杜預 (宋)林堯叟註釋 (唐)陸德明音義 (明)鍾惺等評點 清善成堂刻本 五冊 存二十二卷(一至二十二)

130000－0402－0000619 251/3－14
春秋左傳五十卷 (晉)杜預 (宋)林堯叟註釋 (唐)陸德明音義 (明)鍾惺等評閱 清刻本 三冊 存十八卷(三十三至五十)

130000－0402－0000620 251/3－15

春秋左傳五十卷　(晉)杜預　(宋)林堯叟註釋　(唐)陸德明音義　(明)鍾惺等評閱　清芥子園刻本　四册　存二十六卷(一至二十六)

130000－0402－0000621　251/4
左傳舊疏攷證八卷　(清)劉文淇撰　清光緒三年(1877)湖北崇文書局刻本　四册

130000－0402－0000622　251/5－3(1)
春秋左傳三十卷首一卷　(晉)杜預註　(宋)林堯叟附註　(唐)陸德明音釋　(清)馮李驊集解　清光緒十二年(1886)湖北官書處刻本　十二册

130000－0402－0000623　251/5－3(2)
春秋左傳三十卷　(晉)杜預註　(宋)林堯叟附註　(唐)陸德明音釋　(清)馮李驊集解　清刻本　六册　存十四卷(十七至三十)

130000－0402－0000624　251/5－3(3)
春秋左傳三十卷首一卷　(晉)杜預註　(宋)林堯叟附註　(唐)陸德明音釋　(清)馮李驊集解　清光緒十二年(1886)湖北官書處刻本　十二册

130000－0402－0000625　251/5－3(4)
春秋左傳三十卷　(晉)杜預註　(宋)林堯叟附註　(唐)陸德明音釋　(清)馮李驊集解　清刻本　八册　存十九卷(十二至三十)

130000－0402－0000626　251/5－4(1)
春秋左傳五十卷　(晉)杜預　(宋)林堯叟註釋　(唐)陸德明音義　(明)孫鑛等評閱　清刻本　六册　存十九卷(三十二至五十)

130000－0402－0000627　251/5－4(2)
春秋左傳五十卷　(晉)杜預　(宋)林堯叟註釋　(唐)陸德明音義　(明)孫鑛等評點　清步月樓刻本　八册

130000－0402－0000628　251/5－6(1)
春秋左傳杜林善本五十卷　(晉)杜預　(宋)林堯叟註釋　(唐)陸德明音義　(明)孫鑛等評點　清文盛堂刻本　八册　存二十八卷(一至二十八)

130000－0402－0000629　251/5－6(2)
春秋左傳五十卷　(晉)杜預　(宋)林堯叟註釋　(唐)陸德明音義　(明)孫鑛等評閱　清刻本　三册　存十九卷(三十二至五十)

130000－0402－0000630　251/5－6(3)
春秋左傳五十卷　(晉)杜預　(宋)林堯叟註釋　(唐)陸德明音義　(明)孫鑛等評閱　清刻本　六册　存二十五卷(二十六至五十)

130000－0402－0000631　251/5－6(4)
春秋左傳五十卷　(晉)杜預　(宋)林堯叟註釋　(唐)陸德明音義　(明)孫鑛等評點　清刻本　一册　存四卷(二十三、二十八至三十)

130000－0402－0000632　251/5－6(5)
春秋左傳杜林善本五十卷　(晉)杜預　(宋)林堯叟註釋　(唐)陸德明音義　(明)孫鑛等評點　清文盛堂刻本　四册　存二十五卷(一至二十五)

130000－0402－0000633　251/5－7
春秋左傳五十卷　(晉)杜預　(宋)林堯叟註釋　(唐)陸德明音義　(明)孫鑛等評點　**春秋列國圖說一卷**　(宋)蘇軾著　清會友堂刻本　十二册

130000－0402－0000634　251/5－8
春秋左傳綱目杜林詳註十四卷首一卷春秋二十國年表一卷　(明)張岐然編　**春秋列國圖說一卷**　(宋)蘇軾著　清芸生堂刻本　四册　存九卷(一至九)

130000－0402－0000635　251/6
欽定春秋左傳讀本三十卷　(清)英和　(清)黃鉞纂輯　清道光三年(1823)武英殿刻本　十六册

130000－0402－0000636　251/6－2
欽定春秋左傳讀本三十卷　(清)英和　(清)黃鉞纂輯　清同治八年(1869)江蘇書局刻本　十册

130000－0402－0000637　251/6－3
欽定春秋左傳讀本三十卷　(清)英和　(清)

黄鉞纂輯　清刻本　十三冊　存二十四卷(一至十三、十八至二十八)

130000 - 0402 - 0000638　251/7 - 2(1)
左繡三十卷首一卷　(清)馮李驊　(清)陸浩評輯　清華川書屋刻本　十二冊

130000 - 0402 - 0000639　251/7 - 2(2)
左繡三十卷首一卷　(清)馮李驊　(清)陸浩評輯　清華川書屋刻本　七冊　存十四卷(二至十五)

130000 - 0402 - 0000640　251/7 - 2(3)
左繡三十卷首一卷　(清)馮李驊　(清)陸浩評輯　清華川書屋刻本　八冊　存十五卷(十六至三十)

130000 - 0402 - 0000641　251/7 - 2(4)
左繡三十卷首一卷　(清)馮李驊　(清)陸浩評輯　清華川書屋刻本　四冊　存十五卷(十六至三十)

130000 - 0402 - 0000642　251/7 - 2(5)
左繡三十卷首一卷　(清)馮李驊　(清)陸浩評輯　清刻本　七冊　存十六卷(一至十五、首一卷)

130000 - 0402 - 0000643　251/7 - 2(6)
左繡三十卷首一卷　(清)馮李驊　(清)陸浩評輯　清華川書屋刻本　八冊

130000 - 0402 - 0000644　251/7 - 2(7)
左繡三十卷首一卷　(清)馮李驊　(清)陸浩評輯　清華川書屋刻本　十冊

130000 - 0402 - 0000645　251/7 - 5
左繡三十卷首一卷　(清)馮李驊　(清)陸浩評輯　清光緒三十年(1904)承文新刻本　十六冊

130000 - 0402 - 0000646　251/7 - 7
左繡三十卷首一卷　(清)馮李驊　(清)陸浩評輯　清書業東店刻本　十六冊

130000 - 0402 - 0000647　251/7 - 8
春秋經傳集解三十卷首一卷　(晉)杜預註　清刻本　八冊　存十五卷(一至十四、首一卷)

130000 - 0402 - 0000648　251/7 - 9
春秋經傳集解三十卷首一卷　(晉)杜預註　清刻本　五冊　存十四卷(一至十四)

130000 - 0402 - 0000649　251/7 - 10
左繡三十卷首一卷　(清)馮李驊　(清)陸浩評輯　清文淵堂刻本　十六冊

130000 - 0402 - 0000650　251/8
左傳文法讀本十二卷　劉培極　吳闓生學　清宣統元年(1909)桐城吳辟疆鉛印本　六冊

130000 - 0402 - 0000651　251/9 - 2
太史張天如詳節春秋綱目左傳句解六卷　(清)韓菼重訂　清敬文堂刻本　六冊

130000 - 0402 - 0000652　251/9 - 5(1)
太史張天如詳節春秋綱目左傳句解六卷　(清)韓菼重訂　清光緒善成堂刻本　六冊

130000 - 0402 - 0000653　251/9 - 5(2)
太史張天如詳節春秋綱目左傳句解六卷　(清)韓菼重訂　清光緒善成堂刻本　三冊

130000 - 0402 - 0000654　251/9 - 5(3)
太史張天如詳節春秋綱目左傳句解六卷　(清)韓菼重訂　清光緒善成堂刻本　六冊

130000 - 0402 - 0000655　251/9 - 8
如西所刻諸名家評點春秋綱目左傳句解六卷　(清)韓菼重訂　清刻本　六冊

130000 - 0402 - 0000656　251/9 - 9
如西所刻諸名家評點春秋綱目左傳句解彙雋六卷　(清)韓菼重訂　清同治十年(1871)三盛堂刻本　三冊

130000 - 0402 - 0000657　251/9 - 10(1)
太史張天如詳節春秋綱目左傳句解六卷　(清)韓菼重訂　清光緒刻本　三冊

130000 - 0402 - 0000658　251/9 - 10(2)
太史張天如詳節春秋綱目左傳句解六卷　(清)韓菼重訂　清光緒刻本　六冊

130000 - 0402 - 0000659　251/9 - 10(3)

太史張天如詳節春秋綱目左傳句解六卷 (清)韓菼重訂　清光緒刻本　三冊

130000－0402－0000660　251/9－11
太史張天如詳節春秋綱目左傳句解六卷 (清)韓菼重訂　清光緒三十一年(1905)有益堂刻本　五冊　存五卷(一至五)

130000－0402－0000661　251/10(1)
左傳易讀六卷　(清)司徒修選訂　清光緒十年(1884)文英堂刻本　六冊

130000－0402－0000662　251/10(2)
左傳易讀六卷　(清)司徒修選訂　清光緒十四年(1888)善成堂刻本　三冊

130000－0402－0000663　251/10－2
左傳易讀六卷　(清)司徒修選訂　清同治十年(1871)敬文堂刻本　六冊

130000－0402－0000664　251/10－3
左傳易讀六卷　(清)司徒修選訂　清光緒十五年(1889)聚元堂刻本　六冊

130000－0402－0000665　251/11
左傳分國纂畧十六卷　(清)盧元昌評閱　清刻本　八冊

130000－0402－0000666　251/12
左傳翼三十八卷　(清)張廷璐鑒定　(清)周大璋輯評　清刻本　二十冊

130000－0402－0000667　251/12－2
左傳翼三十八卷　(清)張廷璐鑒定　(清)周大璋輯評　清三畏堂刻本　九冊

130000－0402－0000668　251/12－3
左傳翼三十八卷　(清)張廷璐鑒定　(清)周大璋輯評　清乾隆五年(1740)刻本　十一冊

130000－0402－0000669　251/13
春秋大事表五十卷輿圖一卷附錄一卷　(清)顧棟高輯　清同治十二年(1873)萬卷樓刻本　二十冊

130000－0402－0000670　251/13－2(1)
春秋大事表五十卷輿圖一卷附錄一卷　(清)顧棟高輯　清萬卷樓刻本　十冊　缺十一卷(一至十一)

130000－0402－0000671　251/13－2(2)
春秋大事表五十卷輿圖一卷附錄一卷　(清)顧棟高輯　清萬卷樓刻本　十冊　缺十一卷(一至十一)

130000－0402－0000672　251/15
春秋左傳分類賦四卷　(清)夏大觀編課　清刻本　三冊　存三卷(二至四)

130000－0402－0000673　251/16
春秋左傳類對賦不分卷　(宋)徐晉卿纂　(清)高士奇補注　清康熙三十年(1691)刻本　一冊

130000－0402－0000674　251/17(1)
左傳評林八卷　(清)李恕谷鑒定　(清)張光華輯　清道光二十六年(1846)刻本　五冊

130000－0402－0000675　251/17(2)
左傳評林八卷　(清)張光華輯　清雍正七年(1729)刻本　八冊

130000－0402－0000676　251/18
左氏條貫十八卷　(清)曹基編次　清康熙五十一年(1712)致和堂刻本　六冊

130000－0402－0000677　251/19(1)
東萊先生左氏博議二十五卷　(宋)呂祖謙撰　清光緒八年(1882)京都琉璃廠刻本　六冊

130000－0402－0000678　251/19(2)
東萊先生左氏博議二十五卷　(宋)呂祖謙撰　清光緒八年(1882)京都琉璃廠刻本　六冊

130000－0402－0000679　251/19(3)
東萊先生左氏博議二十五卷　(宋)呂祖謙撰　清光緒八年(1882)京都琉璃廠刻本　六冊

130000－0402－0000680　251/19(4)
東萊先生左氏博議二十五卷　(宋)呂祖謙撰　清光緒八年(1882)京都琉璃廠刻本　六冊

130000－0402－0000681　251/19(5)
東萊先生左氏博議二十五卷　(宋)呂祖謙撰　清光緒八年(1882)京都琉璃廠刻本　六冊

130000－0402－0000682　251/19－2
增批輯註東萊博議四卷　（宋）呂祖謙撰　（清）劉鍾英輯註　清宣統二年（1910）潤德堂刻本　四册

130000－0402－0000683　251/19－3
東萊博議四卷　（宋）呂祖謙撰　（清）馮泰松重刊　**左氏博議續編二卷**　（清）王夫之撰　**三編二卷**　（清）朱元英撰　清光緒二十四年（1898）掃葉山房鉛印本　四册

130000－0402－0000684　251/19－4（1）
增批輯註東萊博議四卷　（宋）呂祖謙撰　（清）劉鍾英輯註　清宣統三年（1911）上海會文堂書局石印本　四册

130000－0402－0000685　251/19－4（2）
增批輯註東萊博議四卷　（宋）呂祖謙撰　（清）劉鍾英輯註　清宣統三年（1911）上海會文堂書局石印本　四册

130000－0402－0000686　251/19－4（3）
增批輯註東萊博議四卷　（宋）呂祖謙撰　（清）劉鍾英輯註　清宣統三年（1911）上海會文堂書局石印本　四册

130000－0402－0000687　251/19－4（4）
增批輯註東萊博議四卷　（宋）呂祖謙撰　（清）劉鍾英輯註　清宣統三年（1911）上海會文堂書局石印本　四册

130000－0402－0000688　251/19－5（1）
東萊博議四卷　（宋）呂祖謙撰　（清）馮泰松重刊　清光緒二十四年（1898）三義堂刻本　四册

130000－0402－0000689　251/19－5（2）
東萊博議四卷　（宋）呂祖謙撰　（清）馮泰松重刊　清光緒二十四年（1898）三義堂刻本　四册

130000－0402－0000690　251/19－6
東萊博議四卷　（宋）呂祖謙撰　（清）馮泰松重刊　清光緒二十四年（1898）有益堂刻本　四册

130000－0402－0000691　251/19－8
東萊先生左氏博議二十五卷　（宋）呂祖謙撰　清道光十八年（1838）刻本　五册　存二十三卷（三至二十五）

130000－0402－0000692　251/19－12
東萊博議四卷　（宋）呂祖謙撰　清雪苑山房書局刻本　三册　存三卷（一至三）

130000－0402－0000693　251/19－13
東萊博議四卷增補虚字注釋一卷首一卷　（宋）呂祖謙撰　（清）馮泰松重刊　清光緒十八年（1892）上海古香閣石印本　二册

130000－0402－0000694　251/20（1）
讀左補義五十卷首一卷　（清）姜炳璋輯　清光緒二十七年（1901）書業德刻本　十六册

130000－0402－0000695　251/20（2）
讀左補義五十卷首一卷　（清）姜炳璋輯　清書業德刻本　八册　存二十七卷（二十四至五十）

130000－0402－0000696　251/20（3）
讀左補義五十卷首一卷　（清）姜炳璋輯　清同治十年（1871）三益堂刻本　八册　存二十四卷（一至二十四）

130000－0402－0000697　251/20（4）
讀左補義五十卷首一卷　（清）姜炳璋輯　清同治十年（1871）三益堂刻本　八册　存二十五卷（一至二十四、首一卷）

130000－0402－0000698　251/20－2（1）
讀左補義五十卷首一卷　（清）姜炳璋輯　清刻本　二册　存十卷（十至十六、二十五至二十七）

130000－0402－0000699　251/20－2（2）
讀左補義五十卷首一卷　（清）姜炳璋輯　清刻本　八册　存二十五卷（二十六至五十）

130000－0402－0000700　251/20－3（1）
讀左補義五十卷首一卷　（清）姜炳璋輯　清同治十年（1871）有益堂刻本　十二册

130000－0402－0000701　251/20－3（2）

讀左補義五十卷首一卷 （清）姜炳璋輯 清同治十年(1871)有益堂刻本 十六冊

130000－0402－0000702 251/20－3(3)

讀左補義五十卷首一卷 （清）姜炳璋輯 清同治十年(1871)三益堂刻本 十五冊 缺三卷(二十五至二十七)

130000－0402－0000703 251/21

左傳必讀書十六卷 （清）陳淏子輯註 （清）陳枚彙評 清康熙二十一年(1682)刻本 八冊

130000－0402－0000704 251/22

左傳事緯十二卷左傳字釋一卷 （清）馬驌編論 清光緒四年(1878)潘氏敏德堂刻本 十冊

130000－0402－0000705 251/22－2

左傳事緯十二卷左傳字釋一卷 （清）馬驌編論 清懷澄堂刻本 七冊

130000－0402－0000706 251/23

文章練要十卷 （清）王源評訂 清乾隆九年(1744)居業堂刻本 七冊 存九卷(一至九)

130000－0402－0000707 251/24

春秋屬辭辨例編六十卷首二卷 （清）張應昌撰 清同治十二年(1873)江蘇書局刻本 八冊 存十七卷(十六至三十二)

130000－0402－0000708 251/25(1)

曲江書屋新訂批註左傳快讀十八卷首一卷 （清）李紹崧選訂 清乾隆五十二年(1787)刻本 四冊 存十一卷(一至十、首一卷)

130000－0402－0000709 251/25(2)

曲江書屋新訂批註左傳快讀十八卷首一卷 （清）李紹崧選訂 清刻本 六冊 存七卷(十二至十八)

130000－0402－0000710 251/25－3

曲江書屋新訂批註左傳快讀十八卷首一卷 （清）李紹崧選訂 清刻本 六冊 存七卷(一至三、七、十一、十三,首一卷)

130000－0402－0000711 251/26

附釋音春秋左傳注疏六十卷 （晉）杜預注 （唐）孔穎達疏 清刻本 六冊 存十四卷(四十七至六十)

130000－0402－0000712 251/27

左傳分國摘要二十卷世次圖一卷 （清）史宗恒輯 清嘉慶十七年(1812)維揚二酉堂刻本 四冊

130000－0402－0000713 251/28

御案春秋左傳經解備旨十二卷首一卷 （清）鄒聖脉纂輯 清刻本 五冊

130000－0402－0000714 252/1

春秋公羊經傳解詁十二卷校記一卷 （漢）何休學 清光緒二十一年(1895)金陵書局刻本 二冊

130000－0402－0000715 252/1－3

春秋公羊經傳解詁十二卷 （漢）何休學 清揚州汪氏問禮堂刻本 四冊

130000－0402－0000716 252/1－4

春秋公羊經傳解詁十二卷校記一卷 （漢）何休學 清李光明莊刻本 四冊

130000－0402－0000717 252/2

春秋公羊傳十一卷 （漢）何休學 （唐）陸德明音義 清同治十一年(1872)山東書局刻本 四冊

130000－0402－0000718 253/1

春秋穀梁傳十二卷 （晉）范甯集解 清光緒二十一年(1895)金陵書局刻本 二冊

130000－0402－0000719 253/1－3

春秋穀梁傳十二卷 （晉）范甯集解 清李光明莊刻本 四冊

130000－0402－0000720 253/1－4

春秋穀梁註疏二十卷 （晉）范甯集解 （唐）楊士勛疏 清四友堂刻本 三冊

130000－0402－0000721 253/2

春秋穀梁傳十二卷 （晉）范甯集解 （唐）陸德明音義 清同治十一年(1872)山東書局刻本 四冊

130000－0402－0000722　26/2

苑洛志樂十三卷　(明)韓邦奇撰　(明)楊繼盛纂訂　清康熙二十二年(1683)吳元萊刻本　八册

130000－0402－0000723　26/3(1)

皇朝祭器樂舞録二卷中祀合編一卷　(清)徐暢達輯　清同治十年(1871)楚北崇文書局刻本　三册

130000－0402－0000724　26/3(2)

皇朝祭器樂舞録二卷中祀合編一卷　(清)徐暢達輯　清同治十年(1871)楚北崇文書局刻本　三册

130000－0402－0000725　27/2－2

四書章句集注十九卷　(宋)朱熹撰　清國子監刻本　五册

130000－0402－0000726　27/2－3(1)

監本四書十九卷　(宋)朱熹集註　清同治十三年(1874)江西書局刻本　六册

130000－0402－0000727　27/2－3(2)

監本四書十九卷　(宋)朱熹集註　清同治十三年(1874)江西書局刻本　六册

130000－0402－0000728　27/2－4

四書章句集注二十六卷　(宋)朱熹撰　**附考四卷**　(清)吳志忠輯　**四書家塾讀本句讀一卷**　(清)吳英學　清光緒七年(1881)淮南書局刻本　七册

130000－0402－0000729　27/2－5

四書章句集注十九卷　(宋)朱熹撰　(清)儲欣批　清臨桂毓蘭書屋謝氏家塾刻本　六册

130000－0402－0000730　27/2－6

四子書十九卷　(宋)朱熹集注　清光緒元年(1875)京都肄雅堂刻本　六册

130000－0402－0000731　27/2－7

四書章句集注十九卷　(宋)朱熹撰　清刻本　五册

130000－0402－0000732　27/2－8

字典四書十九卷　(宋)朱熹集注　清光緒十五年(1889)三義堂刻本　六册

130000－0402－0000733　27/2－9

校刊增註四書便蒙十九卷　(宋)朱熹章句　(清)俞長城等注　清光緒三義堂刻本　六册

130000－0402－0000734　27/2－11

新增典故四書章句十九卷　(宋)朱熹撰　(清)趙震編　清光緒十年(1884)聚元堂刻本　六册

130000－0402－0000735　27/2－12

監本四書二十二卷　(宋)朱熹集注　清武進陳氏亦園刻本　六册

130000－0402－0000736　27/2－13

四書章句集注十九卷　(宋)朱熹撰　清光緒二年(1876)善成堂刻本　六册

130000－0402－0000737　27/2－14

新增典故四書便蒙十九卷　(宋)朱熹集註　(清)趙震編　清光緒善成堂刻本　六册

130000－0402－0000738　27/2－16

四書章句集注二十九卷　(宋)朱熹撰　清狀元閣李光明莊刻本　六册

130000－0402－0000739　27/2－17(1)

四書章句集注十九卷　(宋)朱熹撰　清裹如堂刻本　六册

130000－0402－0000740　27/2－17(2)

四書章句集注十九卷　(宋)朱熹撰　清道光三年(1823)崇文堂刻本　六册

130000－0402－0000741　27/2－17(3)

四書章句集注十九卷　(宋)朱熹撰　清裹如堂刻本　六册

130000－0402－0000742　27/2－18(1)

四書便蒙十九卷　(宋)朱熹集注　(清)俞長城等注　清光緒十六年(1890)善成堂刻本　四册　缺四卷(孟子四至七)

130000－0402－0000743　27/2－18(2)

四書便蒙十九卷　(宋)朱熹集注　(清)俞長城等注　清光緒十六年(1890)善成堂刻本　七册

130000－0402－0000744　27/2－18(3)
四書便蒙十九卷　(宋)朱熹集注　(清)俞長城等注　清光緒十六年(1890)善成堂刻本　六冊

130000－0402－0000745　27/2－19
四書章句集注十九卷　(宋)朱熹撰　清刻本　六冊

130000－0402－0000746　27/2－21
狀元四書十九卷　(宋)朱熹集注　清道光四年(1824)正字齋刻本　五冊

130000－0402－0000747　27/2－22
四書便蒙十九卷　(宋)朱熹集注　(清)俞長城等注　清光緒十六年(1890)書業德記刻本　四冊　缺十卷(論語十卷)

130000－0402－0000748　27/2－23
四書章句集注十九卷　(宋)朱熹撰　清刻本　六冊

130000－0402－0000749　27/2－24
四書章句集注十九卷　(宋)朱熹撰　清道光二十七年(1847)裹如堂刻本　六冊

130000－0402－0000750　27/2－26
監本四書十九卷　(宋)朱熹集注　清書業德刻本　六冊

130000－0402－0000751　27/2－27
奎壁四書十九卷　(宋)朱熹章句　清同治六年(1867)書業德記刻本　六冊

130000－0402－0000752　27/2－28
奎壁四書十九卷　(宋)朱熹章句　清宣統三義堂刻本　五冊　缺五卷(論語一至五)

130000－0402－0000753　27/3(1)
四書朱子本義匯粲四十三卷首四卷　(清)王步青輯　清敦復堂刻本　三十冊

130000－0402－0000754　27/3(2)
四書朱子本義匯粲四十三卷首四卷　(清)王步青輯　清敦復堂刻本　二十五冊　缺一卷(論語三)

130000－0402－0000755　27/3(3)
四書朱子本義匯粲四十三卷首四卷　(清)王步青輯　清敦復堂刻本　二十四冊　存二十六卷(論語十至二十,孟子十四卷、首一卷)

130000－0402－0000756　27/3(4)
四書朱子本義匯粲四十三卷首四卷　(清)王步青輯　清敦復堂刻本　八冊　存十一卷(論語一至十、首一卷)

130000－0402－0000757　27/3(5)
四書朱子本義匯粲四十三卷首四卷　(清)王步青輯　清敦復堂刻本　一冊　存二卷(論語一、首一卷)

130000－0402－0000758　27/3(6)
四書朱子本義匯粲四十三卷首四卷　(清)王步青輯　清敦復堂刻本　六冊　存八卷(孟子一至七、首一卷)

130000－0402－0000759　27/3(7)
四書集注大全　(清)陸隴其輯　清三魚堂刻本　八冊　存十四卷(論語十一至二十、孟子一至四)

130000－0402－0000760　27/3(8)
四書朱子大全精言　(清)周大璋輯　清寶旭齋刻本　八冊　存十卷(論語四至十三)

130000－0402－0000761　27/3－2
四書朱子本義匯粲四十三卷首四卷　(清)王步青輯　清光緒十五年(1889)上海廣百宋齋鉛印本　十冊

130000－0402－0000762　27/3－3
四書朱子本義匯粲四十三卷首四卷　(清)王步青輯　清光緒二十八年(1902)上海書局石印本　五冊　缺八卷(論語一至八)

130000－0402－0000763　27/3－4
四書朱子本義匯粲四十三卷首四卷　(清)王步青輯　清乾隆十年(1745)敦復堂刻本　九冊　存十六卷(大學三卷、首一卷,中庸六卷、首一卷,孟子七至八、十一至十二、十四)

130000－0402－0000764　27/3－5
四書朱子本義匯粲四十三卷首四卷　(清)王

步青輯　清道光四年(1824)敦復堂刻本　七冊　存十二卷(大學三卷、首一卷;中庸一至二、四至六,首一卷;論語一、首一卷)

130000-0402-0000765　27/4(1)
四書講義困勉録三十七卷續困勉録六卷　(清)陸隴其纂輯　清乾隆四年(1739)嘉會堂刻本　二十冊

130000-0402-0000766　27/4(2)
四書講義困勉録三十七卷續困勉録六卷　(清)陸隴其纂輯　清乾隆四年(1739)嘉會堂刻本　十冊　存十七卷(大學一卷、中庸二卷、論語一至十,續困勉録一至四)

130000-0402-0000767　27/4(3)
四書講義困勉録三十七卷續困勉録六卷　(清)陸隴其纂輯　清乾隆四年(1739)嘉會堂刻本　十一冊　存二十九卷(大學一卷、中庸二卷、論語二十卷、孟子一至四,續困勉録四至五)

130000-0402-0000768　27/4(4)
四書講義困勉録三十七卷續困勉録六卷　(清)陸隴其纂輯　清乾隆四年(1739)嘉會堂刻本　十五冊　存三十八卷(論語二十卷、孟子十四卷,續困勉録三至六)

130000-0402-0000769　27/5
四書翊註四十二卷首一卷　(清)刁包撰　清道光二十七年(1847)伊祁惇德堂刻本　二十四冊

130000-0402-0000770　27/6
四書朱註大全原解三十七卷　(清)華玉文撰　清雍正四年(1726)三近堂刻本　二十冊

130000-0402-0000771　27/7(1)
新訂四書補註備旨十卷　(清)鄧林著　(清)鄧煜編次　(清)杜定基增訂　清同治十一年(1872)書業德刻本　六冊

130000-0402-0000772　27/7(2)
新訂四書補註備旨十卷　(清)鄧林著　(清)鄧煜編次　(清)杜定基增訂　清道光十五年(1835)崇文堂刻本　五冊

130000-0402-0000773　27/7(3)
新訂四書補註備旨十卷　(清)鄧林著　(清)鄧煜編次　(清)杜定基增訂　清道光十五年(1835)崇文堂刻本　七冊　缺二卷(論語一至二)

130000-0402-0000774　27/7-2
新訂四書補註備旨十卷　(清)鄧林著　(清)鄧煜編次　(清)杜定基增訂　清末石印本　六冊　存八卷(論語四卷、孟子四卷)

130000-0402-0000775　27/7-3(1)
新訂四書補註備旨十卷　(清)鄧林著　(清)鄧煜編次　(清)杜定基增訂　清光緒十四年(1888)滬上石印本　六冊

130000-0402-0000776　27/7-3(2)
新訂四書補註備旨十卷　(清)鄧林著　(清)鄧煜編次　(清)杜定基增訂　清光緒九年(1883)善成堂刻本　八冊

130000-0402-0000777　27/7-4(1)
新訂四書補註備旨十卷　(清)鄧林著　(清)鄧煜編次　(清)杜定基增訂　清刻本　六冊

130000-0402-0000778　27/7-4(2)
新訂四書補註備旨十卷　(清)鄧林著　(清)鄧煜編次　(清)杜定基增訂　清光緒二十年(1894)書業德記刻本　六冊

130000-0402-0000779　27/7-4(3)
新訂四書補註備旨十卷　(清)鄧林著　(清)鄧煜編次　(清)杜定基增訂　清光緒二十年(1894)書業德記刻本　七冊

130000-0402-0000780　27/7-5
新訂四書補註備旨十卷　(清)鄧林著　(清)鄧煜編次　(清)杜定基增訂　清光緒二十二年(1896)藝德堂刻本　八冊

130000-0402-0000781　27/7-6(1)
增廣新訂四書補註備旨十卷　(清)鄧林著　(清)鄧煜編次　(清)杜定基增訂　清光緒十一年(1885)書業德記刻本　八冊

130000-0402-0000782　27/7-6(2)

增廣新訂四書補註備旨十卷 (清)鄧林著 (清)鄧煜編次 (清)杜定基增訂 清光緒十一年(1885)書業德記刻本 六冊

130000-0402-0000783 27/7-6(3)
增廣新訂四書補註備旨十卷 (清)鄧林著 (清)鄧煜編次 (清)杜定基增訂 清光緒十一年(1885)書業德記刻本 六冊

130000-0402-0000784 27/7-6(4)
增廣新訂四書補註備旨十卷 (清)鄧林著 (清)鄧煜編次 (清)杜定基增訂 清光緒十一年(1885)書業德記刻本 六冊

130000-0402-0000785 27/7-6(5)
新訂四書補註附攷備旨十卷 (清)鄧林著 (清)鄧煜編次 (清)杜定基增訂 清刻本 五冊 存六卷(論語三至四、孟子四卷)

130000-0402-0000786 27/7-7(1)
新訂四書補註備旨十卷 (清)鄧林著 (清)鄧煜編次 (清)杜定基增訂 清光緒刻本 六冊

130000-0402-0000787 27/7-7(2)
新訂四書補註備旨十卷 (清)鄧林著 (清)鄧煜編次 (清)杜定基增訂 清刻本 五冊 存八卷(論語四卷、孟子四卷)

130000-0402-0000788 27/7-7(3)
新訂四書補註備旨十卷 (清)鄧林著 (清)鄧煜編次 (清)杜定基增訂 清光緒十二年(1886)三義堂刻本 八冊

130000-0402-0000789 27/7-7(4)
新訂四書補註備旨十卷 (清)鄧林著 (清)鄧煜編次 (清)杜定基增訂 清光緒十七年(1891)三義堂刻本 五冊 缺二卷(孟子一至二)

130000-0402-0000790 27/7-8
新訂四書補註備旨十卷 (清)鄧林著 (清)鄧煜編次 (清)杜定基增訂 清文英堂刻本 七冊 存八卷(論語四卷、孟子四卷)

130000-0402-0000791 27/7-9
新訂四書補註備旨十卷 (清)鄧林著 (清)鄧煜編次 (清)杜定基增訂 清光緒三十二年(1906)書業德記刻本 六冊

130000-0402-0000792 27/7-10(1)
新訂四書補註備旨十卷 (清)鄧林著 (清)鄧煜編次 (清)杜定基增訂 清光緒二十一年(1895)有益堂刻本 六冊

130000-0402-0000793 27/7-10(2)
新訂四書補註備旨十卷 (清)鄧林著 (清)鄧煜編次 (清)杜定基增訂 清光緒二十一年(1895)有益堂刻本 六冊

130000-0402-0000794 27/7-12
新訂四書補註備旨十卷 (清)鄧林著 (清)鄧煜編次 (清)杜定基增訂 清光緒十年(1884)善成堂刻本 六冊

130000-0402-0000795 27/7-13
新訂四書補註備旨十卷 (清)鄧林著 (清)鄧煜編次 (清)杜定基增訂 清光緒十六年(1890)善成堂刻本 六冊

130000-0402-0000796 27/7-14
新訂四書補註備旨十卷 (清)鄧林著 (清)鄧煜編次 (清)杜定基增訂 清光緒善成堂刻本 八冊

130000-0402-0000797 27/7-16
寶興新訂四書補註備旨十卷 (清)鄧林著 (清)鄧煜編次 (清)杜定基增訂 清光緒十三年(1887)寶興堂記刻本 五冊 缺一卷(孟子三)

130000-0402-0000798 27/9
四書廣註三十六卷 (清)張謙宜纂 清刻本 十二冊

130000-0402-0000799 27/10
四書訓義三十六卷四書稗疏二卷考異一卷 (清)王夫之訓義 清光緒十三年(1887)潞河啖柘山房刻船山遺書本 二十八冊

130000-0402-0000800 27/11(1)
四書古註群義彙解九種 (□)□□輯 清光

緒十七年(1891)上海鴻寶齋石印本　十六册

130000－0402－0000801　27/11(2)
四書古註群義彙解九種　(□)□□輯　清光緒十四年(1888)上海點石齋石印本　八册　存三種五十卷(論語集解義疏十卷、四書改錯二十二卷、論語正義一至十八)

130000－0402－0000802　27/12(1)
四書味根錄三十七卷　(清)金澂撰　清光緒十二年(1886)上海積山書局石印本　六册

130000－0402－0000803　27/12(2)
四書味根錄三十七卷　(清)金澂撰　清光緒十二年(1886)上海積山書局石印本　六册

130000－0402－0000804　27/12－2(1)
四書味根錄三十七卷　(清)金澂撰　清道光十七年(1837)京都粲花吟館刻本　十册

130000－0402－0000805　27/12－2(2)
四書味根錄三十七卷　(清)金澂撰　清光緒十七年(1891)京都粲花吟館刻本　九册　存十八卷(論語十七至二十、孟子十四卷)

130000－0402－0000806　27/12－2(3)
四書味根錄三十七卷　(清)金澂撰　清道光十七年(1837)京都粲花吟館刻本　一册　存二卷(孟子三至四)

130000－0402－0000807　27/12－3
四書味根錄三十七卷　(清)金澂撰　清光緒十三年(1887)善成堂刻本　十五册

130000－0402－0000808　27/12－4
四書味根錄三十七卷　(清)金澂撰　清光緒二年(1876)琉璃廠肆雅堂刻本　十四册　缺七卷(論語十四至二十)

130000－0402－0000809　27/12－5
四書味根錄三十七卷　(清)金澂撰　清光緒十一年(1885)聚盛堂刻本　十六册

130000－0402－0000810　27/12－6
四書味根錄三十七卷　(清)金澂撰　清光緒十年(1884)韞玉山房刻本　三册　缺十四卷(孟子十四卷)

130000－0402－0000811　27/12－7
四書味根錄三十七卷　(清)金澂撰　清刻本　十四册　存三十四卷(論語二十卷、孟子十四卷)

130000－0402－0000812　27/12－8
四書味根錄三十七卷　(清)金澂撰　清光緒八年(1882)省禪同德堂刻本　十六册

130000－0402－0000813　27/12－9
四書味根錄三十七卷　(清)金澂撰　清同治十年(1871)粲花吟館刻本　七册　存二十二卷(大學一卷、中庸一、論語二十卷)

130000－0402－0000814　27/12－10
四書味根錄三十七卷　(清)金澂撰　清末石印本　七册　存三十四卷(論語二十卷、孟子十四卷)

130000－0402－0000815　27/12－11
四書味根錄三十七卷　(清)金澂撰　清刻本　八册　存十八卷(論語十七至二十、孟子十四卷)

130000－0402－0000816　27/12－12
四書味根錄三十七卷　(清)金澂撰　清光緒十二年(1886)上海積山書局石印本　六册

130000－0402－0000817　27/13
四書劄記　(清)王巡泰著　清光緒九年(1883)臨潼横渠書院刻本　八册

130000－0402－0000818　27/14(1)
駁呂留良四書講義八卷　(清)朱軾等撰　清雍正九年(1731)刻本　八册

130000－0402－0000819　27/14(2)
駁呂留良四書講義八卷　(清)朱軾等撰　清雍正九年(1731)刻本　八册

130000－0402－0000820　27/15
集虚齋四書口義十卷　(清)方粲如著　清芸生堂刻本　六册

130000－0402－0000821　27/15－2(1)
集虚齋四書口義十卷　(清)方粲如著　清乾隆五十三年(1788)刻本　一册　存一卷(七)

130000－0402－0000822　27/15－2(2)
集虚齋四書口義十卷　(清)方棨如著　清乾隆五十三年(1788)刻本　九册　存八卷(一、三、五至十)

130000－0402－0000823　27/15－3
集虚齋四書口義十卷　(清)方棨如著　清刻本　六册　存四卷(七至十)

130000－0402－0000824　27/16(1)
四書釋地一卷續一卷又續一卷三續一卷孟子生卒年月考一卷　(清)閻若璩撰　清乾隆五十二年至五十三年(1787－1788)南城吴氏聽雨齋刻本　六册

130000－0402－0000825　27/16(2)
四書釋地一卷續一卷又續一卷三續一卷孟子生卒年月考一卷　(清)閻若璩撰　清乾隆五十二年至五十三年(1787－1788)南城吴氏聽雨齋刻本　四册

130000－0402－0000826　27/16－2
四書釋地補一卷續補一卷又續補一卷三續補一卷　(清)閻若璩原著　(清)樊廷枚校補　清嘉慶二十一年(1816)敬藝堂刻本　八册

130000－0402－0000827　27/17(1)
增補四書精繡圖像人物備考十二卷圖一卷　(明)陳仁錫增定　清乾隆四十一年(1776)積秀堂刻本　八册

130000－0402－0000828　27/17(2)
增補四書精繡圖像人物備考十二卷圖一卷　(明)陳仁錫增定　清乾隆五十一年(1786)金閶書業堂刻本　八册

130000－0402－0000829　27/17－2
增訂四書通典人物備考十二卷　(明)陳仁錫增定　清乾隆二十九年(1764)三樂齋刻本　八册

130000－0402－0000830　27/17－3
增補四書精繡圖像人物備考十二卷　(明)陳仁錫增定　清刻本　五册　存七卷(五至六、八至十二)

130000－0402－0000831　27/17－4
增補四書精繡圖像人物備考十二卷　(明)陳仁錫增定　清刻本　五册　存六卷(七至十二)

130000－0402－0000832　27/18(1)
四書人物類典串珠四十卷　(清)臧志仁編輯　清嘉慶九年(1804)家塾刻本　六册

130000－0402－0000833　27/18(2)
四書人物類典串珠四十卷　(清)臧志仁編輯　清嘉慶九年(1804)家塾刻本　三册　存七卷(五、十至十二、二十六至二十八)

130000－0402－0000834　27/18－2
四書人物類典串珠四十卷　(清)臧志仁編輯　清光緒十一年(1885)文會堂刻本　六册

130000－0402－0000835　27/18－3(1)
四書人物類典串珠四十卷首一卷　(清)臧志仁編輯　清嘉慶十八年(1813)刻本　八册　存十八卷(一至十八)

130000－0402－0000836　27/18－3(2)
四書人物類典串珠四十卷　(清)臧志仁編輯　清嘉慶十八年(1813)刻本　九册　存三十三卷(五至十四、十八至四十)

130000－0402－0000837　27/18－4
增註四書人物類典串珠四十卷　(清)臧志仁編輯　清光緒十八年(1892)上海鴻寶齋石印本　四册

130000－0402－0000838　27/18－5
四書人物類典串珠四十卷　(清)臧志仁編輯　清刻本　六册　存十八卷(一至十八)

130000－0402－0000839　27/18－6
四書人物類典串珠四十卷　(清)臧志仁編輯　清刻本　十二册

130000－0402－0000840　27/18－7
四書人物類典串珠四十卷　(清)臧志仁編輯　清刻本　五册　存二十五卷(六至二十五、三十六至四十)

130000－0402－0000841　27/19

頁墅說書四種　(清)陳震著　清同治三年(1864)霸州孝友堂刻本　四冊

130000－0402－0000842　27/20
三訂四書辨疑七十卷　(清)張江輯　清光緒十三年(1887)上海大文書局鉛印本　七冊　缺十四卷(識小錄十卷、武備編四卷)

130000－0402－0000843　27/21
四書典制類聯音註十卷　(清)閻其淵編輯　清同治七年(1868)成美堂刻本　十冊

130000－0402－0000844　27/21－2
四書典制類聯三十三卷　(清)閻其淵編輯　清靜致書屋刻本　四冊

130000－0402－0000845　27/21－3
四書典制類聯音註三十三卷　(清)閻其淵編輯　清刻本　六冊　存十六卷(十八至三十三)

130000－0402－0000846　27/21－4(1)
四書典制類聯音註三十三卷　(清)閻其淵編輯　清刻本　六冊　存十五卷(十九至三十三)

130000－0402－0000847　27/21－4(2)
四書典制類聯音註三十三卷　(清)閻其淵編輯　清刻本　一冊　存三卷(二十四至二十六)

130000－0402－0000848　27/21－5
四書典制類聯音註三十三卷　(清)閻其淵編輯　清光緒九年(1883)聚錦堂刻本　二冊　存十八卷(一至十八)

130000－0402－0000849　27/21/1(1)
四書典制類聯音註三十三卷　(清)閻其淵編輯　清嘉慶元年(1796)蕭山縣署刻本　十六冊

130000－0402－0000850　27/21/1(2)
四書典制類聯音註三十三卷　(清)閻其淵編輯　清嘉慶元年(1796)蕭山縣署刻本　六冊

130000－0402－0000851　27/22
四書絫註四卷　(清)王植輯　清刻本　二冊

130000－0402－0000852　27/23
四書反身錄八卷首一卷　(清)李顒撰　清咸豐湘陰蔣氏小嫏嬛山館刻本　四冊

130000－0402－0000853　27/23－2
四書反身錄八卷首一卷　(清)李顒撰　清道光十一年(1831)浙江書局刻本　三冊　存七卷(一至六、首一卷)

130000－0402－0000854　27/24
新刻顧隣初先生批點四書大文五卷　(明)顧起元批點　(明)丁嘉猷校訂　明末金陵光啓堂刻三色套印本　五冊

130000－0402－0000855　27/25(1)
古本大學說一卷大學改本考一卷中庸說二卷　(清)邊廷英著　清道光二十一年(1841)詩境軒刻本　二冊

130000－0402－0000856　27/25(2)
古本大學說一卷大學改本考一卷中庸說二卷　(清)邊廷英著　清道光二十一年(1841)詩境軒刻本　二冊

130000－0402－0000857　27/26
大中講義三卷　(清)朱用純撰　清光緒二年(1876)江蘇書局刻本　三冊

130000－0402－0000858　27/27
古本大學輯解二卷中庸本解二卷　(清)楊亶驊述　清光緒十八年(1892)王灝刻本　二冊

130000－0402－0000859　27/29
四書遵註合講十九卷　(清)翁復編次　清道光十七年(1837)寓廬刻本　二冊

130000－0402－0000860　27/29－2
酌雅齋四書遵註合講十九卷圖考一卷　(清)翁復編次　清乾隆五十三年(1788)酌雅齋刻本　六冊

130000－0402－0000861　27/30
四書教子尊經求通錄四卷　(清)楊一崑著　清嘉慶七年(1802)楊雲書、楊雲棟刻本　六冊

130000－0402－0000862　27/31

此菴語録十卷　(清)胡統虞撰　清同治八年(1869)刻本　六冊

130000－0402－0000863　27/33
目耕齋全集三種　(清)沈叔眉選　清光緒十四年(1888)寶華堂刻本　三冊

130000－0402－0000864　27/33－2
目耕齋全集三種　(清)沈叔眉選　清光緒李光明莊刻本　六冊

130000－0402－0000865　27/33－3
目耕齋全集三種　(清)沈叔眉選　清光緒十年(1884)掇香山館刻本　七冊　缺二卷(三集學庸一、上論一)

130000－0402－0000866　27/33－4
目耕齋全集三種　(清)沈叔眉選　清光緒十八年(1892)袖海山房石印本　二冊　缺四卷(一集目耕齋讀本一至四)

130000－0402－0000867　27/34
甌香館四書説十卷　(清)郝寧愚撰　清道光二十九年(1849)拓園刻本　六冊

130000－0402－0000868　27/35
大學解一卷中庸解一卷　(清)北海老人著　清光緒二十一年(1895)北京楊梅竹斜街刻本　一冊

130000－0402－0000869　27/38(1)
四書題鏡十二卷　(清)汪鯉翔纂述　清嘉慶元年(1796)刻本　五冊

130000－0402－0000870　27/38(2)
四書題鏡十二卷　(清)汪鯉翔纂述　清嘉慶元年(1796)刻本　十二冊

130000－0402－0000871　27/38(3)
四書題鏡十四卷首一卷　(清)汪鯉翔纂述　清嘉慶元年(1796)刻本　十五冊　缺一卷(十一)

130000－0402－0000872　27/38(4)
四書題鏡十四卷首一卷　(清)汪鯉翔纂述　清嘉慶元年(1796)刻本　五冊　存五卷(一、四至六,首一卷)

130000－0402－0000873　27/38－2
四書題鏡十六卷首一卷　(清)汪鯉翔纂述　清刻本　十五冊　缺一卷(十二)

130000－0402－0000874　27/38－3
四書題鏡三十六卷　(清)汪鯉翔纂述　清乾隆三十六年(1771)文盛堂刻本　十五冊　缺二卷(孟子七至八)

130000－0402－0000875　27/38－4
四書題鏡十卷　(清)汪鯉翔纂述　清嘉慶八年(1803)刻本　四冊

130000－0402－0000876　27/38－5
四書題鏡三十六卷　(清)汪鯉翔纂述　清乾隆四十年(1775)静觀書屋刻本　十二冊

130000－0402－0000877　27/38－6
四書題鏡十卷　(清)汪鯉翔纂述　清刻本　四冊　存十三卷(論語十六至二十、孟子四至十一)

130000－0402－0000878　27/38－7
四書題鏡十卷　(清)汪鯉翔纂述　清刻本　一冊　存二卷(論語一至二)

130000－0402－0000879　27/40
增補四書人物聚考　(清)□□撰　清龍江書屋、修文堂刻本　七冊　存十卷(二至十一)

130000－0402－0000880　27/41
翬龍館手授四書主意鞭影二十卷　(清)劉鳳翔著　清康熙二十五年至二十六年(1686－1687)金陵張少吾瑞雲館刻朱墨套印本　十冊　缺三卷(十四至十六)

130000－0402－0000881　27/42(1)
四書大全摘要二十卷　(清)李武纂輯　清雍正九年(1731)煥文堂刻本　十九冊

130000－0402－0000882　27/42(2)
四書大全摘要二十卷　(清)李武纂輯　清雍正九年(1731)煥文堂刻本　十六冊

130000－0402－0000883　27/42(3)
四書大全摘要二十卷　(清)李武纂輯　清雍正九年(1731)煥文堂刻本　十二冊　存七卷

(孟子一至七)

130000－0402－0000884　27/42(4)
四書大全摘要二十卷　(清)李武纂輯　清雍正九年(1731)焕文堂刻本　十五册　存十五卷(論語三至十、孟子一至七)

130000－0402－0000885　27/43(1)
四書類典賦二十四卷附孔孟年譜　(清)甘紱著　清乾隆三十五年(1770)廣益堂刻本　十册　存十九卷(一至七、十至十一、十三至十六、十九至二十四)

130000－0402－0000886　27/43(2)
四書類典賦二十四卷　(清)甘紱著　清乾隆三十五年(1770)廣益堂刻本　二册　存五卷(九至十三)

130000－0402－0000887　27/44
四書經註集證十九卷　(清)吳昌宗輯　清嘉慶三年(1798)江都汪氏刻本　十五册

130000－0402－0000888　27/47(1)
日講四書解義二十六卷　(清)喇沙里　(清)陳廷敬編　清刻本　二十四册

130000－0402－0000889　27/47(2)
日講四書解義二十六卷　(清)喇沙里　(清)陳廷敬編　清刻本　十二册　存十三卷(七至十二、二十至二十六)

130000－0402－0000890　27/48
畿輔弍家四書講義三十六卷　(清)劉恩溥輯　**四書近指十七卷**　(清)孫奇逢批定　清光緒十四年(1888)京都擷華書局鉛印本　十六册

130000－0402－0000891　27/49(1)
四書會解二十七卷　(清)綦澧輯　清光緒善成堂刻本　十一册　存十三卷(大學一、中庸一至二、論語一至十)

130000－0402－0000892　27/49(2)
四書會解二十七卷　(清)綦澧輯　清書業德刻本　六册　存六卷(孟子一至六)

130000－0402－0000893　27/49－2
四書會解二十七卷　(清)綦澧輯　清道光九年(1829)姑蘇琴川閣刻本　十八册　缺一卷(論語一)

130000－0402－0000894　27/50(1)
增刪四書朱子大全精言四十一卷　(清)張廷璐鑒定　(清)周大璋重訂　清刻本　四十册

130000－0402－0000895　27/50(2)
增刪四書朱子大全精言四十一卷　(清)張廷璐鑒定　(清)周大璋重訂　清刻本　二十四册　存三十二卷(論語三至二十、孟子十四卷)

130000－0402－0000896　27/50(3)
增刪四書朱子大全精言四十一卷　(清)張廷璐鑒定　(清)周大璋重訂　清刻本　三十二册　存三十二卷(論語三至二十、孟子十四卷)

130000－0402－0000897　27/51
四書集益六卷　(清)于光華編次　清刻本　六册　存三卷(四至六)

130000－0402－0000898　27/52
四書朱子異同條辨四十卷　(清)李沛霖　(清)李楨纂輯　清近譬堂刻本　八册　存七卷(孟子八至十四)

130000－0402－0000899　27/53
纂補四書大全二十卷　(清)劉嗣固纂補　清刻本　十册　存十卷(十一至二十)

130000－0402－0000900　27/54
四書或問語類集解釋註大全四十一卷　(清)朱良玉纂輯　清雍正五年(1727)古吳致和堂刻本　八册　存十二卷(大學一至三,中庸一至四,孟子三至五、九至十)

130000－0402－0000901　27/54/1
朱子四書或問小註三十六卷　(明)徐方廣增註　清康熙四十七年(1708)陳彝則觀乎堂刻本　六册　存十二卷(大學一卷、中庸一卷、論語一至十)

130000－0402－0000902　27/56

鋤經堂四書聯珠十九卷　(清)章守待纂輯　清嘉慶三年(1798)崇文堂刻本　六冊

130000－0402－0000903　27/56－2
鋤經堂四書聯珠十九卷　(清)章守待纂　清咸豐元年(1851)書業德刻本　三冊　存十五卷(大學一卷、中庸一卷、論語一至十、孟子一至三)

130000－0402－0000904　27/57
四書左國輯要四卷　(清)周龍官輯　清乾隆二十三年(1758)刻本　二冊

130000－0402－0000905　27/57/1(1)
四書左國彙纂四卷　(清)高其名　(清)鄭師成纂　清乾隆三十五年(1770)本立堂刻本　八冊

130000－0402－0000906　27/57/1(2)
四書左國彙纂四卷　(清)高其名　(清)鄭師成纂　清乾隆三十五年(1770)本立堂刻本　四冊

130000－0402－0000907　27/58
四書典林三十卷　(清)江永編　清雍正十三年(1735)金閶寶仁堂刻本　八冊　存十四卷(一至十四)

130000－0402－0000908　27/59
四書辨解大全　(清)田實輯訂　清雍正十年(1732)積秀堂刻本　十冊　存十三卷(大學一卷、論語六至十、孟子一至七)

130000－0402－0000909　27/60
四書易簡錄三十七卷　(清)劉葆采輯訂　清雍正元年(1723)玉田齋刻本　十六冊

130000－0402－0000910　27/61
四書集成二十八卷　(清)趙燦英編輯　清康熙二十三年(1684)陳君美刻本　三十四冊　缺一卷(大學一卷)

130000－0402－0000911　27/63
論語朱子全義三十卷　(清)魏裔介原編　(清)詹明章粂訂　清刻本　七冊　存十六卷(十五至三十)

130000－0402－0000912　27/64(1)
四書翼註論文三十八卷　(清)張甄陶述　清刻本　六冊　存二十一卷(十八至三十八)

130000－0402－0000913　27/64(2)
四書翼註論文三十八卷　(清)張甄陶述　清刻本　四冊　存十卷(十四至十九、二十五至二十六、三十一至三十二)

130000－0402－0000914　27/64－2
四書翼註論文三十八卷　(清)張甄陶述　清山淵堂刻本　四冊　存十二卷(大學一卷、中庸一卷、論語一至十)

130000－0402－0000915　27/65(1)
增訂四書析疑　(清)張權時輯　清文盛堂刻本　三冊　存六卷(中庸一至四,孟子一、七)

130000－0402－0000916　27/65(2)
增訂四書析疑　(清)張權時輯　清文盛堂刻本　八冊　存七卷(孟子七卷)

130000－0402－0000917　27/65(3)
增訂四書析疑　(清)張權時輯　清文盛堂刻本　十一冊　存九卷(論語九至十、孟子七卷)

130000－0402－0000918　27/66
四書襯十九卷　(清)駱培著　清坦吉堂刻本　二冊

130000－0402－0000919　27/67
漱芳軒合纂四書體註十九卷　(清)范翔粂訂　清乾隆五十四年(1789)文盛堂刻本　六冊

130000－0402－0000920　27/67－2
聚文堂精刻增新四書體註十九卷　(清)范翔輯　清嘉慶三年(1798)敦化堂刻本　六冊

130000－0402－0000921　27/67－3
漱芳軒合纂四書體註十九卷　(清)范翔粂訂　清同慶堂刻本　五冊　存十七卷(論語十卷、孟子七卷)

130000－0402－0000922　27/68
四書典腋十八卷　(清)松軒主人編　清道光二年(1822)寶興堂刻本　六冊

130000－0402－0000923　27/69

四書朱子大全經傳藴萃四十卷　（清）朱良玉纂輯　清乾隆六十年（1795）三多齋刻本　九冊　存二十一卷（大學一至二，孟子一至四，論語一至四、十、十七至二十，孟子九至十四）

130000－0402－0000924　27/70

四書貫珠講義十九卷　（清）林文竹輯　清光緒三年（1877）西腴仙館鉛印本　七冊　存十二卷（大學一卷，中庸一卷，論語一至四，孟子一至五、七）

130000－0402－0000925　271/1

論語集註本義匯參二十卷　（清）王步青輯　清敦復堂刻本　十二冊

130000－0402－0000926　271/2（1）

論語經正錄二十卷　（清）王肇晉學　（清）王用誥述　**行狀一卷**　（清）賀濤撰　**先府君［王用誥］年譜一卷**　（清）王孝箴等編　清光緒二十年（1894）刻本　十一冊

130000－0402－0000927　271/2（2）

論語經正錄二十卷　（清）王肇晉學　（清）王用誥述　清光緒二十年（1894）刻本　十冊

130000－0402－0000928　271/3

論語古注集箋十卷論語考一卷　（清）潘維城撰　清光緒七年（1881）江蘇書局刻本　六冊

130000－0402－0000929　271/5（1）

鄉黨圖考十卷　（清）江永著　清乾隆五十二年（1787）致和堂刻本　四冊

130000－0402－0000930　271/5（2）

鄉黨圖考十卷　（清）江永著　清嘉慶二十一年（1816）吳郡山淵堂刻本　六冊

130000－0402－0000931　271/5－3（1）

鄉黨圖考十卷　（清）江永著　清乾隆五十八年（1793）金閶書業德刻本　六冊

130000－0402－0000932　271/5－3（2）

鄉黨圖考十卷　（清）江永著　清乾隆五十八年（1793）金閶書業德刻本　五冊　存八卷（三至十）

130000－0402－0000933　272/1－2（1）

孟子七卷　（宋）朱熹集注　清嘉慶三年（1798）刻四書經註集證本　七冊

130000－0402－0000934　272/1－2（2）

孟子七卷　（宋）朱熹集注　清嘉慶三年（1798）刻四書經註集證本　七冊

130000－0402－0000935　272/2

增補蘇批孟子二卷孟子年譜一卷　（宋）蘇洵批　（清）趙大浣增補　清咸豐六年（1856）廣州林記書莊刻朱墨套印本　二冊

130000－0402－0000936　272/2－3（1）

載詠樓重鐫硃批孟子二卷　（宋）蘇洵批點　清嘉慶八年（1803）慎詒堂刻朱墨套印本　二冊

130000－0402－0000937　272/2－3（2）

載詠樓重鐫硃批孟子二卷　（宋）蘇洵批點　清嘉慶八年（1803）慎詒堂刻朱墨套印本　二冊

130000－0402－0000938　272/5

孟子七卷　（清）李武纂輯　清刻四書大全摘要本　十二冊

130000－0402－0000939　272/6

孟子講義十二卷　（清）史可亭輯　清光緒十八年（1892）聚盛堂刻本　四冊

130000－0402－0000940　272/8

孟子朱子全義十六卷　（清）魏裔介原編　（清）詹明章參訂　清刻本　九冊

130000－0402－0000941　272/10（1）

孟子要略五卷附錄一卷　（宋）朱熹撰　（清）劉傳瑩輯　（清）曾國藩按　清同治十三年（1874）傳忠書局刻朱子遺書本　一冊

130000－0402－0000942　272/10（2）

孟子要略五卷附錄一卷　（宋）朱熹撰　（清）劉傳瑩輯　（清）曾國藩按　清同治十三年（1874）傳忠書局刻朱子遺書本　一冊

130000－0402－0000943　28/1

小學彙函十四種　（清）鍾謙鈞輯　清刻古經

解彙函本　二十二册　缺三種三十二卷(輶軒使者絕代語釋别國方言十三卷、校正補遺一卷,釋名八卷,廣雅十卷)

130000－0402－0000944　28/2
澤存堂五種　(清)張士俊輯　清光緒十四年(1888)上海蜚英館石印本　五册

130000－0402－0000945　28/3
字書三種　(清)張士俊輯　清康熙張氏澤存堂刻本　三册

130000－0402－0000946　28/4
玉篇三十卷廣韻五卷　(宋)陳彭年撰　**玉篇校刊札記一卷廣韻校刊札記一卷**　(清)鄧顯鶴述　清咸豐元年(1851)鄧顯鶴刻本　九册　缺五卷(玉篇一至五)

130000－0402－0000947　28/5
訓蒙求是初編不分卷　(英國)包克私撰　清光緒二十九年(1903)上海美華書館鉛印本　一册

130000－0402－0000948　28/6
馬氏文通十卷　(清)馬建忠撰　清光緒二十四年(1898)上海商務印書館鉛印本　十册

130000－0402－0000949　281/1
五雅四十一卷　(明)郎奎金輯　明天啓六年(1626)堂策檻刻本　四册

130000－0402－0000950　281/2－2(1)
經傳釋詞十卷　(清)王引之撰　清嘉慶二十四年(1819)刻本　四册

130000－0402－0000951　281/2－2(2)
經傳釋詞十卷　(清)王引之撰　清嘉慶二十四年(1819)刻本　四册

130000－0402－0000952　281/2－3
經傳釋詞十卷　(清)王引之撰　清道光二十七年(1847)錢熙祚刻本　六册

130000－0402－0000953　281/3
爾雅古義十二種　(清)黄奭輯　清刻本　六册　缺一種(爾雅注)

130000－0402－0000954　281/4
爾雅三卷　(晉)郭璞註　清嘉慶十一年(1806)吴門顧氏思適齋刻本　三册

130000－0402－0000955　281/4－2(1)
爾雅註疏十一卷　(晉)郭璞註　(宋)邢昺疏　清嘉慶十六年(1811)書業德刻本　六册

130000－0402－0000956　281/4－2(2)
爾雅註疏十一卷　(晉)郭璞註　(宋)邢昺疏　清綠蔭堂刻本　六册

130000－0402－0000957　281/4－2(3)
爾雅註疏十一卷　(晉)郭璞註　(宋)邢昺疏　清刻本　六册

130000－0402－0000958　281/4－3(1)
爾雅註疏十一卷　(晉)郭璞註　(宋)邢昺疏　清光緒十七年(1891)善成堂刻本　六册

130000－0402－0000959　281/4－3(2)
爾雅註疏十一卷　(晉)郭璞註　(宋)邢昺疏　清光緒十七年(1891)善成堂刻本　六册

130000－0402－0000960　281/4－4
爾雅三卷　(晉)郭璞註　清光緒十年(1884)上海同文書局石印本　二册

130000－0402－0000961　281/4－5(1)
爾雅註疏十一卷　(晉)郭璞註　(宋)邢昺疏　清光緒八年(1882)崇德書院刻本　六册

130000－0402－0000962　281/4－5(2)
爾雅註疏十一卷　(晉)郭璞註　(宋)邢昺疏　清光緒八年(1882)崇德書院刻本　六册

130000－0402－0000963　281/4－6
爾雅註疏十一卷　(晉)郭璞註　(宋)邢昺疏　清乾隆四十三年(1778)三樂齋刻本　三册

130000－0402－0000964　281/4－7
爾雅註疏十一卷　(晉)郭璞註　(宋)邢昺疏　清聚錦堂刻本　四册

130000－0402－0000965　281/4/2
爾雅郭注佚存補訂二十卷　王樹枏撰　清光緒十八年(1892)資陽文莫室刻本　六册

130000－0402－0000966　281/4/3(1)

爾雅郭注義疏十九卷 (清)郝懿行學 清光緒十三年(1887)湖北官書處刻本 八册

130000－0402－0000967 281/4/3(2)
爾雅郭注義疏十九卷 (清)郝懿行學 清光緒十三年(1887)湖北官書處刻本 八册

130000－0402－0000968 281/5(1)
爾雅三卷 (晉)郭璞注 (唐)陸德明音釋 清光緒十一年(1885)山東書局刻本 三册

130000－0402－0000969 281/5(2)
爾雅三卷 (晉)郭璞注 (唐)陸德明音釋 清光緒二十一年(1895)金陵書局刻本 三册

130000－0402－0000970 281/5－2
爾雅三卷 (晉)郭璞注 (唐)陸德明音義 清嘉慶二十二年(1817)狀元閣李光明莊刻本 四册

130000－0402－0000971 281/5－4
爾雅三卷 (晉)郭璞注 (唐)陸德明音義 清刻本 一册

130000－0402－0000972 281/6
爾雅直音二卷 (清)孫偘輯 清光緒十三年(1887)三徑書屋刻本 二册

130000－0402－0000973 281/7(1)
疊雅十三卷雙名錄一卷 (清)史夢蘭著 清光緒三年(1877)止園刻本 四册

130000－0402－0000974 281/7(2)
疊雅十三卷雙名錄一卷 (清)史夢蘭著 清光緒三年(1877)止園刻本 四册

130000－0402－0000975 281/8(1)
廣雅疏證十卷博雅音十卷 (清)王念孫撰 清光緒五年(1879)淮南書局刻本 八册

130000－0402－0000976 281/8(2)
廣雅疏證十卷博雅音十卷 (清)王念孫撰 清光緒五年(1879)淮南書局刻本 八册

130000－0402－0000977 281/8(3)
廣雅疏證十卷博雅音十卷 (清)王念孫撰 清光緒五年(1879)淮南書局刻本 八册

130000－0402－0000978 281/8/2
廣雅補疏四卷 王樹枏撰 清光緒十六年(1890)文莫室刻本 一册

130000－0402－0000979 281/9(1)
埤雅二十卷 (宋)陸佃撰 清康熙刻本 四册

130000－0402－0000980 281/9(2)
埤雅二十卷 (宋)陸佃撰 清康熙刻本 四册

130000－0402－0000981 281/11
通雅五十二卷 (清)方以智撰 清光緒六年(1880)桐城方氏刻本 二十册

130000－0402－0000982 281/13
經籍纂詁一百六卷附補遺 (清)阮元撰 清末上海漱六山莊石印本(第九册配抄本) 十三册

130000－0402－0000983 281/13－2(1)
經籍纂詁一百六卷首一卷附補遺 (清)阮元撰 清同治十二年(1873)淮南書局刻本 六十四册

130000－0402－0000984 281/13－2(2)
經籍纂詁一百六卷首一卷附補遺 (清)阮元撰 清同治十二年(1873)淮南書局刻本 三十二册 存六十二卷(四十五至一百六)

130000－0402－0000985 281/13－2(3)
經籍纂詁一百六卷首一卷附補遺 (清)阮元撰 清同治十二年(1873)淮南書局刻本 八册 存十一卷(七下至十七)

130000－0402－0000986 281/13－3
經籍纂詁一百六卷首一卷附補遺 (清)阮元撰 清光緒六年(1880)淮南書局刻本 四十八册

130000－0402－0000987 281/17
釋名疏證補八卷疏證補附一卷續釋名釋名補遺一卷 王先謙譔集 清光緒二十二年(1896)思賢書局刻本 四册

130000－0402－0000988 281/18

小學鉤沈十九卷　(清)任大椿撰　(清)王念孫校正　清嘉慶二十二年(1817)崇文書局刻本　四冊

130000－0402－0000989　281/19
金壺精萃不分卷　(宋)釋適之撰　(清)郝在田　(清)張仰山編　清光緒二年(1876)京師松竹齋刻本　二冊

130000－0402－0000990　281/20
釋穀四卷　(清)劉寶楠撰　清光緒十四年(1888)廣雅書局刻本　一冊

130000－0402－0000991　281/21
助字辨略五卷　(清)劉淇撰　清文學社屬金粟齋影印本　五冊

130000－0402－0000992　282/1－4
說文解字三十卷　(漢)許慎撰　(宋)徐鉉校定　清乾隆三十八年(1773)朱筠椒華吟舫刻本　八冊

130000－0402－0000993　282/1－7(1)
說文解字三十卷　(漢)許慎撰　(宋)徐鉉校定　清毛氏汲古閣刻本　十二冊　存十卷(一、三上、四至五、六下至七、八下至九上、十上、十三上)

130000－0402－0000994　282/1－7(2)
說文解字三十卷　(漢)許慎撰　(宋)徐鉉校定　清刻本　四冊　存五卷(八下至十二上)

130000－0402－0000995　282/2－3(1)
說文解字注三十卷六書音均表二卷附汲古閣說文訂　(清)段玉裁注　清同治十一年(1872)湖北崇文書局刻本　十八冊

130000－0402－0000996　282/2－3(2)
說文解字注三十卷六書音均表二卷　(清)段玉裁注　清同治十一年(1872)湖北崇文書局刻本　十二冊　缺五卷(一至五)

130000－0402－0000997　282/2－3(3)
說文解字注三十卷六書音均表二卷附汲古閣說文訂　(清)段玉裁注　清同治十一年(1872)湖北崇文書局刻本　十九冊

130000－0402－0000998　282/2－4
說文解字注三十卷六書音均表二卷　(清)段玉裁注　清同治六年(1867)蘇州保息局刻本　十六冊

130000－0402－0000999　282/2－5
說文解字注三十卷　(清)段玉裁注　清經韻樓刻本　十六冊

130000－0402－0001000　282/2－6
說文解字注三十卷六書音均表二卷　(清)段玉裁注　清光緒七年(1881)蘇州查氏刻本　十冊

130000－0402－0001001　282/2/4(1)
段氏說文注訂八卷　(清)鈕樹玉著　清同治五年(1866)碧螺山館刻本　二冊

130000－0402－0001002　282/2/4(2)
段氏說文注訂八卷　(清)鈕樹玉著　清同治十三年(1874)湖北崇文書局刻本　二冊

130000－0402－0001003　282/2/5(1)
說文通檢十四卷首一卷末一卷　(清)黎永椿編　清光緒十四年(1888)上海蜚英館石印本　一冊

130000－0402－0001004　282/2/5(2)
說文解字注三十卷六書音均表二卷　(清)段玉裁注　清光緒十四年(1888)上海蜚英館石印本　七冊

130000－0402－0001005　282/3
說文解字斠詮十四卷　(清)錢坫撰　清光緒九年(1883)淮南書局刻本　六冊

130000－0402－0001006　282/4(1)
說文解字義證五十卷　(清)桂馥撰　清同治九年(1870)湖北崇文書局刻本　三十二冊

130000－0402－0001007　282/4(2)
說文解字義證五十卷　(清)桂馥撰　清同治九年(1870)湖北崇文書局刻本　三十二冊

130000－0402－0001008　282/4(3)
說文解字義證五十卷　(清)桂馥撰　清同治九年(1870)湖北崇文書局刻本　二十四冊

存三十四卷(一至三十四)

130000－0402－0001009　282/4(4)
說文解字義證五十卷　(清)桂馥撰　清同治九年(1870)湖北崇文書局刻本　二十七册　缺七卷(四至六、十一至十二、二十三至二十四)

130000－0402－0001010　282/4(5)
說文解字義證五十卷　(清)桂馥撰　清同治九年(1870)湖北崇文書局刻本　一册　存一卷(二十一)

130000－0402－0001011　282/4(6)
說文解字義證五十卷　(清)桂馥撰　清同治九年(1870)湖北崇文書局刻本　十五册　存二十四卷(八至十八、二十一、三十四至三十六、四十二至五十)

130000－0402－0001012　282/5(1)
重校十三經輯字不分卷　(清)羅增著　清光緒九年(1883)書林閣刻本　四册

130000－0402－0001013　282/5(2)
重校十三經輯字不分卷　(清)羅增著　清光緒九年(1883)書林閣刻本　四册

130000－0402－0001014　282/6
十三經字約審音辨同十二卷末一卷　(清)華振撰　清光緒二年(1876)錫山保滋堂刻本　二册

130000－0402－0001015　282/9－2
說文釋例二十卷　(清)王筠撰　清同治四年(1865)禮部刻本　十册

130000－0402－0001016　282/9－3(1)
說文釋例二十卷　(清)王筠撰　清同治四年(1865)禮部刻本　七册　存十一卷(一至六、九至十三)

130000－0402－0001017　282/9－3(2)
說文釋例二十卷補正二十卷　(清)王筠撰　清同治四年(1865)禮部刻本　八册　缺十一卷(釋例一至十一)

130000－0402－0001018　282/10(1)
說文繫傳校録三十卷　(清)王筠撰　清同治四年(1865)禮部刻本　二册

130000－0402－0001019　282/10(2)
說文繫傳校録三十卷　(清)王筠撰　清同治四年(1865)禮部刻本　四册

130000－0402－0001020　282/10/1(1)
說文解字徐氏繫傳四十卷　(宋)徐鍇撰　清道光十九年(1839)刻本　八册

130000－0402－0001021　282/10/1(2)
說文解字徐氏繫傳四十卷　(宋)徐鍇撰　清道光十九年(1839)刻本　四册　存二十四卷(十七至四十)

130000－0402－0001022　282/11(1)
說文句讀三十卷補正三十卷　(清)王筠撰　清同治四年(1865)刻本　十六册

130000－0402－0001023　282/11(2)
說文句讀三十卷補正三十卷　(清)王筠撰　清同治四年(1865)禮部刻本　八册　存十七卷(句讀一至十七)

130000－0402－0001024　282/11－2
說文解字句讀三十卷　(清)王筠撰　清光緒八年(1882)四川尊經書局刻本　二十册

130000－0402－0001025　282/12(1)
說文通訓定聲十八卷分部檢韻一卷說雅一卷古今韻準一卷　(清)朱駿聲撰　**行述一卷**　(清)孔彰撰　清同治九年(1870)臨嘯閣刻本　二十四册

130000－0402－0001026　282/12(2)
說文通訓定聲十八卷分部檢韻一卷說雅一卷古今韻準一卷　(清)朱駿聲撰　**行述一卷**　(清)孔彰撰　清同治九年(1870)臨嘯閣刻本　二十四册

130000－0402－0001027　282/12(3)
說文通訓定聲十八卷分部檢韻一卷說雅一卷古今韻準一卷　(清)朱駿聲撰　**行述一卷**　(清)孔彰撰　清同治九年(1870)臨嘯閣刻本　二十三册　缺一卷(古今韻準一卷)

130000－0402－0001028　282/12(4)
說文通訓定聲十八卷分部檢韻一卷說雅一卷古今韻準一卷　(清)朱駿聲撰　行述一卷(清)孔彰撰　清同治九年(1870)臨嘯閣刻本　六冊　存六卷(十五至十八、分部檢韻一卷、說雅一卷)

130000－0402－0001029　282/12(5)
說文通訓定聲十八卷分部檢韻一卷說雅一卷古今韻準一卷　(清)朱駿聲撰　行述一卷(清)孔彰撰　清同治九年(1870)臨嘯閣刻本　六冊　存四卷(十一至十四)

130000－0402－0001030　282/12－2
說文通訓定聲十八卷　(清)朱駿聲撰　清光緒十三年(1887)上海積山書局石印本　一冊　存三卷(一至三)

130000－0402－0001031　282/13
說文古籀疏證六卷　(清)莊述祖撰　清光緒二十年(1894)津郡明文堂刻本　四冊

130000－0402－0001032　282/14
字辨證篆十六卷　(清)易本烺纂　清同治八年(1869)京山易氏刻本　六冊

130000－0402－0001033　282/16－2
鐘鼎字源五卷　(清)汪立名撰　清光緒二年(1876)洞庭秦氏麟慶堂刻本　一冊

130000－0402－0001034　282/20
雷刻四種　(清)雷浚撰　清光緒十年(1884)吳縣雷氏刻本　六冊

130000－0402－0001035　282/21(1)
苗氏說文四種　(清)苗夔撰　清咸豐元年(1851)漢碑亭刻本　四冊

130000－0402－0001036　282/21(2)
苗氏說文四種　(清)苗夔撰　清咸豐元年(1851)漢碑亭刻本　六冊

130000－0402－0001037　282/21(3)
苗氏說文四種　(清)苗夔撰　清咸豐元年(1851)漢碑亭刻本　八冊

130000－0402－0001038　282/21(4)
苗氏說文四種　(清)苗夔撰　清咸豐元年(1851)漢碑亭刻本　八冊

130000－0402－0001039　282/21(5)
苗氏說文四種　(清)苗夔撰　清咸豐元年(1851)漢碑亭刻本　八冊

130000－0402－0001040　282/21(6)
苗氏說文四種　(清)苗夔撰　清咸豐元年(1851)漢碑亭刻本　十冊

130000－0402－0001041　282/22(1)
說文新附攷六卷續攷一卷　(清)鈕樹玉撰　清同治七年(1868)碧螺山館刻本　二冊

130000－0402－0001042　282/22(2)
說文新附攷六卷續攷一卷　(清)鈕樹玉撰　清同治十三年(1874)湖北崇文書局刻本　二冊

130000－0402－0001043　282/23
讀說文雜識不分卷　(清)許棫撰　清光緒七年(1881)刻本　一冊

130000－0402－0001044　282/24
說文辨疑不分卷　(清)顧廣圻撰　清光緒三年(1877)湖北崇文書局刻本　一冊

130000－0402－0001045　282/25
說文通檢十四卷首一卷末一卷　(清)黎永椿編　清光緒二年(1876)湖北崇文書局刻本　二冊

130000－0402－0001046　282/26
說文引經攷證八卷　(清)陳瑑撰　清同治十三年(1874)湖北崇文書局刻本　二冊

130000－0402－0001047　282/27－2
大廣益會玉篇三十卷　(南朝梁)顧野王撰　清刻本　一冊　存十六卷(十五至三十)

130000－0402－0001048　282/28
文字蒙求廣義四卷　(清)王筠撰　清光緒二十七年(1901)江楚書局刻本　五冊

130000－0402－0001049　282/28－2
文字蒙求四卷　(清)王筠撰　清光緒十三年(1887)梁谿浦氏刻本　二冊

130000－0402－0001050　282/29(1)
漢簡三卷　(宋)郭忠恕撰　清光緒九年(1883)上海點石齋石印本　一册

130000－0402－0001051　282/29(2)
漢簡三卷　(宋)郭忠恕撰　清光緒九年(1883)上海點石齋石印本　一册

130000－0402－0001052　282/30－2(1)
字學舉隅不分卷　(清)龍啟瑞　(清)黄本驥撰　清道光二十六年(1846)刻本　一册

130000－0402－0001053　282/30－2(2)
字學舉隅不分卷　(清)龍啟瑞　(清)黄本驥撰　清同治四年(1865)書業德刻本　一册

130000－0402－0001054　282/30－2(3)
字學舉隅不分卷　(清)龍啟瑞　(清)黄本驥撰　清光緒元年(1875)書業德刻本　一册

130000－0402－0001055　282/30－3
字學舉隅不分卷　(清)龍啟瑞　(清)黄本驥撰　清同治十年(1871)刻本　一册

130000－0402－0001056　282/30－4(1)
增廣字學舉隅四卷　(清)鐵珊輯　清光緒元年(1875)蘭州郡署刻本　四册

130000－0402－0001057　282/30－4(2)
增廣字學舉隅四卷　(清)鐵珊輯　清光緒元年(1875)蘭州郡署刻本　四册

130000－0402－0001058　282/30/1
臨文便覽不分卷　(清)張仰山輯　清光緒元年(1875)刻本　二册

130000－0402－0001059　282/31
經字辨體八卷首一卷　(清)邱家煒撰　清道光二十三年(1843)刻本　四册

130000－0402－0001060　282/32
班馬字類不分卷　(宋)婁機撰　清光緒九年(1883)後知不足齋刻本　二册

130000－0402－0001061　282/33
許學叢刻二集九種　(清)許頌鼎　(清)許湝祥輯　清光緒十三年(1887)海寧許氏古均閣刻本　三册　存六種(説文説、轉注古義考、説文訂訂、説文辨疑、説文舉例、説文蠡箋)

130000－0402－0001062　282/36(1)
正字通十二卷首一卷　(清)廖文英輯　清弘文書院刻本　十二册

130000－0402－0001063　282/36(2)
正字通十二卷首一卷　(清)廖文英輯　清弘文書院刻本　十三册

130000－0402－0001064　282/37(1)
康熙字典十二集三十六卷總目一卷檢字一卷辨似一卷等韻一卷補遺一卷備考一卷　(清)張玉書等編　清康熙五十五年(1716)内府刻本　四十册

130000－0402－0001065　282/37(2)
康熙字典十二集三十六卷總目一卷檢字一卷辨似一卷等韻一卷補遺一卷備考一卷　(清)張玉書等編　清康熙五十五年(1716)内府刻本　八册　存四集八卷(子至丑、酉中、戌上)

130000－0402－0001066　282/37－3(1)
康熙字典十二集三十六卷總目一卷檢字一卷辨似一卷等韻一卷補遺一卷備考一卷　(清)張玉書等編　清道光七年(1827)刻本　四十册

130000－0402－0001067　282/37－3(2)
康熙字典十二集三十六卷總目一卷檢字一卷辨似一卷等韻一卷補遺一卷備考一卷　(清)張玉書等編　清道光七年(1827)刻本　二十八册

130000－0402－0001068　282/37－3(3)
康熙字典十二集三十六卷總目一卷檢字一卷辨似一卷等韻一卷補遺一卷備考一卷　(清)張玉書等編　清道光七年(1827)刻本　六册　存二集六卷(申至酉)

130000－0402－0001069　282/37－3(4)
康熙字典十二集三十六卷總目一卷檢字一卷辨似一卷等韻一卷補遺一卷備考一卷　(清)張玉書等編　清道光七年(1827)刻本　六册　存二集六卷(午至未)

130000－0402－0001070　282/37－3(5)
康熙字典十二集三十六卷總目一卷檢字一卷辨似一卷等韻一卷補遺一卷備考一卷　(清)張玉書等編　清道光七年(1827)刻本　十四冊　存四集十四卷(寅至卯、戌至亥,補遺一卷,備考一卷)

130000－0402－0001071　282/37－3(6)
康熙字典十二集三十六卷總目一卷檢字一卷辨似一卷等韻一卷補遺一卷備考一卷　(清)張玉書等編　清道光七年(1827)刻本　二十冊　存六集二十卷(辰至未、戌至亥,補遺一卷,備考一卷)

130000－0402－0001072　282/37－3(7)
康熙字典十二集三十六卷總目一卷檢字一卷辨似一卷等韻一卷補遺一卷備考一卷　(清)張玉書等編　清道光七年(1827)刻本　二十七冊　缺五集十三卷(卯下至未)

130000－0402－0001073　282/37－3(8)
康熙字典十二集三十六卷總目一卷檢字一卷辨似一卷等韻一卷補遺一卷備考一卷　(清)張玉書等編　清道光七年(1827)刻本　八冊　存二集十卷(子、戌下,總目一卷,檢字一卷,辨似一卷,等韻一卷,補遺一卷,備考一卷)

130000－0402－0001074　282/37－3(9)
康熙字典十二集三十六卷總目一卷檢字一卷辨似一卷等韻一卷補遺一卷備考一卷　(清)張玉書等編　清道光七年(1827)刻本　二冊　存一集二卷(巳中下)

130000－0402－0001075　282/37－3(10)
康熙字典十二集三十六卷總目一卷檢字一卷辨似一卷等韻一卷補遺一卷備考一卷　(清)張玉書等編　清道光七年(1827)刻本　二十冊　存六集二十卷(午至亥、補遺一卷、備考一卷)

130000－0402－0001076　282/37－3(11)
康熙字典十二集三十六卷總目一卷檢字一卷辨似一卷等韻一卷補遺一卷備考一卷　(清)張玉書等編　清道光七年(1827)刻本　二十八冊　缺三集四卷(未下、戌中、亥上中)

130000－0402－0001077　282/37－3(12)
康熙字典十二集三十六卷總目一卷檢字一卷辨似一卷等韻一卷補遺一卷備考一卷　(清)張玉書等編　清道光七年(1827)刻本　五冊　存三集七卷(子上中、丑上、卯下,總目一卷,檢字一卷,辨似一卷)

130000－0402－0001078　282/37－6(1)
康熙字典十二集三十六卷總目一卷檢字一卷辨似一卷等韻一卷補遺一卷備考一卷　(清)張玉書等編　清光緒元年(1875)湖北崇文書局刻本　四十冊

130000－0402－0001079　282/37－6(2)
康熙字典十二集三十六卷總目一卷檢字一卷辨似一卷等韻一卷補遺一卷備考一卷　(清)張玉書等編　清光緒元年(1875)湖北崇文書局刻本　三十八冊　缺一集二卷(酉中下)

130000－0402－0001080　282/37－6(3)
康熙字典十二集三十六卷總目一卷檢字一卷辨似一卷等韻一卷補遺一卷備考一卷　(清)張玉書等編　清光緒元年(1875)湖北崇文書局刻本　四十冊

130000－0402－0001081　282/37－6(4)
康熙字典十二集三十六卷總目一卷檢字一卷辨似一卷等韻一卷補遺一卷備考一卷　(清)張玉書等編　清光緒元年(1875)湖北崇文書局刻本　四十冊

130000－0402－0001082　282/37－6(5)
康熙字典十二集三十六卷總目一卷檢字一卷辨似一卷等韻一卷補遺一卷備考一卷　(清)張玉書等編　清光緒元年(1875)湖北崇文書局刻本　四十六冊

130000－0402－0001083　282/37－6(6)
康熙字典十二集三十六卷總目一卷檢字一卷辨似一卷等韻一卷補遺一卷備考一卷　(清)張玉書等編　清光緒元年(1875)湖北崇文書局刻本　二冊　存一集四卷(巳中、總目一卷、檢字一卷、辨似一卷)

130000－0402－0001084　282/37－7(1)
康熙字典十二集三十六卷總目一卷檢字一卷辨似一卷等韻一卷補遺一卷備考一卷　(清)張玉書等編　清刻本　十七册　存六集十九卷(子至卯、午上、未上下,總目一卷,檢字一卷,辨似一卷,等韻一卷)

130000－0402－0001085　282/37－7(2)
康熙字典十二集三十六卷總目一卷檢字一卷辨似一卷等韻一卷補遺一卷備考一卷　(清)張玉書等編　清刻本　七册　存三集七卷(午中下、未上下、戌上中,備考一卷)

130000－0402－0001086　282/37－7(3)
康熙字典十二集三十六卷總目一卷檢字一卷辨似一卷等韻一卷補遺一卷備考一卷　(清)張玉書等編　清刻本　十二册　存六集十二卷(子、巳中、午至未、酉中、亥中)

130000－0402－0001087　282/37－7(4)
康熙字典十二集三十六卷總目一卷檢字一卷辨似一卷等韻一卷補遺一卷備考一卷　(清)張玉書等編　清刻本　十三册　存五集十五卷(子至丑、寅上、午中下至未上中,總目一卷,檢字一卷,辨似一卷,補遺一卷)

130000－0402－0001088　282/37－7(5)
康熙字典十二集三十六卷總目一卷檢字一卷辨似一卷等韻一卷補遺一卷備考一卷　(清)張玉書等編　清刻本　四册　存二集四卷(辰至巳上)

130000－0402－0001089　282/37－7(6)
康熙字典十二集三十六卷總目一卷檢字一卷辨似一卷等韻一卷補遺一卷備考一卷　(清)張玉書等編　清刻本　十二册　存五集十四卷(子中下、丑中下、卯下至巳,總目一卷,檢字一卷,辨似一卷)

130000－0402－0001090　282/37－7(7)
康熙字典十二集三十六卷總目一卷檢字一卷辨似一卷等韻一卷補遺一卷備考一卷　(清)張玉書等編　清刻本　五册　存四集五卷(辰下、未中、戌下、亥上,補遺一卷)

130000－0402－0001091　282/37－7(8)
康熙字典十二集三十六卷總目一卷檢字一卷辨似一卷等韻一卷補遺一卷備考一卷　(清)張玉書等編　清刻本　二十册　存八集二十一卷(子、丑中下、辰中、巳上中、午至申上中、酉上中,總目一卷,檢字一卷,辨似一卷)

130000－0402－0001092　282/37－7(9)
康熙字典十二集三十六卷總目一卷檢字一卷辨似一卷等韻一卷補遺一卷備考一卷　(清)張玉書等編　清刻本　二十二册　存八集二十四卷(丑至卯上中、巳下、申、酉上下、戌、亥上下,總目一卷,檢字一卷,辨似一卷,等韻一卷,備考一卷)

130000－0402－0001093　282/37－7(10)
康熙字典十二集三十六卷總目一卷檢字一卷辨似一卷等韻一卷補遺一卷備考一卷　(清)張玉書等編　清刻本　二十八册　缺四集十二卷(寅至卯、午至未)

130000－0402－0001094　282/37－7(11)
康熙字典十二集三十六卷總目一卷檢字一卷辨似一卷等韻一卷補遺一卷備考一卷　(清)張玉書等編　清刻本　三十册　存十二集三十七卷(子至卯上中、辰上下、巳至亥,等韻一卷,補遺一卷,備考一卷)

130000－0402－0001095　282/37－7(12)
康熙字典十二集三十六卷總目一卷檢字一卷辨似一卷等韻一卷補遺一卷備考一卷　(清)張玉書等編　清刻本　二十册　存七集二十卷(丑上下、寅至卯、午至未、戌至亥)

130000－0402－0001096　282/37－7(13)
康熙字典十二集三十六卷總目一卷檢字一卷辨似一卷等韻一卷補遺一卷備考一卷　(清)張玉書等編　清刻本　三十九册　缺一集一卷(卯下)

130000－0402－0001097　282/37－7(14)
康熙字典十二集三十六卷總目一卷檢字一卷辨似一卷等韻一卷補遺一卷備考一卷　(清)張玉書等編　清刻本　八册　存四集八卷(子上、寅中下至辰上中)

130000－0402－0001098　282/37－7(15)
康熙字典十二集三十六卷總目一卷檢字一卷辨似一卷等韻一卷補遺一卷備考一卷　(清)張玉書等編　清刻本　二十冊　存八集二十卷(丑、寅上下、卯、辰中、巳中下、午上下、未、申中下,等韻一卷,備考一卷)

130000－0402－0001099　282/37－7(16)
康熙字典十二集三十六卷總目一卷檢字一卷辨似一卷等韻一卷補遺一卷備考一卷　(清)張玉書等編　清刻本　十六冊　存六集十六卷(辰至巳、午中下至未上中、申至酉)

130000－0402－0001100　282/37－7(17)
康熙字典十二集三十六卷總目一卷檢字一卷辨似一卷等韻一卷補遺一卷備考一卷　(清)張玉書等編　清刻本　六冊　存五集十七卷(子、寅、辰、午、酉,補遺一卷,備考一卷)

130000－0402－0001101　282/37－7(18)
康熙字典十二集三十六卷總目一卷檢字一卷辨似一卷等韻一卷補遺一卷備考一卷　(清)張玉書等編　清刻本　十六冊　存七集二十五卷(子至午上中、總目一卷、檢字一卷、辨似一卷、等韻一卷、備考一卷)

130000－0402－0001102　282/37－7(19)
康熙字典十二集三十六卷總目一卷檢字一卷辨似一卷等韻一卷補遺一卷備考一卷　(清)張玉書等編　清刻本　三十二冊　存十一集三十四卷(子至未、酉下、戌下至亥,總目一卷,檢字一卷,辨似一卷,等韻一卷,備考一卷)

130000－0402－0001103　282/37－7(20)
康熙字典十二集三十六卷總目一卷檢字一卷辨似一卷等韻一卷補遺一卷備考一卷　(清)張玉書等編　清刻本　二十六冊　存八集二十六卷(寅至巳、申至亥,補遺一卷,備考一卷)

130000－0402－0001104　282/37－7(21)
康熙字典十二集三十六卷總目一卷檢字一卷辨似一卷等韻一卷補遺一卷備考一卷　(清)張玉書等編　清刻本　五冊　存二集五卷(戌上中、亥)

130000－0402－0001105　282/37－7(22)
康熙字典十二集三十六卷總目一卷檢字一卷辨似一卷等韻一卷補遺一卷備考一卷　(清)張玉書等編　清刻本　六冊　存二集六卷(辰至巳)

130000－0402－0001106　282/37－8(1)
康熙字典十二集三十六卷總目一卷檢字一卷辨似一卷等韻一卷補遺一卷備考一卷　(清)張玉書等編　清善成堂刻本　四十冊

130000－0402－0001107　282/37－8(2)
康熙字典十二集三十六卷總目一卷檢字一卷辨似一卷等韻一卷補遺一卷備考一卷　(清)張玉書等編　清善成堂刻本　二十冊　存六集二十二卷(子至巳、總目一卷、檢字一卷、辨似一卷、等韻一卷)

130000－0402－0001108　282/37－9(1)
康熙字典十二集三十六卷總目一卷檢字一卷辨似一卷等韻一卷補遺一卷備考一卷　(清)張玉書等編　清光緒十三年(1887)上海點石齋石印本　六冊

130000－0402－0001109　282/37－9(2)
康熙字典十二集三十六卷總目一卷檢字一卷辨似一卷等韻一卷補遺一卷備考一卷　(清)張玉書等編　清光緒二十年(1894)上海點石齋石印本　六冊

130000－0402－0001110　282/37－9(3)
康熙字典十二集三十六卷總目一卷檢字一卷辨似一卷等韻一卷補遺一卷備考一卷　(清)張玉書等編　清光緒二十年(1894)上海點石齋石印本　六冊

130000－0402－0001111　282/37－9(4)
康熙字典十二集三十六卷總目一卷檢字一卷辨似一卷等韻一卷補遺一卷備考一卷　(清)張玉書等編　清光緒十三年(1887)上海點石齋石印本　六冊

130000－0402－0001112　282/37－9(5)
康熙字典十二集三十六卷總目一卷檢字一卷

辨似一卷等韻一卷補遺一卷備考一卷 （清）張玉書等編　清光緒九年(1883)上海點石齋石印本　一冊　存六集二十卷(子至巳、總目一卷、等韻一卷)

130000－0402－0001113　282/37－11(1)
康熙字典十二集三十六卷總目一卷檢字一卷辨似一卷等韻一卷補遺一卷備考一卷 （清）張玉書等編　清光緒三十年(1904)上海鍊章書局石印本　六冊

130000－0402－0001114　282/37－11(2)
康熙字典十二集三十六卷總目一卷檢字一卷辨似一卷等韻一卷補遺一卷備考一卷 （清）張玉書等編　清光緒三十年(1904)上海鍊章書局石印本　六冊

130000－0402－0001115　282/37－13
康熙字典十二集三十六卷總目一卷檢字一卷辨似一卷等韻一卷補遺一卷備考一卷 （清）張玉書等編　清宣統元年(1909)育文書局石印本　六冊

130000－0402－0001116　282/37－16
康熙字典十二集三十六卷總目一卷檢字一卷辨似一卷等韻一卷補遺一卷備考一卷 （清）張玉書等編　清光緒十六年(1890)上海同文書局石印本　七冊　存十集三十五卷(子至午、酉至亥,總目一卷,等韻一卷,補遺一卷,備考一卷,考證一卷)

130000－0402－0001117　282/37－17
康熙字典十二集三十六卷總目一卷檢字一卷辨似一卷等韻一卷補遺一卷備考一卷 （清）張玉書等編　清光緒三十年(1904)上海文盛堂書局石印本　一冊　存二集八卷(子至丑、總目一卷、等韻一卷)

130000－0402－0001118　282/37/2(1)
字典攷證三十六卷 （清）奕繪等撰　清光緒二年(1876)崇文書局刻本　六冊

130000－0402－0001119　282/37/2(2)
字典攷證三十六卷 （清）奕繪等撰　清光緒二年(1876)崇文書局刻本　六冊

130000－0402－0001120　282/38(1)
復古編二卷附錄一卷 （宋）張有撰　**曾樂軒稿一卷** （宋）張維撰　**安陸集一卷** （宋）張先撰　清光緒八年(1882)淮南書局刻本　三冊

130000－0402－0001121　282/38(2)
復古編二卷附錄一卷 （宋）張有撰　**曾樂軒稿一卷** （宋）張維撰　**安陸集一卷** （宋）張先撰　清光緒二年(1876)淮南書局刻本　三冊

130000－0402－0001122　282/38/2
續復古編四卷 （元）曹本撰　清光緒十二年(1886)歸安姚氏咫進齋刻本　四冊

130000－0402－0001123　282/39/1
隸篇十五卷續十五卷再續十五卷 （清）翟雲升編　清道光十七年至十九年(1837－1839)五經歲遍齋刻本　五冊　缺九卷(隸篇一至九)

130000－0402－0001124　282/42
篆字彙十二卷 （清）佟世男編　清康熙三十年(1691)多山堂刻本　十二冊

130000－0402－0001125　282/43－3
六書通十卷 （明）閔齊伋著　（清）畢宏述篆訂　清乾隆六十年(1795)刻本　六冊

130000－0402－0001126　282/45
漢隸字源五卷碑目一卷 （宋）婁機撰　清光緒三年(1877)川東官舍刻本　六冊

130000－0402－0001127　282/45－3
漢隸字源五卷碑目一卷附字一卷 （宋）婁機撰　明毛氏汲古閣刻本　六冊

130000－0402－0001128　282/46(1)
六書分類十二卷首一卷 （清）傅世垚撰　清嘉慶元年(1796)聽松閣刻本　十三冊

130000－0402－0001129　282/46(2)
六書分類十二卷首一卷 （清）傅世垚撰　清嘉慶元年(1796)聽松閣刻本　十三冊

130000－0402－0001130　282/46(3)

六書分類十二卷首一卷 (清)傅世垚撰 清嘉慶元年(1796)聽松閣刻本 十三冊

130000-0402-0001131 282/46(4)
六書分類十二卷首一卷 (清)傅世垚撰 清嘉慶元年(1796)聽松閣刻本 十三冊

130000-0402-0001132 282/48(1)
隸辨八卷 (清)顧藹吉撰 清乾隆八年(1743)黄晟刻本 八冊

130000-0402-0001133 282/48(2)
隸辨八卷 (清)顧藹吉撰 清乾隆八年(1743)聚錦堂刻本 八冊

130000-0402-0001134 282/55(1)
類篇十五卷 (宋)司馬光撰 清光緒二年(1876)川東官舍刻本 十五冊

130000-0402-0001135 282/55(2)
類篇十五卷 (宋)司馬光撰 清光緒二年(1876)川東官舍刻本 七冊 存七卷(九至十五)

130000-0402-0001136 282/56
字彙十二卷首一卷末一卷 (明)梅膺祚輯 清康熙三十四年(1695)映旭齋刻本 十四冊

130000-0402-0001137 282/57
漢隸辨體四卷 (清)尹彭壽撰 清光緒二十一年(1895)尚志堂刻本 四冊

130000-0402-0001138 282/58
重校十三經不貳字一卷 (清)李鴻藻輯 清光緒八年(1882)三味齋刻本 一冊

130000-0402-0001139 282/60(1)
字彙十二卷首一卷末一卷韻法直圖一卷韻法横圖一卷 (明)梅膺祚集 清聚錦堂刻本 十四冊

130000-0402-0001140 282/60(2)
字彙十二卷首一卷末一卷韻法直圖一卷韻法横圖一卷 (明)梅膺祚音釋 清光緒十五年(1889)東昌書業德刻本 十四冊

130000-0402-0001141 282/60-2
字彙十二卷首一卷末一卷韻法直圖一卷韻法横圖一卷 (明)梅膺祚撰 清古吳文會堂刻本 十四冊

130000-0402-0001142 282/60-3(1)
字彙十二卷首一卷末一卷韻法直圖一卷韻法横圖一卷 (明)梅膺祚撰 清崇文堂刻本 八冊 缺六卷(子至巳)

130000-0402-0001143 282/60-3(2)
字彙十二卷首一卷末一卷韻法直圖一卷韻法横圖一卷 (明)梅膺祚撰 清刻本 十一冊 缺三卷(子、戌,首一卷)

130000-0402-0001144 282/60-3(3)
字彙十二卷首一卷末一卷 (明)梅膺祚撰 清乾隆三十九年(1774)古吳衣德堂刻本 七冊 存七卷(子至巳、首一卷)

130000-0402-0001145 282/60-4(1)
字彙十二卷首一卷末一卷韻法直圖一卷韻法横圖一卷 (明)梅膺祚撰 清書林簡菴氏關西刻本 十三冊 缺一卷(子)

130000-0402-0001146 282/60-4(2)
字彙十二卷首一卷末一卷 (明)梅膺祚撰 清書林簡菴氏關西刻本 一冊 存一卷(戌)

130000-0402-0001147 282/60-5(1)
字彙十二卷首一卷末一卷韻法直圖一卷韻法横圖一卷 (明)梅膺祚撰 清刻本 十二冊 缺二卷(子、首一卷)

130000-0402-0001148 282/60-5(2)
字彙十二卷首一卷末一卷 (明)梅膺祚撰 清刻本 八冊 存八卷(子至卯、未至酉、亥)

130000-0402-0001149 282/60-5(3)
字彙十二卷首一卷末一卷 (明)梅膺祚撰 清刻本 一冊 存一卷(巳)

130000-0402-0001150 282/60-5(4)
字彙十二卷首一卷末一卷韻法直圖一卷韻法横圖一卷 (明)梅膺祚撰 清刻本 三冊 存三卷(辰、午,末一卷)

130000-0402-0001151 282/60-5(5)
字彙十二卷首一卷末一卷 (明)梅膺祚撰

清刻本　一册　存一卷(子)

130000－0402－0001152　282/60－6
字彙十二卷首一卷末一卷　(明)梅膺祚撰　清文秀堂刻本　十一册　缺一卷(子)

130000－0402－0001153　282/60－7
字彙十二卷首一卷末一卷　(明)梅膺祚撰　清光緒善成堂刻本　七册　存七卷(子至巳、首一卷)

130000－0402－0001154　282/60－8
字彙十二卷首一卷末一卷韻法直圖一卷韻法横圖一卷　(明)梅膺祚撰　清刻本　七册　存七卷(午至亥、末一卷)

130000－0402－0001155　282/60－9
字彙十二卷首一卷末一卷韻法直圖一卷韻法横圖一卷　(明)梅膺祚撰　清刻本　七册　存七卷(寅、未至亥,末一卷)

130000－0402－0001156　282/60－10
字彙十二卷首一卷末一卷韻法直圖一卷韻法横圖一卷　(明)梅膺祚撰　清乾隆四十年(1775)書林簡菴氏關西刻本　十四册

130000－0402－0001157　282/60－11
字彙十二卷首一卷末一卷韻法直圖一卷韻法横圖一卷　(明)梅膺祚撰　清文盛堂刻本　十四册

130000－0402－0001158　282/60－12
字彙十二卷首一卷末一卷韻法直圖一卷韻法横圖一卷　(明)梅膺祚撰　清刻本　十一册　存十一卷(子至寅、辰至酉、亥,末一卷)

130000－0402－0001159　282/60－13
字彙四卷　(明)梅膺祚撰　清光緒十六年(1890)敬文堂刻本　四册

130000－0402－0001160　282/60－14
字彙四卷　(明)梅膺祚撰　清光緒十八年(1892)有益堂刻本　四册

130000－0402－0001161　282/60/1
字彙四卷　(明)梅膺祚撰　清同治八年(1869)聚盛堂刻本　四册

130000－0402－0001162　282/60/1－2
字彙四卷　(明)梅膺祚撰　清光緒十六年(1890)寶興堂刻本　二册

130000－0402－0001163　282/62
四音字彙十二卷　(清)鄭長庚撰　清錦華堂刻本　六册　存六卷(午至亥)

130000－0402－0001164　282/64
四庫全書辨正通俗文字一卷　(清)陸費墀撰　(清)王朝梧補　清道光四年(1824)經國堂書坊刻本　一册

130000－0402－0001165　282/65
許學叢書三集十四種　張炳翔輯　清光緒長洲張氏儀鄦廬刻本　九册　存五種二十七卷(說文段注撰要四至六,說文辨疑一卷,說文答問疏證六卷,說文新附考六卷、續考一卷、札記一卷,段氏說文注訂八卷、札記一卷)

130000－0402－0001166　282/66
說文辨字正俗八卷　(清)李富孫撰　清嘉慶二十三年(1818)刻本　二册

130000－0402－0001167　283/4
詩韻珠璣五卷　(清)余照輯　清嘉慶五年(1800)一枝山房刻本　四册

130000－0402－0001168　283/5－2
集韻十卷　(宋)丁度撰　清光緒二年(1876)川東官舍刻本　十册

130000－0402－0001169　283/6
音學五書三十八卷　(清)顧炎武著　清光緒十一年(1885)湘陰郭氏岵瞻堂刻本　十二册

130000－0402－0001170　283/7
聲譜二卷　(清)時庸勱撰　清光緒十八年(1892)河南星使行臺刻本　二册

130000－0402－0001171　283/8
聲說二卷　(清)時庸勱撰　清光緒十八年(1892)河南星使行臺刻本　二册

130000－0402－0001172　283/10
伸顧一卷　(清)易本烺撰　清同治八年(1869)刻本　一册

130000－0402－0001173　283/11

等韻一得不分卷　勞乃宣著　清崔琳手抄本　一册

130000－0402－0001174　283/13

古音類表九卷　(清)傅壽彤撰　清光緒二年(1876)大梁臬署刻本　四册

130000－0402－0001175　283/14(1)

五方元音二卷　(清)樊騰鳳撰　(清)年希堯增補　清道光二十年(1840)敬文堂刻本　二册

130000－0402－0001176　283/14(2)

五方元音二卷　(清)樊騰鳳撰　(清)年希堯增補　清雍正五年(1727)澄鑑堂刻本　四册

130000－0402－0001177　283/14－3(1)

剔弊廣增分韻五方元音二卷首一卷　(清)樊騰鳳著　(清)趙培梓新編　清光緒二十年(1894)三義堂刻本　一册

130000－0402－0001178　283/14－3(2)

剔弊廣增分韻五方元音二卷首一卷　(清)樊騰鳳著　(清)趙培梓新編　清刻本　五册

130000－0402－0001179　283/14－4(1)

剔弊廣增分韻五方元音二卷首一卷　(清)樊騰鳳著　(清)趙培梓新編　清同治十年(1871)宏文堂刻本　一册

130000－0402－0001180　283/14－4(2)

剔弊廣增分韻五方元音二卷首一卷　(清)樊騰鳳著　(清)趙培梓新編　清同治十年(1871)書業德刻本　三册

130000－0402－0001181　283/14－5

五方元音二卷　(清)樊騰鳳撰　(清)年希堯增補　清康熙四十九年(1710)刻本　一册

130000－0402－0001182　283/14－6(1)

五方元音二卷　(清)樊騰鳳撰　(清)年希堯增補　清光緒善成堂刻本　四册

130000－0402－0001183　283/14－6(2)

五方元音二卷　(清)樊騰鳳撰　(清)年希堯增補　清光緒善成堂刻本　四册

130000－0402－0001184　283/18(1)

韻岐五卷　(清)江昱輯　清光緒七年(1881)刻本　二册

130000－0402－0001185　283/18(2)

韻岐五卷　(清)江昱輯　清光緒七年(1881)刻本　二册

130000－0402－0001186　283/19

佩文詩韻釋要五卷　(清)朱重輯　清光緒元年(1875)湖北崇文書局刻本　一册

130000－0402－0001187　283/21(1)

佩文廣韻匯編五卷　(清)李元祺編　清同治十一年(1872)金陵書局刻本　二册

130000－0402－0001188　283/21(2)

佩文廣韻匯編五卷　(清)李元祺編　清同治十一年(1872)金陵書局刻本　二册

130000－0402－0001189　283/22

禮部韻略五卷　(宋)丁度著　清光緒二年(1876)川東官舍刻本　五册

130000－0402－0001190　283/25－3(1)

詩韻合璧五卷　(清)湯文潞輯　清光緒十一年(1885)善成堂刻本　五册

130000－0402－0001191　283/25－3(2)

詩韻合璧五卷　(清)湯文潞輯　清光緒十一年(1885)善成堂刻本　五册

130000－0402－0001192　283/25－4

詩韻合璧五卷　(清)湯文潞輯　**虚字韻藪一卷**　(清)潘維城輯　清光緒十三年(1887)廣百宋齋刻本　五册

130000－0402－0001193　283/25－5

詩韻合璧五卷分韻文選題解擇要一卷　(清)湯文潞輯　清同治三年(1864)芋栗園刻本　五册

130000－0402－0001194　283/25－7

詩韻合璧五卷分韻文選題解擇要一卷　(清)湯文潞輯　清咸豐七年至十年(1857－1860)三益齋刻本　六册

130000－0402－0001195　283/25－8

詩韻合璧五卷 (清)湯文潞輯 清咸豐七年(1857)三益齋刻本 五冊

130000－0402－0001196 283/25－9
詩韻合璧五卷 (清)湯文潞輯 清咸豐九年(1859)梁溪經德堂刻本 二冊 存二卷(一、四)

130000－0402－0001197 283/25－10
詩韻合璧五卷 (清)湯文潞輯 清光緒七年(1881)上海淞隱閣刻本 二冊 存二卷(一、五)

130000－0402－0001198 283/26
詩韻集成十卷 (清)余照輯 清同治五年(1866)省城藩司前緯文堂刻本 二冊

130000－0402－0001199 283/26－2(1)
詩韻集成十卷 (清)余照輯 清光緒十九年(1893)三義堂刻本 四冊

130000－0402－0001200 283/26－2(2)
詩韻集成十卷 (清)余照輯 清光緒十九年(1893)三義堂刻本 四冊

130000－0402－0001201 283/26－3
詩韻集成十卷 (清)余照輯 清光緒十二年(1886)文英堂刻本 四冊

130000－0402－0001202 283/26－4
詩韻集成十卷 (清)余照輯 清光緒元年(1875)掃葉山房刻本 四冊

130000－0402－0001203 283/26－5
詩韻集成十卷 (清)余照輯 清光緒二十年(1894)書業德刻本 四冊

130000－0402－0001204 283/26－6
詩韻集成十卷 (清)余照輯 清刻本 一冊

130000－0402－0001205 283/27
詩韻含英題解十卷 (清)甘蘭友輯 清文玉堂刻本 二冊

130000－0402－0001206 283/28
音韻輯要二十一卷 (清)王鵕纂 清乾隆四十九年(1784)昆山載德堂刻本 四冊

130000－0402－0001207 283/29
新集古文四聲韻五卷附錄一卷 (宋)夏竦集 清乾隆四十四年(1779)新安汪氏刻本 五冊

130000－0402－0001208 283/30
韻辨附文五卷 (清)沈兆霖撰 清光緒三年(1877)刻本 二冊

130000－0402－0001209 283/31
重刊官話合聲字母序例及關係論說一卷 王照撰 清光緒二十九年至三十年(1903－1904)裱褙胡同義塾刻本 一冊

130000－0402－0001210 283/33
古今韻略五卷 (清)邵長蘅纂 清康熙刻本 五冊

130000－0402－0001211 283/34
佩文詩韻廣注五卷 (清)淵鑒齋定 清文盛堂刻本 一冊

130000－0402－0001212 283/38
五車韻瑞一百六十卷 (明)淩稚隆輯 清文盛堂刻本 三十四冊

130000－0402－0001213 283/38－2
五車韻瑞一百六十卷 (明)淩稚隆輯 清金閶葉瑤池刻本 十三冊 存四十五卷(一至二十八、三十五至四十、四十六至五十六)

130000－0402－0001214 283/39
詩韻典要一卷 (清)劉漸逵撰 清同治十年(1871)書業德刻本 一冊

130000－0402－0001215 29/1
孝經一卷 (唐)玄宗李隆基注 (唐)陸德明音義 清光緒十二年(1886)湖北官書處刻本 一冊

130000－0402－0001216 29/3
孝經鄭氏解一卷 (漢)鄭玄解 清光緒二十二年(1896)河南鄧州胡賓周恪三氏刻本 一冊

130000－0402－0001217 29/4
孝經一卷 (唐)玄宗李隆基注 (唐)陸德明

音義　清同治十一年(1872)山東書局刻本　一冊

130000－0402－0001218　311/1(1)

二十四史　清同治、光緒五省官書局合刻本　二十九冊　存二種二百九卷(漢書一至七、十九至一百,後漢書一百二十卷)

130000－0402－0001219　311/1(2)

二十四史　清同治、光緒五省官書局合刻本　六十四冊　存二種三百三十三卷(舊唐書四至十八、三十九至八十九、一百二十三至二百,元史一至七十一、九十三至二百十)

130000－0402－0001220　311/1(3)

二十四史　清同治、光緒五省官書局合刻本　十一冊　存二種五十七卷(五代史四十四至七十四,明史二百二十四至二百二十八、二百八十七至二百九十四、三百至三百十二)

130000－0402－0001221　311/1(4)

二十四史　清同治、光緒五省官書局合刻本　五百七十九冊

130000－0402－0001222　311/1(5)

二十四史　清同治、光緒五省官書局合刻本　三十二冊　存二種二百二十卷(漢書一百卷、後漢書一百二十卷)

130000－0402－0001223　311/1(6)

二十四史　清同治、光緒五省官書局合刻本　二十五冊　存三種一百九十四卷(漢書五十五至六十三、後漢書一百二十卷、三國志六十五卷)

130000－0402－0001224　311/1(7)

二十四史　清同治、光緒五省官書局合刻本　十冊　存二種七十一卷(漢書七十三至九十一、九十八至一百,後漢書五至五十三)

130000－0402－0001225　311/1(8)

二十四史　清同治、光緒五省官書局合刻本　二百六十八冊　存十五種一千九百十四卷(史記一百三十卷,晉書一百三十卷、音義三卷,宋書一百卷,南齊書五十九卷,梁書五十六卷,陳書三十六卷,魏書一百十四卷,北齊書五十卷,周書五十卷,隋書八十五卷,南史八十卷,北史一百卷,舊唐書二百卷,唐書二百二十五卷,宋史四百九十六卷)

130000－0402－0001226　311/1(9)

二十四史　清同治、光緒五省官書局合刻本　三十八冊　存三種二百八十八卷(舊五代史一百五十卷、五代史七十四卷、明史一至六十四)

130000－0402－0001227　311/1(10)

二十四史　清同治、光緒五省官書局合刻本　一百四十二冊　存四種七百三十七卷(遼史一百十五卷,金史一百三十五卷、欽定國語解一卷,元史二百十卷,明史一至一百十八、一百七十五至三百三十二)

130000－0402－0001228　311/1(11)

二十四史　清同治、光緒五省官書局合刻本　一百四十二冊　存四種七百五十卷(遼史一百十五卷,金史一百三十五卷、欽定國語解一卷,元史二百十卷,明史一至四十五、八十九至三百三十二)

130000－0402－0001229　311/1(12)

二十四史　清同治、光緒五省官書局合刻本　五十冊　存二種二百七十三卷(唐書二百二十五卷,元史一至二十一、一百四十九至一百七十五)

130000－0402－0001230　311/1(13)

二十四史　清同治、光緒五省官書局合刻本　十三冊　存二種一百一卷(陳書三十六卷、宋史三百七十二至四百三十六)

130000－0402－0001231　311/1(14)

二十四史　清同治、光緒五省官書局合刻本　三十七冊　存十三種三百十八卷(漢書一至十二,三國志二十八至三十六,晉書二十七至四十九、七十九至八十七、九十五至一百十,宋書一至十,魏書七十八至九十五,周書四十至五十,南史十一至十七,北史五十二至五十七,舊唐書五十一至六十、九十六至一百二、一百三十四至一百四十一、一百九十至一百九十五,唐書五十一至六十,宋史二百七十

四至二百八十一、二百八十九至二百九十六,遼史一至十四、三十一至四十二,明史一至二十四、五十六至七十、一百六至一百八、一百二十一至一百三十、一百四十一至一百五十九、二百五十六至二百九十八)

130000－0402－0001232　311/1(15)
二十四史　清同治、光緒五省官書局合刻本　六十五册　存三種三百六十卷(漢書二十一至一百,金史一百三十五卷、欽定國語解一卷,元史一至一百四十四)

130000－0402－0001233　311/1(16)
二十四史　清同治、光緒五省官書局合刻本　五十九册　存五種三百十八卷(宋書六十三至八十四,唐書四至四十九上、八十六至一百十,金史一至九十一、一百六至一百二十七,五代史一至十二,宋史六十五至六十九、一百六十二至一百九十四、二百至二百二十三、二百三十至二百六十七)

130000－0402－0001234　311/1(17)
二十四史　清同治、光緒五省官書局合刻本　四百三十三册　缺十三種六百二十四卷(宋書二十二至一百,陳書三十六卷,魏書一至二十一,周書五十卷,隋書一至二十一,南史五十六至八十,唐書七十三至九十一,五代史四十四至七十四,宋史二百八十四至三百五十七、三百九十三至四百二十六、四百九十一至四百九十六,遼史一至六十八,金史五十二至七十二,元史五十一至六十九,明史七十至七十三、八十一至八十四、八十九至一百十八、一百二十四至一百二十八、一百四十一至一百七十四、二百十五至二百三十八、二百五十九至二百六十一、三百至三百十五)

130000－0402－0001235　311/1(18)
二十四史　清同治、光緒五省官書局合刻本　一百册　存六種五百四十二卷(晉書六十至一百三十、音義三卷,魏書一至三十七、四十五至六十五、八十一至一百十四,周書一至八,南史一至十、十八至八十,北史一至九十五,唐書一至六十、七十三至九十四、一百一至一百十四、一百二十二至二百二十五)

130000－0402－0001236　311/1(19)
二十四史　清同治、光緒五省官書局合刻本　四百五十二册　缺八種四百七十五卷(三國志一至二十七,新唐書九十五至一百六十九,舊五代史一至七十三,宋史一百三十五至一百五十七、二百十至二百九十一,遼史一至四十七,金史三十一至六十四、一百二至一百三十五,元史五十三至七十三,明史二百四十四至二百七十六、三百七至三百三十二)

130000－0402－0001237　311/1(20)
二十四史　清同治、光緒五省官書局合刻本　十四册　存三種七十七卷(唐書九十五至一百二十九,舊五代史十八至二十六,宋史一百三十五至一百五十七、二百十至二百十七、二百二十一至二百二十二)

130000－0402－0001238　311/1.1(1)
史記一百三十卷　(漢)司馬遷撰　(南朝宋)裴駰集解　清光緒四年(1878)金陵書局刻二十四史本　十六册

130000－0402－0001239　311/1.1(2)
史記一百三十卷　(漢)司馬遷撰　(南朝宋)裴駰集解　清光緒四年(1878)金陵書局刻二十四史本　十六册

130000－0402－0001240　311/1.1(3)
史記一百三十卷　(漢)司馬遷撰　(南朝宋)裴駰集解　清光緒四年(1878)金陵書局刻二十四史本　七册　存三十八卷(一至三十八)

130000－0402－0001241　311/1.1(4)
史記一百三十卷　(漢)司馬遷撰　(南朝宋)裴駰集解　清光緒四年(1878)金陵書局刻二十四史本　十三册　存一百十七卷(一至十、十八至二十一、二十八至一百三十)

130000－0402－0001242　311/1.2(1)
漢書一百卷　(漢)班固撰　(唐)顔師古注　清同治八年(1869)金陵書局刻二十四史本　四册　存二十八卷(七十三至一百)

130000－0402－0001243　311/1.2(2)
漢書一百卷　(漢)班固撰　(唐)顔師古注

清同治八年(1869)金陵書局刻二十四史本　五冊　存三十六卷(十九至二十、五十五至八十二、九十二至九十七)

130000－0402－0001244　311/1.2(3)
漢書一百卷　(漢)班固撰　(唐)顏師古注　清同治八年(1869)金陵書局刻二十四史本　八冊　存三十二卷(一至三十二)

130000－0402－0001245　311/1.3(1)
後漢書一百二十卷　(南朝宋)范曄撰　(唐)李賢注　**續志**　(晉)司馬彪撰　(南朝梁)劉昭注補　清同治八年(1869)金陵書局刻二十四史本　八冊　缺五十三卷(一至五十三)

130000－0402－0001246　311/1.3(2)
後漢書一百二十卷　(南朝宋)范曄撰　(唐)李賢注　**續志**　(晉)司馬彪撰　(南朝梁)劉昭注補　清同治八年(1869)金陵書局刻二十四史本　六冊　存五十九卷(二十六至五十三、九十至一百二十)

130000－0402－0001247　311/1.3(3)
後漢書一百二十卷　(南朝宋)范曄撰　(唐)李賢注　**續志**　(晉)司馬彪撰　(南朝梁)劉昭注補　清同治八年(1869)金陵書局刻二十四史本　二冊　存三十一卷(九十至一百二十)

130000－0402－0001248　311/1.5(1)
晉書一百三十卷　(唐)太宗李世民撰　**音義三卷**　(唐)何超撰　清同治十年(1871)金陵書局刻二十四史本　七冊　存三十六卷(一至三十、九十至九十五)

130000－0402－0001249　311/1.5(2)
晉書一百三十卷　(唐)太宗李世民撰　**音義三卷**　(唐)何超撰　清同治十年(1871)金陵書局刻二十四史本　十冊　存五十九卷(一至五十九)

130000－0402－0001250　311/1.5(3)
晉書一百三十卷　(唐)太宗李世民撰　**音義三卷**　(唐)何超撰　清同治十年(1871)金陵書局刻二十四史本　五冊　存二十六卷(一至二十六)

130000－0402－0001251　311/1.6(1)
宋書一百卷　(南朝梁)沈約撰　清同治十一年(1872)金陵書局刻二十四史本　十六冊

130000－0402－0001252　311/1.6(2)
宋書一百卷　(南朝梁)沈約撰　清同治十一年(1872)金陵書局刻二十四史本　六冊　存四十三卷(五十八至一百)

130000－0402－0001253　311/1.13(1)
隋書八十五卷　(唐)魏徵等撰　**考異**　(清)薛壽撰　清同治十年(1871)淮南書局刻二十四史本　二冊　存九卷(二十五至三十三)

130000－0402－0001254　311/1.13(2)
隋書八十五卷　(唐)魏徵等撰　**考異**　(清)薛壽撰　清同治十年(1871)淮南書局刻二十四史本　十二冊

130000－0402－0001255　311/1.13/1
隋書經籍志四卷　(唐)長孫無忌等撰　清光緒八年(1882)成都御風樓刻本　四冊

130000－0402－0001256　311/1.15
北史一百卷　(唐)李延壽撰　清同治十一年(1872)金陵書局刻二十四史本　三冊　存十四卷(四十一至五十四)

130000－0402－0001257　311/1.18(1)
舊五代史一百五十卷　(宋)薛居正等撰　清同治十一年(1872)湖北崇文書局刻二十四史本　十六冊

130000－0402－0001258　311/1.18(2)
舊五代史一百五十卷　(宋)薛居正等撰　清同治十一年(1872)湖北崇文書局刻二十四史本　十五冊　存一百三十七卷(一至一百九、一百二十三至一百五十)

130000－0402－0001259　311/1.18(3)
舊五代史一百五十卷　(宋)薛居正等撰　清同治十一年(1872)湖北崇文書局刻二十四史本　八冊　存七十六卷(七十五至一百五十)

130000－0402－0001260　311/1.18(4)

舊五代史一百五十卷　(宋)薛居正等撰　清同治十一年(1872)湖北崇文書局刻二十四史本　四冊　存三十五卷(七十五至一百九)

130000－0402－0001261　311/1.19(1)
五代史七十四卷　(宋)歐陽修撰　(宋)徐無黨注　清同治十一年(1872)湖北崇文書局刻二十四史本　八冊

130000－0402－0001262　311/1.19(2)
五代史七十四卷　(宋)歐陽修撰　(宋)徐無黨注　清同治十一年(1872)湖北崇文書局刻二十四史本　八冊

130000－0402－0001263　311/1.19(3)
五代史七十四卷　(宋)歐陽修撰　(宋)徐無黨注　清同治十一年(1872)湖北崇文書局刻二十四史本　四冊　存四十三卷(一至四十三)

130000－0402－0001264　311/1.20(1)
宋史四百九十六卷　(元)脱脱等撰　清光緒元年(1875)浙江書局刻二十四史本　八十冊　存三百八十九卷(一至十九、二十七至六十、六十七至九十、九十八至一百四、一百十四至一百八十六、一百九十九至二百三十九、二百四十三至二百八十六、二百九十二至三百一、三百八至三百十九、三百二十六至三百四十二、三百六十至三百六十五、三百七十一至四百三十三、四百四十六至四百七十、四百七十七至四百九十)

130000－0402－0001265　311/1.20(2)
宋史四百九十六卷　(元)脱脱等撰　清光緒元年(1875)浙江書局刻二十四史本　一冊　存二卷(二百三十二至二百三十三)

130000－0402－0001266　311/1.20(3)
宋史四百九十六卷　(元)脱脱等撰　清光緒元年(1875)浙江書局刻二十四史本　十二冊　存七十卷(三百二十二至三百五十七、三百九十三至四百二十六)

130000－0402－0001267　311/1.20(4)
宋史四百九十六卷　(元)脱脱等撰　清光緒元年(1875)浙江書局刻二十四史本　二十二冊　存一百三十一卷(三百六十六至四百九十六)

130000－0402－0001268　311/1.21(1)
遼史一百十五卷附考證　(元)脱脱等撰　清同治十二年(1873)江蘇書局刻二十四史本　六冊　存六十八卷(四十八至一百十五)

130000－0402－0001269　311/1.21(2)
遼史一百十五卷附考證　(元)脱脱等撰　清同治十二年(1873)江蘇書局刻二十四史本　四冊　存三十三卷(一至十八、二十九至三十八、四十至四十四)

130000－0402－0001270　311/1.21(3)
遼史一百十五卷附考證　(元)脱脱等撰　清同治十二年(1873)江蘇書局刻二十四史本　七冊　存五十三卷(六十三至一百十五)

130000－0402－0001271　311/1.22(1)
金史一百三十五卷附考證　(元)脱脱等撰　清同治十三年(1874)江蘇書局刻二十四史本　二冊　存十一卷(七十至七十四、一百十六至一百二十一)

130000－0402－0001272　311/1.22(2)
金史一百三十五卷附考證　(元)脱脱等撰　清同治十三年(1874)江蘇書局刻二十四史本　四冊　存二十八卷(三十一至四十、四十八至五十九、一百二至一百七)

130000－0402－0001273　311/1.23(1)
元史二百十卷附考證　(明)宋濂　(明)王禕撰　清同治十三年(1874)江蘇書局刻二十四史本　十五冊　存七十六卷(五十至九十、一百七十六至二百十)

130000－0402－0001274　311/1.23(2)
元史二百十卷附考證　(明)宋濂　(明)王禕撰　清同治十三年(1874)江蘇書局刻二十四史本　十八冊　存一百三卷(三十五至七十一、一百四十五至二百十)

130000－0402－0001275　311/1.24(1)
明史三百三十二卷　(清)張廷玉等撰　清光

緒三年(1877)湖北崇文書局刻二十四史本 一册 存四卷(七十至七十三)

130000－0402－0001276 311/1.24(2)
明史三百三十二卷 (清)張廷玉等撰 清光緒三年(1877)湖北崇文書局刻二十四史本 八册 存三十七卷(二百七至二百四十三)

130000－0402－0001277 311/1.24(3)
明史三百三十二卷 (清)張廷玉等撰 清光緒三年(1877)湖北崇文書局刻二十四史本 二十二册 存八十卷(六十五至八十八、二百七十七至三百三十二)

130000－0402－0001278 311/1.24(4)
明史三百三十二卷目錄四卷 (清)張廷玉等撰 清光緒三年(1877)湖北崇文書局刻二十四史本 二十二册 存九十七卷(一至四、八十二至八十四、一百五十五至一百七十九、二百三十四至二百三十八、二百四十四至二百五十一、二百六十二至二百八十二、二百八十七至三百六、三百二十六至三百三十二,目錄四卷)

130000－0402－0001279 311/1.24(5)
明史三百三十二卷 (清)張廷玉等撰 清光緒三年(1877)湖北崇文書局刻二十四史本 六册 存二十八卷(二百十一至二百二十三、二百二十九至二百四十三)

130000－0402－0001280 311/1.24(6)
明史三百三十二卷 (清)張廷玉等撰 清光緒三年(1877)湖北崇文書局刻二十四史本 十五册 存六十卷(一百二至一百三十四、二百十五至二百三十八、二百五十九至二百六十一)

130000－0402－0001281 311/1.24(7)
明史三百三十二卷 (清)張廷玉等撰 清光緒三年(1877)湖北崇文書局刻二十四史本 十册 存五十六卷(一百十九至一百七十四)

130000－0402－0001282 311/1.24(8)
明史三百三十二卷 (清)張廷玉等撰 清光緒三年(1877)湖北崇文書局刻二十四史本 五册 存十五卷(三百七至三百二十一)

130000－0402－0001283 311/1.24(9)
明史三百三十二卷 (清)張廷玉等撰 清光緒三年(1877)湖北崇文書局刻二十四史本 四十四册 存一百八十八卷(八十九至二百七十六)

130000－0402－0001284 311/1－5(1)
二十四史 清光緒十年(1884)上海同文書局影印本 六十册 存二種二百二十卷(前漢書一百卷、後漢書一百二十卷)

130000－0402－0001285 311/1－5(2)
二十四史 清光緒十年(1884)上海同文書局影印本 二百五册 存十種八百七十七卷(史記二十至四十三、一百四至一百九,前漢書二十一下至四十三、八十七下至九十、九十四下至九十八,晉書六十至一百三十、音義三卷,梁書五十六卷,隋書十一至十二、二十八至四十、六十六至六十九,北史一百卷,唐書八十至一百八十五、一百九十二至二百一,金史一至九十四、一百至一百三十五,元史一至九、十五至七十二、七十六至八十四、八十八至九十、九十七至九十八、一百六至一百二十、一百二十九至二百十,明史一至三十二、三十五至九十九、一百九十三至二百九、二百二十四至二百三十七、二百四十至二百四十三、二百六十九至二百七十四、三百十三至三百十六)

130000－0402－0001286 311/1－5(3)
二十四史 清光緒十年(1884)上海同文書局影印本 一百五册 存五種四百三十五卷(史記一至四、八至一百三十,前漢書一至五十、五十二至八十、八十三至一百,後漢書一至四十九、五十一至一百二十,三國志魏書十至二十八、蜀書十五卷、吳書三至二十,北史五十四至五十六、六十四至一百)

130000－0402－0001287 311/1－5(4)
二十四史 清光緒十年(1884)上海同文書局影印本 五十六册 存三種二百四卷(前漢書四至一百,後漢書五至五十、九十至一百二

十,三國志魏書三十卷)

130000－0402－0001288　311/1－5(5)
二十四史　清光緒十年(1884)上海同文書局影印本　六百九十七冊　缺一種六十五卷(三國志六十五卷)

130000－0402－0001289　311/1－7
二十四史　清光緒二十八年(1902)史學會社石印本　一百九十六冊　缺三種一百十八卷(晉書音義三卷,陳書三十六卷,隋書三十二至八十五、釋音二十五卷)

130000－0402－0001290　311/1－8(1)
二十四史　清光緒三十四年(1908)上海集成圖書公司鉛印本　五十八冊　存十種五百十卷(後漢書十一至二十、三十三至四十四,晉書一百三十卷,陳書八至十八,魏書一至八十四,北史一至五、十二至十七、三十至三十四、四十六至五十一、六十五至七十一,唐書一至七十五,舊五代史六十一至七十五、一百十三至一百二十六,宋史一百三十八至一百四十六、一百七十八至一百八十四,遼史十三至一百十六,元史一百三十三至一百四十二)

130000－0402－0001291　311/1－8(2)
二十四史　清光緒三十四年(1908)上海集成圖書公司鉛印本　三百二十五冊　缺八種五百五十卷(史記一百三十卷,前漢書一至四十、五十一至一百,後漢書九十一至一百二十,三國志六十五卷,陳書一至三,唐書一百九十九至二百七,宋史二百二十七至二百二十八、三百三十至三百三十八、三百五十八至三百九十七,明史一百六十一至三百三十二)

130000－0402－0001292　311/1－8(3)
二十四史　清光緒三十四年(1908)上海集成圖書公司鉛印本　四百冊

130000－0402－0001293　311/1－8(4)
二十四史　清光緒三十四年(1908)上海集成圖書公司鉛印本　二百七十八冊　缺十二種九百三十四卷(漢書一百卷,後漢書一至九十,三國志六十五卷,隋書三十一至八十五,舊唐書三十九至八十八,唐書六十一至一百六十四,五代史七十四卷,宋史二百三十五至二百七十三、四百三十七至四百九十六,遼史一百十六卷,金史五十九至一百三十五,元史一至五十三,明史一至五十一)

130000－0402－0001294　311/1－8.17
唐書二百二十五卷　(宋)歐陽修等撰　清光緒三十四年(1908)上海集成圖書公司鉛印二十四史本　一冊　存一卷(七十二中下)

130000－0402－0001295　311/1－10(1)
二十四史　清光緒二十八年(1902)竢實齋石印本　一百五十八冊　缺四種六百二十四卷(北齊書二十三至五十,唐書二百二十五卷、釋音二十五卷,元史一至十四,明史三百三十二卷)

130000－0402－0001296　311/1－10(2)
二十四史　清光緒二十八年(1902)竢實齋石印本　十二冊　存二種一百六十二卷(前漢書十三至三十、五十三至一百,後漢書十一至六十九、八十四至一百二十)

130000－0402－0001297　311/1－11(1)
二十四史　清同治、光緒五省官書局合刻本　二十九冊　存四種一百七十七卷(三國志六至十一、三十一至五十四,宋書一至四十,陳書一至六,魏書一至九十六、一百六至一百七、一百十二至一百十四)

130000－0402－0001298　311/1－11(2)
二十四史　清同治、光緒五省官書局合刻本　二十四冊　存二種一百七十五卷(漢書十九至一百,後漢書一至五十三、八十一至一百二十)

130000－0402－0001299　311/1－11(3)
二十四史　清同治、光緒五省官書局合刻本　一百六十八冊　存十四種一千一百九十三卷(史記一百三十卷,漢書一百卷,後漢書一百二十卷,三國志六十五卷,晉書一百三十卷、音義三卷,宋書一百卷,南齊書五十九卷,梁書五十六卷,陳書三十六卷,魏書一百十四卷,北齊書五十卷,周書五十卷,南史八十卷,北史一百卷)

130000－0402－0001300　311/1－11(4)
二十四史　清同治、光緒五省官書局合刻本　二百八十四冊　存六種一千四百七十七卷(舊唐書二百卷、唐書二百二十五卷、舊五代史一百五十卷附考證、五代史七十四卷、宋史四百九十六卷、明史三百三十二卷)

130000－0402－0001301　311/1－11(5)
二十四史　清同治、光緒五省官書局合刻本　五十五冊　存二種三百十二卷(金史一至一百二、元史二百十卷)

130000－0402－0001302　311/1－11(6)
二十四史　清同治、光緒五省官書局合刻本　四十四冊　存三種二百四十八卷(宋史五十二至一百六十、三百七十七至四百三十三，遼史一至四十八，元史一至三十四)

130000－0402－0001303　311/1－11(7)
二十四史　清同治、光緒五省官書局合刻本　三十四冊　存四種二百七十三卷(南齊書五十九卷、北齊書五十卷、魏書一百十四卷、周書五十卷)

130000－0402－0001304　311/1－11.5
晉書一百三十卷　(唐)太宗李世民撰　**音義三卷**　(唐)何超撰　清同治十年(1871)金陵書局刻二十四史本　五冊　存二十六卷(一至二十六)

130000－0402－0001305　311/1－11.6(1)
宋書一百卷　(南朝梁)沈約撰　清同治十一年(1872)金陵書局刻二十四史本　五冊　存二十七卷(一至二十七)

130000－0402－0001306　311/1－11.6(2)
宋書一百卷　(南朝梁)沈約撰　清同治十一年(1872)金陵書局刻二十四史本　十五冊　存九十卷(十一至一百)

130000－0402－0001307　311/1－11.9
陳書三十六卷　(唐)姚思廉撰　清同治十一年(1872)金陵書局刻二十四史本　四冊

130000－0402－0001308　311/1－11.13(1)
隋書八十五卷　(唐)魏徵等撰　**考異**　(清)薛壽撰　清同治十年(1871)淮南書局刻二十四史本　六冊　存二十九卷(一至二十九)

130000－0402－0001309　311/1－11.13(2)
隋書八十五卷　(唐)魏徵等撰　**考異**　(清)薛壽撰　清同治十年(1871)淮南書局刻二十四史本　十二冊

130000－0402－0001310　311/1－11.13(3)
隋書八十五卷　(唐)魏徵等撰　**考異**　(清)薛壽撰　清同治十年(1871)淮南書局刻二十四史本　十二冊

130000－0402－0001311　311/1－11.15
北史一百卷　(唐)李延壽撰　清同治十一年(1872)金陵書局刻二十四史本　五冊　存二十二卷(一至二十二)

130000－0402－0001312　311/1－11.16
舊唐書二百卷　(後晉)劉昫等撰　清同治十一年(1872)浙江書局刻二十四史本　五冊　存三十二卷(一百五十二至一百八十三)

130000－0402－0001313　311/1－11.17
唐書二百二十五卷　(宋)歐陽修　(宋)宋祁撰　清同治十二年(1873)浙江書局刻二十四史本　十六冊　存七十三卷(一至七十三)

130000－0402－0001314　311/1－11.19
五代史七十四卷　(宋)歐陽修撰　(宋)徐無黨注　清同治十一年(1872)湖北崇文書局刻二十四史本　八冊

130000－0402－0001315　311/1－11.20
宋史四百九十六卷　(元)脱脱等撰　清光緒元年(1875)浙江書局刻二十四史本　八冊　存四十一卷(一百六十九至二百九)

130000－0402－0001316　311/1－12
二十四史　清乾隆四年(1739)武英殿刻本　二百九十二冊　存十三種一千一百三十五卷(前漢書四十一至一百，晉書一至三十六，梁書五十六卷，魏書一至四十一，隋書八十五卷，南史三十八至八十，北史四十六至一百，舊唐書二十一至五十、一百七十六至二百，唐書五十一至七十八，宋史九十八至三百四十

一、四百三十九至四百九十六，金史一百三十五卷，元史四十一至七十七，明史一至二十六、四十七至九十九、一百二十二至一百九十二、二百八十一至三百三十二）

130000－0402－0001317　311/1－12.3

後漢書一百二十卷　（南朝宋）范曄撰　（唐）李賢注　**續志**　（晉）司馬彪撰　（南朝梁）劉昭補并注　清乾隆四年（1739）武英殿刻二十四史本　六册　存三十七卷（十六至五十二）

130000－0402－0001318　311/1－12.22

金史一百三十五卷　（元）脱脱等撰　清乾隆四年（1739）武英殿刻二十四史本　十二册　存七十卷（二十九至六十二、一百至一百三十五）

130000－0402－0001319　311/1－14

二十四史　清光緒二十八年（1902）上海文瀾書局石印本　一百十册　缺二種三百十三卷（史記一至十七、四十二至八十七，唐書二百二十五卷、釋音二十五卷）

130000－0402－0001320　311/1－15

二十四史　清光緒二十九年（1903）五洲同文書局石印本　四百七十二册　存二十一種二千八十五卷（史記十五至十九、三十一至四十八、五十八至六十七、八十二至一百二十；漢書一百卷；後漢書一百二十卷；三國志六十五卷；晉書五至十八、二十三至五十九、八十三至九十四、一百二十六至一百三十，音義三卷；宋書一百卷；南齊書五十九卷；梁書五十六卷；陳書三十六卷；魏書五至八、十九至二十一、三十六至五十九、七十五至一百六、一百十二至一百十四；周書九至五十；隋書七至八十五；南史一至十四、三十至三十七、五十二至六十四、六十九至八十；北史一至十八、二十二至三十八、四十二至五十六、七十一至一百；舊唐書一至八十五、一百五十一至一百八十二、一百九十五至二百；唐書五十至五十六、七十、二百二十至二百二十二；宋史六至八十四、九十一至九十七、一百五至一百三十、一百六十一至一百七十六、一百八十七至一百九十一、二百三至二百九、二百十五至二百四十八、二百五十一至二百六十五、二百七十六至二百九十一、三百三至三百四十一、三百四十六至三百六十五、三百七十一至三百七十九、三百八十九至四百十二、四百十七至四百三十一、四百五十六至四百六十、四百八十五至四百九十；遼史一百十六卷；金史一百十五卷；元史六至九十、九十三至一百十、一百十四至一百二十四、一百二十九至一百三十六、一百四十三至一百六十一、一百六十五至一百七十二、一百七十八至一百八十三、一百八十九至二百十；明史一至十九、二十五至二十七、三十三至三十四、六十一至六十八、七十二至七十三、八十二至九十七、一百二至一百八、一百十三至一百五十八、一百七十二至一百八十五、一百九十至二百二十、二百二十七至二百四十、二百四十四至二百六十四、二百六十六至二百九十一、三百十三至三百二十六、三百三十至三百三十二）

130000－0402－0001321　311/1－15.2

漢書一百卷　（漢）班固撰　（唐）顏師古注　清光緒二十九年（1903）五洲同文書局石印二十四史本　一册　存五卷（三十一至三十五）

130000－0402－0001322　311/1－16(1)

二十四史　清光緒十四年（1888）上海圖書集成印書局鉛印本　一百五册　存十七種七百七十五卷（史記十一至一百三十，漢書一百卷，後漢書一百二十卷，三國志六十五卷，晉書八十九至九十五，陳書一至十八，魏書七十六至一百十四，北齊書一至七、三十四至五十，隋書三十一至三十五、四十六至五十六、七十六至八十五，南史八十卷，北史十八至二十三，舊唐書四十四至四十六、九十八至一百四，唐書二百十六至二百二十一，舊五代史七十六至九十九，金史五至十一，宋史二百五十二至二百六十二、二百八十一至三百九、三百二十九至三百三十七、三百六十八至三百八十三，元史十七至六十四、一百十四至一百二十三）

130000－0402－0001323　311/1－16(2)

二十四史　清光緒十年（1884）上海圖書集成

印書局鉛印本　二十六册　存四種一百七十六卷(史記一至十四、十九至三十二,後漢書一百二十卷,三國志魏書二十三至三十、蜀書一至八,南史五至十六)

130000－0402－0001324　311/1－16.3
後漢書一百二十卷　(南朝宋)范曄撰　(南朝梁)劉昭補志　(唐)李賢注　清光緒十四年(1888)上海圖書集成印書局石印二十四史本　一册　存十卷(九十五至一百四)

130000－0402－0001325　311/1－17(1)
二十四史　清光緒十八年(1892)武林竹簡齋石印本　十册　存二種一百五十六卷(後漢書一至四十、七十至一百二十,三國志六十五卷)

130000－0402－0001326　311/1－17(2)
二十四史　清光緒三十一年(1905)武林竹簡齋第四次石印本　二十册　存二種二百二十卷(前漢書一百卷、後漢書一百二十卷)

130000－0402－0001327　311/1/1
八史經籍志三十卷　(日本)□□輯　清光緒九年(1883)鎮海張壽榮刻本　十六册

130000－0402－0001328　311/1/2(1)
遼史拾遺二十四卷　(清)厲鶚撰　清光緒元年(1875)江蘇書局刻本　八册

130000－0402－0001329　311/1/2(2)
遼史拾遺二十四卷　(清)厲鶚撰　清光緒元年(1875)江蘇書局刻本　二册　存六卷(九至十四)

130000－0402－0001330　311/1/2(3)
遼史拾遺二十四卷　(清)厲鶚撰　清光緒元年(1875)江蘇書局刻本　八册

130000－0402－0001331　311/1/3(1)
遼史拾遺補五卷　(清)楊復吉輯　清光緒三年(1877)江蘇書局刻本　二册

130000－0402－0001332　311/1/3(2)
遼史拾遺補五卷　(清)楊復吉輯　清光緒三年(1877)江蘇書局刻本　二册

130000－0402－0001333　311/1/3(3)
遼史拾遺補五卷　(清)楊復吉輯　清光緒三年(1877)江蘇書局刻本　二册

130000－0402－0001334　311/1/4(1)
欽定遼史語解十卷　清光緒四年(1878)江蘇書局刻本　二册

130000－0402－0001335　311/1/4(2)
欽定遼史語解十卷　清光緒四年(1878)江蘇書局刻本　二册

130000－0402－0001336　311/1/5(1)
欽定金史語解十二卷　清光緒四年(1878)江蘇書局刻本　二册

130000－0402－0001337　311/1/5(2)
欽定金史語解十二卷　清光緒四年(1878)江蘇書局刻本　二册

130000－0402－0001338　311/1/6(1)
欽定元史語解二十四卷　清光緒四年(1878)江蘇書局刻本　六册

130000－0402－0001339　311/1/6(2)
欽定元史語解二十四卷　清光緒四年(1878)江蘇書局刻本　六册

130000－0402－0001340　311/1/7(1)
元史氏族表三卷　(清)錢大昕撰　清嘉慶十一年(1806)江蘇書局刻本　二册

130000－0402－0001341　311/1/7(2)
元史氏族表三卷　(清)錢大昕撰　清嘉慶十一年(1806)江蘇書局刻本　二册

130000－0402－0001342　311/1/8(1)
元史藝文志四卷　(清)錢大昕撰　清嘉慶十一年(1806)江蘇書局刻本　一册

130000－0402－0001343　311/1/8(2)
元史藝文志四卷　(清)錢大昕撰　清嘉慶十一年(1806)江蘇書局刻本　一册

130000－0402－0001344　311/1/10
後漢書疏證三十卷　(清)沈欽韓撰　清光緒二十六年(1900)浙江官書局刻本　十六册

130000－0402－0001345　311/1/11

二十四史論贊七十八卷　(清)陳闓編輯　清光緒二十八年(1902)文淵山房石印本　二册　存四十二卷(一至四十二)

130000－0402－0001346　311/2.17(1)

五代史七十四卷　(宋)歐陽修撰　(宋)徐無黨注　明古吳書業趙氏刻十七史本　八册

130000－0402－0001347　311/2.17(2)

五代史七十四卷　(宋)歐陽修撰　(宋)徐無黨注　明古吳書業趙氏刻十七史本　十六册

130000－0402－0001348　311/2－2(1)

十七史一千五百七十四卷　(明)毛晉編　明崇禎至清順治琴川毛氏汲古閣刻本　九十九册　存九種六百七卷(晉書五至三十四、八十二至一百五十,陳書三十六卷,魏書一至三十九,周書五十卷,隋書八十五卷,南史五至十六、四十一至四十八、五十七至六十五、七十六至八十,北史一至三十一、四十三至六十三、七十三至七十八、八十九至九十二,唐書六十五至七十五、九十二至一百六十六、一百七十五至一百九十六、二百三至二百十九、二百二十三至二百二十五,五代史七十四卷)

130000－0402－0001349　311/2－2(2)

十七史一千五百七十四卷　(明)毛晉編　明崇禎至清順治琴川毛氏汲古閣刻本　一百十一册　存九種七百卷(晉書八十至一百三十,宋書三十八至一百,陳書三十六卷,魏書一百十四卷,北齊書五十卷,隋書三十三至八十五,北史一百卷,唐書一至一百十六、一百八十三至二百二十五,五代史七十四卷)

130000－0402－0001350　311/2－2(3)

十七史一千五百七十四卷　(明)毛晉編　明崇禎至清順治琴川毛氏汲古閣刻本　二百十册　缺十種四百十七卷(史記一至四十二,漢書二十五至六十三,後漢書三十一至五十七、九十一至一百二十,晉書二十七至五十九,宋書二十七至五十九,梁書五十六卷,北齊書五十卷,隋書一至三十一,南史四十二至八十,唐書七十五至一百十一)

130000－0402－0001351　311/2－2(4)

十七史一千五百七十四卷　(明)毛晉編　明崇禎至清順治琴川毛氏汲古閣刻本　十七册　存三種一百十一卷(晉書六十一至九十三、宋書三十八至四十一、五代史七十四卷)

130000－0402－0001352　311/2－2(5)

十七史一千五百七十四卷　(明)毛晉編　明崇禎至清順治琴川毛氏汲古閣刻本　十九册　存二種一百四卷(漢書三十六至一百、後漢書八十二至一百二十)

130000－0402－0001353　311/2－2(6)

十七史一千五百七十四卷　(明)毛晉編　明崇禎至清順治琴川毛氏汲古閣刻本　三十四册　存二種一百五十一卷(漢書二十至七十四,後漢書一至六十六、九十一至一百二十)

130000－0402－0001354　311/2－2.1

史記一百三十卷　(漢)司馬遷撰　(南朝宋)裴駰集解　明崇禎十四年(1641)刻清順治十一年(1654)補輯十七史本　八册　存五十一卷(一至五十一)

130000－0402－0001355　311/2－2.3(1)

後漢書一百二十卷　(南朝宋)范曄撰　(唐)李賢注　**續志**　(晉)司馬彪撰　(南朝梁)劉昭補注　明崇禎十六年(1643)刻清順治十二年(1655)補輯十七史本　十一册　存五十七卷(一、五十六至六十、六十五至七十、七十六至一百二十)

130000－0402－0001356　311/2－2.3(2)

後漢書一百二十卷　(南朝宋)范曄撰　(唐)李賢注　**續志**　(晉)司馬彪撰　(南朝梁)劉昭補注　明崇禎十六年(1643)刻清順治十二年(1655)補輯十七史本　六册　存二十五卷(一至二十五)

130000－0402－0001357　311/2－2.3(3)

後漢書一百二十卷　(南朝宋)范曄撰　(唐)李賢注　**續志**　(晉)司馬彪撰　(南朝梁)劉昭補注　明崇禎十六年(1643)刻清順治十二年(1655)補輯十七史本　六册　存二十四卷(一至二十四)

130000－0402－0001358　311/2－2.4
三國志六十五卷　(晉)陳壽撰　(南朝宋)裴松之注　明崇禎十七年(1644)刻清順治十三年(1656)補輯十七史本　七册　存三十八卷(二十八至六十五)

130000－0402－0001359　311/2－2.9
陳書三十六卷　(唐)姚思廉撰　明崇禎四年(1631)刻清順治六年(1649)補輯十七史本　四册

130000－0402－0001360　311/2－2.12
周書五十卷　(唐)令狐德棻撰　明崇禎五年(1632)刻清順治七年(1650)補輯十七史本　六册

130000－0402－0001361　311/2－3
十七史一千五百七十四卷　(明)毛晉編　明崇禎至清順治琴川毛氏汲古閣刻本　二百八十九册　缺六種一百七十三卷(史記一至六、二十至四十五,漢書一至四、二十至三十四,三國志一至二十五,魏書六十七至一百八之二,隋書三十三至八十五,唐書一至二)

130000－0402－0001362　311/2－3.2
漢書一百卷　(漢)班固撰　(唐)顔師古注　明崇禎十五年(1642)刻清順治十二年(1655)補輯十七史本　十二册　存三十五卷(一至三十五)

130000－0402－0001363　311/2－3.6
宋書一百卷　(南朝梁)沈約撰　明崇禎七年(1634)刻清順治八年(1651)補輯十七史本　三册　存二十一卷(四十二至六十二)

130000－0402－0001364　311/3
史緯三百三十卷首一卷　(清)陳允錫撰　清康熙三十五年(1696)湖海樓刻本　七十二册　缺八十一卷(四十至六十一、八十五至一百六、一百六十至一百七十六、一百九十五至二百十四)

130000－0402－0001365　311/4
通志二百卷　(宋)鄭樵撰　清咸豐九年(1859)崇仁謝氏刻本　九十六册

130000－0402－0001366　311/4－2
通志二百卷　(宋)鄭樵撰　清乾隆十四年(1749)武英殿刻本　一百二十册

130000－0402－0001367　311/4－3(1)
通志二百卷　(宋)鄭樵撰　清刻本　一百册　缺四十一卷(十一至二十四、三十一至四十一、六十至六十二、七十四至七十六、一百三十一至一百四十)

130000－0402－0001368　311/4－3(2)
通志二百卷　(宋)鄭樵撰　清刻本　四册　存六卷(四至五上、十九、一百三、一百二十一至一百二十二)

130000－0402－0001369　311/4－4
通志二百卷　(宋)鄭樵撰　清光緒二十二年(1896)浙江書局刻本　七十册　存五十九卷(一至六、六十三至七十五、九十五至一百二、一百十一至一百二十四、一百四十五至一百五十二、一百六十三至一百七十二)

130000－0402－0001370　311/4－5(1)
通志二百卷　(宋)鄭樵撰　清光緒二十七年(1901)上海圖書集成局石印本　三十五册　存一百二十三卷(五至六、二十五至五十、六十三至七十七、八十八至一百六十七)

130000－0402－0001371　311/4－5(2)
通志二百卷　(宋)鄭樵撰　清光緒二十七年(1901)上海圖書集成局石印本　十九册　存八十八卷(二十五至八十、八十八至九十、一百六十八至一百九十六)

130000－0402－0001372　311/4/1－2
通志略五十二卷　(宋)鄭樵撰　清刻本　五册　存十三卷(職官略五至七、選舉略四卷、刑法略一卷、食貨略二卷、藝文略一至三)

130000－0402－0001373　311/4/1－3
通志略五十二卷　(宋)鄭樵撰　清喻義堂刻本　八册　存二十三卷(職官略七卷、選舉略一至二、刑法略一卷、食貨略二卷、藝文略八卷、校讎略一卷、圖譜略一卷、金石略一卷)

130000－0402－0001374　311/4/2

欽定續通志六百四十卷 (清)嵇璜等纂 清光緒十二年(1886)浙江書局刻本 二百冊

130000－0402－0001375 311/4/2－2
欽定續通志六百四十卷 (清)嵇璜等纂 清刻本 一百三冊 存三百四十八卷(一至三十二、五十四至七十四、一百十一至一百五十五、二百一至二百六十六、三百二十至三百九十一、四百四十七至四百八十四、五百三十八至六百十一)

130000－0402－0001376 311/4/2－3(1)
欽定續通志六百四十卷 (清)嵇璜等纂 清光緒二十七年(1901)上海圖書集成局石印本 四十九冊 存四百九十七卷(一至六十三、七十一至九十二、九十七至二百八十、二百九十七至三百三十二、三百四十至四百十六、四百三十一至四百四十六、五百一至五百二十六、五百六十八至六百四十)

130000－0402－0001377 311/4/2－3(2)
欽定續通志六百四十卷 (清)嵇璜等纂 清光緒二十七年(1901)上海圖書集成局石印本 六冊 存六十卷(一至十、一百九十一至二百九、二百四十一至二百七十一)

130000－0402－0001378 311/4/3
皇朝通志一百二十六卷 (清)嵇璜等纂 清光緒八年(1882)浙江書局刻本 四十冊

130000－0402－0001379 311/4/3－2(1)
皇朝通志一百二十六卷 (清)嵇璜等纂 清刻本 十八冊 存九十卷(一至九十)

130000－0402－0001380 311/4/3－2(2)
皇朝通志一百二十六卷 (清)嵇璜等纂 清刻本 一冊 存三卷(一百二十四至一百二十六)

130000－0402－0001381 311/4/3－3(1)
皇朝通志一百二十六卷 (清)嵇璜等纂 清光緒二十七年(1901)上海圖書集成局石印本 十冊 存一百六卷(一至三十五、五十六至一百二十六)

130000－0402－0001382 311/4/3－3(2)
皇朝通志一百二十六卷 (清)嵇璜等纂 清光緒二十七年(1901)上海圖書集成局石印本 十一冊 存一百十卷(一至八十、九十七至一百二十六)

130000－0402－0001383 311/5
史記一百三十卷 (漢)司馬遷撰 (南朝宋)裴駰集解 (唐)司馬貞索隱 (唐)張守節正義 **三皇本紀一卷** (唐)司馬貞補撰并註 清順治十六年(1659)刻本 二十冊

130000－0402－0001384 311/5－2
東萊先生史記詳節二十卷首一卷 (宋)呂祖謙輯 明刻本 八冊

130000－0402－0001385 311/5－5
史記纂二十四卷 (明)淩稚隆輯 明萬曆淩刻朱墨套印本 十二冊

130000－0402－0001386 311/5－6(1)
史記一百三十卷 (漢)司馬遷撰 (明)歸有光評點 **方望溪平點史記四卷** (清)方苞撰 清光緒二年(1876)武昌張氏刻本 二十冊

130000－0402－0001387 311/5－6(2)
史記一百三十卷 (漢)司馬遷撰 (明)歸有光評點 **方望溪平點史記四卷** (清)方苞撰 清光緒二年(1876)武昌張氏刻本 二十冊

130000－0402－0001388 311/5－6(3)
史記一百三十卷 (漢)司馬遷撰 (明)歸有光評點 **方望溪平點史記四卷** (清)方苞撰 清光緒二年(1876)武昌張氏刻本 十九冊 存一百三十卷(史記一百三十卷)

130000－0402－0001389 311/5－6(4)
史記一百三十卷 (漢)司馬遷撰 (明)歸有光評點 **方望溪平點史記四卷** (清)方苞撰 清光緒二年(1876)武昌張氏刻本 二十冊

130000－0402－0001390 311/5－6(5)
史記一百三十卷 (漢)司馬遷撰 (明)歸有光評點 **方望溪平點史記四卷** (清)方苞撰 清光緒二年(1876)武昌張氏刻本 十五冊 存九十五卷(一至九十五)

130000－0402－0001391　311/5－8
史記一百三十卷　(漢)司馬遷撰　(南朝宋)裴駰集解　(唐)司馬貞索隱　(唐)張守節正義　明嘉靖四年至六年(1525－1527)王延喆刻本　二十册

130000－0402－0001392　311/5－10
史記一百三十卷　(漢)司馬遷撰　(明)鍾惺批評　明天啓五年(1625)沈國元大來堂刻本　十二册

130000－0402－0001393　311/5－11
史記評林一百三十卷　(明)凌稚隆輯校　明萬曆五年(1577)刻本　十八册　存八十三卷(一至八十三)

130000－0402－0001394　311/5－12
史記一百三十卷　(漢)司馬遷撰　(南朝宋)裴駰集解　(唐)司馬貞補撰并註　(唐)張守節正義　明萬曆二年至三年(1574－1575)余有丁刻本　十六册

130000－0402－0001395　311/5－13
史記一百三十卷　(漢)司馬遷撰　(南朝宋)裴駰集解　(唐)司馬貞索隱　(唐)張守節正義　清光緒十四年(1888)上海蜚英館石印本　十二册

130000－0402－0001396　311/5－14
史記一百三十卷　(漢)司馬遷撰　(南朝宋)裴駰集解　(唐)司馬貞補撰并註　(唐)張守節正義　清康熙二十五年(1686)刻本　六册　存十七卷(一至十七)

130000－0402－0001397　311/5－15
史記論文一百三十卷　(漢)司馬遷撰　(清)吴見思評點　(清)吴興祚參訂　清文盛堂刻本　十八册　存九十二卷(三十九至一百三十)

130000－0402－0001398　311/5－16
史記一百三十卷　(漢)司馬遷撰　(南朝宋)裴駰集解　(唐)司馬貞索隱　(唐)張守節正義　清刻本　一册　存七卷(一百三至一百九)

130000－0402－0001399　311/5－17(1)
史記一百三十卷　(漢)司馬遷撰　(南朝宋)裴駰集解　(唐)司馬貞索隱　(唐)張守節正義　清光緒三十一年(1905)上海久敬齋石印本　八册

130000－0402－0001400　311/5－17(2)
史記一百三十卷　(漢)司馬遷撰　(南朝宋)裴駰集解　(唐)司馬貞索隱　(唐)張守節正義　清光緒三十一年(1905)上海久敬齋石印本　八册

130000－0402－0001401　311/5－17(3)
史記一百三十卷　(漢)司馬遷撰　(南朝宋)裴駰集解　(唐)司馬貞索隱　(唐)張守節正義　清光緒三十一年(1905)上海久敬齋石印本　八册

130000－0402－0001402　311/5－17(4)
史記一百三十卷　(漢)司馬遷撰　(南朝宋)裴駰集解　(唐)司馬貞索隱　(唐)張守節正義　清光緒三十一年(1905)上海久敬齋石印本　一册　存四十卷(九十一至一百三十)

130000－0402－0001403　311/5－18
史記一百三十卷　(漢)司馬遷撰　(南朝宋)裴駰集解　(唐)司馬貞索隱　(唐)張守節正義　清同治九年(1870)楚北崇文書局刻本　二十四册

130000－0402－0001404　311/5－19(1)
史記一百三十卷　(漢)司馬遷撰　(南朝宋)裴駰集解　(唐)司馬貞索隱　(唐)張守節正義　清同治五年至九年(1866－1870)金陵書局刻本　十七册　存九十三卷(一至九十三)

130000－0402－0001405　311/5－19(2)
史記一百三十卷　(漢)司馬遷撰　(南朝宋)裴駰集解　(唐)司馬貞索隱　(唐)張守節正義　清同治五年至九年(1866－1870)金陵書局刻本　二十册

130000－0402－0001406　311/5－19(3)
史記一百三十卷　(漢)司馬遷撰　(南朝宋)裴駰集解　(唐)司馬貞索隱　(唐)張守節正

義　清同治五年至九年(1866－1870)金陵書局刻本　十三册　存八十四卷(一至十九、六十六至一百三十)

130000－0402－0001407　311/5－19(4)

史記一百三十卷　(漢)司馬遷撰　(南朝宋)裴駰集解　(唐)司馬貞索隱　(唐)張守節正義　清同治五年至九年(1866－1870)金陵書局刻本　五册　存四十七卷(八十四至一百三十)

130000－0402－0001408　311/5－19(5)

史記一百三十卷　(漢)司馬遷撰　(南朝宋)裴駰集解　(唐)司馬貞索隱　(唐)張守節正義　清同治五年至九年(1866－1870)金陵書局刻本　十一册　存九十六卷(二十三至二十七、四十至一百三十)

130000－0402－0001409　311/5－19(6)

史記一百三十卷　(漢)司馬遷撰　(南朝宋)裴駰集解　(唐)司馬貞索隱　(唐)張守節正義　清同治五年至九年(1866－1870)金陵書局刻本　四册　存三十七卷(九十四至一百三十)

130000－0402－0001410　311/5－19(7)

史記一百三十卷　(漢)司馬遷撰　(南朝宋)裴駰集解　(唐)司馬貞索隱　(唐)張守節正義　清同治五年至九年(1866－1870)金陵書局刻本　二十册

130000－0402－0001411　311/5－19(8)

史記一百三十卷　(漢)司馬遷撰　(南朝宋)裴駰集解　(唐)司馬貞索隱　(唐)張守節正義　清同治五年至九年(1866－1870)金陵書局刻本　二十册

130000－0402－0001412　311/5－19(9)

史記一百三十卷　(漢)司馬遷撰　(南朝宋)裴駰集解　(唐)司馬貞索隱　(唐)張守節正義　清同治五年至九年(1866－1870)金陵書局刻本　二十册

130000－0402－0001413　311/5－19(10)

史記一百三十卷　(漢)司馬遷撰　(南朝宋)裴駰集解　(唐)司馬貞索隱　(唐)張守節正義　清同治五年至九年(1866－1870)金陵書局刻本　二十册

130000－0402－0001414　311/5－19(11)

史記一百三十卷　(漢)司馬遷撰　(南朝宋)裴駰集解　(唐)司馬貞索隱　(唐)張守節正義　清同治五年至九年(1866－1870)金陵書局刻本　二十册

130000－0402－0001415　311/5－19(12)

史記一百三十卷　(漢)司馬遷撰　(南朝宋)裴駰集解　(唐)司馬貞索隱　(唐)張守節正義　清同治五年至九年(1866－1870)金陵書局刻本　二十册

130000－0402－0001416　311/5－19(13)

史記一百三十卷　(漢)司馬遷撰　(南朝宋)裴駰集解　(唐)司馬貞索隱　(唐)張守節正義　清同治五年至九年(1866－1870)金陵書局刻本　十五册　存一百八卷(一至十七、四十至一百三十)

130000－0402－0001417　311/5－24(1)

史記論文一百三十卷　(漢)司馬遷撰　(清)吳見思評點　(清)吳興祚參訂　清康熙二十六年(1687)尺木堂刻本　十八册　存九十七卷(一至九十七)

130000－0402－0001418　311/5－24(2)

史記論文一百三十卷　(漢)司馬遷撰　(清)吳見思評點　(清)吳興祚參訂　清康熙二十六年(1687)尺木堂刻本　十六册　存七十九卷(一至六、八至十三、十九、二十一至二十七、三十一至四十八、五十至五十二、五十六、五十八至六十、六十五至六十七、六十九至七十二、七十八、八十、八十三、八十八至一百一、一百四至一百五、一百十二、一百十四至一百十七、一百十九、一百二十五、一百二十八)

130000－0402－0001419　311/5－24(3)

史記論文一百三十卷　(漢)司馬遷撰　(清)吳見思評點　(清)吳興祚參訂　清康熙二十六年(1687)尺木堂刻本　二十三册　存九十

一卷(一至七十五、八十至九十五)

130000－0402－0001420　311/5－24(4)
史記論文一百三十卷　(漢)司馬遷撰　(清)吳見思評點　(清)吳興祚參訂　清刻本　十四冊　存八十七卷(一至六十六、一百十至一百三十)

130000－0402－0001421　311/5－24(5)
史記論文一百三十卷　(漢)司馬遷撰　(清)吳見思評點　(清)吳興祚參訂　清刻本　五冊　存二十八卷(八十至八十七、九十五至一百一、一百七至一百十、一百十七至一百十九、一百二十至一百二十五)

130000－0402－0001422　311/5－24(6)
史記論文一百三十卷　(漢)司馬遷撰　(清)吳見思評點　(清)吳興祚參訂　清刻本　十六冊　存九十四卷(八至十五、二十八至五十六、六十七至七十、七十八至一百三十)

130000－0402－0001423　311/5－27
史記一百三十卷　(漢)司馬遷撰　(南朝宋)裴駰集解　(唐)司馬貞索隱　(唐)張守節正義　清刻本　二十一冊　存一百二卷(二至四、七至八、十四至三十七、四十一至九十五、九十七至一百十四)

130000－0402－0001424　311/5－29(1)
史記一百三十卷　(漢)司馬遷撰　(明)徐孚遠　(明)陳子龍測議　清書業堂刻本　六冊　存三十卷(三十三至三十七、四十至四十四、四十九至六十八)

130000－0402－0001425　311/5－29(2)
史記一百三十卷　(漢)司馬遷撰　(明)徐孚遠　(明)陳子龍測議　清刻本　八冊　存四十二卷(四十二至八十三)

130000－0402－0001426　311/5－29(3)
史記一百三十卷　(漢)司馬遷撰　(明)徐孚遠　(明)陳子龍測議　清刻本　三十冊

130000－0402－0001427　311/5－29(4)
史記一百三十卷　(漢)司馬遷撰　(明)徐孚遠　(明)陳子龍測議　清刻本　十五冊　存六十一卷(二十二至四十三、九十二至一百三十)

130000－0402－0001428　311/5－29(5)
史記一百三十卷　(漢)司馬遷撰　(明)徐孚遠　(明)陳子龍測議　清刻本　十五冊　存七十八卷(三十八至三十九、四十三至八十八、九十六至一百十二、一百十八至一百三十)

130000－0402－0001429　311/5－29(6)
史記一百三十卷　(漢)司馬遷撰　(明)徐孚遠　(明)陳子龍測議　清刻本　十六冊　存六十三卷(三至十八、八十四至一百三十)

130000－0402－0001430　311/5－29(7)
史記一百三十卷首一卷　(漢)司馬遷撰　(明)徐孚遠　(明)陳子龍測議　清刻本　四冊　存十九卷(一至二、四十、一百六至一百十五、一百十九至一百二十三,首一卷)

130000－0402－0001431　311/5－30
史記一百三十卷　(漢)司馬遷撰　(南朝宋)裴駰集解　(唐)司馬貞索隱　(唐)張守節正義　清同治刻本　二十四冊　存一百十二卷(十九至一百三十)

130000－0402－0001432　311/5－31
史記一百三十卷　(漢)司馬遷撰　(南朝宋)裴駰集解　(唐)司馬貞索隱　(唐)張守節正義　清光緒十四年(1888)上海圖書集成印書局石印本　六冊　存二十八卷(一至十四、十九至三十二)

130000－0402－0001433　311/5－33
史記一百三十卷　(漢)司馬遷撰　(南朝宋)裴駰集解　清光緒二十年(1894)上海點石齋石印本　五冊　存一百四卷(一至一百四)

130000－0402－0001434　311/5－34
史記一百三十卷　(漢)司馬遷撰　(南朝宋)裴駰集解　(唐)司馬貞索隱　(唐)張守節正義　清末石印本　六冊　存二十八卷(二至五、二十至二十二、二十七至三十九、八十八至九十五)

130000－0402－0001435　311/5－35

史記一百三十卷　(漢)司馬遷撰　(南朝宋)裴駰集解　(唐)司馬貞索隱　(唐)張守節正義　清末石印本　三册　存二十八卷(七至十四、十九至三十八)

130000－0402－0001436　311/5/1(1)

校刊史記集解索隱正義札記五卷　(清)張文虎撰　清同治十一年(1872)金陵書局刻本　二册

130000－0402－0001437　311/5/1(2)

校刊史記集解索隱正義札記五卷　(清)張文虎撰　清同治十一年(1872)金陵書局刻本　二册

130000－0402－0001438　311/5/1(3)

校刊史記集解索隱正義札記五卷　(清)張文虎撰　清同治十一年(1872)金陵書局刻本　二册

130000－0402－0001439　311/5/1(4)

校刊史記集解索隱正義札記五卷　(清)張文虎撰　清同治十一年(1872)金陵書局刻本　二册

130000－0402－0001440　311/5/1(5)

校刊史記集解索隱正義札記五卷　(清)張文虎撰　清同治十一年(1872)金陵書局刻本　二册

130000－0402－0001441　311/5/3

史概十卷　(明)俞思學選輯　清刻本　四册　存六卷(五至十)

130000－0402－0001442　311/7(1)

史略八十七卷　(清)朱堃輯　清同治五年(1866)皖南朱氏哀麓山房刻本　二十册

130000－0402－0001443　311/7(2)

史略八十七卷　(清)朱堃輯　清同治五年(1866)皖南朱氏哀麓山房刻本　二十册

130000－0402－0001444　311/8

續漢書八志三十卷　(晉)司馬彪撰　(南朝梁)劉昭注補　清同治金陵書局刻本　二册

130000－0402－0001445　311/9

東觀漢紀二十四卷　(漢)劉珍等撰　清乾隆六十年(1795)掃葉山房刻本　四册

130000－0402－0001446　311/12－2

史記菁華錄六卷　(清)姚苧田輯評　清光緒二十四年(1898)上海鴻文書局石印本　六册

130000－0402－0001447　311/12－3(1)

史記菁華錄六卷　(清)姚苧田輯評　清光緒二十二年(1896)上海書局石印本　六册

130000－0402－0001448　311/12－3(2)

史記菁華錄六卷　(清)姚苧田輯評　清光緒二十二年(1896)上海書局石印本　三册　存三卷(四至六)

130000－0402－0001449　311/12－5

史記菁華錄六卷　(清)姚苧田輯評　清道光四年(1824)吳興扶荔山房刻本　六册

130000－0402－0001450　311/13(1)

史記索隱三十卷　(唐)司馬貞撰　明末毛氏汲古閣刻本　三册

130000－0402－0001451　311/13(2)

史記索隱三十卷　(唐)司馬貞撰　明末毛氏汲古閣刻本　三册

130000－0402－0001452　311/15(1)

讀史鏡古編三十二卷　(清)潘世恩輯　清同治十三年(1874)飛霞閣刻本　六册

130000－0402－0001453　311/15(2)

讀史鏡古編三十二卷　(清)潘世恩輯　清同治十三年(1874)飛霞閣刻本　六册

130000－0402－0001454　311/16

歷代史要三卷　(清)蔣蔭椿編輯　清末直隸學校司編譯處鉛印本　三册

130000－0402－0001455　311/17

廿一史約編八卷首一卷　(清)鄭元慶著述　清善成堂刻本　八册

130000－0402－0001456　311/17－2

廿一史約編八卷首一卷　(清)鄭元慶著述　清聚瀛堂刻本　十二册

130000－0402－0001457　311/17－3(1)
廿一史約編八卷首一卷　(清)鄭元慶著述　清魚計亭刻本　四冊　存五卷(一至四、首一卷)

130000－0402－0001458　311/17－3(2)
廿一史約編八卷首一卷　(清)鄭元慶著述　清魚計亭刻本　八冊

130000－0402－0001459　311/17－4
廿一史約編八卷首一卷　(清)鄭元慶著述　清刻本　六冊　存六卷(一、三至六、八)

130000－0402－0001460　311/17－5
廿一史約編八卷首一卷　(清)鄭元慶著述　清文會堂刻本　七冊　存七卷(一至七)

130000－0402－0001461　311/17－6
廿一史約編八卷首一卷　(清)鄭元慶著述　清漁古山房刻本　八冊

130000－0402－0001462　311/17－7
廿一史約編八卷首一卷　(清)鄭元慶著述　清刻本　一冊　存一卷(七)

130000－0402－0001463　311/17/1(1)
廿一史四譜五十四卷　(清)沈炳震撰　清同治十年(1871)武林吳氏清來堂刻本　十六冊

130000－0402－0001464　311/17/1(2)
廿一史四譜五十四卷　(清)沈炳震撰　清同治十年(1871)武林吳氏清來堂刻本　一冊　存三卷(三十二至三十四)

130000－0402－0001465　311/17/2
廿四史約編八卷首一卷　(清)鄭元慶述　清光緒二十八年(1902)善成堂刻本　五冊　存五卷(一至四、首一卷)

130000－0402－0001466　311/17/3
廿四史約編八卷首一卷　(清)鄭元慶述　清末石印本　一冊　存一卷(四)

130000－0402－0001467　311/18
漢書蒙拾三卷　(清)杭世駿鈔撮　清刻本　三冊

130000－0402－0001468　311/19
元史類編四十二卷　(清)邵遠平撰　清乾隆六十年(1795)掃葉山房刻本　十二冊

130000－0402－0001469　311/20
南北史補志十四卷贊一卷　(清)王士鐸撰　清光緒四年(1878)淮南書局刻本　六冊

130000－0402－0001470　311/21
函史上編八十一卷下編二十一卷　(明)鄧元錫著　清刻本　三十冊　存三十二卷(上編六十三至八十一,下編一至五、十四下至二十一)

130000－0402－0001471　311/22
欽定二十三史　清乾隆四年(1739)刻本　一百五十九冊　存三種六百八十四卷(前漢書一百卷、後漢書三至九十、宋史四百九十六卷)

130000－0402－0001472　311－36/1－2(1)
漢書一百卷　(漢)班固撰　(唐)顏師古注　清光緒十三年(1887)金陵書局刻本　十六冊

130000－0402－0001473　311－36/1－2(2)
漢書一百卷　(漢)班固撰　(唐)顏師古注　清光緒十三年(1887)金陵書局刻本　四冊　存十八卷(一至十八)

130000－0402－0001474　311－36/1－2(3)
漢書一百卷　(漢)班固撰　(唐)顏師古注　清光緒十三年(1887)金陵書局刻本　十六冊

130000－0402－0001475　311－36/1－2(4)
漢書一百卷　(漢)班固撰　(唐)顏師古注　清光緒十三年(1887)金陵書局刻本　十六冊

130000－0402－0001476　311－36/1－2(5)
漢書一百卷　(漢)班固撰　(唐)顏師古注　清光緒十三年(1887)金陵書局刻本　十二冊　存八十六卷(一至十八、三十三至一百)

130000－0402－0001477　311－36/1－2(6)
漢書一百卷　(漢)班固撰　(唐)顏師古注　清光緒十三年(1887)金陵書局刻本　九冊　存六十一卷(一至二十一上、三十三至七十二)

130000－0402－0001478　311－36/1－2(7)
漢書一百卷　(漢)班固撰　(唐)顏師古注　清光緒十三年(1887)金陵書局刻本　七冊　存五十三卷(二十八至四十四、五十五至七十二、八十三至一百)

130000－0402－0001479　311－36/1－2(8)
漢書一百卷　(漢)班固撰　(唐)顏師古注　清光緒十三年(1887)金陵書局刻本　七冊　存五十六卷(四十五至一百)

130000－0402－0001480　311－36/1－2(9)
漢書一百卷　(漢)班固撰　(唐)顏師古注　清光緒十三年(1887)金陵書局刻本　四冊　存二十七卷(七十四至一百)

130000－0402－0001481　311－36/1－2(10)
漢書一百卷　(漢)班固撰　(唐)顏師古注　清光緒十三年(1887)金陵書局刻本　十六冊

130000－0402－0001482　311－36/1－2(11)
漢書一百卷　(漢)班固撰　(唐)顏師古注　清光緒十三年(1887)金陵書局刻本　十六冊

130000－0402－0001483　311－36/1－2(12)
漢書一百卷　(漢)班固撰　(唐)顏師古注　清光緒十三年(1887)金陵書局刻本　十二冊　存七十二卷(一至七十二)

130000－0402－0001484　311－36/1－2(13)
漢書一百卷　(漢)班固撰　(唐)顏師古注　清光緒十三年(1887)金陵書局刻本　十冊　存七十八卷(一至七、十六至十八、三十三至一百)

130000－0402－0001485　311－36/1－2(14)
漢書一百卷　(漢)班固撰　(唐)顏師古注　清光緒十三年(1887)金陵書局刻本　一冊　存九卷(六十四至七十二)

130000－0402－0001486　311－36/1－3(1)
漢書一百卷　(漢)班固撰　(唐)顏師古注　清同治十二年(1873)嶺東使署刻本　十六冊

130000－0402－0001487　311－36/1－3(2)
漢書一百卷　(漢)班固撰　(唐)顏師古注　清同治十二年(1873)嶺東使署刻本　四冊　存十八卷(一至十八)

130000－0402－0001488　311－36/1－4
漢書一百卷　(漢)班固撰　(唐)顏師古注　清韓江書局刻本　十五冊　存九十三卷(八至一百)

130000－0402－0001489　311－36/1－5
前漢書一百卷　(漢)班固撰　(唐)顏師古注　清刻本　十六冊　存四十四卷(十五下至五十八)

130000－0402－0001490　311－36/1－6
漢書評林一百卷　(漢)班固撰　(明)淩稚隆輯校　明刻本　三十九冊

130000－0402－0001491　311－36/1－7
漢書評注一百卷　(漢)班固撰　(明)淩稚隆評注　清上海掃葉山房石印本　八冊　存二十五卷(七十六至一百)

130000－0402－0001492　311－36/1－8
前漢書一百卷　(漢)班固撰　(唐)顏師古注　清光緒二十六年(1900)煥文書局石印本　十二冊

130000－0402－0001493　311－36/1－9
擇抄前後漢書　(清)康繼武手鈔　清同治三年(1864)抄本　十三冊

130000－0402－0001494　311－36/1－12
前漢書一百卷　(漢)班固撰　(唐)顏師古注　清光緒三十年(1904)武林竹簡齋三次石印本　十冊

130000－0402－0001495　311－36/1－14
前漢書一百卷　(漢)班固撰　(唐)顏師古注　清末石印本　十二冊

130000－0402－0001496　311－36/2
前漢書鈔四卷後漢書鈔二卷蜀漢文鈔一卷　(清)高嵣集評　清乾隆五十三年(1788)雙桐書屋刻高梅亭讀書叢鈔本　五冊

130000－0402－0001497　311－36/2/1
前漢書菁華錄四卷後漢書菁華錄二卷蜀漢文

一卷　(清)高塘撰　清光緒二十五年(1899)慎記書莊石印本　六冊

130000－0402－0001498　311－36/3
漢書地理志校本二卷　(清)汪遠孫撰　清道光二十八年(1848)汪氏振綺堂刻本　二冊

130000－0402－0001499　311－36/4(1)
後漢書一百二十卷　(南朝宋)范曄撰　(唐)李賢注　**續志**　(晉)司馬彪撰　(南朝梁)劉昭注補　清光緒十三年(1887)金陵書局刻本　十六冊

130000－0402－0001500　311－36/4(2)
後漢書一百二十卷　(南朝宋)范曄撰　(唐)李賢注　**續志**　(晉)司馬彪撰　(南朝梁)劉昭注補　清光緒十三年(1887)金陵書局刻本　四冊　存二十五卷(一至二十五)

130000－0402－0001501　311－36/4(3)
後漢書一百二十卷　(南朝宋)范曄撰　(唐)李賢注　**續志**　(晉)司馬彪撰　(南朝梁)劉昭注補　清光緒十三年(1887)金陵書局刻本　十六冊

130000－0402－0001502　311－36/4(4)
後漢書一百二十卷　(南朝宋)范曄撰　(唐)李賢注　**續志**　(晉)司馬彪撰　(南朝梁)劉昭注補　清光緒十三年(1887)金陵書局刻本　十六冊

130000－0402－0001503　311－36/4(5)
後漢書一百二十卷　(南朝宋)范曄撰　(唐)李賢注　**續志**　(晉)司馬彪撰　(南朝梁)劉昭注補　清光緒十三年(1887)金陵書局刻本　十六冊

130000－0402－0001504　311－36/4(6)
後漢書一百二十卷　(南朝宋)范曄撰　(唐)李賢注　**續志**　(晉)司馬彪撰　(南朝梁)劉昭注補　清光緒十三年(1887)金陵書局刻本　十三冊　缺二十卷(六十一至八十)

130000－0402－0001505　311－36/4(7)
後漢書一百二十卷　(南朝宋)范曄撰　(唐)李賢注　**續志**　(晉)司馬彪撰　(南朝梁)劉昭注補　清光緒十三年(1887)金陵書局刻本　十六冊

130000－0402－0001506　311－36/4(8)
後漢書一百二十卷　(南朝宋)范曄撰　(唐)李賢注　**續志**　(晉)司馬彪撰　(南朝梁)劉昭注補　清光緒十三年(1887)金陵書局刻本　十六冊

130000－0402－0001507　311－36/4(9)
後漢書一百二十卷　(南朝宋)范曄撰　(唐)李賢注　**續志**　(晉)司馬彪撰　(南朝梁)劉昭注補　清光緒十三年(1887)金陵書局刻本　八冊　存五十五卷(二十六至八十)

130000－0402－0001508　311－36/4(10)
後漢書一百二十卷　(南朝宋)范曄撰　(唐)李賢注　**續志**　(晉)司馬彪撰　(南朝梁)劉昭注補　清光緒十三年(1887)金陵書局刻本　四冊　存二十八卷(二十六至五十三)

130000－0402－0001509　311－36/4(11)
後漢書一百二十卷　(南朝宋)范曄撰　(唐)李賢注　**續志**　(晉)司馬彪撰　(南朝梁)劉昭注補　清光緒十三年(1887)金陵書局刻本　八冊　存五十七卷(二十八至八十四)

130000－0402－0001510　311－36/4(12)
後漢書一百二十卷　(南朝宋)范曄撰　(唐)李賢注　**續志**　(晉)司馬彪撰　(南朝梁)劉昭注補　清光緒十三年(1887)金陵書局刻本　四冊　存三十九卷(八十二至一百二十)

130000－0402－0001511　311－36/4(13)
後漢書一百二十卷　(南朝宋)范曄撰　(唐)李賢注　**續志**　(晉)司馬彪撰　(南朝梁)劉昭注補　清光緒十三年(1887)金陵書局刻本　十六冊

130000－0402－0001512　311－36/4－2(1)
後漢書一百二十卷　(南朝宋)范曄撰　(唐)李賢注　**續志**　(晉)司馬彪撰　(南朝梁)劉昭注補　清同治十二年(1873)嶺東使署刻本　十六冊

130000－0402－0001513　311－36/4－2(2)

後漢書一百二十卷　(南朝宋)范曄撰　(唐)李賢注　**續志**　(晉)司馬彪撰　(南朝梁)劉昭注補　清同治十二年(1873)嶺東使署刻本　四册　存二十五卷(一至二十五)

130000-0402-0001514　311-36/4-2(3)
後漢書一百二十卷　(南朝宋)范曄撰　(唐)李賢注　**續志**　(晉)司馬彪撰　(南朝梁)劉昭注補　清同治十二年(1873)嶺東使署刻本　十六册

130000-0402-0001515　311-36/4-3
後漢書一百二十卷　(南朝宋)范曄撰　(唐)李賢注　**續志**　(晉)司馬彪撰　(南朝梁)劉昭注補　清韓江書局刻本　十一册　缺三十一卷(一至四、五十四至八十)

130000-0402-0001516　311-36/4-8
後漢書一百二十卷附考證　(南朝宋)范曄撰　(南朝梁)劉昭補志　(唐)李賢注　清光緒三十一年(1905)上海久敬齋石印本　八册

130000-0402-0001517　311-36/4-9(1)
後漢書一百二十卷附考證　(南朝宋)范曄撰　(南朝梁)劉昭補志　(唐)李賢注　清光緒二十四年(1898)上海祥記書莊石印本　八册

130000-0402-0001518　311-36/4-9(2)
後漢書一百二十卷附考證　(南朝宋)范曄撰　(南朝梁)劉昭補志　(唐)李賢注　清光緒二十四年(1898)上海祥記書莊石印本　一册　存十四卷(七十至八十三)

130000-0402-0001519　311-36/4-10
後漢書一百二十卷　(南朝宋)范曄撰　(唐)李賢注　**續志**　(晉)司馬彪撰　(南朝梁)劉昭注補　清刻本　九册　存四十卷(五十至八十九)

130000-0402-0001520　311-41/1(1)
三國志六十五卷　(晉)陳壽撰　(南朝宋)裴松之注　清光緒十三年(1887)江南書局刻本　八册

130000-0402-0001521　311-41/1(2)
三國志六十五卷　(晉)陳壽撰　(南朝宋)裴松之注　清光緒十三年(1887)江南書局刻本　三册　存二十七卷(魏書一至五、十八至二十四,蜀書十五卷)

130000-0402-0001522　311-41/1(3)
三國志六十五卷　(晉)陳壽撰　(南朝宋)裴松之注　清光緒十三年(1887)江南書局刻本　八册

130000-0402-0001523　311-41/1(4)
三國志六十五卷　(晉)陳壽撰　(南朝宋)裴松之注　清光緒十三年(1887)江南書局刻本　七册　缺六卷(魏書十二至十七)

130000-0402-0001524　311-41/1(5)
三國志六十五卷　(晉)陳壽撰　(南朝宋)裴松之注　清光緒十三年(1887)江南書局刻本　六册

130000-0402-0001525　311-41/1(6)
三國志六十五卷　(晉)陳壽撰　(南朝宋)裴松之注　清光緒十三年(1887)江南書局刻本　十二册

130000-0402-0001526　311-41/1(7)
三國志六十五卷　(晉)陳壽撰　(南朝宋)裴松之注　清光緒十三年(1887)江南書局刻本　八册

130000-0402-0001527　311-41/1-3(1)
三國志六十五卷　(晉)陳壽撰　(南朝宋)裴松之注　清末石印本　四册　缺二卷(魏書十二至十三)

130000-0402-0001528　311-41/1-3(2)
三國志六十五卷　(晉)陳壽撰　(南朝宋)裴松之注　清末石印本　二册　存三十二卷(魏書十四至三十、蜀書十五卷)

130000-0402-0001529　311-41/1-5
三國志六十五卷　(晉)陳壽撰　(南朝宋)裴松之注　清光緒二十四年(1898)上海點石齋石印本　四册

130000-0402-0001530　311-41/1-6
三國志六十五卷　(晉)陳壽撰　(南朝宋)裴

松之注　清末上海點石齋石印本　二册　存三十四卷(魏書十三至二十六、吴書二十卷)

130000－0402－0001531　311－41/1－7
三國志六十五卷　(晉)陳壽撰　(南朝宋)裴松之注　清末焕文書局石印本　一册　存二十卷(吴書二十卷)

130000－0402－0001532　311－41/1－8
三國志六十五卷　(晉)陳壽撰　(南朝宋)裴松之注　清末石印本　一册　存二十卷(吴書二十卷)

130000－0402－0001533　311－42/1
魏書校勘記一卷　(清)李慈銘等撰　王先謙編　清光緒十七年(1891)廣雅書局刻本　一册

130000－0402－0001534　311－45/2(1)
晉略六十六卷　(清)周濟撰　清光緒二年(1876)味雋齋刻本　十册

130000－0402－0001535　311－45/2(2)
晉略六十六卷　(清)周濟撰　清光緒二年(1876)味雋齋刻本　十册

130000－0402－0001536　311－45/2－2
晉略六十六卷　(清)周濟撰　清道光十九年(1839)刻本　十册

130000－0402－0001537　311－49/5
南史識小録十四卷北史識小録十四卷　(清)沈名蓀　(清)朱昆田輯　(清)張應昌補正　清同治十年(1871)武林吴氏清來堂刻本　八册

130000－0402－0001538　311－49/6－2
北史一百卷　(唐)李延壽撰　(明)方從哲　(明)黄汝良重校　明萬曆二十六年(1598)刻本　五册　存十五卷(三至九、十五至十七、四十至四十四)

130000－0402－0001539　311－49/6－4
北史一百卷　(唐)李延壽撰　清康熙二十五年(1686)刻本　八册　存二十四卷(二十四至四十七)

130000－0402－0001540　311－49/6－5
北史一百卷　(唐)李延壽撰　明萬曆十九年(1591)刻本　一册　存二卷(一至二)

130000－0402－0001541　311－491/3
梁書五十六卷　(唐)姚思廉撰　(明)余有丁校　明萬曆三年(1575)刻本　八册

130000－0402－0001542　311－492/1
西魏書二十四卷　(清)謝啟昆撰　清乾隆六十年(1795)樹經堂刻本　六册

130000－0402－0001543　311－492/2－2
周書五十卷　(唐)令狐德棻撰　明萬曆十六年(1588)刻本　二册　存九卷(十二至十五、二十九至三十三)

130000－0402－0001544　311－492/4
北齊書五十卷　(唐)李百藥撰　明萬曆十六年(1588)刻本　一册　存七卷(九至十五)

130000－0402－0001545　311－52/1－3
唐書二百二十五卷　(宋)歐陽修等撰　清道光十六年(1836)刻本　八册　存三十二卷(七十至七十一、一百五十九至一百六十四、一百七十二至一百八十五、一百九十八至二百、二百十三至二百十九)

130000－0402－0001546　311－52/2－2(1)
舊唐書二百卷　(後晉)劉昫撰　清揚州岑氏懼盈齋刻本　十二册　存三十五卷(八至十八、一百七十七至二百)

130000－0402－0001547　311－52/2－2(2)
舊唐書二百卷　(後晉)劉昫撰　清揚州岑氏懼盈齋刻本　三十二册　存一百五十卷(五十一至二百)

130000－0402－0001548　311－53/1(1)
五代史記七十四卷　(宋)歐陽修撰　(宋)徐無黨原注　(清)彭元瑞注　清道光八年(1828)刻本　四十册

130000－0402－0001549　311－53/1(2)
五代史記七十四卷　(宋)歐陽修撰　(宋)徐無黨原注　(清)彭元瑞注　清道光八年

(1828)刻本　三十冊　存四十一卷(一至十四、四十八至七十四)

130000－0402－0001550　311－53/1－5
五代史七十四卷　(宋)歐陽修撰　(宋)徐無黨注　清光緒元年(1875)成都書局刻本　八冊

130000－0402－0001551　311－53/1－6(1)
五代史七十四卷　(宋)歐陽修撰　(宋)徐無黨注　清末大同書局刻本　六冊　存三十三卷(二十一至二十七、三十九至五十一、五十八至七十)

130000－0402－0001552　311－53/1－6(2)
五代史七十四卷　(宋)歐陽修撰　(宋)徐無黨注　清末大同書局刻本　三冊　存二十三卷(二十至三十、四十八至五十五、六十一至六十四)

130000－0402－0001553　311－53/2
舊五代史一百五十卷　(宋)薛居正等撰　清刻二十四史本　十六冊

130000－0402－0001554　311－53/2－4(1)
舊五代史一百五十卷　(宋)薛居正等撰　清嘉慶元年(1796)上海掃葉山房刻本　八冊　存七十四卷(一至七十四)

130000－0402－0001555　311－53/2－4(2)
舊五代史一百五十卷　(宋)薛居正等撰　清嘉慶元年(1796)上海掃葉山房刻本　十六冊

130000－0402－0001556　311－53/6
五代史記七十四卷　(宋)歐陽修撰　(宋)徐無黨注　明萬曆四年(1576)余有丁刻本　六冊

130000－0402－0001557　311－54/1
宋史翼四十卷　(清)陸心源輯　清光緒三十二年(1906)歸安陸氏十萬卷樓刻本　十冊

130000－0402－0001558　311－54/2－4
宋史四百九十六卷　(元)脱脱等撰　明萬曆二十八年(1600)刻本　一冊　存四卷(二十九至三十二)

130000－0402－0001559　311－542/1(1)
南宋書六十八卷　(明)錢士升撰　清嘉慶二年(1797)掃葉山房刻本　十冊

130000－0402－0001560　311－542/1(2)
南宋書六十八卷　(明)錢士升撰　清嘉慶二年(1797)掃葉山房刻本　一冊　存五卷(一至五)

130000－0402－0001561　311－544/1－3
金史一百三十五卷　(元)脱脱等撰　清道光四年(1824)刻本　二十二冊　存五十六卷(七至二十五、六十三至六十四、七十二至一百六)

130000－0402－0001562　311－55/2(1)
元書一百二卷首一卷　曾廉撰　清宣統三年(1911)層漪堂刻本　二十冊

130000－0402－0001563　311－55/2(2)
元書一百二卷首一卷　曾廉撰　清宣統三年(1911)層漪堂刻本　十九冊　存一百卷(三至一百二)

130000－0402－0001564　311－56/1(1)
明史三百三十二卷目錄四卷　(清)張廷玉等撰　清刻本　一百二十冊

130000－0402－0001565　311－56/1(2)
明史三百三十二卷目錄四卷　(清)張廷玉等撰　清刻本　一百十二冊

130000－0402－0001566　311－56/1(3)
明史三百三十二卷目錄四卷　(清)張廷玉等撰　清刻本　七十一冊　存二百三卷(一至二十四、四十七至九十九、一百二至一百十二、一百九十至二百十七、二百五十至三百三十二,目錄四卷)

130000－0402－0001567　311－56/1(4)
明史三百三十二卷目錄四卷　(清)張廷玉等撰　清刻本　六十六冊　存一百九十八卷(一至四十六、七十七至八十一、八十四至八十五、一百二至一百六十二、一百八十七至二百十七、二百五十九至二百六十、二百八十一至二百八十二、二百八十六至三百七、三百十

至三百三十二,目錄四卷)

130000-0402-0001568　311-56/1(5)
明史三百三十二卷目錄四卷　(清)張廷玉等撰　清刻本　九册　存二十卷(八十二至一百一)

130000-0402-0001569　311-56/1(6)
明史三百三十二卷目錄四卷　(清)張廷玉等撰　清刻本　六册　存二十二卷(一百八十六至二百七)

130000-0402-0001570　311-56/2
潛菴先生擬明史稿二十卷　(清)湯斌擬　(清)田蘭芳評　清刻本　十三册

130000-0402-0001571　311-56/3(1)
明史藁三百十卷目錄三卷　(清)王鴻緒編撰　清雍正元年(1723)敬慎堂刻本　七十册　存二百七十三卷(本紀一至十九、志一至五十三、列傳八至二百五,目錄三卷)

130000-0402-0001572　311-56/3(2)
明史藁三百十卷目錄三卷　(清)王鴻緒編撰　清雍正元年(1723)敬慎堂刻本　四十册　缺一百五十一卷(志十三至七十六,列傳九十一至一百二十二、一百五十一至二百五)

130000-0402-0001573　311-56/3(3)
明史藁三百十卷目錄三卷　(清)王鴻緒編撰　清雍正元年(1723)敬慎堂刻本　四十册　存一百五十七卷(本紀一至十九,志四至二十四,列傳六至八、七十至一百七十七、一百八十四至一百八十六;目錄三卷)

130000-0402-0001574　311-56/3(4)
明史藁三百十卷目錄三卷　(清)王鴻緒編撰　清雍正元年(1723)敬慎堂刻本　四十六册　存一百四十六卷(志六十八至七十七,表一至五、八至九,列傳一至五、九至九十、一百七至一百十九、一百四十六至一百四十八、一百五十三至一百六十六、一百九十至一百九十二、一百九十五至一百九十七、一百九十九至二百一;目錄三卷)

130000-0402-0001575　311-56/6
明史三百三十二卷目錄四卷　(清)張廷玉等修　清道光十六年(1836)刻本　二十二册　存六十六卷(五十七至七十三、九十六至一百十、一百十三至一百二十一、一百三十九至一百四十九、一百六十七至一百七十一、二百九十二至三百)

130000-0402-0001576　312/1
資治通鑑二百九十四卷新校資治通鑑敘錄三卷　(宋)司馬光編集　(元)胡三省音註　清光緒十七年(1891)長沙楊氏刻通鑑全書本　九十三册

130000-0402-0001577　312/1-4
資治通鑑二百九十四卷目錄三十卷　(宋)司馬光編集　(元)胡三省音註　**通鑑釋文辯誤十二卷**　(元)胡三省撰　清同治八年(1869)江蘇書局刻本　一百十册

130000-0402-0001578　312/1-4/2(1)
續資治通鑑二百二十卷　(清)畢沅編集　清同治八年(1869)江蘇書局補刻本　六十册

130000-0402-0001579　312/1-4/2(2)
續資治通鑑二百二十卷　(清)畢沅編集　清同治八年(1869)江蘇書局補刻本　一册　存四卷(一百八十七至一百九十)

130000-0402-0001580　312/1-4/3
明紀六十卷　(清)陳鶴纂　(清)陳克家參訂　清同治十年(1871)江蘇書局刻本　二十册

130000-0402-0001581　312/1-4/4
資治通鑑外紀十卷目錄五卷　(宋)劉恕編集　(清)胡克家補注　清同治十年(1871)江蘇書局刻本　十册

130000-0402-0001582　312/1-4/4-2(1)
資治通鑑外紀十卷目錄五卷　(宋)劉恕編集　清刻本　八册

130000-0402-0001583　312/1-4/4-2(2)
資治通鑑外紀十卷目錄五卷　(宋)劉恕編集　清刻本　四册

130000-0402-0001584　312/1-4/6(1)

司馬溫公稽古錄二十卷校勘記一卷　(宋)司馬光撰　清光緒五年(1879)江蘇書局刻本　四冊

130000－0402－0001585　312/1－4/6(2)
司馬溫公稽古錄二十卷校勘記一卷　(宋)司馬光撰　清光緒五年(1879)江蘇書局刻本　四冊

130000－0402－0001586　312/1－4/6(3)
司馬溫公稽古錄二十卷校勘記一卷　(宋)司馬光撰　清光緒五年(1879)江蘇書局刻本　三冊

130000－0402－0001587　312/1－4/7(1)
資治通鑑地理今釋十六卷　(清)吳熙載撰　清光緒八年(1882)江蘇書局刻本　三冊

130000－0402－0001588　312/1－4/7(2)
資治通鑑地理今釋十六卷　(清)吳熙載撰　清光緒八年(1882)江蘇書局刻本　三冊

130000－0402－0001589　312/1－4/7(3)
資治通鑑地理今釋十六卷　(清)吳熙載撰　清光緒八年(1882)江蘇書局刻本　三冊

130000－0402－0001590　312/1－4/7－2
資治通鑑地理今釋十六卷　(清)吳熙載撰　清刻本　三冊

130000－0402－0001591　312/1－5
資治通鑑二百九十四卷　(宋)司馬光編集　(元)胡三省音註　清光緒二十四年(1898)上海積山書局石印本　三十冊

130000－0402－0001592　312/1－5/2
通鑑釋文辯誤十二卷　(元)胡三省撰　清光緒十六年(1890)上海積山書局石印本　一冊

130000－0402－0001593　312/1－5/3
續資治通鑑二百二十卷　(清)畢沅編集　清光緒十六年(1890)上海積山書局石印本　二十二冊

130000－0402－0001594　312/1－5/4
明紀六十卷　(清)陳鶴纂　(清)陳克家參訂　清光緒十六年(1890)上海積山書局石印本　六冊

130000－0402－0001595　312/1－5/5(1)
資治通鑑外紀十卷　(宋)劉恕編集　(清)胡克家注補　清光緒十六年(1890)上海積山書局石印本　一冊

130000－0402－0001596　312/1－5/5(2)
資治通鑑外紀十卷　(宋)劉恕編集　(清)胡克家注補　清光緒十六年(1890)上海積山書局石印本　一冊

130000－0402－0001597　312/1－6(1)
資治通鑑二百九十四卷　(宋)司馬光編集　(元)胡三省音註　**通鑑釋文辯誤十二卷**　(元)胡三省撰　清同治八年(1869)江蘇書局刻本　一百冊

130000－0402－0001598　312/1－6(2)
資治通鑑二百九十四卷　(宋)司馬光編集　(元)胡三省音註　**通鑑釋文辯誤十二卷**　(元)胡三省撰　清同治八年(1869)江蘇書局刻本　一百冊

130000－0402－0001599　312/1－6/2
資治通鑑目錄三十卷　(宋)司馬光撰　清刻本　六冊　存十三卷(一至十三)

130000－0402－0001600　312/1－6/3(1)
續資治通鑑二百二十卷　(清)畢沅編集　清同治八年(1869)江蘇書局刻本　五十四冊　存一百九十五卷(二十六至二百二十)

130000－0402－0001601　312/1－6/3(2)
續資治通鑑二百二十卷　(清)畢沅編集　清同治八年(1869)江蘇書局刻本　六十冊

130000－0402－0001602　312/1－6/3(3)
續資治通鑑二百二十卷　(清)畢沅編集　清同治八年(1869)江蘇書局刻本　六十冊

130000－0402－0001603　312/1－6/3(4)
續資治通鑑二百二十卷　(清)畢沅編集　清同治八年(1869)江蘇書局刻本　三十冊　存一百十一卷(四十三至七十九、一百十五至一百五十、一百八十三至二百二十)

130000－0402－0001604　312/1－6/3(5)
續資治通鑑二百二十卷　(清)畢沅編集　清同治八年(1869)江蘇書局刻本　五十四冊　存二百卷(一至九十四、一百十五至二百二十)

130000－0402－0001605　312/1－6/3(6)
續資治通鑑二百二十卷　(清)畢沅編集　清同治八年(1869)江蘇書局刻本　二十九冊　存一百二卷(八十至一百十四、一百五十一至一百七十二、一百七十六至二百二十)

130000－0402－0001606　312/1－6/3(7)
續資治通鑑二百二十卷　(清)畢沅編集　清同治八年(1869)江蘇書局刻本　六冊　存二十三卷(一百九十八至二百二十)

130000－0402－0001607　312/1－8
資治通鑑二百九十四卷　(宋)司馬光編集　(元)胡三省音註　清光緒十三年(1887)長沙解州書院刻本　四十五冊　存一百二十八卷(一至十三、四十五至九十、一百二十五至一百七十、二百十五至二百二十八、二百八十六至二百九十四)

130000－0402－0001608　312/1－9(1)
資治通鑑二百九十四卷　(宋)司馬光編集　(元)胡三省音註　**通鑑釋文辯誤十二卷**　(元)胡三省撰　清同治十年(1871)湖北崇文書局刻本　一百四冊

130000－0402－0001609　312/1－9(2)
資治通鑑二百九十四卷　(宋)司馬光編集　(元)胡三省音註　**通鑑釋文辯誤十二卷**　(元)胡三省撰　清同治十年(1871)湖北崇文書局刻本　七十六冊　存二百二十七卷(四十六至一百十八、一百二十二至一百十八、二百三十三至二百八十九)

130000－0402－0001610　312/1－10(1)
資治通鑑二百九十四卷目錄三十卷　(宋)司馬光編集　(元)胡三省音註　清光緒十四年(1888)上海蜚英館石印本　三十八冊　存二百四十四卷(八十一至二百九十四、目錄三十卷)

130000－0402－0001611　312/1－10(2)
資治通鑑二百九十四卷目錄三十卷　(宋)司馬光編集　(元)胡三省音註　清光緒十四年(1888)上海蜚英館石印本　二十冊　存一百七十二卷(一至一百七十二)

130000－0402－0001612　312/1－10/1(1)
續資治通鑑二百二十卷　(清)畢沅編集　清光緒十四年(1888)上海蜚英館石印本　十冊　存一百六卷(四十九至一百五十四)

130000－0402－0001613　312/1－10/1(2)
續資治通鑑二百二十卷　(清)畢沅編集　清光緒十四年(1888)上海蜚英館石印本　十四冊　存一百八卷(一至一百八)

130000－0402－0001614　312/1－11
資治通鑑二百九十四卷　(宋)司馬光編集　清刻本　三十六冊　存一百十卷(十三至四十四、一百二十三至一百四十七、一百七十至一百八十八、二百二十四至二百五十七)

130000－0402－0001615　312/1－12
資治通鑑二百九十四卷目錄三十卷　(宋)司馬光編集　(元)胡三省音註　**通鑑釋文辯誤十二卷**　(元)胡三省撰　**甲子會紀五卷宋元通鑑一百五十七卷**　(明)薛應旂編集　清刻本　一百二冊　缺六十一卷(一百四十四至一百六十八、二百六十一至二百八十,目錄一至十六)

130000－0402－0001616　312/1－13
資治通鑑二百九十四卷　(宋)司馬光編集　(元)胡三省音註　清同治十年(1871)湖北崇文書局刻本　五冊　存十六卷(一百四十五至一百六十)

130000－0402－0001617　312/1－15
資治通鑑二百九十四卷　(宋)司馬光編集　(元)胡三省音註　清刻本　十四冊　存四十二卷(二百二十四至二百六十五)

130000－0402－0001618　312/1/1
資治通鑑目錄三十卷　(宋)司馬光撰　清光緒二十七年(1901)長沙楊氏刻通鑑全書本

八册

130000－0402－0001619　312/1/1－2
資治通鑑目録三十卷　(宋)司馬光撰　清刻本　七册　存二十七卷(四至三十)

130000－0402－0001620　312/1/2
資治通鑑補二百九十四卷　(宋)司馬光撰　(元)胡三省音註　(明)嚴衍補　清光緒二年(1876)思補樓刻本　八十册

130000－0402－0001621　312/1/3
資治通鑑考異三十卷　(宋)司馬光撰　(清)胡元常輯校　清光緒二十七年(1901)長沙楊氏刻通鑑全書本　十册

130000－0402－0001622　312/1/4
資治通鑑釋例一卷　(宋)司馬光撰　清光緒十四年(1888)長沙楊氏刻通鑑全書本　一册

130000－0402－0001623　312/1/5
資治通鑑問疑一卷　(宋)劉羲仲纂集　清光緒十四年(1888)長沙楊氏刻通鑑全書本　一册

130000－0402－0001624　312/1/6
資治通鑑釋文三十卷　(宋)史炤撰　清光緒十五年(1889)長沙楊氏刻通鑑全書本　七册

130000－0402－0001625　312/1/7
通鑑釋文辯誤十二卷　(元)胡三省撰　清光緒十四年(1888)長沙楊氏刻通鑑全書本　三册

130000－0402－0001626　312/1/8(1)
宋元通鑑一百五十七卷　(明)薛應旂編集　清刻本　三十册

130000－0402－0001627　312/1/8(2)
宋元通鑑一百五十七卷　(明)薛應旂編集　清刻本　十二册　存七十五卷(三十二至一百六)

130000－0402－0001628　312/1/9
通鑑擥要前編二卷附録一卷正編十九卷續編八卷明史擥要八卷　(清)姚培謙　(清)張景星録　清乾隆十一年(1746)刻本　十二册　存十五卷(前編二卷、附録一卷,正編四、七至十五,續編七至八)

130000－0402－0001629　312/4/2
通鑑釋文辯誤十二卷　(元)胡三省輯著　清刻本　四册

130000－0402－0001630　312/5
世史正綱三十二卷　(明)邱濬撰　明嘉靖四十二年(1563)刻本　九册　存二十八卷(一至二十八)

130000－0402－0001631　312/9(1)
御批歷代通鑑輯覽一百二十卷　(清)傅恒等纂修　清光緒五年(1879)刻本　五十七册

130000－0402－0001632　312/9(2)
御批歷代通鑑輯覽一百二十卷　(清)傅恒等纂修　清光緒五年(1879)刻本　五十八册

130000－0402－0001633　312/9(3)
御批歷代通鑑輯覽一百二十卷　(清)傅恒等纂修　清光緒五年(1879)刻本　五十一册　存一百六卷(一至八十八、一百三至一百二十)

130000－0402－0001634　312/9(4)
御批歷代通鑑輯覽一百二十卷　(清)傅恒等纂修　清光緒五年(1879)刻本　五十八册

130000－0402－0001635　312/9(5)
御批歷代通鑑輯覽一百二十卷　(清)傅恒等纂修　清光緒五年(1879)刻本　三十一册　存六十四卷(一至三十六、六十一至八十八)

130000－0402－0001636　312/9(6)
御批歷代通鑑輯覽一百二十卷　(清)傅恒等纂修　清光緒五年(1879)刻本　二十九册　存六十卷(四十七至六十、七十五至一百二十)

130000－0402－0001637　312/9(7)
御批歷代通鑑輯覽一百二十卷　(清)傅恒等纂修　清光緒五年(1879)刻本　四十三册　存八十八卷(十九至三十二、四十七至一百二十)

130000－0402－0001638　312/9－2(1)
御批歷代通鑑輯覽一百二十卷　(清)傅恒等纂修　清同治十一年(1872)湖北崇文書局刻本　六十册

130000－0402－0001639　312/9－2(2)
御批歷代通鑑輯覽一百二十卷　(清)傅恒等纂修　清同治十一年(1872)湖北崇文書局刻本　六十册

130000－0402－0001640　312/9－2(3)
御批歷代通鑑輯覽一百二十卷　(清)傅恒等纂修　清同治十一年(1872)湖北崇文書局刻本　四十五册　存九十卷(一至三十一、六十二至一百二十)

130000－0402－0001641　312/9－3
御批歷代通鑑輯覽一百二十卷　(清)傅恒等纂修　清光緒二十八年(1902)上海經香閣石印本　十六册

130000－0402－0001642　312/9－4
御批歷代通鑑輯覽一百二十卷明唐桂二王本末三卷　(清)傅恒等纂修　清光緒二十八年(1902)上海文林書局石印本　二十册

130000－0402－0001643　312/9－5
御批歷代通鑑輯覽一百二十卷　(清)傅恒等纂修　清光緒二十七年(1901)慎記書莊石印本　十册

130000－0402－0001644　312/9－6(1)
御批歷代通鑑輯覽一百二十卷　(清)傅恒等纂修　清光緒二十八年(1902)上海掃葉山房石印本　二十册

130000－0402－0001645　312/9－6(2)
御批歷代通鑑輯覽一百二十卷　(清)傅恒等纂修　清光緒二十八年(1902)上海掃葉山房石印本　二十册

130000－0402－0001646　312/9－7
御批歷代通鑑輯覽一百二十卷　(清)傅恒等纂修　清光緒二十八年(1902)上海萃文齋石印本　二十册

130000－0402－0001647　312/9－8
御批歷代通鑑輯覽一百二十卷　(清)傅恒等纂修　清光緒二十九年(1903)上海商務印書館鉛印本　二十四册

130000－0402－0001648　312/9－9
御批歷代通鑑輯覽一百二十卷　(清)傅恒等纂修　清刻本　五十二册　存一百八卷(一至九十二、一百五至一百二十)

130000－0402－0001649　312/9－10
御批歷代通鑑輯覽一百二十卷　(清)傅恒等纂修　清光緒九年(1883)同文書局影印本　十六册

130000－0402－0001650　312/9－11
御批歷代通鑑輯覽一百二十卷　(清)傅恒等纂修　清光緒二十年(1894)湖南澹雅書局刻本　六十四册

130000－0402－0001651　312/9－12
御批歷代通鑑輯覽一百二十卷　(清)傅恒等纂修　清末鉛印本　三十册　存八十七卷(十九至四十七、六十三至一百二十)

130000－0402－0001652　312/9－13
御批歷代通鑑輯覽一百二十卷　(清)傅恒等纂修　清同治十年(1871)浙江書局刻本　三十六册　存八十四卷(一至十七、三十六至五十二、五十五至六十、七十七至一百二十)

130000－0402－0001653　312/9－14(1)
御批歷代通鑑輯覽一百二十卷　(清)傅恒等纂修　清光緒二十四年(1898)上洋圖書集成局石印本　二十四册

130000－0402－0001654　312/9－14(2)
御批歷代通鑑輯覽一百二十卷　(清)傅恒等纂修　清光緒二十四年(1898)上洋圖書集成局石印本　十二册　存六十卷(六十一至一百二十)

130000－0402－0001655　312/9－14(3)
御批歷代通鑑輯覽一百二十卷　(清)傅恒等纂修　清光緒二十四年(1898)上洋圖書集成局石印本　十七册　存八十五卷(三十六至

一百二十）

130000－0402－0001656　312/9－15

御批歷代通鑑輯覽一百二十卷　（清）傅恒等纂修　清末鑄記書局石印本　八冊　存三十卷（三十五至六十四）

130000－0402－0001657　312/9－16

御批歷代通鑑輯覽一百二十卷　（清）傅恒等纂修　清光緒二十八年（1902）上海經香閣石印本　十六冊

130000－0402－0001658　312/9－17

御批歷代通鑑輯覽一百二十卷　（清）傅恒等纂修　清光緒二十七年（1901）上海經香閣石印本　八冊

130000－0402－0001659　312/9－18

御批歷代通鑑輯覽一百二十卷　（清）傅恒等纂修　清同治十三年（1874）兩儀堂刻本　三十二冊　存六十三卷（一至三十五、七十八至一百五）

130000－0402－0001660　312/9－19

御批歷代通鑑輯覽一百二十卷　（清）傅恒等纂修　清刻本　十一冊　存二十七卷（二十二至三十二、三十六至五十一）

130000－0402－0001661　312/9/1

分類歷代通鑑輯覽六十四卷末一卷　（清）陳善編　清光緒二十九年（1903）文瀾書局石印本　二十四冊

130000－0402－0001662　312/10

資治通鑑綱目五十九卷　（宋）朱熹撰　清光緒二年（1876）刻本　三十冊

130000－0402－0001663　312/10－2（1）

資治通鑑綱目前編二十五卷正編五十九卷續編二十七卷末一卷　（明）陳仁錫評閱　清崇道堂刻本　一百六十冊

130000－0402－0001664　312/10－2（2）

資治通鑑綱目前編二十五卷正編五十九卷續編二十七卷末一卷　（明）陳仁錫評閱　清崇道堂刻本　七十六冊　存四十七卷（正編四至十六、三十三至五十、五十二至五十九，續編一至七、末一卷）

130000－0402－0001665　312/10－3

資治通鑑綱目前編二十五卷正編五十九卷續編二十七卷末一卷　（明）陳仁錫評閱　清嘉慶十三年（1808）忠信書林刻本　一百五十四冊

130000－0402－0001666　312/10－4

資治通鑑綱目集說五十九卷前編二卷　（明）扶安輯　（明）晏宏校補　明嘉靖晏宏刻本　十四冊　存二十九卷（二十五至五十一、五十六至五十七）

130000－0402－0001667　312/10－5

訂正通鑑綱目前編二十五卷首一卷正編五十九卷首一卷續編二十七卷首一卷末一卷　（明）陳仁錫評閱　清金陵趙敬山刻本　九十二冊

130000－0402－0001668　312/10－6

資治通鑑綱目前編二十五卷正編五十九卷首一卷續編二十七卷末一卷　（明）陳仁錫評閱　清光緒十四年（1888）上海大同書局石印本　十八冊　存六十八卷（前編十四至二十五；正編一至二十八、三十八至四十一、四十五至五十五，首一卷；續編五至十五、末一卷）

130000－0402－0001669　312/10－7

御批資治通鑑綱目前編十八卷舉要三卷首一卷正編五十九卷首一卷續編二十七卷　（明）陳仁錫評閱　清光緒十三年（1887）上海大同書局石印本　二十四冊

130000－0402－0001670　312/10－8

資治通鑑綱目前編二十五卷正編五十九卷續編二十七卷　（明）陳仁錫評閱　清刻本　三十八冊　存二十九卷（正編一至四、十一至十九、四十四至五十，續編十九至二十七）

130000－0402－0001671　312/10－9

資治通鑑綱目五十九卷　（宋）朱熹撰　清康熙九年（1670）徽婺崇正堂刻本　二十二冊　存十二卷（一至十二）

130000－0402－0001672　312/10－10
資治通鑑綱目正編五十九卷　(宋)朱熹撰　(明)陳仁錫評閲　清刻本　六册　存五卷(一至五)

130000－0402－0001673　312/10－11
資治通鑑綱目正編五十九卷　(宋)朱熹撰　(明)陳仁錫評閲　清刻本　七册　存七卷(四十三至四十六、四十八至五十)

130000－0402－0001674　312/10－12
資治通鑑綱目正編五十九卷　(宋)朱熹撰　(明)陳仁錫評閲　清郁郁堂刻本　九册　存八卷(二十一至二十八)

130000－0402－0001675　312/10－13
朱子資治通鑑綱目正編五十九卷　(宋)朱熹撰　(清)王應鯨註議　清刻本　八册　存十卷(八至十七)

130000－0402－0001676　312/10－14
資治通鑑綱目前編二十五卷正編五十九卷續編二十七卷　(明)陳仁錫評閲　清刻本　二册　存二卷(正編四十八、續編六)

130000－0402－0001677　312/10－15
御批資治通鑑綱目正編五十九卷　(宋)朱熹撰　清刻本　一册　存一卷(四十七)

130000－0402－0001678　312/10/1(1)
資治通鑑綱目前編二十五卷正編五十九卷續編二十七卷　(明)陳仁錫評閲　清康熙六十一年(1722)四喜堂刻本　一百六册

130000－0402－0001679　312/10/1(2)
資治通鑑綱目前編二十五卷正編五十九卷續編二十七卷　(明)陳仁錫評閲　清刻本　五十六册　存六十一卷(正編十八至五十九、續編九至二十七)

130000－0402－0001680　312/10/1－2
御批資治通鑑綱目五十九卷首一卷御批續資治通鑑綱目二十七卷　(明)陳仁錫評閲　清康熙四十六年(1707)刻本　五十八册　存七十一卷(一至二十二、三十七至五十九,首一卷;續通鑑綱目一至三、六至二十七)

130000－0402－0001681　312/10/3
御撰資治通鑑綱目三編四十卷　(清)舒赫德　(清)朱珪纂修　清同治十一年(1872)江西書局刻本　十二册

130000－0402－0001682　312/10/4
資治通鑑綱目編年録一百卷　(清)祁瑾撰　清乾隆二十一年(1756)刻本　四十册

130000－0402－0001683　312/10/5(1)
御撰資治通鑑綱目三編二十卷末一卷　(清)張廷玉等纂　清光緒二十六年(1900)善成堂刻本　六册

130000－0402－0001684　312/10/5(2)
御撰資治通鑑綱目三編二十卷末一卷　(清)張廷玉等纂　清光緒二十六年(1900)善成堂刻本　六册

130000－0402－0001685　312/10/5(3)
御撰資治通鑑綱目三編二十卷末一卷　(清)張廷玉等纂　清光緒二十六年(1900)善成堂刻本　六册

130000－0402－0001686　312/10/5－2(1)
御撰資治通鑑綱目三編二十卷末一卷　(清)張廷玉等纂　清光緒二十八年(1902)善成堂刻本　六册

130000－0402－0001687　312/10/5－2(2)
御撰資治通鑑綱目三編二十卷末一卷　(清)張廷玉等纂　清光緒二十八年(1902)善成堂刻本　六册

130000－0402－0001688　312/10/5－3
御撰資治通鑑綱目三編二十卷末一卷　(清)張廷玉等纂　清光緒二十六年(1900)實興堂刻本　六册

130000－0402－0001689　312/10/5－4(1)
御撰資治通鑑綱目三編二十卷　(清)張廷玉等纂　清乾隆十一年(1746)刻本　八册

130000－0402－0001690　312/10/5－4(2)
御撰資治通鑑綱目三編二十卷　(清)張廷玉等纂　清乾隆十一年(1746)刻本　六册

130000－0402－0001691　312/10/5－5
御撰資治通鑑綱目三編二十卷　(清)張廷玉等纂　清光緒三十年(1904)維新書局刻本　六册

130000－0402－0001692　312/10/5－6
御撰資治通鑑綱目三編二十卷　(清)張廷玉等纂　清刻本　七册　缺二卷(十九至二十)

130000－0402－0001693　312/10/6(1)
增補綱鑑輯要四十卷　(明)袁黄撰　清光緒二十八年(1902)善成堂刻本　二十四册

130000－0402－0001694　312/10/6(2)
增補綱鑑輯要四十卷　(明)袁黄撰　清光緒二十八年(1902)善成堂刻本　十七册　存十六卷(一至八、三十二至三十九)

130000－0402－0001695　312/10/7
御批增補了凡綱鑑四十卷首一卷　(明)袁黄編纂　**御批資治通鑑綱目三編六卷**　(清)張廷玉等纂　清光緒二十七年(1901)上海經藝齋石印本　十二册

130000－0402－0001696　312/14－3
袁王綱鑑合編三十九卷　(明)袁黄輯　(明)王世貞編　**御撰明紀綱目二十卷**　(清)張廷玉纂　清光緒三十年(1904)上海商務印書館鉛印本　十五册

130000－0402－0001697　312/14－5
綱鑑會纂三十九卷　(明)王世貞編　清末上海著易堂石印本　九册　缺二卷(一至二)

130000－0402－0001698　312/14－7
綱鑑合纂三十九卷首一卷　(明)王世貞編　**御批資治通鑑綱目三編六卷**　(清)張廷玉等纂　清光緒三十一年(1905)敦本堂石印本　十四册

130000－0402－0001699　312/14－8
綱鑑合纂三十九卷首一卷　(明)王世貞編　清刻本　二十册　存三十四卷(一至三十三、首一卷)

130000－0402－0001700　312/14－9
袁王綱鑑合編三十八卷首一卷　(明)袁黄輯　(明)王世貞編　清末民初石印本　八册　存二十一卷(一至二十一)

130000－0402－0001701　312/15(1)
尺木堂綱鑑易知録九十二卷明鑑易知録十五卷　(清)吳乘權等輯　清康熙五十年(1711)文貴堂刻本　四十八册

130000－0402－0001702　312/15(2)
尺木堂綱鑑易知録九十二卷明鑑易知録十五卷　(清)吳乘權等輯　清康熙五十年(1711)文貴堂刻本　二十三册　存五十一卷(綱鑑一至二、五至十三、二十七至五十二、七十九至九十二)

130000－0402－0001703　312/15(3)
尺木堂綱鑑易知録九十二卷明鑑易知録十五卷　(清)吳乘權等輯　清康熙五十年(1711)文貴堂刻本　二十四册　存五十五卷(綱鑑十四至四十、五十四至六十六,明鑑十五卷)

130000－0402－0001704　312/15－2
尺木堂綱鑑易知録九十二卷明鑑易知録十五卷　(清)吳乘權等輯　清光緒三十年(1904)上海圖書集成印書局石印本　十六册

130000－0402－0001705　312/15－3
尺木堂綱鑑易知録九十二卷明鑑易知録十五卷　(清)吳乘權等輯　清康熙五十年(1711)尺木堂刻本　十六册　存三十六卷(綱鑑一、十一至十二、二十八至三十二、四十一至四十二、五十一至五十三、六十五至七十、七十四至七十八、八十一至九十二)

130000－0402－0001706　312/15－4(1)
尺木堂綱鑑易知録九十二卷明鑑易知録十五卷　(清)吳乘權等輯　清光緒二十七年(1901)商務印書館鉛印本　十六册

130000－0402－0001707　312/15－4(2)
尺木堂綱鑑易知録九十二卷明鑑易知録十五卷　(清)吳乘權等輯　清光緒二十七年(1901)商務印書館鉛印本　十五册　缺六卷(綱鑑二十七至三十二)

130000－0402－0001708　312/15－5(1)
尺木堂綱鑑易知錄九十二卷明鑑易知錄十五卷　(清)吳乘權等輯　清光緒二十四年(1898)上海宏文閣鉛印本　十六册

130000－0402－0001709　312/15－5(2)
尺木堂綱鑑易知錄九十二卷明鑑易知錄十五卷　(清)吳乘權等輯　清光緒二十四年(1898)上海宏文閣鉛印本　十六册

130000－0402－0001710　312/15－5(3)
尺木堂綱鑑易知錄九十二卷明鑑易知錄十五卷　(清)吳乘權等輯　清光緒二十四年(1898)上海宏文閣鉛印本　七册　存四十六卷(綱鑑一至三十二、四十至五十三)

130000－0402－0001711　312/15－5(4)
尺木堂綱鑑易知錄九十二卷明鑑易知錄十五卷　(清)吳乘權等輯　清光緒二十四年(1898)上海宏文閣鉛印本　八册　存五十四卷(綱鑑五十四至九十二、明鑑十五卷)

130000－0402－0001712　312/15－6
尺木堂綱鑑易知錄二十卷　(清)吳乘權等輯　**御撰資治通鑑綱目三編五卷**　(清)張廷玉等纂　清光緒二十五年(1899)上海鴻寶齋石印本　九册　缺二卷(三編四至五)

130000－0402－0001713　312/15－8(1)
緯文堂綱鑑易知錄九十二卷明鑑易知錄十五卷　(清)吳乘權等輯　清緯文堂刻本　十七册　存四十二卷(綱鑑一至十四、三十至四十二,明鑑十五卷)

130000－0402－0001714　312/15－8(2)
緯文堂綱鑑易知錄九十二卷明鑑易知錄十五卷　(清)吳乘權等輯　清緯文堂刻本　十二册　存三十六卷(綱鑑十八至三十五、九十至九十二,明鑑十五卷)

130000－0402－0001715　312/15－9
芸經樓綱鑑易知錄九十二卷明鑑易知錄十五卷　(清)吳乘權等輯　清刻本　三十二册　存七十卷(綱鑑三十八至九十二、明鑑十五卷)

130000－0402－0001716　312/15－11
尺木堂綱鑑易知錄九十二卷明鑑易知錄十五卷　(清)吳乘權等輯　清光緒十七年(1891)廣百宋齋鉛印本　七册　存四十七卷(綱鑑一至六、十五至二十一、五十九至六十九、八十五至九十二,明鑑十五卷)

130000－0402－0001717　312/15－12
富文堂綱鑑易知錄九十二卷　(清)吳乘權等輯　清富文堂刻本　三册　存五卷(六十二至六十六)

130000－0402－0001718　312/20－3
竹書紀年二卷　(南朝梁)沈約注　清刻本　一册

130000－0402－0001719　312/21(1)
綱鑑擇言十卷　(清)司徒修選輯　(清)李嘉樹補註　清光緒十六年(1890)書業德刻本　二册　存四卷(一至二、九至十)

130000－0402－0001720　312/21(2)
綱鑑擇言十卷　(清)司徒修選輯　(清)李嘉樹補註　清道光二十七年(1847)書業德刻本　五册　存八卷(一至八)

130000－0402－0001721　312/21(3)
綱鑑擇言十卷　(清)司徒修選輯　(清)李嘉樹補註　清道光二十七年(1847)書業德刻本　六册

130000－0402－0001722　312/21(4)
綱鑑擇言十卷　(清)司徒修選輯　(清)李嘉樹補註　清道光二十七年(1847)書業德刻本　五册

130000－0402－0001723　312/21(5)
綱鑑擇言十卷　(清)司徒修選輯　(清)李嘉樹補註　清道光二十七年(1847)書業德刻本　六册

130000－0402－0001724　312/21－2(1)
綱鑑擇言十卷　(清)司徒修選輯　(清)李嘉樹補註　清書業德刻本　三册　存四卷(五至八)

130000－0402－0001725　312/21－2(2)
綱鑑擇言十卷　(清)司徒修選輯　(清)李嘉樹補註　清光緒八年(1882)刻本　四冊

130000－0402－0001726　312/22
史鑑節要便讀六卷　(清)鮑東里編輯　清同治十二年(1873)崇文書局刻本　二冊

130000－0402－0001727　312/22－2(1)
史鑑節要便讀六卷　(清)鮑東里撰　清光緒二十九年(1903)三義堂刻本　一冊

130000－0402－0001728　312/22－2(2)
史鑑節要便讀六卷　(清)鮑東里撰　清光緒二十九年(1903)三義堂刻本　二冊

130000－0402－0001729　312/22－3
史鑑節要便讀六卷　(清)鮑東里撰　清光緒三十年(1904)山東官印書局石印本　二冊

130000－0402－0001730　312/22－4
史鑑節要便讀四卷補編一卷　(清)鮑東里撰　清同治八年(1869)上海鴻文書局鉛印本　一冊

130000－0402－0001731　312/22－5
史鑑節要便讀六卷　(清)鮑東里撰　清光緒五年(1879)天心閣刻本　一冊

130000－0402－0001732　312/25
歷代紀事年表一百卷　(清)王之樞撰　清刻本　四十一冊　存四十一卷(三至六、八至二十、三十一、三十六、三十九至四十、五十二、五十四、五十七、八十一至八十七、九十一至一百)

130000－0402－0001733　312/26
鑑撮四卷讀史論略一卷　(清)曠敏本編　清刻本　四冊

130000－0402－0001734　312/26－2
鑑撮四卷讀史論略一卷　(清)曠敏本輯　清同治十三年(1874)二酉齋刻本　四冊

130000－0402－0001735　312/27/1
令德堂增定課兒鑑畧妥註善本五卷　(明)李廷機著　(清)鄒聖脉原訂　清有益堂刻本　一冊

130000－0402－0001736　312/28(1)
龍門綱鑑要箋四卷正編二十卷　(清)蔣先庚纂輯　清玉芝園刻本　十一冊　存十五卷(要箋二至四、正編一至十二)

130000－0402－0001737　312/28(2)
龍門綱鑑要箋四卷正編二十卷　(清)蔣先庚纂輯　清玉芝園刻本　十三冊　存二十一卷(要箋四、正編二十卷)

130000－0402－0001738　312/29
四辰堂通鑑易知錄十四卷首一卷　(清)王仕雲編　清四辰堂刻本　二冊

130000－0402－0001739　312/30
綱鑑正史約三十六卷　(明)顧錫疇編　(清)陳宏謀增訂　清刻本　五冊　存十二卷(四至六、十五至十七、二十至二十五)

130000－0402－0001740　312/31
史系簡鈔八卷　(清)邵大緯編　清刻本　一冊　存四卷(五至八)

130000－0402－0001741　312－54/2
靖康要錄十六卷　(□)□□撰　清光緒十二年(1886)刻本　八冊

130000－0402－0001742　312－56/1(1)
明紀六十卷　(清)陳鶴纂　(清)陳克家参訂　清同治十年(1871)江蘇書局刻本　二十四冊

130000－0402－0001743　312－56/1(2)
明紀六十卷　(清)陳鶴纂　(清)陳克家参訂　清同治十年(1871)江蘇書局刻本　二十冊

130000－0402－0001744　312－56/2(1)
明通鑑九十卷前編四卷附編六卷首一卷　(清)夏燮編輯　清光緒二十六年(1900)上海掃葉山房石印本　十六冊

130000－0402－0001745　312－56/2(2)
明通鑑九十卷前編四卷附編六卷首一卷　(清)夏燮編輯　清光緒二十六年(1900)上海掃葉山房石印本　五冊　存三十五卷(一至

二十二、三十至三十六、四十四至四十九）

130000－0402－0001746　312－56/2－2
明通鑑九十卷前編四卷附編六卷首一卷（清）夏燮編輯　清光緒二十三年（1897）湖北官書處刻本　四十册

130000－0402－0001747　312－56/3（1）
欽定明鑑二十四卷首一卷　（清）胡敬　（清）吳慈鶴纂修　清同治九年（1870）湖北崇文書局刻本　六册　存十三卷（一至二、十五至二十四，首一卷）

130000－0402－0001748　312－56/3（2）
欽定明鑑二十四卷首一卷　（清）胡敬　（清）吳慈鶴纂修　清同治九年（1870）湖北崇文書局刻本　十册

130000－0402－0001749　312－56/3－2（1）
欽定明鑑二十四卷首一卷　（清）胡敬　（清）吳慈鶴纂修　清刻本　六册　存十三卷（一至十二、首一卷）

130000－0402－0001750　312－56/3－2（2）
欽定明鑑二十四卷首一卷　（清）胡敬　（清）吳慈鶴纂修　清刻本　十二册

130000－0402－0001751　312－56/4
重訂王鳳洲先生綱鑑會纂四十六卷　（明）王世貞纂　（明）陳仁錫訂　清文盛堂刻本　三十册

130000－0402－0001752　312－56/4－2（1）
重訂王鳳洲先生綱鑑會纂四十六卷續編二十三卷　（明）王世貞纂　清善成堂刻本　四十二册

130000－0402－0001753　312－56/4－2（2）
重訂王鳳洲先生綱鑑會纂四十六卷續編二十三卷　（明）王世貞纂　清善成堂刻本　三十六册　存六十卷（一至二十八、三十八至四十六，續編二十三卷）

130000－0402－0001754　312－56/4－2（3）
重訂王鳳洲先生綱鑑會纂三十九卷　（明）王世貞編　清善成堂刻本　十七册　存二十三卷（十三至二十、二十三至三十七）

130000－0402－0001755　312－56/4－3
重訂王鳳洲先生綱鑑會纂四十六卷　（明）王世貞纂　清連元閣刻本　十八册　存三十三卷（一、四至十三、十六至三十七）

130000－0402－0001756　312－56/4－4
重訂王鳳洲先生綱鑑會纂四十六卷續編二十三卷　（明）王世貞纂　**御撰資治通鑑綱目三編四卷**　（清）張廷玉等纂　清光緒二十五年（1899）上海慎記書局石印本　八册

130000－0402－0001757　312－56/4－5
重訂王鳳洲先生會纂綱鑑二十三卷　（明）王世貞編　（明）陳仁錫訂　清刻本　六册　存十一卷（一至十一）

130000－0402－0001758　312－57/1
東華録十六卷（天命朝至雍正朝）　（清）蔣良騏撰　清抄本　十六册

130000－0402－0001759　312－57/1－2（1）
東華録三十二卷（天命朝至雍正朝）　（清）蔣良騏撰　清國史館刻本　十二册

130000－0402－0001760　312－57/1－2（2）
東華録三十二卷（天命朝至雍正朝）　（清）蔣良騏撰　清國史館刻本　八册

130000－0402－0001761　312－57/1－3（1）
東華録三十二卷（天命朝至雍正朝）　（清）蔣良騏撰　清刻本　十二册

130000－0402－0001762　312－57/1－3（2）
東華録三十二卷（天命朝至雍正朝）　（清）蔣良騏撰　清刻本　十四册

130000－0402－0001763　312－57/1－4（1）
東華録三十二卷（天命朝至雍正朝）　（清）蔣良騏撰　清刻本　十六册

130000－0402－0001764　312－57/1－4（2）
東華録三十二卷（天命朝至雍正朝）　（清）蔣良騏撰　清刻本　五册　存十三卷（二十至三十二）

130000－0402－0001765　312－57/1－5

東華錄八卷(天命朝至雍正朝)　(清)蔣良騏撰　清乾隆三十年(1765)京都文聚堂刻本　八册

130000－0402－0001766　312－57/2
十朝東華全錄四百九十四卷(天命朝至咸豐朝)　王先謙　(清)潘頤福編　清光緒十三年(1887)京都善成堂刻本　一百四十一册

130000－0402－0001767　312－57/2－3
東華全錄四百九十四卷(天命朝至咸豐朝)　王先謙　(清)潘頤福編　清光緒十三年(1887)京都欽文書局刻本　一百十四册　存二百九十九卷(順治三十六卷,康熙一至十六、三十二至五十三、八十三至一百,雍正二十六卷,乾隆四十二至四十九、八十九至一百三,嘉慶五十卷,道光一至十七、三十九至六十,咸豐六十九卷)

130000－0402－0001768　312－57/2－4
東華全錄四百九十四卷(天命朝至咸豐朝)　王先謙　(清)潘頤福編　清刻本　一百二十一册　存四百十三卷(天聰七至十一,崇德八卷,順治十八至三十六,康熙一至七十二,雍正二十六卷,乾隆一至十六、三十三至一百二十,嘉慶五十卷,道光六十卷,咸豐六十九卷)

130000－0402－0001769　312－57/2－5
東華全錄五百二十五卷(天命朝至咸豐朝)　王先謙　(清)潘頤福編　清光緒十五年至十八年(1889－1892)刻本　一百五十五册　存三百七十二卷(天聰十一,崇德八卷,順治一至二十一,康熙一至十四、二十九至四十四、八十七至一百十,雍正一至十二、十八至二十六,乾隆一至四十三、五十四至六十六、七十五至一百十四、一百十七至一百二十,嘉慶二十三至五十,道光六十卷,咸豐一至十八、二十四至四十九、六十至八十二、八十九至一百)

130000－0402－0001770　312－57/2－6
東華全錄五百二十五卷(天命朝至咸豐朝)　王先謙　(清)潘頤福編　清光緒二十五年(1899)石印本　八册　存八十二卷(順治三十六卷、道光二十四至六十、咸豐一至九)

130000－0402－0001771　312－57/2/2(1)
東華續錄一百卷(同治朝)　王先謙編　清光緒二十四年(1898)文瀾書局石印本　十八册　存七十七卷(十五至九十一)

130000－0402－0001772　312－57/2/2(2)
東華續錄一百卷(同治朝)　王先謙編　清光緒二十四年(1898)文瀾書局石印本　二册　存十卷(五十八至六十二、九十六至一百)

130000－0402－0001773　312－57/2/2(3)
東華續錄一百卷(同治朝)　王先謙編　清光緒二十四年(1898)文瀾書局石印本　二十四册

130000－0402－0001774　312－57/2/2(4)
東華續錄一百卷(同治朝)　王先謙編　清光緒二十四年(1898)文瀾書局石印本　二十四册

130000－0402－0001775　312－57/2/2－2
東華續錄一百卷(同治朝)　王先謙編　清光緒二十七年(1901)煥文書局石印本　二十四册

130000－0402－0001776　312－57/2/3(1)
東華續錄六十九卷(咸豐朝)　(清)潘頤福輯　清光緒二十五年(1899)上海書局石印本　十六册

130000－0402－0001777　312－57/2/3(2)
東華續錄六十九卷(咸豐朝)　(清)潘頤福輯　清光緒二十五年(1899)上海書局石印本　十六册

130000－0402－0001778　312－57/2/3－2
東華續錄六十九卷(咸豐朝)　(清)潘頤福輯　清光緒十八年(1892)上海圖書集成印書局鉛印本　十一册　缺十九卷(七至二十、六十五至六十九)

130000－0402－0001779　312－57/2/4
東華續錄二百二十卷(光緒朝)　朱壽朋編　清宣統上海圖書集成公司鉛印本　六十四册

130000－0402－0001780　312－57/2/5
九朝東華録二百三十卷(天命朝至道光朝)
王先謙編　清末石印本　八册　存五十二卷(乾隆三十四至四十、五十一至六十八,道光八至三十四)

130000－0402－0001781　312－57/3
九朝東華録四百二十五卷(天命朝至道光朝)
王先謙編　清光緒十三年(1887)京都擷華書局鉛印本　一百五十八册

130000－0402－0001782　312－57/3－2(1)
九朝東華録一百二十卷(天命朝至道光朝)
王先謙編　清光緒十年(1884)石印本　二十六册　存五十一卷(天命一,天聰崇德一至三,順治一至七,康熙一至三,乾隆二至三、七至八、十二至四十四)

130000－0402－0001783　312－57/3－2(2)
九朝東華録一百二十卷(天命朝至道光朝)
王先謙編　清光緒十年(1884)石印本　五十九册　缺二卷(嘉慶九至十)

130000－0402－0001784　312－57/3－2(3)
九朝東華録一百二十卷(天命朝至道光朝)
王先謙編　清光緒十年(1884)石印本　一册　存二卷(康熙十至十一)

130000－0402－0001785　312－57/3－2(4)
九朝東華録一百二十卷(天命朝至道光朝)
王先謙編　清光緒十年(1884)石印本　二十一册　存四十三卷(康熙十至十一、二十至二十一,雍正八至十,乾隆九、十九至二十、二十三至二十四、四十五至四十八,嘉慶一至十四,道光一至十三)

130000－0402－0001786　312－57/3－3(1)
九朝東華録四百二十五卷(天命朝至道光朝)
王先謙編　清光緒十年(1884)廣百宋齋鉛印本　四册　存二十四卷(康熙十五至三十一、五十四至六十)

130000－0402－0001787　312－57/3－3(2)
九朝東華録四百二十五卷(天命朝至道光朝)
王先謙編　清光緒十年(1884)廣百宋齋鉛印本　七十七册

130000－0402－0001788　312－57/3－3(3)
九朝東華録四百二十五卷(天命朝至道光朝)
王先謙編　清光緒十年(1884)廣百宋齋鉛印本　五十册　存二百八十八卷(崇德八卷、康熙一百十卷、雍正十七至十九、乾隆一至一百十七、嘉慶五十卷)

130000－0402－0001789　312－57/3－3(4)
九朝東華録四百二十五卷(天命朝至道光朝)
王先謙編　清光緒十年(1884)廣百宋齋鉛印本　八册　存五十卷(嘉慶五十卷)

130000－0402－0001790　312－57/5
東華録東華續録(天命朝、光緒朝)　王先謙　朱壽朋編　清宣統三年(1911)北洋官報鉛印本　一册　存十卷(天命四卷、光緒一至六)

130000－0402－0001791　312－57/6
皇朝政典挈要八卷　(日本)增田貢著　(清)毛淦編補　清光緒二十八年(1902)上海時務書局鉛印本　四册

130000－0402－0001792　312－57/6－2
皇朝政典挈要八卷　(日本)增田貢撰　(清)毛淦編補　清末鉛印本　四册

130000－0402－0001793　312－57/10
韻史二卷　(清)遯翁高陽氏著　**補一卷**　(清)朱玉岑撰　清同治五年(1866)皖城藩署刻本　一册

130000－0402－0001794　312－57/11
清朝史略十一卷　(日本)左藤楚材編　清末石印本　一册　存二卷(九至十上)

130000－0402－0001795　312－57/12(1)
清史攬要六卷　(日本)增田貢著　清末鉛印本　一册　存三卷(一至三)

130000－0402－0001796　312－57/12(2)
增補清史攬要八卷　(日本)增田貢著　(清)毛淦編補　清末鉛印本　一册　存四卷(三至六)

130000－0402－0001797　313/1(1)
通鑑紀事本末二百三十九卷　(宋)袁樞編輯　(明)張溥論正　清同治十二年(1873)江西書局刻本　八十册

130000－0402－0001798　313/1(2)
通鑑紀事本末二百三十九卷　(宋)袁樞編輯　(明)張溥論正　清同治十二年(1873)江西書局刻本　八十册

130000－0402－0001799　313/1(3)
通鑑紀事本末二百三十九卷　(宋)袁樞編輯　(明)張溥論正　清同治十二年(1873)江西書局刻本　八十册

130000－0402－0001800　313/1(4)
通鑑紀事本末二百三十九卷　(宋)袁樞編輯　(明)張溥論正　清同治十二年(1873)江西書局刻本　八十册

130000－0402－0001801　313/1(5)
通鑑紀事本末二百三十九卷　(宋)袁樞編輯　(明)張溥論正　清同治十二年(1873)江西書局刻本　七册　存二十卷(二十八至四十七)

130000－0402－0001802　313/1－2
通鑑紀事本末二百三十九卷　(宋)袁樞編輯　(明)張溥論正　清光緒二十四年(1898)湖南思賢書局刻本　六十四册

130000－0402－0001803　313/1－5(1)
通鑑紀事本末二百三十九卷　(宋)袁樞編次　(明)張溥論正　清刻本　四十八册　存二百二十五卷(一至二百二十五)

130000－0402－0001804　313/1－5(2)
通鑑紀事本末二百三十九卷　(宋)袁樞編次　(明)張溥論正　清刻本　十册　存四十五卷(八十二至一百二十六)

130000－0402－0001805　313/1－6
通鑑紀事本末二百三十九卷　(宋)袁樞編輯　(明)張溥論正　清末鉛印本　十四册　存一百二十九卷(一百十一至二百三十九)

130000－0402－0001806　313/2(1)
左傳紀事本末五十三卷　(清)高士奇編　清同治十二年(1873)江西書局刻本　十二册

130000－0402－0001807　313/2(2)
左傳紀事本末五十三卷　(清)高士奇編　清同治十二年(1873)江西書局刻本　十二册

130000－0402－0001808　313/2(3)
左傳紀事本末五十三卷　(清)高士奇編　清同治十二年(1873)江西書局刻本　十二册

130000－0402－0001809　313/2－2
左傳紀事本末五十三卷　(清)高士奇編　清光緒二十四年(1898)湖南思賢書局刻本　十二册

130000－0402－0001810　313/2－3
左傳紀事本末五十三卷　(清)高士奇編　清光緒二十六年(1900)廣雅書局刻本　十二册

130000－0402－0001811　313/2/3(1)
宋史紀事本末一百九卷　(明)馮琦編　(明)陳邦瞻增訂　(明)張溥論正　清同治十三年(1874)江西書局刻本　二十册

130000－0402－0001812　313/2/3(2)
宋史紀事本末一百九卷　(明)馮琦編　(明)陳邦瞻增訂　(明)張溥論正　清同治十三年(1874)江西書局刻本　二十册

130000－0402－0001813　313/2/3(3)
宋史紀事本末一百九卷　(明)馮琦編　(明)陳邦瞻增訂　(明)張溥論正　清同治十三年(1874)江西書局刻本　二十册

130000－0402－0001814　313/2/3(4)
宋史紀事本末一百九卷　(明)馮琦編　(明)陳邦瞻增訂　(明)張溥論正　清同治十三年(1874)江西書局刻本　二十册

130000－0402－0001815　313/2/3－2
宋史紀事本末一百九卷　(明)馮琦編　(明)陳邦瞻增訂　(明)張溥論正　清光緒二十四年(1898)湖南思賢書局刻本　二十册

130000－0402－0001816　313/2/3－3

宋史紀事本末一百九卷　(明)馮琦編　(明)張溥論正　清刻本　九册　存六十卷(十至六十九)

130000-0402-0001817　313/2/4(1)
元史紀事本末二十七卷　(明)陳邦瞻編　(明)張溥論正　清同治十三年(1874)江西書局刻本　四册

130000-0402-0001818　313/2/4(2)
元史紀事本末二十七卷　(明)陳邦瞻編　(明)張溥論正　清同治十三年(1874)江西書局刻本　四册

130000-0402-0001819　313/2/4(3)
元史紀事本末二十七卷　(明)陳邦瞻編　(明)張溥論正　清同治十三年(1874)江西書局刻本　四册

130000-0402-0001820　313/2/4-2
元史紀事本末二十七卷　(明)陳邦瞻編　(明)張溥論正　清光緒二十四年(1898)湖南思賢書局刻本　四册

130000-0402-0001821　313/2/5(1)
明史紀事本末八十卷　(清)谷應泰編　清同治十二年(1873)江西書局刻本　二十册

130000-0402-0001822　313/2/5(2)
明史紀事本末八十卷　(清)谷應泰編　清同治十二年(1873)江西書局刻本　二十册

130000-0402-0001823　313/2/5-2
明史紀事本末八十卷　(清)谷應泰編　清光緒二十四年(1898)湖南思賢書局刻本　二十册

130000-0402-0001824　313/2/5-3(1)
明史紀事本末八十卷　(清)谷應泰編　清末石印本　三册　存三十三卷(二十一至四十五、七十三至八十)

130000-0402-0001825　313/2/5-3(2)
明史紀事本末八十卷　(清)谷應泰編　清末石印本　一册　存十二卷(三十四至四十五)

130000-0402-0001826　313/2/5-4
明史紀事本末八十卷　(清)谷應泰編　清刻本　二十二册　存七十四卷(四至七十七)

130000-0402-0001827　313/2/6(1)
明史紀事本末八十卷　(清)谷應泰編　清同治十三年(1874)江西書局刻本　三册　存十二卷(一至十、六十七至六十八)

130000-0402-0001828　313/2/6(2)
明史紀事本末八十卷　(清)谷應泰編　清同治十三年(1874)江西書局刻本　二十册

130000-0402-0001829　313/2/7
金史紀事本末五十二卷首一卷末一卷　(清)李有棠編　清光緒二十九年(1903)李栘鄂樓刻本　十二册

130000-0402-0001830　313/2/8
遼史紀事本末四十卷首一卷末一卷　(清)李有棠編　清光緒二十九年(1903)李栘鄂樓刻本　八册

130000-0402-0001831　313/4(1)
繹史一百六十卷　(清)馬驌撰　清康熙九年(1670)刻本　二十三册

130000-0402-0001832　313/4(2)
繹史一百六十卷　(清)馬驌撰　清康熙九年(1670)刻本　六册　存二十二卷(一至二十二)

130000-0402-0001833　313/4-2(1)
繹史一百六十卷　(清)馬驌撰　清光緒十五年(1889)金匱浦氏刻本　四十八册

130000-0402-0001834　313/4-2(2)
繹史一百六十卷　(清)馬驌撰　清光緒十五年(1889)金匱浦氏刻本　十八册　存五十一卷(八十六至九十六、一百二十一至一百六十)

130000-0402-0001835　313/4-2(3)
繹史一百六十卷　(清)馬驌撰　清光緒十五年(1889)金匱浦氏刻本　二十册　存七十三卷(一至四十三、一百三十一至一百六十)

130000-0402-0001836　313/5(1)

西夏紀事本末三十六卷年表一卷　（清）張鑑著　清光緒十年(1884)江蘇書局刻本　四冊

130000－0402－0001837　313/5(2)
西夏紀事本末三十六卷年表一卷　（清）張鑑著　清光緒十年(1884)江蘇書局刻本　四冊

130000－0402－0001838　313/5(3)
西夏紀事本末三十六卷年表一卷　（清）張鑑著　清光緒十年(1884)江蘇書局刻本　二冊　存二十一卷(八至十九、二十八至三十六)

130000－0402－0001839　313/5－2
西夏紀事本末三十六卷首二卷　（清）張鑑著　清光緒十一年(1885)金陵刻本　三冊

130000－0402－0001840　313/6
三朝北盟會編二百五十卷首一卷校勘記二卷補遺一卷　（宋）徐夢莘編　清刻本　二十冊　缺一百三十四卷(會編五十八至一百九十一)

130000－0402－0001841　313/7
歷朝紀事本末九種　（清）陳如升　（清）朱記榮輯　清光緒二十五年(1899)慎記書莊石印本　二十一冊　存七種二百五十一卷(左傳一至五十三,通鑑一至四十八,金史三十五至五十二,西夏一至三十六,元史一至二十七,明史一至二十、四十六至七十二,三藩一至二十二)

130000－0402－0001842　313/7－2
歷朝紀事本末九種　（清）陳如升　（清）朱記榮輯　清光緒二十四年(1898)上海文瀾書局石印本　十三冊　存四種一百六十五卷(西夏一至三十六、元史一至二十七、明史一至八十、三藩一至二十二)

130000－0402－0001843　313/8
紀事本末五種　（清）□□輯　清刻本　二十四冊　存三種一百二十四卷(左傳三十至五十三、元史一至二十七、宋史三十七至一百九)

130000－0402－0001844　313－56/1(1)
綏寇紀略十二卷　（清）吳偉業纂輯　（清）鄒漪原訂　補遺三卷　（清）吳偉業撰　（清）張海鵬增訂　清嘉慶十四年(1809)張氏照曠閣刻本　八冊

130000－0402－0001845　313－56/1(2)
綏寇紀略十二卷　（清）吳偉業纂輯　（清）鄒漪原訂　補遺三卷　（清）吳偉業撰　（清）張海鵬增訂　清嘉慶十四年(1809)張氏照曠閣刻本　十冊

130000－0402－0001846　313－56/1－2(1)
綏寇紀略十二卷　（清）吳偉業纂輯　（清）鄒漪原訂　補遺三卷　（清）吳偉業撰　（清）張海鵬增訂　清光緒三年(1877)申報館鉛印本　三冊　存六卷(一至二、九至十二)

130000－0402－0001847　313－56/1－2(2)
綏寇紀略十二卷　（清）吳偉業纂輯　（清）鄒漪原訂　補遺三卷　（清）吳偉業撰　（清）張海鵬增訂　清光緒三年(1877)申報館鉛印本　八冊

130000－0402－0001848　313－56/1－3
綏寇紀略十二卷　（清）吳偉業纂輯　（清）鄒漪原訂　補遺三卷　（清）吳偉業撰　（清）張海鵬增訂　清嘉慶九年(1804)張氏照曠閣刻本　十冊

130000－0402－0001849　313－57/1(1)
聖武記十四卷　（清）魏源撰　清道光二十四年(1844)古徽堂刻本　十二冊

130000－0402－0001850　313－57/1(2)
聖武記十四卷　（清）魏源撰　清道光二十四年(1844)古徽堂刻本　十二冊

130000－0402－0001851　313－57/1(3)
聖武記十四卷　（清）魏源撰　清道光二十四年(1844)古徽堂刻本　十二冊

130000－0402－0001852　313－57/1(4)
聖武記十四卷　（清）魏源撰　清道光二十四年(1844)古徽堂刻本　十二冊

130000－0402－0001853　313－57/1(5)
聖武記十四卷　（清）魏源撰　清道光二十四

年(1844)古徽堂刻本　七冊　缺二卷(六至七)

130000－0402－0001854　313－57/1(6)
聖武記十四卷　(清)魏源撰　清道光二十四年(1844)古徽堂刻本　六冊　存六卷(一至六)

130000－0402－0001855　313－57/1－2(1)
聖武記十四卷　(清)魏源撰　清道光二十四年(1844)京都琉璃廠刻本　十冊

130000－0402－0001856　313－57/1－2(2)
聖武記十四卷　(清)魏源撰　清刻本　六冊

130000－0402－0001857　313－57/1－3(1)
聖武記十四卷　(清)魏源撰　清刻本　六冊　存八卷(七至十四)

130000－0402－0001858　313－57/1－3(2)
聖武記十四卷　(清)魏源撰　清刻本　十二冊

130000－0402－0001859　313－57/1－4
聖武記十四卷　(清)魏源撰　清光緒七年(1881)粵垣榷署刻本　十二冊

130000－0402－0001860　313－57/1－5
聖武記十四卷　(清)魏源撰　清末石印本　八冊

130000－0402－0001861　313－57/1－6
聖武記十四卷　(清)魏源撰　清刻本　六冊　存七卷(一至七)

130000－0402－0001862　313－57/3
豫軍紀略十二卷　(清)尹耕雲纂　清光緒三年(1877)申報館鉛印本　六冊

130000－0402－0001863　313－57/3－2
豫軍紀略十二卷　(清)尹耕雲纂　清刻本　六冊　存六卷(七至十二)

130000－0402－0001864　313－57/4(1)
平定粵匪紀略十八卷附記四卷　(清)杜文瀾撰　清同治十年(1871)京都聚珍齋刻本　八冊

130000－0402－0001865　313－57/4(2)
平定粵匪紀略十八卷附記四卷　(清)杜文瀾撰　清同治十年(1871)京都聚珍齋刻本　十冊

130000－0402－0001866　313－57/4(3)
平定粵匪紀略十八卷附記四卷　(清)杜文瀾撰　清同治十年(1871)京都聚珍齋刻本　八冊

130000－0402－0001867　313－57/4－2
平定粵匪紀略十八卷附記四卷　(清)杜文瀾撰　清光緒七年(1881)刻本　二冊　存八卷(一至三、十八,附記四卷)

130000－0402－0001868　313－57/4－3
平定粵匪紀略十八卷附記四卷　(清)杜文瀾撰　清末鉛印本　二冊　存八卷(十至十七)

130000－0402－0001869　313－57/4/2
平定粵寇紀略十八卷附記四卷　(清)杜文瀾撰　清光緒元年(1875)詒穀堂刻本　十冊

130000－0402－0001870　313－57/5(1)
戡定新疆記八卷　魏光燾撰　清光緒二十五年(1899)鉛印本　四冊

130000－0402－0001871　313－57/5(2)
戡定新疆記八卷　魏光燾撰　清光緒二十五年(1899)鉛印本　四冊

130000－0402－0001872　313－57/6(1)
湘軍記二十卷　(清)王定安撰　清光緒十五年(1889)江南書局刻本　十二冊

130000－0402－0001873　313－57/6(2)
湘軍記二十卷　(清)王定安撰　清光緒十五年(1889)江南書局刻本　一冊　存二卷(八至九)

130000－0402－0001874　313－57/7
西巡大事本末記六卷　(日本)吉田良太郎譯　(清)八詠樓主人錄　清光緒二十七年(1901)上海書局石印本　六冊

130000－0402－0001875　313－57/8
平定關隴紀畧十三卷　(清)易孔昭等輯　清

光緒十三年(1887)刻本　十三册

130000－0402－0001876　313－57/9(1)
前蒙古紀事本末二卷後蒙古紀事本末二卷　(清)韓善徵編　清光緒三十一年(1905)上海春記石印本　四册

130000－0402－0001877　313－57/9(2)
前蒙古紀事本末二卷後蒙古紀事本末二卷　(清)韓善徵編　清光緒三十一年(1905)上海春記石印本　一册　存一卷(前蒙古紀事本末下)

130000－0402－0001878　313－57/10
平浙紀畧十六卷　(清)秦湘業　(清)陳鍾英纂　清光緒元年(1875)申報館鉛印本　四册

130000－0402－0001879　313－57/11
淮軍平捻記十二卷　(清)周世澄輯　清申報館鉛印本　四册

130000－0402－0001880　313－57/13
辛亥新疆伊犁亂事本末一卷　張開枚輯　**辛亥定變紀畧一卷**　鍾廣生述　清宣統三年(1911)鉛印本　一册

130000－0402－0001881　313－57/15
山東軍興紀畧二十二卷　(清)張曜編　清申報館鉛印本　五册　存十二卷(一至二、五至六、十五至二十二)

130000－0402－0001882　313－57/16
天津拳匪變亂紀事二卷　劉孟揚撰　清宣統二年(1910)民興報館鉛印本　二册

130000－0402－0001883　313－57/17
豫變紀略八卷　(清)鄭廉撰　清刻三怡堂叢書本　二册　存四卷(一至二、七至八)

130000－0402－0001884　313－57/18
平苗紀略一卷　(清)方顯著　清同治十二年(1873)武昌郡廨刻本　一册

130000－0402－0001885　32/1(1)
通典二百卷　(唐)杜佑纂　清咸豐九年(1859)崇仁謝氏刻本　二十四册

130000－0402－0001886　32/1(2)
通典二百卷　(唐)杜佑纂　清咸豐九年(1859)崇仁謝氏刻本　四十册

130000－0402－0001887　32/1－2(1)
通典二百卷　(唐)杜佑纂　清乾隆十二年(1747)武英殿刻本　三十六册

130000－0402－0001888　32/1－2(2)
通典二百卷　(唐)杜佑纂　清乾隆十二年(1747)武英殿刻本　三十六册

130000－0402－0001889　32/1－3
通典二百卷　(唐)杜佑纂　清同治十年(1871)學海堂刻本　四十册

130000－0402－0001890　32/1－4(1)
通典二百卷　(唐)杜佑纂　清光緒二十七年(1901)上海圖書集成局鉛印本　十六册

130000－0402－0001891　32/1－4(2)
通典二百卷　(唐)杜佑纂　清光緒二十七年(1901)上海圖書集成局鉛印本　十二册　存一百四十八卷(十三至八十、九十四至一百十、一百三十八至二百)

130000－0402－0001892　32/1－4(3)
通典二百卷　(唐)杜佑纂　清光緒二十七年(1901)上海圖書集成局鉛印本　六册　存八十五卷(二十六至一百十)

130000－0402－0001893　32/1－4/2(1)
欽定續通典一百五十卷　(清)嵇璜等纂　清光緒二十七年(1901)上海圖書集成局鉛印本　九册　存一百十二卷(一至二十二、三十一至一百二十)

130000－0402－0001894　32/1－4/2(2)
欽定續通典一百五十卷　(清)嵇璜等纂　清光緒二十七年(1901)上海圖書集成局鉛印本　十三册

130000－0402－0001895　32/1－4/2(3)
欽定續通典一百五十卷　(清)嵇璜等纂　清光緒二十七年(1901)上海圖書集成局鉛印本　十六册

130000－0402－0001896　32/1－4/2/1

六通訂誤 （清）沈師齊撰 清末上海圖書集成局鉛印本 一册 存三種（欽定續通典訂誤、欽定續通志訂誤、欽定續文獻通考訂誤）

130000－0402－0001897 32/1－5
通典二百卷 （唐）杜佑纂 清浙江書局刻本 九册 存四十五卷（四十四至七十九、一百六十四至一百七十二）

130000－0402－0001898 32/1/2
欽定續通典一百五十卷 （清）嵇璜等纂 清光緒元年（1875）學海堂刻本 四十册

130000－0402－0001899 32/1/2－2
欽定續通典一百五十卷 （清）嵇璜等纂 清光緒十二年（1886）浙江書局刻本 四十册

130000－0402－0001900 32/1/2－3
欽定續通典一百五十卷 （清）嵇璜等纂 清刻本 五十六册 存一百三十二卷（一至七十三、九十二至一百五十）

130000－0402－0001901 32/1/3（1）
皇朝通典一百卷 （清）嵇璜等纂 清光緒八年（1882）浙江書局刻本 四十册

130000－0402－0001902 32/1/3（2）
皇朝通典一百卷 （清）嵇璜等纂 清光緒八年（1882）浙江書局刻本 四十册

130000－0402－0001903 32/1/3（3）
皇朝通典一百卷 （清）嵇璜等纂 清光緒八年（1882）浙江書局刻本 七册 存十八卷（八十三至一百）

130000－0402－0001904 32/1/3－2（1）
皇朝通典一百卷 （清）嵇璜等纂 清刻本 一册 存三卷（六十八至七十）

130000－0402－0001905 32/1/3－2（2）
皇朝通典一百卷 （清）嵇璜等纂 清光緒元年（1875）學海堂刻本 三十二册

130000－0402－0001906 32/1/3－2（3）
皇朝通典一百卷 （清）嵇璜等纂 清光緒元年（1875）學海堂刻本 三十二册

130000－0402－0001907 32/1/3－3
皇朝通典一百卷 （清）嵇璜等纂 清光緒二十七年（1901）上海圖書集成局鉛印本 十二册

130000－0402－0001908 32/1/3/1
六通訂誤 （清）沈師齊撰 清末上海圖書集成局鉛印本 一册 存三種（皇朝通典訂誤、皇朝通志訂誤、皇朝文獻通考訂誤）

130000－0402－0001909 32/1/6
三通典輯要七十六卷 （清）蔣麟振輯 清光緒二十八年（1902）上海編譯局石印本 十一册

130000－0402－0001910 32/2－2
文獻通考三百四十八卷 （元）馬端臨著 清咸豐九年（1859）崇仁謝氏刻本 七十二册

130000－0402－0001911 32/2－3
文獻通考三百四十八卷 （元）馬端臨著 清乾隆十三年（1748）武英殿刻本 九十六册

130000－0402－0001912 32/2－4（1）
文獻通考三百四十八卷 （元）馬端臨著 清光緒二十九年（1903）上海點石齋石印本 二十四册

130000－0402－0001913 32/2－4（2）
文獻通考三百四十八卷 （元）馬端臨著 清光緒二十九年（1903）上海點石齋石印本 二十四册

130000－0402－0001914 32/2－4（3）
文獻通考三百四十八卷 （元）馬端臨著 清光緒二十九年（1903）上海點石齋石印本 二十四册

130000－0402－0001915 32/2－4（4）
文獻通考三百四十八卷 （元）馬端臨著 清光緒二十九年（1903）上海點石齋石印本 十二册 存十五卷（一至十五）

130000－0402－0001916 32/2－4（5）
文獻通考三百四十八卷 （元）馬端臨著 清光緒二十九年（1903）上海點石齋石印本 二册 存二卷（十四、二十二）

130000－0402－0001917　32/2－5(1)
文獻通考三百四十八卷　(元)馬端臨著　清刻本　十册　存三十七卷(九十一至一百二十七)

130000－0402－0001918　32/2－5(2)
文獻通考三百四十八卷　(元)馬端臨著　清刻本　六十册　存二百四十七卷(一至二十二、四十七至一百六十一、一百八十六至二百十九、二百三十五至二百三十九、二百七十八至三百四十八)

130000－0402－0001919　32/2－6(1)
文獻通考三百四十八卷　(元)馬端臨著　清光緒二十二年(1896)浙江書局刻本　三十册　存六十卷(一至六十)

130000－0402－0001920　32/2－6(2)
文獻通考三百四十八卷　(元)馬端臨著　清光緒二十二年(1896)浙江書局刻本　八册　存十四卷(一至八、十一至十二、十五至十八)

130000－0402－0001921　32/2－7(1)
文獻通考三百四十八卷　(元)馬端臨著　清光緒二十七年(1901)上海圖書集成局鉛印本　四十二册

130000－0402－0001922　32/2－7(2)
文獻通考三百四十八卷　(元)馬端臨著　清光緒二十七年(1901)上海圖書集成局鉛印本　十四册　存九十六卷(一至七十八、一百六十五至一百七十三、三百十五至三百二十三)

130000－0402－0001923　32/2－8(1)
文獻通考三百四十八卷　(元)馬端臨著　清刻本　十册　存二十二卷(三十九至六十)

130000－0402－0001924　32/2－8(2)
文獻通考三百四十八卷　(元)馬端臨著　清刻本　十册　存十八卷(五十三至七十)

130000－0402－0001925　32/2－8(3)
文獻通考三百四十八卷　(元)馬端臨著　清刻本　二册　存四卷(九至十、十三至十四)

130000－0402－0001926　32/2－8(4)
文獻通考三百四十八卷　(元)馬端臨著　清刻本　十册　存三十二卷(一百六十四至一百九十五)

130000－0402－0001927　32/2/1
文獻通考紀要二卷　(□)□□撰　清博陵尹氏刻本　二册

130000－0402－0001928　32/2/2
續文獻通考二百五十四卷　(明)王圻纂輯　明萬曆三十一年(1603)曹時聘、許維新刻本　一百二十册

130000－0402－0001929　32/2/3(1)
皇朝文獻通考三百卷　(清)嵇璜等纂　清光緒八年(1882)浙江書局刻本　一百四十三册　缺二十卷(二百二十至二百三十九)

130000－0402－0001930　32/2/3(2)
皇朝文獻通考三百卷　(清)嵇璜等纂　清光緒八年(1882)浙江書局刻本　一百六十册

130000－0402－0001931　32/2/3(3)
皇朝文獻通考三百卷　(清)嵇璜等纂　清光緒八年(1882)浙江書局刻本　五十九册　存一百八十九卷(十九至五十五、七十七至一百十八、一百五十一至一百八十一、一百九十五至二百七十三)

130000－0402－0001932　32/2/3－2(1)
皇朝文獻通考三百卷　(清)嵇璜等纂　清光緒二十七年(1901)上海圖書集成局鉛印本　四十六册　缺十六卷(五十五至六十二、一百三十四至一百四十一)

130000－0402－0001933　32/2/3－2(2)
皇朝文獻通考三百卷　(清)嵇璜等纂　清光緒二十七年(1901)上海圖書集成局鉛印本　二册　存二十一卷(二百八十至三百)

130000－0402－0001934　32/2/5
文獻通考纂二十四卷　(元)馬端臨著　(明)胡震亨纂　清刻本　二十册

130000－0402－0001935　32/2/6
文獻通考鈔二十四卷　(元)馬端臨撰　(清)

鄭為光鑒　清康熙二年(1663)刻本　四冊

130000－0402－0001936　32/2/7(1)

三通考輯要七十六卷　湯壽潛輯　清光緒二十五年(1899)圖書集成局鉛印本　三十冊

130000－0402－0001937　32/2/7(2)

三通考輯要七十六卷　湯壽潛輯　清光緒二十五年(1899)圖書集成局鉛印本　二十三冊　存六十一卷(文獻通考輯要一至四、十至二十四,續文獻通考輯要一至四、六至十七、二十至二十四,皇朝文獻通考輯要一、五下至十六、十九至二十六)

130000－0402－0001938　32/2/7(3)

三通考輯要七十六卷　湯壽潛輯　清光緒二十五年(1899)圖書集成局鉛印本　十冊　存二十四卷(文獻通考輯要一至四、九至二十二,皇朝文獻通考輯要五至八、二十五至二十六)

130000－0402－0001939　32/2/7(4)

三通考輯要七十六卷　湯壽潛輯　清光緒二十五年(1899)圖書集成局鉛印本　六冊　存十五卷(續文獻通考輯要一至八,皇朝文獻通考輯要十至十一、二十下至二十四)

130000－0402－0001940　32/2/7(5)

三通考輯要七十六卷　湯壽潛輯　清光緒二十五年(1899)圖書集成局鉛印本　五冊　存十四卷(續文獻通考輯要二十至二十四、皇朝文獻通考輯要一至九)

130000－0402－0001941　32/2/8

三通考詳節七十六卷　(清)尊史閣主人輯　清光緒二十八年(1902)天津開文書局石印本　二十三冊　缺五卷(續文獻通考詳節十八至二十二)

130000－0402－0001942　32/2/9(1)

欽定續文獻通考二百五十卷　(清)嵇璜等纂　清光緒二十七年(1901)上海圖書集成局鉛印本　十三冊　存一百一卷(一百七至一百三十五、一百六十至二百十五、二百二十九至二百三十六、二百四十三至二百五十)

130000－0402－0001943　32/2/9(2)

欽定續文獻通考二百五十卷　(清)嵇璜等纂　清光緒二十七年(1901)上海圖書集成局鉛印本　十四冊　存九十一卷(一至十一、十七至二十四、三十至五十五、六十一至一百六)

130000－0402－0001944　32/2/9－2

欽定續文獻通考二百五十卷　(清)嵇璜等纂　清乾隆四十九年(1784)刻本　八十七冊　存一百八十一卷(一至五十三、六十七至九十九、一百四十三至一百九十七、二百九至二百三十五、二百三十八至二百五十)

130000－0402－0001945　32/2/9－3

欽定續文獻通考二百五十卷　(清)嵇璜等纂　清光緒十三年(1887)浙江書局刻本　十冊　存十八卷(一至十八)

130000－0402－0001946　32/2/9－4

欽定續文獻通考二百五十卷　(清)嵇璜等纂　清末石印本　六冊　存五十六卷(二十至二十四、三十至三十三、六十五至七十一、一百四十二至一百七十三、二百四十三至二百五十)

130000－0402－0001947　32/2/9/1

六通訂誤　(清)沈師齊撰　清光緒二十七年(1901)上海圖書集成局鉛印本　一冊　存三種(續通典訂誤、續通志訂誤、續文獻通考訂誤)

130000－0402－0001948　32/3(1)

二十四史九通政典類要合編三百二十卷　(清)黃書霖輯　清光緒二十八年(1902)刻本　四十冊　存二百十七卷(一至七十三、一百七十七至三百二十)

130000－0402－0001949　32/3(2)

二十四史九通政典類要合編三百二十卷　(清)黃書霖輯　清光緒二十八年(1902)刻本　十五冊　存一百一卷(一至一百一)

130000－0402－0001950　32/3(3)

二十四史九通政典類要合編三百二十卷　(清)黃書霖輯　清光緒二十八年(1902)刻

本　十册　存五十五卷(七十四至一百二十八)

130000－0402－0001951　32/3(4)
二十四史九通政典類要合編三百二十卷　(清)黄書霖輯　清光緒二十八年(1902)刻本　六十册

130000－0402－0001952　32/6
三通序一卷　蔣德鈞輯　清光緒十四年(1888)蔣氏求實齋刻本　二册

130000－0402－0001953　32/9
九通九種　(清)德齡編　清光緒二十八年(1902)上海鴻寶書局石印本　二百三册

130000－0402－0001954　32/11
文獻通考紀要二卷附錄原序一卷　(清)鄒湊沅校　清光緒二十四年(1898)致知書局鉛印述盧叢書本　二册

130000－0402－0001955　32/13
西漢會要七十卷東漢會要四十卷　(宋)徐天麟撰　清光緒五年(1879)嶺南學海堂刻本　十册　存五十四卷(西漢一至三十三、東漢二十至四十)

130000－0402－0001956　32－37/1
西漢會要七十卷　(宋)徐天麟撰　清光緒十年(1884)江蘇書局刻本　十册

130000－0402－0001957　32－38/1
東漢會要四十卷　(宋)徐天麟撰　清光緒十年(1884)江蘇書局刻本　八册

130000－0402－0001958　32－52/1
唐會要一百卷　(宋)王溥撰　清刻本　十八册　存二十一卷(一至二十一)

130000－0402－0001959　32－57/1
皇朝掌故彙編内編六十卷首一卷外編四十卷首一卷　張壽鏞編　清光緒二十八年(1902)求實書社鉛印本　六十册

130000－0402－0001960　32－57/2
國學禮樂錄二十卷　(清)李周望　(清)謝履忠輯　清康熙五十八年(1719)國子監刻本　六册

130000－0402－0001961　32－57/3
熙朝紀政四卷　(清)王慶雲編　清光緒二十八年(1902)寶興堂刻本　四册

130000－0402－0001962　32－57/3－2(1)
熙朝紀政六卷　(清)王慶雲編　清光緒二十七年(1901)上海天章書局石印本　二册　存四卷(一至二、五至六)

130000－0402－0001963　32－57/3－2(2)
熙朝紀政六卷　(清)王慶雲編　清光緒二十七年(1901)上海天章書局石印本　四册　存四卷(一至二、四、六)

130000－0402－0001964　32－57/3－3
熙朝紀政四卷　(清)王慶雲述　清光緒二十八年(1902)山東書局鉛印本　四册

130000－0402－0001965　32－57/4
欽定學政全書八十六卷首一卷　(清)童璜　(清)汪梅鼎纂修　清嘉慶十七年(1812)刻本　二十四册

130000－0402－0001966　32－57/4－2
欽定學政全書八十六卷首一卷　(清)童璜　(清)汪梅鼎纂修　清嘉慶十七年(1812)武英殿刻本　八册　存四十三卷(一至十七、二十六至五十,首一卷)

130000－0402－0001967　32－57/4－3
欽定學政全書八十六卷首一卷　(清)童璜等纂修　清刻本　十二册　存四十五卷(十七至六十一)

130000－0402－0001968　32－57/5(1)
槐廳載筆二十卷　(清)法式善編　清嘉慶四年(1799)刻本　二册

130000－0402－0001969　32－57/5(2)
槐廳載筆二十卷　(清)法式善編　清嘉慶四年(1799)刻本　六册

130000－0402－0001970　321/1
歷代帝王年表三卷　(清)齊召南編　清光緒十二年(1886)蘇州掃葉山房刻本　三册

130000－0402－0001971　321/2(1)
歷代職官表六卷　(清)黃本驥舊校　(清)王廷學重校　清光緒八年(1882)上海王氏刻本　四册

130000－0402－0001972　321/2(2)
歷代職官表六卷　(清)黃本驥舊校　(清)王廷學重校　清光緒八年(1882)上海王氏刻本　五册　缺一卷(三)

130000－0402－0001973　321/7
皇朝詞林典故六十四卷　(清)朱珪修　(清)陳希曾纂　清光緒十三年(1887)刻本　三十四册

130000－0402－0001974　321/8
實政錄七卷　(明)呂坤撰　清同治七年(1868)湖北崇文書局刻本　四册

130000－0402－0001975　321/9
牧令書二十三卷保甲書四卷　(清)徐棟輯　清道光二十八年(1848)興國李氏刻本　二十一册

130000－0402－0001976　322/1－2
中西紀事二十四卷　(清)夏燮撰　清同治四年(1865)刻本　六册

130000－0402－0001977　322/3
國朝柔遠記二十卷　(清)王之春編　清光緒二十二年(1896)湖北書局刻本　六册

130000－0402－0001978　322/4(1)
朔方備乘六十八卷首十二卷　(清)何秋濤撰　清光緒七年(1881)官刻本(附圖)　二十四册

130000－0402－0001979　322/4(2)
朔方備乘六十八卷首十二卷　(清)何秋濤撰　清光緒七年(1881)官刻本(附圖)　二十四册

130000－0402－0001980　322/4(3)
朔方備乘六十八卷首十二卷　(清)何秋濤撰　清光緒七年(1881)官刻本　一册　存一卷(六十八)

130000－0402－0001981　322/4－2(1)
朔方備乘表七卷　(清)何秋濤撰　清光緒六年(1880)畿輔通志局刻本　二册

130000－0402－0001982　322/4－2(2)
朔方備乘表七卷　(清)何秋濤撰　清光緒六年(1880)畿輔通志局刻本　二册

130000－0402－0001983　322/4－2/2
朔方備乘圖説　(清)何秋濤撰　清光緒三年(1877)畿輔通志局刻本　一册

130000－0402－0001984　322/4－3(1)
朔方備乘六十八卷首十二卷　(清)何秋濤纂輯　清光緒七年(1881)刻本　八册

130000－0402－0001985　322/4－3(2)
朔方備乘六十八卷首十二卷　(清)何秋濤纂輯　清光緒七年(1881)刻本　八册

130000－0402－0001986　322/4－3(3)
朔方備乘六十八卷首十二卷　(清)何秋濤纂輯　清光緒七年(1881)刻本　八册

130000－0402－0001987　322/10
北徼彙編六卷　(清)何秋濤編錄　(清)陳必榮校刊　清同治四年(1865)京都龍威閣刻本　六册

130000－0402－0001988　322/11(1)
中俄界記二編　(清)鄒代鈞著　(清)曾寅校正　清宣統三年(1911)武昌亞新地學社鉛印本　一册　存一編(上)

130000－0402－0001989　322/11(2)
中俄界記二編　(清)鄒代鈞著　(清)曾寅校正　清宣統三年(1911)武昌亞新地學社鉛印本　二册

130000－0402－0001990　322/13(1)
西疆交涉志要六卷　鍾鏞撰　金梁校訂　清宣統三年(1911)鉛印本　二册

130000－0402－0001991　322/13(2)
西疆交涉志要六卷　鍾鏞撰　金梁校訂　清宣統三年(1911)鉛印本　一册　存三卷(一至三)

130000－0402－0001992　322/15(1)
西北邊界圖地名譯漢攷證二卷　(清)許景澄撰　清光緒二十二年(1896)刻本　二册

130000－0402－0001993　322/15(2)
西北邊界圖地名譯漢攷證二卷　(清)許景澄撰　清光緒二十二年(1896)刻本　二册

130000－0402－0001994　322/15/2(1)
光緒勘定西北邊界俄文譯漢圖例言　(清)許景澄撰　清光緒二十二年(1896)刻本　一册

130000－0402－0001995　322/15/2(2)
光緒勘定西北邊界俄文譯漢圖例言　(清)許景澄撰　清光緒二十二年(1896)刻本　一册

130000－0402－0001996　322/16
中國古世公法論略　(美國)丁韙良撰　清光緒十年(1884)鉛印本　一册

130000－0402－0001997　324/5
湖南苗防屯政考十五卷首一卷　(清)但湘良纂　清光緒九年(1883)刻本　三册　缺一卷(一)

130000－0402－0001998　324/6
皇朝藩部要略十八卷世系表四卷　(清)祁韻士纂　(清)毛嶽生編次　清道光二十五年(1845)筠淥山房刻本　三册　缺十三卷(一至十一、十五至十六)

130000－0402－0001999　326/3
兩淮鹽法志五十六卷　(清)單渠纂　清同治九年(1870)揚州書局刻本　三十二册

130000－0402－0002000　326/4
淮北票鹽續略十二卷　(清)許寶書編　清同治九年(1870)刻本　四册

130000－0402－0002001　326/5
淮南鹽法紀略十卷　(清)方濬頤纂　清同治十二年(1873)淮南書局刻本　十册

130000－0402－0002002　326/8
山東鹽法志二十二卷附編十卷　(清)宋湘纂　清嘉慶十四年(1809)刻本　二十四册

130000－0402－0002003　326/10
陝西清理財政説明書　(清)陝西清理財政局編　清宣統元年(1909)鉛印本　六册

130000－0402－0002004　326/12
鄂省丁漕指掌十卷　(清)林遠村輯　清光緒四年(1878)刻本　十册

130000－0402－0002005　326/13
欽定康濟錄四卷　(清)陸曾禹撰　清乾隆五十八年(1793)魏禮焯刻本　六册

130000－0402－0002006　326/14
直隸工藝志初編四卷　(清)周爾潤編　清光緒三十三年(1907)北洋官報局工藝總局鉛印本　八册

130000－0402－0002007　326/17
直隸定州賦役全書不分卷　(清)□□編　清刻本　一册

130000－0402－0002008　326－57/1
尺園佐治摘存不分卷　韓靄堂撰　清光緒三十四年(1908)石印本　一册

130000－0402－0002009　326－57/2(1)
漕運則例纂二十卷　(清)楊錫紱輯　清乾隆三十四年(1769)刻本　十册　存十卷(一至十)

130000－0402－0002010　326－57/2(2)
漕運則例纂二十卷　(清)楊錫紱輯　清乾隆三十四年(1769)刻本　四册　存八卷(一、三至五、七、十、十二至十三)

130000－0402－0002011　326－57/3
賑務彙紀　(清)景垚撰　清末湖北官刷印局鉛印本　一册

130000－0402－0002012　326－57/4
中國華商銀行股份有限公司集股章程　(清)□□編　清宣統元年(1909)鉛印本　一册

130000－0402－0002013　327/2
河上語一卷　(清)蔣楷撰　清刻本　一册

130000－0402－0002014　327/3
湖北全省隄工總局章程　(清)□□編　清光緒三十四年(1908)刻本　一册

130000－0402－0002015　328/1(1)
紀元編三卷末一卷　(清)李兆洛撰　(清)六承如錄　清同治十年(1871)合肥李氏刻本　三冊

130000－0402－0002016　328/1(2)
紀元編三卷末一卷　(清)李兆洛撰　(清)六承如錄　清同治十年(1871)合肥李氏印本　三冊

130000－0402－0002017　328/1－2
紀元編三卷末一卷　(清)李兆洛撰　清光緒十八年(1892)長沙竹素書局刻本　二冊

130000－0402－0002018　328/1－3
紀元編三卷末一卷　(清)李兆洛撰　清道光十一年(1831)輩學齋刻本　三冊

130000－0402－0002019　328－57/1
黌宮敬事錄六卷　(清)桂良輯　清同治十一年(1872)河南撫署增刻本　四冊

130000－0402－0002020　328－57/2
直省釋奠禮樂記六卷首一卷末一卷　(清)應寶時輯　清同治十二年(1873)吳恆刻本　四冊　缺一卷(末一卷)

130000－0402－0002021　33/1(1)
歷代史纂左編一百三十九卷　(明)唐順之編輯　明萬曆三十九年(1611)刻本　六十冊

130000－0402－0002022　33/1(2)
歷代史纂左編一百四十二卷　(明)唐順之編輯　明萬曆刻本　十八冊　存二十四卷(三十五至四十一、五十一至五十八、一百三十四至一百四十二)

130000－0402－0002023　33/2
八編類纂二百八十五卷六經圖六卷地類圖二卷　(明)陳仁錫編　明天啓六年(1626)刻本　六十冊　存二百八十五卷(類纂二百八十五卷)

130000－0402－0002024　33/3
西園史餘四十卷　(明)張萱著　明刻本　二十冊

130000－0402－0002025　33/5
欽定蒙古源流八卷　(蒙古)小徹辰薩囊臺吉撰　(清)四庫館譯　清刻本　四冊

130000－0402－0002026　33/6
東都事畧一百三十卷　(宋)王偁撰　清嘉慶三年(1798)掃葉山房刻宋遼金元別史本　十二冊

130000－0402－0002027　33/6－2
東都事畧一百三十卷　(宋)王稱撰　清刻本　十六冊

130000－0402－0002028　33/7
歷代史表五十九卷　(清)萬斯同撰　清留香閣刻本　六冊

130000－0402－0002029　33/8(1)
五代史補五卷　(宋)陶岳撰　**五代史闕文一卷**　(宋)王禹偁撰　明末清初毛氏汲古閣刻本　一冊

130000－0402－0002030　33/8(2)
五代史補五卷　(宋)陶岳撰　**五代史闕文一卷**　(宋)王禹偁撰　明末清初毛氏汲古閣刻本　一冊

130000－0402－0002031　33/12
學宮備考十卷首一卷末一卷　(清)彭其位撰　清乾隆六年(1741)自得軒刻本　十冊

130000－0402－0002032　33/17
契丹國志二十七卷首一卷　(宋)葉隆禮撰　清嘉慶二年(1797)掃葉山房刻本　四冊

130000－0402－0002033　33/18
司馬溫公稽古錄二十卷校勘記一卷　(宋)司馬光撰　清光緒五年(1879)江蘇書局刻本　三冊

130000－0402－0002034　33/18－2(1)
司馬溫公稽古錄二十卷　(宋)司馬光撰　清同治十一年(1872)湖北崇文書局刻本　四冊

130000－0402－0002035　33/18－2(2)
司馬溫公稽古錄二十卷　(宋)司馬光撰　清同治十一年(1872)湖北崇文書局刻本　四冊

130000－0402－0002036　33/20(1)
闕里文獻考一百卷首一卷末一卷　(清)孔繼汾撰　清刻本　八冊

130000－0402－0002037　33/20(2)
闕里文獻考一百卷首一卷末一卷　(清)孔繼汾撰　清刻本　四冊　存三十八卷(一至三十七、首一卷)

130000－0402－0002038　33/21
三朝遼事實錄十七卷　(明)王在晉編　清刻本　四冊　存九卷(四至十二)

130000－0402－0002039　33/25
汲冢周書十卷　(晉)孔晁注　清湖南藝文書局刻本　二冊

130000－0402－0002040　33－33/1
國語校注本三種　(清)汪遠孫輯　清道光二十六年(1846)振綺堂刻本　六冊

130000－0402－0002041　33－33/2(1)
天聖明道本國語二十一卷　(三國吳)韋昭解　**校刊明道本韋氏解國語札記一卷**　(清)黃丕烈撰　**國語明道本攷異四卷**　(清)汪遠孫輯　清同治八年(1869)湖北崇文書局刻本　五冊

130000－0402－0002042　33－33/2(2)
天聖明道本國語二十一卷　(三國吳)韋昭解　**校刊明道本韋氏解國語札記一卷**　(清)黃丕烈撰　**國語明道本攷異四卷**　(清)汪遠孫輯　清同治八年(1869)湖北崇文書局刻本　四冊　缺三卷(國語一至三)

130000－0402－0002043　33－33/2(3)
天聖明道本國語二十一卷　(三國吳)韋昭解　**校刊明道本韋氏解國語札記一卷**　(清)黃丕烈撰　**國語明道本攷異四卷**　(清)汪遠孫輯　清同治八年(1869)湖北崇文書局刻本　五冊

130000－0402－0002044　33－33/2(4)
天聖明道本國語二十一卷　(三國吳)韋昭解　**校刊明道本韋氏解國語札記一卷**　(清)黃丕烈撰　**國語明道本攷異四卷**　(清)汪遠孫輯　清同治八年(1869)湖北崇文書局刻本　五冊

130000－0402－0002045　33－33/2(5)
天聖明道本國語二十一卷　(三國吳)韋昭解　**校刊明道本韋氏解國語札記一卷**　(清)黃丕烈撰　**國語明道本攷異四卷**　(清)汪遠孫輯　清同治八年(1869)湖北崇文書局刻本　五冊

130000－0402－0002046　33－33/2(6)
天聖明道本國語二十一卷　(三國吳)韋昭解　**校刊明道本韋氏解國語札記一卷**　(清)黃丕烈撰　**國語明道本攷異四卷**　(清)汪遠孫輯　清同治八年(1869)湖北崇文書局刻本　五冊

130000－0402－0002047　33－33/2(7)
天聖明道本國語二十一卷　(三國吳)韋昭解　**校刊明道本韋氏解國語札記一卷**　(清)黃丕烈撰　**國語明道本攷異四卷**　(清)汪遠孫輯　清同治八年(1869)湖北崇文書局刻本　五冊

130000－0402－0002048　33－33/2－2(1)
天聖明道本國語二十一卷　(三國吳)韋昭解　**校刊明道本韋氏解國語札記一卷**　(清)黃丕烈撰　**國語明道本攷異四卷**　(清)汪遠孫輯　清光緒三年(1877)永康退補齋刻本　四冊

130000－0402－0002049　33－33/2－2(2)
天聖明道本國語二十一卷　(三國吳)韋昭解　**校刊明道本韋氏解國語札記一卷**　(清)黃丕烈撰　**國語明道本攷異四卷**　(清)汪遠孫輯　清光緒三年(1877)永康退補齋刻本　五冊

130000－0402－0002050　33－33/2－3
國語二十一卷　(三國吳)韋昭解　**校刊明道本韋氏解國語札記一卷**　(清)黃丕烈撰　清嘉慶五年(1800)吳門黃氏讀未見書齋刻本　七冊

130000－0402－0002051　33－33/2－4

國語二十一卷　(三國吳)韋昭解　**校刊明道本韋氏解國語札記一卷**　(清)黄丕烈撰　清末石印本　三册

130000－0402－0002052　33－33/2－6
國語二十一卷　(三國吳)韋昭解　**校刊明道本韋氏解國語札記一卷**　(清)黄丕烈撰　清嘉慶五年(1800)吳門黄氏讀未見書齋刻本　二册

130000－0402－0002053　33－33/2－8
國語韋解補正二十一卷　(三國吳)韋昭解　吳曾祺補正　清宣統元年(1909)商務印書館鉛印本　四册

130000－0402－0002054　33－33/2－9
重訂國語國策合註　(三國吳)韋昭解　(宋)宋庠補音　清同治九年(1870)經綸堂刻本　二册　存二十一卷(國語一至二十一)

130000－0402－0002055　33－33/3(1)
國語二十一卷　(三國吳)韋昭解　(宋)宋庠補音　清乾隆二十七年(1762)文盛堂刻本　六册

130000－0402－0002056　33－33/3(2)
國語二十一卷　(三國吳)韋昭解　(宋)宋庠補音　清乾隆二十七年(1762)文盛堂刻本　六册

130000－0402－0002057　33－33/3(3)
國語二十一卷　(三國吳)韋昭解　(宋)宋庠補音　清乾隆二十七年(1762)文盛堂刻本　六册

130000－0402－0002058　33－33/7
逸周書十卷校正補遺一卷附錄一卷　(晉)孔晁注　清乾隆五十一年(1786)抱經堂刻本　二册

130000－0402－0002059　33－33/8
吳越春秋六卷　(漢)趙曄撰　清刻本　一册

130000－0402－0002060　33－34/1
高氏戰國策三十三卷　(漢)高誘注　清雅雨堂刻本　三册　存二十五卷(一至二十五)

130000－0402－0002061　33－34/2(1)
戰國策三十三卷　(漢)高誘注　**札記三卷**　(清)黄丕烈撰　清同治八年(1869)湖北崇文書局刻本　五册

130000－0402－0002062　33－34/2(2)
戰國策三十三卷　(漢)高誘注　**札記三卷**　(清)黄丕烈撰　清同治八年(1869)湖北崇文書局刻本　五册

130000－0402－0002063　33－34/2(3)
戰國策三十三卷　(漢)高誘注　**札記三卷**　(清)黄丕烈撰　清同治八年(1869)湖北崇文書局刻本　五册

130000－0402－0002064　33－34/2(4)
戰國策三十三卷　(漢)高誘注　**札記三卷**　(清)黄丕烈撰　清同治八年(1869)湖北崇文書局刻本　五册

130000－0402－0002065　33－34/2(5)
戰國策三十三卷　(漢)高誘注　**札記三卷**　(清)黄丕烈撰　清同治八年(1869)湖北崇文書局刻本　五册

130000－0402－0002066　33－34/2(6)
戰國策三十三卷　(漢)高誘注　**札記三卷**　(清)黄丕烈撰　清同治八年(1869)湖北崇文書局刻本　五册

130000－0402－0002067　33－34/2(7)
戰國策三十三卷　(漢)高誘注　**札記三卷**　(清)黄丕烈撰　清同治八年(1869)湖北崇文書局刻本　六册

130000－0402－0002068　33－34/2－2(1)
戰國策三十三卷　(漢)高誘注　**札記三卷**　(清)黄丕烈撰　清光緒三年(1877)永康退補齋刻本　六册

130000－0402－0002069　33－34/2－2(2)
戰國策三十三卷　(漢)高誘注　**札記三卷**　(清)黄丕烈撰　清光緒三年(1877)永康退補齋刻本　五册

130000－0402－0002070　33－34/2－3(1)

戰國策三十三卷　(漢)高誘注　**札記三卷**　(清)黄丕烈撰　清嘉慶八年(1803)讀未見書齋刻本　五册

130000－0402－0002071　33－34/2－3(2)
戰國策三十三卷　(漢)高誘注　**札記三卷**　(清)黄丕烈撰　清嘉慶八年(1803)讀未見書齋刻本　八册

130000－0402－0002072　33－34/2－4
戰國策三十三卷　(漢)高誘注　**札記三卷**　(清)黄丕烈撰　清光緒二十八年(1902)新化三味書屋刻本　六册

130000－0402－0002073　33－34/2－7
戰國策三十三卷　(漢)高誘注　**札記三卷**　(清)黄丕烈撰　清嘉慶八年(1803)刻本　四册

130000－0402－0002074　33－34/2－8
戰國策三十三卷　(漢)高誘注　**札記三卷**　(清)黄丕烈撰　清光緒二十四年(1898)書業德刻本　四册

130000－0402－0002075　33－34/2－9
戰國策三十三卷　(漢)高誘注　清刻本　五册　存五卷(三至四、六至七、九)

130000－0402－0002076　33－34/2－10
戰國策十二卷　(明)陳仁錫　(明)鍾惺評　清刻本　一册　存三卷(一至三)

130000－0402－0002077　33－34/2－11
戰國策　(□)□□撰　清可儀堂刻本　一册　存一册(秦策、齊策、楚策)

130000－0402－0002078　33－34/5
戰國策十卷　(宋)鮑彪校注　(元)吴師道重校　清姑蘇書業堂刻本　八册

130000－0402－0002079　33－34/5－2
戰國策校註十卷　(宋)鮑彪校註　(元)吴師道重校　清粤東登雲閣刻本　八册

130000－0402－0002080　33－34/5－4
戰國策十卷　(宋)鮑彪校注　(元)吴師道補正　明程五甫刻本　五册　缺一卷(三)

130000－0402－0002081　33－48/1(1)
十六國春秋一百卷　(北魏)崔鴻撰　清乾隆四十六年(1781)仁和汪日桂刻本　十二册

130000－0402－0002082　33－48/1(2)
十六國春秋一百卷　(北魏)崔鴻撰　清刻本　三册　存二十六卷(二十三至三十一、七十四至九十)

130000－0402－0002083　33－48/1－2
十六國春秋一百卷　(北魏)崔鴻撰　清刻本　八册　存四十七卷(二十三至六十九)

130000－0402－0002084　33－48/1/2
十六國春秋纂録校本十卷校勘記一卷　(清)湯球輯　清光緒二十年(1894)廣雅書局刻本　二册

130000－0402－0002085　33－54/1(1)
路史四十七卷　(宋)羅泌纂　(宋)羅蘋註　(明)喬可傳校　清光緒二年(1876)紅杏山房刻本　十六册

130000－0402－0002086　33－54/1(2)
路史四十七卷　(宋)羅泌纂　(宋)羅蘋註　(明)喬可傳校　清光緒二年(1876)紅杏山房刻本　十二册

130000－0402－0002087　33－54/1－2
重訂路史全本四十七卷　(宋)羅泌著　(宋)羅蘋註　(清)羅大振重輯　清乾隆元年(1736)進修書院刻本　十六册

130000－0402－0002088　33－54/1－3
路史四十七卷　(宋)羅泌纂　(宋)羅蘋註　(明)喬可傳校　清敦化堂刻本　八册　存二十六卷(前紀九卷、後紀十三卷、國名記甲至丁)

130000－0402－0002089　33－54/4(1)
隆平集二十卷　(宋)曾鞏撰　(清)彭期訂　清康熙四十年(1701)七業堂刻本　八册

130000－0402－0002090　33－54/4(2)
隆平集二十卷　(宋)曾鞏撰　(清)彭期訂　清康熙四十年(1701)七業堂刻本　六册

130000－0402－0002091　33－55/1

元朝秘史十五卷　(清)李文田注　清光緒二十九年(1903)金匱浦氏石印皇朝藩屬興地叢書本　四册

130000－0402－0002092　33－55/1－2(1)

元朝秘史十五卷　(清)李文田注　清光緒二十二年(1896)通隱堂刻漸西村舍本　四册

130000－0402－0002093　33－55/1－2(2)

元朝秘史十五卷　(清)李文田注　清光緒二十二年(1896)通隱堂刻漸西村舍本　四册

130000－0402－0002094　33－56/1(1)

荆駝逸史五十一種　(清)陳湖逸士輯　清道光刻本　八册　存十一種十八卷(三朝野紀一至二、四、七,東林事畧三卷,啟禎兩朝剝復録三卷,熹朝忠節死臣列傳一卷,庚寅十一月初五日始安事畧一卷,平回紀畧一卷,平吳事畧一卷,人變述畧一卷,全吳紀畧一卷,歷年城守記一卷,明亡述畧上)

130000－0402－0002095　33－56/1(2)

荆駝逸史五十一種　(清)陳湖逸士輯　清道光刻本　八册　存六種十四卷(三朝野紀一至四、七,東林事畧三卷,啟禎兩朝剝復録三卷,熹朝忠節死臣列傳一卷,甲申忠佞紀事一卷,甲申紀變實録一卷)

130000－0402－0002096　33－56/1(3)

荆駝逸史五十一種　(清)陳湖逸士輯　清道光刻本　十册　存二十四種三十五卷(甲行日注七至八、恩恤諸公志畧二卷、孫高陽前後督師畧跋一卷、東陽兵變一卷、閩游月記二卷、兩粵夢遊記一卷、風倒梧桐記二卷、揚州十日記一卷、庚寅十一月初五日始安事畧一卷、平回紀畧一卷、平吳事畧一卷、人變述畧一卷、全吳紀畧一卷、歷年城守記一卷、明亡述畧二卷、劉公旦先生死義記一卷、偽官據城記一卷、江陵紀事一卷、孫愷陽先生殉城論一卷、永歷紀事一卷、平定耿逆記一卷、錢氏家變録一卷、兩粵夢遊記敘七卷、平臺紀畧一卷)

130000－0402－0002097　33－56/1(4)

荆駝逸史五十一種　(清)陳湖逸士輯　清道光刻本　十六册　存三十九種五十七卷(荆溪盧司馬殉忠實録一卷、袁督師計斬毛文龍始末一卷、入長沙記一卷、粵中偶記一卷、航澥遺聞一卷、平蜀紀事一卷、李仲達被逮紀畧一卷、定蜀記一卷、攻渝紀事一卷、遇變紀畧一卷、四王合傳一卷、江變紀畧二卷、東塘日劄二卷、風倒梧桐記二卷、滄洲紀事一卷、倣指南録一卷、甲行日注八卷、恩恤諸公志畧二卷、孫高陽前後督師畧跋一卷、閩游月記二卷、揚州十日記一卷、庚寅十一月初五日始安事畧一卷、平回紀畧一卷、平吳事畧一卷、人變述畧一卷、全吳紀畧一卷、歷年城守記一卷、明亡述畧二卷、劉公旦先生死義記一卷、偽官據城記一卷、懿安事畧一卷、江陵紀事一卷、孫愷陽先生殉城論一卷、永歷紀事一卷、平定耿逆記一卷、錢氏家變録一卷、兩粵夢遊記敘六卷、兩粵夢遊記一卷、平臺紀畧一卷)

130000－0402－0002098　33－56/2(1)

明季稗史彙編二十七卷　(清)留雲居士輯　清光緒二十二年(1896)上海圖書集成局鉛印本　六册

130000－0402－0002099　33－56/2(2)

明季稗史彙編二十七卷　(清)留雲居士輯　清光緒二十二年(1896)上海圖書集成局鉛印本　一册　存四卷(一至四)

130000－0402－0002100　33－56/2－3

明季稗史彙編十六種　(清)留雲居士輯　清都城琉璃廠留雲居士鉛印本　十六册

130000－0402－0002101　33－56/3(1)

南疆繹史勘本五十六卷首一卷　(清)溫睿臨原本　(清)李瑤勘定　清都城琉璃廠半松居士鉛印本　二十四册

130000－0402－0002102　33－56/3(2)

南疆繹史勘本五十六卷首一卷　(清)溫睿臨原本　(清)李瑤勘定　清都城琉璃廠半松居士鉛印本　十二册　缺十二卷(摭遺一至十二)

130000－0402－0002103　33－56/4

小腆紀年附攷二十卷　(清)徐鼒撰　清咸豐十一年(1861)刻本　十二册

130000－0402－0002104　33－56/5(1)
野獲編三十卷補遺四卷　(清)沈德符撰　清道光七年(1827)錢塘姚氏扶荔山房刻本　二十二册

130000－0402－0002105　33－56/5(2)
野獲編三十卷補遺四卷　(清)沈德符撰　清道光七年(1827)錢塘姚氏扶荔山房刻本　二十册

130000－0402－0002106　33－56/6
平叛記二卷　(清)毛霦編　清康熙五十五年(1716)家刻本　二册

130000－0402－0002107　33－56/11
明季北畧二十四卷　(清)計六奇輯　清都城琉璃廠半松居士木活字印本　十六册

130000－0402－0002108　33－56/11/2
明季南畧十八卷　(清)計六奇輯　清都城琉璃廠半松居士木活字印本　十二册

130000－0402－0002109　33－56/11/2－2
明季南畧十八卷　(清)計六奇輯　清光緒十三年(1887)上海圖書集成印書局鉛印本　三册　缺四卷(六至九)

130000－0402－0002110　33－56/14
督師紀畧十六卷　(明)鹿善繼等纂　明末刻本　四册

130000－0402－0002111　33－57/1(1)
征西紀畧四卷　(清)曾毓瑜撰　清光緒二十年(1894)京師官書局鉛印本　一册

130000－0402－0002112　33－57/1(2)
征西紀畧四卷　(清)曾毓瑜撰　清光緒二十年(1894)京師官書局鉛印本　一册

130000－0402－0002113　33－57/2
國朝事畧六卷　(清)□□撰　清光緒同文官印書館鉛印本　二册

130000－0402－0002114　33－57/4
滄城殉難録四卷　(清)陳鍾祥　(清)于光甲纂修　清光緒八年(1882)刻本　四册

130000－0402－0002115　33－57/6
吴柳堂先生誄文正續合編　(清)傅巖霖輯　清光緒九年(1883)刻本　二册

130000－0402－0002116　33－57/8(1)
嘯亭雜録八卷續録二卷　(清)昭槤著　清光緒六年(1880)九思堂刻本　十二册

130000－0402－0002117　33－57/8(2)
嘯亭雜録八卷續録二卷　(清)昭槤著　清光緒六年(1880)九思堂刻本　三册　存三卷(雜録四至六)

130000－0402－0002118　33－57/11
皇朝事畧一卷　(清)直隸學校司編譯處輯　(清)王金綬編　清光緒二十九年(1903)學校司排印局石印本　一册

130000－0402－0002119　33－57/12(1)
熙朝新語十六卷　(清)余金輯　清道光十二年(1832)文大堂刻本　四册

130000－0402－0002120　33－57/12(2)
熙朝新語十六卷　(清)余金輯　清道光十二年(1832)文大堂刻本　四册

130000－0402－0002121　33－57/12－2
熙朝新語十六卷　(清)余金輯　清光緒六年(1880)經綸堂刻本　六册

130000－0402－0002122　33－57/13(1)
清秘述聞十六卷　(清)法式善編　清嘉慶刻本　六册

130000－0402－0002123　33－57/13(2)
清秘述聞十六卷　(清)法式善編　清嘉慶刻本　六册

130000－0402－0002124　33－57/13－2
清秘述聞十六卷　(清)法式善原編　(清)錢維福重校　清嘉慶刻本　四册

130000－0402－0002125　33－57/14
石渠餘紀六卷　(清)王慶雲述　清刻本　六册

130000－0402－0002126　33－57/15－2
臺灣外紀三十卷　（清）江日昇識　清光緒四年(1878)申報館鉛印本　六册

130000－0402－0002127　33－57/16
掌故叢編　（清）□□撰　清光緒二十七年(1901)掃葉山房石印本　七册　存十六卷(皇朝武功紀盛四卷、庸盦筆記二卷、嘯亭雜錄八卷、嘯亭續錄二卷)

130000－0402－0002128　33－57/19
春明夢餘錄七十卷　（清）孫承澤撰　清刻本　十二册　存二十四卷(二十四至四十七)

130000－0402－0002129　33－57/20
蜀碧四卷附記一卷　（清）彭遵泗撰　清乾隆二十八年(1763)石室刻本　四册

130000－0402－0002130　33－57/20－2
蜀碧四卷附記一卷　（清）彭遵泗撰　清刻本　一册　存二卷(蜀碧四、附記一卷)

130000－0402－0002131　33－57/21
黔陽從軍紀畧一卷從軍草一卷　（清）程卓樑撰　清嘉慶二十四年(1819)刻本　一册

130000－0402－0002132　34/1/2(1)
史通削繁四卷　（唐）劉知幾撰　（清）紀昀削繁　（清）浦起龍注　清道光十三年(1833)兩廣節署刻朱墨套印本　四册

130000－0402－0002133　34/1/2(2)
史通削繁四卷　（唐）劉知幾撰　（清）紀昀削繁　（清）浦起龍注　清道光十三年(1833)兩廣節署刻朱墨套印本　四册

130000－0402－0002134　34/1/2(3)
史通削繁四卷　（唐）劉知幾撰　（清）紀昀削繁　（清）浦起龍注　清道光十三年(1833)兩廣節署刻朱墨套印本　四册

130000－0402－0002135　34/1/3
史通通釋二十卷　（唐）劉知幾撰　（清）浦起龍釋　（清）方懋福参釋　清光緒十九年(1893)上海棋盤街文瑞樓石印本　八册

130000－0402－0002136　34/1/3－2
史通通釋二十卷　（唐）劉知幾撰　（清）浦起龍釋　清光緒十一年(1885)刻本　八册

130000－0402－0002137　34/2
文史通義八卷　（清）章學誠著　清道光十二年至十三年(1832－1833)刻本　四册

130000－0402－0002138　34/2－2
文史通義内篇五卷外篇三卷　（清）章學誠著　清宣統三年(1911)上海廣益書局鉛印本　三册

130000－0402－0002139　34/3
讀史漫錄十四卷　（明）于慎行著　（明）郭應寵編次　清刻本　六册

130000－0402－0002140　34/4－2
歷代史論十二卷　（明）張溥論正　清光緒九年(1883)都城蒼松山房刻本　五册

130000－0402－0002141　34/4－2/2
宋史論三卷　（明）張溥論正　清光緒九年(1883)都城蒼松山房刻本　二册

130000－0402－0002142　34/4－2/3
元史論一卷　（明）張溥論正　清光緒九年(1883)都城蒼松山房刻本　一册

130000－0402－0002143　34/4－2/4
明史論四卷　（清）谷應泰論正　清光緒九年(1883)都城蒼松山房刻本　二册

130000－0402－0002144　34/4－2/5
左傳史論二卷　（清）高士奇撰　清光緒九年(1883)都城蒼松山房刻本　一册

130000－0402－0002145　34/4－3
歷代史論十二卷　（明）張溥論正　清光緒五年(1879)雙和堂刻本　四册

130000－0402－0002146　34/4－3/2
宋史論三卷　（明）張溥論正　清光緒五年(1879)雙和堂刻本　二册

130000－0402－0002147　34/4－3/3
元史論一卷　（明）張溥論正　清光緒五年(1879)雙和堂刻本　一册

130000－0402－0002148　34/4－3/4
明史論四卷　（清）谷應泰論正　清光緒五年（1879）雙和堂刻本　一册

130000－0402－0002149　34/4－3/5
左傳史論二卷　（清）高士奇論正　清光緒五年（1879）雙和堂刻本　一册

130000－0402－0002150　34/4－4（1）
歷代史論十二卷　（明）張溥論正　（清）孫執升評　**明史論四卷**　（清）谷應泰論正　清光緒十三年（1887）掃葉山房刻本　五册

130000－0402－0002151　34/4－4（2）
歷代史論十二卷　（明）張溥論正　（清）孫執升評　清光緒十三年（1887）掃葉山房刻本　六册

130000－0402－0002152　34/4－4/2
宋史論三卷　（明）張溥論正　清光緒十三年（1887）掃葉山房刻本　二册

130000－0402－0002153　34/4－4/3
元史論一卷　（明）張溥論正　清光緒十三年（1887）掃葉山房刻本　一册

130000－0402－0002154　34/4－4/4
明史論四卷　（清）谷應泰論正　清光緒十三年（1887）掃葉山房刻本　二册

130000－0402－0002155　34/6（1）
讀通鑑論十六卷宋論十五卷　（清）王夫之撰　清末上海商務印書館鉛印本　九册　缺二卷（讀通鑑論十三至十四）

130000－0402－0002156　34/6（2）
讀通鑑論十六卷宋論十五卷　（清）王夫之撰　清末上海商務印書館鉛印本　十册

130000－0402－0002157　34/6－4（1）
讀通鑑論十卷末一卷　（清）王夫之撰　清光緒二十四年（1898）上海書局鉛印本　八册

130000－0402－0002158　34/6－4（2）
讀通鑑論十卷末一卷　（清）王夫之撰　清光緒二十四年（1898）上海公興書局鉛印本　八册

130000－0402－0002159　34/8（1）
讀史大畧六十卷小沙子史畧一卷樂府一則　（清）沙張白撰　清道光二十五年（1845）刻本　十二册

130000－0402－0002160　34/8（2）
讀史大畧六十卷小沙子史畧一卷樂府一則　（清）沙張白撰　清道光二十五年（1845）刻本　十二册

130000－0402－0002161　34/9
讀通鑑綱目劄記二十卷　（清）章邦元著　清光緒十六年（1890）銅陵章氏刻本　八册

130000－0402－0002162　34/10
紀事約言二卷　（清）夏勤墉稿　清光緒七年（1881）刻本　一册

130000－0402－0002163　34/11
欽定古今儲貳金鑑六卷　清刻本　四册

130000－0402－0002164　34/15
綱鑑總論二卷　（清）周道卿編　清光緒二十七年（1901）上海煥文書局石印本　一册

130000－0402－0002165　34/16
東萊先生音註唐鑑二十四卷　（宋）范祖禹撰　（宋）呂祖謙註　清光緒十八年（1892）浙江書局刻本　四册

130000－0402－0002166　34/16－2
東萊先生音註唐鑑二十四卷　（宋）范祖禹撰　（宋）呂祖謙註　清刻本　六册

130000－0402－0002167　34/19
讀史記十表十卷　（清）汪越　（清）徐克范訂正　清雍正治古堂刻本　四册　存五卷（一至五）

130000－0402－0002168　34/21
新輯分類史論大成十九卷　（清）行素生編　清末石印本　十一册　存十一卷（五至七、十至十三、十五、十七至十九）

130000－0402－0002169　34/22
鑑史輯要六卷　諸葛汝楫輯　清光緒三十三年（1907）鉛印本　一册　存三卷（四至六）

130000－0402－0002170　34/23

精刻古今女史二十卷　(明)趙世傑輯　清刻本　一册　存四卷(四至七)

130000－0402－0002171　341/1(1)

十七史商榷一百卷　(清)王鳴盛述　清乾隆五十二年(1787)洞涇草堂刻本　十六册

130000－0402－0002172　341/1(2)

十七史商榷一百卷　(清)王鳴盛述　清乾隆五十二年(1787)洞涇草堂刻本　十六册

130000－0402－0002173　341/1(3)

十七史商榷一百卷　(清)王鳴盛述　清乾隆五十四年(1789)增修本　十六册

130000－0402－0002174　341/1－2(1)

十七史商榷一百卷　(清)王鳴盛述　清光緒六年(1880)太原王氏刻本　二十册

130000－0402－0002175　341/1－2(2)

十七史商榷一百卷　(清)王鳴盛述　清刻本　四册　存三十五卷(六十一至九十五)

130000－0402－0002176　341/2

廿二史攷異一百卷　(清)錢大昕學　清錢氏潛揅堂刻本　十六册

130000－0402－0002177　341/2－2

廿二史攷異一百卷三史拾遺五卷諸史拾遺五卷　(清)錢大昕撰　清刻本　十六册　存五十三卷(攷異二十三至五十、八十三至一百,三史拾遺五卷,諸史拾遺一至二)

130000－0402－0002178　341/3(1)

廿二史劄記三十六卷補遺一卷　(清)趙翼撰　清光緒二十五年(1899)湖南書局刻本　十六册

130000－0402－0002179　341/3(2)

廿二史劄記三十六卷補遺一卷　(清)趙翼撰　清光緒二十五年(1899)湖南書局刻本　十一册

130000－0402－0002180　341/3－3

廿二史劄記三十六卷補遺一卷　(清)趙翼撰　清光緒二十八年(1902)文淵山房石印本　六册

130000－0402－0002181　341/3－5(1)

廿二史劄記三十六卷補遺一卷　(清)趙翼撰　清光緒二十七年(1901)上海文盛書局石印本　七册

130000－0402－0002182　341/3－5(2)

廿二史劄記三十六卷補遺一卷　(清)趙翼撰　清光緒二十七年(1901)上海文盛書局石印本　一册　缺十九卷(一至十九)

130000－0402－0002183　341/3－6(1)

廿二史劄記三十六卷補遺一卷　(清)趙翼撰　**識語二卷**　(清)鄒永修撰　清三味堂刻本　九册　缺二十三卷(一至二十一、二十四至二十五)

130000－0402－0002184　341/3－6(2)

廿二史劄記三十六卷　(清)趙翼撰　清三味堂刻本　二册　存七卷(二十至二十六)

130000－0402－0002185　341/5

諸史考異十八卷　(清)洪頤煊撰　清光緒十五年(1889)廣雅書局刻本　三册

130000－0402－0002186　341/6

史記志疑三十六卷　(清)梁玉繩撰　清光緒十三年(1887)廣雅書局刻本　十六册

130000－0402－0002187　341/7

夏考信錄二卷　(清)崔述著　清嘉慶二十二年(1817)太谷縣署刻本　一册

130000－0402－0002188　341/7－2

東壁先生書鈔十一卷　(清)崔述著　清嘉慶二年(1797)映薇堂刻本　六册

130000－0402－0002189　341/7/2

商考信錄二卷　(清)崔述著　清嘉慶二十二年(1817)太谷縣署刻本　一册

130000－0402－0002190　341/7/3

豐鎬考信錄八卷　(清)崔述著　清嘉慶二十二年(1817)太谷縣署刻本　四册

130000－0402－0002191　341/7/4

經傳禘祀通考一卷　(清)崔述著　清嘉慶二

年(1797)映薇堂刻本　一册

130000－0402－0002192　341/7/5
三代正朔通考一卷　(清)崔述著　清嘉慶十一年(1806)彰德城中刻本　一册

130000－0402－0002193　341/7/6
三代經界通考一卷　(清)崔述著　清嘉慶六年(1801)羅源署中刻本　一册

130000－0402－0002194　341/14
嚴永思先生通鑑補正略三卷　(明)嚴衍撰　(清)張敦仁彙鈔　清光緒十三年(1887)時報館鉛印本　二册

130000－0402－0002195　342/1
讀宋鑑論三卷　(清)方宗誠述　清光緒三年(1877)桐城方氏刻柏堂遺書本　一册

130000－0402－0002196　342/2
青萊續史十八卷　(清)朱里撰　清順治十六年(1659)刻本　八册

130000－0402－0002197　342/3
邊事彙鈔十二卷續鈔八卷　(清)朱克敬輯　清光緒六年(1880)刻本　八册

130000－0402－0002198　342/4
全史宫詞二十卷補遺二十卷　(清)史夢蘭撰　清咸豐六年(1856)家刻本　八册

130000－0402－0002199　342/5
史事論甲編十卷乙編六卷丙編四卷丁編四卷　雷瑨輯　清光緒二十九年(1903)硯耕山莊石印本　六册　存十九卷(甲編十卷、乙編一至三、丙編四卷、丁編一至二)

130000－0402－0002200　342/5－2
史事論甲編十卷乙編六卷丙編四卷丁編四卷　雷瑨輯　清宣統三年(1911)掃葉山房石印本　五册　存六卷(甲編一至二、乙編五、丙編四、丁編一至二)

130000－0402－0002201　342/5－3
史事論甲編十卷乙編六卷丙編四卷丁編四卷　雷瑨輯　清末石印本　五册　存十卷(甲編三至四、乙編二至三、丙編四卷、丁編二至三)

130000－0402－0002202　342/7
四鑑録十六卷　(清)尹會一輯　清刻本　四册

130000－0402－0002203　35/1/2(1)
歷代名臣傳節録三十卷　(清)蕭培元録訂　(清)崇厚增輯　清同治九年(1870)雲蔭堂刻本　八册　存二十四卷(一至三、七至二十一、二十五至三十)

130000－0402－0002204　35/1/2(2)
歷代名臣傳節録三十卷　(清)蕭培元録訂　(清)崇厚增輯　清同治九年(1870)雲蔭堂刻本　一册　存三卷(一至三)

130000－0402－0002205　35/1/3
歷代名臣傳續編五卷　(清)朱軾　(清)蔡世遠訂　(清)張江纂　清刻本　二册

130000－0402－0002206　35/2(1)
高安三傳合編五十六卷　(清)朱軾　(清)蔡世遠訂　(清)李清植等纂　清光緒二十一年(1895)江蘇書局刻本　二十四册

130000－0402－0002207　35/2(2)
高安三傳合編五十六卷　(清)朱軾　(清)蔡世遠訂　(清)李清植等纂　清光緒二十一年(1895)江蘇書局刻本　二十四册

130000－0402－0002208　35/3
歷代名臣言行録二十四卷　(清)朱桓編輯　清光緒十一年(1885)文光樓刻本　三十二册

130000－0402－0002209　35/3－2
歷代名臣言行録二十四卷　(清)朱桓編輯　清光緒二十八年(1902)鴻寶書局鉛印本　八册

130000－0402－0002210　35/3－4
歷代名臣言行録二十四卷　(清)朱桓編輯　清同治四年(1865)寶仁堂刻本　三十二册

130000－0402－0002211　35/3－6
歷代名臣言行録二十四卷　(清)朱桓編輯　清光緒二十八年(1902)上海煥文書局石印本

八册

130000－0402－0002212　35/3－7

歷代名臣言行錄二十四卷　(清)朱桓編輯　清光緒十二年(1886)鉛印本　十二册

130000－0402－0002213　35/3－8(1)

歷代名臣言行錄二十四卷　(清)朱桓編輯　清刻本　二十四册　存十八卷(四至二十一)

130000－0402－0002214　35/3－8(2)

歷代名臣言行錄二十四卷　(清)朱桓編輯　清刻本　二十四册　存十六卷(五至十三、十八至二十四)

130000－0402－0002215　35/3－8(3)

歷代名臣言行錄二十四卷　(清)朱桓編輯　清刻本　十五册　存十二卷(八至十九)

130000－0402－0002216　35/3－8(4)

歷代名臣言行錄二十四卷　(清)朱桓編輯　清刻本　十册　存十一卷(二、四、七、十四至二十、二十四)

130000－0402－0002217　35/3－8(5)

歷代名臣言行錄二十四卷　(清)朱桓編輯　清刻本　一册　存一卷(十五上)

130000－0402－0002218　35/3－9(1)

歷代名臣言行錄二十四卷　(清)朱桓編輯　清末鉛印本　十二册

130000－0402－0002219　35/3－9(2)

歷代名臣言行錄二十四卷　(清)朱桓編輯　清末鉛印本　一册　存三卷(四至六)

130000－0402－0002220　35/3－10(1)

宋朱晦菴先生名臣言行錄前集十卷後集十四卷　(宋)朱熹纂集　(明)張采評閲　**續集八卷外集十七卷别集十三卷**　(宋)李幼武纂集　清刻本　十一册　存二十三卷(前集九至十,後集一至二,續集七至八,外集二至十三,别集一、三至四、九至十)

130000－0402－0002221　35/3－10(2)

歷代名臣言行錄二十四卷　(清)朱桓編輯　清刻本　四册　存三卷(二上、九、十五)

130000－0402－0002222　35/3－11

歷代名臣言行錄二十四卷　(清)朱桓編輯　清光緒二十三年(1897)上海宏文閣石印本　八册

130000－0402－0002223　35/3－12(1)

歷代名臣言行錄二十四卷　(清)朱桓編輯　清光緒二十九年(1903)山東書業德石印本　四册　存十一卷(一至三、七至九、十八至二十二)

130000－0402－0002224　35/3－12(2)

歷代名臣言行錄二十四卷　(清)朱桓輯錄　清末石印本　三册　存七卷(十五至二十一)

130000－0402－0002225　35/4

廿二史言行略四十二卷　(清)過元昄輯　清嘉慶四年(1799)刻本　十二册

130000－0402－0002226　35/5

廉吏傳三卷　(清)張允掄著　清光緒二十二年(1896)蓮池書局刻本　三册

130000－0402－0002227　35/5/2

廉吏傳續編一卷　(清)張丙嘉輯　清光緒二十二年(1896)蓮池書局刻本　一册

130000－0402－0002228　35/6/2

高士傳續編二卷　(清)張允掄著　清光緒二十二年(1896)新城縣署刻本　二册

130000－0402－0002229　35/7(1)

高僧傳初集十五卷首一卷　(南朝梁)釋慧皎撰　清光緒十年(1884)金陵刻經處刻本　四册

130000－0402－0002230　35/7(2)

高僧傳初集十五卷首一卷　(南朝梁)釋慧皎撰　清光緒十年(1884)金陵刻經處刻本　四册

130000－0402－0002231　35/7/2

高僧傳二集四十卷　(唐)釋道宣撰　清光緒十六年(1890)江北刻經處刻本　十册

130000－0402－0002232　35/7/3

高僧傳三集三十卷　(宋)釋贊寧等撰　清光

緒十三年(1887)江北刻經處刻本　八册

130000－0402－0002233　35/7/4
高僧傳四集六卷　(明)釋如惺撰　清光緒十八年(1892)江北刻經處刻本　二册

130000－0402－0002234　35/8
百將圖傳二卷　(清)丁日昌撰　清同治九年(1870)刻本　六册

130000－0402－0002235　35/8－2
百將圖傳二卷　(清)丁日昌撰　清同治八年至九年(1869－1870)江蘇書局刻本　二册

130000－0402－0002236　35/9
歷代名人姓氏全編三十二卷　(□)□□撰　清末有正書局石印本　二十四册

130000－0402－0002237　35/10
歷代循良能吏列傳彙鈔二十卷　(清)喬用遷彙錄　清道光二十四年(1844)有恆齋刻本　四册

130000－0402－0002238　35/11
楚寶四十卷外篇五卷　(明)周聖楷輯纂　清道光九年(1829)刻本　二十六册

130000－0402－0002239　35/11－2
楚寶四十卷外篇五卷　(明)周聖楷輯纂　清刻本　二十三册　存四十一卷(楚寶三至四十、外篇三至五)

130000－0402－0002240　35/12
宋元學案一百卷首一卷　(清)黄宗羲原本　(清)黄百家纂輯　(清)全祖望修定　清光緒五年(1879)長沙寄廬刻本　四十册

130000－0402－0002241　35/12/3(1)
明儒學案六十二卷師說一卷　(清)黄宗羲輯著　清雍正十三年(1735)紫筠齋刻本　十六册

130000－0402－0002242　35/12/3(2)
明儒學案六十二卷師說一卷　(清)黄宗羲輯著　清雍正十三年(1735)紫筠齋刻本　十六册

130000－0402－0002243　35/12/3(3)
明儒學案六十二卷師說一卷　(清)黄宗羲輯著　清康熙三十二年(1693)紫筠齋刻本　十六册

130000－0402－0002244　35/12/3(4)
明儒學案六十二卷師說一卷　(清)黄宗羲輯著　清雍正十三年(1735)紫筠齋刻本　十六册

130000－0402－0002245　35/12/3(5)
明儒學案六十二卷師說一卷　(清)黄宗羲輯著　清雍正十三年(1735)紫筠齋刻本　八册　存三十一卷(一至二、三十四至六十二)

130000－0402－0002246　35/13/2－2
明儒學案六十二卷師說一卷　(清)黄宗羲著　(清)萬言訂　清四明講堂刻本　十册　存三十四卷(一至三十四)

130000－0402－0002247　35/13/2－3
明儒學案六十二卷　(清)黄宗羲著　(清)萬言訂　清末石印本　一册　存四卷(五至八)

130000－0402－0002248　35/13/3(1)
學案小識十四卷首一卷末一卷　(清)唐鑑著　清光緒二十五年(1899)上海文瑞樓石印本　六册

130000－0402－0002249　35/13/3(2)
學案小識十四卷首一卷末一卷　(清)唐鑑著　清光緒二十五年(1899)上海文瑞樓石印本　六册

130000－0402－0002250　35/14
歷代名人年譜十卷　(清)吴榮光撰　清京都琉璃廠正文齋刻本　十册

130000－0402－0002251　35/16
聖哲畫像記附傳畧二卷　(清)曾國藩輯　清末石印本　二册

130000－0402－0002252　35/17
典故列女傳四卷　(□)□□撰　清刻本　四册

130000－0402－0002253　35/17－2
典故列女傳四卷　(□)□□撰　清嘉慶十年

(1805)積秀堂刻本　六册

130000－0402－0002254　35/18(1)
新刊古列女傳八卷　(漢)劉向編撰　(晉)顧凱之圖畫　(宋)余仁仲刻　(清)阮福摹刻　清道光五年(1825)揚州阮氏刻本　四册

130000－0402－0002255　35/18(2)
新刊古列女傳八卷　(漢)劉向編撰　(晉)顧凱之圖畫　(宋)余仁仲刻　(清)阮福摹刻　清道光五年(1825)揚州阮氏刻本　四册

130000－0402－0002256　35/18－2(1)
列女傳八卷　(漢)劉向編撰　清末上海會文堂石印本　四册

130000－0402－0002257　35/18－2(2)
列女傳八卷　(漢)劉向編撰　清末上海會文堂石印本　一册　存六卷(一至六)

130000－0402－0002258　35/18－3
古列女傳八卷　(漢)劉向撰　(明)張溥閱　清刻本　二册　存四卷(三至四、七至八)

130000－0402－0002259　35/18－4(1)
列女傳補注八卷敘錄一卷校正一卷　(漢)劉向撰　(清)王照圓補　清嘉慶十七年(1812)刻本　四册

130000－0402－0002260　35/18－4(2)
列女傳補注八卷敘錄一卷校正一卷　(漢)劉向撰　(清)王照圓補　清嘉慶十七年(1812)刻本　四册

130000－0402－0002261　35/18－4/2
列仙傳校正本二卷讚一卷夢書一卷　(清)王照圓校　清嘉慶十七年(1812)刻本　一册

130000－0402－0002262　35/20
尚友錄二十二卷　(明)廖用賢編纂　清康熙五年(1666)浙蘭五鳳樓刻本　十六册

130000－0402－0002263　35/20－2
增廣尚友錄統編二十二卷　應祖錫編輯　清末石印本　七册　存十一卷(十二至二十二)

130000－0402－0002264　35/20－3
校正尚友錄二十二卷　(明)廖用賢編纂　清光緒十三年(1887)上海鴻文書局石印本　四册　存十五卷(一至十二、十七至十九)

130000－0402－0002265　35/20－4
尚友錄二十二卷補遺一卷　(明)廖用賢編輯　(清)張伯琮補輯　清末鉛印本　五册

130000－0402－0002266　35/20－5
校正尚友錄二十二卷續集二十二卷　(明)廖用賢編纂　清末民初石印本　九册　存三十二卷(尚友錄五至二十二,續集四至七、十三至二十二)

130000－0402－0002267　35/21(1)
文廟通考六卷首一卷　(清)牛樹梅輯　清同治十一年(1872)浙江書局刻本　二册

130000－0402－0002268　35/21(2)
文廟通考六卷首一卷　(清)牛樹梅輯　清同治十一年(1872)浙江書局刻本　二册

130000－0402－0002269　35/23
弘簡錄二百五十四卷　(明)邵經邦學　清康熙二十七年(1688)邵遠平刻本　十八册　存六十五卷(九十三至一百二十二、二百二十至二百五十四)

130000－0402－0002270　35/25
右軍[王羲之]年譜一卷叢談一卷　(清)魯一同編次　清咸豐五年(1855)刻本　一册

130000－0402－0002271　35/26－2(1)
史姓韻編六十四卷　(清)汪輝祖輯　(清)馮祖憲重校　清光緒十年(1884)慈谿耕餘樓鉛印本　十六册

130000－0402－0002272　35/26－2(2)
史姓韻編六十四卷　(清)汪輝祖輯　(清)馮祖憲重校　清光緒十年(1884)慈谿耕餘樓鉛印本　十六册

130000－0402－0002273　35/26－2(3)
史姓韻編六十四卷　(清)汪輝祖輯　(清)馮祖憲重校　清光緒十年(1884)慈谿耕餘樓鉛印本　十四册　存五十八卷(四至七、十一至六十四)

130000－0402－0002274　35/26－2(4)
史姓韻編六十四卷　(清)汪輝祖輯　(清)馮祖憲重校　清光緒十年(1884)慈谿耕餘樓鉛印本　一册　存六卷(五十九至六十四)

130000－0402－0002275　35/27
姓氏詳注四卷　(清)周魯輯　清無錫天和堂刻本　八册

130000－0402－0002276　35/28
元和姓纂十卷　(唐)林寶撰　(清)孫星衍 (清)洪瑩校　清光緒六年(1880)金陵書局刻本　四册

130000－0402－0002277　35/29(1)
異號類編二十卷　(清)史夢蘭輯　清同治止園刻本　四册

130000－0402－0002278　35/29(2)
異號類編二十卷　(清)史夢蘭輯　清同治止園刻本　四册

130000－0402－0002279　35/30
歷代名賢列女氏姓譜一百五十七卷　(清)蕭智漢纂輯　清乾隆五十七年(1792)聽濤山房刻本　七十五册　存一百四十六卷(一至九十六、九十八、一百二至一百八、一百十六至一百五十七)

130000－0402－0002280　35/31
元朝名臣事略十五卷　(元)蘇天爵撰　清乾隆武英殿木活字印本　十二册

130000－0402－0002281　35/32(1)
國朝歷科題名碑錄初集附明洪武至崇禎各科　(□)□□撰　清乾隆刻本　八册

130000－0402－0002282　35/32(2)
國朝歷科題名碑錄初集附明洪武至崇禎各科　(□)□□撰　清乾隆刻本　一册　存一册(一)

130000－0402－0002283　35/34(1)
洛學編四卷　(清)湯斌輯　**續編一卷**　(清)尹會一輯　**補編一卷**　(清)郭程先輯　清道光三十年(1850)汴省德蔚堂田氏刻本　二册

130000－0402－0002284　35/34(2)
洛學編四卷　(清)湯斌輯　**續編一卷**　(清)尹會一輯　**補編一卷**　(清)郭程先輯　清道光三十年(1850)汴省德蔚堂田氏刻本　一册

130000－0402－0002285　35/34－2
洛學編四卷乾坤兩卦解一卷　(清)湯斌輯　**續編一卷**　(清)尹會一輯　清同治九年(1870)刻本　二册

130000－0402－0002286　35/35
關學原編四卷首一卷　(明)馮從吾著　**續編三卷**　(清)王心敬著　清光緒十七年至十九年(1891－1893)澧西草堂刻本　三册　缺一卷(續編一)

130000－0402－0002287　35/36
宋元以來畫人姓氏錄三十六卷首一卷　(清)魯駿編輯　清道光十年(1830)刻本　二十册

130000－0402－0002288　35/38
古品節錄六卷　(清)松筠輯　清嘉慶十六年(1811)江西刻本　六册

130000－0402－0002289　35/38－2
古品節錄六卷　(清)松筠輯　清嘉慶四年(1799)刻本　六册

130000－0402－0002290　35/39
豫省前烈考二卷　(清)隋人鵬輯訂　清乾隆二年(1737)刻本　二册

130000－0402－0002291　35/40(1)
北學編四卷　(清)魏一鰲輯　(清)尹會一訂　清同治七年(1868)刻本　二册

130000－0402－0002292　35/40(2)
北學編四卷　(清)魏一鰲輯　(清)尹會一訂　清同治七年(1868)刻本　二册

130000－0402－0002293　35/40－2
北學編四卷　(清)魏一鰲輯　(清)尹會一訂　清道光二十四年(1844)刻本　二册

130000－0402－0002294　35/41(1)
漢名臣傳三十二卷　(清)國史館編　清刻本　七册　存七卷(一至六、八)

130000－0402－0002295　35/41(2)

漢名臣傳三十二卷　(清)國史館編　清刻本　三册　存三卷(八、十一至十二)

130000－0402－0002296　35/42

李鴻章傳十二章　梁啟超著　清光緒二十七年(1901)鉛印本　一册

130000－0402－0002297　35/42－2

李鴻章傳十二章　梁啟超著　清末石印本　一册

130000－0402－0002298　35/43

畿輔人物考八卷　(清)孫奇逢輯　清刻本　四册　存五卷(四至八)

130000－0402－0002299　35/45

鄭司農[玄]年譜一卷　(清)孫星衍撰　(清)阮元訂補　(清)黄奭案　清道光甘泉黄氏刻光緒印漢學堂叢書本　一册

130000－0402－0002300　35/46

漢事會最人物志三卷　(清)惠棟輯録　清光緒二十一年(1895)刻靈鶼閣叢書本　一册　存一卷(下)

130000－0402－0002301　35－33/1

孔子[丘]編年五卷　(宋)胡仔撰　清同治九年(1870)刻本　二册

130000－0402－0002302　35－33/1/2

孔子[丘]年譜三卷首一卷附録一卷　(清)楊方晃撰　清雍正十三年至乾隆二年(1735－1737)存存齋刻本　五册

130000－0402－0002303　35－52/1

李義山[商隱]年譜一卷　(清)程夢星編　清刻本　一册

130000－0402－0002304　35－54/1(1)

宋名臣言行錄前集十卷後集十四卷　(宋)朱熹纂集　(宋)李衡校正　**續集八卷別集二十六卷外集十七卷**　(宋)李幼武纂集　清同治七年(1868)臨川桂氏刻本　八册　存六十一卷(前集六至十,後集十四卷,續集八卷,别集上一至八、别集下五至十三,外集十七卷)

130000－0402－0002305　35－54/1(2)

宋名臣言行錄前集十卷後集十四卷　(宋)朱熹纂集　(宋)李衡校正　**續集八卷別集二十六卷外集十七卷**　(宋)李幼武纂集　清同治七年(1868)臨川桂氏刻本　六册　存二十四卷(前集十卷、後集九至十四、續集四至八、别集上一至三)

130000－0402－0002306　35－54/1(3)

宋名臣言行錄前集十卷後集十四卷　(宋)朱熹纂集　(宋)李衡校正　**續集八卷別集二十六卷外集十七卷**　(宋)李幼武纂集　清同治七年(1868)臨川桂氏刻本　二册　存十卷(前集十卷)

130000－0402－0002307　35－54/1(4)

宋名臣言行錄前集十卷後集十四卷　(宋)朱熹纂集　(宋)李衡校正　**續集八卷別集二十六卷外集十七卷**　(宋)李幼武纂集　清同治七年(1868)臨川桂氏刻本　十二册

130000－0402－0002308　35－54/1(5)

宋名臣言行錄前集十卷後集十四卷　(宋)朱熹纂集　(宋)李衡校正　**續集八卷別集二十六卷外集十七卷**　(宋)李幼武纂集　清同治七年(1868)臨川桂氏刻本　十二册

130000－0402－0002309　35－54/1－2

宋名臣言行錄前集十卷後集十四卷　(宋)朱熹纂集　(宋)李衡校正　**續集八卷別集二十六卷外集十七卷**　(宋)李幼武纂集　清春先館主人抄本　六册　缺一卷(别集上二)

130000－0402－0002310　35－54/7(1)

鄂國金佗稡編二十八卷續編三十卷　(宋)岳珂編　清光緒九年(1883)浙江書局刻本　十二册

130000－0402－0002311　35－54/7(2)

鄂國金佗稡編二十八卷續編三十卷　(宋)岳珂編　清光緒九年(1883)浙江書局刻本　六册　存二十八卷(稡編二十八卷)

130000－0402－0002312　35－54/8

金佗續編三十卷　(宋)岳珂編　清光緒九年

(1883)浙江書局刻本　六冊

130000－0402－0002313　35－54/8/2
鄂國金佗稡編二十八卷續編三十卷　(宋)岳珂編　清光緒九年(1883)浙江書局刻本　十二冊

130000－0402－0002314　35－54/8/3
岳鄂王金陀稡編二十卷首一卷續編八卷　(宋)岳珂編　**拾遺二卷**　(清)岳士景輯　清乾隆四年(1739)刻本　六冊

130000－0402－0002315　35－54/9
朱子[熹]年譜綱目十二卷首一卷末一卷　(清)李元祿編輯　清嘉慶七年(1802)敬修齋刻本　六冊

130000－0402－0002316　35－54/10
宋儒楊龜山先生[時]通紀五卷　(清)楊起佐校編　**續通紀三卷**　(清)楊浚校編　(清)楊炳奎增訂　清光緒十四年(1888)福州道南祠刻本　四冊

130000－0402－0002317　35－544/1
金稷山段氏二妙[克己成己]年譜二卷　孫德謙編纂　清宣統三年(1911)求恕齋刻本　二冊

130000－0402－0002318　35－55/4
[河北永清史氏列傳]　(□)□□摘錄　清抄本　一冊　存一冊(天倪、天安、天詳、天澤)

130000－0402－0002319　35－56/2
劉忠介公[宗周]年譜二卷　(清)劉汋編　清乾隆四十一年(1776)證人堂刻本　二冊

130000－0402－0002320　35－56/3
[江蘇宜興]李氏三忠事蹟考證不分卷　(清)李慶來輯　(清)趙懷玉編　清嘉慶刻本　一冊

130000－0402－0002321　35－56/6
明高邑趙忠毅公[南星]行述一卷　(明)趙清衡撰　清道光二十年(1840)刻本　一冊

130000－0402－0002322　35－57/2
國朝耆獻類徵初編七百二十卷賢媛類徵初編十二卷　(清)李恒輯錄　清光緒十年至十七年(1884－1891)湘陰李氏刻本　三百冊

130000－0402－0002323　35－57/2－3
國朝先正事略六十卷　(清)李元度纂　**中興名臣事略八卷**　朱孔彰譔　清光緒二十五年(1899)上海圖書集成印書局鉛印本　十二冊

130000－0402－0002324　35－57/3(1)
國朝先正事略六十卷　(清)李元度纂　清同治五年(1866)循陔草堂刻本　三十二冊　存五十八卷(一至五十八)

130000－0402－0002325　35－57/3(2)
國朝先正事略六十卷　(清)李元度纂　清同治五年(1866)循陔草堂刻本　四冊　存十二卷(一至十二)

130000－0402－0002326　35－57/3(3)
國朝先正事略六十卷　(清)李元度纂　清同治五年(1866)循陔草堂刻本　十八冊　存三十六卷(一至三十六)

130000－0402－0002327　35－57/3(4)
國朝先正事略六十卷　(清)李元度纂　清同治五年(1866)循陔草堂刻本　八冊　存十四卷(二十三至三十六)

130000－0402－0002328　35－57/3－2(1)
國朝先正事略六十卷　(清)李元度纂　清光緒二十五年(1899)上海圖書集成印書局鉛印本　八冊

130000－0402－0002329　35－57/3－2(2)
國朝先正事略六十卷　(清)李元度纂　清光緒二十五年(1899)上海圖書集成印書局鉛印本　四冊　存四十卷(二十一至六十)

130000－0402－0002330　35－57/3－3
國朝先正事略六十卷　(清)李元度纂　清光緒二十八年(1902)上海仁昌成記石印本　四冊

130000－0402－0002331　35－57/3－5
國朝先正事略六十卷　(清)李元度纂　清同

治循陔草堂刻本　十二册　存二十二卷(一至二十二)

130000－0402－0002332　35－57/3－6(1)
國朝先正事略六十卷　(清)李元度纂　清光緒十二年(1886)鉛印本　六册　存三十六卷(一至八、十七至三十一、四十八至六十)

130000－0402－0002333　35－57/3－6(2)
國朝先正事略六十卷　(清)李元度纂　清光緒十二年(1886)鉛印本　四册　存二十七卷(八至十一、十六至二十、三十二至三十六、四十八至六十)

130000－0402－0002334　35－57/4(1)
貳臣傳十二卷逆臣傳四卷　(清)國史館編　清都城琉璃廠半松居士刻本　八册

130000－0402－0002335　35－57/4(2)
貳臣傳十二卷逆臣傳四卷　(清)國史館編　清都城琉璃廠半松居士刻本　八册

130000－0402－0002336　35－57/4(3)
貳臣傳十二卷逆臣傳四卷　(清)國史館編　清都城琉璃廠半松居士刻本　六册　存九卷(貳臣傳一至九)

130000－0402－0002337　35－57/4－2(1)
貳臣傳八卷逆臣傳二卷　(清)國史館編　清道光刻本　五册　存七卷(貳臣傳一至三、五、八,逆臣傳二卷)

130000－0402－0002338　35－57/4－2(2)
貳臣傳八卷　(清)國史館編　清道光刻本　一册　存二卷(一至二)

130000－0402－0002339　35－57/4－3(1)
貳臣傳十二卷逆臣傳四卷　(清)國史館編　清都城琉璃廠半松居士刻本　五册　存六卷(貳臣傳三至四、逆臣傳四卷)

130000－0402－0002340　35－57/4－3(2)
貳臣傳十二卷　(清)國史館編　清都城琉璃廠半松居士刻本　六册　存八卷(一至八)

130000－0402－0002341　35－57/4－3(3)
貳臣傳十二卷　(清)國史館編　清都城琉璃廠半松居士刻本　四册　存四卷(一至四)

130000－0402－0002342　35－57/4－4
逆臣傳四卷　(清)國史館編　清都城琉璃廠半松居士鉛印本　二册

130000－0402－0002343　35－57/4/1
逆臣傳二卷　(清)國史館編　清道光京都琉璃廠榮錦書房鉛印本　四册

130000－0402－0002344　35－57/7(1)
文獻徵存錄十卷　(清)錢林輯　(清)王藻原編　清咸豐八年(1858)有嘉樹軒刻本　十二册

130000－0402－0002345　35－57/7(2)
文獻徵存錄十卷　(清)錢林輯　(清)王藻原編　清咸豐八年(1858)有嘉樹軒刻本　六册　存六卷(二至四、六至八)

130000－0402－0002346　35－57/9
阿文成公[桂]年譜二十五卷　(清)那彥成纂　(清)王昶勘定　(清)盧蔭溥增修　清嘉慶十八年(1813)刻本　二十四册

130000－0402－0002347　35－57/10
栗恭勤公[毓美]年譜二卷　(清)張壬林編輯　清光緒十六年(1890)刻本　二册

130000－0402－0002348　35－57/11(1)
王靖毅公[懿德]年譜二卷　(清)王家勤編次　**列傳一卷**　(清)薛斯來纂修　**行述一卷**　(清)王守愚等述　**公餘瑣言一卷鄉會試硃卷一卷**　(清)王懿德著　清刻本　六册

130000－0402－0002349　35－57/11(2)
王靖毅公[懿德]年譜二卷　(清)王家勤編次　**列傳一卷**　(清)薛斯來纂修　**行述一卷**　(清)王守愚等述　**公餘瑣言一卷鄉會試硃卷一卷**　(清)王懿德著　清刻本　五册

130000－0402－0002350　35－57/13(1)
李恕谷先生[塨]年譜五卷　(清)馮辰纂　(清)孫鍇重訂　清道光十六年(1836)蠡吾李詒刻本　二册

130000－0402－0002351　35－57/13(2)

李恕谷先生[塨]年譜五卷 (清)馮辰纂 (清)孫鍇重修 清道光十六年(1836)蠡吾李誥刻本 三冊

130000-0402-0002352 35-57/13(3)
李恕谷先生[塨]年譜五卷 (清)馮辰纂 (清)孫鍇重修 清道光十六年(1836)蠡吾李誥刻本 四冊

130000-0402-0002353 35-57/14
顧亭林先生[炎武]年譜一卷 (清)張穆編 清道光二十四年(1844)刻本 一冊

130000-0402-0002354 35-57/15
閻潛丘先生[若璩]年譜一卷 (清)張穆編 清道光二十六年(1846)𡩋㲄亭刻本 一冊

130000-0402-0002355 35-57/16
[道光壬辰]恩科會試齒錄二卷 (清)□□撰 清道光二十年(1840)刻本 二冊

130000-0402-0002356 35-57/18
戴東原先生[震]年譜一卷 (清)段玉裁編 清宣統二年(1910)渭南嚴氏成都刻本 一冊

130000-0402-0002357 35-57/19
章邦元年譜一卷日記一卷 (清)章家祚追述 清光緒十八年(1892)刻本 一冊

130000-0402-0002358 35-57/20
甘肅忠義錄傳十七卷文武職表二十六卷紳民婦女表八十八卷 (清)張國常撰 (清)胡孚駿續纂 清光緒十六年(1890)刻本 三十冊

130000-0402-0002359 35-57/21
[河北]任邱邊氏族譜二十二卷末一卷 (清)邊方晉等編 清乾隆三十七年(1772)篤敘堂刻本 八冊

130000-0402-0002360 35-57/23
[河北博野]蔣氏家譜六卷 (清)蔣芳原編次 清同治十三年(1874)居易堂、亦政堂、慎樞堂合刻本 三冊

130000-0402-0002361 35-57/24
[冶和]從祀名賢傳六卷 (清)常安編輯 清雍正十二年(1734)刻本 四冊

130000-0402-0002362 35-57/26
張楊園先生[履祥]年譜一卷附錄一卷 (清)蘇惇元纂 清道光二十一年(1841)刻本 一冊

130000-0402-0002363 35-57/27
許太夫人傳略一卷 (比利時)栢應理撰 (清)許采白譯 清光緒八年(1882)徐匯益聞館鉛印本 一冊

130000-0402-0002364 35-57/28-2
船山公[王夫之]年譜二卷 (清)王之春輯 清光緒十九年(1893)鄂藩使署刻本 二冊

130000-0402-0002365 35-57/29
[浙江杭州]東軒吟社畫像一卷記傳題跋一卷 (清)費丹旭繪 (清)黃士珣記 (清)諸遲菊傳 清光緒二年(1876)汪氏振綺堂刻本 一冊

130000-0402-0002366 35-57/30
先文恭公[陳宏謀]年譜十二卷 (清)陳鍾珂輯 清陳氏刻本 四冊

130000-0402-0002367 35-57/31
昭代名人尺牘小傳二十四卷 (清)吳修輯 清光緒三十四年(1908)西泠印社石印本 二冊

130000-0402-0002368 35-57/31-2
昭代名人尺牘二十四卷附小傳 (清)吳修審定 清末民初石印本 六冊 存六卷(二、五、七至十)

130000-0402-0002369 35-57/32
孫徵君日譜錄存三十六卷 (清)孫奇逢撰 清光緒十一年(1885)刻本 四冊 存四卷(十八至二十一)

130000-0402-0002370 35-57/33
國朝漢學師承記八卷經師經義目錄一卷宋學淵源記二卷 (清)江藩纂 清光緒十三年(1887)萬卷書室刻本 四冊

130000-0402-0002371 35-57/35
古今楹聯匯刻小傳十四集 吳隱輯 清光緒

三十二年(1906)西泠印社鉛印本　二册

130000－0402－0002372　35－57/36
新出張文襄公[之洞]事畧十九節　(清)□□撰　清末民初石印本　一册

130000－0402－0002373　35－57/37
滿漢名臣傳八十卷　(清)國史館編　清刻本　二十五册　存二十五卷(滿五至六、十、十二、十四至十五、十八至二十四、二十八、三十八、四十四、四十七至四十八,漢四、十四、十六、十九至二十、二十三至二十四)

130000－0402－0002374　35－57/38
甯津吴棠湖先生[潯源]傳一卷　(清)劉思溥撰　(清)張濂書　清末石印本　一册

130000－0402－0002375　35－57/39
陳鳳卿行述一卷　(清)陳際浵等述　清刻本　一册

130000－0402－0002376　35－57/40(1)
夏子鎏行述一卷　(清)夏詒垣撰　清刻本　一册

130000－0402－0002377　35－57/40(2)
夏子鎏行述一卷　(清)夏詒垣撰　清刻本　一册

130000－0402－0002378　35－57/41
徵君孫先生[奇逢]年譜二卷　(清)湯斌等編次　(清)方苞訂正　**遊譜一卷**　(清)孫奇逢著　(清)馬爾楹等編　**答問一卷**　(清)孫奇逢著　(清)孫奏雅等編　清康熙十四年(1675)刻本　四册

130000－0402－0002379　35－57/42
皇清誥封一品太夫人顯繼妣田太夫人行述一卷　(清)魏元烺述　清刻本　一册

130000－0402－0002380　35－57/45
孫爾準年譜一卷　(清)孫慧惇　(清)孫慧翼編　清刻本　一册

130000－0402－0002381　36/1
金石萃編一百六十卷　(清)王昶撰　清嘉慶十年(1805)經訓堂刻本　九十六册

130000－0402－0002382　36/1－3
金石萃編一百六十卷　(清)王昶撰　清刻本　四十册　存七十九卷(三十五至五十三、九十三至一百八、一百十七至一百六十)

130000－0402－0002383　36/1－4
金石萃編一百六十卷　(清)王昶撰　清同治十年(1871)嘉善錢寶傳補刻本　六十册

130000－0402－0002384　36/1－5(1)
金石萃編一百六十卷　(清)王昶撰　清同治十一年(1872)刻本　六十四册

130000－0402－0002385　36/1－5(2)
金石萃編一百六十卷　(清)王昶撰　清同治十一年(1872)刻本　八册　存十六卷(十九至三十四)

130000－0402－0002386　36/4
二銘草堂金石聚十六卷　(清)張德容箸録　清同治十一年(1872)二銘草堂刻本　十六册

130000－0402－0002387　36/7
亦政堂重修宣和博古圖録三十卷　(宋)王黼撰　清乾隆十七年(1752)亦政堂刻本　十六册

130000－0402－0002388　36/7/2
亦政堂重考古玉圖二卷　(明)吴萬化撰　清乾隆十七年(1752)亦政堂刻本　一册

130000－0402－0002389　36/7/3
亦政堂重修考古圖十卷　(宋)吕大臨撰　清乾隆十七年(1752)亦政堂刻本　三册

130000－0402－0002390　36/8
粤東金石略九卷首一卷附二卷　(清)翁方綱録　清光緒十七年(1891)廣州石經堂書局影印本　三册　存六卷(一至五、九)

130000－0402－0002391　36/11－2
粤東金石略九卷首一卷附二卷　(清)翁方綱録　清刻本　二册

130000－0402－0002392　36/13
隨軒金石文字九種　(清)徐渭仁撰　清同治七年(1868)徐允臨補刻本　四册

130000－0402－0002393　36/18
江甯金石記八卷待訪目二卷　(清)嚴觀輯　清宣統二年(1910)江楚編譯書局刻本　二冊

130000－0402－0002394　36/22
二百蘭亭齋收藏金石記不分卷　(清)吳雲撰　清咸豐六年(1856)歸安吳氏刻本　四冊

130000－0402－0002395　36/25
金石稱例四卷續一卷　(清)梁廷枏纂　清光緒十三年(1887)行素草堂刻本　一冊

130000－0402－0002396　36/27
關中金石記八卷　(清)畢沅撰　清乾隆四十六年(1781)經訓堂刻本　二冊

130000－0402－0002397　36/29
匋齋臧石記四十四卷首一卷臧磚記二卷　(清)端方撰　清宣統元年(1909)石印本　一冊　存四卷(二十四至二十七)

130000－0402－0002398　361/2
欽定西清古鑑四十卷錢錄十六卷　(清)允祿監理　(清)梁詩正等編纂　清光緒十四年(1888)上海鴻文書局石印本　二十四冊

130000－0402－0002399　361/6
兩罍軒彝器圖釋十二卷　(清)吳雲輯　(清)俞樾釋　清同治十二年(1873)刻本　六冊

130000－0402－0002400　361/7(1)
攀古樓彝器款識二卷　(清)潘祖蔭撰　清同治十一年(1872)滂喜齋刻本　二冊

130000－0402－0002401　361/7(2)
攀古樓彝器款識二卷　(清)潘祖蔭撰　清同治十一年(1872)滂喜齋刻本　一冊　存一卷(一)

130000－0402－0002402　361/8
吉金所見錄十六卷　(清)初尚齡纂輯　清道光刻本　二冊　存十卷(三至十二)

130000－0402－0002403　361/9
陶齋吉金錄八卷　(清)端方撰　清光緒二十四年(1898)金陵刻本　八冊

130000－0402－0002404　361/12－2(1)
積古齋鐘鼎彝器款識十卷　(清)阮元編錄　清光緒五年(1879)武昌刻本　六冊

130000－0402－0002405　361/12－2(2)
積古齋鐘鼎彝器款識十卷　(清)阮元編錄　清光緒五年(1879)武昌刻本　六冊

130000－0402－0002406　361/12－2(3)
積古齋鐘鼎彝器款識十卷　(清)阮元編錄　清光緒五年(1879)武昌刻本　六冊

130000－0402－0002407　361/13
歷代鐘鼎彝器款識二十卷　(宋)薛尚功撰　清嘉慶二年(1797)刻本　八冊

130000－0402－0002408　361/13－5
歷代鐘鼎彝器款識二十卷　(宋)薛尚功撰　清嘉慶二年(1797)刻本　四冊

130000－0402－0002409　362/1
泉布統誌九卷首一卷附一卷　(清)孟麟輯　清道光十二年(1832)刻本　二十四冊　缺二卷(三至四)

130000－0402－0002410　362/5
大錢圖錄一卷　(清)鮑康著　清光緒二年(1876)刻本　一冊

130000－0402－0002411　362/6
癖談六卷　(清)蔡雲撰　清刻本　一冊

130000－0402－0002412　362/7
嘉蔭簃論泉截句二卷　(清)劉喜海著　清咸豐五年(1855)刻本　一冊

130000－0402－0002413　362/8
蒙古西域諸國錢譜四卷　(清)陳其鑣譯述　(清)張美翊勘定　清宣統三年(1911)鉛印振綺堂叢書本　二冊

130000－0402－0002414　362/11
新刻楊清銀論一卷　(清)黃友松著　**新鐫銀經發秘二卷**　(清)梁恩澤著　清同治四年(1865)大懋堂刻本　一冊

130000－0402－0002415　363/1
集古官印攷證十七卷集古虎符魚符攷一卷　(清)瞿中溶編輯　清末民初東方學會鉛印本

四册

130000－0402－0002416　363/3

封泥考略十卷　(清)吴式芬　(清)陳介祺輯　清光緒三十年(1904)刻本　十册

130000－0402－0002417　364/2

隸釋二十七卷　(宋)洪適撰　清乾隆四十二年(1777)汪日秀樓松書屋刻本　二册　存八卷(二十至二十七)

130000－0402－0002418　364/3(1)

隸續二十一卷　(宋)洪適撰　清乾隆四十三年(1778)汪日秀樓松書屋刻本(原缺卷九至十)　二册　存十九卷(一至八、十一至二十一)

130000－0402－0002419　364/3(2)

隸續二十一卷　(宋)洪適撰　清乾隆四十三年(1778)汪日秀樓松書屋刻本(原缺卷九至十)　二册　存十九卷(一至八、十一至二十一)

130000－0402－0002420　364/4

山右石刻叢編四十卷　(清)胡聘之譔　清光緒二十七年(1901)刻本　六册　存九卷(二十一至二十九)

130000－0402－0002421　364/5

常山貞石志二十四卷　(清)沈濤譔　清道光二十二年(1842)刻本　四册　存十卷(三至八、十五至十八)

130000－0402－0002422　364/6

碑版文廣例十卷　(清)王芑孫輯　清光緒吴縣朱氏刻行素草堂金石叢書本　四册

130000－0402－0002423　364/7

寶刻類編八卷　(宋)□□撰　清道光十八年(1838)東武劉氏嘉蔭簃刻本　八册

130000－0402－0002424　364/8(1)

金石例十卷　(元)潘昂霄撰　(清)盧見曾輯　(清)王芑孫評　**墓銘舉例四卷**　(明)王行撰　(清)盧見曾輯　(清)王芑孫評　**金石要例一卷**　(清)黄宗羲撰　(清)盧見曾輯　(清)王芑孫評　清光緒四年(1878)讀有用書齋刻本　四册

130000－0402－0002425　364/8(2)

金石例十卷　(元)潘昂霄撰　(清)盧見曾輯　(清)王芑孫評　**墓銘舉例四卷**　(明)王行撰　(清)盧見曾輯　(清)王芑孫評　**金石要例一卷**　(清)黄宗羲撰　(清)盧見曾輯　(清)王芑孫評　清光緒四年(1878)讀有用書齋刻本　四册

130000－0402－0002426　364/10(1)

語石十卷　葉昌熾撰　清宣統元年(1909)刻本　四册

130000－0402－0002427　364/10(2)

語石十卷　葉昌熾撰　清宣統元年(1909)刻本　四册

130000－0402－0002428　364/13

景教流行中國碑頌正詮一卷　(葡萄牙)陽瑪諾注　**景教流行中國碑頌并序一卷**　(唐)釋景淨述　清光緒四年(1878)上海慈母堂刻本　一册

130000－0402－0002429　364/14

求古録一卷　(清)顧炎武撰　(清)朱記榮校刊　清光緒十四年(1888)朱氏槐廬刻槐廬叢書本　一册

130000－0402－0002430　364/22

重修敬勝書院臚紀存徵一卷　(清)阮常生撰　清道光十一年(1831)刻本　一册

130000－0402－0002431　365/1

古玉圖考一卷　(清)吴大澂撰　清末上海同文書局石印本　四册

130000－0402－0002432　367/2

景德鎮陶録十卷　(清)藍浦原著　(清)鄭廷桂補輯　清光緒十七年(1891)京都書業堂刻本　四册

130000－0402－0002433　37/1(1)

輿地廣記三十八卷校勘札記二卷　(宋)歐陽忞撰　清光緒六年(1880)金陵書局刻本

四冊

130000－0402－0002434　37/1(2)

輿地廣記三十八卷校勘札記二卷　(宋)歐陽忞撰　清光緒六年(1880)金陵書局刻本　四冊

130000－0402－0002435　37/1(3)

輿地廣記三十八卷校勘札記二卷　(宋)歐陽忞撰　清光緒六年(1880)金陵書局刻本　一冊　存十卷(十至十九)

130000－0402－0002436　37/2

廣輿記二十四卷　(清)陸應陽原纂　(清)蔡方炳增輯　清康熙二十五年(1686)吳郡寶翰樓刻本(附圖)　十二冊

130000－0402－0002437　37/2－2(1)

廣輿記二十四卷　(清)蔡方炳增輯　清刻本　六冊　存十三卷(十二至二十四)

130000－0402－0002438　37/2－2(2)

廣輿記二十四卷　(清)蔡方炳增輯　清大文堂刻本(附圖)　十二冊

130000－0402－0002439　37/2－2(3)

廣輿記二十四卷　(清)陸應陽原纂　(清)蔡方炳增輯　清刻本(附圖)　十二冊

130000－0402－0002440　37/3

蜀水考四卷　(清)陳登龍述　(清)朱錫穀補注　(清)陳一津分疏　清刻本　四冊

130000－0402－0002441　37/4

歷代地理沿革表四十七卷　(清)陳芳績撰　清光緒二十一年(1895)廣雅書局刻本　十一冊　存二十五卷(一至十五、十八至二十五、二十八至二十九)

130000－0402－0002442　37/5

新斠注地理志十六卷　(清)錢坫著　(清)徐松集釋　清同治十三年(1874)會稽章氏刻本　八冊

130000－0402－0002443　37/6

今古地理述十八卷首三卷末一卷　(清)王子音述　(清)萬承風補　清嘉慶十二年(1807)京師文會堂刻本　二十二冊

130000－0402－0002444　37/7

中學地理中國誌四卷　(清)王達輯　清光緒二十九年(1903)鉛印本　四冊

130000－0402－0002445　37/8(1)

李氏五種　(清)李兆洛輯　(清)六承如編集　清光緒十四年(1888)掃葉山房刻本　十二冊

130000－0402－0002446　37/8(2)

李氏五種　(清)李兆洛輯　(清)六承如編集　清光緒十四年(1888)掃葉山房刻本　十冊

130000－0402－0002447　37/8(3)

李氏五種　(清)李兆洛輯　(清)六承如編集　清光緒十四年(1888)掃葉山房刻本　十冊

130000－0402－0002448　37/8(4)

李氏五種　(清)李兆洛輯　(清)六承如編集　清光緒十四年(1888)掃葉山房刻本　十冊　存二十三卷(歷代地理志韻編今釋二十卷、皇朝輿地韻編二卷、歷代地理沿革圖一卷)

130000－0402－0002449　37/8(5)

李氏五種　(清)李兆洛輯　(清)六承如編集　清光緒十四年(1888)掃葉山房刻本　八冊　存二十二卷(歷代地理志韻編今釋一至二、六至二十,歷代地理沿革圖一卷,歷代紀元編三卷末一卷)

130000－0402－0002450　37/8(6)

李氏五種　(清)李兆洛輯　(清)六承如編集　清光緒十四年(1888)掃葉山房刻本　七冊　存十二卷(歷代地理志韻編今釋十五至二十,皇朝輿地韻編二卷,歷代紀元編三卷、末一卷)

130000－0402－0002451　37/9(1)

問影樓輿地叢書第一集十五種　胡思敬輯　清光緒三十四年(1908)京師鉛印本　十冊

130000－0402－0002452　37/9(2)

問影樓輿地叢書第一集十五種　胡思敬輯　清光緒三十四年(1908)京師鉛印本　十冊

130000－0402－0002453　37/9(3)

問影樓輿地叢書第一集十五種　胡思敬輯　清光緒三十四年(1908)京師鉛印本　十冊

130000－0402－0002454　37/10

小方壺齋輿地叢鈔十二帙　王錫祺輯　清光緒十七年(1891)上海著易堂鉛印本　六十四冊

130000－0402－0002455　37/10/2

小方壺齋輿地叢鈔補編十二帙　王錫祺輯　清光緒二十年(1894)上海著易堂鉛印本　四冊

130000－0402－0002456　37/10/3

小方壺齋輿地叢鈔再補編十二帙　王錫祺輯　清光緒二十三年(1897)上海著易堂鉛印本　十六冊

130000－0402－0002457　37/15

經心書院輿地學課程不分卷附戊戌遊記　(清)姚炳奎撰　清光緒二十八年(1902)經心書院刻本　八冊

130000－0402－0002458　37/16

歷代輿地沿革險要圖一卷　楊守敬　饒敦秩撰　清光緒五年(1879)東湖饒氏刻朱墨套印本　一冊

130000－0402－0002459　37/18

七國地理攷七卷　(清)顧觀光著　清光緒五年(1879)刻本　二冊

130000－0402－0002460　37/19(1)

洋防輯要二十四卷　(清)嚴如熤輯　清道光二十三年(1843)刻本　十二冊

130000－0402－0002461　37/19(2)

洋防輯要二十四卷　(清)嚴如熤輯　清道光二十三年(1843)刻本　十一冊　存二十一卷(四至二十四)

130000－0402－0002462　37/19(3)

洋防輯要二十四卷　(清)嚴如熤輯　清道光二十三年(1843)刻本　五冊　存七卷(八、十八至二十、二十二至二十四)

130000－0402－0002463　37－41/1

[光緒]三國郡縣表八卷　(清)吳增僅撰　清光緒二十一年(1895)刻本　四冊

130000－0402－0002464　37－41/2

[乾隆]補三國疆域志二卷　(清)洪亮吉撰　清乾隆四十六年(1781)孫星衍西安刻本　二冊

130000－0402－0002465　37－52/2

元和郡縣圖志四十卷　(唐)李吉甫撰　**闕卷逸文一卷**　(清)孫星衍輯　清嘉慶元年(1796)刻岱南閣叢書本　八冊

130000－0402－0002466　37－52/3(1)

元和郡縣圖志四十卷　(唐)李吉甫著　**闕卷逸文一卷**　(清)孫星衍輯　清光緒十三年(1887)刻本　十冊　缺六卷(十九至二十、二十三至二十四、三十五至三十六)

130000－0402－0002467　37－52/3(2)

元和郡縣圖志四十卷　(唐)李吉甫著　清光緒十三年(1887)刻本　三冊　存十一卷(七至十三、二十六至二十九)

130000－0402－0002468　37－52/3－2(1)

元和郡縣圖志四十卷　(唐)李吉甫撰　**闕卷逸文一卷**　(清)孫星衍輯　清光緒六年(1880)金陵書局刻本　六冊　缺六卷(十九至二十、二十三至二十四、三十五至三十六)

130000－0402－0002469　37－52/3－2(2)

元和郡縣補志九卷　(清)嚴觀輯　清光緒八年(1882)金陵書局刻本　二冊

130000－0402－0002470　37－52/3－3(1)

元和郡縣圖志四十卷　(唐)李吉甫撰　清光緒六年(1880)金陵書局刻本　七冊　存三十卷(一至十八、二十一至二十二、二十五至三十四)

130000－0402－0002471　37－52/3－3(2)

元和郡縣圖志四十卷　(唐)李吉甫撰　**闕卷逸文一卷**　(清)孫星衍輯　清光緒六年(1880)金陵書局刻本　七冊　缺八卷(一至二、十九至二十、二十三至二十四、三十五至

三十六）

130000－0402－0002472　37－52/3－3(3)
元和郡縣補志九卷　（清）嚴觀輯　清光緒八年(1882)金陵書局刻本　二册

130000－0402－0002473　37－52/3－3(4)
元和郡縣補志九卷　（清）嚴觀輯　清光緒八年(1882)金陵書局刻本　二册

130000－0402－0002474　37－54/1
元豐九域志十卷　（宋）王存撰　清光緒八年(1882)金陵書局刻本　四册

130000－0402－0002475　37－54/2
太平寰宇記二百卷目錄二卷　（宋）樂史撰　清嘉慶八年(1803)刻本　三十八册　缺三卷（四、一百三至一百四）

130000－0402－0002476　37－54/2－2
太平寰宇記二百卷目錄二卷　（宋）樂史撰　清光緒八年(1882)金陵書局刻本　三十六册　缺一卷(四)

130000－0402－0002477　37－56/1
[天順]大明一統志九十卷　（明）李賢（明）萬安纂修　明萬壽堂刻本　二十四册　存七十五卷(十六至九十)

130000－0402－0002478　37－56/2/1
[嘉靖]九邊圖論一卷　（明）許論著　清光緒十六年(1890)虞山後知不足齋刻本　一册

130000－0402－0002479　37－57/1(1)
天下郡國利病書一百二十卷　（清）顧炎武輯（清）龍萬育訂　清光緒五年(1879)蜀南桐華書屋薛氏家塾刻本　五十册

130000－0402－0002480　37－57/1(2)
天下郡國利病書一百二十卷　（清）顧炎武輯（清）龍萬育訂　清光緒五年(1879)蜀南桐華書屋薛氏家塾刻本　四十册

130000－0402－0002481　37－57/1(3)
天下郡國利病書一百二十卷　（清）顧炎武輯（清）龍萬育訂　清光緒五年(1879)蜀南桐華書屋薛氏家塾刻本　八册　存十五卷(三十五至四十九)

130000－0402－0002482　37－57/1－2
天下郡國利病書一百二十卷　（清）顧炎武輯（清）龍萬育訂　清道光三年(1823)刻本　六十四册

130000－0402－0002483　37－57/1－3
天下郡國利病書一百二十卷　（清）顧炎武輯（清）龍萬育訂　清光緒二十七年(1901)圖書集成局鉛印本　二十八册

130000－0402－0002484　37－57/2(1)
讀史方輿紀要一百三十卷輿圖要覽四卷（清）顧祖禹輯著　清光緒五年(1879)蜀南桐華書屋薛氏家塾刻本　五十册

130000－0402－0002485　37－57/2(2)
讀史方輿紀要一百三十卷輿圖要覽四卷（清）顧祖禹輯著　清光緒五年(1879)蜀南桐華書屋薛氏家塾刻本　二十四册　存六十二卷(紀要一至三十三、七十至八十四、一百二十一至一百三十，要覽四卷)

130000－0402－0002486　37－57/2－3(1)
讀史方輿紀要一百三十卷方輿全圖總說五卷（清）顧祖禹輯著　清光緒二十五年(1899)上海二林齋屬圖書集成局鉛印本　十八册　存八十七卷(一至四、二十六至四十一、四十六至五十九、七十至七十四、八十三至一百三十)

130000－0402－0002487　37－57/2－3(2)
讀史方輿紀要一百三十卷方輿全圖總說五卷（清）顧祖禹輯著　清光緒二十五年(1899)上海二林齋屬圖書集成局鉛印本　二十九册　缺十一卷(一至四、十至十二、一百二十至一百二十三)

130000－0402－0002488　37－57/2－3(3)
讀史方輿紀要一百三十卷　（清）顧祖禹輯著　清光緒二十五年(1899)上海二林齋屬圖書集成局鉛印本　一册　存七卷(一百十三至一百十九)

130000－0402－0002489　37－57/2－4(1)

讀史方輿紀要一百三十卷輿圖要覽四卷 (清)顧祖禹著 (清)彭元瑞定 清敷文閣刻本 四十八册 缺二十五卷(十至十一、四十三至六十五)

130000－0402－0002490 37－57/2－4(2)
讀史方輿紀要一百三十卷 (清)顧祖禹著 清敷文閣刻本 四册 存十三卷(一百至一百十二)

130000－0402－0002491 37－57/2－5
讀史方輿紀要九卷摘錄一卷 (清)顧祖禹著 清刻本 九册

130000－0402－0002492 37－57/2－6
讀史方輿紀要一百三十卷方輿全圖總說四卷 (清)顧祖禹輯 (清)浦錫齡校訂 清光緒二十九年(1903)上海益吾齋石印本 二册 存七卷(紀要二至四、總説四卷)

130000－0402－0002493 37－57/2－7
讀史方輿紀要一百三十卷 (清)顧祖禹輯著 清末石印本 一册 存四卷(一至四)

130000－0402－0002494 37－57/2/2
方輿紀要簡覽三十四卷 (清)顧祖禹撰 (清)潘鐸輯錄 清咸豐八年(1858)紅杏書屋刻本 十六册

130000－0402－0002495 37－57/5
大清畿輔先哲傳四十卷 徐世昌撰 清末民初刻本 一册 存二卷(二十五至二十六)

130000－0402－0002496 37－57/6/2
大清一統志表不分卷 (清)陳蘭森撰 **朝代紀元表一卷** (清)萬廷蘭撰 清乾隆五十八年(1793)刻本 九册

130000－0402－0002497 37－57/6/3
太平寰宇記補闕不分卷 (清)陳蘭森撰 清嘉慶六年(1801)刻本 一册

130000－0402－0002498 37－57/7
皇朝中外壹統輿圖十五卷 (清)胡林翼輯 (清)嚴樹森增訂 清光緒二十二年(1896)上海書局石印本 六册

130000－0402－0002499 37－57/7－3
皇朝中外壹統輿圖三十一卷首一卷 (清)胡林翼 (清)嚴樹森編 清同治二年(1863)湖北撫署景桓樓刻本 十六册

130000－0402－0002500 37－57/7－4
皇朝中外壹統輿圖十五卷 (清)胡林翼輯 (清)嚴樹森增訂 清光緒二十二年(1896)上海書局石印本 五册

130000－0402－0002501 37－57/8
皇清地理圖三卷 (清)董佑誠繪 清咸豐六年(1856)刻本 三册

130000－0402－0002502 37－57/9(1)
滿蒙新藏述畧四卷 金鍾麟編 清宣統元年(1909)中州石印館石印本 二册

130000－0402－0002503 37－57/9(2)
滿蒙新藏述畧四卷 金鍾麟編 清宣統元年(1909)中州石印館石印本 一册 存二卷(滿洲、蒙古)

130000－0402－0002504 37－57/13
皇朝一統輿地全圖 (清)□□撰 清光緒二十年(1894)上海石印本 二册

130000－0402－0002505 37－57/14
乾隆府廳州縣圖志五十卷 (清)洪亮吉撰 清光緒二十三年(1897)新化三味書室刻本 十册 存二十三卷(一至二十三)

130000－0402－0002506 37－57/14－2(1)
乾隆府廳州縣圖志五十卷 (清)洪亮吉撰 清光緒五年(1879)授經堂刻本 十一册 存三十卷(一至二十、三十三至三十八、四十一至四十四)

130000－0402－0002507 37－57/14－2(2)
乾隆府廳州縣圖志五十卷 (清)洪亮吉撰 清光緒五年(1879)授經堂刻本 十册 存二十二卷(二十九至五十)

130000－0402－0002508 37－57/15
畿輔輿地全圖 (清)□□撰 清刻本 十二册

130000－0402－0002509　371－1/1－4(1)
[光緒]順天府志一百三十卷附錄一卷　(清)李鴻章監修　(清)萬青藜　(清)周家楣總裁　(清)張之洞　繆荃孫纂修　清光緒十五年(1889)刻本　六十四冊

130000－0402－0002510　371－1/1－4(2)
[光緒]順天府志一百三十卷附錄一卷　(清)李鴻章監修　(清)萬青藜　(清)周家楣總裁　(清)張之洞　繆荃孫纂修　清光緒十年至十二年(1884－1886)刻本　三十三冊　存五十四卷(一至八、七十二至一百十七)

130000－0402－0002511　371－1/6
[光緒]延慶州鄉土志要略　(清)□□撰　清末稿本　一冊

130000－0402－0002512　371－1/6－2(1)
[光緒]延慶州志十二卷首一卷末一卷　(清)屠秉懿監修　(清)張惇德纂輯　清光緒六年(1880)州署刻本　十冊

130000－0402－0002513　371－1/6－2(2)
[光緒]延慶州志十二卷首一卷末一卷　(清)屠秉懿監修　(清)張惇德纂輯　清光緒六年(1880)州署刻本　十冊

130000－0402－0002514　371－21/1(1)
[同治]畿輔通志三百卷首一卷　(清)李鴻章總裁　(清)黄彭年總纂　清光緒十年(1884)古蓮花池刻本　二百四十冊

130000－0402－0002515　371－21/1(2)
[同治]畿輔通志三百卷首一卷　(清)李鴻章總裁　(清)黄彭年總纂　清光緒十年(1884)古蓮花池刻本　二百三十九冊　缺一卷(三十八)

130000－0402－0002516　371－21/1(3)
[同治]畿輔通志三百卷首一卷　(清)李鴻章總裁　(清)黄彭年總纂　清光緒十年(1884)古蓮花池刻本　二百二十冊　缺二十三卷(三十一至五十三)

130000－0402－0002517　371－21/1(4)
[同治]畿輔通志三百卷首一卷　(清)李鴻章總裁　(清)黄彭年總纂　清光緒十年(1884)古蓮花池刻本　一百六十冊　缺九十三卷(一至九十三)

130000－0402－0002518　371－21/1－2(1)
[同治]畿輔通志三百卷首一卷　(清)李鴻章總裁　(清)黄彭年總纂　清宣統二年(1910)北洋官報局石印本　二百三十五冊　缺六卷(四十、九十三、二百十四、二百二十、二百九十六至二百九十七)

130000－0402－0002519　371－21/1－2(2)
[同治]畿輔通志三百卷首一卷　(清)李鴻章總裁　(清)黄彭年總纂　清宣統二年(1910)北洋官報局石印本　三十九冊　存四十九卷(六十九至八十、八十二至一百十八)

130000－0402－0002520　371－21/1－3(1)
[雍正]畿輔通志一百二十卷　(清)唐執玉總裁　(清)陳儀協修　清雍正十三年(1735)刻本　三十冊　存五十五卷(一至三十五、三十八至五十七)

130000－0402－0002521　371－21/1－3(2)
[雍正]畿輔通志一百二十卷　(清)唐執玉總裁　(清)陳儀協修　清雍正十三年(1735)刻本　三十一冊　存三十三卷(四十四至四十五、五十五至六十二、九十八至一百二十)

130000－0402－0002522　371－21/1－3(3)
[雍正]畿輔通志一百二十卷　(清)唐執玉總裁　(清)陳儀協修　清雍正十三年(1735)刻本　八冊　存十八卷(六十七至七十、七十四至七十五、八十八、九十一至九十三、一百六至一百七、一百十一至一百十四、一百十七至一百十八)

130000－0402－0002523　371－21/2
[康熙]大城縣志八卷　(清)張象燦修　(清)馬恂等纂修　清康熙十二年(1673)刻乾隆印本　四冊

130000－0402－0002524　371－21/2－2(1)
[光緒]大城縣志十二卷首一卷　(清)趙炳文重修　(清)徐國楨鑒定　(清)劉鍾英

(清)鄧毓怡纂修　清光緒二十三年(1897)刻本　十二册

130000－0402－0002525　371－21/2－2(2)
[光緒]大城縣志十二卷首一卷　(清)趙炳文重修　(清)徐國楨鑒定　(清)劉鍾英　(清)鄧毓怡纂修　清光緒二十三年(1897)刻本　十二册

130000－0402－0002526　371－21/10
[光緒]重修曲陽縣志二十卷　(清)周斯億總纂　(清)董濤編次　清光緒三十年(1904)曲陽小學堂刻本　八册

130000－0402－0002527　371－21/11
[乾隆]祁州志八卷　(清)王楷修　(清)張萬銓　(清)刁錦纂修　清光緒二十一年(1895)刻本　二册　存四卷(三至六)

130000－0402－0002528　371－21/11－2
[光緒]祁州續志四卷　(清)趙秉恒總裁　(清)劉學海等纂　清光緒八年(1882)刻本　二册

130000－0402－0002529　371－21/12
[光緒]唐縣志十二卷首一卷　(清)陳詠修　(清)張惇德纂　清光緒四年(1878)刻本　八册

130000－0402－0002530　371－21/13
[乾隆]直隸易州志十八卷首一卷　(清)張登高修　清乾隆十二年(1747)刻本　一册　存五卷(三至七)

130000－0402－0002531　371－21/15(1)
[雍正]定州志十卷　(清)王大年編定　(清)魏權編次　清乾隆元年(1736)刻本　六册

130000－0402－0002532　371－21/15(2)
[雍正]定州志十卷　(清)王大年編定　(清)魏權編次　清乾隆元年(1736)刻本　六册

130000－0402－0002533　371－21/15－2(1)
[道光]直隸定州志二十二卷首一卷　(清)寶琳纂修　清咸豐元年(1851)刻本　十二册

130000－0402－0002534　371－21/15－2(2)
[道光]直隸定州志二十二卷首一卷　(清)寶琳纂修　清咸豐元年(1851)刻本　十二册

130000－0402－0002535　371－21/15－2(3)
[道光]直隸定州志二十二卷首一卷　(清)寶琳纂修　清咸豐元年(1851)刻本　二册　存三卷(七、十七至十八)

130000－0402－0002536　371－21/15－2(4)
[咸豐]定州續志四卷　(清)王榕吉編定　清咸豐十年(1860)刻本　一册　存二卷(一至二)

130000－0402－0002537　371－21/16(1)
[乾隆]博野縣志八卷首一卷末一卷　(清)吴鏊修　(清)朱基纂輯　(清)尹啟銓編次　清乾隆三十二年(1767)刻本　六册

130000－0402－0002538　371－21/16(2)
[乾隆]博野縣志八卷首一卷末一卷　(清)吴鏊修　(清)朱基纂輯　(清)尹啟銓編次　清乾隆三十二年(1767)刻本　六册

130000－0402－0002539　371－21/18
[同治]清苑縣志十八卷首一卷　(清)李逢源裁定　(清)諸崇儉編輯　清同治十二年(1873)刻本　八册

130000－0402－0002540　371－21/21
[乾隆]任邱縣志二十卷　(清)劉統修　(清)劉炳纂　清乾隆二十八年(1763)刻本　六册　存九卷(一至九)

130000－0402－0002541　371－21/23
[嘉慶]青縣志八卷　(清)沈聯芳修　(清)倪鏁纂　清嘉慶八年(1803)刻本　四册

130000－0402－0002542　371－21/23－2
[嘉靖]興濟縣志二卷　(明)蕭蕃撰　(明)鄭孝纂修　清抄本　二册

130000－0402－0002543　371－21/24
[同治]鹽山縣志十六卷首一卷末一卷　(清)江毓秀修　(清)潘震乙纂　清同治七年

(1868)京都文采齋刻本　八册

130000－0402－0002544　371－21/29
[乾隆]肅寧縣志十卷　(清)尹侃　(清)范森修　(清)談有典纂　清乾隆二十一年(1756)刻本　二册　存八卷(二至九)

130000－0402－0002545　371－21/30
[乾隆]邯鄲縣志十二卷首一卷　(清)王烔纂修　清乾隆二十一年(1756)刻本　六册

130000－0402－0002546　371－21/31
[同治]曲周縣志二十卷　(清)范梁總裁　(清)劉自立編輯　清同治九年(1870)縣署刻本　六册

130000－0402－0002547　371－21/32
[同治]遷安縣志十八卷首一卷末一卷　(清)游智開鑒定　(清)韓耀光　(清)史夢蘭纂修　清同治十二年(1873)文峯書院刻本　八册

130000－0402－0002548　371－21/33
[同治]肥鄉縣志三十六卷　(清)李鵬展監修　(清)趙文濂纂修　清同治六年(1867)刻本　八册

130000－0402－0002549　371－21/34
[同治]昌黎縣志十卷　(清)何崧泰裁定　(清)馬恂纂修　(清)何爾泰續修　清同治五年(1866)刻本　三册

130000－0402－0002550　371－21/35(1)
[同治]臨漳縣志畧備攷四卷　(清)駱文光纂修　清同治十三年(1874)刻本　四册

130000－0402－0002551　371－21/35(2)
[同治]臨漳縣志畧備攷四卷　(清)駱文光纂修　清同治十三年(1874)刻本　四册

130000－0402－0002552　371－21/37(1)
[光緒]永年縣志四十卷首一卷　(清)夏詒鈺續纂　清光緒三年(1877)刻本　八册

130000－0402－0002553　371－21/37(2)
[光緒]永年縣志四十卷首一卷　(清)夏詒鈺續纂　清光緒三年(1877)刻本　八册

130000－0402－0002554　371－21/37－2
[乾隆]永年縣志四十四卷首一卷　(清)孔廣棣纂修　清乾隆二十二年(1757)刻本　四册　存二十六卷(十九至四十四)

130000－0402－0002555　371－21/38(1)
[光緒]樂亭縣志十五卷首一卷末一卷　(清)游智開總裁　(清)史夢蘭編纂　清光緒三年(1877)尊道書院刻本　六册

130000－0402－0002556　371－21/38(2)
[光緒]樂亭縣志十五卷首一卷末一卷　(清)游智開總裁　(清)史夢蘭編纂　清光緒三年(1877)尊道書院刻本　六册

130000－0402－0002557　371－21/38(3)
[光緒]樂亭縣志十五卷首一卷末一卷　(清)游智開總裁　(清)史夢蘭編纂　清光緒三年(1877)尊道書院刻本　六册

130000－0402－0002558　371－21/38(4)
[光緒]樂亭縣志十五卷首一卷末一卷　(清)游智開總裁　(清)史夢蘭編纂　清光緒三年(1877)尊道書院刻本　六册

130000－0402－0002559　371－21/39(1)
[光緒]重修廣平府志六十三卷首一卷　(清)吳中彦總修　(清)胡景桂總纂　清光緒十九年至二十年(1893－1894)刻本　二十四册

130000－0402－0002560　371－21/39(2)
[光緒]重修廣平府志六十三卷首一卷　(清)吳中彦總修　(清)胡景桂總纂　清光緒十九年至二十年(1893－1894)刻本　十二册　存三十卷(三十四至六十三)

130000－0402－0002561　371－21/39－3
[乾隆]廣平府志二十四卷　(清)吳穀輯　清乾隆十年(1745)刻本　九册　缺二卷(十四至十五)

130000－0402－0002562　371－21/41(1)
[道光]保安州志八卷首一卷　(清)楊桂森總纂　(清)李友梧校輯　清道光十五年(1835)刻光緒三年(1877)重印本　四册

130000－0402－0002563　371－21/41(2)

[道光]**保安州志八卷首一卷** (清)楊桂森總纂 (清)李友梧校輯 清道光十五年(1835)刻光緒三年(1877)重印本 四冊

130000-0402-0002564 371-21/41(3)
[道光]**保安州志八卷首一卷** (清)楊桂森總纂 (清)李友梧校輯 清道光十五年(1835)刻光緒三年(1877)重印本 三冊 缺二卷(七至八)

130000-0402-0002565 371-21/41-2(1)
[光緒]**保安州續志四卷** (清)張毓生總纂 清光緒三年(1877)刻本 一冊

130000-0402-0002566 371-21/41-2(2)
[光緒]**保安州續志四卷** (清)張毓生總纂 清光緒三年(1877)刻本 一冊

130000-0402-0002567 371-21/42(1)
[康熙]**磁州志十八卷** (清)蔣擢重訂 (清)樂玉聲等纂 清同治十三年(1874)刻本 四冊

130000-0402-0002568 371-21/42(2)
[同治]**磁州續志六卷首一卷** (清)程光瀅纂輯 清同治十三年(1874)刻本 四冊

130000-0402-0002569 371-21/44
[康熙]**邢臺縣志十二卷** (清)高顯修 (清)李京纂 清康熙十二年(1673)刻本 一冊 存六卷(一至六)

130000-0402-0002570 371-21/46
[光緒]**唐山縣志十二卷首一卷末一卷** (清)蘇玉總纂 (清)杜靄纂輯 清光緒七年(1881)刻本 七冊 缺一卷(二)

130000-0402-0002571 371-21/47
[同治]**清河縣志十八卷** (清)王鏞裁定 (清)郭兆藩編輯 清同治十一年(1872)刻本 六冊 存六卷(一至六)

130000-0402-0002572 371-21/47-2
[光緒]**清河縣志四卷** (清)黄汝香 (清)何雲漢纂修 清光緒九年(1883)刻本 四冊

130000-0402-0002573 371-21/48
[同治]**廣宗縣志十二卷** (清)羅觀駿總修 (清)鄭元善 (清)李汝紹纂修 清同治十三年(1874)刻本 六冊

130000-0402-0002574 371-21/49
[道光]**南宫縣志十六卷** (清)周栻修 (清)陳柱纂 清道光十一年(1831)刻本 四冊 存七卷(二至三、十至十一、十四至十六)

130000-0402-0002575 371-21/52
[乾隆]**口北三廳志十六卷首一卷** (清)黄可潤纂修 清乾隆二十三年(1758)刻本 六冊

130000-0402-0002576 371-21/53(1)
[康熙]**宣化縣志三十卷** (清)陳坦纂修 清乾隆增修本 六冊

130000-0402-0002577 371-21/53(2)
[康熙]**宣化縣志三十卷** (清)陳坦纂修 清乾隆增修本 六冊

130000-0402-0002578 371-21/54(1)
[乾隆]**宣化府志四十二卷首一卷** (清)王者輔總裁 (清)張志奇續修 (清)黄可潤續纂 清乾隆二十二年(1757)增刻本 十六冊

130000-0402-0002579 371-21/54(2)
[乾隆]**宣化府志四十二卷首一卷** (清)王者輔總裁 (清)張志奇續修 (清)黄可潤續纂 清乾隆二十二年(1757)增刻本 十六冊

130000-0402-0002580 371-21/54(3)
[乾隆]**宣化府志四十二卷首一卷** (清)王者輔總裁 (清)張志奇續修 (清)黄可潤續纂 清乾隆二十二年(1757)增刻本 十六冊

130000-0402-0002581 371-21/54(4)
[乾隆]**宣化府志四十二卷首一卷** (清)王者輔總裁 (清)張志奇續修 (清)黄可潤續纂 清乾隆二十二年(1757)增刻本 十六冊

130000-0402-0002582 371-21/54(5)
[乾隆]**宣化府志四十二卷首一卷** (清)王者輔總裁 (清)張志奇續修 (清)黄可潤續纂 清乾隆二十二年(1757)增刻本 八冊 存二十一卷(二十二至四十二)

130000－0402－0002583　371－21/55
[乾隆]蔚縣志三十一卷　(清)王育榞總裁　(清)李舜臣纂修　清乾隆四年(1739)刻本　四册

130000－0402－0002584　371－21/55－2(1)
[乾隆]蔚州志補十二卷首一卷　(清)楊世昌總裁　(清)吴廷華纂修　清乾隆十年(1745)刻本　四册

130000－0402－0002585　371－21/55－2(2)
[乾隆]蔚州志補十二卷首一卷　(清)楊世昌總裁　(清)吴廷華纂修　清乾隆十年(1745)刻本　五册

130000－0402－0002586　371－21/55－3(1)
[光緒]蔚州志二十卷首一卷　(清)王袞鑒定　(清)慶之金　(清)楊篤纂輯　清光緒三年(1877)蘿川公廨刻本　八册

130000－0402－0002587　371－21/55－3(2)
[光緒]蔚州志二十卷首一卷　(清)王袞鑒定　(清)慶之金　(清)楊篤纂輯　清光緒三年(1877)蘿川公廨刻本　八册

130000－0402－0002588　371－21/55－3(3)
[光緒]蔚州志二十卷首一卷　(清)王袞鑒定　(清)慶之金　(清)楊篤纂輯　清光緒三年(1877)蘿川公廨刻本　八册

130000－0402－0002589　371－21/55－3(4)
[光緒]蔚州志二十卷首一卷　(清)王袞鑒定　(清)慶之金　(清)楊篤纂輯　清光緒三年(1877)蘿川公廨刻本　八册

130000－0402－0002590　371－21/55－3(5)
[光緒]蔚州志二十卷首一卷　(清)王袞鑒定　(清)慶之金　(清)楊篤纂輯　清光緒三年(1877)蘿川公廨刻本　八册

130000－0402－0002591　371－21/55－3(6)
[光緒]蔚州志二十卷首一卷　(清)王袞鑒定　(清)慶之金　(清)楊篤纂輯　清光緒三年(1877)蘿川公廨刻本　八册

130000－0402－0002592　371－21/55－3(7)
[光緒]蔚州志二十卷首一卷　(清)王袞鑒定　(清)慶之金　(清)楊篤纂輯　清光緒三年(1877)蘿川公廨刻本　八册

130000－0402－0002593　371－21/55－3(8)
[光緒]蔚州志二十卷首一卷　(清)王袞鑒定　(清)慶之金　(清)楊篤纂輯　清光緒三年(1877)蘿川公廨刻本　八册

130000－0402－0002594　371－21/57
[乾隆]懷安縣志二十四卷　(清)楊大崑纂修　清乾隆刻本　三册　存十八卷(七至二十四)

130000－0402－0002595　371－21/58
[道光]萬全縣志十卷首一卷　(清)左承業纂修　(清)施彦士重修　清道光十四年(1834)續修本　六册

130000－0402－0002596　371－21/59
[光緒]懷來縣志十八卷首一卷　(清)朱乃恭鑒定　(清)席之瓚編輯　清光緒八年(1882)刻本　六册

130000－0402－0002597　371－21/60(1)
[同治]西甯新志十卷首一卷　(清)韓志超　(清)寅康監修　(清)楊篤纂輯　清光緒元年(1875)宏州書院刻本　四册

130000－0402－0002598　371－21/60(2)
[同治]西甯新志十卷首一卷　(清)韓志超　(清)寅康監修　(清)楊篤纂輯　清光緒元年(1875)宏州書院刻本　四册

130000－0402－0002599　371－21/61－2
[順治]真定縣志十四卷　(清)陳謙纂修　清雍正補刻本　四册

130000－0402－0002600　371－21/61－3(1)
[光緒]正定縣志四十六卷首一卷末一卷　(清)慶之金　(清)賈孝彰修　(清)趙文濂纂　清光緒元年(1875)刻本　十四册

130000－0402－0002601　371－21/61－3(2)
[光緒]正定縣志四十六卷首一卷末一卷　(清)慶之金　(清)賈孝彰修　(清)趙文濂

纂　清光緒元年(1875)刻本　七冊　存十五卷(一至五、七至十五,首一卷)

130000－0402－0002602　371－21/61－3(3)
[光緒]正定縣志四十六卷首一卷末一卷　(清)慶之金　(清)賈孝彰修　(清)趙文濂纂　清光緒元年(1875)刻本　四冊　存八卷(一至四、七、十一、十五,首一卷)

130000－0402－0002603　371－21/61－3(4)
[光緒]正定縣志四十六卷首一卷末一卷　(清)慶之金　(清)賈孝彰修　(清)趙文濂纂　清光緒元年(1875)刻本　一冊　存一卷(七)

130000－0402－0002604　371－21/61－4(1)
[乾隆]正定府志五十卷首一卷　(清)鄭大進纂修　清乾隆二十七年(1762)刻本　二十五冊　存四十一卷(一至三十二、三十五至四十二,首一卷)

130000－0402－0002605　371－21/61－4(2)
[乾隆]正定府志五十卷首一卷　(清)鄭大進纂修　清乾隆二十七年(1762)刻本　二十二冊　存三十九卷(七、十三至五十)

130000－0402－0002606　371－21/62(1)
[同治]欒城縣志十四卷首一卷末一卷　(清)陳詠裁定　(清)張惇德纂輯　清同治十一年至十二年(1872－1873)刻本　六冊

130000－0402－0002607　371－21/62(2)
[同治]欒城縣志十四卷首一卷末一卷　(清)陳詠裁定　(清)張惇德纂輯　清同治十一年至十二年(1872－1873)刻本　六冊

130000－0402－0002608　371－21/62(3)
[同治]欒城縣志十四卷首一卷末一卷　(清)陳詠裁定　(清)張惇德纂輯　清同治十一年至十二年(1872－1873)刻本　六冊

130000－0402－0002609　371－21/62(4)
[同治]欒城縣志十四卷首一卷末一卷　(清)陳詠裁定　(清)張惇德纂輯　清同治十一年至十二年(1872－1873)刻本　四冊　存十一卷(二至七、十一至十四,末一卷)

130000－0402－0002610　371－21/62(5)
[同治]欒城縣志十四卷首一卷末一卷　(清)陳詠裁定　(清)張惇德纂輯　清同治十一年至十二年(1872－1873)刻本　一冊　存二卷(二至三)

130000－0402－0002611　371－21/62－2
[道光]欒城縣志十卷首一卷末一卷　(清)桂超萬總裁　(清)高繼珩總纂　清道光二十六年(1846)刻本　四冊

130000－0402－0002612　371－21/63
[光緒]重修新樂縣志六卷首一卷　(清)趙文濂總纂　(清)雷鶴鳴等纂修　清光緒十一年(1885)刻本　六冊

130000－0402－0002613　371－21/64
[康熙]晉州志十卷　(清)郭建章纂修　(清)闞永清編次　(清)康如璉續纂　(清)朱寶林補刊　清咸豐十年(1860)晉州州衙刻本　五冊

130000－0402－0002614　371－21/66(1)
[光緒]直隸趙州志十六卷首一卷末一卷　(清)孫傳栻總纂　清光緒二十三年(1897)刻本　六冊

130000－0402－0002615　371－21/66(2)
[光緒]直隸趙州志十六卷首一卷末一卷　(清)孫傳栻總纂　清光緒二十三年(1897)刻本　六冊

130000－0402－0002616　371－21/66(3)
[光緒]直隸趙州志十六卷首一卷末一卷　(清)孫傳栻總纂　清光緒二十三年(1897)刻本　六冊

130000－0402－0002617　371－21/66(4)
[光緒]直隸趙州志十六卷首一卷末一卷　(清)孫傳栻總纂　清光緒二十三年(1897)刻本　四冊　存十二卷(三至十四)

130000－0402－0002618　371－21/66(5)
[光緒]直隸趙州志十六卷首一卷末一卷　(清)孫傳栻總纂　清光緒二十三年(1897)刻本　六冊

130000－0402－0002619　371－21/66－2(1)
[光緒]趙州屬邑志八卷　(清)孫傳栻纂修　清光緒二十三年(1897)刻本　一册　存二卷(四至五)

130000－0402－0002620　371－21/66－2(2)
[光緒]趙州屬邑志八卷　(清)孫傳栻纂修　清光緒二十三年(1897)刻本　四册

130000－0402－0002621　371－21/66－2(3)
[光緒]趙州屬邑志八卷　(清)孫傳栻纂修　清光緒二十三年(1897)刻本　四册

130000－0402－0002622　371－21/67(1)
[光緒]獲鹿縣志十四卷首一卷末一卷　(清)俞錫綱　(清)錢慶培監修　(清)曹鑅纂修　清光緒七年(1881)重修本　十册

130000－0402－0002623　371－21/67(2)
[光緒]獲鹿縣志十四卷首一卷末一卷　(清)俞錫綱　(清)錢慶培監修　(清)曹鑅纂修　清光緒七年(1881)刻本　十册

130000－0402－0002624　371－21/67(3)
[光緒]獲鹿縣志十四卷首一卷末一卷　(清)俞錫綱　(清)錢慶培監修　(清)曹鑅纂修　清光緒七年(1881)刻本　八册　缺三卷(十三至十四、末一卷)

130000－0402－0002625　371－21/68
[光緒]撫寧縣志十六卷首一卷　(清)張上龢修　(清)史夢蘭纂　清光緒三年(1877)刻本　四册　存十二卷(五至十六)

130000－0402－0002626　371－21/69
[咸豐]平山縣志八卷　(清)王滌心修　(清)郭程先編輯　**[光緒]續修平山縣志六卷**　(清)郭奇中　(清)唐世祿修　(清)魯述文　(清)畢晉編輯　清光緒二年(1876)刻本　七册

130000－0402－0002627　371－21/70(1)
[康熙]靈壽縣志十卷末一卷　(清)陸隴其修　(清)傅維橒纂　清康熙二十五年(1686)刻本　四册

130000－0402－0002628　371－21/70(2)
[康熙]靈壽縣志十卷末一卷　(清)陸隴其修　(清)傅維橒纂　清康熙二十五年(1686)刻本　三册　存八卷(一至三、七至十,末一卷)

130000－0402－0002629　371－21/70(3)
[康熙]靈壽縣志十卷末一卷　(清)陸隴其修　(清)傅維橒纂　清康熙二十五年(1686)刻本　一册　存三卷(七至九)

130000－0402－0002630　371－21/70(4)
[同治]靈壽縣志十卷末一卷　(清)陸隴其原本　(清)劉賡年續纂　清同治十二年(1873)刻本　四册　存五卷(一至四、七)

130000－0402－0002631　371－21/72
[光緒]灤州志十八卷首一卷　(清)楊文鼎總裁　(清)王大本纂修　清光緒二十四年(1898)海陽書院刻本　十四册

130000－0402－0002632　371－21/73(1)
[乾隆]無極縣志十一卷末一卷　(清)黄可潤修　清光緒十九年(1893)聖泉書院補刻本　四册

130000－0402－0002633　371－21/73(2)
[光緒]無極縣續志十卷首一卷末一卷　(清)陳慶滋裁定　(清)曹鳳來纂修　清光緒十九年(1893)聖泉書院補刻本　四册

130000－0402－0002634　371－21/75
[雍正]井陘縣志八卷　(清)鍾文英纂修　清雍正刻光緒元年(1875)印本　二册　存五卷(三至七)

130000－0402－0002635　371－21/78
[乾隆]衡水縣志十四卷　(清)陶淑纂修　清乾隆三十二年(1767)刻本　五册

130000－0402－0002636　371－21/79
[乾隆]景州志六卷首一卷　(清)屈成霖纂輯　清乾隆十年(1745)刻本　一册　存三卷(一至二、首一卷)

130000－0402－0002637　371－21/82(1)
[同治]深州風土記二十二卷表五卷　(清)吴

汝綸纂修　清光緒二十六年(1900)文瑞書院刻本　六册

130000－0402－0002638　371－21/82(2)
[同治]深州風土記二十二卷表五卷　(清)吳汝綸纂修　清光緒二十六年(1900)文瑞書院刻本　四册　存十四卷(一至十一、二十至二十二)

130000－0402－0002639　371－21/82(3)
[同治]深州風土記二十二卷表五卷　(清)吳汝綸纂修　清光緒二十六年(1900)文瑞書院刻本　二册　存九卷(十二至二十上)

130000－0402－0002640　371－21/82(4)
[同治]深州風土記二十二卷表五卷　(清)吳汝綸纂修　清光緒二十六年(1900)文瑞書院刻本　一册　存三卷(二十至二十二)

130000－0402－0002641　371－21/82(5)
[同治]深州風土記二十二卷表五卷　(清)吳汝綸纂修　清光緒二十六年(1900)文瑞書院刻本　一册　存八卷(十三至二十上)

130000－0402－0002642　371－21/82(6)
[同治]深州風土記二十二卷表五卷　(清)吳汝綸纂修　清光緒二十六年(1900)文瑞書院刻本　七册　缺一卷(十一下)

130000－0402－0002643　371－21/82(7)
[同治]深州風土記二十二卷表五卷　(清)吳汝綸纂修　清光緒二十六年(1900)文瑞書院刻本　八册

130000－0402－0002644　371－21/83
[乾隆]饒陽縣志二卷首一卷末一卷　(清)單作哲纂修　清道光十四年(1834)刻本　四册

130000－0402－0002645　371－21/84(1)
[光緒]永平府志七十二卷首一卷末一卷　(清)游智開總修　(清)史夢蘭編纂　清光緒五年(1879)敬勝書院重修本　三十二册

130000－0402－0002646　371－21/84(2)
[光緒]永平府志七十二卷首一卷末一卷　(清)游智開總修　(清)史夢蘭編纂　清光緒五年(1879)敬勝書院重修本　八册　存二十一卷(二至十六、六十至六十二、六十六至六十八)

130000－0402－0002647　371－21/84(3)
[光緒]永平府志七十二卷首一卷末一卷　(清)游智開總修　(清)史夢蘭編纂　清光緒五年(1879)敬勝書院重修本　十六册　存三十八卷(三十六至七十二、末一卷)

130000－0402－0002648　371－21/86
[道光]承德府志六十卷首二十六卷　(清)海忠等纂修　清道光十一年(1831)刻本　二十四册

130000－0402－0002649　371－21/86－2
[道光]承德府志六十卷首二十六卷　(清)海忠等纂修　清光緒十三年(1887)刻民國三年(1914)印本　二十四册

130000－0402－0002650　371－21/86－3
[道光]承德府志六十卷首二十六卷　(清)海忠等纂修　清光緒三十二年(1906)刻本　十册　存四十卷(五至十四、二十一至三十,首一至二十)

130000－0402－0002651　371－21/86－4(1)
[道光]承德府志六十卷首二十六卷　(清)海忠等纂修　清光緒十三年(1887)刻本　十一册　存三十七卷(二十一至二十七、三十一至六十)

130000－0402－0002652　371－21/86－4(2)
[道光]承德府志六十卷首二十六卷　(清)海忠等纂修　清刻本　十八册　缺二十卷(首一至二十)

130000－0402－0002653　371－21/86－4(3)
[道光]承德府志六十卷首二十六卷　(清)海忠等纂修　清刻本　六册　存二十二卷(三十九至六十)

130000－0402－0002654　371－21/86－5
[道光]承德府志六十卷首二十六卷　(清)海忠等纂修　清刻本　十二册　存四十三卷(十八至六十)

130000－0402－0002655　371－21/87
[乾隆]赤城縣志八卷首一卷　(清)孟思誼修　(清)張曾炳纂　清乾隆二十四年(1759)補刻光緒七年(1881)印本　四册

130000－0402－0002656　371－21/87/1
[同治]赤城縣續志十卷首一卷　(清)林牟貽等纂修　清光緒七年(1881)印本　二册

130000－0402－0002657　371－22/1
[乾隆]天津縣志二十四卷　(清)張志奇等總裁　(清)吳廷華總修　清乾隆四年(1739)刻本　八册

130000－0402－0002658　371－22/1－2
[同治]續天津縣志二十卷首一卷　(清)吳惠元修　(清)蔣玉虹　(清)俞樾纂　清同治九年(1870)刻本　八册

130000－0402－0002659　371－22/2
[乾隆]天津府志四十卷　(清)李梅賓　(清)程鳳文修　(清)吳廷華　(清)汪沆纂　清乾隆四年(1739)刻本　九册　存十九卷(十三至十八、二十至二十四、二十六至三十三)

130000－0402－0002660　371－23/1(1)
[道光]濟南府志七十二卷首一卷　(清)王贈芳修　(清)成瓘等纂　清道光二十一年(1841)濟南府衙重修本　三十册　存五十七卷(一至四十、五十七至七十二,首一卷)

130000－0402－0002661　371－23/1(2)
[道光]濟南府志七十二卷首一卷　(清)王贈芳修　(清)成瓘等纂　清道光二十一年(1841)濟南府衙重修本　三十册　存四十五卷(五至六、三十至七十二)

130000－0402－0002662　371－23/2
[康熙]山東通志六十四卷　(清)趙祥星總裁　(清)錢江等編輯　清康熙十七年(1678)刻本　四册　存十四卷(一至十四)

130000－0402－0002663　371－23/5
[道光]城武縣志十四卷首一卷　(清)袁章華等修　(清)劉士瀛纂　清道光十年(1830)刻本　八册

130000－0402－0002664　371－23/6(1)
[康熙]堂邑縣志二十卷　(清)盧承琰修　(清)劉淇纂　清光緒十八年(1892)刻本　三册

130000－0402－0002665　371－23/6(2)
[康熙]堂邑縣志二十卷　(清)盧承琰修　(清)劉淇纂　清光緒十八年(1892)刻本　三册

130000－0402－0002666　371－23/7
[嘉慶]清平縣志十七卷　(清)萬承紹修　(清)周以勳纂　清嘉慶三年(1798)刻本　五册

130000－0402－0002667　371－25/1(1)
[乾隆]廣靈縣志十卷首一卷末一卷　(清)郭磊等纂修　清乾隆十九年(1754)刻本　四册

130000－0402－0002668　371－25/1(2)
[乾隆]廣靈縣志十卷首一卷末一卷　(清)郭磊等纂修　清乾隆十九年(1754)刻本　四册

130000－0402－0002669　371－25/1(3)
[乾隆]廣靈縣志十卷首一卷末一卷　(清)郭磊等纂修　清乾隆十九年(1754)刻本　一册　存七卷(一至六、首一卷)

130000－0402－0002670　371－25/1－2
[光緒]廣靈縣補志十卷　(清)楊亦銘等纂修　清光緒七年(1881)京都琉璃廠漱潤齋刻本　四册

130000－0402－0002671　371－25/2
[光緒]天鎮縣志四卷首一卷　(清)洪汝霖等修　(清)楊篤纂　清光緒十六年(1890)刻本　四册

130000－0402－0002672　371－25/4
[康熙]靈邱縣志四卷　(清)宋起鳳原本　(清)岳宏譽增訂　清康熙二十三年(1684)刻本　四册

130000－0402－0002673　371－25/5(1)
[雍正]朔平府志十二卷　(清)劉士銘等纂修

清雍正十一年(1733)刻本　十册

130000 - 0402 - 0002674　371 - 25/5(2)
[雍正]朔平府志十二卷　(清)劉士銘等纂修　清雍正十一年(1733)刻本　十册

130000 - 0402 - 0002675　371 - 25/5(3)
[雍正]朔平府志十二卷　(清)劉士銘等纂修　清雍正十一年(1733)刻本　五册　存七卷(一至七)

130000 - 0402 - 0002676　371 - 25/5(4)
[雍正]朔平府志十二卷　(清)劉士銘等纂修　清雍正十一年(1733)刻本　十册

130000 - 0402 - 0002677　371 - 25/6(1)
[乾隆]平定州志十卷圖一卷　(清)金明源等纂修　清乾隆五十五年(1790)湧雲樓刻本　九册　存九卷(一至四、六至十)

130000 - 0402 - 0002678　371 - 25/6(2)
[乾隆]平定州志十卷圖一卷　(清)金明源等纂修　清乾隆五十五年(1790)湧雲樓刻本　十册

130000 - 0402 - 0002679　371 - 25/7(1)
[乾隆]渾源州志十卷　(清)桂敬順纂修　清乾隆二十八年(1763)刻本　五册

130000 - 0402 - 0002680　371 - 25/7(2)
[乾隆]渾源州志十卷　(清)桂敬順纂修　清乾隆二十八年(1763)刻本　五册

130000 - 0402 - 0002681　371 - 25/7(3)
[乾隆]渾源州志十卷　(清)桂敬順纂修　清乾隆二十八年(1763)刻本　五册

130000 - 0402 - 0002682　371 - 25/7 - 2(1)
[光緒]渾源州續志十卷　(清)賀澍恩纂修　清光緒七年(1881)刻本　六册

130000 - 0402 - 0002683　371 - 25/7 - 2(2)
[光緒]渾源州續志十卷　(清)賀澍恩纂修　清光緒七年(1881)刻本　六册

130000 - 0402 - 0002684　371 - 25/8
[同治]高平縣志八卷　(清)龍汝霖纂輯　清同治六年(1867)刻本　八册

130000 - 0402 - 0002685　371 - 25/9
[乾隆]大同府志三十二卷首一卷　(清)吴輔宏　(清)王飛藻纂輯　清乾隆四十七年(1782)刻本　十六册

130000 - 0402 - 0002686　371 - 25/9 - 2(1)
[道光]大同縣志二十卷首一卷末一卷　(清)黎中輔纂輯　清道光十年(1830)刻本　八册

130000 - 0402 - 0002687　371 - 25/9 - 2(2)
[道光]大同縣志二十卷首一卷末一卷　(清)黎中輔纂輯　清道光十年(1830)刻本　八册

130000 - 0402 - 0002688　371 - 25/10
[同治]陽城縣志十八卷　(清)賴昌期總修　(清)譚澐纂修　清同治十三年(1874)刻本　八册

130000 - 0402 - 0002689　371 - 25/11
[乾隆]鳳臺縣志二十卷　(清)林荔等纂修
[光緒]鳳臺縣志續志四卷　(清)陳繼三纂修　清光緒八年(1882)刻本　八册　存十卷(十五至二十、續志四卷)

130000 - 0402 - 0002690　371 - 25/13
[乾隆]太谷縣志八卷　(清)郭晉總裁　(清)管粵秀纂　清乾隆六十年(1795)刻本　八册

130000 - 0402 - 0002691　371 - 25/14
[光緒]長子縣志十二卷首一卷　(清)豫謙總修　(清)楊篤總纂　清光緒八年(1882)刻本　八册

130000 - 0402 - 0002692　371 - 25/15
[光緒]長治縣志八卷首一卷　(清)楊篤等纂修　清光緒二十年(1894)刻本　十册

130000 - 0402 - 0002693　371 - 25/17
[光緒]翼城縣志二十八卷　(清)王燿章等纂修　清光緒七年(1881)刻本　八册

130000 - 0402 - 0002694　371 - 25/18
[道光]太原縣志十八卷圖一卷　(清)員佩蘭總裁　(清)楊國泰纂修　清道光六年(1826)刻本　六册

130000－0402－0002695　371－25/18－2
[光緒]續太原縣志二卷　(清)薛元釗總裁　(清)王效尊纂修　清光緒八年(1882)刻本　二册

130000－0402－0002696　371－25/19
[光緒]文水縣志十二卷首一卷末一卷　(清)范啟堃等鑒定　(清)陰步霞總纂　清光緒九年(1883)刻本　六册

130000－0402－0002697　371－25/20
[乾隆]蒲州府志二十四卷圖一卷　(清)喬光烈　(清)周景柱纂修　清乾隆二十年(1755)刻本　十册

130000－0402－0002698　371－25/22(1)
[乾隆]汾州府志三十四卷首一卷　(清)孫和相修　(清)戴震纂　清乾隆三十六年(1771)刻本　十六册

130000－0402－0002699　371－25/22(2)
[乾隆]汾州府志三十四卷首一卷　(清)孫和相修　(清)戴震纂　清乾隆三十六年(1771)刻本　十六册

130000－0402－0002700　371－25/22－2
[道光]汾陽縣志十四卷首一卷　(清)周貽緩等纂修　清咸豐元年(1851)刻本　八册

130000－0402－0002701　371－25/23
[乾隆]榆次縣志十四卷首一卷　(清)錢之青等纂修　清乾隆十五年(1750)刻本　八册

130000－0402－0002702　371－25/24
[道光]壺關縣志十卷首一卷　(清)茹金等纂修　清道光十四年(1834)刻本　八册

130000－0402－0002703　371－25/25
[康熙]徐溝縣志四卷　(清)王嘉謨等纂修　清乾隆刻本　四册

130000－0402－0002704　371－25/26
[光緒]祁縣志十六卷　(清)劉發岏　(清)李芬纂修　清光緒八年(1882)刻本　十册

130000－0402－0002705　371－25/27
[光緒]平遙縣志十二卷圖考一卷　(清)林拱樞總纂　(清)恩端等纂修　清光緒八年(1882)刻本　八册

130000－0402－0002706　371－25/28
[乾隆]鄉寧縣志十五卷　(清)葛清等纂修　清乾隆四十九年(1784)刻本　四册

130000－0402－0002707　371－25/29
[道光]太平縣志十六卷首一卷　(清)李炳彥等修　(清)梁棲鸞編輯　清道光五年(1825)刻本　八册

130000－0402－0002708　371－25/30
[乾隆]重修襄垣縣志八卷　(清)李廷芳等纂修　清乾隆四十七年(1782)刻本　八册

130000－0402－0002709　371－25/31
[乾隆]聞喜縣志十二卷圖考一卷　(清)李遵唐修　(清)王肇書等纂　清乾隆三十年(1765)刻本　六册

130000－0402－0002710　371－25/31－2
[光緒]聞喜縣志斠三卷首一卷補四卷續四卷　(清)陳作哲總修　(清)楊深秀纂修　清光緒六年(1880)刻本　四册

130000－0402－0002711　371－25/32
[乾隆]忻州志六卷　(清)周人龍原本　(清)竇容邃編輯　清乾隆十二年(1747)刻本　六册

130000－0402－0002712　371－25/32－2
[光緒]忻州志四十二卷　(清)方戊昌　(清)方淵如纂修　清光緒六年(1880)刻本　八册

130000－0402－0002713　371－25/35(1)
[乾隆]五臺縣志八卷　(清)王秉韜等編纂　清乾隆四十年(1775)刻本　四册

130000－0402－0002714　371－25/35(2)
[乾隆]五臺縣志八卷　(清)王秉韜等編纂　清乾隆四十年(1775)刻本　六册

130000－0402－0002715　371－25/36
[道光]繁峙縣志六卷　(清)吳其均等纂修　清道光十六年(1836)刻本　六册

130000－0402－0002716　371－25/37
[同治]稷山縣志十卷　(清)沈鳳翔等纂修　清同治四年(1865)刻本　八册

130000－0402－0002717　371－25/37－2
[光緒]續修稷山縣志二卷　(清)馬家鼎等纂修　清光緒十一年(1885)刻本　二册

130000－0402－0002718　371－25/39
[道光]直隸霍州志二十五卷首一卷　(清)崔允昭等纂修　清道光六年(1826)刻本　五册

130000－0402－0002719　371－25/40
[光緒]定襄縣補志十三卷圖一卷　(清)鄭繼修等修　(清)邢澍田纂　清光緒六年(1880)刻本　八册

130000－0402－0002720　371－25/41
[乾隆]直隸代州志六卷　(清)吴重光等纂修　清乾隆五十年(1785)刻本　八册

130000－0402－0002721　371－25/42
[光緒]垣曲縣志十四卷　(清)薛元釗　(清)張于鑄纂修　清光緒六年(1880)刻本　八册

130000－0402－0002722　371－25/43－2
[乾隆]解州安邑縣運城志十六卷首一卷　(清)陳克鋐　(清)言如泗總修　(清)熊名相等纂　清乾隆二十九年(1764)刻解州全志本　四册

130000－0402－0002723　371－25/45
[道光]趙城縣志三十七卷首一卷　(清)楊延亮等纂修　清道光七年(1827)刻本　八册

130000－0402－0002724　371－25/47
[光緒]河津縣志十四卷首一卷　(清)茅丕熙等總修　(清)程象濂等纂　清光緒六年(1880)刻本　十册

130000－0402－0002725　371－25/48
[乾隆]解州平陸縣志十六卷首一卷　(清)言如泗總修　(清)韓夔典等纂　清乾隆二十八年(1763)刻解州全志本　四册

130000－0402－0002726　371－25/48－2
[光緒]平陸縣續志二卷首一卷末一卷　(清)劉鴻逵修　(清)沈承恩纂　清光緒六年(1880)刻本　四册

130000－0402－0002727　371－25/49
[光緒]直隸絳州志二十卷首一卷　(清)李焕揚修　(清)張于鑄纂　清光緒五年(1879)刻本　十册

130000－0402－0002728　371－25/51(1)
[乾隆]保德州志十二卷首一卷　(清)王克昌總裁　(清)白君琳原輯　(清)殷夢高增訂　清道光四年(1824)補刻本　五册　存七卷(一至六、十二)

130000－0402－0002729　371－25/51(2)
[乾隆]保德州志十二卷首一卷　(清)王克昌總裁　(清)白君琳原輯　(清)殷夢高增訂　清道光四年(1824)補刻本　十册

130000－0402－0002730　371－25/52
[光緒]壽陽縣志十三卷首一卷　(清)張嘉言等纂修　清光緒八年(1882)刻本　六册

130000－0402－0002731　371－25/53
[同治]河曲縣志八卷　(清)金福增修　(清)張兆魁等纂　清同治十一年(1872)刻本　八册

130000－0402－0002732　371－25/54－2
[光緒]續修曲沃縣志三十二卷　(清)張鴻逵等纂修　清光緒六年(1880)刻本　六册

130000－0402－0002733　371－25/55－2
[光緒]續修崞縣志八卷　(清)趙冠卿　(清)潘肯堂纂修　清光緒八年(1882)刻本　八册

130000－0402－0002734　371－25/56－2
[光緒]永濟縣志二十四卷　(清)李榮和　(清)劉鍾麟纂修　清光緒十二年(1886)刻本　十四册

130000－0402－0002735　371－25/57－2
[光緒]芮城縣續志四卷首一卷　(清)萬啟鈞　(清)張承熊纂修　清光緒六年(1880)刻本

二册

130000－0402－0002736　371－25/58－2
［光緒］續猗氏縣志二卷　（清）徐浩　（清）潘夢龍纂修　清光緒六年（1880）刻本　三册

130000－0402－0002737　371－25/59
［光緒］盂縣志二十二卷首一卷末一卷　（清）張嵐奇　（清）武纘緒纂修　清光緒七年（1881）刻本　十册

130000－0402－0002738　371－25/65（1）
［乾隆］山西志輯要十卷首一卷　（清）雅德　（清）汪本直纂修　清乾隆四十五年（1780）刻本　十册

130000－0402－0002739　371－25/65（2）
［乾隆］山西志輯要十卷首一卷清涼山志輯要二卷　（清）雅德　（清）汪本直纂修　清乾隆四十五年（1780）刻本　十二册

130000－0402－0002740　371－25/66（1）
［光緒］山西通志一百八十四卷首一卷　（清）王軒等纂修　清光緒十八年（1892）刻本　九十六册

130000－0402－0002741　371－25/66（2）
［光緒］山西通志一百八十四卷首一卷　（清）王軒等纂修　清光緒十八年（1892）刻本　九十六册

130000－0402－0002742　371－25/66（3）
［光緒］山西通志一百八十四卷首一卷　（清）王軒等纂修　清光緒十八年（1892）刻本　三十九册　缺十八卷（二、一百四十五至一百六十一）

130000－0402－0002743　371－25/66（4）
［光緒］山西通志一百八十四卷首一卷　（清）王軒等纂修　清刻本　二册　存四卷（六十至六十三）

130000－0402－0002744　371－27/1
［康熙］開封府志四十卷　（清）管竭忠修　（清）張沐纂　清刻本　十一册　存三十六卷（五至四十）

130000－0402－0002745　371－27/2
［雍正］河南通志八十卷　（清）田文鏡修　（清）孫灝纂　清刻本　二十九册　存五十八卷（十二至二十二、三十四至八十）

130000－0402－0002746　371－27/2/1
［乾隆］續河南通志八十卷首四卷　（清）阿思哈　（清）嵩貴纂修　清刻本　十六册　存三十八卷（四十四至五十三、五十七至八十，首四卷）

130000－0402－0002747　371－27/3
［道光］尉氏縣志二十卷首一卷　（清）劉厚滋等修　（清）王觀潮等纂輯　清道光十一年（1831）刻本　四册

130000－0402－0002748　371－27/4
［順治］淇縣志十卷圖考一卷　（清）王謙吉　（清）王南國修　（清）白龍躍　（清）葛漢忠纂　清順治十七年（1660）刻本　一册

130000－0402－0002749　371－27/5
［乾隆］盂縣志十卷　（清）仇汝瑚修　（清）馮敏昌纂　清乾隆五十五年（1790）刻本　十册

130000－0402－0002750　371－27/6
［光緒］南樂縣志十卷首一卷　（清）陸維炘修　（清）武勷朝總纂　清光緒二十九年（1903）樂昌書院刻本　三册　缺二卷（五至六）

130000－0402－0002751　371－27/7
［同治］清豐縣志十卷首一卷　（清）楊燝原纂　（清）高俊續纂　清同治十年（1871）增補本　四册

130000－0402－0002752　371－27/8
［乾隆］祥符縣志二十二卷　（清）張淑載修　（清）魯曾煜纂　清乾隆四年（1739）刻本　一册　存二卷（七至八）

130000－0402－0002753　371－31/1（1）
［乾隆］盛京通志四十八卷　（清）呂耀曾修　（清）魏樞等纂　（清）雷以誠補修　清咸豐二年（1852）補修本　九册　存十九卷（一至十四、十八至二十二）

130000－0402－0002754　371－31/1(2)
[乾隆]盛京通志四十八卷　(清)吕耀曾修　(清)魏樞等纂　(清)雷以誠補修　清咸豐二年(1852)補修本　二十册

130000－0402－0002755　371－31/5
[宣統]承德縣志書不分卷　張子瀛等增輯　清宣統二年(1910)石印本　二册

130000－0402－0002756　371－33/1(1)
[宣統]西安縣志畧十三卷　雷飛鵬等修　段盛梓等纂　清宣統三年(1911)石印本　二册

130000－0402－0002757　371－33/1(2)
[宣統]西安縣志畧十三卷　雷飛鵬等修　段盛梓等纂　清宣統三年(1911)石印本　二册

130000－0402－0002758　371－37/1
[光緒]新修清水河廳志二十卷首一卷　(清)文秀修　(清)盧夢蘭編纂　清光緒九年(1883)影抄本　六册

130000－0402－0002759　371－37/2
[乾隆]河套志六卷　(清)陳履中纂定　清乾隆七年(1742)寓園刻本　四册

130000－0402－0002760　371－37/4(1)
[光緒]土默特旗志十卷　貽穀修　高賡恩纂　清光緒三十四年(1908)刻本　二册

130000－0402－0002761　371－37/4(2)
[光緒]土默特旗志十卷　貽穀修　高賡恩纂　清光緒三十四年(1908)刻本　一册　存五卷(六至十)

130000－0402－0002762　371－37/5
河套圖考一卷　(清)楊江撰　清咸豐七年(1857)關中書院監院官署刻本　一册

130000－0402－0002763　371－37/10(1)
[光緒]綏遠志十卷首一卷　貽穀修　高賡恩纂　清光緒三十四年(1908)刻本　六册

130000－0402－0002764　371－37/10(2)
[光緒]綏遠志十卷首一卷　貽穀修　高賡恩纂　清光緒三十四年(1908)刻本　六册

130000－0402－0002765　371－37/10(3)
[光緒]綏遠志十卷首一卷　貽穀修　高賡恩纂　清光緒三十四年(1908)刻本　六册

130000－0402－0002766　371－37/10(4)
[光緒]綏遠志十卷首一卷　貽穀修　高賡恩纂　清光緒三十四年(1908)刻本　六册

130000－0402－0002767　371－37/10(5)
[光緒]綏遠志十卷首一卷　貽穀修　高賡恩纂　清光緒三十四年(1908)刻本　六册

130000－0402－0002768　371－37/10(6)
[光緒]綏遠志十卷首一卷　貽穀修　高賡恩纂　清光緒三十四年(1908)刻本　六册

130000－0402－0002769　371－37/10(7)
[光緒]綏遠志十卷首一卷　貽穀修　高賡恩纂　清光緒三十四年(1908)刻本　六册

130000－0402－0002770　371－41/2(1)
[光緒]重修甯羌州志五卷　(清)馬毓華編輯　(清)鄭書香等纂述　清光緒十四年(1888)刻本　五册

130000－0402－0002771　371－41/2(2)
[光緒]重修甯羌州志五卷　(清)馬毓華編輯　(清)鄭書香等纂述　清光緒十四年(1888)刻本　五册

130000－0402－0002772　371－41/3
[乾隆]富平縣志八卷　(清)吳六鰲修　(清)胡文銓纂輯　清乾隆四十三年(1778)刻本　六册

130000－0402－0002773　371－41/4
[光緒]乾州志稿十四卷首一卷别錄四卷乾陽殉難士女錄一卷　(清)周銘旗編輯　清光緒十一年(1885)乾陽書院刻本　八册

130000－0402－0002774　371－41/5
[嘉慶]白河縣志十四卷　(清)嚴一青輯　清嘉慶六年(1801)刻本　四册

130000－0402－0002775　371－41/6－2
[康熙]續華州志四卷　(清)馮昌奕等裁正　(清)劉遇奇纂　[乾隆]再續華州志十二卷　(清)史蓴編次　(清)汪以誠編閲　清光緒八

年(1882)刻本　六冊

130000－0402－0002776　371－41/7
[乾隆]蒲城縣志十五卷　(清)張心鏡等修　(清)吴泰來纂　清乾隆四十七年(1782)刻本　六冊

130000－0402－0002777　371－41/8(1)
[乾隆]白水縣志四卷首一卷　(清)梁善長纂修　清乾隆十九年(1754)刻本　六冊　存二卷(三至四)

130000－0402－0002778　371－41/8(2)
[乾隆]白水縣志四卷首一卷　(清)梁善長纂修　清乾隆十九年(1754)刻本　六冊　存四卷(一至三、首一卷)

130000－0402－0002779　371－41/9(1)
[乾隆]醴泉縣志十四卷　(清)蔣騏昌　(清)孫星衍撰　清乾隆四十八年(1783)刻本　四冊

130000－0402－0002780　371－41/9(2)
[乾隆]醴泉縣志十四卷　(清)蔣騏昌　(清)孫星衍撰　清乾隆四十八年(1783)刻本　六冊

130000－0402－0002781　371－41/10(1)
[光緒]定遠廳志二十六卷首一卷末一卷　(清)余修鳳等纂修　清光緒五年(1879)刻本　六冊

130000－0402－0002782　371－41/10(2)
[光緒]定遠廳志二十六卷首一卷末一卷　(清)余修鳳等纂修　清光緒五年(1879)刻本　六冊

130000－0402－0002783　371－41/11(1)
[康熙]潼關衛志三卷　(清)唐諮伯修　(清)楊端本纂　清康熙二十四年(1685)刻本　四冊

130000－0402－0002784　371－41/11(2)
[嘉慶]續潼關廳志三卷　(清)向淮纂修　清嘉慶二十二年(1817)刻本　四冊

130000－0402－0002785　371－41/12
[道光]大荔縣志十六卷首一卷足徵錄四卷　(清)熊兆麟纂修　清道光三十年(1850)刻本　十冊

130000－0402－0002786　371－41/13
[乾隆]雒南縣志十二卷　(清)范啟源重纂　(清)薛馧訂正　清乾隆十一年(1746)刻本　四冊

130000－0402－0002787　371－41/14
[乾隆]朝邑志十一卷首一卷　(清)錢坫撰次　(清)金嘉琰等纂修　清乾隆四十五年(1780)刻本　四冊

130000－0402－0002788　371－41/14－2
[咸豐]朝邑縣志三卷　(清)李元春撰輯　清咸豐元年(1851)刻本　一冊

130000－0402－0002789　371－41/15
[乾隆]郃陽縣全志四卷　(清)孫景烈撰次　清乾隆三十四年(1769)刻本　四冊

130000－0402－0002790　371－41/16
[乾隆]澄城縣志二十卷　(清)戴治修　(清)洪亮吉　(清)孫星衍撰　清乾隆四十九年(1784)刻嘉慶增補印本　四冊

130000－0402－0002791　371－41/17
[嘉慶]重修延安府志八十卷　(清)洪蕙纂修　清嘉慶七年(1802)刻本　十六冊

130000－0402－0002792　371－41/18
[嘉慶]咸寧縣志二十六卷首一卷　(清)高廷法總纂　(清)陸耀遹等編輯　清嘉慶二十三年(1818)刻本　八冊

130000－0402－0002793　371－41/19
[康熙]隴州志八卷首一卷　(清)羅彰彝纂修　清康熙五十二年(1713)刻本　八冊

130000－0402－0002794　371－41/20
[乾隆]直隸邠州志二十五卷　(清)王朝爵修　(清)孫星衍撰　清乾隆四十九年(1784)刻本　四冊

130000－0402－0002795　371－41/21
[道光]石泉縣志四卷　(清)舒鈞重輯　清道

光二十九年(1849)刻本　三冊

130000－0402－0002796　371－41/22
[康熙]延綏鎮志六卷　(清)譚吉璁重修　清康熙十二年(1673)抄刻合訂本　十五冊

130000－0402－0002797　371－41/23
[康熙]永壽縣志七卷　(清)張焜修　(清)趙運熙纂　清康熙七年(1668)抄本　六冊

130000－0402－0002798　371－41/24(1)
[正德]武功縣志三卷首一卷　(明)康海纂　(清)孫景烈評注　清同治十二年(1873)湖北崇文書局刻本　一冊

130000－0402－0002799　371－41/24(2)
[正德]武功縣志三卷首一卷　(明)康海纂　(清)孫景烈評注　清同治十二年(1873)湖北崇文書局刻本　一冊

130000－0402－0002800　371－41/24－2
[正德]重刊武功縣志四卷首一卷　(明)康海纂　(清)孫景烈評注　清刻本　一冊　存二卷(三至四)

130000－0402－0002801　371－41/24－3
[正德]新刊康對山先生武功縣志三卷首一卷　(明)康海纂　(清)孫景烈評注　清乾隆二十六年(1761)刻本　一冊

130000－0402－0002802　371－41/25
[道光]重修汧陽縣志十二卷首一卷　(清)羅曰壁編輯　清道光二十一年(1841)刻本　四冊

130000－0402－0002803　371－41/26
[乾隆]臨潼縣志九卷　(清)史傳遠輯　清乾隆四十一年(1776)刻本　六冊

130000－0402－0002804　371－41/27
三省邊防備覽十四卷　(清)嚴如熤輯　清道光二年(1822)刻本　八冊

130000－0402－0002805　371－41/28
[道光]榆林府志五十卷首一卷　(清)李熙齡纂輯　清道光二十一年(1841)刻本　十一冊　缺四卷(十三至十六)

130000－0402－0002806　371－41/29
[道光]紫陽縣志八卷首一卷　(清)陳僅　(清)吳純修　(清)楊家坤纂　清光緒八年(1882)增刻本　六冊

130000－0402－0002807　371－41/30
[嘉慶]安康縣志二十卷　(清)鄭謙總纂　(清)王森文編輯　清咸豐三年(1853)刻本　八冊

130000－0402－0002808　371－41/31(1)
[乾隆]鄠縣志十八卷首一卷　(清)李帶雙修　(清)張若纂　清乾隆四十三年(1778)刻本　六冊

130000－0402－0002809　371－41/31(2)
[乾隆]鄠縣志十八卷首一卷　(清)李帶雙修　(清)張若纂　清乾隆四十三年(1778)刻本　四冊

130000－0402－0002810　371－41/32
[熙寧]長安志二十卷圖三卷　(宋)宋敏求撰　(元)李好文繪圖　(清)畢沅校正　清刻本　五冊

130000－0402－0002811　371－41/32－3
[乾隆]西安府志八十卷　(清)舒其紳修　(清)嚴長明纂　清乾隆四十四年(1779)刻本　三十冊　存七十六卷(五至八十)

130000－0402－0002812　371－41/33
[光緒]沔縣志四卷　(清)孫銘鍾等編輯　(清)彭齡纂　清光緒九年(1883)刻本　四冊

130000－0402－0002813　371－41/34(1)
[光緒]三原縣新志八卷　(清)焦雲龍修　(清)賀瑞麟纂　清光緒六年(1880)刻本　四冊

130000－0402－0002814　371－41/34(2)
[光緒]三原縣新志八卷　(清)焦雲龍修　(清)賀瑞麟纂　清光緒六年(1880)刻本　四冊

130000－0402－0002815　371－41/35－2
[光緒]高陵縣續志八卷　(清)程維雍修

(清)白遇道纂　清光緒十年(1884)刻本　二册

130000-0402-0002816　371-41/36
[道光]神木縣志八卷　(清)王致雲　(清)朱壎纂修　**補編一卷**　(清)張琛纂　清道光二十一年(1841)刻本　四册

130000-0402-0002817　371-41/37
[乾隆]平利縣志四卷　(清)黄寬纂修　清抄本　四册

130000-0402-0002818　371-41/38(1)
[康熙]城固縣志十卷　(清)王穆纂修　清康熙五十六年(1717)刻本　四册

130000-0402-0002819　371-41/38(2)
[康熙]城固縣志十卷　(清)王穆纂修　清康熙五十六年(1717)刻本　四册

130000-0402-0002820　371-41/40-2
[光緒]續修平利縣志十卷　(清)楊孝寬修　(清)李聯芳等纂　清光緒二十三年(1897)刻本　四册

130000-0402-0002821　371-41/41-2
[乾隆]續商州志十卷　(清)羅文思纂修　清乾隆二十三年(1758)刻本　四册

130000-0402-0002822　371-41/42
[嘉慶]扶風縣志十八卷首一卷　(清)宋世犖總纂　(清)吴鵬翱編輯　清嘉慶二十四年(1819)刻本　四册

130000-0402-0002823　371-41/44
[嘉慶]漢陰廳志十卷首一卷　(清)錢鶴年纂定　(清)董詔纂修　清嘉慶二十三年(1818)刻本　六册

130000-0402-0002824　371-41/45
[咸豐]同州府志三十四卷首一卷文徵録三卷　(清)李恩繼　(清)文廉總纂　(清)蔣湘南編輯　清咸豐二年(1852)刻本　二十四册

130000-0402-0002825　371-41/45-2
[光緒]同州府續志十六卷首一卷　(清)饒應祺總纂　(清)馬先登等編輯　清光緒七年(1881)刻本　五册　缺四卷(六至九)

130000-0402-0002826　371-41/46
[道光]陝西志輯要六卷首一卷　(清)王志沂輯　清道光七年(1827)刻本　十二册

130000-0402-0002827　371-41/47
[嘉慶]漢南續修郡志三十二卷首一卷　(清)嚴如熤修　(清)鄭炳然纂　清抄本　八册　缺六卷(十九至二十四)

130000-0402-0002828　371-41/48
[嘉慶]洛川縣志二十卷首一卷　(清)劉毓秀等纂修　清嘉慶十二年(1807)刻本　一册　存九卷(一至八、首一卷)

130000-0402-0002829　371-41/49
[道光]留壩廳志十卷足徵錄四卷　(清)賀仲瑊纂修　(清)蔣湘南編輯　清道光二十二年(1842)刻本　二册　存十卷(留壩廳志十卷)

130000-0402-0002830　371-41/50
[宣統]重修涇陽縣志十六卷首一卷末一卷　劉懋官修　宋伯魯總纂　周斯億編纂　清宣統三年(1911)天津華新印刷局鉛印本　四册

130000-0402-0002831　371-41/51
[光緒]鳳縣志十卷　(清)朱子春修　(清)段澍霖纂　清光緒十八年(1892)刻本　二册　存五卷(三至六、十)

130000-0402-0002832　371-41/52(1)
[雍正]陝西通志一百卷首一卷　(清)劉于義等修　(清)沈青崖等纂　清雍正十三年(1735)刻本　一百册

130000-0402-0002833　371-41/52(2)
[雍正]陝西通志一百卷首一卷　(清)劉于義等修　(清)沈青崖等纂　清雍正十三年(1735)刻本　一百册

130000-0402-0002834　371-41/52(3)
[雍正]陝西通志一百卷首一卷　(清)劉于義等修　(清)沈青崖等纂　清雍正十三年(1735)刻本　三十册　存三十一卷(一至十、二十一至三十、九十一至一百,首一卷)

130000－0402－0002835　371－41/52(4)
[雍正]陝西通志一百卷首一卷　(清)劉于義等修　(清)沈青崖等纂　清雍正十三年(1735)刻本　八十八册　存八十九卷(一至二十、二十二至三十八、四十八至六十七、六十九至九十四、九十六至一百,首一卷)

130000－0402－0002836　371－43/1(1)
[道光]蘭州府志十二卷首一卷　(清)陳士楨修　(清)塗鴻儀編輯　清道光十二年(1832)刻本　八册

130000－0402－0002837　371－43/1(2)
[道光]蘭州府志十二卷首一卷　(清)陳士楨修　(清)塗鴻儀編輯　清道光十三年(1833)刻本　十册

130000－0402－0002838　371－43/2
[乾隆]莊浪志畧二十卷　(清)邵陸纂修　(清)耿光文重訂　清抄本　十册

130000－0402－0002839　371－43/3
[嘉慶]徽縣志八卷　(清)張伯魁纂修　清嘉慶十四年(1809)刻本　八册

130000－0402－0002840　371－43/4
[乾隆]伏羌縣志十四卷首一卷　(清)周銑裁定　(清)葉芝纂　清抄本　八册

130000－0402－0002841　371－43/5
[乾隆]成縣新志四卷　(清)黄泳纂修　清乾隆六年(1741)刻本　十册

130000－0402－0002842　371－43/6(1)
[乾隆]皋蘭縣志二十卷　(清)吳鼎新修　(清)黄建中纂　清乾隆四十三年(1778)刻本　四册

130000－0402－0002843　371－43/6(2)
[乾隆]皋蘭縣志二十卷　(清)吳鼎新修　(清)黄建中纂　清乾隆四十三年(1778)刻本　一册　存八卷(五至十二)

130000－0402－0002844　371－43/7(1)
[乾隆]五涼考治六德集全志五卷　(清)張玿美總修　清乾隆十四年(1749)刻本　六册

130000－0402－0002845　371－43/7(2)
[乾隆]五涼考治六德集全志五卷　(清)張玿美總修　清乾隆十四年(1749)刻本　二册　存二種二卷(武威縣志一卷、古浪縣志一卷)

130000－0402－0002846　371－43/7(3)
[乾隆]五涼考治六德集全志五卷　(清)張玿美總修　清乾隆十四年(1749)刻本　二册　存二種二卷(古浪縣志一卷、平番縣志一卷)

130000－0402－0002847　371－43/7(4)
[乾隆]五涼考治六德集全志五卷　(清)張玿美總修　清乾隆十四年(1749)刻本　五册

130000－0402－0002848　371－43/8(1)
[光緒]重纂秦州直隸州新志二十四卷首一卷　(清)余澤春修　(清)王權　(清)任其昌纂　清光緒十五年(1889)隴南書院刻本　十二册　存十五卷(一至十四、首一卷)

130000－0402－0002849　371－43/8(2)
[光緒]重纂秦州直隸州新志二十四卷首一卷　(清)余澤春修　(清)王權　(清)任其昌纂　清光緒十五年(1889)隴南書院刻本　十册　存十一卷(一至十、首一卷)

130000－0402－0002850　371－43/8(3)
[光緒]重纂秦州直隸州新志二十四卷首一卷　(清)余澤春修　(清)王權　(清)任其昌纂　清光緒十五年(1889)隴南書院刻本　八册　存十一卷(十二至二十一、首一卷)

130000－0402－0002851　371－43/8(4)
[光緒]重纂秦州直隸州新志二十四卷首一卷　(清)余澤春修　(清)王權　(清)任其昌纂　清光緒十五年(1889)隴南書院刻本　十六册

130000－0402－0002852　371－43/10
[道光]敦煌縣志七卷首一卷　(清)蘇履吉修　(清)曾誠纂　清抄本　八册

130000－0402－0002853　371－43/11(1)
[乾隆]甘州府志十六卷首一卷末一卷　(清)鍾賡起編纂　清乾隆四十四年(1779)刻本　十册

130000－0402－0002854　371－43/11(2)
[乾隆]甘州府志十六卷首一卷末一卷　(清)鍾賡起編纂　清乾隆四十四年(1779)刻本　十四冊　存十三卷(一至十三)

130000－0402－0002855　371－43/11(3)
[乾隆]甘州府志十六卷首一卷末一卷　(清)鍾賡起編纂　清乾隆四十四年(1779)刻本　五冊　存五卷(十三至十六、末一卷)

130000－0402－0002856　371－43/12
[康熙]寧遠縣志六卷　(清)馮同憲輯　**[乾隆]續略八卷**　(清)胡莫域輯　清乾隆百尺樓抄藏康熙刻本　六冊

130000－0402－0002857　371－43/14
[嘉慶]新集華亭縣志七卷　(清)趙先甲續次　清嘉慶元年(1796)百尺樓抄本　四冊

130000－0402－0002858　371－43/15
[宣統]狄道州續志十二卷首一卷　聯瑛編輯　李鏡清校訂　清宣統元年(1909)刻本　八冊

130000－0402－0002859　371－45/1(1)
[乾隆]西寧府新志四十卷　(清)楊應琚纂修　清乾隆十二年(1747)刻本　二十四冊

130000－0402－0002860　371－45/1(2)
[乾隆]西寧府新志四十卷　(清)楊應琚纂修　清乾隆十二年(1747)刻本　十二冊

130000－0402－0002861　371－45/1(3)
[乾隆]西寧府新志四十卷　(清)楊應琚纂修　清乾隆十二年(1747)刻本　十二冊

130000－0402－0002862　371－45/2
[光緒]丹噶爾廳新志八卷　張廷武修　楊治平纂　清宣統二年(1910)甘肅官報書局鉛印本　七冊　存七卷(二至八)

130000－0402－0002863　371－47/1(1)
[宣統]新疆山脈志六卷　王樹枏編纂　清末新疆官書局鉛印本　三冊　存三卷(二至三、六)

130000－0402－0002864　371－47/1(2)
[宣統]新疆山脈志六卷　王樹枏編纂　清末新疆官書局鉛印本　六冊

130000－0402－0002865　371－47/1－2
[宣統]新疆山脈圖志六卷　王樹枏編纂　清宣統元年(1909)陶廬叢刻本　六冊

130000－0402－0002866　371－47/2
[宣統]新疆國界圖志五卷　王樹枏編纂　清末新疆官書局鉛印本　五冊

130000－0402－0002867　371－47/2－2
[宣統]新疆國界圖志八卷　王樹枏編纂　清宣統元年(1909)陶廬叢刻本　五冊　存五卷(一至五)

130000－0402－0002868　371－47/3
[宣統]新疆物候志一卷　王樹枏撰　清末新疆官書局鉛印本　一冊

130000－0402－0002869　371－47/5(1)
[乾隆]欽定皇輿西域圖志四十八卷首四卷　(清)傅恒等總裁　(清)褚廷璋等纂　清乾隆四十七年(1782)武英殿刻本　二十四冊

130000－0402－0002870　371－47/5(2)
[乾隆]欽定皇輿西域圖志四十八卷首四卷　(清)傅恒等總裁　(清)褚廷璋等纂　清乾隆四十七年(1782)武英殿刻本　二十四冊

130000－0402－0002871　371－47/5－2
[乾隆]欽定皇輿西域圖志四十八卷首四卷　(清)傅恒等總裁　(清)褚廷璋等纂　清光緒十九年(1893)石印本　十二冊

130000－0402－0002872　371－47/6
[乾隆]回疆志四卷　(清)蘇爾德纂修　清乾隆三十七年(1772)博覽堂抄本　三冊　存三卷(一至三)

130000－0402－0002873　371－47/8(1)
西陲要略四卷　(清)祁韻士輯　清道光十七年(1837)筠淥山房刻本　一冊

130000－0402－0002874　371－47/8(2)
西陲要略四卷　(清)祁韻士輯　清道光十七年(1837)筠淥山房刻本　二冊

130000－0402－0002875　371－47/9

[宣統]新疆圖志一百十六卷首一卷　袁大化總裁　王樹枏等總纂　清宣統三年(1911)木活字本　一百十七册　缺一卷(六十七)

130000－0402－0002876　371－47/10

[乾隆]欽定新疆識畧十二卷首一卷　(清)徐松原著　(清)松筠著　清道光元年(1821)刻本　十册

130000－0402－0002877　371－47/12(1)

[乾隆]西陲總統事略十二卷　(清)汪廷楷輯　(清)祁韻士編纂　**竹枝詞一百首**　(清)祁韻士撰　清嘉慶十六年(1811)刻本　三册　存四卷(一至四)

130000－0402－0002878　371－47/12(2)

[乾隆]西陲總統事略十二卷　(清)汪廷楷輯　(清)祁韻士編纂　**竹枝詞一百首**　(清)祁韻士撰　**綏服紀畧圖詩一卷**　(清)松筠著　清嘉慶十六年(1811)刻本　八册

130000－0402－0002879　371－47/12(3)

[乾隆]西陲總統事略十二卷　(清)汪廷楷輯　(清)祁韻士編纂　**竹枝詞一百首**　(清)祁韻士撰　**綏服紀畧圖詩一卷**　(清)松筠著　清嘉慶十六年(1811)刻本　八册

130000－0402－0002880　371－49/2

[宣統]新修固原直隸州志十一卷　王學伊總纂　**硝河城志一卷**　楊修德總纂　清宣統元年(1909)官報書局鉛印本　十一册　缺一卷(二)

130000－0402－0002881　371－49/3

[嘉慶]靈州志蹟四卷　(清)楊芳燦監修　(清)郭楷纂修　清抄本　四册

130000－0402－0002882　371－49/4

[光緒]平遠縣志十卷　魏光燾鑒定　(清)陳日新纂　清抄本　四册

130000－0402－0002883　371－53/1

[光緒]江陰縣志三十卷首一卷　(清)盧思誠等修　(清)季念詒等纂　清光緒四年(1878)刻本　十册　存十六卷(十五至三十)

130000－0402－0002884　371－53/2

[光緒]增修甘泉縣志二十四卷首一卷　(清)吳鄂峙等原纂　(清)陳觀國等續輯　(清)徐成敷等增訂　清光緒二十三年(1897)刻本　十一册　存十五卷(十至二十四)

130000－0402－0002885　371－53/3

[乾隆]江南通志二百卷首四卷　(清)尹繼善等總裁　(清)黄之雋等纂修　清乾隆元年(1736)刻本　六十册　存一百五十四卷(一至一百四、一百二十七至一百五十二、一百八十一至二百,首四卷)

130000－0402－0002886　371－53/4(1)

[乾隆]高郵州志十二卷首一卷　(清)楊宜崙修　(清)夏之蓉等纂　清刻本　七册　存十二卷(一至七、九至十、十一下至十二,首一卷)

130000－0402－0002887　371－53/4(2)

[乾隆]高郵州志十二卷首一卷　(清)楊宜崙修　(清)夏之蓉等纂　清刻本　一册　存一卷(十)

130000－0402－0002888　371－55/1

[光緒]重修五河縣志二十卷首一卷末一卷　(清)賴同宴等主修　(清)俞宗誠總纂　清光緒二十年(1894)金陵刻本　八册

130000－0402－0002889　371－55/2

[道光]皖省志略四卷　(清)朱雲錦輯　清道光元年(1821)傳書齋毛氏刻本　四册

130000－0402－0002890　371－57/1

[萬曆]錢塘縣志不分卷　(明)聶心湯　(明)虞淳熙纂修　清光緒刻武林掌故叢編本　二册　存二册(紀文、外紀)

130000－0402－0002891　371－57/2

[嘉定]赤城志四十卷赤城集十八卷　(宋)陳耆卿原修　(清)宋世犖重修　清嘉慶二十三年(1818)臨海宋氏刻台州叢書乙集本　十册

130000－0402－0002892　371－57/3

[雍正]梅里志四卷首一卷　(清)吳存禮編　清道光四年(1824)刻本　四册

130000－0402－0002893　371－57/5

[光緒]平湖縣志二十五卷首一卷末一卷　(清)彭潤章等修　(清)葉廉鍔等纂　清光緒十二年(1886)刻本　一冊　存二卷(十九至二十)

130000－0402－0002894　371－61/1

[乾隆]福建通志七十八卷　(清)郝玉麟等修　(清)謝道承等纂　清刻本　十三冊　存十七卷(二十六至二十八、三十四至四十七)

130000－0402－0002895　371－63/1

[乾隆]續修臺灣府志二十六卷首一卷　(清)覺羅四明總裁　(清)余文儀修　(清)黄佾纂　清抄本　二十四冊

130000－0402－0002896　371－71/1

[乾隆]襄陽府志四十卷首一卷　(清)陳鍔纂修　清乾隆二十五年(1760)刻本　十六冊

130000－0402－0002897　371－71/2

[咸豐]重修棗陽縣志十五卷首一卷　(清)陳子餙等纂修　清咸豐四年(1854)刻本　八冊

130000－0402－0002898　371－71/3

[光緒]歸州志十七卷　(清)黄世崇編輯　清光緒二十七年(1901)廣濟縣署刻本　四冊

130000－0402－0002899　371－71/4

[光緒]京山縣志二十七卷首一卷　(清)李慶霖等監定　(清)曾憲德等纂修　清光緒八年(1882)刻本　十三冊　缺五卷(十四至十六、二十二至二十三)

130000－0402－0002900　371－71/5

[同治]穀城縣志八卷　(清)承印等纂修　清同治六年(1867)刻本　八冊

130000－0402－0002901　371－71/6

[光緒]續輯咸寧縣志八卷首一卷　(清)陳樹楠等修　(清)錢光奎等纂　清光緒八年(1882)刻本　八冊

130000－0402－0002902　371－71/8

[康熙]湖廣通志八十卷　(清)徐國相等總裁　(清)宫夢仁等編纂　清康熙二十三年(1684)刻本　十八冊　存四十七卷(一至四十七)

130000－0402－0002903　371－75/1

[乾隆]南昌縣志七十卷首一卷　(清)顧錫鬯總裁　(清)蔡正笏等纂修　清乾隆十六年(1751)刻本　二十冊

130000－0402－0002904　371－75/2

[同治]贛州府志七十八卷首一卷　(清)魏瀛主修　(清)鍾音鴻等纂　清同治十二年(1873)府署刻本　四十冊

130000－0402－0002905　371－75/3

[乾隆]南安府志二十二卷　(清)蔣有道等主修　(清)史珥纂修　清乾隆三十三年(1768)刻本　八冊

130000－0402－0002906　371－75/4

[康熙]西江志二百六卷圖一卷　(清)白潢總裁　(清)查慎行等纂修　清康熙五十九年(1720)刻本　三十九冊　存九十九卷(一至五十六、一百四十至一百六十一、一百八十四至一百八十九、一百九十二至二百六)

130000－0402－0002907　371－81/2

[雍正]廣東通志六十四卷　(清)郝玉麟等總裁　(清)魯曾煜總輯　清雍正九年(1731)刻本　三十八冊　存五十五卷(一至三十四、四十四至六十四)

130000－0402－0002908　371－81/2－2

[道光]廣東通志三百三十四卷　(清)阮元修　(清)陳昌齊等纂　清刻本　六冊　存十七卷(一百九十九至二百十五)

130000－0402－0002909　371－87/1

[乾隆]梧州府志二十四卷首一卷　(清)吴九齡修　(清)史鳴皋纂　清同治十二年(1873)刻本　二冊　存五卷(三至七)

130000－0402－0002910　371－87/2

[乾隆]鎮安府志八卷首一卷　(清)傅埅纂修　清乾隆二十一年(1756)刻本　六冊　缺二卷(二至三)

130000－0402－0002911　371－91/2
[嘉慶]璧山縣志四卷　(清)湯貽眉等纂修　清嘉慶十七年(1812)抄本　四冊

130000－0402－0002912　371－91/3(1)
[嘉慶]四川通志二百四卷首二十二卷　(清)常明總裁　(清)楊芳燦　(清)譚光祜纂　清嘉慶二十一年(1816)刻本　二百冊

130000－0402－0002913　371－91/3(2)
[嘉慶]四川通志二百四卷首二十二卷　(清)常明總裁　(清)楊芳燦　(清)譚光祜纂　清嘉慶二十一年(1816)刻本　六十九冊　存一百四十一卷(二十九至三十、六十九至二百四,首十三至十五)

130000－0402－0002914　371－91/4
[乾隆]打箭鑪志二卷　(清)□□撰　清抄本　二冊

130000－0402－0002915　371－91/7
[同治]直隸理番廳志六卷首一卷　(清)吳羹梅修　(清)周祚嶧纂　清同治五年至七年(1866－1868)刻本　二冊

130000－0402－0002916　371－97/3
[光緒]西藏圖考八卷首一卷　(清)黃沛翹輯　清光緒十二年(1886)刻本　四冊

130000－0402－0002917　371－97/3－2
[光緒]西藏圖考八卷首一卷　(清)黃沛翹輯　清光緒二十年(1894)刻本　二冊

130000－0402－0002918　371－97/4
[嘉慶]衛藏通志十六卷首一卷　(清)和琳撰　清光緒二十二年(1896)刻漸西村舍彙刻本　八冊

130000－0402－0002919　371－97/4－2
[嘉慶]衛藏通志十四卷首一卷　(清)和琳撰　校字記一卷　(清)袁昶撰　清光緒二十二年(1896)刻漸西村舍彙刻本　八冊

130000－0402－0002920　371－97/5
西藏通覽二編二十二章　(日本)山縣初男編著　四川西藏研究會編譯　清宣統元年(1909)成都文倫書局石印本　四冊

130000－0402－0002921　372/1
日下舊聞四十二卷　(清)朱彝尊輯　清刻本　二十冊

130000－0402－0002922　372/1/2
欽定日下舊聞考一百二十卷　(清)英廉等編　清乾隆刻本　十二冊　存三十六卷(三十七至七十二)

130000－0402－0002923　372/2
增補都門紀略八卷　(清)楊靜亭輯　(清)李靜山增補　清光緒三年(1877)刻本　十冊

130000－0402－0002924　372/2－2
增補都門紀略八卷　(清)楊靜亭輯　(清)李靜山增補　清刻本　一冊　存三卷(國朝鼎甲錄一卷、都門彙纂一卷、菊部群英一卷)

130000－0402－0002925　372/2/1
新增都門紀略七卷　(清)楊靜亭輯　(清)李靜山增補　清宣統二年(1910)榮錄堂刻本　二冊　存二卷(皇城圖說一卷、都門雜記一卷)

130000－0402－0002926　372/3
宸垣識略十六卷　(清)吳長元輯　清乾隆五十三年(1788)池北草堂刻本　八冊

130000－0402－0002927　372/4
古香齋鑒賞袖珍春明夢餘錄七十卷　(清)孫承澤著　清刻本　十二冊　存二十五卷(二十三至四十七)

130000－0402－0002928　372/8
六朝事迹編類十四卷　(宋)張敦頤撰　清光緒十三年(1887)寶章閣刻本　四冊

130000－0402－0002929　372/16
湖北輿地圖　(清)湖北輿地圖局輯　清光緒石印本　四冊

130000－0402－0002930　372/17
湖北輿圖　(清)石禮嘉編　清乾隆三十年(1765)刻本　一冊

130000－0402－0002931　372/19

桃花源志略十三卷附三百韻　(清)唐開韶輯　(清)胡焯編　清道光二十六年(1846)刻本　四冊　存九卷(一至九)

130000－0402－0002932　372/21
安徽輿圖表說十卷　(清)□□纂修　清光緒二十二年(1896)刻本　三冊

130000－0402－0002933　372/24(1)
揚州畫舫錄十八卷　(清)李斗著　清道光十九年(1839)古今書室石印本　八冊

130000－0402－0002934　372/24(2)
揚州畫舫錄十八卷　(清)李斗著　清道光十九年(1839)古今書室石印本　八冊

130000－0402－0002935　372/27
閩都記三十三卷　(明)王應山纂輯　清道光十一年(1831)刻本　六冊

130000－0402－0002936　372/28
臺海使槎錄八卷　(清)黄叔璥撰　清乾隆元年(1736)刻本　四冊

130000－0402－0002937　372/30
[永和]華陽國志十二卷　(晉)常璩撰　清刻本　五冊

130000－0402－0002938　372/30－2
[永和]華陽國志十二卷　(晉)常璩撰　**補華陽國志三州郡縣目錄一卷**　(清)廖寅撰　清嘉慶十九年(1814)娜嬛書室刻本　四冊

130000－0402－0002939　372/30－3
[永和]華陽國志十二卷　(晉)常璩撰　**補華陽國志三州郡縣目錄一卷**　(清)廖寅撰　清嘉慶十九年(1814)刻本　四冊

130000－0402－0002940　372/32(1)
晉政輯要四十卷　(清)安頤　(清)張承熊纂修　清光緒十四年(1888)刻本　三十二冊

130000－0402－0002941　372/32(2)
晉政輯要四十卷　(清)安頤　(清)張承熊纂修　清光緒十四年(1888)刻本　三十二冊

130000－0402－0002942　372/32(3)
晉政輯要四十卷　(清)安頤　(清)張承熊纂修　清光緒十四年(1888)刻本　八冊　存十三卷(十三至十四、十九至二十一、二十九、三十二至三十五、三十八至四十)

130000－0402－0002943　372/33
山西兵要地理　(清)□□編　清末石印本　一冊

130000－0402－0002944　372/34
山西疆域沿革圖譜五卷　(清)王軒纂修　清光緒十三年(1887)刻本　五冊

130000－0402－0002945　372/36
東三省政略十二卷附圖一卷　徐世昌編　清宣統三年(1911)鉛印本　四十冊

130000－0402－0002946　372/37
東三省沿革表六卷　吳廷燮纂修　清宣統元年(1909)退耕堂刻本　六冊

130000－0402－0002947　372/39(1)
[乾隆]澳門紀略二卷首一卷末一卷　(清)印光任　(清)張汝霖纂　清光緒六年(1880)江寧藩署刻本　二冊

130000－0402－0002948　372/39(2)
[乾隆]澳門紀略二卷首一卷末一卷　(清)印光任　(清)張汝霖纂　清光緒六年(1880)江寧藩署刻本　四冊

130000－0402－0002949　372/40(1)
蒙古遊牧記十六卷　(清)張穆撰　清同治六年(1867)刻本　四冊

130000－0402－0002950　372/40(2)
蒙古遊牧記十六卷　(清)張穆撰　清同治六年(1867)刻本　四冊

130000－0402－0002951　372/40－2
蒙古遊牧記十六卷　(清)張穆撰　清光緒二十年(1894)上海復古書局石印本　六冊

130000－0402－0002952　372/43
廣陵通典十卷　(清)汪中撰　清同治八年(1869)揚州書局刻本　二冊

130000－0402－0002953　372/44
朝市叢載八卷　(清)李虹若撰　清光緒十七

年(1891)刻本　七册　存七卷(一至七)

130000－0402－0002954　372/46

滇南銅説三編　(清)趙光祖撰　清道光二十八年(1848)竹汀主人刻本　一册

130000－0402－0002955　372/49

秦邊紀略三卷　(清)梁份撰　清抄本　四册

130000－0402－0002956　372/49－2

秦邊紀略六卷　(清)梁份撰　清同治十一年(1872)安徽藩署敬義齋刻本　一册　存三卷(一至三)

130000－0402－0002957　372/50(1)

學部審定滿蒙新藏述畧二卷　金鍾麟撰　清宣統元年(1909)中州石印館石印本　一册

130000－0402－0002958　372/50(2)

學部審定滿蒙新藏述畧二卷　金鍾麟撰　清宣統元年(1909)中州石印館石印本　一册

130000－0402－0002959　372/53(1)

[山東曲阜]闕里誌二十四卷　(明)陳鎬輯　(清)孔胤植重修　清刻本　五册　存七卷(十八至二十四)

130000－0402－0002960　372/53(2)

[山東曲阜]闕里誌二十四卷　(明)陳鎬輯　(清)孔胤植重修　清刻本　十册

130000－0402－0002961　372/53(3)

[山東曲阜]闕里誌二十四卷　(明)陳鎬輯　(清)孔胤植重修　清刻本　二册　存二卷(二十二至二十三)

130000－0402－0002962　372－23/1

齊乘六卷　(元)于欽等纂　**釋音一卷**　(元)于潛述　**考證六卷**　(清)周嘉猷撰　清乾隆四十六年(1781)刻本　四册

130000－0402－0002963　372－47/1(1)

大興徐氏三種　(清)徐松撰　清道光刻本　四册

130000－0402－0002964　372－47/1(2)

大興徐氏三種　(清)徐松撰　清道光刻本　七册　存七卷(西域水道記五卷、新疆賦一卷、漢書西域傳補注下)

130000－0402－0002965　372－47/2

辛亥撫新記程二卷　袁大化撰　清宣統三年(1911)新疆官報書局鉛印本　二册

130000－0402－0002966　372－47/7

西域三記　(清)路同申著　清抄本　一册

130000－0402－0002967　372－47/8

西域記八卷　(清)七十一著　清嘉慶十九年(1814)味經堂刻本　三册　存六卷(一至六)

130000－0402－0002968　372－47/8－3

西域聞見錄八卷　(清)七十一著　清刻本　一册　存五卷(四至八)

130000－0402－0002969　372－47/8－2

西域聞見錄八卷　(清)七十一著　清道光七年(1827)刻本　四册

130000－0402－0002970　372－97/1

衛藏圖識五卷　(清)馬揭　(清)盛繩祖纂修　清刻本　四册

130000－0402－0002971　372－97/2

西招圖略一卷圖説一卷前藏至西寧路程一卷　(清)松筠纂修　清嘉慶三年(1798)刻本　一册

130000－0402－0002972　372－97/2－2

西招圖略一卷前藏至西寧路程一卷乍了圖説一卷圖説一卷　(清)松筠纂修　清道光二十七年(1847)刻本　二册

130000－0402－0002973　373/1

漢口山陜西會館志二卷　(清)侯培峻　(清)冀麟書編　清光緒二十二年(1896)石印本　二册

130000－0402－0002974　373/2

歷代陵寢備考五十卷歷代宗廟附考八卷　(清)朱孔陽輯　清光緒鉛印申報館叢書本　十四册

130000－0402－0002975　373/3

文廟祀位考畧六卷　(清)劉棨輯　清同治九年(1870)桂林鴻文堂刻本　四册

130000－0402－0002976　373/6
［浙江杭州］西湖志四十八卷　（清）李衛等總裁　（清）傅王露總修　清光緒四年（1878）浙江書局刻本　十九冊　存四十六卷（一至四、七至四十八）

130000－0402－0002977　374/1－2
水經注匯校四十卷首一卷附錄二卷　（北魏）酈道元撰　清光緒七年（1881）福州刻本　十二冊

130000－0402－0002978　374/1－4
水經注四十卷　（北魏）酈道元撰　清刻本　七冊

130000－0402－0002979　374/1－5（1）
水經注四十卷首一卷　（北魏）酈道元撰　清光緒三年（1877）湖北崇文書局刻本　十二冊

130000－0402－0002980　374/1－5（2）
水經注四十卷首一卷　（北魏）酈道元撰　清光緒三年（1877）湖北崇文書局刻本　十二冊

130000－0402－0002981　374/1－5（3）
水經注四十卷首一卷　（北魏）酈道元撰　清光緒三年（1877）湖北崇文書局刻本　六冊　存二十一卷（一至二十、首一卷）

130000－0402－0002982　374/1－6
水經注四十卷　（漢）桑欽撰　（北魏）酈道元注　清康熙五十三年至五十四年（1714－1715）項氏群玉書堂刻本　十冊

130000－0402－0002983　374/1－7
水經注釋四十卷首一卷附錄二卷　（清）趙一清錄　清光緒六年（1880）會稽章氏刻本　二十四冊

130000－0402－0002984　374/1－7/2
水經注箋刊誤十二卷　（清）趙一清錄　清光緒六年（1880）會稽章氏刻本　六冊

130000－0402－0002985　374/1－7/3
今水經一卷　（清）黃宗羲學　清光緒六年（1880）會稽章氏刻本　一冊

130000－0402－0002986　374/1－7/4
水經釋地八卷　（清）孔繼涵撰　清光緒六年（1880）會稽章氏刻本　二冊

130000－0402－0002987　374/1－7/5
水經注圖說殘稾四卷　（清）董祐誠撰　清光緒六年（1880）會稽章氏刻本　一冊

130000－0402－0002988　374/1－8（1）
水經注釋四十卷　（清）趙一清錄　清光緒六年（1880）蛟川花雨樓張氏刻本　三冊　存十一卷（二十六至三十六）

130000－0402－0002989　374/1－8（2）
水經注釋四十卷首一卷附錄二卷刊誤十二卷　（清）趙一清錄　清光緒六年（1880）蛟川華雨樓張氏刻本　二十冊

130000－0402－0002990　374/1－9
水經注釋四十卷首一卷附錄二卷刊誤十二卷　（清）趙一清撰　清乾隆五十九年（1794）趙氏小山堂刻本　十八冊

130000－0402－0002991　374/1－10
水經注四十卷首一卷　（北魏）酈道元撰　**附錄二卷**　（清）趙一清撰　清光緒十八年（1892）思賢講舍刻本　十六冊

130000－0402－0002992　374/1－11
水經注四十卷首一卷　（北魏）酈道元撰　清武英殿木活字印武英殿聚珍版書本　十冊　存二十五卷（一至十三、二十六至三十六，首一卷）

130000－0402－0002993　374/1－12
水經注四十卷　（漢）桑欽撰　（北魏）酈道元注　清乾隆十八年（1753）黃晟槐蔭草堂刻本　九冊

130000－0402－0002994　374/3
水道提綱二十八卷　（清）齊召南編錄　清光緒四年（1878）霞城精舍刻本　八冊

130000－0402－0002995　374/3－2
水道提綱二十八卷　（清）齊召南編錄　清光緒十七年（1891）湖南崇德書局刻本　八冊

130000－0402－0002996　374/3－3

水道提綱二十八卷　(清)齊召南編錄　清新化三味書室刻本　一冊　存五卷(十九至二十三)

130000－0402－0002997　374/4
行水金鑑一百七十五卷首一卷　(清)傅澤洪錄　清雍正三年(1725)喻義堂刻本　三十六冊

130000－0402－0002998　374/5
長江圖十二卷首一卷　(清)馬徵麟著　清同治九年(1870)金陵提署刻本　一冊

130000－0402－0002999　374/6(1)
河防志十二卷　(清)張希良輯　清雍正三年(1725)刻本　二十冊

130000－0402－0003000　374/6(2)
河防志十二卷　(清)張希良輯　清雍正三年(1725)刻本　十二冊

130000－0402－0003001　374/6/3(1)
歷代黃河變遷圖考四卷　(清)劉鶚撰　清宣統二年(1910)山東河工研究所石印本　四冊

130000－0402－0003002　374/6/3(2)
歷代黃河變遷圖考四卷　(清)劉鶚撰　清宣統二年(1910)山東河工研究所石印本　四冊

130000－0402－0003003　374/6/4
治河方略十卷首一卷　(清)靳輔著　清安瀾堂刻本　十冊　缺一卷(六)

130000－0402－0003004　374/6/5
古今治河要策四卷　(清)□□輯　清光緒十四年(1888)刻本　二冊

130000－0402－0003005　374/6/6
中國黃河經緯度里之圖　(清)梅啟照撰　清光緒八年(1882)東河節署刻本　一冊

130000－0402－0003006　374/7
[嘉慶]永定河志三十二卷附錄一卷　(清)李逢亨纂修　清嘉慶刻本　十六冊

130000－0402－0003007　374/7/2
[光緒]永定河續志十六卷首一卷附錄一卷　(清)朱其詔　(清)蔣廷皋編纂　清光緒八年(1882)刻本　十二冊　缺一卷(一)

130000－0402－0003008　374/8(1)
畿輔河道水利叢書八種附一種　(清)吳邦慶輯　清道光四年(1824)刻本　十冊

130000－0402－0003009　374/8(2)
畿輔河道水利叢書八種附一種　(清)吳邦慶輯　清道光四年(1824)刻本　十冊

130000－0402－0003010　374/8(3)
畿輔河道水利叢書八種附一種　(清)吳邦慶輯　清道光四年(1824)刻本　十冊

130000－0402－0003011　374/9(1)
山東運河備覽十二卷　(清)陸燿纂　清刻本　五冊　存十一卷(二至十二)

130000－0402－0003012　374/9(2)
山東運河備覽十二卷　(清)陸燿纂　清同治十年(1871)運河道庫刻本　六冊

130000－0402－0003013　374/10
浙西水利備考四種　(清)王鳳生撰　清光緒四年(1878)浙江書局刻本　四冊

130000－0402－0003014　374/11(1)
西域水道記五卷　(清)徐松撰　清道光刻本　四冊

130000－0402－0003015　374/11(2)
西域水道記五卷　(清)徐松撰　清道光刻本　五冊

130000－0402－0003016　374/14
九河故道考一卷　(清)張亨嘉撰　清光緒八年(1882)東河節署刻本　一冊

130000－0402－0003017　374/19
楚北水利隄防紀要二卷　(清)俞昌烈撰　清同治四年(1865)湖北藩署刻本　一冊

130000－0402－0003018　374/31
[道光]華嶽志八卷首一卷　(清)李榕纂輯　清道光十一年(1831)楊翼武清白別墅刻光緒九年(1883)楊昌濬重修本　四冊

130000－0402－0003019　374/32

[嘉慶]泰山志二十卷　(清)金棨錄　清嘉慶刻本　十一冊

130000－0402－0003020　374/33
[乾隆]武夷山志二十卷首一卷　(清)董天工編集　清乾隆觀光樓刻本　八冊

130000－0402－0003021　374/34
[乾隆]金山志十卷　(清)盧見曾錄　[光緒]續志二卷　(清)釋秋厓撰　清光緒刻本　六冊

130000－0402－0003022　374/35(1)
[乾隆]大嶽太和山紀略八卷　(清)王槩修　(清)姚世倌等纂　清乾隆九年(1744)下荆南道署刻本　八冊

130000－0402－0003023　374/35(2)
[乾隆]大嶽太和山紀略八卷　(清)王槩修　(清)姚世倌等纂　清乾隆九年(1744)下荆南道署刻本　七冊　存七卷(一至四、六至八)

130000－0402－0003024　374/36
[康熙]盤山志十卷補遺四卷　(清)釋智樸纂輯　清同治十一年(1872)刻本　四冊

130000－0402－0003025　374/36－2
[康熙]盤山志十卷補遺四卷　(清)釋智樸纂輯　清康熙刻本　四冊

130000－0402－0003026　374/37
[乾隆]寶華山志十五卷首一卷　(清)劉名芳纂修　清刻本　四冊

130000－0402－0003027　374/38(1)
[同治]焦山志二十六卷首一卷　(清)吳雲輯　清同治四年(1865)刻本　八冊

130000－0402－0003028　374/38(2)
[同治]焦山志二十六卷首一卷　(清)吳雲輯　清同治四年(1865)刻本　八冊

130000－0402－0003029　374/38(3)
[光緒]焦山續志八卷　(清)陳任暘輯　清光緒三十一年(1905)刻本　二冊

130000－0402－0003030　374/38(4)
[光緒]焦山續志八卷　(清)陳任暘輯　清光緒三十一年(1905)刻本　二冊

130000－0402－0003031　374/40
[乾隆]廣雁蕩山志二十八卷首一卷末一卷　(清)曾唯纂輯　清乾隆五十五年(1790)東嘉曾氏依綠園刻本　八冊

130000－0402－0003032　374/42
[康熙]長白山錄一卷補遺一卷　(清)王士禛撰　清刻本　一冊

130000－0402－0003033　374/50
楚北江漢宣防備覽二卷江漢紀程一卷　(清)王鳳生撰　清刻本　三冊

130000－0402－0003034　375/3
四廳記程一卷　(清)王治撰　清道光二十三年(1843)刻本　一冊

130000－0402－0003035　375/4
虎門覽勝二卷　(清)仲振履著　清嘉慶二十四年(1819)咬得菜根堂刻本　二冊

130000－0402－0003036　375/5
西征錄不分卷　(清)李燧撰　清道光十三年(1833)河南府署刻本　一冊

130000－0402－0003037　375/6
度隴記四卷　(清)董醇著　清咸豐刻隨軺載筆七種本　四冊

130000－0402－0003038　375/7(1)
元耶律楚材西遊錄一卷　(元)耶律楚材撰　(元)盛如梓刪略　(清)李文田注　和林詩一卷　(清)李文田撰　清光緒二十三年(1897)會稽施氏刻本　一冊

130000－0402－0003039　375/7(2)
元耶律楚材西遊錄一卷　(元)耶律楚材撰　(元)盛如梓刪略　(清)李文田注　和林詩一卷　(清)李文田撰　清光緒二十三年(1897)會稽施氏刻本　一冊

130000－0402－0003040　375/10
徐霞客遊記十卷外編一卷補編一卷(明萬曆四十一年至崇禎十三年)　(明)徐宏祖著　清光緒三十四年(1908)集成圖書公司鉛印本

八册

130000－0402－0003041　375/10/2

徐霞客遊記大觀十二卷(明崇禎十一年至十三年)　(明)徐宏祖著　清末石印本　四册　存四卷(七、九、十一至十二)

130000－0402－0003042　375/11(1)

乘查筆記一卷天外歸帆草一卷海國勝遊草一卷(清同治五年正月至十月)　(清)斌椿撰　清同治七年至八年(1868－1869)刻本　一册

130000－0402－0003043　375/11(2)

乘查筆記一卷天外歸帆草一卷海國勝遊草一卷(清同治五年正月至十月)　(清)斌椿撰　清同治七年至八年(1868－1869)刻本　一册

130000－0402－0003044　375/13

太華太白紀遊略二卷(清光緒八年至九年)　(清)趙嘉肇撰　清光緒十年(1884)刻本　一册

130000－0402－0003045　376/1(1)

月令粹編二十四卷圖説一卷　(清)秦嘉謨編　清嘉慶十七年(1812)琳琅仙館刻本　三册

130000－0402－0003046　376/1(2)

月令粹編二十四卷圖説一卷　(清)秦嘉謨撰　清嘉慶十七年(1812)琳琅仙館刻本　六册

130000－0402－0003047　376/1(3)

月令粹編二十四卷圖説一卷　(清)秦嘉謨編　清嘉慶十七年(1812)琳琅仙館刻本　八册

130000－0402－0003048　38/10

歷科鼎甲策不分卷　(清)□□輯　清末京都琉璃廠秀文齋刻本　十二册

130000－0402－0003049　38/11

欽定第一甲第一名不分卷　清末京都琉璃廠秀文齋刻本　四册

130000－0402－0003050　38－56/1

經略復國要編十四卷圖説一卷朝鮮國乞援疏一卷後附一卷　(明)宋應昌撰　明萬曆刻本　六册

130000－0402－0003051　38－57/1(1)

南巡盛典一百二十卷　(清)高晉等纂輯　清乾隆三十六年(1771)刻本　四十七册　存一百十八卷(一至五十、五十三至一百二十)

130000－0402－0003052　38－57/1(2)

南巡盛典一百二十卷　(清)高晉等纂輯　清乾隆三十六年(1771)刻本　四十八册

130000－0402－0003053　38－57/3

欽命論疏詩題　(清)□□輯　清末石印本　一册

130000－0402－0003054　38－57/4

選舉資格淺説一卷選舉等級淺解一卷　(清)湖北全省自治籌辦處編　清末鉛印本　一册

130000－0402－0003055　38－57/5

直隸諮議局籌辦處文件錄要初編一卷　(清)直隸諮議局籌辦處輯　清光緒三十四年(1908)鉛印本　一册

130000－0402－0003056　38－57/6

農工商部奏定推廣農林簡明章程一卷　(清)農工商部奏定　清宣統元年(1909)湖北官報局鉛印本　一册

130000－0402－0003057　38－57/8

合肥相國七十賜壽圖附壽言不分卷　(清)楊宗濂　盛宣懷輯　清光緒十八年(1892)石印本　六册

130000－0402－0003058　38－57/9

鄂省營制驛傳彙編四卷　(清)陳仲衡輯　清光緒十五年(1889)刻本　四册

130000－0402－0003059　38－57/10

灃陽書院學約　(清)李瀚昌著　清光緒二十一年(1895)刻思貽堂叢錄本　一册

130000－0402－0003060　381/4

新刻校正音釋詞家便覽蕭曹遺筆四卷　(清)閒閒子訂注　清刻本　一册

130000－0402－0003061　381－52/1

唐律疏議三十卷　(唐)長孫無忌等撰　清光緒十六年(1890)刻本　十二册

130000－0402－0003062　381－52/1－2

故唐律疏議三十卷　(唐)長孫無忌等撰　**宋提刑洗冤集録五卷**　(宋)宋慈著　清嘉慶十二年(1807)蘭陵孫氏刻本　九册

130000－0402－0003063　381－55/1
大元聖政國朝典章前集六十卷新集不分卷　(□)□□編　清光緒三十四年(1908)刻本　二十四册

130000－0402－0003064　381－57/1
欽定大清會典一百卷首一卷　(清)崑岡等總裁　(清)吳樹梅等纂修　清光緒二十五年(1899)石印本　三十六册

130000－0402－0003065　381－57/1－2
欽定大清會典一百卷首一卷　(清)崑岡等總裁　(清)吳樹梅等纂修　清光緒三十四年(1908)商務印書館石印本　五册　存五十卷(一至七、二十至三十、四十九至五十七、七十九至一百,首一卷)

130000－0402－0003066　381－57/1－3(1)
欽定大清會典一百卷　(清)允祹等總裁　(清)文保　(清)顧汝修纂修　清江南省刻本　十二册　存五十一卷(一至三十、八十至一百)

130000－0402－0003067　381－57/1－3(2)
欽定大清會典一百卷　(清)允祹等總裁　(清)文保　(清)顧汝修纂修　清江南省刻本　七册　存三十三卷(一至三十一、五十一至五十二)

130000－0402－0003068　381－57/1/1－2
欽定大清會典一百卷　(清)崑岡等總裁　(清)吳樹梅等纂修　清刻本　二十一册　存四十五卷(十九至四十四、六十二至八十)

130000－0402－0003069　381－57/1/2
欽定大清會典事例一千二百二十卷　(清)崑岡等總裁　(清)吳樹梅等纂修　清刻本　三百二十二册　缺二百二十三卷(五百四十二至五百四十四、五百四十八至五百四十九、五百八十至五百八十二、五百九十至五百九十六、七百十至七百十五、八百至八百二十一、八百三十八至八百六十一、八百九十三至九百四十二、九百九十八至一千十三、一千四十四至一千五十七、一千八十八至一千一百十、一千一百二十一至一千一百二十八、一千一百五十至一千一百六十九、一千一百九十六至一千二百二十)

130000－0402－0003070　381－57/1/2－2(1)
欽定大清會典事例一千二百二十卷　(清)崑岡等總裁　(清)吳樹梅等纂修　清刻本　一百七十一册　存四百二十一卷(三十五至六十一、六十九至七十一、八十一至一百二十七、一百五十至一百九十一、二百十二至二百六十三、二百六十七至二百九十三、三百五十至三百七十二、四百十二至四百三十七、四百四十一至四百九十二、五百十五至五百二十七、五百四十九至五百六十九、五百八十四至六百、六百三十一至六百六十、七百二十六至七百五十三、七百八十一至七百九十三)

130000－0402－0003071　381－57/1/2－2(2)
欽定大清會典事例一千二百二十卷　(清)崑岡等總裁　(清)吳樹梅等纂修　清刻本　一册　存二卷(三百一至三百二)

130000－0402－0003072　381－57/1/3
欽定大清會典圖二百七十卷首一卷　(清)崑岡等總裁　(清)劉啟端等纂修　清光緒二十五年(1899)石印本　六十六册　缺二十五卷(二百二十一至二百四十五)

130000－0402－0003073　381－57/1/3－2
欽定大清會典圖二百七十卷首一卷　(清)崑岡等總裁　(清)劉啟端等纂修　清刻本　二十四册　存七十六卷(二十七至八十九、九十四至一百六)

130000－0402－0003074　381－57/2(1)
大清律例四十七卷　(清)阿桂等纂修　清嘉慶六年(1801)刻本　二十四册

130000－0402－0003075　381－57/2(2)
大清律例四十七卷　(清)徐本等總裁　(清)唐紹祖等纂修　清乾隆四十八年(1783)刻本　十二册　存三十九卷(一至三十九)

130000－0402－0003076　381－57/2－2(1)
大清律例刑案彙纂集成四十卷督捕則例二卷　(清)姚潤纂輯　(清)胡璋增修　清道光二十二年(1842)刻本　三十四册

130000－0402－0003077　381－57/2－2(2)
大清律例增修統纂集成四十卷督捕則例二卷　(清)陶駿　(清)陶念霖增修　清光緒十五年(1889)刻本　十八册　缺十四卷(九至二十二)

130000－0402－0003078　381－57/2－2(3)
大清律例增修統纂集成四十卷督捕則例二卷　(清)姚潤纂輯　(清)陸翰仙增修　清道光十一年(1831)刻本　十二册　缺二十二卷(九至三十)

130000－0402－0003079　381－57/2－2(4)
大清律例增修統纂集成四十卷督捕則例二卷　(清)姚潤原纂　(清)胡仰山增輯　清同治刻本　十五册　存二十三卷(一、四至八、十一至十七、二十至二十八、三十)

130000－0402－0003080　381－57/2－2(5)
大清律例刑案彙纂集成四十卷督捕則例二卷　(清)姚潤重輯　清刻本　六册　存八卷(三十五至四十、則例二卷)

130000－0402－0003081　381－57/2－2(6)
大清律例通纂四十卷督捕則例二卷　(清)胡肇楷　(清)周孟隣編　清嘉慶十二年(1807)刻本　十五册　存二十八卷(一至八、二十三至四十,則例二卷)

130000－0402－0003082　381－57/2－2(7)
大清律例增修統纂集成四十卷督捕則例二卷　(清)姚潤輯　清刻本　四册　存九卷(十三至十七、二十、二十七、三十三至三十四)

130000－0402－0003083　381－57/2－3(1)
大清律例三十九卷律例館校正洗冤錄四卷督捕則例二卷　(清)徐本等總裁　(清)唐紹祖等纂修　清道光五年(1825)刻本　二十册

130000－0402－0003084　381－57/2－3(2)
大清律例三十九卷　(清)徐本等總裁　(清)唐紹祖等纂修　清道光五年(1825)刻本　十八册

130000－0402－0003085　381－57/2－3(3)
大清律例三十九卷　(清)徐本等總裁　(清)唐紹祖等纂修　清道光五年(1825)刻本　十九册　缺一卷(五)

130000－0402－0003086　381－57/2－4(1)
大清律例統纂集成四十卷督捕則例二卷　(清)陶駿　(清)陶念霖增修　清光緒二十八年(1902)刻本　二十四册

130000－0402－0003087　381－57/2－4(2)
大清律例增修統纂集成四十卷督捕則例二卷　(清)陶駿　(清)陶念霖增修　清光緒三十三年(1907)刻本　二十四册

130000－0402－0003088　381－57/2－5
大清律例通纂四十卷督捕則例二卷末一卷　(清)胡肇楷　(清)周孟隣編　清嘉慶十八年(1813)刻本　二十册

130000－0402－0003089　381－57/2－6
大清律例刑案彙纂集成四十卷督捕則例二卷　(清)姚潤纂輯　(清)胡璋增修　清同治四年(1865)刻本　八册　存十六卷(一、四至七、十二至十四、二十七至二十九、三十六至四十)

130000－0402－0003090　381－57/2－7
大清律例四十七卷纂修條例二卷　(清)劉統勳等總裁　(清)依蘭泰等纂修　清乾隆四十三年(1778)京都二酉堂刻本　二十六册

130000－0402－0003091　381－57/2－8(1)
大清律例新增統纂集成四十卷督捕則例二卷　(清)沈之奇原注　(清)姚潤輯　(清)彭年任重輯　清刻本　六册　存十二卷(九至十、三十三至四十,則例二卷)

130000－0402－0003092　381－57/2－8(2)
大清律例新增統纂集成四十卷督捕則例二卷　(清)沈之奇原注　(清)姚潤輯　(清)彭年任重輯　清刻本　二册　存四卷(十八至十九、二十一至二十二)

130000－0402－0003093　381－57/2－8(3)
大清律例新增統纂集成四十卷督捕則例二卷　(清)沈之奇原注　(清)姚潤輯　(清)胡熙增輯　清刻本　六册　存十卷(十三至十八、二十三、二十五至二十六、三十)

130000－0402－0003094　381－57/2－9
大清律例增修統纂集成四十卷督捕則例二卷　(清)沈之奇原注　(清)姚潤輯　(清)彭年任重輯　清末石印本　一册　存一卷(二十四)

130000－0402－0003095　381－57/3
大清律例總類不分卷　(清)□□編　清光緒十年(1884)剛毅刻本　八册

130000－0402－0003096　381－57/3－2
大清律例總類不分卷　(清)□□編　清刻本　八册

130000－0402－0003097　381－57/4(1)
律例便覽八卷　(清)蔡嵩年　(清)蔡逢年編　清同治十一年(1872)刻朱墨套印本　四册

130000－0402－0003098　381－57/4(2)
律例便覽八卷　(清)蔡嵩年　(清)蔡逢年編　清同治十一年(1872)刻朱墨套印本　四册

130000－0402－0003099　381－57/5(1)
處分則例圖要六卷　(清)蔡嵩年　(清)蔡逢年編　清同治十一年(1872)刻朱墨套印本　二册

130000－0402－0003100　381－57/5(2)
處分則例圖要六卷　(清)蔡嵩年　(清)蔡逢年編　清同治十一年(1872)刻朱墨套印本　二册

130000－0402－0003101　381－57/7
大清律例彙輯便覽附秋審實緩比較彙案一卷　(清)黄文瀚編　清光緒三年(1877)刻本　一册

130000－0402－0003102　381－57/8
三流道里表二卷　(清)□□編　清光緒三年(1877)刻本　二册

130000－0402－0003103　381－57/8－2
三流道里表不分卷　(清)阿桂等總裁　(清)查克順等纂修　清乾隆四十九年(1784)刻本　四册

130000－0402－0003104　381－57/8/2
山東省五徒道里表不分卷　(清)□□編　清刻本　一册

130000－0402－0003105　381－57/9
五軍道里表二卷　(清)□□編　清光緒三年(1877)刻本　二册

130000－0402－0003106　381－57/9－2
欽定五軍道里表十八卷　(清)明亮等修　(清)劉權之等纂　清刻本　十七册

130000－0402－0003107　381－57/10
名法指掌新例增訂四卷　(清)沈辛田原編　(清)鈕大煒增訂　清道光四年(1824)刻本　四册

130000－0402－0003108　381－57/10/1
讀法圖存四卷　(清)邵繩清繪編　清光緒七年(1881)刻本　四册

130000－0402－0003109　381－57/11(1)
大清律例彙輯便覽四十卷督捕則例二卷五軍道里表一卷三流道里表一卷　(清)湖北讞局彙輯　清同治十一年(1872)湖北讞局刻本　三十二册

130000－0402－0003110　381－57/11(2)
大清律例彙輯便覽四十卷督捕則例二卷五軍道里表一卷三流道里表一卷　(清)湖北讞局彙輯　清同治十一年(1872)湖北讞局刻本　三十二册

130000－0402－0003111　381－57/11－2
大清律例彙輯便覽四十卷督捕則例二卷五軍道里表一卷三流道里表一卷　(清)刑部編　清光緒十八年(1892)刻本　二十八册

130000－0402－0003112　381－57/12
大清律新纂條例五卷　(清)□□編　清道光二年(1822)刻本　四册

130000－0402－0003113　381－57/13(1)
大清律歷次纂修條例　(清)楊日鯤校刊　清嘉慶七年(1802)刻本　四冊　存十冊(一至十)

130000－0402－0003114　381－57/13(2)
大清律歷次纂修條例　(清)楊日鯤校刊　清嘉慶七年(1802)刻本　十二冊　存六冊(七至十二)

130000－0402－0003115　381－57/14
大清現行刑律案語　(清)沈家本等編　清末鉛印本　二冊

130000－0402－0003116　381－57/14/2
大清現行刑律講義八卷　吉同鈞纂　(清)崇芳等總輯　清宣統二年(1910)法部律學館石印本　八冊

130000－0402－0003117　381－57/14/3
現行刑律簡明圖　(清)程繼元編訂　清宣統二年(1910)鉛印本　一冊

130000－0402－0003118　381－57/15
審看擬式四卷首一卷末一卷　(清)剛毅輯　清光緒二十五年(1899)京都榮緣堂刻本　四冊

130000－0402－0003119　381－57/16(1)
刑案匯覽六十卷首一卷末一卷拾遺備考一卷續增刑案匯覽十六卷　(清)祝慶祺編次　清道光十四年(1834)棠樾慎思堂刻本　八十冊

130000－0402－0003120　381－57/16(2)
刑案匯覽六十卷首一卷末一卷拾遺備考一卷續增刑案匯覽十六卷　(清)祝慶祺編次　清刻本　六冊　存六卷(四十七至五十一、五十四)

130000－0402－0003121　381－57/16－2/2
新增刑案匯覽十六卷首一卷　(清)潘文舫編　清光緒圖書集成局鉛印本　四冊

130000－0402－0003122　381－57/16－2/2－2
新增刑案匯覽十六卷　(清)潘文舫編　清刻本　七冊　存十三卷(三至六、八至十六)

130000－0402－0003123　381－57/16/2
續增刑案匯覽十六卷　(清)祝慶祺輯　清道光二十年(1840)棠樾慎思堂刻本　十六冊

130000－0402－0003124　381－57/17(1)
駁案新編三十二卷續編七卷　(清)全士潮纂輯　清刻本　三十冊

130000－0402－0003125　381－57/17(2)
駁案新編三十二卷續編七卷　(清)全士潮纂輯　清刻本　二十七冊　缺六卷(二十五至二十七、三十至三十二)

130000－0402－0003126　381－57/17(3)
駁案新編三十二卷續編七卷　(清)全士潮纂輯　清刻本　二十四冊　缺九卷(十五、十八至二十一、二十七至三十)

130000－0402－0003127　381－57/17(4)
駁案新編三十二卷續編七卷　(清)全士潮纂輯　清末鉛印本　一冊　存五卷(十六至二十)

130000－0402－0003128　381－57/17－2(1)
駁案彙編新編三十二卷續編七卷秋審實緩比較彙案二卷　(清)朱梅臣編　清光緒圖書集成局鉛印本　十二冊

130000－0402－0003129　381－57/17－2(2)
駁案彙編新編三十二卷續編七卷秋審實緩比較彙案二卷　(清)朱梅臣編　清光緒圖書集成局鉛印本　八冊　缺五卷(新編三十至三十二、續編一至二)

130000－0402－0003130　381－57/18
服制頂駁二卷　(清)□□編　清抄本　二冊

130000－0402－0003131　381－57/19
通行章程四卷　(清)□□編　清光緒十八年(1892)刻本　四冊

130000－0402－0003132　381－57/19－2
通行章程四卷　(清)□□編　清光緒二十四年(1898)京都榮祿堂刻本　四冊

130000－0402－0003133　381－57/20
提牢備考四卷　(清)趙舒翹輯　清光緒十五

年(1889)東甌官舍刻本　一册　存二卷(一至二)

130000－0402－0003134　381－57/21
欽定六部處分則例五十二卷　(清)清平等纂修　清光緒十八年(1892)上海圖書集成印書局鉛印本　八册

130000－0402－0003135　381－57/21－2
六部處分則例五十二卷　(清)清平等纂修　清同治六年(1867)三善堂刻本　二十四册

130000－0402－0003136　381－57/21－3
欽定吏部則例六十九卷　(清)鐵保等纂修　清乾隆五十八年(1793)江蘇布政司刻本　二十三册　存四十七卷(一至四十七)

130000－0402－0003137　381－57/21－4
欽定吏部處分則例五十二卷　清刻本　十册　存二十四卷(二十九至五十二)

130000－0402－0003138　381－57/21－5(1)
欽定吏部處分則例七十八卷首一卷　清嘉慶二十四年(1819)本署刻本　六册　存十卷(一、三至六、二十六至二十九,首一卷)

130000－0402－0003139　381－57/21－5(2)
欽定吏部處分則例七十八卷首一卷　清嘉慶七年(1802)刻本　十三册　存二十四卷(一至二十二、四十二,首一卷)

130000－0402－0003140　381－57/21－5(3)
欽定吏部處分則例五十二卷　清道光七年(1827)刻本　七册　存十四卷(一至二、六至九、十七至十八、二十五至二十六、三十五至三十七、四十七)

130000－0402－0003141　381－57/21－6
欽定吏部處分則例　清刻本　十二册　存三十三卷(十五至四十七)

130000－0402－0003142　381－57/21/1
則例便覽　(清)沈書城摘錄　清嘉慶八年(1803)刻本　十六册　存四十九卷(一至四十九)

130000－0402－0003143　381－57/22
欽定吏部銓選滿洲官員品級考四卷則例五卷漢官品級考四卷則例八卷　(清)陳其璋　(清)延熙纂　清光緒十二年(1886)刻本　十九册

130000－0402－0003144　381－57/22/2
欽定吏部稽勳司則例八卷　(清)吏部編　清刻本　三册　存六卷(三至八)

130000－0402－0003145　381－57/22/3
欽定吏部處分章程三十三卷　(清)吏部編　清刻本　四册

130000－0402－0003146　381－57/23
欽定臺規二十卷　(清)英善增輯　清嘉慶九年(1804)刻本　八册

130000－0402－0003147　381－57/23－2
欽定臺規三十六卷　(清)延煦增輯　清光緒十八年(1892)都察院刻本　二十四册

130000－0402－0003148　381－57/25
欽定科場條例五十八卷首一卷　(清)德明　(清)宋鳴琦纂修　清嘉慶九年(1804)刻本　十二册

130000－0402－0003149　381－57/25－2
科場條例六十卷首一卷續增科場條例不分卷(清道光十四年至同治三年)　(清)麟桂等纂修　清同治刻本　三十册　缺八卷(二十八至三十五)

130000－0402－0003150　381－57/25－3(1)
欽定科場條例六十卷首一卷　(清)英匯　(清)龄春纂修　清咸豐二年(1852)刻本　十八册　缺十卷(五十一至六十)

130000－0402－0003151　381－57/25－3(2)
欽定科場條例六十卷　(清)英匯　(清)龄春纂修　清刻本　十一册　缺三卷(一至三)

130000－0402－0003152　381－57/25－3(3)
欽定科場條例六十卷續增科場條例一卷　(清)英匯　(清)龄春纂修　清刻本　九册　缺三十五卷(一至三十五)

130000－0402－0003153　381－57/26(1)

欽定中樞政考四十卷　(清)明達等纂修　清嘉慶十三年(1808)刻本　二十四册

130000－0402－0003154　381－57/26(2)
欽定中樞政考四十卷　(清)明達等纂修　清嘉慶十三年(1808)刻本　十二册　存二十卷(二十一至四十)

130000－0402－0003155　381－57/26－2
欽定中樞政考四十卷　(清)明達等纂修　清刻本　八册　存十卷(十一至二十)

130000－0402－0003156　381－57/26－3
欽定中樞政考四十卷　(清)明達等纂修　清刻本　七册　存七卷(九、十一至十六)

130000－0402－0003157　381－57/26－4
欽定中樞政考四十卷　(清)明達等纂修　清刻本　一册　存一卷(十三)

130000－0402－0003158　381－57/27
度支部試辦宣統三年預算案總表不分卷　(清)度支部編　清宣統石印本　六册

130000－0402－0003159　381－57/29
說帖　(清)□□編　清抄本　八册　存九卷(清乾隆五十六年下至六十年下)

130000－0402－0003160　381－57/29－2
說帖　(清)□□編　清笙墀館抄本　十册　存二十七卷(清乾隆四十九年至嘉慶十五年)

130000－0402－0003161　381－57/30
大清通禮五十卷　(清)來保總裁　(清)李玉鳴纂修　清乾隆二十一年(1756)刻本　八册

130000－0402－0003162　381－57/30－2
大清通禮五十四卷　(清)來保總裁　(清)李玉鳴纂修　清光緒九年(1883)江蘇書局刻本　十二册

130000－0402－0003163　381－57/30－3
大清通禮五十四卷　(清)來保總裁　(清)李玉鳴纂修　清道光四年(1824)刻本　十二册

130000－0402－0003164　381－57/30－4
大清通禮五十卷　(清)來保總裁　(清)李玉鳴纂修　清刻本　八册

130000－0402－0003165　381－57/30－5
大清通禮五十四卷　(清)李玉鳴纂修　(清)恒泰續修　清刻本　十二册

130000－0402－0003166　381－57/31
條例(道光至光緒)　(清)□□編　清刻本　七十三册　存七十二卷(道光元年至十三年、二十年至三十年,咸豐元年至十一年,同治元年至十三年,光緒元年至二十四年)

130000－0402－0003167　381－57/34(1)
會議詳定整頓命盜案及清理詞訟功過罰銀章程一卷　(清)湖北布政使　(清)湖北按察使訂　清光緒刻本　一册

130000－0402－0003168　381－57/34(2)
會議詳定整頓命盜案及清理詞訟功過罰銀章程一卷　(清)湖北布政使　(清)湖北按察使訂　清光緒刻本　一册

130000－0402－0003169　381－57/34(3)
會議詳定整頓命盜案及清理詞訟功過罰銀章程一卷　(清)湖北布政使　(清)湖北按察使訂　清光緒刻本　一册

130000－0402－0003170　381－57/35
湖北省驛站四至程途里數限行時刻清册四卷　(清)□□編　清嘉慶七年(1802)刻本　二册

130000－0402－0003171　381－57/38(1)
諮議局議員選舉章程不分卷附則　(清)□□編　清光緒鉛印本　二册

130000－0402－0003172　381－57/38(2)
憲政編查館會奏各省諮議局章程及案語並議員選舉章程摺單一卷　(清)□□編　清光緒鉛印本　一册

130000－0402－0003173　381－57/39
江西籌賑捐輸請獎章程一卷　(清)江西藩司擬訂　清光緒二十五年(1899)刻本　一册

130000－0402－0003174　381－57/39/1
湖北籌辦賑捐章程一卷　(清)湖北籌賑總局訂　清光緒三十四年(1908)刻本　一册

130000－0402－0003175　381－57/40
大清刑事民事訴訟法五章二百六十條　(清)法律館編纂　清光緒鉛印本　一册

130000－0402－0003176　381－57/40/1(1)
大清刑律草案十七章　(清)法律館編纂　清光緒三十三年(1907)鉛印本　一册

130000－0402－0003177　381－57/40/1(2)
大清刑律草案十七章　(清)法律館編纂　清光緒三十四年(1908)鉛印本　一册

130000－0402－0003178　381－57/42
得一録十六卷　(清)余治輯　清同治八年(1869)刻本　八册

130000－0402－0003179　381－57/44
武場條例八卷　(□)□□編　清光緒、宣統刻本　二册

130000－0402－0003180　381－57/45
四川三費章程一卷　(清)四川按察使司輯録　清光緒三十一年(1905)刻本　一册

130000－0402－0003181　381－57/46
奉天商品陳列所勸業場免税規則十二章　(清)□□編　清光緒刻本　一册

130000－0402－0003182　381－57/48(1)
大清民律草案第二編八章　(清)法律館編　清修訂法律館鉛印本　二册

130000－0402－0003183　381－57/48(2)
大清民律草案第三編七章　(清)法律館編　清修訂法律館鉛印本　一册

130000－0402－0003184　381－57/49
戶籍論二編十四章　直隸自治總局編　清宣統三年(1911)興業印刷所鉛印本　一册

130000－0402－0003185　381－57/50
大清違警律講義二章　(清)□□編　清末石印本　一册

130000－0402－0003186　381－57/51
司法員警三章　(清)□□編　清末石印本　一册

130000－0402－0003187　381－57/52
司法員警大意二編十七章　(清)□□編　清末石印本　一册

130000－0402－0003188　381－57/53
奏定學堂章程六種　(清)□□編　清末鉛印本　二册

130000－0402－0003189　381－57/53/1(1)
直隸小學堂暫行章程四章　(清)□□編　清末學校司排印局鉛印本　一册

130000－0402－0003190　381－57/53/1(2)
直隸小學堂暫行章程四章　(清)□□編　清末學校司排印局鉛印本　一册

130000－0402－0003191　381－57/53/1(3)
直隸小學堂暫行章程四章　(清)□□編　清末學校司排印局鉛印本　一册

130000－0402－0003192　381－57/54
三場程式一卷　(清)□□編　清刻本　一册

130000－0402－0003193　381－57/55(1)
[乾隆四十二年]條例不分卷　(清)□□編　清刻本　一册

130000－0402－0003194　381－57/55(2)
[乾隆四十三年]條例不分卷　(清)□□編　清刻本　二册

130000－0402－0003195　381－57/55(3)
[嘉慶十二年]條例不分卷　(清)□□編　清刻本　二册

130000－0402－0003196　381－57/55(4)
[嘉慶十三年]條例不分卷　(清)□□編　清刻本　一册

130000－0402－0003197　381－57/55(5)
[嘉慶十四年]條例不分卷　(清)□□編　清刻本　一册

130000－0402－0003198　381－57/55(6)
[嘉慶十五年]條例不分卷　(清)□□編　清刻本　一册

130000－0402－0003199　381－57/57

湖北城鎮鄉地方自治通行規約式五章　(清)□□編　清末鉛印本　一册

130000－0402－0003200　381－57/58
增修現行常例不分卷　(清)□□編　清刻本　一册

130000－0402－0003201　381－57/59(1)
大清刑律分則草案第二編三十六章附律目考　(清)法律館編　清末修訂法律館石印本　一册　存十二章(二十五至三十六)

130000－0402－0003202　381－57/59(2)
大清刑律分則草案第二編三十六章附律目考　(清)法律館編　清光緒三十四年(1908)嘉惠書林石印本　一册　存二十一章(一至二十一)

130000－0402－0003203　381－6/1(1)
現行法制大意五卷　徐家駒述　清末北洋鉛石印刷公司鉛印本　一册

130000－0402－0003204　381－6/1(2)
現行法制大意五卷　徐家駒述　清末北洋鉛石印刷公司鉛印本　一册

130000－0402－0003205　381－6/2
憲法綱要四章　齊樹楷　梁庭華編　清末鉛印本　一册

130000－0402－0003206　381－6/5
陝西存古學校現辦節略不分卷　(清)□□編　清宣統元年(1909)刻本　一册

130000－0402－0003207　381－6/6
直隸清訟事宜十條　(清)□□編　清刻本　一册

130000－0402－0003208　381－6/7
直隸學校司暫行試辦章程十三節　(清)□□編　清末鉛印本　一册

130000－0402－0003209　381－6/8
北洋師範學堂試辦章程十章　(清)□□編　清光緒末鉛印本　一册

130000－0402－0003210　381－6/9
湖北文普通中學堂開辦章程二十四條　(清)□□編　清光緒二十九年(1903)鉛印本　一册

130000－0402－0003211　381－6/10
湖北文普通中學堂管理法二十二章　(清)□□編　清光緒二十九年(1903)鉛印本　一册

130000－0402－0003212　381－6/11
府廳州縣城鎮鄉自治諮議局章程淺說八章　齊樹楷編　清宣統三年(1911)天津興業印刷局鉛印本　一册

130000－0402－0003213　381－6/12
籌辦湖北廳州縣地方自治事務清單四章　(清)□□編　清宣統鉛印本　一册

130000－0402－0003214　381－6/13
直隸籌辦地方自治總局文件錄要第三編不分卷　(清)□□編　清宣統二年至三年(1910－1911)鉛印本　一册

130000－0402－0003215　382/3(1)
約章分類輯要三十八卷首一卷　蔡乃煌編　清光緒二十六年(1900)湖南商務局刻本　三十册

130000－0402－0003216　382/3(2)
約章分類輯要三十八卷首一卷　蔡乃煌編　清光緒二十六年(1900)湖南商務局刻本　二十八册　缺一卷(一)

130000－0402－0003217　382/7
約章成案匯覽甲篇十卷　(清)北洋洋務局纂輯　清光緒三十一年(1905)上海點石齋石印本　十册

130000－0402－0003218　382/7/2(1)
約章成案匯覽乙篇四十二卷　(清)北洋洋務局纂輯　清光緒三十一年(1905)上海點石齋石印本　三十六册

130000－0402－0003219　382/7/2(2)
約章成案匯覽乙篇四十二卷　(清)北洋洋務局纂輯　清光緒三十一年(1905)上海點石齋石印本　一册　存一卷(三十七上)

130000－0402－0003220　382/8
光緒乙巳年交涉要覽三卷　(清)北洋洋務局纂輯　清光緒三十三年(1907)北洋官報局鉛印本　五册

130000－0402－0003221　382/8/2(1)
光緒丙午年交涉要覽四卷　(清)北洋洋務局纂輯　清光緒三十四年(1908)北洋官報局鉛印本　六册

130000－0402－0003222　382/8/2(2)
光緒丙午年交涉要覽四卷　(清)北洋洋務局纂輯　清光緒三十四年(1908)北洋官報局鉛印本　一册　存一卷(下篇四)

130000－0402－0003223　382/8/3
光緒丁未年交涉要覽三卷　(清)北洋洋務局纂輯　清宣統二年(1910)北洋官報局鉛印本　五册

130000－0402－0003224　382－57/1
琿牘偶存一卷　(清)李金鏞著　清光緒十一年(1885)常熟王氏懷古山莊刻本　一册

130000－0402－0003225　382－57/2
中日議和紀略二卷　(清)□□輯　清末刻本　二册

130000－0402－0003226　382－57/3
通商約章類纂三十五卷　(清)張開運等纂輯　清光緒刻本　一册　存四卷(十至十三)

130000－0402－0003227　382－6/2
庚子海外紀事四卷　(清)吕海寰編　清光緒二十七年(1901)上海辦理商紀行轅刻本　四册

130000－0402－0003228　382－6/3
兩次批准保和會條約不分卷附紅十字會新約暨各文件　(清)□□輯　清宣統二年至三年(1910－1911)鉛印本　一册

130000－0402－0003229　383－57/1(1)
曾文正公手書日記不分卷(清道光二十二年正月至咸豐十一年四月)　(清)曾國藩撰　清宣統元年(1909)中國圖書公司石印本　十册

130000－0402－0003230　383－57/1(2)
曾文正公手書日記不分卷(清咸豐十一年至同治七年)　(清)曾國藩撰　清宣統元年(1909)中國圖書公司石印本　十册

130000－0402－0003231　383－57/1(3)
曾文正公手書日記不分卷(清道光二十三年至二十五年、咸豐九年至十年、同治二年至七年)　(清)曾國藩撰　清宣統元年(1909)中國圖書公司石印本　十九册

130000－0402－0003232　383－57/2
遊歷日記不分卷(清光緒三十二年至三十三年)　(清)劉坦輯　清光緒十年(1884)石印本　一册

130000－0402－0003233　383－57/3
從軍日記一卷(清咸豐元年三月至二年二月)　(清)丁守存撰　清刻本　一册

130000－0402－0003234　383－57/6
張公襄理軍務紀略六卷建祠事略一卷　(清)丁運樞等編　清宣統元年(1909)石印本　六册

130000－0402－0003235　383－57/7
初使泰西紀要四卷　(清)且園主人編次　清刻本　一册　存二卷(三至四)

130000－0402－0003236　383－57/11
粵軺隨筆一卷　(清)沈桂芬撰　清影印本　一册

130000－0402－0003237　384－56/1
湟中牘七卷家食藁一卷　(明)萬世德撰　明萬曆二十二年(1594)刻本　八册

130000－0402－0003238　384－57/2
陽湖史氏家藏左文襄公手札一卷　(清)左宗棠撰　清光緒三十三年(1907)石印本　一册

130000－0402－0003239　384－57/3
五十名家書札不分卷　(清)陸心源輯　清光緒二十年(1894)上海復古齋石印本　四册

130000－0402－0003240　384－57/4
張義士遺稿一卷　(清)張繼庚撰　清同治、

光緒張榮光刻本　一冊

130000－0402－0003241　384－57/5
心師竹齋章牘存稿三卷崇祀鄉賢錄一卷行狀一卷墓表一卷　(清)程楙采撰　清光緒三年(1877)京都琉璃廠奎光齋刻本　二冊

130000－0402－0003242　385－54/1
孝肅奏議十卷附傳　(宋)包拯撰　(宋)張田編　清同治二年(1863)李瀚章省心閣刻本　四冊

130000－0402－0003243　385－541/1
包孝肅公奏議十卷　(宋)包拯撰　(宋)張田編　清嘉慶八年(1803)鑑湖亭刻本　二冊

130000－0402－0003244　385－56/2
石林奏議十五卷　(宋)葉夢得撰　清光緒十一年(1885)吳興陸氏皕宋樓刻本　二冊

130000－0402－0003245　385－56/3
馬端肅公奏議十二卷恩命錄二卷　(明)馬文升撰　清康熙二十九年(1690)刻本　六冊

130000－0402－0003246　385－56/7
明臣奏議十二卷首一卷　(清)孫桐生編輯　清光緒十七年(1891)四影閣刻本　六冊

130000－0402－0003247　385－56/9
皇明寶訓四十卷　(明)呂本校　明刻本　十冊　存十卷(穆宗一至二、世宗二至九)

130000－0402－0003248　385－57/1
大清太祖高皇帝聖訓四卷　(清)□□編　清光緒石印本　一冊

130000－0402－0003249　385－57/1/2
大清太宗文皇帝聖訓六卷　(清)□□編　清光緒石印本　一冊

130000－0402－0003250　385－57/1/3
大清世祖章皇帝聖訓六卷　(清)□□編　清光緒石印本　一冊

130000－0402－0003251　385－57/1/4
大清聖祖仁皇帝聖訓六十卷　(清)□□編　清光緒石印本　六冊

130000－0402－0003252　385－57/1/5
大清世宗憲皇帝聖訓三十六卷　(清)□□編　清光緒石印本　三冊

130000－0402－0003253　385－57/1/6
大清高宗純皇帝聖訓三百卷　(清)□□編　清光緒刻本　三十冊

130000－0402－0003254　385－57/1/7
大清仁宗睿皇帝聖訓一百十卷　(清)□□編　清光緒石印本　十四冊

130000－0402－0003255　385－57/1/8
大清宣宗成皇帝聖訓一百三十卷　(清)□□編　清光緒石印本　十八冊

130000－0402－0003256　385－57/1/9
大清文宗顯皇帝聖訓一百十卷　(清)□□編　清光緒石印本　十冊

130000－0402－0003257　385－57/1/10
大清穆宗毅皇帝聖訓一百六十卷　(清)□□編　清光緒石印本　十六冊

130000－0402－0003258　385－57/2(1)
硃批諭旨不分卷　(清)世宗胤禛撰　清乾隆活字朱墨套印本　一百十二冊

130000－0402－0003259　385－57/2(2)
硃批諭旨不分卷　(清)世宗胤禛撰　清乾隆活字朱墨套印本　一百十二冊

130000－0402－0003260　385－57/2－2(1)
硃批諭旨不分卷　(清)世宗胤禛撰　清光緒十三年(1887)點石齋石印本　六十冊

130000－0402－0003261　385－57/2－2(2)
硃批諭旨不分卷　(清)世宗胤禛撰　清光緒十三年(1887)點石齋石印本　六十冊

130000－0402－0003262　385－57/2－2(3)
硃批諭旨不分卷　(清)世宗胤禛撰　清光緒石印本　五十五冊

130000－0402－0003263　385－57/3
親征平定朔漠方略四十八卷　(清)溫達等編　清康熙四十七年(1708)內府刻本　四十八冊

130000－0402－0003264　385－57/4(1)
雍正上諭八十九卷　(清)允祿編次　清雍正九年(1731)内府刻本　十二册　存五十卷(康熙六十一年一至二,雍正元年一至十二、二年一至十三、三年一至四、五年一至十三、六年一至六)

130000－0402－0003265　385－57/4(2)
雍正上諭八十九卷　(清)允祿編次　清雍正九年(1731)内府刻本　十册　存三十二卷(雍正五年一至十三、六年七至十二、七年一至十三)

130000－0402－0003266　385－57/4(3)
雍正上諭八十九卷　(清)允祿編次　清雍正九年(1731)刻本　一册　存六卷(雍正元年一至六)

130000－0402－0003267　385－57/4/1
上諭八旗十三卷　(清)允祿編次　清雍正刻本　十册

130000－0402－0003268　385－57/6
己庚編二卷　(清)祁韻士撰　清道光二十八年(1848)筠淥山房刻本　二册

130000－0402－0003269　385－57/9(1)
于清端公政書八卷外集一卷　(清)于成龍撰　(清)蔡方炳編次　清乾隆二十六年(1761)刻本　十册

130000－0402－0003270　385－57/9(2)
于清端公政書八卷外集一卷　(清)于成龍撰　(清)蔡方炳編次　清乾隆二十六年(1761)刻本　十一册

130000－0402－0003271　385－57/9－2
于清端公政書輯要二卷　(清)金岳編　清乾隆二十八年(1763)刻本　二册

130000－0402－0003272　385－57/10
趙恭毅公賸稾八卷　(清)趙申喬撰　(清)趙侗斆編　清光緒十八年(1892)浙江書局刻本　四册

130000－0402－0003273　385－57/13
陶雲汀先生奏疏六十四卷　(清)陶澍撰　清道光八年至十六年(1828－1836)刻本　二十册　存四十二卷(二十三至六十四)

130000－0402－0003274　385－57/14
賑紀八卷　(清)方觀承輯　清乾隆十九年(1754)刻本　八册

130000－0402－0003275　385－57/15
龔端毅公奏疏八卷附一卷　(清)龔鼎孳撰　清光緒九年(1883)聖彝書屋刻本　四册

130000－0402－0003276　385－57/15/1
浠川政譜二卷　(清)龔鼎孳著　清道光十四年(1834)刻本　一册　存一卷(下)

130000－0402－0003277　385－57/16
陝衛治略十卷　(清)嚴作霖撰　清光緒十九年(1893)刻本　十册

130000－0402－0003278　385－57/17
治華集九卷　(清)徐元禹撰　清康熙刻本　四册

130000－0402－0003279　385－57/18
趙恭毅公自治官書類集二十四卷　(清)趙申喬撰　(清)何祖柱輯　清雍正三年(1725)懷策堂刻乾隆三年(1738)印本　十二册　存十二卷(一至六、十三至十八)

130000－0402－0003280　385－57/20
上諭内閣八十九卷續編七十卷　(清)允祿等輯　清刻本　三十二册

130000－0402－0003281　385－57/21(1)
籌餉事例不分卷　(清)□□編　清刻本　一册

130000－0402－0003282　385－57/21(2)
籌餉事例不分卷續籌餉事例不分卷　(清)□□編　清刻本　四册

130000－0402－0003283　385－57/22
畿輔水利議一卷本傳一卷　(清)林則徐撰　清光緒二年(1876)三山林氏刻本　一册

130000－0402－0003284　385－57/23
皇朝文典七十四卷　(清)李兆洛輯　清嘉慶

刻本　十二冊　存三十二卷(四十三至七十四)

130000－0402－0003285　385－57/24
江蘇海運全案十二卷　(清)賀長齡等纂　清道光刻本　六冊　存六卷(七至十二)

130000－0402－0003286　385－57/26
或即是肺肝記不分卷　(清)劉煜輯　清道光十八年(1838)刻本　一冊

130000－0402－0003287　385－57/27
知足齋進呈文稾二卷　(清)朱珪撰　清刻本　一冊

130000－0402－0003288　385－57/28
城鎮鄉地方自治章程九章選舉章程六章　(清)憲政編查館核議　清光緒鉛印本　一冊

130000－0402－0003289　385－57/30
京師高等以下各級審判廳試辦章程五章一百二十條　(清)□□編　清光緒鉛印本　一冊

130000－0402－0003290　385－57/31
華商辦理農工商實業爵賞章程十條附獎勵華商公司章程獎給商勳章程　(清)農工商部編　清光緒、宣統刻本　一冊

130000－0402－0003291　385－57/32
保存古蹟推廣辦法章程十一條　(清)民政部編　清末鉛印本　一冊

130000－0402－0003292　385－57/33
慈禧懿旨不分卷　(清)□□輯　**勸漢人婦女勿再纏足說不分卷**　(清)端方撰　清刻本　一冊

130000－0402－0003293　385－57/35(1)
見聖多言稿一卷粵西封事一卷　(清)郝浴撰　清乾隆刻本　一冊

130000－0402－0003294　385－57/35(2)
見聖多言稿一卷粵西封事一卷　(清)郝浴撰　清乾隆刻本　一冊

130000－0402－0003295　385－57/35(3)
見聖多言稿一卷粵西封事一卷　(清)郝浴撰　清乾隆刻本　一冊

130000－0402－0003296　385－57/36
城鎮鄉地方自治章程九章選舉章程六章　(清)憲政編查館核議　清末北洋鉛石印刷公司鉛印本　一冊

130000－0402－0003297　385－57/37
奏辦湖北各級審判廳暨審判員養成所章程六章　(清)□□編　清宣統湖北印刷官局鉛印本　一冊

130000－0402－0003298　385－57/38
奏定勸學所章程詳解一卷　(清)□□編　清末鉛印本　一冊

130000－0402－0003299　385－57/39
山東勸捐積穀章程一卷　(清)□□編　清光緒刻本　一冊

130000－0402－0003300　385－57/40
同治五年貤贈李如柏祖父祖母父親母親誥命　(清)□□編　清同治五年(1866)石印本　一冊

130000－0402－0003301　385－6/1
變法奏議叢鈔不分卷　(清)□□編　清光緒書業德刻本　二冊

130000－0402－0003302　385－6/1/2
南海先生戊戌奏稿不分卷　康有為撰　麥仲華編　清宣統三年(1911)鉛印本　一冊

130000－0402－0003303　385－6/2.22
諭摺彙存一百四十九卷(光緒丙申二月至六月)　(清)□□輯　清末鉛印本　三十冊

130000－0402－0003304　385－6/4(1)
林文忠公政書三十七卷　(清)林則徐撰　清刻本　十二冊

130000－0402－0003305　385－6/4(2)
林文忠公政書三十七卷　(清)林則徐撰　清刻本　十四冊

130000－0402－0003306　385－6/4(3)
林文忠公政書三十七卷畿輔水利議一卷滇軺紀程一卷荷戈紀程一卷政書蒐遺一卷　(清)林則徐撰　**國史本傳一卷**　(清)□□撰　清

光緒刻本　十二册

130000－0402－0003307　385－6/4(4)
林文忠公政書三十七卷　(清)林則徐撰　清光緒十一年(1885)刻本　十六册

130000－0402－0003308　385－6/4(5)
林文忠公政書三十七卷畿輔水利議一卷滇軺紀程一卷荷戈紀程一卷政書蒐遺一卷　(清)林則徐撰　**國史本傳一卷**　(清)□□撰　清光緒刻本　十二册

130000－0402－0003309　385－6/5(1)
欽定剿平粵匪方略四百二十卷首二卷　(清)朱學勤　(清)奕訢編　清同治十一年(1872)鉛印本　一百四十六册

130000－0402－0003310　385－6/5(2)
欽定剿平粵匪方略四百二十卷首二卷　(清)朱學勤　(清)奕訢編　清同治十一年(1872)鉛印本　二册　存三卷(二百九十七至二百九十九)

130000－0402－0003311　385－6/6(1)
欽定剿平捻匪方略三百二十卷首一卷　(清)朱學勤　(清)奕訢編　清同治十一年(1872)鉛印本　一百三册

130000－0402－0003312　385－6/6(2)
欽定剿平捻匪方略三百二十卷首一卷　(清)朱學勤　(清)奕訢編　清同治十一年(1872)鉛印光緒後印本　一百册

130000－0402－0003313　385－6/7(1)
欽定平定陝甘新疆回匪方略三百二十卷首二卷　(清)陳邦瑞　(清)奕訢編　清光緒二十二年(1896)鉛印本　三百二十二册

130000－0402－0003314　385－6/7(2)
欽定平定陝甘新疆回匪方略三百二十卷首二卷　(清)陳邦瑞　(清)奕訢編　清光緒二十二年(1896)鉛印本　八十六册

130000－0402－0003315　385－6/8(1)
欽定平定雲南回匪方略五十卷首一卷　(清)陳邦瑞　(清)奕訢編　清光緒二十二年(1896)鉛印本　三十六册

130000－0402－0003316　385－6/8(2)
欽定平定雲南回匪方略五十卷首一卷　(清)陳邦瑞　(清)奕訢編　清光緒二十二年(1896)鉛印本　十四册　存十四卷(一至十三、首一卷)

130000－0402－0003317　385－6/9
欽定平定貴州苗匪紀略四十卷　(清)陳邦瑞　(清)奕訢編　清光緒二十二年(1896)鉛印本　十册

130000－0402－0003318　385－6/10
曾文正公奏議十卷首一卷末一卷　(清)曾國藩撰　(清)薛福成編次　清同治十一年(1872)刻本　十册

130000－0402－0003319　385－6/11
左文襄公奏疏初編三十八卷續編七十六卷三編六卷　(清)左宗棠撰　清光緒十六年(1890)上海圖書集成局石印本　二十册

130000－0402－0003320　385－6/11/2
左文襄公全集一百三十四卷　(清)左宗棠撰　清光緒十六年(1890)湖南萃文堂刻本　一百二十八册

130000－0402－0003321　385－6/12
彭剛直公奏稿八卷　(清)彭玉麟撰　(清)俞樾輯　清光緒十七年(1891)鉛印本　四册

130000－0402－0003322　385－6/12－2
彭剛直公奏稿八卷　(清)彭玉麟撰　(清)俞樾輯　清光緒、宣統刻本　五册　存七卷(二至八)

130000－0402－0003323　385－6/14(1)
奏議初編十二卷　(清)張之洞撰　(清)仰止廬主輯　清光緒二十七年(1901)上海圖書集成印書局石印本　六册

130000－0402－0003324　385－6/14(2)
奏議初編十二卷　(清)張之洞撰　(清)仰止廬主輯　清光緒二十七年(1901)上海圖書集成印書局石印本　六册

130000－0402－0003325　385－6/15

樊山政書二十卷　樊增祥撰　清宣統二年(1910)金陵湯明林聚珍書局鉛印本　十册

130000－0402－0003326　385－6/15/2

樊山判牘四卷　樊增祥撰　清末民初法政講習所石印本　四册

130000－0402－0003327　385－6/16

戸部陜西司奏稿八卷首一卷　世傑校勘　清末鉛印本　八册

130000－0402－0003328　385－6/17

駱文忠公奏議十六卷附國史列傳　(清)駱秉章撰　清刻本　八册　存八卷(一至八)

130000－0402－0003329　385－6/19

同治中興京外奏議約編八卷　(清)陳弢編次　清光緒元年(1875)篋劍囊琴之室刻本　八册

130000－0402－0003330　385－6/20

劉文莊公奏議八卷　(清)劉秉璋撰　朱孔彰編次　清光緒、宣統鉛印本　八册

130000－0402－0003331　385－6/23

沈文肅公政書七卷首一卷　(清)沈葆楨撰　清光緒六年(1880)吳門節署刻本　八册　存五卷(一至四、首一卷)

130000－0402－0003332　385－6/24(1)

胡文忠公遺集八十六卷　(清)胡林翼纂　(清)鄭敦謹　(清)曾國荃編輯　**國史館本傳一卷**　(清)□□撰　**行狀一卷**　(清)郭嵩燾纂　清同治六年(1867)刻本　三十二册

130000－0402－0003333　385－6/24(2)

胡文忠公遺集八十六卷　(清)胡林翼纂　(清)鄭敦謹　(清)曾國荃編輯　**國史館本傳一卷**　(清)□□撰　**行狀一卷**　(清)郭嵩燾纂　清同治六年(1867)刻本　二十四册　缺十九卷(四十八至六十六)

130000－0402－0003334　385－6/24－2(1)

胡文忠公遺集八十六卷　(清)胡林翼纂　(清)鄭敦謹　(清)曾國荃編輯　**國史館本傳一卷**　(清)□□撰　**行狀一卷**　(清)郭嵩燾纂　清光緒元年(1875)湖北崇文書局刻本　三十二册

130000－0402－0003335　385－6/24－2(2)

胡文忠公遺集八十六卷　(清)胡林翼纂　(清)鄭敦謹　(清)曾國荃編輯　**國史館本傳一卷**　(清)□□撰　**行狀一卷**　(清)郭嵩燾纂　清光緒元年(1875)湖北崇文書局刻本　三十二册

130000－0402－0003336　385－6/25

李文忠公全集一百六十五卷　(清)李鴻章撰　(清)吳汝綸編　清光緒三十一年(1905)金陵刻三十四年(1908)印本　一百册

130000－0402－0003337　385－6/25/1

李文忠公朋僚函稿二十二卷　(清)李鴻章撰　(清)吳汝綸編輯　清末鉛印本　七册　存十四卷(一至十、十九至二十二)

130000－0402－0003338　385－6/25/2(1)

李肅毅伯奏議二十卷　(清)李鴻章撰　(清)章洪鈞編輯　清光緒二十五年(1899)鴻文書局石印本　二十册

130000－0402－0003339　385－6/25/2(2)

李肅毅伯奏議二十卷　(清)李鴻章撰　(清)章洪鈞編輯　清光緒二十五年(1899)鴻文書局石印本　十二册　存十二卷(一至十二)

130000－0402－0003340　385－6/28

京師大學堂章程一卷高等學堂章程一卷中學堂章程一卷小學堂章程一卷蒙學堂章程一卷　(清)張百熙擬奏　清光緒石印本　一册

130000－0402－0003341　385－6/29

禮部政務處禮部會奏續奏變通科舉章程一卷　(清)禮部擬奏　清光緒二十八年(1902)木活字印本　一册

130000－0402－0003342　385－6/29－2(1)

禮部政務處會奏變通科舉章程一卷　(清)禮部擬奏　清光緒刻本　一册

130000－0402－0003343　385－6/29/2(2)

禮部奏議續增變通科舉章程一卷 （清）禮部編　清光緒刻本　一冊

130000－0402－0003344　385－6/29/3(1)
禮部政務處會奏變通科舉章程一卷 （清）禮部編　清光緒刻本　一冊

130000－0402－0003345　385－6/29/3(2)
禮部政務處會奏變通科舉章程一卷 （清）禮部編　清光緒刻本　一冊

130000－0402－0003346　385－6/29/3(3)
禮部政務處會奏變通科舉章程一卷 （清）禮部編　清光緒刻本　一冊

130000－0402－0003347　385－6/30
禮部奏遵旨設立禮學館籌辦大概情形一摺附清單一卷 （清）光緒禮部撰　清光緒三十三年(1907)刻本　一冊

130000－0402－0003348　385－6/31
禮部會奏詳議本部職掌員缺一摺附清單一卷 （清）光緒禮部撰　清光緒刻本　一冊

130000－0402－0003349　385－6/32
禮部具奏酌議修飾文廟工程並改造祭器款式請旨一摺一卷 （清）光緒禮部撰　清光緒三十二年(1906)刻本　一冊

130000－0402－0003350　385－6/33
擬預備立憲階級請旨飭議施行摺一卷 岑春煊撰　清光緒鉛印本　一冊

130000－0402－0003351　385－6/34
會奏遵設專科考核議院未開以前逐年應行籌備事宜酌擬章程摺附清單一卷 （清）憲政編查館撰　清宣統元年(1909)鉛印本　一冊

130000－0402－0003352　385－6/36
籌蒙芻議二卷 姚錫光撰　清光緒三十四年(1908)京師廣齋刻本　二冊

130000－0402－0003353　385－6/37(1)
籌藏芻議一卷表一卷 姚錫光撰　清光緒三十四年(1908)京師廣齋鉛印本　一冊

130000－0402－0003354　385－6/37(2)
籌藏芻議一卷表一卷 姚錫光撰　清光緒三十四年(1908)京師廣齋鉛印本　一冊

130000－0402－0003355　385－6/38
蒙墾續供一卷 （清）□□輯　清宣統鉛印本　一冊

130000－0402－0003356　385－6/39
河南常備軍營制餉章暫行試辦章程 張人駿撰　清末鉛印本　一冊

130000－0402－0003357　385－6/44
恪靖奏稿初編三十八卷續編七十六卷 （清）左宗棠撰　清光緒刻本　六十四冊　存五十九卷(初編七至十九、二十六至三十八，續編一至三、十八至二十四、三十一至三十七、五十至六十五)

130000－0402－0003358　385－6/45
東三省蒙務公牘彙編四卷附一卷 朱啟鈐輯　清宣統元年(1909)鉛印本　二冊

130000－0402－0003359　385－6/46
學部奏議一卷 （清）□□編　清光緒三十二年(1906)鉛印本　一冊

130000－0402－0003360　385－6/47
考查印錫種茶製茶情形書一卷 （清）□□撰　清末鉛印本　一冊

130000－0402－0003361　385－6/48
直隸棉業研究所報告書一卷 （清）□□撰　清宣統二年(1910)勸業公司鉛印本　一冊

130000－0402－0003362　385－6/49
奏定變通鄉會試章程一卷 （清）□□編　清末鉛印本　一冊

130000－0402－0003363　385－6/50
學部奏請將教育宗旨宣示天下摺一卷 （清）□□編　清光緒三十二年(1906)鉛印本　一冊

130000－0402－0003364　385－6/51
修改各學堂考試章程摺一卷 （清）學部擬奏　清末鉛印本　一冊

130000－0402－0003365　385－6/52(1)
學部奏請管理遊學日本學生章程摺一卷

（清）□□編　清末刻本　一册

130000－0402－0003366　385－6/52(2)

學部奏請管理遊學日本學生章程摺一卷　（清）□□編　清末刻本　一册

130000－0402－0003367　385－6/53

憲政編查館會同學部具奏核訂遊學畢業生廷試錄用章程一摺一卷會奏限制京外各衙門調用人員及遊學畢業生辦法一摺一卷　（清）奕劻撰　清光緒三十三年(1907)鉛印本　一册

130000－0402－0003368　385－6/54

學部奏酌量變通初等小學堂章程摺一卷　（清）□□編　清宣統元年(1909)鉛印本　一册

130000－0402－0003369　385－6/55

學部奏定各學堂徵收學費章程一卷　（清）□□編　清光緒三十三年(1907)鉛印本　一册

130000－0402－0003370　385－6/56

奏湖北省城設立存古學堂以存國粹而息亂源摺一卷經學門分年功課表存古學堂各學科分年教法一卷　（清）張之洞撰　清末鉛印本　一册

130000－0402－0003371　385－6/57

學部奏定師範獎勵義務章程一卷　（清）□□編　清光緒三十三年(1907)鉛印本　一册

130000－0402－0003372　385－6/58

禮部具奏禮學開館奏派提調進呈凡例一摺一卷　（清）□□編　清光緒三十四年(1908)鉛印本　一册

130000－0402－0003373　385－6/59

政務處議奏禁煙章程一卷　（清）□□編　清光緒三十二年(1906)鉛印本　一册

130000－0402－0003374　385－6/60

詳定修改原訂湖北省土膏牌照捐及續增藥土公棧各章程一卷　（清）□□編　清宣統元年(1909)刻本　一册

130000－0402－0003375　385－6/61

湖北提學使司詳定改良私塾章程一卷　（清）□□編　清光緒三十四年(1908)鉛印本　一册

130000－0402－0003376　385－6/62(1)

籌設直隸師範學堂暨小學堂暫行章程四章　袁世凱擬定　清光緒鉛印本　一册

130000－0402－0003377　385－6/62(2)

籌設直隸師範學堂暨小學堂暫行章程四章　袁世凱擬定　清光緒鉛印本　一册

130000－0402－0003378　385－6/63

禮部謹奏文廟祀典次序摺一卷　（清）倭什琿布等撰　清同治八年(1869)楚北崇文書局刻本　一册

130000－0402－0003379　385－6/64

禮部諮覆奏遵議先師孔子升爲大祀典禮事宜摺一卷　（清）□□編　清光緒三十三年(1907)鉛印本　一册

130000－0402－0003380　385－6/65

湖北奏辦積穀保甲團練章程摺一卷　（清）□□撰　清光緒二十五年(1899)湖北省城官書處刻本　一册

130000－0402－0003381　385－6/66

光緒二十四年各省奏疏不分卷　（清）□□撰　清末鉛印本　一册

130000－0402－0003382　385－6/67

學部奏請明定教育宗旨摺一卷　（清）□□撰　清光緒三十二年(1906)鉛印本　一册

130000－0402－0003383　385－6/68

考察政治館王大臣奏釐定管制為立憲預備先將京官編定覆核進呈摺一卷繕具清單二十四件　（清）□□編　清光緒鉛印本　一册

130000－0402－0003384　385－6/69

法部會奏檢察廳調度司法員警章程八節　（清）□□編　清宣統二年(1910)湖北官刷印局鉛印本　一册

130000－0402－0003385　385－6/70

法院編制法十四章　（清）□□編　清末鉛印

本　一册

130000－0402－0003386　385－6/71
奏定憲政編查辦事章程一卷　（清）□□編　清光緒三十三年（1907）刻本　一册

130000－0402－0003387　385－6/72
續訂直省管制原奏清單一卷　（清）奕劻編訂　清末鉛印本　一册

130000－0402－0003388　385－6/73
法部奏定考試法官主要科應用法律章程十四卷　（清）□□編　清宣統二年（1910）石印本　一册

130000－0402－0003389　385－6/74
憲政編查館奏辦民政財政統計原摺并例要解説各件五卷　（清）□□編　清宣統鉛印本　一册

130000－0402－0003390　385－6/75
正教奉傳不分卷　（清）□□編　清光緒三十四年（1908）上海慈母堂鉛印本　二册

130000－0402－0003391　386/6
四川諮議局第二届常年會决議案不分卷　（清）□□編　清宣統鉛印本　一册

130000－0402－0003392　387－56/1
復社姓氏二卷補録一卷　（明）吳應箕輯　（清）吳銘道補録　清抄本　一册

130000－0402－0003393　387－56/2
進士題名碑録不分卷（明洪武至崇禎）　（□）□□編　清刻本　六册

130000－0402－0003394　387－56/4
進士題名碑録不分卷（明成化至弘治）　（□）□□編　清刻本　一册

130000－0402－0003395　387－57/1
國朝御史題名不分卷（清順治元年至光緒二十年）　（清）黄玉圃編輯　**國朝滿洲蒙古御史題名不分卷**　（清）蘇樹蕃編輯　清光緒十三年（1887）京畿道刻本　五册

130000－0402－0003396　387－57/2
内閣漢票簽中書舍人題名一卷補遺一卷續編二卷　（清）孔憲彝　（清）鮑康輯　清咸豐十一年至光緒十六年（1861－1890）刻本　二册

130000－0402－0003397　387－57/3
國朝湖州府科第表二卷（清順治三年至光緒十七年）　（清）戴璐　（清）沈鋐輯　清同治十一年（1872）刻光緒補修本　二册

130000－0402－0003398　387－57/4
宗室貢舉備攷四卷（清乾隆十年至光緒十一年）　（清）瑞聯輯　清光緒十三年（1887）瑞聯刻本　二册

130000－0402－0003399　387－57/5
大清搢紳全書四卷中樞備覽二卷　（清）榮祿堂編　清光緒二十年（1894）榮錄堂刻本　六册

130000－0402－0003400　387－57/5－2
大清搢紳全書四卷中樞備覽二卷　（清）榮錄堂編　清光緒三十一年（1905）榮錄堂刻本　六册

130000－0402－0003401　387－57/5－3
大清搢紳全書四卷　（清）榮錄堂編　清光緒三十年（1904）榮錄堂刻本　四册

130000－0402－0003402　387－57/5－4（1）
大清搢紳全書四卷增補一卷　（清）榮寶齋編　清宣統二年（1910）京都榮寶齋刻本　五册

130000－0402－0003403　387－57/5－4（2）
大清搢紳全書四卷增補一卷　（清）榮寶齋編　清宣統二年（1910）京都榮寶齋刻本　一册　存一卷（三）

130000－0402－0003404　387－57/5－5
大清搢紳全書四卷　（清）斌陞堂編　清光緒六年（1880）斌陞堂刻本　一册　存一卷（一）

130000－0402－0003405　387－57/5－6
大清搢紳全書四卷　（清）□□編　清光緒、宣統刻本　一册　存一卷（三）

130000－0402－0003406　387－57/5－7
大清搢紳全書四卷　（清）□□編　清光緒刻本　一册　存一卷（三）

130000－0402－0003407　387－57/6
國朝貢舉年表三卷(清順治二年至光緒十五年)　(清)黄崇蘭輯　清末鉛印本　二册

130000－0402－0003408　387－57/6/2(1)
國朝貢舉年表三卷(清順治二年至光緒二十年)　(清)陳國霖　(清)顧錫中編　清光緒十四年(1888)上海積山書局石印本　二册

130000－0402－0003409　387－57/6/2(2)
鄉會文統九卷(清順治二年至乾隆六十年)　(清)舒家堉編　清光緒二十三年(1897)上海書局石印本　二十二册

130000－0402－0003410　387－57/7
清嘉慶癸酉科選拔生員履歷一卷選拔貢卷一卷　(清)□□編　清刻本　一册

130000－0402－0003411　387－57/8
[康熙]己未詞科錄八卷首一卷　(清)秦瀛輯　清嘉慶十二年(1807)世恩堂刻本　三册

130000－0402－0003412　387－57/9
[光緒二十二年]大清武職官員名錄　(清)□□編　清光緒二十二年(1896)松竹齋、榮寶齋合刻本　一册

130000－0402－0003413　387－57/10
[宣統庚戌]科舉貢會考同年齒錄不分卷　(清)□□編　清宣統二年(1910)京都文奎齋、宏文齋、聚元齋、文錦齋、龍奎齋合刻本　四册

130000－0402－0003414　387－57/11
[光緒]山右同官錄一卷　(清)□□編　清光緒刻本　一册

130000－0402－0003415　387－57/12
[光緒]會試錄不分卷　(清)□□編　清刻本　一册

130000－0402－0003416　387－57/12/1
鄉試硃卷不分卷(清道光至光緒)　(清)□□編　清刻本　十八册

130000－0402－0003417　387－57/13
鄉試硃卷不分卷(清乾隆至光緒)　(清)□□編　清刻本　十七册

130000－0402－0003418　387－57/13/1
順天鄉試硃卷不分卷　(清)□□編　清刻本　二十九册

130000－0402－0003419　387－57/13/2
江南鄉試硃卷不分卷　(清)□□編　清刻本　七册

130000－0402－0003420　387－57/13/3
河南鄉試硃卷不分卷　(清)□□編　清刻本　十一册

130000－0402－0003421　387－57/13/4
安徽優貢卷不分卷　(清)□□編　清刻本　一册

130000－0402－0003422　387－57/14
進士題名碑錄不分卷(清康熙至嘉慶)　(清)□□編　清刻本　四册

130000－0402－0003423　387－57/15
欽取朝考卷不分卷(清咸豐九年至十年,同治四年、七年、十年、十三年,光緒九年)　(清)□□編　清末石印本　二册

130000－0402－0003424　387－57/16
會試闈墨不分卷(清光緒二十九年補行二十七年至二十八年)　(清)□□編　清末京都擷華書局鉛印本　一册

130000－0402－0003425　387－57/17
[道光]甲辰恩科省直鄉墨酌雅不分卷　(清)周開麟編　清金陵同文堂刻本　一册

130000－0402－0003426　387－57/18
鄉試硃卷不分卷(清道光五年至六年、八年、十九年、二十三年至二十四年、二十九年)　(清)□□編　清刻本　一册

130000－0402－0003427　387－57/19
進士題名碑錄不分卷(清道光至同治)　(清)□□編　清刻本　一册

130000－0402－0003428　387－57/20
[道光]乙未恩科十八省同年錄一卷狀元策一卷　(清)□□編　清道光十五年(1835)晉文

齋刻本　一册

130000－0402－0003429　387－65/1

[同治]甲子科各省鄉試同年錄不分卷　(清)□□編　清同治三年(1864)琉璃廠會遠齋刻本　一册

130000－0402－0003430　387－65/2

[光緒]癸巳恩科順天鄉試同年齒錄不分卷　(清)□□輯　清光緒十九年(1893)北京會文齋、文奎齋、元會齋、近文齋合刻本　四册

130000－0402－0003431　39/5

藏書紀事詩六卷　葉昌熾撰　清光緒二十三年(1897)長沙學使署江標刻本　十二册

130000－0402－0003432　39/8

諸史藝文志六種　(清)□□輯　清刻本　十一册　缺二卷(元史藝文志一至二)

130000－0402－0003433　39/9

鐵琴銅劍樓藏宋元本書目四卷　(清)江標輯　清光緒二十三年(1897)元和江氏刻本　二册

130000－0402－0003434　39/12

善本書室藏書志四十卷附錄一卷　(清)丁丙輯　清末刻本　一册　缺二卷(三十八至三十九)

130000－0402－0003435　39/13

行素堂目睹書錄十卷汲古閣珍藏秘本書目一卷　(清)朱記榮編　清光緒十年(1884)吳縣朱氏槐廬家塾刻本　一册　存二卷(書錄十、書目一卷)

130000－0402－0003436　391－57/1(1)

欽定四庫全書總目二百卷首一卷　(清)紀昀等編　清同治七年(1868)廣東書局刻本　一百二十册

130000－0402－0003437　391－57/1(2)

欽定四庫全書總目二百卷首一卷　(清)紀昀等編　清同治七年(1868)廣東書局刻本　一百十七册　缺七卷(一百三十二至一百三十八)

130000－0402－0003438　391－57/1－2(1)

欽定四庫全書總目二百卷首一卷　(清)紀昀等編　清刻本　一百十二册

130000－0402－0003439　391－57/1－2(2)

欽定四庫全書總目二百卷首一卷　(清)紀昀等編　清刻本　二十二册　存四十九卷(五十七至一百五)

130000－0402－0003440　391－57/1－4(1)

欽定四庫全書總目二百卷　(清)紀昀等編　清粵東省城富文齋、萃文堂、聚珍堂合刻本　六十九册　存一百三十七卷(十七至三十八、四十二至四十五、五十五至六十六、八十九至一百六十、一百七十四至二百)

130000－0402－0003441　391－57/1－4(2)

欽定四庫全書總目二百卷　(清)紀昀等編　清粵東省城富文齋、萃文堂、聚珍堂合刻本　十册　存二十卷(五十一至七十)

130000－0402－0003442　391－57/1－5

欽定四庫全書總目二百卷　(清)紀昀等編　清粵東省城富文齋、萃文堂、聚珍堂合刻本　五十九册　存九十七卷(十一至二十四、三十八至五十、七十一至七十四、九十至一百六、一百二十七至一百五十七、一百六十八至一百七十四、一百八十四至一百八十五、一百九十二至二百)

130000－0402－0003443　391－57/1－6

欽定四庫全書總目二百卷　(清)紀昀等編　清刻本　五十五册　存七十四卷(二十六至三十四、四十五至五十四、九十一至一百二十三、一百三十八至一百四十七、一百七十九至一百八十九、一百九十二)

130000－0402－0003444　391－57/1－7

欽定四庫全書總目二百卷首一卷　(清)紀昀等編　清末石印本　十六册　存九十三卷(一百八至二百)

130000－0402－0003445　391－57/1－8

欽定四庫全書總目二百卷首一卷　(清)紀昀等編　清宣統二年(1910)存古齋石印本　十

五冊　存九十卷(一至五、十九至三十二、四十九至五十五、八十六至一百七、一百六十至二百,首一卷)

130000－0402－0003446　391－57/1－9

欽定四庫全書總目二百卷首一卷　(清)紀昀等編　清刻本　二十七冊　存四十卷(三十至四十四、一百六十至一百七十一、一百八十八至二百)

130000－0402－0003447　391－57/1/2(1)

欽定四庫全書簡明目錄二十卷首一卷　(清)紀昀編　(清)永瑢總裁　清刻本　十二冊

130000－0402－0003448　391－57/1/2(2)

欽定四庫全書簡明目錄二十卷首一卷　(清)紀昀編　(清)永瑢總裁　清刻本　十二冊

130000－0402－0003449　391－57/1/3(1)

欽定四庫全書簡明目錄二十卷首一卷　(清)紀昀編　(清)永瑢總裁　清同治七年(1868)廣東書局刻本　十六冊

130000－0402－0003450　391－57/1/3(2)

欽定四庫全書簡明目錄二十卷首一卷　(清)紀昀編　(清)永瑢總裁　清同治七年(1868)廣東書局刻本　十六冊

130000－0402－0003451　391－57/1/5(1)

欽定四庫全書簡明目錄二十卷　(清)紀昀等編　清刻本　六冊　存八卷(十三至二十)

130000－0402－0003452　391－57/1/5(2)

欽定四庫全書簡明目錄二十卷　(清)紀昀等編　清刻本　一冊　存一卷(一)

130000－0402－0003453　391－57/1/6

欽定四庫全書簡明目錄二十卷　(清)紀昀等編　清光緒十年(1884)上海同文書局石印本　三冊　存十四卷(一至五、十二至二十)

130000－0402－0003454　391－57/1/7

欽定四庫全書簡明目錄二十卷首一卷　(清)紀昀編　(清)永瑢總裁　清刻本　五冊　存七卷(十四至二十)

130000－0402－0003455　391－57/1/8

欽定四庫全書簡明目錄二十卷　(清)紀昀等編　清刻本　六冊　存九卷(十二至二十)

130000－0402－0003456　391－57/3－3(1)

書目答問四卷附古今人箸述合刻叢書目別錄國朝箸述諸家姓名略　(清)張之洞撰　清光緒四年(1878)上海淞隱閣印本　二冊

130000－0402－0003457　391－57/3－3(2)

書目答問四卷附古今人箸述合刻叢書目別錄國朝箸述諸家姓名略　(清)張之洞撰　清光緒四年(1878)上海淞隱閣印本　二冊

130000－0402－0003458　391－57/3－3(3)

書目答問四卷附古今人箸述合刻叢書目別錄國朝箸述諸家姓名略　(清)張之洞撰　清光緒四年(1878)上海淞隱閣印本　四冊

130000－0402－0003459　391－57/3－4

書目答問四卷附古今人箸述合刻叢書目別錄國朝箸述諸家姓名略　(清)張之洞撰　清光緒二十一年(1895)上海蜚英館石印本　二冊

130000－0402－0003460　391－57/3－5

書目答問四卷附古今人箸述合刻叢書目別錄國朝箸述諸家姓名略　(清)張之洞撰　清刻本　三冊

130000－0402－0003461　391－57/4

郘亭知見傳本書目十六卷　(清)莫友芝撰　清同治十二年(1873)鉛印本　八冊

130000－0402－0003462　391－57/5(1)

士禮居藏書題跋記六卷　(清)黃丕烈撰　清光緒十年(1884)滂喜齋刻本　四冊

130000－0402－0003463　391－57/5(2)

士禮居藏書題跋記六卷　(清)黃丕烈撰　清光緒十年(1884)滂喜齋刻本　四冊

130000－0402－0003464　391－57/6

皕宋樓藏書志一百二十卷續志四卷　(清)陸心源編　清刻存齋雜纂本　十六冊　存五十九卷(四至二十九、六十一至九十三)

130000－0402－0003465　391－57/7

萬卷樓藏書目錄　(清)黃彭年編　清光緒八

年(1882)刻本　一冊

130000－0402－0003466　391－57/8
彙刻書目十卷　(清)顧修輯　**續編二卷**　(清)陳光照輯　清光緒元年(1875)長洲無夢園陳氏刻本　十二冊

130000－0402－0003467　391－57/8/1－2(1)
彙刻書目二十卷　(清)顧修輯　(清)朱氏增訂重編　清光緒十五年(1889)刻本　十二冊

130000－0402－0003468　391－57/8/1－2(2)
彙刻書目二十卷　(清)顧修輯　(清)朱氏增訂重編　清光緒十五年(1889)刻本　十九冊　存十九卷(二至二十)

130000－0402－0003469　391－57/8/1－2(3)
彙刻書目二十卷　(清)顧修輯　(清)朱氏增訂重編　清光緒十五年(1889)刻本　十三冊　存十三卷(三至十五)

130000－0402－0003470　391－57/11(1)
直隸運售各省官刻書籍總目五卷　(清)□□編　清光緒七年(1881)畿輔通志局刻本　一冊

130000－0402－0003471　391－57/11(2)
直隸運售各省官刻書籍總目五卷　(清)□□編　清光緒七年(1881)畿輔通志局刻本　一冊

130000－0402－0003472　391－57/12
隋經籍志考證十三卷　(清)章宗源撰　清光緒三年(1877)湖北崇文書局刻本　四冊

130000－0402－0003473　391－57/13
經籍訪古志六卷補遺一卷　(日本)澁江全善　(日本)森立之編　清光緒十一年(1885)鉛印本　八冊

130000－0402－0003474　391－57/14
海虞藝文志六卷　(清)姚福均輯　清光緒二十三年(1897)常熟姚氏慕程齋刻本　二冊

130000－0402－0003475　391－57/16
補晉書藝文志六卷　(清)文廷式纂　清宣統元年(1909)長沙鉛印本　六冊

130000－0402－0003476　391－57/18
杭州藝文志十卷　吳慶坻等撰　清光緒三十四年(1908)長沙刻本　四冊

130000－0402－0003477　391－57/21
湖北官書處書目一卷　(清)□□編　清刻本　一冊

130000－0402－0003478　310/1
四裔編年表四卷　嚴良勳　(清)李鳳苞彙編　清光緒二十三年(1897)石印本　四冊

130000－0402－0003479　310/2(1)
西史綱目初函二十卷　(清)周維翰編纂　清光緒二十七年(1901)經世文社石印本　十冊

130000－0402－0003480　310/2(2)
西史綱目初函二十卷　(清)周維翰編纂　清光緒二十七年(1901)經世文社石印本　一冊　存四卷(十七至二十)

130000－0402－0003481　310/5(1)
海國圖志一百卷首一卷　(清)魏源撰　清光緒二年(1876)平慶涇固道署刻本　三十二冊

130000－0402－0003482　310/5(2)
海國圖志一百卷首一卷　(清)魏源撰　清光緒二年(1876)平慶涇固道署刻本　六冊　存二十四卷(一至二十三、首一卷)

130000－0402－0003483　310/5－2
海國圖志一百卷首一卷續集二十五卷首一卷　(清)魏源撰　清光緒二十一年(1895)上海書局石印本　十六冊

130000－0402－0003484　310/5－3
海國圖志一百卷　(清)魏源撰　清刻本　六冊　存十九卷(二十三至四十一)

130000－0402－0003485　310/5－4
海國圖志一百卷　(清)魏源撰　清刻本　八冊　存十五卷(四十六至六十)

130000－0402－0003486　310/6

萬國通鑑四卷附地圖　(美國)謝衛樓著　清光緒八年(1882)刻本　五册

130000－0402－0003487　310/7
萬國通史前編十卷　(英國)李思倫白約翰輯譯　蔡爾康紀述　清光緒二十六年(1900)上海廣學會鉛印本　十册

130000－0402－0003488　310/7/2
萬國通史續編十卷　(英國)李思倫白約翰輯譯　曹曾涵纂述　清光緒三十年(1904)上海廣學會鉛印本　十册

130000－0402－0003489　310/7/3(1)
萬國通史三編十卷　(英國)李思倫白約翰輯譯　曹曾涵纂述　清光緒三十一年(1905)上海廣學會鉛印本　十册

130000－0402－0003490　310/7/3(2)
萬國通史三編十卷　(英國)李思倫白約翰輯譯　曹曾涵纂述　清光緒三十一年(1905)上海廣學會鉛印本　十册

130000－0402－0003491　310/9(1)
泰西新史攬要二十四卷　(英國)馬懇西撰　(英國)李提摩太譯　蔡爾康述　清光緒二十二年(1896)三味堂刻本　八册

130000－0402－0003492　310/9(2)
泰西新史攬要二十四卷　(英國)馬懇西撰　(英國)李提摩太譯　蔡爾康述　清光緒二十二年(1896)三味堂刻本　八册

130000－0402－0003493　310/9－2(1)
泰西新史攬要二十四卷　(英國)馬懇西撰　(英國)李提摩太譯　蔡爾康述　清光緒二十四年(1898)美華書館鉛印本　八册

130000－0402－0003494　310/9－2(2)
泰西新史攬要二十四卷　(英國)馬懇西撰　(英國)李提摩太譯　蔡爾康述　清末鉛印本　五册　存十八卷(四至十二、十六至二十四)

130000－0402－0003495　310/9－3
泰西新史攬要二十四卷　(英國)馬懇西撰　(英國)李提摩太譯　蔡爾康述　清光緒二十一年(1895)美華書館鉛印本　八册

130000－0402－0003496　310/10
萬國史記二十卷　(日本)岡本監輔撰　清光緒二十四年(1898)石印本　八册

130000－0402－0003497　310/10－2
萬國史記二十卷　(日本)岡本監輔撰　清光緒五年(1879)上海申報館鉛印本　八册

130000－0402－0003498　310/10－3
萬國史記二十卷　(日本)岡本監輔著　清光緒二十三年(1897)慎記書莊石印本　四册

130000－0402－0003499　310/11(1)
瀛環志略十卷　(清)徐繼畬輯著　清道光二十八年(1848)刻本　六册

130000－0402－0003500　310/11(2)
瀛環志略十卷　(清)徐繼畬輯著　清道光三十年(1850)紅杏山房刻本　六册

130000－0402－0003501　310/11－2
瀛環志略十卷　(清)徐繼畬輯著　清光緒二十四年(1898)掃葉山房石印本　八册

130000－0402－0003502　310/11－3
瀛環志略十卷　(清)徐繼畬輯著　清同治十二年(1873)掞雲樓刻本　六册

130000－0402－0003503　310/13－2
地理全志五卷　(英國)慕維廉著　清咸豐三年(1853)上海墨海書館印本　一册

130000－0402－0003504　310/14
地輿圖考一卷亞細亞洲圖考四卷　(清)龔柴撰　清光緒九年(1883)浦西益聞館鉛印本　一册

130000－0402－0003505　310/15
漢西域圖考七卷首一卷　(清)李光廷撰　清光緒十九年(1893)寶善書局石印本　七册

130000－0402－0003506　310/17
地球韻言四卷　(清)張士瀛撰　清光緒二十七年(1901)山東寶興堂刻本　一册

130000－0402－0003507　310/17－2

地球韻言四卷　(清)張士瀛撰　清光緒石印本　一册　存二卷(一至二)

130000－0402－0003508　310/17－3

地球韻言四卷　(清)張士瀛撰　清光緒二十八年(1902)東昌書業德刻本　一册　存二卷(一至二)

130000－0402－0003509　310/17－4

地球韻言四卷　(清)張士瀛撰　清光緒二十四年(1898)鄂垣務急書館刻本　二册

130000－0402－0003510　310/18(1)

環遊地球新錄四卷　(清)李圭撰　清光緒四年(1878)善成堂刻本　四册

130000－0402－0003511　310/18(2)

環遊地球新錄四卷　(清)李圭撰　清光緒四年(1878)善成堂刻本　一册　存一卷(二)

130000－0402－0003512　310/19

三十一國志一卷　(英國)李提摩太著　(清)鑄鐵生譯述　清光緒二十八年(1902)總學堂刻本　一册

130000－0402－0003513　310/20

全地五大洲女俗通考十集二十二卷　(美國)林樂知輯　(清)任保羅譯述　清光緒二十九年(1903)上海美華書局鉛印本　二十一册

130000－0402－0003514　310/23

外國尚友錄十卷　(清)張元輯　清光緒二十八年(1902)明達學社刻本　一册　存二卷(一至二)

130000－0402－0003515　310/24

五大洲志二卷　(日本)辻武雄撰　清光緒二十八年(1902)泰東同文局鉛印本　二册

130000－0402－0003516　310/25

現今世界大勢論十二節　梁啟超譯著　清光緒二十八年(1902)刻本　一册

130000－0402－0003517　310/26

中東戰紀本末八卷首一卷末一卷　(美國)林樂知著譯　蔡爾康纂輯　清光緒二十二年(1896)上海圖書集成局鉛印本　八册

130000－0402－0003518　310/27

西征紀程四卷　(清)鄒代鈞撰　**西輶日記一卷**　(清)黄楙材著　清光緒二十三年(1897)湖南新學書局刻本　四册

130000－0402－0003519　310/28

四述奇十六卷　張德彝撰　清光緒九年(1883)著易堂鉛印本　八册

130000－0402－0003520　310/29

西洋歷史教科書二卷六編　(英國)默爾化撰　出洋學生編輯所譯述　清光緒三十一年(1905)商務印書館鉛印本　一册　存一卷(二)

130000－0402－0003521　310/30(1)

萬國分類時務大成四十卷首一卷　(清)錢豐選輯　清光緒二十三年(1897)申江袖海山房石印本　二十八册

130000－0402－0003522　310/30(2)

萬國分類時務大成四十卷首一卷　(清)錢豐選輯　清光緒二十三年(1897)申江袖海山房石印本　二十七册　缺一卷(二十五)

130000－0402－0003523　310/30(3)

萬國分類時務大成四十卷首一卷　(清)錢豐選輯　清光緒二十三年(1897)申江袖海山房石印本　二十二册　缺七卷(十四、十六至十七、二十三至二十六)

130000－0402－0003524　310/31(1)

西政叢書三十二種　梁啟超編　清光緒二十三年(1897)慎記書莊石印本　十八册　存十八種六十五卷

130000－0402－0003525　310/31(2)

西政叢書三十二種　梁啟超編　清光緒二十三年(1897)慎記書莊石印本　三十二册

130000－0402－0003526　310/32(1)

五大洲政治通考四十八卷　(清)急先務齋主人輯　清光緒二十七年(1901)急先務齋石印本　十二册

130000－0402－0003527　310/32(2)
五大洲政治通考四十八卷　(清)急先務齋主人輯　清光緒二十七年(1901)急先務齋石印本　十二册

130000－0402－0003528　310/33
萬國政治藝學全書三百八十卷　(清)朱大文　(清)淩賡颺編輯　清光緒二十八年(1902)上海鴻文書局石印本　五十四册

130000－0402－0003529　310/34(1)
時務通考三十一卷首一卷　(清)王奇英編纂　清光緒二十三年(1897)上海點石齋石印本　二十四册

130000－0402－0003530　310/34(2)
時務通考三十一卷首一卷　(清)王奇英編纂　清光緒三十四年(1908)上海點石齋石印本　二十四册

130000－0402－0003531　310/34(3)
時務通考三十一卷首一卷　(清)王奇英編纂　清光緒二十三年(1897)上海點石齋石印本　二十四册

130000－0402－0003532　310/34(4)
時務通考三十一卷首一卷　(清)王奇英編纂　清光緒二十三年(1897)上海點石齋石印本　二十四册

130000－0402－0003533　310/34(5)
時務通考三十一卷首一卷　(清)王奇英編纂　清光緒二十三年(1897)上海點石齋石印本　二十二册

130000－0402－0003534　310/34(6)
時務通考三十一卷首一卷　(清)王奇英編纂　清光緒二十三年(1897)上海點石齋石印本　十九册　存二十五卷(一至九、十三至二十五、二十九至三十,首一卷)

130000－0402－0003535　310/34/2(1)
時務通考續編三十一卷　(清)王奇英編　清光緒二十七年(1901)上海點石齋石印本　十六册

130000－0402－0003536　310/34/2(2)
時務通考續編三十一卷　(清)王奇英編　清光緒二十七年(1901)上海點石齋石印本　十四册　缺三卷(六至八)

130000－0402－0003537　310/34/2(3)
時務通考續編三十一卷　(清)王奇英編　清光緒二十七年(1901)上海點石齋石印本　十六册

130000－0402－0003538　310/34/2(4)
時務通考續編三十一卷　(清)王奇英編　清光緒二十七年(1901)上海點石齋石印本　十四册　缺三卷(三至五)

130000－0402－0003539　310/35－2
西學富強叢書八十一種　(清)富強齋主人編　清光緒二十七年(1901)上海寶善齋石印本　五十八册　缺四種三十五卷(器象顯真四卷、重學二十卷、電學綱目一卷、電學十卷)

130000－0402－0003540　310/37
中西時務策學大全十九卷　(清)求志齋主人編　清光緒二十三年(1897)上海鴻文書局石印本　二十三册　缺一卷(十四)

130000－0402－0003541　310/38
朔方備乘札記一卷　(清)李文田撰　清光緒二十三年(1897)會稽施世傑鄦鄭學廬刻本　一册

130000－0402－0003542　310/39
萬國公法四卷　(美國)惠頓撰　(美國)丁韙良譯　清同治三年(1864)鉛印本　四册

130000－0402－0003543　310/40
萬國時務策學大全四十八卷　(清)漱石山館主人輯　清光緒二十三年(1897)積山書局石印本　十册

130000－0402－0003544　310/44
萬國歷史彙編一百卷　江子雲等編　清光緒二十九年(1903)上海官書局石印本　五册　存三十卷(三十七至四十四、五十至六十一、六十六至七十、七十七至八十一)

130000－0402－0003545　310/45

新聞學三十六章　（日本）松本君平撰　商務印書館譯　清光緒二十九年（1903）商務印書館鉛印本　一册

130000－0402－0003546　310/46

泰西教育史十五章　（日本）能勢榮撰　葉瀚譯　清光緒二十七年（1901）金粟齋譯書社鉛印本　一册　存九章（七至十五）

130000－0402－0003547　310/47

公法便覽二卷　（美國）吳爾璽撰　（美國）丁韙良編譯　清光緒三年（1877）鉛印本　二册

130000－0402－0003548　310/48

萬國憲法比較一卷　（日本）辰巳小二郎撰　（清）戢翼翬譯　清光緒二十八年（1902）商務印書館鉛印本　一册

130000－0402－0003549　310/49

萬國綱鑑易知錄　（清）□□撰　清末石印本　一册　存四卷（四至七）

130000－0402－0003550　310/50

富民策二卷　（加拿大）馬林著　（清）李玉書譯　清光緒二十五年（1899）上海圖書集成局鉛印本　一册

130000－0402－0003551　310/51

世界歷史問答　（日本）酒井勉撰　商務印書館譯　清光緒三十二年（1906）商務印書館鉛印本　一册

130000－0402－0003552　310/52

列國政要一百三十二卷首一卷　（清）戴鴻慈　（清）端方輯　清末石印本　二册　存七卷（七至十、十八至二十）

130000－0402－0003553　310/53

歐美各國憲法一卷　汪有齡譯　清刻本　一册

130000－0402－0003554　310/54

續富國策四卷　（清）陳熾撰　清末鉛印本　二册　存一卷（四）

130000－0402－0003555　310/55

地學歌略二卷　葉瀚　葉瀾著　清刻本　二册　存一卷（二）

130000－0402－0003556　310－41/1（1）

日本維新三十年史十二編附錄一卷　（日本）博文館編輯　廣智書局譯印　清光緒二十八年（1902）上海廣智書局鉛印本　六册

130000－0402－0003557　310－41/1（2）

日本維新三十年史十二編附錄一卷　（日本）博文館編輯　廣智書局譯印　清光緒二十九年（1903）上海廣智書局鉛印本　六册

130000－0402－0003558　310－41/1（3）

日本維新三十年史十二編附錄一卷　（日本）博文館編輯　廣智書局譯印　清光緒二十八年（1902）上海廣智書局鉛印本　一册　存二編（一至二）

130000－0402－0003559　310－41/2（1）

日本國志四十卷首一卷　（清）黃遵憲編纂　清光緒二十四年（1898）上海圖書集成局石印本　十册

130000－0402－0003560　310－41/2（2）

日本國志四十卷首一卷　（清）黃遵憲編纂　清光緒二十四年（1898）上海圖書集成局石印本　八册

130000－0402－0003561　310－41/2－2

日本國志四十卷首一卷　（清）黃遵憲編纂　清光緒二十四年（1898）匯文書局刻本　十二册

130000－0402－0003562　310－41/3

新譯日本教育法規二十七編　（日本）渡邊龍聖纂　盧靖等譯　清光緒三十二年（1906）鉛印本　十册

130000－0402－0003563　310－41/4

東遊叢錄四卷　（清）吳汝綸編輯　清光緒二十八年（1902）鉛印本　四册

130000－0402－0003564　310－41/7

學校管理法十章　（日本）田中敬一編　周家樹譯　清刻本　一册

130000－0402－0003565　310－41/9

東瀛紀行一卷　（清）胡景桂撰　清光緒二十九年（1903）鉛印本　一册

130000－0402－0003566　310－41/15

印度劄記二卷　（清）黄楙材述　清刻本　一册

130000－0402－0003567　310－41/16

新編東亞三國地志二卷　（日本）辻武雄撰　清光緒二十六年（1900）東京合資會社普及舍鉛印本　二册

130000－0402－0003568　310－41/17

柬埔寨以北探路記十五卷　（法國）晃西士加尼撰　清光緒鉛印本　十五册

130000－0402－0003569　310－41/20

蒙古史二卷　（日本）河野元三述　歐陽瑞驊譯　清宣統三年（1911）江南圖書館鉛印本　二册

130000－0402－0003570　310－41/23

烏里雅蘇臺志略不分卷　（清）□□撰　清抄本　二册

130000－0402－0003571　310－41/25

新譯日本法規大全二十五類　南洋公學譯書院初譯　商務印書館編譯所補譯　清光緒三十三年（1907）上海商務印書館鉛印本　十五册　存七類（十三至十九）

130000－0402－0003572　310－41/26

東洋史要二卷　（日本）桑原騭藏撰　樊炳清譯　清光緒二十五年（1899）鉛印本　三册

130000－0402－0003573　310－41/27

大日本維新史二卷　（日本）重野安繹撰　清光緒二十五年（1899）上海商務印書館鉛印本　一册　存一卷（下）

130000－0402－0003574　310－41/28

日本東京府師範學校生徒心得條目一卷生徒規約一卷内規一卷生徒募集細則一卷　（清）翁坤燾譯　**師範學校預備科規程一卷**　兩湖書院學生譯　清光緒二十八年（1902）正學堂刻本　一册

130000－0402－0003575　310－42/1

英俄印度交涉書一卷續編一卷　（英國）馬文著　（英國）羅亨利譯　（清）瞿昂來譯　清光緒、宣統刻本　一册

130000－0402－0003576　310－5/1（1）

歐洲列國戰事本末二十二卷　王樹枏撰　清光緒二十八年（1902）中衙縣署刻本　六册

130000－0402－0003577　310－5/1（2）

歐洲列國戰事本末二十二卷　王樹枏撰　清光緒二十八年（1902）中衙縣署刻本　六册

130000－0402－0003578　310－5/2

歐洲族類源流略五卷　王樹枏撰　清光緒二十四年（1898）刻本　二册

130000－0402－0003579　310－5/3（1）

出使英法義比四國日記六卷（清光緒十六年至十七年）　（清）薛福成撰　清光緒二十年（1894）校經堂刻本　六册

130000－0402－0003580　310－5/3（2）

出使英法義比四國日記六卷（清光緒十六年至十七年）　（清）薛福成撰　清光緒二十年（1894）校經堂刻本　五册　存五卷（二至六）

130000－0402－0003581　310－5/3－2（1）

出使英法義比四國日記六卷（清光緒十六年至十七年）　（清）薛福成纂著　清光緒十八年（1892）鴻寶齋石印本　三册

130000－0402－0003582　310－5/3－2（2）

出使英法義比四國日記六卷（清光緒十六年至十七年）　（清）薛福成纂著　清末石印本　一册　存二卷（三至四）

130000－0402－0003583　310－5/3－3

出使英法義比四國日記六卷（清光緒十六年至十七年）　（清）薛福成纂著　清光緒十七年（1891）鉛印本　四册

130000－0402－0003584　310－5/3/2

出使日記續刻十卷（清光緒十六年至二十年）　（清）薛福成纂著　清光緒二十四年（1898）

傳經樓刻本　十册

130000－0402－0003585　310－5/5(1)
普法戰紀二十卷　(清)張宗良口譯　(清)王韜輯撰　清光緒二十一年(1895)弢園王氏鉛印本(附圖)　八册　缺二卷(十三至十四)

130000－0402－0003586　310－5/5(2)
普法戰紀二十卷　(清)張宗良口譯　(清)王韜輯撰　清光緒二十一年(1895)弢園王氏鉛印本(附圖)　四册　存八卷(三至四、七至十、十九至二十)

130000－0402－0003587　310－5/5(3)
普法戰紀二十卷　(清)張宗良口譯　(清)王韜輯撰　清光緒二十一年(1895)弢園王氏鉛印本(附圖)　三册　存六卷(七至十二)

130000－0402－0003588　310－5/6
國政貿易相關書二卷　(英國)法拉撰　(英國)傅蘭雅口譯　(清)徐家寶筆述　清刻本　二册

130000－0402－0003589　310－51/1
俄史輯譯四卷　(清)徐景羅譯　清光緒二十三年(1897)湖南書局刻本　五册　存四卷(一至四上)

130000－0402－0003590　310－52/2
法國革命戰史八編　(日本)澀江保撰　國民叢書社譯　清光緒二十九年(1903)商務印書館鉛印本　一册

130000－0402－0003591　310－52/3
原富五卷　(英國)斯密亞丹撰　嚴復翻譯　清光緒二十七年(1901)刻本　十二册

130000－0402－0003592　310－52/4
重訂法國志略二十四卷　(清)王韜撰　清光緒十五年(1889)弢園老民鉛印本　十册

130000－0402－0003593　310－65/1
西學軍政全書十二種　(清)□□輯　清光緒滬南機器製造總局格致堂木活字印本　八册

130000－0402－0003594　4/1(1)
新鐫分類評註文武合編百子金丹十卷　(明)郭偉選註　清經國堂刻本　十二册

130000－0402－0003595　4/1(2)
新鐫分類評註文武合編百子金丹十卷　(明)郭偉選註　清經國堂刻本　十二册

130000－0402－0003596　4/1－2
新鐫分類評註文武合編百子金丹十卷　(明)郭偉選註　清天元堂刻本　十册

130000－0402－0003597　4/1－3
新鐫校正評註分類百子金丹十卷　(明)郭偉選註　清光緒二十一年(1895)上海煥文書局石印本　六册

130000－0402－0003598　4/1－4(1)
新鐫校正評註分類百子金丹全書十卷　(明)郭偉選註　(明)王星聚校訂　清光緒二十九年(1903)上海書局石印本　六册

130000－0402－0003599　4/1－4(2)
新鐫校正評註分類百子金丹全書十卷　(明)郭偉選註　(明)王星聚校訂　**任兆麟述記三卷**　(清)任兆麟撰　清末石印本　八册

130000－0402－0003600　4/2
諸子品節五十卷　(明)陳深編　明刻本　十册　存十五卷(二至三、八至十四、三十四至三十五、三十九至四十二)

130000－0402－0003601　4/3(1)
子書百家一百種　(清)崇文書局輯　清光緒元年(1875)湖北崇文書局刻本　一百十册

130000－0402－0003602　4/3(2)
子書百家一百種　(清)崇文書局輯　清光緒元年(1875)湖北崇文書局刻本　一百九册

130000－0402－0003603　4/3(3)
子書百家一百種　(清)崇文書局輯　清光緒元年(1875)湖北崇文書局刻本　一百十册

130000－0402－0003604　4/3(4)
子書百家一百種　(清)崇文書局輯　清光緒元年(1875)湖北崇文書局刻本　五十八册　存三十四種二百四十二卷(孔子家語十卷,荀子一卷,新語二卷,忠經一卷,新書十卷,鹽鐵論二卷,新序十卷,說苑二十卷,揚子法言一卷,方言十三卷,潛夫論一至四,申鑒五卷,申論二卷,孫子三卷,吳子二卷,司馬法一卷,韓非子二十卷,齊民要術十卷,太玄經十卷,焦氏易林一、三,尹文子一卷,慎子一卷,公孫龍子一卷,鬼谷子一卷,呂氏春秋一至十九,淮南鴻烈解二十一卷,顔氏家訓二卷,獨斷一卷,論衡一至二十四,白虎通德論四卷,風俗通義十卷,博物志十卷,續博物志十卷,抱朴子内篇四卷、外篇四卷)

130000-0402-0003605　4/3(5)
子書百家一百種　(清)崇文書局輯　清光緒元年(1875)湖北崇文書局刻本　十八冊　存十種七十八卷(新語二卷、忠經一卷、鹽鐵論二卷、新序十卷、説苑十六至二十、晏子春秋四至八、韓非子一至十五、太玄經一至四、論衡一至二十四、風俗通義十卷)

130000-0402-0003606　4/3(6)
子書百家一百種　(清)崇文書局輯　清光緒元年(1875)湖北崇文書局刻本　十一冊　存五種四十一卷(金樓子六卷、劉子二卷、顔氏家訓二卷、獨斷一卷、論衡三十卷)

130000-0402-0003607　4/3(7)
子書百家一百種　(清)崇文書局輯　清光緒元年(1875)湖北崇文書局刻本　二十三冊　存三十種一百四十卷(墨子一至十,郁離子一卷,空洞子一卷,海沂子五卷,燕丹子三卷,玉泉子一卷,金華子雜編二卷,山海經十八卷,山海經圖讃一卷,山海經補註一卷,神異經一卷,海内十洲記一卷,别國洞冥記四卷,穆天子傳六卷,拾遺記十卷,搜神記二十卷,搜神後記十卷,博物志十卷,續博物志十卷,述異記二卷,莊子三卷,莊子闕誤一卷,列子二卷,抱朴子内篇四卷、外篇四卷,亢倉子一卷,玄真子一卷,天隱子一卷,无能子三卷,胎息經一卷,至遊子二卷)

130000-0402-0003608　4/3.59
論衡三十卷　(漢)王充撰　清光緒元年(1875)湖北崇文書局刻子書百家本　三冊　存十五卷(五至九、十五至二十四)

130000-0402-0003609　4/4
諸子彙函二十六卷　(明)歸有光輯　(明)文震孟參訂　明天啓五年(1625)刻本　十二冊　存十卷(二至三、九、十一、十四至十七、二十二、二十五)

130000-0402-0003610　4/8(1)
子書二十二種　(清)浙江書局編　清光緒二十七年(1901)浙江書局刻本　十一冊　存三種四十九卷(淮南子二十一卷、文中子中説十卷、山海經十八卷)

130000-0402-0003611　4/8(2)
子書二十二種　(清)浙江書局編　清光緒二十七年(1901)浙江書局刻本　八十三冊

130000-0402-0003612　4/8(3)
子書二十二種　(清)浙江書局編　清光緒二十七年(1901)浙江書局刻本　七十二冊　缺三種四十九卷(淮南子二十一卷、文中子中説十卷、山海經十八卷)

130000-0402-0003613　4/8.22
山海經十八卷　(晉)郭璞撰　清光緒二十七年(1901)浙江書局刻子書本　三冊

130000-0402-0003614　4/8-2(1)
子書二十二種附鶡冠子　(清)浙江書局編　清光緒二十三年(1897)上海圖書集成局鉛印本　三十六冊

130000-0402-0003615　4/8-2(2)
子書二十二種附鶡冠子　(清)浙江書局編　清光緒二十三年(1897)上海圖書集成局鉛印本　十六冊　存七種一百四卷(淮南子一至二十,揚子法言十三卷,墨子十六卷,晏子春秋七卷、音義二卷、校勘記二卷,呂氏春秋二十六卷,竹書紀年統箋十二卷,山海經十三至十八)

130000-0402-0003616　4/8-3
二十二子彙函二十二種　(清)□□輯　清光緒十九年(1893)上海鴻文書局石印本　十六冊

130000-0402-0003617　4/9(1)

子書二十八種　（清）□□輯　清光緒三十四年（1908）上海集成圖書公司石印本　二冊　存二種十四卷（列子八卷、文子續義一至六）

130000－0402－0003618　4/9（2）

子書二十八種　（清）□□輯　清光緒三十四年（1908）上海集成圖書公司石印本　四十八冊

130000－0402－0003619　4/9（3）

子書二十八種　（清）□□輯　清光緒三十四年（1908）上海集成圖書公司石印本　二十八冊　存十九種一百九十六卷（管子一至五，荀子一至十，列子八卷，韓非子一至十五，鶡冠子三卷，鬼谷子一卷，墨子十六卷，孫子十家註一至四，吳子一，六韜一，尉繚子一，孔子集語十至十七，晏子春秋七卷、音義二卷、校勘記二卷，呂氏春秋二十六卷，新書十卷，董子春秋繁露十七卷，文子續義一至十一，補注黃帝內經素問七至二十四卷、靈樞經十二卷，山海經十八卷）

130000－0402－0003620　4/9－2

子書二十八種　（清）育文書局輯　清宣統元年（1909）上海育文書局石印本　三十二冊

130000－0402－0003621　4/10（1）

十子全書十種　（清）王子興輯　清嘉慶九年（1804）姑蘇聚文堂刻本　二十四冊

130000－0402－0003622　4/10（2）

十子全書十種　（清）王子興輯　清嘉慶九年（1804）姑蘇聚文堂刻本　十四冊　存五種六十四卷（韓非子二十卷、淮南子二十一卷、新纂門目五臣音註揚子法言十卷、文中子中說十卷、鶡冠子三卷）

130000－0402－0003623　4/10－2

十子全書十種　（清）王子興輯　清嘉慶九年（1804）姑蘇聚文堂刻本　二十六冊　缺三種二十六卷（老子二卷、莊子十卷、荀子一至十四）

130000－0402－0003624　4/15－2

諸子平議十五種　（清）俞樾撰　清刻本　十一冊

130000－0402－0003625　4/16（1）

二十二子二十二種　（清）浙江書局輯　清光緒元年至三年（1875－1877）浙江書局刻本　七十三冊　缺一種三十七卷（補注黃帝內經素問二十四卷、素問遺篇一卷、靈樞十二卷）

130000－0402－0003626　4/16（2）

二十二子二十二種　（清）浙江書局輯　清光緒元年至三年（1875－1877）浙江書局刻本　四十五冊　存十三種一百八十一卷（董子春秋繁露十七卷、附錄一卷，竹書紀年統箋十二卷、前編一卷、雜述一卷，晏子春秋七卷、音義二卷、校勘記二卷，揚子法言十三卷、音義一卷，孫子十家註十三卷、續錄一卷、遺說一卷，管子二十四卷，韓非子二十卷、識誤三卷，尸子二卷、存疑一卷，呂氏春秋二十六卷，老子道德經二卷、音義一卷，莊子十卷，列子八卷，文子續義十二卷）

130000－0402－0003627　4/16（3）

二十二子二十二種　（清）浙江書局輯　清光緒元年至三年（1875－1877）浙江書局刻本　四十冊　存十二種一百三十六卷（董子春秋繁露十七卷、附錄一卷，竹書紀年統箋十二卷、前編一卷、雜述一卷，晏子春秋七卷、音義二卷、校勘記二卷，孔子集語十七卷，新書十卷，文中子中說十卷，孫子十家註一至三，墨子十六卷，尸子二卷、存疑一卷，呂氏春秋一至十六，莊子十卷，列子八卷）

130000－0402－0003628　4/16（4）

二十二子二十二種　（清）浙江書局輯　清光緒元年至三年（1875－1877）浙江書局刻本　四冊　存二種十五卷（呂氏春秋七至十四、淮南子一至七）

130000－0402－0003629　4/16（5）

二十二子二十二種　（清）浙江書局輯　清光緒元年至三年（1875－1877）浙江書局刻本　八冊　存三種二十五卷（老子道德經二卷、音義一卷，莊子十卷，文子續義十二卷）

130000－0402－0003630　411/1

晏子春秋七卷音義二卷校勘記二卷　（春秋）晏嬰撰　（清）孫星衍校　清光緒元年（1875）浙江書局刻本　四册

130000－0402－0003631　411/5
孔子家語八卷　（明）何孟春注　明聖府永明書院刻本　四册

130000－0402－0003632　411/5－5
孔子家語十卷　（三國魏）王肅注　清衡邑三義堂刻本　四册

130000－0402－0003633　411/5－7（1）
孔子家語十卷　（三國魏）王肅注　清敬儀堂刻本　四册

130000－0402－0003634　411/5－7（2）
孔子家語十卷　（三國魏）王肅注　清敬儀堂刻本　四册

130000－0402－0003635　411/5－7（3）
孔子家語十卷　（三國魏）王肅注　清敬儀堂刻本　四册

130000－0402－0003636　411/5－7（4）
孔子家語十卷　（三國魏）王肅注　清敬儀堂刻本　四册

130000－0402－0003637　411/5－7（5）
孔子家語十卷　（三國魏）王肅注　清敬儀堂刻本　四册

130000－0402－0003638　411/5－8（1）
孔子家語十卷　（三國魏）王肅注　清光緒十五年（1889）書業德刻本　二册

130000－0402－0003639　411/5－8（2）
孔子家語十卷　（三國魏）王肅注　清光緒十五年（1889）書業德刻本　二册

130000－0402－0003640　411/5－9
孔子家語十卷　（三國魏）王肅注　清安定書屋刻本　四册

130000－0402－0003641　411/5－10（1）
孔子家語十卷札記一卷　（三國魏）王肅注　清光緒二十四年（1898）刻本　四册

130000－0402－0003642　411/5－10（2）
孔子家語十卷札記一卷　（三國魏）王肅注　清光緒二十四年（1898）刻本　四册

130000－0402－0003643　411/5－10（3）
孔子家語十卷札記一卷　（三國魏）王肅注　清光緒二十四年（1898）刻本　四册

130000－0402－0003644　411/5－11
孔子家語十卷　（三國魏）王肅注　清友于堂刻本　二册

130000－0402－0003645　411/5－13
孔子家語八卷　（明）何孟春注　清嘉慶十六年（1811）刻本　二册

130000－0402－0003646　411/5－15
孔子家語十卷　（三國魏）王肅注　清道光十五年（1835）至寶堂刻本　一册　存五卷（一至五）

130000－0402－0003647　411/5－16（1）
孔子家語十卷　（三國魏）王肅注　清乾隆四十九年（1784）文盛堂刻本　四册

130000－0402－0003648　411/5－16（2）
孔子家語十卷　（三國魏）王肅注　清乾隆四十九年（1784）文盛堂刻本　二册

130000－0402－0003649　411/5/2
家語疏證六卷　（清）孫志祖撰　清刻本　二册

130000－0402－0003650　411/6
孔子集語十七卷　（清）孫星衍撰　清光緒三年（1877）浙江書局刻本　四册

130000－0402－0003651　411/7－4
荀子一卷　（清）方苞删定　（清）顧琮枀校　清乾隆元年（1736）刻本　一册

130000－0402－0003652　411/7－5（1）
荀子二十卷　（戰國）荀況撰　（唐）楊倞注　清宣統二年（1910）鉛印本　二册

130000－0402－0003653　411/7－5（2）
荀子二十卷　（戰國）荀況撰　（唐）楊倞注　清宣統二年（1910）鉛印本　二册

130000－0402－0003654　411/7－7(1)
荀子二十卷首一卷　(唐)楊倞注　王先謙集解　清光緒十七年(1891)刻本　六册

130000－0402－0003655　411/7－7(2)
荀子二十卷首一卷　(唐)楊倞注　王先謙集解　清光緒十七年(1891)刻本　六册

130000－0402－0003656　411/7－7(3)
荀子二十卷首一卷　(唐)楊倞注　王先謙集解　清光緒十七年(1891)刻本　五册　存十九卷(二至二十)

130000－0402－0003657　411/7－7(4)
荀子二十卷首一卷　(唐)楊倞注　王先謙集解　清光緒十七年(1891)刻本　六册

130000－0402－0003658　411/8
白虎通便讀不分卷爾雅便讀不分卷儀禮不分卷　(清)佚名輯　**新鐫夏小正不分卷**　(漢)戴德傳　(元)金履祥注　(清)張爾岐輯　清嘉慶七年(1802)信元堂刻本　一册

130000－0402－0003659　411－36/1
孔叢二卷　(漢)孔鮒撰　清刻本　二册

130000－0402－0003660　411－36/3
鹽鐵論十卷考證一卷　(漢)桓寬撰　清嘉慶十二年(1807)刻本　三册

130000－0402－0003661　411－36/4
說苑二十卷新序十卷　(漢)劉向著　(明)鍾人傑閲　清刻本　八册

130000－0402－0003662　411－36/4－6
新序十卷　(漢)劉向撰　清光緒元年(1875)湖北崇文書局刻本　二册

130000－0402－0003663　411－36/5－3(1)
新書十卷　(漢)賈誼撰　清光緒元年(1875)湖北崇文書局刻本　二册

130000－0402－0003664　411－36/5－3(2)
新書十卷　(漢)賈誼撰　清光緒元年(1875)湖北崇文書局刻本　二册

130000－0402－0003665　411－36/5/3
賈子十六卷　(漢)賈誼撰　(清)王耕心次詁　清光緒二十九年(1903)刻本　二册

130000－0402－0003666　411－36/6－2
揚子法言一卷方言十三卷　(漢)楊雄撰　(晉)郭璞解　清光緒元年(1875)崇文書局刻本　一册

130000－0402－0003667　411－36/8
潛夫論十卷　(漢)王符撰　(清)汪繼培箋　清光緒十七年(1891)思賢講舍刻本　四册

130000－0402－0003668　411－51/1－3
文中子中說十卷　(隋)王通撰　(宋)阮逸注　清光緒二年(1876)浙江書局刻本　二册

130000－0402－0003669　411－54/1(1)
大學衍義四十三卷　(宋)真德秀撰　清光緒二十七年(1901)上海書局石印本　六册

130000－0402－0003670　411－54/1(2)
大學衍義四十三卷　(宋)真德秀撰　清光緒二十七年(1901)上海書局石印本　三册　存二十三卷(一至七、二十四至三十九)

130000－0402－0003671　411－54/1－2(1)
大學衍義四十三卷　(宋)真德秀撰　清同治十三年(1874)金陵書局刻本　八册

130000－0402－0003672　411－54/1－2(2)
大學衍義四十三卷　(宋)真德秀撰　清同治十三年(1874)金陵書局刻本　八册

130000－0402－0003673　411－54/1－3
大學衍義四十三卷　(宋)真德秀撰　清同治十一年(1872)浙江書局刻本　十册

130000－0402－0003674　411－54/1－4
大學衍義四十三卷　(宋)真德秀撰　清同治十三年(1874)夔州府雲邑郭氏家塾刻本　八册

130000－0402－0003675　411－54/1－4/2
大學衍義補一百六十卷首一卷　(明)丘濬撰　(明)陳仁錫評閲　清同治十三年(1874)夔州府雲邑郭氏家塾刻本　三十二册

130000－0402－0003676　411－54/1－5
大學衍義四十三卷　(宋)真德秀彙輯　(清)

孫嘉淦校訂　清刻本　八冊

130000－0402－0003677　411－54/1/2－3
大學衍義補一百六十卷　(明)丘濬撰　(明)陳仁錫評　清刻本　十六冊　存六十五卷(三十至六十三、九十六至一百二十六)

130000－0402－0003678　411－54/1/4
大學衍義體要十六卷　(宋)真德秀編　(清)徐桐輯　清末刻本　八冊

130000－0402－0003679　411－54/1/5
大學衍義輯要六卷補輯要十二卷首一卷　(清)陳宏謀纂　清乾隆元年(1736)培遠堂刻本　十冊

130000－0402－0003680　411－54/2(1)
朱子文集大全類編一百十卷　(宋)朱熹撰　(清)朱玉輯　清道光二十年(1840)考亭書院刻本　四十八冊

130000－0402－0003681　411－54/2(2)
朱子文集大全類編一百十卷　(宋)朱熹撰　(清)朱玉輯　清道光二十年(1840)考亭書院刻本　十八冊　存五十九卷(二集七至十、三集一、四集一至十一、五集一至十四、六集二十七至三十五、七集一至十五、八集一至五)

130000－0402－0003682　411－54/3(1)
淵鑒齋御纂朱子全書六十六卷　(宋)朱熹撰　(清)李光地輯　清康熙五十二年(1713)內府刻本　三十二冊

130000－0402－0003683　411－54/3(2)
淵鑒齋御纂朱子全書六十六卷　(宋)朱熹撰　(清)李光地輯　清康熙五十二年(1713)內府刻本　二十五冊

130000－0402－0003684　411－54/3(3)
淵鑒齋御纂朱子全書六十六卷　(宋)朱熹撰　(清)李光地輯　清康熙五十二年(1713)內府刻本　十八冊　存五十一卷(一至十九、三十五至六十六)

130000－0402－0003685　411－54/4
朱子學歸二十三卷　(清)鄭端輯　清康熙二十二年(1683)刻本　四冊

130000－0402－0003686　411－54/5
朱子集一百四卷目錄二卷　(宋)朱熹撰　清咸豐十年(1860)紫霞洲祠堂刻本　四十冊

130000－0402－0003687　411－54/6
朱子原訂近思錄十四卷　(清)江永集註　(清)王鼎校次　**考訂朱子世家一卷**　(清)江永著　清同治三年至五年(1864－1866)望三益齋刻本　四冊

130000－0402－0003688　411－54/6－3(1)
朱子原訂近思錄十四卷　(清)江永集註　(清)王鼎校次　清同治七年(1868)楚北崇文書局刻本　四冊

130000－0402－0003689　411－54/6－3(2)
朱子原訂近思錄十四卷　(清)江永集註　(清)王鼎校次　清同治七年(1868)楚北崇文書局刻本　四冊

130000－0402－0003690　411－54/6－4(1)
近思錄十四卷　(清)江永集註　**校勘記一卷**　(清)王炳錄　**考訂朱子世家一卷**　(清)江永著　清同治八年(1869)江蘇書局刻本　六冊

130000－0402－0003691　411－54/6－4(2)
近思錄十四卷　(清)江永集註　**校勘記一卷**　(清)王炳錄　**考訂朱子世家一卷**　(清)江永著　清同治八年(1869)江蘇書局刻本　四冊

130000－0402－0003692　411－54/6－5
近思錄十四卷　(清)江永集註　**考訂朱子世家一卷**　(清)江永著　清嘉慶十二年(1807)琉璃廠東門桶子胡同龍文齋甘姓刻本　四冊

130000－0402－0003693　411－54/6－6
近思錄十四卷　(清)江永集註　**校勘記一卷**　(清)王炳錄　**考訂朱子世家一卷**　(清)江永著　清光緒十五年(1889)掃葉山房刻本　六冊

130000－0402－0003694　411－54/6－7

近思錄十四卷 (清)江永集註 **考訂朱子世家一卷** (清)江永著 清咸豐三年(1853)刻本 六册

130000－0402－0003695 411－54/7
五子近思錄發明十四卷 (清)施璜纂註 清英秀堂刻本 四册

130000－0402－0003696 411－54/8
朱子近思錄十四卷 (宋)朱熹撰 (清)朱顯祖輯 清光緒二十八年(1902)紹宅刻本 四册

130000－0402－0003697 411－54/9
朱子近思錄十四卷 (宋)朱熹撰 (清)朱顯祖輯 清天德堂刻本 六册

130000－0402－0003698 411－54/10
近思錄集解十四卷 (宋)葉采集解 清乾隆元年(1736)培遠堂刻本 四册

130000－0402－0003699 411－54/10－2
近思錄十四卷 (宋)葉采集解 清蓮花書院刻本 四册

130000－0402－0003700 411－54/12
朱子語類一百四十卷 (宋)黎靖德編 清刻本 二十四册

130000－0402－0003701 411－54/13
小學六卷文公朱子[熹]年譜一卷 (清)高愈纂註 **忠經一卷** (漢)鄭玄集註 **孝經一卷** (明)陳選集註 清光緒善成堂刻本 二册

130000－0402－0003702 411－54/13－2
小學六卷文公朱子[熹]年譜一卷 (明)陳選集註 (清)高愈纂註 清道光十四年(1834)恒盛堂刻本 四册

130000－0402－0003703 411－54/13－3
小學六卷文公朱夫子[熹]年譜一卷 (清)高愈纂註 清光緒十四年(1888)蘇州掃葉山房刻本 四册

130000－0402－0003704 411－54/13－4
小學纂註六卷文公朱夫子[熹]年譜一卷童蒙須知一卷 (清)高愈編訂 (清)陳宏謀校刊 清乾隆元年(1736)培遠堂刻本 四册

130000－0402－0003705 411－54/13－5
小學集註六卷 (宋)朱熹撰 (明)陳選集註 清刻本 四册

130000－0402－0003706 411－54/13－6(1)
小學集解六卷輯說一卷 (清)張伯行輯註 (清)李蘭校訂 清同治十一年(1872)江西撫署刻本 三册

130000－0402－0003707 411－54/13－6(2)
小學集解六卷輯說一卷 (清)張伯行輯註 (清)李蘭校訂 清同治六年(1867)楚北崇文書局刻本 三册

130000－0402－0003708 411－54/13－7
小學集註六卷 (明)陳選集註 清雍正五年(1727)蓮花書院刻本 四册

130000－0402－0003709 411－54/13－8
小學註六卷 (明)陳選集註 **忠經集註一卷** (漢)鄭玄集註 **孝經集註一卷** (明)陳仁錫集註 清乾隆五十三年(1788)文盛堂刻本 五册

130000－0402－0003710 411－54/13－9
小學集註六卷孝經集註一卷 (明)陳選集註 **忠經集註一卷** (漢)鄭玄集註 清嘉慶二十五年(1820)崇文堂刻本 五册

130000－0402－0003711 411－54/13－10
小學六卷 (清)高愈纂註 **忠經一卷** (漢)鄭玄集註 **孝經一卷** (明)陳選集註 清道光元年(1821)晉祁書業成刻本 四册

130000－0402－0003712 411－54/13/1
小學韻語一卷 (清)羅澤南著 清光緒二十七年(1901)山東書局刻本 一册

130000－0402－0003713 411－54/13/1－2
小學韻語一卷 (清)羅澤南著 清刻本 一册

130000－0402－0003714 411－54/13/2
小學節本二卷 (宋)朱熹編 清光緒三十一年(1905)學務處排印局鉛印本 二册

130000－0402－0003715 411－54/14(1)

朱子遺書　(宋)朱熹撰　清禦兒呂氏寶誥堂刻本　十七冊　缺二種十六卷(中庸輯略二卷、孟子或問十四卷)

130000－0402－0003716　411－54/14(2)
朱子遺書　(宋)朱熹撰　清禦兒呂氏寶誥堂刻本　一冊　存四種四卷(詩序辨一卷、孝經刊誤一卷、周易參同契考異一卷、陰符經考異一卷)

130000－0402－0003717　411－54/14－2(1)
朱子遺書　(宋)朱熹撰　清禦兒呂氏寶誥堂刻本　十八冊　存八種八十一卷(近思錄十四卷,延平李先生師弟子答問一卷,雜學辨一卷、附錄一卷,中庸輯略二卷,論語或問二十卷、孟子或問十四卷、大學或問二卷、中庸或問二卷,伊雒淵源錄十四卷,上蔡先生語錄三卷,論語精義一至七)

130000－0402－0003718　411－54/14－2(2)
朱子遺書　(宋)朱熹撰　清禦兒呂氏寶誥堂刻本　二冊　存一種十四卷(近思錄十四卷)

130000－0402－0003719　411－54/18
朱子家禮十卷首一卷　(宋)朱熹撰　清嘉慶六年(1801)寶寧堂刻本　八冊

130000－0402－0003720　411－54/20(1)
張子全書十五卷年譜一卷　(宋)張載撰　(宋)朱熹註　清同治九年(1870)鳳郡刻本　六冊

130000－0402－0003721　411－54/20(2)
張子全書十五卷年譜一卷　(宋)張載撰　(宋)朱熹註　清同治九年(1870)鳳郡刻本　八冊

130000－0402－0003722　411－54/21
儒宗理要二十一卷　(清)張能麟纂輯　清刻本　二十四冊

130000－0402－0003723　411－54/24(1)
二程全書七種　(宋)程顥　(宋)程頤撰　清光緒三十四年(1908)澹雅書局刻本　二十冊

130000－0402－0003724　411－54/24(2)
二程全書七種　(宋)程顥　(宋)程頤撰　清光緒三十四年(1908)澹雅書局刻本　十六冊

130000－0402－0003725　411－54/24－2
二程全書六十三卷　(宋)程顥　(宋)程頤撰　清寶誥堂刻本　八冊

130000－0402－0003726　411－54/25(1)
程書五十一卷　(宋)程顥　(宋)程頤撰　清康熙二十五年(1686)河南程氏祠堂刻本　十六冊

130000－0402－0003727　411－54/25(2)
程書五十一卷　(宋)程顥　(宋)程頤撰　清康熙二十五年(1686)河南程氏祠堂刻本　十六冊

130000－0402－0003728　411－54/30
周濂溪先生全集十三卷　(宋)周敦頤撰　(清)張伯行編輯　清光緒六年(1880)正誼堂刻本　四冊

130000－0402－0003729　411－54/35
宋邵康節先生伊川擊壤集六卷　(宋)邵雍撰　(明)吳瀚摘注　清光緒十五年(1889)刻本　四冊

130000－0402－0003730　411－54/36
明本釋三卷　(宋)劉荀撰　清抄本　三冊

130000－0402－0003731　411－54/36－2
明本釋三卷　(宋)劉荀撰　清刻本　一冊

130000－0402－0003732　411－54/36－4
明本釋三卷　(宋)劉荀撰　清乾隆武英殿木活字印武英殿聚珍版書本　三冊

130000－0402－0003733　411－55/1
牧民忠告二卷　(元)張養浩撰　清同治七年(1868)姑蘇書局刻牧民全書本　一冊

130000－0402－0003734　411－55/1/1
風憲忠告一卷廟堂忠告一卷牧民忠告二卷　(元)張養浩撰　(清)徐澤醇輯　清道光三十年(1850)會文齋刻字鋪刻本　一冊

130000－0402－0003735　411－56/1

明儒粹語四卷　(清)楊聲達輯　清道光三十年(1850)耕餘堂刻本　二冊

130000－0402－0003736　411－56/1/2

大學衍義補一百六十卷首一卷　(明)丘濬撰　(明)陳仁錫評　明末梅墅石渠閣刻本　四十八冊

130000－0402－0003737　411－56/1/3

大學衍義補纂要六卷　(明)徐栻輯　明隆慶六年(1572)刻本　六冊

130000－0402－0003738　411－56/2

呻吟語六卷　(明)呂坤撰　明萬曆二十一年(1593)刻本　八冊

130000－0402－0003739　411－56/2－2

呻吟語六卷　(明)呂坤著　(清)李浩校刊　清道光五年(1825)滇南李浩刻本　六冊

130000－0402－0003740　411－56/2－3

呂子節錄四卷補遺二卷　(明)呂坤撰　(清)陳宏謀評輯　清乾隆五十一年(1786)渭南蔣兆奎刻本　二冊

130000－0402－0003741　411－56/2－5

呻吟語六卷補遺一卷　(明)呂坤撰　清道光二年(1822)長白鄂山刻本　六冊

130000－0402－0003742　411－56/2－6

呻吟語六卷　(明)呂坤撰　清同治七年(1868)思補山房刻本　二冊

130000－0402－0003743　411－56/3

南牖日牋七卷　(明)王佐著　明崇禎九年(1636)觀文堂刻本　五冊　存六卷(一至二、四至七)

130000－0402－0003744　411－56/4

陽明先生道學鈔七卷年譜二卷　(明)王守仁撰　明萬曆三十七年(1609)刻本　五冊

130000－0402－0003745　411－56/5(1)

新刻性理大全書七十卷　(明)胡廣等纂修　明刻本　二十冊　存三十四卷(一至十三、三十三至五十三)

130000－0402－0003746　411－56/5(2)

性理大全書七十卷　(明)胡廣　(明)楊榮纂修　明吳勉學刻本　一冊　存二卷(十六至十七)

130000－0402－0003747　411－56/5－2

性理大全會通七十卷性理會通四十二卷　(明)胡廣　(明)楊榮纂修　(明)鍾人傑訂正　明光裕堂、聚錦堂合刻本　三十九冊　缺三卷(性理大全會通三十一至三十三)

130000－0402－0003748　411－56/5－3

性理大方書七十卷　(明)胡廣輯　明刻本　八冊　存十七卷(五十四至七十)

130000－0402－0003749　411－56/6(1)

讀書錄十一卷續錄十二卷　(明)薛瑄撰　明刻本　六冊

130000－0402－0003750　411－56/6(2)

讀書錄十一卷續錄十二卷　(明)薛瑄撰　明嘉靖刻本　六冊

130000－0402－0003751　411－56/6－2

讀書錄十一卷續錄十二卷　(明)薛瑄撰　清乾隆十一年(1746)薛天章刻本　八冊

130000－0402－0003752　411－56/6－3

讀書錄十一卷續錄十二卷　(明)薛瑄撰　清光緒二十年(1894)柏經正堂刻本　六冊

130000－0402－0003753　411－56/6/2

薛子條貫篇十三卷續篇十三卷　(明)薛瑄撰　(清)戴楫撰次　清光緒十九年(1893)廣州府署刻本　三冊

130000－0402－0003754　411－56/7

小四書五卷　(明)朱升輯　清康熙三十二年(1693)恒德堂刻本　四冊

130000－0402－0003755　411－56/8(1)

十科策略箋釋十卷　(明)劉定之撰　清乾隆二十一年(1756)古吳三樂齋刻本　六冊

130000－0402－0003756　411－56/8(2)

十科策略箋釋十卷　(明)劉定之撰　清乾隆二十一年(1756)古吳三樂齋刻本　四冊　存

八卷(二至五、七至十)

130000－0402－0003757　411－56/9
省心紀一卷　(明)呂坤輯　清同治十二年(1873)九思軒刻本　一冊

130000－0402－0003758　411－56/10
帝鑑圖說不分卷　(明)張居正撰　清純忠堂刻本　四冊

130000－0402－0003759　411－56/11
人譜正篇一卷續篇二卷附日記法家塾規　(明)劉宗周撰　清嘉慶二十四年(1819)吳氏刻本　一冊

130000－0402－0003760　411－56/12
呂新吾先生閨範圖說四卷　(明)呂坤撰　清同治、光緒刻本　三冊　存三卷(一、三至四)

130000－0402－0003761　411－56/13
昨非錄十二卷　(明)鄭誼明撰　清光緒十一年(1885)石印本　一冊

130000－0402－0003762　411－56/14
薛文清公從政名言不分卷　(明)薛瑄撰　明崇禎十六年(1643)刻本　一冊

130000－0402－0003763　411－56/16(1)
繹志十九卷　(清)胡承諾撰　清同治十一年(1872)浙江書局刻本　八冊

130000－0402－0003764　411－56/16(2)
繹志十九卷　(清)胡承諾撰　清同治十一年(1872)浙江書局刻本　八冊

130000－0402－0003765　411－57/1－2
理學宗傳二十六卷　(清)孫奇逢輯　清康熙六年(1667)刻本　六冊

130000－0402－0003766　411－57/1－3(1)
理學宗傳二十六卷　(清)孫奇逢輯　清康熙刻本　十五冊

130000－0402－0003767　411－57/1－3(2)
理學宗傳二十六卷　(清)孫奇逢輯　清康熙刻本　十二冊

130000－0402－0003768　411－57/1－3(3)
理學宗傳二十六卷　(清)孫奇逢輯　清刻本　十二冊　存二十二卷(一至二十二)

130000－0402－0003769　411－57/1－3(4)
理學宗傳二十六卷　(清)孫奇逢輯　清康熙刻本　十二冊

130000－0402－0003770　411－57/1－3(5)
理學宗傳二十六卷　(清)孫奇逢輯　清康熙刻本　十二冊　存十七卷(一至七、十七至二十六)

130000－0402－0003771　411－57/1－3(6)
理學宗傳二十六卷　(清)孫奇逢輯　清康熙刻本　十二冊

130000－0402－0003772　411－57/1－3(7)
理學宗傳二十六卷　(清)孫奇逢輯　清康熙刻本　四冊　存七卷(一至七)

130000－0402－0003773　411－57/2
聖學入門四卷　(清)彭世昌撰　清光緒三年(1877)刻本　二冊

130000－0402－0003774　411－57/3(1)
御纂性理精義十二卷　(清)李光地　(清)楊名時撰　清康熙五十六年(1717)武英殿刻本　六冊

130000－0402－0003775　411－57/3(2)
御纂性理精義十二卷　(清)李光地　(清)楊名時撰　清康熙五十六年(1717)武英殿刻本　五冊

130000－0402－0003776　411－57/3(3)
御纂性理精義十二卷　(清)李光地　(清)楊名時撰　清康熙五十六年(1717)武英殿刻本　五冊

130000－0402－0003777　411－57/3－2(1)
御纂性理精義十二卷　(清)李光地　(清)楊名時撰　清尊經閣刻本　六冊

130000－0402－0003778　411－57/3－2(2)
御纂性理精義十二卷　(清)李光地　(清)楊名時撰　清尊經閣刻本　六冊

130000－0402－0003779　411－57/3－2(3)

御纂性理精義十二卷 (清)李光地 (清)楊名時撰 清尊經閣刻本 六冊

130000－0402－0003780 411－57/3－3
御纂性理精義十二卷 (清)李光地 (清)楊名時撰 清道光三十年(1850)刻本 六冊

130000－0402－0003781 411－57/3－4(1)
御纂性理精義十二卷 (清)李光地等編 清咸豐二年(1852)崇善堂刻本 八冊

130000－0402－0003782 411－57/3－4(2)
御纂性理精義十二卷 (清)李光地等編 清咸豐二年(1852)文豐堂刻本 八冊

130000－0402－0003783 411－57/4
明道書院約言三卷 (清)黄舒昺撰 清光緒二十四年(1898)刻本 一冊

130000－0402－0003784 411－57/4/2
明道書院鈔存五卷首一卷續編四卷末一卷 (清)黄舒昺撰 清光緒二十四年(1898)刻本 三冊 缺二卷(續編三至四)

130000－0402－0003785 411－57/5
平平錄十一卷 (清)楊芳著 清道光十三年(1833)刻本 四冊

130000－0402－0003786 411－57/6
課子隨筆十卷 (清)張師載編輯 清乾隆十年(1745)正誼堂刻本 五冊

130000－0402－0003787 411－57/7(1)
性理體註訓解標題八卷 (清)張道升 (清)仇廷桂纂輯 清咸豐二年(1852)文錦堂刻本 四冊

130000－0402－0003788 411－57/7(2)
性理體註訓解標題八卷 (清)張道升 (清)仇廷桂纂輯 清咸豐二年(1852)文錦堂刻本 四冊

130000－0402－0003789 411－57/8
新刊性理彙解大全合參六卷 (清)王熙祖纂輯 清德盛堂刻本 二冊

130000－0402－0003790 411－57/9
庸言四卷 (清)余元遴著 清咸豐元年(1851)露蕭草堂刻本 二冊

130000－0402－0003791 411－57/10
勸學篇二卷 (清)張之洞撰 清光緒二十四年(1898)廣雅書局刻本 一冊

130000－0402－0003792 411－57/10－2(1)
勸學篇二卷 (清)張之洞撰 清光緒二十四年(1898)甘肅藩署刻本 一冊

130000－0402－0003793 411－57/10－2(2)
勸學篇二卷 (清)張之洞撰 清光緒二十四年(1898)甘肅藩署刻本 一冊

130000－0402－0003794 411－57/11
求己錄三卷 陶葆廉編 清光緒二十二年(1896)刻本 三冊

130000－0402－0003795 411－57/12
篤素堂文集四卷 (清)張英撰 清光緒六年(1880)龐山張紹文刻本 一冊

130000－0402－0003796 411－57/12－2
篤素堂文集四卷 (清)張英著 清同治七年(1868)張師亮刻本 一冊

130000－0402－0003797 411－57/12－2/2
澄懷園語四卷 (清)張廷玉著 清同治七年(1868)張師亮刻本 一冊

130000－0402－0003798 411－57/12/2
澄懷園語四卷 (清)張廷玉著 清光緒六年(1880)龐山張紹文刻本 一冊

130000－0402－0003799 411－57/12/3
澄懷主人自訂年譜六卷 (清)張廷玉撰 清光緒六年(1880)刻本 二冊

130000－0402－0003800 411－57/14
楊園先生備忘四卷 (清)張履祥撰 清刻本 二冊

130000－0402－0003801 411－57/15
輶軒語七卷 (清)張之洞撰 清光緒六年(1880)文琳堂刻本 一冊

130000－0402－0003802 411－57/16
漢學商兑三卷 (清)方東樹撰 清光緒二十

六年(1900)浙江書局刻本　四册

130000－0402－0003803　411－57/16/2
漢學商兑贅言四卷　(清)豫師撰　清光緒十四年(1888)刻本　四册

130000－0402－0003804　411－57/17
聖諭廣訓一卷　(清)□□輯　清光緒二十八年(1902)直隸省善後總局刻本　四册

130000－0402－0003805　411－57/17/2－2
聖諭像解二十卷　(清)梁延年編輯　清光緒二十八年(1902)江蘇撫署石印本　十册

130000－0402－0003806　411－57/18
斯文正統十二卷　(清)刁包選輯　清同治三年(1864)刁懷瑾刻本　六册

130000－0402－0003807　411－57/19
潛室劄記二卷　(清)刁包著　清道光二十三年(1843)祁陽順積樓刻本　二册

130000－0402－0003808　411－57/20
宣講集要十三卷首一卷　(清)王文選輯　清咸豐六年(1856)漢口陳明德刻光緒二十七年(1901)刷善書印本　十四册

130000－0402－0003809　411－57/21
校邠廬抗議二卷　(清)馮桂芬撰　清光緒二十四年(1898)益文堂刻本　二册

130000－0402－0003810　411－57/22
學仕遺規四卷補四卷　(清)陳宏謀輯　清光緒三十二年(1906)刻本　五册

130000－0402－0003811　411－57/23(1)
訓子語二卷　(清)張履祥撰　清光緒九年(1883)津河廣仁堂刻本　一册

130000－0402－0003812　411－57/23(2)
訓子語二卷　(清)張履祥撰　清光緒九年(1883)津河廣仁堂刻本　一册

130000－0402－0003813　411－57/25(3)
緯攟十四卷　(清)喬松年輯　清光緒三年(1877)强恕堂刻本　八册

130000－0402－0003814　411－57/27
志學錄八卷　(清)方宗誠述　清光緒三年(1877)桐城方氏刻柏堂遺書本　二册

130000－0402－0003815　411－57/28
趙忠毅公閒居擇言一卷　(明)趙南星撰　(清)魏裔介輯　明末王則古刻清同治十一年(1872)補刻本　一册

130000－0402－0003816　411－57/29
孔子改制考二十一卷　康有為撰　清光緒上海大同譯書局石印本　十册

130000－0402－0003817　411－57/30
人範六卷　(清)蔣元輯　清光緒元年(1875)廣郡清暉書院刻本　二册

130000－0402－0003818　411－57/30－2
人範六卷　(清)蔣元輯　清光緒十六年(1890)守拙軒刻本　二册

130000－0402－0003819　411－57/31
二十四孝圖詩合刊一卷二十四弟圖詩合刊一卷　(清)蕭培元撰詩　(清)李錫彤繪圖　清同治八年(1869)文英堂刻本　一册

130000－0402－0003820　411－57/32
陸清獻公治嘉格言一卷　(清)陸隴其撰　清宣統三年(1911)上海道前街徐怡卿鉛印本　一册

130000－0402－0003821　411－57/33
明夷待訪錄一卷　(清)黄宗羲撰　清光緒三十二年(1906)河東中學堂刻本　一册

130000－0402－0003822　411－57/33－2
明夷待訪錄一卷　(清)黄宗羲撰　清光緒五年(1879)達成書局刻本　二册

130000－0402－0003823　411－57/34
讀書隨筆四卷　(清)陳德球輯　清雍正十三年(1735)鬱石軒刻本　二册

130000－0402－0003824　411－57/37
正學編八卷　(清)潘世恩輯　清同治六年(1867)刻本　四册

130000－0402－0003825　411－57/38
宣講拾遺六卷首一卷　(清)庄跛仙集　清光

緒十五年(1889)威邑徐家莊中心堂刻本　六冊

130000－0402－0003826　411－57/39
顔李遺書　(清)顔元　(清)李塨撰　清雍正刻本　十一冊　存八種三十四卷(存性編二卷、存學編四卷、存治編一卷、存人編四卷、恕谷後集十三卷、擬太平策七卷、評乙古文一卷、顔習齋先生年譜二卷)

130000－0402－0003827　411－57/39－2
顔李遺書　(清)顔元　(清)李塨撰　清刻本　九冊　存十一種三十五卷(存性編二卷、存學編四卷、存治編一卷、存人編四卷、顔習齋先生年譜二卷、學禮五卷、大學辨業四卷、聖經學規纂二卷、論學二卷、周易傳注七卷、周易筮考一卷、論語傳注一卷)

130000－0402－0003828　411－57/42
孔氏三出辯不分卷　(清)沈畏堂撰　(清)張鳴鶴評閱　清光緒三年(1877)刻本　一冊

130000－0402－0003829　412/1－3
老子道德經二卷　(元)劉辰翁評點　清初小築刻合刻宋劉須溪評點書九種本　一冊

130000－0402－0003830　412/1－4
老子道德經二卷　(三國魏)王弼注　清光緒元年(1875)湖北崇文書局刻本　一冊

130000－0402－0003831　412/1－5
老子元翼二卷考異一卷附錄一卷　(明)焦竑輯　清乾隆五年(1740)長白蘇氏刻本　四冊

130000－0402－0003832　412/1－6
老子翼八卷　(明)焦竑輯　清光緒二十一年(1895)漸西村舍刻本　四冊

130000－0402－0003833　412/3－2(1)
南華真經旁注五卷　(戰國)莊周著　(晉)郭象評　(晉)向秀注　清康熙五十五年(1716)世榮堂刻本　六冊

130000－0402－0003834　412/3－2(2)
南華真經旁注五卷　(戰國)莊周撰　(晉)郭象評　(晉)向秀注　清康熙五十五年(1716)世榮堂刻本　六冊

130000－0402－0003835　412/3－4
莊子南華真經四卷　(戰國)莊周撰　明閔齊伋刻朱墨套印本　四冊

130000－0402－0003836　412/3－5
南華真經解三卷　(清)宣穎著　清寶旭齋刻本　六冊

130000－0402－0003837　412/3－6(1)
南華真經解六卷　(清)宣穎著　清懷義堂刻本　六冊

130000－0402－0003838　412/3－6(2)
南華真經解六卷　(清)宣穎著　清懷義堂刻本　六冊

130000－0402－0003839　412/3－6(3)
南華真經解六卷　(清)宣穎著　清懷義堂刻本　六冊

130000－0402－0003840　412/3－8
莊子十卷　(戰國)莊周撰　(晉)郭象注　(唐)陸德明音義　清光緒二年(1876)浙江書局刻本　六冊

130000－0402－0003841　412/3－11(1)
莊子十卷　(戰國)莊周撰　(清)吳汝綸點勘　清宣統元年(1909)鉛印本　二冊

130000－0402－0003842　412/3－11(2)
莊子十卷　(戰國)莊周撰　(清)吳汝綸點勘　清宣統元年(1909)鉛印本　二冊

130000－0402－0003843　412/3－13
南華全經分章句解四卷　(明)陳榮選著　清乾隆三年(1738)陳廷信、陳廷尹金相堂刻本　四冊

130000－0402－0003844　412/3－14
莊子故二卷　馬其昶注　清光緒二十年(1894)集虛草堂刻本　一冊　存一卷(上)

130000－0402－0003845　412/3－15
莊子集釋十卷　(清)郭慶藩輯　清光緒二十年(1894)思賢講舍刻本　八冊

130000－0402－0003846　412/3－19

南華真經本義十六卷　(明)陳治安校　清刻本　九册　存十四卷(三至十六)

130000－0402－0003847　412/3－20

莊子南華真經十卷　(戰國)莊周撰　(晉)郭象注　清光緒十一年(1885)傳忠書局刻本　九册　存九卷(一、三至十)

130000－0402－0003848　412/3－22

南華真經解六卷　(清)宣穎撰　清積秀堂刻本　一册　存一卷(一)

130000－0402－0003849　412/3－24

南華真經評注五卷　(戰國)莊周著　(晉)向秀注　清刻本　五册　存四卷(一、三至五)

130000－0402－0003850　412/4

鶡冠子三卷　(宋)陸佃解　清乾隆三十九年(1774)武英殿木活字印武英殿聚珍版書本　一册

130000－0402－0003851　412－57/1

老子說略二卷　(清)張爾岐著　清道光十八年(1838)濟陽儒學刻本　一册

130000－0402－0003852　412－57/2

頂批參同悟真三注四種八卷　(清)傅金銓輯　清道光二十一年(1841)星霽堂、善成堂刻本　六册

130000－0402－0003853　412－6/2

陰符經發隱一卷沖虛經發隱一卷道德經發隱一卷南華經發隱一卷　(清)楊文會注　清光緒金陵刻經處刻本　一册

130000－0402－0003854　413/1

墨子六卷　(戰國)墨翟撰　(明)茅坤校閱　明萬曆茅坤刻本　六册

130000－0402－0003855　413/2－3

墨子十六卷　(戰國)墨翟撰　(清)畢沅校注　清光緒元年(1875)湖北崇文書局刻本　四册

130000－0402－0003856　413/3

墨子十六卷　(戰國)墨翟撰　(清)吳汝綸點勘　清宣統二年(1910)鉛印本　二册

130000－0402－0003857　413/4

墨子閒詁十五卷目錄一卷附錄一卷後語二卷　(清)孫詒讓撰　清宣統二年(1910)刻本　八册

130000－0402－0003858　415/1(1)

管子二十四卷　(春秋)管仲撰　(唐)房玄齡註　清光緒五年(1879)刻本　四册

130000－0402－0003859　415/1(2)

管子二十四卷　(春秋)管仲撰　(唐)房玄齡註　清光緒五年(1879)刻本　四册

130000－0402－0003860　415/1

管子二十四卷　(春秋)管仲撰　(唐)房玄齡註　清光緒五年(1879)刻本　四册

130000－0402－0003861　415/1－4

管子二十四卷　(春秋)管仲撰　(唐)房玄齡註　清光緒二年(1876)浙江書局刻本　六册

130000－0402－0003862　415/1－5(1)

管子二十四卷　(春秋)管仲撰　(唐)房玄齡註釋　(明)沈鼎新叅評　清花齋刻本　四册

130000－0402－0003863　415/1－5(2)

管子二十四卷　(春秋)管仲撰　(唐)房玄齡註釋　(明)沈鼎新叅評　清嘉慶九年(1804)聚文堂刻本　六册

130000－0402－0003864　415/1－5(3)

管子二十四卷　(春秋)管仲撰　(唐)房玄齡註釋　(明)沈鼎新叅評　清嘉慶九年(1804)聚文堂刻本　九册

130000－0402－0003865　415/1－7

管子一卷　(清)方苞刪定　(清)顧琮叅校　清乾隆刻本　三册

130000－0402－0003866　415/5

韓非子二十卷　(戰國)韓非撰　清嘉慶二十三年(1818)吳氏四世學士祠堂刻本　四册

130000－0402－0003867　415/5－2

韓非子二十卷　(戰國)韓非撰　**識誤三卷**　(清)顧廣圻撰　清光緒元年(1875)浙江書局

刻本　六册

130000－0402－0003868　415/5－5

韓非子二十卷　(戰國)韓非撰　(清)吳汝綸點勘　清宣統二年(1910)衍星社鉛印本　二册

130000－0402－0003869　415/5－6

韓子二十卷附録一卷　(戰國)韓非撰　(明)趙世楷重訂　明天啓五年(1625)刻本　八册

130000－0402－0003870　415/5－7

韓非子集解二十卷　王先慎集解　清光緒二十二年(1896)刻本　六册

130000－0402－0003871　415/7

折獄龜鑑八卷　(宋)鄭克撰　清道光十五年(1835)李氏聞妙香室刻致用叢書本　二册

130000－0402－0003872　415/8

重刊補註洗冤録集證五卷附刊檢骨圖格一卷寶鑑編一卷急救方一卷石香秘録一卷　(清)王又槐增輯　(清)李觀瀾補輯　(清)阮其新補註　**洗冤録解一卷**　(清)姚德豫著　**洗冤録辨正一卷**　(清)瞿中溶撰　**檢驗合叅一卷**　(清)郎錦麒輯　清光緒十七年(1891)京都琉璃廠刻五色批註本　六册

130000－0402－0003873　415/8－2(1)

重刊補註洗冤録集證六卷　(清)王又槐增輯　(清)李觀瀾補輯　(清)阮其新補註　清光緒八年(1882)京都文寶堂刻五色批註本　二册　存四卷(一至四)

130000－0402－0003874　415/8－2(2)

重刊補註洗冤録集證六卷　(清)王又槐增輯　(清)李觀瀾補輯　(清)阮其新補註　清光緒八年(1882)京都文寶堂刻五色批註本　六册

130000－0402－0003875　415/8－3

重刊補註洗冤録集證六卷　(清)王又槐增輯　(清)李觀瀾補輯　(清)阮其新補註　清光緒三十年(1904)北直文昌會刻三色批註本　六册

130000－0402－0003876　415/8－4

重刊補註洗冤録集證五卷附刊檢骨圖格一卷寶鑑編一卷急救方一卷石香秘録一卷　(清)王又槐增輯　(清)李觀瀾補輯　(清)阮其新補註　清刻本　六册

130000－0402－0003877　415/8－5

洗冤録詳義四卷　(清)許槤編校　**摭遺二卷補一卷**　(清)葛元煦輯　清光緒十三年(1887)京都琉璃廠榮録堂刻本　六册

130000－0402－0003878　415/8－7(1)

重刊補註洗冤録集證六卷　(清)王又槐增輯　(清)李觀瀾補輯　(清)阮其新補註　清道光二十四年(1844)翰墨園刻三色批註本　六册

130000－0402－0003879　415/8－7(2)

重刊補註洗冤録集證六卷　(清)王又槐增輯　(清)李觀瀾補輯　(清)阮其新補註　清道光二十四年(1844)刻三色批註本　四册

130000－0402－0003880　415/8－8

洗冤録詳義四卷　(清)許槤編校　**摭遺二卷補一卷**　(清)葛元煦輯　清光緒十六年(1890)湖北官書處刻本　六册

130000－0402－0003881　415/9

明刑管見録一卷　(清)穆翰著　清光緒二十五年(1899)山東臬署刻本　一册

130000－0402－0003882　415/10

檢驗詳説六卷　(清)李元撰　清抄本　二册

130000－0402－0003883　416/2

陰符經增註一卷　(明)張鏡心著　清磁州張氏雲隱堂刻本　一册

130000－0402－0003884　417/1－3

呂氏春秋二十六卷附考一卷　(秦)呂不韋撰　(漢)高誘注　(清)畢沅輯校　清乾隆五十三年(1788)刻本　六册

130000－0402－0003885　417/9

瀛舟筆談十二卷首一卷　(清)阮亨撰　清嘉慶二十五年(1820)刻本　八册

130000－0402－0003886　417－36/1

白虎通四卷　(漢)班固撰　**義攷一卷**　(清)莊述祖撰　**闕文一卷校刊補遺一卷**　(清)莊述祖輯　(清)盧文弨訂　清嘉慶九年(1804)成錦堂刻本　四册

130000－0402－0003887　417－36/1/1

白虎通疏證十二卷　(清)陳立撰　清光緒元年(1875)淮南書局刻本　四册

130000－0402－0003888　417－541/2

甕牖閒評八卷　(宋)袁文撰　清乾隆四十年(1775)武英殿木活字印武英殿聚珍版書本　四册

130000－0402－0003889　417－55/1

敬齋古今黈八卷　(元)李冶撰　清乾隆浙江刻本　一册

130000－0402－0003890　417－56/2(1)

迪吉錄八卷首一卷　(明)顏茂猷編輯　(明)顧錫疇評定　清光緒八年(1882)長沙遐齡精舍刻本　四册

130000－0402－0003891　417－57/2(1)

浮邱子十二卷　(清)湯鵬撰　清宣統二年(1910)掃葉山房石印本　六册

130000－0402－0003892　417－57/2(2)

浮邱子十二卷　(清)湯鵬撰　清宣統二年(1910)掃葉山房石印本　四册

130000－0402－0003893　417－6/2

新政真詮六編不分卷　何啟　胡禮垣編　清光緒二十七年(1901)格致新報館鉛印本　六册　存五編(一至四、六)

130000－0402－0003894　42/1

山海經十八卷　(晉)郭璞傳　(清)吳任臣註　(清)孫谿逸校　清光緒十年(1884)掃葉山房刻本　四册

130000－0402－0003895　42/1－2

山海經十八卷圖五卷　(晉)郭璞傳　(清)畢沅校　清乾隆四十八年(1783)崇德堂刻本　四册

130000－0402－0003896　42/1－3

山海經十八卷　(晉)郭璞傳　(清)吳任臣註　清咸豐五年(1855)海清樓刻本　四册

130000－0402－0003897　42/1－4

山海經十八卷　(晉)郭璞傳　(清)畢沅校　清光緒三年(1877)浙江書局刻本　三册

130000－0402－0003898　42/1－5

山海經十八卷　(晉)郭璞傳　清乾隆十八年(1753)槐蔭草堂刻本　四册

130000－0402－0003899　42/1－6(1)

山海經廣注十八卷圖五卷　(清)吳任臣注　清乾隆五十一年(1786)金閶書業堂刻本　六册

130000－0402－0003900　42/1－6(2)

山海經廣注十八卷圖五卷　(清)吳任臣注　清乾隆五十一年(1786)金閶書業堂刻本　六册

130000－0402－0003901　42/1－6(3)

山海經廣注十八卷圖五卷　(清)吳任臣注　清乾隆五十一年(1786)金閶書業堂刻本　八册

130000－0402－0003902　42/1－6(4)

山海經廣注十八卷圖五卷　(清)吳任臣注　清乾隆五十一年(1786)金閶書業堂刻本　五册　存二十一卷(山海經廣注十八卷、圖三至五)

130000－0402－0003903　42/1－6(5)

山海經廣注十八卷圖五卷　(清)吳任臣注　清乾隆五十一年(1786)金閶書業堂刻本　六册　存十八卷(山海經廣注十八卷)

130000－0402－0003904　42/1－7

山海經存九卷首一卷　(清)汪紱釋　清光緒二十一年(1895)石印本　四册

130000－0402－0003905　42/1－9(1)

山海經箋疏十八卷圖讚一卷訂譌一卷　(晉)郭璞傳　(清)郝懿行箋疏　清嘉慶十四年(1809)阮氏琅嬛僊館刻本　四册

130000－0402－0003906　42/1－9(2)
山海經箋疏十八卷圖讚一卷訂譌一卷　(晉)郭璞傳　(清)郝懿行箋疏　清嘉慶十四年(1809)刻本　四冊

130000－0402－0003907　42/1－10
山海經十八卷圖五卷圖讚一卷訂譌一卷　(晉)郭璞傳　(清)郝懿行箋疏　清光緒善成堂刻本　六冊

130000－0402－0003908　42/1－11
山海經十八卷　(晉)郭璞傳　清刻本　六冊

130000－0402－0003909　42/1－12
山海經十八卷圖讚一卷訂譌一卷　(晉)郭璞傳　(清)郝懿行注　清嘉慶阮氏琅嬛僊館刻本　二冊

130000－0402－0003910　421/1
新刻出像增補搜神記六卷　(晉)干寶撰　明萬曆金陵三山對溪唐富春刻本　二冊　存二卷(五至六)

130000－0402－0003911　421/2－4
分類廣注聊齋志異十六卷　(清)蒲松齡撰　清末石印本　一冊　存二卷(三至四)

130000－0402－0003912　421/2/1
聊齋志異新評十六卷　(清)蒲松齡撰　(清)但明倫新評　清刻本　十五冊　存十五卷(二至十六)

130000－0402－0003913　421/2/1－2
聊齋志異新評十六卷　(清)蒲松齡著　(清)但明倫新評　(清)呂湛恩注　清同治十二年(1873)羊城拾芥園刻本　十冊　存十卷(一至十)

130000－0402－0003914　421/2/1－7
聊齋志異新評十六卷　(清)蒲松齡著　(清)但明倫新評　(清)呂湛恩注　清光緒十三年(1887)善成堂刻本　七冊　存七卷(一至七)

130000－0402－0003915　421/2/1－8
聊齋志異新評十六卷　(清)蒲松齡著　(清)但明倫新評　(清)呂湛恩注　清刻本　十四冊　存十四卷(二至七、九至十六)

130000－0402－0003916　421/2/1－9(1)
聊齋志異新評十六卷　(清)蒲松齡著　(清)但明倫新評　清刻本　十四冊　存十四卷(二、四至十六)

130000－0402－0003917　421/2/1－9(2)
聊齋志異新評十六卷　(清)蒲松齡著　(清)但明倫新評　清刻本　三冊　存三卷(五、十一至十二)

130000－0402－0003918　421/2/1－10
聊齋志異新評十六卷　(清)蒲松齡著　(清)但明倫新評　清刻本　四冊　存四卷(九至十、十五至十六)

130000－0402－0003919　421/2/1－11
聊齋志異新評十六卷　(清)蒲松齡著　(清)但明倫新評　清刻本　四冊　存四卷(七至十)

130000－0402－0003920　421/2/1－12
聊齋志異新評十六卷　(清)蒲松齡著　(清)但明倫新評　(清)呂湛恩注　清刻本　一冊　存一卷(三)

130000－0402－0003921　421/2/2
詳註聊齋志異圖詠十六卷首一卷　(清)蒲松齡著　(清)呂湛恩註　清光緒二十三年(1897)上海順成書局石印本　八冊

130000－0402－0003922　421/2/2－6
詳註聊齋志異圖詠十六卷首一卷　(清)蒲松齡著　(清)呂湛恩註　清宣統三年(1911)上海天寶書局石印本　八冊

130000－0402－0003923　421/2/2－8
詳註聊齋志異圖詠十六卷首一卷　(清)蒲松齡著　(清)呂湛恩註　清末石印本　一冊　存四卷(五至八)

130000－0402－0003924　421/6
間談消夏錄十二卷　(清)朱翊清撰　清翠筠山房刻本　五冊　存七卷(一至二、六、九至十二)

130000－0402－0003925　421/8
今古奇觀四十卷　(明)抱甕老人輯　(明)笑花主人閱　清同文堂刻本　十二册

130000－0402－0003926　421/8－2
今古奇觀四十卷　(明)抱甕老人輯　清刻本　五册　存九卷(六至七、十至十二、十五至十六、二十五至二十六)

130000－0402－0003927　421/11
翼駉稗編八卷　(清)湯用中著　(清)徐廷華評　清同治八年(1869)刻本　七册　缺一卷(八)

130000－0402－0003928　421－54/1(1)
夷堅志二十卷　(宋)洪邁著　清刻本　五册　存五卷(己至癸)

130000－0402－0003929　421－54/1(2)
夷堅志二十卷　(宋)洪邁著　清乾隆四十三年(1778)錢塘周氏刻涇縣洪氏修補本　十册

130000－0402－0003930　421－57/1－2
新齊諧二十四卷續十卷　(清)袁枚編　清光緒三十四年(1908)上海集成圖書公司鉛印本　五册

130000－0402－0003931　421－57/3
閱微草堂筆記五種　(清)紀昀撰　清道光二十七年(1847)小蓬萊山館刻本　十一册

130000－0402－0003932　421－57/3－3
閱微草堂筆記五種　(清)紀昀撰　清道光十五年(1835)廣州財政司刻本　十二册

130000－0402－0003933　421－57/3－6(1)
閱微草堂筆記二十四卷　(清)紀昀撰　清嘉慶五年(1800)北平盛氏望益書屋刻本　一册　存二卷(十三至十四)

130000－0402－0003934　421－57/3－6(2)
閱微草堂筆記二十四卷　(清)紀昀撰　清嘉慶五年(1800)北平盛氏望益書屋刻本　十册

130000－0402－0003935　421－57/3－7
閱微草堂筆記五種　(清)紀昀撰　清光緒三年(1877)刻本　二册　存五卷(灤陽續錄一至三、槐西雜志三至四)

130000－0402－0003936　421－57/3/2
槐西雜志四卷　(清)紀昀撰　清刻本　三册　存三卷(一、三至四)

130000－0402－0003937　421－57/3/3
續灤陽消夏錄六卷　(清)紀昀撰　清刻本　一册　存一卷(六)

130000－0402－0003938　421－57/3/4
姑妄聽之四卷　(清)紀昀撰　清刻本　三册　存三卷(二至四)

130000－0402－0003939　421－57/4(1)
紀氏嘉言四卷　(清)紀昀撰　(清)徐瑃摘錄　清道光二十六年(1846)琉璃廠西門内路北刻本　四册

130000－0402－0003940　421－57/4(2)
紀氏嘉言四卷　(清)紀昀撰　(清)徐瑃摘錄　清道光二十六年(1846)琉璃廠西門内路北刻本　四册

130000－0402－0003941　421－57/5
春泉聞見錄四卷　(清)劉壽眉撰　清嘉慶五年(1800)迎暉軒刻本　四册

130000－0402－0003942　421－57/6
耳食錄十二卷　(清)樂鈞撰　清乾隆五十七年(1792)夢花樓刻本　六册

130000－0402－0003943　421－57/7
繪圖情史二十四卷　(明)江南詹詹外史輯　清宣統元年(1909)北京自強書局石印本　六册

130000－0402－0003944　421－57/7－2
情天寶鑑二十四卷首一卷　(明)馮夢龍輯　清光緒二十年(1894)上海石印本　三册　存十卷(一至三、十九至二十四,首一卷)

130000－0402－0003945　421－6/1
淞隱漫錄十二卷　(清)王韜撰　(清)吳友如繪　清光緒十年(1884)石印本(附圖)　四册

130000－0402－0003946　421－6/1－2
淞隱漫錄十二卷　(清)王韜撰　(清)吳友如

繪　清光緒十三年(1887)上海點石齋石印本(附圖)　四册

130000－0402－0003947　422/1－8
三國志演義六十卷一百二十回　(明)羅本撰　(清)毛宗崗評　清刻本　十九册　缺一卷(一)

130000－0402－0003948　422/1－9
四大奇書第一種六十卷一百二十回　(明)羅本撰　(清)毛宗崗評　清刻本　二十二册　缺三卷(一至三)

130000－0402－0003949　422/1－10(1)
四大奇書第一種十九卷首一卷　(明)羅本撰　(清)毛宗崗評述　清金陵致和堂刻本(附圖)　二十册

130000－0402－0003950　422/1－10(2)
四大奇書第一種十九卷　(明)羅本撰　(清)毛宗崗評述　清刻本　一册　存一卷(七)

130000－0402－0003951　422/1－11(1)
四大奇書第一種三國志一百二十回首一卷　(明)羅本撰　(清)毛宗崗評述　清聚元堂刻本(附圖)　二十册

130000－0402－0003952　422/1－11(2)
第一才子書一百二十回　(明)羅本撰　(清)毛宗崗評述　清聚元堂刻本　十二册　存六十三回(五十八至一百二十)

130000－0402－0003953　422/1－11(3)
四大奇書第一種十九卷　(明)羅本撰　(清)毛宗崗評述　清善成堂刻本　五册　存十卷(十至十九)

130000－0402－0003954　422/1－15
第一才子書六十卷一百二十回　(明)羅本撰　(清)毛宗崗評述　清善成堂刻本　五册　存十三卷(三十一至四十三)

130000－0402－0003955　422/1－16
第一才子書六十卷一百二十回　(明)羅本撰　(清)毛宗崗評述　清光緒八年(1882)上海點石齋石印本　二册　存十二卷(一至五、四十六至五十二)

130000－0402－0003956　422/1/1－2
新編三國志鼓詞八部　(□)□□撰　清聚文堂刻本　五册　存五部(一部一至五、二部一至八、三部一至八、四部九至十五、五部九至十五)

130000－0402－0003957　422/1/1－3
新編繪圖三國志鼓詞八卷　(□)□□撰　清末上海廣益書局石印本　一册　存一卷(五)

130000－0402－0003958　422/2－6(1)
增評補圖石頭記一百二十卷首一卷　(清)曹雪芹撰　(清)王希廉評述　(清)海角居士校正　清光緒二十六年(1900)石印本　一册　存八卷(九十七至一百四)

130000－0402－0003959　422/2－6(2)
增評補圖石頭記一百二十卷首一卷　(清)曹雪芹撰　(清)王希廉評述　(清)海角居士校正　清光緒二十六年(1900)石印本　十六册

130000－0402－0003960　422/2－7
增評補像全圖金玉緣十五卷一百二十回首一卷　(清)曹雪芹撰　(清)王希廉評述　清光緒二十四年(1898)上海書局石印本　十六册

130000－0402－0003961　422/2－8
增評補像全圖金玉緣一百二十回首一卷　(清)曹雪芹撰　(清)王希廉評述　清光緒三十四年(1908)求不負齋石印本　十四册

130000－0402－0003962　422/2－9
增評加批金玉緣圖說十二卷一百二十回首一卷　(清)曹雪芹撰　(清)蝶薌仙史評訂　清光緒三十二年(1906)上海桐蔭軒石印本　十六册

130000－0402－0003963　422/2－12
增評加批金玉緣圖說十六卷一百二十回首一卷　(清)曹雪芹著　(清)王希廉評述　(清)蝶薌仙史評訂　清光緒三十四年(1908)上海求志齋石印本　十五册　缺一卷(四)

130000－0402－0003964　422/2－13

紅樓夢一百二十回 (清)曹雪芹撰 清經綸堂刻本 二十四冊

130000－0402－0003965 422/2－16
紅樓夢一百二十回 (清)曹雪芹撰 (清)王希廉評述 清刻本 三冊 存二十二回(九十九至一百二十)

130000－0402－0003966 422/2－17
紅樓夢一百二十回 (清)曹雪芹撰 清刻本 四冊 存二十五回(九十六至一百二十)

130000－0402－0003967 422/2/1
續紅樓夢三十卷 (清)秦子忱撰 清刻本 六冊 存十四卷(十七至三十)

130000－0402－0003968 422/3－2
評註圖像水滸傳七十五卷七十回 (明)施耐庵撰 (清)金人瑞評述 清光緒十一年(1885)上海同文書局石印本 八冊

130000－0402－0003969 422/3－3(1)
評論出像水滸傳二十卷七十回 (明)施耐庵撰 (清)金人瑞評 清初刻本 十九冊 存十九卷(一至十四、十六至二十)

130000－0402－0003970 422/3－3(2)
評論出像水滸傳二十卷七十回 (明)施耐庵撰 (清)金人瑞評 清初刻本 十冊

130000－0402－0003971 422/3－3(3)
評論出像水滸傳二十卷七十回 (明)施耐庵撰 (清)金人瑞評 清初刻本 二十冊

130000－0402－0003972 422/3－6
繪圖增像第五才子書水滸全傳七十回 (明)施耐菴撰 (清)金人瑞評釋 清末鉛印本 七冊 存四十八回(一至十五、三十八至七十)

130000－0402－0003973 422/3/2－2(1)
結水滸全傳七十卷七十回末一卷結子一回 (清)俞萬春著 清同治十年(1871)玉屏山館刻本 二十四冊

130000－0402－0003974 422/3/2－2(2)
結水滸全傳七十卷七十回末一卷結子一回 (清)俞萬春著 清同治十年(1871)玉屏山館刻本 七冊 存二十二回(十四至十六、二十至二十六、四十七至五十四、六十三至六十六)

130000－0402－0003975 422/3/2－2(3)
結水滸全傳七十卷七十回末一卷結子一回 (清)俞萬春著 清同治十年(1871)玉屏山館刻本 二十冊

130000－0402－0003976 422/4
忠義水滸傳十七卷一百十四回 (明)施耐庵著 (清)金人瑞評述 **四大奇書第一種二十卷一百十五回** (明)羅本編輯 (清)毛宗崗評述 清興賢堂刻本 二十冊

130000－0402－0003977 422/7
東周列國全志二十三卷 (清)蔡奡評點 清善成堂刻本 二十四冊

130000－0402－0003978 422/7－3
東周列國志二十七卷首一卷 (清)蔡奡評點 清光緒十六年(1890)上海點石齋石印本 八冊

130000－0402－0003979 422/7－4(1)
東周列國全志二十三卷 (清)蔡奡評點 清光緒十二年(1886)上海江左書林刻本 三冊 存五卷(十二至十四、二十至二十一)

130000－0402－0003980 422/7－4(2)
東周列國全志二十三卷 (清)蔡奡評點 清光緒十二年(1886)上海江左書林刻本 二十四冊

130000－0402－0003981 422/7－4(3)
東周列國全志二十三卷 (清)蔡奡評點 清光緒十二年(1886)上海江左書林刻本 二十四冊

130000－0402－0003982 422/7－6(1)
東周列國全志二十三卷 (清)蔡奡評點 清光緒十二年(1886)文英堂刻本 十冊 存十四卷(一、四至七、十至十三、十七至十八、二十至二十一、二十三)

130000－0402－0003983　422/7－6(2)
東周列國全志二十三卷　(清)蔡奡評點　清光緒十二年(1886)文英堂刻本　八册

130000－0402－0003984　422/7－6(3)
東周列國全志二十三卷　(清)蔡奡評點　清光緒十二年(1886)文英堂刻本　五册　存十一卷(一至十一)

130000－0402－0003985　422/7－7(1)
東周列國全志二十三卷　(清)蔡奡評點　清經綸堂刻本　二十四册

130000－0402－0003986　422/7－7(2)
東周列國全志二十三卷　(清)蔡奡評點　清經綸堂刻本　十八册　存十八卷(五至二十二)

130000－0402－0003987　422/7－7(3)
東周列國全志二十三卷　(清)蔡奡評點　清經綸堂刻本　五册　存十三卷(一至十三)

130000－0402－0003988　422/7－8(1)
東周列國全志二十三卷　(清)蔡奡評點　清光緒十三年(1887)書業德刻本　十二册

130000－0402－0003989　422/7－8(2)
東周列國全志二十三卷　(清)蔡奡評點　清光緒十三年(1887)書業德刻本　一册　存一卷(十五)

130000－0402－0003990　422/7－9(1)
東周列國全志八卷　(清)蔡奡評點　清末上海錦章圖書局石印本　八册

130000－0402－0003991　422/7－9(2)
東周列國全志八卷　(清)蔡奡評點　清末上海錦章圖書局石印本　六册　缺二卷(四、七)

130000－0402－0003992　422/7－9(3)
東周列國全志八卷　(清)蔡奡評點　清末上海錦章圖書局石印本　一册　存一卷(三)

130000－0402－0003993　422/7－10(1)
東周列國全志二十三卷　(清)蔡奡評點　清崇文堂刻本　四册　存十二卷(十二至二十三)

130000－0402－0003994　422/7－10(2)
東周列國全志二十三卷　(清)蔡奡評點　清崇文堂刻本　十六册　存十六卷(三、四、六至十六、十八、二十至二十一)

130000－0402－0003995　422/7－10(3)
東周列國全志二十三卷　(清)蔡奡評點　清崇文堂刻本　十二册　存十二卷(一、六至十一、十三、十五至十六、二十、二十三)

130000－0402－0003996　422/7－10(4)
東周列國全志二十三卷　(清)蔡奡評點　清崇文堂刻本　三册　存三卷(十五、二十、二十二)

130000－0402－0003997　422/7－11
東周列國志二十七卷首一卷　(清)蔡奡評點　清光緒二十二年(1896)掃葉山房石印本　七册　缺四卷(三至六)

130000－0402－0003998　422/7－12
繡像東周列國志二十七卷首一卷　(清)蔡奡評點　清光緒三十一年(1905)上海商務印書館鉛印本　十一册　缺三卷(六至八)

130000－0402－0003999　422/7－18
東周列國全志二十七卷　(清)蔡奡評點　清末石印本　二册　存五卷(三至五、十一至十二)

130000－0402－0004000　422/7－19
東周列國全志二十三卷　(清)蔡奡評點　清星聚堂刻本　十一册　存十一卷(十三至二十三)

130000－0402－0004001　422/7－20
東周列國全志二十三卷　(清)蔡奡評點　清文會堂刻本　一册　存一卷(九)

130000－0402－0004002　422/7－21(1)
東周列國全志二十三卷　(清)蔡奡評點　清刻本　十一册　存十一卷(十三至二十三)

130000－0402－0004003　422/7－21(2)
東周列國全志二十三卷　(清)蔡奡評點　清

刻本　四册　存四卷(十七至十八、二十、二十二)

130000－0402－0004004　422/7－22
東周列國全志二十三卷　(清)蔡奡評點　清芥子園刻本　一册　存一卷(二十三)

130000－0402－0004005　422/7－23
東周列國志二十三卷　(清)蔡奡評點　清刻本　一册　存二卷(八至九)

130000－0402－0004006　422/8
四海棠鼓詞四卷二十回　(□)□□撰　清光緒十七年(1891)京都文和堂刻本　八册

130000－0402－0004007　422/9
新注二度梅奇説全集六卷附繪像　(清)惜陰堂主人編輯　(清)繡虎堂主人訂閲　清崇順堂刻本　六册

130000－0402－0004008　422/10
繡像義俠九絲縧全傳十二卷　(□)□□撰　清末石印本　八册　缺一卷(一)

130000－0402－0004009　422/11
蟫史二十卷繡像二卷　(清)屠紳撰　清庭梅朱氏刻本　六册　存十卷(一至八、繡像二卷)

130000－0402－0004010　422/12(1)
新説西遊記一百回　(明)吳承恩著　(清)張書紳註　清光緒十四年(1888)上海校經山房石印本　十六册

130000－0402－0004011　422/12(2)
新説西遊記一百回　(明)吳承恩著　(清)張書紳註　清光緒十四年(1888)上海校經山房石印本　十五册　缺六回(七十五至八十)

130000－0402－0004012　422/12－2(1)
繪圖增像西遊記一百回　(明)吳承恩撰　(清)陳士斌詮解　清光緒十七年(1891)上海廣百宋齋鉛印本　十册

130000－0402－0004013　422/12－2(2)
繪圖增像西遊記一百回　(明)吳承恩撰　(清)陳士斌詮解　清光緒十七年(1891)上海廣百宋齋鉛印本　十册

130000－0402－0004014　422/12－3
西遊真詮二十卷一百回　(明)吳承恩撰　(清)陳士斌詮解　清咸豐二年(1852)竹西瑯環書室刻本　二十册

130000－0402－0004015　422/12－4(1)
西遊真詮一百回　(明)吳承恩撰　(清)陳士斌詮解　清康熙三十六年(1697)翠筠山房刻本　十四册　存七十回(一至二十、三十一至三十五、四十一至六十五、七十一至七十五、八十六至一百)

130000－0402－0004016　422/12－4(2)
西遊真詮一百回　(明)吳承恩撰　(清)陳士斌詮解　清康熙三十六年(1697)翠筠山房刻本　三册　存十五回(四十五至四十九、六十五至七十四)

130000－0402－0004017　422/12－4(3)
西遊真詮一百回　(明)吳承恩撰　(清)陳士斌詮解　清康熙三十六年(1697)翠筠山房刻本　六册　存五十回(四十一至六十、六十六至七十、七十六至一百)

130000－0402－0004018　422/12/3
新刻批評繡像後西遊記八卷四十回　(清)□□撰　清刻本　三册　存十六回(六至十一、二十二至二十六、三十一至三十五)

130000－0402－0004019　422/13
繪圖説岳全傳八卷八十回　(清)錢彩撰　清光緒二十四年(1898)石印本　八册

130000－0402－0004020　422/13－4
增訂精忠演義説本全傳二十卷八十回　(清)錢彩纂　清同治八年(1869)三元堂刻本　十册　存十八卷(一至十八)

130000－0402－0004021　422/14(1)
希夷夢四十卷　(清)汪寄撰　清光緒四年(1878)翠筠山房刻本　十六册

130000－0402－0004022　422/14(2)
希夷夢四十卷　(清)汪寄撰　清光緒四年

(1878)翠筠山房刻本　六冊　存十卷(二十三至三十二)

130000－0402－0004023　422/16
野叟曝言二十卷　(清)夏敬渠撰　清光緒石印本　十六冊

130000－0402－0004024　422/17(1)
繡像後三國演義十卷　(明)陳氏尺蠖齋評釋　清末上海廣益書局石印本　七冊　存八卷(東晉六卷、西晉三至四)

130000－0402－0004025　422/17(2)
繡像後三國演義十卷　(明)陳氏尺蠖齋評釋　清末上海廣益書局石印本　五冊　存五卷(東晉二至六)

130000－0402－0004026　422/17－2
繡像後三國演義十卷　(明)陳氏尺蠖齋評釋　清末石印本　一冊　存二卷(西晉三至四)

130000－0402－0004027　422/18－2
鏡花緣二十卷一百回　(清)李松石撰　清道光八年(1828)芥子園刻本　二十冊

130000－0402－0004028　422/21
鎸玉茗堂批點殘唐五代史演義傳二卷六十回　(明)羅本編輯　(明)湯顯祖批評　清善成堂刻本　一冊

130000－0402－0004029　422/22
青樓夢六十四回　(清)俞達撰　(清)鄒弢評　清刻本　十一冊　缺五回(一至五)

130000－0402－0004030　422/26
新刻全圖續小五義一百二十四回　(清)鄭鶴齡校　清光緒十七年(1891)聚盛堂書坊刻本　十二冊

130000－0402－0004031　422/27
平妖傳八卷四十回　(明)龍子猶補　清光緒十四年(1888)蘇州綠蔭堂刻本　八冊

130000－0402－0004032　422/28
兒女英雄傳評話十九卷四十回首一卷　(清)文康撰　(清)還讀我書室主人評　清光緒十八年(1892)刻本　十八冊　缺四回(二十三至二十六)

130000－0402－0004033　422/28－4
兒女英雄傳四十回首一回　(清)文康著　清刻本　七冊　缺十八回(四至六、二十六至四十)

130000－0402－0004034　422/30
新刻楊家府世代忠勇演義志傳六卷　(明)秦淮墨客校閱　(明)煙波釣叟參訂　清錦文堂刻本　六冊

130000－0402－0004035　422/34
夢中緣四卷十五回　(清)李修行撰　清三義堂刻本　四冊

130000－0402－0004036　422/38－3
新刻鍾伯敬先生批評封神演義十九卷一百回　(明)許仲琳撰　(明)鍾惺評　清善成堂刻本　二十冊

130000－0402－0004037　422/38－6
新刻鍾伯敬先生批評封神演義二十卷一百回　(明)許仲琳編輯　(明)鍾惺批評　清刻本　四冊　存二十回(六至十、十六至二十、三十一至三十五、八十一至八十五)

130000－0402－0004038　422/39－2
繡像永慶昇平四卷九十七回　(清)姜振名　(清)哈輔源撰　清末石印本　一冊　存二十三回(五十三至七十五)

130000－0402－0004039　422/41(1)
再生緣全傳二十卷　(清)陳端生撰　清刻本　六冊　存六卷(十五至二十)

130000－0402－0004040　422/41(2)
再生緣全傳二十卷　(清)陳端生撰　清刻本　十八冊　存十二卷(一至三、五、七至九、十一至十二、十四至十五、十八)

130000－0402－0004041　422/42
新鎸重訂出像西晉志傳通俗演義四卷東晉志傳八卷　(明)陳氏尺蠖齋評釋　清英德堂刻本　四冊　存八卷(西晉一至二、東晉一至六)

130000－0402－0004042　422/42－3

新鐫全像東西兩晉演義誌傳十二卷　(□)□□撰　清刻本　六冊　存六卷(三至五、八至十)

130000－0402－0004043　422/43－2

來生福彈詞三十六回　(□)橘中逸叟撰　清刻本　八冊　存十一回(一至二、十二、十六、十九至二十、三十、三十三至三十六)

130000－0402－0004044　422/44(1)

繪圖施公案　(□)□□撰　清末民初石印本　十三冊　存二十六卷(三續至九續)

130000－0402－0004045　422/44(2)

繪圖施公案　(□)□□撰　清末民初石印本　一冊　存十二卷(六續至八續)

130000－0402－0004046　422/44－2

續施公案　(□)□□撰　清刻本　一冊　存九回(七十四至八十二)

130000－0402－0004047　422/45

繡像漢宋奇書　(清)金人瑞批點　清刻本　十三冊　缺八十五回(忠義水滸傳一至四十三、古本三國志一至四十二)

130000－0402－0004048　422/46(1)

新刻逸田叟女仙外史大奇書一百回　(清)呂熊撰　清釣璜軒刻本　十二冊　存五十九回(一至四、二十六至三十、三十六至四十、四十六至五十、六十一至一百)

130000－0402－0004049　422/46(2)

新刻逸田叟女仙外史大奇書一百回　(清)呂熊撰　清刻本　三十二冊

130000－0402－0004050　422/47(1)

繡像全圖西漢演義八卷一百回　(□)□□撰　清宣統三年(1911)上海會文堂石印本　三冊　存七十六回(一至二十八、五十三至一百)

130000－0402－0004051　422/47(2)

繡像全圖西漢演義四卷一百回　(□)□□撰　清末石印本　二冊　存四十八回(五十三至一百)

130000－0402－0004052　422/49

新鐫批評出像通俗演義禪真後史十集十卷六十回　(明)方汝浩編次　(明)冲和居士評校　清刻本　五冊　存二十一回(三十三至五十三)

130000－0402－0004053　422/51－3

綠野仙蹤一百回　(清)李百川撰　清刻本　八冊　存三十回(五十一至八十)

130000－0402－0004054　422/52

繡像醒世姻緣傳一百回　(清)西周生輯著　(清)然藜子校定　清光緒二十一年(1895)上海書局石印本　十冊

130000－0402－0004055　422/52－2

醒世姻緣傳一百回　(清)西周生輯著　(清)然藜子校定　清省軒刻本　四冊　存十六回(一至三、八至十五、五十四至五十八)

130000－0402－0004056　422/54(1)

錦上花四十八回　(清)侯芝撰　清同治十三年(1874)學餘堂刻本　九冊　存三十六回(一至十六、二十一至二十八、三十三至三十六、四十一至四十八)

130000－0402－0004057　422/54(2)

錦上花四十八回　(清)侯芝撰　清同治十三年(1874)學餘堂刻本　六冊　存三十四回(一至十八、三十三至四十八)

130000－0402－0004058　422/55

新刻玉釧緣全傳　(清)□□撰　清刻本　十五冊　存十一卷(八下、十四下至十五、十六至十八、十九下、二十下、二十六下至二十八上)

130000－0402－0004059　422/56

再造天十六回　(清)侯芝撰　清同治八年(1869)香葉閣刻本　五冊　存八回(一至二、四至五、九至十一、十四)

130000－0402－0004060　422/58

筆生花八卷三十二回　(清)邱心如撰　清末

申報館鉛印本　一冊　存二回(三十一至三十二)

130000－0402－0004061　422/60
風月夢三十二回　(清)邗上蒙人撰　清光緒十二年(1886)刻本　三冊　存十六回(一至五、十六至二十六)

130000－0402－0004062　422/61
聽月樓二十回　(清)□□撰　清刻本　一冊　存五回(六至十)

130000－0402－0004063　422/62
梅花戒寶卷二卷　(□)□□撰　清末石印本　一冊　存一卷(下)

130000－0402－0004064　422/64
鐵冠圖全傳八卷五十回　(清)松滋山人撰　清刻本　一冊　存十三回(三十八至五十)

130000－0402－0004065　422/66
天雨花三十回　(清)陶貞懷撰　清刻本　七冊　存九回(六至九、十二、十五至十六、二十五至二十六)

130000－0402－0004066　422/67
果報錄一百回　(清)海芝濤撰　清木活字印本　六冊　存五十五回(九至五十四、六十四至七十二)

130000－0402－0004067　422/69
檮杌閒評五十卷五十回　(明)□□撰　清刻本　一冊　存四回(四至七)

130000－0402－0004068　422/70
天花藏批評平山冷燕六卷二十回　(清)荻岸散人編次　清刻本　一冊　存四卷(三至六)

130000－0402－0004069　422/71
新編批評繡像後七國樂田演義四卷十八回
(清)徐震撰　清聚秀堂刻本　一冊　存五回(一至五)

130000－0402－0004070　422/72
新鐫孫龐演義四卷二十回　(明)吳門嘯客述　清古吳文裕堂刻本　一冊　存十一回(一至十一)

130000－0402－0004071　422/73－3
新刊繡像彭公案二十三卷一百回　(清)貪夢道人撰　清刻本　一冊　存四回(七十三至七十六)

130000－0402－0004072　422/74
飛龍全傳十二卷六十回　(清)吳璿删定　清刻本　一冊　存一卷(十一)

130000－0402－0004073　422/75
第九才子書平鬼傳四卷十回　(清)樵雲山人編次　清刻本　二冊　存五回(四至八)

130000－0402－0004074　422/76
新纂綠牡丹全傳十一卷六十四回　(清)□□撰　清刻本　一冊　存二卷(十至十一)

130000－0402－0004075　422/77
原本海公大紅袍全傳六十回　(清)李春芳撰　清金陵萬卷樓刻本　一冊　存十回(一至十)

130000－0402－0004076　422/78
西湖佳話古今遺跡十六卷　(清)古吳墨浪子搜輯　清刻本　一冊　存一卷(八)

130000－0402－0004077　422/79
雙鳳奇緣傳二十卷八十回　(清)雪樵主人撰　清刻本　六冊

130000－0402－0004078　422/79－2
雙鳳奇緣傳八十卷八十回　(清)雪樵主人撰　清刻本　二冊　存九回(一至九)

130000－0402－0004079　422/80
何文秀　(□)□□撰　清抄本　一冊

130000－0402－0004080　422/82
新鐫繡像描金鳳十二卷四十六回　(清)竹亭居士編　清光緒二年(1876)刻本　九冊　存九卷(一至三、五至九、十二)

130000－0402－0004081　422－67/1
花月痕全書十六卷五十二回　(清)魏秀仁撰　清末石印本　六冊

130000－0402－0004082　422－67/1－2
繡像繪圖花月痕十六卷五十二回　(清)魏秀

仁撰　(清)棲霞居士評閲　清末上海大成書局石印本　一册

130000-0402-0004083　423/1

思補齋筆記八卷　(清)潘世恩撰　清刻本　一册　存五卷(一至五)

130000-0402-0004084　423/2

豈有此理四卷　(清)絳雪草廬主人撰　清嘉慶四年(1799)絳雪草廬刻本　四册

130000-0402-0004085　423-49/1-7

世説新語三卷　(南朝宋)劉義慶撰　(南朝梁)劉孝標注　清光緒二十二年(1896)長沙刻本　五册　缺一卷(上之下)

130000-0402-0004086　423-49/1-9

世説新語六卷　(南朝宋)劉義慶撰　(南朝梁)劉孝標注　清光緒十七年(1891)思賢講舍刻本　六册

130000-0402-0004087　423-49/1/1

世説新語補二十卷　(南朝宋)劉義慶撰　(明)何良俊增　(清)黄汝琳補訂　清乾隆二十七年(1762)茂清書屋刻本　八册

130000-0402-0004088　423-49/1/1-2

李卓吾批點世説新語補二十卷　(南朝宋)劉義慶撰　(明)何良俊增　(明)李贄批點　明萬曆刻本　十册

130000-0402-0004089　423-49/1/1-3(1)

世説新語補二十卷　(南朝宋)劉義慶撰　(南朝梁)劉孝標注　(明)何良俊增　清葛氏嘯園刻本　九册　缺二卷(六至七)

130000-0402-0004090　423-49/1/1-3(2)

世説新語補二十卷　(南朝宋)劉義慶撰　(南朝梁)劉孝標注　(明)何良俊增　清葛氏嘯園刻本　七册　缺二卷(六至七)

130000-0402-0004091　423-52/1

酉陽雜俎二十卷續集十卷　(唐)段成式撰　(明)毛晉訂　清廣文堂刻本　六册

130000-0402-0004092　423-52/1-2

酉陽雜俎二十卷續集十卷　(唐)段成式撰　清末上海文瑞樓石印本　五册

130000-0402-0004093　423-52/1-3

酉陽雜俎二十卷續集十卷　(唐)段成式撰　清道光二十九年(1849)小嫏嬛山館刻本　六册

130000-0402-0004094　423-54/1-2

太平廣記五百卷目録十卷　(宋)李昉等輯　清乾隆二十年(1755)天都黄晟槐蔭草堂刻本　三十二册　存三百十四卷(一至五十四、二百五十一至五百,目録十卷)

130000-0402-0004095　423-54/1-3

太平廣記五百卷目録十卷　(宋)李昉等輯　清嘉慶十一年(1806)姑蘇聚文堂刻本　六十四册

130000-0402-0004096　423-54/1-5(1)

太平廣記五百卷　(宋)李昉等輯　清刻本　三十八册　存四百七十五卷(一至一百十三、一百二十九至三百六十四、三百七十五至五百)

130000-0402-0004097　423-54/1-5(2)

太平廣記五百卷　(宋)李昉等輯　清刻本　十四册　存一百十三卷(六十五至一百四十四、二百二十四至二百五十六)

130000-0402-0004098　423-54/1-6

太平廣記五百卷　(宋)李昉等輯　清嘉慶元年(1796)槐蔭草堂刻本　三十册　存三百十四卷(一至三百十四)

130000-0402-0004099　423-54/1-7

太平廣記五百卷　(宋)李昉等輯　清善成堂刻本　五十六册　缺五十四卷(一至五十四)

130000-0402-0004100　423-54/2

涑水記聞十六卷　(宋)司馬光撰　清乾隆武英殿木活字印武英殿聚珍版書本　五册

130000-0402-0004101　423-54/3

唐語林八卷　(宋)王讜撰　清乾隆四十年

(1775)武英殿木活字印武英殿聚珍版書本　四冊

130000－0402－0004102　423－54/3－2(1)
唐語林八卷　(宋)王讜撰　清光緒十九年(1893)湖北官書處刻本　四冊

130000－0402－0004103　423－54/3－2(2)
唐語林八卷　(宋)王讜撰　清光緒十九年(1893)湖北官書處刻本　四冊

130000－0402－0004104　423－56/1
何氏語林三十卷　(明)何良俊撰并註　明嘉靖二十九年(1550)何氏清森閣刻本　十冊

130000－0402－0004105　423－56/4
梅花草堂集十四卷　(明)張大復著　明刻本　七冊　存十卷(筆談五至十四)

130000－0402－0004106　423－57/1(1)
虞初新志二十卷　(清)張潮輯　清康熙三十九年(1700)刻本　四冊

130000－0402－0004107　423－57/1(2)
虞初新志二十卷　(清)張潮輯　清康熙三十九年(1700)刻本　八冊

130000－0402－0004108　423－57/1－2
虞初新志二十卷　(清)張潮輯　清咸豐元年(1851)小嫏嬛山館刻本　四冊　缺四卷(十七至二十)

130000－0402－0004109　423－57/5
北東園筆錄初編六卷續編六卷三編六卷四編六卷　(清)梁恭辰撰　清同治五年(1866)汴城許義文齋刻本　八冊

130000－0402－0004110　423－57/7(1)
寄園寄所寄十二卷　(清)趙吉士撰　清刻本　十六冊

130000－0402－0004111　423－57/7(2)
寄園寄所寄十二卷　(清)趙吉士撰　清寶仁堂刻本　十四冊

130000－0402－0004112　423－57/9
賨存四卷　(清)胡式鈺撰　清道光二十一年(1841)刻本　四冊

130000－0402－0004113　423－57/11
瑣事閒錄二卷續編二卷　(清)張畇撰　清咸豐元年(1851)河南義文齋刻本　四冊

130000－0402－0004114　423－57/12－2
兩般秋雨盦隨筆八卷　(清)梁紹壬撰　清光緒十年(1884)刻本　八冊

130000－0402－0004115　423－57/12－3
兩般秋雨盦隨筆八卷　(清)梁紹壬撰　清宣統元年(1909)掃葉山房石印本　八冊

130000－0402－0004116　423－57/12－4
兩般秋雨盦隨筆八卷　(清)梁紹壬撰　清刻本　五冊　存五卷(二至四、六、八)

130000－0402－0004117　423－57/12－5
兩般秋雨盦隨筆八卷　(清)梁紹壬撰　清道光十七年(1837)振綺堂刻本　七冊　存七卷(一至二、四至八)

130000－0402－0004118　423－57/12－6
兩般秋雨盦隨筆八卷　(清)梁紹壬撰　清文光堂刻本　一冊　存一卷(一)

130000－0402－0004119　423－57/12－7
兩般秋雨盦隨筆八卷　(清)梁紹壬撰　清崇儒堂刻本　七冊　存七卷(一至三、五至八)

130000－0402－0004120　423－57/13(1)
漁磯漫鈔十卷　(清)雷琳等輯　清乾隆五十九年(1794)刻本　六冊

130000－0402－0004121　423－57/13(2)
漁磯漫鈔十卷　(清)雷琳等輯　清乾隆五十九年(1794)刻本　一冊　存五卷(六至十)

130000－0402－0004122　423－57/14
常談叢錄九卷　(清)李元復撰　清道光二十八年(1848)敦仁堂刻本　八冊

130000－0402－0004123　423－57/15
醒睡錄初集十卷　(清)鄧文濱纂　清申報館鉛印申報館叢書本　二冊

130000－0402－0004124　423－57/17(1)
熙朝人鑑上集四卷下集四卷　(清)張之萬輯　清光緒二十三年(1897)保定文華齋刻本

三册　缺二卷(下集三至四)

130000－0402－0004125　423－57/17(2)

熙朝人鑑上集四卷下集四卷　(清)張之萬輯　清光緒二十三年(1897)保定文華齋刻本　四册

130000－0402－0004126　423－57/18－2

庸閒齋筆記十二卷　(清)陳其元撰　清光緒十五年(1889)上海檢古齋石印本　五册

130000－0402－0004127　423－57/19

色戒録十四篇補編二篇附編二篇　(清)傅伯辰撰　清乾隆四十年(1775)刻本　一册

130000－0402－0004128　423－57/21

文章游戲初編八卷　(清)繆艮輯　清道光五年(1825)藕花館刻本　八册

130000－0402－0004129　423－57/22

池上草堂筆記八卷　(清)梁恭辰撰　清道光中湘集賢堂刻本　八册

130000－0402－0004130　423－57/23(1)

客窗閒話八卷續客窗閒話八卷　(清)吴熾昌著　清光緒二十五年(1899)滋本堂刻本　五册

130000－0402－0004131　423－57/23(2)

客窗閒話八卷續客窗閒話八卷　(清)吴熾昌著　清光緒二十五年(1899)滋本堂刻本　一册　存二卷(續五至六)

130000－0402－0004132　423－57/24

諧鐸十二卷　(清)沈起鳳撰　清乾隆五十七年(1792)刻本　六册

130000－0402－0004133　423－57/25

女才子十二卷　(清)鴛湖煙水散人撰　清光緒三年(1877)上海申報館鉛印申報館叢書本　一册

130000－0402－0004134　423－6/2

餘墨偶談四集八卷　(清)饒玉成録　清光緒九年(1883)雙峰書屋刻本　四册

130000－0402－0004135　423－6/2/1－3

餘墨偶談八卷　(清)孫樗編　清同治十二年(1873)雙峰書屋刻本　二册

130000－0402－0004136　423－6/5

淞濱瑣話十二卷　(清)王韜撰　清宣統三年(1911)上海著易堂石印本　六册

130000－0402－0004137　423－6/6

塵海妙品十四卷　陳琰輯　清宣統三年(1911)上海六藝書局石印本　四册

130000－0402－0004138　43/2

武備志二百四十卷　(明)茅元儀輯　清刻本　七十四册　存一百四十七卷(一至三十六、三十九至四十五、四十八至九十六、一百二十四至一百三十五、一百四十二至一百五十七、一百七十二至一百九十八)

130000－0402－0004139　431/1

重刊武經七書彙解八卷首一卷　(清)朱墉纂輯　清光緒二年(1876)索綽絡氏家塾刻本　十册

130000－0402－0004140　431/2

武經三書匯解三卷採輯騎步射法一卷　(清)曹日瑋等纂輯　清康熙五十一年(1712)刻本　四册

130000－0402－0004141　431/3

寧致堂增訂武經體註不分卷　(清)夏振翼纂訂　清三多齋刻本　二册

130000－0402－0004142　431－33/1(1)

孫子十家註十三卷　(春秋)孫武撰　(清)孫星衍　(清)吴人驥校　**遺説一卷**　(宋)鄭友賢撰　**敘録一卷**　(清)華以珣撰　清光緒十年(1884)刻本　六册

130000－0402－0004143　431－33/1(2)

孫子十家註十三卷　(春秋)孫武撰　(清)孫星衍　(清)吴人驥校　**遺説一卷**　(宋)鄭友賢撰　**敘録一卷**　(清)華以珣撰　清光緒十年(1884)刻本　六册

130000－0402－0004144　431－33/1－6

孫子十家註十三卷　(春秋)孫武撰　(清)孫星衍　(清)吴人驥校　**遺説一卷**　(宋)鄭友

賢撰　**敘錄一卷**　（清）華以珣撰　清嘉慶二年（1797）兖州觀察署刻本　六册

130000－0402－0004145　431－33/1－7
孫子十家註十三卷　（春秋）孫武撰　（清）孫星衍　（清）吳人冀校　**遺說一卷**　（宋）鄭友賢撰　**敘錄一卷**　（清）華以珣撰　清光緒三年（1877）浙江書局刻本　六册

130000－0402－0004146　431－33/1－8
孫子十家註十三卷　（春秋）孫武撰　（清）孫星衍　（清）吳人冀校　**遺說一卷**　（宋）鄭友賢撰　**敘錄一卷**　（清）華以珣撰　清刻本　五册　缺一卷（敘錄一卷）

130000－0402－0004147　431－33/1－9（1）
趙註孫子四卷　（明）趙本學解引類　清北洋陸軍參謀處印本　一册　存一卷（一）

130000－0402－0004148　431－33/1－9（2）
趙註孫子四卷　（明）趙本學解引類　清北洋陸軍參謀處印本　一册　存一卷（四）

130000－0402－0004149　431－41/1
諸葛忠武侯兵法十七卷　（清）張澍編　清同治刻本　一册　存四卷（三至六）

130000－0402－0004150　431－56/2
兵法新傳十三篇　（□）□□撰　清抄本　八册

130000－0402－0004151　431－56/3
戚大將軍練兵紀效合刻二種　（明）戚繼光撰　清光緒元年（1875）京都寶林堂刻本　十二册

130000－0402－0004152　431－56/3－2.2
紀效新書十八卷首一卷　（明）戚繼光撰　（清）張海鵬訂　清嘉慶九年（1804）照曠閣刻戚大將軍練兵紀效合刻本　六册

130000－0402－0004153　431－57/1（1）
讀史兵略四十六卷　（清）胡林翼纂　清咸豐十一年（1861）武昌節署刻本　十六册

130000－0402－0004154　431－57/1（2）
讀史兵略四十六卷　（清）胡林翼纂　清咸豐十一年（1861）武昌節署刻本　十六册

130000－0402－0004155　431－57/2
乾坤大略十卷補遺一卷　（清）王餘佑撰　清光緒三十一年（1905）抄本　二册

130000－0402－0004156　432/1
防海新論十八卷　（布國）希理哈撰　（英國）傅蘭雅口譯　（清）華蘅芳筆述　清同治十二年（1873）刻本　二册

130000－0402－0004157　432/1/2
水操新義十八卷首一卷圖一卷　（英國）戰船部著　（英國）傅蘭雅口譯　（清）徐建寅筆述　清同治十二年（1873）刻本　一册

130000－0402－0004158　432/1/3
行軍測繪十卷首一卷圖一卷　（英國）連提撰　（英國）傅蘭雅口譯　（清）趙元益筆述　清同治十二年（1873）刻本　一册

130000－0402－0004159　432/1/4
水雷秘要五卷附圖一卷　（英國）史理孟纂　（清）舒高第口譯　（清）鄭昌棪筆述　清光緒六年（1880）刻本　二册

130000－0402－0004160　432/2
易筋經不分卷洗髓經不分卷　（西竺）達摩祖師著　（西竺）般剌密諦譯義　清刻本　一册

130000－0402－0004161　432/3
手臂錄四卷附錄一卷　（清）吳殳著　清刻本　一册　存三卷（一至三）

130000－0402－0004162　432－6/1
訓練操法詳晰圖說不分卷　袁世凱纂　清光緒二十五年（1899）石印本　十二册

130000－0402－0004163　432－6/2
攻守礮法一卷克虜伯礮說四種　布國軍政局撰　（美國）金楷理口譯　（清）李鳳苞筆述　清末江南製造總局刻本　一册

130000－0402－0004164　432－6/3
營壘圖說　（比利時）伯里牙里芒撰　（美國）金楷理口譯　（清）李鳳苞筆述　清末江南製造總局刻本　一册

130000－0402－0004165　44/2

寶藏興焉十二卷　(英國)費而奔著　(英國)傅蘭雅口譯　(清)徐壽筆述　清末江南製造總局刻本　十五冊

130000－0402－0004166　44/3(1)

河工器具圖說四卷　(清)麟慶撰　清道光十六年(1836)姑蘇閶門外洞涇橋西吳學圃局刻本　二冊

130000－0402－0004167　44/3(2)

河工器具圖說四卷　(清)麟慶撰　清道光十六年(1836)姑蘇閶門外洞涇橋西吳學圃局刻本　二冊

130000－0402－0004168　44/3(3)

河工器具圖說四卷　(清)麟慶撰　清道光十六年(1836)姑蘇閶門外洞涇橋西吳學圃局刻本　二冊

130000－0402－0004169　44/4

開礦器法十卷圖一卷　(美國)俺特累著　(英國)傅蘭雅口譯　(清)王樹善筆述　清光緒二十五年(1899)江南製造局石印本　三冊　存四卷(一至四)

130000－0402－0004170　45/1

御纂醫宗金鑑九十卷首一卷　(清)吳謙等輯　清光緒二年(1876)江西書局刻本　六十冊

130000－0402－0004171　45/1－3

御纂醫宗金鑑六十卷首一卷　(清)吳謙等編　清善成堂刻本　三十冊

130000－0402－0004172　45/1－4

御纂醫宗金鑑九十卷首一卷　(清)吳謙等編　清光緒刻本　十冊　存二十卷(一至二十)

130000－0402－0004173　45/1－5(1)

御纂醫宗金鑑九十卷首一卷　(清)吳謙等編　清乾隆七年(1742)武英殿刻本　二十四冊　存二十四卷(三十五至四十三、四十七至四十九、七十九至九十)

130000－0402－0004174　45/1－5(2)

御纂醫宗金鑑九十卷首一卷　(清)吳謙等編　清乾隆七年(1742)武英殿刻本　九冊　存十八卷(二十六至三十三、四十五至五十四)

130000－0402－0004175　45/1－5(3)

御纂醫宗金鑑九十卷首一卷　(清)吳謙等編　清乾隆七年(1742)武英殿刻本　四十冊　存四十卷(一至二十五、三十四至三十六、三十八至四十四、五十六至五十八、六十，首一卷)

130000－0402－0004176　45/1－7

御纂醫宗金鑑九十卷首一卷　(清)吳謙等編　清書業德刻本　八冊　存十三卷(三十四至四十六)

130000－0402－0004177　45/3(1)

景岳全書六十四卷　(明)張介賓著　清光緒二十年(1894)上海圖書集成印書局鉛印本　十六冊

130000－0402－0004178　45/3(2)

景岳全書六十四卷　(明)張介賓著　清光緒二十年(1894)上海圖書集成印書局鉛印本　三冊　存十五卷(二十五至三十九)

130000－0402－0004179　45/3－3

景岳全書六十四卷　(明)張介賓著　清刻本　十五冊　存二十七卷(二十九至四十五、四十八至五十、五十七至六十三)

130000－0402－0004180　45/3－4

景岳全書六十四卷　(明)張介賓著　清乾隆四十八年(1783)文盛堂刻本　三十冊　缺四卷(五十至五十三)

130000－0402－0004181　45/4

喻氏醫書三種　(清)喻昌著　清善成堂刻本　十六冊

130000－0402－0004182　45/5－2(1)

醫宗必讀十卷　(明)李中梓著　清光緒三十二年(1906)善成堂刻本　五冊

130000－0402－0004183　45/5－2(2)

醫宗必讀十卷　(明)李中梓著　清光緒三十

二年(1906)善成堂刻本　六冊

130000－0402－0004184　45/6
嵩厓尊生書十五卷　(清)景日昣　(清)岳生堂纂著　清刻本　八冊

130000－0402－0004185　45/6－2
嵩厓尊生書十五卷　(清)景日昣　(清)岳生堂纂著　清乾隆五十五年(1790)致和堂刻本　六冊

130000－0402－0004186　45/7
沈氏尊生書五種　(清)沈金鰲撰　清同治十三年(1874)湖北崇文書局刻本　二十六冊

130000－0402－0004187　45/8
張氏醫通十六卷傷寒大成六種　(清)張璐纂述　清光緒二十年(1894)圖書集成印書局石印本　二十四冊

130000－0402－0004188　45/9
六醴齋醫書十種　(清)程永培輯　清光緒十七年(1891)儒雅堂刻本　二十冊

130000－0402－0004189　45/10
中西匯通醫書五種　(清)唐宗海著　清光緒三十四年(1908)上海千頃堂書局石印本　十二冊

130000－0402－0004190　45/11
東垣十書　(明)王肯堂訂正　清文奎堂刻本　十六冊

130000－0402－0004191　45/13
陳修園醫書四十種　(清)陳念祖撰　清光緒三十二年(1906)上海文新書局石印本　十九冊　存三十四種一百八卷

130000－0402－0004192　45/13－3
陳修園醫書三十種　(清)陳念祖撰　清末石印本　四冊　存五種三十八卷(醫學實在易八卷、張仲景傷寒論原文淺註六卷、傷寒醫訣串解六卷、傷寒真方歌括六卷、靈素提要淺註十二卷)

130000－0402－0004193　45/14
新增士材三書八卷　(明)李中梓著述　(清)尤乘增補　清光緒三十一年(1905)善成堂刻本　六冊

130000－0402－0004194　45/14－2
校正李仕材先生三書八卷　(明)李中梓撰　清末上海校經山房石印本　四冊

130000－0402－0004195　45/15
筆花醫鏡四卷(衛生便覽)　(清)江涵暾撰　清義和堂刻本　二冊

130000－0402－0004196　45/16
醫醇賸義四卷　(清)費伯雄著　清光緒十四年(1888)上海校經山房刻本　四冊

130000－0402－0004197　45/18
增訂本草備要六卷醫方集解六卷　(清)汪昂著輯　(清)胡宗文重訂　清經綸堂刻本　六冊

130000－0402－0004198　45/18－2
本草備要八卷醫方集解二十一卷　(清)汪昂編　清光緒十三年(1887)鴻文書局石印本　六冊

130000－0402－0004199　45/18－3
增訂本草備要十一卷醫方集解三卷　(清)汪昂著輯　清善成堂刻本　六冊

130000－0402－0004200　45/18－4
增訂本草備要十一卷醫方集解三卷　(清)汪昂著輯　清有益堂刻本　六冊

130000－0402－0004201　45/20
劉河間傷寒三書二十卷　(金)劉完素集　明萬曆十三年(1585)同德堂刻本　六冊

130000－0402－0004202　45/20－2
劉河間傷寒三書二十卷　(金)劉完素撰集　清宣統元年(1909)上海千頃堂石印本　四冊

130000－0402－0004203　45/20/2
劉河間傷寒六書六種　(金)劉完素撰集　清宣統元年(1909)上海千頃堂石印本　四冊

130000－0402－0004204　45/21
百病探原一卷　(清)魏蟬撰　清抄本　一冊

130000－0402－0004205　45/22

馮氏錦囊秘錄八種　(清)馮兆張纂輯　清末上海千頃堂書局石印本　八册　存三種四十二卷(雜症大小合条一至十三、十八至二十,首二卷;痘疹全集十五卷;雜症痘疹藥性主治合条四至十二)

130000－0402－0004206　45/23

醫學初階四卷　(清)□□輯　清抄本　四册

130000－0402－0004207　45/24

衛生學問答九章　丁保福撰　清光緒二十九年(1903)文明書局石印疇隱廬叢書本　一册

130000－0402－0004208　45/26

折肱漫錄七卷　(明)黄承昊撰　清刻本　二册

130000－0402－0004209　45/38

編注醫學入門七卷首一卷　(明)李梴著　清上海校經山房刻本　五册

130000－0402－0004210　45/39

壽親養老新書四卷　(宋)陳直撰　(元)鄒鉉編次　清同治九年(1870)河南聚文齋刻本　四册

130000－0402－0004211　451/1

類經三十二卷類經圖翼十一卷附翼四卷　(明)張介賓類註　清刻本　二十册

130000－0402－0004212　451/2(1)

補注黄帝内經素問二十四卷靈樞十二卷　(唐)王冰注　**遺篇一卷**　(宋)劉溫舒注　清光緒三年(1877)浙江書局刻本　十册

130000－0402－0004213　451/2(2)

補注黄帝内經素問二十四卷靈樞十二卷　(唐)王冰注　遺篇一卷　(宋)劉溫舒注　清光緒三年(1877)浙江書局刻本　十册

130000－0402－0004214　451/2－2

補注黄帝内經素問二十四卷靈樞十二卷　(唐)王冰注　**遺篇一卷**　(宋)劉溫舒撰　清光緒十年(1884)文成堂刻本　十册

130000－0402－0004215　451/2－3

靈樞經九卷　(清)張志聰集注　清康熙十一年(1672)刻本　六册

130000－0402－0004216　451/2－5

補注黄帝内經素問二十四卷靈樞十二卷　(唐)王冰注　**遺篇一卷**　(宋)劉溫舒撰　清光緒二十二年(1896)圖書集成局石印本　六册

130000－0402－0004217　451/2－6

素問靈樞類纂約註三卷　(清)汪昂著輯　清刻本　二册　存二卷(中至下)

130000－0402－0004218　451/2－7

黄帝内經靈樞十二卷　(□)□□輯　清光緒十九年(1893)鴻文書局影印本　一册

130000－0402－0004219　451/2－8

素問靈樞類纂約註三卷　(清)汪昂纂輯　清日新書莊刻本　一册

130000－0402－0004220　451/3

圖註脉訣辨真四卷　(晉)王叔和撰　(明)張世賢註　**脉訣附方一卷**　(明)張世賢編次　**圖註八十一難經辨真四卷**　(戰國)秦越人撰　(明)張世賢註　**奇經八脉考四卷瀕湖脉學一卷**　(明)李時珍撰輯　**脉學考證一卷**　(□)□□撰　清光緒十五年(1889)文成堂刻本　六册　缺三卷(奇經八脉考一至二、四)

130000－0402－0004221　451/3－3

圖註八十一難經辨真四卷難經彙攷一卷　(戰國)秦越人著　(明)張世賢具圖　**刪註脉訣規正二卷**　(清)沈鏡刪註　清同文堂刻本　四册

130000－0402－0004222　451/3－4

圖註八十一難經辨真四卷　(戰國)秦越人述　(明)張世賢具圖　**刪註脉訣規正二卷**　(清)沈鏡刪註　清道光十九年(1839)文光閣刻本　四册

130000－0402－0004223　451/3－5

圖註八十一難經四卷　(戰國)秦越人述　(明)張世賢註　清馮纛石印本　一册

130000－0402－0004224　451/3－7
難經經釋二卷　(戰國)秦越人著　(清)徐大椿釋　清同治三年(1864)善成堂刻徐靈胎十二種全集本　一册

130000－0402－0004225　451/3－8
圖註脉訣辨真四卷　(晉)王叔和撰　(明)張世賢註　**圖註八十一難經辨真四卷**　(戰國)秦越人撰　(明)張世賢註　清善成堂刻本　六册

130000－0402－0004226　451/5
金匱要略淺注十卷　(漢)張仲景撰　(清)陳修園集注　清光緒十五年(1889)刻本　四册

130000－0402－0004227　451/5/2
金匱要略淺注補正九卷　(漢)張仲景撰　(清)陳修園補正　清光緒三十四年(1908)千頃堂書局刻本　三册

130000－0402－0004228　451/5/3
血證論八卷　(清)唐宗海著　清光緒三十四年(1908)千頃堂書局刻本　二册

130000－0402－0004229　451/6
金匱玉函經二注二十二卷十藥神書一卷　(明)趙以德衍義　(清)周揚俊補注　清光緒二十四年(1898)養恬齋刻本　六册

130000－0402－0004230　451/7
注解傷寒論十卷　(漢)張仲景述　(晉)王叔和撰次　(金)成元巳注解　清光緒二十二年(1896)漢文書局刻本　六册

130000－0402－0004231　451/8
傷寒論六卷　(清)張志聰注釋　(清)高世栻纂集　清同治九年(1870)刻本　六册

130000－0402－0004232　451/9
傷寒瘟疫條辨六卷　(清)楊璿撰　清光緒七年(1881)刻本　六册

130000－0402－0004233　452/1
瘍醫大全四十卷　(清)顧世澄纂輯　清光緒二十七年(1901)上海圖書集成印書局鉛印本　十六册

130000－0402－0004234　452/2
瘡瘍經驗全書六卷　(元)竇漢卿輯著　清崇順堂刻本　六册

130000－0402－0004235　452/3
傅氏眼科審視瑤函六卷首一卷前賢醫案一卷　(明)傅仁宇纂輯　(清)林長生較補　(清)傅維藩編集　清蘇州綠蔭堂刻本　六册

130000－0402－0004236　452/3－2
傅氏眼科審視瑤函六卷首一卷前賢醫案一卷　(明)傅仁宇纂輯　(清)林長生較補　(清)傅維藩編集　清六吉堂刻本　六册

130000－0402－0004237　452/3－3
傅氏眼科審視瑤函六卷首一卷　(明)傅仁宇纂輯　(清)林長生較補　(清)傅維藩編集　清書業德刻本　四册

130000－0402－0004238　452/3－4
傅氏眼科審視瑤函六卷首一卷前賢醫案一卷　(明)傅仁宇纂輯　(清)林長生較補　(清)傅維藩編集　清善成堂刻本　六册

130000－0402－0004239　452/4/4
推拿秘書五卷　(清)駱如龍著　清道光十五年(1835)聚錦堂刻本　一册

130000－0402－0004240　452/4/4－2
推拿秘書五卷　(清)駱如龍著　清道光十五年(1835)聚錦堂刻本　二册

130000－0402－0004241　452/5
摘星樓治痘全書十八卷　(明)朱一麟著　清道光六年(1826)耕樂堂刻本　十册

130000－0402－0004242　452/5/2
痘科類編釋意三卷　(清)翟良輯　**疹科纂要一卷**　(明)馬之騏纂　(清)翟良定　清乾隆三十七年(1772)敬業堂刻本　四册

130000－0402－0004243　452/5/3(1)
痘疹專門二卷　(清)董維岳纂稿　清道光二十五年(1845)書業德記刻本　一册

130000－0402－0004244　452/5/3(2)
痘疹專門二卷　(清)董維岳纂稿　清道光二

十五年(1845)書業德記刻本　一冊

130000－0402－0004245　452/5/4

痘症精言四卷　(清)袁句著　清刻本　一冊

130000－0402－0004246　452/5/7

痘疹捷要彙編四卷　(清)王進之彙輯　清抄本　一冊　存一卷(一)

130000－0402－0004247　452/5/8

痘疹定論四卷　(清)朱純嘏編輯　清乾隆三十四年(1769)維揚文盛堂刻本　一冊

130000－0402－0004248　452/5/9

天花精言六卷　(清)袁句著　清光緒十七年(1891)善成堂刻本　二冊　存二卷(一、四)

130000－0402－0004249　452/6

外科大成四卷　(清)祁坤輯著　清聚錦堂刻本　八冊

130000－0402－0004250　452/6/2

新鐫外科活人定本四卷　(明)龔居正纂著　清刻本　四冊

130000－0402－0004251　452/6/3

洞天奧旨十六卷附十二經絡圖　(清)陳士鐸著　(清)陶式玉評　清善成堂刻本　六冊

130000－0402－0004252　452/6/4－2

重訂外科正宗十二卷　(明)陳功實原本　(清)張鷟翼重訂　清同元堂刻本　四冊

130000－0402－0004253　452/6/6(1)

御纂醫宗金鑑外科十六卷首一卷　(清)弘晝等纂著　清乾隆七年(1742)刻本　十二冊

130000－0402－0004254　452/6/6(2)

御纂醫宗金鑑外科十六卷首一卷　(清)弘晝等纂著　清乾隆七年(1742)刻本　十二冊

130000－0402－0004255　452/6/8(1)

王洪緒先生外科證治全生不分卷　(清)王維德撰　清咸豐十一年(1861)武昌節署刻本　一冊

130000－0402－0004256　452/6/8(2)

王洪緒先生外科證治全生不分卷　(清)王維德撰　清咸豐十一年(1861)武昌節署刻本　一冊

130000－0402－0004257　452/6/9

石室秘籙六卷　(清)陳士鐸著　(清)岐伯編輯　清康熙二十六年(1687)菁華堂刻本　六冊

130000－0402－0004258　452/7

麻科活人全書四卷　(清)謝玉瓊纂輯　清抄本　一冊　存一卷(二)

130000－0402－0004259　452/8

溫病條辨六卷首一卷　(清)吳塘著　清寧波群玉山房刻本　四冊

130000－0402－0004260　452/8－2

溫病條辨六卷首一卷　(清)吳塘著　清光緒十九年(1893)上海圖書集成印書局石印本　二冊

130000－0402－0004261　452/10

喉科指掌六卷　(清)張宗良著　清同治九年(1870)崇川經經堂刻本　二冊

130000－0402－0004262　452/10/2

圖註喉科指掌四卷附集驗良方　(清)包永泰撰　清光緒八年(1882)資善堂刻本　四冊

130000－0402－0004263　452/10/3

重樓玉鑰不分卷　(清)鄭梅澗撰　清光緒五年(1879)刻本　一冊

130000－0402－0004264　452/11

丹谿心法附餘二十四卷首一卷　(明)方廣輯　清光緒二十五年(1899)徐氏石印本　十二冊

130000－0402－0004265　452/12

霍亂轉筋絞腸痧症吊腳痧症合刻二卷　(清)王世雄述　清道光十九年(1839)聚和堂刻本　一冊

130000－0402－0004266　452/13

松峰說疫六卷　(清)劉奎著輯　清刻本　一冊　存二卷(五至六)

130000－0402－0004267　452/14

甌蠱燃犀錄不分卷 （清）燃犀道人著　清光緒十九年(1893)寶鏡山房刻本　一冊

130000－0402－0004268　452/15

六科準繩六種 （明）王肯堂輯　清光緒十八年(1892)上海圖書集成印書局石印本　三十六冊　缺一種八卷(證治準繩八卷)

130000－0402－0004269　452/16

女科八門集 （清）馬和鈴撰　清光緒十一年(1885)石家莊珍記號石印本　一冊　存五卷(調經門、帶症門、血崩門、不孕門、胎前門)

130000－0402－0004270　452/16/2

女科要旨四卷 （清）陳念祖著　清文奎堂刻本　一冊

130000－0402－0004271　452/16/3

新編女科指掌五卷 （清）費伯雄輯　（清）葉其蓁撰　清末上海海左書局石印本　二冊

130000－0402－0004272　452/16/5

濟陰綱目十四卷 （明）武之望輯著　（清）汪淇箋釋　清江左書林刻本　八冊

130000－0402－0004273　452/16/5－2

濟陰綱目十四卷附保生碎事 （明）武之望輯著　（清）汪淇箋釋　清宏道堂刻本　四冊

130000－0402－0004274　452/17

胎產心法三卷 （清）閻純璽著　清道光二十七年(1847)書業德記刻本　五冊

130000－0402－0004275　452/17/2

胎產金針三卷附保嬰要訣 （清）陳笏庵撰　清光緒七年(1881)刻本　二冊

130000－0402－0004276　452/17/3

達生編三卷 （清）葉風撰　清蘇州小西山房刻本　一冊

130000－0402－0004277　452/17/4

大生要旨五卷 （清）唐千頃纂　清光緒五年(1879)盛京三槐堂刻本　二冊

130000－0402－0004278　452/18

虐疾論三卷 （清）韓善徵纂　清光緒二十三年(1897)抄本　一冊

130000－0402－0004279　452/19

傅青主男科二卷女科四卷 （清）傅山著　清末上海廣益書局石印本　四冊

130000－0402－0004280　452/19－2

傅青主男科二卷 （清）傅山著　清光緒十三年(1887)湖北官書處刻本　二冊

130000－0402－0004281　452/19－3

傅青主女科四卷 （清）傅山著　清同治八年(1869)湖北崇文書局刻本　二冊

130000－0402－0004282　452/19－4(1)

女科二卷產後編二卷 （清）傅山著　清道光七年(1827)英德堂刻本　四冊

130000－0402－0004283　452/19－4(2)

女科二卷產後編二卷 （清）傅山著　清道光七年(1827)英德堂刻本　三冊　缺一卷(女科上卷)

130000－0402－0004284　452/19－5

太原傅科二卷傅青主女科四卷 （清）傅山著　清光緒七年(1881)羊城五福堂刻本　四冊

130000－0402－0004285　453/1

醫方集解三卷 （清）汪昂著輯　清光緒十五年(1889)善成堂刻本　六冊

130000－0402－0004286　453/2

黃帝素問宣明論方十五卷 （金）劉完素撰集　清刻本　三冊

130000－0402－0004287　453/3

應驗簡便良方二卷 （清）孫克任編集　清嘉慶二十一年(1816)由我書屋刻本　二冊

130000－0402－0004288　453/4

臨證指南醫案十卷 （清）葉桂著　（清）徐大椿評　清光緒十年(1884)文富堂刻本　十冊

130000－0402－0004289　453/4－3

臨證指南醫案十卷種福堂公選溫熱論醫案四卷 （清）葉桂撰　（清）徐大椿評　清刻硃批套印本　十冊　缺二卷(臨證指南醫案一至二)

130000－0402－0004290　453/4－4

臨證指南醫案十卷種福堂公選溫熱論醫案四卷　(清)葉桂撰　(清)徐大椿評　清經鉏堂刻硃批套印本　六冊　缺六卷(臨證指南醫案一至六)

130000－0402－0004291　453/5

太醫局諸科程文九卷　(清)遂志廬陳氏彙輯　清光緒十一年(1885)上海六藝書局石印本　五冊

130000－0402－0004292　453/6

唐王燾先生外臺秘要方四十卷　(唐)王燾撰　清光緒二十四年(1898)上海圖書集成印書局石印本　十六冊

130000－0402－0004293　453/7

臨證經驗方摘錄經驗方二編合訂　(清)胡大中撰　清光緒二十六年(1900)刻本　一冊

130000－0402－0004294　453/8

名醫類案十二卷　(明)江瓘集　清乾隆三十五年(1770)知不足齋刻本　十二冊　存九卷(一至四、七至十一)

130000－0402－0004295　453/8/2

續名醫類案三十六卷　(清)魏之琇編集　清光緒十一年(1885)信述堂刻本　三十六冊

130000－0402－0004296　453/10

孫真人千金方衍義三十卷　(清)張璐著　清嘉慶六年(1801)掃葉山房刻本　三十二冊

130000－0402－0004297　453/11－3

驗方新編十六卷　(清)鮑相璈編輯　補遺一卷　(清)徐氏續輯　清同治四年(1865)慎詒堂刻本(補遺為清家園堂刻本)　九冊

130000－0402－0004298　453/11－5

驗方新編十六卷　(清)鮑相璈編輯　清光緒十六年(1890)刻本　四冊　存五卷(一、九至十、十五至十六)

130000－0402－0004299　453/11－6

驗方新編八卷首一卷續刻驗方新編一卷　(清)鮑相璈編輯　時疫白喉捷要一卷　(清)張紹修著　清同治十年(1871)山東書局刻本　六冊　存五卷(一、三、五至六、八)

130000－0402－0004300　453/12(1)

薛氏醫按二十四種　(明)薛己等撰　(明)吳琯輯　清兩儀堂刻本　四十八冊

130000－0402－0004301　453/12(2)

薛氏醫按二十四種　(明)薛己等撰　(明)吳琯輯　清兩儀堂刻本　十二冊　存九種四十五卷(錢氏小兒直訣四卷、陳氏小兒痘疹方論二卷、保嬰金鏡錄二卷、婦人良方二十四卷、外科樞要四卷、外科精要三卷、癧疽驗方一卷、正體類要二卷、癘瘍機要三卷)

130000－0402－0004302　453/13(1)

同仁堂藥目　(清)樂鳳鳴撰　清光緒十五年(1889)同仁堂刻本　一冊

130000－0402－0004303　453/13(2)

同仁堂藥目　(清)樂鳳鳴撰　清光緒十五年(1889)同仁堂刻本　一冊

130000－0402－0004304　453/14

醫方論四卷　(清)費伯雄撰　清光緒十四年(1888)上海掃葉山房刻本　二冊

130000－0402－0004305　453/17

藥會圖十回　(清)郭廷選撰　清咸豐四年(1854)抄本　一冊

130000－0402－0004306　453/19

種福堂續選臨證指南四卷　(清)葉桂撰　清文富堂刻本　二冊

130000－0402－0004307　453/20

千金翼方三十卷　(唐)孫思邈撰　清刻本　十二冊　存十五卷(十六至三十)

130000－0402－0004308　453/22(1)

濟眾錄二種附蠱脹腳氣兩症良方　(清)勞守慎纂定　清光緒三十二年(1906)刻本　一冊

130000－0402－0004309　453/22(2)

濟眾錄二種附蠱脹腳氣兩症良方　(清)勞守慎纂定　清光緒三十二年(1906)刻本　一冊

130000－0402－0004310　453/25

徐氏十三種醫書　(清)徐大椿撰　清光緒十

九年(1893)上海圖書集成印書局鉛印本　十冊　存十種(洄溪醫案、慎疾芻言、難經經釋、醫學源流論、外科正宗、蘭臺軌範、道德經注、陰符經注、樂府傳聲、洄溪道情)

130000－0402－0004311　453/26
東醫寶鑑二十五卷　(朝鮮)許浚撰　清刻本　五冊　存六卷(湯液篇一至三、十一,鍼炙篇二卷)

130000－0402－0004312　453/26－2
訂正東醫寶鑑二十五卷　(朝鮮)許浚撰　清光緒二十九年(1903)上海廣益書局石印本　五冊　存八卷(湯液篇一,雜病篇三至四、九至十一,鍼炙篇二卷)

130000－0402－0004313　454/1－3
本草綱目五十二卷圖三卷　(明)李時珍編輯　**拾遺十卷**　(清)趙學敏輯　清末石印本　七冊　存二十五卷(一至二十五)

130000－0402－0004314　454/1－4
本草綱目五十二卷　(明)李時珍編輯　清刻本　十七冊　存三十三卷(八至九、十二、十八至二十七、三十一至三十四、四十五至四十七、五十至五十二)

130000－0402－0004315　454/1/2
神農本草經疏三十卷　(明)繆希雍編著　明末毛氏綠君亭刻本　四冊　存二十一卷(十至三十)

130000－0402－0004316　454/2
太醫院補遺本草歌訣雷公炮製八卷　(明)余應奎補遺　清四海堂刻本　四冊

130000－0402－0004317　454/3
新刻官板補遺珍珠囊藥性賦三卷　(金)李杲纂著　清四海堂刻本　二冊

130000－0402－0004318　454/6(1)
增訂本草備要四卷附醫方湯頭歌訣經絡圖說經絡歌訣瀕湖二十七脉歌　(清)汪昂輯　清光緒十四年(1888)三義堂刻本　五冊

130000－0402－0004319　454/6(2)
增訂本草備要四卷附醫方湯頭歌訣經絡圖說經絡歌訣瀕湖二十七脉歌　(清)汪昂輯　清光緒十四年(1888)三義堂刻本　五冊

130000－0402－0004320　454/8(1)
本草原始十二卷　(明)李中立纂輯　清光緒善成堂刻本　四冊

130000－0402－0004321　454/8(2)
本草原始十二卷　(明)李中立纂輯　清光緒善成堂刻本　六冊

130000－0402－0004322　454/9
食物本草會纂十二卷附食物本草圖　(清)李龍雲纂輯　清道光二十三年(1843)四盛堂刻本　六冊

130000－0402－0004323　454/10－2/2
本草綱目拾遺十卷　(清)趙學敏輯　清光緒十一年(1885)合肥張氏味古齋刻本　八冊

130000－0402－0004324　454/10－2/3
本草萬方鍼線八卷　(清)蔡烈先輯　清光緒十一年(1885)合肥張氏味古齋刻本　二冊

130000－0402－0004325　454/10－2/4
奇經八脉考二卷　(明)李時珍撰　清光緒十一年(1885)合肥張氏味古齋刻本　一冊

130000－0402－0004326　454/11
藥品化義十三卷　(明)賈所學著　(清)李延昰補訂　清光緒三十年(1904)鉛印本　二冊

130000－0402－0004327　455/2
鍼灸大成十卷　(明)楊繼洲編著　清光緒三義堂刻本　十冊

130000－0402－0004328　455/3
鍼灸大成十卷　(明)楊繼洲著　(清)章廷珪重修　清光緒二十九年(1903)上海點石書林石印本　六冊

130000－0402－0004329　455/3－2
鍼灸大成十二卷　(明)楊繼洲編著　(明)靳賢選集　(清)章廷珪重修　清末民初上海錦章圖書局石印本　六冊

130000－0402－0004330　455/3－3(1)

鍼灸大成十二卷　(明)楊繼洲編著　(清)章廷珪重修　清末民初上海廣益書局石印本　一冊

130000－0402－0004331　455/3－3(2)
鍼灸大成十二卷　(明)楊繼洲編著　(清)章廷珪重修　清末民初上海廣益書局石印本　六冊

130000－0402－0004332　456/1
新刊纂圖元亨療馬集六卷療牛集二卷　(明)喻本元　(明)喻本亨著　清仁和堂刻本　六冊

130000－0402－0004333　456/1－3(1)
新刊纂圖元亨療馬集六卷圖像水黃牛經合併大全二卷駝經一卷　(明)喻本元　(明)喻本亨著　清同治五年(1866)興文堂刻本　六冊

130000－0402－0004334　456/1－3(2)
新刊纂圖元亨療馬集六卷圖像水黃牛經合併大全二卷駝經一卷　(明)喻本元　(明)喻本亨著　清同治五年(1866)興文堂刻本　六冊

130000－0402－0004335　456/1－4
新刊纂圖元亨療馬集六卷圖像水黃牛經合併大全二卷駝經一卷　(明)喻本元　(明)喻本亨著　清光緒十五年(1889)三義堂刻本　四冊

130000－0402－0004336　456/1－5
新刊纂圖元亨療馬集六卷圖像水黃牛經合併大全二卷駝經一卷　(明)喻本元　(明)喻本亨著　清光緒三年(1877)京都聚文堂刻本　六冊

130000－0402－0004337　456/1－6
新刊纂圖元亨療馬集六卷圖像水黃牛經合併大全二卷駝經一卷　(明)喻本元　(明)喻本亨著　清會文堂刻本　四冊

130000－0402－0004338　46/1(1)
齊民要術十卷雜說一卷　(北魏)賈思勰撰　清光緒元年(1875)湖北崇文書局刻本　四冊

130000－0402－0004339　46/1(2)
齊民要術十卷雜說一卷　(北魏)賈思勰撰　清光緒元年(1875)湖北崇文書局刻本　四冊

130000－0402－0004340　46/1(3)
齊民要術十卷雜說一卷　(北魏)賈思勰撰　清光緒元年(1875)湖北崇文書局刻本　三冊　存七卷(四至十)

130000－0402－0004341　46/1－2
齊民要術十卷雜說一卷　(北魏)賈思勰撰　清光緒二十二年(1896)中江榷署刻本　四冊

130000－0402－0004342　46/2(1)
農桑輯要七卷蠶事要略一卷　(元)司農司撰　清光緒二十一年(1895)中江榷署刻本　二冊

130000－0402－0004343　46/2(2)
農桑輯要七卷蠶事要略一卷　(元)司農司撰　清光緒二十一年(1895)中江榷署刻本　二冊

130000－0402－0004344　46/2－2
農桑輯要七卷　(元)司農司撰　清乾隆武英殿木活字印武英殿聚珍版書本　六冊

130000－0402－0004345　46/3－2
農書十五卷　(元)王禎撰　清刻本　二冊

130000－0402－0004346　46/4(1)
農政全書六十卷　(明)徐光啟撰　清同治十三年(1874)山東書局刻本　二十冊

130000－0402－0004347　46/4(2)
農政全書六十卷　(明)徐光啟撰　清同治十三年(1874)山東書局刻本　十九冊　存五十七卷(一至二十、二十四至六十)

130000－0402－0004348　46/4－2
農政全書六十卷　(明)徐光啟撰　清道光十七年(1837)貴州刻本　十六冊

130000－0402－0004349　46/4－4
農政全書六十卷　(明)徐光啟撰　清宣統元年(1909)上海求學齋局石印本　八冊

130000－0402－0004350　46/4－5
農政全書六十卷　(明)徐光啟撰　清道光二

十三年(1843)曙海樓刻本　十四册　存三十四卷(一至三十、四十三至四十六)

130000－0402－0004351　46/5(1)
籌濟編三十二卷首一卷　(清)楊景仁輯　清光緒九年(1883)武昌書局刻本　八册

130000－0402－0004352　46/5(2)
籌濟編三十二卷首一卷　(清)楊景仁輯　清光緒九年(1883)武昌書局刻本　八册

130000－0402－0004353　46/5－2
籌濟編三十二卷首一卷　(清)楊景仁輯　清光緒五年(1879)山東書局刻本　八册

130000－0402－0004354　46/6
荒政輯要九卷首一卷　(清)汪志伊纂　清道光二十一年(1841)刻本　二册

130000－0402－0004355　46/6－2(1)
荒政輯要九卷首一卷　(清)汪志伊纂　清同治八年(1869)楚北崇文書局刻本　二册

130000－0402－0004356　46/6－2(2)
荒政輯要九卷首一卷　(清)汪志伊纂　清同治八年(1869)楚北崇文書局刻本　二册

130000－0402－0004357　46/6－2(3)
荒政輯要九卷首一卷　(清)汪志伊纂　清同治八年(1869)楚北崇文書局刻本　二册

130000－0402－0004358　46/8
欽定授時通考七十八卷　(清)鄂爾泰等撰　清道光六年(1826)四川刻本　二十四册

130000－0402－0004359　46/8－2
欽定授時通考七十八卷　(清)鄂爾泰等撰　清江西書局刻本　二十一册　存六十八卷(一至四、九至十七、二十至七十四)

130000－0402－0004360　46/10－2
植物名實圖考三十八卷　(清)吳其濬撰　清刻本　五册　存五卷(三十三、三十五至三十八)

130000－0402－0004361　46/10/2－2
植物名實圖考長編二十二卷　(清)吳其濬撰　清刻本　三册　存二卷(一至二)

130000－0402－0004362　46/11－3(1)
二如亭群芳譜二十八卷首一卷　(明)王象晉纂輯　(明)毛鳳苞校正　清兩儀堂刻本　三十二册

130000－0402－0004363　46/11－3(2)
二如亭群芳譜二十八卷首一卷　(明)王象晉纂輯　(明)毛鳳苞校正　清兩儀堂刻本　六册　存七卷(茶竹譜一卷、桑麻葛棉譜一卷、藥譜三卷、木譜二卷)

130000－0402－0004364　46/11－5(1)
二如亭群芳譜二十八卷首一卷　(明)王象晉纂輯　(明)毛鳳苞校正　清刻本　二十四册

130000－0402－0004365　46/11－5(2)
二如亭群芳譜二十八卷首一卷　(明)王象晉纂輯　(明)毛鳳苞校正　清沙村艸堂刻本　十二册

130000－0402－0004366　46/15
區種五種附錄一卷　(清)趙夢齡輯　清光緒四年(1878)蓮花池刻本　一册

130000－0402－0004367　46/16
勸農八法一卷　(清)黃仁濟撰　清光緒二十二年(1896)刻本　一册

130000－0402－0004368　46/19
御製耕織圖　(清)聖祖玄燁撰　清光緒十二年(1886)上海點石齋石印本　二册

130000－0402－0004369　46/20.2(1)
農學叢書第二集　東文學社編譯　清光緒二十六年(1900)江南總農會石印本　十册

130000－0402－0004370　46/20.2(2)
農學叢書第二集　東文學社編譯　清光緒二十六年(1900)江南總農會石印本　一册

130000－0402－0004371　46/23－2
秘傳花鏡六卷　(清)陳淏子輯　清刻本　六册

130000－0402－0004372　46/24
撫郡農產考略二卷　何剛德編　清光緒二十九年(1903)撫郡學堂刻本　二册

130000－0402－0004373　46/25

植漆法一卷　(日本)初瀨川健增撰　羅振玉編　清末北洋官報局石印本　一册

130000－0402－0004374　46/30

蠕範八卷　(清)李元撰　清同治十三年(1874)傳經堂刻本　四册

130000－0402－0004375　46/31

捕蝗要說一卷除蝻八要一卷捕蝗圖說一卷　(清)錢炘和撰　清同治八年(1869)湖北崇文書局刻本　一册

130000－0402－0004376　46/31/2

治蝗書一卷　(清)陳崇砥撰　清同治十三年(1874)蓮池書局刻本　一册

130000－0402－0004377　47/2

群學肆言十六篇　(英國)斯賓塞爾撰　嚴復譯　清光緒二十九年(1903)上海文明書局鉛印本　四册

130000－0402－0004378　47/6

增廣四書五經典林十二卷　(清)求是齋主人輯　清光緒十五年(1889)上海積山書局石印本　六册

130000－0402－0004379　47－36/1(1)

淮南子二十一卷　(漢)劉安撰　(漢)高誘注　清光緒二年(1876)浙江書局刻本　六册

130000－0402－0004380　47－36/1(2)

淮南子二十一卷　(漢)劉安撰　(漢)高誘注　清光緒二年(1876)浙江書局刻本　六册

130000－0402－0004381　47－36/1/2

淮南鴻烈閒詁二卷　葉德輝輯刊　清光緒二十一年(1895)長沙葉氏郎園刻本　一册

130000－0402－0004382　47－36/5

天祿閣外史八卷　(漢)黃憲著　清刻本　二册

130000－0402－0004383　47－54/1(1)

困學紀聞二十卷　(宋)王應麟撰　(清)閻若璩校勘　清同治九年(1870)揚州書局刻本　四册

130000－0402－0004384　47－54/1(2)

困學紀聞二十卷　(宋)王應麟撰　(清)閻若璩校勘　清叢書樓刻本　六册

130000－0402－0004385　47－54/1－2

困學紀聞注二十卷　(宋)王應麟撰　(清)翁元圻輯　清道光五年(1825)餘姚守福堂刻本　八册

130000－0402－0004386　47－54/1－4

校訂困學紀聞三箋二十卷　(宋)王應麟撰　(清)閻若璩等箋　清嘉慶十二年(1807)友益齋刻本　八册

130000－0402－0004387　47－54/1－5(1)

校訂困學紀聞五箋集證二十卷　(宋)王應麟撰　(清)閻若璩等箋　(清)方桑如等校補　(清)萬希槐集證　清嘉慶十八年(1813)掃葉山房刻本　十二册

130000－0402－0004388　47－54/1－5(2)

校訂困學紀聞五箋集證二十卷　(宋)王應麟撰　(清)閻若璩等箋　(清)方桑如等校補　(清)萬希槐集證　清經正堂刻本　十册

130000－0402－0004389　47－54/1－6

困學紀聞二十卷　(宋)王應麟撰　(清)翁元圻輯　清光緒十五年(1889)上海積山書局石印本　六册

130000－0402－0004390　47－54/1－7

校訂困學紀聞集證二十卷　(宋)王應麟撰　(清)閻若璩等輯注　(清)屠繼序校補　清刻本　六册　存十二卷(九至二十)

130000－0402－0004391　47－54/5

容齋隨筆十六卷續筆十六卷三筆十六卷四筆十六卷五筆十卷　(宋)洪邁撰　清刻本　十六册

130000－0402－0004392　47－54/5－2

容齋隨筆十六卷續筆十六卷三筆十六卷四筆十六卷五筆十卷　(宋)洪邁撰　清光緒二十年(1894)皖南洪氏刻本　十四册

130000－0402－0004393　47－54/5－3(1)

容齋隨筆十六卷續筆十六卷三筆十六卷四筆十六卷五筆十卷 (宋)洪邁撰 清乾隆五十九年(1794)掃葉山房刻本 十五册

130000－0402－0004394 47－54/5－3(2)
容齋隨筆十六卷續筆十六卷三筆十六卷四筆十六卷五筆十卷 (宋)洪邁撰 清乾隆五十九年(1794)掃葉山房刻本 四册 存十八卷(容齋隨筆十一至十六、續筆五至十六)

130000－0402－0004395 47－54/6
老學庵筆記十卷 (宋)陸游撰 清光緒三年(1877)湖北崇文書局刻本 二册

130000－0402－0004396 47－54/6－2
老學庵筆記十卷 (宋)陸游撰 清光緒三年(1877)湖北崇文書局刻本 一册

130000－0402－0004397 47－54/8
御覽曲洧舊聞十卷 (宋)朱弁撰 清乾隆四十九年(1784)錢塘汪氏振綺堂刻本 四册

130000－0402－0004398 47－54/9
三字經註解備要一卷 (宋)王應麟撰 (清)賀興思註解 清同治、光緒江南城狀元巷李光明莊刻本 一册

130000－0402－0004399 47－54/9－2
三字經註解備要二卷 (宋)王應麟撰 (清)賀興思註解 清光緒二十二年(1896)三義堂刻本 一册

130000－0402－0004400 47－55/1－2(1)
輟耕錄三十卷 (明)陶宗儀撰 明廣文堂刻本 八册

130000－0402－0004401 47－55/1－2(2)
輟耕錄三十卷 (明)陶宗儀撰 明廣文堂刻本 八册

130000－0402－0004402 47－55/1－3
輟耕錄三十卷 (明)陶宗儀撰 清刻本 八册

130000－0402－0004403 47－55/2
漢唐事箋前集十二卷後集八卷 (元)朱禮撰 清道光二年(1822)南城胡氏刻本 三册 存十四卷(前集一至六、後集八卷)

130000－0402－0004404 47－56/1－2
寄傲山房塾課新增幼學故事瓊林四卷首一卷 (明)程登吉撰 (清)鄒聖脉編輯 清光緒二十一年(1895)義合堂刻本 四册

130000－0402－0004405 47－56/1－5
寄傲山房塾課新增幼學故事瓊林四卷首一卷 (明)程登吉撰 (清)鄒聖脉增補 清李光明莊刻本 四册

130000－0402－0004406 47－56/1－6
育正堂重訂幼學須知句解四卷 (明)程登吉撰 (清)錢元龍校 清道光十四年(1834)書業德記刻本 四册

130000－0402－0004407 47－56/1－7(1)
幼學求源三十三卷 (明)程登吉著 (清)鄒聖脉增 (清)董成注 清道光二十七年(1847)書業德記刻本 七册 存三十一卷(一至三十一)

130000－0402－0004408 47－56/1－7(2)
幼學求源三十三卷 (明)程登吉著 (清)鄒聖脉增 (清)董成注 清道光二十七年(1847)書業德記刻本 四册

130000－0402－0004409 47－56/1－7(3)
幼學求源三十三卷 (明)程登吉著 (清)鄒聖脉增 (清)董成注 清道光二十七年(1847)書業德記刻本 四册

130000－0402－0004410 47－56/1－7(4)
幼學求源三十三卷 (明)程登吉著 (清)鄒聖脉增 (清)董成注 清道光二十七年(1847)書業德記刻本 二册 存十三卷(一至十三)

130000－0402－0004411 47－56/1－9
掄秀堂重訂幼學須知句解四卷 (明)程登吉撰 (清)錢元龍校 清光緒九年(1883)通州掄秀堂刻本 二册

130000－0402－0004412 47－56/1－13(1)
三義堂重訂幼學須知句解四卷 (明)程登吉

撰 （清）錢元龍校 清三義堂刻本 二冊

130000－0402－0004413 47－56/1－13(2)
三義堂重訂幼學須知句解四卷 （明）程登吉撰 （清）錢元龍校 清三義堂刻本 四冊

130000－0402－0004414 47－56/1－16
寄傲山房塾課新增幼學故事瓊林四卷首一卷 （明）程登吉撰 （清）鄒聖脈增補 清光緒善成堂刻本 四冊

130000－0402－0004415 47－56/1－17
育正堂重訂幼學須知句解四卷 （明）程登吉撰 （清）錢元龍校 清嘉慶十四年(1809)書業德刻本 四冊

130000－0402－0004416 47－56/4
新增格古要論十三卷 （明）曹昭撰 （明）王佐校增 清末民初上海自強書局石印本 八冊

130000－0402－0004417 47－56/5－2
百家姓考略二卷 （清）王相撰 （清）徐士業校 清善成堂刻本 一冊

130000－0402－0004418 47－56/6
狀元閣女四書二卷 （清）王相箋註 （清）鄭漢校梓 清光緒十一年(1885)文成堂刻本 二冊

130000－0402－0004419 47－56/8
龍文鞭影二卷 （明）蕭良有撰 （清）楊臣諍增訂 清金陵聚錦堂刻本 一冊

130000－0402－0004420 47－56/8－3
龍文鞭影四卷 （明）蕭良有纂輯 （清）楊臣諍增訂 （清）李恩綬校補 清光緒十六年(1890)成德堂刻本 四冊

130000－0402－0004421 47－56/8－4
龍文鞭影二卷 （明）蕭良有撰 （清）楊臣諍增訂 （清）陳士龍編次 清餘慶堂刻本 二冊

130000－0402－0004422 47－56/8－5
龍文鞭影二卷 （明）蕭良有撰 （清）楊臣諍增訂 （清）陳士龍編次 清刻本 二冊

130000－0402－0004423 47－56/8－6
龍文鞭影二卷 （明）蕭良有撰 （清）楊臣諍增訂 （清）陳士龍編次 清同治十年(1871)聚錦堂刻本 一冊

130000－0402－0004424 47－56/8－7
龍文鞭影二卷 （明）蕭良有撰 （清）楊臣諍增訂 （清）陳士龍編次 清同治十二年(1873)聚錦堂刻本 二冊

130000－0402－0004425 47－56/8－8
龍文鞭影二卷 （明）蕭良有纂輯 （清）楊臣諍增訂 （清）來集之音注 清刻本 一冊

130000－0402－0004426 47－56/8－9
龍文鞭影全集二卷 （明）蕭良有撰 清抄本 一冊

130000－0402－0004427 47－56/8/1(1)
訓蒙四字經讀本二卷龍文鞭影初集二卷 （明）蕭良有著 （清）楊臣諍增定 清道光二十九年(1849)福文堂刻本 二冊

130000－0402－0004428 47－56/8/1(2)
龍文鞭影初集二卷 （明）蕭良有著 （清）楊臣諍增訂 清刻本 一冊 存一卷(上)

130000－0402－0004429 47－56/8/2(1)
訓蒙四字經二集讀本二卷龍文鞭影二集二卷 （清）李暉吉 （清）徐瓚輯 清同治二年(1863)同文會刻本 二冊

130000－0402－0004430 47－56/8/2(2)
訓蒙四字經二集讀本二卷龍文鞭影二集二卷 （清）李暉吉 （清）徐瓚輯 清刻本 二冊

130000－0402－0004431 47－56/8/2(3)
訓蒙四字經二集讀本二卷龍文鞭影二集二卷 （清）李暉吉 （清）徐瓚輯 清刻本 一冊 存二卷(訓蒙四字經二集讀本下、龍文鞭影二集下)

130000－0402－0004432 47－56/8/2－2(1)
訓蒙四字經二集讀本二卷龍文鞭影二集二卷 （清）李暉吉 （清）徐瓚輯 清光緒三年(1877)掃葉山房刻本 一冊 存二卷(訓蒙

四字經二集讀本上、龍文鞭影二集上)

130000－0402－0004433　47－56/8/2－2(2)
訓蒙四字經二集讀本二卷龍文鞭影二集二卷　(清)李暉吉　(清)徐灒輯　清刻本　二册

130000－0402－0004434　47－56/8/2－4
龍文鞭影二集二卷　(清)李暉吉　(清)徐灒輯　清同治九年(1870)聚錦堂刻本　一册

130000－0402－0004435　47－56/8/2－5
龍文鞭影二集二卷　(清)李暉吉　(清)徐灒輯　清刻本　二册

130000－0402－0004436　47－56/8/2－6
龍文鞭影二集二卷　(清)李暉吉　(清)徐灒輯　清抄本　一册

130000－0402－0004437　47－56/8/2－7
訓蒙四字經二集讀本二卷龍文鞭影二集二卷　(清)李暉吉　(清)徐灒輯　清書業德刻本　一册　存二卷(訓蒙四字經二集下、龍文鞭影二集下)

130000－0402－0004438　47－56/8/3
龍文鞭影三集三卷　(清)賀鳴鸞撰　清光緒二年(1876)聚錦堂刻本　一册

130000－0402－0004439　47－56/8/3－2
龍文鞭影三集三卷　(清)賀鳴鸞撰　清刻本　二册

130000－0402－0004440　47－56/9
讀書録十一卷續録十二卷　(明)薛瑄撰　清刻本　八册

130000－0402－0004441　47－56/10
玉芝堂談薈三十六卷　(明)徐應秋輯　清刻本　二十八册　存三十三卷(一至二十一、二十五至三十六)

130000－0402－0004442　47－57/1(1)
居易録三十四卷　(清)王士禛著　清刻本　八册

130000－0402－0004443　47－57/1(2)
居易録三十四卷　(清)王士禛撰　清刻本　八册

130000－0402－0004444　47－57/1(3)
居易録三十四卷　(清)王士禛著　清刻本　七册　缺五卷(十八至二十二)

130000－0402－0004445　47－57/2(1)
池北偶談二十六卷　(清)王士禛著　清康熙三十九年(1700)臨汀郡署刻本　八册

130000－0402－0004446　47－57/2(2)
池北偶談二十六卷　(清)王士禛著　清康熙三十九年(1700)臨汀郡署刻本　八册

130000－0402－0004447　47－57/2(3)
池北偶談二十六卷　(清)王士禛著　清康熙三十九年(1700)臨汀郡署刻本　八册

130000－0402－0004448　47－57/2(4)
池北偶談二十六卷　(清)王士禛著　清康熙三十九年(1700)臨汀郡署刻本　八册

130000－0402－0004449　47－57/2(5)
池北偶談二十六卷　(清)王士禛著　清康熙三十九年(1700)臨汀郡署刻本　一册　存三卷(十七至十九)

130000－0402－0004450　47－57/2－2
池北偶談二十六卷　(清)王士禛著　清三槐堂刻本　八册

130000－0402－0004451　47－57/2－3
池北偶談二十六卷　(清)王士禛著　清自怡草堂刻本　十册

130000－0402－0004452　47－57/2－4(1)
池北偶談二十六卷　(清)王士禛著　清文粹堂刻本　十册

130000－0402－0004453　47－57/2－4(2)
池北偶談二十六卷　(清)王士禛著　清文粹堂刻本　十二册

130000－0402－0004454　47－57/2－4(3)
池北偶談二十六卷　(清)王士禛著　清文粹堂刻本　八册

130000－0402－0004455　47－57/2－4(4)
池北偶談二十六卷　(清)王士禛著　清文粹堂刻本　七册　缺三卷(四至六)

130000－0402－0004456　47－57/2－5
池北偶談二十六卷　(清)王士禛著　清末石印本　四册　存十七卷(六至十、十五至二十六)

130000－0402－0004457　47－57/3－2(1)
香祖筆記十二卷　(清)王士禛著　清刻本　六册

130000－0402－0004458　47－57/3－2(2)
香祖筆記十二卷　(清)王士禛著　清刻本　四册

130000－0402－0004459　47－57/3－2(3)
香祖筆記十二卷　(清)王士禛著　清刻本　四册

130000－0402－0004460　47－57/3－2(4)
香祖筆記十二卷　(清)王士禛著　清刻本　三册　存九卷(四至十二)

130000－0402－0004461　47－57/4
西圃叢辨三十二卷　(清)田同之纂集　清乾隆十九年(1754)刻本　五册　缺六卷(六至十一)

130000－0402－0004462　47－57/5－2
堅瓠集十五集六十六卷　(清)褚人穫纂輯　清四雪草堂刻本　二十册　缺二十五卷(三集一至二、續集一至四、廣集四至六、補集一至六、秘集一至六、餘集一至四)

130000－0402－0004463　47－57/5－3(1)
堅瓠集十五集六十六卷　(清)褚人穫纂輯　清刻本　九册　存十八卷(首集一至四、二集一至四、三集一至四、四集一至四、補集五至六)

130000－0402－0004464　47－57/5－3(2)
重刻褚石農堅瓠集十五集六十六卷　(清)褚人穫纂輯　清留香閣刻本　一册　存二卷(六集一至二)

130000－0402－0004465　47－57/6
經史慧解六卷　(清)蔡含生著　清康熙二十六年(1687)刻本　六册

130000－0402－0004466　47－57/7
義門讀書記五十八卷　(清)何焯撰　清石香齋刻本　十二册

130000－0402－0004467　47－57/7－2(1)
義門讀書記五十八卷　(清)何焯撰　清乾隆三十四年(1769)刻本　十六册

130000－0402－0004468　47－57/7－2(2)
義門讀書記五十八卷　(清)何焯撰　清乾隆三十四年(1769)刻本　八册　存二十四卷(河東集三卷、歐陽文忠公文二卷、元豐類稿五卷、文選五卷、陶靖節詩一卷、杜工部集六卷、李義山詩集二卷)

130000－0402－0004469　47－57/7/1(1)
義門先生集十二卷附録一卷　(清)何焯撰　(清)吴雲等輯　清宣統三年(1911)中華圖書館影印本　三册

130000－0402－0004470　47－57/7/1(2)
義門先生集十二卷　(清)何焯撰　(清)吴雲等輯　清刻本　一册　存三卷(七至九)

130000－0402－0004471　47－57/8(1)
日知録集釋三十二卷　(清)顧炎武著　(清)黄汝成集釋　**刊誤二卷續刊誤二卷**　(清)黄汝成譔　清同治十一年(1872)湖北崇文書局刻本　十六册

130000－0402－0004472　47－57/8(2)
日知録集釋三十二卷　(清)顧炎武著　(清)黄汝成集釋　**刊誤二卷續刊誤二卷**　(清)黄汝成譔　清同治十一年(1872)湖北崇文書局刻本　十六册

130000－0402－0004473　47－57/8(3)
日知録集釋三十二卷　(清)顧炎武著　(清)黄汝成集釋　**刊誤二卷續刊誤二卷**　(清)黄汝成譔　清同治十一年(1872)湖北崇文書局刻本　十六册

130000－0402－0004474　47－57/8－3(1)
日知録集釋三十二卷　(清)顧炎武著　(清)黄汝成集釋　**刊誤二卷續刊誤二卷**　(清)黄汝成譔　清光緒三年(1877)刻本　十六册

130000－0402－0004475　47－57/8－3(2)
日知録集釋三十二卷　(清)顧炎武著　(清)黄汝成集釋　**刊誤二卷續刊誤二卷**　(清)黄汝成譔　清光緒三年(1877)刻本　十六冊

130000－0402－0004476　47－57/9
札樸十卷　(清)桂馥撰　清嘉慶十八年(1813)小李山房刻本　四冊

130000－0402－0004477　47－57/9－2
札樸十卷　(清)桂馥撰　清光緒七年(1881)小李山房刻本　五冊

130000－0402－0004478　47－57/10－2
十駕齋養新録二十卷餘録三卷　(清)錢大昕撰　清嘉慶十一年(1806)刻本　六冊

130000－0402－0004479　47－57/10－3
十駕齋養新録二十卷　(清)錢大昕撰　清刻本　二冊　存六卷(五至七、十四至十六)

130000－0402－0004480　47－57/10/2
十駕齋養新録二十卷餘録三卷　(清)錢大昕撰　**錢辛楣先生年譜一卷**　(清)錢慶曾校注　**竹汀居士年譜續編一卷**　(清)錢慶曾述　清光緒二年(1876)浙江書局刻本　八冊

130000－0402－0004481　47－57/10/2－2
十駕齋養新録二十卷餘録三卷　(清)錢大昕撰　清刻本　八冊　缺二卷(養新録一至二)

130000－0402－0004482　47－57/11
述學内篇三卷補遺一卷外篇一卷别録一卷附校勘記　(清)汪中撰　清同治八年(1869)揚州書局刻本　二冊

130000－0402－0004483　47－57/12(1)
讀書雜志八十二卷餘編二卷　(清)王念孫撰　清同治九年(1870)金陵書局刻本　二十二冊　缺二卷(餘編二卷)

130000－0402－0004484　47－57/12(2)
讀書雜志八十二卷餘編二卷　(清)王念孫撰　清同治九年(1870)金陵書局刻本　二十四冊

130000－0402－0004485　47－57/12(3)
讀書雜志八十二卷餘編二卷　(清)王念孫撰　清同治九年(1870)金陵書局刻本　二十四冊

130000－0402－0004486　47－57/12(4)
讀書雜志八十二卷餘編二卷　(清)王念孫撰　清同治九年(1870)金陵書局刻本　九冊　存三十八卷(志一四卷、志三六卷、志四十六卷、志五十二卷)

130000－0402－0004487　47－57/12(5)
讀書雜志八十二卷餘編二卷　(清)王念孫撰　清同治九年(1870)金陵書局刻本　十二冊　存三十九卷(志一四卷、志二三卷、志三六卷、志四一至七、志七六卷、志八九卷、志九一至四)

130000－0402－0004488　47－57/13
癸巳類稿十五卷　(清)俞正燮撰　清道光十三年(1833)求日益齋刻本　五冊

130000－0402－0004489　47－57/13/2
癸巳存稿十五卷　(清)俞正燮撰　清光緒十年(1884)刻本　八冊

130000－0402－0004490　47－57/14/2(1)
歸田瑣記八卷　(清)梁章鉅撰　清道光二十五年(1845)北東園刻本　四冊

130000－0402－0004491　47－57/14/2(2)
歸田瑣記八卷　(清)梁章鉅撰　清道光二十五年(1845)刻本　四冊

130000－0402－0004492　47－57/14/3
浪跡叢談十一卷續談八卷　(清)梁章鉅撰　清刻本　八冊

130000－0402－0004493　47－57/15(1)
郎潛紀聞十四卷燕下鄉脞録十六卷　(清)陳康祺撰　清光緒十年(1884)刻本　十冊

130000－0402－0004494　47－57/15(2)
郎潛紀聞十四卷燕下鄉脞録十六卷　(清)陳康祺撰　清光緒十年(1884)刻本　八冊

130000－0402－0004495　47－57/15(3)
郎潛紀聞十四卷燕下鄉脞録十六卷　(清)陳

康祺撰　清光緒十年(1884)刻本　八冊

130000－0402－0004496　47－57/16－2

古書疑義舉例七卷　(清)俞樾撰　清文學山房鉛印本　二冊

130000－0402－0004497　47－57/17

東湖叢記六卷　(清)蔣光煦撰　清光緒九年(1883)繆氏刻雲自在龕叢書本　二冊

130000－0402－0004498　47－57/18

交翠軒筆記四卷　(清)沈濤纂　清道光十八年(1838)刻本　二冊

130000－0402－0004499　47－57/19

無邪堂答問五卷　(清)朱一新撰　清光緒二十一年(1895)廣雅書局刻本　五冊

130000－0402－0004500　47－57/20

止園筆談八卷　(清)史夢蘭撰　清光緒四年(1878)刻本　四冊

130000－0402－0004501　47－57/22

智囊補二十八卷　(明)馮夢龍輯　清乾隆五十九年(1794)刻本　八冊

130000－0402－0004502　47－57/22－2

智囊補二十八卷　(明)馮夢龍輯　清文富堂刻本　六冊　存十四卷(一至十四)

130000－0402－0004503　47－57/22－3

增廣智囊補二十八卷　(明)馮夢龍輯　清宣統三年(1911)上海文盛書局石印本　六冊

130000－0402－0004504　47－57/22－4

智囊補二十八卷　(明)馮夢龍輯　清刻本　七冊　存二十五卷(四至二十八)

130000－0402－0004505　47－57/23

東塾讀書記二十五卷　(清)陳澧撰　清光緒二十七年(1901)紉蘭書館刻本　六冊　存十五卷(一至十二、十五至十六、二十一)

130000－0402－0004506　47－57/25

盛世危言五卷　鄭觀應輯著　清光緒十九年(1893)鉛印本　五冊

130000－0402－0004507　47－57/25－2

盛世危言十四卷　鄭觀應輯著　清光緒二十一年(1895)鉛印本　八冊

130000－0402－0004508　47－57/25－3(1)

盛世危言三編十六卷　鄭觀應輯著　清光緒二十四年(1898)圖書集成局鉛印本　六冊

130000－0402－0004509　47－57/25－3(2)

盛世危言三編十六卷　鄭觀應輯著　清光緒二十四年(1898)圖書集成局鉛印本　六冊

130000－0402－0004510　47－57/25－4

盛世危言　鄭觀應輯著　清刻本　一冊　存二卷(五至六)

130000－0402－0004511　47－57/25－5

盛世危言五卷　鄭觀應輯著　清刻本　四冊　存四卷(二至五)

130000－0402－0004512　47－57/26

籌洋芻議一卷　(清)薛福成撰　清光緒二十三年(1897)上海醉六堂石印本　一冊

130000－0402－0004513　47－57/27

風俗通義逸文一卷　(清)錢大昕纂　清道光長沙龍氏家塾刻本　一冊

130000－0402－0004514　47－57/28

幼學歌二卷附天球圖地球圖　(清)王用臣編次　清光緒十一年(1885)深澤王氏刻本　一冊

130000－0402－0004515　47－57/29

初學行文語類四卷　(清)孫埏編輯　清嘉慶二年(1797)文會堂刻本　四冊

130000－0402－0004516　47－57/29－2

初學行文語類四卷　(清)孫埏編輯　清乾隆四十四年(1779)致和堂刻本　二冊

130000－0402－0004517　47－57/29－3

初學行文語類四卷　(清)孫埏編輯　清乾隆四十二年(1777)天德堂刻本　四冊

130000－0402－0004518　47－57/29－4

初學行文語類四卷　(清)孫埏編輯　清刻本　三冊

130000－0402－0004519　47－57/29－5
初學行文語類二卷　(清)孫埏輯　清刻本　一冊　存一卷(下)

130000－0402－0004520　47－57/30
讀書作文譜十二卷父師善誘法二卷　(清)唐彪輯著　清嘉慶十九年(1814)刻本　四冊

130000－0402－0004521　47－57/31
鴻雪因緣圖記三集六卷　(清)麟慶撰　(清)汪春泉等繪　清光緒十二年(1886)上海點石齋銅板印本　六冊

130000－0402－0004522　47－57/31－2(1)
鴻雪因緣圖記三集六卷　(清)麟慶撰　(清)汪春泉等繪　清光緒六年(1880)上海點石齋石印本　六冊

130000－0402－0004523　47－57/31－2(2)
鴻雪因緣圖記三集六卷　(清)麟慶撰　(清)汪春泉等繪　清光緒五年(1879)上海點石齋石印本　六冊

130000－0402－0004524　47－57/32(1)
福惠全書三十二卷　(清)黃六鴻著　清光緒十九年(1893)京都沙土園書行文昌會館刻本　十二冊

130000－0402－0004525　47－57/32(2)
福惠全書三十二卷　(清)黃六鴻著　清光緒十九年(1893)京都沙土園書行文昌會館刻本　十二冊

130000－0402－0004526　47－57/32－2(1)
福惠全書三十二卷　(清)黃六鴻著　清刻本　八冊　存二十六卷(一至二十六)

130000－0402－0004527　47－57/32－2(2)
福惠全書三十二卷　(清)黃六鴻著　清刻本　六冊　存二十一卷(四至十四、二十一至三十)

130000－0402－0004528　47－57/34
先正讀書訣一卷　(清)周永年輯　清光緒四年(1878)周兆慶刻本　一冊

130000－0402－0004529　47－57/35
玉劍尊聞十卷　(清)梁維樞撰　清順治十四年(1657)賜麟堂刻本　五冊

130000－0402－0004530　47－57/38
養性閒筆語錄摘要一卷偶吟摘要一卷　(清)鄧逢光撰　清刻本　一冊

130000－0402－0004531　47－57/42
夢痕錄餘一卷　(清)汪輝祖口授　清刻本　一冊

130000－0402－0004532　47－57/43
前塵夢影錄二卷　(清)徐康撰　清刻本　一冊　存一卷(下)

130000－0402－0004533　47－57/44
任兆麟述記三卷　(清)任兆麟撰　清末石印本　二冊

130000－0402－0004534　47－57/45
求闕齋讀書錄十卷　(清)曾國藩著　清光緒二年(1876)傳忠書局刻本　四冊

130000－0402－0004535　47－57/46
傳家寶四集八卷　(清)石成金編　清刻本　一冊　存二卷(一至二)

130000－0402－0004536　47－57/46/1
重刻添補傳家寶俚言新本八卷首一卷　(清)石成金撰集　清康熙四十六年(1707)刻本　八冊

130000－0402－0004537　47－57/47
史微八卷札記一卷　張采田撰　清末民初刻本　二冊　存四卷(一至二、五至六)

130000－0402－0004538　47－57/48
澄衷蒙學堂字課圖說四卷　劉樹屏等編　清光緒三十二年(1906)石印本　八冊

130000－0402－0004539　47－57/49
千字文釋義一卷　(清)汪嘯尹纂輯　(清)孫謙益參注　清歙西徐士業刻本　一冊

130000－0402－0004540　47－57/49－2
千字文釋義一卷　(清)汪嘯尹纂輯　(清)孫謙益參注　清三益堂刻本　一冊

130000－0402－0004541　47－57/49－3

千字文一卷　(□)□□撰　清刻本　一冊

130000－0402－0004542　47－57/50

實修館遺訓前集二卷　(清)鄧逢光撰　清刻本　一冊　存一卷(一)

130000－0402－0004543　47－6/1

篝藏芻言一卷　蔡匯東撰　清宣統元年(1909)鉛印本　一冊

130000－0402－0004544　47－6/2

集説詮真不分卷續編不分卷　(清)黄伯禄輯　清光緒三十二年(1906)上海慈母堂鉛印本　五冊

130000－0402－0004545　47－6/2/1

集説詮真提要不分卷　(清)黄伯禄輯　清光緒三十二年(1906)上海慈母堂鉛印本　一冊

130000－0402－0004546　47－6/3

張廉卿先生論學手札一卷　(清)張裕釗撰并書　清末影印本　一冊

130000－0402－0004547　47－6/6

最新國文教科書六十課　(清)蔣維喬　(清)莊俞編　清光緒三十三年(1907)商務印書館鉛印本　一冊

130000－0402－0004548　48/2

匋雅二卷　(清)陳瀏撰　清宣統二年(1910)書貴山房刻本　二冊

130000－0402－0004549　481/2(1)

歷代畫史彙傳七十二卷總目三卷首一卷引證書目一卷附錄二卷　(清)彭蘊璨編　清道光五年(1825)吳門尚志堂刻本　十二冊　存三十七卷(三十五至五十二、五十六至七十二，附錄二卷)

130000－0402－0004550　481/2(2)

歷代畫史彙傳七十二卷總目三卷首一卷引證書目一卷附錄二卷　(清)彭蘊璨編　清道光五年(1825)吳門尚志堂刻本　三十二冊

130000－0402－0004551　481/2－3

歷代畫史彙傳七十二卷總目三卷首一卷引證書目一卷附錄二卷　(清)彭蘊璨編　清光緒八年(1882)掃葉山房刻本　二十四冊

130000－0402－0004552　481/6

墨林今話十八卷續編一卷　(清)蔣寶齡撰　清咸豐二年(1852)刻本　六冊

130000－0402－0004553　481/6－2(1)

墨林今話十八卷續編一卷　(清)蔣寶齡撰　清宣統三年(1911)上海掃葉山房石印本　六冊

130000－0402－0004554　481/6－2(2)

墨林今話十八卷續編一卷　(清)蔣寶齡撰　清宣統三年(1911)上海掃葉山房石印本　六冊

130000－0402－0004555　481/8－2

國朝畫徵錄三卷續錄二卷　(清)張庚著　清宣統二年(1910)上海中國書畫會石印本　二冊

130000－0402－0004556　481/10

無聲詩史七卷　(清)姜紹書輯　清宣統二年(1910)石印本　六冊

130000－0402－0004557　481/14

圖畫見聞誌六卷　(宋)郭若虛撰　清照曠閣刻本　一冊

130000－0402－0004558　481/15

歷代名畫記十卷　(唐)張彥遠撰　清照曠閣刻本　一冊

130000－0402－0004559　481/17－2

桐陰論畫二卷首一卷畫訣一卷續一卷　(清)秦祖永著　清光緒善成堂刻本　四冊

130000－0402－0004560　481/17－3

桐陰論畫二卷首一卷附錄一卷畫訣二卷二編二卷三編二卷　(清)秦祖永著　清同治三年(1864)刻本　四冊

130000－0402－0004561　481/17－4

桐陰論畫二卷首一卷附錄一卷畫訣一卷續一卷二編二卷三編二卷　(清)秦祖永著　清宣統二年(1910)上海中國書畫會石印本　六冊

130000－0402－0004562　481/18
畫禪室隨筆四卷　(明)董其昌著　清宣統三年(1911)上海掃葉山房石印本　三册

130000－0402－0004563　481/19
庚子銷夏記八卷　(清)孫承澤撰　清宣統三年(1911)上海掃葉山房石印本　四册

130000－0402－0004564　481/21
習苦齋畫絮十卷　(清)戴熙記　清光緒十九年(1893)刻本　四册

130000－0402－0004565　481/25(1)
甌鉢羅室書畫過目攷四卷　(清)李玉棻編輯　清光緒二十三年(1897)刻本　四册

130000－0402－0004566　481/25(2)
甌鉢羅室書畫過目攷四卷　(清)李玉棻編輯　清光緒二十三年(1897)刻本　四册

130000－0402－0004567　481/26－2
佩文齋書畫譜一百卷　(清)孫岳頒等纂輯　清光緒九年(1883)上海同文書局石印本　十六册

130000－0402－0004568　481/26－3
佩文齋書畫譜一百卷總目一卷纂輯書籍一卷　(清)孫岳頒等纂輯　清康熙静永堂刻本　三十册　缺三十七卷(二十七至六十三)

130000－0402－0004569　481/27(1)
清河書畫舫十二卷鑒古百一詩一卷　(明)張丑造　清乾隆二十八年(1763)池北草堂刻本　十二册

130000－0402－0004570　481/27(2)
清河書畫舫十二卷鑒古百一詩一卷　(明)張丑造　清乾隆二十八年(1763)池北草堂刻本　十二册

130000－0402－0004571　481/31
小山畫譜二卷　(清)鄒一桂撰　清光緒二年(1876)葛氏嘯園刻本　二册

130000－0402－0004572　481/34
百美新詠圖傳一卷　(清)顔希源撰　(清)王翽繪　清刻本　一册

130000－0402－0004573　481/35
吳友如真蹟仕女畫集二卷　(清)吳嘉猷繪　清末民初石印本　一册

130000－0402－0004574　481/36
宣和畫譜二十卷　(□)□□撰　清刻本　五册　存五卷(十二至十六)

130000－0402－0004575　481/37(1)
芥子園畫傳初集五卷增廣名人畫譜一卷　(清)王概等編繪　清光緒十三年(1887)上海鴻文書局石印本　三册　缺一卷(四)

130000－0402－0004576　481/37(2)
芥子園畫傳初集五卷增廣名人畫譜一卷　(清)王概等編繪　清光緒十三年(1887)上海鴻文書局石印本　四册

130000－0402－0004577　481/37－4(1)
芥子園畫傳初集五卷海上名人畫譜一卷二集八卷附一卷三集六卷　(清)王概等編繪　清末民初上海天寶書局石印本　三册　缺一卷(三集五)

130000－0402－0004578　481/37－4(2)
芥子園畫傳初集五卷海上名人畫譜一卷　(清)王概等編繪　清末民初上海天寶書局石印本　四册

130000－0402－0004579　481/37－4(3)
芥子園畫傳二集八卷附一卷　(清)王概等編繪　清末民初石印本　四册

130000－0402－0004580　481/37－5
芥子園畫傳初集五卷　(清)王概等編繪　清康熙十八年(1679)湖上李漁刻本　三册

130000－0402－0004581　481/37－6
芥子園畫傳四集四卷附圖章會纂　(清)王概等編繪　清康熙芥子園刻本　三册

130000－0402－0004582　481/38
紅樓夢圖詠四卷　(清)改琦繪　清末民初石印本　一册

130000－0402－0004583　481/40
毓秀堂畫傳四卷　(清)王墀繪　清光緒九年

(1883)上海點石齋石印本　四冊

130000－0402－0004584　481/41

盼雲軒畫傳四卷　(清)李若昌繪　清同治三年(1864)刻本　四冊

130000－0402－0004585　481/44

冶梅石譜一卷　(清)王寅繪　清末民初上海朝記書莊石印本　二冊

130000－0402－0004586　481/45

墨蘭譜一卷　(清)陳逵繪　清嘉慶三年(1798)讀畫齋刻本　二冊

130000－0402－0004587　481/48

固始張侍郎遺墨一卷　(清)張仁黼書　清宣統元年(1909)懿文齋影印本　一冊

130000－0402－0004588　481/50

各家論書彙抄本不分卷　(□)□□撰　清抄本　八冊

130000－0402－0004589　481/51

書畫題跋記十二卷　(明)郁逢慶編　清抄本　二冊　存六卷(四至六、十至十二)

130000－0402－0004590　481/53

書畫傳習錄四卷　(明)王紱輯　**續錄一卷梁谿書畫徵一卷**　(清)嵇承咸輯　清嘉慶十九年(1814)層雲閣刻本　十二冊

130000－0402－0004591　481/54

鏡影簫聲初集不分卷　(清)不過分齋主人輯　(清)司花老人填詞　(清)城北生繪　清光緒十三年(1887)掄花館主人刻本　一冊

130000－0402－0004592　481/58

國朝書人輯略十一卷首一卷　震鈞輯　清光緒三十四年(1908)金陵刻本　八冊

130000－0402－0004593　481/65

漢溪書法通解八卷　(清)戈守智纂著　清霽雲閣刻本　一冊　存一卷(一)

130000－0402－0004594　482/2－2

琴學入門二卷　(清)張鶴輯　(清)陸琮校刊　清光緒七年(1881)刻本　三冊

130000－0402－0004595　482/3(1)

五知齋琴譜八卷　(清)周魯封彙纂　清乾隆十一年(1746)刻本　六冊

130000－0402－0004596　482/3(2)

五知齋琴譜八卷　(清)周魯封彙纂　清乾隆十一年(1746)刻本　六冊

130000－0402－0004597　482/3－2(1)

五知齋琴譜八卷　(清)周魯封彙纂　清乾隆十一年(1746)刻本　四冊

130000－0402－0004598　482/3－2(2)

五知齋琴譜八卷　(清)周魯封彙纂　清乾隆十一年(1746)刻本　六冊

130000－0402－0004599　482/4

蕉庵琴譜四卷　(清)秦維翰撰　清光緒三年(1877)刻本　三冊　存三卷(二至四)

130000－0402－0004600　482/5

自遠堂琴譜十二卷　(清)吳灴彙輯　清自遠堂刻本　十二冊

130000－0402－0004601　482/7

黃鐘通韻二卷　(清)都四德纂述　清抄本　二冊

130000－0402－0004602　482/9

琵琶譜三卷　(清)王君錫　(清)陳牧夫傳譜　清刻本　三冊

130000－0402－0004603　482/13(1)

遏雲閣曲譜初集不分卷　(清)王錫純輯　清光緒十九年(1893)著易堂鉛印本　八冊

130000－0402－0004604　482/13(2)

遏雲閣曲譜初集不分卷　(清)王錫純輯　清光緒十九年(1893)著易堂鉛印本　八冊

130000－0402－0004605　482/13－3

遏雲閣曲譜初集不分卷　(清)王錫純輯　清同治九年(1870)上海著易堂書局鉛印本　六冊

130000－0402－0004606　482/15

曲譜　(□)□□撰　清刻本　二冊　存三卷(四至六)

130000－0402－0004607　482/21

吟香堂曲譜四卷　(清)馮起鳳參定　清吟香堂刻本　二冊

130000－0402－0004608　482/25

昆曲粹存初集　昆山國樂保存會編　清宣統三年(1911)石印本　六冊

130000－0402－0004609　482/28(1)

納書楹曲譜正集四卷續集四卷外集二卷補遺四卷四夢全譜八卷　(清)葉堂訂譜　(清)王文治參訂　清乾隆五十七年(1792)刻本　二十冊

130000－0402－0004610　482/28(2)

納書楹曲譜正集四卷續集四卷外集二卷補遺四卷四夢全譜八卷　(清)葉堂訂譜　(清)王文治參訂　清乾隆五十七年(1792)刻本　十二冊　存十二卷(補遺四卷、四夢全譜八卷)

130000－0402－0004611　482/28(3)

納書楹曲譜正集四卷續集四卷外集二卷補遺四卷四夢全譜八卷　(清)葉堂訂譜　(清)王文治參訂　清乾隆五十七年(1792)刻本　十冊　存十卷(正集四卷、續集四卷、外集二卷)

130000－0402－0004612　482/28(4)

納書楹曲譜正集四卷續集四卷外集二卷補遺四卷四夢全譜八卷　(清)葉堂訂譜　(清)王文治參訂　清乾隆五十七年(1792)刻本　七冊　存六卷(續集四卷、外集二卷)

130000－0402－0004613　482/28(5)

納書楹曲譜正集四卷續集四卷外集二卷補遺四卷四夢全譜八卷　(清)葉堂訂譜　(清)王文治參訂　清乾隆五十七年(1792)刻本　六冊　存十二卷(正集三至四、續集四卷、外集二卷、補遺四卷)

130000－0402－0004614　482/28－2(1)

納書楹曲譜正集四卷續集四卷外集二卷補遺四卷四夢全譜八卷　(清)葉堂訂譜　(清)王文治參訂　清道光二十八年(1848)刻本　八冊　存八卷(續集四卷、補遺四卷)

130000－0402－0004615　482/28－2(2)

納書楹曲譜正集四卷續集四卷外集二卷補遺四卷四夢全譜八卷　(清)葉堂訂譜　(清)王文治參訂　清道光二十八年(1848)刻本　四冊　存四卷(正集一、續集三、補遺三至四)

130000－0402－0004616　482/28－2(3)

納書楹曲譜正集四卷續集四卷外集二卷補遺四卷四夢全譜八卷　(清)葉堂訂譜　(清)王文治參訂　清道光二十八年(1848)刻本　二十四冊

130000－0402－0004617　482/28/1

納書楹曲譜外集二卷補遺四卷　(清)葉堂訂譜　(清)王文治參訂　清乾隆五十七年(1792)刻本　六冊

130000－0402－0004618　482/28/2(1)

納書楹玉茗堂四夢曲譜八卷　(清)葉堂訂譜　(清)王文治參訂　清乾隆五十七年(1792)刻本　六冊　存六卷(紫釵記二卷、南柯記二卷、邯鄲記二卷)

130000－0402－0004619　482/28/2(2)

納書楹玉茗堂四夢曲譜八卷　(清)葉堂訂譜　(清)王文治參訂　清乾隆五十七年(1792)刻本　六冊

130000－0402－0004620　482/28/2(3)

納書楹玉茗堂四夢曲譜八卷　(清)葉堂訂譜　(清)王文治參訂　清乾隆五十七年(1792)刻本　八冊

130000－0402－0004621　482/28/2－2

納書楹玉茗堂四夢曲譜八卷　(清)葉堂訂譜　(清)王文治參訂　清道光二十八年(1848)刻本　八冊

130000－0402－0004622　482/30

一笠庵北詞廣正譜不分卷　(明)徐于室原稿　(清)鈕少雅樂句　(清)李玄玉更定　清康熙青蓮書屋刻本　六冊

130000－0402－0004623　482/31

琴均調弦一卷變徵定位考二卷　(清)馮水撰　清同治三年(1864)桐鄉馮氏刻本　二冊

130000－0402－0004624　482/32(1)
樂律表微八卷　(清)胡彥昇撰　清乾隆二十八年(1763)耆學齋刻本　二册

130000－0402－0004625　482/32(2)
樂律表微八卷　(清)胡彥昇撰　清乾隆二十八年(1763)耆學齋刻本　二册

130000－0402－0004626　482/33
治心齋琴學練要五卷　(清)王善編　清乾隆二十三年(1758)治心齋刻本　六册

130000－0402－0004627　482/38
御製律吕正義五卷　(清)聖祖玄燁撰　清康熙、雍正武英殿刻本　六册

130000－0402－0004628　482－57/3
聲學揭要六章　(美國)赫士口譯　(清)朱葆琛筆述　清光緒二十四年(1898)上海美華書館鉛印本　一册

130000－0402－0004629　483/1
篆學瑣著三十種　(清)顧湘編　清道光二十年(1840)海虞顧氏刻本　八册

130000－0402－0004630　483/8
秋室印剩六卷　(清)汪啟淑集　清嘉慶刻本　六册

130000－0402－0004631　483/10
竹雪軒印集八卷　(清)蔡濬源輯　清光緒十一年(1885)刻本　四册

130000－0402－0004632　483/11
小石山房印譜六卷　(清)顧湘　(清)顧浩編　清道光八年(1828)刻本　六册

130000－0402－0004633　484/1
楹聯錄存五卷附錄一卷　(清)俞樾撰　清刻本　一册　存一卷(二)

130000－0402－0004634　484/2－3
楹聯叢話十二卷續話四卷　(清)梁章鉅撰　清咸豐六年(1856)長沙府署刻本　六册

130000－0402－0004635　484/2－4
楹聯叢話十二卷續話四卷　(清)梁章鉅撰　清道光二十年(1840)桂林署齋刻本　六册

130000－0402－0004636　484/2－5
楹聯叢話十二卷　(清)梁章鉅撰　清道光二十七年(1847)刻本　四册

130000－0402－0004637　484/3
對聯匯海十四卷　(清)邱日虹編輯　清同治二年(1863)敬業堂刻本　四册

130000－0402－0004638　484/4
古今集聯一卷　(清)莫友芝等集　清同治十三年(1874)京都琉璃廠刻本　四册

130000－0402－0004639　484/12
官子譜三卷　(清)陶式玉輯　清康熙三十三年(1694)惠直堂刻本　三册

130000－0402－0004640　484/13
受子譜選二卷首一卷　(清)李汝珍輯　清嘉慶二十二年(1817)刻本　二册

130000－0402－0004641　484/14
奕理指歸圖三卷　(清)錢長澤撰　清乾隆三十六年(1771)刻本　三册

130000－0402－0004642　485/1
四生譜四卷　(清)金文錦撰　清道光二年(1822)存心齋刻本　四册

130000－0402－0004643　49/2
格致啓蒙四種四卷　(英國)羅斯古等纂　(美國)林樂知　(清)鄭昌棪譯　清光緒二十二年(1896)上海著易堂鉛印本　四册

130000－0402－0004644　49/3
高厚蒙求五集　(清)徐朝俊纂　清嘉慶十二年至道光十四年(1807－1834)雲間徐氏刻本　六册

130000－0402－0004645　49/3－2
高厚蒙求五集　(清)徐朝俊撰　清嘉慶元年至道光九年(1796－1829)刻本　五册

130000－0402－0004646　491/1
古經天象考十二卷圖說一卷　(清)雷學淇撰　清道光五年(1825)刻本　六册

130000－0402－0004647　491/2
天文揭要二卷　(美國)赫士口譯　(清)周文

源筆述　清光緒二十五年(1899)上海美華書館鉛印本　二册

130000－0402－0004648　491/4
金華晷漏中星表一卷　(清)張作楠撰　清刻本　一册

130000－0402－0004649　491/5
更漏中星表不分卷　(清)張作楠撰　清刻本　一册

130000－0402－0004650　491/6
李氏遺書十一種　(清)李鋭撰　清刻本　四册　存七種十卷(漢三統術三、漢四分術三卷、漢乾象術二卷、補修宋奉元術一卷、補修宋占天術一卷、日法朔餘彊弱攷一卷、方程新術草一卷)

130000－0402－0004651　491/11
御定七政四餘萬年書　(清)□□輯　清刻本　四册　存四册(乾隆十六年至道光二十二年)

130000－0402－0004652　491/12/2
御製曆象考成後編十卷　(清)顧琮等彙編　清乾隆七年(1742)刻本　十册

130000－0402－0004653　491/13
天文圖説四卷　(美國)摩嘉立　(美國)薛承恩譯　清光緒九年(1883)刻本　一册

130000－0402－0004654　491/14
欽定萬年書新增三元甲子編二卷　清光緒八年(1882)上洋江左書林刻本　一册

130000－0402－0004655　492/1
古籌算考釋六卷　勞乃宣撰　清光緒十二年(1886)刻本　六册

130000－0402－0004656　492/4
新編直指算法統宗十二卷首一卷　(明)程大位編　清光緒三十一年(1905)有益堂刻本　四册

130000－0402－0004657　492/4－3
新編直指算法統宗十二卷首一卷　(明)程大位編　清道光二十六年(1846)文萃堂刻本　四册

130000－0402－0004658　492/4－6(1)
新編直指算法統宗十二卷首一卷　(明)程大位編　清同治七年(1868)三益堂刻本　二册　存六卷(一至五、首一卷)

130000－0402－0004659　492/4－6(2)
新編直指算法統宗十二卷首一卷　(明)程大位編　清刻本　二册　存五卷(三至七)

130000－0402－0004660　492/4－7
新編直指算法統宗十二卷首一卷　(明)程大位編　清刻本　一册　存六卷(一至五、首一卷)

130000－0402－0004661　492/5(1)
則古昔齋算學十三種二十四卷　(清)李善蘭撰　清同治六年(1867)刻本　六册

130000－0402－0004662　492/5(2)
則古昔齋算學十三種二十四卷　(清)李善蘭撰　清同治六年(1867)刻本　六册

130000－0402－0004663　492/6
算學課藝四卷　(清)李壬叔閱定　(清)席淦等編次　清光緒六年(1880)同文館刻本　四册

130000－0402－0004664　492/7
數學上編十三卷答數一卷　(清)曹汝英撰　清光緒二十九年(1903)羊城刻本　四册

130000－0402－0004665　492/8
數學精詳十一卷首一卷末一卷　(清)屈曾發輯　清光緒二十二年(1896)格致書室石印本　五册

130000－0402－0004666　492/8－2
九數通考十一卷首一卷末一卷　(清)屈曾發輯　清光緒十四年(1888)上海點石齋石印本　五册

130000－0402－0004667　492/9
御製數理精蘊二編四十五卷表八卷　(清)何國宗　(清)梅瑴成彙編　清光緒八年(1882)江寧藩署刻本　四十册

130000－0402－0004668　492/10(1)
白芙堂算學叢書　(清)丁取忠輯　清同治、光緒長沙古荷花池精舍刻本　十七冊　存十七種六十六卷

130000－0402－0004669　492/10(2)
白芙堂算學叢書　(清)丁取忠輯　清同治、光緒長沙古荷花池精舍刻本　七冊　存七種十六卷(緝古算經細草三卷、對數詳解五卷、綴術釋明二卷、綴術釋戴一卷、四元玉鑑三卷、四象假令細草一卷、格術補一卷)

130000－0402－0004670　492/10(3)
白芙堂算學叢書　(清)丁取忠輯　清同治、光緒長沙古荷花池精舍刻本　二十冊　存三十二種六十三卷(句股一卷,衰分一卷,盈不足一卷,方程一卷,平三角邊角互求術一卷,弧三角術一卷,測量高遠術一卷,天元一術釋例一卷,天元名式釋例一卷,天元一草一卷,天元問答一卷,方程天元合釋一卷,四元名式釋例一卷,四元草一卷,四元加減乘除釋一卷,借根方句股細草一卷,開方說三卷,少廣縋鑿一卷,測圜密率三卷,百雞術衍二卷,輿地經緯度里表一卷,求一術通解二卷,割圜八線綴術四卷,數學拾遺一卷,測圓海鏡細草十二卷,益古演段三卷,圜率攷真圖解一卷,算法圓理括囊一卷,粟布演草二卷、補一卷,緝古算經細草三卷,綴術釋明二卷,綴術釋戴一卷,四元玉鑑三卷、四象假令細草一卷)

130000－0402－0004671　492/10－2
白芙堂算學叢書　(清)丁取忠輯　清光緒二十三年(1897)上海紹文書局石印本　八冊

130000－0402－0004672　492/11
梅氏叢書輯要六十二卷　(清)梅文鼎撰　清末石印本　五冊　存五十二卷(十一至六十二)

130000－0402－0004673　492/12
翠微山房數學十二種　(清)張作楠撰　清嘉慶,道光金華張氏翠微山房刻本　十冊　存九種十六卷(弧角設如三卷,弧三角舉隅一卷,揣籥小錄一卷、續錄三卷,高弧細草一卷,新測恆星圖表一卷,新測中星圖表一卷,新測更漏中星表一卷,金華晷漏中星表一卷,交食細草二卷、首一卷)

130000－0402－0004674　492/13
筆算數學三卷　(美國)狄考文輯　(清)鄒立文述　清光緒二十四年(1898)上海美華書館鉛印本　二冊　存二卷(一至二)

130000－0402－0004675　492/15
測地繪圖十一卷附一卷　(英國)富路瑪撰　(英國)傅蘭雅口譯　(清)徐壽筆述　清江南製造總局刻本　四冊

130000－0402－0004676　492/17(1)
中西算學大成一百卷　(清)陳維祺撰　清光緒二十七年(1901)陳氏辦貞諒室石印本　五冊　存二十四卷(一至二十四)

130000－0402－0004677　492/17(2)
中西算學大成一百卷　(清)陳維祺撰　清刻本　一冊　存一卷(一百)

130000－0402－0004678　492/20
八線對數表一卷　(清)賈步緯述　清光緒二十八年(1902)鉛印本　一冊

130000－0402－0004679　492/21
八線備旨四卷學總習問一卷　(美國)羅密士撰　(美國)潘慎文選譯　(清)謝洪賚校錄　清光緒三十二年(1906)上海美華書館鉛印本　一冊

130000－0402－0004680　492/21/2
對數表　(美國)路密思著　(美國)赫士口譯　(清)朱葆琛筆述　清光緒三十四年(1908)上海美華書館鉛印本　一冊

130000－0402－0004681　492/22
幾何原本十五卷　(意大利)利瑪竇　(英國)偉烈亞力口譯　(明)徐光啟　(清)李善蘭筆受　清光緒二十四年(1898)江夏董氏刻本　八冊

130000－0402－0004682　492/22－2
幾何原本十五卷　(意大利)利瑪竇　(英國)

偉烈亞力口譯　(明)徐光啟　(清)李善蘭筆受　清同治四年(1865)金陵刻本　八册

130000－0402－0004683　492/23
圓錐曲綫説三卷　(英國)艾約瑟口譯　(清)李善蘭筆述　清刻本　一册

130000－0402－0004684　492/24(1)
形學備旨十卷開端一卷　(美國)狄考文選譯　(清)鄒立文筆述　清光緒二十三年(1897)上海美華書館第三次鉛印本　二册

130000－0402－0004685　492/24(2)
形學備旨十卷開端一卷　(美國)狄考文選譯　(清)鄒立文筆述　清光緒三十二年(1906)上海美華書館第九次鉛印本　一册　缺六卷(五至十)

130000－0402－0004686　492/26
代數術二十五卷首一卷　(英國)華里司輯　(英國)傅蘭雅口譯　(清)華蘅芳筆述　清刻本　五册　缺五卷(七至十一)

130000－0402－0004687　492/27
代數備旨附總答　(美國)狄考文選譯　(清)鄒立文筆述　清末鉛印本　一册　存五章(九至十三)

130000－0402－0004688　492/28
數書九章十八卷　(宋)秦九韶撰　**劄記四卷**　(清)宋景昌撰　清道光二十二年(1842)刻宜稼堂叢書本　八册

130000－0402－0004689　493/1
科學叢書第一集八種　(日本)矢津昌永等著　樊炳清譯　清光緒二十七年(1901)教育世界出版所石印本　十册

130000－0402－0004690　493/2
增訂格物入門七卷　(美國)丁韙良著　清光緒十五年(1889)同文館刻本　七册

130000－0402－0004691　493/2－3
格物入門七卷　(美國)丁韙良著　清光緒二十四年(1898)上海書局石印本　七册

130000－0402－0004692　493/2－4
重增格物入門七卷　(美國)丁韙良著　清光緒二十五年(1899)上海美華書館鉛印本　五册　存五卷(一至四、七)

130000－0402－0004693　493/3－2
天演論二卷　(英國)赫胥黎造論　嚴復達恉　清刻本　二册

130000－0402－0004694　493/4
康熙幾暇格物編二卷　(清)聖祖玄燁撰　(清)盛昱錄　清末石印本　二册

130000－0402－0004695　493/6
格致彙編　(英國)傅蘭雅輯　清光緒二年至十八年(1876－1892)上海格致書室鉛印本　二十册　存五年(第一年、第三至第四年、第六至第七年)

130000－0402－0004696　493/7
礦務叢鈔十二卷　(英國)士密德輯　(英國)傅蘭雅口譯　(清)王德均筆述　清光緒二十三年(1897)上海六先書局刻本　十册　存八卷(一至八)

130000－0402－0004697　493/8
地學淺釋三十八卷　(英國)雷俠兒撰　(美國)瑪高溫口譯　(清)華蘅芳筆述　清同治十二年(1873)江南機器製造總局刻本　八册

130000－0402－0004698　493/9
化學鑑原補編六卷附卷一卷　(英國)傅蘭雅口譯　(清)徐壽筆述　清刻本　六册

130000－0402－0004699　493/10
化學指南十卷　(法國)畢利幹著　清同治十二年(1873)鉛印本　八册　存五卷(六至十)

130000－0402－0004700　410/2
敬信錄一卷　(清)□□編　清光緒三十一年(1905)獲鹿縣玉文齋刻本　一册

130000－0402－0004701　410/2－2
增訂敬信錄附達生編遂生編海上方慈幼編福幼編雜症良方　(清)徐榮輯　清道光十五年(1835)刻本　四册

130000－0402－0004702　410/3

三教真傳全編六十章　(清)□□編　清宣統三年(1911)天津聚文堂鉛印本　五冊　缺十一章(佛教真經前編一至十一)

130000－0402－0004703　410/4
戒淫寶錄二卷　(清)□□編　清宣統三年(1911)天津聚文堂刻本　二冊

130000－0402－0004704　410/5
孚佑帝君戒淫文　(清)□□編　清道光二十四年(1844)琉璃廠篆雲齋刻本　一冊

130000－0402－0004705　410/5/1
孚佑帝君三教文　(清)□□編　清末石印本　一冊

130000－0402－0004706　410/6
關帝寶訓像注四卷　(清)□□編　清道光三十年(1850)刻本　三冊　存三卷(二至四)

130000－0402－0004707　4101/5
禪林寶訓筆說三卷　(清)釋智祥述　清光緒十九年(1893)揚州藏經禪院刻本　三冊

130000－0402－0004708　4101/7－2
金剛經石註不分卷心經一卷　(清)石成金集註　清同治三年(1864)遵化貽穀堂魯宅刻本　一冊

130000－0402－0004709　4101/7－4
呂祖註講金剛心經一卷　(唐)呂岩註　(清)喻梅校正　清光緒十七年(1891)上海翼化堂刻本　一冊

130000－0402－0004710　4101/7/3
般若波羅密經一卷心經一卷　(後秦)釋鳩摩羅什譯　清光緒十五年(1889)金陵刻經處刻本　一冊

130000－0402－0004711　4101/7/4
金剛決疑一卷　(後秦)釋鳩摩羅什譯　(明)釋德清撰　清抄本　一冊

130000－0402－0004712　4101/7/7
金剛經集注附心經注四卷　(明)成祖朱棣集注　清道光二十六年(1846)寶華堂刻本　四冊

130000－0402－0004713　4101/9
大方廣圓覺經大疏十六卷　(唐)釋宗密述　清宣統元年(1909)金陵刻經處刻本　四冊

130000－0402－0004714　4101/10(1)
佛說八大人覺經一卷　(後漢)安世高譯　**佛遺教經**　(後秦)釋鳩摩羅什譯　**勸發菩提心文一卷**　(清)釋實賢撰　清南京佛經流通所刻本　一冊

130000－0402－0004715　4101/10(2)
佛說八大人覺經一卷　(後漢)安世高譯　**佛遺教經**　(後秦)釋鳩摩羅什譯　**勸發菩提心文一卷**　(清)釋實賢撰　清南京佛經流通所刻本　一冊

130000－0402－0004716　4101/10(3)
佛說八大人覺經一卷　(後漢)安世高譯　**佛遺教經**　(後秦)釋鳩摩羅什譯　**勸發菩提心文一卷**　(清)釋實賢撰　清南京佛經流通所刻本　一冊

130000－0402－0004717　4101/10(4)
佛說八大人覺經一卷　(後漢)安世高譯　**佛遺教經**　(後秦)釋鳩摩羅什譯　**勸發菩提心文一卷**　(清)釋實賢撰　清南京佛經流通所刻本　一冊

130000－0402－0004718　4101/11
大佛頂首楞嚴經正脉疏十卷科文一卷懸示一卷　(明)釋真鑑述　清刻本　十三冊

130000－0402－0004719　4101/13
大方廣佛華嚴經六十卷　(晉)釋跋陀羅譯　清光緒七年(1881)常熟刻經處刻本　十六冊

130000－0402－0004720　4101/14
成唯識論觀心法要十卷　(明)釋智旭述　清光緒二十六年(1900)揚州藏經院刻本　十冊

130000－0402－0004721　4101/17
閱藏隨筆二卷　(清)釋元度撰　(清)釋太穆節解　清刻本　二冊

130000－0402－0004722　4101/18
翻譯名義集選一卷　(宋)釋法雲撰　(清)世

宗胤禛選　清刻本　二冊

130000－0402－0004723　4101/19
瑜伽焰口施食一卷　(□)□□編　清同治十一年(1872)刻本　一冊

130000－0402－0004724　4101/20
佛祖心燈一卷　(□)□□編　清光緒十六年(1890)金陵刻經處刻本　一冊

130000－0402－0004725　4101/21
宗教律諸家演派一卷西藏喇嘛來源一卷　(清)釋守一空成編　清光緒十六年(1890)金陵刻經處刻本　一冊

130000－0402－0004726　4101/22
閱藏知津四十四卷　(明)釋智旭彙輯　清光緒十八年(1892)金陵刻經處刻本　一冊　存四卷(四十一至四十四)

130000－0402－0004727　4101/23－2
地藏菩薩本願經三卷　(唐)實叉難陀譯　**南宋江陰軍乾明院羅漢尊號碑記**　(明)高道素手錄　清刻本　一冊

130000－0402－0004728　4101/27
成唯識論了義燈　(唐)釋惠沼述　清刻本　一冊　存三卷(一至三)

130000－0402－0004729　4101/32
雲棲法匯三十二種　(明)釋袾宏述　清光緒二十三年(1897)金陵刻經處刻本　三十三冊　缺一卷(佛說阿彌陀經疏鈔四)

130000－0402－0004730　4101/33
救生船四卷　(□)□□撰　清光緒元年(1875)刻本　四冊

130000－0402－0004731　4101/35
西藏宗教源流考一卷　張其勤編輯　清宣統二年(1910)官印刷局鉛印本　一冊

130000－0402－0004732　4101/36
大悲咒注像一卷　(清)釋竹泉校　(清)釋真慈書　清道光二十六年(1846)刻本　一冊

130000－0402－0004733　4101/37
釋迦如來應化事蹟一卷　(清)永珊編　清末石印本　一冊

130000－0402－0004734　4101/37－2
釋迦如來應化事蹟一卷　(清)永珊編　清嘉慶十三年(1808)裕豐刻本　四冊

130000－0402－0004735　4101/40
肇論略注六卷　(明)釋德清述　清光緒十四年(1888)金陵刻經處刻本　一冊　存三卷(四至六)

130000－0402－0004736　4101/41
老子道德經解下篇　(明)釋德清著　清光緒十二年(1886)金陵刻經處刻本　一冊

130000－0402－0004737　4101/42
相宗八要解八卷　(唐)釋玄奘譯　清光緒二十八年(1902)合肥蒯氏帶耕草堂刻本　二冊　存四卷(五至八)

130000－0402－0004738　4101/47
大乘起信論直解二卷　(明)釋德清撰　清光緒十六年(1890)金陵刻經處刻本　一冊

130000－0402－0004739　4101/50
佛說四十二章經解一卷佛遺教經解一卷八大人覺經解一卷　(明)釋智旭撰　(明)釋蕅益釋　清光緒十一年(1885)金陵刻經處刻本　一冊

130000－0402－0004740　4101/51
佛說四十二章經注一卷佛遺教經注一卷　(明)釋了童補注　清光緒十六年(1890)金陵刻經處刻本　一冊

130000－0402－0004741　4101/52
壇經一卷六祖大師事略一卷　(唐)釋慧能說　(唐)釋法海錄　清同治十一年(1872)如皋刻經處刻本　一冊

130000－0402－0004742　4101/53
性相通說一卷　(明)釋德清述　清同治十二年(1873)金陵刻經處刻本　一冊

130000－0402－0004743　4101/60
目蓮寶卷三卷　(□)□□撰　清光緒二年(1876)刻本　一冊

130000－0402－0004744　4101/62

皇極金丹九蓮正信皈真還鄉寶卷二卷　(□)□□撰　清光緒十八年(1892)抄本　二冊

130000－0402－0004745　4101/64

正宗道禪師語錄七卷　(清)釋際岫等編　清刻本　二冊

130000－0402－0004746　4101/65

梵網經菩薩戒一卷　(後秦)釋鳩摩羅什譯　(明)釋袾宏校訂　清光緒二十五年(1899)同儀堂刻本　一冊

130000－0402－0004747　4101/67

三世修道黃氏寶卷二卷　(□)□□撰　清刻本　一冊

130000－0402－0004748　4102/1

文帝書鈔十四卷　(清)朱珪校　清乾隆五十七年(1792)刻本　二冊

130000－0402－0004749　4102/3

高上玉皇本行集經三卷　(□)□□撰　清刻本　三冊

130000－0402－0004750　4102/4－3

抱朴子內篇二十卷外篇五十卷附篇十卷　(晉)葛洪撰　清光緒十一年(1885)朱氏槐廬家塾刻本　十冊

130000－0402－0004751　4102/4－4

新鋟葛稚川內篇四卷外篇四卷　(晉)葛洪撰　(明)盧舜治評校　清刻本　六冊　存六卷(內篇二至四、外篇二至四)

130000－0402－0004752　4102/6

增訂太上感應篇圖說一卷　(清)朱日豐輯　(清)鐵珊增訂　清同治十三年(1874)蘭州官署刻本　十二冊

130000－0402－0004753　4102/6－2(1)

太上感應篇圖說八卷首一卷　(清)黃正元注　清光緒七年(1881)刻本　五冊　存六卷(孝、弟、忠、信、義,首一卷)

130000－0402－0004754　4102/6－2(2)

太上感應篇圖說八卷首一卷　(清)黃正元注　清光緒七年(1881)刻本　四冊　存五卷(孝、弟、忠、信,首一卷)

130000－0402－0004755　4102/6－2(3)

太上感應篇圖說八卷首一卷　(清)黃正元注　清光緒七年(1881)刻本　二冊　存三卷(孝、信,首一卷)

130000－0402－0004756　4102/6－3

太上感應篇圖說八卷首一卷　(清)黃正元注　清光緒七年(1881)會文齋刻本　八冊

130000－0402－0004757　4102/6－4

太上感應篇圖說八卷　(清)黃正元注　清光緒二十一年(1895)鴻文書局石印本　六冊　存六卷(孝、弟、忠、信、禮、義)

130000－0402－0004758　4102/6/2

太上感應篇引證一卷　(□)□□撰　清道光二十三年(1843)刻本　四冊

130000－0402－0004759　4102/6/5

太上感應篇贅言一卷　(清)于覺世撰　清光緒四年(1878)刻本　二冊

130000－0402－0004760　4102/6/5－2

感應篇贅言一卷　(清)于覺世撰　清道光九年(1829)刻本　一冊

130000－0402－0004761　4102/6/6

太上感應篇一卷　(清)惠棟箋註　清同治六年(1867)京都琉璃廠龍文齋刻本　一冊

130000－0402－0004762　4102/8

陰騭文圖說四卷　(清)黃正元輯　清同治六年(1867)刻本　四冊

130000－0402－0004763　4102/8－2

陰騭文像注四卷　(清)李天錫輯　(清)吳銓注　清育德堂刻本　四冊

130000－0402－0004764　4102/8－3

陰騭文注一卷　(清)朱珪校定　清道光二十年(1840)刻本　一冊

130000－0402－0004765　4102/8－4

陰騭文注解一卷附靈驗　(□)□□撰　清道光二十一年(1841)刻本　一冊

130000－0402－0004766　4102/8/1
陰騭文詩覺世經詩合刊一卷　(□)□□撰　清江寧陳錫九刻本　一冊

130000－0402－0004767　4102/9
萬壽仙書四卷　(明)羅洪先撰　(清)曹無極增輯　清延古齋刻本　二冊

130000－0402－0004768　4102/10
張三丰祖師元要篇一卷　(明)張三丰輯　清道光傲雪山房刻本　一冊

130000－0402－0004769　4102/11
仙佛合宗一卷　(明)伍守陽著　清書業堂刻本　一冊

130000－0402－0004770　4102/16
斗科要典一卷　(清)豫德輯　清道光二十九年(1849)刻本　一冊

130000－0402－0004771　4102/18
勝果妙因五卷　(清)沈性子輯注　清光緒三十二年(1906)石印本　五冊

130000－0402－0004772　4102/21
闡化彙編一卷　(唐)純陽道人撰　清光緒五年(1879)道山同慶社刻本　一冊

130000－0402－0004773　4102/22
乾坤正氣錄八卷　(清)周懋勳編次　清光緒六年(1880)刻本　六冊

130000－0402－0004774　4102/27
唱道真言五卷直言真詮三卷　(清)通宵子彙輯　清同治十三年(1874)中和堂刻本　一冊

130000－0402－0004775　4102－54/1－2
四註悟真篇　(清)傅金銓圈點　清善成堂刻本　五冊　存六卷(悟真篇三注三卷、周易參同契分章注解三卷)

130000－0402－0004776　4102－57/1
文昌帝君大洞仙經三卷　(□)□□撰　清光緒十一年(1885)都中誼雲壇刻文昌帝君全書本　一冊

130000－0402－0004777　4102－57/2
道書一貫真機易簡錄十二卷新鐫道書樵陽經一卷　(清)傅金銓彙輯　清刻本　二冊　存六卷(易簡錄一至三、十一至十二,樵陽經一卷殘)

130000－0402－0004778　4102－57/3
歷代神仙通鑑二十二卷序目一卷神仙鑑像一卷　(清)徐道述　(清)程毓奇續撰　清刻本　十九冊　缺五卷(二、四、九、十三、十八)

130000－0402－0004779　4102－57/4
登高一呼六卷　(清)王桂林等校訂　清光緒七年(1881)文華齋刻本　六冊

130000－0402－0004780　4103/1
清真指南十卷　(清)馬文炳著　清同治八年(1869)刻本　八冊

130000－0402－0004781　4103/5
中阿初婚　楊敬修編　清宣統三年(1911)秀真精舍石印本　一冊　存一冊(四)

130000－0402－0004782　4104/1(1)
燕京開教略三卷　(法國)樊國梁撰　清光緒三十一年(1905)救世堂鉛印本　三冊

130000－0402－0004783　4104/1(2)
燕京開教略三卷　(法國)樊國梁撰　清光緒三十一年(1905)救世堂鉛印本　三冊

130000－0402－0004784　4104/1(3)
燕京開教略三卷　(法國)樊國梁撰　清光緒三十一年(1905)救世堂鉛印本　一冊　存一卷(三)

130000－0402－0004785　4104/2
性學悑述八卷　(意大利)艾儒略著　清同治十二年(1873)上海慈母堂刻本　二冊

130000－0402－0004786　4104/3
教務紀略四卷首一卷末一卷　李剛已編撰　清光緒三十一年(1905)南洋官報局刻本　四冊

130000－0402－0004787　4104/3－2(1)
教務紀略四卷首一卷　李剛已編撰　清光緒三十年(1904)山東印書局鉛印本　五冊

130000－0402－0004788　4104/3－2(2)

教務紀略四卷首一卷 李剛己編撰 清光緒三十年(1904)山東印書局鉛印本 一冊

130000-0402-0004789 4104/4
彌撒祭義二卷 (意大利)艾儒略述 清道光二十九年(1849)刻本 一冊

130000-0402-0004790 4104/6-2
名理探五公稱五卷 (葡萄牙)傅汎際譯義 (明)李之藻達辭 明崇禎十二年(1639)刻本 五冊

130000-0402-0004791 4104/7
心靈學一卷 (美國)海文著 (清)顏永京譯 清光緒十五年(1889)上海益智書會刻本 一冊

130000-0402-0004792 4104/8(1)
正教奉褒一卷 (清)黃伯祿編 清光緒二十年(1894)上海慈母堂鉛印本 一冊

130000-0402-0004793 4104/8(2)
正教奉褒一卷 (清)黃伯祿編 清光緒三十年(1904)上海慈母堂鉛印本 二冊

130000-0402-0004794 4104/10(1)
性法學要四卷 (清)李杕譯 清光緒三十年(1904)上海徐家匯書館鉛印本 一冊

130000-0402-0004795 4104/10(2)
性法學要四卷 (清)李杕譯 清光緒三十年(1904)上海徐家匯書館鉛印本 一冊

130000-0402-0004796 4104/10(3)
性法學要四卷 (清)李杕譯 清光緒三十年(1904)上海徐家匯書館鉛印本 一冊

130000-0402-0004797 4104/11
名理學一卷 (清)李杕譯 清光緒三十四年(1908)上海土山灣印書館鉛印本 一冊

130000-0402-0004798 4104/11/2
靈性學一卷 (清)李杕譯 清光緒三十三年(1907)上海土山灣印書館鉛印本 一冊

130000-0402-0004799 4104/11/3
天宇學一卷 (清)李杕譯 清光緒三十四年(1908)上海土山灣印書館鉛印本 一冊

130000-0402-0004800 4104/12
修成正鵠二十四卷 (清)蔣升譯述 (清)倪守鶴參譯 清光緒六年(1880)土山灣慈母堂鉛印本 一冊 存四卷(上集一至四)

130000-0402-0004801 4104/13
古史參箴四卷 (清)沈則寬撰 清光緒十一年(1885)上海慈母堂鉛印本 四冊

130000-0402-0004802 4104/15
道原精萃十三卷 (意大利)艾儒略譯述 清光緒十三年(1887)上海慈母堂鉛印本 六冊

130000-0402-0004803 4104/16
盛世芻蕘不分卷 (法國)馮秉正撰 (清)楊多默纂錄 清同治九年(1870)河間勝世堂刻本 二冊

130000-0402-0004804 4104/17
主教緣起四卷 (德國)湯若望著 清刻本 二冊 存二卷(二至三)

130000-0402-0004805 4104/18
性理真詮 (法國)孫璋述 清光緒十五年(1889)鉛印本 一冊 存二卷(三下、四續)

130000-0402-0004806 4104/20
輕世金書便覽四卷 (葡萄牙)陽瑪諾譯 (清)呂若翰註釋 清道光二十八年(1848)呂修靈堂刻本 六冊

130000-0402-0004807 4104/22
支那教案論不分卷 (英國)宓克撰 嚴復譯 清南洋公學譯書院鉛印本 一冊

130000-0402-0004808 4106/1(1)
管窺輯要八十卷總目一卷 (清)黃鼎纂定 清順治十二年(1655)刻本 三十六冊

130000-0402-0004809 4106/1(2)
管窺輯要八十卷總目一卷 (清)黃鼎纂定 清順治十二年(1655)刻本 四冊 存十四卷(一至十三、總目一卷)

130000-0402-0004810 4106/2
集注太玄十卷 (漢)楊雄撰 (宋)司馬光集注 清嘉慶三年(1798)五柳居刻本 四冊

130000－0402－0004811　4106/2－3
太玄十卷　（漢）楊雄撰　（宋）司馬光集注　清宣統二年(1910)衍星社鉛印本　一册

130000－0402－0004812　4106/3
皇極經世書十二卷觀物外篇二卷　（宋）邵雍撰　明刻本　十二册

130000－0402－0004813　4106/3/2
皇極經世緒言九卷首二卷　（宋）邵雍撰　（明）黄粤洲註釋　清道光十年(1830)錢塘徐樹堂刻本　五册　存六卷(一至四、首二卷)

130000－0402－0004814　4106－3－3
皇極經世圖解一卷觀物外篇二卷補遺一卷　（宋）邵雍著　清抄本　一册

130000－0402－0004815　4106/5
百二漢鏡齋秘書四種　（清）程芝雲輯　清道光四年(1824)百二漢鏡齋刻本　四册

130000－0402－0004816　4106/6
五種秘竅全書　（明）甘霖著　明刻本　十六册

130000－0402－0004817　4106/7
中西星要五種　（清）倪榮桂輯　清道光二十五年(1845)刻本　五册

130000－0402－0004818　4106/8
河洛理數七卷　（宋）陳摶著　（宋）邵雍述　明英德堂刻本　八册

130000－0402－0004819　4106/9
三命通會十二卷　（明）萬民英著　清雍正十三年(1735)刻本　十二册

130000－0402－0004820　4106/10
大六壬大全十三卷　（清）郭御青校訂　清光緒十三年(1887)掃葉山房刻本　十二册

130000－0402－0004821　4106/10－3
大六壬大全十三卷　（清）郭御青校訂　清咸豐七年(1857)同文堂刻本　七册

130000－0402－0004822　4106/11
六壬辨疑四卷　（清）張官德著　清同治八年(1869)牧源堂刻本　四册

130000－0402－0004823　4106/12
六壬神課金口訣三卷　（明）□□撰　（清）楊守一精閲　清光緒六年(1880)掃葉山房刻本　六册

130000－0402－0004824　4106/13
陽宅三要四卷地理五訣八卷　（清）趙廷棟著　（清）王庸弼等參著　清掃葉山房刻本　五册　存十卷(陽宅三要一至二、地理五訣八卷)

130000－0402－0004825　4106/14
陽宅大成十五卷　（清）魏青江著　清英秀堂刻本　六册　存六卷(宅譜指要四卷、宅譜邇言二卷)

130000－0402－0004826　4106/14－2
陽宅大成十五卷　（清）魏青江著　清刻本　六册　存九卷(宅譜指要一至二、四,宅譜邇言一卷,宅譜修方案證五卷)

130000－0402－0004827　4106/15(1)
改良陽宅大全十卷　（明）一壑居士集　清刻本　四册

130000－0402－0004828　4106/15(2)
改良陽宅大全十卷　（明）一壑居士集　清刻本　四册

130000－0402－0004829　4106/16
陽宅愛眾篇四卷　（清）張覺正著　清光緒五年(1879)刻本　四册

130000－0402－0004830　4106/17
雪心賦正解四卷　（唐）卜應天著　（清）孟浩注　**辯論三十篇一卷**　（清）孟浩著　清康熙十九年(1680)碧梧齋刻本　四册

130000－0402－0004831　4106/18
乾坤法竅三卷　（清）范宜賓評注　清刻本　一册　存一卷(中)

130000－0402－0004832　4106/19
重鐫官板地理天機會元正篇體用括要三十五卷　（唐）卜則巍撰　（明）顧乃德輯注　（明）徐之鏌重編　清道光十二年(1832)宏道

堂刻本　二十册

130000－0402－0004833　4106/20

陰宅集要四卷　(清)姚廷鑾手輯　清宣統元年(1909)上海江左書林石印本　四册

130000－0402－0004834　4106/21

新刻東海王先生纂輯陽宅十書四卷　(明)王君榮纂輯　清光緒八年(1882)善成堂刻本　四册

130000－0402－0004835　4106/22

張宗道先生地理全書一卷　(明)張亙著　清聚錦堂刻本　四册

130000－0402－0004836　4106/23

地理大成五集　(清)葉泰輯　清刻本　十二册

130000－0402－0004837　4106/23－2

地理大成五集　(清)葉泰輯　清上海掃葉山房石印本　三册　存二種二十一卷(平陽全書十五卷、地理六經注六卷)

130000－0402－0004838　4106/24－2

增補地理直指原真大全三卷首一卷　(清)釋如玉著　清乾隆四十八年(1783)刻本　八册

130000－0402－0004839　4106/25

地學二卷　(清)沈鎬著　清康熙五十二年(1713)刻本　二册

130000－0402－0004840　4106/25－2

地學二卷　(清)沈鎬著　清同治七年(1868)刻本　二册

130000－0402－0004841　4106/26

新鐫許真君玉匣記增補諸家選擇日用通書四卷　(晉)許真君編著　清興元堂刻本　一册

130000－0402－0004842　4106/27

增補諏吉寶鏡圖　(清)俞榮寬編　清光緒二十四年(1898)善成堂刻本　三册

130000－0402－0004843　4106/28

協紀辨方書三十六卷　(清)李廷耀撰　清末上海廣益書局石印本　八册

130000－0402－0004844　4106/29

永寧通書四集十二卷　(清)王維德纂輯　清刻本　四册

130000－0402－0004845　4106/30

卜筮正宗十四卷　(清)王維德輯　清同治四年(1865)三益堂刻本　六册

130000－0402－0004846　4106/30－2

卜筮正宗十四卷　(清)王維德輯　清光緒十三年(1887)有益堂刻本　三册

130000－0402－0004847　4106/31

新刻增定邵康節先生梅花觀梅拆字數全集五卷　(宋)邵雍著　清光緒十二年(1886)掃葉山房刻本　五册

130000－0402－0004848　4106/33

相理衡真十卷首一卷　(清)陳釗著　(清)榮錫鵬鑒定　清咸豐十一年(1861)刻本　十册

130000－0402－0004849　4106/34－2

神相水鏡集四卷　(清)右髻道人編定　清光緒十四年(1888)文英堂刻本　二册

130000－0402－0004850　4106/35

增補星平會海命學全書十卷首一卷　(清)水中龍編集　清刻本　一册　存二卷(一至二)

130000－0402－0004851　4106/36

子平管見集解二卷　(清)雷鳴夏著　清光緒二十一年(1895)三義堂刻本　一册

130000－0402－0004852　4106/38

新刻萬法歸宗五卷　(□)□□撰　清末石印本　三册　存四卷(二至五)

130000－0402－0004853　4106/44

菊逸山房地理正書二種　(唐)楊益著　**山法備收一卷**　(清)寇宗輯　清刻本　四册

130000－0402－0004854　4106/45

新鍥全補發微曆正通書大全三十卷　(元)何士泰撰　(明)顧乃德編集　(明)羅崇麟增補　清德聚堂刻本　十二册

130000－0402－0004855　4106－57/1

占易秘解一卷　(清)張丙嘉撰　清光緒二十

二年(1896)刻本　一册

130000－0402－0004856　51/1
六家文選六十卷　(南朝梁)蕭統輯　(唐)李善等注　明刻本　六十册

130000－0402－0004857　51/1－2(1)
文選六十卷　(南朝梁)蕭統撰　(唐)李善注　**考異十卷**　(清)胡克家撰　清同治八年(1869)湖北崇文書局刻本　二十四册

130000－0402－0004858　51/1－2(2)
文選六十卷　(南朝梁)蕭統撰　(唐)李善注　**考異十卷**　(清)胡克家撰　清同治八年(1869)湖北崇文書局刻本　二十四册

130000－0402－0004859　51/1－2(3)
文選六十卷　(南朝梁)蕭統撰　(唐)李善注　**考異十卷**　(清)胡克家撰　清同治八年(1869)湖北崇文書局刻本　二十册

130000－0402－0004860　51/1－2(4)
文選六十卷　(南朝梁)蕭統撰　(唐)李善注　**考異十卷**　(清)胡克家撰　清刻本　二十四册

130000－0402－0004861　51/1－2(5)
文選六十卷　(南朝梁)蕭統撰　(唐)李善注　**考異十卷**　(清)胡克家撰　清同治八年(1869)湖北崇文書局刻本　六册

130000－0402－0004862　51/1－2(6)
文選六十卷　(南朝梁)蕭統撰　(唐)李善注　**考異十卷**　(清)胡克家撰　清刻本　二十四册

130000－0402－0004863　51/1－2(7)
文選六十卷　(南朝梁)蕭統撰　(唐)李善注　**考異十卷**　(清)胡克家撰　清同治八年(1869)湖北崇文書局刻本　二十四册

130000－0402－0004864　51/1－2(8)
文選六十卷　(南朝梁)蕭統撰　(唐)李善注　**考異十卷**　(清)胡克家撰　清同治八年(1869)湖北崇文書局刻本　二十四册

130000－0402－0004865　51/1－2(9)
文選六十卷　(南朝梁)蕭統撰　(唐)李善注　**考異十卷**　(清)胡克家撰　清同治八年(1869)湖北崇文書局刻本　十六册　存五十一卷(一至十七、二十一至五十四)

130000－0402－0004866　51/1－2(10)
文選六十卷　(南朝梁)蕭統撰　(唐)李善注　**考異十卷**　(清)胡克家撰　清刻本　十二册　存三十四卷(十八至三十五、五十五至六十,考異十卷)

130000－0402－0004867　51/1－2(11)
文選六十卷　(南朝梁)蕭統撰　(唐)李善注　**考異十卷**　(清)胡克家撰　清同治八年(1869)湖北崇文書局刻本　二十四册

130000－0402－0004868　51/1－2(12)
文選六十卷　(南朝梁)蕭統撰　(唐)李善注　清刻本　六册　存十九卷(三十六至五十四)

130000－0402－0004869　51/1－2(13)
文選六十卷　(南朝梁)蕭統撰　(唐)李善注　清刻本　六册　存十八卷(十八至三十五)

130000－0402－0004870　51/1－2(14)
文選六十卷　(南朝梁)蕭統撰　(唐)李善注　清刻本　一册　存三卷(二十七至二十九)

130000－0402－0004871　51/1－2(15)
文選六十卷　(南朝梁)蕭統撰　(唐)李善注　清刻本　六册　存十八卷(十八至三十五)

130000－0402－0004872　51/1－3
六臣註文選六十卷　(南朝梁)蕭統撰　(唐)李善等註　清刻本　八册　存十四卷(十六至二十九)

130000－0402－0004873　51/1－4
文選纂註十二卷　(南朝梁)蕭統撰　(明)張鳳翼纂註　明萬曆八年(1580)刻本　十二册

130000－0402－0004874　51/1－6(1)
文選六十卷　(南朝梁)蕭統撰　(唐)李善注　清同治八年(1869)金陵書局刻本　十册

130000－0402－0004875　51/1－6(2)

文選六十卷　(南朝梁)蕭統撰　(唐)李善注　清同治八年(1869)金陵書局刻本　十冊

130000－0402－0004876　51/1－6(3)
文選六十卷　(南朝梁)蕭統撰　(唐)李善注　清同治八年(1869)金陵書局刻本　五冊　存二十九卷(一至二十九)

130000－0402－0004877　51/1－6(4)
文選六十卷　(南朝梁)蕭統撰　(唐)李善注　清同治八年(1869)金陵書局刻本　十冊

130000－0402－0004878　51/1－8
文選六十卷　(南朝梁)蕭統撰　(唐)李善注　清光緒二十一年(1895)上海古香閣石印本　十二冊

130000－0402－0004879　51/1－10(1)
文選六十卷　(南朝梁)蕭統撰　(唐)李善注　(清)何焯評　(清)葉樹藩參訂　清乾隆三十七年(1772)長洲葉氏海錄軒刻朱墨套印本　十六冊

130000－0402－0004880　51/1－10(2)
文選六十卷　(南朝梁)蕭統撰　(唐)李善注　(清)何焯評　(清)葉樹藩參訂　清乾隆三十七年(1772)長洲葉氏海錄軒刻朱墨套印本　六冊　存三十卷(三十一至六十)

130000－0402－0004881　51/1－10(3)
文選六十卷　(南朝梁)蕭統撰　(唐)李善注　(清)何焯評　(清)葉樹藩參訂　清海錄軒刻朱墨套印本　二冊　存十卷(十一至十五、四十六至五十)

130000－0402－0004882　51/1－11(1)
文選六十卷　(南朝梁)蕭統撰　(唐)李善注　考異十卷　(清)胡克家撰　清末上海錦章圖書局石印本　十六冊

130000－0402－0004883　51/1－11(2)
文選六十卷　(南朝梁)蕭統撰　(唐)李善注　考異十卷　(清)胡克家撰　清刻本　六冊　存二十五卷(五至八、十三至二十四、二十九至三十三,考異一至四)

130000－0402－0004884　51/1－11(3)
文選六十卷　(南朝梁)蕭統撰　(唐)李善注　考異十卷　(清)胡克家撰　清宣統三年(1911)上海會文堂石印本　十六冊

130000－0402－0004885　51/1－11(4)
文選六十卷　(南朝梁)蕭統撰　(唐)李善注　考異十卷　(清)胡克家撰　清刻本　八冊　存三十七卷(三十四至六十、考異十卷)

130000－0402－0004886　51/1－11(5)
文選六十卷　(南朝梁)蕭統撰　(唐)李善注　清刻本　九冊　存三十九卷(十三至十六、二十一至三十八、四十四至六十)

130000－0402－0004887　51/1－11(6)
文選六十卷　(南朝梁)蕭統撰　(唐)李善注　考異十卷　(清)胡克家撰　清宣統三年(1911)上海會文堂書局石印本　十六冊

130000－0402－0004888　51/1－11(7)
文選六十卷　(南朝梁)蕭統撰　(唐)李善注　清刻本　一冊　存四卷(一至四)

130000－0402－0004889　51/1－12(1)
文選六十卷　(南朝梁)蕭統撰　(唐)李善注　清刻本　六冊　存二十二卷(三十一至三十四、四十至五十七)

130000－0402－0004890　51/1－12(2)
文選六十卷　(南朝梁)蕭統撰　(唐)李善注　清刻本　四冊　存十四卷(四十三至五十、五十五至六十)

130000－0402－0004891　51/1－12(3)
文選六十卷　(南朝梁)蕭統撰　(唐)李善注　清刻本　一冊　存八卷(三十一至三十八)

130000－0402－0004892　51/1－12(4)
文選六十卷　(南朝梁)蕭統撰　(唐)李善注　清刻本　一冊　存七卷(三十二至三十八)

130000－0402－0004893　51/1－12(5)
文選六十卷　(南朝梁)蕭統撰　(唐)李善注　清素位堂刻本　十二冊

130000－0402－0004894　51/1－13

文選六十卷　(南朝梁)蕭統撰　(唐)李善註　(清)葉樹藩參訂　清大文堂刻朱墨套印本　十二冊

130000－0402－0004895　51/1－14

文選六十卷　(南朝梁)蕭統撰　(唐)李善注　(清)何焯評點　(清)葉樹藩參訂　清羊城翰墨園刻朱墨套印本　十二冊

130000－0402－0004896　51/1－15

文選六十卷　(南朝梁)蕭統撰　(唐)李善注　清乾隆二十四年(1759)懷德堂刻本　十六冊

130000－0402－0004897　51/1－16

文選六十卷　(南朝梁)蕭統撰　(唐)李善注　(清)何焯評點　清光緒二十二年(1896)書業德刻本　二十四冊

130000－0402－0004898　51/1－17

文選六十卷　(南朝梁)蕭統撰　(唐)李善注　清嘉慶十五年(1810)文德堂刻本　十六冊

130000－0402－0004899　51/1－18(1)

文選六十卷　(南朝梁)蕭統撰　(唐)李善注　清儒纓堂刻本　十六冊

130000－0402－0004900　51/1－18(2)

文選六十卷　(南朝梁)蕭統撰　(唐)李善注　清刻本　八冊　存三十卷(三十一至六十)

130000－0402－0004901　51/1－19

孫批胡刻文選五卷首一卷　(南朝梁)蕭統撰　(唐)李善注　**考異十卷**　(清)胡克家校刊　清光緒二十一年(1895)寶文書局石印本　五冊　存十五卷(一至四、首一卷、考異十卷)

130000－0402－0004902　51/1－20(1)

文選六十卷　(南朝梁)蕭統撰　(唐)李善注　清刻本　十一冊　存五十六卷(五至六十)

130000－0402－0004903　51/1－20(2)

文選六十卷　(南朝梁)蕭統撰　(唐)李善注　清刻本　六冊　存十八卷(四至十一、二十至二十九)

130000－0402－0004904　51/1－20(3)

文選六十卷　(南朝梁)蕭統撰　(唐)李善注　清刻本　一冊　存三卷(三十八至四十)

130000－0402－0004905　51/1－21

文選五卷首一卷　(南朝梁)蕭統撰　(唐)李善注　**考異十卷**　(清)胡克家校刊　清末石印本　二冊　存十一卷(四、考異十卷)

130000－0402－0004906　51/1/2

文選考異十卷　(清)胡克家撰　清同治八年(1869)湖北崇文書局刻本　四冊

130000－0402－0004907　51/1/3

重訂文選集評十五卷首一卷末一卷　(清)于光華編次　清三樂堂刻本　十六冊

130000－0402－0004908　51/1/4(1)

重訂文選集評十五卷首一卷末一卷　(清)于光華編次　清光緒十五年(1889)善成堂刻本　十六冊

130000－0402－0004909　51/1/4(2)

重訂文選集評十五卷首一卷末一卷　(清)于光華編次　清光緒十五年(1889)善成堂刻本　十六冊

130000－0402－0004910　51/1/4(3)

重訂文選集評十五卷首一卷末一卷　(清)于光華編次　清光緒十五年(1889)善成堂刻本　十六冊

130000－0402－0004911　51/1/4(4)

重訂文選集評十五卷首一卷末一卷　(清)于光華編次　清光緒十五年(1889)善成堂刻本　五冊　存九卷(一至七、十四,首一卷)

130000－0402－0004912　51/1/5(1)

重訂文選集評十五卷首一卷末一卷　(清)于光華編次　清刻本　一冊　存一卷(九)

130000－0402－0004913　51/1/5(2)

重訂文選集評十五卷首一卷末一卷　(清)于光華編次　清同治十一年(1872)江蘇書局刻本　十六冊

130000－0402－0004914　51/1/5(3)

重訂文選集評十五卷首一卷末一卷　(清)于

光華編次　清刻本　八冊　存九卷(八至十五、末一卷)

130000－0402－0004915　51/1/7
文選瀹註三十卷　(明)孫鑛評閱　(明)閔齊華瀹註　(清)柯維楨重訂　清康熙二十年(1681)二宜堂刻本　十六冊

130000－0402－0004916　51/1/8
昭明文選集成六十卷首二卷　(清)方廷珪評點　清龍江書屋刻本(卷首卷一為倣範軒刻本)　三十冊

130000－0402－0004917　51/1/9
梁昭明文選二十四卷　(南朝梁)蕭統編　(明)張鳳翼纂註　(明)盧之頤重訂　明天啓六年(1626)錢塘盧氏刻本　八冊

130000－0402－0004918　51/1/10
新刊文選批評前集十四卷　(南朝梁)蕭統選輯　(明)郭正域批評　清乾隆四十七年(1782)博古堂刻本　十冊

130000－0402－0004919　51/1/11
廣文選六十卷　(明)劉節輯　(明)陳蕙校　明嘉靖刻本　十冊　存三十三卷(一至三十三)

130000－0402－0004920　51/1/12
重訂文選集評十五卷首一卷末一卷　(清)于光華編次　清同治九年(1870)刻本　十六冊

130000－0402－0004921　51/1/13
重訂文選集評十五卷首一卷末一卷　(清)于光華編次　清同人堂刻本　八冊　存八卷(一至七、首一卷)

130000－0402－0004922　51/1/14(1)
重訂文選集評十五卷首一卷　(清)于光華編次　清刻本　一冊　存一卷(首一卷)

130000－0402－0004923　51/1/14(2)
重訂文選集評十五卷首一卷末一卷　(清)于光華編次　清刻本　三冊　存三卷(四至六)

130000－0402－0004924　51/2
古文苑二十一卷　(宋)章樵注　清抄本　一冊

130000－0402－0004925　51/2－2
古文苑二十一卷　(宋)章樵注　清刻本　四冊

130000－0402－0004926　51/2－5
古文苑二十一卷　(宋)章樵注　(清)李錫齡校刊　清光緒十四年(1888)長沙惜陰書局刻惜陰軒叢書本　四冊

130000－0402－0004927　51/2/2
續古文苑二十卷　(清)孫星衍撰　清光緒十一年(1885)朱氏槐廬家塾刻本　八冊

130000－0402－0004928　51/4
小窗艷紀十四卷　(明)吳從先批選　(明)孫起都參定　明萬曆四十三年(1615)刻本　四冊　存四卷(賦、騷、辭歌、文序)

130000－0402－0004929　51/5(1)
古文淵鑒六十四卷　(清)徐乾學等編注　清康熙内府刻五色套印本　二十四冊

130000－0402－0004930　51/5(2)
古文淵鑒六十四卷　(清)徐乾學等編注　清康熙二十四年(1685)内府刻五色套印本　二十四冊

130000－0402－0004931　51/5(3)
古文淵鑒六十四卷　(清)徐乾學等編注　清康熙二十四年(1685)内府刻五色套印本　九冊　存十七卷(一至十二、十四至十八)

130000－0402－0004932　51/5
古文淵鑒六十四卷　(清)徐乾學等編注　清康熙二十四年(1685)内府刻五色套印本　四十冊

130000－0402－0004933　51/5－2
古文淵鑒六十四卷　(清)徐乾學等編注　清同治十二年(1873)浙江書局刻本　三十二冊

130000－0402－0004934　51/5－3
古文淵鑒六十四卷　(清)徐乾學等編注　清刻本　十八冊　存四十九卷(一至四十九)

130000－0402－0004935　51/6

古文辭類纂十二卷　(清)姚鼐纂集　清光緒二十七年(1901)善成堂刻本　十二冊

130000－0402－0004936　51/6－2(1)
古文辭類纂七十四卷　(清)姚鼐纂集　清光緒十九年(1893)思賢講舍刻本　十二冊

130000－0402－0004937　51/6－2(2)
古文辭類纂七十四卷　(清)姚鼐纂集　清光緒十九年(1893)思賢講舍刻本　十二冊

130000－0402－0004938　51/6－5
古文辭類纂七十五卷　(清)姚鼐纂集　清同治八年(1869)問竹軒刻本　十六冊

130000－0402－0004939　51/6－5/2(1)
續古文辭類纂三十四卷　王先謙纂集　清光緒八年(1882)王氏虛受堂刻本　八冊

130000－0402－0004940　51/6－5/2(2)
續古文辭類纂三十四卷　王先謙纂集　清光緒八年(1882)長沙王氏刻本　八冊

130000－0402－0004941　51/6－6(1)
古文辭類纂七十四卷　(清)姚鼐纂集　清光緒三十三年(1907)上海商務印書館鉛印本　一冊　存八卷(一至八)

130000－0402－0004942　51/6－6(2)
古文辭類纂七十四卷　(清)姚鼐纂集　清光緒三十三年(1907)上海商務印書館鉛印本　八冊

130000－0402－0004943　51/6－6/2
續古文辭類纂三十四卷　王先謙纂集　清光緒三十三年(1907)上海商務印書館鉛印本　四冊

130000－0402－0004944　51/6－9
古文辭類纂七十四卷　(清)姚鼐纂集　**續古文辭類纂三十四卷**　王先謙纂集　清商務印書館鉛印本　十一冊

130000－0402－0004945　51/6－11
古文辭類纂十五卷　(清)姚鼐纂集　**續古文辭類纂三十四卷**　王先謙纂集　清光緒十六年(1890)上海文瑞樓石印本　十冊

130000－0402－0004946　51/6－13
古文辭類纂十五卷　(清)姚鼐纂集　**續古文辭類纂十卷**　王先謙纂集　清末上海著易堂石印本　七冊　缺二卷(古文辭類纂三至四)

130000－0402－0004947　51/6－14
古文辭類纂七十四卷　(清)姚鼐纂集　清光緒十年(1884)行素草堂刻本　八冊　存五十六卷(一至五、十三至三十、四十二至七十四)

130000－0402－0004948　51/6－15
古文辭類纂七十四卷　(清)姚鼐纂集　清合河康氏家塾刻本　六冊　存三十卷(一至三十)

130000－0402－0004949　51/6－17(1)
古文辭類纂七十四卷　(清)姚鼐纂集　清光緒二十年(1894)上海圖書集成印書局石印本　三冊　存九卷(一至九)

130000－0402－0004950　51/6－17(2)
古文辭類纂七十四卷　(清)姚鼐纂修　清末石印本　一冊　存四卷(六至九)

130000－0402－0004951　51/6/2
續古文辭類纂三十四卷　王先謙纂集　清光緒二十七年(1901)善成堂刻本　十冊

130000－0402－0004952　51/6/2－3
續古文辭類纂三十四卷　王先謙纂集　清席氏掃葉山房刻本　八冊

130000－0402－0004953　51/6/2－4
續古文辭類纂二十八卷　(清)黎庶昌纂敘　(清)蔣子蕃　(清)宦應清校　清金陵狀元閣刻本　二冊　存二十卷(一至十一、二十至二十八)

130000－0402－0004954　51/7
文章正宗復刻三十卷　(宋)真德秀編　清同治三年(1864)刻本　十三冊　存十八卷(一至二、八至九、十三、十六至十七、二十至三十)

130000－0402－0004955　51/7/2
續文章正宗復刻十二卷　(宋)真德秀編　清

同治三年(1864)刻本　九册　存十一卷(一至六、八至十二)

130000－0402－0004956　51/8－2(1)

書業德重訂古文釋義新編八卷　(清)余誠評註　清光緒十一年(1885)同元堂刻本　四册

130000－0402－0004957　51/8－2(2)

書業德重訂古文釋義新編八卷　(清)余誠評註　清光緒十七年(1891)刻本　八册

130000－0402－0004958　51/8－2(3)

書業德重訂古文釋義新編八卷　(清)余誠評註　清光緒十七年(1891)刻本　四册

130000－0402－0004959　51/8－2(4)

重訂古文釋義新編八卷　(清)余誠評註　清光緒三年(1877)寶興堂刻本　八册

130000－0402－0004960　51/8－2(5)

重訂古文釋義新編八卷　(清)余誠評註　清光緒二十八年(1902)三義堂刻本　八册

130000－0402－0004961　51/8－7(1)

重訂古文釋義新編八卷　(清)余誠評註　清光緒十五年(1889)有益堂刻本　四册

130000－0402－0004962　51/8－7(2)

重訂古文釋義新編八卷　(清)余誠評註　清光緒十五年(1889)有益堂刻本　四册

130000－0402－0004963　51/8－9(1)

書業德重訂古文釋義新編八卷　(清)余誠評註　清光緒十八年(1892)書業德刻本　七册

130000－0402－0004964　51/8－9(2)

書業德重訂古文釋義新編八卷　(清)余誠評註　清光緒十八年(1892)書業德刻本　八册

130000－0402－0004965　51/8－9(3)

書業堂重訂古文釋義新編八卷　(清)余誠評註　清刻本　七册　存七卷(二至八)

130000－0402－0004966　51/8－9(4)

書業德重訂古文釋義新編八卷　(清)余誠評註　清光緒十八年(1892)書業德刻本　八册

130000－0402－0004967　51/8－10(1)

書業德重訂古文釋義新編八卷　(清)余誠評註　清光緒十七年(1891)三義堂刻本　二册　存四卷(一至四)

130000－0402－0004968　51/8－10(2)

書業德重訂古文釋義新編八卷　(清)余誠評註　清三義堂刻本　一册　存二卷(一至二)

130000－0402－0004969　51/8－10(3)

書業德重訂古文釋義新編八卷　(清)余誠評註　清光緒十七年(1891)三義堂刻本　四册

130000－0402－0004970　51/8－10(4)

書業德重訂古文釋義新編八卷　(清)余誠評註　清光緒十七年(1891)三義堂刻本　七册　存七卷(一至六、八)

130000－0402－0004971　51/8－12(1)

古文釋義新編八卷　(清)余誠評註　清末上海鴻寶齋書局石印本　八册

130000－0402－0004972　51/8－12(2)

古文釋義新編八卷　(清)余誠評註　清末上海鴻寶齋書局石印本　八册

130000－0402－0004973　51/8－12(3)

古文釋義新編八卷　(清)余誠評註　清末上海鴻寶齋書局石印本　一册　存四卷(一至四)

130000－0402－0004974　51/8－13(1)

善成堂重訂古文釋義新編八卷　(清)余誠評註　清光緒二十三年(1897)善成堂刻本　八册

130000－0402－0004975　51/8－13(2)

善成堂重訂古文釋義新編八卷　(清)余誠評註　清光緒二十三年(1897)善成堂刻本　八册

130000－0402－0004976　51/8－13(3)

善成堂重訂古文釋義新編八卷　(清)余誠評註　清刻本　六册　缺二卷(一、三)

130000－0402－0004977　51/8－13(4)

善成堂重訂古文釋義新編八卷　(清)余誠評註　清刻本　三册　缺二卷(一至二)

130000－0402－0004978　51/8－14
重訂古文釋義新編八卷　(清)余誠評註　清光緒五年(1879)文會堂刻本　四册

130000－0402－0004979　51/8－17(1)
古文釋義新編八卷　(清)余誠評註　清同治七年(1868)聚錦堂刻本　四册

130000－0402－0004980　51/8－17(2)
古文釋義新編八卷　(清)余誠評註　清刻本　一册

130000－0402－0004981　51/8－18
重訂古文釋義新編八卷　(清)余誠評註　清光緒十五年(1889)有益堂刻本　四册

130000－0402－0004982　51/8－19(1)
書業德重訂古文釋義新編八卷　(清)余誠評註　清同治十三年(1874)書業德刻本　六册　存七卷(一至五、七至八)

130000－0402－0004983　51/8－19(2)
書業德重訂古文釋義新編八卷　(清)余誠評註　清同治十三年(1874)書業德刻本　四册

130000－0402－0004984　51/8－19(3)
書業德重訂古文釋義新編八卷　(清)余誠評註　清同治十三年(1874)書業德刻本　八册

130000－0402－0004985　51/8－20
書業成重訂古文釋義新編八卷　(清)余誠評註　清道光二十六年(1846)書業德記刻本　四册

130000－0402－0004986　51/8－21
書業堂重訂古文釋義新編八卷　(清)余誠評註　清道光八年(1828)晉祁書業堂刻本　八册

130000－0402－0004987　51/8－22(1)
書業成重訂古文釋義新編八卷　(清)余誠評註　清刻本　一册　存四卷(一至四)

130000－0402－0004988　51/8－22(2)
書業成重訂古文釋義新編八卷　(清)余誠評註　清道光八年(1828)書業元記刻本　一册　存二卷(一至二)

130000－0402－0004989　51/8－23
古文釋義新編八卷　(清)余誠評註　清嘉慶元年(1796)崇文堂刻本　三册　存六卷(一至二、五至八)

130000－0402－0004990　51/8－24
古文釋義新編八卷　(清)余誠評註　清嘉慶十一年(1806)文盛堂刻本　二册　存四卷(一至二、五至六)

130000－0402－0004991　51/8－25
古文釋義新編八卷　(清)余誠評註　清乾隆五十一年(1786)文盛堂刻本　二册　存四卷(一至二、五至六)

130000－0402－0004992　51/8－26
書業成重訂古文釋義新編八卷　(清)余誠評註　清刻本　四册

130000－0402－0004993　51/8－28
桂芳齋重訂古文釋義新編八卷　(清)余誠評註　清刻本　一册　存二卷(五至六)

130000－0402－0004994　51/9
東萊先生古文關鍵二卷　(宋)吕祖謙編　清同治九年(1870)張氏勵志書屋刻本　二册

130000－0402－0004995　51/10－2
學源堂古文十二卷　(清)吴留村鑒定　(清)吴乘權　(清)吴大職手録　清咸豐七年(1857)宏道堂刻本　六册

130000－0402－0004996　51/10－6(1)
古文觀止十二卷　(清)吴留村鑒定　(清)吴乘權　(清)吴大職手録　清狀元閣刻本　六册

130000－0402－0004997　51/10－6(2)
古文觀止十二卷　(清)吴留村鑒定　(清)吴乘權　(清)吴大職手録　清狀元閣刻本　五册　存十卷(一至十)

130000－0402－0004998　51/10－6(3)
古文觀止十二卷　(清)吴留村鑒定　(清)吴乘權　(清)吴大職手録　清狀元閣刻本　一册　存二卷(一至二)

130000－0402－0004999　51/10－8
尚論堂古文觀止六卷　(清)吳留村鑒定　(清)吳乘權　(清)吳大職手錄　清乾隆五十七年(1792)尚論堂刻本　三冊

130000－0402－0005000　51/10－10(1)
增批古文觀止六卷　(清)吳留村鑒定　(清)吳乘權　(清)吳大職手錄　清書業德刻本　四冊

130000－0402－0005001　51/10－10(2)
增批古文觀止六卷　(清)吳留村鑒定　(清)吳乘權　(清)吳大職手錄　清書業德刻本　三冊

130000－0402－0005002　51/10－12(1)
古文觀止十二卷　(清)吳留村鑒定　(清)吳乘權　(清)吳大職手錄　清光緒六年(1880)刻本　六冊

130000－0402－0005003　51/10－12(2)
古文觀止十二卷　(清)吳留村鑒定　(清)吳乘權　(清)吳大職手錄　清刻本　一冊　存二卷(五至六)

130000－0402－0005004　51/10－13
古文觀止十二卷　(清)吳留村鑒定　(清)吳乘權　(清)吳大職手錄　清光緒十二年(1886)江左書林刻本　六冊

130000－0402－0005005　51/12
全上古三代秦漢三國六朝文七百四十一卷　(清)嚴可均校輯　清光緒二十年(1894)黄岡王氏刻本　一百冊

130000－0402－0005006　51/14－2
漢魏六朝百三名家集　(明)張溥閲　清光緒五年(1879)信述堂刻本　一百十八冊

130000－0402－0005007　51/14－3(1)
漢魏六朝百三名家集　(明)張溥閲　清光緒十八年(1892)善化章經濟堂刻本　一百冊

130000－0402－0005008　51/14－3(2)
漢魏六朝百三名家集　(明)張溥閲　清光緒十八年(1892)善化章經濟堂刻本　六冊　存十一種(魏鍾司徒集、晉杜征南集、晉荀公曾集、劉庶子集、庾度支集、牛奇章集、薛司隸集、漢褚先生集、王諫議集、漢劉子政集、梁武帝御製集)

130000－0402－0005009　51/15－2(1)
六朝文絜四卷　(清)許槤評選　(清)朱鈞參校　清光緒三年(1877)刻朱墨套印本　一冊

130000－0402－0005010　51/15－2(2)
六朝文絜四卷　(清)許槤評選　(清)朱鈞參校　清光緒三年(1877)刻朱墨套印本　一冊

130000－0402－0005011　51/15－2(3)
六朝文絜四卷　(清)許槤評選　(清)朱鈞參校　清光緒三年(1877)刻朱墨套印本　一冊

130000－0402－0005012　51/15－2(4)
六朝文絜四卷　(清)許槤評選　(清)朱鈞參校　清光緒三年(1877)刻朱墨套印本　一冊

130000－0402－0005013　51/15－3
六朝文絜箋注十二卷　(清)許槤評選　(清)黎經誥箋注　清末上海朝記書莊印本　四冊

130000－0402－0005014　51/16(1)
御選唐宋文醇五十八卷　(清)高宗弘曆輯　清乾隆三年(1738)内府刻五色套印本　二十四冊

130000－0402－0005015　51/16(2)
御選唐宋文醇五十八卷　(清)高宗弘曆輯　清刻本　二十冊

130000－0402－0005016　51/16－2(1)
御選唐宋文醇五十八卷　(清)高宗弘曆輯　清光緒三年(1877)浙江書局刻本　二十冊

130000－0402－0005017　51/16－2(2)
御選唐宋文醇五十八卷　(清)高宗弘曆輯　清光緒三年(1877)浙江書局刻本　二十冊

130000－0402－0005018　51/16－2(3)
御選唐宋文醇五十八卷　(清)高宗弘曆輯　清刻本　五冊　存十一卷(三至十、十三至十五)

130000－0402－0005019　51/16－2(4)

御選唐宋文醇五十八卷　(清)高宗弘曆輯　清刻本　二册　存八卷(七至十、三十至三十三)

130000 - 0402 - 0005020　51/17
秦文歸十卷　(明)鍾惺選評　(明)張煜如裁定　(明)朱東觀參閲　**漢文歸二十卷**　(明)鍾惺選評　(明)張煒如裁定　(明)張煜如參閲　清集慶堂刻本　十八册　存十六卷(秦文歸十卷、漢文歸一至六)

130000 - 0402 - 0005021　51/19
八代文粹二百二十卷　(清)簡粲　(清)陳崇哲編　清考雋堂刻本　二十四册　存九十六卷(九十七至一百二十八、一百五十七至一百八十七、一百八十八至二百二十)

130000 - 0402 - 0005022　51/20(1)
儲選七種古文　(清)儲欣評　清嘉慶十八年(1813)静遠堂刻本　八册　存二種(史記選、西漢書文選)

130000 - 0402 - 0005023　51/20(2)
儲選七種古文　(清)儲欣評　清嘉慶十八年(1813)静遠堂刻本　八册　存二種(史記選、西漢書文選)

130000 - 0402 - 0005024　51/20 - 2(1)
重訂七種古文選　(清)儲欣評　清乾隆四十九年(1784)受祉堂刻本　十八册

130000 - 0402 - 0005025　51/20 - 2(2)
重訂七種古文選　(清)儲欣評　清受祉堂刻本　十四册　存四種(公穀選、國語選、戰國策選、唐宋八大家類選)

130000 - 0402 - 0005026　51/20 - 2/1
重訂七種古文選　(清)儲欣評　清同人堂刻本　七册　存三種(戰國策選、國語選、公穀選)

130000 - 0402 - 0005027　51/20 - 3
儲選七種古文　(清)儲欣評　清蔚文堂刻本　八册　存四種(國語選、公穀選、左傳選、戰國策選)

130000 - 0402 - 0005028　51/22
古文八大家公暇錄六卷　(清)李中簡鑒定　(清)王應鯨選評　清嘉慶六年(1801)文盛堂刻本　三册

130000 - 0402 - 0005029　51/22 - 2(1)
古文八大家公暇錄六卷　(清)李中簡鑒定　(清)王應鯨選評　清乾隆三十年(1765)嵩秀堂刻本　二册　存三卷(一、五至六)

130000 - 0402 - 0005030　51/22 - 2(2)
古文八大家公暇錄六卷　(清)李中簡鑒定　(清)王應鯨選評　清乾隆嵩秀堂刻本　一册　存三卷(一至三)

130000 - 0402 - 0005031　51/22 - 2(3)
古文八大家公暇錄六卷　(清)李中簡鑒定　(清)王應鯨選評　清乾隆三十年(1765)嵩秀堂刻本　六册

130000 - 0402 - 0005032　51/23(1)
晚村先生八家古文精選不分卷　(清)呂留良輯　(清)呂葆中評點　清康熙刻本　四册

130000 - 0402 - 0005033　51/23(2)
晚村先生八家古文精選不分卷　(清)呂留良輯　(清)呂葆中評點　清康熙刻本　五册

130000 - 0402 - 0005034　51/23(3)
晚村先生八家古文精選不分卷　(清)呂留良輯　(清)呂葆中評點　清康熙刻本　一册

130000 - 0402 - 0005035　51/24
山曉閣選唐宋八大家文二十卷　(清)孫琮評　清康熙五十四年(1715)遺經堂刻本　十六册

130000 - 0402 - 0005036　51/24/2(1)
山曉閣選古文全集三十二卷　(清)孫琮評　清遺經堂刻本　二十四册　存二十四卷(一至十六、二十五至三十二)

130000 - 0402 - 0005037　51/24/2(2)
山曉閣選古文全集三十二卷　(清)孫琮評　清刻本　八册　存十六卷(十七至三十二)

130000 - 0402 - 0005038　51/25(1)

涵芬樓古今文鈔一百卷　吴曾祺纂録　清末上海商務印書館鉛印本　五十册　存五十卷(一至四十、七十一至八十)

130000－0402－0005039　51/25(2)

涵芬樓古今文鈔一百卷　吴曾祺纂録　清宣統二年(1910)上海商務印書館鉛印本　五十二册　存五十二卷(二十一至三十八、六十六至八十二、八十四至一百)

130000－0402－0005040　51/26

韓柳歐蘇四大家集選四十四卷　(明)陸夢龍評選　(明)顧懋樊參訂　明崇禎四年(1631)刻本　十四册

130000－0402－0005041　51/26.4

蘇子瞻集選二十卷　(宋)蘇軾撰　明崇禎四年(1631)刻韓柳歐蘇四大家集選本　七册　存十九卷(二至二十)

130000－0402－0005042　51/27(1)

古文分編集評二十二卷　(清)于在衡裁定　(清)于光華編次　清刻本　八册　存八卷(初集上一,二集上一至三,二集下一,四集一、三至四)

130000－0402－0005043　51/27(2)

古文分編集評二十二卷　(清)于在衡裁定　(清)于光華編次　清刻本　六册　存六卷(三集七至八、四集一至四)

130000－0402－0005044　51/28

新刻諸葛宗岳史四公文集三十一卷　(清)劉質慧輯　清同治十二年(1873)三原劉氏述荆堂刻本　六册　存二十六卷(諸葛忠武侯文集六卷、首二卷,宋宗忠簡公文集四卷、首一卷、補遺一卷、遺事二卷,岳忠武王文集八卷、首一卷、末一卷)

130000－0402－0005045　51/29(1)

金元明八大家文選五十三卷首八卷　(清)李祖陶評點　清道光二十五年(1845)吉安李氏刻本　二十四册

130000－0402－0005046　51/29(2)

金元明八大家文選五十三卷首八卷　(清)李祖陶評點　清道光二十五年(1845)吉安李氏刻本　八册　存三十卷(元遺山先生文選七卷、首一卷,姚牧庵先生文選五卷、首一卷,吴草廬先生文選六卷、首一卷,虞道園先生文選八卷、首一卷)

130000－0402－0005047　51/29(3)

金元明八大家文選五十三卷首八卷　(清)李祖陶評點　清道光二十五年(1845)刻本　六册　存十六卷(宋景濂先生文選七卷、首一卷,王陽明先生文選七卷、首一卷)

130000－0402－0005048　51/29(4)

金元明八大家文選五十三卷首八卷　(清)李祖陶評點　清道光二十五年(1845)刻本　九册　存二十二卷(姚牧庵先生文選五卷、首一卷,吴草廬先生文選六卷、首一卷,虞道園先生文選八卷、首一卷)

130000－0402－0005049　51/29.7

唐荆川先生文選七卷首一卷　(明)唐順之撰　(清)李祖陶評點　清道光二十五年(1845)刻本　三册

130000－0402－0005050　51/30

文苑英華鈔十卷　(明)周詩雅輯訂　清順治十七年(1660)刻本　九册　存九卷(一至九)

130000－0402－0005051　51/31

謝疊山先生文章軌範七卷　(宋)謝枋得輯　清光緒二十一年(1895)湖北官書處刻朱藍批點套印本　二册

130000－0402－0005052　51/32

重訂古文雅正十四卷　(清)蔡世遠輯　清道光八年(1828)懷清書屋刻本　八册

130000－0402－0005053　51/33

歷代大家古文講授談上下編　尚秉和輯　清宣統二年(1910)鉛印本　二册

130000－0402－0005054　51/34

桐城吴氏古文讀本十三卷　(清)吴汝綸輯　清光緒三十二年(1906)上海文明書局鉛印本　四册

130000－0402－0005055　51/35－3
經史百家雜鈔二十六卷　（清）曾國藩纂　（清）李鴻章校刊　清光緒二十年（1894）刻本　二十四册

130000－0402－0005056　51/35－4（1）
經史百家雜鈔二十六卷　（清）曾國藩纂　（清）李鴻章校刊　清光緒二年（1876）傳忠書局刻本　二册　存四卷（一至四）

130000－0402－0005057　51/35－4（2）
經史百家雜鈔二十六卷　（清）曾國藩纂　（清）李鴻章校刊　清光緒二年（1876）傳忠書局刻本　十四册　存十八卷（一至十八）

130000－0402－0005058　51/35－4（3）
經史百家雜鈔二十六卷　（清）曾國藩輯　（清）李鴻章校刊　清光緒二年（1876）傳忠書局刻本　十四册　存十四卷（一至十、十二、十九至二十一）

130000－0402－0005059　51/36（1）
斯文精萃不分卷　（清）尹繼善輯　清乾隆二十九年（1764）刻本　十二册

130000－0402－0005060　51/36（2）
斯文精萃不分卷　（清）尹繼善輯　清刻本　四册

130000－0402－0005061　51/37
古文翼八卷　（清）唐德宜編　清光緒十二年（1886）漢口李氏森寶齋刻本　八册

130000－0402－0005062　51/37－2
古文翼八卷　（清）唐德宜編　清同治十二年（1873）常熟黄氏菽文堂刻本　八册

130000－0402－0005063　51/39
文心内符十卷　（明）黄道周選　（明）鄭之玄校　清刻本　六册

130000－0402－0005064　51/40（1）
唐宋八家文讀本三十卷　（清）沈德潛評點　清文光堂刻本　十二册

130000－0402－0005065　51/40（2）
唐宋八家文讀本三十卷　（清）沈德潛評點　清文光堂刻本　十四册

130000－0402－0005066　51/40－2
唐宋八家文讀本三十卷　（清）沈德潛評點　清刻本　八册　存十五卷（十六至三十）

130000－0402－0005067　51/41
元明八大家古文十三卷　（清）劉肇虞選評　清乾隆二十九年（1764）刻本　七册

130000－0402－0005068　51/42
古文眉詮七十九卷　（清）浦起龍論次　清三吴書院刻本　六册　存二十一卷（十九至三十九）

130000－0402－0005069　51/44
立雪軒評註古文集解八卷　（清）程潤德評註　清聚文堂張心所刻本　七册　存七卷（一至七）

130000－0402－0005070　51/44－2
立雪軒評註古文集解八卷　（清）程潤德評註　清懷德堂刻本　三册　存六卷（一至二、五至八）

130000－0402－0005071　51/45
古文發蒙集六卷　（清）王相合纂　（清）殷承爵糸訂　清三益堂刻本　六册

130000－0402－0005072　51/45－2
古文發蒙集六卷　（清）王相合纂　（清）殷承爵糸訂　清文盛堂刻本　五册　存五卷（一至五）

130000－0402－0005073　51/46
新鐫古文覺斯新編八卷　（清）過珙評選　（清）過奕諳　（清）過奕讃編次　清刻本　二册　存二卷（七至八）

130000－0402－0005074　51/47
增補古文合評十二卷　（清）王步青定　（清）徐東升等編次　清刻本　一册　存一卷（四）

130000－0402－0005075　51/50
乾坤正氣集選鈔九十七卷　（清）吳煥采輯　清刻本　一册　存一卷（三十）

130000－0402－0005076　51/51

漢魏名文乘不分卷　(明)張運泰　(明)余元熹匯評　清刻本　八册

130000－0402－0005077　51－37/1
西漢文二十卷　(明)張采輯　(明)周鍾　(明)張溥鑒定　明末五雲居刻本　十册

130000－0402－0005078　51－38/1
蔡中郎文集十卷外傳一卷　(漢)蔡邕撰　(清)陸心源校　清光緒七年(1881)陸氏十萬卷樓刻本　一册

130000－0402－0005079　51－38/1/1(1)
蔡中郎集十卷外紀一卷外集四卷列傳一卷年表一卷　(漢)蔡邕撰　(清)高均儒輯　清光緒十六年(1890)番禺陶氏愛廬刻本　一册　存六卷(外集四卷、列傳一卷、年表一卷)

130000－0402－0005080　51－38/1/1(2)
蔡中郎集十卷外紀一卷外集四卷列傳一卷年表一卷　(漢)蔡邕撰　(清)高均儒輯　清光緒十六年(1890)番禺陶氏愛廬刻本　六册

130000－0402－0005081　51－492/1
庾子山全集十卷　(北周)庾信撰　(清)吴兆宜箋注　清康熙二十七年(1688)刻本　六册

130000－0402－0005082　51－52/1(1)
欽定全唐文一千卷總目三卷　(清)董誥等編　清嘉慶十九年(1814)内府刻本　一百五十七册　存四百九十卷(一至四十六、一百四至一百八十四、二百十一至二百三十五、三百十二至三百六十九、三百七十三至三百七十八、三百八十二至四百十、四百四十至四百六十三、四百九十至五百十六、五百四十四至五百七十一、六百九十二至七百十五、七百五十九至八百二十一、八百四十八至九百二十四,總目二至三)

130000－0402－0005083　51－52/1(2)
欽定全唐文一千卷總目三卷　(清)董誥等編　清嘉慶十九年(1814)内府刻本　五百四册

130000－0402－0005084　51－52/3
河東先生集四十五卷外集二卷龍城錄二卷附錄二卷傳一卷　(唐)柳宗元撰　明嘉靖郭雲鵬濟美堂刻本　二十册

130000－0402－0005085　51－52/3－3
唐柳河東集四十五卷外集五卷遺文一卷附錄一卷　(唐)柳宗元撰　(清)蔣之翹輯注　清刻本　十册

130000－0402－0005086　51－52/3/1
河東先生文集六卷　(唐)柳宗元撰　清宣統二年(1910)上海會文堂石印本　六册

130000－0402－0005087　51－52/4(1)
王右丞集二十八卷首一卷末一卷　(唐)王維撰　(清)趙殿成箋注　清乾隆二年(1737)刻本　十册

130000－0402－0005088　51－52/4(2)
王右丞集二十八卷首一卷末一卷　(唐)王維撰　(清)趙殿成箋注　清刻本　六册　存十七卷(十三至二十八、末一卷)

130000－0402－0005089　51－52/5
駱賓王文集十卷　(唐)駱賓王撰　**考異一卷**　(清)顧廣圻撰　清宣統三年(1911)上海文瑞樓石印本　二册

130000－0402－0005090　51－52/17－2
張燕公集二十五卷　(唐)張說撰　清乾隆武英殿木活字印武英殿聚珍版書本　四册

130000－0402－0005091　51－52/20
重校正唐文粹一百卷　(宋)姚鉉輯　明嘉靖六年(1527)張大輪刻本　十六册

130000－0402－0005092　51－52/20－2
重校正唐文粹一百卷　(宋)姚鉉纂　明嘉靖六年(1527)刻本　十册　存四十四卷(一至四十四)

130000－0402－0005093　51－52/20－3
唐文粹一百卷　(宋)姚鉉纂　清光緒九年(1883)江蘇書局刻本　十六册

130000－0402－0005094　51－52/20－4
唐文粹一百卷　(宋)姚鉉纂　**補遺二十六卷**　(清)郭麐纂　清光緒十六年(1890)杭州許氏榆園刻本　二十册

130000－0402－0005095　51－52/21
初唐四傑集三十七卷　(清)項家達輯　清乾隆四十六年(1781)星渚項氏刻本　六冊

130000－0402－0005096　51－52/22
唐人三家集二十六卷　(清)秦恩復輯　清宣統三年(1911)影印本　八冊

130000－0402－0005097　51－52/23
三唐人文集三十四卷　(明)毛晉訂　清道光二十八年(1848)海虞蘊玉山房刻本　四冊

130000－0402－0005098　51－52/26
唐丞相曲江張文獻公集十二卷千秋金鑑錄五卷　(唐)張九齡撰　清雍正十二年(1734)刻本　六冊

130000－0402－0005099　51－52/27
孫可之文集二卷　(唐)孫樵撰　清宣統二年(1910)守政書局刻本　四冊

130000－0402－0005100　51－52/41－5(1)
新刊五百家註音辯昌黎先生文集四十卷　(唐)韓愈撰　清刻本　十四冊　存三十九卷(二至四十)

130000－0402－0005101　51－52/41－5(2)
新刊五百家註音辯昌黎先生文集四十卷　(唐)韓愈撰　清刻本　八冊　存十四卷(一至十四)

130000－0402－0005102　51－52/41－5(3)
新刊五百家註音辯昌黎先生文集四十卷　(唐)韓愈撰　清刻本　六冊　存二十七卷(十四至四十)

130000－0402－0005103　51－52/41－5(4)
新刊五百家註音辯昌黎先生文集四十卷　(唐)韓愈撰　清刻本　六冊　存二十七卷(十四至四十)

130000－0402－0005104　51－52/41－5(5)
新刊五百家註音辯昌黎先生文集四十卷　(唐)韓愈撰　清刻本　五冊　存十四卷(二至十五)

130000－0402－0005105　51－52/41－5(6)
新刊五百家註音辯昌黎先生文集四十卷　(唐)韓愈撰　清乾隆刻本　六冊

130000－0402－0005106　51－52/41－6(1)
韓昌黎全集五十六卷　(唐)韓愈撰　(清)陳景雲點勘　清同治八年(1869)江蘇書局刻本　八冊　存四十三卷(文集一、五至十六、二十三至四十,朱子校集傳一卷,外集十卷,遺文一卷)

130000－0402－0005107　51－52/41－6(2)
韓昌黎全集五十六卷　(唐)韓愈撰　(清)陳景雲點勘　清同治八年(1869)江蘇書局刻本　三冊　存十一卷(文集二至十二)

130000－0402－0005108　51－52/41－6(3)
韓昌黎全集五十六卷　(唐)韓愈撰　(清)陳景雲點勘　清同治八年(1869)江蘇書局刻本　十一冊

130000－0402－0005109　51－52/41－7
重刊五百家註音辯昌黎先生文集四十卷　(唐)韓愈著　清乾隆四十九年(1784)刻本　十五冊

130000－0402－0005110　51－52/41－8
五百家註音辨昌黎先生文集四十卷　(唐)韓愈著　清刻本　一冊　存三卷(十五至十七)

130000－0402－0005111　51－52/41－11
韓文起十二卷　(清)林雲銘評注　清刻本　八冊

130000－0402－0005112　51－52/41－12
韓昌黎全集五十六卷　(唐)韓愈撰　(清)陳景雲點勘　清宣統二年(1910)掃葉山房石印本　十冊　存五十卷(文集一、五至七、十一至四十,遺文一卷,點勘四卷,朱子校集傳一卷,外集十卷)

130000－0402－0005113　51－52/41－14
昌黎先生集四十卷外集十卷遺集一卷首一卷　(唐)韓愈撰　(唐)李漢編　清光緒十九年(1893)慈利刻本　八冊

130000－0402－0005114　51－52/41－15

韓文起十二卷 （清）林雲銘評注 清刻本 十冊

130000－0402－0005115 51－52/41/2
朱文公校昌黎先生集四十卷集傳一卷遺文一卷外集十卷 （唐）韓愈撰 清刻本 六冊 存三十六卷（十七至四十、集傳一卷、遺文一卷、外集十卷）

130000－0402－0005116 51－52/42
唐陸宣公翰苑集二十四卷 （唐）陸贄撰 （清）張佩芳注釋 清乾隆三十三年（1768）希音堂刻本 十冊

130000－0402－0005117 51－52/42/1（1）
唐陸宣公集二十二卷本傳二卷 （唐）陸贄撰 清雍正元年（1723）年龔堯刻本 六冊

130000－0402－0005118 51－52/42/1（2）
唐陸宣公集二十二卷本傳二卷 （唐）陸贄撰 清雍正元年（1723）年龔堯刻本 六冊

130000－0402－0005119 51－52/42/1－2
唐陸宣公集二十二卷本傳一卷 （唐）陸贄撰 清咸豐元年（1851）刻本 六冊

130000－0402－0005120 51－52/42/2
唐陸宣公集十六卷 （唐）陸贄撰 （清）王汝驤 （清）張泰基校 清雍正元年（1723）年龔堯刻本 六冊

130000－0402－0005121 51－52/42/3（1）
唐陸宣公集二十四卷 （唐）陸贄撰 （清）耆英重訂 清道光二十七年（1847）節署刻本 八冊

130000－0402－0005122 51－52/42/3（2）
唐陸宣公集二十四卷 （唐）陸贄撰 （清）耆英重訂 清道光二十七年（1847）節署刻本 八冊

130000－0402－0005123 51－52/42/4（1）
唐陸宣公集二十四卷 （唐）陸贄撰 （清）耆英重訂 清道光二十七年（1847）節署刻本 八冊

130000－0402－0005124 51－52/42/4（2）
唐陸宣公集二十四卷 （唐）陸贄撰 （清）耆英重訂 清刻本 八冊

130000－0402－0005125 51－52/42/4（3）
唐陸宣公集二十四卷 （唐）陸贄撰 （清）耆英重訂 清刻本 八冊

130000－0402－0005126 51－52/42/4（4）
唐陸宣公集二十四卷 （唐）陸贄撰 （清）耆英重訂 清道光二十七年（1847）節署刻本 八冊

130000－0402－0005127 51－54/1（1）
宋文鑑一百五十卷 （宋）呂祖謙詮次 清光緒十二年（1886）江蘇書局刻本 二十四冊

130000－0402－0005128 51－54/1（2）
宋文鑑一百五十卷 （宋）呂祖謙詮次 清光緒十二年（1886）江蘇書局刻本 二十四冊

130000－0402－0005129 51－54/1（3）
宋文鑑一百五十卷 （宋）呂祖謙詮次 清光緒十二年（1886）江蘇書局刻本 十八冊 存一百十卷（一至七十一、一百十二至一百五十）

130000－0402－0005130 51－54/10
合諸名家評註三蘇文選十八卷 （宋）蘇洵等撰 （明）楊慎輯 （明）李維楨評註 明崇禎刻本 八冊

130000－0402－0005131 51－541/1－2（1）
重刊明成化本東坡七集一百十卷 （宋）蘇軾撰 清光緒三十四年至宣統元年（1908－1909）寶華盦刻本 四十八冊

130000－0402－0005132 51－541/1－2（2）
重刊明成化本東坡七集一百十卷 （宋）蘇軾撰 清光緒三十四年至宣統元年（1908－1909）寶華盦刻本 四十冊

130000－0402－0005133 51－541/2
新刻三蘇論策選粹八卷 （明）李時漸輯 明萬曆五年（1577）刻本 八冊

130000－0402－0005134 51－541/2/2（1）
三蘇全集二百八卷 （宋）蘇洵等著 清道光

十二年(1832)眉州三蘇祠刻本　八十册

130000－0402－0005135　51－541/2/2(2)
三蘇全集二百八卷　(宋)蘇洵等撰　清道光十二年(1832)眉州三蘇祠刻本　四十六册　存一百四十一卷(東坡集十一至二十三、五十九至八十四,欒城初集四十八卷、附録二卷、後集二十四卷、應詔集十二卷、三集十卷,斜川集六卷)

130000－0402－0005136　51－541/2/2(3)
三蘇全集二百八卷　(宋)蘇洵等撰　清道光十二年(1832)眉州三蘇祠刻本　三十二册　存七十一卷(嘉祐集二十卷;東坡集一至十五、四十五至七十八,附録二卷)

130000－0402－0005137　51－541/2/2(4)
三蘇全集二百八卷　(宋)蘇洵等撰　清刻本　一册　存二卷(東坡集四十五至四十六)

130000－0402－0005138　51－541/2/5
合諸名家評註三蘇文選十八卷　(宋)蘇洵等撰　(明)楊慎選　(明)李維楨評註　(明)袁宏道叅閲　清乾隆二年(1737)積秀堂刻本　十六册

130000－0402－0005139　51－541/2/6
三蘇文集四十四卷　(宋)蘇洵等撰　清宣統元年(1909)上海會文學社石印本　八册

130000－0402－0005140　51－541/2/7(1)
三蘇策論文選六卷　(明)茅坤評　(清)朱若旦編次　清三義堂刻本　三册

130000－0402－0005141　51－541/2/7(2)
三蘇策論文選六卷　(明)茅坤評　(清)朱若旦編次　清三義堂刻本　五册

130000－0402－0005142　51－541/2/7(3)
三蘇策論文選六卷　(明)茅坤評　(清)朱若旦編次　清三義堂刻本　五册　存五卷(二至六)

130000－0402－0005143　51－541/2/7(4)
三蘇策論文選六卷　(明)茅坤評　(清)朱若旦編次　清三義堂刻本　二册　存三卷(一、三至四)

130000－0402－0005144　51－541/2/7(5)
三蘇策論文選六卷　(明)茅坤評　(清)朱若旦編次　清刻本　一册　存一卷(三)

130000－0402－0005145　51－541/2/7(6)
三蘇策論文選六卷　(明)茅坤評　(清)朱若旦編次　清刻本　一册　存二卷(三至四)

130000－0402－0005146　51－541/2/7(7)
三蘇策論文選六卷　(明)茅坤評　(清)朱若旦編次　清刻本　一册　存二卷(五至六)

130000－0402－0005147　51－541/4－5
重刊明成化本東坡七集一百十卷校勘記二卷　(宋)蘇軾撰　清宣統元年(1909)寶華盦刻本　四十七册　存一百十卷(四十卷,後集二十卷,内制集十卷附樂語,外制集三卷,應詔一至十,奏議一至八、十一至十五,續集十二卷,校勘記二卷)

130000－0402－0005148　51－541/4/2(1)
東坡先生全集七十五卷　(宋)蘇軾撰　(明)陳明卿訂正　清文盛堂刻本　三十册

130000－0402－0005149　51－541/4/2(2)
東坡先生全集七十五卷詩選十二卷　(宋)蘇軾撰　(明)陳明卿訂正　(明)譚友夏選　清文盛堂刻本　三十六册

130000－0402－0005150　51－541/7－2
盱江先生全集三十七卷外集三卷年譜一卷　(宋)李覯撰　清雍正五年(1727)刻本　八册

130000－0402－0005151　51－541/8－3
范文正公全集　(宋)范仲淹撰　(清)柳福培重訂　清光緒元年(1875)存愚山房刻本　四册　存十卷(文集十卷)

130000－0402－0005152　51－541/8－4
范文正公集　(宋)范仲淹撰　清康熙刻本　八册　存十四卷(政府奏議二卷、集補編五卷、年譜補遺一卷、言行拾遺事録四卷、鄱陽遺事録一卷、遺蹟一卷)

130000－0402－0005153　51－541/9

曾文定公全集二十卷首一卷末一卷 （宋）曾鞏撰 （清）彭期編訂 清康熙三十二年(1693)刻本 八册

130000－0402－0005154 51－541/9－3
曾文定公全集二十卷 （宋）曾鞏撰 （清）彭期編訂 清刻本 四册 存四卷(四至七)

130000－0402－0005155 51－541/10－2
司馬文正公集八十二卷首一卷目錄二卷 （宋）司馬光撰 （清）徐昆等重訂 清乾隆九年(1744)百祿堂刻本 十六册

130000－0402－0005156 51－541/10－3
司馬文正公傳家集八十卷目錄二卷年譜一卷 （宋）司馬光撰 （清）陳宏謀重訂 清乾隆六年(1741)培遠堂刻本 六册 存三十九卷(一至三十七、目錄二卷)

130000－0402－0005157 51－541/10－4
司馬溫公文集八十二卷 （宋）司馬光撰 清刻本 三册 存十四卷(二十七至二十九、六十四至七十四)

130000－0402－0005158 51－541/13/2
宋黄文節公全集九十二卷 （宋）黄庭堅撰 **伐檀集二卷** （宋）黄庶著 清光緒二十年(1894)義寧州署刻本 二十八册

130000－0402－0005159 51－541/13/3(1)
宋黄文節公全集八十一卷 （宋）黄庭堅撰 **伐檀集二卷** （宋）黄庶著 清乾隆三十年(1765)江右寧州緝香堂刻本 二十四册

130000－0402－0005160 51－541/13/3(2)
宋黄文節公全集八十一卷 （宋）黄庭堅撰 **伐檀集二卷** （宋）黄庶著 清乾隆三十年(1765)江右寧州緝香堂刻本 三十二册

130000－0402－0005161 51－541/15
新雕徂徠石先生文集二十卷末一卷補遺一卷校勘一卷 （宋）石介撰 清光緒九年(1883)濰縣張氏尚志堂刻本 四册

130000－0402－0005162 51－541/16
安陽集五十卷家傳十卷 （宋）韓琦著 （清）陳錫輅輯 **忠獻韓魏王别錄三卷** （宋）王巖叟撰 **遺事一卷** （宋）強至編次 清乾隆四年(1739)刻本 十册

130000－0402－0005163 51－541/17
淨德集三十八卷 （宋）吕陶撰 清乾隆四十二年(1777)朱攸刻本 八册

130000－0402－0005164 51－541/19(1)
歐陽文忠公全集一百五十三卷首一卷附錄五卷 （宋）歐陽修撰 清嘉慶二十四年(1819)歐陽衡刻本 十六册 存七十六卷(八十三至一百五十三、附錄五卷)

130000－0402－0005165 51－541/19(2)
歐陽文忠公全集一百五十三卷首一卷附錄五卷 （宋）歐陽修撰 清嘉慶二十四年(1819)歐陽衡刻本 二十四册

130000－0402－0005166 51－541/19(3)
歐陽文忠公全集一百五十三卷首一卷附錄五卷 （宋）歐陽修撰 清光緒二十八年(1902)周氏慕濂山房刻本 二十四册

130000－0402－0005167 51－541/19－2
歐陽文忠公全集一百五十三卷首一卷附錄五卷 （宋）歐陽修撰 （明）邵廉校刊 清刻本 五册 存三十一卷(五十五至六十四、七十二至八十六、一百二十四至一百二十九)

130000－0402－0005168 51－541/19/2(1)
歐陽文忠公全集一百五十三卷首一卷附錄五卷 （宋）歐陽修撰 清乾隆二十四年(1759)孝思堂刻本 四十册

130000－0402－0005169 51－541/19/2(2)
歐陽文忠公全集一百五十三卷首一卷附錄五卷 （宋）歐陽修撰 清乾隆二十四年(1759)孝思堂刻本 四十册 存一百三十六卷(一至一百十五、一百三十八至一百五十三，附錄五卷)

130000－0402－0005170 51－541/19/2(3)
歐陽文忠公集一百五十三卷 （宋）歐陽修撰 清刻本 三册 存十九卷(一百十五至一百三十三)

130000－0402－0005171　51－541/19/5－2

六一居士全集録五卷外集二卷　(宋)歐陽修撰　(清)儲欣録　清遺清堂刻本　六冊

130000－0402－0005172　51－541/19/6(1)

宋大家歐陽文忠公文鈔三十二卷　(宋)歐陽修撰　(明)茅坤批評　清刻本　六冊

130000－0402－0005173　51－541/19/6(2)

宋大家歐陽文忠公文鈔三十二卷　(宋)歐陽修撰　(明)茅坤批評　(明)吳紹陵重訂　清刻本　八冊

130000－0402－0005174　51－541/19/6－2

宋大家歐陽文忠公文鈔三十二卷　(宋)歐陽修撰　(明)茅坤批評　(明)吳紹陵重訂　清刻本　八冊

130000－0402－0005175　51－541/20

山谷題跋四卷　(宋)黄庭堅撰　清道光浦江周氏刻紛欣閣叢書本　一冊　存二卷(一至二)

130000－0402－0005176　51－541/21－2(1)

王臨川全集一百卷目録二卷　(宋)王安石撰　清光緒九年(1883)溧陽繆氏小峘山館刻本　十九冊　存九十五卷(八至一百、目録二卷)

130000－0402－0005177　51－541/21－2(2)

王臨川全集一百卷目録二卷　(宋)王安石撰　清光緒九年(1883)溧陽繆氏小峘山館刻本　十六冊

130000－0402－0005178　51－541/21－3

王臨川全集一百卷目録二卷　(宋)王安石撰　清刻本　二十冊

130000－0402－0005179　51－541/23

韋齋集十二卷　(宋)朱松撰　**玉瀾集一卷**　(宋)朱槔撰　**蜀中草一卷**　(清)朱昇撰　清康熙刻本　六冊

130000－0402－0005180　51－542/1(1)

陸放翁全集六種　(宋)陸游撰　明末毛氏汲古閣刻清毛扆增刻本　四十冊

130000－0402－0005181　51－542/1(2)

南唐書十八卷音釋一卷放翁逸稾二卷家世舊聞一卷　(宋)陸游撰　明末毛氏汲古閣刻清毛扆增刻本　三冊　存十六卷(南唐書七至十八、音釋一卷、放翁逸稾二卷、家世舊聞一卷)

130000－0402－0005182　51－542/1.1

渭南文集五十卷　(宋)陸游撰　明末毛氏汲古閣刻清毛扆增刻本　十二冊

130000－0402－0005183　51－542/1/1

南唐書十八卷音釋一卷放翁逸稾二卷家世舊聞一卷齋居紀事一卷　(宋)陸游撰　明末毛氏汲古閣刻清毛扆增刻本　四冊

130000－0402－0005184　51－542/2

水心文集二十九卷　(宋)葉適撰　明刻本　十冊　存二十四卷(六至二十九)

130000－0402－0005185　51－542/2－3

水心文集二十九卷　(宋)葉適撰　清乾隆二十年(1755)刻本　十六冊

130000－0402－0005186　51－542/3

龍川文集三十卷　(宋)陳亮撰　明刻本　十一冊

130000－0402－0005187　51－542/3－2

龍川文集三十卷首一卷附録二卷　(宋)陳亮撰　**辨譌考異二卷**　(清)胡鳳丹纂輯　清宣統三年(1911)掃葉山房石印本　八冊

130000－0402－0005188　51－542/3－3

龍川文集三十卷首一卷末一卷　(宋)陳亮撰　**辨譌考異二卷**　(清)胡鳳丹纂輯　清同治七年(1868)退補齋刻金華叢書本　十冊

130000－0402－0005189　51－542/4(1)

楊龜山先生集四十二卷首一卷　(宋)楊時撰　清康熙四十六年(1707)刻本　十冊

130000－0402－0005190　51－542/4(2)

楊龜山先生集四十二卷首一卷　(宋)楊時撰　清光緒九年(1883)張國正刻本　十冊

130000－0402－0005191　51－542/7/1

朱子古文讀本六卷　(宋)朱熹撰　(清)周大璋編次　清康熙五十六年(1717)刻本　六册　存三卷(一至三)

130000－0402－0005192　51－542/9
宋李忠定公文集選二十九卷　(宋)李綱著　(明)左光先選　(明)李春熙輯　(明)李嗣玄校正　清刻本　八册　存二十七卷(三至二十九)

130000－0402－0005193　51－542/9－2
宋李忠定公梁溪先生文集十一卷　(宋)李綱著　清康熙三十三年(1694)補過閣刻本　四册

130000－0402－0005194　51－542/10(1)
岳忠武王文集八卷首一卷末一卷　(宋)岳飛撰　(清)何焗　(清)楊景素鑒定　(清)黄邦寧纂修　清光緒十二年(1886)上海簡玉山房刻本　四册

130000－0402－0005195　51－542/10(2)
岳忠武王文集八卷首一卷末一卷　(宋)岳飛撰　(清)何焗　(清)楊景素鑒定　(清)黄邦寧纂修　清刻本　二册　存四卷(七至八、首一卷、末一卷)

130000－0402－0005196　51－542/11－4
象山先生全集三十六卷　(宋)陸九淵撰　(清)李紱點次　(清)周毓齡重校　清槐堂書齋陸邦瑞刻本　六册　存十二卷(二十三至三十四)

130000－0402－0005197　51－542/12－2
浮溪集三十二卷　(宋)汪藻撰　清乾隆三十九年(1774)武英殿木活字印武英殿聚珍版書本　四册

130000－0402－0005198　51－542/14－2
重刊文信國公全集十七卷首一卷　(宋)文天祥撰　清道光二十五年(1845)刻本　十五册　存十七卷(二至十七、首一卷)

130000－0402－0005199　51－542/14－3(1)
廬陵宋丞相信國公文忠烈先生全集十六卷　(宋)文天祥撰　(清)文有焕等編輯　清雍正三年(1725)五桂堂刻本　十二册

130000－0402－0005200　51－542/14－3(2)
廬陵宋丞相信國公文忠烈先生全集十六卷　(宋)文天祥撰　(清)文有焕等編輯　清雍正三年(1725)刻本　九册　存七卷(四至五、八至十二)

130000－0402－0005201　51－542/14－4
廬陵宋丞相信國公文忠烈先生全集十六卷　(宋)文天祥撰　(清)文光裕等編輯　清抄本　一册　存一卷(一)

130000－0402－0005202　51－542/15(1)
學易集八卷　(宋)劉跂著　(清)司空群校　清刻本　二册

130000－0402－0005203　51－542/15(2)
學易集八卷　(宋)劉跂著　(清)司空群校　清刻本　二册

130000－0402－0005204　51－542/15(3)
學易集八卷　(宋)劉跂著　(清)司空群校　清刻本　二册

130000－0402－0005205　51－542/15(4)
學易集八卷　(宋)劉跂著　清刻本　二册

130000－0402－0005206　51－542/16
絜齋集二十四卷　(宋)袁燮撰　清乾隆武英殿木活字印武英殿聚珍版書本　十册

130000－0402－0005207　51－544/1(1)
金文最六十卷首一卷　(清)張金吾輯　清光緒二十一年(1895)蘇州書局刻本　八册　存三十一卷(一至三十、首一卷)

130000－0402－0005208　51－544/1(2)
金文最六十卷首一卷　(清)張金吾輯　清光緒二十一年(1895)蘇州書局刻本　十六册

130000－0402－0005209　51－544/2(1)
金文雅十六卷　(清)莊仲方編　清光緒十七年(1891)江蘇書局刻本　四册

130000－0402－0005210　51－544/2(2)
金文雅十六卷　(清)莊仲方編　清光緒十七年(1891)江蘇書局刻本　四册

130000－0402－0005211　51－55/1(1)
元文類七十卷目錄三卷　(元)蘇天爵編　清光緒十五年(1889)江蘇書局刻本　十冊

130000－0402－0005212　51－55/1(2)
元文類七十卷目錄三卷　(元)蘇天爵編　清光緒十五年(1889)江蘇書局刻本　十冊

130000－0402－0005213　51－55/3
句曲外史集三卷補遺三卷附一卷　(元)張雨撰　明末毛氏汲古閣刻本　二冊

130000－0402－0005214　51－55/5
許文正公遺書十二卷首一卷末一卷　(元)許衡撰　清乾隆五十五年(1790)懷慶許氏刻本　七冊　存十一卷(一至八、十二,首一卷,末一卷)

130000－0402－0005215　51－55/7
歐陽文公圭齋集十五卷首一卷附錄一卷　(元)歐陽玄撰　(清)歐陽傑　(清)歐陽榮校　清道光十四年(1834)棣餘山房刻本　六冊

130000－0402－0005216　51－55/8
遺山先生集四十卷首一卷附錄一卷增補一卷新樂府四卷續夷堅志四卷年譜三種四卷　(金)元好問撰　(元)張德輝類次　清道光張氏陽泉山莊刻本　八冊　存二十六卷(二十九至四十、附錄一卷、增補一卷、新樂府四卷、續夷堅志四卷、年譜四卷)

130000－0402－0005217　51－55/11(1)
静修先生文集二十二卷　(元)劉因著　清刻本　三冊　存十一卷(二至十二)

130000－0402－0005218　51－55/11(2)
静修先生文集二十二卷　(元)劉因著　清刻本　二冊　存八卷(二至五、九至十二)

130000－0402－0005219　51－56/1
刻曾西墅先生集十卷　(明)曾棨撰　明萬曆十九年(1591)刻本　六冊

130000－0402－0005220　51－56/2
戴氏集十二卷　(明)戴冠撰　明嘉靖二十七年(1548)張魯刻本　二冊

130000－0402－0005221　51－56/3－3
宋學士全集二十六卷附錄一卷　(明)宋濂撰　清康熙四十八年(1709)南陽彭氏刻本　十二冊

130000－0402－0005222　51－56/4(1)
楊忠愍公集四卷　(明)楊繼盛著　清道光二十三年(1843)刻本　四冊

130000－0402－0005223　51－56/4(2)
楊忠愍公集四卷　(明)楊繼盛著　清道光二十三年(1843)刻本　四冊

130000－0402－0005224　51－56/4－2(1)
楊忠愍公全集四卷　(明)楊繼盛撰　(清)毛大可鑒定　(清)章鈺重訂　清康熙三十七年(1698)刻本　二冊

130000－0402－0005225　51－56/4－2(2)
楊忠愍公全集四卷　(明)楊繼盛撰　(清)毛大可鑒定　(清)朱永輝　(清)章鈺重訂　清康熙三十七年(1698)刻本　四冊

130000－0402－0005226　51－56/4－3
楊忠愍公集四卷　(明)楊繼盛撰　清康熙十二年(1673)思補堂刻本　四冊

130000－0402－0005227　51－56/4－4
楊忠愍公集四卷　(明)楊繼盛著　(清)楊聰福校　清光緒三十三年(1907)容城縣白塔村楊宅刻本　四冊

130000－0402－0005228　51－56/4－5
楊忠愍公全集四卷　(明)楊繼盛撰　(清)毛大可鑒定　(清)朱永輝　(清)章鈺參訂　清古吳三樂齋刻本　四冊

130000－0402－0005229　51－56/4－6(1)
楊忠愍公全集四卷　(明)楊繼盛撰　(清)毛大可鑒定　(清)章鈺重訂　清康熙四十九年(1710)敬一齋刻本　四冊

130000－0402－0005230　51－56/4－6(2)
楊忠愍公全集四卷　(明)楊繼盛撰　(清)毛大可鑒定　(清)章鈺重訂　清康熙四十九年

(1710)敬一齋刻本　四冊

130000－0402－0005231　51－56/4－7
楊忠愍公全集四卷　(明)楊繼盛撰　(清)毛大可鑒定　(清)章鈺輯　清道光八年(1828)善成堂刻本　四冊

130000－0402－0005232　51－56/5
史忠正公集四卷首一卷末一卷　(明)史可法撰　(清)史山清輯　清乾隆五十三年(1788)教忠堂刻本　二冊

130000－0402－0005233　51－56/5－2
史忠正公集四卷首一卷末一卷　(明)史可法撰　(清)史山清輯　清咸豐六年(1856)追遠堂刻本　二冊

130000－0402－0005234　51－56/5－3
史忠正公文集四卷首一卷　(明)史可法撰　(清)劉質慧輯　清同治十二年(1873)劉氏述荆堂刻本　一冊

130000－0402－0005235　51－56/6
青藤書屋文集三十卷　(明)徐渭著　(明)袁宏道編　清宣統三年(1911)石印本　八冊

130000－0402－0005236　51－56/6/1
徐文長文集二十九卷　(明)徐渭著　(明)袁宏道評點　(明)閔德美校訂　清刻本　四冊

130000－0402－0005237　51－56/6/2
徐文長文集三十卷　(明)徐渭撰　(明)袁宏道評點　(明)閔德美校訂　**傳一卷**　(明)陶望齡撰　明萬曆四十二年(1614)刻本　五冊

130000－0402－0005238　51－56/8
滄溟先生集三十卷附錄一卷　(明)李攀龍撰　清道光二十七年(1847)景福堂刻本　八冊

130000－0402－0005239　51－56/10
亦玉堂稿十卷　(明)沈鯉撰　清康熙二十九年(1690)劉榛刻本　四冊

130000－0402－0005240　51－56/19
明文在一百卷　(清)薛熙纂　(清)何潔輯　清光緒十五年(1889)江蘇書局刻本　十冊

130000－0402－0005241　51－56/25
雲東拾草十四卷附錄一卷　(明)韓世能著　明末刻本　四冊　存十四卷(一至十四)

130000－0402－0005242　51－56/26
震川先生集三十卷補編一卷別集十卷　(明)歸有光撰　清光緒六年(1880)常熟歸氏刻本　十六冊　缺一卷(補編一卷)

130000－0402－0005243　51－56/26－2
震川先生文集二十卷　(明)歸有光著　(明)蔣以忠閱　(明)歸道傳編次　清乾隆二十三年(1758)懷德堂刻本　八冊

130000－0402－0005244　51－56/26－3
震川大全集三十卷補集八卷別集十卷餘集八卷復刻一卷　(明)歸有光撰　清常熟劉光德局刻本　十四冊

130000－0402－0005245　51－56/26－4
震川先生集三十卷補編一卷別集十卷附錄一卷　(明)歸有光著　(清)歸玠編輯　清乾隆四十八年(1783)歸景灝刻本　十六冊

130000－0402－0005246　51－56/26－5
震川先生集三十卷補編一卷別集十卷附錄一卷　(明)歸有光撰　(清)錢謙益選定　(清)歸玠編輯　清刻本　十冊

130000－0402－0005247　51－56/27
碧山學士傳稿不分卷　(明)黃洪憲著　(清)呂留良編次　清康熙刻本　二冊

130000－0402－0005248　51－56/28
陳大樽先生全稿不分卷　(明)陳子龍著　(清)呂留良評　清康熙二十一年(1682)刻本　十冊

130000－0402－0005249　51－56/29
麗奇軒文集四卷　(明)紀克揚撰　清乾隆二十六年(1761)刻本　四冊

130000－0402－0005250　51－56/30
增訂徐文定公集六卷首二卷　(明)徐光啟撰　清宣統元年(1909)鉛印本　一冊　存三卷(一、首二卷)

130000－0402－0005251　51－56/30－2

徐文定公集四卷　(明)徐光啟撰　清光緒二十二年(1896)上海慈母堂鉛印本　一冊

130000－0402－0005252　51－56/31
劉蕺山先生集二十四卷首一卷　(明)劉宗周撰　清乾隆雷鋐刻本　八冊

130000－0402－0005253　51－56/32
王文成公全書三十八卷　(明)王守仁撰　清宣統元年(1909)上海集成圖書公司鉛印本　十二冊　存三十七卷(一至十八、二十至三十八)

130000－0402－0005254　51－56/32－3(1)
王文成公全書三十八卷　(明)王守仁撰　清刻本　六冊　存十卷(九至十八)

130000－0402－0005255　51－56/32－3(2)
王文成公全書三十八卷　(明)王守仁撰　清刻本　六冊　存十一卷(十九至二十九)

130000－0402－0005256　51－56/32/2
王陽明先生全集二十二卷　(明)王守仁撰　(清)俞嶙重編　清刻本　六冊　存五卷(六至十)

130000－0402－0005257　51－56/33(1)
明文鈔六編　(清)高嵣輯　清乾隆五十一年(1786)廣郡永邑培元堂刻本　四冊

130000－0402－0005258　51－56/33(2)
明文鈔六編　(清)高嵣輯　清乾隆五十一年(1786)廣郡永邑培元堂刻本　四冊

130000－0402－0005259　51－56/33(3)
明文鈔不分卷　(清)高嵣輯　清乾隆五十一年(1786)刻本　十二冊

130000－0402－0005260　51－56/34
承菴先生集七卷首一卷補遺二卷附錄二卷　(明)胡松著　清道光二十七年(1847)績溪胡氏光啟堂刻本　四冊

130000－0402－0005261　51－56/35
苑洛集二十二卷　(明)韓邦奇撰　清道光八年(1828)謝氏刻本　十冊

130000－0402－0005262　51－56/36
金正希先生文集輯略九卷　(明)金聲撰　(清)邵鵬程輯　清刻本　四冊

130000－0402－0005263　51－56/37
洨濱蔡先生文集十卷首一卷語錄二十卷　(明)蔡靉撰　清光緒四年(1878)刻本　四冊

130000－0402－0005264　51－56/38(1)
文清公薛先生文集二十四卷　(明)薛瑄撰　(明)張鼎編　清雍正十二年(1734)刻本　十二冊

130000－0402－0005265　51－56/38(2)
文清公薛先生文集二十四卷　(明)薛瑄撰　(明)張鼎編　清刻本　十一冊　存二十三卷(二至二十四)

130000－0402－0005266　51－56/39
飛六亭稿五卷　(明)陳所志著　(清)李繼白訂　清咸豐五年(1855)惟正堂刻本　五冊　存四卷(一至三、五)

130000－0402－0005267　51－56/40(1)
明張文忠公全集四十八卷　(明)張居正撰　清光緒二十七年(1901)紅藤碧樹山館刻本　六冊　存二十二卷(奏疏十三卷、書牘一至九)

130000－0402－0005268　51－56/40(2)
明張文忠公全集四十八卷　(明)張居正撰　清光緒二十七年(1901)紅藤碧樹山館刻本　十六冊

130000－0402－0005269　51－56/41
鈐山堂集四十卷　(明)嚴嵩著　清嘉慶十一年(1806)刻本　十冊

130000－0402－0005270　51－56/42
白沙子全集十卷首一卷末一卷古詩教解二卷　(明)陳獻章撰　清乾隆三十六年(1771)刻本　十冊

130000－0402－0005271　51－56/43
范文忠公初集十二卷　(明)范景文撰　(清)楊萃　(清)王孫錫輯　清刻本　四冊

130000－0402－0005272　51－56/44

申端愍公集十二卷　(明)申佳胤著　清道光刻本　四册

130000－0402－0005273　51－56/44/1
永年申氏遺書　(明)申佳胤等撰　清刻本　十六册　存四十卷(申端愍公文集一卷、外集一卷、詩集八卷、旌忠錄二卷、申鳧盟先生年譜一卷、聰山集三卷、聰山詩選八卷、荆園小語一卷、荆園進語一卷、忠裕堂文集三卷、詩集十卷、鷗盟已史一卷)

130000－0402－0005274　51－56/47
復宿山房集四十卷　(明)王家屏著　明刻本　二十一册

130000－0402－0005275　51－56/48
高陽集詩十卷　(明)孫承宗著　(明)范景文校　清嘉慶十二年(1807)刻本　六册

130000－0402－0005276　51－56/49
太師誠意伯劉文成公集二十卷首一卷　(明)劉基撰　清乾隆十一年(1746)刻本　十册

130000－0402－0005277　51－56/50
文肅公文集三十四卷外集一卷　(明)何喬新撰　(明)羅玘校正　清何三臺、何大綸刻本　四册　存十卷(文集二十六至三十四、外集一卷)

130000－0402－0005278　51－56/51
遵巖先生文集四十一卷　(明)王慎中撰　清刻本　六册　存十九卷(二十三至四十一)

130000－0402－0005279　51－56/52
仰節堂集十四卷　(明)曹于汴著　清乾隆刻本　七册

130000－0402－0005280　51－56/54
朱太復文集五十二卷　(明)朱長春著　明刻本　五册　存十五卷(十至十二、十六至十八、二十二至二十四、四十至四十五)

130000－0402－0005281　51－57/1(1)
皇朝經世文編一百二十卷　(清)賀長齡輯　清道光七年(1827)刻本　八十册

130000－0402－0005282　51－57/1(2)
皇朝經世文編一百二十卷　(清)賀長齡輯　清刻本　八十册

130000－0402－0005283　51－57/1(3)
皇朝經世文編一百二十卷　(清)賀長齡輯　清道光七年(1827)刻本　四十册　存五十九卷(一至五十九)

130000－0402－0005284　51－57/1(4)
皇朝經世文編一百二十卷　(清)賀長齡輯　清道光七年(1827)刻本　二十九册　存五十一卷(一至三、六至十二、四十九至六十、九十二至一百二十)

130000－0402－0005285　51－57/1(5)
皇朝經世文編一百二十卷　(清)賀長齡輯　清刻本　九册　存十五卷(五十八至六十九、七十二至七十四)

130000－0402－0005286　51－57/1(6)
皇朝經世文編一百二十卷　(清)賀長齡輯　清刻本　十册　存十二卷(四十六至五十七)

130000－0402－0005287　51－57/1(7)
皇朝經世文編一百二十卷　(清)賀長齡輯　清刻本　八册　存十二卷(八十三至九十四)

130000－0402－0005288　51－57/1(8)
皇朝經世文編一百二十卷　(清)賀長齡輯　清刻本　二册　存五卷(九十五至九十九)

130000－0402－0005289　51－57/1－2(1)
皇朝經世文編一百二十卷　(清)賀長齡輯　清光緒八年(1882)翠筠山房刻本　九十六册

130000－0402－0005290　51－57/1－2(2)
皇朝經世文編一百二十卷　(清)賀長齡輯　清光緒八年(1882)翠筠山房刻本　四十八册　存五十八卷(九至十七、五十八至九十五、一百十至一百二十)

130000－0402－0005291　51－57/1－3(1)
皇朝經世文編一百二十卷　(清)賀長齡輯　清光緒二十二年(1896)掃葉山房鉛印本　十九册　存六十八卷(一至十六、六十二至六十六、七十四至一百二十)

130000－0402－0005292　51－57/1－3(2)
皇朝經世文編一百二十卷　(清)賀長齡輯　清光緒二十二年(1896)掃葉山房鉛印本　十六册　存七十八卷(一至二十六、三十七至五十五、八十八至一百二十)

130000－0402－0005293　51－57/1－3(3)
皇朝經世文編一百二十卷　(清)賀長齡輯　清光緒二十二年(1896)掃葉山房鉛印本　三册　存十五卷(六至十、三十七至四十一、一百十一至一百十五)

130000－0402－0005294　51－57/1－3(4)
皇朝經世文編一百二十卷　(清)賀長齡輯　清光緒二十二年(1896)掃葉山房鉛印本　二十四册

130000－0402－0005295　51－57/1－3(5)
皇朝經世文編一百二十卷　(清)賀長齡輯　清光緒二十二年(1896)掃葉山房鉛印本　二十四册

130000－0402－0005296　51－57/1－3(6)
皇朝經世文編一百二十卷　(清)賀長齡輯　清光緒二十二年(1896)掃葉山房鉛印本　二十四册

130000－0402－0005297　51－57/1－4(1)
皇朝經世文編一百二十卷　(清)賀長齡輯　清光緒十五年(1889)上海廣百宋齋鉛印本　二十四册

130000－0402－0005298　51－57/1－4(2)
皇朝經世文編一百二十卷　(清)賀長齡輯　清光緒十五年(1889)上海廣百宋齋鉛印本　十六册　存八十二卷(一至三、十至二十三、三十五至五十三、六十五至七十九、八十五至一百十五)

130000－0402－0005299　51－57/1－5
皇朝經世文編一百二十卷　(清)賀長齡輯　清思補樓刻本　五十册　存一百二卷(十九至一百二十)

130000－0402－0005300　51－57/1－6
皇朝經世文編一百二十卷　(清)賀長齡輯　清光緒十六年(1890)廣百宋齋鉛印本　二十一册　存一百卷(一至五十、七十一至一百二十)

130000－0402－0005301　51－57/1－7
皇朝經世文編一百二十卷　(清)賀長齡輯　清雙峰書屋刻本　二十四册　存四十七卷(十六至四十六、八十九至一百四)

130000－0402－0005302　51－57/1－8
皇朝經世文編一百二十卷　(清)賀長齡輯　清刻本　八册　存十三卷(四十三至五十五)

130000－0402－0005303　51－57/1/2
皇朝經世文續編一百二十卷　(清)葛士濬輯　清光緒二十七年(1901)上海久敬齋鉛印本　二十四册

130000－0402－0005304　51－57/1/2－2(1)
皇朝經世文新增續編一百二十卷時務續編四十卷洋務續編八卷　(清)葛士濬輯　清光緒二十三年(1897)上海圖書集成印書局鉛印本　三十册

130000－0402－0005305　51－57/1/2－2(2)
皇朝經世文新增續編一百二十卷時務續編四十卷洋務續編八卷　(清)葛士濬輯　清光緒二十三年(1897)上海圖書集成印書局鉛印本　三十册

130000－0402－0005306　51－57/1/2－2(3)
皇朝經世文新增續編一百二十卷時務續編四十卷洋務續編八卷　(清)葛士濬輯　清光緒二十三年(1897)上海圖書集成印書局鉛印本　十九册　缺五十二卷(新增續編六十九至一百二十)

130000－0402－0005307　51－57/1/2－2(4)
皇朝經世文新增續編一百二十卷時務續編四十卷洋務續編八卷　(清)葛士濬輯　清光緒二十三年(1897)上海圖書集成印書局鉛印本　二十五册　缺二十二卷(新增續編三十五至三十九、九十至一百六)

130000－0402－0005308　51－57/1/2－2(5)
皇朝經世文新增續編一百二十卷時務續編四

十卷洋務續編八卷　(清)葛士濬輯　清光緒二十三年(1897)上海圖書集成印書局鉛印本　二册　存七卷(新增續編八至十、三十一至三十四)

130000－0402－0005309　51－57/1/2－3(1)
皇朝經世文續編一百二十卷　(清)葛士濬輯　清光緒十四年(1888)圖書集成局鉛印本　三十二册

130000－0402－0005310　51－57/1/2－3(2)
皇朝經世文續編一百二十卷　(清)葛士濬輯　清光緒十四年(1888)圖書集成局鉛印本　三十一册　缺四卷(十五至十八)

130000－0402－0005311　51－57/1/2－3(3)
皇朝經世文續編一百二十卷　(清)葛士濬輯　清光緒十四年(1888)圖書集成局鉛印本　七册　存二十八卷(四十八至七十一、九十至九十三)

130000－0402－0005312　51－57/1/2－3(4)
皇朝經世文續編一百二十卷　(清)葛士濬輯　清光緒二十二年(1896)寶善書局石印本　二十册

130000－0402－0005313　51－57/1/3(1)
皇朝經世文新編二十一卷　麥仲華輯　清末民初上海大同譯書局石印本　二十四册

130000－0402－0005314　51－57/1/3(2)
皇朝經世文新編二十一卷　麥仲華輯　清末民初上海大同譯書局石印本　二十四册

130000－0402－0005315　51－57/1/3(3)
皇朝經世文新編二十一卷　麥仲華輯　清末民初上海大同譯書局石印本　八册

130000－0402－0005316　51－57/1/3－3
皇朝經世文新編二十一卷　麥仲華輯　清光緒二十八年(1902)瑤林書館石印本　二十册

130000－0402－0005317　51－57/1/3－4
皇朝經世文新編三十二卷　麥仲華輯　清光緒二十八年(1902)上海書局石印本　八册　存十六卷(一至十六)

130000－0402－0005318　51－57/1/3－5
皇朝經世文新編二十二卷　麥仲華輯　清刻本　二十四册

130000－0402－0005319　51－57/1/3－6
皇朝經世文新編二十一卷　麥仲華輯　清末石印本　八册　存十五卷(三至五上、七至十二、十四、十五下至十九)

130000－0402－0005320　51－57/1/4(1)
皇朝經世文三編八十卷　(清)陳忠倚輯　清光緒二十四年(1898)寶文書局石印本　十五册　存七十八卷(三至八十)

130000－0402－0005321　51－57/1/4(2)
皇朝經世文三編八十卷　(清)陳忠倚輯　清光緒二十四年(1898)寶文書局石印本　七册　存三十五卷(六至四十)

130000－0402－0005322　51－57/1/4(3)
皇朝經世文三編八十卷　(清)陳忠倚輯　清光緒二十七年(1901)上海書局石印本　十六册

130000－0402－0005323　51－57/1/4(4)
皇朝經世文三編八十卷　(清)陳忠倚輯　清光緒二十七年(1901)上海書局石印本　十六册

130000－0402－0005324　51－57/1/4(5)
皇朝經世文三編八十卷　(清)陳忠倚輯　清光緒二十七年(1901)上海書局石印本　十六册

130000－0402－0005325　51－57/1/4(6)
皇朝經世文三編八十卷　(清)陳忠倚輯　清光緒二十七年(1901)上海書局石印本　十四册　存七十卷(一至五、十六至八十)

130000－0402－0005326　51－57/1/4(7)
皇朝經世文三編八十卷　(清)陳忠倚輯　清光緒二十四年(1898)寶文書局石印本　十六册

130000－0402－0005327　51－57/1/4(8)

皇朝經世文三編八十卷　(清)陳忠倚輯　清光緒二十四年(1898)寶文書局石印本　十六册

130000－0402－0005328　51－57/1/5
皇朝經世文統編一百七卷　(清)□□輯　清光緒二十七年(1901)上海寶善齋石印本　五十二册

130000－0402－0005329　51－57/1/6
皇朝經世文編補一百二十卷　(清)賀長齡輯　清安康張鵬飛來鹿堂刻本　十册　存十三卷(九十八至一百十)

130000－0402－0005330　51－57/1/7
皇朝經世文新編續集二十一卷　(清)甘韓輯　清光緒二十八年(1902)商絳雪齋書局石印本　八册　存八卷(一至八)

130000－0402－0005331　51－57/8(1)
御製文集四十卷總目五卷二集五十卷總目六卷三集五十卷總目六卷　(清)聖祖玄燁撰　(清)張玉書編　清康熙武英殿刻本　四十八册

130000－0402－0005332　51－57/8(2)
御製文第四集三十六卷總目四卷　(清)聖祖玄燁撰　清抄本　四册

130000－0402－0005333　51－57/8/1
御製文二集四十四卷目録二卷　(清)高宗弘曆撰　(清)梁國治編　清乾隆刻本　八册

130000－0402－0005334　51－57/9－2
湖海文傳七十五卷　(清)王昶輯　清道光十七年(1837)經訓堂刻本　十八册　存五十七卷(一至三十七、五十六至七十五)

130000－0402－0005335　56－491/1
楊升菴先生批點文心雕龍十卷　(南朝梁)劉勰撰　(明)楊慎批點　(明)梅慶生音註　明天啓二年(1622)金陵聚錦堂刻本　四册

130000－0402－0005336　51－57/11
堯峰文鈔五十卷　(清)汪琬著　(清)林佶編　清康熙三十二年(1693)林佶寫刻本　十二册

130000－0402－0005337　51－57/12
午亭文編五十卷　(清)陳廷敬撰　清康熙四十七年(1708)林佶寫刻本(卷二十七至五十爲乾隆四十四年刻本)　十六册

130000－0402－0005338　51－57/13
憺園全集三十六卷　(清)徐乾學撰　清光緒九年(1883)鉏月唫館刻本　十二册

130000－0402－0005339　51－57/14
翁山文外十六卷　(清)屈大均撰　清宣統二年(1910)上海國學扶輪社鉛印本　五册

130000－0402－0005340　51－57/15
賜葛堂文集六卷遺藁一卷　(清)岳震川撰　清光緒五年(1879)洋邑東韓村岳勉紹堂刻本　四册

130000－0402－0005341　51－57/15－2
賜葛堂文集六卷遺藁一卷　(清)岳震川撰　清刻本　一册　存三卷(文集五至六、遺藁一卷)

130000－0402－0005342　51－57/16
平津館文稿二卷　(清)孫星衍撰　清嘉慶十一年(1806)刻本　二册

130000－0402－0005343　51－57/17
笥河文集十六卷　(清)朱筠撰　清嘉慶二十年(1815)椒華唫舫刻本　六册

130000－0402－0005344　51－57/19
詩禮堂古文五卷　(清)王又樸著　(清)方苞鑒定　清乾隆十九年(1754)詩禮堂刻本　四册

130000－0402－0005345　51－57/20
漁洋山人文略十四卷　(清)王士禛撰　清康熙刻本　五册

130000－0402－0005346　51－57/21
芙邨文鈔二卷　(清)沈豫撰　清光緒十一年(1885)蛟川張氏秋樹根齋刻本　一册

130000－0402－0005347　51－57/22
此君園文集三十卷　(清)吳名鳳撰　清道光

二十一年(1841)刻本　八册

130000－0402－0005348　51－57/23
孟塗前集十卷後集二十二卷文集十卷駢體文二卷　(清)劉開撰　清道光六年(1826)同里姚氏檗山草堂刻本　八册

130000－0402－0005349　51－57/25
白雲文集五卷詩集二卷　(清)陳斌撰　清嘉慶十二年(1807)刻本　二册

130000－0402－0005350　51－57/26
潘方伯公遺稿六卷　(清)潘學祖　(清)潘延祖編　清光緒二十二年(1896)都門刻本　六册

130000－0402－0005351　51－57/27
崇百樂齋文集二十卷　(清)陸繼輅撰　清光緒四年(1878)興國州署刻本　六册

130000－0402－0005352　51－57/27/1
崇百樂齋三集十二卷　(清)陸繼輅撰　清光緒四年(1878)興國州署刻本　四册

130000－0402－0005353　51－57/27/2
五真閣吟藁一卷　(清)錢惠尊撰　清光緒四年(1878)興國州署刻本　一册

130000－0402－0005354　51－57/27/3
崇百樂齋續集四卷　(清)陸繼輅撰　清光緒四年(1878)興國州署刻本　二册

130000－0402－0005355　51－57/28
楊園先生全集五十四卷首一卷　(清)張履祥撰　清同治十年(1871)江蘇書局刻本　八册　存二十九卷(一至二十八、首一卷)

130000－0402－0005356　51－57/30(1)
易堂九子文鈔二十一卷　(清)彭玉雯輯　清道光十七年(1837)刻本　十八册

130000－0402－0005357　51－57/30(2)
易堂九子文鈔二十一卷　(清)彭玉雯輯　清道光十七年(1837)刻本　十二册

130000－0402－0005358　51－57/31(1)
恕谷後集十三卷　(清)李塨著　清雍正刻本　四册

130000－0402－0005359　51－57/31(2)
恕谷後集十三卷　(清)李塨著　清雍正刻本　四册

130000－0402－0005360　51－57/32
恪靖侯盾鼻餘瀋一卷　(清)左宗棠撰　清光緒七年(1881)刻本　一册

130000－0402－0005361　51－57/36
培遠堂偶存稿十卷　(清)陳宏謀著　清吳門穆大展局刻本　六册

130000－0402－0005362　51－57/36－2
培遠堂偶存稿四十八卷　(清)陳宏謀著　清道光十七年(1837)培遠堂刻本　十八册

130000－0402－0005363　51－57/36/1
陳文恭公手札節要三卷　(清)陳宏謀撰　清同治七年(1868)楚北崇文書局刻本　一册

130000－0402－0005364　51－57/36/1－2
培遠堂偶存稿手札節要三卷　(清)陳宏謀著　清吳門近文齋穆氏局刻本　三册

130000－0402－0005365　51－57/36/1－3
培遠堂偶存稿三卷　(清)陳宏謀著　清同治八年(1869)王之春刻本　三册

130000－0402－0005366　51－57/37(1)
詁經精舍文集十四卷　(清)阮元輯　清嘉慶六年(1801)揚州阮氏琅嬛僊館刻本　六册

130000－0402－0005367　51－57/37(2)
詁經精舍文集十四卷　(清)阮元輯　清嘉慶六年(1801)揚州阮氏琅嬛僊館刻本　五册　存十二卷(一至四、七至十四)

130000－0402－0005368　51－57/38
詁經精舍三集九卷　(清)俞樾輯　清同治八年(1869)官師課合刻本　八册

130000－0402－0005369　51－57/39
詁經精舍四集十六卷　(清)俞樾輯　清光緒五年(1879)刻本　七册

130000－0402－0005370　51－57/41
詁經精舍課藝六集十二卷　(清)俞樾輯　清光緒十一年(1885)刻本　四册

130000－0402－0005371　51－57/42
詁經精舍課藝七集十二卷　(清)俞樾輯　清光緒二十一年(1895)刻本　四冊

130000－0402－0005372　51－57/43
詁經精舍課藝八集十二卷　(清)俞樾輯　清光緒二十三年(1897)刻本　四冊

130000－0402－0005373　51－57/44
國朝中州文徵五十四卷首一卷　(清)蘇源生編　清道光二十三年至二十五年(1843－1845)刻本　二十八冊

130000－0402－0005374　51－57/45
皇朝蓄艾文編八十卷　(清)于寶軒輯　清光緒二十九年(1903)上海官書局鉛印本　四十冊

130000－0402－0005375　51－57/46
庸盦海外文編四卷　(清)薛福成撰　清光緒二十三年(1897)上海醉六堂石印本　一冊　存二卷(一至二)

130000－0402－0005376　51－57/46－2
庸盦海外文編四卷　(清)薛福成撰　清光緒二十一年(1895)望龍學社刻本　四冊

130000－0402－0005377　51－57/47
尊五尚制義不分卷　(清)楊宏聲著　清乾隆二十七年(1762)刻本　五冊

130000－0402－0005378　51－57/48(1)
八銘堂塾鈔初集六卷二集六卷附闈試總論　(清)吳懋政編次　清書業德刻本　十冊

130000－0402－0005379　51－57/48(2)
八銘堂塾鈔二集六卷附闈試總論　(清)吳懋政編次　清書業德刻本　五冊

130000－0402－0005380　51－57/48(3)
八銘堂塾鈔二集六卷附闈試總論　(清)吳懋政編次　清書業德刻本　五冊

130000－0402－0005381　51－57/48－2
八銘堂塾鈔初集六卷二集六卷附闈試總論　(清)吳懋政編次　清嘉慶二十四年(1819)慶餘堂刻本　三冊　存九卷(初集一至三、二集六卷)

130000－0402－0005382　51－57/48－3
八銘堂塾鈔初集六卷二集六卷附闈試總論　(清)吳懋政編次　清道光二十一年(1841)蘇州文秀堂刻本　四冊

130000－0402－0005383　51－57/48－4
八銘堂塾鈔初集六卷附闈試總論　(清)吳懋政編次　清刻本　二冊　存三卷(一、四至五)

130000－0402－0005384　51－57/48－5
八銘堂塾鈔二集六卷　(清)吳懋政編次　清善成堂刻本　一冊　存一卷(二)

130000－0402－0005385　51－57/48－6
八銘堂塾鈔初集六卷附闈試總論　(清)吳懋政編次　清刻本　一冊　存四卷(一至四)

130000－0402－0005386　51－57/49(1)
制藝簡摩集四卷末一卷　(清)司徒修輯　清道光二十五年至二十六年(1845－1846)東昌葉氏書林刻本　五冊

130000－0402－0005387　51－57/49(2)
制藝簡摩集四卷末一卷　(清)司徒修輯　清道光二十五年至二十六年(1845－1846)東昌葉氏書林刻本　八冊

130000－0402－0005388　51－57/50
歷科朝元卷不分卷(同治至光緒)　(□)□□編　清末刻本　二冊

130000－0402－0005389　51－57/52(1)
大雲山房文藁初集四卷二集四卷言事二卷　(清)惲敬撰　清同治二年(1863)惲世臨刻本　八冊

130000－0402－0005390　51－57/52(2)
大雲山房文藁初集四卷二集四卷言事二卷　(清)惲敬撰　清同治二年(1863)惲世臨刻本　九冊　缺一卷(初集一)

130000－0402－0005391　51－57/52－2
大雲山房文藁初集四卷二集四卷　(清)惲敬撰　清光緒十四年(1888)刻本　七冊　缺一

卷(二集一)

130000－0402－0005392　51－57/53
袁文箋正十六卷附錄小傳一卷　(清)袁枚著　(清)石韞玉箋　清嘉慶十七年(1812)鶴壽山堂刻本　四冊

130000－0402－0005393　51－57/53－2
袁文箋正十六卷補注一卷增訂四卷　(清)袁枚著　(清)石韞玉箋　清光緒十四年(1888)上海蜚英館石印本　五冊

130000－0402－0005394　51－57/54
丘邦士文集十八卷　(清)丘維屏撰　清康熙五十八年(1719)易堂刻本(原缺卷十八)　八冊　存十七卷(一至十七)

130000－0402－0005395　51－57/55
五經文萃三十六卷　王先謙輯　清光緒十一年(1885)京都琉璃廠刻本　三十六冊

130000－0402－0005396　51－57/56
清芬樓遺稿四卷　(清)任啟運撰　清嘉慶二十二年(1817)英和刻本　四冊

130000－0402－0005397　51－57/57
曾文正公文鈔四卷附刻一卷　(清)曾國藩撰　(清)張瑛編　清同治十二年(1873)上洋醉六堂刻本　四冊

130000－0402－0005398　55/12－2
國朝駢體正宗十二卷　(清)曾燠輯　清同治十三年(1874)聚賢堂刻本　六冊

130000－0402－0005399　51－57/58－2
有正味齋詩集十六卷　(清)吳錫麒撰　清刻本　五冊　存十四卷(一至十四)

130000－0402－0005400　51－57/58/1
有正味齋詩賦箋註四卷　(清)吳錫麒著　(清)吳掄　(清)吳敬恒註　清嘉慶十年(1805)師竹齋刻本　四冊

130000－0402－0005401　51－57/59
聊齋先生文集二卷　(清)蒲松齡撰　清宣統元年(1909)國學扶輪社鉛印本　一冊

130000－0402－0005402　51－57/60
太乙舟文集八卷　(清)陳用光撰　清道光甘泉黃氏刻清頌堂叢書本　六冊

130000－0402－0005403　51－57/61
犀厓文集二十六卷　(清)易學實撰　清康熙刻本　四冊

130000－0402－0005404　51－57/62
惜褏先生尺牘八卷　(清)姚鼐撰　(清)陳用光輯　清咸豐五年(1855)海源閣刻本　二冊

130000－0402－0005405　51－57/63
茗柯文初編一卷二編二卷三編一卷四編一卷　(清)張慧言著　清光緒七年(1881)刻本　二冊

130000－0402－0005406　51－57/63－2
茗柯文初編一卷二編二卷三編一卷四編一卷　(清)張慧言著　清嘉慶十四年(1809)刻本　二冊

130000－0402－0005407　51－57/64
南溪集一卷　(清)王鍾栻著　清道光十七年(1837)刻本　一冊

130000－0402－0005408　51－57/65
音註小倉山房尺牘八卷　(清)袁枚著　(清)胡光斗釋　清同治六年(1867)五雲樓刻本　四冊

130000－0402－0005409　51－57/66
無為齋續集六卷　(清)張昭潛著　清光緒二十六年(1900)刻果園叢書本　二冊

130000－0402－0005410　51－57/67
海嶽集十卷　(清)張開東著　清嘉慶六年(1801)青園刻本　四冊

130000－0402－0005411　51－57/68
⽕議公遺藁一卷　(清)何澄撰　**東垣農歌一卷附聶恭人家傳**　(清)何夢蓮撰　清嘉慶十二年(1807)刻本　一冊

130000－0402－0005412　51－57/69
遯庵存稿一卷　(清)黃彭年撰　清光緒抄本

一册

130000－0402－0005413　51－57/70
青門簏稾十六卷　(清)邵長蘅纂　(清)顧景星批點　清康熙青門草堂刻本　一册　存八卷(一至八)

130000－0402－0005414　51－57/73
思補過齋遺稿六卷　(清)辛師雲著　清道光三十年(1850)江西省學院前集文齋刻本　二册

130000－0402－0005415　51－57/74
敬恕堂文集十卷首一卷　(清)耿介撰　清同治三年(1864)敬恕堂刻本　十六册

130000－0402－0005416　51－57/75
煙霞萬古樓文集六卷　(清)王曇撰　清道光二十年(1840)刻本　二册

130000－0402－0005417　51－57/76
遂初堂集五卷　(清)潘耒撰　清刻本　四册

130000－0402－0005418　51－57/77
曾文正公文集三卷詩集一卷　(清)曾國藩撰　清宣統三年(1911)掃葉山房石印本　四册

130000－0402－0005419　51－57/78
銅鼓書堂遺稾三十二卷　(清)查禮撰　清乾隆五十七年(1792)刻本　四册

130000－0402－0005420　51－57/79
南雷文定前集十一卷後集四卷三集三卷附録一卷　(清)黄宗羲撰　清康熙二十七年(1688)靳治荆刻本　四册

130000－0402－0005421　51－57/81
蜀輶日記四卷(清嘉慶十五年五月至十一月)　(清)陶澍撰　清道光四年(1824)刻本　一册

130000－0402－0005422　51－57/82
莫江古文存四卷詩存三卷遺集附一卷　(清)陶必銓撰　清嘉慶二十一年(1816)愛吾廬刻本　一册

130000－0402－0005423　51－57/83
依歸草初刻十卷二刻二卷　(清)張符驤撰　清刻海陵叢刻本　六册

130000－0402－0005424　51－57/84(1)
施愚山先生學餘文集二十八卷詩集五十卷施氏家風述畧一卷續編一卷　(清)施閏章撰　清康熙四十七年(1708)刻本　七册　存三十五卷(文集二十八卷、詩集一至五、施氏家風述畧一卷、續編一卷)

130000－0402－0005425　51－57/84(2)
施愚山先生[閏章]年譜四卷　(清)施念曾編　清乾隆刻本　一册

130000－0402－0005426　51－57/84(3)
施愚山先生學餘文集二十八卷詩集五十卷　(清)施閏章撰　清康熙四十七年(1708)楝亭刻本　十二册

130000－0402－0005427　51－57/85(1)
史記鈔四卷　(清)高嵣集評　清乾隆五十三年(1788)廣郡永邑培元堂楊氏刻本　四册

130000－0402－0005428　51－57/85(2)
史記鈔四卷　(清)高嵣集評　清乾隆五十三年(1788)廣郡永邑培元堂楊氏刻本　四册

130000－0402－0005429　51－57/86
愚魯堂論一卷策一卷　(清)傅咸如著　清道光四年(1824)刻本　一册

130000－0402－0005430　51－57/87－2(1)
陳學士文集十八卷　(清)陳儀著　清乾隆十五年(1750)蘭雪齋刻本　一册　存二卷(五至六)

130000－0402－0005431　51－57/87－2(2)
陳學士文集十八卷　(清)陳儀著　清乾隆十五年(1750)蘭雪齋刻本　十三册　缺一卷(十)

130000－0402－0005432　51－57/89
天中許子政學合一集三卷補錄一卷舊附一卷　(清)許三禮撰　清刻本　十册

130000－0402－0005433　51－57/90
日知堂文集六卷　(清)鄭端撰　清刻本

四册

130000－0402－0005434　51－57/91
文選集腋六卷　（清）胥斌輯　清嘉慶二十一年（1816）聚錦書屋刻本　四册

130000－0402－0005435　51－57/92
范忠貞公文集五卷首一卷　（清）范承謨撰　清康熙刻本　四册

130000－0402－0005436　51－57/95
侶鷗閣近集二卷　（清）熊文舉著　清康熙刻本　一册

130000－0402－0005437　51－57/96
二曲集二十六卷　（清）李顒著　清康熙三十年至三十二年（1691－1693）刻本　八册　缺三卷（十二、十六、二十六）

130000－0402－0005438　51－57/97
古愚心言八卷　（清）彭鵬撰　清康熙刻本　八册

130000－0402－0005439　51－57/98
袁文箋正十六卷補注一卷　（清）袁枚著　（清）石韞玉箋　清同治八年（1869）松壽山房刻本　八册

130000－0402－0005440　51－57/98－2
袁文箋正十六卷補注一卷　（清）袁枚著　（清）石韞玉箋　清同治四年（1865）寶彝堂刻本　三册

130000－0402－0005441　51－57/99
魏季子文集十六卷　（清）魏禮著　清刻本　六册　存七卷（一至七）

130000－0402－0005442　51－57/100（1）
邁堂文畧一卷前漢書細讀四卷後漢書贅語二卷讀三國志書後一卷讀明史雜著一卷　（清）李祖陶撰　清道光十五年（1835）鷺洲書院刻本　一册　存二卷（讀三國志書後一卷、讀明史雜著一卷）

130000－0402－0005443　51－57/100（2）
邁堂文畧一卷前漢書細讀四卷後漢書贅語二卷讀三國志書後一卷讀明史雜著一卷　（清）李祖陶撰　清道光十五年（1835）鷺洲書院刻本　五册

130000－0402－0005444　51－57/102
思綺堂文集十卷　（清）章藻功撰　清康熙六十一年（1722）刻本　六册　存六卷（一至五、八）

130000－0402－0005445　51－57/103
濂亭文集八卷　（清）張裕釗著　清光緒八年（1882）木漸齋刻本　二册

130000－0402－0005446　51－57/105
飴山文集十二卷附錄一卷　（清）趙執信撰　清乾隆刻本　三册　存九卷（一至九）

130000－0402－0005447　51－57/106
古文析義十四卷　（清）林雲銘評注　清乾隆四十四年（1779）三多齋刻本　三册　存十二卷（一至十二）

130000－0402－0005448　51－57/106－2
古文析義十四卷　（清）林雲銘評注　清嘉慶六年（1801）刻本　八册

130000－0402－0005449　51－57/107
唐宋八大家類選十四卷　（清）儲欣評　清尺木堂刻本　六册

130000－0402－0005450　51－57/107－2（1）
唐宋八大家類選十四卷　（清）儲欣評　清受祉堂刻本　八册

130000－0402－0005451　51－57/107－2（2）
唐宋八大家類選十四卷　（清）儲欣評　清受祉堂刻本　六册　存十二卷（三至十四）

130000－0402－0005452　51－57/107－3
唐宋八大家類選八卷　（清）儲欣評　清寶興堂刻本　四册　存四卷（一至四）

130000－0402－0005453　51－57/107－4（1）
唐宋八大家類選八卷　（清）儲欣評　清慶文堂刻本　三册　存二卷（五至六）

130000－0402－0005454　51－57/107－4（2）
唐宋八大家類選八卷　（清）儲欣評　清書業德刻本　四册　存二卷（六至七）

130000－0402－0005455　51－57/108

國朝文錄八十二卷　(清)姚椿輯　清咸豐元年(1851)刻本　二十四册　缺十二卷(一至十二)

130000－0402－0005456　51－57/108－2

國朝文錄　(清)李祖陶評點　清刻本　十二册　存十五種二十八卷(潛庵先生遺稾文錄二卷、愚山先生文錄二卷、午亭文錄三卷、張文貞公文錄二卷、帶經堂文錄二卷、鄭静菴先生文錄一卷、榕村全集文選二卷、西陂類藁文錄一、愓園初藁文二卷、劉寄庵文錄二卷、陶士升先生萸江文錄一卷、知恥齋文錄一卷、二林居文錄二卷、厚岡文錄三卷、忠雅堂文錄二卷)

130000－0402－0005457　51－57/109

忠雅堂文集十二卷詩集二十七卷補遺二卷詞集二卷　(清)蔣士銓撰　清刻本　六册　存十五卷(詩集十七至二十七、補遺二卷,詞集二卷)

130000－0402－0005458　51－57/110

崇德堂藁十卷　(清)王植著　**四書叅注不分卷**　(清)王植輯錄　清乾隆刻本　六册　缺六卷(一至六)

130000－0402－0005459　51－57/111

寧都三魏全集七十三卷　(清)林時益輯　清易堂刻本　六册　存十六卷(魏昭士文集三至十、魏敬士文集八卷)

130000－0402－0005460　51－57/112

三賢文集十二卷首一卷　(清)張斐然輯　清光緒二十四年(1898)刻本　三册　存三卷(容城文靖劉先生文集一,容城種元孫先生文集一、首一卷)

130000－0402－0005461　51－57/112－2

三賢文集十二卷　(清)張斐然輯　清道光十六年(1836)正義書院刻本　六册　存四卷(容城文靖劉先生文集四卷)

130000－0402－0005462　51－57/113

權衡一書四十一卷　(清)王植輯　清刻本　十七册　存三十三卷(九至四十一)

130000－0402－0005463　51－57/114

亭林文集六卷餘集一卷　(清)顧炎武撰　清山隱居刻本　四册

130000－0402－0005464　51－57/116(1)

古文筆法二十卷　(清)李扶九編　清末民初錦章圖書局石印本　三册　存十七卷(四至二十)

130000－0402－0005465　51－57/116(2)

古文筆法二十卷　(清)李扶九編　清末民初錦章圖書局石印本　四册

130000－0402－0005466　51－57/116－2

古文筆法百篇二十卷首一卷　(清)李扶九編　清光緒二十六年(1900)新化三味書屋刻本　三册　缺十二卷(九至二十)

130000－0402－0005467　51－57/117

中學國文讀本初集　徐匯公學編　清宣統三年(1911)徐匯公學鉛印本　一册

130000－0402－0005468　51－57/118

古文喈鳳新編八卷　(清)汪基鈔輯　清道光十二年(1832)聚英堂刻本　四册

130000－0402－0005469　51－57/118－2

古文喈鳳新編八卷　(清)汪基鈔輯　清光緒善成堂刻本　四册

130000－0402－0005470　51－57/119

國朝文匯丙集三十卷　上海國學扶輪社編　清宣統元年(1909)上海國學扶輪社石印本　六册　存十二卷(一至十二)

130000－0402－0005471　51－57/122(1)

斯文規範八卷　(清)王茂修輯　清步月樓刻本　四册

130000－0402－0005472　51－57/122(2)

斯文規範八卷　(清)王茂修輯　清步月樓刻本　四册　存七卷(一、三至八)

130000－0402－0005473　51－57/123

論策萃新一卷　(清)□□輯　清光緒二十九年(1903)書業堂刻本　一册

130000 - 0402 - 0005474　51 - 57/124
西舍文遺編四卷　(清)泥澄撰　清同治十三年(1874)登善堂刻本　一册　存一卷(一)

130000 - 0402 - 0005475　51 - 57/125
隨園文集二卷　(清)袁枚撰　清宣統二年(1910)上海國學扶輪社石印本　二册

130000 - 0402 - 0005476　51 - 57/126
海門文鈔一卷　(清)李符清撰　清刻本　一册

130000 - 0402 - 0005477　51 - 57/127
惜抱軒文集十六卷　(清)姚鼐撰　清嘉慶六年(1801)刻本　四册

130000 - 0402 - 0005478　51 - 57/128
學古堂文集二卷　(清)吴汝綸等編　清末鉛印本　一册

130000 - 0402 - 0005479　51 - 57/129(1)
石甫文鈔三卷　(清)姚瑩撰　清刻本　二册　存二卷(二至三)

130000 - 0402 - 0005480　51 - 57/129(2)
石甫文鈔三卷　(清)姚瑩撰　清刻本　二册　存二卷(二至三)

130000 - 0402 - 0005481　51 - 57/130
叢碧山房文集八卷雜著三卷　(清)龐塏撰　清康熙刻本　二册

130000 - 0402 - 0005482　51 - 57/131
儀鄭堂文二卷　(清)孔廣森撰　清刻本　一册

130000 - 0402 - 0005483　51 - 57/132(1)
來紫堂合集三卷　(清)李祖望輯　清咸豐二年(1852)刻本　二册　缺一卷(二)

130000 - 0402 - 0005484　51 - 57/132(2)
來紫堂合集三卷　(清)李祖望輯　清咸豐二年(1852)刻本　一册　存一卷(三)

130000 - 0402 - 0005485　51 - 57/134
愛日堂類稿　(清)王敬之撰　清刻本　一册　存四卷(八至十一)

130000 - 0402 - 0005486　51 - 6/4
時務策論備要一卷　李守常著　王登庸輯　清光緒三十年(1904)書業德刻本　四册

130000 - 0402 - 0005487　52/1
玉臺新詠十卷　(南朝陳)徐陵編　(清)吴兆宜原注　(清)程際盛删補　清乾隆三十九年(1774)刻本　十册

130000 - 0402 - 0005488　52/1 - 2(1)
玉臺新詠十卷　(南朝陳)徐陵編　(清)吴兆宜原注　(清)程際盛删補　清光緒五年(1879)宏達堂刻本　四册

130000 - 0402 - 0005489　52/1 - 2(2)
玉臺新詠十卷　(南朝陳)徐陵編　(清)吴兆宜原注　(清)程際盛删補　清光緒五年(1879)宏達堂刻本　六册

130000 - 0402 - 0005490　52/2(1)
樂府詩集一百卷目録二卷　(宋)郭茂倩編次　(明)毛晉訂正　明毛氏汲古閣刻本　二十四册　存七十四卷(一至四十四、七十三至一百,目録二卷)

130000 - 0402 - 0005491　52/2(2)
樂府詩集一百卷目録二卷　(宋)郭茂倩編次　(明)毛晉訂正　明毛氏汲古閣刻本　十册　存四十六卷(一至四十四、目録二卷)

130000 - 0402 - 0005492　52/2 - 3(1)
樂府詩集一百卷目録二卷　(宋)郭茂倩編次　清同治十三年(1874)崇文書局刻本　十六册

130000 - 0402 - 0005493　52/2 - 3(2)
樂府詩集一百卷目録二卷　(宋)郭茂倩編次　清同治十三年(1874)崇文書局刻本　十六册

130000 - 0402 - 0005494　52/3
古詩源十四卷　(清)沈德潛選　清光緒十八年(1892)湖南務本書局刻本　四册

130000 - 0402 - 0005495　52/3 - 3(1)
古詩源十四卷　(清)沈德潛選　清竹嘯軒刻

本　四冊

130000－0402－0005496　52/3－3(2)
古詩源十四卷　(清)沈德潛選　清竹嘯軒刻本　四冊

130000－0402－0005497　52/3－3(3)
古詩源十四卷　(清)沈德潛選　清竹嘯軒刻本　一冊　存四卷(八至十一)

130000－0402－0005498　52/3－3(4)
古詩源十四卷　(清)沈德潛選　清竹嘯軒刻本　一冊　存七卷(八至十四)

130000－0402－0005499　52/3－4
古詩源十四卷　(清)沈德潛選　清光緒十七年(1891)湖南思賢書局刻本　四冊

130000－0402－0005500　52/3－5
古詩源十四卷　(清)沈德潛選　清尊經閣刻本　六冊

130000－0402－0005501　52/3－6
古詩源十四卷　(清)沈德潛選　清道光十三年(1833)寶仁堂刻本　六冊

130000－0402－0005502　52/3－9
評選古詩源十四卷　(清)沈德潛選　清光緒三十一年(1905)上海會文堂書局石印本　一冊　存四卷(一至四)

130000－0402－0005503　52/3－11
古詩源十四卷　(清)沈德潛選　清刻本　三冊　存三卷(二至四)

130000－0402－0005504　52/4
歷朝詩約選九十二卷　(清)劉大櫆纂　清光緒二十一年(1895)文徵閣刻本　十一冊

130000－0402－0005505　52/5(1)
古詩箋五言詩十七卷七言詩歌行鈔十五卷　(清)王士禎選　(清)聞人倓箋　清芷蘭堂刻本　十六冊

130000－0402－0005506　52/5(2)
古詩箋五言詩十七卷七言詩歌行鈔十五卷　(清)王士禎選　(清)聞人倓箋　清芷蘭堂刻本　一冊　存二卷(五言詩十六至十七)

130000－0402－0005507　52/5－5
古詩箋七言詩歌行鈔十五卷　(清)王士禎選　清刻本　二冊　存九卷(七至十五)

130000－0402－0005508　52/6(1)
瀛奎律髓四十九卷　(元)方回選　清康熙五十年至五十一年(1711－1712)吳之振刻本　八冊

130000－0402－0005509　52/6(2)
瀛奎律髓四十九卷　(元)方回選　清康熙五十年至五十一年(1711－1712)吳之振刻本　十二冊

130000－0402－0005510　52/6(3)
瀛奎律髓四十九卷　(元)方回選　清康熙五十年至五十一年(1711－1712)吳之振刻本　八冊　存十八卷(一至三、十五至二十、二十三至二十六、四十三至四十七)

130000－0402－0005511　52/6/1
瀛奎律髓刊誤四十九卷　(宋)方虛谷原選　(清)紀昀批點　清嘉慶五年(1800)李光垣刻本　六冊　存二十一卷(一至二十一)

130000－0402－0005512　52/9
佩文齋詠物詩選四百八十六卷　(清)高輿輯　清康熙四十六年(1707)内府刻本　六十四冊

130000－0402－0005513　52/10
歷朝二十五家詩錄三十七卷首一卷　(清)鄒湘倜編輯　清光緒元年(1875)新化鄒氏得頤堂刻本　三十冊

130000－0402－0005514　52/11(1)
十八家詩鈔二十八卷　(清)曾國藩纂　清刻本　十二冊　存十七卷(十至十七、二十三至二十八)

130000－0402－0005515　52/11(2)
十八家詩鈔二十八卷　(清)曾國藩纂　清刻本　一冊　存一卷(二十八)

130000－0402－0005516　52/11(3)
十八家詩鈔二十八卷　(清)曾國藩纂　清同

治十三年(1874)傳忠書局刻本　五册　存五卷(一、六至九)

130000－0402－0005517　52/11(4)
十八家詩鈔二十八卷　(清)曾國藩纂　清同治十三年(1874)傳忠書局刻本　二十册

130000－0402－0005518　52/11(5)
十八家詩鈔二十八卷　(清)曾國藩纂　清同治十三年(1874)傳忠書局刻本　六册　存七卷(九至十五)

130000－0402－0005519　52/11(6)
十八家詩鈔二十八卷　(清)曾國藩纂　清同治十三年(1874)傳忠書局刻本　十册　存十三卷(一至八、二十四至二十八)

130000－0402－0005520　52/12(1)
古唐詩合解十二卷古詩四卷　(清)王堯衢註　清道光十七年(1837)三益堂刻本　六册

130000－0402－0005521　52/12(2)
古唐詩合解十二卷古詩四卷　(清)王堯衢註　清道光十七年(1837)三益堂刻本　六册

130000－0402－0005522　52/12(3)
古唐詩合解十二卷古詩四卷　(清)王堯衢註　清道光十七年(1837)三益堂刻本　三册

130000－0402－0005523　52/12(4)
古唐詩合解十二卷古詩四卷　(清)王堯衢註　清道光十七年(1837)三益堂刻本　六册

130000－0402－0005524　52/12(5)
古唐詩合解十二卷古詩四卷　(清)王堯衢註　清道光十七年(1837)三益堂刻本　四册　缺五卷(唐詩五至九)

130000－0402－0005525　52/12(6)
古唐詩合解十二卷古詩四卷　(清)王堯衢註　清道光十七年(1837)三益堂刻本　五册　缺三卷(唐詩五至七)

130000－0402－0005526　52/12(7)
古唐詩合解十二卷古詩四卷　(清)王堯衢註　清三益堂刻本　八册

130000－0402－0005527　52/12(8)
古唐詩合解十二卷古詩四卷　(清)王堯衢註　清三益堂刻本　一册　存二卷(唐詩五至六)

130000－0402－0005528　52/12－2(1)
古唐詩合解十二卷古詩四卷　(清)王堯衢註　清道光十年(1830)金閶步月樓刻本　五册

130000－0402－0005529　52/12－2(2)
古唐詩合解十二卷古詩四卷　(清)王堯衢註　清道光十年(1830)金閶步月樓刻本　二册　存九卷(唐詩一至四、八至十二)

130000－0402－0005530　52/12－3(1)
古唐詩合解十二卷古詩四卷　(清)王堯衢註　清寶興堂刻本　六册

130000－0402－0005531　52/12－3(2)
古唐詩合解十二卷古詩四卷　(清)王堯衢註　清道光十年(1830)寶興堂刻本　一册　存一卷(唐詩一)

130000－0402－0005532　52/12－4
古唐詩合解十二卷古詩四卷　(清)王堯衢註　清光緒十一年(1885)上海掃葉山房刻本　六册

130000－0402－0005533　52/12－5
古唐詩合解十二卷古詩四卷　(清)王堯衢註　清泊鎮聚元堂刻本　六册

130000－0402－0005534　52/12－7
古唐詩合解十二卷古詩四卷　(清)王堯衢註　清三義堂刻本　六册

130000－0402－0005535　52/12－8(1)
古唐詩合解十二卷古詩四卷　(清)王堯衢註　清同治五年(1866)義忍堂刻本　五册

130000－0402－0005536　52/12－8(2)
古唐詩合解十二卷古詩四卷　(清)王堯衢註　清同治五年(1866)義忍堂刻本　六册

130000－0402－0005537　52/12－8(3)
古唐詩合解十二卷古詩四卷　(清)王堯衢註　清同治五年(1866)義忍堂刻本　一册　存二卷(唐詩一至二)

130000－0402－0005538　52/12－9

古唐詩合解十二卷古詩四卷　（清）王堯衢註　清善成堂刻本　六冊

130000－0402－0005539　52/12－10(1)

古唐詩合解十二卷古詩四卷　（清）王堯衢註　清刻本　六冊

130000－0402－0005540　52/12－10(2)

古唐詩合解十二卷古詩四卷　（清）王堯衢註　清刻本　二冊　缺十卷(唐詩一至七、十至十二)

130000－0402－0005541　52/12－11

古唐詩合解十二卷古詩四卷　（清）王堯衢註　清末上海章福記書局石印本　三冊　缺五卷(唐詩一至四、七)

130000－0402－0005542　52/12－12

古唐詩合解十二卷古詩四卷　（清）王堯衢註　清宣統元年(1909)石印本　六冊　存十二卷(唐詩十二卷)

130000－0402－0005543　52/12－13

古唐詩合解十二卷　（清）王堯衢註　清狀元閣刻本　五冊

130000－0402－0005544　52/12－14

古唐詩合解十二卷古詩四卷　（清）王堯衢註　清遵古堂刻本　六冊　缺二卷(唐詩三至四)

130000－0402－0005545　52/12－15

古唐詩合解十二卷古詩四卷　（清）王堯衢註　清醉經堂刻本　七冊

130000－0402－0005546　52/12－16

古唐詩合解十二卷　（清）王堯衢註　清刻本　五冊　存十一卷(二至十二)

130000－0402－0005547　52/12－17

古唐詩合解十二卷古詩四卷　（清）王堯衢註　清聚文堂刻本　八冊

130000－0402－0005548　52/12－18

古唐詩合解十二卷古詩四卷　（清）王堯衢註　清懷德堂刻本　六冊　缺四卷(唐詩五至八)

130000－0402－0005549　52/12－19

古唐詩合解十二卷古詩四卷　（清）王堯衢註　清鋤經堂刻本　五冊　缺四卷(唐詩九至十二)

130000－0402－0005550　52/12－20

古唐詩合解十二卷古詩四卷　（清）王堯衢註　清致和堂刻本　八冊

130000－0402－0005551　52/12－21

古唐詩合解十二卷古詩四卷　（清）王堯衢註　清刻本　二冊　缺六卷(唐詩七至十二)

130000－0402－0005552　52/12－22

古唐詩合解十二卷古詩四卷　（清）王堯衢註　清同治八年(1869)三義堂刻本(配本)　六冊

130000－0402－0005553　52/12－23

古唐詩合解十二卷古詩四卷　（清）王堯衢註　清刻本　五冊

130000－0402－0005554　52/12－24(1)

古唐詩合解十二卷古詩四卷　（清）王堯衢註　清光緒八年(1882)文德永刻本　二冊　缺六卷(唐詩五至十)

130000－0402－0005555　52/12－24(2)

古唐詩合解十二卷古詩四卷　（清）王堯衢註　清刻本　二冊　缺十卷(唐詩一至二、五至十二)

130000－0402－0005556　52/12－25(1)

古唐詩合解十二卷古詩四卷　（清）王堯衢註　清刻本　二冊　缺十卷(唐詩一至二、五至十二)

130000－0402－0005557　52/12－25(2)

古唐詩合解十二卷古詩四卷　（清）王堯衢註　清刻本　二冊　缺十卷(唐詩一至十)

130000－0402－0005558　52/12－26(1)

古唐詩合解十二卷古詩四卷　（清）王堯衢註　清刻本　五冊　缺四卷(唐詩一至二、五至六)

130000－0402－0005559　52/12－26(2)
古唐詩合解十二卷古詩四卷　(清)王堯衢註　清刻本　二册　缺八卷(唐詩五至十二)

130000－0402－0005560　52/12－27
古唐詩合解十二卷古詩四卷　(清)王堯衢註　清末石印本　一册　存二卷(古詩三至四)

130000－0402－0005561　52/12－28
古唐詩合解十二卷古詩四卷　(清)王堯衢註　清刻本　二册　缺九卷(唐詩一至九)

130000－0402－0005562　52/12－29(1)
古唐詩合解十二卷古詩四卷　(清)王堯衢註　清光緒七年(1881)書業德刻本　三册

130000－0402－0005563　52/12－29(2)
古唐詩合解十二卷古詩四卷　(清)王堯衢註　清光緒七年(1881)書業德刻本　三册

130000－0402－0005564　52/12－29(3)
古唐詩合解十二卷古詩四卷　(清)王堯衢註　清光緒七年(1881)書業德刻本　六册

130000－0402－0005565　52/12－30
古唐詩合解十二卷　(清)王堯衢註　(清)李模　(清)李桓校　清同治八年(1869)文會堂刻本　四册

130000－0402－0005566　52/13(1)
御選唐宋詩醇四十七卷目錄二卷　(清)高宗弘曆選　清乾隆二十五年(1760)刻本　二十四册

130000－0402－0005567　52/13(2)
御選唐宋詩醇四十七卷目錄二卷　(清)高宗弘曆選　清乾隆二十五年(1760)紫陽書院刻本　二十四册

130000－0402－0005568　52/13(3)
御選唐宋詩醇四十七卷目錄二卷　(清)高宗弘曆選　清乾隆二十五年(1760)紫陽書院刻本　十五册　缺十三卷(十至二十二)

130000－0402－0005569　52/13(4)
御選唐宋詩醇四十七卷目錄二卷　(清)高宗弘曆選　清乾隆二十五年(1760)紫陽書院刻本　十九册　缺十卷(九至十八)

130000－0402－0005570　52/13(5)
御選唐宋詩醇四十七卷目錄二卷　(清)高宗弘曆選　清乾隆二十五年(1760)刻本　六册　存十二卷(十至二十一)

130000－0402－0005571　52/13－2
御選唐宋詩醇四十七卷目錄二卷　(清)高宗弘曆選　清光緒三年(1877)公益會刻本　十八册　缺十二卷(三十六至四十七)

130000－0402－0005572　52/13－3(1)
御選唐宋詩醇四十七卷目錄二卷　(清)高宗弘曆選　清光緒七年(1881)浙江書局刻本　二十册

130000－0402－0005573　52/13－3(2)
御選唐宋詩醇四十七卷目錄二卷　(清)高宗弘曆選　清光緒七年(1881)浙江書局刻本　二十册

130000－0402－0005574　52/13－3(3)
御選唐宋詩醇四十七卷目錄二卷　(清)高宗弘曆選　清光緒七年(1881)浙江書局刻本　二十册

130000－0402－0005575　52/13－5(1)
御選唐宋詩醇四十七卷　(清)高宗弘曆選　清刻本　十七册　存三十三卷(一至十七、二十六至二十八、三十一至三十二、三十六至三十九、四十一至四十七)

130000－0402－0005576　52/13－5(2)
御選唐宋詩醇四十七卷　(清)高宗弘曆選　清刻本　三册　存二十二卷(二十六至四十七)

130000－0402－0005577　52/14
唐宋詩本七十六卷目錄八卷　(清)戴第元纂輯　(清)何永暹參校　清乾隆三十八年(1773)刻本　三十八册　缺六卷(三十七至四十二)

130000－0402－0005578　52/15
陶李合刻九卷　(明)王錫袞輯　明白鹿齋刻

本　二册

130000－0402－0005579　52/16

宛鄰書屋古詩錄十二卷　(清)張琦輯　清道光陽湖張氏刻宛鄰書屋叢書本　二册

130000－0402－0005580　52/18(1)

古今風謡一卷古今諺一卷　(明)楊慎纂　(清)史夢蘭補註　**古今風謡拾遺四卷古今諺拾遺六卷**　(清)史夢蘭輯　清同治十二年(1873)止園刻本　四册

130000－0402－0005581　52/18(2)

古今風謡一卷古今諺一卷　(明)楊慎纂　(清)史夢蘭補註　**古今風謡拾遺四卷古今諺拾遺六卷**　(清)史夢蘭輯　清同治十二年(1873)止園刻本　四册

130000－0402－0005582　52/20(1)

御定歷代賦彙一百四十卷目録二卷外集二十卷逸句二卷補遺二十二卷　(清)陳元龍編輯　清康熙四十五年(1706)刻本　六十四册

130000－0402－0005583　52/20(2)

御定歷代賦彙一百四十卷目録二卷外集二十卷逸句二卷補遺二十二卷　(清)陳元龍編輯　清康熙四十五年(1706)刻本　二十三册　存六十卷(賦彙七十二至九十八、外集二十卷、逸句二卷、補遺一至十一)

130000－0402－0005584　52/20－2

御定歷代賦彙一百八十四卷目録二卷　(清)陳元龍編輯　清光緒二十年(1894)上海點石齋石印本　十六册

130000－0402－0005585　52/20/2

賦彙題注八卷目録一卷　(清)王曉巖輯　清光緒九年(1883)寶林堂刻本　九册

130000－0402－0005586　52/21

賦海大觀三十二卷目録一卷　(清)□□輯　清光緒二十年(1894)鴻寶齋石印本　二十六册　缺三卷(二十五至二十七)

130000－0402－0005587　52/22

增廣賦海大全三十卷首一卷　(清)張誠臚輯　清光緒十九年(1893)上海鴻寶齋石印本　十二册

130000－0402－0005588　52/23

看詩隨錄一百三十卷　(清)高静輯　清光緒三十二年(1906)寧河高氏繼善堂刻本　十册　存二十二卷(一、十九至三十九)

130000－0402－0005589　52/25

古詩紀一百五十六卷　(明)馮惟訥彙編　**唐詩紀一百七十卷目録三十四卷**　(明)方一元彙編　明萬曆十四年(1586)文樞堂刻本　二十一册　存一百三十七卷(古詩紀八十至九十六、一百三十至一百五十六,唐詩紀一至五十九、目録三十四卷)

130000－0402－0005590　52/26(1)

五言今體詩鈔九卷七言今體詩鈔九卷　(清)姚鼐輯　清同治五年(1866)金陵書局刻本　二册

130000－0402－0005591　52/26(2)

五言今體詩鈔九卷七言今體詩鈔九卷　(清)姚鼐輯　清同治五年(1866)金陵書局刻本　二册

130000－0402－0005592　52/26－2

五言今體詩鈔九卷七言今體詩鈔九卷　(清)姚鼐輯　清掃葉山房石印本　三册　存十三卷(五言一至九、七言六至九)

130000－0402－0005593　52/26/1(1)

漁洋山人古詩選五言詩十七卷七言詩十五卷　(清)王士禛輯　清同治五年(1866)金陵書局刻本　八册

130000－0402－0005594　52/26/1(2)

漁洋山人古詩選五言詩十七卷七言詩十五卷　(清)王士禛輯　清同治五年(1866)金陵書局刻本　八册

130000－0402－0005595　52/26/1(3)

漁洋山人古詩選五言詩十七卷七言詩十五卷　(清)王士禛輯　清同治五年(1866)金陵書局刻本　二册　存八卷(五言詩一至八)

130000－0402－0005596　52/27(1)
近光集二十八卷　(清)汪士鋐編纂　(清)徐修仁參注　清康熙五十八年(1719)刻本　十冊

130000－0402－0005597　52/27(2)
近光集二十八卷　(清)汪士鋐編纂　(清)徐修仁參注　清康熙五十八年(1719)刻本　八冊

130000－0402－0005598　52/27(3)
近光集八卷補二卷　(清)汪士鋐編纂　(清)吳鼎科選輯　清乾隆邃經書塾刻本　六冊

130000－0402－0005599　52/28(1)
六朝唐賦讀本不分卷　(清)馬傳庚選註　清同治十三年(1874)京都玉燕書巢馬氏刻本　二冊

130000－0402－0005600　52/28(2)
六朝唐賦讀本不分卷　(清)馬傳庚選註　清同治十三年(1874)京都玉燕書巢馬氏刻本　二冊

130000－0402－0005601　52/28(3)
六朝唐賦讀本不分卷　(清)馬傳庚選註　清同治十三年(1874)京都玉燕書巢馬氏刻本　一冊

130000－0402－0005602　52/29
賦則四卷首一卷　(清)鮑桂星評選　清道光二年(1822)刻本　二冊

130000－0402－0005603　52/31
回文類聚四卷　(宋)桑世昌纂次　**續編十卷織錦回文圖一卷**　(清)朱象賢輯并摹集　清康熙麟玉堂刻本　四冊

130000－0402－0005604　52/31－2
回文類聚四卷首一卷　(宋)桑世昌纂　**續編十卷織錦回文圖一卷**　(清)朱象賢輯并摹集　清康熙三十一年(1692)裕文堂刻本　四冊

130000－0402－0005605　52/32
四家詠史樂府十五卷　(清)宋澤元輯　清光緒十二年(1886)懺華盦刻本　四冊

130000－0402－0005606　52/33
賦鈔箋畧十五卷　(清)雷琳　(清)張杏濱箋　清嘉慶二十二年(1817)張士林刻本　八冊

130000－0402－0005607　52/34
續詞選二卷附錄一卷　(清)董毅錄　清道光十年(1830)刻本　一冊

130000－0402－0005608　52/35
七十家賦鈔六卷　(清)張惠言輯　清光緒四年(1878)宏達堂刻本　四冊

130000－0402－0005609　52/37
三晉詩選十四卷　(清)范鄗鼎評選　清康熙二十一年(1682)五經堂刻本　四冊

130000－0402－0005610　52/39
新鐫五言千家詩會義直解二卷　(清)王相選注　清光緒十年(1884)榮德堂刻本　一冊

130000－0402－0005611　52/39－3
新鐫千家詩五言絕句二卷　(清)善成堂書林重輯　清光緒三十三年(1907)成文堂刻本　一冊

130000－0402－0005612　52/39－5
增補重訂千家詩註解四卷　(清)任來吉選　(清)王相註　清刻本　一冊　存二卷(三至四)

130000－0402－0005613　52/39－8
增補千家詩　(清)蜀東善成堂書林重訂　清刻本　一冊　存二卷(三至四)

130000－0402－0005614　52/39－9
千家詩　(□)□□輯　清抄本　一冊

130000－0402－0005615　52/41
賦彙錄要二十八卷　(清)吳光昭箋畧　(清)陳書輯　清汲古齋刻本　六冊　存十二卷(一至十二)

130000－0402－0005616　52/42
味蘭軒百篇賦鈔四卷　(清)張世燾　(清)彭克惠編輯　清崇義書院刻本　三冊　存二卷(一至二)

130000－0402－0005617　52/43

宋金元詩永二十卷補遺二卷　（清）吳綺選　清廣陵千古堂刻本　八册　存十卷（一至八、補遺二卷）

130000－0402－0005618　52/44
應制五言排律類選八卷　（清）丁湘錦　（清）袁鍾秀選　清刻本　一册　存一卷（四）

130000－0402－0005619　52/45
文選詩鈔不分卷　（□）□□輯　清抄本　一册

130000－0402－0005620　52/46（1）
詩法入門四卷　（清）游藝選　清刻本　一册　存二卷（三至四）

130000－0402－0005621　52/46（2）
詩法入門四卷　（清）游藝選　清刻本　一册　存一卷（四）

130000－0402－0005622　52/46－2
詩法入門四卷詩韻五卷　（清）游藝輯　清慎詒堂刻本　六册

130000－0402－0005623　52/47
臯蘭課業詩賦約編二卷　（清）□□輯　清刻本　二册

130000－0402－0005624　52/48（1）
樾樹齋偶鈔　（□）□□輯　清道光十八年（1838）抄本　一册

130000－0402－0005625　52/48（2）
錦囊佳話　（□）清涼散人摘錄　清抄本　一册

130000－0402－0005626　52/48（3）
味古堂雜鈔　（□）□□輯　清抄本　一册　存一卷（二）

130000－0402－0005627　52/48（4）
籬棘草堂詩　（清）何良棟撰　清同治二年（1863）稿本　一册

130000－0402－0005628　52/48（5）
安蔬草堂試帖二卷　（清）李廷芳撰　清嘉慶七年至九年（1802－1804）抄本　一册

130000－0402－0005629　52/48（6）
試律五卷　（□）□□輯　清抄本　二册

130000－0402－0005630　52/48（7）
詩賦雜鈔　（□）□□輯　清抄本　十三册

130000－0402－0005631　52/49
律賦選青四卷　（清）任聘三纂注　清嘉慶十七年（1812）刻本　二册

130000－0402－0005632　52/50
松風餘韻五十一卷　（清）姚弘緒編　清刻本　六册　存二十二卷（五至十五、三十至四十）

130000－0402－0005633　52－32/1
楚辭通釋十四卷　（清）王夫之釋　清道光二十八年（1848）刻本　三册

130000－0402－0005634　52－32/3
楚辭八卷附覽二卷辯證二卷後語八卷　（宋）朱熹集注　（清）蔣之翹評校　清抄本　六册　缺一卷（後語八）

130000－0402－0005635　52－32/4（1）
楚辭集注八卷　（宋）朱熹撰　清光緒三年（1877）湖北崇文書局刻本　二册

130000－0402－0005636　52－32/4（2）
楚辭集注八卷　（宋）朱熹撰　清光緒三年（1877）湖北崇文書局刻本　二册

130000－0402－0005637　52－32/4（3）
楚辭集注八卷　（宋）朱熹撰　清光緒三年（1877）湖北崇文書局刻本　一册　存五卷（四至八）

130000－0402－0005638　52－32/5（1）
楚辭集注八卷　（宋）朱熹撰　清聽雨齋刻朱墨套印本　六册

130000－0402－0005639　52－32/5（2）
楚辭集注八卷　（宋）朱熹撰　清聽雨齋刻朱墨套印本　十一册

130000－0402－0005640　52－32/5（3）
楚辭集注八卷　（宋）朱熹撰　清聽雨齋刻朱墨套印本　一册　存一卷（三下）

130000－0402－0005641　52－32/9
楚辭集注八卷辯證二卷後語六卷　(宋)朱熹撰　清光緒刻本　二册

130000－0402－0005642　52－32/9－2
楚辭集注八卷辯證二卷後語六卷　(宋)朱熹撰　清光緒八年(1882)江蘇書局刻本　四册

130000－0402－0005643　52－32/10
楚辭十七卷　(漢)王逸章句　(宋)洪興祖補注　清光緒九年(1883)長沙書堂山館刻本　六册

130000－0402－0005644　52－32/10－2
楚辭十七卷　(漢)王逸章句　(宋)洪興祖補注　明末清初毛氏汲古閣刻本　六册

130000－0402－0005645　52－32/10－3
楚辭十七卷　(漢)王逸章句　(宋)洪興祖補注　清刻本　五册　存十六卷(二至十七)

130000－0402－0005646　52－32/11(1)
楚辭十七卷　(漢)王逸章句　(宋)洪興祖補注　清同治十一年(1872)金陵書局刻本　四册

130000－0402－0005647　52－32/11(2)
楚辭十七卷　(漢)王逸章句　(宋)洪興祖補注　清同治十一年(1872)金陵書局刻本　四册

130000－0402－0005648　52－32/12
楚辭十七卷　(漢)王逸章句　(宋)洪興祖補注　清光緒十一年(1885)汗青簃刻本　四册

130000－0402－0005649　52－32/16(1)
楚辭十七卷　(漢)王逸章句　(宋)洪興祖補注　清吳郡寶翰樓刻本　六册

130000－0402－0005650　52－32/16(2)
楚辭十七卷　(漢)王逸章句　(宋)洪興祖補注　清吳郡寶翰樓刻本　六册

130000－0402－0005651　52－32/16(3)
楚辭十七卷　(漢)王逸章句　(宋)洪興祖補注　清吳郡寶翰樓刻本　二册　存六卷(四至九)

130000－0402－0005652　52－32/21
離騷注一卷　王樹枏注　清文莫室刻本　一册

130000－0402－0005653　52－32/23
離騷草木疏四卷　(宋)吳仁傑撰　清光緒三年(1877)湖北崇文書局刻本　一册

130000－0402－0005654　52－32/24
楚辭燈四卷　(清)林雲銘論述　清康熙三十六年(1697)刻本　二册

130000－0402－0005655　52－49/2(1)
陶淵明集八卷首一卷末一卷　(晉)陶潛撰　清光緒五年(1879)廣州翰墨園刻朱墨套印本　二册

130000－0402－0005656　52－49/2(2)
陶淵明集八卷首一卷末一卷　(晉)陶潛撰　清光緒五年(1879)廣州翰墨園刻朱墨套印本　二册

130000－0402－0005657　52－49/2－5
陶淵明文集十卷　(晉)陶潛撰　清光緒五年(1879)俞秀山刻本　二册

130000－0402－0005658　52－49/2/1
陶淵明詩不分卷　(晉)陶潛撰　清光緒元年(1875)影宋刻本　一册

130000－0402－0005659　52－49/2/3
陶淵明詩集四卷　(晉)陶潛撰　(清)蔣薰評　**東坡和陶詩一卷**　(宋)蘇軾撰　**律陶一卷**　(明)王思任集　**敦好齋律陶纂一卷**　(明)黃槐開纂　**陶靖節詩話一卷考異四卷**　(清)胡鳳丹纂　清文山房刻本　四册

130000－0402－0005660　52－49/2/3－2
陶靖節詩集四卷　(晉)陶潛撰　(清)蔣薰評　**東坡和陶詩一卷**　(宋)蘇軾撰　**律陶一卷**　(明)王思任集　**敦好齋律陶纂一卷**　(明)黃槐開纂　清乾隆二年(1737)最樂堂刻本　一册

130000－0402－0005661　52－49/3－2
靖節先生集十卷首一卷諸本評陶彙集一卷年

譜考異二卷　（晉）陶潛撰　（清）陶澍集注　清光緒九年（1883）江蘇書局刻本　四册

130000 – 0402 – 0005662　52 – 49/4
陶詩彙評四卷東坡和陶合箋四卷　（清）溫汝能纂訂　清嘉慶十一年（1806）刻本　四册

130000 – 0402 – 0005663　52 – 52/1
唐詩紀一百七十卷目錄三十四卷　（明）吳琯輯　明萬曆十三年（1585）刻本　三十二册　存一百二十五卷（四十至六十五、一百六至一百七十，目錄三十四卷）

130000 – 0402 – 0005664　52 – 52/2
盛唐四名家集二十四卷　（唐）王維等撰　明末刻朱墨套印本　六册　存三種十九卷（王摩詰集七卷、孟浩然集二卷、孟東野集十卷）

130000 – 0402 – 0005665　52 – 52/3
唐詩類苑二百卷　（明）張之象纂輯　（清）吳榮芝重輯　清刻本　八十册

130000 – 0402 – 0005666　52 – 52/4（1）
御定全唐詩錄一百卷　（清）徐倬　（清）徐元正編　清康熙四十五年（1706）内府刻本　二十四册

130000 – 0402 – 0005667　52 – 52/4（2）
御定全唐詩錄一百卷　（清）徐倬　（清）徐元正編　清康熙四十五年（1706）内府刻本　二十三册　存七十四卷（一至五十、七十七至一百）

130000 – 0402 – 0005668　52 – 52/5
全唐詩九百卷　（清）曹寅輯　清康熙四十四年至四十六年（1705 – 1707）揚州詩局刻本　一百二十册

130000 – 0402 – 0005669　52 – 52/5 – 2（1）
全唐詩三十二卷　（清）曹寅輯　清光緒十三年（1887）上海同文書局石印本　三十一册　缺一卷（六）

130000 – 0402 – 0005670　52 – 52/5 – 2（2）
全唐詩三十二卷　（清）曹寅輯　清光緒十三年（1887）上海同文書局石印本　三十二册

130000 – 0402 – 0005671　52 – 52/5 – 2（3）
全唐詩三十二卷　（清）曹寅輯　清光緒十三年（1887）上海同文書局石印本　三十二册

130000 – 0402 – 0005672　52 – 52/5 – 2（4）
全唐詩三十二卷　（清）曹寅輯　清光緒十三年（1887）上海同文書局石印本　二十一册　缺十一卷（五、七至十六）

130000 – 0402 – 0005673　52 – 52/5 – 2（5）
全唐詩三十二卷　（清）曹寅輯　清光緒十三年（1887）上海同文書局石印本　十四册　存十四卷（三至四、九至十三、二十六至三十二）

130000 – 0402 – 0005674　52 – 52/5 – 2（6）
全唐詩三十二卷　（清）曹寅輯　清光緒十三年（1887）上海同文書局石印本　三十册　缺二卷（八、二十）

130000 – 0402 – 0005675　52 – 52/5 – 3（1）
全唐詩十二函一百二十册　（清）曹寅輯　（清）彭年重修　清道光十年（1830）刻本　五十四册　存五十四册（第一函一至六，第三函五至十，第四函三、七至十，第五函一、九至十，第六函一至四，第七函一至八、十，第八函一至二、九至十，第九函一至四，第十函四、七至十，第十一函一至三、九至十，第十二函一至二、四）

130000 – 0402 – 0005676　52 – 52/5 – 3（2）
全唐詩十二函一百二十册　（清）曹寅輯　（清）彭年重修　清道光十年（1830）刻本　一百十九册　缺一册（第七函七）

130000 – 0402 – 0005677　52 – 52/5 – 3（3）
全唐詩十二函一百二十册　（清）曹寅輯　（清）彭年重修　清道光十年（1830）刻本　九十册　缺三十册（第二函十册、第六函十册、第十二函十册）

130000 – 0402 – 0005678　52 – 52/5 – 3（4）
全唐詩十二函一百二十册　（清）曹寅輯　（清）彭年重修　清道光十年（1830）刻本　六册　存六册（第十函十、第十一函一至五）

130000 – 0402 – 0005679　52 – 52/5 – 3（5）

全唐詩十二函一百二十册 (清)曹寅輯 (清)彭年重修 清道光十年(1830)刻本 八十册 存八十册(第一函十册、第二函十册、第三函十册、第七函十册、第八函十册、第十函十册、第十一函十册、第十二函十册)

130000－0402－0005680 52－52/6
中晚唐詩叩彈集十二卷續集三卷 (清)杜詔 (清)杜庭珠集 清康熙四十三年(1704)采山亭刻本 七册

130000－0402－0005681 52－52/6－2
中晚唐詩叩彈集十二卷 (清)杜詔 (清)杜庭珠集 清同治十二年(1873)采山亭刻本 四册 缺二卷(九至十)

130000－0402－0005682 52－52/7
唐四家詩八卷 (清)汪立名輯訂 清康熙三十四年(1695)刻本 六册

130000－0402－0005683 52－52/8
御選唐詩三十二卷目錄三卷 (清)聖祖玄燁輯 清康熙五十二年(1713)武英殿刻朱墨套印本 十六册

130000－0402－0005684 52－52/9
唐詩三百首補註八卷 (清)孫洙編 (清)陳婉俊輯 清光緒十一年(1885)四籐吟社刻本 四册

130000－0402－0005685 52－52/9/4(1)
唐詩三百首註疏六卷 (清)孫洙編 (清)章燮註 清道光十五年(1835)寶興堂刻本 二册

130000－0402－0005686 52－52/9/4(2)
唐詩三百首註疏六卷 (清)孫洙編 (清)章燮註 清道光十五年(1835)寶興堂刻本 三册

130000－0402－0005687 52－52/9/4(3)
唐詩三百首註疏六卷 (清)孫洙編 (清)章燮註 清道光十五年(1835)寶興堂刻本 六册

130000－0402－0005688 52－52/9/4(4)
唐詩三百首註疏六卷 (清)孫洙編 (清)章燮註 清道光十五年(1835)寶興堂刻本 六册

130000－0402－0005689 52－52/9/5(1)
唐詩三百首註釋六卷 (清)孫洙編 (清)章燮註 **續選一卷** (清)于慶元編 清光緒十五年(1889)文寶堂書坊刻本 一册 存四卷(二至三、六,續選一卷)

130000－0402－0005690 52－52/9/5(2)
唐詩三百首註釋六卷 (清)孫洙編 (清)章燮註 **續選一卷** (清)于慶元編 清道光二十三年(1843)漁古堂刻本 八册

130000－0402－0005691 52－52/9/5(3)
唐詩三百首註釋六卷 (清)孫洙編 (清)章燮註 **續選一卷** (清)于慶元編 清光緒十五年(1889)文寶堂書坊刻本 八册

130000－0402－0005692 52－52/9/5(4)
唐詩三百首註釋六卷 (清)孫洙編 (清)章燮註 **續選一卷** (清)于慶元編 清光緒十六年(1890)石渠山房刻本 八册

130000－0402－0005693 52－52/9/5(5)
唐詩三百首註釋六卷 (清)孫洙編 (清)章燮註 **續選一卷** (清)于慶元編 清光緒十六年(1890)石渠山房刻本 四册

130000－0402－0005694 52－52/9/6(1)
唐詩三百首補註八卷 (清)孫洙編 (清)陳婉俊輯 **續選一卷** (清)于慶元編 清光緒十二年(1886)三義堂刻本 六册

130000－0402－0005695 52－52/9/6(2)
唐詩三百首補註八卷 (清)孫洙編 (清)陳婉俊輯 **續選一卷** (清)于慶元編 清光緒十二年(1886)三義堂刻本 六册

130000－0402－0005696 52－52/9/6(3)
唐詩三百首補註八卷 (清)孫洙編 (清)陳婉俊輯 **續選一卷** (清)于慶元編 清光緒十二年(1886)三義堂刻本 六册

130000－0402－0005697 52－52/9/6(4)

唐詩三百首補註八卷　(清)孫洙編　(清)陳婉俊輯　續選一卷　(清)于慶元編　清光緒十二年(1886)三義堂刻本　六冊

130000－0402－0005698　52－52/9/6(5)
唐詩三百首補註八卷　(清)孫洙編　(清)陳婉俊輯　續選一卷　(清)于慶元編　清光緒十二年(1886)三義堂刻本　六冊

130000－0402－0005699　52－52/9/6(6)
唐詩三百首補註八卷　(清)孫洙編　(清)陳婉俊輯　續選一卷　(清)于慶元編　清光緒元年(1875)衡水三義堂刻本　五冊

130000－0402－0005700　52－52/9/6(7)
唐詩三百首補註八卷　(清)孫洙編　(清)陳婉俊輯　續選一卷　(清)于慶元編　清光緒元年(1875)衡水三義堂刻本　六冊

130000－0402－0005701　52－52/9/6(8)
唐詩三百首補註八卷　(清)孫洙編　(清)陳婉俊輯　續選一卷　(清)于慶元編　清光緒十九年(1893)書業德刻本　三冊

130000－0402－0005702　52－52/9/6(9)
唐詩三百首補註八卷　(清)孫洙編　(清)陳婉俊輯　續選一卷　(清)于慶元編　清光緒十九年(1893)書業德刻本　五冊　缺二卷(五至六)

130000－0402－0005703　52－52/9/6(10)
唐詩三百首註疏六卷　(清)孫洙編　(清)章燮註　清刻本　二冊　存二卷(四至五)

130000－0402－0005704　52－52/9/6－2(1)
唐詩三百首續選一卷　(清)于慶元編　清刻本　一冊

130000－0402－0005705　52－52/9/6－2(2)
唐詩三百首補註八卷　(清)孫洙編　(清)陳婉俊輯　續選一卷　(清)于慶元編　清光緒十二年(1886)善成堂刻本　八冊

130000－0402－0005706　52－52/9/6－3(1)
唐詩三百首補註八卷　(清)孫洙編　(清)陳婉俊輯　清刻本　三冊　存六卷(三至八)

130000－0402－0005707　52－52/9/6－3(2)
唐詩三百首補註八卷　(清)孫洙編　(清)陳婉俊輯　清刻本　一冊　存二卷(五至六)

130000－0402－0005708　52－52/9/6－3
唐詩三百首補註八卷　(清)孫洙編　(清)陳婉俊輯　清刻本　一冊　存四卷(五至八)

130000－0402－0005709　52－52/9/7
唐詩三百首註釋六卷　(清)孫洙編　(清)章燮註　續選一卷　(清)于慶元編　清光緒二十年(1894)文成堂刻本　七冊

130000－0402－0005710　52－52/9/8
唐詩三百首註疏六卷　(清)孫洙編　(清)章燮註　清道光二十二年(1842)文錦堂刻本　五冊　存五卷(一至五)

130000－0402－0005711　52－52/9/9
唐詩三百首補註八卷　(清)孫洙編　(清)陳婉俊輯　續選一卷　(清)于慶元編　清光緒十四年(1888)有益堂刻本　三冊　缺四卷(五至八)

130000－0402－0005712　52－52/9/11
唐詩三百首二卷　(清)孫洙編　清嘉慶十二年(1807)金陵崇文堂刻本　一冊

130000－0402－0005713　52－52/9/12
唐詩三百首註疏六卷　(清)孫洙編　(清)章燮註　清道光二十二年(1842)崇德堂刻本　二冊

130000－0402－0005714　52－52/9/13(1)
唐詩三百首註疏六卷　(清)孫洙編　(清)章燮註　清咸豐七年(1857)文會堂刻本　三冊　存三卷(一至三)

130000－0402－0005715　52－52/9/13(2)
唐詩三百首註疏六卷　(清)孫洙編　(清)章燮註　清咸豐七年(1857)文會堂刻本　二冊　存二卷(一、六)

130000－0402－0005716　52－52/9/14(1)
唐詩三百首註疏六卷　(清)孫洙編　(清)章燮註　續選一卷　(清)于慶元編　清松盛堂

刻本　二冊　缺二卷(一至二)

130000－0402－0005717　52－52/9/14(2)
唐詩三百首註疏六卷　(清)孫洙編　(清)章燮註　清刻本　三冊　存三卷(三、五至六)

130000－0402－0005718　52－52/10
桐城吴先生評點唐詩鼓吹十六卷　(清)吳汝綸評點　清同治四年(1865)南宫邢氏刻本　二冊

130000－0402－0005719　52－52/10－2
唐詩鼓吹十卷　(元)郝天挺註　(明)廖文炳解　清乾隆五十七年(1792)三多齋刻本　二冊

130000－0402－0005720　52－52/11－3
李太白文集三十六卷　(唐)李白撰　(清)王琦輯註　清乾隆文聚堂刻本　八冊　存十七卷(二十至三十六)

130000－0402－0005721　52－52/11－4(1)
李太白文集三十六卷　(唐)李白撰　(清)王琦輯註　清聚錦堂刻本　十五冊　缺三卷(二十至二十二)

130000－0402－0005722　52－52/11－4(2)
李太白文集三十六卷　(唐)李白撰　(清)王琦輯註　清聚錦堂刻本　八冊　存十六卷(二十一至三十六)

130000－0402－0005723　52－52/11/2(1)
李太白文集三十六卷　(唐)李白撰　(清)王琦輯註　清乾隆二十四年(1759)寶笏樓刻本　二十冊

130000－0402－0005724　52－52/11/2(2)
李太白文集三十六卷　(唐)李白撰　(清)王琦輯註　清乾隆二十四年(1759)寶笏樓刻本　十六冊

130000－0402－0005725　52－52/11/2(3)
李太白文集三十六卷　(唐)李白撰　(清)王琦輯註　清乾隆二十四年(1759)寶笏樓刻本　十冊　存十八卷(一至十八)

130000－0402－0005726　52－52/11/4
李太白全集十六卷　(唐)李白撰　(清)李調元　(清)鄧在珩編訂　清乾隆二十九年(1764)清廉書院刻本　八冊

130000－0402－0005727　52－52/11/6
分類補註李太白詩二十五卷　(宋)楊齊賢集註　(元)蕭士贇補註　(明)許自昌校　明書林汪復初刻本　十二冊

130000－0402－0005728　52－52/11/7
李翰林全集四十二卷　(唐)李白著　清刻本　三冊

130000－0402－0005729　52－52/11/8
李翰林集三十卷　(唐)李白著　清光緒三十二年(1906)西泠印社刻本　六冊

130000－0402－0005730　52－52/11/9－2
李太白文集三十卷　(唐)李白撰　清康熙五十六年(1717)繆曰芑雙泉草堂影宋刻本　四冊

130000－0402－0005731　52－52/12－2(1)
杜工部集二十卷　(唐)杜甫著　清玉勾草堂刻本　五冊　存十卷(十一至二十)

130000－0402－0005732　52－52/12－2(2)
杜工部集二十卷首一卷唱酬題詠附錄一卷諸家詩話一卷　(唐)杜甫撰　清同治十一年(1872)致一齋刻本　十冊

130000－0402－0005733　52－52/12－3(1)
杜工部集二十卷首一卷　(唐)杜甫撰　(清)盧坤輯　清道光十四年(1834)蕓葉盦刻五色套印本　十冊

130000－0402－0005734　52－52/12－3(2)
杜工部集二十卷首一卷　(唐)杜甫撰　(清)盧坤輯　清光緒二年(1876)粤東翰墨園刻五色套印本　十冊

130000－0402－0005735　52－52/12－3(3)
杜工部集二十卷首一卷　(唐)杜甫撰　(清)盧坤輯　清光緒二年(1876)粤東翰墨園刻五色套印本　十冊

130000－0402－0005736　52－52/12－3(4)

杜工部集二十卷首一卷 （唐）杜甫撰 （清）盧坤輯 清光緒二年（1876）粵東翰墨園刻五色套印本 十册

130000－0402－0005737 52－52/12－3（5）
杜工部集二十卷首一卷 （唐）杜甫撰 （清）盧坤輯 清光緒二年（1876）粵東翰墨園刻五色套印本 十册

130000－0402－0005738 52－52/12－3（6）
杜工部集二十卷首一卷 （唐）杜甫撰 （清）盧坤輯 清光緒二年（1876）粵東翰墨園刻五色套印本 十册

130000－0402－0005739 52－52/12－4（1）
杜詩詳註二十五卷首一卷 （唐）杜甫撰 （清）仇兆鰲輯註 清刻本 十四册

130000－0402－0005740 52－52/12－4（2）
杜詩詳註二十五卷首一卷諸家詠杜附錄二卷 （唐）杜甫撰 （清）仇兆鰲輯註 清刻本 二十八册

130000－0402－0005741 52－52/12－4（3）
杜詩詳註二十五卷首一卷諸家詠杜附錄二卷 （唐）杜甫撰 （清）仇兆鰲輯註 清刻本 二十八册

130000－0402－0005742 52－52/12－4（4）
杜詩詳註二十五卷首一卷諸家詠杜附錄二卷 （唐）杜甫撰 （清）仇兆鰲輯註 清刻本 二十四册

130000－0402－0005743 52－52/12－4（5）
杜詩詳註二十五卷首一卷諸家詠杜附錄二卷 （唐）杜甫撰 （清）仇兆鰲輯註 清刻本 十一册 存十一卷（九至十八、二十二）

130000－0402－0005744 52－52/12－6
杜工部集二十卷 （唐）杜甫撰 （清）錢謙益箋註 （清）何焯評點 清宣統二年（1910）上海國學扶輪社、神州國光社鉛印本 八册

130000－0402－0005745 52－52/12－7
杜工部集二十卷 （唐）杜甫撰 （清）錢謙益箋註 清康熙刻本 四册

130000－0402－0005746 52－52/12－8（1）
杜律啓蒙十二卷 （唐）杜甫撰 （清）邊連寶集註 清乾隆四十二年（1777）刻本 四册

130000－0402－0005747 52－52/12－8（2）
杜律啓蒙十二卷 （唐）杜甫撰 （清）邊連寶集註 清乾隆四十二年（1777）刻本 六册

130000－0402－0005748 52－52/12－8（3）
杜律啓蒙十二卷 （唐）杜甫撰 （清）邊連寶集註 清乾隆四十二年（1777）刻本 六册

130000－0402－0005749 52－52/12－9（1）
讀杜心解六卷首二卷 （唐）杜甫撰 （清）浦起龍講解 清雍正二年（1724）浦氏寧我齋刻本 十册

130000－0402－0005750 52－52/12－9（2）
讀杜心解六卷首二卷 （唐）杜甫撰 （清）浦起龍講解 清雍正二年（1724）浦氏寧我齋刻本 十一册 缺二卷（五末、六上下）

130000－0402－0005751 52－52/12－9（3）
讀杜心解六卷首二卷 （唐）杜甫撰 （清）浦起龍講解 清寧我齋刻本 六册 存五卷（一卷之一至六、二卷之一至二、三卷之四至五，首二卷）

130000－0402－0005752 52－52/12－9（4）
讀杜心解六卷首二卷 （唐）杜甫撰 （清）浦起龍講解 清寧我齋刻本 六册 存三卷（一卷之一至六、二卷之一至三、四卷之一至二）

130000－0402－0005753 52－52/12－10
讀杜小箋三卷二箋二卷 （唐）杜甫撰 （清）錢謙益箋 清宣統三年（1911）國學扶輪社石印本 一册

130000－0402－0005754 52－52/12－11（1）
杜律通解四卷 （唐）杜甫撰 （清）李文煒箋釋 （清）趙世錫考訂 清刻本 四册

130000－0402－0005755 52－52/12－11（2）
杜律通解四卷 （唐）杜甫撰 （清）李文煒箋釋 （清）趙世錫考訂 清刻本 六册

130000－0402－0005756　52－52/12－11(3)
杜律通解四卷　(唐)杜甫撰　(清)李文煒箋釋　(清)趙世錫考訂　清刻本　四册

130000－0402－0005757　52－52/12－11(4)
杜律通解四卷　(唐)杜甫撰　(清)李文煒箋釋　(清)趙世錫考訂　清刻本　四册

130000－0402－0005758　52－52/12－12
藏雲山房杜律詳解五律六卷七律二卷　(唐)杜甫撰　(清)石間居士評點　清道光八年(1828)藏雲山房刻本　八册

130000－0402－0005759　52－52/12－13(1)
杜詩註釋二十四卷首一卷　(唐)杜甫撰　(清)徐寶善編　(清)曹洪志參訂　(清)桂心堂校　清光緒三年(1877)吴縣朱氏補刻本　十二册

130000－0402－0005760　52－52/12－13(2)
杜詩註釋二十四卷首一卷　(唐)杜甫撰　(清)徐寶善編　(清)曹洪志參訂　(清)桂心堂校　清光緒三年(1877)吴縣朱氏補刻本　二册　存四卷(十一至十二、二十三至二十四)

130000－0402－0005761　52－52/12－14
杜詩鏡銓二十卷　(唐)杜甫撰　(清)楊倫編　**讀書堂杜工部文集注解二卷**　(清)張溍評注　清光緒十八年(1892)著易堂鉛印本　六册

130000－0402－0005762　52－52/12－14/2(1)
杜詩鏡銓二十卷　(唐)杜甫撰　(清)楊倫編　清乾隆五十七年(1792)刻本　八册

130000－0402－0005763　52－52/12－14/2(2)
杜詩鏡銓二十卷　(唐)杜甫撰　(清)楊倫編　清乾隆五十七年(1792)刻本　三册　存六卷(一至二、十三至十四、十七至十八)

130000－0402－0005764　52－52/12－14/2(3)
杜詩鏡銓二十卷　(唐)杜甫撰　(清)楊倫編　清乾隆五十七年(1792)刻本　三册　存六卷(一至二、七至八、十三至十四)

130000－0402－0005765　52－52/12－18
杜律五言注解三卷　(唐)杜甫撰　(元)趙汸選注批點　**七言注解一卷**　(元)虞集注　明嘉靖刻本　三册

130000－0402－0005766　52－52/12－21
九家集注杜詩三十六卷　(唐)杜甫撰　(宋)郭知達編注　清刻本　六册　存十五卷(一至十五)

130000－0402－0005767　52－52/12－22
杜工部全集六十六卷　(唐)杜甫撰　(明)劉世教編　清刻本　四册　存四十一卷(二十六至六十六)

130000－0402－0005768　52－52/12－23
讀書堂杜工部文集註解二卷　(唐)杜甫撰　(清)張溍評註　清讀書堂刻本　一册

130000－0402－0005769　52－52/12－24
杜工部詩集二十卷末一卷文集二卷　(唐)杜甫撰　(清)朱鶴齡輯注　清刻本　六册　缺十一卷(一至十一)

130000－0402－0005770　52－52/12/3
杜詩會粹二十四卷　(唐)杜甫撰　(清)張遠箋注　清刻本　二册　存四卷(十一至十二、二十一至二十二)

130000－0402－0005771　52－52/13(1)
白香山詩長慶集二十卷後集十七卷别集一卷補遺二卷年譜一卷　(唐)白居易撰　(清)汪立名編訂　**年譜舊本一卷**　(宋)陳振孫編　清康熙一隅草堂刻本　九册　存十七卷(長慶集十七卷)

130000－0402－0005772　52－52/13(2)
白香山詩長慶集二十卷後集十七卷别集一卷補遺二卷年譜一卷　(唐)白居易撰　(清)汪立名編訂　**年譜舊本一卷**　(宋)陳振孫編　清康熙四十一年至四十二年(1702－1703)汪立名一隅草堂刻本　二十册

130000－0402－0005773　52－52/13－2(1)
白香山詩長慶集二十卷後集十七卷别集一卷補遺二卷年譜一卷　(唐)白居易撰　(清)汪

立名編訂　**年譜舊本一卷**　(宋)陳振孫編　清康熙一隅草堂刻本　十二册

130000－0402－0005774　52－52/13－2(2)
白香山詩長慶集二十卷後集十七卷别集一卷補遺二卷　(唐)白居易撰　(清)汪立名編訂　清康熙一隅草堂刻本　一册　存二卷(後集十四至十五)

130000－0402－0005775　52－52/13－2(3)
白香山詩長慶集二十卷後集十七卷别集一卷補遺二卷　(唐)白居易撰　(清)汪立名編訂　清康熙一隅草堂刻本　六册　存二十卷(後集十七卷、别集一卷、補遺二卷)

130000－0402－0005776　52－52/13－2(4)
白香山詩長慶集二十卷後集十七卷别集一卷補遺二卷年譜一卷　(唐)白居易撰　(清)汪立名編訂　**年譜舊本一卷**　(宋)陳振孫編　清康熙一隅草堂刻本　十册

130000－0402－0005777　52－52/13－2(5)
白香山詩長慶集二十卷後集十七卷别集一卷補遺二卷年譜一卷　(唐)白居易撰　(清)汪立名編訂　**年譜舊本一卷**　(宋)陳振孫編　清康熙一隅草堂刻本　十二册

130000－0402－0005778　52－52/13－2(6)
白香山詩長慶集二十卷後集十七卷别集一卷補遺二卷年譜一卷　(唐)白居易撰　(清)汪立名編訂　**年譜舊本一卷**　(宋)陳振孫編　清康熙一隅草堂刻本　十二册

130000－0402－0005779　52－52/13－2(7)
白香山詩長慶集二十卷後集十七卷别集一卷補遺二卷年譜一卷　(唐)白居易撰　(清)汪立名編訂　**年譜舊本一卷**　(宋)陳振孫編　清康熙一隅草堂刻本　六册

130000－0402－0005780　52－52/13－2(8)
白香山詩長慶集二十卷後集十七卷别集一卷補遺二卷年譜一卷　(唐)白居易撰　(清)汪立名編訂　**年譜舊本一卷**　(宋)陳振孫編　清康熙一隅草堂刻本　六册

130000－0402－0005781　52－52/13－2(9)
白香山詩長慶集二十卷後集十七卷别集一卷補遺二卷年譜一卷　(唐)白居易撰　(清)汪立名編訂　**年譜舊本一卷**　(宋)陳振孫編　清康熙一隅草堂刻本　十册

130000－0402－0005782　52－52/13－2(10)
白香山詩長慶集二十卷後集十七卷别集一卷補遺二卷　(唐)白居易撰　(清)汪立名編訂　清康熙一隅草堂刻本　六册　存二十卷(後集十七卷、别集一卷、補遺二卷)

130000－0402－0005783　52－52/14－2(1)
李義山詩集三卷　(唐)李商隱撰　(清)朱鶴齡箋註　(清)沈厚塽輯評　清同治九年(1870)廣州倅署刻三色套印本　四册

130000－0402－0005784　52－52/14－2(2)
李義山詩集三卷　(唐)李商隱撰　(清)朱鶴齡箋註　(清)沈厚塽輯評　清同治九年(1870)廣州倅署刻三色套印本　四册

130000－0402－0005785　52－52/14－2(3)
李義山詩集三卷　(唐)李商隱撰　(清)朱鶴齡箋註　(清)沈厚塽輯評　清同治九年(1870)廣州倅署刻三色套印本　六册

130000－0402－0005786　52－52/14－3
重訂李義山詩集箋注三卷集外詩箋注一卷　(唐)李商隱撰　(清)朱鶴齡原注　(清)程夢星刪補　清乾隆八年(1743)東柯草堂刻本　五册

130000－0402－0005787　52－52/14－4(1)
玉谿生詩詳注三卷　(唐)李商隱撰　(清)馮浩編訂　(清)胡健參校　清德聚堂刻本　四册

130000－0402－0005788　52－52/14－4(2)
玉谿生詩詳注三卷　(唐)李商隱撰　(清)馮浩編訂　(清)胡健參校　清德聚堂刻本　四册

130000－0402－0005789　52－52/14－5(1)
李義山詩集三卷　(唐)李商隱撰　(清)朱鶴齡箋註　清乾隆五十八年(1793)三多齋刻本　四册

130000－0402－0005790　52－52/14－5(2)
李義山詩集三卷　(唐)李商隱撰　(清)朱鶴齡箋註　清乾隆五十八年(1793)三多齋刻本　四册

130000－0402－0005791　52－52/14－5(3)
李義山詩集三卷　(唐)李商隱撰　(清)朱鶴齡箋註　清乾隆五十八年(1793)三多齋刻本　四册

130000－0402－0005792　52－52/14－5(4)
李義山詩集三卷　(唐)李商隱撰　(清)朱鶴齡箋註　清乾隆十五年(1750)懷德堂刻本　四册

130000－0402－0005793　52－52/14－6(1)
李義山詩集十六卷　(唐)李商隱撰　(清)姚培謙箋　清乾隆四年(1739)松桂讀書堂刻本　四册

130000－0402－0005794　52－52/14－6(2)
李義山詩集十六卷　(唐)李商隱撰　(清)姚培謙箋　清乾隆四年(1739)松桂讀書堂刻本　四册

130000－0402－0005795　52－52/15
溫飛卿詩集九卷　(唐)温庭筠撰　(明)曾益原注　(清)顧予咸補注　(清)顧嗣立重校　清秀野草堂刻本　四册

130000－0402－0005796　52－52/15－3
溫飛卿詩集九卷　(唐)温庭筠撰　(明)曾益原注　(清)顧予咸補注　(清)顧嗣立重校　清宣統二年(1910)掃葉山房石印本　四册

130000－0402－0005797　52－52/16－2
王摩詰集六卷　(唐)王維撰　清光緒十年(1884)尚友山房刻本　四册

130000－0402－0005798　52－52/19(1)
唐詩解五十卷　(清)唐汝詢選釋　(清)毛先舒參校　清萬笈堂刻本　十一册　存二十七卷(一至二十四、四十八至五十)

130000－0402－0005799　52－52/19(2)
唐詩解五十卷　(清)唐汝詢選釋　(清)毛先舒參校　清萬笈堂刻本　九册　存二十卷(一至二十)

130000－0402－0005800　52－52/21
而菴說唐詩二十二卷首一卷　(清)徐增著　清九誥堂刻本　八册

130000－0402－0005801　52－52/21－2
而菴說唐詩九卷首一卷　(清)徐增著　清乾隆二十四年(1759)文茂堂刻本　六册　缺三卷(三、五、九)

130000－0402－0005802　52－52/22
唐詩拾遺十卷　(明)高棅編集　明嘉靖十八年(1539)山陽牛門刻本　四册

130000－0402－0005803　52－52/23
唐詩試帖課蒙詳解十卷首一卷　(清)王錫侯編釋　清九經堂刻本　六册

130000－0402－0005804　52－52/26
重訂唐詩別裁集二十卷　(清)沈德潛選　清乾隆二十八年(1763)教忠堂刻本　十册

130000－0402－0005805　52－52/26－2(1)
重訂唐詩別裁集二十卷　(清)沈德潛選　清乾隆二十八年(1763)刻本　八册　存十八卷(一至十八)

130000－0402－0005806　52－52/26－2(2)
重訂唐詩別裁集二十卷　(清)沈德潛選　清務本堂刻本　七册　存十四卷(一至二、七至十、十三至二十)

130000－0402－0005807　52－52/26－2(3)
重訂唐詩別裁集二十卷　(清)沈德潛選　清刻本　五册　存十卷(十一至二十)

130000－0402－0005808　52－52/26－3(1)
唐詩別裁集引典備註二十卷　(清)沈德潛選　(清)俞汝昌增註　清道光十七年(1837)白鹿山房刻本　一册　存一卷(五)

130000－0402－0005809　52－52/26－3(2)
唐詩別裁集引典備註二十卷　(清)沈德潛選　(清)俞汝昌增註　清道光十七年(1837)白鹿山房刻本　五册　缺一卷(二)

130000－0402－0005810　52－52/26－4
唐詩别裁集二十卷　（清）沈德潛　（清）陳培脉選　清碧梧書屋刻本　一册　存二卷（一至二）

130000－0402－0005811　52－52/27
貫華堂選批唐才子詩甲集七言律八卷　（清）金人瑞集　清貫華堂刻本　六册

130000－0402－0005812　52－52/28
網師園唐詩箋十八卷　（清）宋宗元輯　清尚絅堂刻本　六册

130000－0402－0005813　52－52/29
才調集十卷　（後蜀）韋縠集　清康熙四十三年（1704）垂雲堂刻本　六册

130000－0402－0005814　52－52/31（1）
十種唐詩選十七卷唐賢三昧集三卷　（清）王士禛删纂　清刻本　三册

130000－0402－0005815　52－52/31（2）
十種唐詩選十七卷　（清）王士禛删纂　清康熙三十一年（1692）蘿延齋刻本　五册

130000－0402－0005816　52－52/31（3）
十種唐詩選十七卷　（清）王士禛删纂　清康熙三十一年（1692）蘿延齋刻本　五册

130000－0402－0005817　52－52/32（1）
唐賢三昧集三卷　（清）王士禛編　清康熙二十七年（1688）蘿延齋刻本　一册

130000－0402－0005818　52－52/32（2）
唐賢三昧集三卷　（清）王士禛編　清康熙二十七年（1688）蘿延齋刻本　一册

130000－0402－0005819　52－52/33
唐人萬首絶句選七卷　（清）王士禛選　清康熙四十七年（1708）刻本　二册

130000－0402－0005820　52－52/34
姚少監詩集十卷　（唐）姚合撰　**韓内翰列傳一卷别集一卷補遺一卷**　（唐）韓偓撰　明崇禎毛氏汲古閣刻唐六名家集本　四册

130000－0402－0005821　52－52/36（1）
韋蘇州集十卷　（唐）韋應物撰　清宣統三年（1911）項氏玉淵堂石印本　六册

130000－0402－0005822　52－52/36（2）
韋蘇州集十卷　（唐）韋應物撰　清宣統三年（1911）項氏玉淵堂石印本　六册

130000－0402－0005823　52－52/38－2
孟東野集十卷附一卷　（唐）孟郊撰　**追昔遊集三卷**　（唐）李紳撰　清宣統二年（1910）上海著易堂石印本　四册

130000－0402－0005824　52－52/54－2
玉川子詩集五卷　（唐）盧仝撰　（清）孫之騄注　清初刻本　四册

130000－0402－0005825　52－52/61
唐詩鏡五十四卷目録二卷　（明）陸時雍輯　（清）楊雍建評　清刻本　六册　存十八卷（十六至三十二、目録下）

130000－0402－0005826　52－52/62（1）
唐人五十家小集七十三卷　（清）江標輯　清光緒二十一年（1895）靈鶼閣刻本　十六册

130000－0402－0005827　52－52/62（2）
唐人五十家小集七十三卷　（清）江標輯　清光緒二十一年（1895）靈鶼閣刻本　六册　存二十五種三十四卷（劉駕詩集一卷、唐李推官披沙集六卷、劉叉詩集三卷、蘇拯詩集一卷、章孝標詩集一卷、于濆詩集一卷、李丞相詩集二卷、唐女郎魚玄機詩一卷、唐貫休詩集一卷、唐齊己詩集一卷、僧無可詩集二卷、劉兼詩集一卷、王周詩集一卷、儲嗣宗詩集一卷、章碣詩集一卷、李遠詩集一卷、會昌進士詩集一卷、林寬詩集一卷、羅鄴詩集一卷、秦韜玉詩集一卷、殷文珪詩集一卷、唐尚顔詩集一卷、于武陵詩集一卷、無名氏詩集一卷、張司業樂府詩集一卷）

130000－0402－0005828　52－52/62（3）
唐人五十家小集七十三卷　（清）江標輯　清光緒二十一年（1895）靈鶼閣刻本　十六册

130000－0402－0005829　52－52/63/1
李長吉集四卷外集一卷　（唐）李賀撰　（清）黄陶菴評　（清）黎二樵批點　清宣統元年

(1909)掃葉山房石印本　二冊

130000－0402－0005830　52－52/64
讀雪山房唐詩三十四卷　(清)管世銘著　清光緒十二年(1886)湖北官書處刻本　十二冊

130000－0402－0005831　52－52/68(1)
昌黎先生詩集注十一卷本傳一卷年譜一卷　(唐)韓愈撰　(清)顧嗣立刪補　清康熙三十八年(1699)秀野草堂刻本　五冊

130000－0402－0005832　52－52/68(2)
昌黎先生詩集注十一卷本傳一卷年譜一卷　(唐)韓愈撰　(清)顧嗣立刪補　清康熙三十八年(1699)秀野草堂刻本　六冊

130000－0402－0005833　52－52/69
昌黎先生詩集注十一卷本傳一卷年譜一卷　(唐)韓愈撰　(清)顧嗣立刪補　(清)朱彝尊　(清)何焯評　清膺德堂刻朱墨套印本　四冊

130000－0402－0005834　52－52/71
唐人五言長律清麗集六卷　(清)徐日璉　(清)沈士駿輯　清刻本　一冊　存三卷(一至三)

130000－0402－0005835　52－52/72
唐詩約選八卷　(清)曹錫寶選　清乾隆三十八年(1773)刻本　二冊　存三卷(一、三至四)

130000－0402－0005836　52－52/73(1)
應試唐詩類釋十九卷　(清)臧岳編次　清刻本　一冊　存五卷(三至七)

130000－0402－0005837　52－52/73(2)
應試唐詩類釋十九卷　(清)臧岳編次　清乾隆四十年(1775)三樂齋刻本　六冊

130000－0402－0005838　52－52/73－2
應試唐詩類釋十九卷　(清)臧岳編次　清嘉慶五年(1800)三樂齋刻本　六冊

130000－0402－0005839　52－52/74
應制體排律四卷　(清)陳九松選輯　清康熙五十四年(1715)弘文書屋刻本　三冊　存三卷(一至二、四)

130000－0402－0005840　52－52/75
唐詩合解一卷　(□)□□撰　清抄本　一冊

130000－0402－0005841　52－54/1(1)
宋詩鈔初集一百種　(清)呂留良等選　清康熙十年(1671)州錢吳氏鑑古堂刻本　十八冊　缺十六種十六卷(文仲清江集鈔一卷、韋齋詩鈔一卷、玉瀾集鈔一卷、北山小集鈔一卷、竹洲詩鈔一卷、省齋藁鈔一卷、平園續稿鈔一卷、文公集鈔一卷、石湖詩鈔一卷、劍南詩鈔一卷、攻媿集鈔一卷、清苑齋詩鈔一卷、葦碧軒詩鈔一卷、芳蘭軒詩鈔一卷、二薇亭詩鈔一卷、知稼翁集鈔一卷)

130000－0402－0005842　52－54/1(2)
宋詩鈔初集一百種　(清)呂留良等選　清康熙十年(1671)州錢吳氏鑑古堂刻本　三十二冊　缺一種一卷(西塘詩鈔一卷)

130000－0402－0005843　52－54/1(3)
宋詩鈔初集一百種　(清)呂留良等選　清康熙十年(1671)州錢吳氏鑑古堂刻本　七冊　存十六種十六卷(小畜集鈔一卷、騎省集鈔一卷、安陽集鈔一卷、滄浪集鈔一卷、乖崖詩鈔一卷、清獻詩鈔一卷、宛陵詩鈔一卷、文忠詩鈔一卷、和靖詩鈔一卷、徂徠詩鈔一卷、武仲清江集鈔一卷、文仲清江集鈔一卷、平仲清江集鈔一卷、南陽集鈔一卷、臨川詩鈔一卷、東坡詩鈔一卷)

130000－0402－0005844　52－54/2(1)
宋四名家詩四種　(清)周之鱗　(清)柴升選　清康熙三十二年(1693)弘訓堂刻本　八冊　缺二種(東坡詩鈔五言絕、六言絕,山谷詩鈔五言絕)

130000－0402－0005845　52－54/2(2)
宋四名家詩四種　(清)周之鱗　(清)柴升選　清康熙三十二年(1693)弘訓堂刻本　十六冊

130000－0402－0005846　52－54/3－2
宛陵先生文集六十卷　(宋)梅堯臣著　清宣

統二年(1910)刻本　十冊

130000－0402－0005847　52－54/3－3
宛陵集六十卷附錄一卷　(宋)梅堯臣著　(清)柯炌輯　清刻本　八冊

130000－0402－0005848　52－54/4(1)
蘇文忠公詩集五十卷　(宋)蘇軾著　(清)紀昀評點　清同治八年(1869)韞玉山房刻朱墨套印本　十二冊

130000－0402－0005849　52－54/4(2)
蘇文忠公詩集五十卷　(宋)蘇軾著　(清)紀昀評點　清同治八年(1869)韞玉山房刻朱墨套印本　六冊　存二十卷(一至二十)

130000－0402－0005850　52－54/4－2(1)
蘇文忠公詩集五十卷　(宋)蘇軾著　(清)紀昀評點　清道光十四年(1834)兩廣節署刻朱墨套印本　十二冊

130000－0402－0005851　52－54/4－2(2)
蘇文忠公詩集五十卷　(宋)蘇軾著　(清)紀昀評點　清道光十四年(1834)兩廣節署刻朱墨套印本　十二冊

130000－0402－0005852　52－54/4/2(1)
角山樓蘇詩評註彙鈔二十卷附錄三卷　(清)趙克宜輯訂　清咸豐二年(1852)刻本　十二冊

130000－0402－0005853　52－54/4/2(2)
角山樓蘇詩評註彙鈔二十卷附錄三卷　(清)趙克宜輯訂　清咸豐二年(1852)刻本　四冊
缺十一卷(一至十一)

130000－0402－0005854　52－54/4/3(1)
施註蘇詩四十二卷總目二卷　(宋)蘇軾撰　(宋)施元之註　(清)邵長蘅等刪補　**本傳一卷**　(元)脫脫撰　**墓誌銘一卷**　(宋)蘇轍撰　**年譜一卷**　(宋)王宗稷編　(清)邵長蘅重訂　**蘇詩續補遺二卷補遺總目一卷**　(清)馮景補註　清康熙三十九年(1700)大文堂刻本　六冊　存二十四卷(一至十九、總目二卷、本傳一卷、墓誌銘一卷、年譜一卷)

130000－0402－0005855　52－54/4/3(2)
施註蘇詩四十二卷總目二卷　(宋)蘇軾撰　(宋)施元之註　(清)邵長蘅等刪補　**本傳一卷**　(元)脫脫撰　**墓誌銘一卷**　(宋)蘇轍撰　**年譜一卷**　(宋)王宗稷編　(清)邵長蘅重訂　**蘇詩續補遺二卷補遺總目一卷**　(清)馮景補註　清康熙三十九年(1700)刻本　八冊
存二十五卷(一至二十、總目二卷、本傳一卷、墓誌銘一卷、年譜一卷)

130000－0402－0005856　52－54/4/3(3)
施註蘇詩四十二卷總目二卷　(宋)蘇軾撰　(宋)施元之註　(清)邵長蘅等刪補　**本傳一卷**　(元)脫脫撰　**墓誌銘一卷**　(宋)蘇轍撰　**年譜一卷**　(宋)王宗稷編　(清)邵長蘅重訂　**蘇詩續補遺二卷補遺總目一卷**　(清)馮景補註　清康熙三十九年(1700)刻本　九冊
缺六卷(十九至二十四)

130000－0402－0005857　52－54/4/3(4)
施註蘇詩四十二卷總目二卷　(宋)蘇軾撰　(宋)施元之註　(清)邵長蘅等刪補　**本傳一卷**　(元)脫脫撰　**墓誌銘一卷**　(宋)蘇轍撰　**年譜一卷**　(宋)王宗稷編　(清)邵長蘅重訂　**蘇詩續補遺二卷補遺總目一卷**　(清)馮景補註　清康熙三十九年(1700)刻本　一冊
存三卷(本傳一卷、墓誌銘一卷、年譜一卷)

130000－0402－0005858　52－54/4/3(5)
施註蘇詩四十二卷總目二卷　(宋)蘇軾撰　(宋)施元之註　(清)邵長蘅等刪補　**本傳一卷**　(元)脫脫撰　**墓誌銘一卷**　(宋)蘇轍撰　**年譜一卷**　(宋)王宗稷編　(清)邵長蘅重訂　**蘇詩續補遺二卷補遺總目一卷**　(清)馮景補註　清康熙三十九年(1700)刻本　八冊
存二十五卷(二十一至四十二、蘇詩續補遺二卷、補遺總目一卷)

130000－0402－0005859　52－54/4/3－2
施註蘇詩四十二卷總目二卷　(宋)蘇軾撰　(宋)施元之註　(清)邵長蘅等刪補　**本傳一卷**　(元)脫脫撰　**墓誌銘一卷**　(宋)蘇轍撰　**年譜一卷**　(宋)王宗稷編　(清)邵長蘅重訂　**蘇詩續補遺二卷補遺總目一卷**　(清)馮

景補註　清末民初上海文瑞樓影印本　十六冊　存三十四卷(四至六、九至十四、二十一至三十六、三十九至四十二,總目下,本傳一卷,墓誌銘一卷,年譜一卷,補遺下)

130000－0402－0005860　52－54/4/4(1)

蘇文忠公詩編注集成十八種　(清)王文誥編　清光緒十四年(1888)浙江書局刻本　二十冊

130000－0402－0005861　52－54/4/4(2)

蘇文忠公詩編注集成十八種　(清)王文誥編　清光緒十四年(1888)浙江書局刻本　一冊　存四種(真像考、雜綴、識餘一至四、牋詩圖)

130000－0402－0005862　52－54/4/4(3)

蘇文忠公詩編注集成十八種　(清)王文誥編　清光緒十四年(1888)浙江書局刻本　六冊　存十二種(總案一至三十一、各序、自序、凡例、弁言、姓氏、像贊、敕序、墓誌銘、本傳、恭錄、詩目)

130000－0402－0005863　52－54/4/5(1)

蘇文忠詩合註五十卷首一卷　(清)馮應榴輯訂　清踵息齋刻本　十二冊　存二十三卷(九至十三、十六至十九、二十七至三十九,首一卷)

130000－0402－0005864　52－54/4/5(2)

蘇文忠詩合註五十卷首一卷　(清)馮應榴輯訂　清踵息齋刻本　十冊　存二十三卷(七至十四、十七至十九、二十八至三十、三十四至三十五、三十九至四十四,首一卷)

130000－0402－0005865　52－54/4/5(3)

蘇文忠詩合註五十卷首一卷　(清)馮應榴輯訂　清乾隆五十八年(1793)刻本　二十四冊

130000－0402－0005866　52－54/4/5(4)

蘇文忠詩合註五十卷首一卷　(清)馮應榴輯訂　清乾隆五十八年(1793)刻本　十冊　存二十九卷(二十二至五十)

130000－0402－0005867　52－54/4/5(5)

蘇文忠詩合註五十卷首一卷　(清)馮應榴輯訂　清同治九年(1870)刻本　十七冊　存四十五卷(七至五十、首一卷)

130000－0402－0005868　52－54/4/6(1)

增刊校正王狀元集註分類東坡先生詩二十五卷　(宋)蘇軾撰　(宋)王十朋纂集　清末上海涵芬樓影印本　十冊

130000－0402－0005869　52－54/4/6(2)

增刊校正王狀元集註分類東坡先生詩二十五卷　(宋)蘇軾撰　(宋)王十朋纂集　清末上海涵芬樓影印本　十冊

130000－0402－0005870　52－54/4/7

東坡先生詩集註二十五卷　(宋)蘇軾著　(宋)王十朋纂集　(明)茅維芟閱　清刻本　五冊　存十卷(一至四、八至十一、十三至十四)

130000－0402－0005871　52－54/5/2

山谷詩集注二十卷外集十七卷別集二卷　(宋)黄庭堅撰　清光緒二十一年至二十五年(1895－1899)刻本　二十冊

130000－0402－0005872　52－54/5/3

黄詩全集五十八卷　(宋)黄庭堅撰　(宋)任淵等注　清乾隆五十四年(1789)樹經堂刻本　二十冊

130000－0402－0005873　52－54/6

增廣箋註簡齋詩集三十卷無住詞一卷外集一卷　(宋)陳與義著　(宋)胡稺箋　清末上海涵芬樓影印本　五冊

130000－0402－0005874　52－54/6/2

簡齋集十六卷　(宋)陳與義著　清武英殿木活字印武英殿聚珍版書本　四冊

130000－0402－0005875　52－54/7(1)

後山詩注十二卷　(宋)陳師道撰　(宋)任淵注　(清)陸錫熊編　清武英殿木活字印武英殿聚珍版書本　六冊

130000－0402－0005876　52－54/7(2)

後山詩注十二卷　(宋)陳師道撰　(宋)任淵注　(清)陸錫熊編　清武英殿木活字印武英

殿聚珍版書本　六冊

130000－0402－0005877　52－54/8－3

石湖居士詩集三十四卷　（宋）范成大著（清）顧嗣臯等重訂　清康熙二十七年（1688）依園刻本　四冊

130000－0402－0005878　52－54/9－2

劍南詩槀八十五卷　（宋）陸游撰　明末清初汲古閣刻本　二十四冊　存七十三卷（十三至八十五）

130000－0402－0005879　52－54/9－3

劍南詩槀八十五卷逸槀二卷家世舊聞一卷齋居紀事一卷　（宋）陸游撰　明末清初汲古閣刻本（第一至十卷手抄配本）　四十一冊

130000－0402－0005880　52－54/9－4

劍南詩鈔不分卷　（宋）陸游著　（清）楊大鶴選　（清）楊楷校　清文盛堂刻本　七冊　存七冊（五言古詩一至二、七言古、五言律、七言律一至二、五言七言絕）

130000－0402－0005881　52－54/9－5

劍南詩鈔不分卷　（宋）陸游著　（清）楊大鶴選　（清）楊楷校　清愛日堂刻本　五冊　存五冊（五言古、七言古、五言律、七言律、五言七言絕）

130000－0402－0005882　52－54/14（1）

王荆文公詩五十卷　（宋）王安石撰　（宋）李壁箋註　清乾隆六年（1741）清綺齋刻本　十冊

130000－0402－0005883　52－54/14（2）

王荆文公詩五十卷　（宋）王安石撰　（宋）李壁箋註　清乾隆六年（1741）清綺齋刻本　八冊　存二十五卷（一至二十五）

130000－0402－0005884　52－54/17（1）

宋詩別裁集八卷　（清）張景星等點閲　清務本堂刻本　四冊

130000－0402－0005885　52－54/17（2）

宋詩別裁集八卷　（清）張景星等點閲　清務本堂刻本　二冊

130000－0402－0005886　52－54/19

宋代五十六家詩集　（清）坐春書塾選　清宣統二年（1910）北京龍文閣石印本　三冊　存二十九種（臨川詩集、東坡詩集、西塘詩集、廣陵詩集、後山詩集、丹淵集鈔、襄陽詩集、山谷集鈔、宛丘詩集、和靖詩集、徂徠詩集、武仲清江集鈔、平仲清江集鈔、南陽集鈔、眉山詩集、鴻慶集鈔、香溪集鈔、屏山集鈔、竹洲詩集、益公省齋藁集、北山小集鈔、朱子詩集、石湖集鈔、劍南詩集、葦碧軒詩集、二微亭詩集、知稼翁集鈔、後村詩集、蘆溪集鈔）

130000－0402－0005887　52－542/1

草窗詞二卷補二卷　（宋）周密著　清光緒二十六年（1900）朱氏無著盦刻本　一冊

130000－0402－0005888　52－544/1（1）

御訂全金詩增補中州集七十二卷首二卷　（金）元好問原輯　（清）郭元釪補輯　清嘉慶十五年（1810）吳興恭學堂刻本　二十四冊

130000－0402－0005889　52－544/1（2）

御訂全金詩增補中州集七十二卷首二卷　（金）元好問原輯　（清）郭元釪補輯　清嘉慶十五年（1810）吳興恭學堂刻本　六冊　存十三卷（五十八至七十）

130000－0402－0005890　52－544/1（3）

御訂全金詩增補中州集七十二卷首二卷　（金）元好問原輯　（清）郭元釪補輯　清嘉慶十五年（1810）吳興恭學堂刻本　八冊　存十九卷（三十七至五十五）

130000－0402－0005891　52－544/2

二妙集八卷　（金）段克己　（金）段成己撰　清光緒三十二年（1906）刻本　二冊

130000－0402－0005892　52－55/1

元詩四大家二十七卷　（明）毛晉輯　明崇禎毛氏汲古閣刻本　十二冊

130000－0402－0005893　52－55/3

吳淵穎先生集十二卷　（元）吳萊撰　（清）王邦采　（清）王繩曾箋　清同治九年（1870）永康應氏刻本　六冊

130000－0402－0005894　52－55/4
遺山先生詩集二十卷　(金)元好問撰　清毛氏汲古閣刻本　三冊　存十七卷(四至二十)

130000－0402－0005895　52－55/4－2
遺山先生詩集二十卷補遺一卷　(金)元好問撰　清宣統二年(1910)周肇祥刻本　六冊

130000－0402－0005896　52－55/4/1
元遺山詩集八卷　(金)元好問撰　清乾隆四十三年(1778)南昌萬廷蘭刻本　二冊

130000－0402－0005897　52－55/5－2
元遺山詩集箋注十四卷　(清)施國祁箋　(清)蔣炳校　清道光二年(1822)南潯瑞松堂蔣氏刻本　六冊

130000－0402－0005898　52－55/6(1)
元詩選初集九集二集八集三集八集　(清)顧嗣立輯　清康熙三十三年至五十九年(1694－1720)秀野草堂刻本　四十冊

130000－0402－0005899　52－55/6(2)
元詩選三集八集　(清)顧嗣立輯　清康熙五十九年(1720)秀野草堂刻本　十二冊

130000－0402－0005900　52－55/7
中州集十卷中州樂府一卷　(金)元好問集　清毛氏汲古閣刻本　十冊

130000－0402－0005901　52－55/8(1)
元詩別裁集八卷補遺一卷　(清)張景星等點閱　清務本堂刻本　四冊

130000－0402－0005902　52－55/8(2)
元詩別裁集八卷補遺一卷　(清)張景星等點閱　清務本堂刻本　一冊　存五卷(五至八、補遺一卷)

130000－0402－0005903　52－56/1(1)
明詩綜一百卷　(清)朱彝尊錄　(清)汪森輯評　清乾隆西泠清來堂吴氏刻本　四十冊

130000－0402－0005904　52－56/1(2)
明詩綜一百卷　(清)朱彝尊錄　(清)汪森輯評　清乾隆西泠清來堂吴氏刻本　六冊　存十三卷(十三至二十五)

130000－0402－0005905　52－56/1－2(1)
明詩綜一百卷　(清)朱彝尊錄　清康熙白蓮涇刻本　三十二冊

130000－0402－0005906　52－56/1－2(2)
明詩綜一百卷　(清)朱彝尊錄　清康熙白蓮涇刻本　九冊　存二十五卷(四十五至六十九)

130000－0402－0005907　52－56/4
南園前五先生詩五卷首一卷　(明)陳暹輯　(明)葛徵奇重訂　清同治九年(1870)南海陳氏樵山草堂刻本　二冊

130000－0402－0005908　52－56/5
南園後五先生詩二十五卷首一卷南園花信詩一卷　(清)熊繹祖輯　清同治九年(1870)南海陳氏樵山草堂刻本　六冊

130000－0402－0005909　52－56/6
蒼霞草詩八卷　(明)葉向高著　清刻本　四冊

130000－0402－0005910　52－56/7
鐵厓三種　(明)楊維楨著　(清)樓卜瀍註　清宣統二年(1910)掃葉山房石印本　十冊

130000－0402－0005911　52－56/8
湘中草六卷　(明)湯傳楹撰　清康熙二十二年(1683)刻本　一冊　存三卷(一至三)

130000－0402－0005912　52－56/9
高季迪先生大全集十八卷　(明)高啟撰　清竹素園刻本　四冊

130000－0402－0005913　52－56/9－2
青邱高季迪先生詩集十八卷首一卷附錄一卷遺詩一卷扣舷集一卷鳧藻集五卷　(明)高啟撰　(清)金檀輯注　清雍正六年(1728)平湖寶芸堂刻本　十二冊

130000－0402－0005914　52－56/10
梨雲館類定袁中郎先生全集二十四卷　(明)袁宏道著　清道光九年(1829)培原書屋刻本　八冊　存九卷(一至九)

130000－0402－0005915　52－56/11

半園集一卷　(明)石九奏著　清康熙十六年(1677)家刻本　一册

130000－0402－0005916　52－56/12(1)
明詩別裁集十二卷　(清)沈德潛　(清)周準輯　清乾隆五十九年(1794)刻本　六册

130000－0402－0005917　52－56/12(2)
明詩別裁集十二卷　(清)沈德潛　(清)周準輯　清刻本　一册　存三卷(四至六)

130000－0402－0005918　52－56/12－2(1)
明詩別裁集十二卷　(清)沈德潛　(清)周準輯　清乾隆四年(1739)小西山房刻本　四册

130000－0402－0005919　52－56/12－2(2)
明詩別裁集十二卷　(清)沈德潛　(清)周準輯　清刻本　二册　存六卷(七至十二)

130000－0402－0005920　52－56/12－2(3)
明詩別裁集十二卷　(清)沈德潛　(清)周準輯　清乾隆四年(1739)務本堂刻本　六册

130000－0402－0005921　52－56/12－3
明詩別裁集十二卷　(清)沈德潛　(清)周準輯　清刻本　四册

130000－0402－0005922　52－56/15(1)
列朝詩集八十一卷　(清)錢謙益輯　清刻本　八册　存十六卷(丁集一至十六)

130000－0402－0005923　52－56/15(2)
列朝詩集八十一卷　(清)錢謙益輯　清刻本　二册　存八卷(乙集一至八)

130000－0402－0005924　52－56/16
東皐詩匯一卷　(明)范希宣撰　清有雲園刻本　一册

130000－0402－0005925　52－56/17
張子詩選一卷　(明)張蓋撰　清光緒七年(1881)夏詒鈺刻本　一册

130000－0402－0005926　52－56/18
海叟詩集四卷附録一卷集外詩一卷　(明)袁凱著　(清)曹炳曾重輯　清康熙六十一年(1722)城書室刻本　二册　存四卷(詩集四卷)

130000－0402－0005927　52－56/21
道援堂詩集十三卷　(清)屈大均撰　清道光刻本　四册　存八卷(六至十三)

130000－0402－0005928　52－56/22
李空同詩集三十三卷　(明)李夢陽撰　清宣統二年(1910)掃葉山房石印本　十册

130000－0402－0005929　52－56/24
敬亭集十卷自著年譜一卷補遺一卷　(明)姜埰撰　**年譜續編一卷**　(清)姜安節編　**附錄一卷**　(清)魏禧撰　清光緒十五年(1889)山東書局刻本　四册

130000－0402－0005930　52－56/27
增定國朝館課經世宏辭十五卷　(明)王錫爵增定　清刻本　一册　存一卷(十二)

130000－0402－0005931　52－57/3(1)
國朝畿輔詩傳六十卷　(清)陶樑輯　清道光十九年(1839)紅豆樹館刻本　十六册

130000－0402－0005932　52－57/3(2)
國朝畿輔詩傳六十卷　(清)陶樑輯　清道光十九年(1839)紅豆樹館刻本　十六册

130000－0402－0005933　52－57/3(3)
國朝畿輔詩傳六十卷　(清)陶樑輯　清道光十九年(1839)紅豆樹館刻本　十六册

130000－0402－0005934　52－57/3(4)
國朝畿輔詩傳六十卷　(清)陶樑輯　清道光十九年(1839)紅豆樹館刻本　八册　存二十八卷(一至二、三十一至四十一、四十六至六十)

130000－0402－0005935　52－57/3(5)
國朝畿輔詩傳六十卷　(清)陶樑輯　清道光十九年(1839)紅豆樹館刻本　十六册

130000－0402－0005936　52－57/6
國朝山右詩存二十四卷附集八卷　(清)李錫麟等輯錄　清嘉慶六年(1801)刻本　十册

130000－0402－0005937　52－57/7(1)
國朝山左詩鈔六十卷　(清)盧見曾輯　清乾隆二十三年(1758)雅雨堂刻本　二十册

130000－0402－0005938　52－57/7(2)
國朝山左詩鈔六十卷　(清)盧見曾輯　清乾隆二十三年(1758)雅雨堂刻本　十九册　缺三卷(十五至十七)

130000－0402－0005939　52－57/7/1
國朝山左詩續鈔三十二卷　(清)張鵬展輯　清刻本　六册　存十二卷(十九至三十)

130000－0402－0005940　52－57/8(1)
御製詩初集四十四卷目錄四卷　(清)高宗弘曆撰　清乾隆十三年(1748)内府刻本　十六册

130000－0402－0005941　52－57/8(2)
御製詩初集四十四卷目錄四卷　(清)高宗弘曆撰　清乾隆十三年(1748)内府刻本　十六册

130000－0402－0005942　52－57/8(3)
御製詩初集四十四卷目錄四卷　(清)高宗弘曆撰　清乾隆十三年(1748)内府刻本　十六册

130000－0402－0005943　52－57/8－2
御製詩初集四十四卷目錄四卷　(清)高宗弘曆撰　清刻本　八册　存十六卷(一至十六)

130000－0402－0005944　52－57/8/2(1)
御製詩二集九十卷目錄十卷　(清)高宗弘曆撰　清乾隆二十四年(1759)内府刻本　三十二册

130000－0402－0005945　52－57/8/2(2)
御製詩二集九十卷目錄十卷　(清)高宗弘曆撰　清乾隆二十四年(1759)内府刻本　三十二册

130000－0402－0005946　52－57/8/2(3)
御製詩二集九十卷目錄十卷　(清)高宗弘曆撰　清乾隆二十四年(1759)内府刻本　三十一册　缺四卷(十五至十八)

130000－0402－0005947　52－57/8/2(4)
御製詩二集九十卷目錄十卷　(清)高宗弘曆撰　清乾隆二十四年(1759)内府刻本　七册　存二十三卷(六十五至八十七)

130000－0402－0005948　52－57/8/2(5)
御製詩二集九十卷目錄十卷　(清)高宗弘曆撰　清乾隆二十四年(1759)内府刻本　一册　存三卷(八十一至八十三)

130000－0402－0005949　52－57/9
欽定熙朝雅頌集一百六卷首集二十六卷餘集二卷　(清)鐵保輯　清嘉慶九年(1804)内府刻本　二十四册

130000－0402－0005950　52－57/10(1)
永平詩存二十四卷　(清)史夢蘭編輯　(清)郭長清参訂　清同治十年(1871)刻本　六册

130000－0402－0005951　52－57/10(2)
永平詩存二十四卷　(清)史夢蘭編輯　(清)郭長清参訂　清同治十年(1871)刻本　六册

130000－0402－0005952　52－57/11
國朝滄州詩鈔十二卷滄州明詩鈔一卷　(清)王國均纂輯　(清)葉圭書編次　清道光二十六年(1846)刻本　八册

130000－0402－0005953　52－57/12
三李詩鈔三卷　(清)李憲暠等著　清光緒十二年(1886)西安郡齋刻本　四册

130000－0402－0005954　52－57/14
蓼陔堂詩集三十五卷　(清)黄承吉撰　清道光十二年(1832)刻本　八册

130000－0402－0005955　52－57/15
意苕山館詩稿十六卷　(清)陸嵩撰　清光緒十八年(1892)刻本　四册

130000－0402－0005956　52－57/16(1)
吴詩集覽二十卷　(清)靳榮藩輯　清乾隆四十年(1775)凌雲亭刻本　二十五册　存十五卷(一至十五)

130000－0402－0005957　52－57/16(2)
吴詩集覽二十卷　(清)靳榮藩輯　清乾隆四十年(1775)凌雲亭刻本　二十四册

130000－0402－0005958　52－57/16(3)
吴詩集覽二十卷談藪一卷　(清)靳榮藩輯

清乾隆四十年(1775)凌雲亭刻本　十八册　存十七卷(五至二十、談藪一卷)

130000－0402－0005959　52－57/16(4)
吴詩集覽二十卷談藪一卷　(清)靳榮藩輯　清乾隆四十年(1775)凌雲亭刻本　十六册

130000－0402－0005960　52－57/16(5)
吴詩集覽二十卷談藪一卷　(清)靳榮藩輯　清乾隆四十年(1775)凌雲亭刻本　十册

130000－0402－0005961　52－57/16(6)
吴詩集覽二十卷　(清)靳榮藩輯　清乾隆四十年(1775)凌雲亭刻本　二十册

130000－0402－0005962　52－57/16(7)
吴詩集覽二十卷　(清)靳榮藩輯　清乾隆四十年(1775)凌雲亭刻本　八册　存十二卷(九至二十)

130000－0402－0005963　52－57/16(8)
吴詩集覽二十卷談藪一卷　(清)靳榮藩輯　清乾隆四十年(1775)凌雲亭刻本　六册　存六卷(十六至二十、談藪一卷)

130000－0402－0005964　52－57/16(9)
吴詩集覽二十卷　(清)靳榮藩輯　清乾隆四十年(1775)凌雲亭刻本　六册　存四卷(五至八)

130000－0402－0005965　52－57/16/2(1)
梅村詩集箋注十八卷　(清)吴翌鳳撰　清光緒十年(1884)湖北官書處刻本　十二册

130000－0402－0005966　52－57/16/2(2)
梅村詩集箋注十八卷　(清)吴翌鳳撰　清光緒十年(1884)湖北官書處刻本　十一册

130000－0402－0005967　52－57/16/2(3)
梅村詩集箋注十八卷　(清)吴翌鳳撰　清光緒十年(1884)湖北官書處刻本　十二册

130000－0402－0005968　52－57/16/2(4)
梅村詩集箋注十八卷　(清)吴翌鳳撰　清光緒十年(1884)湖北官書處刻本　六册　存十一卷(八至十八)

130000－0402－0005969　52－57/16/2(5)
吴梅村詞一卷　(清)吴翌鳳著　清光緒十六年(1890)湖北官書處刻本　一册

130000－0402－0005970　52－57/16/4
梅村詩集箋注十八卷　(清)吴翌鳳撰　清滄浪吟榭刻本　六册　存七卷(一至七)

130000－0402－0005971　52－57/17
通雅堂詩鈔箋注十卷首一卷續集二卷薑露盦詩話一卷　(清)施山撰　(清)施煃箋注　清光緒二年(1876)石印本　四册

130000－0402－0005972　52－57/19(1)
定山堂詩集四十三卷　(清)龔鼎孳著　(清)龔士稹校　清光緒九年(1883)聖彝書屋刻本　十六册

130000－0402－0005973　52－57/19(2)
定山堂詩集四十三卷　(清)龔鼎孳著　(清)龔士稹校　清光緒九年(1883)聖彝書屋刻本　十六册

130000－0402－0005974　52－57/19/1
定山堂詩餘四卷　(清)龔鼎孳著　(清)龔士稹校　清康熙十二年(1673)刻本　一册

130000－0402－0005975　52－57/20
石臼前集九卷後集七卷　(清)邢昉著　(清)宋至　(清)王孚校　清康熙刻本　十六册

130000－0402－0005976　52－57/22
師善堂詩集十卷　(清)嵇曾筠撰　清嘉慶三年(1798)刻本　四册

130000－0402－0005977　52－57/23
甌北詩鈔五種　(清)趙翼撰　清乾隆三十年(1765)刻本　四册

130000－0402－0005978　52－57/24
翁山詩外二十卷　(清)屈大均撰　清宣統二年(1910)國學扶輪社鉛印本　十二册

130000－0402－0005979　52－57/25
西村詩稿二卷　(清)李壁蘭著　清抄本　四册

130000－0402－0005980　52－57/26
嶼舫詩集六卷　(清)魏裔介著　清刻本

四册

130000－0402－0005981　52－57/26/2

兼濟堂詩集八卷　(清)魏裔介著　(清)魏勷編　清刻本　四册

130000－0402－0005982　52－57/27

黃葉邨莊詩集八卷　(清)吳之振著　清康熙三十三年(1694)刻本　四册

130000－0402－0005983　52－57/28

耐俗軒詩集九卷　(清)申頲著　清抄本　四册

130000－0402－0005984　52－57/29

船山詩草二十卷補遺六卷　(清)張問陶撰　清同治十三年(1874)味經堂刻本　十册

130000－0402－0005985　52－57/29－2

船山詩草二十卷　(清)張問陶撰　清道光元年(1821)刻本　八册

130000－0402－0005986　52－57/29－3

船山詩草二十卷　(清)張問陶著　清嘉慶二十年(1815)刻本　八册

130000－0402－0005987　52－57/30(1)

揅經室詩錄五卷　(清)阮元撰　清道光十三年(1833)刻本　四册

130000－0402－0005988　52－57/30(2)

揅經堂詩錄五卷　(清)阮元撰　清道光十三年(1833)刻本　二册

130000－0402－0005989　52－57/31(1)

白鶴山房詩鈔二十一卷　(清)葉紹本著　清道光七年(1827)桂林使廨刻本　六册

130000－0402－0005990　52－57/31(2)

白鶴山房詩鈔二十一卷　(清)葉紹本著　清刻本　一册　存四卷(一至四)

130000－0402－0005991　52－57/32

聽鐘樓詩稿十卷補遺一卷　(清)韓是升著　清嘉慶六年(1801)刻本　五册

130000－0402－0005992　52－57/33

對影閒吟草十二卷　(清)裘寳善撰　清咸豐七年(1857)芝玉堂刻本　六册

130000－0402－0005993　52－57/34

日鉶齋詩集八卷缶音一卷洵皜一卷　(清)張琛著　清道光四年(1824)刻本　五册

130000－0402－0005994　52－57/35

琅嬛仙館詩略八卷　(清)阮元著　清嘉慶十三年(1808)刻本　三册

130000－0402－0005995　52－57/36(1)

青箱堂詩集三十三卷　(清)王崇簡著　(清)宋琬定　(清)李忭校　清刻本　六册

130000－0402－0005996　52－57/36(2)

青箱堂詩集三十三卷　(清)王崇簡著　(清)宋琬定　清刻本　一册　存九卷(二十五至三十三)

130000－0402－0005997　52－57/37

念橋詩稿四種　(清)鄭城著　清嘉慶十八年(1813)敬業堂刻本　二册

130000－0402－0005998　52－57/37/2

深柳堂詩草四卷　(清)王心一著　清道光十九年(1839)刻本　二册

130000－0402－0005999　52－57/39

近野軒詩存四卷　(清)曹傳著　清乾隆十五年(1750)刻本　二册

130000－0402－0006000　52－57/40

嘯古堂詩集八卷　(清)蔣敦復撰　(清)王韜編　清宣統三年(1911)廣益書局石印本　二册

130000－0402－0006001　52－57/42

月蕖軒詩草一卷傳述略一卷　(清)袁鏡蓉著　清道光二十八年(1848)刻本　二册

130000－0402－0006002　52－57/43(1)

紀曉嵐詩註釋四卷　(清)紀昀著　(清)郭斌評註　清嘉慶二十一年(1816)文富堂刻本　四册

130000－0402－0006003　52－57/43(2)

紀曉嵐詩註釋四卷　(清)紀昀著　(清)郭斌評註　清嘉慶二十一年(1816)文富堂刻本

三冊　存三卷(二至四)

130000－0402－0006004　52－57/44
健餘先生詩草三卷　(清)尹會一撰　(清)鮑臯編次　(清)耿元珹校　清乾隆十四年(1749)刻本　一冊

130000－0402－0006005　52－57/51(1)
擔峰詩四卷　(清)孫洤著　清康熙三十六年(1697)夏峰刻本　四冊

130000－0402－0006006　52－57/51(2)
擔峰詩四卷　(清)孫洤著　清康熙三十六年(1697)夏峰刻本　四冊

130000－0402－0006007　52－57/51(3)
擔峰詩四卷　(清)孫洤著　清康熙三十六年(1697)夏峰刻本　四冊

130000－0402－0006008　52－57/52
劉秉恬詩稿六種　(清)劉秉恬著　清乾隆五十一年(1786)滇南官署刻本　六冊

130000－0402－0006009　52－57/53
笥河詩集二十卷　(清)朱筠著　清嘉慶八年(1803)椒華唫舫刻本　八冊

130000－0402－0006010　52－57/54
石蘭堂詩稿八種　(清)張德懋著　清道光七年(1827)刻本　二冊

130000－0402－0006011　52－57/55
漁洋山人精華錄箋注十二卷　(清)王士禛撰　(清)金榮箋注　(清)徐淮纂輯　清光緒二十年(1894)上海寶文書局石印本　十冊

130000－0402－0006012　52－57/55－3(1)
漁洋山人精華錄箋注十二卷補一卷年譜一卷　(清)王士禛撰　(清)金榮箋注　(清)徐淮纂輯　**墓誌銘一卷**　(清)宋犖撰　**神道碑銘一卷**　(清)王掞撰　清鳳翽堂刻本　六冊

130000－0402－0006013　52－57/55－3(2)
漁洋山人精華錄箋注十二卷補一卷年譜一卷　(清)王士禛撰　(清)金榮箋注　(清)徐淮纂輯　**墓誌銘一卷**　(清)宋犖撰　**神道碑銘一卷**　(清)王掞撰　清鳳翽堂刻本　十二冊

130000－0402－0006014　52－57/55－3(3)
漁洋山人精華錄箋注十二卷補一卷年譜一卷　(清)王士禛撰　(清)金榮箋注　(清)徐淮纂輯　**神道碑銘一卷**　(清)王掞撰　清鳳翽堂刻本　八冊

130000－0402－0006015　52－57/55－4
漁洋山人精華錄十卷　(清)王士禛撰　(清)林佶編　清刻本　六冊

130000－0402－0006016　52－57/55－5(1)
漁洋山人精華錄訓纂十卷目錄二卷　(清)王士禛撰　(清)惠棟訓纂　**自撰年譜二卷**　(清)惠棟註補　清雍正紅豆齋刻本　十八冊　存十卷(一至八、目錄二卷)

130000－0402－0006017　52－57/55－5(2)
漁洋山人精華錄訓纂十卷目錄二卷　(清)王士禛撰　(清)惠棟訓纂　**自撰年譜二卷**　(清)惠棟註補　清雍正紅豆齋刻本　十一冊　缺二卷(年譜二卷)

130000－0402－0006018　52－57/55－5(3)
漁洋山人精華錄訓纂十卷目錄二卷　(清)王士禛撰　(清)惠棟訓纂　**自撰年譜二卷**　(清)惠棟註補　清雍正紅豆齋刻本　二十四冊

130000－0402－0006019　52－57/55－5(4)
漁洋山人精華錄訓纂十卷目錄二卷　(清)王士禛撰　(清)惠棟訓纂　**自撰年譜二卷**　(清)惠棟註補　清雍正紅豆齋刻本　十二冊

130000－0402－0006020　52－57/55－5(5)
漁洋山人精華錄訓纂十卷目錄二卷　(清)王士禛撰　(清)惠棟訓纂　**自撰年譜二卷**　(清)惠棟註補　清雍正紅豆齋刻本　十二冊　存十一卷(一上、二上、三下至四上、五下至六、七下至八上、九下至十上,年譜上)

130000－0402－0006021　52－57/55－6(1)
漁洋山人詩集二十二卷　(清)王士禛撰　清康熙八年(1669)沂詠堂刻本　四冊

130000－0402－0006022　52－57/55－6(2)
漁洋山人詩集二十二卷　(清)王士禛撰　清康熙八年(1669)沂詠堂刻本　四冊

130000－0402－0006023　52－57/55－6(3)
漁洋山人詩集二十二卷　(清)王士禛撰　清康熙八年(1669)沂詠堂刻本　四冊

130000－0402－0006024　52－57/55－6/1(1)
漁洋山人詩集續集十六卷　(清)王士禛撰　清康熙二十三年(1684)刻本　四冊

130000－0402－0006025　52－57/55－6/1(2)
漁洋山人詩集續集十六卷　(清)王士禛撰　清康熙二十三年(1684)刻本　四冊

130000－0402－0006026　52－57/55－6/1(3)
漁洋山人詩集續集十六卷南海集二卷　(清)王士禛撰　清康熙二十三年(1684)刻本　三冊

130000－0402－0006027　52－57/55－6/1(4)
漁洋山人詩集續集十六卷　(清)王士禛撰　清康熙二十三年(1684)刻本　四冊

130000－0402－0006028　52－57/55－6/1(5)
漁洋山人詩集續集十六卷　(清)王士禛撰　清康熙二十三年(1684)刻本　四冊

130000－0402－0006029　52－57/55－8
漁洋山人精華錄十卷　(清)王士禛撰　(清)林佶編　清康熙林佶寫刻本　六冊

130000－0402－0006030　52－57/57
松桂堂全集三十七卷延露詞三卷南㴶集三卷　(清)彭孫遹著　清乾隆八年(1743)刻本　八冊

130000－0402－0006031　52－57/57－2
彭羨門全集四十三卷　(清)彭孫遹著　清宣統三年(1911)上海掃葉山房石印本　十二冊

130000－0402－0006032　52－57/58
鐵笛僊館從戎草二卷後從戎草二卷宦遊草六卷　(清)柏春著　清咸豐十一年至同治二年(1861－1863)毓文齋刻本　四冊

130000－0402－0006033　52－57/59
豔雪堂詩集四卷　(清)張晉著　清道光十七年(1837)香雪庵刻本　四冊

130000－0402－0006034　52－57/60
試畯堂詩集十二卷　(清)王蘇著　清嘉慶二十年(1815)刻本　六冊

130000－0402－0006035　52－57/61
海峯詩集十一卷　(清)劉大櫆著　清敦本堂刻本　六冊

130000－0402－0006036　52－57/62
曝書亭集詩註二十二卷朱竹垞先生年譜一卷總目一卷原序一卷　(清)朱彝尊撰　(清)楊謙纂　(清)李集参　**墓誌銘一卷**　(清)陳廷敬撰　清康熙五十三年(1714)木山閣刻本　十冊

130000－0402－0006037　52－57/62－3
曝書亭詩錄十二卷　(清)朱彝尊撰　(清)江浩然箋注　清乾隆二十四年(1759)惇裕堂刻本　四冊　存八卷(五至十二)

130000－0402－0006038　52－57/63
中隱軒詩鈔二卷　(清)楊瑛昶撰　清刻本　二冊

130000－0402－0006039　52－57/63/2
燕南趙北詩鈔四卷　(清)楊瑛昶撰　清嘉慶八年(1803)刻本　四冊

130000－0402－0006040　52－57/64(1)
彭剛直公詩集八卷　(清)彭玉麟撰　清光緒十七年(1891)刻本　二冊

130000－0402－0006041　52－57/64(2)
彭剛直公詩集八卷　(清)彭玉麟撰　清光緒十七年(1891)刻本　二冊

130000－0402－0006042　52－57/66
張氏詩集合編八卷　(清)張昀輯　**續編一卷**　(清)張昀撰　清咸豐十年(1860)中立堂刻本(續編清同治十三年刻本)　四冊

130000－0402－0006043　52－57/67
傳經堂詩鈔十二卷　(清)韋謙恒著　清乾隆五十五年(1790)刻本　四冊

130000－0402－0006044　52－57/68
澄懷園詩選十二卷　(清)張廷玉著　清乾隆二年(1737)刻本　二册

130000－0402－0006045　52－57/70
笛漁小稾十卷　(清)朱昆田著　清刻本　二册

130000－0402－0006046　52－57/71(1)
叢碧山房詩初集十四卷二集六卷三集十一卷四集十卷五集六卷　(清)龐塏著　清刻本　六册　缺十一卷(三集十一卷)

130000－0402－0006047　52－57/71(2)
叢碧山房詩初集十四卷二集六卷三集十一卷四集十卷五集六卷　(清)龐塏著　清刻本　七册　缺九卷(初集七至十四、五集六)

130000－0402－0006048　52－57/73
津門徵獻詩八卷　(清)華鼎元輯　清光緒十二年(1886)蘇城郡廟東首謝文翰齋刻本　四册

130000－0402－0006049　52－57/76
增註二雲約選四卷　(清)楊逢春　(清)蕭應櫆輯　(清)沈品華等註　清咸豐元年(1851)崇文堂刻本　二册

130000－0402－0006050　52－57/78
拙圃詩草十卷　(清)崔應階著　清乾隆三十六年(1771)刻本　四册

130000－0402－0006051　52－57/82(1)
庚辰集五卷唐人試律說一卷　(清)紀昀編　清乾隆二十七年(1762)刻本　六册

130000－0402－0006052　52－57/82(2)
庚辰集五卷　(清)紀昀編　清乾隆二十七年(1762)刻本　六册

130000－0402－0006053　52－57/82(3)
庚辰集五卷唐人試律說一卷　(清)紀昀編　清乾隆二十七年(1762)刻本　六册

130000－0402－0006054　52－57/82－2(1)
庚辰集五卷唐人試律說一卷　(清)紀昀編　清嘉慶八年(1803)太和堂刻本　六册

130000－0402－0006055　52－57/82－2(2)
庚辰集五卷唐人試律說一卷　(清)紀昀編　清嘉慶八年(1803)文盛堂刻本　六册

130000－0402－0006056　52－57/82－2(3)
庚辰集五卷　(清)紀昀編　清嘉慶八年(1803)文盛堂刻本　三册

130000－0402－0006057　52－57/82－2(4)
庚辰集五卷唐人試律說一卷　(清)紀昀編　清嘉慶八年(1803)刻本　三册

130000－0402－0006058　52－57/82－3
庚辰集五卷唐人試律說一卷　(清)紀昀編　清刻本　六册

130000－0402－0006059　52－57/82－4(1)
庚辰集五卷　(清)紀昀編　清刻本　二册　存二卷(三至四)

130000－0402－0006060　52－57/82－4(2)
庚辰集五卷　(清)紀昀編　清刻本　五册

130000－0402－0006061　52－57/84
俞俞齋詩稿初集二卷　(清)史念祖著　清光緒二十二年(1896)桂林刻本　二册

130000－0402－0006062　52－57/84/1
俞俞齋文稿初集四卷　(清)史念祖著　清光緒二十二年(1896)桂林刻本　四册

130000－0402－0006063　52－57/85
養雲山館試帖四卷　(清)許球著　(清)王槃紱注釋　清道光二十七年(1847)三義堂刻本　四册

130000－0402－0006064　52－57/85－2
養雲山館試帖四卷　(清)許球著　(清)王槃紱注釋　清同治三年(1864)書業德記刻本　四册

130000－0402－0006065　52－57/85－3(1)
養雲山館試帖四卷　(清)許球著　(清)王槃紱注釋　清挹爽齋刻本　四册

130000－0402－0006066　52－57/85－3(2)
養雲山館試帖四卷　(清)許球著　(清)王槃紱注釋　清刻本　一册　存二卷(三至四)

130000－0402－0006067　52－57/85－4
養雲山館試帖四卷　(清)許球著　(清)王榮紱注釋　清刻本　四册

130000－0402－0006068　52－57/86(1)
有正味齋試帖詳註四卷　(清)吴錫麒著　(清)吴掄　(清)吴敬恒註　清嘉慶二十一年(1816)成錦堂刻本　四册

130000－0402－0006069　52－57/86(2)
有正味齋試帖詳註四卷　(清)吴錫麒著　(清)吴掄　(清)吴敬恒註　清嘉慶二十一年(1816)成錦堂刻本　二册

130000－0402－0006070　52－57/86－2(1)
有正味齋試帖詩註八卷　(清)吴錫麒著　(清)吴清學等註　清刻本　七册　存七卷(二至八)

130000－0402－0006071　52－57/86－2(2)
有正味齋試帖詩註八卷　(清)吴錫麒著　(清)吴清學等註　清刻本　一册　存一卷(二)

130000－0402－0006072　52－57/86－2(3)
有正味齋試帖詩註八卷　(清)吴錫麒著　(清)吴清學等註　清道光二十七年(1847)書德業刻本　四册

130000－0402－0006073　52－57/86－3
有正味齋試帖詳註四卷　(清)吴錫麒著　(清)吴掄　(清)吴敬恒註　清道光二十六年(1846)書業德刻本　三册　存三卷(一至三)

130000－0402－0006074　52－57/86－4
有正味齋試帖詩註八卷　(清)吴錫麒著　(清)吴清學等註　清咸豐八年(1858)刻本　一册　存三卷(一至三)

130000－0402－0006075　52－57/88(1)
蘭言詩鈔四卷　(清)李瑞選　(清)穆騰額註釋　清同治十一年(1872)寶興堂刻本　二册

130000－0402－0006076　52－57/88(2)
蘭言詩鈔四卷　(清)李瑞選　(清)穆騰額註釋　清同治十一年(1872)寶興堂刻本　一册　存二卷(三至四)

130000－0402－0006077　52－57/88－2
蘭言詩鈔四卷　(清)李瑞選　(清)穆騰額註釋　清光緒六年(1880)墨林堂刻本　三册

130000－0402－0006078　52－57/88－3
蘭言詩鈔四卷　(清)李瑞選　(清)穆騰額註釋　清光緒二十二年(1896)書業德刻本　二册

130000－0402－0006079　52－57/88－4
蘭言詩鈔四卷　(清)李瑞選評　(清)穆騰額註釋　清光緒五年(1879)上洋務本堂刻本　四册

130000－0402－0006080　52－57/88－5(1)
蘭言詩鈔四卷　(清)李瑞選　(清)穆騰額註釋　清光緒十三年(1887)三義堂刻本　四册

130000－0402－0006081　52－57/88－5(2)
蘭言詩鈔四卷　(清)李瑞選　(清)穆騰額註釋　清光緒十三年(1887)三義堂刻本　三册　存三卷(一至二、四)

130000－0402－0006082　52－57/88－6(1)
蘭言詩鈔四卷　(清)李瑞選　(清)穆騰額註釋　清光緒善成堂刻本　二册

130000－0402－0006083　52－57/88－6(2)
蘭言詩鈔四卷　(清)李瑞選　(清)穆騰額註釋　清光緒善成堂刻本　四册

130000－0402－0006084　52－57/88－7
蘭言詩鈔四卷　(清)李瑞選　(清)穆騰額註釋　清光緒二十三年(1897)文興堂刻本　二册

130000－0402－0006085　52－57/89
存素堂詩稾十三卷　(清)錢寶琛著　清同治七年(1868)刻本　二册

130000－0402－0006086　52－57/90(1)
樫華館試帖彙鈔輯注十卷　(清)路德著　清道光十四年(1834)刻本　六册

130000－0402－0006087　52－57/90(2)
樫華館試帖彙鈔輯注十卷　(清)路德著　清

道光十四年(1834)刻本　五册　存九卷(一至九)

130000－0402－0006088　52－57/90(3)
樫華館試帖彙鈔輯注十卷　(清)路德著　清道光十四年(1834)刻本　十册

130000－0402－0006089　52－57/90－2(1)
樫華館試帖彙鈔輯注十卷　(清)路德著　清道光二十七年(1847)聚錦旭刻本　四册　存四卷(一、六至八)

130000－0402－0006090　52－57/90－2(2)
樫華館試帖彙鈔輯注十卷　(清)路德著　清道光二十七年(1847)聚錦旭刻本　十册

130000－0402－0006091　52－57/90－2(3)
樫華館試帖彙鈔輯注十卷　(清)路德著　清道光二十七年(1847)聚錦旭刻本　五册　存五卷(六至十)

130000－0402－0006092　52－57/90－2(4)
樫華館試帖彙鈔輯注十卷　(清)路德著　清道光二十七年(1847)聚錦旭刻本　五册　存五卷(六至十)

130000－0402－0006093　52－57/90－2(5)
樫華館試帖彙鈔輯注十卷　(清)路德著　清道光二十七年(1847)聚錦旭刻本　十册

130000－0402－0006094　52－57/90－2(6)
樫華館試帖彙鈔輯注十卷　(清)路德著　清道光二十七年(1847)聚錦旭刻本　五册　存五卷(六至十)

130000－0402－0006095　52－57/90－3
樫花館試帖輯註二卷　(清)路德著　(清)謝紹瑗輯註　清道光十一年(1831)集錦堂刻本　二册

130000－0402－0006096　52－57/91
玉堂吟社試帖輯珍四卷　(清)吴毓春選註　清光緒十年(1884)元德昌刻本　四册

130000－0402－0006097　52－57/92
近科館課分韻詩鈔二卷　王先謙編　范多玨重編　陳漢章增注　清刻本　八册

130000－0402－0006098　52－57/92－2
近科館課分韻詩鈔二卷　王先謙編　范多玨重編　陳漢章增注　清同治十三年(1874)四明茹古齋刻本　二册

130000－0402－0006099　52－57/94
試律青雲集四卷　(清)楊逢春輯　(清)沈品金等註　清咸豐七年(1857)文秀堂刻本　二册

130000－0402－0006100　52－57/94－2
試律青雲集四卷　(清)楊逢春輯　(清)沈品金等註　清道光十五年(1835)崇錦堂刻本　二册

130000－0402－0006101　52－57/94－3
分韻試帖青雲集合註四卷　(清)楊逢春輯　(清)沈品金等註　清光緒五年(1879)三義堂刻本　四册

130000－0402－0006102　52－57/94－4
試律青雲集四卷　(清)楊逢春輯　(清)沈品金等註　清同治九年(1870)聚錦堂刻本　一册

130000－0402－0006103　52－57/94－5
試律註釋青雲集四卷　(清)楊逢春輯　(清)沈品金等註　清刻本　一册　存一卷(三)

130000－0402－0006104　52－57/94－6
試律青雲集四卷　(清)楊逢春輯　(清)沈品金等註　清刻本　一册　存一卷(四)

130000－0402－0006105　52－57/95
潛研堂詩集十卷續集十卷　(清)錢大昕著　清嘉慶十一年(1806)長沙龍氏家塾刻本　五册

130000－0402－0006106　52－57/96(1)
關中書院課士詩四卷　(清)路德輯註　清道光二十三年(1843)經餘堂刻本　四册

130000－0402－0006107　52－57/96(2)
關中書院課士詩四卷　(清)路德輯註　清道光二十三年(1843)經餘堂刻本　四册

130000－0402－0006108　52－57/96－2(1)

關中書院課士詩不分卷　(清)路德選　清同治十年(1871)寶善堂刻本　二冊

130000－0402－0006109　52－57/96－2(2)
關中書院課士詩不分卷　(清)路德選　清同治十年(1871)寶善堂刻本　二冊

130000－0402－0006110　52－57/96－3(1)
關中書院課士詩不分卷　(清)路德編　清光緒七年(1881)書業德刻本　二冊

130000－0402－0006111　52－57/96－3(2)
關中書院課士詩不分卷　(清)路德編　清光緒七年(1881)書業德刻本　二冊

130000－0402－0006112　52－57/96－4
關中書院課士詩不分卷　(清)路德編　清光緒二十一年(1895)書業德刻本　一冊

130000－0402－0006113　52－57/96－5
關中書院課士詩不分卷　(清)路德編　清光緒八年(1882)善成堂刻本　一冊

130000－0402－0006114　52－57/97－2
香屑集十八卷首一卷末一卷　(清)黃之雋撰　清刻本　三冊　存十四卷(五至十八)

130000－0402－0006115　52－57/98(1)
七家試帖輯註彙鈔十二卷　(清)王植桂輯註　清同治九年(1870)京師琉璃廠刻本　四冊

130000－0402－0006116　52－57/98(2)
七家試帖輯註彙鈔十二卷　(清)王植桂輯註　清同治九年(1870)京師琉璃廠刻本　八冊

130000－0402－0006117　52－57/98(3)
七家試帖輯註彙鈔十二卷　(清)王植桂輯註　清同治九年(1870)京師琉璃廠刻本　七冊　缺一種二卷(西漚試帖輯註二卷)

130000－0402－0006118　52－57/98(4)
七家試帖輯註彙鈔十二卷　(清)王植桂輯註　清同治九年(1870)京師琉璃廠刻本　八冊

130000－0402－0006119　52－57/98(5)
七家試帖輯註彙鈔十二卷　(清)王植桂輯註　清同治九年(1870)京師琉璃廠刻本　六冊

130000－0402－0006120　52－57/98(6)
七家試帖輯註彙鈔十二卷　(清)王植桂輯註　清同治九年(1870)京師琉璃廠刻本　七冊

130000－0402－0006121　52－57/98－2(1)
劉註七家詩十二卷　(清)劉培棠　(清)劉鍾英輯註　清光緒十五年(1889)天津李文煥刻本　三冊　存三種三卷(尚絅堂試帖輯註一卷、西漚試帖輯註下、簡學齋試帖輯註上)

130000－0402－0006122　52－57/98－2(2)
劉註七家詩十二卷　(清)劉培棠　(清)劉鍾英輯註　清光緒十五年(1889)天津李文煥刻本　九冊　缺一種一卷(修竹齋試帖集註上)

130000－0402－0006123　52－57/98－2(3)
劉註七家詩十二卷　(清)劉培棠　(清)劉鍾英輯註　清光緒十五年(1889)天津李文煥刻本　七冊

130000－0402－0006124　52－57/98－2(4)
劉註七家詩十二卷　(清)劉培棠　(清)劉鍾英輯註　清光緒十五年(1889)天津李文煥刻本　七冊

130000－0402－0006125　52－57/98－3
批點七家詩合註七卷　(清)張熙宇評　(清)申珠　(清)杜炳南補註　清同治十二年(1873)敬文堂刻本　四冊

130000－0402－0006126　52－57/98－4
海棠華館七家詩補註七卷　(清)張熙宇評　(清)申珠　(清)杜炳南補註　清同治六年(1867)聚盛堂刻本　四冊

130000－0402－0006127　52－57/98－5
批點七家詩合註七卷　(清)張熙宇評　(清)申珠　(清)杜炳南補註　清光緒十八年(1892)文德堂刻本　八冊

130000－0402－0006128　52－57/98－6(1)
批點七家詩合註七卷　(清)張熙宇評　(清)申珠　(清)杜炳南補註　清光緒十七年(1891)書業德刻本　八冊

130000－0402－0006129　52－57/98－6(2)
批點七家詩合註七卷　(清)張熙宇評　(清)申珠　(清)杜炳南補註　清光緒十七年(1891)書業德刻本　六册　存五種五卷(澹香齋試帖合註一卷、修竹齋試帖合註一卷、尚絅堂試帖合註一卷、桐雲閣試帖合註一卷、簡學齋試帖合註一卷)

130000－0402－0006130　52－57/98－6(3)
批點七家詩合註七卷　(清)張熙宇評　(清)申珠　(清)杜炳南補註　清光緒十七年(1891)書業德刻本　三册　存三種三卷(澹香齋試帖合註一卷、桐雲閣試帖合註上、簡學齋試帖合註一卷)

130000－0402－0006131　52－57/98－7
七家試帖輯註彙鈔九卷　(清)張熙宇輯評　(清)王植桂輯註　清刻本　七册　缺一種一卷(澹香齋試帖輯註一卷)

130000－0402－0006132　52－57/98－8
批點七家詩合註七卷　(清)張熙宇評　(清)申珠　(清)杜炳南補註　清同治十一年(1872)書業德刻本　一册　存二種二卷(澹香齋試帖合註一卷、修竹齋試帖合註一卷)

130000－0402－0006133　52－57/98－9(1)
批點七家詩合註七卷　(清)張熙宇評　(清)申珠　(清)杜炳南補註　清光緒十四年(1888)善成堂刻本　七册　缺一種一卷(西漚試帖合註一卷)

130000－0402－0006134　52－57/98－9(2)
批點七家詩合註七卷　(清)張熙宇評　(清)申珠　(清)杜炳南補註　清光緒十四年(1888)善成堂刻本　一册　存一種(桐雲閣試帖合註上)

130000－0402－0006135　52－57/98－10
七家詩選七卷　(清)張熙宇輯評　清末李光明莊刻本　一册　存二種二卷(西漚試帖一卷、簡學齋館課試律存一卷)

130000－0402－0006136　52－57/98－11
七家詩選七卷　(清)張熙宇輯評　清刻本　一册　存三種三卷(桐雲閣試帖一卷、西漚試帖一卷、簡學齋館課試律存一卷)

130000－0402－0006137　52－57/98－12
七家詩選七卷　(清)張熙宇輯評　清刻本　一册　存三種三卷(修竹齋試帖一卷、尚絅堂試帖一卷、樫華館試帖一卷)

130000－0402－0006138　52－57/98－13
七家詩選七卷　(清)張熙宇輯評　**隨月山房試帖一卷**　(清)張熙宇註釋　清刻朱墨套印本　一册　存三種三卷(西漚試帖一卷、簡學齋館課試律存一卷、隨月山房試帖一卷)

130000－0402－0006139　52－57/99
御題竹爐圖詠四卷附駐蹕惠山詩　(清)吳鉞輯　清乾隆刻本　四册

130000－0402－0006140　52－57/100
小倉山房詩集三十七卷補遺二卷　(清)袁枚撰　清末上海校經山房石印本　六册

130000－0402－0006141　52－57/101
鄭板橋全集六編　(清)鄭燮撰　清宣統元年(1909)掃葉山房石印本　四册

130000－0402－0006142　52－57/101－2
板橋集六卷　(清)鄭燮撰　清玉書樓刻本　四册

130000－0402－0006143　52－57/101－3
板橋全集五卷　(清)鄭燮撰　(清)司徒文膏刻　清光緒十八年(1892)上海積山書局石印本　四册

130000－0402－0006144　52－57/101/1
板橋詞鈔一卷題畫一卷　(清)鄭燮撰　清刻本　一册

130000－0402－0006145　52－57/119
珠風閣詩草續集不分卷　(清)查曦撰　清初刻本　一册

130000－0402－0006146　52－57/120
曝書亭集二十三卷　(清)朱彝尊撰　(清)孫銀槎輯註　清嘉慶五年(1800)三有堂刻本　十册

130000－0402－0006147　52－57/121
水流雲在館百哀詩詞合鈔二卷附輓聯　(清)周天麟輯　清光緒二十七年(1901)刻本　一冊

130000－0402－0006148　52－57/121/1
水流雲在館詩存十卷　(清)周天麟輯　清光緒十七年(1891)石印本　五冊

130000－0402－0006149　52－57/122(1)
秣陵集六卷金陵歷代紀年事表一卷圖考一卷　(清)陳文述撰　清光緒十年(1884)淮南書局刻本　三冊

130000－0402－0006150　52－57/122(2)
秣陵集六卷金陵歷代紀年事表一卷圖考一卷　(清)陳文述撰　清光緒十年(1884)淮南書局刻本　三冊

130000－0402－0006151　52－57/123
吹古香室試帖偶存一卷　(清)胡鏞撰　清光緒十二年(1886)刻本　一冊

130000－0402－0006152　52－57/124
註釋蓮池書屋賦鈔二卷附險韻虛字　(清)劉廷櫨評註　清光緒十一年(1885)聚盛堂刻本　一冊

130000－0402－0006153　52－57/125
十杉亭帖體詩鈔五卷續編二卷　(清)吳楷撰　清道光九年(1829)刻本　一冊

130000－0402－0006154　52－57/125－2
十杉亭帖體詩鈔五卷續編二卷　(清)吳楷撰　清成錦堂刻本　二冊

130000－0402－0006155　52－57/126
鸞簫集一卷補編一卷　沈同芳輯　清光緒刻本　一冊

130000－0402－0006156　52－57/127
浮雲集十二卷　(清)陳之遴著　清旋吉堂刻本　一冊

130000－0402－0006157　52－57/128
二知齋詩鈔四卷　(清)易鏡清撰　清光緒元年(1875)恩餘堂刻本　二冊

130000－0402－0006158　52－57/130
漁山詩草二卷　(清)邊汝元撰　清乾隆四十年(1775)刻本　二冊

130000－0402－0006159　52－57/131
簡學齋詩存四卷詩刪四卷館課賦存一卷試律存一卷賦續鈔一卷試律續鈔一卷　(清)陳沆撰　清咸豐二年(1852)刻本　六冊

130000－0402－0006160　52－57/132
東湖草堂賦鈔二集四卷　(清)程祥棟編輯　清光緒三年(1877)安懷山房刻本　一冊　存三卷(一至三)

130000－0402－0006161　52－57/133
分體利試詩法入門十九卷首一卷　(清)鄭錫瀛輯評　(清)葉錫麐訂　清同治元年(1862)書業德刻本　五冊　存十六卷(一至十五、首一卷)

130000－0402－0006162　52－57/133－2(1)
分體利試詩法入門十九卷首一卷　(清)鄭錫瀛輯評　清通德堂刻本　六冊　存十六卷(四至十九)

130000－0402－0006163　52－57/133－2(2)
分體利試詩法入門十九卷首一卷　(清)鄭錫瀛輯評　清通德堂刻本　九冊

130000－0402－0006164　52－57/134
湖海樓詩集八卷　(清)陳維崧撰　清康熙二十八年(1689)患立堂刻本　二冊

130000－0402－0006165　52－57/135
朔風吟略十一卷　(清)劉秉琳著　清光緒二年(1876)津門道署刻本　二冊

130000－0402－0006166　52－57/136
喬文衣集八卷　(清)喬鉢撰　清初刻本　四冊　存四種四卷(苦吟一卷、燕齊詠一卷、燕市草一卷、石鐘集一卷)

130000－0402－0006167　52－57/137
翰馨書屋賦餘二卷　(清)章邦元著　清光緒十三年(1887)刻本　一冊

130000－0402－0006168　52－57/138

藤蓋軒詩集二卷　(清)吉年著　清咸豐二年(1852)刻本　二册

130000－0402－0006169　52－57/139
韻蘭集賦鈔六卷　(清)陸雲槎輯　清道光七年(1827)酉山堂刻本　六册

130000－0402－0006170　52－57/139－2
韻蘭集賦鈔二卷　(清)金鎮輯　清嘉慶二十五年(1820)維新堂刻本　四册

130000－0402－0006171　52－57/139－3
韻蘭集賦鈔不分卷　(清)陸雲槎輯　清刻本　二册

130000－0402－0006172　52－57/139－4
韻蘭集賦鈔六卷　(清)陸雲槎輯　清刻本　一册　存二卷(三至四)

130000－0402－0006173　52－57/139/1(1)
註釋韻蘭賦鈔二集八卷　(清)屈塵菴原本　(清)余逢瑗補註　清道光二十五年(1845)聚興堂刻本　六册

130000－0402－0006174　52－57/139/1(2)
註釋韻蘭賦鈔二集八卷　(清)屈塵菴原本　(清)余逢瑗補註　清道光二十五年(1845)文錦堂刻本　二册　存四卷(一至二、七至八)

130000－0402－0006175　52－57/140
咫聞齋詩鈔一卷　(清)李雲章撰　(清)陶樑輯　清刻本　一册

130000－0402－0006176　52－57/141
龍岡山人詩鈔十五卷　(清)洪良品撰　清光緒五年(1879)刻本　三册　缺二卷(十二至十三)

130000－0402－0006177　52－57/142
退思齋詩草三種雜著一卷　(清)吳中彥撰　清光緒二十一年(1895)刻本　二册

130000－0402－0006178　52－57/144
尚絅堂詩集五十二卷詞集二卷駢體文二卷　(清)劉嗣綰撰　清同治八年(1869)刻宣統二年(1910)印本　十册

130000－0402－0006179　52－57/146
鐵瓶詩鈔九卷雜存二卷首一卷　(清)張岳齡撰　清光緒八年(1882)刻本　四册

130000－0402－0006180　52－57/148
藏園詩鈔一卷　(清)游智開撰　清光緒十二年(1886)刻本　一册

130000－0402－0006181　52－57/150
灌香草堂初稿一卷　(清)吳蘭畹撰　清同治五年(1866)刻本　一册

130000－0402－0006182　52－57/152
館課賦鈔　(清)□□輯　清刻本　六册　存七卷(七至十三)

130000－0402－0006183　52－57/152/1
館課賦鈔續集　(清)張之萬　(清)朱鳳標輯　清善成堂刻本　三册　存三卷(一至三)

130000－0402－0006184　52－57/153
復初齋詩集七十卷　(清)翁方綱撰　清刻本　八册　存三十八卷(三十三至七十)

130000－0402－0006185　52－57/154
館律分韻初編六卷　(清)春暉閣主人輯　清光緒十四年(1888)上海鴻寶齋石印本　六册

130000－0402－0006186　52－57/155
增訂河間試律矩八卷　(清)紀昀著　(清)林昌評釋　清嘉慶十年(1805)刻本　四册

130000－0402－0006187　52－57/155－2
河間試律矩四卷　(清)紀昀著　(清)林昌評註　清崇文堂刻本　一册

130000－0402－0006188　52－57/155－3(1)
河間註釋試律矩四卷　(清)紀昀著　(清)林昌評註　清六有齋刻本　一册

130000－0402－0006189　52－57/155－3(2)
河間註釋試律矩四卷　(清)紀昀著　(清)林昌評註　清六有齋刻本　一册　存二卷(一至二)

130000－0402－0006190　52－57/155－4
河間試律矩二卷　(清)紀昀著　(清)林昌評註　清道光十八年(1838)京都文寶堂刻本　一册

130000－0402－0006191　52－57/155－5
河間註釋試律矩四卷　（清）紀昀著　（清）林昌評註　清刻本　一冊

130000－0402－0006192　52－57/155－6
河間試律矩四卷　（清）紀昀著　（清）林昌評註　清刻本　一冊　存二卷（三至四）

130000－0402－0006193　52－57/156
百名家詩選八十九卷　（清）魏憲輯選　清康熙枕江堂刻本　十二冊　存三十八卷（一至十九、七十一至八十九）

130000－0402－0006194　52－57/158
船山詩草二十卷　（清）張問陶撰　清道光元年（1821）刻本　八冊

130000－0402－0006195　52－57/158－2
船山詩草二十卷　（清）張問陶撰　清嘉慶二十年（1815）刻本　六冊

130000－0402－0006196　52－57/159
海門初集十卷首一卷　（清）鮑皐撰　（清）尹嘉銓選　清乾隆十三年（1748）健餘堂刻本　二冊　缺一卷（十）

130000－0402－0006197　52－57/160
國朝律賦新機初集一卷二集一卷續集一卷　（清）孫理評輯　（清）胡金栻　（清）胡玉樹箋注　清嘉慶十九年（1814）成錦堂刻本　六冊

130000－0402－0006198　52－57/160－2（1）
國朝律賦新機初集一卷二集一卷續集一卷　（清）孫理評輯　（清）胡金栻　（清）胡玉樹箋注　清嘉慶十八年（1813）成錦堂刻本　六冊

130000－0402－0006199　52－57/160－2（2）
國朝律賦新機初集一卷二集一卷續集一卷　（清）孫理評輯　（清）胡金栻　（清）胡玉樹箋注　清嘉慶十八年（1813）成錦堂刻本　二冊　存一卷（初集一卷）

130000－0402－0006200　52－57/174
律賦聚星集箋注二卷　（清）馬沅編　清道光二十三年（1843）書業成記刻本　八冊

130000－0402－0006201　52－57/176（1）
近科館賦約鈔注釋一卷　（清）戴棠編次　（清）戴聯捷注　清咸豐十年（1860）書業德記刻本　四冊

130000－0402－0006202　52－57/176（2）
近科館賦約鈔注釋一卷　（清）戴棠編次　（清）戴聯捷注　清咸豐十年（1860）書業德記刻本　二冊

130000－0402－0006203　52－57/177
賦學正鵠集釋十一卷　（清）李元度輯　清光緒七年（1881）長沙奎光樓刻本　七冊　存十卷（一至十）

130000－0402－0006204　52－57/177－2（1）
賦學正鵠集釋十一卷　（清）李元度輯　清光緒十年（1884）濟南裕和堂刻本　四冊

130000－0402－0006205　52－57/177－2（2）
賦學正鵠集釋十一卷　（清）李元度輯　清光緒十年（1884）濟南裕和堂刻本　三冊　存七卷（一至四、九至十一）

130000－0402－0006206　52－57/177－3
賦學正鵠集釋十一卷　（清）李元度輯　清光緒十年（1884）東昌成文堂刻本　四冊　存六卷（一、五至八、十一）

130000－0402－0006207　52－57/178
味蘭軒百篇賦鈔四卷　（清）張世燾　（清）彭克惠編輯　清乾隆五十九年（1794）刻本　四冊

130000－0402－0006208　52－57/178－2
味蘭軒百篇賦鈔四卷　（清）張世燾　（清）彭克惠編輯　清乾隆三十八年（1773）刻本　四冊

130000－0402－0006209　52－57/179
詳批近科同館賦四卷　（清）葉祺昌評選　（清）高承基等註釋　清光緒三年（1877）友益堂刻本　二冊

130000－0402－0006210　52－57/179－2（1）

近科同館賦一卷 (清)葉祺昌評選 清光緒二年(1876)好古齋刻本 一册

130000－0402－0006211 52－57/179－2(2)
近科同館賦一卷 (清)葉祺昌評選 清光緒二年(1876)好古齋刻本 一册

130000－0402－0006212 52－57/181
本朝律賦集腋四卷韻府對語四卷 (清)馬俊良輯 清經國堂刻本 六册

130000－0402－0006213 52－57/184
夢筆山房繭甕集八卷續編一卷閒雲詞一卷 (清)紀逵宜撰 閒雲老人傳一卷 (清)陳儀撰 清乾隆四十年(1775)紀氏家刻本 五册

130000－0402－0006214 52－57/185(1)
分類賦學雞跖集三十卷附錄一卷 (清)張維城輯 清道光十二年(1832)粲花吟館刻本 八册

130000－0402－0006215 52－57/185(2)
分類賦學雞跖集三十卷附錄一卷 (清)張維城輯 清道光十二年(1832)粲花吟館刻本 三册 存二十卷(五至二十四)

130000－0402－0006216 52－57/187(1)
蓬山課試詩賦合編不分卷 (清)諸鎖鑒定 清道光二十五年(1845)聚奎堂刻本 一册

130000－0402－0006217 52－57/187(2)
蓬山課試詩賦合編不分卷 (清)諸鎖鑒定 清道光二十五年(1845)聚奎堂刻本 二册

130000－0402－0006218 52－57/188
半螺龕詩存二卷孱守書屋試帖課存一卷 (清)吳文錫著 清咸豐元年(1851)自刻本 一册

130000－0402－0006219 52－57/189
四家賦鈔四卷 (清)景其濬輯 清咸豐三年(1853)誦芬堂刻本 四册

130000－0402－0006220 52－57/193－2(1)
欽定國朝詩别裁集三十二卷 (清)沈德潛纂評 清刻本 十六册

130000－0402－0006221 52－57/193－2(2)
欽定國朝詩别裁集三十二卷 (清)沈德潛纂評 清刻本 七册 存十九卷(三至五、九至十四、十七至二十一、二十七至二十八、三十至三十二)

130000－0402－0006222 52－57/193－2(3)
欽定國朝詩别裁集三十二卷 (清)沈德潛纂評 清刻本 五册 存九卷(一至二、七至八、十三至十六、十九)

130000－0402－0006223 52－57/193－3
欽定國朝詩别裁集三十二卷 (清)沈德潛纂評 清刻本 一册 存二卷(二十一至二十二)

130000－0402－0006224 52－57/195(1)
詳批律賦標準四卷 (清)葉祺昌評選 清光緒七年(1881)文茂堂刻本 三册 存三卷(一、三至四)

130000－0402－0006225 52－57/195(2)
詳批律賦標準四卷 (清)葉祺昌評選 清光緒七年(1881)刻本 四册

130000－0402－0006226 52－57/195－2(1)
律賦標準四卷 (清)葉祺昌編次 清同治十二年(1873)書業德刻本 二册

130000－0402－0006227 52－57/195－2(2)
律賦標準四卷 (清)葉祺昌編次 清同治十二年(1873)書業德刻本 四册

130000－0402－0006228 52－57/195－2(3)
律賦標準四卷 (清)葉祺昌編次 清同治十二年(1873)書業德刻本 二册

130000－0402－0006229 52－57/195－3(1)
律賦標準四卷 (清)葉祺昌編次 清同治十三年(1874)書業堂刻本 四册

130000－0402－0006230 52－57/195－3(2)
律賦標準四卷 (清)葉祺昌編次 清同治十三年(1874)書業堂刻本 四册

130000－0402－0006231 52－57/195/1(1)
詳批律賦標準二集四卷 (清)葉祺昌評選 清同治十三年(1874)書業德刻本 四册

130000－0402－0006232　52－57/195/1(2)
詳批律賦標準二集四卷　(清)葉祺昌評選　清同治十三年(1874)書業德刻本　四册

130000－0402－0006233　52－57/195/1(3)
詳批律賦標準二集四卷　(清)葉祺昌評選　清同治十三年(1874)書業德刻本　一册

130000－0402－0006234　52－57/195/1(4)
詳批律賦標準二集四卷　(清)葉祺昌評選　清刻本　一册　存一卷(二)

130000－0402－0006235　52－57/195/1－2
詳批律賦標準二集四卷　(清)葉祺昌評選　清光緒十四年(1888)三義堂刻本　四册

130000－0402－0006236　52－57/196
後七家試帖選輯注七卷　(清)王祿書輯注　清光緒二年(1876)京師琉璃廠刻本　七册

130000－0402－0006237　52－57/198
笏庵詩鈔十卷　(清)吳清鵬撰　清道光刻本　二册

130000－0402－0006238　52－57/199
隨園續同人集十五卷　(清)袁枚輯　清乾隆五十五年(1790)隨園刻本　六册

130000－0402－0006239　52－57/200(1)
本朝試賦新硎五卷首一卷　(清)李光瓊等輯評　(清)李鐸　(清)李振翽箋　清金陵三多齋刻本　五册

130000－0402－0006240　52－57/200(2)
本朝試賦新硎五卷首一卷　(清)李光瓊等輯評　(清)李鐸　(清)李振翽箋　清金陵三多齋刻本　六册

130000－0402－0006241　52－57/200(3)
本朝試賦新硎五卷首一卷　(清)李光瓊等輯評　(清)李鐸　(清)李振翽箋　清金陵三多齋刻本　八册

130000－0402－0006242　52－57/201
畫壁遺稿三卷　(清)范承謨著　清康熙刻本　三册

130000－0402－0006243　52－57/202
澹餘詩集四卷　(清)曹申吉著　**珂雪詞二卷補遺一卷**　(清)曹貞吉著　清康熙刻本　六册

130000－0402－0006244　52－57/204
慎齋古近體詩五卷　(清)高静撰　清光緒六年(1880)刻本　三册

130000－0402－0006245　52－57/205
試律大觀三十二卷　(清)竹屏居士輯　清道光二十七年(1847)鳳池亭刻本　六册　存七卷(一至七)

130000－0402－0006246　52－57/205－2
試律大觀三十二卷　(清)竹屏居士輯　清刻本　六册　存二十四卷(九至三十二)

130000－0402－0006247　52－57/206
百美新詠一卷集詠一卷圖傳一卷　(清)顔希源撰　清嘉慶十年(1805)文德堂刻本　四册

130000－0402－0006248　52－57/207
後湘集九卷　(清)姚瑩撰　清嘉慶二十三年(1818)刻本　二册

130000－0402－0006249　52－57/208
津門詩鈔三十卷　(清)梅成棟纂　清道光四年(1824)思誠書屋刻本　十册

130000－0402－0006250　52－57/209(1)
館閣試律說注釋二卷　(清)何汾　(清)何湘輯釋　(清)潘人麟纂　清嘉慶九年(1804)書業德刻本　四册

130000－0402－0006251　52－57/209(2)
館閣試律說注釋二卷　(清)何汾　(清)何湘輯釋　(清)潘人麟纂　清嘉慶六年(1801)書業德刻本　四册

130000－0402－0006252　52－57/211
蕉林詩集十八卷　(清)梁清標撰　清康熙十七年(1678)刻本　六册　存十一卷(一至二、十至十八)

130000－0402－0006253　52－57/212
兩當軒集二十二卷攷異二卷附錄四卷　(清)黄景仁撰　清光緒二年(1876)刻本　五册

缺五卷(十八至二十二)

130000-0402-0006254 52-57/214
隨園詩草八卷附禪家公案頌 (清)邊連寶撰 清乾隆四十年(1775)刻本 四冊

130000-0402-0006255 52-57/215
東皋詩草一卷 (清)孫人傑撰 清抄本 一冊

130000-0402-0006256 52-57/216
館賦鴛鍼四卷 (清)蔣圻編次 清道光二十八年(1848)掃葉山房刻本 四冊

130000-0402-0006257 52-57/217
御製詩初集四十四卷目錄四卷二集九十卷目錄十卷三集一百卷目錄十二卷 (清)高宗弘曆撰 清乾隆刻本 三十六冊 存一百三十一卷(二集四十至九十,三集一至二十、四十一至一百)

130000-0402-0006258 52-57/219
消寒新詠四卷 (清)三益山房編 (清)鐵橋山人等撰 清乾隆六十年(1795)宏文閣刻本 一冊 存一卷(一)

130000-0402-0006259 52-57/220
觀劇絶句三卷附賈鳧西鼓詞 (清)金德瑛撰 清光緒三十三年(1907)葉氏觀古堂刻本 一冊

130000-0402-0006260 52-57/222
注釋時晴齋館賦四卷 (清)張集馨撰 清同治九年(1870)榴紅書屋刻本 一冊

130000-0402-0006261 52-57/223
茂林賦鈔初集四卷 (清)吳學洙編 清同治十年(1871)涇川雙桂齋湯鼎臣刻本 一冊

130000-0402-0006262 52-57/223/1
茂林賦鈔二卷附補遺 (清)吳學洙編 清道光三年(1823)崇文堂刻本 一冊

130000-0402-0006263 52-57/224
聽園西疆雜述詩四卷 (清)蕭雄撰 清光緒二十一年(1895)湖南提學署刻本 五冊

130000-0402-0006264 52-57/225
全五代詩一百卷補遺一卷 (清)李調元編 清乾隆四十五年(1780)刻本 六冊 存二十一卷(一至二十一)

130000-0402-0006265 52-57/226
綠窗吟草一卷 (清)楊瓊華撰 清刻本 一冊

130000-0402-0006266 52-57/227
嵇庵詩集六卷 (清)梅植之撰 清刻本 二冊

130000-0402-0006267 52-57/228(1)
近四科同館試帖嗚盛集四卷 (清)陳枚 (清)高遠詢編輯 (清)高術芳注釋 清咸豐元年(1851)聚錦旭刻本 四冊

130000-0402-0006268 52-57/228(2)
近四科同館試帖嗚盛集四卷 (清)陳枚 (清)高遠詢編輯 (清)高術芳注釋 清咸豐元年(1851)聚錦旭刻本 一冊 存二卷(三至四)

130000-0402-0006269 52-57/229
花樣集十二卷 (清)楊昌光編 清刻本 六冊

130000-0402-0006270 52-57/230
謝華啟秀集八卷 (清)吳藹人 (清)董琴涵鑒定 清道光十年(1830)聚錦堂刻本 五冊 存五卷(一至二、四至六)

130000-0402-0006271 52-57/231(1)
試帖紫雲仙琯讀本八卷 (清)高敏編 (清)胡朝縉選註 清石渠閣刻本 一冊

130000-0402-0006272 52-57/231(2)
試帖紫雲仙琯讀本八卷 (清)高敏編 (清)胡朝縉選註 清石渠閣刻本 一冊

130000-0402-0006273 52-57/232
試帖欣賞集不分卷 (清)吳穀人著 (清)華嶽註 清嘉慶二十四年(1819)平江華氏刻本 四冊

130000-0402-0006274 52-57/233
竹笑軒賦鈔初集一卷二集一卷 (清)孫清達

編次　清道光二十五年(1845)聚錦旭刻本　四冊

130000－0402－0006275　52－57/234

三字經試帖四卷　(清)裘獻功著　清光緒十年(1884)大梁玉合堂刻本　二冊

130000－0402－0006276　52－57/235

國朝館閣九家詩箋　(清)王芑孫編　清刻本　四冊

130000－0402－0006277　52－57/236

丁香花館註釋試帖分品四卷　(清)葛兆慶輯　清光緒元年(1875)敬文堂刻本　一冊

130000－0402－0006278　52－57/237

澹香齋試帖詳註二卷　(清)王廷紹撰　清道光二年(1822)大酉堂刻本　一冊

130000－0402－0006279　52－57/238

時晴齋試帖四卷　(清)張集馨著　(清)林之望選　清同治九年(1870)榴紅書屋刻本　一冊

130000－0402－0006280　52－57/240

寄嶽雲齋試帖詳註四卷　(清)聶銑敏撰　(清)張學蘇箋註　清嘉慶二十四年(1819)集錦堂刻本　四冊

130000－0402－0006281　52－57/240－2

寄嶽雲齋試體詩選詳註四卷　(清)張學蘇箋　(清)聶銑敏藁　清刻本　三冊　存三卷(二至四)

130000－0402－0006282　52－57/240－3

寄嶽雲齋試體詩選二卷　(清)聶銑敏著　清刻本　二冊

130000－0402－0006283　52－57/240－4

增訂寄嶽雲齋試體詩選四卷　(清)聶銑敏著　(清)朱兆鳳評　清聚錦堂刻本　一冊　存一卷(一)

130000－0402－0006284　52－57/242

註釋登瀛社試帖不分卷　(清)陸潤庠編　清光緒十一年(1885)有益堂刻本　一冊

130000－0402－0006285　52－57/243

養性齋賦存二卷　(清)張大基著　清文會堂刻本　一冊

130000－0402－0006286　52－57/245

蓮齋賦評二卷附險韻虛字　(清)劉廷櫨評註　清道光二十九年(1849)三益堂刻本　一冊

130000－0402－0006287　52－57/246

關中書院詩課一卷　(清)路德編　清道光二十四年(1844)敬文堂刻本　一冊

130000－0402－0006288　52－57/247

詳註五經酌雅詩鈔二卷　(清)葉儁昌輯　清道光二十八年(1848)崇文堂刻本　一冊

130000－0402－0006289　52－57/248

雲樣集八卷　(清)高陳謨編　清大德堂刻本　二冊

130000－0402－0006290　52－57/249

註釋水竹居賦一卷　(清)盛觀潮撰　清道光三十年(1850)德義堂刻本　一冊

130000－0402－0006291　52－57/249－2

註釋水竹居賦一卷　(清)盛觀潮著　清道光三十年(1850)敬文堂刻本　一冊

130000－0402－0006292　52－57/250(1)

十一科鄉會試帖正聲四卷　(清)葉錫眉註輯　清道光二十四年(1844)經餘堂刻本　二冊

130000－0402－0006293　52－57/250(2)

十一科鄉會試帖正聲四卷　(清)葉錫眉註輯　清道光二十四年(1844)經餘堂刻本　二冊　存二卷(二至三)

130000－0402－0006294　52－57/251

唐人試律說一卷　(清)紀昀撰　清刻本　一冊

130000－0402－0006295　52－57/252

五言排律依永集八卷　(清)張九鉞箋釋　清乾隆四十七年(1782)積秀堂刻本　四冊

130000－0402－0006296　52－57/253

飣餖吟十二卷　(清)石贊清輯　(清)黃丙森注釋　清刻本　三冊　存十卷(一至三、六至十二)

130000－0402－0006297　52－57/254
插花窗詩草六卷　(清)楊昌光撰　清刻本　五冊

130000－0402－0006298　52－57/254－2
插花窗詩草六卷　(清)楊昌光撰　清嘉慶二十三年(1818)英秀堂刻本　一冊　存四卷(一至四)

130000－0402－0006299　52－57/255
紫雲仙琯二集八卷　(清)高敏輯　清道光四年(1824)刻本　一冊　存二卷(一至二)

130000－0402－0006300　52－57/256
陪都試牘存真不分卷　(清)彭浚輯　清道光十年(1830)刻本　一冊

130000－0402－0006301　52－57/257
聽彝堂試體詩選二卷二集二卷　(清)吳省蘭稟　(清)鄧奇逢箋　清嘉慶五年(1800)刻本　二冊

130000－0402－0006302　52－57/258
畬堂課賦一卷　(清)郭芥青著　清同治十年(1871)刻本　一冊

130000－0402－0006303　52－57/259
試律譽文集四卷　(清)謝香開評點　(清)王志誠註釋　清嘉慶七年(1802)步雲閣刻本　一冊　存二卷(一至二)

130000－0402－0006304　52－57/260
筠翹書屋試律存二卷　(清)齊嘉紹撰　清嘉慶十七年(1812)刻本　一冊

130000－0402－0006305　52－57/261(1)
古綆齋試帖二卷　(清)莊承籛撰　清刻本　一冊

130000－0402－0006306　52－57/261(2)
古綆齋律賦二卷　(清)莊承籛撰　清刻本　一冊

130000－0402－0006307　52－57/261(3)
澹香齋試帖一卷　(清)莊通敏撰　清刻本　一冊

130000－0402－0006308　52－57/262
試帖詩品　(清)王蕙昭　(清)王蘭昭撰　清刻本　三冊　存十九卷(六至二十四)

130000－0402－0006309　52－57/263
詳批註釋松秀山房試帖四卷次集四卷　(清)李夢巖輯　(清)吳培元註　清光緒九年(1883)寶興堂刻本　一冊

130000－0402－0006310　52－57/264
應制詩賦題解四卷　(清)丁湘錦選註　清乾隆五十五年(1790)敦厚堂刻本　一冊　存二卷(一至二)

130000－0402－0006311　52－57/265
鑄鐵硯齋試帖二卷　(清)高繼珩撰　清刻本　一冊　存一卷(二)

130000－0402－0006312　52－57/266(1)
花王閣賸藁遺藁用韻合編二卷　(明)紀坤撰　(清)崔士元　(清)紀堪琴述　清刻本　合一冊

130000－0402－0006313　52－57/266(2)
杏花詩課詩存二卷　(清)崔士元　(清)紀堪琴著　清刻本　合一冊

130000－0402－0006314　52－57/267
餞別詩鈔一卷　(清)王煦等撰　清刻本　一冊

130000－0402－0006315　52－57/268
上齋紀事詩一卷　高賡恩著　清刻本　一冊

130000－0402－0006316　52－57/269
試帖詩鏡不分卷　(清)定慧主人編　清同治十二年(1873)刻本　二冊

130000－0402－0006317　52－57/270
藤塢詩集不分卷　(清)梁允植撰　清刻本　一冊

130000－0402－0006318　52－57/271
子顧詩草一卷　(清)吳言嘉撰　清刻本　一冊

130000－0402－0006319　52－57/272
嘉樹堂吟卷一卷　(清)梁清遠撰　清刻本　一冊

130000－0402－0006320　52－57/273
十六國宫詞二卷　(清)周昇撰注　清掃葉山房石印本　二册　存一卷(一)

130000－0402－0006321　52－57/274
海門詩鈔十卷　(清)李符清撰　清刻本　一册　存六卷(五至十)

130000－0402－0006322　52－57/275
烏夜啼思親曲一卷　(清)徐廷珍撰　清光緒十三年(1887)刻本　一册

130000－0402－0006323　52－57/276
觀始集十二卷　(清)魏裔介選評　清刻本　九册

130000－0402－0006324　52－57/277
勉行堂詩集二十四卷首一卷　(清)程晉芳撰　清刻本　一册　存三卷(七至九)

130000－0402－0006325　52－57/278
杏天花律賦摘豔全集　(清)□□輯　清刻本　一册　存二卷(三至四)

130000－0402－0006326　52－57/279
聽黄鸝館詩賦讀本不分卷　(清)宓如椿輯　清刻本　一册

130000－0402－0006327　52－57/280
近九科同館賦鈔四卷　(清)孫欽昂編　清刻本　一册

130000－0402－0006328　52－57/281
律賦清華四卷　(清)吴錫麒評輯　清道光元年(1821)崇文堂刻本　二册

130000－0402－0006329　52－57/282
應試分月詩賦註釋十二卷　(清)吴肖元選註　清刻本　一册　存二卷(二至三)

130000－0402－0006330　52－57/283
詩帖錦機六卷　(清)蔣賓編　(清)孫啟楙等注　清道光十一年(1831)六有齋刻本　一册　存一卷(一)

130000－0402－0006331　52－57/284
玉堂清課賦鈔四卷　(清)龍瑛輯　清刻本　一册　存一卷(三)

130000－0402－0006332　53/1
四印齋所刻詞二十五種　(清)王鵬運輯　清光緒十四年(1888)王氏家塾刻本　十六册

130000－0402－0006333　53/3
歷代詞綜一百六卷　(清)朱彝尊　(清)王昶輯　清光緒二十八年(1902)金匱浦氏刻本　二十四册

130000－0402－0006334　53/3－2
詞綜三十六卷　(清)朱彝尊　(清)汪森輯　清碧梧書屋刻本　十册

130000－0402－0006335　53/3－3
詞綜三十六卷　(清)朱彝尊　(清)汪森輯　清汪氏裘杼樓刻本　六册

130000－0402－0006336　53/4－3
花間集十卷　(後蜀)趙崇祚輯　清光緒十九年(1893)京都炳文齋刻本　一册

130000－0402－0006337　53/4－4
花間集十卷　(後蜀)趙崇祚輯　清光緒十九年(1893)臨桂王氏四印齋刻本　一册

130000－0402－0006338　53/6－2
詞選二卷茗柯詞一卷立山詞一卷續詞選二卷附録一卷　(清)張惠言等輯　清道光十年(1830)官書處刻本　二册

130000－0402－0006339　53/6－3
詞選二卷續詞選二卷附録一卷　(清)張惠言等輯　清同治六年(1867)刻本　四册

130000－0402－0006340　53/6－4
詞選二卷續詞選二卷附録一卷　(清)張惠言等輯　清末石印本　一册

130000－0402－0006341　53/11
精選名儒草堂詩餘三卷　(元)鳳林書院輯　清抄本　一册

130000－0402－0006342　53－54/1(1)
宋六十名家詞八十九卷　(明)毛晉編　清光緒十四年(1888)錢塘汪氏刻本　三十册

130000－0402－0006343　53－54/1(2)
宋六十名家詞八十九卷　(明)毛晉編　清光

緒十四年(1888)錢塘汪氏刻本　二十三册　缺十五卷(二十六至四十)

130000－0402－0006344　53－54/6
東坡詞一卷　(宋)蘇軾撰　清宣統元年(1909)二友堂石印本　二册

130000－0402－0006345　53－54/6/2
山谷詞一卷　(宋)黄庭堅撰　清宣統元年(1909)二友堂石印本　一册

130000－0402－0006346　53－57/3
篋中詞六卷續二卷池上小集五集附非見齋審定六朝正書碑目　(清)譚獻纂録　清光緒八年(1882)刻本　三册

130000－0402－0006347　53－57/6
眉緑樓詞不分卷　(清)顧文彬撰　清光緒十年(1884)刻本　四册

130000－0402－0006348　53－57/8
茗柯詞一卷擬名家制藝一卷　(清)張惠言著　清道光八年(1828)刻本　一册

130000－0402－0006349　53－57/9
白鶴山房詞鈔二卷　(清)葉紹本著　清道光七年(1827)桂林使廨刻本　一册

130000－0402－0006350　53－57/10
小蘇潭詞六卷　(清)謝學崇撰　清刻本　一册

130000－0402－0006351　53－57/11
吴梅村詞一卷　(清)吴偉業撰　清宣統元年(1909)掃葉山房石印本　一册

130000－0402－0006352　53－57/12
二家詞鈔五卷　(清)李慈銘　樊增祥撰　清末上海會文堂石印本　一册　存二卷(一至二)

130000－0402－0006353　54/1
六十種曲一百二十卷　(明)毛晉輯　明末毛氏汲古閣刻本　六册　存三種六卷(金雀記二卷、投梭記二卷、玉環記二卷)

130000－0402－0006354　54/1－2
六十種曲一百二十卷　(明)毛晉輯　清刻本　四册　存四種八卷(玉合記二卷、金蓮記二卷、四喜記二卷、鸞鎞記二卷)

130000－0402－0006355　54/1－3
六十種曲一百二十卷　(明)毛晉輯　清刻本　十一册　存六種十二卷(尋親記二卷、荆釵記二卷、精忠記二卷、琵琶記二卷、四喜記二卷、八義記二卷)

130000－0402－0006356　54/7
繪圖綴白裘十二集四十八卷　(清)玩花主人輯　(清)錢德蒼增輯　清光緒上海廣雅書局石印本　十二册

130000－0402－0006357　54/7－2
重訂綴白裘新集合編十二集四十八卷　(清)玩花主人輯　(清)錢德蒼增輯　清乾隆四十六年(1781)集古堂刻本　十七册　存三十四卷(初集四卷、二集一至二、三集四卷、四集三至四、五集四卷、六集四卷、七集一至二、八集一至二、九集一至二、十集三至四、十一集四卷、十二集三至四)

130000－0402－0006358　54/7－3
重訂綴白裘十二集四十八卷　(清)玩花主人輯　(清)錢德蒼增輯　清乾隆四十六年(1781)共賞齋刻本　二十三册　存二十三卷(初集二至四、二集四卷、三集四卷、七集四卷、八集四卷、九集四卷)

130000－0402－0006359　54/7－4
繪圖綴白裘十二集四十八卷　(清)玩花主人輯　(清)錢德蒼增輯　清光緒二十一年(1895)文海書局石印本　四册　存十六卷(初集四卷、七集四卷、十集四卷、十一集四卷)

130000－0402－0006360　54/14
湯李傳奇六種　(清)□□輯　清刻本　十一册　缺一種一卷(比目魚傳奇下)

130000－0402－0006361　54/17
傳奇節選　(清)□□輯　清刻本　一册　存二卷(三至四)

130000－0402－0006362　54/17－2

傳奇節選 (清)□□輯 清刻本 一冊 存二卷(三至四)

130000－0402－0006363 54－55/1

元曲選十集一百種元曲論一卷 (明)臧懋循編 **論曲一卷** (明)陶宗儀撰 明萬曆臧懋循雕蟲館刻本 三十六冊

130000－0402－0006364 54－55/3/1(1)

貫華堂第六才子書八卷 (元)王實甫撰 (清)金人瑞批注 清刻本(附圖) 六冊

130000－0402－0006365 54－55/3/1(2)

貫華堂第六才子書八卷 (元)王實甫撰 (清)金人瑞批注 清刻本(附圖) 六冊

130000－0402－0006366 54－55/3/1－2

貫華堂第六才子書西廂記八卷 (元)王實甫撰 (清)金人瑞批注 清刻本(附圖) 五冊 存七卷(一至七)

130000－0402－0006367 54－55/3/1－3

槐蔭堂第六才子書八卷六才西廂文一卷 (元)王實甫撰 (清)金人瑞批注 清槐蔭堂刻本(附圖) 六冊

130000－0402－0006368 54－55/3/1－5

合訂西廂記文機活趣全解八卷末一卷 (清)金人瑞批點 (清)吳山三婦評 (清)鄧汝寧音義 清近文堂刻本 六冊

130000－0402－0006369 54－55/3/1－6(1)

繪像第六才子書西廂記八卷 (元)王實甫撰 (清)金人瑞評 清光緒十年(1884)廣州刻本 六冊

130000－0402－0006370 54－55/3/1－6(2)

繪像第六才子書西廂記八卷 (元)王實甫撰 (清)金人瑞評 清光緒十年(1884)廣州刻本 六冊

130000－0402－0006371 54－55/3/1－7

第六才子書八卷 (元)王實甫撰 (清)金人瑞批點 清刻本 三冊 存五卷(一至四、六)

130000－0402－0006372 54－55/3/1－12

合訂西廂記文機活趣全解八卷末一卷 (清)金人瑞批點 (清)吳山三婦評 (清)鄧汝寧音義 清興文堂刻本 五冊 缺二卷(三至四)

130000－0402－0006373 54－55/3/1－13

合訂西廂記文機活趣全解八卷末一卷 (清)金人瑞批點 (清)吳山三婦評 (清)鄧汝寧音義 清文盛堂刻本 六冊

130000－0402－0006374 54－55/3/1－17

第六才子書八卷 (元)王實甫撰 (清)金人瑞批點 清刻本 四冊 存五卷(四至八)

130000－0402－0006375 54－55/4

翻刻第七才子書六卷 (元)高明撰 (清)毛綸評 清雍正十三年(1735)兩儀堂刻本 六冊

130000－0402－0006376 54－55/4－2

鏡香園毛聲山評第七才子書十二卷首一卷 (元)高明原本 (清)毛綸評 清金陵聚錦堂刻本(附圖) 四冊 存六卷(一至四、六至七)

130000－0402－0006377 54－56/3

四賢記二卷 (明)□□撰 清刻本 二冊

130000－0402－0006378 54－56/4－2

吳吳山三婦合評牡丹亭還魂記二卷附錄一卷或問一卷紀事一卷 (明)湯顯祖撰 (清)陳同等評 清康熙三十二年(1693)綠野山房刻本 四冊

130000－0402－0006379 54－56/4－3

牡丹亭還魂記二卷 (明)湯顯祖撰 清光緒十二年(1886)積山書局石印本 四冊

130000－0402－0006380 54－56/6－2(1)

廿一史彈詞註十一卷 (明)楊慎編著 (清)張三異增定 清乾隆五十一年(1786)視履堂刻本 八冊

130000－0402－0006381 54－56/6－2(2)

廿一史彈詞註十一卷 (明)楊慎編著 (清)張三異增定 清乾隆五十一年(1786)視履堂

刻本　二冊　存三卷(一至三)

130000－0402－0006382　54－56/6/1
明史彈詞輯註四卷　(清)龍柏編輯　清裕文堂刻本　二冊

130000－0402－0006383　54－56/6/1－2
明史彈詞一卷　(清)龍柏編輯　清刻本　二冊

130000－0402－0006384　54－56/15
鳴鳳記二卷　(明)王世貞撰　清刻本　一冊

130000－0402－0006385　54－57/1(1)
紅雪樓九種曲　(清)蔣士銓撰　清乾隆紅雪樓刻本　十四冊

130000－0402－0006386　54－57/1(2)
紅雪樓九種曲　(清)蔣士銓撰　清乾隆紅雪樓刻本　九冊　缺二種二卷(雪中人一卷、四絃秋一卷)

130000－0402－0006387　54－57/1－3(1)
藏園九種曲　(清)蔣士銓撰　清咸豐、同治紅雪樓刻本　八冊

130000－0402－0006388　54－57/1－3(2)
四絃秋一卷　(清)蔣士銓撰　清紅雪樓刻紅雪樓九種曲本　一冊

130000－0402－0006389　54－57/2
雁鳴霜一卷　(清)鄭由熙撰　清光緒十六年(1890)暗香樓刻晚學齋集本　一冊

130000－0402－0006390　54－57/3
憐香伴傳奇四卷　(清)李漁撰　清廣盛堂刻本　一冊

130000－0402－0006391　54－57/3－2
憐香伴傳奇二卷　(清)李漁撰　清刻本　一冊　存一卷(二)

130000－0402－0006392　54－57/6(1)
玉獅堂十種曲十五卷悲鳳曲一卷　(清)陳烺撰　清光緒十七年(1891)刻本　八冊　存四種八卷(仙緣記傳奇二卷、蜀錦袍傳奇二卷、燕子樓傳奇二卷、海虯記傳奇二卷)

130000－0402－0006393　54－57/6(2)
玉獅堂十種曲十五卷悲鳳曲一卷　(清)陳烺撰　清光緒十七年(1891)刻本　十四冊

130000－0402－0006394　54－57/6－2(1)
玉獅堂十種曲十五卷悲鳳曲一卷　(清)陳烺撰　清光緒十七年(1891)刻本　十冊

130000－0402－0006395　54－57/6－2(2)
玉獅堂十種曲十五卷悲鳳曲一卷　(清)陳烺撰　清光緒十七年(1891)刻本　十冊　缺一種一卷(悲鳳曲一卷)

130000－0402－0006396　54－57/6－2(3)
玉獅堂十種曲十五卷悲鳳曲一卷　(清)陳烺撰　清光緒十七年(1891)刻本　三冊　存三種三卷(迴流記傳奇一卷、錯姻緣傳奇一卷、悲鳳曲一卷)

130000－0402－0006397　54－57/8－3
長生殿傳奇二卷　(清)洪昇撰　清刻本　二冊

130000－0402－0006398　54－57/9
玉燕堂四種曲　(清)張堅撰　(清)楊古林評點　清乾隆、嘉慶刻本　八冊　存三種六卷(夢中緣二卷、梅花簪二卷、玉獅墜二卷)

130000－0402－0006399　54－57/10－2
桃花扇傳奇四卷首一卷　(清)孔尚任撰　清光緒二十一年(1895)蘭雪堂刻本　五冊

130000－0402－0006400　54－57/10－5
桃花扇傳奇四卷　(清)孔尚任撰　清西園刻本　四冊

130000－0402－0006401　54－57/11－2
笠翁傳奇十種　(清)李漁撰　清刻本　十五冊　缺四種五卷(風箏誤傳奇上、蜃中樓傳奇上、凰求鳳傳奇二卷、巧團圓傳奇上)

130000－0402－0006402　54－57/11－2.4
蜃中樓傳奇二卷　(清)李漁撰　清刻笠翁傳奇十種本　二冊

130000－0402－0006403　54－57/11－3
笠翁傳奇十種　(清)李漁撰　清刻本　十八

冊　缺一種二卷(憐香伴傳奇二卷)

130000－0402－0006404　54－57/11－4
笠翁傳奇十種　(清)李漁撰　清刻本　十冊　存五種十卷(風箏誤傳奇二卷、意中緣傳奇二卷、蜃中樓傳奇二卷、凰求鳳傳奇二卷、慎鸞交傳奇二卷)

130000－0402－0006405　54－57/11－5
笠翁傳奇十種　(清)李漁撰　清世德堂刻本　十冊　存五種十卷(憐香伴傳奇二卷、風箏誤傳奇二卷、意中緣二卷、奈何天傳奇二卷、巧團圓傳奇二卷)

130000－0402－0006406　54－57/11/1
凰求鳳傳奇二卷　(清)李漁撰　清刻本　一冊

130000－0402－0006407　54－57/11/2
玉搔頭傳奇二卷　(清)李漁撰　清刻本　一冊

130000－0402－0006408　54－57/12
梅花夢二卷　(清)張道撰　清光緒二十年(1894)刻本　二冊

130000－0402－0006409　54－57/13
誦荻齋曲二種　(清)徐鄂撰　清光緒十二年至十三年(1886－1887)大同書局石印本　六冊

130000－0402－0006410　54－57/14
重刊芝龕記樂府六卷首一卷　(清)董榕撰　清光緒十六年(1890)江夏董氏刻本　八冊

130000－0402－0006411　54－57/14－2
芝龕記六卷　(清)董榕撰　清乾隆十六年(1751)刻本　三冊　存四卷(一至三、六)

130000－0402－0006412　54－57/16
儒酸福傳奇二卷　(清)魏熙元填詞　(清)汪繩武正譜　(清)倪星垣評文　清光緒十年(1884)玉玲瓏館刻本　二冊

130000－0402－0006413　54－57/17
緋笙館修簫譜二卷　(清)舒位撰　(清)費丹旭繪　清杭州汪氏振綺堂刻本　二冊

130000－0402－0006414　54－57/18
小蓬萊傳奇十種　(清)劉清韻填詞　(清)錢梅坡校訂　清光緒二十六年(1900)上海藻文石印本　六冊

130000－0402－0006415　54－57/20
石榴記傳奇四卷　(清)黃振填詞　清乾隆三十七年(1772)柴灣村舍刻本　五冊

130000－0402－0006416　54－57/22
梨園集成四十六種　(清)李世忠輯　清光緒四年(1878)刻本　十八冊　存四十種

130000－0402－0006417　54－57/23
紅樓夢傳奇二卷　(清)紅豆邨樵填詞　(清)邗亭居士按拍　清嘉慶四年(1799)刻本　二冊

130000－0402－0006418　54－57/24(1)
鴛鴦鏡不分卷　(清)黃憲清填詞　(清)查仲誥訂譜　清刻本　一冊

130000－0402－0006419　54－57/24(2)
凌波影不分卷　(清)黃憲清填詞　清刻本　一冊

130000－0402－0006420　54－57/26
奈何天傳奇二卷　(清)李漁編次　清刻本　一冊　存一卷(下)

130000－0402－0006421　54－57/27
風流棒傳奇二卷　(清)萬樹編次　清刻本　二冊

130000－0402－0006422　54－57/28
空青石傳奇二卷　(清)萬樹編次　清刻本　一冊　存一卷(上)

130000－0402－0006423　54－57/29(1)
惺齋五種續編一種　(清)夏綸撰　清乾隆十六年(1751)世光堂刻本　七冊　存七卷(無瑕璧二卷、杏花村二卷、瑞筠圖上、花萼吟二卷)

130000－0402－0006424　54－57/29(2)
惺齋五種續編一種　(清)夏綸撰　清乾隆十六年(1751)世光堂刻本　一冊　存一卷(花

蓴吟下）

130000－0402－0006425　54－57/30
庶幾堂今樂二十八種　（清）余治撰　清刻本　一冊　存一卷（英雄譜一）

130000－0402－0006426　55/1－2
忠雅堂評選四六法海八卷　（清）蔣士銓評選　清同治十年（1871）藏園刻朱墨套印本　四冊　存四卷（一至四）

130000－0402－0006427　55/2
有正味齋駢文十六卷　（清）吳錫麒撰　（清）葉聯芬箋註　清同治七年（1868）慈北葉氏刻本　八冊

130000－0402－0006428　55/2－2
有正味齋駢文十六卷補註一卷　（清）吳錫麒撰　（清）葉聯芬箋註　清光緒十七年（1891）羊城文寶閣刻本　八冊

130000－0402－0006429　55/2－3
有正味齋駢體文二十四卷　（清）吳錫麒撰　清咸豐五年（1855）錢塘吳氏刻吳氏一家稿本　四冊

130000－0402－0006430　55/2－4
有正味齋駢體文二十四卷首一卷　（清）吳錫麒著　清咸豐九年（1859）青箱塾刻本　八冊

130000－0402－0006431　55/3
八家四六文註八卷首一卷補註一卷附校勘　（清）吳鼒輯　（清）許貞幹註　（清）陳衍補註　清光緒十八年（1892）上海圖書集成印書局鉛印本　八冊

130000－0402－0006432　55/3－2
八家四六文鈔八卷　（清）吳鼒編　清光緒五年（1879）京都琉璃廠肆雅堂刻本　四冊

130000－0402－0006433　55/4
百煉精金不分卷　（清）孫詒紳編次　清光緒二年（1876）刻本　二冊

130000－0402－0006434　55/5
萬物炊累室文乙集一卷　沈同芳撰　清光緒二十二年（1896）羊城成文堂刻本　一冊

130000－0402－0006435　55/6
劍虹居三十藝不分卷　（清）秦煥著　清同治二年（1863）刻本　一冊

130000－0402－0006436　55/6－2
劍虹居三十藝不分卷　（清）秦煥著　清同治六年（1867）書業德刻本　一冊

130000－0402－0006437　55/7（1）
國朝文鈔五編論文集鈔二卷　（清）高塘輯　清乾隆五十一年（1786）廣郡永邑培元堂楊氏刻本　二十九冊

130000－0402－0006438　55/7（2）
國朝文鈔五編論文集鈔二卷　（清）高塘輯　清乾隆五十一年（1786）廣郡永邑培元堂楊氏刻本　二十八冊

130000－0402－0006439　55/8
文萃山房藏稿不分卷　（清）翟觀承著　清光緒十四年（1888）刻本　二冊

130000－0402－0006440　55/9
陳檢討集二十卷　（清）陳維崧撰　（清）程師恭注　清有美堂刻本　三冊

130000－0402－0006441　55/9－2
陳檢討集二十卷　（清）陳維崧撰　（清）程師恭注　清文茲堂刻本　六冊

130000－0402－0006442　55/9－3
陳檢討集二十卷　（清）陳維崧撰　（清）程師恭注　清漁古山房刻本　五冊　存十六卷（一至十六）

130000－0402－0006443　55/9/1
陳迦陵儷體文集十卷文集六卷　（清）陳維崧撰　（清）王士禛　（清）徐乾學選　清康熙患立堂刻湖海樓全集本　五冊

130000－0402－0006444　55/10
韞山堂時文三集　（清）管世銘著　清光緒十六年（1890）上海掃葉山房刻本　四冊

130000－0402－0006445　55/10－2
韞山堂時文三集　（清）管世銘著　清光緒六年（1880）書業德刻本　三冊　缺一集（二）

130000－0402－0006446　55/10－3
韞山堂時文三集　(清)管世銘著　清光緒十六年(1890)穀貽山房刻本　四冊

130000－0402－0006447　55/10－4(1)
韞山堂時文三集　(清)管世銘著　清同治六年(1867)撫署刻本　二冊　存二集(二至三)

130000－0402－0006448　55/10－4(2)
韞山堂時文三集　(清)管世銘著　清刻本　一冊　存一集(二)

130000－0402－0006449　55/11(1)
詳註訓蒙草一卷　(清)路德著　清光緒十三年(1887)辛集雙義堂刻本　一冊

130000－0402－0006450　55/11(2)
詳註訓蒙草一卷　(清)路德著　清光緒十三年(1887)辛集雙義堂刻本　一冊

130000－0402－0006451　55/12
國朝駢體正宗十二卷　(清)曾燠輯　清光緒十三年(1887)上海蜚英館石印本　六冊

130000－0402－0006452　55/12－2
國朝駢體正宗十二卷　(清)曾燠輯　清同治十三年(1874)聚賢堂刻本　六冊

130000－0402－0006453　55/13
周犢山文稿四卷　(清)周鎬撰　清光緒善成堂刻本　四冊

130000－0402－0006454　55/13－2
增訂周犢山全稿不分卷　(清)周鎬撰　清同治十三年(1874)鉛印本　一冊

130000－0402－0006455　55/14
願學堂課藝六卷續編四卷　(清)吳鴻恩輯　清光緒六年(1880)京都琉璃廠刻本　八冊

130000－0402－0006456　55/14－2
願學堂課藝六卷續編四卷　(清)吳鴻恩輯　清光緒五年(1879)聚錦旭刻本　八冊

130000－0402－0006457　55/15
觀善堂課藝四集　(清)吳鴻恩輯　清光緒五年(1879)京都琉璃廠刻本　四冊

130000－0402－0006458　55/16(1)
文海探驪三十卷附四書味根錄四書典制分韻詩帖韻府偶句　(清)博文山館輯　清刻本　二十二冊　存二十二卷(一至七、十二、十七至三十)

130000－0402－0006459　55/16(2)
文海探驪三十卷附四書味根錄四書典制分韻詩帖韻府偶句　(清)博文山館輯　清刻本　八冊　存八卷(一至二、十三至十七、十九)

130000－0402－0006460　55/17
五色瓜廬尺牘叢殘四卷　(清)邵慶辰撰　清光緒九年(1883)皖省聚文書坊刻本　二冊

130000－0402－0006461　55/18
宋四六選二十四卷　(清)曹振鏞編　清刻本　十二冊

130000－0402－0006462　55/19
五榮堂藏稿不分卷　(清)高棠萼著　清乾隆五十五年(1790)刻本　二冊

130000－0402－0006463　55/20
國朝名文春霆集不分卷　(清)李鳴謙　(清)吳承緒選　清道光經國堂刻本　六冊

130000－0402－0006464　55/20－2
春霆集註釋不分卷　(清)李鳴謙　(清)吳承緒選　清刻本　二冊

130000－0402－0006465　55/21
雲蒸集五集　(清)燕毅輯　(清)辜為福補訂　清光緒二年(1876)刻本　六冊

130000－0402－0006466　55/22
增訂註釋塾課分編不分卷　(清)王步青編　清金陵文會堂刻本　十九冊

130000－0402－0006467　55/22－2(1)
塾課小題分編八集　(清)王步青評　清敦復堂刻本　十四冊　存六集(二至六、八)

130000－0402－0006468　55/22－2(2)
塾課小題分編八集　(清)王步青評　清敦復堂刻本　十九冊

130000－0402－0006469　55/22－2(3)

塾課小題分編八集　(清)王步青評　清敦復堂刻本　六册　存二集(三至四)

130000－0402－0006470　55/22－3

塾課小題分編註釋八集　(清)王步青評　清文盛堂刻本　二十册　缺三卷(二集中庸、孟子,六集下)

130000－0402－0006471　55/22－4(1)

塾課小題分編註釋八集　(清)王步青評　清刻本　一册　存一集(八)

130000－0402－0006472　55/22－4(2)

塾課小題分編續編八集　(清)王步青評　清刻本　十六册

130000－0402－0006473　55/22－5

塾課小題分編註釋八集　(清)王步青評　清刻本　一册　存一集(八)

130000－0402－0006474　55/23

敦艮齋時文不分卷　(清)徐潤第撰　清道光三十年(1850)刻本　六册

130000－0402－0006475　55/24

試帖箋林八卷　(清)秦錫淳選評　(清)陳兆熊等參註　清乾隆二十三年(1758)經笥堂刻本　五册

130000－0402－0006476　55/25

瑞芝閣天崇名文選不分卷　(明)張鳳翼編次　清乾隆五十二年(1787)挹蘭書屋刻本　六册

130000－0402－0006477　55/26(1)

大題文府不分卷　(清)同文書局主人輯　清光緒十三年(1887)上海同文書局石印本　二十册

130000－0402－0006478　55/26(2)

大題文府不分卷　(清)同文書局主人輯　清光緒十三年(1887)上海同文書局石印本　一册　存一册(中庸上)

130000－0402－0006479　55/26－2

大題文府二集不分卷　(清)同文書局主人輯　清光緒十七年(1891)上海同文書局石印本　十册

130000－0402－0006480　55/27

移晴堂四六二卷　(清)曹秀先著　清刻本　二册

130000－0402－0006481　55/28

課兒史略四卷　(清)左喬林撰　清抄本　四册

130000－0402－0006482　55/29

格致書院課藝不分卷　(清)王韜編　清光緒十二年至二十年(1886－1894)弢園鉛印本　十五册

130000－0402－0006483　55/29－2(1)

格致書院課藝十三卷　(清)王韜編　清光緒二十三年(1897)上海書局石印本　十三册

130000－0402－0006484　55/29－2(2)

格致課藝彙編十三卷　(清)王韜編　清光緒二十三年(1897)上海書局石印本　十二册

130000－0402－0006485　55/29－2(3)

格致書院課藝十三卷　(清)王韜編　清光緒二十三年(1897)上海書局石印本　一册　存二卷(丙戌、丁亥)

130000－0402－0006486　55/29－2(4)

格致書院課藝十三卷　(清)王韜編　清末石印本　四册　存四卷(戊子、己丑下、庚寅下、壬辰下)

130000－0402－0006487　55/31

有正味齋時文愛吾廬時文合稿不分卷　(清)吳錫麒　(清)張姚成撰　清道光十二年(1832)刻本　一册

130000－0402－0006488　55/32(1)

二續近科分體墨式不分卷　(清)榴紅書屋主人輯　清同治七年(1868)榴紅書屋刻本　一册

130000－0402－0006489　55/32(2)

二續近科分體墨式不分卷　(清)榴紅書屋主人輯　清同治七年(1868)榴紅書屋刻本　一册

130000－0402－0006490　55/32/1

五續近科分體墨式不分卷　(清)榴紅書屋主人輯　清光緒九年(1883)文英堂刻本　一册

130000－0402－0006491　55/32/2

三續近科分體墨式三卷　(清)榴紅書屋主人輯　清榴紅書屋刻本　一册

130000－0402－0006492　55/34

星橋制藝大題二編不分卷　(清)劉清源撰　清同治九年(1870)書業德刻本　一册

130000－0402－0006493　55/35

江南鄉試闈墨不分卷　(清)馮譽驥　(清)許有麟鑒定　(清)沈葆楨等撰　清衡鑑堂刻本　一册

130000－0402－0006494　55/36(1)

詳注成均課士錄全編不分卷　(□)□□撰　清刻本　六册

130000－0402－0006495　55/36(2)

詳注成均課士錄全編不分卷　(□)□□撰　清刻本　四册

130000－0402－0006496　55/36－2

成均課士錄不分卷　(□)□□撰　清嘉慶四年至十六年(1799－1811)刻本　二册

130000－0402－0006497　55/36－3

成均課士錄不分卷　(□)□□撰　清刻本　一册

130000－0402－0006498　55/38

註釋續試帖青雲集六卷　(清)陸潤庠輯　(清)裴維侒評註　清光緒十三年(1887)三義堂刻本　二册

130000－0402－0006499　55/39(1)

蘭雪齋稿不分卷　(清)陳儀撰　清武水葉氏道南家塾刻本　二册

130000－0402－0006500　55/39(2)

蘭雪齋稿不分卷　(清)陳儀撰　清刻本　二册

130000－0402－0006501　55/39(3)

蘭雪齋稿不分卷　(清)陳儀撰　清刻本　一册

130000－0402－0006502　55/40

小題味新不分卷　(清)李翥雲輯　清光緒十五年(1889)廣百宋齋石印本　八册

130000－0402－0006503　55/41

重定天崇百篇不分卷　(清)吳懋政撰　(清)陳達紀重定　清道光五年(1825)樹德堂刻本　四册

130000－0402－0006504　55/41－2

天崇百篇二卷　(清)吳懋政評選　清吳氏家塾刻本　三册

130000－0402－0006505　55/42

小題文府不分卷　(□)□□撰　清光緒十三年(1887)滬上石印本　二十册

130000－0402－0006506　55/44

我法集二卷　(清)紀昀撰　(清)孫樹馨編錄　清嘉慶元年(1796)文苑堂刻本　一册

130000－0402－0006507　55/44－2

我法集註釋四卷　(清)紀昀撰　(清)魏景文註釋　清嘉慶九年(1804)文錦堂刻本　一册

130000－0402－0006508　55/45

增潤小題拆字三卷續編一卷　(清)山仲甫輯選　清光緒十四年(1888)刻本　四册

130000－0402－0006509　55/45－2

五經樓小題拆字不分卷　(清)山仲甫輯選　清同治四年(1865)書農堂刻本　二册

130000－0402－0006510　55/46

大題三萬選不分卷　(清)同文書局主人輯　清光緒十四年(1888)同文書局石印本　四十四册

130000－0402－0006511　55/47

歷科鄉會元魁大成不分卷　(□)□□撰　清末民初石印本　八册

130000－0402－0006512　55/48(1)

杉屋時文稿不分卷　(清)步際桐著　清光緒十四年(1888)刻本　一册

130000－0402－0006513　55/48(2)
杉屋時文稿不分卷　(清)步際桐著　清光緒十四年(1888)刻本　一冊

130000－0402－0006514　55/49(1)
塾課小題正鵠全集附訓蒙草養正草　(清)李元度編輯　清光緒八年(1882)善成堂刻本　四冊

130000－0402－0006515　55/49(2)
塾課小題正鵠全集附訓蒙草養正草　(清)李元度編輯　清光緒八年(1882)善成堂刻本　八冊

130000－0402－0006516　55/49－2(1)
塾課小題正鵠全集　(清)李元度編輯　清同治十二年(1873)刻本　四冊　存二集(二至三)

130000－0402－0006517　55/49－2(2)
塾課小題正鵠全集附訓蒙草　(清)李元度編輯　清同治十二年(1873)善成堂刻本　八冊

130000－0402－0006518　55/50(1)
可儀堂一百二十名家制藝四十八卷　(清)俞長城論次　清令德堂刻本　六冊　存八卷(一至八)

130000－0402－0006519　55/50(2)
可儀堂一百二十名家制藝四十八卷　(清)俞長城論次　清刻本　一冊　存一卷(二十五)

130000－0402－0006520　55/51
江漢炳靈集二卷　(清)張之洞輯　清同治刻本　三冊

130000－0402－0006521　55/51－2
江漢炳靈集二卷　(清)張之洞輯　清文會刻本　一冊　存一卷(上)

130000－0402－0006522　55/52
五經文府不分卷　(□)□□撰　清光緒十四年(1888)鴻寶齋石印本　十冊

130000－0402－0006523　55/52－2
五經文府不分卷　(□)□□撰　清光緒二十年(1894)鴻寶齋石印本　七冊　存七卷(易經一、五,詩經一至二,春秋一至二,禮記四)

130000－0402－0006524　55/53
夜雨軒小題文不分卷　(清)姚文田　(清)姚加榮撰　清嘉慶八年(1803)刻本　二冊

130000－0402－0006525　55/54
本朝三十家文不分卷　(清)蔡寅斗定　清刻本　八冊

130000－0402－0006526　55/55
二十家文稿不分卷　(清)朱為弼　(清)李涵編輯　清嘉慶二十四年(1819)寶興堂刻本　四冊

130000－0402－0006527　55/55/1
續二十家文稿不分卷　(清)李涵編輯　清道光八年(1828)聚錦堂刻本　四冊

130000－0402－0006528　55/56
近科全題新策法程不分卷　(清)劉坦之評點　清刻本　六冊

130000－0402－0006529　55/57(1)
小題三萬選不分卷　(清)求是齋主人編　清光緒十六年(1890)上洋袖海山房書局石印本　九冊

130000－0402－0006530　55/57(2)
小題三萬選不分卷　(清)求是齋主人編　清末民初石印本　三十七冊

130000－0402－0006531　55/58(1)
小題十萬選初集不分卷　(□)□□撰　清鴻寶齋石印本　八冊

130000－0402－0006532　55/58(2)
小題十萬選初集不分卷　(□)□□撰　清鴻寶齋石印本　一冊

130000－0402－0006533　55/58(3)
小題十萬選初集不分卷　(□)□□撰　清鴻寶齋石印本　二冊

130000－0402－0006534　55/59
大題觀海二集不分卷　(□)□□撰　清末石印本　六冊

130000－0402－0006535　55/60
古歡堂小題集選初集不分卷二集不分卷（清）沈寶山編　清刻本　六册

130000－0402－0006536　55/61
小題多寶船不分卷　（清）陳立甫編　清光緒十三年（1887）上海積山書局石印本　十册

130000－0402－0006537　55/62（1）
賦學指南十六卷　（清）余丙照編輯　清道光二十八年（1848）文賀堂刻本　二册

130000－0402－0006538　55/62（2）
賦學指南十六卷　（清）余丙照編輯　清道光二十八年（1848）文賀堂刻本　四册　存九卷（一至二、十至十六）

130000－0402－0006539　55/62－2（1）
賦學指南十六卷　（清）余丙照編輯　清道光九年（1829）三益堂刻本　二册　存十卷（一至十）

130000－0402－0006540　55/62－2（2）
賦學指南十六卷　（清）余丙照編輯　清道光九年（1829）三益堂刻本　一册　存四卷（三至六）

130000－0402－0006541　55/63（1）
國朝歷科元墨正宗不分卷　（清）胡先琅論次　清三多齋刻本　二十九册

130000－0402－0006542　55/63（2）
欽定隆萬四書文不分卷　（清）方苞等編　清刻本　一册

130000－0402－0006543　55/64
國朝制藝英華集不分卷　（清）湯儲璠評選　清寶興堂刻本　二册

130000－0402－0006544　55/65
國朝制藝所見集不分卷　（□）□□撰　清刻本　二册

130000－0402－0006545　55/66
律賦必以集二卷衡裁餘論一卷　（清）顧蒓選　清思無邪室刻本　二册

130000－0402－0006546　55/67（1）
尚志齋制藝初集不分卷　（清）張惠田著　清咸豐八年（1858）刻本　一册

130000－0402－0006547　55/67（2）
尚志齋課稿初集不分卷　（清）張惠田著　清咸豐八年（1858）刻本　一册

130000－0402－0006548　55/68
國朝歷科發蒙小品二集不分卷　（清）唐惟懋原選　（清）沈湖　（清）唐升聞增訂　清光啟堂刻本　四册

130000－0402－0006549　55/69
制藝類編不分卷　（清）周永年評選　清尚德堂刻本　六册

130000－0402－0006550　55/70
小隱齋課蒙草四卷　（清）王振綱撰　清光緒四年（1878）聚原堂刻本　二册

130000－0402－0006551　55/71
大題觀略不分卷　（清）□□撰　清刻本　七册

130000－0402－0006552　55/72
王韞輝增訂全稿不分卷　（清）王韞輝撰　（清）袁學謨等評定　清道光十二年（1832）聚錦和刻本　二册

130000－0402－0006553　55/73
崇辨堂墨選不分卷　（清）胡希周評選　清刻本　四册

130000－0402－0006554　55/74（1）
敦復堂稿不分卷　（清）王步青撰　清世德堂刻本　二册

130000－0402－0006555　55/74（2）
敦復堂稿不分卷　（清）王步青撰　清世德堂刻本　二册

130000－0402－0006556　55/75（1）
小題文鈔不分卷　（清）葉小農編　清咸豐七年（1857）刻本　一册

130000－0402－0006557　55/75（2）
小題文鈔不分卷　（清）葉小農編　清刻本　一册

130000－0402－0006558　55/76

裕經堂試帖不分卷　(清)邵涵初著　(清)秦樹穀注　清道光十四年(1834)刻本　一冊

130000－0402－0006559　55/77

翁太史傳稿增補全集不分卷　(清)翁叔元撰　(清)陸堦選評　清康熙二十年(1681)光啟堂刻本　一冊

130000－0402－0006560　55/78

知足齋時文存鈔二卷　(清)朱珪著　清道光十八年(1838)樂壽堂刻本　一冊

130000－0402－0006561　55/79

三惜齋制藝不分卷　(清)仲子浙編　清嘉慶二十五年(1820)刻本　一冊

130000－0402－0006562　55/80

愚魯堂時文發蒙不分卷　(清)傅咸如著　清道光四年(1824)刻本　一冊

130000－0402－0006563　55/81

嵐峰塾課存草不分卷　(清)侯自強編　清嘉慶四年(1799)刻本　一冊

130000－0402－0006564　55/82

歷科名墨簡摩集不分卷　(清)司徒修編　清東昌葉氏書林刻本　一冊

130000－0402－0006565　55/83(1)

玉照軒時文遺稾五卷　(清)馬學賜著　(清)王煦評訂　清道光十二年(1832)刻本　一冊

130000－0402－0006566　55/83(2)

玉照軒時文遺稾五卷　(清)馬學賜著　(清)王煦評訂　清道光十二年(1832)刻本　一冊

130000－0402－0006567　55/84

惇裕堂稿不分卷　(清)桂超萬著　清道光二十年(1840)自盟軒刻本　二冊

130000－0402－0006568　55/85

墨卷脫穎合編不分卷　(清)李錫瓚編次　清道光十二年(1832)同文堂刻本　一冊

130000－0402－0006569　55/86(1)

國朝名文約編不分卷　(清)陳詩編　清乾隆四十七年(1782)受祉堂刻本　二冊

130000－0402－0006570　55/86(2)

國朝名文約編不分卷　(清)陳詩編　清乾隆四十七年(1782)受祉堂刻本　一冊

130000－0402－0006571　55/87

金臺書院課士錄不分卷　(清)張集馨選　清光緒元年(1875)京都同雅堂刻本　二冊

130000－0402－0006572　55/88

金臺書院課藝不分卷　(清)淩鳴喈評選　清嘉慶二十二年(1817)敦化堂刻本　一冊

130000－0402－0006573　55/88/1

金臺書院課藝不分卷　(□)□□撰　清道光十三年(1833)刻本　四冊

130000－0402－0006574　55/89

龍城書院課藝不分卷　(清)□□撰　清刻本　一冊

130000－0402－0006575　55/90

師竹齋小題文鈔不分卷論文瑣言十六則　(清)佘虛谷編輯　清刻本　二冊

130000－0402－0006576　55/91

冲然堂四書制藝不分卷　(清)林中麟撰　清刻本　三冊

130000－0402－0006577　55/92

時藝引階合編不分卷　(清)路德等撰　清光緒十六年(1890)三義堂刻本　二冊

130000－0402－0006578　55/92－2(1)

時藝引階合編不分卷　(清)路德等撰　清書業德刻本　二冊

130000－0402－0006579　55/92－2(2)

時藝引階合編不分卷　(清)路德等撰　清書業德刻本　一冊

130000－0402－0006580　55/93

時藝階不分卷　(□)□□撰　清刻本　三冊

130000－0402－0006581　55/94(1)

時藝引不分卷　(□)□□撰　清刻本　一冊

130000－0402－0006582　55/94(2)

時藝引不分卷　(□)□□撰　清刻本　一冊

130000－0402－0006583　55/95(1)
明文明全集　(清)路德評　清光緒五年(1879)書業德刻本　四册

130000－0402－0006584　55/95(2)
明文明全集　(清)路德評　清光緒五年(1879)書業德刻本　一册

130000－0402－0006585　55/95－2
明文明三十篇　(清)路德批註　清衡山縣署刻本　一册　存十篇(一至十)

130000－0402－0006586　55/95－3
明文明全集　(清)路德評　清光緒十二年(1886)品文堂刻本　四册

130000－0402－0006587　55/95－4
明文明二集不分卷　(清)路德評　清咸豐五年(1855)書業成記刻本　一册

130000－0402－0006588　55/96
江浙八名家時文不分卷　(清)丁紹周等著　清光緒五年(1879)刻本　七册　缺一册(山陽秦煥文伯)

130000－0402－0006589　55/97
小試花樣度針不分卷　(□)□□撰　清同治六年(1867)崇德堂刻本　一册

130000－0402－0006590　55/98
先得月樓課草不分卷　(清)潘江著　清光緒八年(1882)京都敬業堂刻本　一册

130000－0402－0006591　55/99
正續童試正鵠合編四卷　(□)□□撰　清光緒七年(1881)擷華書局鉛印本　一册　存二卷(一至二)

130000－0402－0006592　55/100
春明時墨摘豔三卷吴達臣先生稿一卷　(清)吴淞輯　清光緒五年(1879)刻本　一册

130000－0402－0006593　55/101
國朝舉業正軌不分卷　(清)陳耀庚編輯　清光緒三年(1877)京都酉山堂刻本　二册

130000－0402－0006594　55/102
舊雨草堂所選墨不分卷　(清)陳康祺評輯　清同治十二年(1873)刻本　一册

130000－0402－0006595　55/103
小題宗海不分卷　(□)□□撰　清末石印本　三册

130000－0402－0006596　55/104
兩論聯章采腴不分卷　(□)□□撰　清光緒十一年(1885)刻本　三册

130000－0402－0006597　55/105(1)
制藝鎔裁不分卷　(□)□□撰　清刻本　三册

130000－0402－0006598　55/105(2)
制藝鎔裁不分卷　(□)□□撰　清刻本　四册

130000－0402－0006599　55/106
詳注初學所珍不分卷　(清)章準評注　清刻本　一册

130000－0402－0006600　55/107
關中書院課藝不分卷　(清)葉伯英輯　清光緒十四年(1888)刻本　一册

130000－0402－0006601　55/108
今文郛不分卷　(清)淩鳴喈訂　清嘉慶二十二年(1817)敦化堂刻本　二册

130000－0402－0006602　55/109
登瀛社稾不分卷續刻不分卷　(□)□□撰　清同治九年(1870)京都琉璃廠刻本　二册

130000－0402－0006603　55/109/1
三續社稿三刻不分卷　(清)張澐卿評選　清刻本　二册

130000－0402－0006604　55/109/2
登瀛社稾四刻不分卷　(□)□□撰　清刻本　四册

130000－0402－0006605　55/110
名墨輯要不分卷　(清)孫伯龍輯　清光緒七年(1881)書業德刻本　一册

130000－0402－0006606　55/111
墨選觀止不分卷舉業要言三卷　(清)梁葆慶

輯　清三讓堂刻本　一冊

130000－0402－0006607　55/112
國朝文才調集不分卷　(清)許振褘編集　清末鉛印本　二冊

130000－0402－0006608　55/113
李建林時文不分卷　(□)李建林撰　清刻本　一冊

130000－0402－0006609　55/114
求是齋墨醇不分卷　(清)杜聯選評　清同治四年(1865)求是齋刻本　一冊

130000－0402－0006610　55/115
小題新樣不分卷　(清)彭蘊皋編次　清咸豐七年(1857)京都琉璃廠刻本　二冊

130000－0402－0006611　55/117
初學必讀清真雅正編不分卷　(□)□□撰　清道光二十一年(1841)敬文堂刻本　一冊

130000－0402－0006612　55/118
碧山堂全稿不分卷　(清)栢謙著　清嘉慶二十年(1815)金陵文盛堂刻本　一冊

130000－0402－0006613　55/119
聽雨樓制藝不分卷　(清)潘奕藻撰　清刻本　一冊

130000－0402－0006614　55/120
嘉定秦狀元稿不分卷　(清)秦大成撰　清刻本　一冊

130000－0402－0006615　55/121
槐蔭堂稿不分卷　(清)栢謙撰　清嘉慶二十年(1815)金陵文盛堂刻本　一冊

130000－0402－0006616　55/122
樂育堂藁不分卷　(清)萬文梓撰　清刻本　一冊

130000－0402－0006617　55/123
歸黃合稿不分卷　(明)歸有光　(清)黃淳耀撰　清刻本　一冊

130000－0402－0006618　55/124
琴鶴堂稿不分卷　(清)趙之城撰　清刻本　一冊

130000－0402－0006619　55/125
蕭嘌挺時文稿不分卷　(清)蕭錦撰　清嘉慶二十四年(1819)樹滋堂刻本　一冊

130000－0402－0006620　55/126
經畬堂課孫草不分卷　(□)□□撰　清三益堂刻本　一冊

130000－0402－0006621　55/127
續刻小試分類文準不分卷　(清)榴紅書屋輯　清同治三年(1864)東昌三益堂刻本　一冊

130000－0402－0006622　55/128
畿輔試牘不分卷　(□)□□撰　清同治十年(1871)刻本　一冊

130000－0402－0006623　55/129(1)
抗希堂稿不分卷　(清)方苞撰　清刻本　一冊

130000－0402－0006624　55/129(2)
抗希堂稿不分卷　(清)方苞撰　清刻本　一冊

130000－0402－0006625　55/130
向蘭皐先生小題文不分卷　(清)向日貞撰　(清)黃際飛鑒定　(清)左史　(清)魯質評　清三讓堂刻本　三冊

130000－0402－0006626　55/131
增訂讀墨一隅不分卷　(□)□□撰　清刻本　一冊

130000－0402－0006627　55/131－2
增訂讀墨一隅不分卷　(□)□□撰　清刻本　一冊

130000－0402－0006628　55/133
錢太史稿不分卷　(清)錢棨撰　清步雲閣刻本　一冊

130000－0402－0006629　55/134
辰廳半學草不分卷　(清)張家彪撰　清道光二十四年(1844)念暉堂刻本　一冊

130000－0402－0006630　55/135

今文分法小題嘉言不分卷　（清）杜定基評選　清刻本　一册

130000－0402－0006631　55/136

居易堂課童稿不分卷　（清）方漢傑撰　清刻本　一册

130000－0402－0006632　55/137

望嵩堂塾課前編不分卷後編不分卷　（清）鄭道印著　清道光三年（1823）集錦堂刻本　二册

130000－0402－0006633　55/138

顧太史時文稿三種　（清）顧元熙撰　清嘉慶二十四年（1819）聚錦堂刻本　一册

130000－0402－0006634　55/139

小題採風不分卷　（清）吳椿編次　清道光十九年（1839）金谷園刻本　一册

130000－0402－0006635　55/140

家課小題超穎集不分卷　（清）馬呈圖評選　清嘉慶三年（1798）敬文堂刻本　一册

130000－0402－0006636　55/141

耻不逮齋課徒錄不分卷　（清）盛時著　清道光二十五年（1845）刻本　一册

130000－0402－0006637　55/142

機法合編初刻不分卷　（清）岳文峯鑒定　（清）許力堂等編次　清刻本　一册

130000－0402－0006638　55/142/1

機法合編二刻不分卷　（清）岳文峯鑒定　（清）許力堂等編次　清道光十八年（1838）西山堂刻本　一册

130000－0402－0006639　55/143

戚蘧菴先生傳稿不分卷　（清）沈濤評輯　清刻本　一册

130000－0402－0006640　55/144

芹皈圭臬不分卷　（清）朱鴻儒著　清道光二十一年（1841）文錦堂刻本　一册

130000－0402－0006641　55/145

陳滌非稿不分卷　（□）陳滌非撰　清刻本　一册

130000－0402－0006642　55/146

江左方百川先生文編不分卷　（清）韓菼校　清春暉堂刻本　一册

130000－0402－0006643　55/147（1）

時文輯要四卷　（清）孫伯龍輯　清光緒七年（1881）書業德刻本　一册

130000－0402－0006644　55/147（2）

時文輯要四卷　（清）孫伯龍輯　清刻本　一册　存二卷（三至四）

130000－0402－0006645　55/148

國朝名家輯要四卷　（清）孫伯龍輯　清書業德刻本　一册　存二卷（一至二）

130000－0402－0006646　55/149

時藝竅　（□）□□撰　清刻本　一册　存一卷（三）

130000－0402－0006647　55/150

時藝覺不分卷　（清）路德編　清道光二十九年（1849）刻本　二册

130000－0402－0006648　55/151

京畿試藝不分卷　（□）□□撰　清刻本　一册

130000－0402－0006649　55/152

家塾選釋續編不分卷　（□）□□撰　清刻本　一册

130000－0402－0006650　55/153

考卷清華不分卷　（清）鄧廷楨編　清道光十一年（1831）文翰書屋刻本　二册

130000－0402－0006651　55/154

四書大題文不分卷　（清）陳榮紹著　清刻本　一册

130000－0402－0006652　55/155

墨標不分卷　（□）□□撰　清刻本　三册

130000－0402－0006653　55/156

小題金粉不分卷　（清）師竹山房主人編　清同治六年（1867）師竹山房刻本　一册

130000－0402－0006654　55/157

墨選十則 (清)陳夔編次 清同治九年(1870)三槐堂刻本 一册 存二卷(一至二)

130000-0402-0006655 55/158
袁秦合稿不分卷 (清)袁枚 (清)秦大士著 清同治十二年(1873)四明茹古齋鉛印本 一册

130000-0402-0006656 55/159
小題同工二卷 (清)馮長庚編 清光緒六年(1880)刻本 一册

130000-0402-0006657 55/159-2
小題同工六卷 (清)馮長庚編 清光緒四年(1878)京都同雅堂刻本 二册

130000-0402-0006658 55/160
仁在堂時藝叢書 (清)路德編輯 清刻本 十九册

130000-0402-0006659 55/161
制藝叢話二十五卷 (清)梁章鉅撰 清刻本 一册 存七卷(十九至二十五)

130000-0402-0006660 55/162
虹舟制藝前集不分卷後集不分卷 (清)李祖惠著 (清)王步青 (清)沈德潜评定 清水西書屋刻本 三册

130000-0402-0006661 55/163
時藝核續編不分卷 (清)路德評 清道光三十年(1850)書業德刻本 一册

130000-0402-0006662 55/164
[嘉慶]庚申科四川鄉試擬墨不分卷 (□)□□撰 清衡文堂刻本 一册

130000-0402-0006663 55/165
[光緒]乙酉科直省鄉墨葉中不分卷 (清)任筱蕃選 清復合堂刻本 一册

130000-0402-0006664 55/166
[嘉慶]戊辰科直省鄉墨選不分卷 (清)楊譔評 清經訓堂刻本 一册

130000-0402-0006665 55/167
[道光]丁酉科直省鄉墨振采不分卷 (清)鄧薌峯選評 清文聚堂刻本 一册

130000-0402-0006666 55/168
[道光]甲午至乙未科直省鄉墨研精不分卷辛卯科直省鄉墨維新不分卷 (□)□□撰 清刻本 一册

130000-0402-0006667 55/169
直省鄉墨鳴鳳不分卷 (清)朱崇慶選訂 清刻本 一册

130000-0402-0006668 55/170
癸卯甲辰鄉會墨合訂不分卷 (清)葉儁昌編次 清刻本 二册

130000-0402-0006669 55/171
直省鄉墨不分卷 (□)□□撰 清刻本 一册

130000-0402-0006670 55/172
直省鄉墨文倬不分卷 (□)□□撰 清刻本 一册

130000-0402-0006671 55/173
庚午直省鄉墨 (□)□□撰 清刻本 一册

130000-0402-0006672 55/174
眂萬堂時文 (□)□□撰 清刻本 一册

130000-0402-0006673 55/175
搭截金聲 (□)□□撰 清刻本 一册

130000-0402-0006674 55/176
試策珍珠船不分卷 (清)辛紹業選 清嘉慶五年(1800)刻本 二册

130000-0402-0006675 55/177
濼源課藝 (□)□□撰 清刻本 二册 存二編(初編、三編)

130000-0402-0006676 55/178(1)
時藝脞鈔 (□)□□撰 清抄本 三册

130000-0402-0006677 55/178(2)
名文遂心集 (□)□□撰 清抄本 一册

130000-0402-0006678 55/178(3)
湝厓王氏時文 (□)□□撰 清抄本 二册

130000-0402-0006679 55/178(4)
敬勝書院課錄 (□)□□撰 清抄本 一册

130000－0402－0006680　55/178(5)
廿家文鈔　(□)□□撰　清抄本　一冊

130000－0402－0006681　55/178(6)
精選截搭　(□)□□撰　清抄本　一冊

130000－0402－0006682　55/178(7)
碣陽書院課卷　(□)□□撰　清抄本　一冊

130000－0402－0006683　55/178(8)
雜選隨錄　(□)□□撰　清抄本　一冊

130000－0402－0006684　55/178(9)
成均課士錄鈔　(□)□□撰　清淯厓王氏抄本　一冊

130000－0402－0006685　55/178(10)
墨選　(□)□□撰　清抄本　一冊

130000－0402－0006686　55/178(11)
稿墨彙鈔　(□)□□撰　清抄本　一冊

130000－0402－0006687　55/178(12)
式好堂賸稿不分卷　(清)萬永年著　清抄本　一冊

130000－0402－0006688　55/178(13)
名稿　(□)□□撰　清抄本　一冊

130000－0402－0006689　55/178(14)
時藝會選　(□)□□撰　清抄本　一冊

130000－0402－0006690　55/178(15)
制義偶鈔　(□)□□撰　清抄本　一冊

130000－0402－0006691　55/178(16)
裸鈔彙存　(□)□□撰　清抄本　一冊

130000－0402－0006692　55/178(17)
癸丑上學期國文課藝　(□)□□撰　清抄本　一冊

130000－0402－0006693　55/178(18)
匏葉居偶鈔　(□)□□撰　清抄本　四冊

130000－0402－0006694　55/178(19)
制藝雜鈔　(□)□□撰　清抄本　十九冊

130000－0402－0006695　55/178(20)
崑山片玉　(□)□□撰　清抄本　二冊

130000－0402－0006696　55/178(21)
近水樓文草　(□)□□撰　清抄本　一冊

130000－0402－0006697　55/178(22)
酸棗課士錄不分卷　(清)王煦輯　清抄本　二冊　存二冊(第一冊大學、上論,第二冊下論)

130000－0402－0006698　55/179
道生堂小題二集　(清)鍾聲著　清光緒六年(1880)三益書屋刻本　一冊　存一卷(上)

130000－0402－0006699　55/180
明文小題傳薪不分卷　(清)臧岳評　清光緒二十六年(1900)書業德刻本　四冊

130000－0402－0006700　55/180－2
聞式堂明文小題傳薪不分卷　(清)臧岳評　清嘉慶十一年(1806)聚文堂刻本　二冊

130000－0402－0006701　55/180－3
明文小題傳薪不分卷　(清)臧岳評　清刻本　二冊

130000－0402－0006702　55/180－4
明文小題傳薪不分卷　(清)臧岳評釋　清刻本　二冊

130000－0402－0006703　55/181
小題正規初編不分卷二編不分卷　(清)吳鍾駿鑒定　(清)袁廷璜彙編　清咸豐七年(1857)書業德刻本　四冊

130000－0402－0006704　55/182
挹翠山館選輯巧搭新裁不分卷　(清)吳毓春編　清光緒十五年(1889)有益堂刻本　一冊

130000－0402－0006705　55/183
淵藪　(□)□□撰　清刻本　三冊　存三卷(一、三、五)

130000－0402－0006706　55/183/1
續淵藪　(□)□□撰　清刻本　六冊　存七卷(下論四卷、孟子三卷)

130000－0402－0006707　55/184
文苑集成附補續文苑　(□)□□撰　清刻本　九冊　存十八卷(文苑集成上孟三至六、大

學二至三、中庸五至六、補續文苑三至十二）

130000－0402－0006708　55/185

明文小題引　（清）朱衣補訂　清刻本　一册　存一集（三）

130000－0402－0006709　55/186

鄉會墨醇不分卷　（□）□□撰　清刻本　一册

130000－0402－0006710　55/187

順天鄉墨乾隆丙午科不分卷　（□）□□撰　清刻本　一册

130000－0402－0006711　55/188

直省鄉會墨選不分卷　（□）□□撰　清刻本　三册

130000－0402－0006712　55/189

制藝選　（□）□□撰　清刻本　十四册　存十九卷（十一、二十六至二十七、二十九至三十二、三十四至三十八、四十、五十九至六十四）

130000－0402－0006713　55/190

時文選不分卷　（□）□□撰　清刻本　四册

130000－0402－0006714　55/191

制藝選評不分卷　（□）□□撰　清刻本　二册

130000－0402－0006715　55/192

制藝文選不分卷　（□）□□撰　清刻本　一册

130000－0402－0006716　55/193

四書文椒不分卷　（□）□□撰　清刻本　二册

130000－0402－0006717　55－52/1/2

全唐文紀事一百二十二卷首一卷　（清）陳鴻墀纂　清同治十二年（1873）廣州刻本　三十二册

130000－0402－0006718　56/3

詩觸十五種　（清）朱琰輯　清刻本　六册

130000－0402－0006719　56/4

天下才子必讀書十六卷　（清）金人瑞評　清敦化堂刻本　八册

130000－0402－0006720　56/5

談藝珠叢二十七種　（清）王啟原輯　清刻本　三册　存十種十六卷（白石道人詩説一卷、滄浪詩話一卷、詩法家數一卷、木天禁語一卷、詩學禁臠一卷、麓堂詩話一卷、談藝錄一卷、藝苑卮言六卷、然鐙記聞一卷、説詩晬語二卷）

130000－0402－0006721　56－491/1－2（1）

文心雕龍十卷　（南朝梁）劉勰撰　（清）黄叔琳輯注　清乾隆養素堂刻本　四册

130000－0402－0006722　56－491/1－2（2）

文心雕龍十卷　（南朝梁）劉勰撰　（清）黄叔琳輯注　清乾隆養素堂刻本　四册

130000－0402－0006723　56－491/1－2（3）

文心雕龍十卷　（南朝梁）劉勰撰　（清）黄叔琳輯注　清乾隆養素堂刻本　四册

130000－0402－0006724　56－491/1－3（1）

文心雕龍十卷　（南朝梁）劉勰撰　（清）黄叔琳注　（清）紀昀評　清道光十三年（1833）兩廣節署刻朱墨套印本　二册　存四卷（一至四）

130000－0402－0006725　56－491/1－3（2）

文心雕龍十卷　（南朝梁）劉勰撰　（清）黄叔琳注　（清）紀昀評　清道光十三年（1833）兩廣節署刻朱墨套印本　四册

130000－0402－0006726　56－491/1－3（3）

文心雕龍十卷　（南朝梁）劉勰撰　（清）黄叔琳注　（清）紀昀評　清道光十三年（1833）兩廣節署刻朱墨套印本　四册

130000－0402－0006727　56－491/1－3（4）

文心雕龍十卷　（南朝梁）劉勰撰　（清）黄叔琳注　（清）紀昀評　清刻朱墨套印本　四册

130000－0402－0006728　56－491/1－6

文心雕龍十卷　（南朝梁）劉勰撰　（清）黄叔琳注　（清）紀昀評　清末鉛印本　四册

130000－0402－0006729　56－491/1－7
文心雕龍十卷　（南朝梁）劉勰撰　（清）黄叔琳注　（清）紀昀評　清刻本　一册　存三卷（五至七）

130000－0402－0006730　56－491/1－8
文心雕龍十卷　（南朝梁）劉勰著　清刻本　一册

130000－0402－0006731　56－491/2－2
司空詩品注釋一卷　（唐）司空圖撰　清光緒二年（1876）書業德刻本　一册

130000－0402－0006732　56－491/2－3
廿四詩品一卷　（唐）司空圖著　清光緒二十四年（1898）玉元堂刻本　一册

130000－0402－0006733　56－52/1(1)
全唐詩話八卷　（宋）尤袤輯　（清）孫濤續輯　清乾隆三十九年（1774）清芬堂刻本　八册

130000－0402－0006734　56－52/1(2)
全唐詩話八卷　（宋）尤袤輯　（清）孫濤續輯　清乾隆三十九年（1774）刻本　八册

130000－0402－0006735　56－54/1(3)
優古堂詩話一卷　（宋）吴幵撰　清刻讀畫齋叢書本　一册

130000－0402－0006736　56－54/2
娱書堂詩話二卷　（宋）趙與虤集　清刻讀畫齋叢書本　一册

130000－0402－0006737　56－54/3
滄浪詩話一卷　（宋）嚴羽著　清光緒二十四年（1898）樵川書院刻本　一册

130000－0402－0006738　56－54/6
碧溪詩話十卷　（宋）黄徹撰　清乾隆武英殿木活字印武英殿聚珍版書本　二册

130000－0402－0006739　56－54/7
文苑英華辨證十卷　（宋）彭叔夏撰　清乾隆武英殿木活字印武英殿聚珍版書本　二册

130000－0402－0006740　56－54/8
漁隱叢話前集六十卷後集四十卷　（宋）胡仔纂集　清刻本　四册　存六十一卷（前集十三至二十六、四十四至六十，後集一至三十）

130000－0402－0006741　56－57/2－2
静志居詩話二十四卷　（清）朱彝尊著　清嘉慶二十四年（1819）扶荔山房刻本　六册　存四卷（一至四）

130000－0402－0006742　56－57/3
本事詩十二卷　（清）徐釚編輯　清刻本　四册

130000－0402－0006743　56－57/4(1)
聲調三譜四卷　（清）王祖源輯　清光緒八年（1882）福山王氏刻天壤閣叢書本　四册

130000－0402－0006744　56－57/4(2)
聲調三譜四卷　（清）王祖源輯　清光緒八年（1882）福山王氏刻天壤閣叢書本　二册

130000－0402－0006745　56－57/4(3)
聲調三譜四卷　（清）王祖源輯　清光緒八年（1882）福山王氏刻天壤閣叢書本　一册

130000－0402－0006746　56－57/5(1)
隨園詩話十六卷補遺十卷　（清）袁枚著　清乾隆五十九年（1794）刻本　八册

130000－0402－0006747　56－57/5(2)
隨園詩話十六卷補遺十卷　（清）袁枚著　清乾隆五十七年（1792）刻本　十册　缺二卷（補遺九至十）

130000－0402－0006748　56－57/5(3)
隨園詩話十六卷補遺十卷　（清）袁枚著　清乾隆五十七年（1792）刻本　三册　存六卷（一至四、十三至十四）

130000－0402－0006749　56－57/5－2(1)
隨園詩話十六卷　（清）袁枚著　清道光二十四年（1844）經元堂刻本　六册

130000－0402－0006750　56－57/5－2(2)
隨園詩話十六卷　（清）袁枚著　清道光二十四年（1844）經元堂刻本　二册　存十二卷（一至十二）

130000－0402－0006751　56－57/5－4(1)
隨園詩話十六卷補遺十卷　（清）袁枚著　清

道光四年(1824)刻本　十二册

130000－0402－0006752　56－57/5－4(2)
隨園詩話十六卷補遺十卷　(清)袁枚著　清道光四年(1824)經元堂刻本　十二册

130000－0402－0006753　56－57/5－7(1)
隨園詩話十六卷　(清)袁枚著　清刻本　二册　存五卷(四至六、十四至十五)

130000－0402－0006754　56－57/5－7(2)
隨園詩話十六卷　(清)袁枚著　清刻本　一册　存三卷(一至三)

130000－0402－0006755　56－57/5－7(3)
隨園詩話十六卷　(清)袁枚著　清刻本　一册　存二卷(三至四)

130000－0402－0006756　56－57/5－7(4)
隨園詩話十六卷　(清)袁枚著　清刻本　一册　存四卷(十一至十四)

130000－0402－0006757　56－57/6
宋四六話四卷　(清)彭元瑞撰　清抄本　四册

130000－0402－0006758　56－57/8
漁洋詩話三卷　(清)王士禎撰　清刻本　三册

130000－0402－0006759　56－57/8－2
漁洋詩話二卷　(清)王士禎撰　清刻本　一册

130000－0402－0006760　56－57/9
甌北詩話十二卷　(清)趙翼輯　清嘉慶七年(1802)湛貽堂刻本　四册

130000－0402－0006761　56－57/11
廣陵詩事十卷　(清)阮元記　清光緒十六年(1890)京師揚州老館刻本　二册

130000－0402－0006762　56－57/13
說詩樂趣類編二十卷偶詠草續集一卷　(清)伍涵芬定　(清)汪正鈞粂訂　清康熙四十年(1701)華日堂刻本　八册　存二十卷(說詩樂趣類編二十卷)

130000－0402－0006763　56－57/14(1)
四六叢話三十三卷選詩叢話一卷　(清)孫梅輯　清光緒七年(1881)刻本　十二册

130000－0402－0006764　56－57/14(2)
四六叢話三十三卷選詩叢話一卷　(清)孫梅輯　清光緒七年(1881)刻本　十二册

130000－0402－0006765　56－57/14－2
四六叢話三十三卷選詩叢話一卷　(清)孫梅輯　清嘉慶三年(1798)刻本　十二册

130000－0402－0006766　56－57/15
說詩晬語二卷　(清)沈德潛著　清嘉慶三年(1798)刻本　一册　存一卷(上)

130000－0402－0006767　56－57/17(1)
宋詩紀事一百卷　(清)厲鶚輯　清刻本　十八册　存七十九卷(二十二至一百)

130000－0402－0006768　56－57/17(2)
宋詩紀事一百卷　(清)厲鶚輯　清刻本　八册　存二十三卷(二十三至四十五)

130000－0402－0006769　56－57/18(1)
經史辨體不分卷　(清)徐與喬輯評　清刻本　六册

130000－0402－0006770　56－57/18(2)
經史辨體不分卷　(清)徐與喬輯評　清敦化堂刻本　十二册

130000－0402－0006771　56－57/20(1)
定香亭筆談四卷　(清)阮元記　清光緒二十五年(1899)浙江書局刻本　四册

130000－0402－0006772　56－57/20(2)
定香亭筆談四卷　(清)阮元記　清光緒二十五年(1899)浙江書局刻本　四册

130000－0402－0006773　56－57/20－2
定香亭筆談四卷　(清)阮元記　清嘉慶五年(1800)揚州阮氏琅嬛僊館刻本　二册

130000－0402－0006774　56－57/21(1)
韓集點勘四卷　(清)陳景雲撰　清同治九年(1870)江蘇書局刻本　一册

130000－0402－0006775　56－57/21(2)
韓集點勘四卷　(清)陳景雲撰　清同治九年(1870)江蘇書局刻本　一冊

130000－0402－0006776　56－57/22
杜詩論文五十六卷　(清)祚伯成定　(清)吳見思注　(清)潘眉評　清康熙十一年(1672)岱淵堂刻本　十冊　存三十六卷(一、十九至五十三)

130000－0402－0006777　56－57/23
陳太僕批選八家文鈔九卷　(清)陳兆崙批選　清光緒二十六年(1900)天津文美齋石印本　六冊

130000－0402－0006778　56－57/23－2
陳太僕批選八家文鈔九卷　(清)陳兆崙批選　清宣統二年(1910)上海石竹山房石印本　二冊　存四卷(韓文下、老蘇一卷、大蘇一卷、小蘇一卷)

130000－0402－0006779　56－57/24
聲調譜說二卷纂例一卷蠡說一卷　(清)吳紹澯輯　清嘉慶二年(1797)刻本　一冊

130000－0402－0006780　56－57/26
小滄浪筆談四卷　(清)阮元記　清光緒二十六年(1900)江蘇書局刻本　二冊

130000－0402－0006781　56－57/26－2
小滄浪筆談四卷　(清)阮元記　清嘉慶七年(1802)浙江節院刻本　二冊

130000－0402－0006782　56－57/27
分類詩腋八卷　(清)李楨編　清道光六年(1826)集錦堂刻本　六冊

130000－0402－0006783　56－57/27－2
分類詩腋八卷　(清)李楨編　清嘉慶二十二年(1817)英德堂刻本　三冊　存六卷(一至四、七至八)

130000－0402－0006784　56－57/27－3
分類詩腋八卷　(清)李楨編　清刻本　一冊　存四卷(五至八)

130000－0402－0006785　56－57/28
本朝名家詩鈔小傳二卷　(清)鄭方坤撰　清乾隆杞菊軒刻本　四冊

130000－0402－0006786　56－57/29
藝苑名言八卷首一卷　(清)蔣瀾纂輯　清乾隆四十一年(1776)懷古軒刻本　四冊

130000－0402－0006787　56－57/31
彙纂詩法度鍼三十三卷首一卷　(清)徐文弼撰　清文德堂刻本　六冊

130000－0402－0006788　56－57/31－2
彙纂詩法度鍼三集十卷首一卷　(清)徐文弼編輯　清乾隆三十六年(1771)謙牧堂刻本　四冊

130000－0402－0006789　56－57/32
杜工部詩話一卷　(清)劉鳳誥著　清宣統元年(1909)掃葉山房石印本　一冊

130000－0402－0006790　56－57/33
論文集鈔二卷　(清)高嵣輯　清乾隆五十一年(1786)刻本　二冊

130000－0402－0006791　57/2(1)
詞律二十卷　(清)萬樹論次　**拾遺八卷**　(清)徐本立纂　**補遺一卷**　(清)杜文瀾編　清光緒二年(1876)吳下刻本　十六冊

130000－0402－0006792　57/2(2)
詞律二十卷　(清)萬樹論次　**拾遺八卷**　(清)徐本立纂　**補遺一卷**　(清)杜文瀾編　清光緒二年(1876)吳下刻本　十六冊

130000－0402－0006793　57/2－2
詞律二十卷　(清)萬樹論次　清康熙二十八年(1689)堆絮園刻本　十冊

130000－0402－0006794　61/1(1)
唐宋十大家全集錄十種　(清)儲欣錄　清康熙四十四年(1705)遺清堂刻本　三十二冊

130000－0402－0006795　61/1(2)
唐宋十大家全集錄十種　(清)儲欣錄　清康熙四十四年(1705)遺清堂刻本　十二冊　存五種二十一卷(六一居士全集錄四至五、外集錄二卷,老泉先生全集錄五卷,欒城全集錄六

卷,南豐全集錄二卷,臨川先生全集錄四卷)

130000－0402－0006796　61/1(3)

老泉先生全集錄五卷　(宋)蘇洵撰　(清)儲欣錄　清遺清堂刻唐宋十大家全集錄本　一册　存二卷(一至二)

130000－0402－0006797　61/1(4)

臨川先生全集錄四卷　(宋)王安石撰　(清)儲欣錄　清刻唐宋十大家全集錄本　一册　存一卷(一)

130000－0402－0006798　61/1－2

六一居士全集錄五卷外集二卷　(宋)歐陽修撰　(清)儲欣錄　清光緒八年(1882)江蘇書局刻唐宋十大家全集錄本　一册　存一卷(一)

130000－0402－0006799　61/2

集古秘書　(□)□□輯　明末清初刻本　四十册　存五十二種一百五十一卷(集語二卷,經外雜鈔二卷,讀書雜鈔二卷,冥通記四,夢遊錄一卷,本事詩一卷,大唐創業起居注三卷,南唐書一至十、十九至三十,南唐近事三卷,道德指歸論六卷,靖康緗素雜記十卷,東林蓮社十八高賢傳一卷,見聞近錄一卷,春明退朝錄二卷,佛國記一卷,吳地記一卷,夷俗考一卷,談苑四卷,孔氏雜說四卷,野客叢談十二卷,野老記聞一卷,楓窻小牘二卷,研北雜誌二卷,捫虱新語一卷,羅湖野錄一卷,林下偶談四卷,後山談叢四卷,演繁錄一卷,補筆談二卷,石林四筆四種四卷,隣幾雜誌一卷,王氏談錄一卷,周髀算經一卷,陳眉公訂正文則二卷,詩式二卷,佩觽三卷,籟紀一卷,尤射一卷,風后握奇經一卷,相貝經一卷,禽經一卷,酒譜一卷,茶經三卷,香譜一卷,宣和畫譜二十卷,畫鑑一卷,貞觀公私畫史一卷,益州名畫錄二卷,桂海虞衡志一卷,學古編一卷,洞天清錄一卷,世範上、中)

130000－0402－0006800　61/3

古文正集二十二種　(明)葛鼒　(明)葛鼐評輯　明末清初吳門刻本　七册　存八種(黃山谷集、楊龜山集、王梅溪集、朱子大全、陸象山集、陳龍川文集、眞西山集、文文山集)

130000－0402－0006801　61－54/1

讀畫齋重刻南宋群賢小集一百二十七卷　(宋)陳起輯　(清)顧修重輯　清嘉慶六年(1801)石門顧氏讀畫齋刻本　十六册　存四十七種六十六卷

130000－0402－0006802　61－55/3－2

說郛一百二十卷　(明)陶宗儀纂　**續四十六卷**　(明)陶珽纂　清順治宛委山堂刻本　四十册　存三十七卷(一至二十六、七十至八十)

130000－0402－0006803　61－55/3/2

說郛續四十六卷　(明)陶珽輯　清順治四年(1647)宛委山堂刻本　四十册　存四十五卷(二至四十六)

130000－0402－0006804　61－56/1

津逮秘書十五集　(明)毛晉輯　明崇禎虞山毛氏汲古閣刻本　一百四十六册　存十集八十四種五百三卷

130000－0402－0006805　61－56/2/2(1)

增訂漢魏叢書四集八十六種　(清)王謨輯　清乾隆五十六年(1791)刻本　十六册　存二十二種一百三十二卷(焦氏易林四卷,吳越春秋六卷,元經薛氏傳十卷,高士傳三卷,蓮社高賢傳一卷,神僊傳十卷,新序十卷,說苑二十卷,淮南鴻烈解二十一卷,潛夫論十卷,中論二卷,參同契一卷,陰符經一卷,風后握奇經一卷、續圖一卷、八陣總述一卷,素書一卷,心書一卷,古今注三卷,博物志十卷,詩品三卷,書品一卷,尤射一卷,拾遺記十卷)

130000－0402－0006806　61－56/2/2(2)

增訂漢魏叢書四集八十六種　(清)王謨輯　清刻本　六册　存二種二十七卷(說苑六至二十、淮南鴻烈解十至二十一)

130000－0402－0006807　61－56/2/2(3)

增訂漢魏叢書四集八十六種　(清)王謨輯　清乾隆五十六年(1791)刻本　九十册　缺五種四十六卷(孔叢子三卷,新語二卷,新書十

卷、附錄一卷,新序十卷,說苑二十卷)

130000－0402－0006808　61－56/2/2(4)
增訂漢魏叢書四集八十六種　(清)王謨輯　清乾隆五十六年(1791)刻本　四十八冊　存五十七種二百六十卷

130000－0402－0006809　61－56/2/2(5)
增訂漢魏叢書四集八十六種　(清)王謨輯　清刻本　二十七冊　存二十二種一百五十三卷(毛詩草木鳥獸蟲魚疏二卷,大戴禮記十三卷,春秋繁露十七卷,白虎通德論四卷,獨斷一卷,忠經一卷,孝傳一卷,小爾雅一卷,吳越春秋六卷,西京雜記六卷,漢武帝內傳一卷,飛燕外傳一卷,雜事秘辛一卷,華陽國志十四卷、江原士女志一卷,十六國春秋十六卷,淮南鴻烈解二十一卷,鹽鐵論十二卷,法言十卷,論衡二十一至三十,潛夫論十卷,中論二卷,中說二卷)

130000－0402－0006810　61－56/2/2－2(1)
增訂漢魏叢書四集八十六種　(清)王謨輯　清光緒二十年(1894)湖南蓺文書局刻本　十九冊　存十七種一百二十七卷(焦氏易林四卷、易傳三卷、關氏易傳一卷、周易略例一卷、古三墳一卷、白虎通德論四卷、說苑二十卷、淮南鴻烈解二十一卷、鹽鐵論十卷、法言十卷、申鑒五卷、論衡三十卷、新論十卷、還冤記一卷、神異經一卷、海內十洲記一卷、別國洞冥記四卷)

130000－0402－0006811　61－56/2/2－2(2)
增訂漢魏叢書四集八十六種　(清)王謨輯　清光緒二十年(1894)湖南蓺文書局刻本　三十冊　存三十五種一百四十八卷(獨斷一卷、忠經一卷、孝傳一卷、小爾雅一卷、方言十三卷、博雅十卷、釋名四卷、竹書紀年二卷、穆天子傳六卷、越絕書十五卷、吳越春秋六卷、西京雜記六卷、漢武帝內傳一卷、飛燕外傳一卷、雜事秘辛一卷、華陽國志十四卷、十六國春秋十六卷、元經薛氏傳十卷、羣輔錄一卷、英雄記鈔一卷、高士傳三卷、蓮社高賢傳一卷、枕中書一卷、佛國記一卷、伽藍記五卷、三輔黃圖六卷、水經二卷、星經二卷、荆楚歲時記一卷、南方草木狀三卷、竹譜一卷、禽經一卷、古今刀劍錄一卷、鼎錄一卷、天祿閣外史八卷)

130000－0402－0006812　61－56/2/2－3
增訂漢魏叢書四集八十六種　(清)王謨輯　清刻本　三十六冊　存三十四種二百四十二卷(大戴禮記十三卷、淮南鴻烈解二十一卷、鹽鐵論十二卷、法言十卷、申鑒五卷、論衡三十卷、潛夫論十卷、中論二卷、中說二卷、風俗通義十卷、人物志三卷、新論十卷、顏氏家訓二卷、參同契一卷、陰符經一卷、風后握奇經一卷、素書一卷、心書一卷、古今注三卷、博物志十卷、文心雕龍十卷、詩品三卷、書品一卷、尤射一卷、拾遺記十卷、說苑二十卷、春秋繁露十七卷、白虎通德論四卷、獨斷一卷、忠經一卷、孝傳一卷、方言十三卷、博雅十卷、竹書紀年二卷)

130000－0402－0006813　61－56/2/4
增訂漢魏叢書子餘二十六種　(清)王謨輯　清光緒三年(1877)馬湖盧秉鈞刻本　九冊　存七種四十三卷(論衡二十五至三十、潛夫論十卷、中論二卷、中說二卷、風俗通義十卷、人物志三卷、新論十卷)

130000－0402－0006814　61－56/3
廣漢魏叢書四集八十種　(明)何允中輯　清刻本　十二冊　存十六種八十二卷(元經薛氏傳十卷,逸周書十卷,校正補遺一卷、附錄一卷,竹書紀年二卷,穆天子傳六卷,漢武帝內傳一卷,飛燕外傳一卷,雜事秘辛一卷,述異記二卷,續齊諧記一卷,別國洞冥記四卷,西京雜記六卷,拾遺記十卷,博物志十卷,古今注三卷,風俗通義十卷,人物志三卷)

130000－0402－0006815　61－56/3－2
廣漢魏叢書四集八十種　(明)何允中輯　清刻本　十八冊　存十一種七十二卷(易傳三卷、焦氏易林四卷、周易略例一卷、古三墳一卷、詩傳一卷、詩說一卷、韓詩外傳十卷、大戴禮記十三卷、潛夫論十卷、天祿閣外史八卷、說苑二十卷)

130000－0402－0006816　61－56/3－3

廣漢魏叢書四集八十種　(明)何允中輯　清刻本　七册　存十八種九十三卷(拾遺記十卷、華陽國志十四卷、博物志十卷、古今注三卷、風俗通義十卷、人物志三卷、文心雕龍十卷、詩品三卷、書品一卷、鹽鐵論十二卷、三輔黄圖六卷、水經二卷、星經二卷、荆楚歲時記一卷、南方草木狀三卷、竹譜一卷、古今刀劍録一卷、鼎録一卷)

130000－0402－0006817　61－56/4

寶顔堂秘笈　(明)陳繼儒輯　明萬曆刻本　五十一册　存一百三十一種

130000－0402－0006818　61－56/17

顧氏明朝四十家小説四十一種　(明)顧元慶輯　明正德、嘉靖陽山顧氏家塾刻本　一册　存四種四卷(蓢塍野聞一卷、近言一卷、茶譜一卷、續編宋史辨一卷)

130000－0402－0006819　61－56/18

柳文七卷　(唐)柳宗元撰　(明)茅坤輯　清刻朱墨套印唐宋八大家文鈔本　七册

130000－0402－0006820　61－56/19(1)

八大家文鈔　(明)茅坤輯　清雲林大盛堂刻本　十六册　存四種七十二卷(宋大家歐陽文忠公文鈔三十二卷、宋大家蘇文公文鈔十卷、宋大家蘇文定公文鈔二十卷、宋大家曾文定公文鈔十卷)

130000－0402－0006821　61－56/19(2)

八大家文鈔　(明)茅坤輯　清雲林大盛堂刻本　十六册　存四種六十六卷(宋大家歐陽文忠公五代史鈔二十卷、宋大家蘇文公文鈔十卷、宋大家蘇文定公文鈔二十卷、宋大家王文公文鈔十六卷)

130000－0402－0006822　61－56/19(3)

八大家文鈔　(明)茅坤輯　清雲林大盛堂刻本　二十册　存四種六十四卷(唐大家韓文公文鈔十六卷、唐大家柳柳州文鈔十二卷、宋大家歐陽文忠公五代史鈔二十卷、宋大家王文公文鈔十六卷)

130000－0402－0006823　61－56/19(4)

八大家文鈔　(明)茅坤輯　清雲林大盛堂刻本　二十册　存四種六十八卷(宋大家蘇文公文鈔十卷、宋大家蘇文忠公文鈔二十八卷、宋大家蘇文定公文鈔二十卷、宋大家曾文定公文鈔十卷)

130000－0402－0006824　61－56/19(5)

八大家文鈔　(明)茅坤輯　清雲林大盛堂刻本　十册　存二種四十二卷(宋大家歐陽文忠公文鈔三十二卷、宋大家蘇文公文鈔十卷)

130000－0402－0006825　61－56/19(6)

八大家文鈔　(明)茅坤輯　清雲林大盛堂刻本　六册　存二種三十卷(宋大家歐陽文忠公五代史鈔二十卷、宋大家蘇文公文鈔十卷)

130000－0402－0006826　61－56/19.5

唐大家柳柳州文鈔十二卷　(唐)柳宗元撰　(明)茅坤批評　清雲林大盛堂刻八大家文鈔本　一册　存四卷(九至十二)

130000－0402－0006827　61－56/20

稗海七十種　(明)商濬輯　(清)李孝源重訂　清刻本　八册　存八種四十七卷(大唐新語十三卷、因話録六卷、玉泉子一卷、北夢瑣言二十卷、樂善録二卷、蠡海集一卷、過庭録一卷、泊宅編三卷)

130000－0402－0006828　61－56/23

奇賞齋古文彙編二百三十六卷　(明)陳仁錫評選　清刻本　六十五册　存一百十三卷(十四、十六至二十七、三十七至三十八、四十四至四十五、五十至五十二、五十六至五十九、七十一至七十五、七十八、八十五、八十七、九十至九十三、一百至一百一、一百五至一百六、一百九至一百十四、一百二十三、一百二十八至一百二十九、一百三十一至一百三十五、一百四十一至一百四十四、一百五十至一百六十一、一百七十至一百八十五、一百八十八至一百九十五、二百九至二百十、二百十四至二百十七、二百十九至二百二十四、二百二十七至二百二十九、二百三十一至二百三十四)

130000－0402－0006829　61－57/3(1)
正誼堂全書六十八種　(清)張伯行輯　(清)楊浚重輯　清同治五年(1866)福州正誼書院刻八年至九年(1869－1870)續刻本　一百六十册　缺二種四卷(楊大洪先生文集二卷、海剛峰先生集二卷)

130000－0402－0006830　61－57/3(2)
正誼堂全書六十八種　(清)張伯行輯　(清)楊浚重輯　清同治五年(1866)福州正誼書院刻八年至九年(1869－1870)續刻本　一百九十册　缺三種二十八卷(廣近思錄十四卷、困學錄集粹八卷、小學集解六卷)

130000－0402－0006831　61－57/3(3)
正誼堂全書六十八種　(清)張伯行輯　(清)楊浚重輯　清同治五年(1866)福州正誼書院刻八年至九年(1869－1870)續刻本　八册　存六種二十四卷(高東溪先生遺集二卷、眞西山先生集八卷、熊勿軒先生文集六卷、吳朝宗先生聞過齋集四卷、魏莊渠先生集二卷、羅整庵先生存稾二卷)

130000－0402－0006832　61－57/4
檀几叢書一百五十七種　(清)王晫　(清)張潮輯　清康熙三十四年(1695)新安張氏霞舉堂刻本　十三册　缺一種(飲中八仙令)

130000－0402－0006833　61－57/6
昭代叢書甲集五十卷乙集四十卷　(清)張潮輯　清康熙三十六年至三十九年(1697－1700)刻本　十二册

130000－0402－0006834　61－57/8
鏡煙堂十種　(清)紀昀輯　清乾隆嵩山書院刻本　十六册

130000－0402－0006835　61－57/9
貸園叢書初集十二種　(清)周永年輯　清乾隆五十四年(1789)歷城周氏竹西書屋刻本　十二册

130000－0402－0006836　61－57/10
古逸叢書二十六種　(清)黎庶昌輯　清光緒十年(1884)遵義黎氏日本東京使署影刻本　四十九册

130000－0402－0006837　61－57/11/1
羣書拾補初編三十九卷　(清)盧文弨撰　清光緒十三年(1887)上海蜚英館石印本　八册

130000－0402－0006838　61－57/12(1)
雅雨堂藏書十種　(清)盧見曾輯　清乾隆二十一年(1756)雅雨堂刻本　二十二册

130000－0402－0006839　61－57/12(2)
雅雨堂藏書十種　(清)盧見曾輯　清乾隆二十一年(1756)雅雨堂刻本　二十二册

130000－0402－0006840　61－57/12(3)
雅雨堂藏書十種　(清)盧見曾輯　清乾隆二十一年(1756)雅雨堂刻本　十八册　缺三種四十二卷(北夢瑣言二十卷、摭言十五卷、文昌雜錄六卷補遺一卷)

130000－0402－0006841　61－57/12(4)
雅雨堂藏書十種　(清)盧見曾輯　清乾隆二十一年(1756)雅雨堂刻本　七册　存三種四十五卷(北夢瑣言二十卷、摭言十五卷、封氏聞見記十卷)

130000－0402－0006842　61－57/14(1)
粵雅堂叢書三編一百八十五種　(清)伍崇曜輯　清道光至光緒南海伍氏刻本　二百五册　存八十五種

130000－0402－0006843　61－57/14(2)
粵雅堂叢書三編一百八十五種　(清)伍崇曜輯　清道光至光緒南海伍氏刻本　二百四十册　存一百二十種

130000－0402－0006844　61－57/14(3)
粵雅堂叢書三編一百八十五種　(清)伍崇曜輯　清道光至光緒南海伍氏刻本　八十八册　存四十種

130000－0402－0006845　61－57/14(4)
粵雅堂叢書三編一百八十五種　(清)伍崇曜輯　清道光至光緒南海伍氏刻本　十六册　存九種六十六卷(鄭志三卷、附錄一卷,紀元編三卷、末一卷,樓山堂集十六至二十七,李元賓文集文编三卷、外編二卷、續編一卷，呂衡州集十卷、考證一卷，西崑酬唱集二卷，羅鄂州小集六卷，陽春白雪八卷、外集一卷，比雅八至十九）

130000－0402－0006846　61－57/14.121
陽春白雪八卷外集一卷　（宋）趙聞禮輯　清咸豐三年（1853）刻粵雅堂叢書三編本　二冊　缺三卷（一至三）

130000－0402－0006847　61－57/15（1）
知不足齋叢書三十集一百九十六種　（清）鮑廷博輯　（清）鮑志祖續輯　清乾隆至道光長塘鮑氏刻本　二百二十四冊　存一百八十三種

130000－0402－0006848　61－57/15（2）
知不足齋叢書三十集一百九十六種　（清）鮑廷博輯　（清）鮑志祖續輯　清乾隆至道光長塘鮑氏刻本　一百七十五冊　存一百三十四種

130000－0402－0006849　61－57/15（3）
知不足齋叢書三十集一百九十六種　（清）鮑廷博輯　（清）鮑志祖續輯　清乾隆至道光長塘鮑氏刻本　四十八冊　存四十一種

130000－0402－0006850　61－57/15（4）
知不足齋叢書三十集一百九十六種　（清）鮑廷博輯　（清）鮑志祖續輯　清乾隆至道光長塘鮑氏刻本　一冊　存二種三卷（韻石齋筆談二卷、七頌堂識小錄一卷）

130000－0402－0006851　61－57/17
士禮居黃氏叢書十九種　（清）黃丕烈輯　清光緒十三年（1887）上海蜚英館鉛印本　三十冊　缺三種七卷（蕘言二卷、三經音義四卷、千手千眼觀世音菩薩廣大圓滿無礙大悲心陀羅尼經一卷）

130000－0402－0006852　61－57/17－2
士禮居黃氏叢書二十種　（清）黃丕烈撰　清嘉慶黃氏士禮居刻本　十七冊　存六種九十四卷（周禮十二卷、札記一卷，儀禮十七卷、校錄一卷、續校一卷，輿地廣記三十八卷、札記二卷，焦氏易林十六卷，尚書釋音二卷，三經音義四卷）

130000－0402－0006853　61－57/18
春暉堂叢書十一種　（清）徐渭仁撰　清道光、咸豐刻本　十二冊

130000－0402－0006854　61－57/19（1）
海山仙館叢書五十六種　（清）潘仕成輯　清道光番禺潘氏刻本　一百二十七冊　缺一種十七卷（酌中志一至十七）

130000－0402－0006855　61－57/19（2）
海山仙館叢書五十六種　（清）潘仕成輯　清道光番禺潘氏刻本　五十七冊　存三十二種二百二十八卷（遂初堂書目一卷，易大義一卷，讀書敏求記四卷，尚書註考一卷，讀詩拙言一卷，四書逸箋六卷，一切經音義一至四，史記短長說二卷，順宗實錄五卷，九國志十二卷，庚申外史二卷，二十二史感應錄二卷，洛陽名園記一卷，廣名將傳一至二，隱居通議三十一卷，洞天清祿集一卷，調燮類編四卷，菰中隨筆一卷，雲谷雜記四卷、首一卷、末一卷，龍筋鳳髓判四卷，苕溪漁隱叢話前集二十四至六十，後集四十卷，詞苑叢談七至十二，竹雲題跋四卷，讀畫錄四卷，續三十五舉一卷，茶董補二卷，酒顛補三卷，尺牘新鈔一至四，幾何原本六卷，同文算指前編二卷、通編八卷，新釋地理備考全書十卷，全體新論十卷）

130000－0402－0006856　61－57/20
正覺樓叢刻二十九種　（清）崇文書局輯　清光緒崇文書局刻本　三十六冊　缺二種四卷（西京新記三、樂書要錄五至七）

130000－0402－0006857　61－57/21（1）
平津館叢書十集四十二種　（清）孫星衍輯　清光緒十一年（1885）吳縣朱氏槐廬家塾刻本　五十冊

130000－0402－0006858　61－57/21（2）
平津館叢書十集四十二種　（清）孫星衍輯　清光緒十年至十二年（1884－1886）吳縣朱氏槐廬家塾刻本　十八冊　存十一種五十六卷（物理論一卷、譙周古史考一卷、建立伏博士

始末二卷、華氏中藏經三卷、素女方一卷、秘授清寧丸方一卷、千金寶要六卷、寰宇訪碑錄十二卷附謬一卷、說文解字十五卷、抱朴子附篇一卷、尚書今古文注疏一至十二)

130000－0402－0006859　61－57/22(1)
崇文書局彙刻書三十三種　(清)崇文書局輯　清光緒三年(1877)湖北崇文書局刻本　七十八冊　缺一種六卷(意林五卷、補遺一卷)

130000－0402－0006860　61－57/22(2)
崇文書局彙刻書三十三種　(清)崇文書局輯　清光緒三年(1877)湖北崇文書局刻本　八冊　存三種三十三卷(春秋繁露十七卷、酉陽雜俎一至十、世說新語六卷)

130000－0402－0006861　61－57/22(3)
崇文書局彙刻書三十三種　(清)崇文書局輯　清光緒三年(1877)湖北崇文書局刻本　十一冊　存十一種六十三卷(酉陽雜俎十一至二十,意林五卷,老學庵筆記十卷,淮南天文訓補注二卷,人譜正篇一卷、續篇一卷、三篇一卷,人譜類記增訂六卷,楚辭集註八卷、辯證二卷,離騷集傳一卷,離騷草木疏四卷,離騷箋二卷,文心雕龍十卷)

130000－0402－0006862　61－57/22(4)
崇文書局彙刻書三十三種　(清)崇文書局輯　清光緒三年(1877)湖北崇文書局刻本　十八冊　存十三種五十三卷(鑑誡錄六至十,高士傳三卷,古列女傳七卷、續列女傳一卷,葬經内篇一卷,黃帝宅經卷二卷,續酉陽雜俎十卷,意林三至五,人譜正篇一卷、續篇一卷、三篇一卷,人譜類記增訂六卷,楚辭集註一至三、辯證二卷,離騷集傳一卷,離騷草木疏四卷,離騷箋二卷)

130000－0402－0006863　61－57/22(5)
崇文書局彙刻書三十三種　(清)崇文書局輯　清光緒元年至三十四年(1875－1908)湖北崇文書局刻本　四十冊　存二十一種二百二十九卷(周易姚氏學十六卷,尚書大傳四卷、補遺一卷、續補遺一卷、考異一卷,韓詩外傳十卷,春秋繁露十七卷,左傳舊疏考正八卷,儀禮古今文疏義十七卷,九經三傳沿革例一卷,刊謬正俗八卷,周書十卷、逸文一卷,隋經籍志考證十三卷,鑑誡錄十卷,高士傳三卷,御覽闕史二卷,古列女傳七卷、續列女傳一卷,水經注四十卷,今水經一卷、表一卷,葬經内篇一卷,黃帝宅經二卷,酉陽雜俎二十卷、續集十卷,涑水紀聞十六卷、補遺一卷,意林五卷、補遺一卷)

130000－0402－0006864　61－57/23
滂喜齋叢書五十四種　(清)潘祖蔭輯　清同治、光緒吳縣潘氏京師刻本　三十二冊　缺一種一卷(鈕非石遺文一卷)

130000－0402－0006865　61－57/24
碧琳琅館叢書四十五種　(清)方功惠輯　清宣統元年(1909)方氏刻本　一百十八冊　缺一種四卷(岳陽紀勝彙編四卷)

130000－0402－0006866　61－57/27(1)
武英殿聚珍版書　(清)□□輯　清乾隆浙江刻本　三十七冊　存二十一種八十四卷(易緯乾坤鑿度二卷,易緯稽覽圖二卷,易緯辨終備一卷,易緯乾元序制記一卷,易緯坤靈圖一卷,易緯是類謀一卷,易緯通卦驗二卷,郭氏傳家易說十一卷,融堂書解四至二十,絜齋毛詩經筵講義四卷,儀禮識誤三卷,老子道德經二卷,傅子一卷,農桑輯要七卷,墨法集要一卷,五經算術二卷,雲谷雜記四卷、首一卷、末一卷,攷古質疑六卷,澗泉日記三卷,浩然齋雅談三卷,敬齋古今黈八卷)

130000－0402－0006867　61－57/27(2)
武英殿聚珍版書　(清)□□輯　清刻本　十五冊　存六種二十五卷(禹貢指南四卷、絜齋毛詩經筵講義四卷、春秋傳說例一卷、春秋辨疑四卷、魏鄭公諫續錄二卷、直齋書錄解題十三至二十二)

130000－0402－0006868　61－57/27(3)
武英殿聚珍版書　(清)□□輯　清刻本　五冊　存四種十六卷(禹貢指南四卷、魏鄭公諫續錄二卷、絜齋毛詩經筵講義四卷、拙軒集六卷)

130000－0402－0006869　61－57/27－2

武英殿聚珍版書　(清)□□輯　清乾隆武英殿木活字印本　二十九冊　存十種五十九卷(易象意言一卷、儀禮識誤三卷、麟臺故事五卷、漢官舊儀二卷、直齋書錄解題十一至二十二、海島算經一卷、夏侯陽算經三卷、陶山集十六卷、歸潛志十四卷、易緯乾鑿度二卷)

130000－0402－0006870　61－57/28(1)

武英殿聚珍版書　(清)□□輯　清同治十三年(1874)江西書局刻本　一百二十四冊　存六十一種

130000－0402－0006871　61－57/28(2)

武英殿聚珍版書　(清)□□輯　清同治十三年(1874)江西書局刻本　一冊　存一種三卷(絜齋集五至七)

130000－0402－0006872　61－57/29

後知不足齋叢書　(清)鮑廷爵輯　清光緒十年(1884)常熟鮑氏刻本　三十一冊　缺一種三卷(兩漢五經博士考三卷)

130000－0402－0006873　61－57/30(1)

秘書二十一種　(清)汪士漢編　清嘉慶九年(1804)文盛堂刻本　十六冊

130000－0402－0006874　61－57/30(2)

秘書二十一種　(清)汪士漢編　清嘉慶九年(1804)文盛堂刻本　八冊　缺五種四十六卷(汲冢周書十卷、吳越春秋六卷、拾遺記十卷、白虎通德論二卷、山海經十八卷)

130000－0402－0006875　61－57/30(3)

秘書二十一種　(清)汪士漢編　清嘉慶九年(1804)文盛堂刻本　七冊　缺六種五十六卷(汲冢周書十卷、吳越春秋六卷、拾遺記十卷、白虎通德論二卷、山海經十八卷、博物志十卷)

130000－0402－0006876　61－57/30－2(1)

秘書二十一種　(清)汪士漢編　清嘉慶九年(1804)刻本　十二冊

130000－0402－0006877　61－57/30－2(2)

秘書二十一種　(清)汪士漢編　清嘉慶九年(1804)刻本　六冊　缺七種十五卷(中華古今注三卷、古今注三卷、三墳一卷、風俗通義四卷、列仙傳二卷、集異記一卷、續齊諧記一卷)

130000－0402－0006878　61－57/30－3

秘書二十一種　(清)汪士漢輯　清嘉慶三年(1798)菁華書屋刻本　十九冊　缺一種三卷(高士傳三卷)

130000－0402－0006879　61－57/30－4

秘書二十一種　(清)汪士漢輯　清刻本　五冊　存九種五十三卷(汲冢周書十卷、山海經十八卷、三墳一卷、風俗通義四卷、列仙傳二卷、集異記一卷、續齊諧記一卷、吳越春秋六卷、續博物志十卷)

130000－0402－0006880　61－57/32

靈鶼閣叢書第四集六種　(清)江標輯　清光緒二十三年(1897)刻本　一冊　存三種三卷(西遊錄注一卷、澳大利亞洲新志一卷、張憶孃簪華圖卷題詠一卷)

130000－0402－0006881　61－57/34(1)

入幕須知五種　(清)張廷驤輯　清光緒十一年(1885)刻本　六冊

130000－0402－0006882　61－57/34(2)

入幕須知五種　(清)張廷驤輯　清光緒十一年(1885)刻本　六冊

130000－0402－0006883　61－57/34.3/1

學治臆說二卷續說一卷重刻附記一卷　(清)汪輝祖撰　清嘉慶二十二年(1817)京師琉璃廠文錦齋刻入幕須知五種本　一冊

130000－0402－0006884　61－57/34－2

入幕須知五種　(清)張廷驤輯　清光緒十八年(1892)浙江書局刻本　六冊

130000－0402－0006885　61－57/35

經訓堂叢書二十一種　(清)畢沅輯　清光緒十三年(1887)上海同文書局鉛印本　二十冊

130000－0402－0006886　61－57/35－2

經訓堂叢書二十一種　(清)畢沅輯　清乾隆

四十八年(1783)經訓堂刻本　九册　存七種五十七卷(山海經十八卷,老子道德經攷異二卷,三輔黄圖六卷、補遺一卷,晉太康三年地記一卷,王隱晉書地道記一卷,晉書地理志新補正五卷,長安志二十卷、圖志三卷)

130000－0402－0006887　61－57/36
廣雅書局叢書　(清)廣雅書局輯　清光緒廣雅書局刻本　二十四册　存十七種八十六卷(儀禮古今文異同疏證五卷,儀禮私箋八卷,輪輿私箋二卷、圖一卷,禮記天算釋一卷,春秋規過考信三卷,先聖生卒年月日攷二卷,晉書校勘記三卷,後漢三公年表一卷,三國紀年表一卷,諸史攷異十八卷,諸史拾遺五卷,讀史舉正八卷,補梁疆域志四卷,宋史藝文志補一卷,宋遼金元四史朔閏攷二卷,魏書校勘記一卷,新舊唐書互證二十卷)

130000－0402－0006888　61－57/37
連筠簃叢書十五種　(清)楊尚文輯　清道光靈石楊氏刻本　十册　存四種三十五卷(癸巳存稿十三至十五,湖北金石詩一卷,落颿樓文稿四卷,群書治要一至三、五至十二、十四至十七、三十九至五十)

130000－0402－0006889　61－57/38
拙修齋勷説五種　(清)陳崇砥輯　清同治元年至九年(1862－1870)陳氏拙修齋、天雄郡署刻本　四册

130000－0402－0006890　61－57/39(1)
武林掌故叢編第七集十種　(清)丁丙輯　清光緒七年至八年(1881－1882)錢塘丁氏嘉惠堂刻本　八册

130000－0402－0006891　61－57/39(2)
武林掌故叢編　(清)丁丙輯　清光緒錢塘丁氏嘉惠堂刻本　七册　存七種二十三卷(增修雲林寺志一至五、續修雲林寺誌六至八、武林靈隱寺誌四至六、臨平記補遺三至四、武林元妙觀志四卷、西泠仙詠三卷、龍興祥符戒壇寺志七至九)

130000－0402－0006892　61－57/40
借月山房彙鈔十六集　(清)張海鵬輯　清嘉慶虞山張氏刻本　二十册　存四集二十一種(一至二,十一:松窗寤言一卷、楓山語録一卷、荆園小語一卷、手臂録四附録二卷,十六:圍爐詩話六卷、西崑發微三卷、金石要例一卷)

130000－0402－0006893　61－57/43(1)
唐代叢書一百六十四種　(清)王文誥輯　清刻本　十一册　存五十六種五十八卷(因話録一卷、劇談録一卷、法苑珠林一卷、南楚新聞一卷、嶺表録異一卷、來南録一卷、平泉山居草木記一卷、北戶録一卷、終南十志一卷、洞天福地記一卷、北里志一卷、迷樓記一卷、海山記一卷、開河記一卷、吴地記一卷、南部烟花記一卷、洛中九老會一卷、教坊記一卷、貞娘墓詩一卷、書法一卷、畫學秘訣一卷、續畫品録一卷、公私畫史一卷、歌者葉記一卷、嘯旨一卷、吹笛記一卷、故物記一卷、茶經三卷、十六湯品一卷、煎茶水記一卷、食譜一卷、紅線傳一卷、劉無雙傳一卷、霍小玉傳一卷、牛應貞傳一卷、謝小娥傳一卷、李娃傳一卷、楊娼傳一卷、章臺柳傳一卷、步非煙傳一卷、揚州夢記一卷、杜秋傳一卷、龍女傳一卷、妙女傳一卷、神女傳一卷、雷民傳一卷、會真記一卷、諸皋記一卷、支諸皋一卷、壠上記一卷、前定録一卷、卓異記一卷、摭異記一卷、集異志一卷、集異記一卷、志怪録一卷)

130000－0402－0006894　61－57/43(2)
唐代叢書一百六十四種　(清)王文誥輯　清刻本　十四册　存六十一種六十一卷(雲溪友議一卷、國史補一卷、金華子雜編一卷、耳目記一卷、瀟湘録一卷、玉泉子一卷、小説舊聞記一卷、摭言一卷、洞天福地記一卷、北里志一卷、迷樓記一卷、海山記一卷、開河記一卷、吴地記一卷、南部烟花記一卷、洛中九老會一卷、教坊記一卷、貞娘墓詩一卷、書法一卷、畫學秘訣一卷、續畫品録一卷、公私畫史一卷、歌者葉記一卷、嘯旨一卷、夢遊録一卷、三夢記一卷、妝樓記一卷、李泌傳一卷、李林甫外傳一卷、東城老父傳一卷、馮燕傳一卷、睦仁蒨傳一卷、柳毅傳一卷、仙吏傳一卷、英雄傳一卷、劍俠傳一卷、揚州夢記一卷、杜秋

傳一卷、龍女傳一卷、妙女傳一卷、神女傳一卷、雷民傳一卷、會真記一卷、黑心符一卷、南柯記一卷、枕中記一卷、酉陽雜俎一卷、前定錄一卷、卓異記一卷、摭異記一卷、集異記一卷、集異志一卷、志怪錄一卷、靈應錄一卷、鬼塚志一卷、幻影傳一卷、幻戲志一卷、幻異志一卷、才鬼記一卷、妖妄傳一卷、東陽夜怪錄一卷)

130000－0402－0006895　61－57/43(3)
唐代叢書一百六十四種　(清)王文誥輯　清嘉慶十一年(1806)弁山樓刻本　三十冊　缺三十一種三十三卷(嶺表錄異一卷、來南錄一卷、平泉山居草木記一卷、北戶錄一卷、終南草堂十志一卷、洞天福地記一卷、北里志一卷、迷樓記一卷、海山記一卷、開河記一卷、吳地記一卷、南部烟花記一卷、洛中九老會一卷、教坊記一卷、湘中怨詞一卷、詩品一卷、本事詩一卷、比紅兒詩一卷、貞娘墓詩一卷、書法一卷、畫學秘訣一卷、續畫品錄一卷、公私畫史一卷、歌者葉記一卷、嘯旨一卷、吹笛記一卷、故物記一卷、茶經三卷、十六湯品一卷、煎茶水記一卷、食譜一卷)

130000－0402－0006896　61－57/43(4)
唐人說薈一百六十四種　(清)陳世熙輯　清道光二十三年(1843)刻本　三十六冊

130000－0402－0006897　61－57/43－2
唐代叢書一百六十四種　(清)陳世熙輯　清光緒二十二年(1896)上海賜書堂石印本　六冊

130000－0402－0006898　61－57/43－3
唐代叢書一百六十四種　(清)陳世熙輯　清宣統三年(1911)上海天寶書局石印本　十一冊　缺十一種十一卷(幽閒鼓吹一卷、桂苑叢談一卷、賓客嘉話錄一卷、松窗雜記一卷、次柳氏舊聞一卷、大唐傳載一卷、開元天寶遺事一卷、開天傳信記一卷、大唐新語一卷、明皇雜錄一卷、常言侍旨一卷)

130000－0402－0006899　61－57/44
翠琅玕館叢書四集五十一種　(清)馮兆年輯　清光緒羊城馮氏刻本　十七冊　存二十一種四十九卷(南漢金石志二卷、九曜石刻錄一卷、顏書編年錄三至四、周櫟園印人傳三卷、丹溪朱氏耳脈因證治二卷、惲南田畫跋四卷、二十四畫品一卷、雨窻漫筆一卷、東莊論畫一卷、繪事津梁一卷、摹印傳燈二卷、詩氏族攷六卷、兩漢勘誤補遺十卷、曉庵新法六卷、雪堂墨品一卷、畫訣一卷、板橋題畫一卷、山南論畫一卷、石村畫訣題辭一卷、寫竹雜記一卷、薛濤詩一卷)

130000－0402－0006900　61－57/45(1)
秘書二十八種　(清)汪士漢輯　清聚錦堂刻本　十冊　存十一種六十一卷(汲冢周書十卷、白虎通二卷、山海經十八卷、端木詩一卷、桂海虞衡志一卷、穆天子傳六卷、博物志十卷、博異記一卷、高士傳三卷、中華古今注三卷、吳越春秋六卷)

130000－0402－0006901　61－57/45(2)
秘書二十八種　(清)汪士漢輯　清聚錦堂刻本　六冊　存十種四十三卷(白虎通二卷、吳越春秋六卷、中華古今注三卷、古今注三卷、博物志十卷、桂海虞衡志一卷、博異記一卷、高士傳三卷、劍俠傳四卷、拾遺記十卷)

130000－0402－0006902　61－57/45－2
秘書二十八種　(清)汪士漢輯　清嘉慶十六年(1811)令德堂刻本　十一冊　存二十五種一百四卷(汲冢周書十卷、白虎通二卷、夏小正四卷、穆天子傳六卷、博物志十卷、古鲁詩一卷、吳越春秋六卷、集異記一卷、端木詩一卷、續博物志十卷、風俗通義四卷、高士傳三卷、竹書紀年二卷、列仙傳二卷、古今注三卷、楚史檮杌一卷、拾遺記十卷、山海經十八卷、博異記一卷、晉史乘一卷、三墳一卷、小爾雅一卷、桂海虞衡志一卷、詩品一卷、劍俠傳四卷)

130000－0402－0006903　61－57/46
漢魏遺書鈔一百二十卷　(清)王謨輯　清嘉慶五年(1800)金溪王氏刻本　八冊　存五十三種五十八卷(歸藏一卷、連山易一卷,九家易解一卷,周易章句一卷,易傳一卷,易飛候一卷,周易洞林一卷,元包一卷,尚書大傳二卷,尚書注一卷,今文尚書説一卷,古文尚書疏一卷,洪範五行傳二卷,尚書中候一卷,百兩篇一卷,韓詩内傳一卷,韓詩翼要一卷,魯詩傳一卷,鄭氏詩譜一卷,毛詩譜注一卷,毛詩異同評一卷,毛詩序義一卷,毛詩答雜問一卷,毛詩箋音義證一卷,毛詩義疏一卷,答薄氏駁穀梁義一卷,春秋後傳一卷,春秋後語一卷,國語注一卷,世本二卷,論語註一卷,孔子弟子目錄一卷,論語義疏一卷,石經一卷,論語義疏一卷,論語隱義一卷,逸論語一卷,孝經傳一卷,孝經註一卷,孝經内事一卷,孝經述義一卷,爾雅註一卷,爾雅圖贊一卷,孟子注一卷,孟子章指二卷,五經要義一卷,五經然否論一卷,五經鉤沈一卷,五經析疑一卷,五經疑問一卷,七經義綱一卷,七經詩一卷,六藝論一卷,聖證論一卷)

130000－0402－0006904　61－57/48
味虚簃集六種　劉化風輯　清光緒二十五年(1899)刻本　一冊

130000－0402－0006905　61－57/49
説鈴後集十七種　(清)吴震方輯　清刻本　八冊　存十種十三卷(讀史吟評一卷、湖壖雜記一卷、談往一卷、板橋雜記三卷、簪雲樓雜説一卷、天香樓偶得一卷、蚓菴瑣語一卷、見聞錄一卷、冥報錄二卷、現果隨錄一卷)

130000－0402－0006906　61－57/49－2(1)
説鈴　(清)吴震方輯　清康熙四十一年(1702)刻本　二冊　存七種十卷(扈從西巡日錄一卷、塞北小鈔一卷、松亭行紀二卷、天祿識餘一卷、談往一卷、板橋雜記一卷、述異記三卷)

130000－0402－0006907　61－57/49－2(2)
説鈴　(清)吴震方輯　清康熙四十一年(1702)刻本　四冊　存七種十卷(觚賸一卷、湖壖雜記一卷、天香樓偶得一卷、蚓菴瑣語一卷、冥報錄二卷、現果隨錄一卷、述異記三卷)

130000－0402－0006908　61－57/49－3
説鈴　(清)吴震方輯　清學古堂刻本　三冊　存十三種十八卷(述異記三卷、信徵錄一卷、曠園雜志二卷、甌江逸志一卷、言鯖二卷、嶺南雜記上、板橋雜記一卷、簪雲樓雜説一卷、天香樓偶得一卷、湖壖雜記一卷、談往一卷、冥報錄二卷、現果隨錄一卷)

130000－0402－0006909　61－57/49/1
説鈴前集三十三種　(清)吴震方輯　清學古堂刻本　八冊

130000－0402－0006910　61－57/50
戴段合刻二十四卷首一卷　(清)張壽榮輯　清光緒十年(1884)蛟川秋樹根齋刻本　十冊

130000－0402－0006911　61－57/51(1)
牧令全書四種首一卷　(清)丁日昌輯　**欽頒州縣事宜一卷**　(清)田文鏡　(清)李衛撰　清同治七年(1868)江蘇書局刻本　十三冊　缺一種二卷(牧民忠告二卷)

130000－0402－0006912　61－57/51(2)
牧令全書四種首一卷　(清)丁日昌輯　**欽頒州縣事宜一卷**　(清)田文鏡　(清)李衛撰　清同治七年(1868)江蘇書局刻本　十四冊

130000－0402－0006913　61－57/52(1)
畿輔叢書　(清)王灝輯　清光緒五年(1879)定州王氏謙德堂刻本　八十冊　存三十七種(荀子二十卷、校勘補遺一卷,春秋繁露十七卷、淩註校正十七卷,廣雅疏證十卷,古今註三卷,魏鄭公文集三卷、詩集一卷,劉隨州詩集十卷,范文忠公文集十卷,明本釋三卷,元城語錄解三卷、行錄解一卷,近事會元五卷、校勘記一卷,學易集八卷,敬齋古今黈八卷,困學齋雜錄一卷,静修先生文集十二卷,安默庵先生文集五卷,鄉約一卷,塞語一卷,觀心約一卷,金忠潔集六卷,永年申氏遺書,顔習齋遺書,李恕谷遺書,孫夏峯遺書,崔東壁遺書,王制管窺一卷,孟子附記二卷,詩附記四卷,玉臺新詠考異十卷,審定風雅遺音二卷,潞城考古錄二卷,歷代諱名考一卷,潛室劄記二卷,樵香小記二卷,簡通錄二卷,乾坤大略十卷、補遺一卷,魏文毅公奏議三卷,知足齋文集六卷、進呈文稾二卷)

130000－0402－0006914　61－57/52(2)
畿輔叢書　(清)王灝輯　清光緒五年(1879)定州王氏謙德堂刻本　七十冊　存二十五種(春秋繁露十七卷、淩註校正十七卷、古今註三卷,校正孔氏大戴禮記補註十三卷,魏鄭公文集三卷、詩集一卷,明本釋三卷,元城語錄解三卷、行錄解一卷,近事會元五卷、校勘記一卷,春明退朝錄三卷,學易集八卷,敬齋古今黈八卷,安默庵先生文集五卷,困學齋雜錄一卷,觀心約一卷,永年申氏遺書,顏習齋遺書,李恕谷遺書,崔東壁遺書,王制管窺一卷,玉臺新詠考異十卷,潞城考古錄二卷,歷代名諱考一卷,樵香小記二卷,簡通錄二卷,乾坤大略十卷、補遺一卷,知足齋文集六卷、進呈文稾二卷)

130000－0402－0006915　61－57/52(3)
畿輔叢書　(清)王灝輯　清光緒五年(1879)定州王氏謙德堂刻本　二十一冊　存二種四十六卷(觀心約一卷、崔東壁遺書四十五卷)

130000－0402－0006916　61－57/52(4)
畿輔叢書　(清)王灝輯　清光緒五年(1879)定州王氏謙德堂刻本　六十一冊　存十七種(古今註三卷,校正孔氏大戴禮記補註十三卷,魏鄭公文集三卷、詩集一卷,元城語錄解三卷、行錄解一卷,近事會元五卷、校勘記一卷,春明退朝錄三卷,學易集八卷,困學齋雜錄一卷,觀心約一卷,顏習齋遺書,李恕谷遺書,崔東壁遺書,王制管窺一卷,潞城考古錄二卷,歷代諱名考一卷,樵香小記二卷,乾坤大略十卷、補遺一卷)

130000－0402－0006917　61－57/52(5)
畿輔叢書　(清)王灝輯　清光緒五年(1879)定州王氏謙德堂刻本　五十六冊　存十四種(古今註三卷,校正孔氏大戴禮記補註十三卷,元城語錄解三卷、行錄解一卷,近事會元五卷、校勘記一卷,春明退朝錄三卷,學易集八卷,困學齋雜錄一卷,觀心約一卷,顏習齋遺書,李恕谷遺書,崔東壁遺書,王制管窺一卷,潞城考古錄二卷,歷代諱名考一卷)

130000－0402－0006918　61－57/52(6)
畿輔叢書　(清)王灝輯　清光緒五年(1879)定州王氏謙德堂刻本　五十二冊　存十一種(古今註三卷,校正孔氏大戴禮記補註十三卷,元城語錄解三卷、行錄解一卷,近事會元五卷、校勘記一卷,春明退朝錄三卷,困學齋雜錄一卷,觀心約一卷,顏習齋遺書,李恕谷遺書,崔東壁遺書,王制管窺一卷)

130000－0402－0006919　61－57/52(7)
畿輔叢書　(清)王灝輯　清光緒五年(1879)定州王氏謙德堂刻本　五十四冊　存十一種(古今註三卷,校正孔氏大戴禮記補註十三卷,元城語錄解三卷、行錄解一卷,近事會元五卷、校勘記一卷,春明退朝錄三卷,困學齋雜錄一卷,觀心約一卷,顏習齋遺書,李恕谷遺書,崔東壁遺書,王制管窺一卷)

130000－0402－0006920　61－57/52(8)
畿輔叢書　(清)王灝輯　清光緒五年(1879)定州王氏謙德堂刻本　四十九冊　存九種(觀心約三卷、校正孔氏大戴禮記補註十三卷、春明退朝錄三卷、困學齋雜錄一卷、觀心約一卷、顏習齋遺書、李恕谷遺書、崔東壁遺書、王制管窺一卷)

130000－0402－0006921　61－57/52(9)
畿輔叢書　(清)王灝輯　清光緒五年(1879)定州王氏謙德堂刻本　四十六冊　存八種(古今註三卷,校正孔氏大戴禮記補註十三卷,元城語錄解三卷、行錄解一卷,困學齋雜錄一卷,觀心約一卷,顏習齋遺書,李恕谷遺書,崔東壁遺書)

130000－0402－0006922　61－57/52(10)
畿輔叢書　(清)王灝輯　清光緒五年(1879)定州王氏謙德堂刻本　六十五冊　存二十種二百四十卷(古今註三卷,校正孔氏大戴禮記補註十三卷,明本釋三卷,元城語錄解三卷、行錄解一卷,近事會元五卷、校勘記一卷,春明退朝錄三卷,學易集八卷,敬齋古今黈八卷,困學齋雜錄一卷,觀心約一卷,永年申氏遺書三十七卷,顏習齋遺書二十七卷,李恕谷遺書六十五卷,崔東壁遺書四十五卷,王制管窺一卷,樵香小記二卷,潞城考古錄二卷,歷

代諱名考一卷，魏鄭公文集三卷、詩集一卷，乾坤大略十卷、補遺一卷）

130000－0402－0006923　61－57/52(11)
畿輔叢書　（清）王灝輯　清光緒五年(1879)定州王氏謙德堂刻本　四十五冊　存六種（校正孔氏大戴禮記補註十三卷、困學齋雜錄一卷、觀心約一卷、顏習齋遺書、李恕谷遺書、崔東壁遺書）

130000－0402－0006924　61－57/52(12)
畿輔叢書　（清）王灝輯　清光緒五年(1879)定州王氏謙德堂刻本　三十八冊　存六種（校正孔氏大戴禮記補註十三卷、困學齋雜錄一卷、觀心約一卷、顏習齋遺書、李恕谷遺書、崔東壁遺書）

130000－0402－0006925　61－57/52(13)
畿輔叢書　（清）王灝輯　清光緒五年(1879)定州王氏謙德堂刻本　三十四冊　存六種（校正孔氏大戴禮記補註十三卷、困學齋雜錄一卷、觀心約一卷、顏習齋遺書、李恕谷遺書、崔東壁遺書）

130000－0402－0006926　61－57/52(14)
畿輔叢書　（清）王灝輯　清光緒五年(1879)定州王氏謙德堂刻本　二十二冊　存五種（校正孔氏大戴禮記補註十三卷、觀心約一卷、顏習齋遺書、李恕谷遺書、崔東壁遺書）

130000－0402－0006927　61－57/52(15)
畿輔叢書　（清）王灝輯　清光緒五年(1879)定州王氏謙德堂刻本　九冊　存三種（觀心約一卷、顏習齋遺書、崔東壁遺書）

130000－0402－0006928　61－57/52(16)
畿輔叢書　（清）王灝輯　清光緒五年(1879)定州王氏謙德堂刻本　一百七十冊　存五十五種（荀子二十卷、校勘補遺一卷，春秋繁露十七卷、淩註校正十七卷，廣雅疏證十卷，古今註三卷，大戴禮記補註十三卷、序錄一卷，校正孔氏大戴禮記補註十三卷，元和郡縣圖志四十卷、闕卷逸文一卷，魏鄭公文集三卷、詩集一卷，李相國論事集六卷、遺文一卷，盧升之集七卷，明本釋三卷，元城語錄解三卷、行錄解一卷，近事會元五卷、校勘記一卷，春明退朝錄三卷，學易集八卷，閑閑老人滏水文集二十卷、補遺一卷附一卷，敬齋古今黈八卷，困學齋雜錄一卷，静修先生文集十二卷，安默庵先生文集五卷、附錄一卷，鄉約一卷，塞語一卷，觀心約一卷，認真草十六卷，蘭臺奏疏三卷，金忠潔集六卷，永年申氏遺書，顏習齋遺書，李恕谷遺書，孫夏峯遺書，崔東壁遺書，古經服緯三卷，王制管窺一卷，孟子附記二卷，詩附記四卷，玉臺新詠考異十卷，沈氏四聲考二卷，審定風雅遺音二卷，歌麻古韻考四卷，潞城考古錄二卷，歷代諱名考一卷，唐兩京城坊考五卷，明史紀事本末八十卷，明書一百七十一卷，潛室劄記二卷，樵香小記二卷，簡通錄二卷，乾坤大略十卷、補遺一卷，魏文毅公奏議三卷，居業堂文集二十卷，陳學士文集十五卷，知足齋文集六卷，進呈文稾二卷，萬善花室文藁七卷，郝雪海先生筆記三卷，留耕堂詩集一卷）

130000－0402－0006929　61－57/52(17)
畿輔叢書初編　（清）王灝輯　清光緒五年(1879)定州王氏謙德堂刻本　三十一冊　存十種（魏鄭公文集三卷、詩集一卷，魏鄭公諫錄五卷，魏鄭公諫續錄一卷，李相國論事集六卷、遺文一卷，李衛公會昌一品集二十卷、別集十卷、外集四卷、補遺一卷，元城語錄三卷、行錄一卷，忠肅集二十卷，滹南遺老集四十五卷、詩集一卷、續編詩集一卷，尹健餘先生全集，笥河文集十六卷、首一卷）

130000－0402－0006930　61－57/52(18)
畿輔叢書初編　（清）王灝輯　清光緒五年(1879)定州王氏謙德堂刻本　十二冊　存五種（魏鄭公諫錄五卷，魏鄭公諫續錄一卷，忠肅集二十卷，尹健餘先生全集，笥河文集十六卷、首一卷）

130000－0402－0006931　61－57/52(19)
畿輔叢書初編　（清）王灝輯　清光緒五年(1879)定州王氏謙德堂刻本　十一冊　存五種（魏鄭公諫錄五卷，魏鄭公諫續錄一卷，忠肅集二十卷，尹健餘先生全集，笥河文集十六

卷、首一卷)

130000－0402－0006932　61－57/52(20)
畿輔叢書初編　(清)王灝輯　清光緒五年(1879)定州王氏謙德堂刻本　十八册　存四種(魏鄭公諫錄五卷、魏鄭公諫續錄一卷、忠肅集二十卷、尹健餘先生全集)

130000－0402－0006933　61－57/52(21)
畿輔叢書初編　(清)王灝輯　清光緒五年(1879)定州王氏謙德堂刻本　十二册　存四種(魏鄭公諫錄五卷、魏鄭公諫續錄一卷、忠肅集二十卷、尹健餘先生全集)

130000－0402－0006934　61－57/52(22)
畿輔叢書初編　(清)王灝輯　清光緒五年(1879)定州王氏謙德堂刻本　十三册　存十種四十七卷(魏鄭公諫錄五卷、魏鄭公諫續錄一卷、尹少宰奏議十卷、健餘先生文集五至十、尹健餘先生年譜三卷、士鑑錄四卷、女鑑錄四卷、健餘先生讀書筆記六卷、健餘先生撫豫條教四卷、健餘先生尺牘四卷)

130000－0402－0006935　61－57/52(23)
畿輔叢書初編　(清)王灝輯　清光緒五年(1879)定州王氏謙德堂刻本　五册　存三種(魏鄭公諫錄五卷、魏鄭公諫續錄一卷、尹健餘先生全集)

130000－0402－0006936　61－57/52(24)
畿輔叢書初編　(清)王灝輯　清光緒五年(1879)定州王氏謙德堂刻本　三册　存三種(魏鄭公諫錄五卷、魏鄭公諫續錄一卷、尹健餘先生全集)

130000－0402－0006937　61－57/52(25)
畿輔叢書初編　(清)王灝輯　清光緒五年(1879)定州王氏謙德堂刻本　二册　存三種十二卷(魏鄭公諫錄五卷、魏鄭公諫續錄一卷、健餘先生讀書筆記六卷)

130000－0402－0006938　61－57/52(26)
畿輔叢書初編　(清)王灝輯　清光緒五年(1879)定州王氏謙德堂刻本　十册　存三種(魏鄭公諫錄五卷、魏鄭公諫續錄一卷、尹健餘先生全集)

130000－0402－0006939　61－57/52(27)
畿輔叢書初編　(清)王灝輯　清光緒五年(1879)定州王氏謙德堂刻本　一册　存二種六卷(魏鄭公諫錄五卷、魏鄭公諫續錄一卷)

130000－0402－0006940　61－57/52(28)
畿輔叢書二編　(清)王灝輯　清光緒五年(1879)定州王氏謙德堂刻本　十九册　存三種四十一卷(典故紀聞十八卷、平播全書十五卷、臺海使槎錄八卷)

130000－0402－0006941　61－57/52(29)
畿輔叢書二編　(清)王灝輯　清光緒五年(1879)定州王氏謙德堂刻本　十八册　存三種四十一卷(典故紀聞十八卷、平播全書十五卷、臺海使槎錄八卷)

130000－0402－0006942　61－57/52(30)
畿輔叢書二編　(清)王灝輯　清光緒五年(1879)定州王氏謙德堂刻本　十三册　存二種二十三卷(平播全書十五卷、臺海使槎錄八卷)

130000－0402－0006943　61－57/52(31)
畿輔叢書二編　(清)王灝輯　清光緒五年(1879)定州王氏謙德堂刻本　十七册　存三種三十九卷(典故紀聞十八卷,平播全書一至七、十至十五,臺海使槎錄八卷)

130000－0402－0006944　61－57/52(32)
畿輔叢書二編　(清)王灝輯　清光緒五年(1879)定州王氏謙德堂刻本　十五册　存三種三十七卷(典故紀聞十八卷,平播全書一至二、五至七、十至十五,臺海使槎錄八卷)

130000－0402－0006945　61－57/52(33)
畿輔叢書二編　(清)王灝輯　清光緒五年(1879)定州王氏謙德堂刻本　十册　存三種三十卷(典故紀聞十八卷,平播全書一、五至七,臺海使槎錄八卷)

130000－0402－0006946　61－57/52(34)
畿輔叢書二編　(清)王灝輯　清光緒五年(1879)定州王氏謙德堂刻本　七册　存三種

二十七卷(典故紀聞十八卷、平播全書七、臺海使槎錄八卷)

130000－0402－0006947　61－57/52(35)
畿輔叢書三編　(清)王灝輯　清光緒五年(1879)定州王氏謙德堂刻本　八册　存二種二十八卷(居業堂文集二十卷、首一卷,萬善花室文藁七卷)

130000－0402－0006948　61－57/52(36)
畿輔叢書三編　(清)王灝輯　清光緒五年(1879)定州王氏謙德堂刻本　八册　存二種二十八卷(居業堂文集二十卷、首一卷,萬善花室文藁七卷)

130000－0402－0006949　61－57/52(37)
畿輔叢書三編　(清)王灝輯　清光緒五年(1879)定州王氏謙德堂刻本　五册　存二種十二卷(居業堂文集一至五、萬善花室文藁七卷)

130000－0402－0006950　61－57/52.37
忠肅集二十卷　(宋)劉摯著　清光緒五年(1879)定州王氏謙德堂刻畿輔叢書初編本　二册　存九卷(一至四、十至十四)

130000－0402－0006951　61－57/52.53(1)
平播全書十五卷　(明)李化龍著　清光緒五年(1879)定州王氏謙德堂刻畿輔叢書二編本　十一册　缺一卷(十三)

130000－0402－0006952　61－57/52.53(2)
平播全書十五卷　(明)李化龍著　清光緒五年(1879)定州王氏謙德堂刻畿輔叢書二編本　七册　存十卷(一至五、八至十二)

130000－0402－0006953　61－57/52.53(3)
平播全書十五卷　(明)李化龍著　清光緒五年(1879)定州王氏謙德堂刻畿輔叢書二編本　一册　存一卷(四)

130000－0402－0006954　61－57/52.76.6
健餘先生讀書筆記六卷　(清)苑琯輯錄　清光緒五年(1879)定州王氏謙德堂刻畿輔叢書初編本　一册

130000－0402－0006955　61－57/52.77(1)
崔東壁遺書十四種　(清)崔述著　清光緒五年(1879)定州王氏謙德堂刻畿輔叢書本　四册　存四種八卷(唐虞考信錄三至四、豐鎬考信錄七至八、考古續說二卷、讀風偶識一至二)

130000－0402－0006956　61－57/52.77(2)
崔東壁遺書十四種　(清)崔述著　清光緒五年(1879)定州王氏謙德堂刻畿輔叢書本　二册　存二種四卷(豐鎬考信錄七至八、考古續說二卷)

130000－0402－0006957　61－57/52.77.6
豐鎬考信錄八卷　(清)崔述著　清光緒五年(1879)定州王氏謙德堂刻畿輔叢書本　一册　存二卷(七至八)

130000－0402－0006958　61－57/52.77.12
考古續說二卷　(清)崔述著　清光緒五年(1879)定州王氏謙德堂刻畿輔叢書本　一册

130000－0402－0006959　61－57/52.100(1)
臺海使槎錄八卷　(清)黄叔璥撰　清光緒五年(1879)定州王氏謙德堂刻畿輔叢書二編本　二册

130000－0402－0006960　61－57/52.100(2)
臺海使槎錄八卷　(清)黄叔璥撰　清光緒五年(1879)定州王氏謙德堂刻畿輔叢書二編本　二册

130000－0402－0006961　61－57/52.100(3)
臺海使槎錄八卷　(清)黄叔璥撰　清光緒五年(1879)定州王氏謙德堂刻畿輔叢書二編本　二册

130000－0402－0006962　61－57/52.100(4)
臺海使槎錄八卷　(清)黄叔璥撰　清光緒五年(1879)定州王氏謙德堂刻畿輔叢書二編本　二册

130000－0402－0006963　61－57/52.100(5)
臺海使槎錄八卷　(清)黄叔璥撰　清光緒五年(1879)定州王氏謙德堂刻畿輔叢書二編本　二册

130000－0402－0006964　61－57/52.100(6)
臺海使槎錄八卷　(清)黄叔璥撰　清光緒五年(1879)定州王氏謙德堂刻畿輔叢書二編本　二册

130000－0402－0006965　61－57/52.100(7)
臺海使槎錄八卷　(清)黄叔璥撰　清光緒五年(1879)定州王氏謙德堂刻畿輔叢書二編本　二册

130000－0402－0006966　61－57/52.100(8)
臺海使槎錄八卷　(清)黄叔璥撰　清光緒五年(1879)定州王氏謙德堂刻畿輔叢書二編本　二册

130000－0402－0006967　61－57/52.100(9)
臺海使槎錄八卷　(清)黄叔璥撰　清光緒五年(1879)定州王氏謙德堂刻畿輔叢書二編本　二册

130000－0402－0006968　61－57/52.100(10)
臺海使槎錄八卷　(清)黄叔璥撰　清光緒五年(1879)定州王氏謙德堂刻畿輔叢書二編本　二册

130000－0402－0006969　61－57/52.100(11)
臺海使槎錄八卷　(清)黄叔璥撰　清光緒五年(1879)定州王氏謙德堂刻畿輔叢書二編本　二册

130000－0402－0006970　61－57/52.100(12)
臺海使槎錄八卷　(清)黄叔璥撰　清光緒五年(1879)定州王氏謙德堂刻畿輔叢書二編本　二册

130000－0402－0006971　61－57/52.100(13)
臺海使槎錄八卷　(清)黄叔璥撰　清光緒五年(1879)定州王氏謙德堂刻畿輔叢書二編本　二册

130000－0402－0006972　61－57/52.100(14)
臺海使槎錄八卷　(清)黄叔璥撰　清光緒五年(1879)定州王氏謙德堂刻畿輔叢書二編本　二册

130000－0402－0006973　61－57/52.100(15)
臺海使槎錄八卷　(清)黄叔璥撰　清光緒五年(1879)定州王氏謙德堂刻畿輔叢書二編本　二册

130000－0402－0006974　61－57/52.100(16)
臺海使槎錄八卷　(清)黄叔璥撰　清光緒五年(1879)定州王氏謙德堂刻畿輔叢書二編本　二册

130000－0402－0006975　61－57/52.100(17)
臺海使槎錄八卷　(清)黄叔璥撰　清光緒五年(1879)定州王氏謙德堂刻畿輔叢書二編本　二册

130000－0402－0006976　61－57/52.100(18)
臺海使槎錄八卷　(清)黄叔璥撰　清光緒五年(1879)定州王氏謙德堂刻畿輔叢書二編本　一册　存四卷(一至四)

130000－0402－0006977　61－57/52.121
萬善花室文藁七卷　(清)方履籛撰　清光緒五年(1879)定州王氏謙德堂刻畿輔叢書三編本　四册

130000－0402－0006978　61－57/53
宋四家文集四種附人譜類記　(清)張伯行編　清道光二十六年(1846)刻本　五册　存二種十二卷(黄勉齋先生文集八卷、吕東萊先生文集四卷)

130000－0402－0006979　61－57/54
讀畫齋叢書八集　(清)顧修輯　清嘉慶四年(1799)桐川顧氏刻本　二十册　存三集十一種(甲集四種、乙集五種、丙集二種)

130000－0402－0006980　61－57/55
屑玉叢譚四集六卷　(清)錢徵　蔡爾康輯　清光緒六年(1880)上海申報館鉛印本　三册

130000－0402－0006981　61－57/55/1
屑玉叢譚三集六卷　(清)錢徵　蔡爾康輯　清光緒六年(1880)上海申報館鉛印本　二册

130000－0402－0006982　61－57/56
澤存堂五種　(清)張士俊輯　清光緒十四年(1888)上海蜚英館石印本　八册

130000－0402－0006983　61－57/57

函海一百六十三種　(清)李調元輯　清刻本　一册　存三種六卷(郭子翼莊一卷、古今同姓名錄二卷、素履子三卷)

130000－0402－0006984　61－57/59

牧令書輯要十卷　(清)徐棟編　清同治八年(1869)湖北崇文書局刻牧令書四種本　十册

130000－0402－0006985　61－57/60

半厂叢書初編十種　(清)譚獻輯　清光緒仁和譚氏刻本　十六册

130000－0402－0006986　61－57/61(1)

玉函山房輯佚書五百九十四種附一種　(清)馬國翰輯　清光緒九年(1883)長沙嫏嬛館刻本　二十七册　存三百四十一種

130000－0402－0006987　61－57/61(2)

玉函山房輯佚書五百九十四種附一種　(清)馬國翰輯　清光緒九年(1883)長沙嫏嬛館刻本　一百册

130000－0402－0006988　61－57/61(3)

玉函山房輯佚書五百九十四種附一種　(清)馬國翰輯　清光緒九年(1883)長沙嫏嬛館刻本　八十四册　存五百十六種

130000－0402－0006989　61－57/61(4)

玉函山房輯佚書五百九十四種附一種　(清)馬國翰輯　清光緒九年(1883)長沙嫏嬛館刻本　三十四册　存二百十七種

130000－0402－0006990　61－57/61(5)

玉函山房輯佚書五百九十四種附一種　(清)馬國翰輯　清光緒九年(1883)長沙嫏嬛館刻本　三十四册　存二百十六種

130000－0402－0006991　61－57/61－2

玉函山房輯佚書五百九十四種附一種　(清)馬國翰輯　清同治十年(1871)濟南皇華館書局刻本　七十一册　存五百九十三種

130000－0402－0006992　61－57/61－3

玉函山房輯佚書五百一種　(清)馬國翰輯　清光緒十年(1884)楚南書局刻本　十七册　存一百四種

130000－0402－0006993　61－57/62

日知錄策學纂要合編　(清)大同書局輯　清光緒十三年(1887)大同書局石印本　四册

130000－0402－0006994　61－57/63(1)

榆園叢刻　(清)許增輯　清同治、光緒刻本　十六册　存二十八種七十一卷

130000－0402－0006995　61－57/63(2)

榆園叢刻　(清)許增輯　清同治、光緒刻本　十一册　存二十二種五十卷

130000－0402－0006996　61－57/65

仰視千七百二十九鶴齋叢書四十種　(清)趙之謙輯　清光緒會稽趙氏刻本　十册　存十二種二十三卷(二十一都懷古詩一卷、勇盧閒詰一卷、虞氏易事二卷、質疑一卷、補五代史藝文志一卷、景祐六壬神定經二卷、天問閣集三卷、鮚話一卷、西藏攷一卷、讀史舉正八卷、弟子職注一卷、餘生錄一卷)

130000－0402－0006997　61－57/66(1)

功順堂叢書十八種　(清)潘祖蔭輯　清光緒吴縣潘氏刻本　十册　存十一種三十八卷(春秋左氏傳地名補注十二卷,周人經說一至四,王氏經說六卷、音略一卷、考證一卷,論語孔注辨僞二卷,爾雅補注殘本一卷,急就章一卷、考證一卷,涇林續記一卷,廣陽雜記一,半氈齋題跋二卷,南澗文集二卷,冬青館古宫詞三卷)

130000－0402－0006998　61－57/66(2)

功順堂叢書十八種　(清)潘祖蔭輯　清光緒吴縣潘氏刻本　十三册　存八種三十八卷(廣陽雜記二至五、無事為福齋隨筆二卷、平定羅刹方略四卷、西清筆記二卷、春秋左氏傳補注十二卷、國史考異六卷、范石湖詩集注三卷、說文古籀疏證二至六)

130000－0402－0006999　61－57/66(3)

功順堂叢書十八種　(清)潘祖蔭輯　清光緒吴縣潘氏刻本　二十四册

130000－0402－0007000　61－57/67

咫進齋叢書三集三十七種　(清)姚覲元輯　清光緒九年(1883)歸安姚氏刻本　十三冊　存二十三種三十九卷(公羊問答二卷,孝經疑問一卷,說文答問疏證六卷,瘞鶴銘圖攷一卷,蘇齋唐碑選一卷,姚氏藥言一卷,大雲山房十二章圖說二卷,大雲山房雜記二卷,說文引經攷二卷、補遺一卷,前徽錄一卷,三十五舉一卷、校勘記一卷,續三十五舉一卷,再續三十五舉一卷,說文新附攷四至六,汲古閣說文訂一卷,說文校定本二卷,四聲等子一卷,銷燬抽燬書目一卷,禁書總目一卷,違礙書目一卷,慎疾芻言一卷,陽宅闢謬一卷,清閩齋詩存三卷)

130000－0402－0007001　61－57/68
明文選　(清)李祖陶輯評　清道光二十五年(1845)刻本　十三冊　存四種三十一卷(唐荊川先生文選七卷、首一卷,王陽明先生文選七卷、首一卷,歸震川先生文選六卷、首一卷,宋景濂先生文選七卷、首一卷)

130000－0402－0007002　61－57/69
逸周書選要不分卷新刻釋名選要不分卷竹書紀年選要不分卷說文通論選要不分卷　(清)佚名輯　清嘉慶十年(1805)青藜軒刻本　一冊

130000－0402－0007003　61－57/70
鐵華館叢書六種　(清)蔣鳳藻輯　清光緒刻本　五冊　存五種三十七卷(通玄真經十二卷、新序十卷、群經音辨七卷、佩觽三卷、字鑑五卷)

130000－0402－0007004　61－57/71(1)
顨軒孔氏所著書七種　(清)孔廣森撰　清嘉慶二十二年(1817)曲阜孔氏儀鄭堂刻本　十冊

130000－0402－0007005　61－57/71(2)
顨軒孔氏所著書七種　(清)孔廣森撰　清嘉慶二十二年(1817)曲阜孔氏儀鄭堂刻本　五冊　存五種三十四卷(詩聲類十二卷、分例一卷,禮學卮言六卷,經學卮言六卷,少廣正負術內編三卷、外編三卷,駢儷文三卷)

130000－0402－0007006　61－57/72
質學叢書初集三十種　(清)質學會編　清光緒二十三年(1897)刻本　三十八冊　存二十七種七十四卷

130000－0402－0007007　61－57/74
學海堂初集十六卷二集二十二卷三集二十四卷四集二十八卷　(清)阮元輯　(清)吳蘭修編　清道光五年至光緒十二年(1825－1886)啟秀山房刻本　三十二冊　存三十八卷(初集十六卷、二集二十二卷)

130000－0402－0007008　61－57/75
岱南閣叢書十六種　(清)孫星衍輯　清乾隆、嘉慶蘭陵孫氏刻本　十二冊　存八種三十四卷(元和郡縣圖志二十七至三十四、三十七至四十,逸文一卷;括地志八卷;問字堂集六卷;岱南閣集二卷;平津館文稿二卷;五松園文稿一卷;嘉穀堂集一卷;沛上停雲集一卷)

130000－0402－0007009　61－57/76
惜陰軒叢書三十四種續編五種　(清)李錫齡輯　清光緒二十二年(1896)惜陰軒刻本　九十四冊

130000－0402－0007010　61－57/78
二酉堂叢書二十一種　(清)張澍編輯　清道光元年(1821)刻本　十冊　存十七種二十二卷(司馬法一卷、子夏易傳一卷、世本五卷、周生烈子一卷、漢皇德傳一卷、風俗通姓氏篇二卷、辛氏三秦記一卷、三輔舊事一卷、三輔故事一卷、十三州志一卷、涼州記一卷、涼州異物志一卷、西河舊事一卷、西河記一卷、沙州記一卷、陰常侍詩集一卷、李尚書詩集一卷附李氏事蹟)

130000－0402－0007011　61－57/79
七子詩選十四卷　(清)沈德潛選　清乾隆十八年(1753)刻本　六冊　存十二卷(一至二、五至十四)

130000－0402－0007012　61－57/80(1)
宦海指南五種　(清)許乃普輯　清咸豐九年(1859)刻本　五冊

130000－0402－0007013　61－57/80(2)
宦海指南五種　(清)許乃普輯　清咸豐九年(1859)刻本(第五種折獄便覽爲道光三十年刻本)　五冊

130000－0402－0007014　61－57/80(3)
宦海指南五種　(清)許乃普輯　清咸豐九年(1859)刻本　七冊

130000－0402－0007015　61－57/81(1)
龍威秘書十集　(清)馬俊良輯　清乾隆五十九年(1794)石門馬氏大酉山房刻本　七十二冊　存九集(一至三、五至十)

130000－0402－0007016　61－57/81(2)
龍威秘書十集　(清)馬俊良輯　清乾隆五十九年(1794)石門馬氏大酉山房刻本　五十六冊　存七集(二至三、六至十)

130000－0402－0007017　61－57/81(3)
龍威秘書十集　(清)馬俊良輯　清乾隆五十九年(1794)石門馬氏大酉山房刻本　四十七冊　缺五集(一,二:江淮異人錄一卷、離騷集傳一卷,四,九至十)

130000－0402－0007018　61－57/82(1)
藝海珠塵八集　(清)吳省蘭輯　清聽彝堂刻本　二十四冊　存三集(金、革、木)

130000－0402－0007019　61－57/82(2)
藝海珠塵八集　(清)吳省蘭輯　清聽彝堂刻本　二十三冊　缺四集(石,絲:半村野人閒談一卷、抱璞簡記一卷、一樱居詩稿二卷,匏,革,木)

130000－0402－0007020　61－57/83
台州叢書九種　(清)宋世犖輯　清嘉慶、道光臨海宋氏刻本　十冊　存五種二十二卷(廣志繹五卷,石屏詩集十卷,見聞隨筆二卷,文則二卷、校語一卷,滇考二卷)

130000－0402－0007021　61－57/84
十萬卷樓叢書二編二十種　(清)陸心源輯　清光緒八年(1882)歸安陸氏刻本　三十二冊

130000－0402－0007022　61－57/85
史學叢書四十三種　(清)□□輯　清光緒二十八年(1902)上海文瀾書局石印本　三十一冊　缺三種十卷(後漢書注補正八卷、後漢書注又補一卷、後漢書補注續一卷)

130000－0402－0007023　61－57/86
花雨樓叢鈔十四種　(清)張壽榮輯　清光緒蛟川張氏花雨樓刻本　八冊　存八種十六卷(虞氏易禮二卷,易學闡元一卷,鄭氏詩譜攷正一卷,經書算學天文攷二卷,說雅二卷,茗柯文初編一卷、二編二卷、三編一卷、四編一卷,茗柯詞一卷,初月樓文鈔一至二)

130000－0402－0007024　61－57/87
湖海樓叢書十二種　(清)陳春輯　清嘉慶蕭山陳氏刻本　六冊　存四種二十六卷(列子八卷、列子沖虛至德真經釋文二卷,尸子二卷、存疑一卷、尹文子二卷,潛夫論十卷,學林一至二)

130000－0402－0007025　61－57/88
崇雅堂全書十三種　(清)□□輯　清光緒八年(1882)刻本　六十一冊

130000－0402－0007026　61－57/88.8
崇德堂藁八卷　(清)王植著　清光緒八年(1882)刻崇雅堂全書本　三冊　存三卷(二至四)

130000－0402－0007027　61－57/90(1)
古香齋袖珍十種附二種　(清)□□輯　清刻本　二百三十二冊　存六種五百十四卷(淵鑑類函二百二十五至二百五十八、二百八十四至四百五十,古文淵鑑六十四卷,史記十五至一百三十,初學記三十卷,施注蘇詩四十二卷、補遺二卷,春明夢餘錄一至二十二、三十四至七十)

130000－0402－0007028　61－57/90(2)
古香齋鑒賞袖珍施注蘇詩四十二卷總目二卷續補遺總目一卷　(清)□□輯　清刻本　一冊　存三卷(總目二卷、續補遺總目一卷)

130000－0402－0007029　61－57/90.2(1)
淵鑑類函四百五十卷　(清)張英等撰　清刻

古香齋十種本　三十九册　存一百十一卷(一至四、四十至四十二、四十六至五十五、五十八至六十一、二百三至二百六、二百十二至二百二十、二百二十四至二百二十六、二百五十九至二百六十一、二百八十一至二百八十八、三百一至三百三十、三百三十三至三百三十九、三百六十八至三百七十七、三百八十五至四百)

130000－0402－0007030　61－57/90.2(2)
淵鑑類函四百五十卷　(清)張英等撰　清刻古香齋十種本　四册　存十卷(三十五至三十七、五十四至五十六、三百十一至三百十二、三百十七至三百十八)

130000－0402－0007031　61－57/91
述古叢鈔四集二十六種　(清)劉晚榮輯　清同治十年至光緒五年(1871－1879)古岡劉氏藏修書屋刻本　三十二册　缺一種四十八卷(南唐書合刻四十八卷)

130000－0402－0007032　61－57/92
宦鄉要則七卷　(清)張鑒瀛編　清光緒五年(1879)刻本　一册　存二卷(一至二)

130000－0402－0007033　61－57/92－2
宦鄉要則七卷　(清)張鑒瀛編　清光緒二十六年(1900)順成書局石印本　一册

130000－0402－0007034　61－57/93
剡源集三十卷　(元)戴表元撰　清道光上海郁氏刻宜稼堂叢書本　五册　存二十七卷(一至二十七)

130000－0402－0007035　61－6/2
桐城吴先生點勘諸子七種　(清)吳汝綸評點　清宣統二年(1910)衍星社鉛印本　十一册　存七種一百一卷(老子一卷、管子二十四卷、墨子十六卷、莊子十卷、荀子二十卷、韓非子二十卷、太玄十卷)

130000－0402－0007036　61－6/3/1
隨盦徐氏叢書十種　徐乃昌輯　清末民初南陵徐氏刻本　十二册

130000－0402－0007037　61－6/5
鄦齋叢書二十種　徐乃昌編　清光緒二十六年(1900)南陵徐氏刻本　十六册

130000－0402－0007038　61－6/6
藕香零拾三十九種　繆荃孫輯　清光緒、宣統刻本　十三册　存十八種四十九卷(澹生堂藏書約四卷,藏書記要一卷,流通古書約一卷,古歡社約一卷,唐開成石經圖考一卷,大唐創業起居三卷,牛羊日曆一卷,東觀奏記三卷,廣陵妖亂志一卷,元河南志三至四,寓庵集一至四,静軒集六卷,清河集七卷、附錄一卷,菊潭集四卷,曾公遺錄八,古泉山館題跋二卷,破鐵網二卷,敬齋先生古今黈四至七)

130000－0402－0007039　61－6/10
蘇黄尺牘合刊十八卷　(清)掃葉山房輯　清宣統三年(1911)掃葉山房石印本　八册

130000－0402－0007040　61－6/10.1
蘇東坡尺牘八卷　(宋)蘇軾撰　清宣統三年(1911)掃葉山房石印蘇黄尺牘合刻本　一册　存二卷(五至六)

130000－0402－0007041　61－6/11
古今說部叢書十集　國學扶輪社校輯　清宣統二年至民國四年(1910－1915)中國圖書公司鉛印本　六十册

130000－0402－0007042　61－6/12
振綺堂叢書初集十種　(清)汪康年輯　清宣統二年(1910)鉛印本　一册　存三種六卷(蒙古西域諸國錢譜四卷、經典釋文補條例一卷、借閒隨筆一卷)

130000－0402－0007043　61－6/14
如皋冒氏叢書十三種　冒廣生輯　清光緒如皋冒氏刻本　四册　存十三種十六卷(香儷園偶存一卷、寒碧孤吟一卷、集美人名詩一卷、泛雪小草一卷、樸巢詩選一卷、冒巢先生年譜一卷、影梅庵憶語一卷、蘭言一卷、岕茶彙鈔一卷、宣爐歌注一卷、婦人集注一卷、婦人集補一卷、樸巢文選四卷)

130000－0402－0007044　61－6/19
漸學廬叢書第一集十六種　(清)胡祥鑅輯

清光緒元和胡氏石印本　九册　存十二種三十六卷(帕米爾圖說一卷、帕米爾輯略一卷、澳大利亞洲志一卷、咸豐以來功臣别傳六至三十、元書后妃公主列傳一卷、琿牘偶存一卷、中越東西定議全界約文一卷、美利加英屬地小志一卷、外交餘勢一卷、斷腸記一卷、立方奇法一卷、求一捷術一卷)

130000－0402－0007045　61－6/20
積學齋叢書二十種　徐乃昌輯　清光緒南陵徐氏刻本　十六册

130000－0402－0007046　61－6/21
輶軒語一卷　(清)張之洞撰　清光緒沔陽盧氏刻民國十二年(1923)匯印慎始基齋叢書本一册

130000－0402－0007047　62/5
金華叢書　(清)胡鳳丹編　清同治、光緒永康胡氏退補齋刻本　三十二册　存十種一百十七卷(金華文萃書目提要八卷,東萊呂氏古易一卷,周易音訓二卷,增修東萊書說三十五卷、首一卷,左氏傳説二十卷、首一卷,東萊先生左氏博議二十五卷,禹貢集解二卷,書疑九卷,詩疑二卷,呂東萊先生文集一至十、首一卷)

130000－0402－0007048　62/5.25
蜀碑記十卷首一卷　(宋)王象之撰　**辨訛考異二卷**　(清)胡鳳丹編　清同治八年(1869)退補齋刻金華叢書本　一册

130000－0402－0007049　62/10
廣陵思古編二十九卷　(清)汪廷儒編　清道光二十九年(1849)揚州儀徵汪氏刻本　十册

130000－0402－0007050　62/11
晉國垂棘一卷　(清)范弘嗣著　**續垂棘編六卷二集十卷三集十卷四集九卷**　(清)范鄗鼎彙選　清康熙刻本　二十册

130000－0402－0007051　62－57/1
延陵合璧二種　(清)許自俊輯　清康熙刻本　二册

130000－0402－0007052　62－57/2
傳經堂集不分卷　(清)卓天寅輯　清卓氏家刻本　二册

130000－0402－0007053　62－57/3
三賢文集三種　(清)張斐然等輯　清刻本　八册　存二種七卷(容城文靖劉先生文集二至四、容城鍾元孫先生文集四卷)

130000－0402－0007054　62－57/3.1
容城文靖劉先生文集四卷　(元)劉因撰　清道光十六年(1836)正義書院刻容城三賢文集本　六册

130000－0402－0007055　62－57/3－2
三賢文集三種　(清)張斐然等輯　清道光十五年(1835)刻本　十二册

130000－0402－0007056　62－57/4
國朝中州名賢集二十五卷首一卷　(清)黄舒昺編　清光緒十七年(1891)睢陽洛學書院刻本　十六册

130000－0402－0007057　62－57/5
魯氏遺著七種　(清)魯一同等撰　清咸豐山陽魯氏刻本　九册　存五種十六卷(通甫類藁四卷、續編二卷,通甫詩存四卷、詩存之餘二卷,仲實類藁一卷,仲實詩存二卷,瘦春仙館詩賸一卷)

130000－0402－0007058　62－57/6
經訓書院文集六卷　(清)洪鈞輯　清光緒九年(1883)江西書局刻本　三册

130000－0402－0007059　62－57/7
德州田氏叢書十三種　(清)田雯等撰　清康熙至乾隆刻本　十一册　存九種三十五卷(長河志籍考十卷,黔書二卷,水東草堂詩一卷,鬲津草堂詩六卷,有懷堂文集一卷、詩集一卷,硯思集六卷,二學亭文涘四卷,安德明詩選遺一卷,晚香詞三卷)

130000－0402－0007060　62－57/9
寧都三魏全集六種　(清)林時益輯　清刻本　十册　存三種二十三卷(魏叔子文集外篇十七至二十二、目録三卷,魏昭士文集五至十,魏敬士文集八卷)

130000－0402－0007061　63－41/1

忠武誌八卷　(清)張鵬翮輯　清康熙四十五年(1706)刻本　八册

130000－0402－0007062　63－42/2(1)

曹集銓評十卷　(三國魏)曹植撰　(清)丁晏纂　清同治十一年(1872)金陵書局刻本　二册

130000－0402－0007063　63－42/2(2)

曹集銓評十卷　(三國魏)曹植撰　(清)丁晏纂　清同治十一年(1872)金陵書局刻本　二册

130000－0402－0007064　63－49/1

庾子山全集十卷　(北周)庾信撰　(清)吴兆宜箋注　清貴文堂刻本　十册

130000－0402－0007065　63－49/1/1

庾子山集十六卷首一卷　(北周)庾信撰　(清)倪璠註釋　清道光十九年(1839)大文堂刻本　十二册

130000－0402－0007066　63－49/1/1－2

庾子山集十六卷首一卷　(北周)庾信撰　(清)倪璠註釋　清篤慶堂刻本　十二册

130000－0402－0007067　63－49/1/1－3(1)

庾子山集十六卷首一卷　(北周)庾信撰　(清)倪璠註釋　清道光十九年(1839)善成堂刻本　四册　存五卷(五至八、首一卷)

130000－0402－0007068　63－49/1/1－3(2)

庾子山集十六卷　(北周)庾信撰　(清)倪璠註釋　清刻本　六册　存十卷(七至十六)

130000－0402－0007069　63－49/1/1－4

庾子山集十六卷首一卷　(北周)庾信撰　(清)倪璠註釋　清道光十九年(1839)同文堂刻本　六册　存八卷(一至七、首一卷)

130000－0402－0007070　63－491/1(1)

徐孝穆全集六卷　(南朝陳)徐陵撰　(清)吴兆宜箋注　清善化經濟書堂刻本　四册

130000－0402－0007071　63－491/1(2)

徐孝穆全集六卷　(南朝陳)徐陵撰　(清)吴兆宜箋注　清善化經濟書堂刻本　六册

130000－0402－0007072　63－52/1

李義山詩文集詳註十三卷　(唐)李商隱撰　(清)馮浩註　清同治七年(1868)馮寶圻補修本　八册

130000－0402－0007073　63－52/1/1

樊南文集詳註八卷　(唐)李商隱撰　(清)馮浩註　清同治七年(1868)刻本　四册

130000－0402－0007074　63－541/1(1)

東坡先生全集七十五卷目錄一卷　(宋)蘇軾撰　**宋史本傳一卷**　(元)脱脱撰　**墓誌銘一卷**　(宋)蘇轍撰　**年譜一卷**　(宋)王宗稷編　明萬曆三十四年(1606)刻本　四十册　缺十四卷(二十四至二十五、三十六至三十七、四十至四十九)

130000－0402－0007075　63－541/1(2)

東坡先生全集七十五卷目錄一卷　(宋)蘇軾撰　**宋史本傳一卷**　(元)脱脱撰　**墓誌銘一卷**　(宋)蘇轍撰　**年譜一卷**　(宋)王宗稷編　明萬曆三十四年(1606)刻本　八册　存十八卷(十八至二十三、二十九至三十、三十八至三十九、五十至五十二、五十六至五十九,目錄一卷)

130000－0402－0007076　63－541/1(3)

東坡先生全集七十五卷　(宋)蘇軾撰　明萬曆刻本　二十四册

130000－0402－0007077　63－542/1

楊文節公全集八十五卷首一卷　(宋)楊萬里撰　清乾隆五十九年(1794)帶經軒刻本　十六册　存七十五卷(文集四十二卷,詩集六至二十八、三十四至四十二,首一卷)

130000－0402－0007078　63－55/3(1)

元遺山先生全集九種首一卷　(金)元好問撰　清光緒七年(1881)讀書山房刻本　二十八册

130000－0402－0007079　63－55/3(2)

元遺山先生全集九種首一卷　(金)元好問撰　清光緒七年(1881)讀書山房刻本　七册

存二十六卷(元遺山先生集五至二十九、首一卷)

130000－0402－0007080　63－55/3(3)

元遺山先生全集九種首一卷　(金)元好問撰　清光緒七年(1881)讀書山房刻本　六冊　存十九卷(元遺山先生集一至十四、年譜四卷、首一卷)

130000－0402－0007081　63－56/1

新刻張太岳先生文集四十六卷行實一卷　(明)張居正撰　清唐國達刻本　十六冊

130000－0402－0007082　63－56/1/1

張文忠公全集四十六卷附錄二卷　(明)張居正撰　清刻本　六冊　存二十六卷(書牘十至十五、文集一至十一、詩六卷、女誡直解一卷,附錄二卷)

130000－0402－0007083　63－56/3

太史升菴全集八十一卷目錄二卷　(明)楊慎撰　明陳大科刻本　二十冊

130000－0402－0007084　63－56/4

王氏家藏集五種　(明)王廷相撰　明嘉靖刻本　十六冊

130000－0402－0007085　63－56/5

呂子遺書七種　(明)呂坤著　清道光七年(1827)開封府署刻本　二十四冊

130000－0402－0007086　63－56/5.7

實政錄七卷　(明)呂坤撰　清道光七年(1827)開封府署刻呂子遺書本　六冊

130000－0402－0007087　63－56/5/2

呂新吾先生去僞齋文集十卷　(明)呂坤著　清繩其居刻本　十冊

130000－0402－0007088　63－56/7

太史升菴文集八十一卷目錄四卷　(明)楊慎著　(明)楊有仁編輯　清書林刻本　三十冊

130000－0402－0007089　63－56/8(1)

陽明先生集要三編十五卷年譜一卷　(明)王守仁撰　(明)施邦耀評輯　清乾隆五十二年(1787)濟美堂刻本　十冊

130000－0402－0007090　63－56/8(2)

陽明先生集要三編十五卷年譜一卷　(明)王守仁撰　(明)施邦耀評輯　清乾隆五十二年(1787)濟美堂刻本　六冊　存八卷(理學集一,經濟集一至三、五至七,年譜一卷)

130000－0402－0007091　63－56/9(1)

寒支初集十卷二集四卷首一卷　(明)李世熊著　清同治十三年(1874)刻本　十二冊　存十三卷(初集一至五、七至十,二集歲紀一至三,首一卷)

130000－0402－0007092　63－56/9(2)

寒支初集十卷二集四卷首一卷　(明)李世熊著　清同治十三年(1874)刻本　十四冊

130000－0402－0007093　63－56/11(1)

簡齋先生文選四卷詩選十一卷　(明)劉榮嗣著　(清)劉佑編輯　清康熙元年(1662)劉氏家刻本　八冊

130000－0402－0007094　63－56/11(2)

簡齋先生文選四卷詩選十一卷　(明)劉榮嗣著　(清)劉佑編輯　清康熙元年(1662)劉氏家刻本　八冊

130000－0402－0007095　63－56/11/1

簡齋先生文選四卷詩選十卷附劉大司空簡齋先生傳劉小善先生孝烈傳劉公墓誌銘　(明)劉榮嗣著　(清)劉佑編輯　**劉雲麓集五卷**　(清)劉佑著　清康熙二年(1663)繡煙亭刻本　十四冊

130000－0402－0007096　63－56/11/2

楚遊小紀一卷魚丘雜著一卷玉臺雜著一卷　(清)劉佑著　清刻本　三冊

130000－0402－0007097　63－56/12

竹巖集十八卷補遺一卷附錄一卷　(明)柯潛著　清乾隆刻本　四冊

130000－0402－0007098　63－56/13

邊華泉集稿六卷詩八卷　(明)邊貢撰　清咸豐元年(1851)刻本　六冊

130000－0402－0007099　63－56/14(1)

鹿忠節公集二十一卷無欲齋詩鈔一卷 （明）鹿善繼著 **年譜二卷** （清）陳鋐編次 清刻本 九册

130000－0402－0007100 63－56/14(2)
鹿忠節公集二十一卷無欲齋詩鈔一卷 （明）鹿善繼著 **年譜二卷** （清）陳鋐編次 清刻本 九册

130000－0402－0007101 63－56/14－2(1)
鹿忠節公集二十一卷 （明）鹿善繼著 清刻本 八册

130000－0402－0007102 63－56/14－2(2)
鹿忠節公集二十一卷 （明）鹿善繼著 清刻本 六册

130000－0402－0007103 63－56/14－2(3)
鹿忠節公集二十一卷 （明）鹿善繼著 清刻本 六册

130000－0402－0007104 63－56/15(1)
明大司馬盧公集十二卷首一卷 （明）盧象升撰 清光緒元年(1875)刻本 八册

130000－0402－0007105 63－56/15(2)
明大司馬盧公集十二卷首一卷 （明）盧象升著 清光緒元年(1875)刻本 八册

130000－0402－0007106 63－56/16
宋布衣集三卷清平閣倡和詩一卷 （明）宋登春著 清乾隆二十一年(1756)誠意堂刻本 四册

130000－0402－0007107 63－56/17
孫忠靖公遺集八卷首一卷末一卷 （明）孫傳庭撰 清咸豐六年(1856)刻本 八册

130000－0402－0007108 63－56/18
明崔文敏公洹詞十二卷程志十卷士翼三卷首一卷 （明）崔銑著 清同治二年(1863)刻本 十二册

130000－0402－0007109 63－56/19
愛鼎堂遺集前集十卷後集二十卷首一卷 （明）傳振商撰 清乾隆五十五年(1790)存誠堂刻本 十册

130000－0402－0007110 63－56/20
西郭草堂合刊八種附三種 （明）喬中和著 清光緒五年(1879)刻本 十六册

130000－0402－0007111 63－56/21
顧端文公遺書六十五卷 （明）顧憲成撰 清光緒三年(1877)涇里宗祠刻本 十四册

130000－0402－0007112 63－57/1(1)
夏峯先生集十四卷補遺二卷首一卷 （清）孫奇逢著 清道光二十五年(1845)大梁書院刻本 十一册 存十一卷(一至六、十二至十四,補遺二卷)

130000－0402－0007113 63－57/1(2)
夏峯先生集十四卷補遺二卷首一卷 （清）孫奇逢著 清刻本 十二册 存十二卷(一至十一、首一卷)

130000－0402－0007114 63－57/1(3)
夏峯先生集十四卷補遺二卷首一卷 （清）孫奇逢著 清道光二十五年(1845)大梁書院刻本 八册

130000－0402－0007115 63－57/2
張文瑞集五種 （清）張英著 清光緒二十三年(1897)桐城張氏刻本 二十八册

130000－0402－0007116 63－57/2.5
篤素堂文集十六卷詩集七卷 （清）張英著 清刻張文瑞集五種本 六册

130000－0402－0007117 63－57/3(1)
黃梨洲遺書十種 （清）黃宗羲撰 清光緒三十一年(1905)杭州群學社石印本 十二册

130000－0402－0007118 63－57/3(2)
黃梨洲遺書十種 （清）黃宗羲撰 清光緒三十一年(1905)杭州群學社石印本 十二册

130000－0402－0007119 63－57/3－2
梨洲遺著彙刊三十二種 （清）黃宗羲著 薛鳳昌編次 清宣統二年(1910)上海時中書局鉛印本 二十册

130000－0402－0007120 63－57/5－2(1)
顧亭林先生遺書十種 （清）顧炎武著 清蓬

瀛閣刻本　八册

130000－0402－0007121　63－57/5－2(2)

顧亭林先生遺書十種　(清)顧炎武著　清蓬瀛閣刻本　八册

130000－0402－0007122　63－57/5－2(3)

亭林遺書十種　(清)顧炎武著　清遂初堂刻本　六册

130000－0402－0007123　63－57/5－2(4)

顧亭林先生遺書十種　(清)顧炎武著　清蓬瀛閣刻本　六册

130000－0402－0007124　63－57/5－3

亭林先生遺書彙輯　(清)顧炎武著　清光緒十一年至十四年(1885－1888)席氏掃葉山房刻本　二十九册　存二十三種六十卷(左傳杜解補正三卷、九經誤字一卷、石經考一卷、金石文字記六卷、韻補正一卷、昌平山水記二卷、譎觚十事一卷、亭林文集一至四、亭林詩集五卷、山東攷古錄一卷、京東攷古錄一卷、菰中隨筆不分卷、救文格論一卷、五經同異三卷、亭林餘集一卷、亭林雜錄一卷、聖安紀事二卷、顧氏譜系攷一卷、明季實錄一卷、歷代帝王宅京記二十卷、營平二州地名記一卷、亭林軼詩一卷、年譜一卷)

130000－0402－0007125　63－57/5/1

亭林先生補遺十種　(清)顧炎武撰　(清)朱記榮輯　清光緒十一年(1885)掃葉山房刻本　八册

130000－0402－0007126　63－57/6

朱氏群書六種　(清)朱駿聲輯　清光緒八年(1882)臨嘯閣刻本　四册

130000－0402－0007127　63－57/7－2(1)

船山遺書二百八十八卷　(清)王夫之撰　清同治四年(1865)湘鄉曾氏金陵刻本　八十册　存四十二種一百三十九卷(周易外傳六至七,書經稗疏四卷,尚書引義六卷,詩經稗疏四卷,詩經考異一卷,詩經叶韻辨一卷,詩廣傳五卷,禮記章句一、三十二至四十九,春秋家說一至三,春秋稗疏二卷,春秋世論五卷,續春秋左氏傳博議二卷,讀四書大全說十卷,四書稗疏一卷,四書攷異一卷,說文廣益三卷,讀通鑑論一至十七,噩夢一卷,黄書一卷,識小錄一卷,老子衍一卷,莊子解一至二十六,五十自定稿一卷,六十自定稿一卷,七十自定稿一卷,柳岸吟一卷,落花詩一卷,遣興詩一卷,和梅花百詠一卷,洞庭秋詩一卷,雁字詩一卷,倣體詩一卷,嶽餘集一卷,薑齋詩賸稿一卷,鼓棹初集一卷、二集一卷,瀟湘怨詞一卷,詩譯一卷,夕堂永日緒論內編一卷、外編一卷,南窗漫記一卷,龍舟會雜劇一卷,經義一卷,王船山叢書校勘記二卷)

130000－0402－0007128　63－57/7－2(2)

船山遺書二百八十八卷　(清)王夫之撰　清同治四年(1865)湘鄉曾氏金陵刻本　九十九册　缺一卷(周易内傳一)

130000－0402－0007129　63－57/7－2(3)

船山遺書二百八十八卷　(清)王夫之撰　清同治四年(1865)湘鄉曾氏金陵刻本　九十八册　缺三卷(禮記章句一至二、四)

130000－0402－0007130　63－57/7－2(4)

船山遺書二百八十八卷　(清)王夫之撰　清同治四年(1865)湘鄉曾氏金陵刻本(薑齋詩編年稿、分體稿補遺爲清光緒十三年船山書院補刻本)　五十二册　存二十五種一百三十七卷(周易内傳二至六,周易内傳發例一卷,周易大象解一卷,周易稗疏四卷,周易考異一卷,周易外傳一至四,書經稗疏四,禮記章句一至四、七至四十,春秋家說一至三,續春秋左氏傳博議二卷,讀四書大全說一至六、八至九,讀通鑑論一至二十、二十三至二十四,宋論一至三,黄書一卷,識小錄一卷,老子衍一卷,莊子解一至六、十五至二十七,薑齋文集十卷、補遺一至二,五十自定稿一卷,六十自定稿一卷,七十自定稿一卷,柳岸吟一卷,薑齋詩編年稿一卷,薑齋詩分體稿四卷,鼓棹二集一卷)

130000－0402－0007131　63－57/7－2(5)

重刊船山遺書二百八十八卷　(清)王夫之撰　清同治四年(1865)湘鄉曾氏金陵刻本　九

十六冊

130000－0402－0007132　63－57/7－2(6)

重刊船山遺書二百八十八卷　(清)王夫之撰　清同治四年(1865)湘鄉曾氏金陵刻本　一百冊

130000－0402－0007133　63－57/7－2(7)

船山遺書二百八十八卷　(清)王夫之撰　清同治四年(1865)湘鄉曾氏金陵刻本　四冊　存四種七卷(周易内傳一、書經稗疏一至三、春秋世論四至五、讀四書大全說七)

130000－0402－0007134　63－57/7－3

宋論十五卷　(清)王夫之撰　清末公興書局鉛印船山遺書本　一冊　存二卷(一至二)

130000－0402－0007135　63－57/7/1

王船山先生經史論八種　(清)王夫之撰　清光緒二十五年(1899)公記書莊石印本　十六冊

130000－0402－0007136　63－57/8

揅經室一集十四卷二集八卷三集五卷四集二卷詩十一卷續集十一卷再續集六卷外集五卷　(清)阮元撰　清道光三年(1823)刻本　十八冊

130000－0402－0007137　63－57/9

率爾操觚七卷　(清)李元撰　清光緒二十一年(1895)傳經堂抄本　六冊

130000－0402－0007138　63－57/10－2(1)

曝書亭集八十卷附錄一卷　(清)朱彝尊撰　**笛漁小稾十卷**　(清)朱昆田撰　清刻本　二十冊

130000－0402－0007139　63－57/10－2(2)

曝書亭集八十卷　(清)朱彝尊撰　**笛漁小稾十卷**　(清)朱昆田撰　清刻本　十六冊

130000－0402－0007140　63－57/10－3(1)

曝書亭集八十卷　(清)朱彝尊撰　**笛漁小稾十卷**　(清)朱昆田撰　清刻本　十五冊　存六十六卷(一至六十六)

130000－0402－0007141　63－57/10－3(2)

曝書亭集八十卷附錄一卷　(清)朱彝尊撰　清刻本　十八冊

130000－0402－0007142　63－57/10－4

曝書亭集八十卷附錄一卷　(清)朱彝尊撰　**笛漁小稾十卷**　(清)朱昆田撰　清光緒十五年(1889)會稽陶氏硃印本　八冊　缺四十七卷(一至二十四、三十至五十二)

130000－0402－0007143　63－57/11

岣嶁叢書八種　(清)曠敏本撰　清乾隆曠氏刻本　十六冊

130000－0402－0007144　63－57/12(1)

西堂全集　(清)尤侗撰　清文富堂刻本　二十四冊　存十八種六十二卷(西堂雜俎一集八卷、西堂雜俎二集八卷、西堂雜俎三集八卷、西堂剩稿二卷、西堂秋夢錄一卷、西堂小草一卷、論語詩一卷、右北平集一卷、看雲草堂集八卷、述祖詩一卷、于京集五卷、哀絃集二卷、擬明史樂府一卷、外國竹枝詞一卷、百末詞六卷、性理吟一卷、後性理吟一卷、湘中草六卷)

130000－0402－0007145　63－57/12(2)

西堂全集　(清)尤侗撰　清文富堂刻本　四冊　存七種十一卷(西堂雜俎一集七至八、西堂雜俎二集一至三、西堂小草一卷、論語詩一卷、右北平集一卷、述祖詩一卷、于京集一至二)

130000－0402－0007146　63－57/12－2(1)

尤太史西堂全集　(清)尤侗撰　清刻本　七冊　存九種十八卷(西堂雜俎一集一至四、西堂雜俎二集七至八、讀離騷一卷、弔琵琶一卷、桃花源一卷、黑白衛一卷、李白登科記一卷、鈞天樂一卷、湘中草六卷)

130000－0402－0007147　63－57/12－2(2)

尤太史西堂全集　(清)尤侗撰　清學畲堂刻本　十三冊　存二十一種六十卷(西堂雜俎一集八卷、西堂雜俎二集八卷、西堂雜俎三集八卷、西堂剩稿二卷、西堂秋夢錄一卷、西堂小草一卷、論語詩一卷、右北平集一卷、看雲草堂集八卷、述祖詩一卷、于京集五卷、哀絃集二卷、擬明史樂府一卷、外國竹枝詞一卷、百末詞六卷、讀離騷一卷、弔琵琶一卷、桃花源一卷、黑白衛一卷、李白登科記一卷、鈞天樂一卷)

130000-0402-0007148 63-57/12/2
西堂詩集三十卷 (清)尤侗撰 清康熙刻西堂全集本 四册 存四種十三卷(看雲草堂集八卷、述祖詩一卷、于京集一至二、哀絃集二卷)

130000-0402-0007149 63-57/13(1)
春在堂全書 (清)俞樾撰 清光緒十五年(1889)刻本 九十九册 存三十一種

130000-0402-0007150 63-57/13(2)
春在堂全書 (清)俞樾撰 清光緒十五年(1889)刻本 二十一册 存八種八十九卷(曲園雜纂五十卷,賓萌集六卷、外集四卷,春在堂雜文二卷、續編一至四,春在堂隨筆一至五,春在堂全書錄要一卷,曲園自述詩一卷,袖中書二卷,九九銷夏錄十四卷)

130000-0402-0007151 63-57/13-2
春在堂全書 (清)俞樾撰 清光緒二十五年(1899)刻本 一百三十九册 存三十六種

130000-0402-0007152 63-57/13-2.8
春在堂褉文六編十卷 (清)俞樾撰 清刻春在堂全書本 八册

130000-0402-0007153 63-57/13-3
春在堂全書 (清)俞樾撰 清刻本 一百七册 存二十八種四百七卷(群經平議三至三十五,諸子平議三十五卷,第一樓叢書三十卷,曲園雜纂五十卷,俞樓雜纂五十卷,賓萌集六卷、外集四卷,春在堂雜文二卷、續編五卷、三編四卷、四編八卷,春在堂詩編一至十三、詞錄三卷,春在堂隨筆十卷,春在堂尺牘六卷,楹聯錄存一至三,四書文一卷,右臺仙館筆記十六卷,茶香室叢鈔二十三卷、續鈔二十五卷、三鈔二十九卷,茶香室經說十六卷,九九銷夏錄十四卷,金剛般若波羅蜜經注二卷,太上感應篇纘義二卷,游藝錄六卷,小蓬萊謠一卷,袖中書二卷,東瀛詩記二卷,慧福樓幸草一卷,曲園自述詩一卷,曲園墨戲一卷,春在堂全書錄要一卷,春在堂全書校勘記一卷,新定牙牌數一卷)

130000-0402-0007154 63-57/13-4(1)
春在堂全書 (清)俞樾撰 清光緒九年(1883)刻本 四十册 存十七種一百四十四卷(群經平議一至二十九,俞樓雜纂二十至五十,賓萌集五卷、外集四卷,春在堂雜文二卷、續編五卷、三編四卷,春在堂詩編一至十,詞錄三卷,春在堂隨筆一至八,春在堂尺牘一至五,茶香室續鈔十九至二十五,右臺仙館筆記十六卷,游藝錄六卷,袖中書二卷,金剛般若波羅密經注二卷,東瀛詩記二卷,慧福樓幸草一卷,春在堂全書錄要一卷,春在堂全書校勘記一卷)

130000-0402-0007155 63-57/13-4(2)
春在堂全書 (清)俞樾撰 清刻本 二十四册 存六種五十一卷(群經平議一至十八,諸子平議三十至三十五,第一樓叢書一至九,賓萌集五卷、外集四卷,春在堂雜文二卷,春在堂詩編一至七)

130000-0402-0007156 63-57/13-5
春在堂全書 (清)俞樾撰 清光緒二十三年(1897)曹樹培石印本 三十二册 存三十四種

130000-0402-0007157 63-57/14-2(1)
鮚埼亭集三十八卷首一卷經史問答十卷 (清)全祖望撰 清嘉慶九年(1804)借樹山房刻本 十册

130000-0402-0007158 63-57/14-2(2)
鮚埼亭集三十八卷首一卷經史問答十卷 (清)全祖望撰 清刻本 十册 存二十四卷(鮚埼亭集二十五至三十八、經史問答十卷)

130000-0402-0007159 63-57/15(1)
望溪先生全集三十二卷 (清)方苞撰 (清)戴鈞衡編 **年譜二卷** (清)蘇惇元輯 清咸豐元年(1851)刻本 十二册 缺五卷(文集十一至十二、十六至十八)

130000－0402－0007160　63－57/15(2)
望溪先生全集三十二卷　(清)方苞撰　(清)戴鈞衡編　**年譜二卷**　(清)蘇惇元輯　清咸豐元年(1851)刻本　十六册

130000－0402－0007161　63－57/15(3)
望溪先生全集三十二卷　(清)方苞撰　(清)戴鈞衡編　**年譜二卷**　(清)蘇惇元輯　清咸豐元年(1851)刻本　十六册

130000－0402－0007162　63－57/15(4)
望溪先生全集三十二卷　(清)方苞撰　**年譜二卷**　(清)蘇惇元輯　清刻本　一册　存二卷(年譜二卷)

130000－0402－0007163　63－57/15－3(1)
望溪集不分卷　(清)方苞撰　(清)王兆符等輯　清嘉慶十四年(1809)刻本　八册

130000－0402－0007164　63－57/15－3(2)
望溪集不分卷　(清)方苞撰　(清)王兆符等輯　清刻本　十册

130000－0402－0007165　63－57/15－3(3)
望溪集不分卷　(清)方苞撰　(清)王兆符等輯　清刻本　一册

130000－0402－0007166　63－57/15－4
望溪先生全集三十二卷　(清)方苞撰　(清)戴鈞衡編　清咸豐元年(1851)刻本　十一册　存二十二卷(正集十八卷、集外文一至四)

130000－0402－0007167　63－57/15/1
重訂方望溪先生全稿不分卷　(清)劉月三等論次　清刻本　一册

130000－0402－0007168　63－57/15/2
抗希堂十六種全書　(清)方苞撰　清光緒二十四年(1898)娜嬛閣刻本　五十册　存十四種一百二卷(周官辨一卷、周官析疑一至五、禮記析疑四十八卷、左傳義法舉要一卷、春秋比事目録四卷、春秋直解十二卷、周官集注五至十二、儀禮析疑十七卷、喪禮或問一卷、史記注補正一卷、删定管子一卷、删定荀子一卷、離騷經正義一卷、望溪先生文外集不分卷)

130000－0402－0007169　63－57/15/3(1)
抗希堂十六種全書　(清)方苞撰　清抗希堂刻本　四十五册　缺六種七十五卷(周官辨一卷、離騷經正義一卷、春秋通論四卷、春秋比事目録四卷、禮記析疑四十八卷、儀禮析疑十七卷)

130000－0402－0007170　63－57/15/3(2)
抗希堂十六種全書　(清)方苞撰　清刻本　二十九册　存九種一百十一卷(周官析疑三十六卷、考工記析疑四卷、春秋直解十二卷、周官辨一卷、離騷經正義一卷、春秋通論四卷、春秋比事目録四卷、禮記析疑四十八卷、望溪先生文外集不分卷)

130000－0402－0007171　63－57/15/3(3)
抗希堂十六種全書　(清)方苞撰　清刻本　八册　存五種十一卷(周官辨一卷、離騷經正義一卷、春秋通論四卷、春秋比事目録四卷、望溪先生文外集不分卷)

130000－0402－0007172　63－57/16(1)
兼濟堂文集選二十卷　(清)魏裔介著　清龍江書院刻本　十七册

130000－0402－0007173　63－57/16(2)
兼濟堂文集選二十卷　(清)魏裔介著　清龍江書院刻本　十六册

130000－0402－0007174　63－57/16(3)
兼濟堂文集選二十卷　(清)魏裔介著　清龍江書院刻本　十六册　存十六卷(二至六、九至十九)

130000－0402－0007175　63－57/16.2
鑑語經世編二十七卷　(清)魏裔介纂　清刻兼濟堂集本　十二册

130000－0402－0007176　63－57/16－2
兼濟堂文集二十四卷　(清)魏裔介著　清刻本　十八册

130000－0402－0007177　63－57/17(1)
桐城吴先生全書十八卷　(清)吳汝綸撰　清光緒三十年(1904)王恩紱等刻本　二十一册

130000－0402－0007178　63－57/17(2)
桐城吴先生全書十八卷　(清)吴汝綸撰　清光緒三十年(1904)刻本　七册　存十一卷(易說二卷;詩集一卷;清史本傳一卷;吴先生行狀一卷;尺牘一、三至五,補遺一卷,諭兒書一卷)

130000－0402－0007179　63－57/17(3)
桐城吴先生全書十八卷　(清)吴汝綸撰　清光緒三十年(1904)王恩紱等刻本　十册　存九卷(易說二卷,尺牘五卷、補遺一卷、諭兒書一卷)

130000－0402－0007180　63－57/17(4)
桐城吴先生全書十八卷　(清)吴汝綸撰　清光緒三十年(1904)王恩紱等刻本　十五册　存十四卷(易說二卷,文集四卷、詩集一卷,尺牘五卷、補遺一卷、諭兒書一卷)

130000－0402－0007181　63－57/17(5)
桐城吴先生全書十八卷　(清)吴汝綸撰　清光緒三十年(1904)王恩紱等刻本　十四册　存七卷(易說二卷、文集四卷、詩集一卷)

130000－0402－0007182　63－57/17(6)
桐城吴先生全書十八卷　(清)吴汝綸撰　清光緒三十年(1904)刻本　一册　存二卷(詩集一卷、吴先生行狀一卷)

130000－0402－0007183　63－57/18
有懷堂文藁二十二卷詩藁六卷　(清)韓菼撰　清刻本　十二册

130000－0402－0007184　63－57/19
知足齋全集　(清)朱珪撰　清嘉慶刻本　十四册　存三十二卷(詩集二十卷、續集四卷,文集六卷,進呈文稿二卷)

130000－0402－0007185　63－57/19－2
知足齋全集　(清)朱珪撰　清嘉慶十年(1805)刻本　十四册　存三十五卷(年譜三卷,詩集二十卷、續集四卷,文集六卷,進呈文稿二卷)

130000－0402－0007186　63－57/20(1)
三魚堂全集　(清)陸隴其著　清康熙嘉會堂刻本　八册

130000－0402－0007187　63－57/20(2)
三魚堂全集　(清)陸隴其撰　清康熙嘉會堂刻本　八册

130000－0402－0007188　63－57/20－2(1)
三魚堂全集　(清)陸隴其著　清宣統三年(1911)掃葉山房石印本　八册　存三十一卷(文集十二卷、賸言十二卷、外集六卷、附錄一卷)

130000－0402－0007189　63－57/20－2(2)
三魚堂全集　(清)陸隴其著　清宣統三年(1911)掃葉山房石印本　八册　存三十一卷(文集十二卷、賸言十二卷、外集六卷、附錄一卷)

130000－0402－0007190　63－57/20－3(1)
三魚堂全集　(清)陸隴其撰　清康熙四十年(1701)琴川書屋刻本　七册　存十八卷(文集三至十二、外集六卷、附錄二卷)

130000－0402－0007191　63－57/20－3(2)
三魚堂全集　(清)陸隴其著　清康熙四十年(1701)琴川書屋刻本　八册　存二十卷(文集十二卷、外集六卷、附錄二卷)

130000－0402－0007192　63－57/21
道古堂全集　(清)杭世駿撰　清光緒十四年(1888)刻本　十六册

130000－0402－0007193　63－57/21.1
道古堂文集四十八卷　(清)杭世駿撰　清刻道古堂全集本　一册　存三卷(四至六)

130000－0402－0007194　63－57/22
穆堂别稿五十卷初稿五十卷　(清)李紱撰　清道光十一年(1831)珊城阜祺堂刻本　四十二册　存八十九卷(别稿五十卷、初稿一至三十九)

130000－0402－0007195　63－57/23－2
尹健餘遺書　(清)尹會一撰　(清)張受長等編　清刻本　七册　存三十五卷(健餘奏議十卷,文集十卷、首一卷,讀書筆記六卷,撫豫

條教四卷,年譜四卷)

130000－0402－0007196　63－57/23/3
健餘先生文集十卷首一卷　(清)尹會一撰　(清)王擊琀編　清刻健餘先生全集本　二册

130000－0402－0007197　63－57/24
倭文端公遺書十一卷首二卷　(清)倭仁撰　清光緒二十年(1894)山東書局刻本　八册

130000－0402－0007198　63－57/25(1)
胡文忠公遺集十卷首一卷　(清)胡林翼撰　清同治五年(1866)刻本　八册

130000－0402－0007199　63－57/25(2)
胡文忠公遺集十卷首一卷　(清)胡林翼撰　清同治五年(1866)刻本　八册

130000－0402－0007200　63－57/25(3)
胡文忠公遺集十卷首一卷　(清)胡林翼撰　清同治五年(1866)刻本　八册

130000－0402－0007201　63－57/26(1)
繆武烈公遺集六卷首一卷　(清)繆梓撰　清光緒七年(1881)小岻山館刻本　四册

130000－0402－0007202　63－57/26(2)
繆武烈公遺集六卷首一卷　(清)繆梓撰　清光緒七年(1881)小岻山館刻本　三册　存六卷(繆武烈公遺集六卷)

130000－0402－0007203　63－57/27
李文園先生全集　(清)李中簡著　清嘉慶六年(1801)嘉樹山房刻本　八册

130000－0402－0007204　63－57/27.1
嘉樹山房文集六卷　(清)李中簡著　清嘉慶六年(1801)嘉樹山房刻李文園先生全集本　六册

130000－0402－0007205　63－57/28
栖雲閣文集十五卷　(清)高珩撰　清乾隆四十四年(1779)刻本　八册

130000－0402－0007206　63－57/29
曾惠敏公全集十七卷　(清)曾紀澤撰　清光緒二十年(1894)上海石印本　四册

130000－0402－0007207　63－57/30
存悔齋集二十八卷外集四卷　(清)劉鳳誥撰　清道光十年(1830)刻本　八册

130000－0402－0007208　63－57/31
梅崖居士文集三十八卷外集二卷　(清)朱仕琇撰　清乾隆二十四年(1759)松谷刻本　十二册

130000－0402－0007209　63－57/32－2
戴東原集十二卷　(清)戴震撰　清宣統二年(1910)渭南嚴氏孝義家塾刻本　五册

130000－0402－0007210　63－57/33(1)
陳學士文集十八卷　(清)陳儀著　清乾隆十五年(1750)蘭雪齋刻本　八册

130000－0402－0007211　63－57/33(2)
陳學士文集十八卷　(清)陳儀著　清乾隆十五年(1750)蘭雪齋刻本　八册

130000－0402－0007212　63－57/34
安吴四種　(清)包世臣著　清同治十一年(1872)注經堂刻本　十六册

130000－0402－0007213　63－57/35(1)
復初齋文集三十五卷　(清)翁方綱撰　清光緒三年(1877)刻本　八册

130000－0402－0007214　63－57/35(2)
復初齋文集三十五卷　(清)翁方綱撰　清光緒三年(1877)刻本　八册

130000－0402－0007215　63－57/36(1)
洪北江全集二十三種　(清)洪亮吉著　清光緒三年至五年(1877－1879)授經堂刻十五年(1889)湖北官書處印本　八十四册

130000－0402－0007216　63－57/36(2)
洪北江全集二十三種　(清)洪亮吉著　清光緒三年至五年(1877－1879)授經堂刻十五年(1889)湖北官書處印本　八十四册

130000－0402－0007217　63－57/36(3)
洪北江全集二十三種　(清)洪亮吉著　清光緒三年至五年(1877－1879)授經堂刻本　七十五册　缺一種二卷(東晉疆域志三至四)

130000－0402－0007218　63－57/36(4)
洪北江全集二十三種　(清)洪亮吉著　清光緒三年至五年(1877－1879)授經堂刻本　二十一冊　存十一種六十七卷(洪北江先生年譜一卷,卷施閣文甲集十卷、乙集八卷、詩二十卷,更生齋文甲集四卷,漢魏音四卷,曉讀書齋雜錄八卷,北江詩話六卷,遣戍伊犁日記一卷,天山客話一卷,外家紀聞一卷,弟子職箋釋一卷,史目表二卷)

130000－0402－0007219　63－57/36－2
北江全集九種　(清)洪亮吉著　清乾隆、嘉慶刻本　三十六冊

130000－0402－0007220　63－57/36/2
洪北江詩文集二種　(清)洪亮吉著　清光緒三年至五年(1877－1879)授經堂刻本　二十六冊

130000－0402－0007221　63－57/37
清白堂文存四卷首一卷年譜一卷　(清)王今遠撰　清光緒二十五年(1899)王氏刻本　六冊

130000－0402－0007222　63－57/38
讀書堂集十卷　(清)張溍著　清康熙二十六年(1687)刻本　五冊

130000－0402－0007223　63－57/39(1)
五公山人集十六卷　(清)王餘佑撰　(清)李興祖編　清康熙三十四年(1695)栖碧軒刻本　四冊

130000－0402－0007224　63－57/39(2)
五公山人集十六卷　(清)王餘佑撰　(清)李興祖編　清康熙三十四年(1695)栖碧軒刻本　二冊

130000－0402－0007225　63－57/39(3)
五公山人集十六卷　(清)王餘佑撰　(清)李興祖編　清康熙三十四年(1695)栖碧軒刻本　五冊

130000－0402－0007226　63－57/39－2
五公山人集十六卷　(清)王餘佑撰　(清)李興祖編　清康熙三十四年(1695)枕釣齋刻本　一冊　存四卷(一至四)

130000－0402－0007227　63－57/40
二林居集二十四卷　(清)彭紹升著　清嘉慶四年(1799)味初堂刻本　四冊

130000－0402－0007228　63－57/41(1)
帶經堂集四種　(清)王士禎撰　清康熙四十九年至五十年(1710－1711)七略書堂刻乾隆十二年(1747)印本　二十四冊

130000－0402－0007229　63－57/41(2)
帶經堂集四種　(清)王士禎撰　清康熙七略書堂刻本　十冊　存十八卷(五十四至七十一)

130000－0402－0007230　63－57/42
趙甌北全集七種　(清)趙翼著　清宣統元年(1909)成都官書局印壽考堂刻本　六十冊

130000－0402－0007231　63－57/42－2
甌北全集七種　(清)趙翼撰　清刻本　六冊　存三種十七卷(陔餘叢考十一至十六、二十一至二十三,皇朝武功紀盛四卷,甌北詩鈔四至七)

130000－0402－0007232　63－57/42－2/2(1)
陔餘叢考四十三卷　(清)趙翼撰　清乾隆五十五年(1790)湛貽堂刻甌北全集本　十三冊

130000－0402－0007233　63－57/42－2/2(2)
陔餘叢考四十三卷　(清)趙翼撰　清乾隆五十五年(1790)湛貽堂刻甌北全集本　一冊　存二卷(一至二)

130000－0402－0007234　63－57/42－3(1)
甌北全集七種　(清)趙翼撰　清乾隆、嘉慶湛貽堂刻本　五十一冊　缺一種三十七卷(廿二史劄記三十六卷、補遺一卷)

130000－0402－0007235　63－57/42－3(2)
甌北全集七種　(清)趙翼撰　清乾隆、嘉慶湛貽堂刻本　十二冊　存二種六十五卷(甌北詩話十二卷、甌北集五十三卷)

130000－0402－0007236　63－57/42－3(3)
甌北全集七種　(清)趙翼撰　清乾隆、嘉慶

湛貽堂刻本　二十二册　存五種七十二卷(陔餘叢考二十四至四十三、皇朝武功紀盛四卷、簷曝雜記六卷、甌北詩話十二卷、甌北集一至三十)

130000－0402－0007237　63－57/42－4
甌北全集七種　(清)趙翼撰　清光緒三年(1877)刻本　十九册　存四種六十四卷(陔餘叢考四十三卷、簷曝雜記六卷、皇朝武功紀盛四卷、甌北詩鈔一至十一)

130000－0402－0007238　63－57/42/1(1)
甌北全集七種　(清)趙翼撰　清嘉慶十七年(1812)壽考堂刻本　十八册　存三種七十四卷(甌北詩話十二卷、甌北詩鈔一至九、甌北集五十三卷)

130000－0402－0007239　63－57/42/1(2)
甌北集五十三卷　(清)趙翼撰　清刻本　八册　存三十三卷(二十一至五十三)

130000－0402－0007240　63－57/43－2
定盦文集三卷續集四卷補五卷補編四卷　(清)龔自珍撰　清宣統二年(1910)上海掃葉山房石印本　六册

130000－0402－0007241　63－57/43－3
定盦文集三卷續集四卷補五卷補編四卷　(清)龔自珍撰　清光緒二十三年(1897)萬本書堂刻本　六册

130000－0402－0007242　63－57/43－4
定盦文集三卷續集四卷補五卷補編四卷拾遺一卷年譜一卷　(清)龔自珍撰　清宣統元年(1909)上海國學扶輪社鉛印本　七册

130000－0402－0007243　63－57/44
郝氏遺書　(清)郝懿行　(清)王照圓撰　清嘉慶至光緒東路廳署刻本　三十八册　存十二種一百二十六卷(易説十二卷、便錄一卷,書説二卷,詩説二卷,詩經拾遺一卷,禮記箋四十九卷,詩問七卷,山海經箋疏十八卷、圖讚一卷、訂譌一卷、敘錄一卷,列女傳補注八卷、敘錄一卷、校正一卷,列仙傳校正二卷、讚一卷,汲冢周書輯要一卷、逸書一卷,竹書紀年校正十四卷、通考一卷,蜂衙小記一卷)

130000－0402－0007244　63－57/45(1)
嘉定錢氏潛研堂全書二十二種　(清)錢大昕撰　清光緒十年(1884)長沙龍氏家塾刻本　四十七册　存十一種一百九十卷(聲類四卷,廿二史考異一至二十六、三十一至四十一、五十六至七十一、九十六至一百,三史拾遺一至三,潛研堂金石文跋尾八至二十,潛研堂金石文字目錄八卷,十駕齋養新錄二十卷、餘錄三卷,三統術衍三卷、鈐一卷,風俗通逸文一卷,恒言錄六卷,潛研堂文集五十卷,潛研堂詩集十卷、續集十卷)

130000－0402－0007245　63－57/45(2)
嘉定錢氏潛研堂全書二十二種　(清)錢大昕撰　清光緒十年(1884)長沙龍氏家塾刻本　五十五册　存十七種一百九十四卷(聲類四卷,廿二史考異一百卷,三史拾遺五卷,諸史拾遺五卷,元史氏族表三卷,元史藝文志四卷,宋遼金元四史朔閏考二卷,通鑑注辯正二卷,洪文惠公年譜一卷,洪文敏公年譜一卷,陸放翁先生年譜一卷,深寧先生年譜一卷,弇州先生年譜一卷,疑年錄四卷,三統術衍三卷、鈐一卷,恒言錄六卷,潛研堂文集五十卷)

130000－0402－0007246　63－57/45(3)
嘉定錢氏潛研堂全書二十二種　(清)錢大昕撰　清光緒十年(1884)長沙龍氏家塾刻本　七十册

130000－0402－0007247　63－57/45－2
潛研堂全書十七種　(清)錢大昕撰　清刻本　四十一册　存十三種一百二十九卷(廿二史考異一至二十二、五十一至八十二,諸史拾遺三至五,元史氏族表三卷,元史藝文志四卷,通鑑注辯正一至三,洪文惠公年譜一卷,洪文敏公年譜一卷,陸放翁先生年譜一卷,深寧先生年譜一卷,弇州先生年譜一卷,潛研堂金石文跋尾一至三,潛研堂文集十七至五十,潛研堂詩集十卷、續集十卷)

130000－0402－0007248　63－57/46
鹿洲全集八種　(清)藍鼎元著　清光緒五年

(1879)刻本　六冊　存二種十五卷(鹿洲初集一至七、十四至二十,平臺紀畧一卷)

130000－0402－0007249　63－57/46－2
鹿洲全集八種　(清)藍鼎元著　清閑存堂刻本　八冊　存五種十八卷(東征集六卷、鹿洲公案二卷、脩史試筆二卷、棉陽學準五卷、女學四至六)

130000－0402－0007250　63－57/47(1)
石笥山房文集六卷詩集十二卷　(清)胡天游著　清道光二十六年(1846)博平縣衙刻本　八冊

130000－0402－0007251　63－57/47(2)
石笥山房文集六卷詩集十二卷　(清)胡天游著　清道光二十六年(1846)博平縣衙刻本　八冊

130000－0402－0007252　63－57/47(3)
石笥山房文集六卷詩集十二卷　(清)胡天游著　清道光二十六年(1846)博平縣衙刻本　五冊　存十一卷(文集二至三、六,詩集一至八)

130000－0402－0007253　63－57/47－2
石笥山房文集六卷補遺一卷詩集十一卷詩餘一卷補遺二卷續補遺二卷　(清)胡天游著　清咸豐二年(1852)刻本　十冊

130000－0402－0007254　63－57/47－3
石笥山房文集六卷補遺一卷詩集十二卷補遺二卷續補遺二卷　(清)胡天游著　清宣統二年(1910)上海國學扶輪社石印本　十冊

130000－0402－0007255　63－57/48
程月川全集五種　(清)程含章撰　清江右傳經堂刻本　九冊

130000－0402－0007256　63－57/49－2(1)
曾文正公全集　(清)曾國藩撰　(清)李瀚章編　清刻本　二十二冊　存五種三十三卷(年譜十二卷、孟子要略五卷、大事記四卷、家書十卷、家訓二卷)

130000－0402－0007257　63－57/49－2(2)
曾文正公全集　(清)曾國藩撰　(清)李瀚章編　清刻本　五十冊　存九種五十九卷(奏稿九至十八、二十八至三十六,經史百家雜鈔一、六至九、十一至十三、十五、十七至十八、二十至二十三、二十五,書札五至六、十、二十二至三十三,雜箸一,求闕齋日記類鈔二,家譜四至十二,家書九至十,家訓二卷,大事記四卷)

130000－0402－0007258　63－57/49－2(3)
曾文正公全集　(清)曾國藩撰　(清)李瀚章編　清刻本　六冊　存二種八卷(奏稿十三至十九、批牘二)

130000－0402－0007259　63－57/49－2(4)
曾文正公全集十三種　(清)曾國藩撰　(清)李瀚章編　清同治、光緒傳忠書局刻本　一百二十六冊

130000－0402－0007260　63－57/49－2.13
曾文正公家書十卷　(清)曾國藩撰　清光緒五年(1879)傳忠書局刻曾文正公全集本　十冊

130000－0402－0007261　63－57/49－2(5)
曾文正公全集十三種　(清)曾國藩撰　(清)李瀚章編　清同治、光緒刻本　一百四十四冊

130000－0402－0007262　63－57/49－4(1)
曾文正公全集一百六十四卷首一卷榮哀錄一卷家訓二卷家書十卷　(清)曾國藩撰　**大事記四卷**　(清)王定安箸　清光緒十四年(1888)鴻文書局鉛印本　三十八冊　存一百五十一卷(奏稿三十卷、首一卷,十八家詩鈔四至二十一,經史百家雜鈔二十六卷,文集四卷,書札三十三卷,批牘六卷,雜箸四卷,年譜十二卷,大事記四卷,榮哀錄一卷,家訓二卷,家書十卷)

130000－0402－0007263　63－57/49－4(2)
曾文正公全集一百六十四卷　(清)曾國藩撰　清光緒十四年(1888)鴻文書局鉛印本　四冊　存十六卷(十八家詩鈔九至十二、經史百家雜鈔一至十二)

130000－0402－0007264　63－57/49－4.3
經史百家雜鈔二十六卷　(清)曾國藩撰　清光緒十四年(1888)鴻文書局鉛印曾文正公全集本　七冊　存二十二卷(一至三、八至二十六)

130000－0402－0007265　63－57/49－6
曾文正公全集十五種首一卷　(清)曾國藩撰　清光緒二十九年(1903)鴻寶書局石印本　三十二冊

130000－0402－0007266　63－57/49/4
曾文正公集四種　(清)曾國藩撰　清光緒三十一年至三十二年(1905－1906)上海商務印書館鉛印本　八冊

130000－0402－0007267　63－57/49/4－4
曾文正公集四種　(清)曾國藩撰　清光緒十三年(1887)鴻文書局鉛印本　四冊

130000－0402－0007268　63－57/49/5
曾文正公書札三十三卷　(清)曾國藩撰　(清)李瀚章編輯　清光緒十四年(1888)鉛印本　五冊

130000－0402－0007269　63－57/50(1)
郝中山全集　(清)郝浴撰　清刻本　八冊　存十五卷(文鈔四卷、首一卷,詩鈔四卷,奏議四卷,史論二卷)

130000－0402－0007270　63－57/50(2)
郝中山全集　(清)郝浴著　清刻本　八冊　存十四卷(文鈔四卷、詩鈔四卷、奏議四卷、史論二卷)

130000－0402－0007271　63－57/50(3)
郝中山全集　(清)郝浴著　清刻本　四冊　存九卷(文鈔四卷、首一卷,詩鈔一至二,史論二卷)

130000－0402－0007272　63－57/50.1(1)
中山文鈔四卷　(清)郝浴著　清刻郝中山全集本　二冊

130000－0402－0007273　63－57/50.1(2)
中山文鈔四卷　(清)郝浴著　清刻郝中山全集本　二冊

130000－0402－0007274　63－57/50.1(3)
中山文鈔四卷　(清)郝浴著　清刻郝中山全集本　二冊

130000－0402－0007275　63－57/50.1(4)
中山文鈔四卷　(清)郝浴著　清刻郝中山全集本　二冊

130000－0402－0007276　63－57/50.1(5)
中山文鈔四卷　(清)郝浴著　清刻郝中山全集本　二冊

130000－0402－0007277　63－57/50.1(6)
中山文鈔四卷　(清)郝浴著　清刻郝中山全集本　二冊

130000－0402－0007278　63－57/50.1(7)
中山文鈔四卷首一卷　(清)郝浴著　清刻郝中山全集本　一冊　存二卷(一至二)

130000－0402－0007279　63－57/50.5－6(1)
見聖多言稿一卷粵西封事一卷　(清)郝浴著　清刻郝中山全集本　一冊

130000－0402－0007280　63－57/50.5－6(2)
見聖多言稿一卷粵西封事一卷　(清)郝浴著　清刻郝中山全集本　一冊

130000－0402－0007281　63－57/50.5－6(3)
見聖多言稿一卷粵西封事一卷　(清)郝浴著　清刻郝中山全集本　一冊

130000－0402－0007282　63－57/50.7(1)
南征百律一卷　(清)郝浴著　清刻郝中山全集本　一冊

130000－0402－0007283　63－57/50.7(2)
南征百律一卷　(清)郝浴著　清刻郝中山全集本　一冊

130000－0402－0007284　63－57/50.7(3)
南征百律一卷　(清)郝浴著　清刻郝中山全集本　一冊

130000－0402－0007285　63－57/50.7(4)
南征百律一卷　(清)郝浴著　清刻郝中山全

集本　一册

130000－0402－0007286　63－57/52
湯子遺書十四卷　(清)湯斌撰　清乾隆六年(1741)樹德堂刻本　十二册

130000－0402－0007287　63－57/52－2(1)
湯子遺書十卷首一卷續編二卷　(清)湯斌著　清同治九年(1870)湯氏祠堂刻本　十七册

130000－0402－0007288　63－57/52－2(2)
湯子遺書十卷首一卷　(清)湯斌著　清同治九年(1870)湯氏祠堂刻本　十六册

130000－0402－0007289　63－57/52－3(1)
潛菴先生遺稿五卷疏稿一卷志學會約一卷家書一卷困學錄一卷乾坤兩卦解一卷　(清)湯斌著　**洛學編五卷**　(清)湯斌輯　**湯文正公年譜定本一卷**　(清)方苞考訂　(清)楊椿重輯　清乾隆至道光刻本　十一册

130000－0402－0007290　63－57/52－3(2)
潛菴先生遺稿五卷疏稿一卷家書一卷　(清)湯斌著　**洛學編五卷**　(清)湯斌輯　清刻本　七册

130000－0402－0007291　63－57/53
切問齋集十六卷　(清)陸燿著　清乾隆五十七年(1792)暉吉堂刻本　八册

130000－0402－0007292　63－57/53/2(1)
切問齋文鈔三十卷　(清)陸燿著　清道光四年(1824)河南布政使司布政使崇陽楊國楨刻本　十册

130000－0402－0007293　63－57/53/2(2)
切問齋文鈔三十卷　(清)陸燿著　清道光四年(1824)河南布政使司布政使崇陽楊國楨刻本　十册

130000－0402－0007294　63－57/53/2(3)
切問齋文鈔三十卷　(清)陸燿著　清吳門劉萬傳局刻本　十二册

130000－0402－0007295　63－57/54
劉端臨先生遺書四卷　(清)劉台拱撰　清嘉慶二十一年(1816)阮常生刻本　一册

130000－0402－0007296　63－57/55(1)
炳燭齋文集初刻一卷續刻一卷　(明)顧大韶著　清宣統元年(1909)上海國學扶輪社鉛印本　二册

130000－0402－0007297　63－57/55(2)
炳燭齋文集初刻一卷續刻一卷　(明)顧大韶著　清宣統元年(1909)上海國學扶輪社鉛印本　一册　存一卷(續刻一卷)

130000－0402－0007298　63－57/56
居業堂文集二十卷首一卷　(清)王源著　清道光十一年(1831)讀雪山房刻本　十二册

130000－0402－0007299　63－57/57
二曲集二十六卷首一卷　(清)李顒撰　清嘉慶十五年(1810)臯蘭刻本　八册

130000－0402－0007300　63－57/57/2
四書反身錄四卷二孟續補一卷　(清)李顒口授　(清)王心敬錄　清嘉慶十五年(1810)臯蘭刻本　四册

130000－0402－0007301　63－57/58
樂善堂全集四十卷日知薈說四卷　(清)高宗弘曆撰　清乾隆二年(1737)刻本　十六册

130000－0402－0007302　63－57/59
樹廬文鈔十卷　(清)彭士望著　清道光四年(1824)冠石山房刻寧都易堂九子本　四册

130000－0402－0007303　63－57/60
朱文端公文集四卷補編四卷　(清)朱軾著　**年譜一卷**　(清)朱瀚編　(清)朱舲補編　清同治十年至十二年(1871－1873)古唐朱氏古懽齋刻本　八册

130000－0402－0007304　63－57/61
敦艮齋遺書十七卷　(清)徐潤第著　清道光二十七年至二十八年(1847－1848)刻本　五册

130000－0402－0007305　63－57/63
授堂遺書七種　(清)武億著　清嘉慶六年(1801)小石山房刻本　八册

130000－0402－0007306　63－57/64

朱沓甫先生遺集四種　(清)朱文炑著　清光緒十五年(1889)譚繼洵刻本　三冊

130000－0402－0007307　63－57/65
漱琴室存稿四種　(清)高驤雲撰　清道光二十七年(1847)時術堂漱琴仙館刻本　二冊

130000－0402－0007308　63－57/66
珍埶宧遺書十二種　(清)莊述祖撰　清道光脊令舫刻本　十八冊　缺二種九卷(珍埶宧文鈔七卷、詩鈔二卷)

130000－0402－0007309　63－57/70－2(1)
隨園全集四十種　(清)袁枚撰　清末民初石印本　三十四冊　存三十種一百六十六卷(小倉山房文集四至八、十七至三十五;小倉山房詩集八至十三、二十至二十九、三十三至三十七,補遺二卷;小倉山房外集八卷;袁太史時文一卷;小倉山房尺牘十卷、牘外餘言一卷;隨園詩話十六卷、補遺六至十;隨園續同人集十七卷;隨園食單一卷;隨園女弟子詩選六卷;隨園八十壽言六卷;隨園紅豆村人詩稿十四卷;繡餘吟稿一卷;盈書閣遺稿一卷;樓居小草一卷;素文女子遺稿一卷;南國詩選二卷;粲花軒詩稿二卷;筱雲詩集二卷;捧月樓詞二卷;飲水詞鈔二卷;箏船詞一卷;綠秋草堂詞一卷;玉山堂詞一卷;崇睦山房詞一卷;過雲精舍詞二卷;湘痕閣詩稿二卷;湘痕閣詞稿一卷;碧腴齋詩存八卷;隨園瑣記二卷;談瀛錄一卷)

130000－0402－0007310　63－57/70－2(2)
隨園全集四十種　(清)袁枚撰　清末民初石印本　五十二冊

130000－0402－0007311　63－57/70－3(1)
隨園二十八種　(清)袁枚撰　清刻本　六十九冊　缺五種六十一卷(小倉山房文集十八至三十四、隨園隨筆一至十四、新齊諧十三至二十四、隨園八十壽言三至六、紅豆村人詩稿十四卷)

130000－0402－0007312　63－57/70－3(2)
隨園二十八種　(清)袁枚撰　清刻本　十二冊　存十種四十二卷(隨園隨筆二十八卷、南園詩選二卷、湄君詩集二卷、筱雲詩集二卷、捧月樓詞二卷、飲水詞鈔二卷、箏船詞一卷、綠秋草堂一卷、玉山堂詞一卷、崇睦山房詞一卷)

130000－0402－0007313　63－57/70－3(3)
隨園二十八種　(清)袁枚撰　清刻本　三十八冊　存六種一百十七卷(小倉山房文集三十五卷,小倉山房詩集一至三十六,隨園隨筆二十八卷,小倉山房外集八卷,小倉山房尺牘一至八、牘外餘言一卷,袁太史時文一卷)

130000－0402－0007314　63－57/70/1(1)
隨園三十種　(清)袁枚撰　清隨園刻本　一百冊

130000－0402－0007315　63－57/70/1(2)
小倉山房詩集三十七卷續補二卷　(清)袁枚撰　清隨園刻本　十冊

130000－0402－0007316　63－57/70/1(3)
隨園三十種　(清)袁枚撰　清隨園刻本　十二冊　存十種四十二卷(小倉山房文集十八至二十一;小倉山房詩集八至十、三十二至三十四,續補二卷;小倉山房外集八卷;隨園續同人集七至十三;袁太史時文一卷;小倉山房尺牘八至十;隨園詩話十三至十六;隨園隨筆二十六至二十八;南園詩選二卷;湄君詩集二卷)

130000－0402－0007317　63－57/70/1(4)
隨園詩話十六卷補遺十卷　(清)袁枚撰　清刻本　三冊　存十四卷(十三至十六、補遺十卷)

130000－0402－0007318　63－57/70/1－2
隨園三十種　(清)袁枚撰　清光緒十七年(1891)刻本　四十三冊　存二十種一百七十七卷(小倉山房文集一至十四、十九至三十五,小倉山房詩集二十七至三十七、續補二卷,小倉山房四六一至二,隨園詩話五至十六、補遺十卷,隨園隨筆二十八卷,新齊諧二十四卷、續六至十,續同人集一至十四,隨園八十壽言六卷,紅豆村人詩稿十四卷,南園詩選二卷,湄君詩集二卷,筱雲詩集二卷,捧月

樓詞二卷,飲水詞鈔二卷,筝船詞一卷,綠秋草堂詞一卷、玉山堂詞一卷,崇睦山房詞一卷,過雲精舍詞二卷,碧梧山館詞二卷)

130000－0402－0007319　63－57/75
豐川全集十卷外五卷　(清)王心敬著　清雍正五年(1727)二曲書院刻本　四冊

130000－0402－0007320　63－57/99
青箱堂文集十卷　(清)王崇簡著　清刻本　四冊　存七卷(一至七)

130000－0402－0007321　63－57/100
養一齋文集二十卷　(清)李兆洛著　清光緒四年(1878)刻本　十冊

130000－0402－0007322　63－57/101
古微堂内集二卷外集八卷　(清)魏源著　清宣統元年(1909)上海國學扶輪社鉛印本　六冊

130000－0402－0007323　63－57/103
鄂宰四稿　(清)王筠編　清咸豐二年(1852)賀氏刻本　二冊

130000－0402－0007324　63－57/104(1)
高梅亭讀書叢鈔十一種　(清)高嵣集評　清乾隆五十三年至五十四年(1788－1789)廣郡永邑培元堂刻本　四十四冊　存九種三十七卷(左傳鈔六卷,公羊傳鈔一卷,穀梁傳鈔一卷,國語鈔二卷,前漢書鈔四卷,後漢書鈔二卷、附蜀漢文鈔一卷,唐宋八家鈔八卷,歸餘鈔四卷,嘉懿集初鈔四卷、續鈔四卷)

130000－0402－0007325　63－57/104(2)
高梅亭讀書叢鈔十一種　(清)高嵣集評　清乾隆五十三年至五十四年(1788－1789)廣郡永邑培元堂刻本　三十二冊　存八種三十三卷(左傳鈔六卷,公羊傳鈔一卷,穀梁傳鈔一卷,國語鈔二卷,前漢書鈔四卷,後漢書鈔二卷、蜀漢文鈔一卷,唐宋八家鈔八卷,嘉懿集初鈔四卷、續鈔四卷)

130000－0402－0007326　63－57/105
汪龍莊先生遺書十五卷　(清)汪輝祖纂　清同治元年(1862)吳棠望三益齋刻本　六冊

130000－0402－0007327　63－57/105－2
龍莊遺書十五卷　(清)汪輝祖纂　清光緒江蘇書局刻本　六冊

130000－0402－0007328　63－57/106－3
霜紅龕集四十卷附錄三卷年譜一卷　(清)傅山撰　(清)丁寶銓排類　清宣統三年(1911)山陽丁氏刻本　六冊　存二十五卷(一至二十五)

130000－0402－0007329　63－57/109
敦古堂擬古雜文三卷　(清)李舜臣著　清乾隆八年(1743)敦古堂刻本　三冊

130000－0402－0007330　63－57/110(1)
海峰文集八卷詩集十一卷稿一卷　(清)劉大櫆著　清同治十三年(1874)邢邱劉繼刻本　十一冊

130000－0402－0007331　63－57/110(2)
海峰文集八卷詩集十一卷稿一卷　(清)劉大櫆著　清同治十三年(1874)邢邱劉繼刻本　三冊　存十三卷(文集七至八、詩集十一卷)

130000－0402－0007332　63－57/111
喜聞過齋文集十二卷　(清)李文耕著　清光緒二十三年(1897)經正書院刻本　四冊

130000－0402－0007333　63－57/112
日省吾齋叢書五種　(清)王德瑛輯　清刻本　五冊　存六種十卷(日省吾齋讀曲禮一卷、讀内則一卷、初學辨字一卷、文昌孝經注一卷、養正編一、順正編五卷)

130000－0402－0007334　63－57/113
儀衛軒文集十二卷外集一卷附錄一卷詩集五卷遺著三卷　(清)方東樹撰　清同治七年(1868)刻本　四冊　存十三卷(文集一至十、詩集三至五)

130000－0402－0007335　63－57/114
古歡堂集三十六卷蒙齋年譜一卷續年譜一卷生志一卷　(清)田雯撰　**補年譜一卷**　(清)田肇麗撰　清康熙、乾隆刻本　十冊

130000－0402－0007336　63－57/115(1)

章氏遺書二種　(清)章學誠著　清道光十二年至十三年(1832－1833)章華紱刻本　五冊

130000－0402－0007337　63－57/115(2)
章氏遺書二種　(清)章學誠著　清道光十二年至十三年(1832－1833)章華紱刻本　五冊

130000－0402－0007338　63－57/115－2
重刊章氏遺書二種　(清)章學誠著　清光緒三年至四年(1877－1878)章季真刻本　五冊

130000－0402－0007339　63－57/116(1)
王漁洋遺書三十八種　(清)王士禛撰　清刻本　二十四冊　存二十三種四十八卷(國朝謚法考一卷,浯溪考二卷,長白山錄一卷、補遺一卷,隴蜀餘聞一卷,分甘餘話四卷,皇華紀聞四卷,歷仕錄一卷,華泉先生集選四卷,睡足軒詩選一卷,二家詩選二卷,考功集選四卷,清窟齋心賞編一卷,剪桐載筆一卷,抱山集選一卷,古鉢集選一卷,蕭亭詩選六卷,南海集二卷,蜀道驛程記二卷,秦蜀驛程後記二卷,載書圖詩一卷,隴首集一卷,雍益集一卷,粵行三志三卷)

130000－0402－0007340　63－57/116(2)
王漁洋遺書三十八種　(清)王士禛撰　清刻本　八冊　存七種十五卷(國朝謚法考一卷,浯溪考二卷,長白山錄一卷、補遺一卷,隴蜀餘聞一卷,分甘餘話四卷,皇華紀聞四卷,歷仕錄一卷)

130000－0402－0007341　63－57/116－2
王漁洋遺書三十八種　(清)王士禛撰　清康熙、雍正刻本　六冊　存六種十七卷(浯溪考二卷、分甘餘話四卷、皇華紀聞四卷、徐詩二卷、華泉先生集選四卷、睡足軒詩選一卷)

130000－0402－0007342　63－57/116－2.11(1)
蠶尾集十卷續集二卷後集二卷　(清)王士禛撰　清康熙、雍正刻王漁洋遺書本　六冊

130000－0402－0007343　63－57/116－2.11(2)
蠶尾集十卷續集二卷後集二卷　(清)王士禛撰　清康熙、雍正刻王漁洋遺書本　六冊

130000－0402－0007344　63－57/116－3
王漁洋遺書三十八種　(清)王士禛撰　清康熙,雍正刻本　十一冊　存九種三十卷(長白山錄一卷、補遺一卷,二家詩選二卷,歷仕錄一卷,華泉先生集選四卷,睡足軒詩選一卷,蠶尾集十卷、續集二卷、後集二卷,考功集選四卷,清窟齋心賞編一卷,剪桐載筆一卷)

130000－0402－0007345　63－57/117
蘇齋叢書二十四種　(清)翁方綱撰　清乾隆,嘉慶刻本　九冊　存六種六十六卷(蘇米齋蘭亭考八卷,石洲詩話八卷,蘇詩補注八卷、志道集一卷,粵東金石略九卷、附二卷,經義考補正十二卷,七言律詩鈔十八卷)

130000－0402－0007346　63－57/118(1)
聰山集五種　(清)申涵光著　清康熙二年(1663)渾脫居刻本　六冊

130000－0402－0007347　63－57/118(2)
聰山集五種　(清)申涵光著　清康熙二年(1663)渾脫居刻本　六冊

130000－0402－0007348　63－57/119
倚晴樓集三種　(清)黃燮清撰　清同治、光緒刻本　七冊　存二種十六卷(倚晴樓詩餘四卷、倚晴樓七種曲十二卷)

130000－0402－0007349　63－57/120(1)
寒松堂全集十二卷　(清)魏象樞撰　清嘉慶刻本　五冊　存五卷(八至十二)

130000－0402－0007350　63－57/120(2)
寒松堂全集十二卷年譜一卷　(清)魏象樞撰　清嘉慶十六年(1811)魏煜刻本　十三冊

130000－0402－0007351　63－57/120(3)
寒松堂全集十二卷年譜一卷　(清)魏象樞撰　清嘉慶十六年(1811)魏煜刻本　十三冊

130000－0402－0007352　63－57/120－2(1)
寒松堂全集十二卷　(清)魏象樞撰　清嘉慶刻本　十二冊

130000－0402－0007353　63－57/120－2(2)
寒松堂全集十二卷年譜一卷　(清)魏象樞撰　清嘉慶十六年(1811)魏煜刻本　八冊　存

八卷(一至七、年譜一卷)

130000－0402－0007354　63－57/120－2(3)
寒松堂全集十二卷年譜一卷　(清)魏象樞撰　清嘉慶刻本　十册　存十卷(二、四至十二)

130000－0402－0007355　63－57/120－2(4)
寒松堂全集十二卷年譜一卷　(清)魏象樞撰　清嘉慶十六年(1811)刻本　十三册

130000－0402－0007356　63－57/120－3
寒松堂全集十二卷年譜一卷　(清)魏象樞撰　清乾隆六年(1741)刻本　十三册

130000－0402－0007357　63－57/121
柏堂遺書八種　(清)方宗誠撰　清光緒刻本　五册　存二種十九卷(柏堂讀書筆記一至九、俟命錄十卷)

130000－0402－0007358　63－57/123(1)
培根堂全稿九種　(清)高繼珩撰　清道光至同治刻本　十五册

130000－0402－0007359　63－57/123(2)
培根堂全稿九種　(清)高繼珩撰　清道光至同治刻本　十四册

130000－0402－0007360　63－57/124
家蔭堂存藁九種　(清)周際華輯　清道光十九年(1839)家蔭堂刻本　六册　存六種六卷(風簷世草一卷、省心錄一卷、共城從政錄一卷附莘原從政錄共城士庶十願歌、海陵從政錄一卷、家蔭堂尺牘一卷附家言渭川剳存、一瞬錄一卷附家蔭堂萊西錄)

130000－0402－0007361　63－57/125(1)
紀文達公遺集文十六卷詩十六卷　(清)紀昀撰　(清)紀樹馨編校　清嘉慶十七年(1812)家刻本　十八册

130000－0402－0007362　63－57/125(2)
紀文達公遺集文十六卷詩十六卷　(清)紀昀撰　(清)紀樹馨編校　清嘉慶十七年(1812)家刻本　十六册

130000－0402－0007363　63－57/125(3)
紀文達公遺集文十六卷詩十六卷　(清)紀昀撰　(清)紀樹馨編校　清嘉慶十七年(1812)家刻本　十八册

130000－0402－0007364　63－57/125(4)
紀文達公遺集文十六卷詩十六卷　(清)紀昀撰　(清)紀樹馨編校　清嘉慶十七年(1812)家刻本　十六册

130000－0402－0007365　63－57/125(5)
紀文達公遺集文十六卷詩十六卷　(清)紀昀撰　(清)紀樹馨編校　清嘉慶十七年(1812)家刻本　十七册　存三十卷(文十六卷,詩一至八、十一至十六)

130000－0402－0007366　63－57/125(6)
紀文達公遺集文十六卷詩十六卷　(清)紀昀撰　(清)紀樹馨編校　清嘉慶十七年(1812)家刻本　十册

130000－0402－0007367　63－57/125(7)
紀文達公遺集文十六卷詩十六卷　(清)紀昀撰　(清)紀樹馨編校　清嘉慶十七年(1812)家刻本　五册　存二十八卷(文一至十二、詩十六卷)

130000－0402－0007368　63－57/125(8)
紀文達公遺集文十六卷詩十六卷　(清)紀昀撰　(清)紀樹馨編校　清嘉慶十七年(1812)家刻本　十八册

130000－0402－0007369　63－57/125(9)
紀文達公遺集文十六卷詩十六卷　(清)紀昀撰　(清)紀樹馨編校　清嘉慶十七年(1812)家刻本　二十册

130000－0402－0007370　63－57/125(10)
紀文達公遺集文十六卷詩十六卷　(清)紀昀撰　(清)紀樹馨編校　清嘉慶十七年(1812)家刻本　八册　存十六卷(文十六卷)

130000－0402－0007371　63－57/126
變雅堂遺集十八卷附錄二卷　(清)杜濬撰　清光緒二十年(1894)黃岡沈氏刻本　六册

130000－0402－0007372　63－57/127

尊水園集畧十二卷補遺一卷　(清)盧世漼撰　(清)程先貞等輯　清順治十七年(1660)書林劉經邦、張鴻儒刻本　八冊

130000－0402－0007373　63－57/128
沈歸愚詩文全集五十五卷　(清)沈德潛撰　清乾隆二十四年至三十二年(1759－1767)刻本　十冊　存三十一卷(文鈔二十卷、文鈔餘集一至三、詩鈔餘集八卷)

130000－0402－0007374　63－57/129
用六集十二卷附錄一卷　(清)刁包撰　清同治八年(1869)刻本　八冊

130000－0402－0007375　63－57/129－2
用六集十二卷　(清)刁包撰　清道光二十三年(1843)順積樓刻本　六冊

130000－0402－0007376　63－57/130
張蒿庵集二種　(清)張爾岐著　(清)胡德琳編　清乾隆八年(1743)和衷堂、四十二年(1777)聽泉齋刻本　九冊

130000－0402－0007377　63－57/130/1
蒿庵集三卷附錄一卷閒話二卷　(清)張爾岐撰　清光緒十五年(1889)山東書局刻本　三冊

130000－0402－0007378　63－57/131(1)
鷗堂詩三卷遺稿三卷　(清)馬賡良著　清光緒十五年至十七年(1889－1891)家刻本　二冊

130000－0402－0007379　63－57/131(2)
鷗堂詩三卷遺稿三卷　(清)馬賡良著　清光緒十五年至十七年(1889－1891)家刻本　二冊

130000－0402－0007380　63－57/132
陳檢討集十二卷詞鈔十二卷　(清)陳維崧撰　(清)蔣景祁選　清天藜閣金閶葉繼照刻本　八冊

130000－0402－0007381　63－57/134
樊榭山房集十卷續集十卷文集八卷　(清)厲鶚撰　清乾隆刻本　六冊

130000－0402－0007382　63－57/134－2(1)
樊榭山房集十卷續集十卷文集八卷集外詩三卷集外詞四卷　(清)厲鶚撰　清光緒十年(1884)刻本　九冊

130000－0402－0007383　63－57/134－2(2)
樊榭山房集十卷續集十卷文集八卷集外詩三卷集外詞四卷　(清)厲鶚撰　清光緒十年(1884)刻本　九冊

130000－0402－0007384　63－57/134－3
樊榭山房集十卷續集十卷文集八卷　(清)厲鶚撰　清刻本　六冊

130000－0402－0007385　63－57/135
壯悔堂文集十卷遺稿一卷四憶堂詩集六卷　(清)侯方域著　清光緒十年(1884)刻本　八冊

130000－0402－0007386　63－57/135－2(1)
壯悔堂文集十卷遺稿一卷四憶堂詩集六卷　(清)侯方域撰　清刻本　八冊

130000－0402－0007387　63－57/135－2(2)
壯悔堂文集十卷遺稿一卷四憶堂詩集六卷　(清)侯方域撰　清刻本　一冊　存三卷(文集五至七)

130000－0402－0007388　63－57/136
施愚山先生全集六種　(清)施閏章著　**隨村先生遺集六卷**　(清)施瑮著　清康熙至乾隆刻本　二十冊

130000－0402－0007389　63－57/137
五種遺規摘鈔十四卷　(清)陳宏謀編輯　清光緒刻本　八冊

130000－0402－0007390　63－57/137－2
五種遺規摘鈔十四卷　(清)陳宏謀編輯　清同治七年(1868)楚北崇文書局刻本　八冊

130000－0402－0007391　63－57/137－2.2
教女遺規摘鈔一卷補鈔一卷　(清)陳宏謀編　清同治七年(1868)楚北崇文書局刻五種遺規摘鈔本　一冊

130000－0402－0007392　63－57/137－4

五種遺規十七卷 (清)陳宏謀編輯 清同治三年(1864)刻本 八冊

130000－0402－0007393 63－57/137－5

從政遺規二卷 (清)陳宏謀編輯 清乾隆七年(1742)培遠堂刻培遠堂全集本 二冊

130000－0402－0007394 63－57/137－6

從政遺規二卷 (清)陳宏謀編輯 清乾隆八年(1743)南昌李安民刻五種遺規本 二冊

130000－0402－0007395 63－57/138

培遠堂全集二十種 (清)陳宏謀撰輯 清培遠堂刻本 二十六冊 存六種四十五卷(課士直解七卷,三通序目一卷,呂子節錄四卷、補遺二卷,學仕遺規二至四,在官法戒錄四卷,綱鑑正史約一至三、七至十四、十八至十九、二十六至三十六)

130000－0402－0007396 63－57/138/1

五種遺規十七卷 (清)陳宏謀編輯 清乾隆培遠堂刻本 六冊 存十二卷(養正遺規二卷、補編一卷,教女遺規三卷,訓俗遺規四卷、補編二卷)

130000－0402－0007397 63－57/139(1)

笠翁一家言全集十六卷 (清)李漁著 清雍正八年(1730)芥子園刻本 十冊 存七卷(一至七)

130000－0402－0007398 63－57/139(2)

笠翁一家言全集十六卷 (清)李漁著 清雍正八年(1730)芥子園刻本 二十冊

130000－0402－0007399 63－57/139(3)

笠翁一家言全集十六卷 (清)李漁著 清雍正八年(1730)芥子園刻本 十六冊

130000－0402－0007400 63－57/140

惜抱軒全集十種 (清)姚鼐撰 清同治五年(1866)省心閣刻本 二十冊

130000－0402－0007401 63－57/140－2(1)

惜抱軒全集十種 (清)姚鼐撰 清刻本 八冊 存四種四十一卷(惜抱軒文後集六至十、詩集十卷、詩後集一卷、詩外集一卷,惜抱軒九經說十二至十七,五言今體詩鈔九卷,七言今體詩鈔九卷)

130000－0402－0007402 63－57/140－2(2)

惜抱軒全集十種 (清)姚鼐撰 清刻本 八冊 存九種五十卷(惜抱軒法帖題跋三卷、左傳補注一卷、公羊傳補注一卷、穀梁傳補注一卷、國語補注一卷、惜抱軒筆記八卷、惜抱軒九經說十七卷、五言今體詩鈔九卷、七言今體詩鈔九卷)

130000－0402－0007403 63－57/140/3

惜抱軒遺書三種 (清)姚鼐撰 (清)徐宗亮輯 清光緒五年(1879)桐城徐氏刻本 四冊

130000－0402－0007404 63－57/142

碧聲吟館叢書附五種 (清)許善長 (清)趙慶熺撰 清光緒仁和許氏刻本 五冊 存四種七卷(碧聲吟館談塵四卷、硯辨一卷、香銷酒醒詞一卷、香銷酒醒曲一卷)

130000－0402－0007405 63－57/143

體微齋遺編四種 (清)祝塏撰 清光緒十七年(1891)刻本 六冊

130000－0402－0007406 63－57/144/1(1)

孫夏峯全集十三種 (清)孫奇逢撰 清康熙刻本 五冊 存五種六卷(遊譜一卷、孝友堂家規一卷、乙丙紀事一卷、夏峯答問一卷、徵君孫先生年譜二卷)

130000－0402－0007407 63－57/144/1(2)

孫夏峯全集十三種 (清)孫奇逢撰 清康熙刻本 五冊 存五種六卷(遊譜一卷、孝友堂家規一卷、乙丙紀事一卷、夏峯答問一卷、徵君孫先生年譜二卷)

130000－0402－0007408 63－57/144/1(3)

孫夏峯全集十三種 (清)孫奇逢撰 清康熙刻本 五冊 存五種六卷(遊譜一卷、孝友堂家規一卷、乙丙紀事一卷、夏峯答問一卷、徵君孫先生年譜二卷)

130000－0402－0007409 63－57/147

龔畏齋集四種 (清)龔元玠著 清嘉慶二十三年(1818)環堵山房刻本、道光二十六年

(1846)西城龔氏刻本合集　二十二冊

130000－0402－0007410　63－57/150(1)
西河合集一百二十種　(清)毛奇齡撰　清刻本　二十四冊　存二十九種一百五十卷(誥詞一卷、頌一卷、主客辭二卷、奏疏一卷、議四卷、揭子一卷、史館剳子二卷、史館擬判一卷、書八卷、牘札一卷、箋一卷、序三十四卷、題題詞題端一卷、引弁首一卷、跋一卷、書後緣起一卷、辨定祭禮通俗譜五卷、古文尚書冤詞八卷、尚書廣聽錄五卷、白鷺洲主客說詩一卷、續詩傳鳥名三卷、昏禮辨正一卷、喪禮吾說篇五至十、曾子問講錄四卷、春秋毛氏傳三十六卷、春秋占筮書三卷、春秋屬辭比事記四卷、春秋簡書刊誤二卷、春秋條貫篇十一卷)

130000－0402－0007411　63－57/150(2)
西河合集一百二十種　(清)毛奇齡撰　清刻本　十二冊　存五種五十六卷(春秋毛氏傳三十六卷、春秋占筮書三卷、春秋屬辭比事記四卷、春秋簡書刊誤二卷、春秋條貫篇十一卷)

130000－0402－0007412　63－57/151
左海全集十種　(清)陳壽祺撰　清道光刻本　六冊　存五種十一卷(尚書大傳五卷、洪範五行傳三卷、東越儒林後傳一卷、東越文苑後傳一卷、東觀存藁一卷)

130000－0402－0007413　63－57/153
鄒徵君遺書八種　(清)鄒伯奇撰　**夏氏算學四種**　(清)夏鸞翔撰　**徐氏算學三種**　(清)徐有壬撰　清同治十二年(1873)拾芥園刻本　四冊　缺二種(輿地全圖、赤道南北恒星圖)

130000－0402－0007414　63－57/154
榕村全書三十二種　(清)李光地撰　清道光九年(1829)刻本　十六冊　存八種四十卷(榕村語錄十五至三十、大學古本說一卷、中庸章段一卷、讀論語劄記二卷、讀孟子劄記二卷、周易通論四卷、周易觀象十二卷、交食蒙求訂補二卷)

130000－0402－0007415　63－57/155
番禺陳氏東塾叢書四種附一種　(清)陳澧撰　清咸豐至光緒刻本　六冊　存三種二十一卷(漢儒通義七卷、聲律通考十卷、切韻考一至四)

130000－0402－0007416　63－57/156
牧齋全集四種　(清)錢謙益撰　清宣統二年(1910)邃漢齋鉛印本　七冊　存四種二十六卷(初學集一、二十七至三十、六十五至七十、九十五至九十八、一百五至一百十,有學集一至二,有學集補遺二卷,投筆集一卷)

130000－0402－0007417　63－57/157
武常卿夫子遺書五種　(清)武勳朝撰　清刻本　一冊　存三種四卷(臆說二卷、雜著一卷、詩集一卷)

130000－0402－0007418　63－57/158
鈍吟全集十五卷雜錄十卷　(清)馮班著　清初刻本　六冊

130000－0402－0007419　63－6/3(1)
陶廬叢刻二十一種　王樹枏撰　清光緒至民國新城王氏刻本　五冊　存五種十八卷(尚書商誼三卷、文莫室詩三卷、文莫室駢文一卷、墨子斠注補正二卷,陶廬詩續集九卷)

130000－0402－0007420　63－6/3(2)
陶廬叢刻二十一種　王樹枏撰　清光緒至民國新城王氏刻本　十二冊　存七種三十卷(尚書商誼三卷、文莫室詩三卷、文莫室駢文一卷、陶廬箋牘四卷、陶廬文集一至七、陶廬詩續集十卷、歐洲族類源流畧四至五)

130000－0402－0007421　63－6/5
湘綺樓全集三種　王闓運撰　清宣統二年(1910)上海國學扶輪社石印本　十一冊　存三種二十六卷(文集八卷、詩集五至十四、箋啟八卷)

130000－0402－0007422　63－6/7
庸盦全集六種　(清)薛福成撰　清光緒二十三年(1897)上海醉六堂石印本　六冊　存三種十卷(文編四卷、外編四卷、出使英法義比四國日記一至二)

130000－0402－0007423　64/13
精選黄眉故事十卷　(明)鄧志謨彙編　清經濟堂刻本　六册

130000－0402－0007424　64－52/1－2
藝文類聚一百卷　(唐)歐陽詢撰　清宏達堂刻本　十册　存二十六卷(二十二至四十七)

130000－0402－0007425　64－54/1
太平御覽一千卷　(宋)李昉等撰　清光緒十八年(1892)學海堂刻本　一百二十册

130000－0402－0007426　64－54/1－2
太平御覽一千卷　(宋)李昉等撰　清嘉慶十四年(1809)從善堂刻本　一百二册

130000－0402－0007427　64－54/1－3(1)
太平御覽一千卷　(宋)李昉等撰　清嘉慶十二年至十七年(1807－1812)歙鮑氏刻本　一百十三册　缺六卷(一百三十一至一百三十六)

130000－0402－0007428　64－54/1－3(2)
太平御覽一千卷　(宋)李昉等撰　清嘉慶十二年至十七年(1807－1812)歙鮑氏刻本　九十八册　存七百九十三卷(一至二百七十九、二百九十二至四百七十、五百六十三至六百五十八、六百六十九至八百二十、九百十四至一千)

130000－0402－0007429　64－54/1－3(3)
太平御覽一千卷　(宋)李昉等撰　清嘉慶十二年至十七年(1807－1812)歙鮑氏刻本　一百十册

130000－0402－0007430　64－54/1－4
太平御覽一千卷　(宋)李昉等撰　清謙益堂刻本　九十六册　缺二百三十六卷(一至三十五、二百七十至四百七十)

130000－0402－0007431　64－54/2
重訂事類賦三十卷　(宋)吳淑撰註　(明)華麟祥校刊　清刻本　六册

130000－0402－0007432　64－54/2－2
重訂事類賦三十卷　(宋)吳淑撰註　(明)華麟祥校刊　清乾隆二十九年(1764)刻本　六册

130000－0402－0007433　64－54/2－3
重訂事類賦三十卷　(宋)吳淑撰註　(明)華麟祥校刊　清光緒三年(1877)三義會刻本　七册

130000－0402－0007434　64－54/2－4(1)
事類賦三十卷　(宋)吳淑撰註　(明)華麟祥校刊　清劍光閣刻本　三册

130000－0402－0007435　64－54/2－4(2)
事類賦三十卷　(宋)吳淑撰註　(明)華麟祥校刊　清劍光閣刻本　四册　存二十卷(一至二十)

130000－0402－0007436　64－54/2－4(3)
事類賦三十卷　(宋)吳淑撰註　(明)華麟祥校刊　清刻本　一册　存五卷(十一至十五)

130000－0402－0007437　64－54/2－5
事類賦三十卷　(宋)吳淑撰註　(明)華麟祥校刊　清嘉慶四年(1799)劍光閣刻本　三册

130000－0402－0007438　64－54/2－6
事類賦三十卷　(宋)吳淑撰註　(明)華麟祥校刊　清崇正書院刻本　六册

130000－0402－0007439　64－54/5
王先生十七史蒙求十六卷　(宋)王令撰　清康熙四十八年(1709)刻本　二册

130000－0402－0007440　64－54/5－2
王先生十七史蒙求十六卷　(宋)王令撰　清康熙五十二年(1713)養志堂刻本　二册

130000－0402－0007441　64－54/6
古今合璧事類備要前集六十九卷後集八十一卷續集五十六卷　(宋)謝維新編　明刻本　八册　存五十四卷(前集九至十五、二十七至三十一,續集七至十五、二十四至五十六)

130000－0402－0007442　64－54/7
玉海二百卷辭學指南四卷　(宋)王應麟撰　清光緒九年(1883)浙江書局刻本　一百册

130000－0402－0007443　64－54/7－2(1)

玉海二百卷辭學指南四卷　(宋)王應麟撰　清刻本　一百冊

130000－0402－0007444　64－54/7－2(2)
玉海二百卷辭學指南四卷　(宋)王應麟撰　清刻本　二十一冊　存四十五卷(四十五至六十四、七十五至七十七、一百七十三至一百九十四)

130000－0402－0007445　64－54/7－2(3)
玉海二百卷辭學指南四卷　(宋)王應麟撰　清刻本　十一冊　存二十三卷(一百六十三至一百六十四、一百六十八至一百六十九、一百七十五至一百九十三)

130000－0402－0007446　64－54/7/2(1)
玉海附刻十四種　(宋)王應麟撰　清光緒九年(1883)浙江書局刻本　二十冊

130000－0402－0007447　64－54/7/2(2)
玉海附刻十四種　(宋)王應麟撰　清光緒九年(1883)浙江書局刻本　八冊　存九種四十二卷(詩攷一卷、詩地理攷六卷、漢藝文志考證十卷、通鑑地理通釋十四卷、踐阼篇集解一卷、急就篇四卷、周易鄭康成註一卷、周書王會補註一卷、漢制攷四卷)

130000－0402－0007448　64－54/7/3
玉海附刻十四種　(宋)王應麟撰　清乾隆刻本　十七冊　存十一種五十四卷(詩攷一卷、詩地理攷六卷、漢藝文志考證十卷、通鑑地理通釋十四卷、漢制攷四卷、踐阼篇集解一卷、急就篇四卷、周書王會補註一卷、小學紺珠十卷、姓氏急就篇二卷、六經天文篇一卷)

130000－0402－0007449　64－54/9
清異錄二卷　(宋)陶穀撰　清康熙漱六閣刻本　二冊

130000－0402－0007450　64－54/9－2
清異錄二卷　(宋)陶穀撰　清光緒刻本　一冊　存一卷(上)

130000－0402－0007451　64－54/10
通鑑答問五卷　(宋)王應麟撰　清刻本　二冊

130000－0402－0007452　64－54/11
直齋書錄解題二十二卷　(宋)陳振孫撰　清乾隆武英殿木活字印武英殿聚珍版書本　十二冊

130000－0402－0007453　64－55/1
新增說文韻府羣玉二十卷　(元)陰時夫編輯　(元)陰中夫編註　(明)王元貞校正　清富春堂刻本　二十冊

130000－0402－0007454　64－55/1－2(1)
新增說文韻府羣玉二十卷　(元)陰時夫編輯　(元)陰中夫編註　(明)王元貞校正　清崇文堂刻本　二十冊

130000－0402－0007455　64－55/1－2(2)
新增說文韻府羣玉二十卷　(元)陰時夫編輯　(元)陰中夫編註　(明)王元貞校正　清崇文堂刻本　五冊　存四卷(十七至二十)

130000－0402－0007456　64－55/1－3
新增說文韻府羣玉二十卷　(元)陰時夫編輯　(元)陰中夫編註　(明)王元貞校正　清乾隆二十三年(1758)菁華堂刻本　二十冊

130000－0402－0007457　64－55/1－4(1)
新增說文韻府羣玉二十卷　(元)陰時夫編輯　(元)陰中夫編註　(明)王元貞校正　清刻本　九冊　存九卷(十一至十九)

130000－0402－0007458　64－55/1－4(2)
新增說文韻府羣玉二十卷　(元)陰時夫編輯　(元)陰中夫編註　(明)王元貞校正　清刻本　十冊　存十卷(十一至二十)

130000－0402－0007459　64－55/1－4(3)
新增說文韻府羣玉二十卷　(元)陰時夫編輯　(元)陰中夫編註　(明)王元貞校正　清刻本　十七冊　缺三卷(八、十九至二十)

130000－0402－0007460　64－55/1－5
新增說文韻府羣玉二十卷　(元)陰時夫編輯　(元)陰中夫編註　(明)王元貞校正　清奎光堂刻本　五冊　存五卷(一至五)

130000－0402－0007461　64－55/1－6

新增說文韻府羣玉二十卷　(元)陰時夫編輯　(元)陰中夫編註　(明)王元貞校正　清康熙五十五年(1716)萃華堂刻本　九册　缺二卷(七至八)

130000－0402－0007462　64－55/1－7
韻府羣玉二十卷輯要一卷　(元)陰時夫編　清刻本　七册

130000－0402－0007463　64－56/2
潛確居類書一百二十卷　(明)陳仁錫編　明崇禎十五年(1642)長洲陳氏刻本　二十四册　存五十九卷(一至十五、四十四至五十八、七十三至一百一)

130000－0402－0007464　64－56/3(1)
增訂二三場群書備考四卷　(明)袁黄著　(明)袁儼註　明崇禎十五年(1642)大觀堂刻本　六册

130000－0402－0007465　64－56/3(2)
增訂二三場群書備考四卷　(明)袁黄著　(明)袁儼註　明崇禎大觀堂刻本　四册

130000－0402－0007466　64－56/4
天中記六十卷　(明)陳耀文撰　(明)屠隆校　明萬曆刻本　六十册　存三十六卷(一至四、六至十二、十八至二十三、二十六至三十七、三十九、五十五至六十)

130000－0402－0007467　64－56/5
新刻古今玄屑八卷　(明)王家佐選評　明萬曆二十三年(1595)金陵書坊嘉賓堂周氏刻本　四册　存七卷(一至三、五至八)

130000－0402－0007468　64－56/6
學林就正四卷　(明)陳耀文撰　明萬曆刻本　四册

130000－0402－0007469　64－56/7
博物典彙十九卷　(明)黄道周撰　明崇禎八年(1635)大雅堂刻本　十册

130000－0402－0007470　64－56/8
蘭雪堂古事苑定本十二卷　(明)鄧志謨編輯　清蘭雪堂刻本　六册

130000－0402－0007471　64－56/9
表異錄二十卷　(明)王志堅輯　清光緒二年(1876)刻本　二册

130000－0402－0007472　64－56/9－2
名句文身表異錄二十卷　(明)王志堅輯　清康熙漱六閣刻本　二册

130000－0402－0007473　64－56/10(1)
新刻重校增補圓機活法詩學全書二十四卷新刊校正增補圓機詩韻活法全書十四卷　(明)王世貞增校　(清)蔣先庚重訂　清文盛堂刻本　二十三册

130000－0402－0007474　64－56/10(2)
新刻重校增補圓機活法詩學全書二十四卷新刊校正增補圓機詩韻活法全書十四卷　(明)王世貞增校　(清)蔣先庚重訂　清文盛堂刻本　一册　存二卷(詩學全書二十至二十一)

130000－0402－0007475　64－56/10(3)
新刻重校增補圓機活法詩學全書二十四卷新刊校正增補圓機詩韻活法全書十四卷　(明)王世貞增校　(清)蔣先庚重訂　清文盛堂刻本　十七册　存二十六卷(詩學全書二十四卷、詩韻活法全書三至四)

130000－0402－0007476　64－56/10(4)
新刻重校增補圓機活法詩學全書二十四卷新刊校正增補圓機詩韻活法全書十四卷　(明)王世貞增校　(清)蔣先庚重訂　清文盛堂刻本　十三册　存二十二卷(詩學全書一至七、二十至二十二,詩韻活法全書一至十、十三至十四)

130000－0402－0007477　64－56/10(5)
新刻重校增補圓機活法詩學全書二十四卷新刊校正增補圓機詩韻活法全書十四卷　(明)王世貞增校　(清)蔣先庚重訂　清文盛堂刻本　九册　存二十五卷(詩學全書一至十、十三至二十、二十二至二十四,詩韻活法全書一至四)

130000－0402－0007478　64－56/10(6)
新刻重校增補圓機活法詩學全書二十四卷新

刊校正增補圓機詩韻活法全書十四卷 (明)王世貞增校 (清)蔣先庚重訂 清文盛堂刻本 六冊 存十四卷(詩學全書四至七、九至十三、十八至二十,詩韻活法全書三至四)

130000－0402－0007479 64－56/10－2
新刻重校增補圓機活法詩學全書二十四卷 (明)王世貞增校 (清)蔣先庚重訂 清崇文堂刻本 十二冊 缺七卷(八至十四)

130000－0402－0007480 64－56/12
重訂增補陶朱公致富奇書八卷 (明)陳繼儒纂輯 (清)石岩逸叟增定 清刻本 一冊

130000－0402－0007481 64－56/14(1)
廣博物志五十卷 (明)董斯張纂 (明)楊鶴訂 清乾隆二十六年(1761)高暉堂刻本 二十四冊 缺十卷(四十一至五十)

130000－0402－0007482 64－56/14(2)
廣博物志五十卷 (明)董斯張纂 (明)楊鶴訂 清乾隆二十六年(1761)高暉堂刻本 十冊 存十三卷(二十八至四十)

130000－0402－0007483 64－56/15
子史彙函十三卷 (明)李國祥撰 清聚奎樓刻本 十八冊

130000－0402－0007484 64－56/16
鍥旁註事類捷錄十五卷 (明)鄧志謨著 明萬曆三十一年(1603)書林德聚堂刻本 四冊

130000－0402－0007485 64－56/18
翰海十二卷 (明)陳繼儒鑒定 (明)沈佳允輯 清末上海申報館鉛印本 二冊

130000－0402－0007486 64－56/19
唐類函二百卷 (明)俞安期彙纂 清刻本 十冊 存二十卷(二十七至二十八、八十三至一百)

130000－0402－0007487 64－56/20
謝華啟秀四卷 (明)楊慎纂輯 清刻本 一冊

130000－0402－0007488 64－56/21
山堂肆考二百八十卷補遺十二卷 (明)彭大翼撰 (明)張幼學編次 清刻本 二冊 存八卷(人品九至十六)

130000－0402－0007489 64－57/2(1)
佩文韻府一百六卷 (清)張玉書等編纂 清康熙五十年(1711)內府刻本 七十三冊

130000－0402－0007490 64－57/2(2)
佩文韻府一百六卷 (清)張玉書等編纂 清武英殿刻本 四十八冊 存五十六卷(一至十九、二十二下至二十四、三十一至四十四、六十至六十三、八十至八十九、九十四至九十九上)

130000－0402－0007491 64－57/2－2
欽定佩文韻府一百六卷韻府拾遺一百六卷 (清)張玉書等編纂 清光緒十八年(1892)上海同文書局石印本 六十冊

130000－0402－0007492 64－57/2－3
佩文韻府一百六卷韻府拾遺一百六卷 (清)張玉書等編纂 清嶺南潘氏海山僊館刻本 二百冊

130000－0402－0007493 64－57/2－4
佩文韻府一百六卷韻府拾遺一百六卷 (清)張玉書等編纂 清光緒十九年(1893)上海點石齋石印本 二十四冊

130000－0402－0007494 64－57/2－5
佩文韻府一百六卷 (清)張玉書等編纂 清康熙五十年(1711)武英殿刻本 一百六十八冊

130000－0402－0007495 64－57/2－6
佩文韻府一百六卷韻府拾遺一百六卷 (清)張玉書等編纂 清光緒十五年(1889)上海點石齋石印本 二十四冊

130000－0402－0007496 64－57/2－7(1)
韻府拾遺一百六卷 (清)張廷玉等編纂 清刻本 九冊 存六十四卷(三十六至五十九、六十七至一百六)

130000－0402－0007497 64－57/2－7(2)
佩文韻府一百六卷 (清)張玉書等編纂 清

康熙五十年(1711)武英殿刻本　九十冊　存五十二卷(一至五、二十至二十二、二十六至五十四、六十八至七十四、九十九至一百六)

130000－0402－0007498　64－57/2－7(3)
佩文韻府一百六卷　(清)張玉書等編纂　清康熙五十年(1711)武英殿刻本　一百三十八冊　存七十六卷(六至十、二十至六十七、八十二至九十八、一百一至一百六)

130000－0402－0007499　64－57/2－7(4)
佩文韻府一百六卷　(清)張玉書等編纂　清康熙五十年(1711)武英殿刻本　七十五冊　存五十一卷(一至五、十六至十九、二十六至三十二、三十七至五十五、六十三、九十至九十八、一百一至一百六)

130000－0402－0007500　64－57/2－7(5)
佩文韻府一百六卷　(清)張玉書等編纂　清康熙五十年(1711)武英殿刻本　十一冊　存六卷(一至五、七十六)

130000－0402－0007501　64－57/2－8(1)
佩文韻府一百六卷韻府拾遺一百六卷　(清)張玉書等編纂　清光緒嶺南潘氏海山僊館刻本　五十冊　存三十卷(佩文韻府一至三十)

130000－0402－0007502　64－57/2－8(2)
佩文韻府一百六卷韻府拾遺一百六卷　(清)張玉書等編纂　清光緒嶺南潘氏海山僊館刻本　一百五冊　存八十五卷(佩文韻府二至七、十八至二十五、三十一至九十八、一百四至一百六)

130000－0402－0007503　64－57/2－9(1)
佩文韻府一百六卷韻府拾遺一百六卷　(清)張玉書等編纂　清文德堂刻本　六十五冊　存一百四十七卷(佩文韻府四至六、十二至二十、三十一至三十六、四十五至五十九、六十四至六十七、九十至九十二、九十九至一百六,拾遺一至九十三、一百一至一百六)

130000－0402－0007504　64－57/2－9(2)
佩文韻府一百六卷韻府拾遺一百六卷　(清)張玉書等編纂　清文德堂刻本　四十九冊　存七十四卷(佩文韻府一至十九、二十一至二十二、二十四上、二十六至二十七、三十七下、三十八至四十四、六十三、七十五、八十三至八十四、八十六、八十九、九十六至九十七、九十九下至一百六,拾遺一至十九、六十至六十六)

130000－0402－0007505　64－57/2－10(1)
佩文韻府一百六卷　(清)張玉書等編纂　清光緒十二年(1886)上海同文書局石印本　四十二冊　缺二十二卷(二十一、三十一至三十三、四十八、五十五至五十九、七十至七十二、七十五至八十三)

130000－0402－0007506　64－57/2－10(2)
佩文韻府一百六卷　(清)張玉書等編纂　清光緒十二年(1886)上海同文書局石印本　四冊　存七卷(十六、九十一至九十六)

130000－0402－0007507　64－57/2－11(1)
佩文韻府一百六卷韻府拾遺一百六卷　(清)張玉書等編纂　清光緒八年(1882)上海點石齋石印本　九冊　存一百八十七卷(佩文韻府一至二十三、三十一至四十八、六十至九十九,拾遺一百六卷)

130000－0402－0007508　64－57/2－11(2)
佩文韻府一百六卷　(清)張玉書等編纂　清光緒八年(1882)上海點石齋石印本　一冊　存十三卷(二十五至三十七)

130000－0402－0007509　64－57/2－11(3)
佩文韻府一百六卷　(清)張玉書等編纂　清光緒八年(1882)上海點石齋石印本　一冊　存八卷(十六至二十三)

130000－0402－0007510　64－57/2－12
佩文韻府一百六卷　(清)張玉書等編纂　清光緒十三年(1887)上海點石齋石印本　十六冊　存三十三卷(一至三、五至七、十一至十二、十四至十五、四十一至四十四、四十八至五十四、六十至六十三、九十、一百至一百六)

130000－0402－0007511　64－57/2－13
佩文韻府一百六卷　(清)張玉書等編纂　清

光緒十八年(1892)上海鴻寶齋石印本　八十一册　缺五十七卷(五、九、十一上、十二、十三上、二十二上、五十六至一百六)

130000－0402－0007512　64－57/2－14(1)
佩文韻府一百六卷韻府拾遺一百六卷　(清)張玉書等編纂　清刻本　五十二册　缺一百八卷(佩文韻府一至十、二十三至二十四、二十八至三十三、三十五至五十四、六十至六十二、六十六至八十四、九十二至九十五、一百上、一百二下、一百五至一百六,拾遺二十至五十九)

130000－0402－0007513　64－57/2－14(2)
佩文韻府一百六卷韻府拾遺一百六卷　(清)張玉書等編纂　清刻本　六十七册　存一百三十卷(佩文韻府八十三至一百六、拾遺一百六卷)

130000－0402－0007514　64－57/2－15
佩文韻府一百六卷韻府拾遺一百六卷　(清)張玉書等編纂　清康熙五十年(1711)刻本　七十册　缺一百四十一卷(佩文韻府二至三、十一下、十六上、十七至十九、四十三至四十九、七十至七十五、八十六至九十八、一百上、一百一,拾遺一百六卷)

130000－0402－0007515　64－57/2/2
韻府拾遺一百六卷　(清)張廷玉等編纂　清康熙五十五年(1716)刻本　二十册

130000－0402－0007516　64－57/2/2－2(1)
韻府拾遺一百六卷　(清)張廷玉等編纂　清末石印本　十册

130000－0402－0007517　64－57/2/2－2(2)
韻府拾遺一百六卷　(清)張廷玉等編纂　清末石印本　八册　缺二十一卷(一至五、七十四至八十九)

130000－0402－0007518　64－57/2/2－3
韻府拾遺一百六卷　(清)張廷玉等編纂　清刻本　十册　存五十四卷(十六至三十五、七十三至一百六)

130000－0402－0007519　64－57/2/2－4
韻府拾遺一百六卷　(清)張廷玉等編纂　清刻本　八册　存三十卷(一至三十)

130000－0402－0007520　64－57/2/2－5
韻府拾遺一百六卷　(清)張廷玉等編纂　清刻本　十册　存三十五卷(一至三十五)

130000－0402－0007521　64－57/3(1)
御定駢字類編二百四十卷　(清)吳士玉等編　清光緒十三年(1887)上海同文書局石印本　四十八册

130000－0402－0007522　64－57/3(2)
御定駢字類編二百四十卷　(清)吳士玉等編　清光緒十三年(1887)上海同文書局石印本　四十八册

130000－0402－0007523　64－57/3(3)
御定駢字類編二百四十卷　(清)吳士玉等編　清光緒十三年(1887)上海同文書局石印本　四十八册

130000－0402－0007524　64－57/3(4)
御定駢字類編二百四十卷　(清)吳士玉等編　清光緒十三年(1887)上海同文書局石印本　三十二册　存一百六十六卷(十六至三十一、三十六至四十、四十七至六十一、六十六至七十七、八十三至九十八、一百三十四至一百九十八、二百四至二百四十)

130000－0402－0007525　64－57/3(5)
御定駢字類編二百四十卷　(清)吳士玉等編　清光緒十三年(1887)上海同文書局石印本　二册　存八卷(一百四十四至一百四十七、一百七十二至一百七十五)

130000－0402－0007526　64－57/3(6)
御定駢字類編二百四十卷　(清)吳士玉等編　清光緒十三年(1887)上海同文書局石印本　三十八册　存一百八十九卷(一至三十一、三十六至四十、五十二至七十七、一百四至一百四十七、一百五十四至二百二十八、二百三十三至二百四十)

130000－0402－0007527　64－57/3－2(1)
御定駢字類編二百四十卷　(清)吳士玉等編

清雍正四年(1726)内府刻本　一百二十册

130000－0402－0007528　64－57/3－2(2)
御定駢字類編二百四十卷　(清)吴士玉等編　清雍正四年(1726)内府刻本　二十四册　存四十八卷(十三至二十四、六十一至七十二、八十五至九十六、一百八十一至一百九十二)

130000－0402－0007529　64－57/4
分類字錦六十四卷　(清)何焯等纂　清康熙六十一年(1722)刻本　六十四册

130000－0402－0007530　64－57/5(1)
淵鑑類函四百五十卷目錄四卷　(清)張英等編纂　清康熙四十九年(1710)内府刻本　一百四十册

130000－0402－0007531　64－57/5(2)
淵鑑類函四百五十卷目錄四卷　(清)張英等編纂　清康熙四十九年(1710)清吟堂刻本　一百十八册　存三百七十四卷(一至十三、十七至四十三、四十七至四十九、五十三至一百十一、一百三十三至一百七十六、一百九十至二百二十九、二百三十四至二百四十一、二百四十六至二百九十一、二百九十六至三百五十五、三百七十七至四百五十)

130000－0402－0007532　64－57/5(3)
淵鑑類函四百五十卷目錄四卷　(清)張英等編纂　清康熙四十九年(1710)清吟堂刻本　九十七册　存三百十三卷(一至六、十四至十六、二十至三十九、七十三至七十九、八十四至八十九、九十三至九十八、一百二至一百十一、一百十五至一百二十、一百二十四至一百三十四、一百三十八至一百四十一、一百四十六至一百八十、一百九十四至一百九十六、一百九十九至二百、二百四至二百六、二百十三至二百四十一、二百五十四至二百六十、二百六十五至三百三十二、三百三十六至三百四十二、三百四十七至三百四十九、三百五十九至三百七十、三百八十至三百八十五、三百八十八至四百、四百五至四百五十)

130000－0402－0007533　64－57/5(4)
淵鑑類函四百五十卷目錄四卷　(清)張英等編纂　清康熙四十九年(1710)清吟堂刻本　一百十九册　存三百七十七卷(一至十九、四十四至六十三、九十至一百三十二、一百五十六至四百五十)

130000－0402－0007534　64－57/5(5)
淵鑑類函四百五十卷目錄四卷　(清)張英等編纂　清康熙四十九年(1710)清吟堂刻本　一百十二册　存三百五十五卷(一至十九、四十四至八十九、一百十二至一百三十二、一百五十六至四百二十四)

130000－0402－0007535　64－57/5(6)
淵鑑類函四百五十卷目錄四卷　(清)張英等編纂　清康熙四十九年(1710)内府刻本　九十一册　存二百八十四卷(一至十九、九十至一百五十五、一百八十一至一百八十九、一百九十二至一百九十三、一百九十七至二百、二百四至二百十二、二百十七至二百十九、二百二十三至二百二十九、二百三十八至二百四十五、二百七十一至三百三十二、三百四十三至三百六十五、三百六十八至四百二十四、四百三十二至四百四十六)

130000－0402－0007536　64－57/5(7)
淵鑑類函四百五十卷目錄四卷　(清)張英等編纂　清刻本　九十九册　存二百三十二卷(二十四至一百十一、一百三十三至一百八十、二百二十至二百四十五、三百三十三至三百七十五、四百至四百二十六)

130000－0402－0007537　64－57/5－2
淵鑑類函四百五十卷目錄四卷　(清)張英等編纂　清光緒十八年(1892)上海同文書局石印本　六十册

130000－0402－0007538　64－57/5－3
淵鑑類函四百五十卷目錄四卷　(清)張英等編纂　清光緒十三年(1887)上海同文書局石印本　四十八册

130000－0402－0007539　64－57/5－4(1)
古香齋新刻袖珍淵鑑類函四百五十卷目錄四卷　(清)張英等編纂　清康熙四十九年

(1710)刻本　一百四十冊

130000－0402－0007540　64－57/5－4(2)
古香齋新刻袖珍淵鑑類函四百五十卷目錄四卷　(清)張英等編纂　清康熙四十九年(1710)刻本　八冊　存三十七卷(一至十四、十六至十八、四十三至四十五、二百四十二至二百四十九、二百五十四至二百五十七、二百六十二至二百六十四、三百六十六至三百六十七)

130000－0402－0007541　64－57/5－6(1)
古香齋新刻袖珍淵鑑類函四百五十卷目錄四卷　(清)張英等編纂　清光緒二年(1876)廣州同升書屋刻本　三十九冊　存一百十八卷(一至二十八、二百至二百三十一、二百四十四至二百四十六、二百五十一至二百五十八、二百六十二至二百六十四、二百六十七至二百七十一、二百七十五至二百七十七、二百八十九至三百十、三百三十五至三百三十七、四百二十八至四百三十、四百三十三至四百四十)

130000－0402－0007542　64－57/5－6(2)
古香齋新刻袖珍淵鑑類函四百五十卷　(清)張英等編纂　清刻本　一百四十二冊　存二百六十九卷(二十八至六十一、八十一至九十七、一百二十二至一百九十九、二百十二至二百六十二、二百七十六至三百二十、三百二十五至三百三十六、三百六十八至三百九十九)

130000－0402－0007543　64－57/5－6(3)
古香齋新刻袖珍淵鑑類函四百五十卷　(清)張英等編纂　清刻本　六十二冊　存一百七十五卷(二十三至六十、八十五至一百一、一百四十二至一百七十、一百八十四至二百十、二百六十六至二百八十九、三百十一至三百二十九、三百五十二至三百七十二)

130000－0402－0007544　64－57/5－6(4)
古香齋新刻袖珍淵鑑類函四百五十卷　(清)張英等編纂　清刻本　四十三冊　存一百四十三卷(五至十五、三十七至三十九、六十二至六十九、一百八至一百二十五、一百六十九至一百七十二、一百七十六至一百八十八、一百九十四至一百九十五、一百九十八至二百二、二百七至二百十一、二百二十七至二百四十一、二百五十八至二百六十一、三百三十一至三百三十二、三百四十至三百六十五、三百七十八至三百八十四、四百一至四百十二、四百三十九至四百四十二、四百四十七至四百五十)

130000－0402－0007545　64－57/5－7(1)
淵鑑類函四十五部　(清)張英等編纂　清光緒二十一年(1895)上海點石齋鉛印本　九冊　缺一部(人部下)

130000－0402－0007546　64－57/5－7(2)
淵鑑類函四十五部　(清)張英等編纂　清光緒二十一年(1895)上海點石齋鉛印本　一冊　存三部(文學、武功、邊塞)

130000－0402－0007547　64－57/6(1)
子史精華一百六十卷　(清)允祿　(清)吴襄纂修　清雍正五年(1727)聚錦堂刻本　四十八冊

130000－0402－0007548　64－57/6(2)
子史精華一百六十卷　(清)允祿　(清)吴襄纂修　清雍正五年(1727)聚錦堂刻本　四十八冊

130000－0402－0007549　64－57/6－2
子史精華一百六十卷　(清)允祿　(清)吴襄纂修　清雍正五年(1727)刻本　三十二冊

130000－0402－0007550　64－57/6－3
子史精華一百六十卷　(清)允祿　(清)吴襄纂修　清光緒十年(1884)上海同文書局石印本　八冊

130000－0402－0007551　64－57/6－4
子史精華一百六十卷　(清)允祿　(清)吴襄纂修　清光緒二十二年(1896)上海寶文書局石印本　八冊

130000－0402－0007552　64－57/6－5(1)
子史精華一百六十卷　(清)允祿　(清)吴襄纂修　清光緒十三年(1887)上海積山書局石

印本　八冊

130000－0402－0007553　64－57/6－5(2)
子史精華一百六十卷　(清)允禄　(清)吳襄纂修　清光緒十三年(1887)上海積山書局石印本　八冊

130000－0402－0007554　64－57/6－6(1)
子史精華一百六十卷　(清)允禄　(清)吳襄纂修　清光緒十二年(1886)上海同文書局石印本　八冊

130000－0402－0007555　64－57/6－6(2)
子史精華一百六十卷　(清)允禄　(清)吳襄纂修　清光緒十二年(1886)上海同文書局石印本　八冊

130000－0402－0007556　64－57/6－7
子史精華一百六十卷　(清)允禄　(清)吳襄纂修　清光緒十三年(1887)上海積山書局石印本　八冊　缺三十二卷(四十九至六十四、一百四十五至一百六十)

130000－0402－0007557　64－57/6－8
子史精華一百六十卷　(清)允禄　(清)吳襄纂修　清刻本　十一冊　存三十九卷(六十四至八十二、一百二十至一百三十九)

130000－0402－0007558　64－57/6－9
子史精華一百六十卷　(清)允禄　(清)吳襄纂修　清雍正五年(1727)書業堂刻本　四十四冊　缺十八卷(四十八至六十一、八十三至八十六)

130000－0402－0007559　64－57/6－10
子史精華一百六十卷　(清)允禄　(清)吳襄纂修　清雍正五年(1727)文盛堂刻本　四十八冊

130000－0402－0007560　64－57/6－11
子史精華一百六十卷　(清)允禄　(清)吳襄纂修　清雍正五年(1727)聚錦堂刻本　四十八冊

130000－0402－0007561　64－57/6－12
子史精華一百六十卷　(清)允禄　(清)吳襄纂修　清雍正五年(1727)刻本　四十六冊　缺三卷(一百八至一百十)

130000－0402－0007562　64－57/6－13(1)
子史精華一百六十卷　(清)允禄　(清)吳襄纂修　清雍正五年(1727)刻本　三十六冊　存一百十八卷(一至十七、四十至八十、一百十至一百六十)

130000－0402－0007563　64－57/6－13(2)
子史精華一百六十卷　(清)允禄　(清)吳襄纂修　清雍正五年(1727)刻本　三十二冊

130000－0402－0007564　64－57/6－14
子史精華一百六十卷　(清)允禄　(清)吳襄纂修　清雍正五年(1727)刻本　十六冊　存八十卷(一至八十)

130000－0402－0007565　64－57/6－15
子史精華一百六十卷　(清)允禄　(清)吳襄纂修　清雍正五年(1727)刻本　二十冊　存九十二卷(三十五至一百二十六)

130000－0402－0007566　64－57/6－16
子史精華一百六十卷　(清)允禄　(清)吳襄纂修　清雍正五年(1727)刻本　十四冊　存四十六卷(一至二、二十三至二十七、三十九至四十四、五十至五十六、七十至八十、八十八至八十九、九十七至一百、一百十五至一百十六、一百二十三至一百二十五、一百二十九至一百三十二)

130000－0402－0007567　64－57/7
通俗編三十八卷　(清)翟灝撰　清乾隆十六年(1751)無不宜齋刻本　十冊

130000－0402－0007568　64－57/8
經濟類考約編二卷　(清)顧九錫輯著　清雍正八年(1730)積秀堂刻本　六冊

130000－0402－0007569　64－57/10(1)
策學淵萃四十六卷　(清)□□撰　清光緒四年(1878)京都琉璃廠文萃堂刻本　五冊　存十卷(六至八、十四至十九、二十八)

130000－0402－0007570　64－57/10(2)

策學淵萃四十六卷　(清)□□撰　清光緒四年(1878)京都琉璃廠文萃堂刻本　二十冊

130000－0402－0007571　64－57/10(3)
策學淵萃四十六卷　(清)□□撰　清光緒四年(1878)京都琉璃廠文萃堂刻本　十冊　存二十一卷(一至二十一)

130000－0402－0007572　64－57/10(4)
策學淵萃四十六卷　(清)□□撰　清光緒四年(1878)京都琉璃廠文萃堂刻本　七冊　存十六卷(一至九、十六至十九、三十九至四十一)

130000－0402－0007573　64－57/10(5)
策學淵萃四十六卷　(清)□□撰　清光緒四年(1878)京都琉璃廠文萃堂刻本　六冊　存二十五卷(三至八、十八至二十九、四十至四十六)

130000－0402－0007574　64－57/10/1
續策學淵萃六卷　(清)□□撰　清光緒十一年(1885)藤花小舫刻本　六冊

130000－0402－0007575　64－57/11
讀書紀數略五十四卷　(清)宮夢仁輯　清康熙刻本　一冊　存八卷(一至八)

130000－0402－0007576　64－57/12
三才略一卷　蔣德鈞輯　清光緒二十七年(1901)上海書局石印本　一冊

130000－0402－0007577　64－57/12－2
重校繪圖三才略一卷　蔣德鈞輯　清刻本　一冊

130000－0402－0007578　64－57/13
博通便覽三十卷　(清)知不足書屋主人撰　清道光元年(1821)蘭州知不足齋刻本　八冊

130000－0402－0007579　64－57/14
錦字箋四卷　(清)黃澐纂　清侯衙刻本　六冊

130000－0402－0007580　64－57/15(1)
經餘必讀八卷　(清)雷琳等輯　清道光五年(1825)榮盛堂刻本　四冊

130000－0402－0007581　64－57/15(2)
經餘必讀八卷　(清)雷琳等輯　清嘉慶十二年(1807)榮盛堂刻本　四冊

130000－0402－0007582　64－57/15(3)
經餘必讀八卷　(清)雷琳等輯　清嘉慶十二年(1807)榮盛堂刻本　三冊　缺二卷(一至二)

130000－0402－0007583　64－57/15－2
經餘必讀八卷　(清)雷琳等輯　清嘉慶十二年(1807)刻本　四冊

130000－0402－0007584　64－57/15－3
經餘必讀初編二卷續編二卷三編二卷　(清)雷琳等輯　清光緒二十二年(1896)上海圖書集成印書局石印本　四冊

130000－0402－0007585　64－57/15－4
經餘必讀八卷　(清)雷琳等輯　清嘉慶十年(1805)刻本　四冊

130000－0402－0007586　64－57/15－5
經餘必讀八卷　(清)雷琳等輯　清道光五年(1825)崇文堂刻本　四冊

130000－0402－0007587　64－57/15/2(1)
經餘必讀續編八卷　(清)雷琳等輯　清嘉慶十二年(1807)新聚堂刻本　四冊

130000－0402－0007588　64－57/15/2(2)
經餘必讀續編八卷　(清)雷琳等輯　清嘉慶十二年(1807)新聚堂刻本　三冊　缺二卷(七至八)

130000－0402－0007589　64－57/15/2(3)
經餘必讀續編八卷　(清)雷琳等輯　清嘉慶十二年(1807)新聚堂刻本　二冊　存四卷(三至四、七至八)

130000－0402－0007590　64－57/15/2(4)
經餘必讀續編八卷　(清)雷琳等輯　清嘉慶十二年(1807)新聚堂刻本　三冊　缺二卷(一至二)

130000－0402－0007591　64－57/15/2－2
經餘必讀續編八卷　(清)雷琳等輯　清嘉慶

十三年(1808)新聚堂刻本　二冊

130000－0402－0007592　64－57/15/2－3
經餘必讀續編八卷　(清)雷琳等輯　清嘉慶十一年(1806)大德堂刻本　二冊

130000－0402－0007593　64－57/15/2－4
經餘必讀續編八卷　(清)雷琳等輯　清嘉慶十一年(1806)經餘堂刻本　二冊

130000－0402－0007594　64－57/15/3
經餘必讀三集四卷　(清)趙在翰纂　清聚英堂刻本　二冊

130000－0402－0007595　64－57/16(1)
鑄史駢言十二卷　(清)孫玉田撰　清光緒二年(1876)四明陳氏銀藤花館刻本　四冊

130000－0402－0007596　64－57/16(2)
鑄史駢言十二卷　(清)孫玉田撰　清光緒二年(1876)四明陳氏銀藤花館刻本　四冊

130000－0402－0007597　64－57/16－2
鑄史駢言十二卷　(清)孫玉田撰　清光緒二年(1876)刻本　四冊

130000－0402－0007598　64－57/17(1)
增補事類統編九十三卷首一卷　(清)黄葆真增輯　清同治十一年(1872)范陽書林刻本　四十八冊

130000－0402－0007599　64－57/17(2)
增補事類統編九十三卷首一卷　(清)黄葆真增輯　清同治十一年(1872)范陽書林刻本　二十四冊　存四十三卷(一至三十一、八十三至九十三,首一卷)

130000－0402－0007600　64－57/17(3)
增補事類統編九十三卷首一卷　(清)黄葆真增輯　清同治十一年(1872)范陽書林刻本　三十三冊　存八十卷(二至十四、十七至二十八、三十四至三十六、三十九至五十四、五十八至九十三)

130000－0402－0007601　64－57/17－2
增補事類統編九十三卷首一卷　(清)黄葆真增輯　清道光二十九年(1849)敦好堂刻本　四十八冊

130000－0402－0007602　64－57/17－3
增補事類統編九十三卷首一卷　(清)黄葆真增輯　清光緒十四年(1888)上海積山書局石印本　十二冊

130000－0402－0007603　64－57/17－5(1)
增補事類統編九十三卷首一卷　(清)黄葆真增輯　清善成堂刻本　十八冊　存五十一卷(四十三至九十三)

130000－0402－0007604　64－57/17－5(2)
增補事類統編九十三卷首一卷　(清)黄葆真增輯　清善成堂刻本　二十八冊　存七十四卷(一至十六、十九至二十七、三十至七十七,首一卷)

130000－0402－0007605　64－57/17－6
增補事類統編九十三卷首一卷　(清)黄葆真增輯　清光緒十二年(1886)上海同文書局石印本　十二冊

130000－0402－0007606　64－57/17－7(1)
事類統編九十三卷　(清)林意誠輯　清粵東南海味經堂林氏刻本　十九冊　存五十卷(四十二至五十七、五十九至七十六、七十八至九十三)

130000－0402－0007607　64－57/17－7(2)
事類統編九十三卷　(清)王鳳喈撰註　清刻本　四冊　存六卷(二十一至二十六)

130000－0402－0007608　64－57/17－7(3)
事類統編九十三卷　(清)王鳳喈撰註　清刻本　八冊　存九卷(十八至二十六)

130000－0402－0007609　64－57/17－8
增補事類統編九十三卷　(清)黄葆真增輯　清道光二十六年(1846)敦好堂刻本　二十三冊　存四十三卷(一至二十三、二十五至二十六、三十至三十一、三十四至三十九、四十二至四十三、四十八至五十一、五十四至五十五、六十七至六十八)

130000－0402－0007610　64－57/17－9

增補事類統編九十三卷　(清)黄葆真增輯　清敦好堂刻本　二十冊　存四十三卷(四十二至五十一、五十四至六十六、七十四至九十三)

130000－0402－0007611　64－57/17－10
增補事類統編九十三卷　(清)黄葆真增輯　清文選樓刻本　三冊　存六卷(十六至二十一)

130000－0402－0007612　64－57/17－11
增補事類統編九十三卷首一卷　(清)黄葆真增輯　清道光二十六年(1846)刻本　五冊　存十二卷(一至八、十五至十七,首一卷)

130000－0402－0007613　64－57/17－12
增補事類統編九十三卷首一卷　(清)黄葆真增輯　清刻本　六冊　存十二卷(七十至八十一)

130000－0402－0007614　64－57/17/2(1)
廣事類賦四十卷　(清)華希閔著　清康熙三十八年(1699)刻本　十冊

130000－0402－0007615　64－57/17/2(2)
廣事類賦四十卷　(清)華希閔著　清康熙三十八年(1699)刻本　十冊

130000－0402－0007616　64－57/17/2(3)
廣事類賦四十卷　(清)華希閔著　清康熙三十八年(1699)刻本　八冊

130000－0402－0007617　64－57/17/2(4)
廣事類賦四十卷　(清)華希閔著　清康熙三十八年(1699)刻本　六冊　存二十三卷(一至三、十二至二十四、三十四至四十)

130000－0402－0007618　64－57/17/2－2
廣事類賦四十卷　(清)華希閔著　清藝古堂刻本　十冊

130000－0402－0007619　64－57/17/3
廣廣事類賦三十二卷　(清)吳世旃撰註　清嘉慶十三年(1808)經綸堂刻本　六冊

130000－0402－0007620　64－57/17/3－2
廣廣事類賦三十二卷　(清)吳世旃撰註　清光緒三年(1877)三義會刻本　五冊　存十八卷(一至十八)

130000－0402－0007621　64－57/17/3－3
廣廣事類賦三十二卷　(清)吳世旃撰註　清同治元年(1862)宏道堂刻本　六冊

130000－0402－0007622　64－57/17/4
廣事類賦四十卷　(清)華希閔著　(清)華希閎重訂　清乾隆二十九年(1764)劍光閣刻本　十冊

130000－0402－0007623　64－57/17/4－2
重訂廣事類賦四十卷　(清)華希閔著　(清)華希閎重訂　清光緒三年(1877)三義會刻本　十三冊

130000－0402－0007624　64－57/17/5
續廣事類賦三十卷　(清)王鳳喈撰注　清嘉慶三年(1798)三義會刻本　十三冊

130000－0402－0007625　64－57/17/6
事類賦補遺十四卷　(清)張均編撰　清三義會刻本　六冊

130000－0402－0007626　64－57/18
初刻經典便覽四種　(清)蕭士寧補訂　清嘉慶十八年(1813)留餘書塾刻本　四冊

130000－0402－0007627　64－57/19(1)
小嫏嬛山館彙刊類書十二種　(清)□□輯　清同治九年(1870)聚錦堂刻本　十二冊

130000－0402－0007628　64－57/19(2)
小嫏嬛山館彙刊類書十二種　(清)□□輯　清刻本　八冊

130000－0402－0007629　64－57/20
文林綺繡五種　(清)鴻寶齋書局輯　清光緒二十年(1894)上洋鴻寶齋石印本　六冊

130000－0402－0007630　64－57/21(1)
唐詩金粉十卷　(清)沈炳震纂輯　清冬讀書齋刻本　六冊

130000－0402－0007631　64－57/21(2)
唐詩金粉十卷　(清)沈炳震纂輯　清冬讀書齋刻本　四冊

130000－0402－0007632　64－57/26(1)
格致鏡原一百卷　(清)陳元龍撰　清雍正十三年(1735)刻本　十八冊　存七十六卷(一至七十六)

130000－0402－0007633　64－57/26(2)
格致鏡原一百卷　(清)陳元龍撰　清雍正十三年(1735)刻本　八冊　存二十六卷(一至二十六)

130000－0402－0007634　64－57/26－2
格致鏡原一百卷　(清)陳元龍撰　清光緒二十二年(1896)積山書局石印本　十五冊　存九十五卷(一至七十八、八十四至一百)

130000－0402－0007635　64－57/26－3
格致鏡原一百卷　(清)陳元龍撰　清雍正十三年(1735)刻本　二十冊

130000－0402－0007636　64－57/27
三續疑年錄十卷　(清)陸心源編　清光緒五年(1879)刻本　二冊

130000－0402－0007637　64－57/28
詩材類對纂要四卷　(清)任德裕　(清)申贇皇箋　清釀花書屋刻本　二冊

130000－0402－0007638　64－57/29
角山樓增補類腋六十七卷　(清)姚培謙原本　(清)趙克宜增輯　清咸豐十年(1860)刻本　十冊　存三十五卷(天部八卷、地部一至七、物部二十卷)

130000－0402－0007639　64－57/29－2(1)
類腋五十五卷　(清)姚培謙集　清寶仁堂刻本　十五冊　缺七卷(人部四至七、物部十至十二)

130000－0402－0007640　64－57/29－2(2)
類腋五十五卷　(清)姚培謙集　清寶仁堂刻本　四冊　存十二卷(地部一至二、六至八，物部四至七、十四至十六)

130000－0402－0007641　64－57/29－2(3)
類腋五十五卷　(清)姚培謙　(清)張卿雲輯　清刻本　二冊　存十卷(物部一至五、十二至十六)

130000－0402－0007642　64－57/29－3
類腋不分卷　(清)姚培謙撰　清末上海文瑞樓石印本　五冊

130000－0402－0007643　64－57/29－4
賦學法程不分卷　(清)□□撰　清末上海文瑞樓石印本　五冊

130000－0402－0007644　64－57/29－5
韻府精華五卷　(清)□□撰　清末上海文瑞樓石印本　五冊　存四卷(二至五)

130000－0402－0007645　64－57/30(1)
應酬彙選新集八卷　(清)陸九如纂輯　清道光二十八年(1848)晉祁書業德刻本　四冊

130000－0402－0007646　64－57/30(2)
應酬彙選新集八卷　(清)陸九如纂輯　清道光二十八年(1848)晉祁書業德刻本　四冊

130000－0402－0007647　64－57/30(3)
應酬彙選新集八卷　(清)陸九如纂輯　清道光二十八年(1848)晉祁書業德刻本　二冊　存四卷(三至四、七至八)

130000－0402－0007648　64－57/30－2
應酬彙選新集八卷應酬帖式二卷　(清)陸九如纂輯　清同治十一年(1872)聚錦旭刻本　四冊

130000－0402－0007649　64－57/30－3(1)
應酬彙選新集八卷　(清)陸九如纂輯　清光緒元年(1875)刻本　二冊

130000－0402－0007650　64－57/30－3(2)
應酬彙選新集八卷　(清)陸九如纂輯　清光緒元年(1875)刻本　一冊　存二卷(三至四)

130000－0402－0007651　64－57/31(1)
漁古軒詩韻八卷　(清)余照原本　(清)朱德蕃增訂　清道光二十一年(1841)經餘堂刻本　四冊

130000－0402－0007652　64－57/31(2)
漁古軒詩韻八卷　(清)余照原本　(清)朱德蕃增訂　清道光二十一年(1841)經餘堂刻本

一册　存二卷(三至四)

130000－0402－0007653　64－57/31－2
漁古軒詩韻八卷　(清)余照原本　(清)朱德蕃增訂　清末鉛印本　二册　存二卷(三至四)

130000－0402－0007654　64－57/32
類林新咏三十六卷　(清)姚之駰撰注　清康熙四十七年(1708)文暎書屋刻本　四册　存十九卷(一至十九)

130000－0402－0007655　64－57/32－2
類林新咏三十六卷　(清)姚之駰撰注　清康熙四十七年(1708)刻本　十二册

130000－0402－0007656　64－57/32－3
類林新咏三十六卷　(清)姚之駰撰注　清刻本　十一册　存二十五卷(三至五、十五至三十六)

130000－0402－0007657　64－57/33
新刻註釋故事白眉十卷　(明)許以忠集　清崇文堂刻本　六册

130000－0402－0007658　64－57/33－2
新刻註釋故事白眉十卷　(明)許以忠集　清聚錦堂刻本　八册

130000－0402－0007659　64－57/33－3
註釋白眉故事十卷　(明)許以忠集　清刻本　二册

130000－0402－0007660　64－57/34
憑山閣增輯留青新集三十卷　(清)陳枚選　(清)陳德裕增輯　清聚文堂刻本　八册　存七卷(一至六、八)

130000－0402－0007661　64－57/34－2(1)
憑山閣增輯留青新集三十卷　(清)陳枚選　(清)陳德裕增輯　清刻本　十二册　存二十四卷(五至十二、十五至三十)

130000－0402－0007662　64－57/34－2(2)
憑山閣增輯留青新集三十卷　(清)陳枚選　(清)陳德裕增輯　清刻本　二十二册　存二十二卷(一至二十二)

130000－0402－0007663　64－57/34－2(3)
憑山閣增輯留青新集三十卷　(清)陳枚選　(清)陳德裕增輯　清刻本　三十五册　缺二卷(六、二十八)

130000－0402－0007664　64－57/34/1
憑山閣增定留青全集二十四卷　(清)陳枚選輯　清刻本　九册　存七卷(二下至三、五、十一至十二上、二十三下至二十四)

130000－0402－0007665　64－57/34/2
憑山閣留青集選　(清)陳枚選輯　清刻本　二册　存二卷(五、七)

130000－0402－0007666　64－57/35
王先生十七史蒙求十六卷　(宋)王令注　**李氏蒙求補注六卷**　(唐)李瀚撰　(清)金三俊輯　清道光二十八年(1848)大文堂刻本　六册

130000－0402－0007667　64－57/35－2
王先生十七史蒙求十六卷　(宋)王令撰　**李氏蒙求補注六卷考證一卷**　(唐)李瀚撰　(清)金三俊輯　清道光二十八年(1848)粵東文雅齋刻本　六册

130000－0402－0007668　64－57/35/1
李氏蒙求八卷　(唐)李瀚撰　(清)楊迦懌集註　(清)尹竹農鑒定　清道光十四年(1834)宜壽堂刻本　八册

130000－0402－0007669　64－57/37
采真彙藁四卷　(清)檀萃著　(清)曾力行箋註　清乾隆四十二年(1777)致和堂刻本　四册

130000－0402－0007670　64－57/37－2
采真彙藁四卷　(清)檀萃著　(清)曾力行箋註　清光緒二年(1876)蓬萊山房刻本　四册

130000－0402－0007671　64－57/38
增補如面談新集十卷首一卷　(清)李光祚纂輯　清耕經書屋刻本　六册

130000－0402－0007672　64－57/39(1)
雲林别墅新輯酬世錦囊家禮集成二集七卷帖

式三集二卷採輯新聯二卷　（清）鄒景揚輯　清光緒元年(1875)寶興堂刻本　三冊　存十一卷(家禮集成二集七卷、帖式三集二卷、採輯新聯二卷)

130000－0402－0007673　64－57/39(2)
雲林別墅新輯酬世錦囊家禮集成二集七卷帖式三集二卷採輯新聯二卷　（清）鄒景揚輯　清光緒元年(1875)寶興堂刻本　五冊　存九卷(家禮集成二集七卷、帖式三集二卷)

130000－0402－0007674　64－57/39/1
雲林別墅新輯酬世錦囊書啟合編初集八卷家禮集成二集七卷帖式三集二卷　（清）鄒景揚輯　清大德堂刻本　十三冊

130000－0402－0007675　64－57/40
省軒考古類編十二卷　（清）柴紹炳纂　（清）姚培謙評　清乾隆二十三年(1758)文盛堂刻本　五冊

130000－0402－0007676　64－57/41
詩料英華十四卷　（清）劉豹君原本　清乾隆六十年(1795)聚錦堂刻本　四冊

130000－0402－0007677　64－57/41－2
詩料英華十四卷　（清）劉豹君原本　清乾隆六十年(1795)聚錦堂刻本　四冊

130000－0402－0007678　64－57/41－3
詩料英華十四卷　（清）劉豹君原本　清乾隆六十年(1795)同元堂刻本　二冊

130000－0402－0007679　64－57/41－4
詩料英華十四卷　（清）劉豹君原本　清刻本　二冊　存六卷(九至十四)

130000－0402－0007680　64－57/42
館律萃珍三十二卷　（清）謝祖源編　清光緒二年(1876)同雅堂刻本　十二冊

130000－0402－0007681　64－57/43
藝文備覽十二集一百二十卷檢字一卷　（清）沙木集注　清嘉慶十二年(1807)刻本　五冊　存二十二卷(卯集十卷、辰集十卷、巳集一至二)

130000－0402－0007682　64－57/44
通問便集二卷　（清）南沙子虛氏輯注　清光緒十三年(1887)上海畬經堂刻本　二冊

130000－0402－0007683　64－57/45
增廣試帖玉芙蓉五卷目錄一卷續編二卷　（清）鴻寶齋主人輯　清光緒十四年(1888)鴻寶齋書局石印本　八冊

130000－0402－0007684　64－57/46
壹是紀始二十二卷補遺一卷　（清）魏崧著　清道光刻本　八冊

130000－0402－0007685　64－57/47
子史輯要詩賦題解四卷續編四卷　（清）胡本淵編輯　清乾隆六十年(1795)刻本　四冊

130000－0402－0007686　64－57/49
小知錄十二卷　（清）陸鳳藻輯　清同治十二年(1873)淮南書局刻本　四冊

130000－0402－0007687　64－57/50(1)
廣治平畧三十六卷續八卷　（清）蔡方炳定本　清刻本　十冊

130000－0402－0007688　64－57/50(2)
廣治平畧三十六卷　（清）蔡方炳定本　清刻本　七冊　存三十二卷(一至四、九至三十六)

130000－0402－0007689　64－57/50－2
廣治平畧三十六卷續八卷　（清）蔡方炳定本　清光緒十四年(1888)上海點石齋鉛印本　六冊

130000－0402－0007690　64－57/52
詳註分類飲香尺牘四卷首一卷　（清）飲香居士輯　清道光十九年(1839)敬文堂刻本　四冊

130000－0402－0007691　64－57/52－2
詳註分類飲香尺牘四卷首一卷　（清）飲香居士輯　清乾隆五十四年(1789)又賞齋刻本　一冊　存二卷(一至二)

130000－0402－0007692　64－57/53(1)
四六類腋十九卷　（清）東郇訂　（清）葉祺

昌注　清光緒九年(1883)書業德刻本　十二册

130000－0402－0007693　64－57/53(2)
四六類腋十九卷　(清)東郡訂　(清)葉祺昌注　清光緒九年(1883)書業德刻本　十册　存十八卷(一至七、九至十九)

130000－0402－0007694　64－57/53－2
研香齋四六類腋二十四卷　(清)東郡訂　清道光二十三年(1843)寶書堂刻本　六册

130000－0402－0007695　64－57/53－3(1)
研香齋四六類腋二十四卷　(清)東郡訂　清道光二十八年(1848)研香書屋刻本　三册

130000－0402－0007696　64－57/53－3(2)
研香齋四六類腋二十四卷　(清)東郡訂　清道光二十八年(1848)研香書屋刻本　一册　存五卷(十至十四)

130000－0402－0007697　64－57/54
韻海鴛鴦十六卷　(清)崔騏編　清道光二十四年(1844)文錦堂刻本　七册　存十四卷(一至八、十一至十六)

130000－0402－0007698　64－57/54/1
韻海鴛鴦仄聲四十二卷　(清)崔騏編　清咸豐十年(1860)書業德刻本　一册　存十四卷(一至十四)

130000－0402－0007699　64－57/55
六梅書屋尺牘二卷　(清)淩丹陛撰　清光緒五年(1879)京都二酉齋刻本　二册

130000－0402－0007700　64－57/56
知愧軒尺牘十六卷　(清)管士駿著　清光緒十年(1884)通志堂刻本　二册

130000－0402－0007701　64－57/57
玉餘尺牘附編八卷　(清)莊士敏撰　清光緒六年(1880)大亭山館刻本　一册

130000－0402－0007702　64－57/59
瀛海探驪集八卷　(清)朱埏之輯　(清)馮泉等注　清嘉慶十九年(1814)刻本　四册

130000－0402－0007703　64－57/59－2
瀛海探驪集八卷　(清)朱埏之輯　(清)馮泉等注　清集錦堂刻本　四册　存四卷(一至四)

130000－0402－0007704　64－57/59－3(1)
瀛海探驪集八卷　(清)朱埏之輯　(清)馮泉等注　清刻本　二册　存四卷(五至八)

130000－0402－0007705　64－57/59－3(2)
瀛海探驪集八卷　(清)朱埏之輯　(清)馮泉等注　清刻本　四册

130000－0402－0007706　64－57/59－3(3)
瀛海探驪集八卷　(清)朱埏之輯　(清)馮泉等注　清刻本　二册　存二卷(五至六)

130000－0402－0007707　64－57/60(1)
典林博覽十二卷　(清)鍾運堯編　清同治十二年(1873)存養山房刻本　十二册

130000－0402－0007708　64－57/60(2)
典林博覽十二卷　(清)鍾運堯編　清同治十二年(1873)存養山房刻本　四册　存十卷(三至十二)

130000－0402－0007709　64－57/61
半園尺牘二十五卷補遺六卷　(明)静福山人著　清光緒五年(1879)靈蘭堂刻本　九册　缺二卷(補遺一至二)

130000－0402－0007710　64－57/62
應酬匯選新集八卷　(清)潘文光輯　清刻本　二册　存四卷(一至二、七至八)

130000－0402－0007711　64－57/63
分類尺牘備覽三十卷　(清)王虎榜輯　清末上海鴻寶齋石印本　四册

130000－0402－0007712　64－57/63－2
分類尺牘備覽三十卷　(清)王虎榜輯　清光緒三十年(1904)上海同文社鉛印本　一册　存二卷(一至二)

130000－0402－0007713　64－57/64
適軒尺牘八卷　(清)徐菊生撰　清刻本　二册

130000－0402－0007714　64－57/65

慕虞軒駢體尺牘不分卷 (清)宋體淳撰 清光緒二年(1876)文慶堂刻本 一冊

130000－0402－0007715 64－57/66

詳注嚶求集二卷 (清)繆艮著 (清)倪照注 清光緒十六年(1890)上海江左書林石印本 二冊 存一卷(一)

130000－0402－0007716 64－57/67(1)

資治新書十四卷首一卷 (清)李漁輯 清經綸堂刻本 八冊

130000－0402－0007717 64－57/67(2)

資治新書十四卷首一卷 (清)李漁輯 清經綸堂刻本 三冊 存七卷(六至九、十二至十四)

130000－0402－0007718 64－57/67/1(1)

資治新書二集二十卷 (清)李漁蒐輯 清經綸堂刻本 十一冊 存十八卷(三至二十)

130000－0402－0007719 64－57/67/1(2)

資治新書二集二十卷 (清)李漁蒐輯 清經綸堂刻本 三冊 存七卷(五至六、十一至十三、十六至十七)

130000－0402－0007720 64－57/68

尺牘初桄二卷 (清)南窗侍者輯 清末滬北吳雲書局鉛印本 一冊

130000－0402－0007721 64－57/69

人生必讀書十二卷 (清)唐彪撰錄 清三多齋刻本 一冊 存四卷(一至四)

130000－0402－0007722 64－57/70

息奩尺牘二卷附存一卷 (清)陳觀圻撰 清光緒十年(1884)申報館鉛印本 一冊

130000－0402－0007723 64－57/71

欣賞齋尺牘六卷 (清)曹仁鏡輯 清光緒十九年(1893)四知堂刻本 一冊 存二卷(一、六)

130000－0402－0007724 64－57/74

鄉黨應酬六卷 (清)鄧炳震編輯 清光緒二十五年(1899)三義堂刻本 六冊

130000－0402－0007725 64－57/74－2

鄉黨應酬六卷 (清)鄧炳震編輯 清善成堂刻本 二冊 存二卷(三、五)

130000－0402－0007726 64－57/74－3

鄉黨應酬六卷 (清)鄧炳震編輯 清刻本 一冊 存一卷(三)

130000－0402－0007727 64－57/75

訂正江湖尺牘句解 (清)□□輯 清末石印本 二冊 存三卷(三至五)

130000－0402－0007728 64－57/76

試帖秋香八卷 (清)□□輯 清同治十二年(1873)京都琉璃廠刻本 四冊

130000－0402－0007729 64－57/77

文料大成四十卷補編二卷 (清)冷香子編 清光緒十年(1884)刻本 九冊 缺四卷(四至七)

130000－0402－0007730 64－57/79

增廣詩句題解彙編四卷 (清)慎記書莊編 清光緒二十二年(1896)上海慎記書莊石印本 二冊 存二卷(一至二)

130000－0402－0007731 64－57/80

詩句題解韻編六卷 (清)陳維屏纂輯 清同治三年(1864)京都琉璃廠刻本 六冊

130000－0402－0007732 64－57/80/1

增補詩句題解彙編二十二卷 (清)葉湘秋原本 (清)朱春舫增輯 清刻本 十五冊 存十六卷(七至二十二)

130000－0402－0007733 64－57/81

詩賦駢字類珠八卷 (清)蕭熿輯 清嘉慶二十三年(1818)聚錦堂刻本 三冊 存六卷(一至四、七至八)

130000－0402－0007734 64－57/82

新鐫雜錦羣芳尺牘 (清)□□輯 清刻本 三冊 存六卷(一、四至八)

130000－0402－0007735 64－57/83

策學淵海統纂大成四十六卷 (清)□□輯 清刻本 八冊 存二十一卷(一至二、五、八至十一、十六至十八、三十一至三十八、四十

四至四十六）

130000－0402－0007736　64－57/85

類類聯珠六卷　（清）□□輯　清刻本　一冊

130000－0402－0007737　64－57/86

策學總纂大成四十六卷　（清）蔡壽祺撰　清刻本　一冊　存一卷（三）

130000－0402－0007738　64－57/87

依樣葫蘆四卷　（清）畏壘山人稟　（清）香湖居士錄　清聚賢書屋刻本　一冊

130000－0402－0007739　64－6/2

策學備纂三十二卷目錄三十二卷首一卷　（清）蔡啟盛集　（清）吳潁炎輯　清光緒二十年（1894）袖海山房石印本　六冊　存三十九卷（一至二、四、八至十，目錄三十二卷，首一卷）

130000－0402－0007740　64－6/2－2

策學備纂三十二卷目錄三十二卷首一卷　（清）蔡啟盛集　（清）吳潁炎輯　清光緒二十年（1894）上海點石齋石印本　八冊　存三十五卷（一至二、目錄三十二卷、首一卷）

130000－0402－0007741　64－6/4－2

寫信必讀十卷附攷正字彙書契便蒙　（清）唐芸洲輯　清末上海錦章圖書局石印本　二冊

130000－0402－0007742　64－6/6

稟啟零紈四卷　（清）姜士堯輯　清光緒上海申報館鉛印申報館叢書餘集本　一冊

130000－0402－0007743　64－6/8

文科大辭典十二卷　國學扶輪社編　清宣統三年（1911）國學扶輪社鉛印本　十二冊

130000－0402－0007744　64－6/9

雙鯉堂易明尺牘句解初集五卷　（清）□□輯　清末上海廣益書局石印本　一冊　存三卷（一至三）

130000－0402－0007745　65/1

時事采新彙選　（清）□□輯　清光緒三十一年（1905）鉛印本　十六冊　存十八卷（乙巳四月刊六卷、六月刊六卷、九月刊六卷）

130000－0402－0007746　65/2

江西官報　（清）江西官報局編　清光緒二十九年至三十年（1903－1904）石印本　二冊　存三十一期（癸卯年十七期、甲辰年十四期）

130000－0402－0007747　65/3

農學報　（清）農學報編　清末石印本　十三冊　存十三冊（一千八百九十九年二冊、一千九百年十一冊）

130000－0402－0007748　65/4（1）

商務官報　商務官報編　清光緒三十二年至宣統元年（1906－1909）商部工藝局印刷科鉛印本　二十冊　存二十期（一千九百六年二十一、二十六至二十七，一千九百七年三至四、十三、十六至十九、二十二至二十七、二十九至三十二）

130000－0402－0007749　65/4（2）

商務官報　商務官報編　清光緒三十二年至宣統元年（1906－1909）商部工藝局印刷科鉛印本　三十四冊　存三十四期（一千九百六年十九、二十一至二十三、二十六至二十七、二十九，一千九百七年二至四、十、十二至三十二，一千九百八年十、三十一）

130000－0402－0007750　65－6/3

時務報合訂本附書八種　（清）時務報編　清末石印本　六冊

130000－0402－0007751　65－6/5

渝報第五冊　（清）渝報編　清光緒二十三年（1897）木活字本　一冊

130000－0402－0007752　65－6/7

飲冰室壬寅叢報　梁啟超輯　清末鉛印本　一冊　存六種（教育、兵事、財政、實業、宗教、名家談叢）

130000－0402－0007753　65－6/8

四川教育官報　四川教育官報編　清宣統元年至二年（1909－1910）鉛印本　二冊　存二期（八、七十）

130000－0402－0007754　65－6/9（1）

自治研究所講義錄　直隸自治研究所編　清

宣統二年(1910)鉛印本　十一冊　存七號(一至七)

130000－0402－0007755　65－6/9(2)

自治研究所講義録　直隸自治研究所編　清宣統三年(1911)鉛印本　十冊　存七號(十至十六)

130000－0402－0007756　65－6/10

新民叢報彙編　(清)新民叢報編　清光緒二十九年(1903)石印本　二冊　存一編(癸卯下)

書名筆畫字頭索引

一畫

一 …… 419

二畫

二 …… 419
十 …… 420
丁 …… 420
七 …… 420
卜 …… 421
八 …… 421
人 …… 421
入 …… 421
九 …… 421

三畫

三 …… 421
于 …… 422
士 …… 422
土 …… 422
大 …… 423
才 …… 424
上 …… 424
口 …… 424
山 …… 424
千 …… 425
己 …… 425
女 …… 425
小 …… 425
子 …… 426

四畫

王 …… 426
井 …… 427
天 …… 427
元 …… 427
廿 …… 428
五 …… 428
支 …… 429
太 …… 429
尤 …… 430
切 …… 430
止 …… 430
日 …… 430
中 …… 430
内 …… 430
午 …… 430
毛 …… 430
手 …… 430
仁 …… 430
仇 …… 430
化 …… 430
今 …… 430
分 …… 431
公 …… 431
月 …… 431
戶 …… 431
丹 …… 431
六 …… 431
文 …… 431
方 …… 433
斗 …… 433
心 …… 433
尹 …… 433
尺 …… 433
孔 …… 433
水 …… 433

五畫

玉 …… 434

正 …… 434
功 …… 434
甘 …… 435
世 …… 435
古 …… 435
本 …… 437
札 …… 437
可 …… 437
左 …… 437
石 …… 437
右 …… 438
平 …… 438
打 …… 438
北 …… 438
占 …… 438
目 …… 438
甲 …… 438
申 …… 438
史 …… 438
四 …… 439
丘 …… 441
代 …… 441
仙 …… 441
白 …… 442
令 …… 442
用 …… 442
印 …… 442
句 …… 442
外 …… 442
包 …… 442
主 …… 442
立 …… 442
半 …… 442
永 …… 442
司 …… 442
弘 …… 443
出 …… 443
台 …… 443
幼 …… 443

六畫

式 …… 443
刑 …… 443
邢 …… 443
吉 …… 443
考 …… 443
老 …… 443
地 …… 443
耳 …… 443
芝 …… 443
再 …… 443
西 …… 443
百 …… 444
有 …… 444
而 …… 445
存 …… 445
列 …… 445
成 …… 445
夷 …… 445
此 …… 445
光 …… 445
曲 …… 445
同 …… 445
回 …… 445
朱 …… 445
先 …… 446
竹 …… 446
伏 …… 446
伐 …… 446
延 …… 446
任 …… 446
仰 …… 446
仿 …… 446
自 …… 446
血 …… 446
向 …… 446
行 …… 446
全 …… 446
合 …… 446

各 …… 446
名 …… 446
色 …… 446
交 …… 446
亦 …… 446
冲 …… 447
江 …… 447
汲 …… 447
池 …… 447
安 …… 447
字 …… 447
祁 …… 448
防 …… 448
如 …… 448

七畫

形 …… 448
戒 …… 448
攻 …… 448
赤 …… 448
孝 …… 448
志 …… 448
芙 …… 448
邯 …… 448
芸 …… 448
芮 …… 448
花 …… 448
芹 …… 448
芥 …… 448
杜 …… 448
杏 …… 449
杉 …… 449
李 …… 449
更 …… 449
酉 …… 449
辰 …… 449
扶 …… 449
批 …… 449
折 …… 449
抗 …… 449
求 …… 450
盱 …… 450
見 …… 450
助 …… 450
困 …… 450
呂 …… 450
吟 …… 450
吹 …… 450
吳 …… 450
刪 …… 450
牡 …… 450
我 …… 450
兵 …… 450
何 …… 450
伸 …… 450
佛 …… 450
近 …… 450
希 …… 451
孚 …… 451
狄 …… 451
角 …… 451
辛 …… 451
忻 …… 451
弟 …… 451
汪 …… 451
沔 …… 451
汾 …… 451
沈 …… 451
宋 …… 451
冶 …… 452
初 …… 452
壯 …… 452
改 …… 452
阿 …… 452
附 …… 452

八畫

奉 …… 452
武 …… 452
青 …… 452

表 …… 452
盂 …… 452
長 …… 452
茂 …… 453
苗 …… 453
英 …… 453
苑 …… 453
范 …… 453
直 …… 453
林 …… 453
板 …… 453
來 …… 453
松 …… 453
杭 …… 453
述 …… 453
東 …… 454
或 …… 455
事 …… 455
兩 …… 455
協 …… 455
奈 …… 455
奇 …… 455
抱 …… 455
拙 …… 455
虎 …… 455
尚 …… 455
果 …… 455
味 …… 455
昆 …… 455
昌 …… 455
明 …… 455
易 …… 457
迪 …… 457
典 …… 457
固 …… 457
忠 …… 457
呷 …… 457
邵 …… 457
狀 …… 457
岣 …… 457
制 …… 457
知 …… 457
牧 …… 458
和 …… 458
岳 …… 458
岱 …… 458
兒 …… 458
佩 …… 458
依 …… 458
欣 …… 458
征 …… 458
金 …… 458
部 …… 459
采 …… 459
受 …… 459
念 …… 459
服 …… 459
肥 …… 459
周 …… 459
匋 …… 459
京 …… 459
夜 …… 460
府 …… 460
庚 …… 460
刻 …… 460
育 …… 460
性 …… 460
法 …… 460
河 …… 460
注 …… 460
治 …… 460
宗 …… 460
定 …… 460
官 …… 461
空 …… 461
宛 …… 461
郎 …… 461
居 …… 461
陔 …… 461
姑 …… 461
姓 …… 461
承 …… 461

孟 …… 461
函 …… 461

九畫

契 …… 461
奏 …… 461
春 …… 461
珂 …… 463
珍 …… 463
封 …… 463
垣 …… 463
城 …… 463
政 …… 463
郝 …… 463
荆 …… 463
草 …… 463
荀 …… 463
茗 …… 463
荒 …… 463
故 …… 463
胡 …… 463
南 …… 463
相 …… 464
柏 …… 464
柳 …… 464
東 …… 464
咸 …… 464
研 …… 464
耐 …… 464
奎 …… 464
虐 …… 464
省 …… 464
則 …… 464
盼 …… 464
星 …… 464
昨 …… 464
昭 …… 464
虹 …… 464
思 …… 464
韋 …… 464
看 …… 464
香 …… 464
秋 …… 464
科 …… 464
重 …… 464
段 …… 466
修 …… 466
保 …… 466
侶 …… 466
俄 …… 466
皇 …… 466
泉 …… 467
禹 …… 467
追 …… 467
律 …… 467
後 …… 468
俞 …… 468
食 …… 468
脉 …… 468
胎 …… 468
勉 …… 468
風 …… 468
訂 …… 468
亭 …… 468
度 …… 468
施 …… 468
奕 …… 469
音 …… 469
帝 …… 469
恪 …… 469
前 …… 469
逆 …… 469
炳 …… 469
洪 …… 469
洞 …… 469
洗 …… 469
洛 …… 469
洨 …… 469
洋 …… 469
津 …… 469
宣 …… 469

宦 …… 469
客 …… 469
神 …… 469
退 …… 469
咫 …… 469
眉 …… 469
陜 …… 469
姚 …… 470
飛 …… 470
癸 …… 470
紅 …… 470
約 …… 470
紀 …… 470

十畫

馬 …… 470
秦 …… 470
泰 …… 470
珠 …… 470
班 …… 470
素 …… 470
袁 …… 470
恥 …… 470
華 …… 470
莊 …… 470
真 …… 471
桂 …… 471
栖 …… 471
條 …… 471
桐 …… 471
桃 …… 471
格 …… 471
栘 …… 471
校 …… 471
連 …… 471
栗 …… 471
酌 …… 471
夏 …… 471
原 …… 471
捕 …… 472
振 …… 472
挹 …… 472
晉 …… 472
時 …… 472
眂 …… 472
剔 …… 472
晏 …… 472
豈 …… 472
乘 …… 472
秣 …… 472
秘 …… 472
笏 …… 472
借 …… 472
倚 …… 472
倭 …… 472
健 …… 472
皋 …… 472
息 …… 472
師 …… 473
徐 …… 473
般 …… 473
飣 …… 473
翁 …… 473
烏 …… 473
留 …… 473
訓 …… 473
高 …… 473
疹 …… 473
唐 …… 473
兼 …… 475
朔 …… 475
剡 …… 475
凌 …… 475
淨 …… 475
涑 …… 475
浙 …… 475
消 …… 475
海 …… 475
浠 …… 475
浮 …… 475
浪 …… 475

宸 …… 475
家 …… 475
容 …… 475
祥 …… 475
書 …… 475
屑 …… 476
陸 …… 476
陳 …… 476
陰 …… 477
陶 …… 477
陪 …… 477
恕 …… 477
娱 …… 477
通 …… 477
孫 …… 477
納 …… 478

十一畫

理 …… 478
現 …… 478
琅 …… 478
埤 …… 478
教 …… 478
砮 …… 478
培 …… 478
聊 …… 478
黄 …… 478
萸 …… 478
菊 …… 478
乾 …… 479
梵 …… 479
梧 …… 479
梅 …… 479
曹 …… 479
區 …… 479
堅 …… 479
戚 …… 479
帶 …… 479
硃 …… 479
匏 …… 479
盛 …… 479
雪 …… 479
推 …… 479
頂 …… 479
掄 …… 479
授 …… 479
救 …… 479
處 …… 479
堂 …… 479
常 …… 479
野 …… 479
問 …… 479
晚 …… 479
異 …… 479
鄂 …… 479
唱 …… 479
國 …… 479
崑 …… 481
崔 …… 481
崇 …… 481
梨 …… 481
笛 …… 481
笠 …… 481
笥 …… 481
第 …… 481
進 …… 481
得 …… 481
從 …… 481
船 …… 481
象 …… 481
逸 …… 481
凰 …… 481
許 …… 481
庶 …… 481
麻 …… 481
庾 …… 481
庸 …… 482
康 …… 482
鹿 …… 484
章 …… 484
商 …… 484

望 …… 484
率 …… 484
情 …… 484
惜 …… 484
惇 …… 484
清 …… 484
淇 …… 484
淞 …… 484
淮 …… 484
深 …… 484
梁 …… 484
涵 …… 484
寄 …… 485
尉 …… 485
張 …… 485
隋 …… 485
鄘 …… 485
陽 …… 485
隆 …… 485
習 …… 485
貫 …… 485
鄉 …… 485

十二畫

貳 …… 485
絜 …… 486
琵 …… 486
琴 …… 486
堯 …… 486
博 …… 486
喜 …… 486
彭 …… 486
達 …… 486
壹 …… 486
壺 …… 486
斯 …… 486
萬 …… 486
敬 …… 486
朝 …… 486
植 …… 486
硒 …… 486
硝 …… 486
雁 …… 486
雲 …… 486
搭 …… 486
揚 …… 486
提 …… 486
插 …… 486
雅 …… 486
紫 …… 487
虛 …… 487
掌 …… 487
最 …… 487
開 …… 487
閒 …… 487
遏 …… 487
景 …… 487
喉 …… 487
喻 …… 487
嵐 …… 487
無 …… 487
缾 …… 487
智 …… 487
嵇 …… 487
程 …… 487
喬 …… 487
等 …… 487
策 …… 487
筆 …… 487
傅 …… 487
貸 …… 487
順 …… 487
集 …… 487
焦 …… 487
皐 …… 488
皖 …… 488
御 …… 488
復 …… 490
鈍 …… 490
鈐 …… 490
欽 …… 490

畬 ………… 492
番 ………… 492
飲 ………… 492
勝 ………… 492
鄒 ………… 492
詁 ………… 492
評 ………… 492
註 ………… 492
詞 ………… 492
敦 ………… 492
痘 ………… 493
遊 ………… 493
惺 ………… 493
善 ………… 493
普 ………… 493
尊 ………… 493
道 ………… 493
遂 ………… 493
曾 ………… 493
馮 ………… 493
湖 ………… 493
湘 ………… 493
湯 ………… 494
測 ………… 494
渭 ………… 494
渻 ………… 494
淵 ………… 494
湟 ………… 494
渝 ………… 494
渾 ………… 494
寒 ………… 494
富 ………… 494
甯 ………… 494
補 ………… 494
裕 ………… 494
畫 ………… 494
犀 ………… 494
登 ………… 494
絫 ………… 494
結 ………… 494
幾 ………… 494

十三畫

瑞 ………… 495
瑜 ………… 495
琿 ………… 495
載 ………… 495
聖 ………… 495
戡 ………… 495
蓮 ………… 495
夢 ………… 495
蒼 ………… 495
蓬 ………… 495
蒿 ………… 495
蒲 ………… 495
蒙 ………… 495
楚 ………… 495
楊 ………… 495
槐 ………… 496
榆 ………… 496
楹 ………… 496
賈 ………… 496
蜃 ………… 496
感 ………… 496
擘 ………… 496
碑 ………… 496
雷 ………… 496
督 ………… 496
虞 ………… 496
愚 ………… 496
路 ………… 496
農 ………… 496
蜀 ………… 496
嵩 ………… 496
圓 ………… 496
稗 ………… 496
筠 ………… 496
筤 ………… 496
傳 ………… 496
傷 ………… 496
粵 ………… 496

會 …… 496
愛 …… 497
飴 …… 497
解 …… 497
試 …… 497
詩 …… 497
誠 …… 498
詳 …… 498
稟 …… 499
廉 …… 499
靖 …… 499
新 …… 499
意 …… 501
雍 …… 501
慎 …… 501
義 …… 501
慈 …… 501
煙 …… 501
資 …… 501
滇 …… 502
溫 …… 502
滄 …… 502
滂 …… 502
福 …… 502
肅 …… 502
群 …… 502
羣 …… 502
彙 …… 502
經 …… 502
綏 …… 503
彙 …… 503

十四畫

駁 …… 503
瑣 …… 503
静 …… 503
碧 …… 503
趙 …… 503
嘉 …… 504
臺 …… 504
壽 …… 504
聚 …… 504
慕 …… 504
蔡 …… 504
熙 …… 504
蔚 …… 504
榕 …… 504
輕 …… 504
監 …… 504
酸 …… 504
碣 …… 504
磁 …… 504
爾 …… 504
摘 …… 505
對 …… 505
賑 …… 505
聞 …… 505
閩 …… 505
鳴 …… 505
圖 …… 505
鄦 …… 505
種 …… 505
算 …… 505
管 …… 505
毓 …… 505
銅 …… 505
遯 …… 505
鳳 …… 505
雒 …… 505
語 …… 505
說 …… 505
誦 …… 506
塾 …… 506
廣 …… 506
瘍 …… 507
塵 …… 507
適 …… 507
齊 …… 507
精 …… 507
鄭 …… 507
漢 …… 507

滿 …… 507
漸 …… 507
漕 …… 507
漱 …… 507
漁 …… 508
寧 …… 508
實 …… 508
肇 …… 508
隨 …… 508
翠 …… 509
綱 …… 509
網 …… 509
綠 …… 509

十五畫

增 …… 509
穀 …… 510
邁 …… 510
蕉 …… 510
樊 …… 510
輟 …… 510
甌 …… 510
毆 …… 511
歐 …… 511
遷 …… 511
遼 …… 511
震 …… 511
撫 …… 511
賦 …… 511
賜 …… 511
閱 …… 511
遺 …… 511
數 …… 512
墨 …… 512
稷 …… 512
稿 …… 512
篋 …… 512
篆 …… 512
儀 …… 512
質 …… 512
德 …… 512
衛 …… 512
徵 …… 512
盤 …… 512
鋤 …… 512
劍 …… 512
餘 …… 512
魯 …… 512
劉 …… 512
諸 …… 513
課 …… 513
論 …… 513
談 …… 513
瘡 …… 513
憐 …… 513
養 …… 513
遵 …… 513
潛 …… 513
澳 …… 513
潘 …… 513
潼 …… 513
澄 …… 513
寫 …… 513
審 …… 513
選 …… 513
豫 …… 513
樂 …… 513
緯 …… 513
編 …… 513
畿 …… 513

十六畫

駱 …… 514
擇 …… 514
擔 …… 514
壇 …… 514
燕 …… 514
薛 …… 514
蕭 …… 514
翰 …… 514

檝 …… 514
樹 …… 514
機 …… 514
輶 …… 514
融 …… 514
醒 …… 514
歷 …… 515
霍 …… 515
戰 …… 515
嘯 …… 516
嶼 …… 516
黔 …… 516
積 …… 516
穆 …… 516
篤 …… 516
興 …… 516
學 …… 516
儒 …… 516
衡 …… 516
錢 …… 516
錦 …… 516
餞 …… 516
館 …… 516
獲 …… 516
鴛 …… 516
諧 …… 516
諭 …… 516
諮 …… 516
憑 …… 516
親 …… 516
龍 …… 516
懀 …… 517
營 …… 517
澧 …… 517
澤 …… 517
澮 …… 517
濂 …… 517
憲 …… 517
禪 …… 517
閻 …… 517

十七畫

環 …… 517
戴 …… 517
聲 …… 517
聰 …… 517
藏 …… 517
舊 …… 517
韓 …… 517
隸 …… 518
檉 …… 518
檢 …… 518
檀 …… 518
臨 …… 518
霜 …… 518
擬 …… 518
魏 …… 518
繁 …… 518
輿 …… 518
優 …… 518
儲 …… 518
徽 …… 518
鍥 …… 518
鍼 …… 518
鮚 …… 518
謝 …… 518
襄 …… 518
應 …… 518
甕 …… 518
鴻 …… 518
濟 …… 519
襍 …… 519
禮 …… 519
彌 …… 519
翼 …… 519
繆 …… 519

十八畫

藕 …… 519

藝 …… 519
藤 …… 520
藥 …… 520
檮 …… 520
醫 …… 520
豐 …… 520
叢 …… 520
闕 …… 520
蟬 …… 520
韞 …… 520
簡 …… 520
雙 …… 520
邊 …… 520
歸 …… 520
鎮 …… 520
翻 …… 520
顏 …… 520
雜 …… 520
離 …… 520
癖 …… 520
濼 …… 520
璧 …… 520
隴 …… 520

十九畫

難 …… 520
勸 …… 520
蘇 …… 520
攀 …… 521
麗 …… 521
礦 …… 521
願 …… 521
曝 …… 521
關 …… 521
嚴 …… 521
鏡 …… 521
廬 …… 521
韻 …… 521
懷 …… 521
類 …… 521
瀛 …… 522
繹 …… 522
繪 …… 522
繡 …… 522

二十畫

蘭 …… 522
醴 …… 522
闌 …… 522
鶡 …… 522
蠕 …… 522
籌 …… 522
纂 …… 523
鐫 …… 523
鐘 …… 523
釋 …… 523
鐃 …… 523
灌 …… 523
竇 …… 523
寶 …… 523

二十一畫

權 …… 523
夔 …… 523
鐵 …… 523
辯 …… 523
顧 …… 523
續 …… 523

二十二畫

聽 …… 524
鷗 …… 524
疊 …… 524
體 …… 524
鑄 …… 524
鑑 …… 524
讀 …… 524
龔 …… 525

二十三畫

驗 …… 525
欒 …… 525
變 …… 525

二十四畫

觀 …… 525
鹽 …… 525
靈 …… 525
蠶 …… 525
籬 …… 525
釁 …… 525
贛 …… 525

二十六畫

灤 …… 525

二十八畫

豔 …… 525

三十畫

鸞 …… 525

書名筆畫索引

一畫

一笠庵北詞廣正譜不分卷 ……………… 239

二畫

二十二子二十二種 ……………………… 191
二十二子二十二種 ……………………… 191
二十二子二十二種 ……………………… 191
二十二子二十二種 ……………………… 191
二十二子二十二種 ……………………… 191
二十二子彙函二十二種 ………………… 190
二十四史…………………………………… 64
二十四史…………………………………… 64
二十四史…………………………………… 64
二十四史…………………………………… 64
二十四史…………………………………… 64
二十四史…………………………………… 64
二十四史…………………………………… 64
二十四史…………………………………… 64
二十四史…………………………………… 64
二十四史…………………………………… 64
二十四史…………………………………… 64
二十四史…………………………………… 64
二十四史…………………………………… 64
二十四史…………………………………… 64
二十四史…………………………………… 65
二十四史…………………………………… 65
二十四史…………………………………… 65
二十四史…………………………………… 65
二十四史…………………………………… 65
二十四史…………………………………… 65
二十四史…………………………………… 68
二十四史…………………………………… 68
二十四史…………………………………… 68
二十四史…………………………………… 68
二十四史…………………………………… 69
二十四史…………………………………… 69
二十四史…………………………………… 69
二十四史…………………………………… 69
二十四史…………………………………… 69
二十四史…………………………………… 69
二十四史…………………………………… 69
二十四史…………………………………… 69
二十四史…………………………………… 69
二十四史…………………………………… 69
二十四史…………………………………… 69
二十四史…………………………………… 70
二十四史…………………………………… 70
二十四史…………………………………… 70
二十四史…………………………………… 70
二十四史…………………………………… 70
二十四史…………………………………… 71
二十四史…………………………………… 71
二十四史…………………………………… 71
二十四史…………………………………… 71
二十四史…………………………………… 72
二十四史…………………………………… 72
二十四史九通政典類要合編三百二十卷 …………………………………… 106
二十四史九通政典類要合編三百二十卷 …………………………………… 106
二十四史九通政典類要合編三百二十卷 …………………………………… 106
二十四史九通政典類要合編三百二十卷 …………………………………… 107
二十四史論贊七十八卷………………… 73
二十四孝圖詩合刊一卷二十四弟圖詩合刊一卷 …………………………… 200
二十家文稿不分卷 ……………………… 333
二百蘭亭齋收藏金石記不分卷 ………… 129
二曲集二十六卷 ………………………… 280
二曲集二十六卷首一卷 ………………… 378

二如亭群芳譜二十八卷首一卷 ………… 227
二如亭群芳譜二十八卷首一卷 ………… 227
二如亭群芳譜二十八卷首一卷 ………… 227
二如亭群芳譜二十八卷首一卷 ………… 227
二酉堂叢書二十一種 ……………………… 361
二妙集八卷 ………………………………… 303
二林居集二十四卷 ………………………… 374
二知齋詩鈔四卷 …………………………… 316
二家詞鈔五卷 ……………………………… 325
二程全書七種 ……………………………… 196
二程全書七種 ……………………………… 196
二程全書六十三卷 ………………………… 196
二銘草堂金石聚十六卷 …………………… 128
二續近科分體墨式不分卷 ………………… 331
二續近科分體墨式不分卷 ………………… 331
十一科鄉會試帖正聲四卷 ………………… 322
十一科鄉會試帖正聲四卷 ………………… 322
十一經音訓………………………………… 11
十一經讀本 ………………………………… 8
十七史一千五百七十四卷………………… 73
十七史一千五百七十四卷………………… 73
十七史一千五百七十四卷………………… 73
十七史一千五百七十四卷………………… 73
十七史一千五百七十四卷………………… 73
十七史一千五百七十四卷………………… 73
十七史一千五百七十四卷………………… 74
十七史商榷一百卷 ………………………… 118
十七史商榷一百卷 ………………………… 118
十七史商榷一百卷 ………………………… 118
十七史商榷一百卷 ………………………… 118
十七史商榷一百卷 ………………………… 118
十八家詩鈔二十八卷 ……………………… 283
十八家詩鈔二十八卷 ……………………… 283
十八家詩鈔二十八卷 ……………………… 283
十八家詩鈔二十八卷 ……………………… 284
十八家詩鈔二十八卷 ……………………… 284
十八家詩鈔二十八卷 ……………………… 284
十三經札記二十二卷 ……………………… 8
十三經字約審音辨同十二卷末一卷……… 53
十三經注疏三百四十七卷 ………………… 1
十三經注疏三百四十七卷 ………………… 1
十三經注疏三百四十七卷 ………………… 1
十三經注疏校勘記二百四十八卷 ………… 4
十三經注疏校勘記識語四卷 ……………… 4
十三經策案二十二卷 ……………………… 8
十三經策案二十二卷首一卷 ……………… 8
十三經策案二十二卷首一卷 ……………… 8
十三經註疏三百三十三卷 ………………… 3
十三經註疏三百三十三卷 ………………… 3
十三經註疏三百三十三卷 ………………… 3
十三經註疏三百三十三卷 ………………… 3
十三經註疏三百三十三卷 ………………… 4
十三經讀本十五種 ………………………… 7
十三經讀本十五種 ………………………… 7
十三經讀本十五種 ………………………… 7
十子全書十種 ……………………………… 191
十子全書十種 ……………………………… 191
十子全書十種 ……………………………… 191
十六國春秋一百卷 ………………………… 113
十六國春秋一百卷 ………………………… 113
十六國春秋一百卷 ………………………… 113
十六國春秋纂錄校本十卷校勘記一卷 … 113
十六國宮詞二卷 …………………………… 324
十杉亭帖體詩鈔五卷續編二卷 ………… 316
十杉亭帖體詩鈔五卷續編二卷 ………… 316
十科策略箋釋十卷 ………………………… 197
十科策略箋釋十卷 ………………………… 197
十萬卷樓叢書二編二十種 ………………… 362
十朝東華全錄四百九十四卷(天命朝至咸豐朝) …………………………………… 97
十種唐詩選十七卷 ………………………… 299
十種唐詩選十七卷 ………………………… 299
十種唐詩選十七卷唐賢三昧集三卷 …… 299
十駕齋養新錄二十卷 ……………………… 233
十駕齋養新錄二十卷餘錄三卷 ………… 233
十駕齋養新錄二十卷餘錄三卷 ………… 233
十駕齋養新錄二十卷餘錄三卷 ………… 233
丁香花館註釋試帖分品四卷 ……………… 322
七十家賦鈔六卷 …………………………… 288
七子詩選十四卷 …………………………… 361
七言注解一卷 ……………………………… 296
七家試帖輯註彙鈔九卷 …………………… 315

七家試帖輯註彙鈔十二卷 …………………… 314
七家試帖輯註彙鈔十二卷 …………………… 314
七家試帖輯註彙鈔十二卷 …………………… 314
七家試帖輯註彙鈔十二卷 …………………… 314
七家試帖輯註彙鈔十二卷 …………………… 314
七家試帖輯註彙鈔十二卷 …………………… 314
七家詩選七卷 ………………………………… 315
七家詩選七卷 ………………………………… 315
七家詩選七卷 ………………………………… 315
七家詩選七卷 ………………………………… 315
七國地理攷七卷 ……………………………… 132
卜筮正宗十四卷 ……………………………… 250
卜筮正宗十四卷 ……………………………… 250
八大家文鈔 …………………………………… 347
八大家文鈔 …………………………………… 347
八大家文鈔 …………………………………… 347
八大家文鈔 …………………………………… 347
八大家文鈔 …………………………………… 347
八大家文鈔 …………………………………… 347
八史經籍志三十卷……………………………… 72
八代文粹二百二十卷 ………………………… 259
八家四六文鈔八卷 …………………………… 329
八家四六文註八卷首一卷補註一卷附校勘 …………………………………… 329
八銘堂塾鈔二集六卷 ………………………… 277
八銘堂塾鈔二集六卷附闈試總論 ………… 277
八銘堂塾鈔二集六卷附闈試總論 ………… 277
八銘堂塾鈔初集六卷二集六卷附闈試總論 ……………………………………… 277
八銘堂塾鈔初集六卷二集六卷附闈試總論 ……………………………………… 277
八銘堂塾鈔初集六卷二集六卷附闈試總論 ……………………………………… 277
八銘堂塾鈔初集六卷附闈試總論 ………… 277
八銘堂塾鈔初集六卷附闈試總論 ………… 277
八線備旨四卷學總習問一卷 ……………… 242
八線對數表一卷 ……………………………… 242
八編類纂二百八十五卷六經圖六卷地類圖二卷 ……………………………………… 110
人生必讀書十二卷 …………………………… 402
人範六卷 ……………………………………… 200
人範六卷 ……………………………………… 200
人譜正篇一卷續篇二卷附日記法家塾規 ……………………………………………… 198
入幕須知五種 ………………………………… 351
入幕須知五種 ………………………………… 351
入幕須知五種 ………………………………… 351
九河故道考一卷 ……………………………… 160
九家集注杜詩三十六卷 ……………………… 296
九通九種 ……………………………………… 107
九朝東華錄一百二十卷(天命朝至道光朝) ……………………………………………… 98
九朝東華錄一百二十卷(天命朝至道光朝) ……………………………………………… 98
九朝東華錄一百二十卷(天命朝至道光朝) ……………………………………………… 98
九朝東華錄一百二十卷(天命朝至道光朝) ……………………………………………… 98
九朝東華錄二百三十卷(天命朝至道光朝) ……………………………………………… 98
九朝東華錄四百二十五卷(天命朝至道光朝) …………………………………………… 98
九朝東華錄四百二十五卷(天命朝至道光朝) …………………………………………… 98
九朝東華錄四百二十五卷(天命朝至道光朝) …………………………………………… 98
九朝東華錄四百二十五卷(天命朝至道光朝) …………………………………………… 98
九朝東華錄四百二十五卷(天命朝至道光朝) …………………………………………… 98
九經補注八種……………………………………… 10
九數通考十一卷首一卷末一卷 …………… 241

三畫

三十一國志一卷 ……………………………… 185
三才略一卷 …………………………………… 395
三世修道黄氏寶卷二卷 ……………………… 246
三代正朔通考一卷 …………………………… 119
三代經界通考一卷 …………………………… 119
三字經註解備要一卷 ………………………… 229
三字經註解備要二卷 ………………………… 229

三字經試帖四卷 …………………………… 322
三李詩鈔三卷 ……………………………… 306
三命通會十二卷 …………………………… 249
三省邊防備覽十四卷 ……………………… 150
三皇本紀一卷………………………………… 75
三訂四書辨疑七十卷………………………… 45
[光緒]三原縣新志八卷 …………………… 150
[光緒]三原縣新志八卷 …………………… 150
三晉詩選十四卷 …………………………… 288
三唐人文集三十四卷 ……………………… 263
三流道里表二卷 …………………………… 165
三流道里表不分卷 ………………………… 165
三通考詳節七十六卷 ……………………… 106
三通考輯要七十六卷 ……………………… 106
三通考輯要七十六卷 ……………………… 106
三通考輯要七十六卷 ……………………… 106
三通考輯要七十六卷 ……………………… 106
三通考輯要七十六卷 ……………………… 106
三通序一卷 ………………………………… 107
三通典輯要七十六卷 ……………………… 104
三教真傳全編六十章 ……………………… 244
三國志六十五卷……………………………… 74
三國志六十五卷……………………………… 83
三國志六十五卷……………………………… 83
三國志六十五卷……………………………… 83
三國志六十五卷……………………………… 83
三國志六十五卷……………………………… 83
三國志六十五卷……………………………… 83
三國志六十五卷……………………………… 83
三國志六十五卷……………………………… 83
三國志六十五卷……………………………… 83
三國志六十五卷……………………………… 83
三國志六十五卷……………………………… 83
三國志六十五卷……………………………… 84
三國志六十五卷……………………………… 84
三國志演義六十卷一百二十回 …………… 207
[光緒]三國郡縣表八卷 …………………… 132
三魚堂全集 ………………………………… 372
三魚堂全集 ………………………………… 372
三魚堂全集 ………………………………… 372
三魚堂全集 ………………………………… 372
三魚堂全集 ………………………………… 372
三魚堂全集 ………………………………… 372
三惜齋制藝不分卷 ………………………… 335
三場程式一卷 ……………………………… 169
三朝北盟會編二百五十卷首一卷校勘記
二卷補遺一卷 ……………………………… 101
三朝遼事實錄十七卷 ……………………… 111
三義堂重訂幼學須知句解四卷 …………… 229
三義堂重訂幼學須知句解四卷 …………… 230
三賢文集十二卷 …………………………… 281
三賢文集十二卷首一卷 …………………… 281
三賢文集三種 ……………………………… 364
三賢文集三種 ……………………………… 364
三禮便讀九卷………………………………… 25
三禮約編十九卷……………………………… 25
三禮約編十九卷……………………………… 25
三禮約編十九卷……………………………… 25
三蘇文集四十四卷 ………………………… 265
三蘇全集二百八卷 ………………………… 264
三蘇全集二百八卷 ………………………… 265
三蘇全集二百八卷 ………………………… 265
三蘇全集二百八卷 ………………………… 265
三蘇策論文選六卷 ………………………… 265
三蘇策論文選六卷 ………………………… 265
三蘇策論文選六卷 ………………………… 265
三蘇策論文選六卷 ………………………… 265
三蘇策論文選六卷 ………………………… 265
三蘇策論文選六卷 ………………………… 265
三蘇策論文選六卷 ………………………… 265
三續近科分體墨式三卷 …………………… 332
三續社稿三刻不分卷 ……………………… 336
三續疑年錄十卷 …………………………… 398
于清端公政書八卷外集一卷 ……………… 173
于清端公政書八卷外集一卷 ……………… 173
于清端公政書輯要二卷 …………………… 173
士禮居黄氏叢書二十種 …………………… 349
士禮居黄氏叢書十九種 …………………… 349
士禮居藏書題跋記六卷 …………………… 182
士禮居藏書題跋記六卷 …………………… 182
[光緒]土默特旗志十卷 …………………… 148
[光緒]土默特旗志十卷 …………………… 148

大元聖政國朝典章前集六十卷新集不分卷 …… 163
大日本維新史二卷 …… 188
大中講義三卷 …… 45
大六壬大全十三卷 …… 249
大六壬大全十三卷 …… 249
大方廣佛華嚴經六十卷 …… 244
大方廣圓覺經大疏十六卷 …… 244
大生要旨五卷 …… 223
[乾隆]大同府志三十二卷首一卷 …… 144
[道光]大同縣志二十卷首一卷末一卷 … 144
[道光]大同縣志二十卷首一卷末一卷 … 144
大佛頂首楞嚴經正脉疏十卷科文一卷懸示一卷 …… 244
[天順]大明一統志九十卷 …… 133
大易闡微錄十二卷 …… 15
[光緒]大城縣志十二卷首一卷 …… 135
[光緒]大城縣志十二卷首一卷 …… 136
[康熙]大城縣志八卷 …… 135
[道光]大荔縣志十六卷首一卷足徵錄四卷 …… 149
大乘起信論直解二卷 …… 245
大清一統志表不分卷 …… 134
大清太宗文皇帝聖訓六卷 …… 172
大清太祖高皇帝聖訓四卷 …… 172
大清仁宗睿皇帝聖訓一百十卷 …… 172
大清文宗顯皇帝聖訓一百十卷 …… 172
大清世宗憲皇帝聖訓三十六卷 …… 172
大清世祖章皇帝聖訓六卷 …… 172
大清民律草案第二編八章 …… 169
大清民律草案第三編七章 …… 169
大清刑事民事訴訟法五章二百六十條 … 169
大清刑律分則草案第二編三十六章附律目考 …… 170
大清刑律分則草案第二編三十六章附律目考 …… 170
大清刑律草案十七章 …… 169
大清刑律草案十七章 …… 169
大清律例三十九卷 …… 164
大清律例三十九卷 …… 164
大清律例三十九卷律例館校正洗冤錄四卷督捕則例二卷 …… 164
大清律例四十七卷 …… 163
大清律例四十七卷 …… 163
大清律例四十七卷纂修條例二卷 …… 164
大清律例刑案彙纂集成四十卷督捕則例二卷 …… 164
大清律例刑案彙纂集成四十卷督捕則例二卷 …… 164
大清律例刑案彙纂集成四十卷督捕則例二卷 …… 164
大清律例通纂四十卷督捕則例二卷 …… 164
大清律例通纂四十卷督捕則例二卷末一卷 …… 164
大清律例統纂集成四十卷督捕則例二卷 …… 164
大清律例新增統纂集成四十卷督捕則例二卷 …… 164
大清律例新增統纂集成四十卷督捕則例二卷 …… 164
大清律例新增統纂集成四十卷督捕則例二卷 …… 165
大清律例彙輯便覽四十卷督捕則例二卷五軍道里表一卷三流道里表一卷 …… 165
大清律例彙輯便覽四十卷督捕則例二卷五軍道里表一卷三流道里表一卷 …… 165
大清律例彙輯便覽四十卷督捕則例二卷五軍道里表一卷三流道里表一卷 …… 165
大清律例彙輯便覽附秋審實緩比較彙案一卷 …… 165
大清律例增修統纂集成四十卷督捕則例二卷 …… 164
大清律例增修統纂集成四十卷督捕則例二卷 …… 164
大清律例增修統纂集成四十卷督捕則例二卷 …… 164
大清律例增修統纂集成四十卷督捕則例二卷 …… 164
大清律例增修統纂集成四十卷督捕則例二卷 …… 164
大清律例增修統纂集成四十卷督捕則例二卷 …… 165

大清律例總類不分卷 …………………… 165
大清律例總類不分卷 …………………… 165
大清律新纂條例五卷 …………………… 165
大清律歷次纂修條例 …………………… 166
大清律歷次纂修條例 …………………… 166
大清宣宗成皇帝聖訓一百三十卷 ……… 172
大清高宗純皇帝聖訓三百卷 …………… 172
大清通禮五十四卷 ……………………… 168
大清通禮五十四卷 ……………………… 168
大清通禮五十四卷 ……………………… 168
大清通禮五十卷 ………………………… 168
大清通禮五十卷 ………………………… 168
大清現行刑律案語 ……………………… 166
大清現行刑律講義八卷 ………………… 166
大清違警律講義二章 …………………… 169
大清聖祖仁皇帝聖訓六十卷 …………… 172
大清搢紳全書四卷 ……………………… 179
大清搢紳全書四卷 ……………………… 179
大清搢紳全書四卷 ……………………… 179
大清搢紳全書四卷 ……………………… 179
大清搢紳全書四卷中樞備覽二卷 ……… 179
大清搢紳全書四卷中樞備覽二卷 ……… 179
大清搢紳全書四卷增補一卷 …………… 179
大清搢紳全書四卷增補一卷 …………… 179
大清畿輔先哲傳四十卷 ………………… 134
大清穆宗毅皇帝聖訓一百六十卷 ……… 172
大雲山房文藁初集四卷二集四卷 ……… 277
大雲山房文藁初集四卷二集四卷言事二卷 …………………………………… 277
大雲山房文藁初集四卷二集四卷言事二卷 …………………………………… 277
大悲咒注像一卷 ………………………… 245
大廣益會玉篇三十卷 ……………………… 54
大興徐氏三種 …………………………… 158
大興徐氏三種 …………………………… 158
大學衍義四十三卷 ……………………… 193
大學衍義四十三卷 ……………………… 193
大學衍義四十三卷 ……………………… 193
大學衍義四十三卷 ……………………… 193
大學衍義四十三卷 ……………………… 193
大學衍義四十三卷 ……………………… 193
大學衍義四十三卷 ……………………… 193
大學衍義補一百六十卷 ………………… 194
大學衍義補一百六十卷首一卷 ………… 193
大學衍義補一百六十卷首一卷 ………… 197
大學衍義補纂要六卷 …………………… 197
大學衍義輯要六卷補輯要十二卷首一卷 …………………………………… 194
大學衍義體要十六卷 …………………… 194
大學解一卷中庸解一卷 …………………… 46
大錢圖錄一卷 …………………………… 129
大戴禮記十三卷 …………………………… 30
大戴禮記補注十三卷序錄一卷 …………… 30
大戴禮記補注十三卷序錄一卷 …………… 30
大戴禮記補注十三卷序錄一卷 …………… 30
大戴禮管箋十三卷首一卷 ………………… 29
[乾隆]大嶽太和山紀略八卷 …………… 161
[乾隆]大嶽太和山紀略八卷 …………… 161
大題三萬選不分卷 ……………………… 332
大題文府二集不分卷 …………………… 331
大題文府不分卷 ………………………… 331
大題文府不分卷 ………………………… 331
大題觀海二集不分卷 …………………… 333
大題觀略不分卷 ………………………… 334
才調集十卷 ……………………………… 299
上諭八旗十三卷 ………………………… 173
上諭內閣八十九卷續編七十卷 ………… 173
上齋紀事詩一卷 ………………………… 323
[乾隆]口北三廳志十六卷首一卷 ……… 138
山右石刻叢編四十卷 …………………… 130
[乾隆]山西志輯要十卷首一卷 ………… 147
[乾隆]山西志輯要十卷首一卷清涼山志輯要二卷 ……………………………… 147
山西兵要地理 …………………………… 157
[光緒]山西通志一百八十四卷首一卷 … 147
[光緒]山西通志一百八十四卷首一卷 … 147
[光緒]山西通志一百八十四卷首一卷 … 147
[光緒]山西通志一百八十四卷首一卷 … 147
山西疆域沿革圖譜五卷 ………………… 157
山谷詞一卷 ……………………………… 325
山谷詩集注二十卷外集十七卷別集二卷 …………………………………… 302

山谷題跋四卷 …………………………… 267
[山東曲阜]闕里誌二十四卷 …………… 158
[山東曲阜]闕里誌二十四卷 …………… 158
[山東曲阜]闕里誌二十四卷 …………… 158
山東省五徒道里表不分卷 ……………… 165
山東軍興紀畧二十二卷 ………………… 103
[康熙]山東通志六十四卷 ……………… 143
山東運河備覽十二卷 …………………… 160
山東運河備覽十二卷 …………………… 160
山東勸捐積穀章程一卷 ………………… 174
山東鹽法志二十二卷附編十卷 ………… 109
山法備收一卷 …………………………… 250
山海經十八卷 …………………………… 190
山海經十八卷 …………………………… 204
山海經十八卷 …………………………… 204
山海經十八卷 …………………………… 204
山海經十八卷 …………………………… 204
山海經十八卷 …………………………… 205
山海經十八卷圖五卷 …………………… 204
山海經十八卷圖五卷圖讚一卷訂譌一卷 ……………………………………… 205
山海經十八卷圖讚一卷訂譌一卷 ……… 205
山海經存九卷首一卷 …………………… 204
山海經箋疏十八卷圖讚一卷訂譌一卷 … 204
山海經箋疏十八卷圖讚一卷訂譌一卷 … 205
山海經廣注十八卷圖五卷 ……………… 204
山海經廣注十八卷圖五卷 ……………… 204
山海經廣注十八卷圖五卷 ……………… 204
山海經廣注十八卷圖五卷 ……………… 204
山海經廣注十八卷圖五卷 ……………… 204
山堂肆考二百八十卷補遺十二卷 ……… 389
山曉閣選古文全集三十二卷 …………… 259
山曉閣選古文全集三十二卷 …………… 259
山曉閣選唐宋八大家文二十卷 ………… 259
千字文一卷 ……………………………… 236
千字文釋義一卷 ………………………… 235
千字文釋義一卷 ………………………… 235
千金翼方三十卷 ………………………… 224
千家詩 …………………………………… 288
己庚編二卷 ……………………………… 173
女才子十二卷 …………………………… 216
女科二卷產後編二卷 …………………… 223
女科二卷產後編二卷 …………………… 223
女科八門集 ……………………………… 223
女科要旨四卷 …………………………… 223
小山畫譜二卷 …………………………… 237
小方壺齋輿地叢鈔十二帙 ……………… 132
小方壺齋輿地叢鈔再補編十二帙 ……… 132
小方壺齋輿地叢鈔補編十二帙 ………… 132
小石山房印譜六卷 ……………………… 240
小四書五卷 ……………………………… 197
小知錄十二卷 …………………………… 400
小倉山房詩集三十七卷補遺二卷 ……… 315
小倉山房詩集三十七卷續補二卷 ……… 379
小嫏嬛山館彙刊類書十二種 …………… 397
小嫏嬛山館彙刊類書十二種 …………… 397
小腆紀年附攷二十卷 …………………… 115
小蓬萊傳奇十種 ………………………… 328
小試花樣度針不分卷 …………………… 336
小滄浪筆談四卷 ………………………… 344
小滄浪筆談四卷 ………………………… 344
小學六卷 ………………………………… 195
小學六卷文公朱子[熹]年譜一卷 ……… 195
小學六卷文公朱子[熹]年譜一卷 ……… 195
小學六卷文公朱夫子[熹]年譜一卷 …… 195
小學集註六卷 …………………………… 195
小學集註六卷 …………………………… 195
小學集註六卷孝經集註一卷 …………… 195
小學集解六卷輯說一卷 ………………… 195
小學集解六卷輯說一卷 ………………… 195
小學註六卷 ……………………………… 195
小學節本二卷 …………………………… 195
小學鉤沈十九卷 ………………………… 52
小學彙函十四種 ………………………… 49
小學韻語一卷 …………………………… 195
小學韻語一卷 …………………………… 195
小學纂註六卷文公朱夫子[熹]年譜一卷
童蒙須知一卷 …………………………… 195
小窻艷紀十四卷 ………………………… 254
小隱齋課蒙草四卷 ……………………… 334
小題十萬選初集不分卷 ………………… 333
小題十萬選初集不分卷 ………………… 333

小題十萬選初集不分卷 …………………… 333
小題三萬選不分卷 …………………… 333
小題三萬選不分卷 …………………… 333
小題文府不分卷 …………………… 332
小題文鈔不分卷 …………………… 334
小題文鈔不分卷 …………………… 334
小題正規初編不分卷二編不分卷 ……… 340
小題同工二卷 …………………… 339
小題同工六卷 …………………… 339
小題多寶船不分卷 …………………… 334
小題味新不分卷 …………………… 332
小題金粉不分卷 …………………… 338
小題宗海不分卷 …………………… 336
小題採風不分卷 …………………… 338
小題新樣不分卷 …………………… 337
小蘇潭詞六卷 …………………… 325
子平管見集解二卷 …………………… 250
子史彙函十三卷 …………………… 389
子史精華一百六十卷 …………………… 393
子史精華一百六十卷 …………………… 393
子史精華一百六十卷 …………………… 393
子史精華一百六十卷 …………………… 393
子史精華一百六十卷 …………………… 393
子史精華一百六十卷 …………………… 393
子史精華一百六十卷 …………………… 394
子史精華一百六十卷 …………………… 394
子史精華一百六十卷 …………………… 394
子史精華一百六十卷 …………………… 394
子史精華一百六十卷 …………………… 394
子史精華一百六十卷 …………………… 394
子史精華一百六十卷 …………………… 394
子史精華一百六十卷 …………………… 394
子史精華一百六十卷 …………………… 394
子史精華一百六十卷 …………………… 394
子史精華一百六十卷 …………………… 394
子史精華一百六十卷 …………………… 394
子史精華一百六十卷 …………………… 394
子史精華一百六十卷 …………………… 394
子史輯要詩賦題解四卷續編四卷 ……… 400
子書二十二種 …………………… 190
子書二十二種 …………………… 190
子書二十二種 …………………… 190
子書二十二種附鶡冠子 …………………… 190
子書二十二種附鶡冠子 …………………… 190
子書二十八種 …………………… 191
子書二十八種 …………………… 191
子書二十八種 …………………… 191
子書二十八種 …………………… 191
子書百家一百種 …………………… 189
子書百家一百種 …………………… 189
子書百家一百種 …………………… 189
子書百家一百種 …………………… 189
子書百家一百種 …………………… 190
子書百家一百種 …………………… 190
子書百家一百種 …………………… 190
子顧詩草一卷 …………………… 323

四畫

王氏家藏集五種 …………………… 366
王文成公全書三十八卷 …………………… 271
王文成公全書三十八卷 …………………… 271
王文成公全書三十八卷 …………………… 271
王右丞集二十八卷首一卷末一卷 ……… 262
王右丞集二十八卷首一卷末一卷 ……… 262
王先生十七史蒙求十六卷 …………………… 386
王先生十七史蒙求十六卷 …………………… 386
王先生十七史蒙求十六卷 …………………… 399
王先生十七史蒙求十六卷 …………………… 399
王荊文公詩五十卷 …………………… 303
王荊文公詩五十卷 …………………… 303
王洪緒先生外科證治全生不分卷 ……… 222
王洪緒先生外科證治全生不分卷 ……… 222
王船山先生經史論八種 …………………… 369
王陽明先生全集二十二卷 …………………… 271
王靖毅公[懿德]年譜二卷 …………………… 126
王靖毅公[懿德]年譜二卷 …………………… 126
王漁洋遺書三十八種 …………………… 381
王漁洋遺書三十八種 …………………… 381
王漁洋遺書三十八種 …………………… 381
王漁洋遺書三十八種 …………………… 381
王摩詰集六卷 …………………… 298

王臨川全集一百卷目錄二卷 …………… 267
王臨川全集一百卷目錄二卷 …………… 267
王臨川全集一百卷目錄二卷 …………… 267
王韞輝增訂全稿不分卷 ……………… 334
[雍正]井陘縣志八卷 ……………………… 141
天下才子必讀書十六卷 …………………… 341
天下郡國利病書一百二十卷 …………… 133
天下郡國利病書一百二十卷 …………… 133
天下郡國利病書一百二十卷 …………… 133
天下郡國利病書一百二十卷 …………… 133
天下郡國利病書一百二十卷 …………… 133
天中記六十卷 …………………………… 388
天中許子政學合一集三卷補錄一卷舊附一卷 ………………………………… 279
天文揭要二卷 …………………………… 240
天文圖說四卷 …………………………… 241
天字學一卷 ……………………………… 248
天花精言六卷 …………………………… 222
天花藏批評平山冷燕六卷二十回 ……… 213
天雨花三十回 …………………………… 213
[乾隆]天津府志四十卷 ………………… 143
天津拳匪變亂紀事二卷 ………………… 103
[乾隆]天津縣志二十四卷 ……………… 143
天崇百篇二卷 …………………………… 332
天祿閣外史八卷 ………………………… 228
天聖明道本國語二十一卷 ……………… 111
天聖明道本國語二十一卷 ……………… 111
天聖明道本國語二十一卷 ……………… 111
天聖明道本國語二十一卷 ……………… 111
天聖明道本國語二十一卷 ……………… 111
天聖明道本國語二十一卷 ……………… 111
天聖明道本國語二十一卷 ……………… 111
天聖明道本國語二十一卷 ……………… 111
天聖明道本國語二十一卷 ……………… 111
天演論二卷 ……………………………… 243
[光緒]天鎮縣志四卷首一卷 …………… 143
元文類七十卷目錄三卷 ………………… 269
元文類七十卷目錄三卷 ………………… 269
元史二百十卷附考證……………………… 67
元史二百十卷附考證……………………… 67
元史氏族表三卷…………………………… 72
元史氏族表三卷…………………………… 72
元史紀事本末二十七卷 ………………… 100
元史紀事本末二十七卷 ………………… 100
元史紀事本末二十七卷 ………………… 100
元史紀事本末二十七卷 ………………… 100
元史論一卷 ……………………………… 116
元史論一卷 ……………………………… 116
元史論一卷 ……………………………… 117
元史藝文志四卷…………………………… 72
元史藝文志四卷…………………………… 72
元史類編四十二卷………………………… 80
元曲選十集一百種元曲論一卷 ………… 326
元耶律楚材西遊錄一卷 ………………… 161
元耶律楚材西遊錄一卷 ………………… 161
元明八大家古文十三卷 ………………… 261
元和姓纂十卷 …………………………… 123
元和郡縣補志九卷 ……………………… 132
元和郡縣補志九卷 ……………………… 133
元和郡縣補志九卷 ……………………… 133
元和郡縣圖志四十卷 …………………… 132
元和郡縣圖志四十卷 …………………… 132
元和郡縣圖志四十卷 …………………… 132
元和郡縣圖志四十卷 …………………… 132
元和郡縣圖志四十卷 …………………… 132
元和郡縣圖志四十卷 …………………… 132
元書一百二卷首一卷……………………… 85
元書一百二卷首一卷……………………… 85
元朝名臣事略十五卷 …………………… 123
元朝秘史十五卷 ………………………… 114
元朝秘史十五卷 ………………………… 114
元朝秘史十五卷 ………………………… 114
元詩四大家二十七卷 …………………… 303
元詩別裁集八卷補遺一卷 ……………… 304
元詩別裁集八卷補遺一卷 ……………… 304
元詩選三集八集 ………………………… 304
元詩選初集九集二集八集三集八集 …… 304
元遺山先生全集九種首一卷 …………… 365
元遺山先生全集九種首一卷 …………… 365
元遺山先生全集九種首一卷 …………… 366
元遺山詩集八卷 ………………………… 304
元遺山詩集箋注十四卷 ………………… 304

元豐九域志十卷 …………………………… 133
廿一史四譜五十四卷…………………………… 80
廿一史四譜五十四卷…………………………… 80
廿一史約編八卷首一卷………………………… 79
廿一史約編八卷首一卷………………………… 79
廿一史約編八卷首一卷………………………… 80
廿一史約編八卷首一卷………………………… 80
廿一史約編八卷首一卷………………………… 80
廿一史約編八卷首一卷………………………… 80
廿一史約編八卷首一卷………………………… 80
廿一史約編八卷首一卷………………………… 80
廿一史彈詞註十一卷 ……………………… 326
廿一史彈詞註十一卷 ……………………… 326
廿二史攷異一百卷 ………………………… 118
廿二史攷異一百卷三史拾遺五卷諸史拾遺五卷 ……………………………… 118
廿二史言行略四十二卷 …………………… 120
廿二史劄記三十六卷 ……………………… 118
廿二史劄記三十六卷補遺一卷 …………… 118
廿二史劄記三十六卷補遺一卷……………… 118
廿二史劄記三十六卷補遺一卷……………… 118
廿二史劄記三十六卷補遺一卷 …………… 118
廿二史劄記三十六卷補遺一卷 …………… 118
廿二史劄記三十六卷補遺一卷 …………… 118
廿四史約編八卷首一卷………………………… 80
廿四史約編八卷首一卷………………………… 80
廿四詩品一卷 ……………………………… 342
廿家文鈔 …………………………………… 340
五十名家書札不分卷 ……………………… 171
五大洲志二卷 ……………………………… 185
五大洲政治通考四十八卷 ………………… 185
五大洲政治通考四十八卷 ………………… 186
五子近思錄發明十四卷 …………………… 195
五公山人集十六卷 ………………………… 374
五公山人集十六卷 ………………………… 374
五公山人集十六卷 ………………………… 374
五公山人集十六卷 ………………………… 374
五方元音二卷………………………………… 62
五方元音二卷………………………………… 62
五方元音二卷………………………………… 62
五方元音二卷………………………………… 62
五方元音二卷………………………………… 62
五代史七十四卷……………………………… 67
五代史七十四卷……………………………… 67
五代史七十四卷……………………………… 67
五代史七十四卷……………………………… 70
五代史七十四卷……………………………… 73
五代史七十四卷……………………………… 73
五代史七十四卷……………………………… 85
五代史七十四卷……………………………… 85
五代史七十四卷……………………………… 85
五代史記七十四卷…………………………… 84
五代史記七十四卷…………………………… 84
五代史記七十四卷…………………………… 85
五代史補五卷 ……………………………… 110
五代史補五卷 ……………………………… 110
五代史闕文一卷 …………………………… 110
五代史闕文一卷 …………………………… 110
五百家註音辨昌黎先生文集四十卷 …… 263
五色瓜廬尺牘叢殘四卷 …………………… 330
五車韻瑞一百六十卷………………………… 63
五車韻瑞一百六十卷………………………… 63
五言今體詩鈔九卷七言今體詩鈔九卷 … 287
五言今體詩鈔九卷七言今體詩鈔九卷 … 287
五言今體詩鈔九卷七言今體詩鈔九卷 … 287
五言排律依永集八卷 ……………………… 322
五知齋琴譜八卷 …………………………… 238
五知齋琴譜八卷 …………………………… 238
五知齋琴譜八卷 …………………………… 238
五知齋琴譜八卷 …………………………… 238
五軍道里表二卷 …………………………… 165
五真閣吟藁一卷 …………………………… 276
[乾隆]五涼考治六德集全志五卷 ……… 152
[乾隆]五涼考治六德集全志五卷 ……… 152
[乾隆]五涼考治六德集全志五卷 ……… 152
[乾隆]五涼考治六德集全志五卷 ……… 152
五雅四十一卷………………………………… 50
五經文府不分卷 …………………………… 333
五經文府不分卷 …………………………… 333
五經文萃三十六卷 ………………………… 278
五經備旨四十五卷…………………………… 11
五經備旨四十五卷…………………………… 11

五經備旨四十五卷 …… 11
五經備旨四十五卷 …… 11
五經圖十二卷 …… 11
五經樓小題拆字不分卷 …… 332
五經擇粹 …… 11
五經類編二十八卷 …… 9
五經類編二十八卷 …… 9
五經類編二十八卷 …… 9
五經類編二十八卷 …… 9
五經類編二十八卷 …… 9
五經體註大全五種 …… 10
[乾隆]五臺縣志八卷 …… 145
[乾隆]五臺縣志八卷 …… 145
五種秘竅全書 …… 249
五種遺規十七卷 …… 384
五種遺規十七卷 …… 384
五種遺規摘鈔十四卷 …… 383
五種遺規摘鈔十四卷 …… 383
五榮堂藏稿不分卷 …… 330
五禮通考二百六十二卷首四卷總目二卷 …… 25
五禮通考二百六十二卷首四卷總目二卷 …… 25
五禮通考二百六十二卷首四卷總目二卷 …… 25
五禮通考二百六十二卷首四卷總目二卷 …… 25
五禮通考二百六十二卷首四卷總目二卷 …… 25
五禮通考二百六十二卷首四卷總目二卷 …… 25
五續近科分體墨式不分卷 …… 332
支那教案論不分卷 …… 248
太乙舟文集八卷 …… 278
太上感應篇一卷 …… 246
太上感應篇引證一卷 …… 246
太上感應篇圖說八卷 …… 246
太上感應篇圖說八卷首一卷 …… 246
太上感應篇圖說八卷首一卷 …… 246
太上感應篇圖說八卷首一卷 …… 246
太上感應篇圖說八卷首一卷 …… 246
太上感應篇贅言一卷 …… 246
太平御覽一千卷 …… 386
太平御覽一千卷 …… 386
太平御覽一千卷 …… 386
太平御覽一千卷 …… 386
太平御覽一千卷 …… 386
太平御覽一千卷 …… 386
太平廣記五百卷 …… 214
太平廣記五百卷 …… 214
太平廣記五百卷 …… 214
太平廣記五百卷 …… 214
太平廣記五百卷目錄十卷 …… 214
太平廣記五百卷目錄十卷 …… 214
[道光]太平縣志十六卷首一卷 …… 145
太平寰宇記二百卷目錄二卷 …… 133
太平寰宇記二百卷目錄二卷 …… 133
太平寰宇記補闕不分卷 …… 134
太史升菴文集八十一卷目錄四卷 …… 366
太史升菴全集八十一卷目錄二卷 …… 366
太史張天如詳節春秋綱目左傳句解六卷 …… 35
太史張天如詳節春秋綱目左傳句解六卷 …… 35
太史張天如詳節春秋綱目左傳句解六卷 …… 35
太史張天如詳節春秋綱目左傳句解六卷 …… 35
太史張天如詳節春秋綱目左傳句解六卷 …… 35
太史張天如詳節春秋綱目左傳句解六卷 …… 35
太史張天如詳節春秋綱目左傳句解六卷 …… 36
太史張天如詳節春秋綱目左傳句解六卷 …… 36
太玄十卷 …… 249
[乾隆]太谷縣志八卷 …… 144
太華太白紀遊略二卷(清光緒八年至九年) …… 162
太原傳科二卷傳青主女科四卷 …… 223
[道光]太原縣志十八卷圖一卷 …… 144

太師誠意伯劉文成公集二十卷首一卷 …… 272
太醫局諸科程文九卷 …… 224
太醫院補遺本草歌訣雷公炮製八卷 …… 225
尤太史西堂全集 …… 369
尤太史西堂全集 …… 369
切問齋文鈔三十卷 …… 378
切問齋文鈔三十卷 …… 378
切問齋文鈔三十卷 …… 378
切問齋集十六卷 …… 378
止園筆談八卷 …… 234
日下舊聞四十二卷 …… 156
日本東京府師範學校生徒心得條目一卷生徒規約一卷內規一卷生徒募集細則一卷 …… 188
日本國志四十卷首一卷 …… 187
日本國志四十卷首一卷 …… 187
日本國志四十卷首一卷 …… 187
日本維新三十年史十二編附錄一卷 …… 187
日本維新三十年史十二編附錄一卷 …… 187
日本維新三十年史十二編附錄一卷 …… 187
日知堂文集六卷 …… 279
日知錄策學纂要合編 …… 360
日知錄集釋三十二卷 …… 232
日知錄集釋三十二卷 …… 232
日知錄集釋三十二卷 …… 232
日知錄集釋三十二卷 …… 232
日知錄集釋三十二卷 …… 233
日省吾齋叢書五種 …… 380
日鋤齋詩集八卷缶音一卷洵鎬一卷 …… 308
日講四書解義二十六卷 …… 47
日講四書解義二十六卷 …… 47
日講易經解義十八卷 …… 14
中山文鈔四卷 …… 377
中山文鈔四卷 …… 377
中山文鈔四卷 …… 377
中山文鈔四卷 …… 377
中山文鈔四卷 …… 377
中山文鈔四卷 …… 377
中山文鈔四卷首一卷 …… 377
中日議和紀略二卷 …… 171
中西星要五種 …… 249
中西紀事二十四卷 …… 108
中西時務策學大全十九卷 …… 186
中西匯通醫書五種 …… 219
中西算學大成一百卷 …… 242
中西算學大成一百卷 …… 242
中州集十卷中州樂府一卷 …… 304
中阿初婚 …… 247
中東戰紀本末八卷首一卷末一卷 …… 185
中俄界記二編 …… 108
中俄界記二編 …… 108
中晚唐詩叩彈集十二卷 …… 292
中晚唐詩叩彈集十二卷續集三卷 …… 292
中國古世公法論略 …… 109
中國華商銀行股份有限公司集股章程 …… 109
中國黃河經緯度里之圖 …… 160
中興名臣事略八卷 …… 125
中學地理中國誌四卷 …… 131
中學國文讀本初集 …… 281
中隱軒詩鈔二卷 …… 310
內閣漢票簽中書舍人題名一卷補遺一卷續編二卷 …… 179
午亭文編五十卷 …… 275
毛詩名物畧四卷 …… 24
毛詩昀訂十卷 …… 24
毛詩昀訂十卷 …… 24
毛詩品物圖考七卷 …… 24
毛詩復古錄十二卷首一卷 …… 24
毛詩傳義類十九篇 …… 24
毛詩傳義類十九篇 …… 25
毛詩傳箋二十卷詩譜一卷音義三卷 …… 22
毛詩傳箋二十卷詩譜一卷音義三卷 …… 22
毛詩說一卷 …… 24
毛詩說一卷 …… 24
毛詩禮徵十卷 …… 24
手臂錄四卷附錄一卷 …… 217
仁在堂時藝叢書 …… 339
仇滄柱先生增補詩經備旨十二卷 …… 22
化學指南十卷 …… 243
化學鑑原補編六卷附卷一卷 …… 243
今文分法小題嘉言不分卷 …… 338
今文郛不分卷 …… 336

今水經一卷 …… 159
今古地理述十八卷首三卷末一卷 …… 131
今古奇觀四十卷 …… 206
今古奇觀四十卷 …… 206
分韻試帖青雲集合註四卷 …… 313
分類尺牘備覧三十卷 …… 401
分類尺牘備覧三十卷 …… 401
分類字錦六十四卷 …… 392
分類補註李太白詩二十五卷 …… 294
分類詩腋八卷 …… 344
分類詩腋八卷 …… 344
分類詩腋八卷 …… 344
分類廣注聊齋志異十六卷 …… 205
分類賦學雞跖集三十卷附錄一卷 …… 319
分類賦學雞跖集三十卷附錄一卷 …… 319
分類歷代通鑑輯覽六十四卷末一卷…… 91
分體利試詩法入門十九卷首一卷 …… 316
分體利試詩法入門十九卷首一卷 …… 316
分體利試詩法入門十九卷首一卷 …… 316
公羊穀梁春秋合編附註疏纂十二卷…… 32
公法便覽二卷 …… 187
公餘瑣言一卷鄉會試硃卷一卷 …… 126
公餘瑣言一卷鄉會試硃卷一卷 …… 126
月令粹編二十四卷圖說一卷 …… 162
月令粹編二十四卷圖說一卷 …… 162
月令粹編二十四卷圖說一卷 …… 162
月蕖軒詩草一卷傳述略一卷 …… 308
戶部陝西司奏稿八卷首一卷 …… 176
戶籍論二編十四章 …… 169
[光緒]丹噶爾廳新志八卷 …… 153
丹谿心法附餘二十四卷首一卷 …… 222
六一居士全集錄五卷外集二卷 …… 267
六一居士全集錄五卷外集二卷 …… 345
六十種曲一百二十卷 …… 325
六十種曲一百二十卷 …… 325
六十種曲一百二十卷 …… 325
六壬神課金口訣三卷 …… 249
六壬辨疑四卷 …… 249
六臣註文選六十卷 …… 251
六科準繩六種 …… 223
六部處分則例五十二卷 …… 167
六家文選六十卷 …… 251
六書分類十二卷首一卷…… 59
六書分類十二卷首一卷…… 59
六書分類十二卷首一卷…… 60
六書分類十二卷首一卷…… 60
六書通十卷…… 59
六通訂誤 …… 104
六通訂誤 …… 104
六通訂誤 …… 106
六梅書屋尺牘二卷 …… 401
六朝文絜四卷 …… 258
六朝文絜四卷 …… 258
六朝文絜四卷 …… 258
六朝文絜四卷 …… 258
六朝文絜箋注十二卷 …… 258
六朝事迹編類十四卷 …… 156
六朝唐賦讀本不分卷 …… 288
六朝唐賦讀本不分卷 …… 288
六朝唐賦讀本不分卷 …… 288
六醴齋醫書十種 …… 219
文中子中說十卷 …… 193
文心內符十卷 …… 261
文心雕龍十卷 …… 341
文心雕龍十卷 …… 341
文心雕龍十卷 …… 341
文心雕龍十卷 …… 341
文心雕龍十卷 …… 341
文心雕龍十卷 …… 341
文心雕龍十卷 …… 341
文心雕龍十卷 …… 341
文心雕龍十卷 …… 342
文心雕龍十卷 …… 342
[光緒]文水縣志十二卷首一卷末一卷 … 145
文史通義八卷 …… 116
文史通義內篇五卷外篇三卷 …… 116
文字蒙求四卷…… 54
文字蒙求廣義四卷…… 54
文苑英華鈔十卷 …… 260
文苑英華辨證十卷 …… 342
文苑集成附補續文苑 …… 340
文林綺繡五種 …… 397

文昌帝君大洞仙經三卷 …………………… 247
文科大辭典十二卷 ………………………… 403
文帝書鈔十四卷 …………………………… 246
文料大成四十卷補編二卷 ………………… 402
文海探驪三十卷附四書味根錄四書典制
　分韻詩帖韻府偶句 ……………………… 330
文海探驪三十卷附四書味根錄四書典制
　分韻詩帖韻府偶句 ……………………… 330
文萃山房藏稿不分卷 ……………………… 329
文章正宗復刻三十卷 ……………………… 255
文章游戲初編八卷 ………………………… 216
文章練要十卷………………………………… 38
文清公薛先生文集二十四卷 ……………… 271
文清公薛先生文集二十四卷 ……………… 271
文肅公文集三十四卷外集一卷 …………… 272
文廟祀位考畧六卷 ………………………… 158
文廟通考六卷首一卷 ……………………… 122
文廟通考六卷首一卷 ……………………… 122
文選五卷首一卷 …………………………… 253
文選六十卷 ………………………………… 251
文選六十卷 ………………………………… 251
文選六十卷 ………………………………… 251
文選六十卷 ………………………………… 251
文選六十卷 ………………………………… 251
文選六十卷 ………………………………… 251
文選六十卷 ………………………………… 251
文選六十卷 ………………………………… 251
文選六十卷 ………………………………… 251
文選六十卷 ………………………………… 251
文選六十卷 ………………………………… 251
文選六十卷 ………………………………… 251
文選六十卷 ………………………………… 251
文選六十卷 ………………………………… 251
文選六十卷 ………………………………… 251
文選六十卷 ………………………………… 251
文選六十卷 ………………………………… 252
文選六十卷 ………………………………… 252
文選六十卷 ………………………………… 252
文選六十卷 ………………………………… 252
文選六十卷 ………………………………… 252
文選六十卷 ………………………………… 252
文選六十卷 ………………………………… 252
文選六十卷 ………………………………… 252
文選六十卷 ………………………………… 252
文選六十卷 ………………………………… 252
文選六十卷 ………………………………… 252
文選六十卷 ………………………………… 252
文選六十卷 ………………………………… 252
文選六十卷 ………………………………… 252
文選六十卷 ………………………………… 252
文選六十卷 ………………………………… 252
文選六十卷 ………………………………… 252
文選六十卷 ………………………………… 252
文選六十卷 ………………………………… 252
文選六十卷 ………………………………… 253
文選六十卷 ………………………………… 253
文選六十卷 ………………………………… 253
文選六十卷 ………………………………… 253
文選六十卷 ………………………………… 253
文選六十卷 ………………………………… 253
文選六十卷 ………………………………… 253
文選六十卷 ………………………………… 253
文選六十卷 ………………………………… 253
文選六十卷 ………………………………… 253
文選考異十卷 ……………………………… 253
文選淪註三十卷 …………………………… 254
文選集腋六卷 ……………………………… 280
文選詩鈔不分卷 …………………………… 289
文選纂註十二卷 …………………………… 251
文獻通考三百四十八卷 …………………… 104
文獻通考三百四十八卷 …………………… 104
文獻通考三百四十八卷 …………………… 104
文獻通考三百四十八卷 …………………… 104
文獻通考三百四十八卷 …………………… 104
文獻通考三百四十八卷 …………………… 104
文獻通考三百四十八卷 …………………… 104
文獻通考三百四十八卷 …………………… 105
文獻通考三百四十八卷 …………………… 105
文獻通考三百四十八卷 …………………… 105
文獻通考三百四十八卷 …………………… 105
文獻通考三百四十八卷 …………………… 105
文獻通考三百四十八卷 …………………… 105

文獻通考三百四十八卷 …………………… 105
文獻通考三百四十八卷 …………………… 105
文獻通考三百四十八卷 …………………… 105
文獻通考三百四十八卷 …………………… 105
文獻通考紀要二卷 ………………………… 105
文獻通考紀要二卷附録原序一卷 ……… 107
文獻通考鈔二十四卷 …………………… 105
文獻通考纂二十四卷 …………………… 105
文獻徵存録十卷 ………………………… 126
文獻徵存録十卷 ………………………… 126
方望溪平點史記四卷……………………… 75
方望溪平點史記四卷……………………… 75
方望溪平點史記四卷……………………… 75
方望溪平點史記四卷……………………… 75
方望溪平點史記四卷……………………… 75
方輿紀要簡覽三十四卷 ………………… 134
斗科要典一卷 …………………………… 247
心師竹齋章牘存稿三卷崇祀鄉賢録一卷
行狀一卷墓表一卷 ……………………… 172
心靈學一卷 ……………………………… 248
尹健餘遺書 ……………………………… 372
尺木堂綱鑑易知録二十卷……………… 94
尺木堂綱鑑易知録九十二卷明鑑易知録
十五卷……………………………………… 93
尺木堂綱鑑易知録九十二卷明鑑易知録
十五卷……………………………………… 93
尺木堂綱鑑易知録九十二卷明鑑易知録
十五卷……………………………………… 93
尺木堂綱鑑易知録九十二卷明鑑易知録
十五卷……………………………………… 93
尺木堂綱鑑易知録九十二卷明鑑易知録
十五卷……………………………………… 93
尺木堂綱鑑易知録九十二卷明鑑易知録
十五卷……………………………………… 93
尺木堂綱鑑易知録九十二卷明鑑易知録
十五卷……………………………………… 93
尺木堂綱鑑易知録九十二卷明鑑易知録
十五卷……………………………………… 94
尺木堂綱鑑易知録九十二卷明鑑易知録
十五卷……………………………………… 94
尺木堂綱鑑易知録九十二卷明鑑易知録
十五卷……………………………………… 94
尺木堂綱鑑易知録九十二卷明鑑易知録
十五卷……………………………………… 94
尺木堂綱鑑易知録九十二卷明鑑易知録
十五卷……………………………………… 94
尺園佐治摘存不分卷 …………………… 109
尺牘初桄二卷 …………………………… 402
孔子[丘]年譜三卷首一卷附録一卷 …… 124
孔子[丘]編年五卷 ……………………… 124
孔子改制考二十一卷 …………………… 200
孔子家語十卷 …………………………… 192
孔子家語十卷 …………………………… 192
孔子家語十卷 …………………………… 192
孔子家語十卷 …………………………… 192
孔子家語十卷 …………………………… 192
孔子家語十卷 …………………………… 192
孔子家語十卷 …………………………… 192
孔子家語十卷 …………………………… 192
孔子家語十卷 …………………………… 192
孔子家語十卷 …………………………… 192
孔子家語十卷 …………………………… 192
孔子家語十卷 …………………………… 192
孔子家語十卷 …………………………… 192
孔子家語十卷札記一卷 ………………… 192
孔子家語十卷札記一卷 ………………… 192
孔子家語十卷札記一卷 ………………… 192
孔子家語八卷 …………………………… 192
孔子家語八卷 …………………………… 192
孔子集語十七卷 ………………………… 192
孔氏三出辯不分卷 ……………………… 201
孔叢二卷 ………………………………… 193
水心文集二十九卷 ……………………… 267
水心文集二十九卷 ……………………… 267
水流雲在館百哀詩詞合鈔二卷附輓聯 … 316
水流雲在館詩存十卷 …………………… 316
水道提綱二十八卷 ……………………… 159
水道提綱二十八卷 ……………………… 159
水道提綱二十八卷 ……………………… 160
水雷秘要五卷附圖一卷 ………………… 217
水經注四十卷 …………………………… 159
水經注四十卷 …………………………… 159

水經注四十卷 …………………………… 159
水經注四十卷首一卷 ……………………… 159
水經注四十卷首一卷 ……………………… 159
水經注四十卷首一卷 ……………………… 159
水經注四十卷首一卷 ……………………… 159
水經注四十卷首一卷 ……………………… 159
水經注匯校四十卷首一卷附錄二卷 …… 159
水經注圖說殘稾四卷 ……………………… 159
水經注箋刊誤十二卷 ……………………… 159
水經注釋四十卷 …………………………… 159
水經注釋四十卷首一卷附錄二卷 ……… 159
水經注釋四十卷首一卷附錄二卷刊誤十二卷 …………………………………… 159
水經注釋四十卷首一卷附錄二卷刊誤十二卷 …………………………………… 159
水經釋地八卷 ……………………………… 159
水操新義十八卷首一卷圖一卷 ………… 217

五畫

玉川子詩集五卷 …………………………… 299
玉芝堂談薈三十六卷 ……………………… 231
玉函山房輯佚書五百一種 ……………… 360
玉函山房輯佚書五百九十四種附一種 … 360
玉函山房輯佚書五百九十四種附一種 … 360
玉函山房輯佚書五百九十四種附一種 … 360
玉函山房輯佚書五百九十四種附一種 … 360
玉函山房輯佚書五百九十四種附一種 … 360
玉函山房輯佚書五百九十四種附一種 … 360
玉海二百卷辭學指南四卷 ……………… 386
玉海二百卷辭學指南四卷 ……………… 387
玉海二百卷辭學指南四卷 ……………… 387
玉海二百卷辭學指南四卷 ……………… 387
玉海附刻十四種 …………………………… 387
玉海附刻十四種 …………………………… 387
玉海附刻十四種 …………………………… 387
玉堂吟社試帖輯珍四卷 ………………… 313
玉堂清課賦鈔四卷 ……………………… 324
玉搔頭傳奇二卷 …………………………… 328
玉照軒時文遺稾五卷 ……………………… 335
玉照軒時文遺稾五卷 ……………………… 335
玉獅堂十種曲十五卷悲鳳曲一卷 ……… 327
玉獅堂十種曲十五卷悲鳳曲一卷 ……… 327
玉獅堂十種曲十五卷悲鳳曲一卷 ……… 327
玉獅堂十種曲十五卷悲鳳曲一卷 ……… 327
玉獅堂十種曲十五卷悲鳳曲一卷 ……… 327
玉臺新詠十卷 ……………………………… 282
玉臺新詠十卷 ……………………………… 282
玉臺新詠十卷 ……………………………… 282
玉篇三十卷廣韻五卷……………………… 50
玉篇校刊札記一卷廣韻校刊札記一卷…… 50
玉劍尊聞十卷 ……………………………… 235
玉餘尺牘附編八卷 ………………………… 401
玉燕堂四種曲 ……………………………… 327
玉谿生詩詳注三卷 ………………………… 297
玉谿生詩詳注三卷 ………………………… 297
玉瀾集一卷 ………………………………… 267
正字通十二卷首一卷……………………… 55
正字通十二卷首一卷……………………… 55
正宗道禪師語錄七卷 ……………………… 246
[乾隆]正定府志五十卷首一卷 ………… 140
[乾隆]正定府志五十卷首一卷 ………… 140
[光緒]正定縣志四十六卷首一卷末一卷 …………………………………… 139
[光緒]正定縣志四十六卷首一卷末一卷 …………………………………… 139
[光緒]正定縣志四十六卷首一卷末一卷 …………………………………… 140
[光緒]正定縣志四十六卷首一卷末一卷 …………………………………… 140
正教奉傳不分卷 …………………………… 179
正教奉褒一卷 ……………………………… 248
正教奉褒一卷 ……………………………… 248
正誼堂全書六十八種 ……………………… 348
正誼堂全書六十八種 ……………………… 348
正誼堂全書六十八種 ……………………… 348
正學編八卷 ………………………………… 200
正覺樓叢刻二十九種 ……………………… 349
正續童試正鵠合編四卷 ………………… 336
功順堂叢書十八種 ………………………… 360
功順堂叢書十八種 ………………………… 360
功順堂叢書十八種 ………………………… 360

[乾隆]甘州府志十六卷首一卷末一卷 … 152
[乾隆]甘州府志十六卷首一卷末一卷 … 153
[乾隆]甘州府志十六卷首一卷末一卷 … 153
甘肅忠義錄傳十七卷文武職表二十六卷紳民婦女表八十八卷 …………………… 127
世史正綱三十二卷………………………… 89
世界歷史問答 ……………………………… 187
世說新語三卷 ……………………………… 214
世說新語六卷 ……………………………… 214
世說新語補二十卷 ………………………… 214
世說新語補二十卷 ………………………… 214
世說新語補二十卷 ………………………… 214
古今合璧事類備要前集六十九卷後集八十一卷續集五十六卷 …………………… 386
古今治河要策四卷 ………………………… 160
古今風謠一卷古今諺一卷 ………………… 287
古今風謠一卷古今諺一卷 ………………… 287
古今風謠拾遺四卷古今諺拾遺六卷 …… 287
古今風謠拾遺四卷古今諺拾遺六卷 …… 287
古今集聯一卷 ……………………………… 240
古今楹聯匯刻小傳十四集 ………………… 127
古今說部叢書十集 ………………………… 363
古今韻略五卷……………………………… 63
古文八大家公暇錄六卷 …………………… 259
古文八大家公暇錄六卷 …………………… 259
古文八大家公暇錄六卷 …………………… 259
古文八大家公暇錄六卷 …………………… 259
古文分編集評二十二卷 …………………… 260
古文分編集評二十二卷 …………………… 260
古文正集二十二種 ………………………… 345
古文苑二十一卷 …………………………… 254
古文苑二十一卷 …………………………… 254
古文苑二十一卷 …………………………… 254
古文析義十四卷 …………………………… 280
古文析義十四卷 …………………………… 280
古文眉詮七十九卷 ………………………… 261
古文喈鳳新編八卷 ………………………… 281
古文喈鳳新編八卷 ………………………… 281
古文筆法二十卷 …………………………… 281
古文筆法二十卷 …………………………… 281
古文筆法百篇二十卷首一卷 ……………… 281
古文淵鑒六十四卷 ………………………… 254
古文淵鑒六十四卷 ………………………… 254
古文淵鑒六十四卷 ………………………… 254
古文淵鑒六十四卷 ………………………… 254
古文淵鑒六十四卷 ………………………… 254
古文淵鑒六十四卷 ………………………… 254
古文發蒙集六卷 …………………………… 261
古文發蒙集六卷 …………………………… 261
古文翼八卷 ………………………………… 261
古文翼八卷 ………………………………… 261
古文辭類纂十二卷 ………………………… 255
古文辭類纂十五卷 ………………………… 255
古文辭類纂十五卷 ………………………… 255
古文辭類纂七十五卷 ……………………… 255
古文辭類纂七十四卷 ……………………… 255
古文辭類纂七十四卷 ……………………… 255
古文辭類纂七十四卷 ……………………… 255
古文辭類纂七十四卷 ……………………… 255
古文辭類纂七十四卷 ……………………… 255
古文辭類纂七十四卷 ……………………… 255
古文辭類纂七十四卷 ……………………… 255
古文辭類纂七十四卷 ……………………… 255
古文辭類纂七十四卷 ……………………… 255
古文釋義新編八卷 ………………………… 256
古文釋義新編八卷 ………………………… 256
古文釋義新編八卷 ………………………… 256
古文釋義新編八卷 ………………………… 257
古文釋義新編八卷 ………………………… 257
古文釋義新編八卷 ………………………… 257
古文釋義新編八卷 ………………………… 257
古文釋義新編八卷 ………………………… 257
古文觀止十二卷 …………………………… 257
古文觀止十二卷 …………………………… 257
古文觀止十二卷 …………………………… 257
古文觀止十二卷 …………………………… 258
古文觀止十二卷 …………………………… 258
古文觀止十二卷 …………………………… 258
古玉圖考一卷 ……………………………… 130
古本大學說一卷大學改本考一卷中庸說二卷………………………………………… 45
古本大學說一卷大學改本考一卷中庸說

二卷 …… 45
古本大學輯解二卷中庸本解二卷 …… 45
古史參箴四卷 …… 248
古列女傳八卷 …… 122
古品節錄六卷 …… 123
古品節錄六卷 …… 123
古香齋袖珍十種附二種 …… 362
古香齋新刻袖珍淵鑑類函四百五十卷 … 393
古香齋新刻袖珍淵鑑類函四百五十卷 … 393
古香齋新刻袖珍淵鑑類函四百五十卷 … 393
古香齋新刻袖珍淵鑑類函四百五十卷目錄四卷 …… 392
古香齋新刻袖珍淵鑑類函四百五十卷目錄四卷 …… 393
古香齋新刻袖珍淵鑑類函四百五十卷目錄四卷 …… 393
古香齋鑒賞袖珍春明夢餘錄七十卷 …… 156
古香齋鑒賞袖珍施注蘇詩四十二卷總目二卷續補遺總目一卷 …… 362
古音類表九卷 …… 62
古唐詩合解十二卷 …… 285
古唐詩合解十二卷 …… 285
古唐詩合解十二卷 …… 286
古唐詩合解十二卷古詩四卷 …… 284
古唐詩合解十二卷古詩四卷 …… 284
古唐詩合解十二卷古詩四卷 …… 284
古唐詩合解十二卷古詩四卷 …… 284
古唐詩合解十二卷古詩四卷 …… 284
古唐詩合解十二卷古詩四卷 …… 284
古唐詩合解十二卷古詩四卷 …… 284
古唐詩合解十二卷古詩四卷 …… 284
古唐詩合解十二卷古詩四卷 …… 284
古唐詩合解十二卷古詩四卷 …… 284
古唐詩合解十二卷古詩四卷 …… 284
古唐詩合解十二卷古詩四卷 …… 284
古唐詩合解十二卷古詩四卷 …… 284
古唐詩合解十二卷古詩四卷 …… 284
古唐詩合解十二卷古詩四卷 …… 284
古唐詩合解十二卷古詩四卷 …… 284
古唐詩合解十二卷古詩四卷 …… 284
古唐詩合解十二卷古詩四卷 …… 284
古唐詩合解十二卷古詩四卷 …… 285
古唐詩合解十二卷古詩四卷 …… 285
古唐詩合解十二卷古詩四卷 …… 285
古唐詩合解十二卷古詩四卷 …… 285
古唐詩合解十二卷古詩四卷 …… 285
古唐詩合解十二卷古詩四卷 …… 285
古唐詩合解十二卷古詩四卷 …… 285
古唐詩合解十二卷古詩四卷 …… 285
古唐詩合解十二卷古詩四卷 …… 285
古唐詩合解十二卷古詩四卷 …… 285
古唐詩合解十二卷古詩四卷 …… 285
古唐詩合解十二卷古詩四卷 …… 285
古唐詩合解十二卷古詩四卷 …… 285
古唐詩合解十二卷古詩四卷 …… 285
古唐詩合解十二卷古詩四卷 …… 285
古唐詩合解十二卷古詩四卷 …… 285
古唐詩合解十二卷古詩四卷 …… 285
古唐詩合解十二卷古詩四卷 …… 285
古唐詩合解十二卷古詩四卷 …… 285
古唐詩合解十二卷古詩四卷 …… 286
古唐詩合解十二卷古詩四卷 …… 286
古唐詩合解十二卷古詩四卷 …… 286
古唐詩合解十二卷古詩四卷 …… 286
古唐詩合解十二卷古詩四卷 …… 286
古唐詩合解十二卷古詩四卷 …… 286
古書疑義舉例七卷 …… 234
古逸叢書二十六種 …… 348
古愚心言八卷 …… 280
古微書三十六卷 …… 8
古微堂內集二卷外集八卷 …… 380
古詩紀一百五十六卷 …… 287
古詩源十四卷 …… 282
古詩源十四卷 …… 282
古詩源十四卷 …… 283
古詩源十四卷 …… 283
古詩源十四卷 …… 283
古詩源十四卷 …… 283
古詩源十四卷 …… 283
古詩源十四卷 …… 283
古詩源十四卷 …… 283
古詩箋七言詩歌行鈔十五卷 …… 283

古詩箋五言詩十七卷七言詩歌行鈔十五卷 …… 283
古詩箋五言詩十七卷七言詩歌行鈔十五卷 …… 283
古緶齋律賦二卷 …… 323
古緶齋試帖二卷 …… 323
古經天象考十二卷圖說一卷 …… 240
古經解彙函十六種小學彙函十四種 …… 6
古經解彙函十六種小學彙函十四種 …… 7
古經解彙函十六種小學彙函十四種 …… 7
古經解彙函十六種小學彙函十四種 …… 7
古經解彙函十六種小學彙函十四種 …… 7
古籌算考釋六卷 …… 241
古歡堂小題集選初集不分卷二集不分卷 …… 334
古歡堂集三十六卷蒙齋年譜一卷續年譜一卷生志一卷 …… 380
本事詩十二卷 …… 342
本草原始十二卷 …… 225
本草原始十二卷 …… 225
本草萬方鍼線八卷 …… 225
本草備要八卷醫方集解二十一卷 …… 219
本草綱目五十二卷 …… 225
本草綱目五十二卷圖三卷 …… 225
本草綱目拾遺十卷 …… 225
本朝三十家文不分卷 …… 333
本朝名家詩鈔小傳二卷 …… 344
本朝律賦集腋四卷韻府對語四卷 …… 319
本朝試賦新硎五卷首一卷 …… 320
本朝試賦新硎五卷首一卷 …… 320
本朝試賦新硎五卷首一卷 …… 320
札樸十卷 …… 233
札樸十卷 …… 233
可儀堂一百二十名家制藝四十八卷 …… 333
可儀堂一百二十名家制藝四十八卷 …… 333
左氏條貫十八卷 …… 36
左氏博議續編二卷 …… 37
左文襄公全集一百三十四卷 …… 175
左文襄公奏疏初編三十八卷續編七十六卷三編六卷 …… 175
左海全集十種 …… 385
左傳分國摘要二十卷世次圖一卷 …… 38
左傳分國纂畧十六卷 …… 36
左傳文法讀本十二卷 …… 35
左傳史論二卷 …… 116
左傳史論二卷 …… 117
左傳必讀書十六卷 …… 38
左傳事緯十二卷左傳字釋一卷 …… 38
左傳事緯十二卷左傳字釋一卷 …… 38
左傳易讀六卷 …… 36
左傳易讀六卷 …… 36
左傳易讀六卷 …… 36
左傳易讀六卷 …… 36
左傳紀事本末五十三卷 …… 99
左傳紀事本末五十三卷 …… 99
左傳紀事本末五十三卷 …… 99
左傳紀事本末五十三卷 …… 99
左傳紀事本末五十三卷 …… 99
左傳評林八卷 …… 36
左傳評林八卷 …… 36
左傳舊疏攷證八卷 …… 34
左傳翼三十八卷 …… 36
左傳翼三十八卷 …… 36
左傳翼三十八卷 …… 36
左繡三十卷首一卷 …… 35
左繡三十卷首一卷 …… 35
左繡三十卷首一卷 …… 35
左繡三十卷首一卷 …… 35
左繡三十卷首一卷 …… 35
左繡三十卷首一卷 …… 35
左繡三十卷首一卷 …… 35
左繡三十卷首一卷 …… 35
左繡三十卷首一卷 …… 35
左繡三十卷首一卷 …… 35
石臼前集九卷後集七卷 …… 307
石甫文鈔三卷 …… 282
石甫文鈔三卷 …… 282
石林奏議十五卷 …… 172
[道光]石泉縣志四卷 …… 149
石室秘籙六卷 …… 222
石笥山房文集六卷補遺一卷詩集十一卷詩餘一卷補遺二卷續補遺二卷 …… 376

石笥山房文集六卷補遺一卷詩集十二卷補遺二卷續補遺二卷 …… 376
石笥山房文集六卷詩集十二卷 …… 376
石笥山房文集六卷詩集十二卷 …… 376
石笥山房文集六卷詩集十二卷 …… 376
石渠餘紀六卷 …… 115
石湖居士詩集三十四卷 …… 303
石榴記傳奇四卷 …… 328
石蘭堂詩稿八種 …… 309
右軍[王羲之]年譜一卷叢談一卷 …… 122
[咸豐]平山縣志八卷 …… 141
平平錄十一卷 …… 199
[乾隆]平利縣志四卷 …… 151
平妖傳八卷四十回 …… 211
平苗紀略一卷 …… 103
[乾隆]平定州志十卷圖一卷 …… 144
[乾隆]平定州志十卷圖一卷 …… 144
平定粵匪紀略十八卷附記四卷 …… 102
平定粵匪紀略十八卷附記四卷 …… 102
平定粵匪紀略十八卷附記四卷 …… 102
平定粵匪紀略十八卷附記四卷 …… 102
平定粵匪紀略十八卷附記四卷 …… 102
平定粵寇紀略十八卷附記四卷 …… 102
平定關隴紀畧十三卷 …… 102
平叛記二卷 …… 115
平津館文稿二卷 …… 275
平津館叢書十集四十二種 …… 349
平津館叢書十集四十二種 …… 349
平浙紀畧十六卷 …… 103
[光緒]平陸縣續志二卷首一卷末一卷 …… 146
[光緒]平湖縣志二十五卷首一卷末一卷 …… 155
[光緒]平遠縣志十卷 …… 154
[光緒]平遙縣志十二卷圖考一卷 …… 145
平播全書十五卷 …… 358
平播全書十五卷 …… 358
平播全書十五卷 …… 358
[乾隆]打箭鑪志二卷 …… 156
北史一百卷 …… 66
北史一百卷 …… 70
北史一百卷 …… 84
北史一百卷 …… 84
北史一百卷 …… 84
北江全集九種 …… 374
北東園筆錄初編六卷續編六卷三編六卷四編六卷 …… 215
北洋師範學堂試辦章程十章 …… 170
北齊書五十卷 …… 84
北學編四卷 …… 123
北學編四卷 …… 123
北學編四卷 …… 123
北徼彙編六卷 …… 108
占易秘解一卷 …… 250
目耕齋全集三種 …… 46
目耕齋全集三種 …… 46
目耕齋全集三種 …… 46
目耕齋全集三種 …… 46
目蓮寶卷三卷 …… 245
甲子會紀五卷宋元通鑑一百五十七卷 …… 88
申端愍公集十二卷 …… 272
史系簡鈔八卷 …… 95
史事論甲編十卷乙編六卷丙編四卷丁編四卷 …… 119
史事論甲編十卷乙編六卷丙編四卷丁編四卷 …… 119
史事論甲編十卷乙編六卷丙編四卷丁編四卷 …… 119
史忠正公文集四卷首一卷 …… 270
史忠正公集四卷首一卷末一卷 …… 270
史忠正公集四卷首一卷末一卷 …… 270
史姓韻編六十四卷 …… 122
史姓韻編六十四卷 …… 122
史姓韻編六十四卷 …… 122
史姓韻編六十四卷 …… 123
史記一百三十卷 …… 65
史記一百三十卷 …… 65
史記一百三十卷 …… 65
史記一百三十卷 …… 65
史記一百三十卷 …… 73
史記一百三十卷 …… 75
史記一百三十卷 …… 75
史記一百三十卷 …… 75

史記一百三十卷…………………………… 75
史記一百三十卷…………………………… 75
史記一百三十卷…………………………… 75
史記一百三十卷…………………………… 76
史記一百三十卷…………………………… 76
史記一百三十卷…………………………… 76
史記一百三十卷…………………………… 76
史記一百三十卷…………………………… 76
史記一百三十卷…………………………… 76
史記一百三十卷…………………………… 76
史記一百三十卷…………………………… 76
史記一百三十卷…………………………… 76
史記一百三十卷…………………………… 76
史記一百三十卷…………………………… 76
史記一百三十卷…………………………… 76
史記一百三十卷…………………………… 76
史記一百三十卷…………………………… 76
史記一百三十卷…………………………… 77
史記一百三十卷…………………………… 77
史記一百三十卷…………………………… 77
史記一百三十卷…………………………… 77
史記一百三十卷…………………………… 77
史記一百三十卷…………………………… 77
史記一百三十卷…………………………… 77
史記一百三十卷…………………………… 77
史記一百三十卷…………………………… 77
史記一百三十卷…………………………… 77
史記一百三十卷…………………………… 78
史記一百三十卷…………………………… 78
史記一百三十卷…………………………… 78
史記一百三十卷…………………………… 78
史記一百三十卷…………………………… 78
史記一百三十卷…………………………… 78
史記一百三十卷…………………………… 78
史記一百三十卷…………………………… 78
史記一百三十卷…………………………… 78
史記一百三十卷…………………………… 78
史記一百三十卷…………………………… 78
史記一百三十卷…………………………… 79
史記一百三十卷首一卷………………………… 78
史記志疑三十六卷 ……………………… 118
史記索隱三十卷………………………… 79
史記索隱三十卷………………………… 79
史記菁華錄六卷………………………… 79
史記菁華錄六卷………………………… 79
史記菁華錄六卷………………………… 79
史記菁華錄六卷………………………… 79
史記鈔四卷 ………………………… 279
史記鈔四卷 ………………………… 279
史記評林一百三十卷…………………… 76
史記論文一百三十卷…………………… 76
史記論文一百三十卷…………………… 77
史記論文一百三十卷…………………… 77
史記論文一百三十卷…………………… 77
史記論文一百三十卷…………………… 78
史記論文一百三十卷…………………… 78
史記論文一百三十卷…………………… 78
史記纂二十四卷………………………… 75
史通削繁四卷 ……………………… 116
史通削繁四卷 ……………………… 116
史通削繁四卷 ……………………… 116
史通通釋二十卷 …………………… 116
史通通釋二十卷 …………………… 116
史畧八十七卷…………………………… 79
史畧八十七卷…………………………… 79
史概十卷………………………………… 79
史微八卷札記一卷 ………………… 235
史緯三百三十卷首一卷………………… 74
史學叢書四十三種 ………………… 362
史鑑節要便讀六卷……………………… 95
史鑑節要便讀六卷……………………… 95
史鑑節要便讀六卷……………………… 95
史鑑節要便讀六卷……………………… 95
史鑑節要便讀六卷……………………… 95
史鑑節要便讀四卷補編一卷…………… 95
四大奇書第一種二十卷一百十五回 …… 208
四大奇書第一種十九卷 …………… 207
四大奇書第一種十九卷 …………… 207
四大奇書第一種十九卷首一卷 ……… 207
四大奇書第一種三國志一百二十回首一卷 ……………………………… 207
四大奇書第一種六十卷一百二十回 …… 207

四川三費章程一卷 …… 169
[嘉慶]四川通志二百四卷首二十二卷 … 156
[嘉慶]四川通志二百四卷首二十二卷 … 156
四川教育官報 …… 403
四川諮議局第二屆常年會決議案不分卷 …… 179
四子書十九卷 …… 39
四六叢話三十三卷選詩叢話一卷 …… 343
四六叢話三十三卷選詩叢話一卷 …… 343
四六叢話三十三卷選詩叢話一卷 …… 343
四六類腋十九卷 …… 400
四六類腋十九卷 …… 401
四生譜四卷 …… 240
四印齋所刻詞二十五種 …… 324
四辰堂通鑑易知錄十四卷首一卷 …… 95
四述奇十六卷 …… 185
四音字彙十二卷 …… 61
四庫全書辨正通俗文字一卷 …… 61
四海棠鼓詞四卷二十回 …… 210
四家詠史樂府十五卷 …… 288
四家賦鈔四卷 …… 319
四書人物類典串珠四十卷 …… 44
四書人物類典串珠四十卷 …… 44
四書人物類典串珠四十卷 …… 44
四書人物類典串珠四十卷 …… 44
四書人物類典串珠四十卷 …… 44
四書人物類典串珠四十卷 …… 44
四書人物類典串珠四十卷 …… 44
四書人物類典串珠四十卷首一卷 …… 44
四書大全摘要二十卷 …… 46
四書大全摘要二十卷 …… 46
四書大全摘要二十卷 …… 46
四書大全摘要二十卷 …… 47
四書大題文不分卷 …… 338
四書反身錄八卷首一卷 …… 45
四書反身錄八卷首一卷 …… 45
四書反身錄四卷二孟續補一卷 …… 378
四書文椒不分卷 …… 341
四書古註群義彙解九種 …… 42
四書古註群義彙解九種 …… 43
四書左國彙纂四卷 …… 48
四書左國彙纂四卷 …… 48
四書左國輯要四卷 …… 48
四書朱子大全經傳蘊萃四十卷 …… 49
四書朱子大全精言 …… 40
四書朱子本義匯糸四十三卷首四卷 …… 40
四書朱子本義匯糸四十三卷首四卷 …… 40
四書朱子本義匯糸四十三卷首四卷 …… 40
四書朱子本義匯糸四十三卷首四卷 …… 40
四書朱子本義匯糸四十三卷首四卷 …… 40
四書朱子本義匯糸四十三卷首四卷 …… 40
四書朱子本義匯糸四十三卷首四卷 …… 40
四書朱子本義匯糸四十三卷首四卷 …… 40
四書朱子本義匯糸四十三卷首四卷 …… 40
四書朱子本義匯糸四十三卷首四卷 …… 40
四書朱子異同條辨四十卷 …… 47
四書朱註大全原解三十七卷 …… 41
四書近指十七卷 …… 47
四書或問語類集解釋註大全四十一卷 …… 47
四書味根錄三十七卷 …… 43
四書味根錄三十七卷 …… 43
四書味根錄三十七卷 …… 43
四書味根錄三十七卷 …… 43
四書味根錄三十七卷 …… 43
四書味根錄三十七卷 …… 43
四書味根錄三十七卷 …… 43
四書味根錄三十七卷 …… 43
四書味根錄三十七卷 …… 43
四書味根錄三十七卷 …… 43
四書味根錄三十七卷 …… 43
四書味根錄三十七卷 …… 43
四書味根錄三十七卷 …… 43
四書味根錄三十七卷 …… 43
四書味根錄三十七卷 …… 43
四書易簡錄三十七卷 …… 48
四書典林三十卷 …… 48
四書典制類聯三十三卷 …… 45
四書典制類聯音註十卷 …… 45
四書典制類聯音註三十三卷 …… 45
四書典制類聯音註三十三卷 …… 45
四書典制類聯音註三十三卷 …… 45
四書典制類聯音註三十三卷 …… 45

四書典制類聯音註三十三卷………………45
四書典制類聯音註三十三卷………………45
四書典腋十八卷………………48
四書便蒙十九卷………………39
四書便蒙十九卷………………39
四書便蒙十九卷………………40
四書便蒙十九卷………………40
四書訓義三十六卷四書稗疏二卷考異一卷………………42
四書家塾讀本句讀一卷………………39
四書教子尊經求通錄四卷………………45
四書章句集注二十九卷………………39
四書章句集注二十六卷………………39
四書章句集注十九卷………………39
四書章句集注十九卷………………39
四書章句集注十九卷………………39
四書章句集注十九卷………………39
四書章句集注十九卷………………39
四書章句集注十九卷………………39
四書章句集注十九卷………………39
四書章句集注十九卷………………40
四書章句集注十九卷………………40
四書章句集注十九卷………………40
四書翊註四十二卷首一卷………………41
四書貫珠講義十九卷………………49
四書集成二十八卷………………48
四書集注大全………………40
四書集益六卷………………47
四書粲注不分卷………………281
四書粲註四卷………………45
四書會解二十七卷………………47
四書會解二十七卷………………47
四書會解二十七卷………………47
四書經註集證十九卷………………47
四書劄記………………43
四書廣註三十六卷………………42
四書遵註合講十九卷………………45
四書辨解大全………………48
四書講義困勉錄三十七卷續困勉錄六卷………………41
四書講義困勉錄三十七卷續困勉錄六卷………………41
四書講義困勉錄三十七卷續困勉錄六卷………………41
四書講義困勉錄三十七卷續困勉錄六卷………………41
四書翼註論文三十八卷………………48
四書翼註論文三十八卷………………48
四書翼註論文三十八卷………………48
四書題鏡十二卷………………46
四書題鏡十二卷………………46
四書題鏡十六卷首一卷………………46
四書題鏡十四卷首一卷………………46
四書題鏡十四卷首一卷………………46
四書題鏡十卷………………46
四書題鏡十卷………………46
四書題鏡十卷………………46
四書題鏡三十六卷………………46
四書題鏡三十六卷………………46
四書類典賦二十四卷………………47
四書類典賦二十四卷附孔孟年譜………………47
四書釋地一卷續一卷又續一卷三續一卷孟子生卒年月考一卷………………44
四書釋地一卷續一卷又續一卷三續一卷孟子生卒年月考一卷………………44
四書釋地補一卷續補一卷又續補一卷三續補一卷………………44
四書襯十九卷………………48
四紘秋一卷………………327
四註悟真篇………………247
四裔編年表四卷………………183
四經精華………………11
四賢記二卷………………326
四鑑錄十六卷………………119
四廳記程一卷………………161
丘方二太史硃訂秘笥易經講意綱目集註四卷………………11
丘邦士文集十八卷………………278
代數術二十五卷首一卷………………243
代數備旨附總答………………243
仙佛合宗一卷………………247

[乾隆]白水縣志四卷首一卷 …………… 149
[乾隆]白水縣志四卷首一卷 …………… 149
白芙堂算學叢書 ……………………… 242
白芙堂算學叢書 ……………………… 242
白芙堂算學叢書 ……………………… 242
白芙堂算學叢書 ……………………… 242
白沙子全集十卷首一卷末一卷古詩教解二卷 ……………………………… 271
白虎通四卷 …………………………… 204
白虎通便讀不分卷爾雅便讀不分卷儀禮不分卷 ……………………………… 193
白虎通疏證十二卷 …………………… 204
[嘉慶]白河縣志十四卷 ……………… 148
白香山詩長慶集二十卷後集十七卷別集一卷補遺二卷 ……………………… 297
白香山詩長慶集二十卷後集十七卷別集一卷補遺二卷 ……………………… 297
白香山詩長慶集二十卷後集十七卷別集一卷補遺二卷 ……………………… 297
白香山詩長慶集二十卷後集十七卷別集一卷補遺二卷年譜一卷 ……………… 296
白香山詩長慶集二十卷後集十七卷別集一卷補遺二卷年譜一卷 ……………… 296
白香山詩長慶集二十卷後集十七卷別集一卷補遺二卷年譜一卷 ……………… 296
白香山詩長慶集二十卷後集十七卷別集一卷補遺二卷年譜一卷 ……………… 297
白香山詩長慶集二十卷後集十七卷別集一卷補遺二卷年譜一卷 ……………… 297
白香山詩長慶集二十卷後集十七卷別集一卷補遺二卷年譜一卷 ……………… 297
白香山詩長慶集二十卷後集十七卷別集一卷補遺二卷年譜一卷 ……………… 297
白香山詩長慶集二十卷後集十七卷別集一卷補遺二卷年譜一卷 ……………… 297
白香山詩長慶集二十卷後集十七卷別集一卷補遺二卷年譜一卷 ……………… 297
白雲文集五卷詩集二卷 ……………… 276
白鶴山房詞鈔二卷 …………………… 325
白鶴山房詩鈔二十一卷 ……………… 308
白鶴山房詩鈔二十一卷 ……………… 308
令德堂增定課兒鑑畧妥註善本五卷……… 95
用六集十二卷 ………………………… 383
用六集十二卷附錄一卷 ……………… 383
印度劄記二卷 ………………………… 188
句曲外史集三卷補遺三卷附一卷 …… 269
外科大成四卷 ………………………… 222
外國尚友錄十卷 ……………………… 185
包孝肅公奏議十卷 …………………… 172
主教緣起四卷 ………………………… 248
立雪軒評註古文集解八卷 …………… 261
立雪軒評註古文集解八卷 …………… 261
半厂叢書初編十種 …………………… 360
半園尺牘二十五卷補遺六卷 ………… 401
半園集一卷 …………………………… 305
半農先生春秋說十五卷……………………… 32
半螺龕詩存二卷孱守書屋試帖課存一卷 …………………………………… 319
[光緒]永平府志七十二卷首一卷末一卷 …………………………………… 142
[光緒]永平府志七十二卷首一卷末一卷 …………………………………… 142
[光緒]永平府志七十二卷首一卷末一卷 …………………………………… 142
永平詩存二十四卷 …………………… 306
永平詩存二十四卷 …………………… 306
永年申氏遺書 ………………………… 272
[乾隆]永年縣志四十四卷首一卷 …… 137
[光緒]永年縣志四十卷首一卷 ……… 137
[光緒]永年縣志四十卷首一卷 ……… 137
[嘉慶]永定河志三十二卷附錄一卷 … 160
[光緒]永定河續志十六卷首一卷附錄一卷 ………………………………… 160
[康熙]永壽縣志七卷 ………………… 150
永寧通書四集十二卷 ………………… 250
[光緒]永濟縣志二十四卷 …………… 146
司法員警三章 ………………………… 169
司法員警大意二編十七章 …………… 169
司空詩品注釋一卷 …………………… 342
司馬文正公集八十二卷首一卷目錄二卷 …………………………………… 266
司馬文正公傳家集八十卷目錄二卷年譜

一卷 …………………………………… 266
司馬溫公文集八十二卷 ……………………… 266
司馬溫公稽古錄二十卷 ……………………… 110
司馬溫公稽古錄二十卷 ……………………… 110
司馬溫公稽古錄二十卷校勘記一卷……… 87
司馬溫公稽古錄二十卷校勘記一卷……… 87
司馬溫公稽古錄二十卷校勘記一卷……… 87
司馬溫公稽古錄二十卷校勘記一卷 …… 110
弘簡錄二百五十四卷 ……………………… 122
出使日記續刻十卷(清光緒十六年至二十年)…………………………………… 188
出使英法義比四國日記六卷(清光緒十六年至十七年)…………………………… 188
出使英法義比四國日記六卷(清光緒十六年至十七年)…………………………… 188
出使英法義比四國日記六卷(清光緒十六年至十七年)…………………………… 188
出使英法義比四國日記六卷(清光緒十六年至十七年)…………………………… 188
出使英法義比四國日記六卷(清光緒十六年至十七年)…………………………… 188
台州叢書九種 ……………………………… 362
幼學求源三十三卷 ………………………… 229
幼學求源三十三卷 ………………………… 229
幼學求源三十三卷 ………………………… 229
幼學求源三十三卷 ………………………… 229
幼學歌二卷附天球圖地球圖 ……………… 234

六畫

式好堂賸稿不分卷 ………………………… 340
刑案匯覽六十卷首一卷末一卷拾遺備考一卷續增刑案匯覽十六卷 ……………… 166
刑案匯覽六十卷首一卷末一卷拾遺備考一卷續增刑案匯覽十六卷………………… 166
[康熙]邢臺縣志十二卷 …………………… 138
吉金所見錄十六卷 ………………………… 129
考工記圖二卷……………………………… 27
考古續說二卷 ……………………………… 358
考卷清華不分卷 …………………………… 338
考查印錫種茶製茶情形書一卷 …………… 177
考訂朱子世家一卷 ………………………… 194
考訂朱子世家一卷 ………………………… 194
考訂朱子世家一卷 ………………………… 194
考訂朱子世家一卷 ………………………… 194
考訂朱子世家一卷 ………………………… 194
考訂朱子世家一卷 ………………………… 195
考察政治館王大臣奏釐定管制為立憲預備先將京官編定覆核進呈摺一卷繕具清單二十四件 ……………………………… 178
老子元翼二卷考異一卷附錄一卷 ……… 201
老子道德經二卷 …………………………… 201
老子道德經二卷 …………………………… 201
老子道德經解下篇 ………………………… 245
老子說略二卷 ……………………………… 202
老子翼八卷 ………………………………… 201
老泉先生全集錄五卷 ……………………… 345
老學庵筆記十卷 …………………………… 229
老學庵筆記十卷 …………………………… 229
地球韻言四卷 ……………………………… 184
地球韻言四卷 ……………………………… 185
地球韻言四卷 ……………………………… 185
地球韻言四卷 ……………………………… 185
地理大成五集 ……………………………… 250
地理大成五集 ……………………………… 250
地理全志五卷 ……………………………… 184
地學二卷 …………………………………… 250
地學二卷 …………………………………… 250
地學淺釋三十八卷 ………………………… 243
地學歌略二卷……………………………… 187
地藏菩薩本願經三卷 ……………………… 245
地輿圖考一卷亞細亞洲圖考四卷 ……… 184
耳食錄十二卷……………………………… 206
芝龕記六卷 ………………………………… 328
再生緣全傳二十卷 ………………………… 211
再生緣全傳二十卷 ………………………… 211
再造天十六回 ……………………………… 212
[乾隆]再續華州志十二卷 ………………… 148
西北邊界圖地名譯漢攷證二卷 ………… 109
西北邊界圖地名譯漢攷證二卷 ………… 109
西史綱目初函二十卷 ……………………… 183
西史綱目初函二十卷 ……………………… 183

[康熙]西江志二百六卷圖一卷 ………… 155
[乾隆]西安府志八十卷 ……………………… 150
[宣統]西安縣志畧十三卷 …………………… 148
[宣統]西安縣志畧十三卷 …………………… 148
西巡大事本末記六卷 ………………………… 102
西村詩稿二卷 ……………………………… 307
西招圖略一卷前藏至西寧路程一卷乍了
圖說一卷圖說一卷 ………………………… 158
西招圖略一卷圖說一卷前藏至西寧路程
一卷 ……………………………………… 158
西征紀程四卷 ……………………………… 185
西征錄不分卷 ……………………………… 161
西舍文遺編四卷 …………………………… 282
西河合集一百二十種 ……………………… 385
西河合集一百二十種 ……………………… 385
西政叢書三十二種 ………………………… 185
西政叢書三十二種 ………………………… 185
西洋歷史教科書二卷六編 ………………… 185
西夏紀事本末三十六卷年表一卷 ……… 101
西夏紀事本末三十六卷年表一卷 ……… 101
西夏紀事本末三十六卷年表一卷 ……… 101
西夏紀事本末三十六卷首二卷 ………… 101
西圃叢辨三十二卷 ………………………… 232
西郭草堂合刊八種附三種 ………………… 367
西陲要略四卷 ……………………………… 153
西陲要略四卷 ……………………………… 153
[乾隆]西陲總統事略十二卷 ……………… 154
[乾隆]西陲總統事略十二卷 ……………… 154
[乾隆]西陲總統事略十二卷 ……………… 154
西域三記 …………………………………… 158
西域水道記五卷 …………………………… 160
西域水道記五卷 …………………………… 160
西域記八卷 ………………………………… 158
西域聞見錄八卷 …………………………… 158
西域聞見錄八卷 …………………………… 158
西堂全集 …………………………………… 369
西堂全集 …………………………………… 369
西堂詩集三十卷 …………………………… 370
西遊真詮一百回 …………………………… 210
西遊真詮一百回 …………………………… 210
西遊真詮一百回 …………………………… 210
西遊真詮二十卷一百回 …………………… 210
[浙江杭州]西湖志四十八卷 ……………… 159
西湖佳話古今遺跡十六卷 ………………… 213
[同治]西甯新志十卷首一卷 ……………… 139
[同治]西甯新志十卷首一卷 ……………… 139
西園史餘四十卷 …………………………… 110
西漢文二十卷 ……………………………… 262
西漢會要七十卷 …………………………… 107
西漢會要七十卷東漢會要四十卷 ……… 107
[乾隆]西寧府新志四十卷 ………………… 153
[乾隆]西寧府新志四十卷 ………………… 153
[乾隆]西寧府新志四十卷 ………………… 153
西輶日記一卷 ……………………………… 185
西學軍政全書十二種 ……………………… 189
西學富強叢書八十一種 …………………… 186
西藏宗教源流考一卷 ……………………… 245
西藏通覽二編二十二章 …………………… 156
[光緒]西藏圖考八卷首一卷 ……………… 156
[光緒]西藏圖考八卷首一卷 ……………… 156
西魏書二十四卷……………………………… 84
西疆交涉志要六卷 ………………………… 108
西疆交涉志要六卷 ………………………… 108
百二漢鏡齋秘書四種 ……………………… 249
百名家詩選八十九卷 ……………………… 318
百美新詠一卷集詠一卷圖傳一卷 ……… 320
百美新詠圖傳一卷 ………………………… 237
百病探原一卷 ……………………………… 219
百家姓考略二卷 …………………………… 230
百將圖傳二卷 ……………………………… 121
百將圖傳二卷 ……………………………… 121
百煉精金不分卷 …………………………… 329
有正味齋時文愛吾廬時文合稿不分卷 … 331
有正味齋試帖詩註八卷 …………………… 312
有正味齋試帖詩註八卷 …………………… 312
有正味齋試帖詩註八卷 …………………… 312
有正味齋試帖詩註八卷 …………………… 312
有正味齋試帖詳註四卷 …………………… 312
有正味齋試帖詳註四卷 …………………… 312
有正味齋試帖詳註四卷 …………………… 312
有正味齋詩集十六卷 ……………………… 278
有正味齋詩賦箋註四卷 …………………… 278

有正味齋駢文十六卷 …………………… 329
有正味齋駢文十六卷補註一卷 ………… 329
有正味齋駢體文二十四卷 ……………… 329
有正味齋駢體文二十四卷首一卷 ……… 329
有竹石軒經句說二十二卷 ……………… 9
有懷堂文藁二十二卷詩藁六卷 ………… 372
而菴說唐詩二十二卷首一卷 …………… 298
而菴說唐詩九卷首一卷 ………………… 298
存素堂詩稾十三卷 ……………………… 312
存悔齋集二十八卷外集四卷 …………… 373
列女傳八卷 ……………………………… 122
列女傳八卷 ……………………………… 122
列女傳補注八卷敘錄一卷校正一卷 …… 122
列女傳補注八卷敘錄一卷校正一卷 …… 122
列仙傳校正本二卷讚一卷夢書一卷 …… 122
列國政要一百三十二卷首一卷 ………… 187
列朝詩集八十一卷 ……………………… 305
列朝詩集八十一卷 ……………………… 305
成均課士錄不分卷 ……………………… 332
成均課士錄不分卷 ……………………… 332
成均課士錄鈔 …………………………… 340
成唯識論了義燈 ………………………… 245
成唯識論觀心法要十卷 ………………… 244
[乾隆]成縣新志四卷 …………………… 152
夷堅志二十卷 …………………………… 206
夷堅志二十卷 …………………………… 206
此君園文集三十卷 ……………………… 275
此菴語錄十卷……………………………… 46
[光緒]乙酉科直省鄉墨葉中不分卷 …… 339
光緒乙巳年交涉要覽三卷 ……………… 171
[光緒二十二年]大清武職官員名錄 …… 180
光緒二十四年各省奏疏不分卷 ………… 178
光緒丁未年交涉要覽三卷 ……………… 171
[光緒]山右同官錄一卷 ………………… 180
光緒丙午年交涉要覽四卷 ……………… 171
光緒丙午年交涉要覽四卷 ……………… 171
[光緒]癸巳恩科順天鄉試同年齒錄不分卷 ……………………………………… 181
光緒勘定西北邊界俄文譯漢圖例言 …… 109
光緒勘定西北邊界俄文譯漢圖例言 …… 109
[光緒]會試錄不分卷 …………………… 180
曲江書屋新訂批註左傳快讀十八卷首一卷……………………………………… 38
曲江書屋新訂批註左傳快讀十八卷首一卷……………………………………… 38
曲江書屋新訂批註左傳快讀十八卷首一卷……………………………………… 38
[同治]曲周縣志二十卷 ………………… 137
曲譜 ……………………………………… 238
同仁堂藥目 ……………………………… 224
同仁堂藥目 ……………………………… 224
[同治]甲子科各省鄉試同年錄不分卷 … 181
[咸豐]同州府志三十四卷首一卷文徵錄三卷 ……………………………………… 151
[光緒]同州府續志十六卷首一卷 ……… 151
同治五年貤贈李如柏祖父祖母父親母親誥命 …………………………………… 174
同治中興京外奏議約編八卷 …………… 176
回文類聚四卷 …………………………… 288
回文類聚四卷首一卷 …………………… 288
[乾隆]回疆志四卷 ……………………… 153
朱子文集大全類編一百十卷 …………… 194
朱子文集大全類編一百十卷 …………… 194
朱子古文讀本六卷 ……………………… 268
朱子四書或問小註三十六卷…………… 47
朱子近思錄十四卷 ……………………… 195
朱子近思錄十四卷 ……………………… 195
朱子原訂近思錄十四卷 ………………… 194
朱子原訂近思錄十四卷 ………………… 194
朱子原訂近思錄十四卷 ………………… 194
朱子家禮十卷首一卷 …………………… 196
朱子集一百四卷目錄二卷 ……………… 194
朱子資治通鑑綱目正編五十九卷………… 92
朱子語類一百四十卷 …………………… 195
朱子遺書 ………………………………… 196
朱子遺書 ………………………………… 196
朱子遺書 ………………………………… 196
朱子遺書 ………………………………… 196
朱子[熹]年譜綱目十二卷首一卷末一卷 ……………………………………… 125
朱子學歸二十三卷 ……………………… 194
朱太復文集五十二卷 …………………… 272

朱氏群書六種 …………………………… 368
朱文公校昌黎先生集四十卷集傳一卷遺文一卷外集十卷 ………………………… 264
朱文端公文集四卷補編四卷 ………… 378
朱春甫先生遺集四種 ………………… 379
先文恭公[陳宏謀]年譜十二卷 ………… 127
先正讀書訣一卷 ……………………… 235
先府君[王用誥]年譜一卷 ……………… 49
先得月樓課草不分卷 ………………… 336
竹汀居士年譜續編一卷 ……………… 233
竹枝詞一百首 ………………………… 154
竹枝詞一百首 ………………………… 154
竹枝詞一百首 ………………………… 154
竹笑軒賦鈔初集一卷二集一卷 ………… 321
竹書紀年二卷………………………… 94
竹雪軒印集八卷 ……………………… 240
竹巖集十八卷補遺一卷附錄一卷 ……… 366
[乾隆]伏羌縣志十四卷首一卷 ………… 152
伐檀集二卷 …………………………… 266
伐檀集二卷 …………………………… 266
伐檀集二卷 …………………………… 266
延陵合璧二種 ………………………… 364
[康熙]延綏鎮志六卷 ………………… 150
[光緒]延慶州志十二卷首一卷末一卷 … 135
[光緒]延慶州志十二卷首一卷末一卷 … 135
[光緒]延慶州鄉土志要略 …………… 135
任兆麟述記三卷 ……………………… 189
任兆麟述記三卷 ……………………… 235
[乾隆]任邱縣志二十卷 ……………… 136
仰視千七百二十九鶴齋叢書四十種 …… 360
仰節堂集十四卷 ……………………… 272
仿宋刻阮本十三經注疏附校勘記 ………… 4
自治研究所講義錄 …………………… 403
自治研究所講義錄 …………………… 404
自遠堂琴譜十二卷 …………………… 238
血證論八卷 …………………………… 221
向蘭臯先生小題文不分卷 …………… 337
行水金鑑一百七十五卷首一卷 ………… 160
行軍測繪十卷首一卷圖一卷 ………… 217
行素堂目睹書錄十卷汲古閣珍藏秘本書目一卷 …………………………… 181
全上古三代秦漢三國六朝文七百四十一卷 …………………………………… 258
全五代詩一百卷補遺一卷 …………… 321
全本禮記體註大全合糸十卷…………… 31
全史宮詞二十卷補遺二十卷 ………… 119
全地五大洲女俗通考十集二十二卷 …… 185
全唐文紀事一百二十二卷首一卷 ……… 341
全唐詩十二函一百二十冊 …………… 291
全唐詩十二函一百二十冊 …………… 291
全唐詩十二函一百二十冊 …………… 291
全唐詩十二函一百二十冊 …………… 291
全唐詩十二函一百二十冊 …………… 292
全唐詩九百卷 ………………………… 291
全唐詩三十二卷 ……………………… 291
全唐詩三十二卷 ……………………… 291
全唐詩三十二卷 ……………………… 291
全唐詩三十二卷 ……………………… 291
全唐詩三十二卷 ……………………… 291
全唐詩三十二卷 ……………………… 291
全唐詩話八卷 ………………………… 342
全唐詩話八卷 ………………………… 342
合肥相國七十賜壽圖附壽言不分卷 …… 162
合訂西廂記文機活趣全解八卷末一卷 … 326
合訂西廂記文機活趣全解八卷末一卷 … 326
合訂西廂記文機活趣全解八卷末一卷 … 326
合諸名家評註三蘇文選十八卷 ………… 264
合諸名家評註三蘇文選十八卷 ………… 265
各家論書彙抄本不分卷 ……………… 238
名文遂心集 …………………………… 339
名句文身表異錄二十卷 ……………… 388
名法指掌新例增訂四卷 ……………… 165
名理探五公稱五卷 …………………… 248
名理學一卷 …………………………… 248
名墨輯要不分卷 ……………………… 336
名稿 …………………………………… 340
名醫類案十二卷 ……………………… 224
色戒錄十四篇補編二篇附編二篇 ……… 216
交翠軒筆記四卷 ……………………… 234
亦玉堂稿十卷 ………………………… 270
亦政堂重考古玉圖二卷 ……………… 128
亦政堂重修考古圖十卷 ……………… 128

亦政堂重修宣和博古圖錄三十卷 ········· 128
冲然堂四書制藝不分卷 ····················· 335
江左方百川先生文編不分卷 ··············· 338
江西官報 ··································· 403
江西籌賑捐輸請獎章程一卷 ··············· 168
[乾隆]江南通志二百卷首四卷 ··········· 154
江南鄉試硃卷不分卷 ······················· 180
江南鄉試闈墨不分卷 ······················· 332
江浙八名家時文不分卷 ····················· 336
[光緒]江陰縣志三十卷首一卷 ··········· 154
江甯金石記八卷待訪目二卷 ··············· 129
江漢炳靈集二卷 ··························· 333
江漢炳靈集二卷 ··························· 333
[江蘇宜興]李氏三忠事蹟考證不分卷 ··· 125
江蘇海運全案十二卷 ······················· 174
汲冢周書十卷 ····························· 111
池上草堂筆記八卷 ························· 216
池北偶談二十六卷 ························· 231
池北偶談二十六卷 ························· 231
池北偶談二十六卷 ························· 231
池北偶談二十六卷 ························· 231
池北偶談二十六卷 ························· 231
池北偶談二十六卷 ························· 231
池北偶談二十六卷 ························· 231
池北偶談二十六卷 ························· 231
池北偶談二十六卷 ························· 231
池北偶談二十六卷 ························· 231
池北偶談二十六卷 ························· 231
池北偶談二十六卷 ························· 232
安吳四種 ··································· 373
安陸集一卷 ································· 59
安陸集一卷 ································· 59
[嘉慶]安康縣志二十卷 ···················· 150
安陽集五十卷家傳十卷 ···················· 266
安蔬草堂試帖二卷 ························· 289
安徽輿圖表說十卷 ························· 157
安徽優貢卷不分卷 ························· 180
字典四書十九卷 ··························· 39
字典攷證三十六卷 ························· 59
字典攷證三十六卷 ························· 59
字書三種 ··································· 50
字彙十二卷首一卷末一卷 ·················· 60
字彙十二卷首一卷末一卷 ·················· 60
字彙十二卷首一卷末一卷 ·················· 60
字彙十二卷首一卷末一卷 ·················· 60
字彙十二卷首一卷末一卷 ·················· 60
字彙十二卷首一卷末一卷 ·················· 60
字彙十二卷首一卷末一卷 ·················· 61
字彙十二卷首一卷末一卷 ·················· 61
字彙十二卷首一卷末一卷韻法直圖一卷
韻法橫圖一卷 ······························ 60
字彙十二卷首一卷末一卷韻法直圖一卷
韻法橫圖一卷 ······························ 60
字彙十二卷首一卷末一卷韻法直圖一卷
韻法橫圖一卷 ······························ 60
字彙十二卷首一卷末一卷韻法直圖一卷
韻法橫圖一卷 ······························ 60
字彙十二卷首一卷末一卷韻法直圖一卷
韻法橫圖一卷 ······························ 60
字彙十二卷首一卷末一卷韻法直圖一卷
韻法橫圖一卷 ······························ 60
字彙十二卷首一卷末一卷韻法直圖一卷
韻法橫圖一卷 ······························ 60
字彙十二卷首一卷末一卷韻法直圖一卷
韻法橫圖一卷 ······························ 60
字彙十二卷首一卷末一卷韻法直圖一卷
韻法橫圖一卷 ······························ 61
字彙十二卷首一卷末一卷韻法直圖一卷
韻法橫圖一卷 ······························ 61
字彙十二卷首一卷末一卷韻法直圖一卷
韻法橫圖一卷 ······························ 61
字彙十二卷首一卷末一卷韻法直圖一卷
韻法橫圖一卷 ······························ 61
字彙十二卷首一卷末一卷韻法直圖一卷
韻法橫圖一卷 ······························ 61
字彙四卷 ··································· 61
字彙四卷 ··································· 61
字彙四卷 ··································· 61
字彙四卷 ··································· 61
字學舉隅不分卷 ··························· 55
字學舉隅不分卷 ··························· 55
字學舉隅不分卷 ··························· 55

字學舉隅不分卷…………………………… 55
字辨證篆十六卷…………………………… 54
[乾隆]祁州志八卷 ……………………… 136
[光緒]祁州續志四卷 …………………… 136
[光緒]祁縣志十六卷 …………………… 145
防海新論十八卷 ………………………… 217
如西所刻諸名家評點春秋綱目左傳句解
六卷…………………………………… 35
如西所刻諸名家評點春秋綱目左傳句解
彙雋六卷……………………………… 35
如皋冒氏叢書十三種 …………………… 363

七畫

形學備旨十卷開端一卷 ………………… 243
形學備旨十卷開端一卷 ………………… 243
戒淫寶錄二卷 …………………………… 244
攻守礮法一卷克虜伯礮說四種 ………… 217
[嘉定]赤城志四十卷赤城集十八卷 …… 154
[乾隆]赤城縣志八卷首一卷 …………… 143
[同治]赤城縣續志十卷首一卷 ………… 143
孝肅奏議十卷附傳 ……………………… 172
孝經一卷…………………………………… 63
孝經一卷…………………………………… 63
孝經一卷 ………………………………… 195
孝經一卷 ………………………………… 195
孝經集註一卷 …………………………… 195
孝經鄭氏解一卷…………………………… 63
志學錄八卷……………………………… 200
芙邨文鈔二卷 …………………………… 275
[乾隆]邯鄲縣志十二卷首一卷 ………… 137
芸窗易草四卷……………………………… 14
芸窗易草四卷……………………………… 14
芸窗易草四卷……………………………… 14
芸經樓綱鑑易知錄九十二卷明鑑易知錄
十五卷………………………………… 94
[光緒]芮城縣續志四卷首一卷 ………… 146
花王閣賸藁遺藁用韻合編二卷 ………… 323
花月痕全書十六卷五十二回 …………… 213
花雨樓叢鈔十四種 ……………………… 362
花間集十卷 ……………………………… 324
花間集十卷 ……………………………… 324
花樣集十二卷 …………………………… 321
芹鷀圭臬不分卷 ………………………… 338
芥子園重訂監本詩經八卷………………… 20
芥子園畫傳二集八卷附一卷 …………… 237
芥子園畫傳四集四卷附圖章會纂 ……… 237
芥子園畫傳初集五卷 …………………… 237
芥子園畫傳初集五卷海上名人畫譜一卷
……………………………………… 237
芥子園畫傳初集五卷海上名人畫譜一卷
二集八卷附一卷三集六卷 ………… 237
芥子園畫傳初集五卷增廣名人畫譜一卷
……………………………………… 237
芥子園畫傳初集五卷增廣名人畫譜一卷
……………………………………… 237
杜工部全集六十六卷 …………………… 296
杜工部集二十卷 ………………………… 294
杜工部集二十卷 ………………………… 295
杜工部集二十卷 ………………………… 295
杜工部集二十卷首一卷 ………………… 294
杜工部集二十卷首一卷 ………………… 294
杜工部集二十卷首一卷 ………………… 294
杜工部集二十卷首一卷 ………………… 295
杜工部集二十卷首一卷 ………………… 295
杜工部集二十卷首一卷 ………………… 295
杜工部集二十卷首一卷唱酬題詠附錄一
卷諸家詩話一卷 …………………… 294
杜工部詩集二十卷末一卷文集二卷 …… 296
杜工部詩話一卷 ………………………… 344
杜律五言注解三卷 ……………………… 296
杜律通解四卷 …………………………… 295
杜律通解四卷 …………………………… 295
杜律通解四卷 …………………………… 296
杜律通解四卷 …………………………… 296
杜律啓蒙十二卷 ………………………… 295
杜律啓蒙十二卷 ………………………… 295
杜律啓蒙十二卷 ………………………… 295
杜詩註釋二十四卷首一卷 ……………… 296
杜詩註釋二十四卷首一卷 ……………… 296
杜詩會粹二十四卷 ……………………… 296
杜詩詳註二十五卷首一卷 ……………… 295

杜詩詳註二十五卷首一卷諸家詠杜附錄二卷 …… 295
杜詩詳註二十五卷首一卷諸家詠杜附錄二卷 …… 295
杜詩詳註二十五卷首一卷諸家詠杜附錄二卷 …… 295
杜詩詳註二十五卷首一卷諸家詠杜附錄二卷 …… 295
杜詩論文五十六卷 …… 344
杜詩鏡銓二十卷 …… 296
杜詩鏡銓二十卷 …… 296
杜詩鏡銓二十卷 …… 296
杜詩鏡銓二十卷 …… 296
杏天花律賦摘豔全集 …… 324
杏花詩課詩存二卷 …… 323
杉屋時文稿不分卷 …… 332
杉屋時文稿不分卷 …… 333
李太白文集三十六卷 …… 294
李太白文集三十六卷 …… 294
李太白文集三十六卷 …… 294
李太白文集三十六卷 …… 294
李太白文集三十六卷 …… 294
李太白文集三十六卷 …… 294
李太白文集三十卷 …… 294
李太白全集十六卷 …… 294
李氏五種 …… 131
李氏五種 …… 131
李氏五種 …… 131
李氏五種 …… 131
李氏五種 …… 131
李氏五種 …… 131
李氏蒙求八卷 …… 399
李氏蒙求補注六卷 …… 399
李氏蒙求補注六卷考證一卷 …… 399
李氏遺書十一種 …… 241
李文忠公全集一百六十五卷 …… 176
李文忠公朋僚函稿二十二卷 …… 176
李文園先生全集 …… 373
李長吉集四卷外集一卷 …… 299
李卓吾批點世說新語補二十卷 …… 214
李空同詩集三十三卷 …… 305
李建林時文不分卷 …… 337
李恕谷先生[塨]年譜五卷 …… 126
李恕谷先生[塨]年譜五卷 …… 127
李恕谷先生[塨]年譜五卷 …… 127
李義山[商隱]年譜一卷 …… 124
李義山詩文集詳註十三卷 …… 365
李義山詩集十六卷 …… 298
李義山詩集十六卷 …… 298
李義山詩集三卷 …… 297
李義山詩集三卷 …… 297
李義山詩集三卷 …… 297
李義山詩集三卷 …… 297
李義山詩集三卷 …… 298
李義山詩集三卷 …… 298
李義山詩集三卷 …… 298
李肅毅伯奏議二十卷 …… 176
李肅毅伯奏議二十卷 …… 176
李翰林全集四十二卷 …… 294
李翰林集三十卷 …… 294
李鴻章傳十二章 …… 124
李鴻章傳十二章 …… 124
更漏中星表不分卷 …… 241
酉陽雜俎二十卷續集十卷 …… 214
酉陽雜俎二十卷續集十卷 …… 214
酉陽雜俎二十卷續集十卷 …… 214
辰廳半學草不分卷 …… 337
[嘉慶]扶風縣志十八卷首一卷 …… 151
批點七家詩合註七卷 …… 314
批點七家詩合註七卷 …… 314
批點七家詩合註七卷 …… 314
批點七家詩合註七卷 …… 315
批點七家詩合註七卷 …… 315
批點七家詩合註七卷 …… 315
批點七家詩合註七卷 …… 315
批點七家詩合註七卷 …… 315
折肱漫錄七卷 …… 220
折獄龜鑑八卷 …… 203
抗希堂十六種全書 …… 371
抗希堂十六種全書 …… 371
抗希堂十六種全書 …… 371
抗希堂十六種全書 …… 371

抗希堂稿不分卷 …… 337
抗希堂稿不分卷 …… 337
求己錄三卷 …… 199
求古錄一卷 …… 130
求古錄禮說十六卷補遺一卷 …… 29
求是齋墨醇不分卷 …… 337
求闕齋讀書錄十卷 …… 235
盱江先生全集三十七卷外集三卷年譜一卷 …… 265
見聖多言稿一卷粵西封事一卷 …… 174
見聖多言稿一卷粵西封事一卷 …… 174
見聖多言稿一卷粵西封事一卷 …… 174
見聖多言稿一卷粵西封事一卷 …… 377
見聖多言稿一卷粵西封事一卷 …… 377
見聖多言稿一卷粵西封事一卷 …… 377
助字辨略五卷 …… 52
困學紀聞二十卷 …… 228
困學紀聞二十卷 …… 228
困學紀聞二十卷 …… 228
困學紀聞注二十卷 …… 228
呂子節錄四卷補遺二卷 …… 197
呂子遺書七種 …… 366
呂氏春秋二十六卷附考一卷 …… 203
呂叔簡先生四禮翼不分卷 …… 25
呂祖註講金剛心經一卷 …… 244
呂新吾先生去僞齋文集十卷 …… 366
呂新吾先生閨範圖說四卷 …… 198
吟香堂曲譜四卷 …… 239
吹古香室試帖偶存一卷 …… 316
吳友如真蹟仕女畫集二卷 …… 237
吳吳山三婦合評牡丹亭還魂記二卷附錄一卷或問一卷紀事一卷 …… 326
吳柳堂先生誄文正續合編 …… 115
吳梅村詞一卷 …… 307
吳梅村詞一卷 …… 325
吳越春秋六卷 …… 112
吳淵穎先生集十二卷 …… 303
吳詩集覽二十卷 …… 306
吳詩集覽二十卷 …… 306
吳詩集覽二十卷 …… 307
吳詩集覽二十卷 …… 307
吳詩集覽二十卷 …… 307
吳詩集覽二十卷談藪一卷 …… 306
吳詩集覽二十卷談藪一卷 …… 307
吳詩集覽二十卷談藪一卷 …… 307
吳詩集覽二十卷談藪一卷 …… 307
刪註脉訣規正二卷 …… 220
刪註脉訣規正二卷 …… 220
牡丹亭還魂記二卷 …… 326
我法集二卷 …… 332
我法集註釋四卷 …… 332
兵法新傳十三篇 …… 217
何氏語林三十卷 …… 215
何文秀 …… 213
伸顧一卷 …… 61
佛祖心燈一卷 …… 245
佛說八大人覺經一卷 …… 244
佛說八大人覺經一卷 …… 244
佛說八大人覺經一卷 …… 244
佛說八大人覺經一卷 …… 244
佛說四十二章經注一卷佛遺教經注一卷 …… 245
佛說四十二章經解一卷佛遺教經解一卷八大人覺經解一卷 …… 245
佛遺教經 …… 244
佛遺教經 …… 244
佛遺教經 …… 244
佛遺教經 …… 244
近九科同館賦鈔四卷 …… 324
近水樓文草 …… 340
近四科同館試帖鳴盛集四卷 …… 321
近四科同館試帖鳴盛集四卷 …… 321
近光集二十八卷 …… 288
近光集二十八卷 …… 288
近光集八卷補二卷 …… 288
近思錄十四卷 …… 194
近思錄十四卷 …… 194
近思錄十四卷 …… 194
近思錄十四卷 …… 194
近思錄十四卷 …… 195
近思錄十四卷 …… 195
近思錄集解十四卷 …… 195

近科同館賦一卷 …………………………… 319
近科同館賦一卷 …………………………… 319
近科全題新策法程不分卷 ………………… 333
近科館賦約鈔注釋一卷 …………………… 318
近科館賦約鈔注釋一卷 …………………… 318
近科館課分韻詩鈔二卷 …………………… 313
近科館課分韻詩鈔二卷 …………………… 313
近野軒詩存四卷 …………………………… 308
希夷夢四十卷 ……………………………… 210
希夷夢四十卷 ……………………………… 210
孚佑帝君三教文 …………………………… 244
孚佑帝君戒淫文 …………………………… 244
[宣統]狄道州續志十二卷首一卷 ……… 153
角山樓增補類腋六十七卷 ……………… 398
角山樓蘇詩評註彙鈔二十卷附錄三卷 … 301
角山樓蘇詩評註彙鈔二十卷附錄三卷 … 301
辛亥定變紀畧一卷 ………………………… 103
辛亥新疆伊犁亂事本末一卷 …………… 103
辛亥撫新記程二卷 ………………………… 158
[乾隆]忻州志六卷 ……………………… 145
[光緒]忻州志四十二卷 ………………… 145
弟子職注解一卷…………………………… 31
汪龍莊先生遺書十五卷 ………………… 380
[光緒]沔縣志四卷 ……………………… 150
[乾隆]汾州府志三十四卷首一卷 ……… 145
[乾隆]汾州府志三十四卷首一卷 ……… 145
[道光]汾陽縣志十四卷首一卷 ………… 145
沈氏尊生書五種 …………………………… 219
沈文肅公政書七卷首一卷 ……………… 176
沈歸愚詩文全集五十五卷 ……………… 383
宋大家歐陽文忠公文鈔三十二卷 ……… 267
宋大家歐陽文忠公文鈔三十二卷 ……… 267
宋大家歐陽文忠公文鈔三十二卷 ……… 267
宋元以來畫人姓氏錄三十六卷首一卷 … 123
宋元通鑑一百五十七卷…………………… 89
宋元通鑑一百五十七卷…………………… 89
宋元學案一百卷首一卷 ………………… 121
宋六十名家詞八十九卷 ………………… 324
宋六十名家詞八十九卷 ………………… 324
宋文鑑一百五十卷 ………………………… 264
宋文鑑一百五十卷 ………………………… 264
宋文鑑一百五十卷 ………………………… 264
宋本十三經注疏附校勘記 ………………… 1
宋本十三經注疏附校勘記 ………………… 1
宋本十三經注疏附校勘記 ………………… 1
宋本十三經注疏附校勘記 ………………… 1
宋本十三經注疏附校勘記 ………………… 1
宋本十三經注疏附校勘記 ………………… 1
宋本十三經注疏附校勘記 ………………… 1
宋本十三經注疏附校勘記 ………………… 1
宋布衣集三卷清平閣倡和詩一卷 ……… 367
宋史本傳一卷 ……………………………… 365
宋史本傳一卷 ……………………………… 365
宋史四百九十六卷………………………… 67
宋史四百九十六卷………………………… 67
宋史四百九十六卷………………………… 67
宋史四百九十六卷………………………… 67
宋史四百九十六卷………………………… 70
宋史四百九十六卷………………………… 85
宋史紀事本末一百九卷…………………… 99
宋史紀事本末一百九卷…………………… 99
宋史紀事本末一百九卷…………………… 99
宋史紀事本末一百九卷…………………… 99
宋史紀事本末一百九卷…………………… 99
宋史紀事本末一百九卷 ………………… 100
宋史論三卷 ………………………………… 116
宋史論三卷 ………………………………… 116
宋史論三卷 ………………………………… 117
宋史翼四十卷……………………………… 85
宋四六話四卷 ……………………………… 343
宋四六選二十四卷 ………………………… 330
宋四名家詩四種 …………………………… 300
宋四名家詩四種 …………………………… 300
宋四家文集四種附人譜類記 …………… 359
宋代五十六家詩集 ………………………… 303
宋朱晦菴先生名臣言行錄前集十卷後集十四卷 ……………………………… 120
宋名臣言行錄前集十卷後集十四卷 …… 124
宋名臣言行錄前集十卷後集十四卷 …… 124
宋名臣言行錄前集十卷後集十四卷 …… 124
宋名臣言行錄前集十卷後集十四卷 …… 124
宋名臣言行錄前集十卷後集十四卷 …… 124

宋名臣言行錄前集十卷後集十四卷 …… 124
宋李忠定公文集選二十九卷 …………… 268
宋李忠定公梁溪先生文集十一卷 ……… 268
宋邵康節先生伊川擊壤集六卷 ………… 196
宋金元詩永二十卷補遺二卷 …………… 289
宋書一百卷……………………………… 66
宋書一百卷……………………………… 66
宋書一百卷……………………………… 70
宋書一百卷……………………………… 70
宋書一百卷……………………………… 74
宋黄文節公全集八十一卷 …………… 266
宋黄文節公全集八十一卷 …………… 266
宋黄文節公全集九十二卷 …………… 266
宋提刑洗冤集錄五卷 ………………… 163
宋詩別裁集八卷 ……………………… 303
宋詩別裁集八卷 ……………………… 303
宋詩紀事一百卷 ……………………… 343
宋詩紀事一百卷 ……………………… 343
宋詩鈔初集一百種 …………………… 300
宋詩鈔初集一百種 …………………… 300
宋詩鈔初集一百種 …………………… 300
宋撫州本禮記二十卷…………………… 29
宋撫州本禮記二十卷…………………… 29
宋論十五卷 …………………………… 369
宋學士全集二十六卷附錄一卷 ……… 269
宋儒楊龜山先生[時]通紀五卷 ……… 125
[冶和]從祀名賢傳六卷 ……………… 127
冶梅石譜一卷 ………………………… 238
初使泰西紀要四卷 …………………… 171
初刻經典便覽四種 …………………… 397
初唐四傑集三十七卷 ………………… 263
初學必讀清真雅正編不分卷 ………… 337
初學行文語類二卷 …………………… 235
初學行文語類四卷 …………………… 234
初學行文語類四卷 …………………… 234
初學行文語類四卷 …………………… 234
初學行文語類四卷 …………………… 234
壯悔堂文集十卷遺稿一卷四憶堂詩集六卷 …………………………………… 383
壯悔堂文集十卷遺稿一卷四憶堂詩集六卷 …………………………………… 383
壯悔堂文集十卷遺稿一卷四憶堂詩集六卷 …………………………………… 383
改良陽宅大全十卷 …………………… 249
改良陽宅大全十卷 …………………… 249
阿文成公[桂]年譜二十五卷 ………… 126
附釋音尚書注疏二十卷校勘記二十卷 …… 2
附釋音春秋左傳注疏六十卷…………… 38

八畫

奉天商品陳列所勸業場免税規則十二章 ………………………………………169
[正德]武功縣志三卷首一卷 ………… 150
[正德]武功縣志三卷首一卷 ………… 150
[乾隆]武夷山志二十卷首一卷 ……… 161
武英殿聚珍版書 ……………………… 350
武英殿聚珍版書 ……………………… 350
武英殿聚珍版書 ……………………… 350
武英殿聚珍版書 ……………………… 351
武英殿聚珍版書 ……………………… 351
武英殿聚珍版書 ……………………… 351
武林掌故叢編 ………………………… 352
武林掌故叢編第七集十種 …………… 352
武常卿夫子遺書五種 ………………… 385
武場條例八卷 ………………………… 169
武備志二百四十卷 …………………… 216
武經三書匯解三卷採輯騎步射法一卷 … 216
青邱高季迪先生詩集十八卷首一卷附錄一卷遺詩一卷扣舷集一卷鳧藻集五卷 ………………………………………304
青門簏稾十六卷 ……………………… 279
青萊續史十八卷 ……………………… 119
青樓夢六十四回 ……………………… 211
青箱堂文集十卷 ……………………… 380
青箱堂詩集三十三卷 ………………… 308
青箱堂詩集三十三卷 ………………… 308
[嘉慶]青縣志八卷 …………………… 136
青藤書屋文集三十卷 ………………… 270
表異錄二十卷 ………………………… 388
[光緒]盂縣志二十二卷首一卷末一卷 … 147
[光緒]長子縣志十二卷首一卷 ……… 144

長生殿傳奇二卷 …… 327
[康熙]長白山錄一卷補遺一卷 …… 161
長江圖十二卷首一卷 …… 160
[熙寧]長安志二十卷圖三卷 …… 150
[光緒]長治縣志八卷首一卷 …… 144
茂林賦鈔二卷附補遺 …… 321
茂林賦鈔初集四卷 …… 321
苗氏說文四種 …… 54
苗氏說文四種 …… 54
苗氏說文四種 …… 54
苗氏說文四種 …… 54
苗氏說文四種 …… 54
苗氏說文四種 …… 54
英俄印度交涉書一卷續編一卷 …… 188
苑洛志樂十三卷 …… 39
苑洛集二十二卷 …… 271
范文正公全集 …… 265
范文正公集 …… 265
范文忠公初集十二卷 …… 271
范忠貞公文集五卷首一卷 …… 280
直省鄉會墨選不分卷 …… 341
直省鄉墨不分卷 …… 339
直省鄉墨文倬不分卷 …… 339
直省鄉墨鳴鳳不分卷 …… 339
直省釋奠禮樂記六卷首一卷末一卷 …… 110
直隸工藝志初編四卷 …… 109
直隸小學堂暫行章程四章 …… 169
直隸小學堂暫行章程四章 …… 169
直隸小學堂暫行章程四章 …… 169
[乾隆]直隸代州志六卷 …… 146
[乾隆]直隸邠州志二十五卷 …… 149
[乾隆]直隸易州志十八卷首一卷 …… 136
[道光]直隸定州志二十二卷首一卷 …… 136
[道光]直隸定州志二十二卷首一卷 …… 136
[道光]直隸定州志二十二卷首一卷 …… 136
直隸定州賦役全書不分卷 …… 109
[同治]直隸理番廳志六卷首一卷 …… 156
直隸清訟事宜十條 …… 170
直隸棉業研究所報告書一卷 …… 177
直隸運售各省官刻書籍總目五卷 …… 183
直隸運售各省官刻書籍總目五卷 …… 183
[光緒]直隸絳州志二十卷首一卷 …… 146
[光緒]直隸趙州志十六卷首一卷末一卷 …… 140
[光緒]直隸趙州志十六卷首一卷末一卷 …… 140
[光緒]直隸趙州志十六卷首一卷末一卷 …… 140
[光緒]直隸趙州志十六卷首一卷末一卷 …… 140
[光緒]直隸趙州志十六卷首一卷末一卷 …… 140
[道光]直隸霍州志二十五卷首一卷 …… 146
直隸學校司暫行試辦章程十三節 …… 170
直隸諮議局籌辦處文件錄要初編一卷 … 162
直隸籌辦地方自治總局文件錄要第三編不分卷 …… 170
直齋書錄解題二十二卷 …… 387
林文忠公政書三十七卷 …… 174
林文忠公政書三十七卷 …… 174
林文忠公政書三十七卷 …… 175
林文忠公政書三十七卷畿輔水利議一卷滇軺紀程一卷荷戈紀程一卷政書蒐遺一卷 …… 174
林文忠公政書三十七卷畿輔水利議一卷滇軺紀程一卷荷戈紀程一卷政書蒐遺一卷 …… 175
板橋全集五卷 …… 315
板橋集六卷 …… 315
板橋詞鈔一卷題畫一卷 …… 315
來生福彈詞三十六回 …… 212
來紫堂合集三卷 …… 282
來紫堂合集三卷 …… 282
來瞿唐先生易註十五卷首一卷末一卷 …… 14
松風餘韻五十一卷 …… 289
松桂堂全集三十七卷延露詞三卷南泩集三卷 …… 310
松峰說疫六卷 …… 222
杭州藝文志十卷 …… 183
述古叢鈔四集二十六種 …… 363
述學內篇三卷補遺一卷外篇一卷別錄一卷附校勘記 …… 233

東三省沿革表六卷 …………………………… 157
東三省政略十二卷附圖一卷 ……………… 157
東三省蒙務公牘彙編四卷附一卷 ……… 177
東山五經備解十卷 …………………………… 8
東坡先生全集七十五卷 ………………… 265
東坡先生全集七十五卷 ………………… 365
東坡先生全集七十五卷目錄一卷 ……… 365
東坡先生全集七十五卷目錄一卷 ……… 365
東坡先生全集七十五卷詩選十二卷 …… 265
東坡先生詩集註二十五卷 ……………… 302
東坡和陶詩一卷 ………………………… 290
東坡和陶詩一卷 ………………………… 290
東坡詞一卷 ……………………………… 325
東周列國全志二十七卷 ………………… 209
東周列國全志二十三卷 ………………… 208
東周列國全志二十三卷 ………………… 208
東周列國全志二十三卷 ………………… 208
東周列國全志二十三卷 ………………… 208
東周列國全志二十三卷 ………………… 208
東周列國全志二十三卷 ………………… 209
東周列國全志二十三卷 ………………… 209
東周列國全志二十三卷 ………………… 209
東周列國全志二十三卷 ………………… 209
東周列國全志二十三卷 ………………… 209
東周列國全志二十三卷 ………………… 209
東周列國全志二十三卷 ………………… 209
東周列國全志二十三卷 ………………… 209
東周列國全志二十三卷 ………………… 209
東周列國全志二十三卷 ………………… 209
東周列國全志二十三卷 ………………… 209
東周列國全志二十三卷 ………………… 209
東周列國全志二十三卷 ………………… 209
東周列國全志二十三卷 ………………… 209
東周列國全志二十三卷 ………………… 209
東周列國全志二十三卷 ………………… 210
東周列國全志八卷 ……………………… 209
東周列國全志八卷 ……………………… 209
東周列國全志八卷 ……………………… 209
東周列國志二十七卷首一卷 …………… 208
東周列國志二十七卷首一卷 …………… 209
東周列國志二十三卷 …………………… 210
東垣十書 ………………………………… 219
東垣農歌一卷附聶恭人家傳 …………… 278
東洋史要二卷 …………………………… 188
東都事畧一百三十卷 …………………… 110
東都事畧一百三十卷 …………………… 110
東華全錄五百二十五卷(天命朝至咸豐朝) ……………………………………… 97
東華全錄五百二十五卷(天命朝至咸豐朝) ……………………………………… 97
東華全錄四百九十四卷(天命朝至咸豐朝) ……………………………………… 97
東華全錄四百九十四卷(天命朝至咸豐朝) ……………………………………… 97
東華錄十六卷(天命朝至雍正朝) ……… 96
東華錄八卷(天命朝至雍正朝) ………… 97
東華錄三十二卷(天命朝至雍正朝) …… 96
東華錄三十二卷(天命朝至雍正朝) …… 96
東華錄三十二卷(天命朝至雍正朝) …… 96
東華錄三十二卷(天命朝至雍正朝) …… 96
東華錄三十二卷(天命朝至雍正朝) …… 96
東華錄三十二卷(天命朝至雍正朝) …… 96
東華錄東華續錄(天命朝、光緒朝) …… 98
東華續錄一百卷(同治朝) ……………… 97
東華續錄一百卷(同治朝) ……………… 97
東華續錄一百卷(同治朝) ……………… 97
東華續錄一百卷(同治朝) ……………… 97
東華續錄一百卷(同治朝) ……………… 97
東華續錄二百二十卷(光緒朝) ………… 97
東華續錄六十九卷(咸豐朝) …………… 97
東華續錄六十九卷(咸豐朝) …………… 97
東華續錄六十九卷(咸豐朝) …………… 97
東皋詩草一卷 …………………………… 321
東萊先生古文關鍵二卷 ………………… 257
東萊先生左氏博議二十五卷 …………… 36
東萊先生左氏博議二十五卷 …………… 36
東萊先生左氏博議二十五卷 …………… 36
東萊先生左氏博議二十五卷 …………… 36
東萊先生左氏博議二十五卷 …………… 36
東萊先生左氏博議二十五卷 …………… 37
東萊先生史記詳節二十卷首一卷 ……… 75
東萊先生音註唐鑑二十四卷 …………… 117

東萊先生音註唐鑑二十四卷 …………… 117
東萊博議四卷……………………………… 37
東萊博議四卷……………………………… 37
東萊博議四卷……………………………… 37
東萊博議四卷……………………………… 37
東萊博議四卷……………………………… 37
東萊博議四卷增補虚字注釋一卷首一卷
……………………………………………… 37
東皐詩匯一卷 ………………………… 305
東遊叢錄四卷 ………………………… 187
東湖草堂賦鈔二集四卷 ……………… 316
東湖叢記六卷 ………………………… 234
東塾讀書記二十五卷 ………………… 234
東漢會要四十卷 ……………………… 107
東壁先生書鈔十一卷 ………………… 118
東醫寶鑑二十五卷 …………………… 225
東瀛紀行一卷 ………………………… 188
東觀漢紀二十四卷……………………… 79
或即是肺肝記不分卷 ………………… 174
事類統編九十三卷 …………………… 396
事類統編九十三卷 …………………… 396
事類統編九十三卷 …………………… 396
事類賦三十卷 ………………………… 386
事類賦三十卷 ………………………… 386
事類賦三十卷 ………………………… 386
事類賦三十卷 ………………………… 386
事類賦三十卷 ………………………… 386
事類賦補遺十四卷 …………………… 397
兩次批准保和會條約不分卷附紅十字會
新約暨各文件 ………………………… 171
兩般秋雨盦隨筆八卷 ………………… 215
兩般秋雨盦隨筆八卷 ………………… 215
兩般秋雨盦隨筆八卷 ………………… 215
兩般秋雨盦隨筆八卷 ………………… 215
兩般秋雨盦隨筆八卷 ………………… 215
兩般秋雨盦隨筆八卷 ………………… 215
兩淮鹽法志五十六卷 ………………… 109
兩當軒集二十二卷攷異二卷附錄四卷 … 320
兩論聯章采腴不分卷 ………………… 336
兩罍軒彝器圖釋十二卷 ……………… 129
協紀辨方書三十六卷 ………………… 250
奈何天傳奇二卷 ……………………… 328
奇經八脉考二卷 ……………………… 225
奇經八脉考四卷瀕湖脉學一卷 ……… 220
奇賞齋古文彙編二百三十六卷 ……… 347
抱朴子内篇二十卷外篇五十卷附篇十卷
……………………………………………… 246
拙修齋勸說五種 ……………………… 352
拙圃詩草十卷 ………………………… 311
虎門覽勝二卷 ………………………… 161
尚友錄二十二卷 ……………………… 122
尚友錄二十二卷補遺一卷 …………… 122
尚志齋制藝初集不分卷 ……………… 334
尚志齋課稿初集不分卷 ……………… 334
尚書大傳四卷…………………………… 17
尚書六卷………………………………… 17
尚書古文疏證八卷朱子古文書疑一卷…… 17
尚書後案三十卷後辨一卷……………… 17
尚書離句六卷…………………………… 17
尚書離句六卷…………………………… 17
尚絅堂詩集五十二卷詞集二卷駢體文二
卷 ……………………………………… 317
尚論堂古文觀止六卷 ………………… 258
果報錄一百回 ………………………… 213
味古堂雜鈔 …………………………… 289
味虛簃集六種 ………………………… 354
味經齋遺書十二種 ……………………… 9
味蘭軒百篇賦鈔四卷 ………………… 288
味蘭軒百篇賦鈔四卷 ………………… 318
味蘭軒百篇賦鈔四卷 ………………… 318
昆曲粹存初集 ………………………… 239
昌黎先生集四十卷外集十卷遺集一卷首
一卷 …………………………………… 263
昌黎先生詩集注十一卷本傳一卷年譜一
卷 ……………………………………… 300
昌黎先生詩集注十一卷本傳一卷年譜一
卷 ……………………………………… 300
昌黎先生詩集注十一卷本傳一卷年譜一
卷 ……………………………………… 300
[同治]昌黎縣志十卷 ………………… 137
明大司馬盧公集十二卷首一卷 ……… 367
明大司馬盧公集十二卷首一卷 ……… 367

明文小題引 …………………………… 341
明文小題傳薪不分卷 ……………………… 340
明文小題傳薪不分卷 ……………………… 340
明文小題傳薪不分卷 ……………………… 340
明文在一百卷 ……………………………… 270
明文明二集不分卷 ………………………… 336
明文明三十篇 ……………………………… 336
明文明全集 ………………………………… 336
明文明全集 ………………………………… 336
明文明全集 ………………………………… 336
明文鈔不分卷 ……………………………… 271
明文鈔六編 ………………………………… 271
明文鈔六編 ………………………………… 271
明文選 ……………………………………… 361
明本釋三卷 ………………………………… 196
明本釋三卷 ………………………………… 196
明本釋三卷 ………………………………… 196
明史三百三十二卷……………………………… 67
明史三百三十二卷……………………………… 68
明史三百三十二卷……………………………… 68
明史三百三十二卷……………………………… 68
明史三百三十二卷……………………………… 68
明史三百三十二卷……………………………… 68
明史三百三十二卷……………………………… 68
明史三百三十二卷……………………………… 68
明史三百三十二卷目錄四卷…………………… 68
明史三百三十二卷目錄四卷…………………… 85
明史三百三十二卷目錄四卷…………………… 85
明史三百三十二卷目錄四卷…………………… 85
明史三百三十二卷目錄四卷…………………… 85
明史三百三十二卷目錄四卷…………………… 86
明史三百三十二卷目錄四卷…………………… 86
明史三百三十二卷目錄四卷…………………… 86
明史紀事本末八十卷 ……………………… 100
明史紀事本末八十卷 ……………………… 100
明史紀事本末八十卷 ……………………… 100
明史紀事本末八十卷 ……………………… 100
明史紀事本末八十卷 ……………………… 100
明史紀事本末八十卷 ……………………… 100
明史紀事本末八十卷 ……………………… 100
明史紀事本末八十卷 ……………………… 100
明史論四卷 ………………………………… 116
明史論四卷 ………………………………… 117
明史論四卷 ………………………………… 117
明史論四卷 ………………………………… 117
明史彈詞一卷 ……………………………… 327
明史彈詞輯註四卷 ………………………… 327
明史藁三百十卷目錄三卷……………………… 86
明史藁三百十卷目錄三卷……………………… 86
明史藁三百十卷目錄三卷……………………… 86
明史藁三百十卷目錄三卷……………………… 86
明刑管見錄一卷 …………………………… 203
明臣奏議十二卷首一卷 …………………… 172
明夷待訪錄一卷 …………………………… 200
明夷待訪錄一卷 …………………………… 200
明季北畧二十四卷 ………………………… 115
明季南畧十八卷 …………………………… 115
明季南畧十八卷 …………………………… 115
明季稗史彙編二十七卷 …………………… 114
明季稗史彙編二十七卷 …………………… 114
明季稗史彙編十六種 ……………………… 114
明紀六十卷……………………………………… 86
明紀六十卷……………………………………… 87
明紀六十卷……………………………………… 95
明紀六十卷……………………………………… 95
明高邑趙忠毅公[南星]行述一卷 ……… 125
明通鑑九十卷前編四卷附編六卷首一卷
……………………………………………… 95
明通鑑九十卷前編四卷附編六卷首一卷
……………………………………………… 95
明通鑑九十卷前編四卷附編六卷首一卷
……………………………………………… 96
明崔文敏公洹詞十二卷程志十卷士翼三
卷首一卷 …………………………………… 367
明張文忠公全集四十八卷 ………………… 271
明張文忠公全集四十八卷 ………………… 271
明道書院約言三卷 ………………………… 199
明道書院鈔存五卷首一卷續編四卷末一
卷 …………………………………………… 199
明詩別裁集十二卷 ………………………… 305
明詩別裁集十二卷 ………………………… 305
明詩別裁集十二卷 ………………………… 305

明詩別裁集十二卷 …………………………… 305
明詩別裁集十二卷 …………………………… 305
明詩別裁集十二卷 …………………………… 305
明詩綜一百卷 ………………………………… 304
明詩綜一百卷 ………………………………… 304
明詩綜一百卷 ………………………………… 304
明詩綜一百卷 ………………………………… 304
明儒粹語四卷 ………………………………… 197
明儒學案六十二卷 …………………………… 121
明儒學案六十二卷師說一卷 ………………… 121
明儒學案六十二卷師說一卷 ………………… 121
明儒學案六十二卷師說一卷 ………………… 121
明儒學案六十二卷師說一卷 ………………… 121
明儒學案六十二卷師說一卷 ………………… 121
明儒學案六十二卷師說一卷 ………………… 121
易林四卷……………………………………… 13
易酌十四卷周易雜卦圖一卷………………… 13
易酌十四卷周易雜卦圖一卷………………… 13
易酌十四卷周易雜卦圖一卷………………… 13
易堂九子文鈔二十一卷 ……………………… 276
易堂九子文鈔二十一卷 ……………………… 276
易筋經不分卷洗髓經不分卷 ………………… 217
易經大全會解不分卷………………………… 15
易經四卷卦歌一卷圖說一卷新增圖說一卷…………………………………………… 12
易經四卷卦歌一卷圖說一卷新增圖說一卷…………………………………………… 12
易經酌注二卷易圖酌說三卷氣交變篇一卷…………………………………………… 16
易經補注附考備旨六卷……………………… 12
易經補注附考備旨六卷……………………… 12
易經增註十卷易考一卷……………………… 12
易經體註大全合糸不分卷…………………… 15
易經體註不分卷……………………………… 15
易經體註不分卷……………………………… 15
易圖解不分卷………………………………… 16
易緯八種……………………………………… 15
迪吉錄八卷首一卷 …………………………… 204
典林博覽十二卷 ……………………………… 401
典林博覽十二卷 ……………………………… 401
典故列女傳四卷 ……………………………… 121
典故列女傳四卷 ……………………………… 121
固始張侍郎遺墨一卷 ………………………… 238
忠武誌八卷 …………………………………… 365
忠雅堂文集十二卷詩集二十七卷補遺二卷詞集二卷 …………………………………… 281
忠雅堂評選四六法海八卷 …………………… 329
忠義水滸傳十七卷一百十四回 ……………… 208
忠肅集二十卷 ………………………………… 358
忠經一卷 ……………………………………… 195
忠經一卷 ……………………………………… 195
忠經集註一卷 ………………………………… 195
忠經集註一卷 ………………………………… 195
忠獻韓魏王別錄三卷 ………………………… 266
呻吟語六卷 …………………………………… 197
呻吟語六卷 …………………………………… 197
呻吟語六卷 …………………………………… 197
呻吟語六卷補遺一卷 ………………………… 197
郘亭知見傳本書目十六卷 …………………… 182
狀元四書十九卷……………………………… 40
狀元閣女四書二卷 …………………………… 230
岣嶁叢書八種 ………………………………… 369
制義偶鈔 ……………………………………… 340
制藝文選不分卷 ……………………………… 341
制藝選 ………………………………………… 341
制藝選評不分卷 ……………………………… 341
制藝叢話二十五卷 …………………………… 339
制藝簡摩集四卷末一卷 ……………………… 277
制藝簡摩集四卷末一卷 ……………………… 277
制藝鎔裁不分卷 ……………………………… 336
制藝鎔裁不分卷 ……………………………… 336
制藝雜鈔 ……………………………………… 340
制藝類編不分卷 ……………………………… 334
知不足齋叢書三十集一百九十六種 ……… 349
知不足齋叢書三十集一百九十六種 ……… 349
知不足齋叢書三十集一百九十六種 ……… 349
知不足齋叢書三十集一百九十六種 ……… 349
知足齋全集 …………………………………… 372
知足齋全集 …………………………………… 372
知足齋時文存鈔二卷 ………………………… 335
知足齋進呈文藁二卷 ………………………… 174
知愧軒尺牘十六卷 …………………………… 401

牧令全書四種首一卷 …………………… 354
牧令全書四種首一卷 …………………… 354
牧令書二十三卷保甲書四卷 …………… 108
牧令書輯要十卷 ………………………… 360
牧民忠告二卷 …………………………… 196
牧齋全集四種 …………………………… 385
和序堂易經貫一二十二卷………………… 16
和林詩一卷 ……………………………… 161
和林詩一卷 ……………………………… 161
岳忠武王文集八卷首一卷末一卷 ……… 268
岳忠武王文集八卷首一卷末一卷 ……… 268
岳鄂王金陀稡編二十卷首一卷續編八卷
…………………………………………… 125
岱南閣叢書十六種 ……………………… 361
兒女英雄傳四十回首一回 ……………… 211
兒女英雄傳評話十九卷四十回首一卷 … 211
佩文詩韻廣注五卷………………………… 63
佩文詩韻釋要五卷………………………… 62
佩文廣韻匯編五卷………………………… 62
佩文廣韻匯編五卷………………………… 62
佩文齋書畫譜一百卷 …………………… 237
佩文齋書畫譜一百卷總目一卷纂輯書籍
一卷 ……………………………………… 237
佩文齋詠物詩選四百八十六卷 ………… 283
佩文韻府一百六卷 ……………………… 389
佩文韻府一百六卷 ……………………… 389
佩文韻府一百六卷 ……………………… 389
佩文韻府一百六卷 ……………………… 389
佩文韻府一百六卷 ……………………… 390
佩文韻府一百六卷 ……………………… 390
佩文韻府一百六卷 ……………………… 390
佩文韻府一百六卷 ……………………… 390
佩文韻府一百六卷 ……………………… 390
佩文韻府一百六卷 ……………………… 390
佩文韻府一百六卷 ……………………… 390
佩文韻府一百六卷 ……………………… 390
佩文韻府一百六卷 ……………………… 390
佩文韻府一百六卷韻府拾遺一百六卷 … 389
佩文韻府一百六卷韻府拾遺一百六卷 … 389
佩文韻府一百六卷韻府拾遺一百六卷 … 389
佩文韻府一百六卷韻府拾遺一百六卷 … 390
佩文韻府一百六卷韻府拾遺一百六卷 … 390
佩文韻府一百六卷韻府拾遺一百六卷 … 390
佩文韻府一百六卷韻府拾遺一百六卷 … 390
佩文韻府一百六卷韻府拾遺一百六卷 … 390
佩文韻府一百六卷韻府拾遺一百六卷 … 391
佩文韻府一百六卷韻府拾遺一百六卷 … 391
佩文韻府一百六卷韻府拾遺一百六卷 … 391
依樣葫蘆四卷 …………………………… 403
依歸草初刻十卷二刻二卷 ……………… 279
欣賞齋尺牘六卷 ………………………… 402
征西紀畧四卷 …………………………… 115
征西紀畧四卷 …………………………… 115
[乾隆]金山志十卷 ……………………… 161
金元明八大家文選五十三卷首八卷 …… 260
金元明八大家文選五十三卷首八卷 …… 260
金元明八大家文選五十三卷首八卷 …… 260
金元明八大家文選五十三卷首八卷 …… 260
金文雅十六卷 …………………………… 268
金文雅十六卷 …………………………… 268
金文最六十卷首一卷 …………………… 268
金文最六十卷首一卷 …………………… 268
金正希先生文集輯略九卷 ……………… 271
金石例十卷 ……………………………… 130
金石例十卷 ……………………………… 130
金石要例一卷 …………………………… 130
金石要例一卷 …………………………… 130
金石萃編一百六十卷 …………………… 128
金石萃編一百六十卷 …………………… 128
金石萃編一百六十卷 …………………… 128
金石萃編一百六十卷 …………………… 128
金石萃編一百六十卷 …………………… 128
金石稱例四卷續一卷 …………………… 129
金史一百三十五卷………………………… 71
金史一百三十五卷………………………… 85
金史一百三十五卷附考證………………… 67
金史一百三十五卷附考證………………… 67
金史紀事本末五十二卷首一卷末一卷 … 100
金佗續編三十卷 ………………………… 124
金華晷漏中星表一卷 …………………… 241
金華叢書 ………………………………… 364
金剛決疑一卷 …………………………… 244

金剛經石註不分卷心經一卷 …………… 244
金剛經集注附心經注四卷 …………… 244
金壺精萃不分卷…………………… 52
金臺書院課士錄不分卷 …………… 335
金臺書院課藝不分卷 ……………… 335
金臺書院課藝不分卷 ……………… 335
金匱玉函經二注二十二卷十藥神書一卷
………………………………… 221
金匱要略淺注十卷 ………………… 221
金匱要略淺注補正九卷 …………… 221
金稷山段氏二妙[克己成己]年譜二卷
………………………………… 125
[乾隆]郃陽縣全志四卷 …………… 149
采真彙藁四卷 ……………………… 399
采真彙藁四卷 ……………………… 399
受子譜選二卷首一卷 ……………… 240
念橋詩稿四種 ……………………… 308
服制頂駁二卷 ……………………… 166
[同治]肥鄉縣志三十六卷 ………… 137
周易大象應大學說不分卷附卦畫生數序
………………………………… 15
周易本義正解二十二卷…………… 13
周易四卷卦歌一卷筮儀一卷易圖一卷…… 12
周易四卷卦歌一卷筮儀一卷圖說一卷…… 12
周易四卷筮儀一卷卦歌一卷易圖一卷…… 12
周易四卷筮儀一卷卦歌一卷易圖一卷…… 12
周易四卷筮儀一卷卦歌一卷易圖一卷…… 12
周易四卷筮儀一卷卦歌一卷易圖一卷…… 12
周易四卷筮儀一卷卦歌一卷易圖一卷…… 12
周易四卷筮儀一卷卦歌一卷易圖一卷…… 12
周易四卷筮儀一卷卦歌一卷圖說一卷…… 12
周易四卷筮儀一卷卦歌一卷圖說一卷…… 12
周易四卷筮儀一卷卦歌一卷圖說一卷…… 12
周易四卷筮儀一卷易圖一卷卦歌一卷…… 12
周易四卷筮儀一卷圖說一卷卦歌一卷…… 12
周易卦象六卷……………………… 13
周易注疏十三卷…………………… 15
周易函書別集十六卷……………… 15
周易函書約存十五卷首三卷……… 15
周易函書約注十八卷……………… 15
周易揭主遵孔錄便解四卷………… 15
周易程傳八卷……………………… 14
周易集解十七卷…………………… 15
周易傳注七卷筮考一卷…………… 15
周易傳義大全二十四卷…………… 11
周易傳義合訂十二卷……………… 15
周易說略四卷……………………… 13
周易質義不分卷…………………… 14
周易審鵠要解四卷………………… 16
周易擬像六卷……………………… 15
周易闡真四卷首一卷孔易闡真二卷……… 12
周易讀本六卷……………………… 13
周官精義十二卷…………………… 26
周官精義十二卷…………………… 26
周官精義十二卷…………………… 26
周官精義十二卷…………………… 26
周書五十卷………………………… 74
周書五十卷………………………… 84
周濂溪先生全集十三卷 …………… 196
周禮十二卷………………………… 26
周禮十二卷………………………… 26
周禮十二卷………………………… 26
周禮十二卷………………………… 26
周禮六卷…………………………… 26
周禮六卷…………………………… 26
周禮六卷…………………………… 27
周禮注疏刪翼三十卷……………… 27
周禮注疏刪翼三十卷……………… 27
周禮政要二卷……………………… 26
周禮政要二卷……………………… 27
周禮政要二卷……………………… 27
周禮節訓六卷……………………… 26
周禮節訓六卷……………………… 26
周禮精華六卷……………………… 26
周禮精華六卷……………………… 26
周禮精華六卷……………………… 26
周禮精華六卷……………………… 26
周犢山文稿四卷 …………………… 330
匋雅二卷 …………………………… 236
匋齋臧石記四十四卷首一卷臧磚記二卷
………………………………… 129
[光緒]京山縣志二十七卷首一卷 ……… 155

京師大學堂章程一卷高等學堂章程一卷中學堂章程一卷小學堂章程一卷蒙學堂章程一卷 …… 176
京師高等以下各級審判廳試辦章程五章一百二十條 …… 174
京畿試藝不分卷 …… 338
夜雨軒小題文不分卷 …… 333
府廳州縣城鎮鄉自治諮議局章程淺說八章 …… 170
庚子海外紀事四卷 …… 171
庚子銷夏記八卷 …… 237
庚午直省鄉墨 …… 339
[嘉慶]庚申科四川鄉試擬墨不分卷 …… 339
庚辰集五卷 …… 311
庚辰集五卷 …… 311
庚辰集五卷 …… 311
庚辰集五卷 …… 311
庚辰集五卷唐人試律說一卷 …… 311
庚辰集五卷唐人試律說一卷 …… 311
庚辰集五卷唐人試律說一卷 …… 311
庚辰集五卷唐人試律說一卷 …… 311
庚辰集五卷唐人試律說一卷 …… 311
庚辰集五卷唐人試律說一卷 …… 311
刻曾西墅先生集十卷 …… 269
育正堂重訂幼學須知句解四卷 …… 229
育正堂重訂幼學須知句解四卷 …… 230
性法學要四卷 …… 248
性法學要四卷 …… 248
性法學要四卷 …… 248
性相通說一卷 …… 245
性理大方書七十卷 …… 197
性理大全書七十卷 …… 197
性理大全會通七十卷性理會通四十二卷 …… 197
性理真詮 …… 248
性理體註訓解標題八卷 …… 199
性理體註訓解標題八卷 …… 199
性學牗述八卷 …… 247
法院編制法十四章 …… 178
法部奏定考試法官主要科應用法律章程十四卷 …… 179
法部會奏檢察廳調度司法員警章程八節 …… 178
法國革命戰史八編 …… 189
河工器具圖說四卷 …… 218
河工器具圖說四卷 …… 218
河工器具圖說四卷 …… 218
河上語一卷 …… 109
[河北]任邱邊氏族譜二十二卷末一卷 …… 127
[河北永清史氏列傳] …… 125
[河北博野]蔣氏家譜六卷 …… 127
[同治]河曲縣志八卷 …… 146
河防志十二卷 …… 160
河防志十二卷 …… 160
河東先生文集六卷 …… 262
河東先生集四十五卷外集二卷龍城錄二卷附錄二卷傳一卷 …… 262
[雍正]河南通志八十卷 …… 147
河南常備軍營制餉章暫行試辦章程 …… 177
河南鄉試硃卷不分卷 …… 180
河洛理數七卷 …… 249
[光緒]河津縣志十四卷首一卷 …… 146
[乾隆]河套志六卷 …… 148
河套圖考一卷 …… 148
河間註釋試律矩四卷 …… 317
河間註釋試律矩四卷 …… 317
河間註釋試律矩四卷 …… 318
河間試律矩二卷 …… 317
河間試律矩四卷 …… 317
河間試律矩四卷 …… 318
注解傷寒論十卷 …… 221
注釋時晴齋館賦四卷 …… 321
治心齋琴學練要五卷 …… 240
治河方略十卷首一卷 …… 160
治華集九卷 …… 173
治蝗書一卷 …… 228
宗室貢舉備攷四卷(清乾隆十年至光緒十一年) …… 179
宗教律諸家演派一卷西藏喇嘛來源一卷 …… 245
定山堂詩集四十三卷 …… 307
定山堂詩集四十三卷 …… 307

定山堂詩餘四卷 …………………………… 307
[雍正]定州志十卷 ………………………… 136
[雍正]定州志十卷 ………………………… 136
[咸豐]定州續志四卷 ……………………… 136
定香亭筆談四卷 …………………………… 343
定香亭筆談四卷 …………………………… 343
定香亭筆談四卷 …………………………… 343
[光緒]定遠廳志二十六卷首一卷末一卷 ……………………………………………… 149
[光緒]定遠廳志二十六卷首一卷末一卷 ……………………………………………… 149
定盦文集三卷續集四卷補五卷補編四卷 ……………………………………………… 375
定盦文集三卷續集四卷補五卷補編四卷 ……………………………………………… 375
定盦文集三卷續集四卷補五卷補編四卷拾遺一卷年譜一卷 ………………… 375
[光緒]定襄縣補志十三卷圖一卷 ……… 146
官子譜三卷 ………………………………… 240
空青石傳奇二卷 …………………………… 328
宛陵先生文集六十卷 ……………………… 300
宛陵集六十卷附錄一卷 …………………… 301
宛鄰書屋古詩錄十二卷 …………………… 287
郎潛紀聞十四卷燕下鄉脞錄十六卷 …… 233
郎潛紀聞十四卷燕下鄉脞錄十六卷 …… 233
郎潛紀聞十四卷燕下鄉脞錄十六卷 …… 233
居易堂課童稿不分卷 ……………………… 338
居易錄三十四卷 …………………………… 231
居易錄三十四卷 …………………………… 231
居易錄三十四卷 …………………………… 231
居業堂文集二十卷首一卷 ………………… 378
陔餘叢考四十三卷 ………………………… 374
陔餘叢考四十三卷 ………………………… 374
姑妄聽之四卷 ……………………………… 206
姓氏詳注四卷 ……………………………… 123
承菴先生集七卷首一卷補遺二卷附錄二卷 ………………………………………… 271
[道光]承德府志六十卷首二十六卷 …… 142
[道光]承德府志六十卷首二十六卷 …… 142
[道光]承德府志六十卷首二十六卷 …… 142
[道光]承德府志六十卷首二十六卷 …… 142
[道光]承德府志六十卷首二十六卷 …… 142
[道光]承德府志六十卷首二十六卷 …… 142
[道光]承德府志六十卷首二十六卷 …… 142
[宣統]承德縣志書不分卷 ………………… 148
孟子七卷……………………………………… 49
孟子七卷……………………………………… 49
孟子七卷……………………………………… 49
孟子朱子全義十六卷………………………… 49
孟子注疏解經十四卷 ………………………… 4
孟子要略五卷附錄一卷……………………… 49
孟子要略五卷附錄一卷……………………… 49
孟子講義十二卷……………………………… 49
孟東野集十卷附一卷 ……………………… 299
孟塗前集十卷後集二十二卷文集十卷駢體文二卷 ………………………………… 276
[乾隆]孟縣志十卷 ………………………… 147
函史上編八十一卷下編二十一卷………… 80
函海一百六十三種 ………………………… 360

九畫

契丹國志二十七卷首一卷 ………………… 110
奏定學堂章程六種 ………………………… 169
奏定憲政編查辦事章程一卷 ……………… 179
奏定勸學所章程詳解一卷 ………………… 174
奏定變通鄉會試章程一卷 ………………… 177
奏湖北省城設立存古學堂以存國粹而息亂源摺一卷經學門分年功課表存古學堂各學科分年教法一卷 ……………… 178
奏辦湖北各級審判廳暨審判員養成所章程六章 ……………………………………… 174
奏議初編十二卷 …………………………… 175
奏議初編十二卷 …………………………… 175
春在堂全書 ………………………………… 370
春在堂全書 ………………………………… 370
春在堂全書 ………………………………… 370
春在堂全書 ………………………………… 370
春在堂全書 ………………………………… 370
春在堂全書 ………………………………… 370
春在堂全書 ………………………………… 370
春在堂襍文六編十卷 ……………………… 370

春明時墨摘豔三卷吳達臣先生稿一卷 … 336
春明夢餘錄七十卷 …… 116
春秋十二卷…… 32
春秋三十卷…… 32
春秋三十卷…… 32
春秋三十卷…… 32
春秋三十卷…… 32
春秋三十卷…… 32
春秋三十卷…… 32
春秋三十卷總目一卷…… 32
春秋三傳駁語十卷…… 32
春秋大事表五十卷輿圖一卷附錄一卷…… 36
春秋大事表五十卷輿圖一卷附錄一卷…… 36
春秋大事表五十卷輿圖一卷附錄一卷…… 36
春秋公羊註疏二十八卷 …… 4
春秋公羊傳…… 32
春秋公羊傳十一卷…… 38
春秋公羊傳十二卷…… 31
春秋公羊經傳解詁十二卷…… 38
春秋公羊經傳解詁十二卷校記一卷…… 38
春秋公羊經傳解詁十二卷校記一卷…… 38
春秋世族譜不分卷…… 33
春秋左傳十五卷…… 33
春秋左傳三十卷…… 34
春秋左傳三十卷…… 34
春秋左傳三十卷首一卷…… 33
春秋左傳三十卷首一卷…… 33
春秋左傳三十卷首一卷…… 34
春秋左傳三十卷首一卷…… 34
春秋左傳五十卷…… 33
春秋左傳五十卷…… 33
春秋左傳五十卷…… 33
春秋左傳五十卷…… 33
春秋左傳五十卷…… 33
春秋左傳五十卷…… 33
春秋左傳五十卷…… 33
春秋左傳五十卷…… 33
春秋左傳五十卷…… 33
春秋左傳五十卷…… 34
春秋左傳五十卷…… 34
春秋左傳五十卷…… 34
春秋左傳五十卷…… 34
春秋左傳五十卷…… 34
春秋左傳五十卷…… 34
春秋左傳五十卷…… 34
春秋左傳分類賦四卷…… 36
春秋左傳杜林善本五十卷…… 34
春秋左傳杜林善本五十卷…… 34
春秋左傳杜注三十卷…… 33
春秋左傳杜注三十卷首一卷…… 33
春秋左傳杜注補輯三十卷…… 33
春秋左傳註疏六十卷 …… 4
春秋左傳綱目杜林詳註十四卷首一卷春秋二十國年表一卷…… 34
春秋左傳類對賦不分卷…… 36
春秋四傳三十八卷總目一卷…… 32
春秋列國圖說一卷…… 34
春秋列國圖說一卷…… 34
春秋年表一卷…… 33
春秋名號歸一圖二卷…… 33
春秋貫不分卷…… 15
春秋貫不分卷…… 15
春秋會義二十六卷…… 32
春秋經傳集解三十卷…… 33
春秋經傳集解三十卷首一卷…… 35
春秋經傳集解三十卷首一卷…… 35
春秋說畧十二卷春秋比二卷…… 32
春秋說畧十二卷春秋比二卷…… 32
春秋穀梁註疏二十卷…… 38
春秋穀梁傳…… 32
春秋穀梁傳十二卷…… 31
春秋穀梁傳十二卷…… 38
春秋穀梁傳十二卷…… 38
春秋穀梁傳十二卷…… 38
春秋繁露十七卷附錄一卷…… 10
春秋繁露十七卷附錄一卷…… 10
春秋屬辭辨例編六十卷首二卷…… 38
春秋體注大全合叅四卷…… 32
春秋體注大全合叅四卷…… 32
春泉聞見錄四卷 …… 206
春暉堂叢書十一種 …… 349
春霆集註釋不分卷 …… 330

珂雪詞二卷補遺一卷 …………………… 320
珍埶宧遺書十二種 ……………………… 379
封泥考略十卷 …………………………… 130
[光緒]垣曲縣志十四卷 ……………… 146
[道光]城武縣志十四卷首一卷 ……… 143
[康熙]城固縣志十卷 ………………… 151
[康熙]城固縣志十卷 ………………… 151
城鎮鄉地方自治章程九章選舉章程六章 …………………………………………… 174
城鎮鄉地方自治章程九章選舉章程六章 …………………………………………… 174
政務處議奏禁煙章程一卷 …………… 178
郝中山全集 ……………………………… 377
郝中山全集 ……………………………… 377
郝中山全集 ……………………………… 377
郝氏遺書 ………………………………… 375
荆駝逸史五十一種 ……………………… 114
荆駝逸史五十一種 ……………………… 114
荆駝逸史五十一種 ……………………… 114
荆駝逸史五十一種 ……………………… 114
草窗詞二卷補二卷 ……………………… 303
荀子一卷 ………………………………… 192
荀子二十卷 ……………………………… 192
荀子二十卷 ……………………………… 192
荀子二十卷首一卷 ……………………… 193
荀子二十卷首一卷 ……………………… 193
荀子二十卷首一卷 ……………………… 193
荀子二十卷首一卷 ……………………… 193
茗柯文初編一卷二編二卷三編一卷四編一卷 ……………………………………… 278
茗柯文初編一卷二編二卷三編一卷四編一卷 ……………………………………… 278
茗柯詞一卷擬名家制藝一卷 ………… 325
荒政輯要九卷首一卷 ………………… 227
荒政輯要九卷首一卷 ………………… 227
荒政輯要九卷首一卷 ………………… 227
荒政輯要九卷首一卷 ………………… 227
故唐律疏議三十卷 ……………………… 163
胡文忠公遺集十卷首一卷 …………… 373
胡文忠公遺集十卷首一卷 …………… 373
胡文忠公遺集十卷首一卷 …………… 373
胡文忠公遺集八十六卷 ……………… 176
胡文忠公遺集八十六卷 ……………… 176
胡文忠公遺集八十六卷 ……………… 176
胡文忠公遺集八十六卷 ……………… 176
南北史補志十四卷贊一卷 ……………… 80
南史識小錄十四卷北史識小錄十四卷…… 84
[乾隆]南安府志二十二卷 …………… 155
南巡盛典一百二十卷 ………………… 162
南巡盛典一百二十卷 ………………… 162
南宋江陰軍乾明院羅漢尊號碑記 ……… 245
南宋書六十八卷 ………………………… 85
南宋書六十八卷 ………………………… 85
[乾隆]南昌縣志七十卷首一卷 ……… 155
南征百律一卷 …………………………… 377
南征百律一卷 …………………………… 377
南征百律一卷 …………………………… 377
南征百律一卷 …………………………… 377
南華全經分章句解四卷 ……………… 201
南華真經本義十六卷 ………………… 202
南華真經旁注五卷 ……………………… 201
南華真經旁注五卷 ……………………… 201
南華真經評注五卷 ……………………… 202
南華真經解三卷 ………………………… 201
南華真經解六卷 ………………………… 201
南華真經解六卷 ………………………… 201
南華真經解六卷 ………………………… 201
南華真經解六卷 ………………………… 202
南唐書十八卷音釋一卷放翁逸稾二卷家世舊聞一卷 …………………………… 267
南唐書十八卷音釋一卷放翁逸稾二卷家世舊聞一卷齋居紀事一卷 ………… 267
南海先生戊戌奏稿不分卷 …………… 174
[道光]南宫縣志十六卷 ……………… 138
南雷文定前集十一卷後集四卷三集三卷附錄一卷 ……………………………… 279
南園後五先生詩二十五卷首一卷南園花信詩一卷 ……………………………… 304
南園前五先生詩五卷首一卷 ………… 304
南溪集一卷 ……………………………… 278
南牖日賸七卷 …………………………… 197
[光緒]南樂縣志十卷首一卷 ………… 147

南疆繹史勘本五十六卷首一卷 ………… 114
南疆繹史勘本五十六卷首一卷 ………… 114
相宗八要解八卷 ……………………… 245
相理衡真十卷首一卷 ………………… 250
相臺書塾刊正九經三傳沿革例一卷……… 10
柏堂經說九種…………………………… 10
柏堂經說九種…………………………… 10
柏堂遺書八種 ………………………… 382
柳文七卷 ……………………………… 347
柬埔寨以北探路記十五卷 …………… 188
[嘉慶]咸寧縣志二十六卷首一卷 ……… 149
研香齋四六類腋二十四卷 …………… 401
研香齋四六類腋二十四卷 …………… 401
研香齋四六類腋二十四卷 …………… 401
耐俗軒詩集九卷 ……………………… 308
奎壁四書十九卷………………………… 40
奎壁四書十九卷………………………… 40
虐疾論三卷 …………………………… 223
省心紀一卷 …………………………… 198
省吾堂四種 ……………………………… 8
省軒考古類編十二卷 ………………… 400
則古昔齋算學十三種二十四卷 ……… 241
則古昔齋算學十三種二十四卷 ……… 241
則例便覽 ……………………………… 167
盼雲軒畫傳四卷 ……………………… 238
星橋制藝大題二編不分卷 …………… 332
昨非錄十二卷 ………………………… 198
昭代名人尺牘二十四卷附小傳 ……… 127
昭代名人尺牘小傳二十四卷 ………… 127
昭代叢書甲集五十卷乙集四十卷 …… 348
昭明文選集成六十卷首二卷 ………… 254
虹舟制藝前集不分卷後集不分卷 …… 339
思補過齋遺稿六卷 …………………… 279
思補齋筆記八卷 ……………………… 214
思綺堂文集十卷 ……………………… 280
韋齋集十二卷 ………………………… 267
韋蘇州集十卷 ………………………… 299
韋蘇州集十卷 ………………………… 299
看詩隨錄一百三十卷 ………………… 287
香祖筆記十二卷 ……………………… 232
香祖筆記十二卷 ……………………… 232
香祖筆記十二卷 ……………………… 232
香祖筆記十二卷 ……………………… 232
香屑集十八卷首一卷末一卷 ………… 314
秋室印剩六卷 ………………………… 240
科場條例六十卷首一卷續增科場條例不分卷(清道光十四年至同治三年) …… 167
科學叢書第一集八種 ………………… 243
重刊五百家註音辯昌黎先生文集四十卷 …………………………………… 263
重刊文信國公全集十七卷首一卷 …… 268
重刊芝龕記樂府六卷首一卷 ………… 328
重刊宋本十三經注疏附校勘記 ………… 1
重刊宋本十三經注疏附校勘記 ………… 2
重刊宋本十三經注疏附校勘記 ………… 2
重刊宋本十三經注疏附校勘記 ………… 2
重刊宋本十三經注疏附校勘記 ………… 2
重刊宋本十三經注疏附校勘記 ………… 2
重刊宋本十三經注疏附校勘記 ………… 2
重刊宋本十三經注疏附校勘記 ………… 2
重刊宋本十三經注疏附校勘記 ………… 3
重刊宋本十三經注疏附校勘記 ………… 3
重刊宋本十三經注疏附校勘記 ………… 3
重刊宋本十三經注疏附校勘記 ………… 3
重刊宋本十三經注疏附校勘記 ………… 4
重刊宋本十三經注疏附校勘記 ………… 4
重刊宋本十三經注疏附校勘記 ………… 4
[正德]重刊武功縣志四卷首一卷 …… 150
重刊武經七書彙解八卷首一卷 ……… 216
重刊明成化本東坡七集一百十卷 …… 264
重刊明成化本東坡七集一百十卷 …… 264
重刊明成化本東坡七集一百十卷校勘記二卷 ……………………………… 265
重刊官話合聲字母序例及關係論說一卷 ……………………………………… 63
重刊船山遺書二百八十八卷 ………… 368
重刊船山遺書二百八十八卷 ………… 369
重刊章氏遺書二種 …………………… 381
重刊補註洗冤錄集證五卷附刊檢骨圖格一卷寶鑑編一卷急救方一卷石香秘錄一卷 ……………………………… 203
重刊補註洗冤錄集證五卷附刊檢骨圖格

一卷寶鑑編一卷急救方一卷石香秘錄一卷 …… 203
重刊補註洗冤錄集證六卷 …… 203
重刊補註洗冤錄集證六卷 …… 203
重刊補註洗冤錄集證六卷 …… 203
重刊補註洗冤錄集證六卷 …… 203
重刊補註洗冤錄集證六卷 …… 203
重刻添補傳家寶俚言新本八卷首一卷 … 235
重刻褚石農堅瓠集十五集六十六卷 …… 232
重定天崇百篇不分卷 …… 332
[光緒]重修五河縣志二十卷首一卷末一卷 …… 154
[光緒]重修曲陽縣志二十卷 …… 136
[嘉慶]重修延安府志八十卷 …… 149
[道光]重修汧陽縣志十二卷首一卷 …… 150
[宣統]重修涇陽縣志十六卷首一卷末一卷 …… 151
重修敬勝書院臚紀存徵一卷 …… 130
[咸豐]重修棗陽縣志十五卷首一卷 …… 155
[光緒]重修甯羌州志五卷 …… 148
[光緒]重修甯羌州志五卷 …… 148
[光緒]重修新樂縣志六卷首一卷 …… 140
[光緒]重修廣平府志六十三卷首一卷 … 137
[光緒]重修廣平府志六十三卷首一卷 … 137
[乾隆]重修襄垣縣志八卷 …… 145
重訂七經精義 …… 9
重訂七經精義 …… 9
重訂七經精義 …… 9
重訂七經精義 …… 9
重訂七經精義 …… 9
重訂七經精義 …… 10
重訂七經精義 …… 10
重訂七種古文選 …… 259
重訂七種古文選 …… 259
重訂七種古文選 …… 259
重訂王鳳洲先生會纂綱鑑二十三卷 …… 96
重訂王鳳洲先生綱鑑會纂三十九卷 …… 96
重訂王鳳洲先生綱鑑會纂四十六卷 …… 96
重訂王鳳洲先生綱鑑會纂四十六卷 …… 96
重訂王鳳洲先生綱鑑會纂四十六卷續編二十三卷 …… 96
重訂王鳳洲先生綱鑑會纂四十六卷續編二十三卷 …… 96
重訂王鳳洲先生綱鑑會纂四十六卷續編二十三卷 …… 96
重訂文選集評十五卷首一卷 …… 254
重訂文選集評十五卷首一卷末一卷 …… 253
重訂文選集評十五卷首一卷末一卷 …… 253
重訂文選集評十五卷首一卷末一卷 …… 253
重訂文選集評十五卷首一卷末一卷 …… 253
重訂文選集評十五卷首一卷末一卷 …… 253
重訂文選集評十五卷首一卷末一卷 …… 253
重訂文選集評十五卷首一卷末一卷 …… 253
重訂文選集評十五卷首一卷末一卷 …… 253
重訂文選集評十五卷首一卷末一卷 …… 254
重訂文選集評十五卷首一卷末一卷 …… 254
重訂文選集評十五卷首一卷末一卷 …… 254
重訂方望溪先生全稿不分卷 …… 371
重訂古文雅正十四卷 …… 260
重訂古文釋義新編八卷 …… 256
重訂古文釋義新編八卷 …… 256
重訂古文釋義新編八卷 …… 256
重訂古文釋義新編八卷 …… 256
重訂古文釋義新編八卷 …… 257
重訂古文釋義新編八卷 …… 257
重訂外科正宗十二卷 …… 222
重訂李義山詩集箋注三卷集外詩箋注一卷 …… 297
重訂事類賦三十卷 …… 386
重訂事類賦三十卷 …… 386
重訂事類賦三十卷 …… 386
重訂法國志略二十四卷 …… 189
重訂春秋體註大全四卷 …… 32
重訂唐詩別裁集二十卷 …… 298
重訂唐詩別裁集二十卷 …… 298
重訂唐詩別裁集二十卷 …… 298
重訂唐詩別裁集二十卷 …… 298
重訂國語國策合註 …… 112
重訂路史全本四十七卷 …… 113
重訂廣事類賦四十卷 …… 397
重訂綴白裘十二集四十八卷 …… 325
重訂綴白裘新集合編十二集四十八卷 … 325

重訂增補陶朱公致富奇書八卷 …………… 389
重校十三經不貳字一卷 …………… 60
重校十三經輯字不分卷 …………… 53
重校十三經輯字不分卷 …………… 53
重校正唐文粹一百卷 …………… 262
重校正唐文粹一百卷 …………… 262
重校繪圖三才略一卷 …………… 395
重增格物入門七卷 …………… 243
重樓玉鑰不分卷 …………… 222
[光緒]重纂秦州直隸州新志二十四卷首一卷 …………… 152
[光緒]重纂秦州直隸州新志二十四卷首一卷 …………… 152
[光緒]重纂秦州直隸州新志二十四卷首一卷 …………… 152
[光緒]重纂秦州直隸州新志二十四卷首一卷 …………… 152
重鐫官板地理天機會元正篇體用括要三十五卷 …………… 249
段氏說文注訂八卷 …………… 52
段氏說文注訂八卷 …………… 52
修成正鵠二十四卷 …………… 248
修改各學堂考試章程摺一卷 …………… 177
保存古蹟推廣辦法章程十一條 …………… 174
[道光]保安州志八卷首一卷 …………… 137
[道光]保安州志八卷首一卷 …………… 138
[道光]保安州志八卷首一卷 …………… 138
[光緒]保安州續志四卷 …………… 138
[光緒]保安州續志四卷 …………… 138
[乾隆]保德州志十二卷首一卷 …………… 146
[乾隆]保德州志十二卷首一卷 …………… 146
侶鷗閣近集二卷 …………… 280
俄史輯譯四卷 …………… 189
皇明寶訓四十卷 …………… 172
皇清地理圖三卷 …………… 134
皇清經解一千四百八卷 …………… 5
皇清經解一千四百八卷 …………… 5
皇清經解一千四百八卷 …………… 5
皇清經解一千四百八卷 …………… 5
皇清經解一千四百八卷 …………… 5
皇清經解一千四百八卷 …………… 5
皇清經解一千四百八卷 …………… 5
皇清經解一千四百八卷 …………… 6
皇清經解一千四百卷 …………… 5
皇清經解一千四百卷 …………… 5
皇清經解一千四百卷 …………… 5
皇清經解一千四百卷 …………… 5
皇清經解一百九十卷 …………… 6
皇清經解一百九十卷 …………… 6
皇清經解續編二百八種 …………… 6
皇清經解續編二百八種 …………… 6
皇清經解續編二百八種 …………… 6
皇清經解續編二百八種 …………… 6
皇清經解續編二百八種 …………… 6
皇清經解續編二百八種 …………… 6
皇清經解續編二百九卷 …………… 6
皇清經解續編二百九卷 …………… 6
皇清經解續編二百九卷 …………… 6
皇清誥封一品太夫人顯繼妣田太夫人行述一卷 …………… 128
皇朝一統輿地全圖 …………… 134
皇朝五經彙解二百七十卷 …………… 8
皇朝五經彙解二百七十卷 …………… 8
皇朝五經彙解二百七十卷 …………… 8
皇朝五經彙解二百七十卷 …………… 8
皇朝五經彙解二百七十卷 …………… 8
皇朝五經彙解二百七十卷 …………… 8
皇朝中外壹統輿圖十五卷 …………… 134
皇朝中外壹統輿圖十五卷 …………… 134
皇朝中外壹統輿圖三十一卷首一卷 …… 134
皇朝文典七十四卷 …………… 173
皇朝文獻通考三百卷 …………… 105
皇朝文獻通考三百卷 …………… 105
皇朝文獻通考三百卷 …………… 105
皇朝文獻通考三百卷 …………… 105
皇朝文獻通考三百卷 …………… 105
皇朝事畧一卷 …………… 115
皇朝政典挈要八卷 …………… 98
皇朝政典挈要八卷 …………… 98
皇朝通志一百二十六卷 …………… 75
皇朝通志一百二十六卷 …………… 75
皇朝通志一百二十六卷 …………… 75

皇朝通志一百二十六卷…………………… 75
皇朝通志一百二十六卷…………………… 75
皇朝通典一百卷 ………………………… 104
皇朝通典一百卷 ………………………… 104
皇朝通典一百卷 ………………………… 104
皇朝通典一百卷 ………………………… 104
皇朝通典一百卷 ………………………… 104
皇朝通典一百卷 ………………………… 104
皇朝通典一百卷 ………………………… 104
皇朝祭器樂舞錄二卷中祀合編一卷……… 39
皇朝祭器樂舞錄二卷中祀合編一卷……… 39
皇朝掌故彙編內編六十卷首一卷外編四十卷首一卷 ………………………… 107
皇朝詞林典故六十四卷 ………………… 108
皇朝蓄艾文編八十卷 …………………… 277
皇朝經世文三編八十卷 ………………… 274
皇朝經世文三編八十卷 ………………… 274
皇朝經世文三編八十卷 ………………… 274
皇朝經世文三編八十卷 ………………… 274
皇朝經世文三編八十卷 ………………… 274
皇朝經世文三編八十卷 ………………… 274
皇朝經世文三編八十卷 ………………… 274
皇朝經世文三編八十卷 ………………… 275
皇朝經世文統編一百七卷 ……………… 275
皇朝經世文新增續編一百二十卷時務續編四十卷洋務續編八卷 ……………… 273
皇朝經世文新增續編一百二十卷時務續編四十卷洋務續編八卷 ……………… 273
皇朝經世文新增續編一百二十卷時務續編四十卷洋務續編八卷 ……………… 273
皇朝經世文新增續編一百二十卷時務續編四十卷洋務續編八卷 ……………… 273
皇朝經世文新增續編一百二十卷時務續編四十卷洋務續編八卷 ……………… 273
皇朝經世文新編二十一卷 ……………… 274
皇朝經世文新編二十一卷 ……………… 274
皇朝經世文新編二十一卷 ……………… 274
皇朝經世文新編二十一卷 ……………… 274
皇朝經世文新編二十一卷 ……………… 274
皇朝經世文新編二十二卷 ……………… 274
皇朝經世文新編三十二卷 ……………… 274
皇朝經世文新編續集二十一卷 ………… 275
皇朝經世文編一百二十卷 ……………… 272
皇朝經世文編一百二十卷 ……………… 272
皇朝經世文編一百二十卷 ……………… 272
皇朝經世文編一百二十卷 ……………… 272
皇朝經世文編一百二十卷 ……………… 272
皇朝經世文編一百二十卷 ……………… 272
皇朝經世文編一百二十卷 ……………… 272
皇朝經世文編一百二十卷 ……………… 272
皇朝經世文編一百二十卷 ……………… 272
皇朝經世文編一百二十卷 ……………… 272
皇朝經世文編一百二十卷 ……………… 272
皇朝經世文編一百二十卷 ……………… 273
皇朝經世文編一百二十卷 ……………… 273
皇朝經世文編一百二十卷 ……………… 273
皇朝經世文編一百二十卷 ……………… 273
皇朝經世文編一百二十卷 ……………… 273
皇朝經世文編一百二十卷 ……………… 273
皇朝經世文編一百二十卷 ……………… 273
皇朝經世文編一百二十卷 ……………… 273
皇朝經世文編一百二十卷 ……………… 273
皇朝經世文編一百二十卷 ……………… 273
皇朝經世文編一百二十卷 ……………… 273
皇朝經世文編補一百二十卷 …………… 275
皇朝經世文續編一百二十卷 …………… 273
皇朝經世文續編一百二十卷 …………… 274
皇朝經世文續編一百二十卷 …………… 274
皇朝經世文續編一百二十卷 …………… 274
皇朝經世文續編一百二十卷 …………… 274
皇朝藩部要略十八卷世系表四卷 ……… 109
皇極金丹九蓮正信皈真還鄉寶卷二卷 … 246
皇極經世書十二卷觀物外篇二卷 ……… 249
皇極經世圖解一卷觀物外篇二卷補遺一卷 …………………………………… 249
皇極經世緒言九卷首二卷 ……………… 249
泉布統誌九卷首一卷附一卷 …………… 129
禹貢指南四卷……………………………… 19
禹貢錐指二十卷圖一卷…………………… 17
禹貢譜二卷………………………………… 18
追昔遊集三卷 …………………………… 299
律例便覽八卷 …………………………… 165

律例便覽八卷 …………………………… 165
律陶一卷 ……………………………… 290
律陶一卷 ……………………………… 290
律賦必以集二卷衡裁餘論一卷 ………… 334
律賦清華四卷 ………………………… 324
律賦聚星集箋注二卷 ………………… 318
律賦標準四卷 ………………………… 319
律賦標準四卷 ………………………… 319
律賦標準四卷 ………………………… 319
律賦標準四卷 ………………………… 319
律賦標準四卷 ………………………… 319
律賦選青四卷 ………………………… 289
後七家試帖選輯注七卷 ……………… 320
後山詩注十二卷 ……………………… 302
後山詩注十二卷 ……………………… 302
後知不足齋叢書 ……………………… 351
後湘集九卷 …………………………… 320
後漢書一百二十卷…………………… 66
後漢書一百二十卷…………………… 66
後漢書一百二十卷…………………… 66
後漢書一百二十卷…………………… 71
後漢書一百二十卷…………………… 72
後漢書一百二十卷…………………… 73
後漢書一百二十卷…………………… 73
後漢書一百二十卷…………………… 73
後漢書一百二十卷…………………… 82
後漢書一百二十卷…………………… 82
後漢書一百二十卷…………………… 82
後漢書一百二十卷…………………… 82
後漢書一百二十卷…………………… 82
後漢書一百二十卷…………………… 82
後漢書一百二十卷…………………… 82
後漢書一百二十卷…………………… 82
後漢書一百二十卷…………………… 82
後漢書一百二十卷…………………… 82
後漢書一百二十卷…………………… 82
後漢書一百二十卷…………………… 82
後漢書一百二十卷…………………… 82
後漢書一百二十卷…………………… 82
後漢書一百二十卷…………………… 83
後漢書一百二十卷…………………… 83
後漢書一百二十卷…………………… 83
後漢書一百二十卷…………………… 83
後漢書一百二十卷附考證…………… 83
後漢書一百二十卷附考證…………… 83
後漢書一百二十卷附考證…………… 83
後漢書疏證三十卷…………………… 72
俞俞齋文稿初集四卷 ………………… 311
俞俞齋詩稿初集二卷 ………………… 311
食物本草會纂十二卷附食物本草圖 …… 225
脉訣附方一卷 ………………………… 220
脉學考證一卷 ………………………… 220
胎產心法三卷 ………………………… 223
胎產金針三卷附保嬰要訣 …………… 223
勉行堂詩集二十四卷首一卷 ………… 324
風月夢三十二回 ……………………… 213
風俗通義逸文一卷 …………………… 234
風流棒傳奇二卷 ……………………… 328
風憲忠告一卷廟堂忠告一卷牧民忠告二卷 ………………………………… 196
訂正江湖尺牘句解 …………………… 402
訂正東醫寶鑑二十五卷 ……………… 225
訂正通鑑綱目前編二十五卷首一卷正編五十九卷首一卷續編二十七卷首一卷末一卷…………………………………… 91
亭林文集六卷餘集一卷 ……………… 281
亭林先生補遺十種 …………………… 368
亭林先生遺書彙輯 …………………… 368
亭林遺書十種 ………………………… 368
度支部試辦宣統三年預算案總表不分卷 …………………………………… 168
度隴記四卷 …………………………… 161
施註蘇詩四十二卷總目二卷 ………… 301
施註蘇詩四十二卷總目二卷 ………… 301
施註蘇詩四十二卷總目二卷 ………… 301
施註蘇詩四十二卷總目二卷 ………… 301
施註蘇詩四十二卷總目二卷 ………… 301
施註蘇詩四十二卷總目二卷 ………… 301
施愚山先生全集六種 ………………… 383
施愚山先生[閏章]年譜四卷 ………… 279
施愚山先生學餘文集二十八卷詩集五十卷 …………………………………… 279

施愚山先生學餘文集二十八卷詩集五十卷施氏家風述畧一卷續編一卷 ……… 279
奕理指歸圖三卷 ………………………… 240
音註小倉山房尺牘八卷 ………………… 278
音學五書三十八卷………………………… 61
音韻輯要二十一卷………………………… 63
帝鑑圖說不分卷 ………………………… 198
恪靖奏稿初編三十八卷續編七十六卷 … 177
恪靖侯盾鼻餘瀋一卷 …………………… 276
前蒙古紀事本末二卷後蒙古紀事本末二卷 …………………………………… 103
前蒙古紀事本末二卷後蒙古紀事本末二卷 …………………………………… 103
前塵夢影錄二卷 ………………………… 235
前漢書一百卷……………………………… 81
前漢書一百卷……………………………… 81
前漢書一百卷……………………………… 81
前漢書一百卷……………………………… 81
前漢書菁華錄四卷後漢書菁華錄二卷蜀漢文一卷……………………………… 81
前漢書鈔四卷後漢書鈔二卷蜀漢文鈔一卷……………………………………… 81
逆臣傳二卷 ……………………………… 126
逆臣傳四卷 ……………………………… 126
炳燭齋文集初刻一卷續刻一卷 ………… 378
炳燭齋文集初刻一卷續刻一卷 ………… 378
洪北江全集二十三種 …………………… 373
洪北江全集二十三種 …………………… 373
洪北江全集二十三種 …………………… 373
洪北江全集二十三種 …………………… 374
洪北江詩文集二種 ……………………… 374
洞天奧旨十六卷附十二經絡圖 ………… 222
洗冤錄解一卷 …………………………… 203
洗冤錄詳義四卷 ………………………… 203
洗冤錄詳義四卷 ………………………… 203
洗冤錄辨正一卷 ………………………… 203
[嘉慶]洛川縣志二十卷首一卷 ………… 151
洛學編五卷 ……………………………… 378
洛學編五卷 ……………………………… 378
洛學編四卷 ……………………………… 123
洛學編四卷 ……………………………… 123
洛學編四卷乾坤兩卦解一卷 …………… 123
洨濱蔡先生文集十卷首一卷語錄二十卷 …………………………………… 271
洋防輯要二十四卷 ……………………… 132
洋防輯要二十四卷 ……………………… 132
洋防輯要二十四卷 ……………………… 132
津門詩鈔三十卷 ………………………… 320
津門徵獻詩八卷 ………………………… 311
津逮秘書十五集 ………………………… 345
[乾隆]宣化府志四十二卷首一卷 ……… 138
[乾隆]宣化府志四十二卷首一卷 ……… 138
[乾隆]宣化府志四十二卷首一卷 ……… 138
[乾隆]宣化府志四十二卷首一卷 ……… 138
[乾隆]宣化府志四十二卷首一卷 ……… 138
[康熙]宣化縣志三十卷 ………………… 138
[康熙]宣化縣志三十卷 ………………… 138
宣和畫譜二十卷 ………………………… 237
[宣統庚戌]科舉貢會考同年齒錄不分卷 …………………………………… 180
宣講拾遺六卷首一卷 …………………… 200
宣講集要十三卷首一卷 ………………… 200
宦海指南五種 …………………………… 361
宦海指南五種 …………………………… 362
宦海指南五種 …………………………… 362
宦鄉要則七卷 …………………………… 363
宦鄉要則七卷 …………………………… 363
客窗閒話八卷續客窗閒話八卷 ………… 216
客窗閒話八卷續客窗閒話八卷 ………… 216
[道光]神木縣志八卷 …………………… 151
神相水鏡集四卷 ………………………… 250
神道碑銘一卷 …………………………… 309
神道碑銘一卷 …………………………… 309
神道碑銘一卷 …………………………… 309
神農本草經疏三十卷 …………………… 225
退思齋詩草三種雜著一卷 ……………… 317
咫進齋叢書三集三十七種 ……………… 361
咫聞齋詩鈔一卷 ………………………… 317
眉綠樓詞不分卷 ………………………… 325
陝衛治略十卷 …………………………… 173
陝西存古學校現辦節略不分卷 ………… 170
[道光]陝西志輯要六卷首一卷 ………… 151

[雍正]陕西通志一百卷首一卷 ………… 151
[雍正]陕西通志一百卷首一卷 ………… 151
[雍正]陕西通志一百卷首一卷 ………… 151
[雍正]陕西通志一百卷首一卷 ………… 152
陕西清理財政說明書 ………………… 109
姚少監詩集十卷 ……………………… 299
飛六亭稿五卷 ………………………… 271
飛龍全傳十二卷六十回 ……………… 213
癸巳存稿十五卷 ……………………… 233
癸巳類稿十五卷 ……………………… 233
癸丑上學期國文課藝 ………………… 340
癸卯甲辰鄉會墨合訂不分卷 ………… 339
紅雪樓九種曲 ………………………… 327
紅雪樓九種曲 ………………………… 327
紅樓夢一百二十回 …………………… 208
紅樓夢一百二十回 …………………… 208
紅樓夢一百二十回 …………………… 208
紅樓夢傳奇二卷 ……………………… 328
紅樓夢圖詠四卷 ……………………… 237
約章分類輯要三十八卷首一卷 ……… 170
約章分類輯要三十八卷首一卷 ……… 170
約章成案匯覽乙篇四十二卷 ………… 170
約章成案匯覽乙篇四十二卷 ………… 170
約章成案匯覽甲篇十卷 ……………… 170
紀元編三卷末一卷 …………………… 110
紀元編三卷末一卷 …………………… 110
紀元編三卷末一卷 …………………… 110
紀元編三卷末一卷 …………………… 110
紀氏嘉言四卷 ………………………… 206
紀氏嘉言四卷 ………………………… 206
紀文達公遺集文十六卷詩十六卷 …… 382
紀文達公遺集文十六卷詩十六卷 …… 382
紀文達公遺集文十六卷詩十六卷 …… 382
紀文達公遺集文十六卷詩十六卷 …… 382
紀文達公遺集文十六卷詩十六卷 …… 382
紀文達公遺集文十六卷詩十六卷 …… 382
紀文達公遺集文十六卷詩十六卷 …… 382
紀文達公遺集文十六卷詩十六卷 …… 382
紀文達公遺集文十六卷詩十六卷 …… 382
紀文達公遺集文十六卷詩十六卷 …… 382
紀事本末五種 ………………………… 101
紀事約言二卷 ………………………… 117
紀效新書十八卷首一卷 ……………… 217
紀曉嵐詩註釋四卷 …………………… 308
紀曉嵐詩註釋四卷 …………………… 308

十畫

馬氏文通十卷 ………………………… 50
馬端肅公奏議十二卷恩命錄二卷 …… 172
秦文歸十卷 …………………………… 259
秦邊紀略三卷 ………………………… 158
秦邊紀略六卷 ………………………… 158
[嘉慶]泰山志二十卷 ………………… 161
泰西教育史十五章 …………………… 187
泰西新史攬要二十四卷 ……………… 184
泰西新史攬要二十四卷 ……………… 184
泰西新史攬要二十四卷 ……………… 184
泰西新史攬要二十四卷 ……………… 184
泰西新史攬要二十四卷 ……………… 184
珠風閣詩草續集不分卷 ……………… 315
班馬字類不分卷 ……………………… 55
素問靈樞類纂約註三卷 ……………… 220
素問靈樞類纂約註三卷 ……………… 220
袁王綱鑑合編三十八卷首一卷 ……… 93
袁王綱鑑合編三十九卷 ……………… 93
袁文箋正十六卷附錄小傳一卷 ……… 278
袁文箋正十六卷補注一卷 …………… 280
袁文箋正十六卷補注一卷 …………… 280
袁文箋正十六卷補注一卷增訂四卷 … 278
袁秦合稿不分卷 ……………………… 339
恥不逮齋課徒錄不分卷 ……………… 338
華商辦理農工商實業爵賞章程十條附獎勵華商公司章程獎給商勳章程 …… 174
[永和]華陽國志十二卷 ……………… 157
[永和]華陽國志十二卷 ……………… 157
[永和]華陽國志十二卷 ……………… 157
[道光]華嶽志八卷首一卷 …………… 160
莊子十卷 ……………………………… 201
莊子十卷 ……………………………… 201
莊子十卷 ……………………………… 201
莊子故二卷 …………………………… 201

莊子南華真經十卷 …………………… 202
莊子南華真經四卷 …………………… 201
莊子集釋十卷 ………………………… 201
[乾隆]莊浪志畧二十卷 ……………… 152
[順治]真定縣志十四卷 ……………… 139
桂芳齋重訂古文釋義新編八卷 ………… 257
栖雲閣文集十五卷 …………………… 373
條例(道光至光緒) …………………… 168
桐城吳氏古文讀本十三卷 ……………… 260
桐城吳氏尚書讀本二卷………………… 17
桐城吳氏尚書讀本二卷………………… 17
桐城吳先生全書十八卷 ……………… 371
桐城吳先生全書十八卷 ……………… 372
桐城吳先生全書十八卷 ……………… 372
桐城吳先生全書十八卷 ……………… 372
桐城吳先生全書十八卷 ……………… 372
桐城吳先生全書十八卷 ……………… 372
桐城吳先生評點唐詩鼓吹十六卷 ……… 294
桐城吳先生點勘諸子七種 …………… 363
桐陰論畫二卷首一卷附錄一卷畫訣一卷續一卷二編二卷三編二卷 ………… 236
桐陰論畫二卷首一卷附錄一卷畫訣二卷二編二卷三編二卷 ………………… 236
桐陰論畫二卷首一卷畫訣一卷續一卷 … 236
桃花扇傳奇四卷 ……………………… 327
桃花扇傳奇四卷首一卷 ……………… 327
桃花源志略十三卷附三百韻 ………… 157
格物入門七卷 ………………………… 243
格致書院課藝十三卷 ………………… 331
格致書院課藝十三卷 ………………… 331
格致書院課藝十三卷 ………………… 331
格致書院課藝不分卷 ………………… 331
格致啓蒙四種四卷 …………………… 240
格致彙編 ……………………………… 243
格致課藝彙編十三卷 ………………… 331
格致鏡原一百卷 ……………………… 398
格致鏡原一百卷 ……………………… 398
格致鏡原一百卷 ……………………… 398
格致鏡原一百卷 ……………………… 398
栘晴堂四六二卷 ……………………… 331
校刊史記集解索隱正義札記五卷………… 79
校刊史記集解索隱正義札記五卷………… 79
校刊史記集解索隱正義札記五卷………… 79
校刊史記集解索隱正義札記五卷………… 79
校刊史記集解索隱正義札記五卷………… 79
校刊明道本韋氏解國語札記一卷 ……… 111
校刊明道本韋氏解國語札記一卷 ……… 111
校刊明道本韋氏解國語札記一卷 ……… 111
校刊明道本韋氏解國語札記一卷 ……… 111
校刊明道本韋氏解國語札記一卷 ……… 111
校刊明道本韋氏解國語札記一卷 ……… 111
校刊明道本韋氏解國語札記一卷 ……… 111
校刊明道本韋氏解國語札記一卷 ……… 111
校刊明道本韋氏解國語札記一卷 ……… 111
校刊明道本韋氏解國語札記一卷 ……… 111
校刊明道本韋氏解國語札記一卷 ……… 112
校刊明道本韋氏解國語札記一卷 ……… 112
校刊增註四書便蒙十九卷……………… 39
校正孔氏大戴禮記補注十三卷………… 30
校正孔氏大戴禮記補注十三卷………… 30
校正孔氏大戴禮記補注十三卷………… 30
校正李仕材先生三書八卷 …………… 219
校正尚友錄二十二卷 ………………… 122
校正尚友錄二十二卷續集二十二卷 …… 122
校邠廬抗議二卷 ……………………… 200
校字記一卷 …………………………… 156
校訂困學紀聞三箋二十卷 …………… 228
校訂困學紀聞五箋集證二十卷 ……… 228
校訂困學紀聞五箋集證二十卷 ……… 228
校訂困學紀聞集證二十卷 …………… 228
連筠簃叢書十五種 …………………… 352
栗恭勤公[毓美]年譜二卷 ………… 126
酌雅齋四書遵註合講十九卷圖考一卷…… 45
夏子鎏行述一卷 ……………………… 128
夏子鎏行述一卷 ……………………… 128
夏氏算學四種 ………………………… 385
夏考信錄二卷 ………………………… 118
夏峯先生集十四卷補遺二卷首一卷 …… 367
夏峯先生集十四卷補遺二卷首一卷 …… 367
夏峯先生集十四卷補遺二卷首一卷 …… 367
原本海公大紅袍全傳六十回 ………… 213
原富五卷 ……………………………… 189

捕蝗要說一卷除蝻八要一卷捕蝗圖說一卷 …… 228
振綺堂叢書初集十種 …… 363
挹翠山館選輯巧搭新裁不分卷 …… 340
[康熙]晉州志十卷 …… 140
晉政輯要四十卷 …… 157
晉政輯要四十卷 …… 157
晉政輯要四十卷 …… 157
晉書一百三十卷 …… 66
晉書一百三十卷 …… 66
晉書一百三十卷 …… 66
晉書一百三十卷 …… 70
晉略六十六卷 …… 84
晉略六十六卷 …… 84
晉略六十六卷 …… 84
晉國垂棘一卷 …… 364
時文選不分卷 …… 341
時文輯要四卷 …… 338
時文輯要四卷 …… 338
時事采新彙選 …… 403
時疫白喉捷要一卷 …… 224
時務通考三十一卷首一卷 …… 186
時務通考三十一卷首一卷 …… 186
時務通考三十一卷首一卷 …… 186
時務通考三十一卷首一卷 …… 186
時務通考三十一卷首一卷 …… 186
時務通考三十一卷首一卷 …… 186
時務通考續編三十一卷 …… 186
時務通考續編三十一卷 …… 186
時務通考續編三十一卷 …… 186
時務通考續編三十一卷 …… 186
時務報合訂本附書八種 …… 403
時務策論備要一卷 …… 282
時晴齋試帖四卷 …… 322
時藝引不分卷 …… 335
時藝引不分卷 …… 335
時藝引階合編不分卷 …… 335
時藝引階合編不分卷 …… 335
時藝引階合編不分卷 …… 335
時藝核續編不分卷 …… 339
時藝腟鈔 …… 339
時藝階不分卷 …… 335
時藝會選 …… 340
時藝竅 …… 338
時藝覺不分卷 …… 338
眡萬堂時文 …… 339
剔弊廣增分韻五方元音二卷首一卷 …… 62
剔弊廣增分韻五方元音二卷首一卷 …… 62
剔弊廣增分韻五方元音二卷首一卷 …… 62
剔弊廣增分韻五方元音二卷首一卷 …… 62
晏子春秋七卷音義二卷校勘記二卷 …… 192
豈有此理四卷 …… 214
乘查筆記一卷天外歸帆草一卷海國勝遊草一卷(清同治五年正月至十月) …… 162
乘查筆記一卷天外歸帆草一卷海國勝遊草一卷(清同治五年正月至十月) …… 162
秣陵集六卷金陵歷代紀年事表一卷圖考一卷 …… 316
秣陵集六卷金陵歷代紀年事表一卷圖考一卷 …… 316
秘書二十一種 …… 351
秘書二十一種 …… 351
秘書二十一種 …… 351
秘書二十一種 …… 351
秘書二十一種 …… 351
秘書二十一種 …… 351
秘書二十一種 …… 351
秘書二十八種 …… 353
秘書二十八種 …… 353
秘書二十八種 …… 353
秘傳花鏡六卷 …… 227
笏庵詩鈔十卷 …… 320
借月山房彙鈔十六集 …… 352
倚晴樓集三種 …… 381
倭文端公遺書十一卷首二卷 …… 373
健餘先生文集十卷首一卷 …… 373
健餘先生詩草三卷 …… 309
健餘先生讀書筆記六卷 …… 358
[乾隆]皋蘭縣志二十卷 …… 152
[乾隆]皋蘭縣志二十卷 …… 152
息盦尺牘二卷附存一卷 …… 402

師竹齋小題文鈔不分卷論文瑣言十六則 …… 335
師善堂詩集十卷 …… 307
師範學校預備科規程一卷 …… 188
徐氏十三種醫書 …… 224
徐氏算學三種 …… 385
徐文長文集二十九卷 …… 270
徐文長文集三十卷 …… 270
徐文定公集四卷 …… 271
徐孝穆全集六卷 …… 365
徐孝穆全集六卷 …… 365
[康熙]徐溝縣志四卷 …… 145
徐霞客遊記十卷外編一卷補編一卷(明萬曆四十一年至崇禎十三年) …… 161
徐霞客遊記大觀十二卷(明崇禎十一年至十三年) …… 162
般若波羅密經一卷心經一卷 …… 244
飣餖吟十二卷 …… 322
翁山文外十六卷 …… 275
翁山詩外二十卷 …… 307
翁太史傳稿增補全集不分卷 …… 335
烏里雅蘇臺志略不分卷 …… 188
烏夜啼思親曲一卷 …… 324
[道光]留壩廳志十卷足徵錄四卷 …… 151
訓子語二卷 …… 200
訓子語二卷 …… 200
訓蒙四字經二集讀本二卷龍文鞭影二集二卷 …… 230
訓蒙四字經二集讀本二卷龍文鞭影二集二卷 …… 230
訓蒙四字經二集讀本二卷龍文鞭影二集二卷 …… 230
訓蒙四字經二集讀本二卷龍文鞭影二集二卷 …… 230
訓蒙四字經二集讀本二卷龍文鞭影二集二卷 …… 231
訓蒙四字經二集讀本二卷龍文鞭影二集二卷 …… 231
訓蒙四字經讀本二卷龍文鞭影初集二卷 …… 230
訓蒙求是初編不分卷 …… 50
訓練操法詳晰圖說不分卷 …… 217
高士傳續編二卷 …… 120
高上玉皇本行集經三卷 …… 246
高氏戰國策三十三卷 …… 112
[同治]高平縣志八卷 …… 144
高安三傳合編五十六卷 …… 119
高安三傳合編五十六卷 …… 119
高季迪先生大全集十八卷 …… 304
高厚蒙求五集 …… 240
高厚蒙求五集 …… 240
[乾隆]高郵州志十二卷首一卷 …… 154
[乾隆]高郵州志十二卷首一卷 …… 154
[光緒]高陵縣續志八卷 …… 150
高梅亭讀書叢鈔十一種 …… 380
高梅亭讀書叢鈔十一種 …… 380
高陽集詩十卷 …… 272
高僧傳二集四十卷 …… 120
高僧傳三集三十卷 …… 120
高僧傳四集六卷 …… 121
高僧傳初集十五卷首一卷 …… 120
高僧傳初集十五卷首一卷 …… 120
疹科纂要一卷 …… 221
唐人三家集二十六卷 …… 263
唐人五十家小集七十三卷 …… 299
唐人五十家小集七十三卷 …… 299
唐人五十家小集七十三卷 …… 299
唐人五言長律清麗集六卷 …… 300
唐人萬首絕句選七卷 …… 299
唐人試律說一卷 …… 322
唐人說薈一百六十四種 …… 353
唐大家柳柳州文鈔十二卷 …… 347
[光緒]唐山縣志十二卷首一卷末一卷 …… 138
唐王燾先生外臺秘要方四十卷 …… 224
唐文粹一百卷 …… 262
唐文粹一百卷 …… 262
唐四家詩八卷 …… 292
唐代叢書一百六十四種 …… 352
唐代叢書一百六十四種 …… 352
唐代叢書一百六十四種 …… 353
唐代叢書一百六十四種 …… 353
唐代叢書一百六十四種 …… 353

唐丞相曲江張文獻公集十二卷千秋金鑑錄五卷 …… 263
唐宋十大家全集錄十種 …… 344
唐宋十大家全集錄十種 …… 344
唐宋八大家類選十四卷 …… 280
唐宋八大家類選十四卷 …… 280
唐宋八大家類選十四卷 …… 280
唐宋八大家類選八卷 …… 280
唐宋八大家類選八卷 …… 280
唐宋八大家類選八卷 …… 280
唐宋八家文讀本三十卷 …… 261
唐宋八家文讀本三十卷 …… 261
唐宋八家文讀本三十卷 …… 261
唐宋詩本七十六卷目錄八卷 …… 286
唐刻石經拓本一百七十一卷 …… 8
唐荊川先生文選七卷首一卷 …… 260
唐柳河東集四十五卷外集五卷遺文一卷附錄一卷 …… 262
唐律疏議三十卷 …… 162
唐書二百二十五卷 …… 69
唐書二百二十五卷 …… 70
唐書二百二十五卷 …… 84
唐陸宣公集二十二卷本傳一卷 …… 264
唐陸宣公集二十二卷本傳二卷 …… 264
唐陸宣公集二十二卷本傳二卷 …… 264
唐陸宣公集二十四卷 …… 264
唐陸宣公集二十四卷 …… 264
唐陸宣公集二十四卷 …… 264
唐陸宣公集二十四卷 …… 264
唐陸宣公集二十四卷 …… 264
唐陸宣公集二十四卷 …… 264
唐陸宣公集十六卷 …… 264
唐陸宣公翰苑集二十四卷 …… 264
唐會要一百卷 …… 107
唐詩三百首二卷 …… 293
唐詩三百首註疏六卷 …… 292
唐詩三百首註疏六卷 …… 292
唐詩三百首註疏六卷 …… 292
唐詩三百首註疏六卷 …… 292
唐詩三百首註疏六卷 …… 293
唐詩三百首註疏六卷 …… 293
唐詩三百首註疏六卷 …… 293
唐詩三百首註疏六卷 …… 293
唐詩三百首註疏六卷 …… 293
唐詩三百首註疏六卷 …… 293
唐詩三百首註疏六卷 …… 294
唐詩三百首註釋六卷 …… 292
唐詩三百首註釋六卷 …… 292
唐詩三百首註釋六卷 …… 292
唐詩三百首註釋六卷 …… 292
唐詩三百首註釋六卷 …… 292
唐詩三百首註釋六卷 …… 293
唐詩三百首補註八卷 …… 292
唐詩三百首補註八卷 …… 292
唐詩三百首補註八卷 …… 292
唐詩三百首補註八卷 …… 292
唐詩三百首補註八卷 …… 293
唐詩三百首補註八卷 …… 293
唐詩三百首補註八卷 …… 293
唐詩三百首補註八卷 …… 293
唐詩三百首補註八卷 …… 293
唐詩三百首補註八卷 …… 293
唐詩三百首補註八卷 …… 293
唐詩三百首補註八卷 …… 293
唐詩三百首補註八卷 …… 293
唐詩三百首補註八卷 …… 293
唐詩三百首補註八卷 …… 293
唐詩三百首續選一卷 …… 293
唐詩合解一卷 …… 300
唐詩別裁集二十卷 …… 299
唐詩別裁集引典備註二十卷 …… 298
唐詩別裁集引典備註二十卷 …… 298
唐詩金粉十卷 …… 397
唐詩金粉十卷 …… 397
唐詩拾遺十卷 …… 298
唐詩約選八卷 …… 300
唐詩紀一百七十卷目錄三十四卷 …… 287
唐詩紀一百七十卷目錄三十四卷 …… 291
唐詩鼓吹十卷 …… 294
唐詩解五十卷 …… 298
唐詩解五十卷 …… 298
唐詩試帖課蒙詳解十卷首一卷 …… 298

唐詩鏡五十四卷目錄二卷 ………………… 299
唐詩類苑二百卷 ………………………… 291
唐語林八卷 ……………………………… 214
唐語林八卷 ……………………………… 215
唐語林八卷 ……………………………… 215
唐賢三昧集三卷 ………………………… 299
唐賢三昧集三卷 ………………………… 299
[光緒]唐縣志十二卷首一卷 ……………… 136
唐類函二百卷 …………………………… 389
兼濟堂文集二十四卷 …………………… 371
兼濟堂文集選二十卷 …………………… 371
兼濟堂文集選二十卷 …………………… 371
兼濟堂文集選二十卷 …………………… 371
兼濟堂詩集八卷 ………………………… 308
朔方備乘六十八卷首十二卷 …………… 108
朔方備乘六十八卷首十二卷 …………… 108
朔方備乘六十八卷首十二卷 …………… 108
朔方備乘六十八卷首十二卷 …………… 108
朔方備乘六十八卷首十二卷 …………… 108
朔方備乘六十八卷首十二卷 …………… 108
朔方備乘札記一卷 ……………………… 186
朔方備乘表七卷 ………………………… 108
朔方備乘表七卷 ………………………… 108
朔方備乘圖說 …………………………… 108
[雍正]朔平府志十二卷 ………………… 143
[雍正]朔平府志十二卷 ………………… 144
[雍正]朔平府志十二卷 ………………… 144
[雍正]朔平府志十二卷 ………………… 144
朔風吟略十一卷 ………………………… 316
剡源集三十卷 …………………………… 363
凌波影不分卷 …………………………… 328
淨德集三十八卷 ………………………… 266
涑水記聞十六卷 ………………………… 214
浙西水利備考四種 ……………………… 160
[浙江杭州]東軒吟社畫像一卷記傳題跋一卷 ……………………………… 127
消寒新詠四卷 …………………………… 321
海山仙館叢書五十六種 ………………… 349
海山仙館叢書五十六種 ………………… 349
海門文鈔一卷 …………………………… 282
海門初集十卷首一卷 …………………… 318
海門詩鈔十卷 …………………………… 324
海叟詩集四卷附錄一卷集外詩一卷 …… 305
海峰文集八卷詩集十一卷稿一卷 ……… 380
海峰文集八卷詩集十一卷稿一卷 ……… 380
海峯詩集十一卷 ………………………… 310
海國圖志一百卷 ………………………… 183
海國圖志一百卷 ………………………… 183
海國圖志一百卷首一卷 ………………… 183
海國圖志一百卷首一卷 ………………… 183
海國圖志一百卷首一卷續集二十五卷首一卷 ……………………………… 183
海棠華館七家詩補註七卷 ……………… 314
海虞藝文志六卷 ………………………… 183
海嶽集十卷 ……………………………… 278
浠川政譜二卷 …………………………… 173
浮邱子十二卷 …………………………… 204
浮邱子十二卷 …………………………… 204
浮雲集十二卷 …………………………… 316
浮溪集三十二卷 ………………………… 268
浪跡叢談十一卷續談八卷 ……………… 233
宸垣識略十六卷 ………………………… 156
家蔭堂存藁九種 ………………………… 382
家語疏證六卷 …………………………… 192
家塾選釋續編不分卷 …………………… 338
家課小題超穎集不分卷 ………………… 338
容城文靖劉先生文集四卷 ……………… 364
容齋隨筆十六卷續筆十六卷三筆十六卷四筆十六卷五筆十卷 ………………… 228
容齋隨筆十六卷續筆十六卷三筆十六卷四筆十六卷五筆十卷 ………………… 228
容齋隨筆十六卷續筆十六卷三筆十六卷四筆十六卷五筆十卷 ………………… 229
容齋隨筆十六卷續筆十六卷三筆十六卷四筆十六卷五筆十卷 ………………… 229
[乾隆]祥符縣志二十二卷 ……………… 147
書六卷…………………………………… 16
書六卷…………………………………… 16
書目答問四卷附古今人箸述合刻叢書目別錄國朝箸述諸家姓名略 ………… 182
書目答問四卷附古今人箸述合刻叢書目別錄國朝箸述諸家姓名略 ………… 182

書目答問四卷附古今人箸述合刻叢書目別錄國朝箸述諸家姓名略 …………… 182
書目答問四卷附古今人箸述合刻叢書目別錄國朝箸述諸家姓名略 …………… 182
書目答問四卷附古今人箸述合刻叢書目別錄國朝箸述諸家姓名略 …………… 182
書畫傳習錄四卷 ………………………… 238
書畫題跋記十二卷 ……………………… 238
書業成重訂古文釋義新編八卷 ………… 257
書業成重訂古文釋義新編八卷 ………… 257
書業成重訂古文釋義新編八卷 ………… 257
書業成重訂古文釋義新編八卷 ………… 257
書業堂重訂古文釋義新編八卷 ………… 256
書業堂重訂古文釋義新編八卷 ………… 257
書業德重訂古文釋義新編八卷 ………… 256
書業德重訂古文釋義新編八卷 ………… 256
書業德重訂古文釋義新編八卷 ………… 256
書業德重訂古文釋義新編八卷 ………… 256
書業德重訂古文釋義新編八卷 ………… 256
書業德重訂古文釋義新編八卷 ………… 256
書業德重訂古文釋義新編八卷 ………… 256
書業德重訂古文釋義新編八卷 ………… 256
書業德重訂古文釋義新編八卷 ………… 256
書業德重訂古文釋義新編八卷 ………… 256
書業德重訂古文釋義新編八卷 ………… 257
書業德重訂古文釋義新編八卷 ………… 257
書業德重訂古文釋義新編八卷 ………… 257
書經六卷 ……………………………… 16
書經六卷 ……………………………… 16
書經六卷 ……………………………… 16
書經六卷 ……………………………… 16
書經六卷 ……………………………… 16
書經六卷 ……………………………… 16
書經六卷 ……………………………… 16
書經六卷 ……………………………… 16
書經六卷 ……………………………… 16
書經六卷 ……………………………… 16
書經六卷 ……………………………… 16
書經六卷 ……………………………… 16
書經六卷 ……………………………… 16
書經六卷 ……………………………… 16
書經六卷 ……………………………… 16
書經六卷 ……………………………… 16
書經六卷 ……………………………… 16
書經六卷 ……………………………… 17
書經近指六卷 …………………………… 17
書經精華十卷 …………………………… 19
書經精華六卷 …………………………… 19
書經體註大全合參六卷 ………………… 18
書經體註大全合參六卷 ………………… 18
書經體註大全合參六卷 ………………… 18
書經體註大全合參六卷 ………………… 18
書經體註大全合參六卷 ………………… 18
書經體註大全合參六卷 ………………… 18
書經體註大全合參六卷 ………………… 18
書經體註大全合參六卷 ………………… 18
書經體註大全合參六卷 ………………… 18
書經體註大全合參六卷 ………………… 18
書經體註大全合參六卷 ………………… 18
書經體註大全合參六卷 ………………… 18
書經體註大全合參六卷 ………………… 19
書經體註大全合參六卷 ………………… 19
屑玉叢譚三集六卷 ……………………… 359
屑玉叢譚四集六卷 ……………………… 359
陸氏三傳釋文音義十六卷 ……………… 32
陸放翁全集六種 ………………………… 267
陸清獻公治嘉格言一卷 ………………… 200
陳大樽先生全稿不分卷 ………………… 270
陳太僕批選八家文鈔九卷 ……………… 344
陳太僕批選八家文鈔九卷 ……………… 344
陳文恭公手札節要三卷 ………………… 276
陳迦陵儷體文集十卷文集六卷 ………… 329
陳修園醫書三十種 ……………………… 219
陳修園醫書四十種 ……………………… 219
陳書三十六卷 …………………………… 70
陳書三十六卷 …………………………… 74
陳滌非稿不分卷 ………………………… 338
陳鳳卿行述一卷 ………………………… 128
陳學士文集十八卷 ……………………… 279
陳學士文集十八卷 ……………………… 279
陳學士文集十八卷 ……………………… 373
陳學士文集十八卷 ……………………… 373

陳檢討集二十卷 …………………………… 329
陳檢討集二十卷 …………………………… 329
陳檢討集二十卷 …………………………… 329
陳檢討集十二卷詞鈔十二卷 …………… 383
陰宅集要四卷 ……………………………… 250
陰符經發隱一卷沖虛經發隱一卷道德經發隱一卷南華經發隱一卷 ………… 202
陰符經增註一卷 …………………………… 203
陰騭文注一卷 ……………………………… 246
陰騭文注解一卷附靈驗 ………………… 246
陰騭文像注四卷 …………………………… 246
陰騭文詩覺世經詩合刊一卷 …………… 247
陰騭文圖說四卷 …………………………… 246
陶李合刻九卷 ……………………………… 286
陶雲汀先生奏疏六十四卷 ……………… 173
陶淵明文集十卷 …………………………… 290
陶淵明集八卷首一卷末一卷 …………… 290
陶淵明集八卷首一卷末一卷 …………… 290
陶淵明詩不分卷 …………………………… 290
陶淵明詩集四卷 …………………………… 290
陶詩彙評四卷東坡和陶合箋四卷 ……… 291
陶靖節詩集四卷 …………………………… 290
陶靖節詩話一卷考異四卷 ……………… 290
陶齋吉金錄八卷 …………………………… 129
陶廬叢刻二十一種 ………………………… 385
陶廬叢刻二十一種 ………………………… 385
陪都試牘存真不分卷 …………………… 323
恕谷後集十三卷 …………………………… 276
恕谷後集十三卷 …………………………… 276
娛書堂詩話二卷 …………………………… 342
通行章程四卷 ……………………………… 166
通行章程四卷 ……………………………… 166
通志二百卷……………………………………… 74
通志二百卷……………………………………… 74
通志二百卷……………………………………… 74
通志二百卷……………………………………… 74
通志二百卷……………………………………… 74
通志二百卷……………………………………… 74
通志二百卷……………………………………… 74
通志堂經解一百四十種 …………………… 4
通志堂經解一百四十種 …………………… 4
通志堂經解一百四十種 …………………… 5
通志略五十二卷……………………………… 74
通志略五十二卷……………………………… 74
通典二百卷 ………………………………… 103
通典二百卷 ………………………………… 103
通典二百卷 ………………………………… 103
通典二百卷 ………………………………… 103
通典二百卷 ………………………………… 103
通典二百卷 ………………………………… 103
通典二百卷 ………………………………… 103
通典二百卷 ………………………………… 103
通典二百卷 ………………………………… 104
通俗編三十八卷 …………………………… 394
通問便集二卷 ……………………………… 400
通商約章類纂三十五卷 ………………… 171
通雅五十二卷………………………………… 51
通雅堂詩鈔箋注十卷首一卷續集二卷薑露盦詩話一卷 ………………………… 307
通鑑紀事本末二百三十九卷……………… 99
通鑑紀事本末二百三十九卷……………… 99
通鑑紀事本末二百三十九卷……………… 99
通鑑紀事本末二百三十九卷……………… 99
通鑑紀事本末二百三十九卷……………… 99
通鑑紀事本末二百三十九卷……………… 99
通鑑紀事本末二百三十九卷……………… 99
通鑑紀事本末二百三十九卷……………… 99
通鑑紀事本末二百三十九卷……………… 99
通鑑答問五卷 ……………………………… 387
通鑑擥要前編二卷附錄一卷正編十九卷續編八卷明史擥要八卷………………… 89
通鑑釋文辯誤十二卷……………………… 86
通鑑釋文辯誤十二卷……………………… 87
通鑑釋文辯誤十二卷……………………… 87
通鑑釋文辯誤十二卷……………………… 87
通鑑釋文辯誤十二卷……………………… 88
通鑑釋文辯誤十二卷……………………… 88
通鑑釋文辯誤十二卷……………………… 88
通鑑釋文辯誤十二卷……………………… 89
通鑑釋文辯誤十二卷……………………… 89
孫子十家註十三卷 ………………………… 216
孫子十家註十三卷 ………………………… 216

孫子十家註十三卷 …………………… 216
孫子十家註十三卷 …………………… 217
孫子十家註十三卷 …………………… 217
孫可之文集二卷 …………………… 263
孫批胡刻文選五卷首一卷 …………………… 253
孫忠靖公遺集八卷首一卷末一卷 …………………… 367
孫真人千金方衍義三十卷 …………………… 224
孫夏峯全集十三種 …………………… 384
孫夏峯全集十三種 …………………… 384
孫夏峯全集十三種 …………………… 384
孫爾準年譜一卷 …………………… 128
孫徵君日譜錄存三十六卷 …………………… 127
納書楹玉茗堂四夢曲譜八卷 …………………… 239
納書楹玉茗堂四夢曲譜八卷 …………………… 239
納書楹玉茗堂四夢曲譜八卷 …………………… 239
納書楹玉茗堂四夢曲譜八卷 …………………… 239
納書楹曲譜正集四卷續集四卷外集二卷補遺四卷四夢全譜八卷 …………………… 239
納書楹曲譜正集四卷續集四卷外集二卷補遺四卷四夢全譜八卷 …………………… 239
納書楹曲譜正集四卷續集四卷外集二卷補遺四卷四夢全譜八卷 …………………… 239
納書楹曲譜正集四卷續集四卷外集二卷補遺四卷四夢全譜八卷 …………………… 239
納書楹曲譜正集四卷續集四卷外集二卷補遺四卷四夢全譜八卷 …………………… 239
納書楹曲譜正集四卷續集四卷外集二卷補遺四卷四夢全譜八卷 …………………… 239
納書楹曲譜正集四卷續集四卷外集二卷補遺四卷四夢全譜八卷 …………………… 239
納書楹曲譜外集二卷補遺四卷 …………………… 239

十一畫

理學宗傳二十六卷 …………………… 198
理學宗傳二十六卷 …………………… 198
理學宗傳二十六卷 …………………… 198
理學宗傳二十六卷 …………………… 198
理學宗傳二十六卷 …………………… 198
理學宗傳二十六卷 …………………… 198
理學宗傳二十六卷 …………………… 198
理學宗傳二十六卷 …………………… 198
現今世界大勢論十二節 …………………… 185
現行刑律簡明圖 …………………… 166
現行法制大意五卷 …………………… 170
現行法制大意五卷 …………………… 170
琅嬛仙館詩略八卷 …………………… 308
埤雅二十卷 …………………… 51
埤雅二十卷 …………………… 51
教女遺規摘鈔一卷補鈔一卷 …………………… 383
教務紀略四卷首一卷 …………………… 247
教務紀略四卷首一卷 …………………… 248
教務紀略四卷首一卷末一卷 …………………… 247
䂬溪詩話十卷 …………………… 342
培根堂全稿九種 …………………… 382
培根堂全稿九種 …………………… 382
培遠堂全集二十種 …………………… 384
培遠堂偶存稿十卷 …………………… 276
培遠堂偶存稿三卷 …………………… 276
培遠堂偶存稿手札節要三卷 …………………… 276
培遠堂偶存稿四十八卷 …………………… 276
聊齋先生文集二卷 …………………… 278
聊齋志異新評十六卷 …………………… 205
聊齋志異新評十六卷 …………………… 205
聊齋志異新評十六卷 …………………… 205
聊齋志異新評十六卷 …………………… 205
聊齋志異新評十六卷 …………………… 205
聊齋志異新評十六卷 …………………… 205
聊齋志異新評十六卷 …………………… 205
聊齋志異新評十六卷 …………………… 205
聊齋志異新評十六卷 …………………… 205
黃帝內經靈樞十二卷 …………………… 220
黃帝素問宣明論方十五卷 …………………… 223
黃梨洲遺書十種 …………………… 367
黃梨洲遺書十種 …………………… 367
黃葉邨莊詩集八卷 …………………… 308
黃詩全集五十八卷 …………………… 302
黃鐘通韻二卷 …………………… 238
英江古文存四卷詩存三卷遺集附一卷 …… 279
菊逸山房地理正書二種 …………………… 250

[光緒]乾州志稿十四卷首一卷別錄四卷
乾陽殉難士女錄一卷 …………………… 148
乾坤大略十卷補遺一卷 …………………… 217
乾坤正氣集選鈔九十七卷 ………………… 261
乾坤正氣錄八卷 ………………………… 247
乾坤法竅三卷 …………………………… 249
[乾隆四十二年]條例不分卷 …………… 169
[乾隆四十三年]條例不分卷 …………… 169
乾隆府廳州縣圖志五十卷 ……………… 134
乾隆府廳州縣圖志五十卷 ……………… 134
乾隆府廳州縣圖志五十卷 ……………… 134
梵網經菩薩戒一卷 ……………………… 246
[乾隆]梧州府志二十四卷首一卷 ……… 155
梅氏叢書輯要六十二卷 ………………… 242
梅花戒寶卷二卷 ………………………… 213
梅花草堂集十四卷 ……………………… 215
梅花夢二卷 ……………………………… 328
梅村詩集箋注十八卷 …………………… 307
梅村詩集箋注十八卷 …………………… 307
梅村詩集箋注十八卷 …………………… 307
梅村詩集箋注十八卷 …………………… 307
梅村詩集箋注十八卷 …………………… 307
[雍正]梅里志四卷首一卷 ……………… 154
梅崖居士文集三十八卷外集二卷 ……… 373
曹集銓評十卷 …………………………… 365
曹集銓評十卷 …………………………… 365
區種五種附錄一卷 ……………………… 227
堅瓠集十五集六十六卷 ………………… 232
堅瓠集十五集六十六卷 ………………… 232
戚大將軍練兵紀效合刻二種 …………… 217
戚蘧菴先生傳稿不分卷 ………………… 338
帶經堂集四種 …………………………… 374
帶經堂集四種 …………………………… 374
硃批諭旨不分卷 ………………………… 172
硃批諭旨不分卷 ………………………… 172
硃批諭旨不分卷 ………………………… 172
硃批諭旨不分卷 ………………………… 172
硃批諭旨不分卷 ………………………… 172
匏葉居偶鈔 ……………………………… 340
盛世危言 ………………………………… 234
盛世危言十四卷 ………………………… 234
盛世危言三編十六卷 …………………… 234
盛世危言三編十六卷 …………………… 234
盛世危言五卷 …………………………… 234
盛世危言五卷 …………………………… 234
盛世芻蕘不分卷 ………………………… 248
[乾隆]盛京通志四十八卷 ……………… 147
[乾隆]盛京通志四十八卷 ……………… 148
盛唐四名家集二十四卷 ………………… 291
雪心賦正解四卷 ………………………… 249
雪樵經解三十卷首一卷附錄三卷………… 10
推拿秘書五卷 …………………………… 221
推拿秘書五卷 …………………………… 221
頂批叅同悟真三注四種八卷 …………… 202
掄秀堂重訂幼學須知句解四卷 ………… 229
授堂遺書七種 …………………………… 378
救生船四卷 ……………………………… 245
處分則例圖要六卷 ……………………… 165
處分則例圖要六卷 ……………………… 165
[康熙]堂邑縣志二十卷 ………………… 143
[康熙]堂邑縣志二十卷 ………………… 143
常山貞石志二十四卷 …………………… 130
常談叢錄九卷 …………………………… 215
野叟曝言二十卷 ………………………… 211
野獲編三十卷補遺四卷 ………………… 115
野獲編三十卷補遺四卷 ………………… 115
問影樓輿地叢書第一集十五種 ………… 131
問影樓輿地叢書第一集十五種 ………… 131
問影樓輿地叢書第一集十五種 ………… 132
晚村先生八家古文精選不分卷 ………… 259
晚村先生八家古文精選不分卷 ………… 259
晚村先生八家古文精選不分卷 ………… 259
異號類編二十卷 ………………………… 123
異號類編二十卷 ………………………… 123
鄂省丁漕指掌十卷 ……………………… 109
鄂省營制驛傳彙編四卷 ………………… 162
鄂宰四稿 ………………………………… 380
鄂國金佗稡編二十八卷續編三十卷 …… 124
鄂國金佗稡編二十八卷續編三十卷 …… 124
鄂國金佗稡編二十八卷續編三十卷 …… 125
唱道真言五卷直言真詮三卷 …………… 247
國政貿易相關書二卷 …………………… 189

國朝山左詩鈔六十卷 …………………… 305
國朝山左詩鈔六十卷 …………………… 306
國朝山左詩續鈔三十二卷 ……………… 306
國朝山右詩存二十四卷附集八卷 ……… 305
國朝中州文徵五十四卷首一卷 ………… 277
國朝中州名賢集二十五卷首一卷 ……… 364
國朝文才調集不分卷 …………………… 337
國朝文鈔五編論文集鈔二卷 …………… 329
國朝文鈔五編論文集鈔二卷 …………… 329
國朝文匯丙集三十卷 …………………… 281
國朝文錄 ………………………………… 281
國朝文錄八十二卷 ……………………… 281
國朝先正事略六十卷 …………………… 125
國朝先正事略六十卷 …………………… 125
國朝先正事略六十卷 …………………… 125
國朝先正事略六十卷 …………………… 125
國朝先正事略六十卷 …………………… 125
國朝先正事略六十卷 …………………… 125
國朝先正事略六十卷 …………………… 125
國朝先正事略六十卷 …………………… 125
國朝先正事略六十卷 …………………… 125
國朝先正事略六十卷 …………………… 126
國朝先正事略六十卷 …………………… 126
國朝名文春霆集不分卷 ………………… 330
國朝名文約編不分卷 …………………… 335
國朝名文約編不分卷 …………………… 335
國朝名家輯要四卷 ……………………… 338
國朝事畧六卷 …………………………… 115
國朝制藝英華集不分卷 ………………… 334
國朝制藝所見集不分卷 ………………… 334
國朝律賦新機初集一卷二集一卷續集一卷 ……………………………… 318
國朝律賦新機初集一卷二集一卷續集一卷 ……………………………… 318
國朝律賦新機初集一卷二集一卷續集一卷 ……………………………… 318
國朝柔遠記二十卷 ……………………… 108
國朝貢舉年表三卷(清順治二年至光緒二十年)…………………………… 180
國朝貢舉年表三卷(清順治二年至光緒十五年)…………………………… 180
國朝耆獻類徵初編七百二十卷賢媛類徵初編十二卷 ……………………… 125
國朝書人輯略十一卷首一卷 …………… 238
國朝御史題名不分卷(清順治元年至光緒二十年)………………………… 179
國朝湖州府科第表二卷(清順治三年至光緒十七年)……………………… 179
國朝畫徵錄三卷續錄二卷 ……………… 236
國朝滄州詩鈔十二卷滄州明詩鈔一卷 … 306
國朝漢學師承記八卷經師經義目錄一卷宋學淵源記二卷 ………………… 127
國朝滿洲蒙古御史題名不分卷 ………… 179
國朝畿輔詩傳六十卷 …………………… 305
國朝畿輔詩傳六十卷 …………………… 305
國朝畿輔詩傳六十卷 …………………… 305
國朝畿輔詩傳六十卷 …………………… 305
國朝畿輔詩傳六十卷 …………………… 305
國朝駢體正宗十二卷 …………………… 278
國朝駢體正宗十二卷 …………………… 330
國朝駢體正宗十二卷 …………………… 330
國朝歷科元墨正宗不分卷 ……………… 334
國朝歷科發蒙小品二集不分卷 ………… 334
國朝歷科題名碑錄初集附明洪武至崇禎各科 ……………………………… 123
國朝歷科題名碑錄初集附明洪武至崇禎各科 ……………………………… 123
國朝舉業正軌不分卷 …………………… 336
國朝館閣九家詩箋 ……………………… 322
國語二十一卷 …………………………… 111
國語二十一卷 …………………………… 112
國語二十一卷 …………………………… 112
國語二十一卷 …………………………… 112
國語二十一卷 …………………………… 112
國語二十一卷 …………………………… 112
國語明道本攷異四卷 …………………… 111
國語明道本攷異四卷 …………………… 111
國語明道本攷異四卷 …………………… 111
國語明道本攷異四卷 …………………… 111
國語明道本攷異四卷 …………………… 111
國語明道本攷異四卷 …………………… 111
國語明道本攷異四卷 …………………… 111

國語明道本攷異四卷 …………………… 111
國語明道本攷異四卷 …………………… 111
國語韋解補正二十一卷 ………………… 112
國語校注本三種 ………………………… 111
國學禮樂錄二十卷 ……………………… 107
崑山片玉 ………………………………… 340
崔東壁遺書十四種 ……………………… 358
崔東壁遺書十四種 ……………………… 358
崇文書局彙刻書三十三種 ……………… 350
崇文書局彙刻書三十三種 ……………… 350
崇文書局彙刻書三十三種 ……………… 350
崇文書局彙刻書三十三種 ……………… 350
崇文書局彙刻書三十三種 ……………… 350
崇百樂齋三集十二卷 …………………… 276
崇百樂齋文集二十卷 …………………… 276
崇百樂齋續集四卷 ……………………… 276
崇雅堂全書十三種 ……………………… 362
崇德堂藁十卷 …………………………… 281
崇德堂藁八卷 …………………………… 362
崇辨堂墨選不分卷 ……………………… 334
梨洲遺著彙刊三十二種 ………………… 367
梨雲館類定袁中郎先生全集二十四卷 … 304
梨園集成四十六種 ……………………… 328
笛漁小稾十卷 …………………………… 311
笛漁小稾十卷 …………………………… 369
笛漁小稾十卷 …………………………… 369
笛漁小稾十卷 …………………………… 369
笛漁小稾十卷 …………………………… 369
笠翁一家言全集十六卷 ………………… 384
笠翁一家言全集十六卷 ………………… 384
笠翁一家言全集十六卷 ………………… 384
笠翁傳奇十種 …………………………… 327
笠翁傳奇十種 …………………………… 327
笠翁傳奇十種 …………………………… 328
笠翁傳奇十種 …………………………… 328
笴河文集十六卷 ………………………… 275
笴河詩集二十卷 ………………………… 309
第一才子書一百二十回 ………………… 207
第一才子書六十卷一百二十回 ………… 207
第一才子書六十卷一百二十回 ………… 207
第九才子書平鬼傳四卷十回 …………… 213
第六才子書八卷 ………………………… 326
第六才子書八卷 ………………………… 326
進士題名碑錄不分卷(明成化至弘治) … 179
進士題名碑錄不分卷(明洪武至崇禎) … 179
進士題名碑錄不分卷(清康熙至嘉慶) … 180
進士題名碑錄不分卷(清道光至同治) … 180
得一錄十六卷 …………………………… 169
從政遺規二卷 …………………………… 384
從政遺規二卷 …………………………… 384
從軍日記一卷(清咸豐元年三月至二年二月) …………………………… 171
船山公[王夫之]年譜二卷 ……………… 127
船山詩草二十卷 ………………………… 308
船山詩草二十卷 ………………………… 308
船山詩草二十卷 ………………………… 318
船山詩草二十卷 ………………………… 318
船山詩草二十卷補遺六卷 ……………… 308
船山遺書二百八十八卷 ………………… 368
船山遺書二百八十八卷 ………………… 368
船山遺書二百八十八卷 ………………… 368
船山遺書二百八十八卷 ………………… 368
船山遺書二百八十八卷 ………………… 369
象山先生全集三十六卷 ………………… 268
逸周書十卷校正補遺一卷附錄一卷 …… 112
逸周書選要不分卷新刻釋名選要不分卷竹書紀年選要不分卷說文通論選要不分卷 ………………………………… 361
凰求鳳傳奇二卷 ………………………… 328
許太夫人傳略一卷 ……………………… 127
許文正公遺書十二卷首一卷末一卷 …… 269
許學叢刻二集九種 ……………………… 55
許學叢書三集十四種 …………………… 61
庶幾堂今樂二十八種 …………………… 329
麻科活人全書四卷 ……………………… 222
庾子山全集十卷 ………………………… 262
庾子山全集十卷 ………………………… 365
庾子山集十六卷 ………………………… 365
庾子山集十六卷首一卷 ………………… 365
庾子山集十六卷首一卷 ………………… 365
庾子山集十六卷首一卷 ………………… 365
庾子山集十六卷首一卷 ………………… 365

庸言四卷 …………………………… 199
庸閒齋筆記十二卷 ……………………… 216
庸盦全集六種 …………………………… 385
庸盦海外文編四卷 ……………………… 277
庸盦海外文編四卷 ……………………… 277
［康熙］己未詞科錄八卷首一卷 ………… 180
康熙字典十二集三十六卷總目一卷檢字一卷辨似一卷等韻一卷補遺一卷備考一卷 …………………………………… 55
康熙字典十二集三十六卷總目一卷檢字一卷辨似一卷等韻一卷補遺一卷備考一卷 …………………………………… 55
康熙字典十二集三十六卷總目一卷檢字一卷辨似一卷等韻一卷補遺一卷備考一卷 …………………………………… 55
康熙字典十二集三十六卷總目一卷檢字一卷辨似一卷等韻一卷補遺一卷備考一卷 …………………………………… 55
康熙字典十二集三十六卷總目一卷檢字一卷辨似一卷等韻一卷補遺一卷備考一卷 …………………………………… 55
康熙字典十二集三十六卷總目一卷檢字一卷辨似一卷等韻一卷補遺一卷備考一卷 …………………………………… 55
康熙字典十二集三十六卷總目一卷檢字一卷辨似一卷等韻一卷補遺一卷備考一卷 …………………………………… 56
康熙字典十二集三十六卷總目一卷檢字一卷辨似一卷等韻一卷補遺一卷備考一卷 …………………………………… 56
康熙字典十二集三十六卷總目一卷檢字一卷辨似一卷等韻一卷補遺一卷備考一卷 …………………………………… 56
康熙字典十二集三十六卷總目一卷檢字一卷辨似一卷等韻一卷補遺一卷備考一卷 …………………………………… 56
康熙字典十二集三十六卷總目一卷檢字一卷辨似一卷等韻一卷補遺一卷備考一卷 …………………………………… 56
康熙字典十二集三十六卷總目一卷檢字一卷辨似一卷等韻一卷補遺一卷備考一卷 …………………………………… 56
康熙字典十二集三十六卷總目一卷檢字一卷辨似一卷等韻一卷補遺一卷備考一卷 …………………………………… 56
康熙字典十二集三十六卷總目一卷檢字一卷辨似一卷等韻一卷補遺一卷備考一卷 …………………………………… 56
康熙字典十二集三十六卷總目一卷檢字一卷辨似一卷等韻一卷補遺一卷備考一卷 …………………………………… 56
康熙字典十二集三十六卷總目一卷檢字一卷辨似一卷等韻一卷補遺一卷備考一卷 …………………………………… 56
康熙字典十二集三十六卷總目一卷檢字一卷辨似一卷等韻一卷補遺一卷備考一卷 …………………………………… 56
康熙字典十二集三十六卷總目一卷檢字一卷辨似一卷等韻一卷補遺一卷備考一卷 …………………………………… 56
康熙字典十二集三十六卷總目一卷檢字一卷辨似一卷等韻一卷補遺一卷備考一卷 …………………………………… 56
康熙字典十二集三十六卷總目一卷檢字一卷辨似一卷等韻一卷補遺一卷備考一卷 …………………………………… 57
康熙字典十二集三十六卷總目一卷檢字一卷辨似一卷等韻一卷補遺一卷備考一卷 …………………………………… 57
康熙字典十二集三十六卷總目一卷檢字一卷辨似一卷等韻一卷補遺一卷備考一卷 …………………………………… 57
康熙字典十二集三十六卷總目一卷檢字一卷辨似一卷等韻一卷補遺一卷備考一卷 …………………………………… 57
康熙字典十二集三十六卷總目一卷檢字一卷辨似一卷等韻一卷補遺一卷備考一卷 …………………………………… 57
康熙字典十二集三十六卷總目一卷檢字

一卷辨似一卷等韻一卷補遺一卷備考一卷……57
康熙字典十二集三十六卷總目一卷檢字一卷辨似一卷等韻一卷補遺一卷備考一卷……57
康熙字典十二集三十六卷總目一卷檢字一卷辨似一卷等韻一卷補遺一卷備考一卷……57
康熙字典十二集三十六卷總目一卷檢字一卷辨似一卷等韻一卷補遺一卷備考一卷……57
康熙字典十二集三十六卷總目一卷檢字一卷辨似一卷等韻一卷補遺一卷備考一卷……57
康熙字典十二集三十六卷總目一卷檢字一卷辨似一卷等韻一卷補遺一卷備考一卷……57
康熙字典十二集三十六卷總目一卷檢字一卷辨似一卷等韻一卷補遺一卷備考一卷……57
康熙字典十二集三十六卷總目一卷檢字一卷辨似一卷等韻一卷補遺一卷備考一卷……57
康熙字典十二集三十六卷總目一卷檢字一卷辨似一卷等韻一卷補遺一卷備考一卷……57
康熙字典十二集三十六卷總目一卷檢字一卷辨似一卷等韻一卷補遺一卷備考一卷……58
康熙字典十二集三十六卷總目一卷檢字一卷辨似一卷等韻一卷補遺一卷備考一卷……58
康熙字典十二集三十六卷總目一卷檢字一卷辨似一卷等韻一卷補遺一卷備考一卷……58
康熙字典十二集三十六卷總目一卷檢字一卷辨似一卷等韻一卷補遺一卷備考一卷……58
康熙字典十二集三十六卷總目一卷檢字一卷辨似一卷等韻一卷補遺一卷備考一卷……58
康熙字典十二集三十六卷總目一卷檢字一卷辨似一卷等韻一卷補遺一卷備考一卷……58
康熙字典十二集三十六卷總目一卷檢字一卷辨似一卷等韻一卷補遺一卷備考一卷……58
康熙字典十二集三十六卷總目一卷檢字一卷辨似一卷等韻一卷補遺一卷備考一卷……58
康熙字典十二集三十六卷總目一卷檢字一卷辨似一卷等韻一卷補遺一卷備考一卷……58
康熙字典十二集三十六卷總目一卷檢字一卷辨似一卷等韻一卷補遺一卷備考一卷……58
康熙字典十二集三十六卷總目一卷檢字一卷辨似一卷等韻一卷補遺一卷備考一卷……58
康熙字典十二集三十六卷總目一卷檢字一卷辨似一卷等韻一卷補遺一卷備考一卷……58
康熙字典十二集三十六卷總目一卷檢字一卷辨似一卷等韻一卷補遺一卷備考一卷……58
康熙字典十二集三十六卷總目一卷檢字一卷辨似一卷等韻一卷補遺一卷備考一卷……58
康熙字典十二集三十六卷總目一卷檢字一卷辨似一卷等韻一卷補遺一卷備考一卷……58
康熙字典十二集三十六卷總目一卷檢字一卷辨似一卷等韻一卷補遺一卷備考一卷……58
康熙字典十二集三十六卷總目一卷檢字一卷辨似一卷等韻一卷補遺一卷備考一卷……59
康熙字典十二集三十六卷總目一卷檢字一卷辨似一卷等韻一卷補遺一卷備考一卷……59
康熙字典十二集三十六卷總目一卷檢字一卷辨似一卷等韻一卷補遺一卷備考一卷……59
康熙字典十二集三十六卷總目一卷檢字一卷辨似一卷等韻一卷補遺一卷備考

一卷……………………………………………59
康熙字典十二集三十六卷總目一卷檢字
一卷辨似一卷等韻一卷補遺一卷備考
一卷……………………………………………59
康熙幾暇格物編二卷 ………………………243
鹿忠節公集二十一卷 ………………………367
鹿忠節公集二十一卷 ………………………367
鹿忠節公集二十一卷 ………………………367
鹿忠節公集二十一卷無欲齋詩鈔一卷 …367
鹿忠節公集二十一卷無欲齋詩鈔一卷 …367
鹿洲全集八種 ………………………………375
鹿洲全集八種 ………………………………376
章氏遺書二種 ………………………………381
章氏遺書二種 ………………………………381
章邦元年譜一卷日記一卷 …………………127
商考信錄二卷 ………………………………118
商務官報 ……………………………………403
商務官報 ……………………………………403
望嵩堂塾課前編不分卷後編不分卷 ……338
望溪先生全集三十二卷 ……………………370
望溪先生全集三十二卷 ……………………371
望溪先生全集三十二卷 ……………………371
望溪先生全集三十二卷 ……………………371
望溪先生全集三十二卷 ……………………371
望溪集不分卷 ………………………………371
望溪集不分卷 ………………………………371
望溪集不分卷 ………………………………371
率爾操觚七卷 ………………………………369
情天寶鑑二十四卷首一卷 …………………206
惜抱軒文集十六卷 …………………………282
惜抱軒全集十種 ……………………………384
惜抱軒全集十種 ……………………………384
惜抱軒全集十種 ……………………………384
惜抱軒遺書三種 ……………………………384
惜陰軒叢書三十四種續編五種 ……………361
惜裒先生尺牘八卷 …………………………278
惇裕堂稿不分卷 ……………………………335
[嘉慶]清平縣志十七卷 ……………………143
清史攬要六卷…………………………………98
清白堂文存四卷首一卷年譜一卷 ………374
清芬樓遺稿四卷 ……………………………278
[同治]清苑縣志十八卷首一卷 …………136
清河書畫舫十二卷鑒古百一詩一卷 ……237
清河書畫舫十二卷鑒古百一詩一卷 ……237
[同治]清河縣志十八卷 ……………………138
[光緒]清河縣志四卷 ………………………138
清真指南十卷 ………………………………247
清秘述聞十六卷 ……………………………115
清秘述聞十六卷 ……………………………115
清秘述聞十六卷 ……………………………115
清異錄二卷 …………………………………387
清異錄二卷 …………………………………387
清朝史略十一卷………………………………98
清嘉慶癸酉科選拔生員履歷一卷選拔貢
卷一卷 …………………………………180
[同治]清豐縣志十卷首一卷 ………………147
[順治]淇縣志十卷圖考一卷 ………………147
淞隱漫錄十二卷 ……………………………206
淞隱漫錄十二卷 ……………………………206
淞濱瑣話十二卷 ……………………………216
淮北票鹽續略十二卷 ………………………109
淮南子二十一卷 ……………………………228
淮南子二十一卷 ……………………………228
淮南鴻烈閒詁二卷 …………………………228
淮南鹽法紀略十卷 …………………………109
淮軍平捻記十二卷 …………………………103
[同治]深州風土記二十二卷表五卷 ……141
[同治]深州風土記二十二卷表五卷 ……142
[同治]深州風土記二十二卷表五卷 ……142
[同治]深州風土記二十二卷表五卷 ……142
[同治]深州風土記二十二卷表五卷 ……142
[同治]深州風土記二十二卷表五卷 ……142
[同治]深州風土記二十二卷表五卷 ……142
深柳堂詩草四卷 ……………………………308
深柳堂彙輯書經大全正解十二卷首一卷
……………………………………………17
梁山來知德先生易經來註十五卷末一卷
易學六十四卦啟蒙一卷……………………14
梁昭明文選二十四卷 ………………………254
梁書五十六卷…………………………………84
涵芬樓古今文鈔一百卷 ……………………260
涵芬樓古今文鈔一百卷 ……………………260

寄傲山房塾課新增幼學故事瓊林四卷首一卷 …… 229
寄傲山房塾課新增幼學故事瓊林四卷首一卷 …… 229
寄傲山房塾課新增幼學故事瓊林四卷首一卷 …… 230
寄傲山房塾課纂輯禮記全文備旨十一卷 …… 31
寄傲山房塾課纂輯禮記全文備旨十一卷 …… 31
寄園寄所寄十二卷 …… 215
寄園寄所寄十二卷 …… 215
寄嶽雲齋試帖詳註四卷 …… 322
寄嶽雲齋試體詩選二卷 …… 322
寄嶽雲齋試體詩選詳註四卷 …… 322
[道光]尉氏縣志二十卷首一卷 …… 147
張三丰祖師元要篇一卷 …… 247
張子全書十五卷年譜一卷 …… 196
張子全書十五卷年譜一卷 …… 196
張子詩選一卷 …… 305
張公襄理軍務紀略六卷建祠事略一卷 …… 171
張氏詩集合編八卷 …… 310
張氏醫通十六卷傷寒大成六種 …… 219
張文忠公全集四十六卷附錄二卷 …… 366
張文瑞集五種 …… 367
張宗道先生地理全書一卷 …… 250
張蒿庵集二種 …… 383
張楊園先生[履祥]年譜一卷附錄一卷 …… 127
張廉卿先生論學手札一卷 …… 236
張義士遺稿一卷 …… 171
張燕公集二十五卷 …… 262
隋書八十五卷 …… 66
隋書八十五卷 …… 66
隋書八十五卷 …… 70
隋書八十五卷 …… 70
隋書八十五卷 …… 70
隋書經籍志四卷 …… 66
隋經籍志考證十三卷 …… 183
[乾隆]郿縣志十八卷首一卷 …… 150
[乾隆]郿縣志十八卷首一卷 …… 150
陽宅三要四卷地理五訣八卷 …… 249
陽宅大成十五卷 …… 249
陽宅大成十五卷 …… 249
陽宅愛眾篇四卷 …… 249
陽明先生集要三編十五卷年譜一卷 …… 366
陽明先生集要三編十五卷年譜一卷 …… 366
陽明先生道學鈔七卷年譜二卷 …… 197
陽春白雪八卷外集一卷 …… 349
[同治]陽城縣志十八卷 …… 144
陽湖史氏家藏左文襄公手札一卷 …… 171
隆平集二十卷 …… 113
隆平集二十卷 …… 113
習苦齋畫絮十卷 …… 237
貫華堂第六才子書八卷 …… 326
貫華堂第六才子書八卷 …… 326
貫華堂第六才子書西廂記八卷 …… 326
貫華堂選批唐才子詩甲集七言律八卷 …… 299
鄉會文統九卷(清順治二年至乾隆六十年) …… 180
鄉會墨醇不分卷 …… 341
鄉試硃卷不分卷(清乾隆至光緒) …… 180
鄉試硃卷不分卷(清道光五年至六年、八年、十九年、二十三年至二十四年、二十九年) …… 180
鄉試硃卷不分卷(清道光至光緒) …… 180
[乾隆]鄉寧縣志十五卷 …… 145
鄉黨圖考十卷 …… 49
鄉黨圖考十卷 …… 49
鄉黨圖考十卷 …… 49
鄉黨圖考十卷 …… 49
鄉黨應酬六卷 …… 402
鄉黨應酬六卷 …… 402
鄉黨應酬六卷 …… 402

十二畫

貳臣傳十二卷 …… 126
貳臣傳十二卷 …… 126
貳臣傳十二卷逆臣傳四卷 …… 126
貳臣傳十二卷逆臣傳四卷 …… 126
貳臣傳十二卷逆臣傳四卷 …… 126
貳臣傳十二卷逆臣傳四卷 …… 126

貳臣傳八卷 ………………………… 126
貳臣傳八卷逆臣傳二卷 ……………… 126
絜齋集二十四卷 ……………………… 268
琵琶譜三卷 …………………………… 238
琴均調弦一卷變徵定位考二卷 ……… 239
琴學入門二卷 ………………………… 238
琴鶴堂稿不分卷 ……………………… 337
堯峰文鈔五十卷 ……………………… 275
博物典彙十九卷 ……………………… 388
博通便覽三十卷 ……………………… 395
[乾隆]博野縣志八卷首一卷末一卷 …… 136
[乾隆]博野縣志八卷首一卷末一卷 …… 136
喜聞過齋文集十二卷 ………………… 380
彭剛直公奏稿八卷 …………………… 175
彭剛直公奏稿八卷 …………………… 175
彭剛直公詩集八卷 …………………… 310
彭剛直公詩集八卷 …………………… 310
彭羨門全集四十三卷 ………………… 310
達生編三卷 …………………………… 223
壹是紀始二十二卷補遺一卷 ………… 400
[道光]壺關縣志十卷首一卷 ………… 145
斯文正統十二卷 ……………………… 200
斯文規範八卷 ………………………… 281
斯文規範八卷 ………………………… 281
斯文精萃不分卷 ……………………… 261
斯文精萃不分卷 ……………………… 261
[道光]萬全縣志十卷首一卷 ………… 139
萬物炊累室文乙集一卷 ……………… 329
萬卷樓藏書目錄 ……………………… 182
萬國分類時務大成四十卷首一卷 …… 185
萬國分類時務大成四十卷首一卷 …… 185
萬國分類時務大成四十卷首一卷 …… 185
萬國公法四卷 ………………………… 186
萬國史記二十卷 ……………………… 184
萬國史記二十卷 ……………………… 184
萬國史記二十卷 ……………………… 184
萬國政治藝學全書三百八十卷 ……… 186
萬國時務策學大全四十八卷 ………… 186
萬國通史三編十卷 …………………… 184
萬國通史三編十卷 …………………… 184
萬國通史前編十卷 …………………… 184
萬國通史續編十卷 …………………… 184
萬國通鑑四卷附地圖 ………………… 184
萬國綱鑑易知錄 ……………………… 187
萬國歷史彙編一百卷 ………………… 186
萬國憲法比較一卷 …………………… 187
萬善花室文藁七卷 …………………… 359
萬壽仙書四卷 ………………………… 247
敬信錄一卷 …………………………… 243
敬亭集十卷自著年譜一卷補遺一卷 …… 305
敬恕堂文集十卷首一卷 ……………… 279
敬勝書院課錄 ………………………… 339
敬齋古今黈八卷 ……………………… 204
朝代紀元表一卷 ……………………… 134
朝市叢載八卷 ………………………… 157
[乾隆]朝邑志十一卷首一卷 ………… 149
[咸豐]朝邑縣志三卷 ………………… 149
植物名實圖考三十八卷 ……………… 227
植物名實圖考長編二十二卷 ………… 227
植漆法一卷 …………………………… 228
皕宋樓藏書志一百二十卷續志四卷 …… 182
硝河城志一卷 ………………………… 154
雁鳴霜一卷 …………………………… 327
雲林別墅新輯酬世錦囊家禮集成二集七卷帖式三集二卷採輯新聯二卷 ……… 399
雲林別墅新輯酬世錦囊家禮集成二集七卷帖式三集二卷採輯新聯二卷 ……… 400
雲林別墅新輯酬世錦囊書啟合編初集八卷家禮集成二集七卷帖式三集二卷 … 400
雲東拾草十四卷附錄一卷 …………… 270
雲棲法匯三十二種 …………………… 245
雲蒸集五集 …………………………… 330
雲樣集八卷 …………………………… 322
搭截金聲 ……………………………… 339
揚子法言一卷方言十三卷 …………… 193
揚州畫舫錄十八卷 …………………… 157
揚州畫舫錄十八卷 …………………… 157
提牢備考四卷 ………………………… 166
插花窗詩草六卷 ……………………… 323
插花窗詩草六卷 ……………………… 323
雅雨堂藏書十種 ……………………… 348
雅雨堂藏書十種 ……………………… 348

雅雨堂藏書十種 …………………………… 348
雅雨堂藏書十種 …………………………… 348
[道光]紫陽縣志八卷首一卷 ………………… 150
紫雲仙琯二集八卷 ………………………… 323
虛字韻藪一卷……………………………… 62
掌故叢編 ………………………………… 116
最新國文教科書六十課 …………………… 236
[康熙]開封府志四十卷 …………………… 147
開礦器法十卷圖一卷 ……………………… 218
閒雲老人傳一卷 …………………………… 319
閒談消夏錄十二卷 ………………………… 205
遏雲閣曲譜初集不分卷 …………………… 238
遏雲閣曲譜初集不分卷 …………………… 238
遏雲閣曲譜初集不分卷 …………………… 238
[乾隆]景州志六卷首一卷 ………………… 141
景岳全書六十四卷 ………………………… 218
景岳全書六十四卷 ………………………… 218
景岳全書六十四卷 ………………………… 218
景岳全書六十四卷 ………………………… 218
景教流行中國碑頌正詮一卷 ……………… 130
景教流行中國碑頌并序一卷 ……………… 130
景德鎮陶錄十卷 …………………………… 130
喉科指掌六卷 ……………………………… 222
喻氏醫書三種 ……………………………… 218
嵐峰塾課存草不分卷 ……………………… 335
無邪堂答問五卷 …………………………… 234
無為齋續集六卷 …………………………… 278
[乾隆]無極縣志十一卷末一卷 …………… 141
[光緒]無極縣續志十卷首一卷末一卷 … 141
無聲詩史七卷 ……………………………… 236
鉼笙館修簫譜二卷 ………………………… 328
智囊補二十八卷 …………………………… 234
智囊補二十八卷 …………………………… 234
智囊補二十八卷 …………………………… 234
嵇庵詩集六卷 ……………………………… 321
程月川全集五種 …………………………… 376
程書五十一卷 ……………………………… 196
程書五十一卷 ……………………………… 196
喬文衣集八卷 ……………………………… 316
等韻一得不分卷…………………………… 62
策學備纂三十二卷目錄三十二卷首一卷
……………………………………… 403
策學備纂三十二卷目錄三十二卷首一卷
……………………………………… 403
策學淵海統纂大成四十六卷 ……………… 402
策學淵萃四十六卷 ………………………… 394
策學淵萃四十六卷 ………………………… 395
策學淵萃四十六卷 ………………………… 395
策學淵萃四十六卷 ………………………… 395
策學淵萃四十六卷 ………………………… 395
策學總纂大成四十六卷 …………………… 403
筆生花八卷三十二回 ……………………… 212
筆花醫鏡四卷(衛生便覽) ………………… 219
筆算數學三卷 ……………………………… 242
傅氏眼科審視瑤函六卷首一卷 …………… 221
傅氏眼科審視瑤函六卷首一卷前賢醫案
一卷 ……………………………………… 221
傅氏眼科審視瑤函六卷首一卷前賢醫案
一卷 ……………………………………… 221
傅氏眼科審視瑤函六卷首一卷前賢醫案
一卷 ……………………………………… 221
傅青主女科四卷 …………………………… 223
傅青主男科二卷 …………………………… 223
傅青主男科二卷女科四卷 ………………… 223
貸園叢書初集十二種 ……………………… 348
[光緒]順天府志一百三十卷附錄一卷 … 135
[光緒]順天府志一百三十卷附錄一卷 … 135
順天鄉試硃卷不分卷 ……………………… 180
順天鄉墨乾隆丙午科不分卷 ……………… 341
集古官印攷證十七卷集古虎符魚符攷一
卷 ………………………………………… 129
集古秘書 …………………………………… 345
集注太玄十卷 ……………………………… 248
集虛齋四書口義十卷……………………… 43
集虛齋四書口義十卷……………………… 43
集虛齋四書口義十卷……………………… 44
集虛齋四書口義十卷……………………… 44
集說詮真不分卷續編不分卷 ……………… 236
集說詮真提要不分卷 ……………………… 236
集韻十卷…………………………………… 61
[同治]焦山志二十六卷首一卷 …………… 161

[同治]焦山志二十六卷首一卷 ………… 161
[光緒]焦山續志八卷 …………………… 161
[光緒]焦山續志八卷 …………………… 161
焦氏易林四卷……………………………… 13
皋蘭課業詩賦約編二卷 ………………… 289
[道光]皖省志略四卷 …………………… 154
御批資治通鑑綱目三編六卷……………… 93
御批資治通鑑綱目三編六卷……………… 93
御批資治通鑑綱目五十九卷首一卷御批續資治通鑑綱目二十七卷……………… 92
御批資治通鑑綱目正編五十九卷………… 92
御批資治通鑑綱目前編十八卷舉要三卷首一卷正編五十九卷首一卷續編二十七卷……………………………………… 91
御批增補了凡綱鑑四十卷首一卷………… 93
御批歷代通鑑輯覽一百二十卷…………… 89
御批歷代通鑑輯覽一百二十卷…………… 89
御批歷代通鑑輯覽一百二十卷…………… 89
御批歷代通鑑輯覽一百二十卷…………… 89
御批歷代通鑑輯覽一百二十卷…………… 89
御批歷代通鑑輯覽一百二十卷…………… 89
御批歷代通鑑輯覽一百二十卷…………… 89
御批歷代通鑑輯覽一百二十卷…………… 90
御批歷代通鑑輯覽一百二十卷…………… 90
御批歷代通鑑輯覽一百二十卷…………… 90
御批歷代通鑑輯覽一百二十卷…………… 90
御批歷代通鑑輯覽一百二十卷…………… 90
御批歷代通鑑輯覽一百二十卷…………… 90
御批歷代通鑑輯覽一百二十卷…………… 90
御批歷代通鑑輯覽一百二十卷…………… 90
御批歷代通鑑輯覽一百二十卷…………… 90
御批歷代通鑑輯覽一百二十卷…………… 90
御批歷代通鑑輯覽一百二十卷…………… 90
御批歷代通鑑輯覽一百二十卷…………… 90
御批歷代通鑑輯覽一百二十卷…………… 90
御批歷代通鑑輯覽一百二十卷…………… 90
御批歷代通鑑輯覽一百二十卷…………… 90
御批歷代通鑑輯覽一百二十卷…………… 90
御批歷代通鑑輯覽一百二十卷…………… 90
御批歷代通鑑輯覽一百二十卷…………… 91
御批歷代通鑑輯覽一百二十卷…………… 91
御批歷代通鑑輯覽一百二十卷…………… 91
御批歷代通鑑輯覽一百二十卷…………… 91
御批歷代通鑑輯覽一百二十卷…………… 91
御批歷代通鑑輯覽一百二十卷明唐桂二王本末三卷……………………………… 90
御定七政四餘萬年書 …………………… 241
御定全唐詩錄一百卷 …………………… 291
御定全唐詩錄一百卷 …………………… 291
御定駢字類編二百四十卷 ……………… 391
御定駢字類編二百四十卷 ……………… 391
御定駢字類編二百四十卷 ……………… 391
御定駢字類編二百四十卷 ……………… 391
御定駢字類編二百四十卷 ……………… 391
御定駢字類編二百四十卷 ……………… 391
御定駢字類編二百四十卷 ……………… 391
御定駢字類編二百四十卷 ……………… 392
御定歷代賦彙一百八十四卷目錄二卷 … 287
御定歷代賦彙一百四十卷目録二卷外集二十卷逸句二卷補遺二十二卷 ……… 287
御定歷代賦彙一百四十卷目録二卷外集二十卷逸句二卷補遺二十二卷 ……… 287
御訂全金詩增補中州集七十二卷首二卷……………………………………… 303
御訂全金詩增補中州集七十二卷首二卷……………………………………… 303
御訂全金詩增補中州集七十二卷首二卷……………………………………… 303
御案春秋左傳經解備旨十二卷首一卷…… 38
御製文二集四十四卷目錄二卷 ………… 275
御製文第四集三十六卷總目四卷 ……… 275
御製文集四十卷總目五卷二集五十卷總目六卷三集五十卷總目六卷 ………… 275
御製律呂正義五卷 ……………………… 240
御製耕織圖 ……………………………… 227
御製詩二集九十卷目錄十卷 …………… 306
御製詩二集九十卷目錄十卷 …………… 306
御製詩二集九十卷目錄十卷 …………… 306
御製詩二集九十卷目錄十卷 …………… 306
御製詩二集九十卷目錄十卷 …………… 306
御製詩初集四十四卷目錄四卷 ………… 306
御製詩初集四十四卷目錄四卷 ………… 306

御製詩初集四十四卷目錄四卷 ………… 306
御製詩初集四十四卷目錄四卷 ………… 306
御製詩初集四十四卷目錄四卷二集九十
卷目錄十卷三集一百卷目錄十二卷 … 321
御製數理精蘊二編四十五卷表八卷 …… 241
御製曆象考成後編十卷 ………………… 241
御撰明紀綱目二十卷……………………… 93
御撰資治通鑑綱目三編二十卷………… 92
御撰資治通鑑綱目三編二十卷………… 92
御撰資治通鑑綱目三編二十卷………… 93
御撰資治通鑑綱目三編二十卷………… 93
御撰資治通鑑綱目三編二十卷末一卷…… 92
御撰資治通鑑綱目三編二十卷末一卷…… 92
御撰資治通鑑綱目三編二十卷末一卷…… 92
御撰資治通鑑綱目三編二十卷末一卷…… 92
御撰資治通鑑綱目三編二十卷末一卷…… 92
御撰資治通鑑綱目三編二十卷末一卷…… 92
御撰資治通鑑綱目三編五卷……………… 94
御撰資治通鑑綱目三編四十卷………… 92
御撰資治通鑑綱目三編四卷……………… 96
御選唐宋文醇五十八卷 ………………… 258
御選唐宋文醇五十八卷 ………………… 258
御選唐宋文醇五十八卷 ………………… 258
御選唐宋文醇五十八卷 ………………… 258
御選唐宋文醇五十八卷 ………………… 258
御選唐宋文醇五十八卷 ………………… 259
御選唐宋詩醇四十七卷 ………………… 286
御選唐宋詩醇四十七卷 ………………… 286
御選唐宋詩醇四十七卷目錄二卷 ……… 286
御選唐宋詩醇四十七卷目錄二卷 ……… 286
御選唐宋詩醇四十七卷目錄二卷 ……… 286
御選唐宋詩醇四十七卷目錄二卷 ……… 286
御選唐宋詩醇四十七卷目錄二卷 ……… 286
御選唐宋詩醇四十七卷目錄二卷 ……… 286
御選唐宋詩醇四十七卷目錄二卷 ……… 286
御選唐宋詩醇四十七卷目錄二卷 ……… 286
御選唐宋詩醇四十七卷目錄二卷 ……… 286
御選唐詩三十二卷目錄三卷 …………… 292
御題竹爐圖詠四卷附駐蹕惠山詩 ……… 315
御纂七經二百九十四卷 ………………… 7
御纂七經二百九十四卷 ………………… 7
御纂七經二百九十四卷 ………………… 7
御纂七經二百九十四卷 ………………… 7
御纂五經……………………………………… 11
御纂周易折中二十二卷首一卷………… 13
御纂周易折中二十二卷首一卷………… 13
御纂周易折中二十二卷首一卷………… 13
御纂周易折中二十二卷首一卷………… 13
御纂周易折中二十二卷首一卷………… 13
御纂周易折中二十二卷首一卷………… 13
御纂周易折中二十二卷首一卷………… 13
御纂周易折中二十二卷首一卷………… 13
御纂周易述義十卷……………………… 13
御纂性理精義十二卷 …………………… 198
御纂性理精義十二卷 …………………… 198
御纂性理精義十二卷 …………………… 198
御纂性理精義十二卷 …………………… 198
御纂性理精義十二卷 …………………… 198
御纂性理精義十二卷 …………………… 199
御纂性理精義十二卷 …………………… 199
御纂性理精義十二卷 …………………… 199
御纂性理精義十二卷 …………………… 199
御纂春秋直解十二卷…………………… 32
御纂春秋直解十二卷…………………… 32
御纂詩義折中二十卷…………………… 21
御纂詩義折中二十卷…………………… 21
御纂詩義折中二十卷…………………… 21
御纂詩義折中二十卷…………………… 21
御纂詩義折中二十卷…………………… 21
御纂詩義折中二十卷…………………… 21
御纂詩義折中二十卷…………………… 21
御纂詩義折中二十卷…………………… 21
御纂詩義折中二十卷…………………… 21
御纂詩義折中二十卷…………………… 21
御纂醫宗金鑑九十卷首一卷 …………… 218
御纂醫宗金鑑九十卷首一卷 …………… 218
御纂醫宗金鑑九十卷首一卷 …………… 218
御纂醫宗金鑑九十卷首一卷 …………… 218
御纂醫宗金鑑九十卷首一卷 …………… 218
御纂醫宗金鑑九十卷首一卷 …………… 218
御纂醫宗金鑑六十卷首一卷 …………… 218
御纂醫宗金鑑外科十六卷首一卷 ……… 222

御纂醫宗金鑑外科十六卷首一卷 ……… 222
御覽曲洧舊聞十卷 ………………………… 229
復古編二卷附錄一卷………………………… 59
復古編二卷附錄一卷………………………… 59
復初齋文集三十五卷 ……………………… 373
復初齋文集三十五卷 ……………………… 373
復初齋詩集七十卷 ………………………… 317
復社姓氏二卷補錄一卷 …………………… 179
復堂易貫不分卷……………………………… 15
復堂易貫不分卷……………………………… 15
復宿山房集四十卷 ………………………… 272
鈍吟全集十五卷雜錄十卷 ………………… 385
鈐山堂集四十卷 …………………………… 271
欽取朝考卷不分卷(清咸豐九年至十年,同治四年、七年、十年、十三年,光緒九年)………………………………………… 180
欽命論疏詩題 ……………………………… 162
欽定二十三史………………………………… 80
欽定三禮義疏一百七十八卷首四卷……… 25
欽定三禮義疏一百七十八卷首四卷……… 26
欽定大清會典一百卷 ……………………… 163
欽定大清會典一百卷 ……………………… 163
欽定大清會典一百卷 ……………………… 163
欽定大清會典一百卷首一卷 ……………… 163
欽定大清會典一百卷首一卷 ……………… 163
欽定大清會典事例一千二百二十卷 …… 163
欽定大清會典事例一千二百二十卷 …… 163
欽定大清會典事例一千二百二十卷 …… 163
欽定大清會典圖二百七十卷首一卷 …… 163
欽定大清會典圖二百七十卷首一卷 …… 163
欽定元史語解二十四卷……………………… 72
欽定元史語解二十四卷……………………… 72
欽定五軍道里表十八卷 …………………… 165
欽定五經義疏一百八十八卷………………… 11
欽定日下舊聞考一百二十卷 ……………… 156
欽定中樞政考四十卷 ……………………… 168
欽定中樞政考四十卷 ……………………… 168
欽定中樞政考四十卷 ……………………… 168
欽定中樞政考四十卷 ……………………… 168
欽定中樞政考四十卷 ……………………… 168
欽定六部處分則例五十二卷 ……………… 167
欽定古今儲貳金鑑六卷 …………………… 117
欽定平定陝甘新疆回匪方略三百二十卷首二卷 ……………………………………… 175
欽定平定陝甘新疆回匪方略三百二十卷首二卷 ……………………………………… 175
欽定平定雲南回匪方略五十卷首一卷 … 175
欽定平定雲南回匪方略五十卷首一卷 … 175
欽定平定貴州苗匪紀略四十卷 ………… 175
欽定四庫全書總目二百卷 ………………… 181
欽定四庫全書總目二百卷 ………………… 181
欽定四庫全書總目二百卷 ………………… 181
欽定四庫全書總目二百卷 ………………… 181
欽定四庫全書總目二百卷首一卷 ……… 181
欽定四庫全書總目二百卷首一卷 ……… 181
欽定四庫全書總目二百卷首一卷 ……… 181
欽定四庫全書總目二百卷首一卷 ……… 181
欽定四庫全書總目二百卷首一卷 ……… 181
欽定四庫全書總目二百卷首一卷 ……… 181
欽定四庫全書總目二百卷首一卷 ……… 182
欽定四庫全書簡明目錄二十卷…………… 182
欽定四庫全書簡明目錄二十卷 ………… 182
欽定四庫全書簡明目錄二十卷 ………… 182
欽定四庫全書簡明目錄二十卷 ………… 182
欽定四庫全書簡明目錄二十卷首一卷 … 182
欽定四庫全書簡明目錄二十卷首一卷 … 182
欽定四庫全書簡明目錄二十卷首一卷 … 182
欽定四庫全書簡明目錄二十卷首一卷 … 182
欽定四庫全書簡明目錄二十卷首一卷 … 182
欽定吏部則例六十九卷 …………………… 167
欽定吏部處分則例 ………………………… 167
欽定吏部處分則例七十八卷首一卷 …… 167
欽定吏部處分則例七十八卷首一卷 …… 167
欽定吏部處分則例五十二卷 …………… 167
欽定吏部處分則例五十二卷 …………… 167
欽定吏部處分章程三十三卷 …………… 167
欽定吏部銓選滿洲官員品級考四卷則例五卷漢官品級考四卷則例八卷 ……… 167
欽定吏部稽勲司則例八卷 ……………… 167
欽定西清古鑑四十卷錢錄十六卷 ……… 129
欽定全唐文一千卷總目三卷 …………… 262
欽定全唐文一千卷總目三卷 …………… 262

欽定明鑑二十四卷首一卷…………………… 96
欽定明鑑二十四卷首一卷…………………… 96
欽定明鑑二十四卷首一卷…………………… 96
欽定明鑑二十四卷首一卷…………………… 96
欽定佩文韻府一百六卷韻府拾遺一百六
卷 ……………………………………… 389
欽定金史語解十二卷……………………… 72
欽定金史語解十二卷……………………… 72
欽定周官義疏四十八卷首一卷…………… 26
欽定周官義疏四十八卷首一卷…………… 26
欽定春秋左傳讀本三十卷………………… 34
欽定春秋左傳讀本三十卷………………… 34
欽定春秋左傳讀本三十卷………………… 34
欽定春秋傳說彙纂三十八卷首二卷……… 31
欽定春秋傳說彙纂三十八卷首二卷……… 31
欽定春秋傳說彙纂三十八卷首二卷……… 31
欽定春秋傳說彙纂三十八卷首二卷……… 31
欽定春秋傳說彙纂三十八卷首二卷……… 31
欽定春秋傳說彙纂三十八卷首二卷……… 31
欽定春秋傳說彙纂三十八卷首二卷……… 31
欽定春秋傳說彙纂三十八卷首二卷……… 31
欽定春秋傳說彙纂三十八卷首二卷……… 31
欽定春秋傳說彙纂三十八卷首二卷……… 31
欽定春秋傳說彙纂三十八卷首二卷……… 31
欽定春秋傳說彙纂三十八卷首二卷……… 31
欽定科場條例五十八卷首一卷 ………… 167
欽定科場條例六十卷 …………………… 167
欽定科場條例六十卷首一卷 …………… 167
欽定科場條例六十卷續增科場條例一卷
……………………………………………… 167
[乾隆]欽定皇輿西域圖志四十八卷首四
卷 ……………………………………… 153
[乾隆]欽定皇輿西域圖志四十八卷首四
卷 ……………………………………… 153
[乾隆]欽定皇輿西域圖志四十八卷首四
卷 ……………………………………… 153
欽定書經傳說彙纂二十一卷首二卷……… 17
欽定書經傳說彙纂二十一卷首二卷……… 17
欽定書經傳說彙纂二十一卷首二卷書序
一卷……………………………………… 18
欽定書經傳說彙纂二十一卷首二卷書序
一卷……………………………………… 18
欽定書經傳說彙纂二十一卷首二卷書序
一卷……………………………………… 18
欽定書經傳說彙纂二十一卷首二卷書序
一卷……………………………………… 18
欽定書經傳說彙纂二十一卷首二卷書序
一卷……………………………………… 18
欽定書經傳說彙纂二十一卷首二卷書序
一卷……………………………………… 18
欽定書經圖說五十卷……………………… 18
欽定授時通考七十八卷 ………………… 227
欽定授時通考七十八卷 ………………… 227
欽定國朝詩別裁集三十二卷 …………… 319
欽定國朝詩別裁集三十二卷 …………… 319
欽定國朝詩別裁集三十二卷 …………… 319
欽定國朝詩別裁集三十二卷 …………… 319
欽定第一甲第一名不分卷 ……………… 162
欽定康濟錄四卷 ………………………… 109
欽定隆萬四書文不分卷 ………………… 334
欽定萬年書新增三元甲子編二卷 ……… 241
欽定蒙古源流八卷 ……………………… 110
欽定詩經傳說彙纂二十一卷首一卷詩序
二卷……………………………………… 21
欽定詩經傳說彙纂二十一卷首二卷詩序
二卷……………………………………… 20
欽定詩經傳說彙纂二十一卷首二卷詩序
二卷……………………………………… 21
欽定詩經傳說彙纂二十一卷首二卷詩序
二卷……………………………………… 21
欽定詩經傳說彙纂二十一卷首二卷詩序
二卷……………………………………… 21
欽定詩經傳說彙纂二十一卷首二卷詩序
二卷……………………………………… 21
欽定詩經傳說彙纂二十一卷首二卷詩序
二卷……………………………………… 21
欽定詩經傳說彙纂二十一卷首一卷詩序
二卷……………………………………… 20
[乾隆]欽定新疆識畧十二卷首一卷 …… 154
欽定剿平捻匪方略三百二十卷首一卷 … 175
欽定剿平捻匪方略三百二十卷首一卷 … 175
欽定剿平粵匪方略四百二十卷首二卷 … 175

欽定剿平粵匪方略四百二十卷首二卷 … 175
欽定臺規二十卷 …… 167
欽定臺規三十六卷 …… 167
欽定熙朝雅頌集一百六卷首集二十六卷
　餘集二卷 …… 306
欽定遼史語解十卷…… 72
欽定遼史語解十卷…… 72
欽定篆文六經四書六十三卷 …… 8
欽定篆文六經四書六十三卷 …… 8
欽定儀禮義疏四十八卷首二卷…… 27
欽定儀禮義疏四十八卷首二卷…… 27
欽定儀禮義疏四十八卷首二卷…… 27
欽定儀禮義疏四十八卷首二卷…… 28
欽定學政全書八十六卷首一卷 …… 107
欽定學政全書八十六卷首一卷 …… 107
欽定學政全書八十六卷首一卷 …… 107
欽定禮記義疏八十二卷首一卷…… 29
欽定禮記義疏八十二卷首一卷…… 29
欽定禮記義疏八十二卷首一卷…… 29
欽定禮記義疏八十二卷首一卷…… 29
欽定禮記義疏八十二卷首一卷…… 29
欽定禮記義疏八十二卷首一卷…… 29
欽定禮記義疏八十二卷首一卷…… 29
欽定續文獻通考二百五十卷 …… 106
欽定續文獻通考二百五十卷 …… 106
欽定續文獻通考二百五十卷 …… 106
欽定續文獻通考二百五十卷 …… 106
欽定續文獻通考二百五十卷 …… 106
欽定續通志六百四十卷…… 75
欽定續通志六百四十卷…… 75
欽定續通志六百四十卷…… 75
欽定續通志六百四十卷…… 75
欽定續通典一百五十卷 …… 103
欽定續通典一百五十卷 …… 103
欽定續通典一百五十卷 …… 103
欽定續通典一百五十卷 …… 104
欽定續通典一百五十卷 …… 104
欽定續通典一百五十卷 …… 104
欽頒州縣事宜一卷 …… 354
欽頒州縣事宜一卷 …… 354
畲堂課賦一卷 …… 323
番禺陳氏東塾叢書四種附一種 …… 385
飲冰室壬寅叢報 …… 403
勝果妙因五卷 …… 247
鄒徵君遺書八種 …… 385
詁經精舍三集九卷 …… 276
詁經精舍文集十四卷 …… 276
詁經精舍文集十四卷 …… 276
詁經精舍四集十六卷 …… 276
詁經精舍課藝七集十二卷 …… 277
詁經精舍課藝八集十二卷 …… 277
詁經精舍課藝六集十二卷 …… 276
評註圖像水滸傳七十五卷七十回 …… 208
評論出像水滸傳二十卷七十回 …… 208
評論出像水滸傳二十卷七十回 …… 208
評論出像水滸傳二十卷七十回 …… 208
評選古詩源十四卷 …… 283
註釋水竹居賦一卷 …… 322
註釋水竹居賦一卷 …… 322
註釋白眉故事十卷 …… 399
註釋登瀛社試帖不分卷 …… 322
註釋蓮池書屋賦鈔二卷附險韻虛字 …… 316
註釋韻蘭賦鈔二集八卷 …… 317
註釋韻蘭賦鈔二集八卷 …… 317
註釋續試帖青雲集六卷 …… 332
詞律二十卷 …… 344
詞律二十卷 …… 344
詞律二十卷 …… 344
詞綜三十六卷 …… 324
詞綜三十六卷 …… 324
詞選二卷茗柯詞一卷立山詞一卷續詞選
　二卷附錄一卷 …… 324
詞選二卷續詞選二卷附錄一卷 …… 324
詞選二卷續詞選二卷附錄一卷 …… 324
敦古堂擬古雜文三卷 …… 380
敦艮齋時文不分卷 …… 331
敦艮齋遺書十七卷 …… 378
敦好齋律陶纂一卷 …… 290
敦好齋律陶纂一卷 …… 290
敦復堂稿不分卷 …… 334
敦復堂稿不分卷 …… 334
[道光]敦煌縣志七卷首一卷 …… 152

痘科類編釋意三卷 …………………………… 221
痘症精言四卷 ……………………………… 222
痘疹定論四卷 ……………………………… 222
痘疹專門二卷 ……………………………… 221
痘疹專門二卷 ……………………………… 221
痘疹捷要彙編四卷 ………………………… 222
遊歷日記不分卷(清光緒三十二年至三十三年)………………………………… 171
惺齋五種續編一種 ………………………… 328
惺齋五種續編一種 ………………………… 328
善本書室藏書志四十卷附錄一卷 ……… 181
善成堂重訂古文釋義新編八卷 ………… 256
善成堂重訂古文釋義新編八卷 ………… 256
善成堂重訂古文釋義新編八卷 ………… 256
善成堂重訂古文釋義新編八卷 ………… 256
普法戰紀二十卷 …………………………… 189
普法戰紀二十卷 …………………………… 189
普法戰紀二十卷 …………………………… 189
尊五尚制義不分卷 ………………………… 277
尊水園集畧十二卷補遺一卷 …………… 383
道古堂文集四十八卷 ……………………… 372
道古堂全集 ………………………………… 372
道生堂小題二集 …………………………… 340
[道光]乙未恩科十八省同年錄一卷狀元策一卷 ……………………………………… 180
[道光]丁酉科直省鄉墨振采不分卷 …… 339
[道光壬辰]恩科會試齒錄二卷 ………… 127
[道光]甲午至乙未科直省鄉墨研精不分卷辛卯科直省鄉墨維新不分卷 ……… 339
[道光]甲辰恩科省直鄉墨酌雅不分卷 … 180
道原精萃十三卷 …………………………… 248
道書一貫真機易簡錄十二卷新鐫道書樵陽經一卷 ……………………………… 247
道援堂詩集十三卷 ………………………… 305
遂初堂集五卷 ……………………………… 279
曾文正公手書日記不分卷(清咸豐十一年至同治七年)……………………… 171
曾文正公手書日記不分卷(清道光二十二年正月至咸豐十一年四月)………… 171
曾文正公手書日記不分卷(清道光二十三年至二十五年、咸豐九年至十年、同治二年至七年)……………………………… 171
曾文正公文集三卷詩集一卷 …………… 279
曾文正公文鈔四卷附刻一卷 …………… 278
曾文正公集四種 …………………………… 377
曾文正公集四種 …………………………… 377
曾文正公全集 ……………………………… 376
曾文正公全集 ……………………………… 376
曾文正公全集 ……………………………… 376
曾文正公全集一百六十四卷 …………… 376
曾文正公全集一百六十四卷首一卷榮哀錄一卷家訓二卷家書十卷 …………… 376
曾文正公全集十三種 ……………………… 376
曾文正公全集十三種 ……………………… 376
曾文正公全集十五種首一卷 …………… 377
曾文正公奏議十卷首一卷末一卷 ……… 175
曾文正公家書十卷 ………………………… 376
曾文正公書札三十三卷 ………………… 377
曾文定公全集二十卷 ……………………… 266
曾文定公全集二十卷首一卷末一卷 …… 266
曾惠敏公全集十七卷 ……………………… 373
曾樂軒稿一卷………………………………… 59
曾樂軒稿一卷………………………………… 59
馮氏錦囊秘錄八種 ………………………… 220
湖北文普通中學堂開辦章程二十四條 … 170
湖北文普通中學堂管理法二十二章 …… 170
湖北全省隄工總局章程 ………………… 109
湖北官書處書目一卷 ……………………… 183
湖北奏辦積穀保甲團練章程摺一卷 …… 178
湖北城鎮鄉地方自治通行規約式五章 … 170
湖北省驛站四至程途里數限行時刻清冊四卷 ……………………………………… 168
湖北提學使司詳定改良私塾章程一卷 … 178
湖北輿地圖 ………………………………… 156
湖北輿圖 …………………………………… 156
湖北籌辦賑捐章程一卷 ………………… 168
湖南苗防屯政考十五卷首一卷 ………… 109
湖海文傳七十五卷 ………………………… 275
湖海樓詩集八卷 …………………………… 316
湖海樓叢書十二種 ………………………… 362
[康熙]湖廣通志八十卷 ………………… 155
湘中草六卷 ………………………………… 304

湘軍記二十卷 …………………………… 102
湘軍記二十卷 …………………………… 102
湘蘅漫錄二卷易經集說一卷……………… 14
湘綺樓全集三種 ………………………… 385
湯子遺書十四卷 ………………………… 378
湯子遺書十卷首一卷 …………………… 378
湯子遺書十卷首一卷續編二卷 ………… 378
湯文正公年譜定本一卷 ………………… 378
湯李傳奇六種 …………………………… 325
測地繪圖十一卷附一卷 ………………… 242
渭南文集五十卷 ………………………… 267
渻厓王氏時文 …………………………… 339
淵藪 ……………………………………… 340
淵鑒齋御纂朱子全書六十六卷 ………… 194
淵鑒齋御纂朱子全書六十六卷 ………… 194
淵鑒齋御纂朱子全書六十六卷 ………… 194
淵鑑類函四十五部 ……………………… 393
淵鑑類函四十五部 ……………………… 393
淵鑑類函四百五十卷 …………………… 362
淵鑑類函四百五十卷 …………………… 363
淵鑑類函四百五十卷目錄四卷 ………… 392
淵鑑類函四百五十卷目錄四卷 ………… 392
淵鑑類函四百五十卷目錄四卷 ………… 392
淵鑑類函四百五十卷目錄四卷 ………… 392
淵鑑類函四百五十卷目錄四卷 ………… 392
淵鑑類函四百五十卷目錄四卷 ………… 392
淵鑑類函四百五十卷目錄四卷 ………… 392
淵鑑類函四百五十卷目錄四卷 ………… 392
淵鑑類函四百五十卷目錄四卷 ………… 392
湟中牘七卷家食藁一卷 ………………… 171
渝報第五冊 ……………………………… 403
[乾隆]渾源州志十卷 …………………… 144
[乾隆]渾源州志十卷 …………………… 144
[乾隆]渾源州志十卷 …………………… 144
[光緒]渾源州續志十卷 ………………… 144
[光緒]渾源州續志十卷 ………………… 144
寒支初集十卷二集四卷首一卷 ………… 366
寒支初集十卷二集四卷首一卷 ………… 366
寒松堂全集十二卷 ……………………… 381
寒松堂全集十二卷 ……………………… 381
寒松堂全集十二卷年譜一卷 …………… 381
寒松堂全集十二卷年譜一卷 …………… 381
寒松堂全集十二卷年譜一卷 …………… 381
寒松堂全集十二卷年譜一卷 …………… 382
寒松堂全集十二卷年譜一卷 …………… 382
寒松堂全集十二卷年譜一卷 …………… 382
富文堂綱鑑易知錄九十二卷……………… 94
[乾隆]富平縣志八卷 …………………… 148
富民策二卷 ……………………………… 187
甯津吳棠湖先生[潯源]傳一卷 ………… 128
[乾隆]補三國疆域志二卷 ……………… 132
補注黃帝内經素問二十四卷靈樞十二卷
　………………………………………… 220
補注黃帝内經素問二十四卷靈樞十二卷
　………………………………………… 220
補注黃帝内經素問二十四卷靈樞十二卷
　………………………………………… 220
補注黃帝内經素問二十四卷靈樞十二卷
　………………………………………… 220
補華陽國志三州郡縣目錄一卷 ………… 157
補華陽國志三州郡縣目錄一卷 ………… 157
補晉書藝文志六卷 ……………………… 183
裕經堂試帖不分卷 ……………………… 335
畫禪室隨筆四卷 ………………………… 237
畫壁遺稿三卷 …………………………… 320
犀厓文集二十六卷 ……………………… 278
登高一呼六卷 …………………………… 247
登瀛社稟不分卷續刻不分卷 …………… 336
登瀛社稟四刻不分卷 …………………… 336
彖訂增補周易備旨一見能解六卷………… 14
彖訂增補周易備旨一見能解六卷………… 14
彖議公遺藁一卷 ………………………… 278
結水滸全傳七十卷七十回末一卷結子一
　回 ……………………………………… 208
結水滸全傳七十卷七十回末一卷結子一
　回 ……………………………………… 208
結水滸全傳七十卷七十回末一卷結子一
　回 ……………………………………… 208
幾何原本十五卷 ………………………… 242
幾何原本十五卷 ………………………… 242

十三畫

瑞芝閣天崇名文選不分卷 …… 331
瑜伽焰口施食一卷 …… 245
琿牘偶存一卷 …… 171
載詠樓重鐫硃批孟子二卷 …… 49
載詠樓重鐫硃批孟子二卷 …… 49
聖武記十四卷 …… 101
聖武記十四卷 …… 101
聖武記十四卷 …… 101
聖武記十四卷 …… 101
聖武記十四卷 …… 101
聖武記十四卷 …… 102
聖武記十四卷 …… 102
聖武記十四卷 …… 102
聖武記十四卷 …… 102
聖武記十四卷 …… 102
聖武記十四卷 …… 102
聖武記十四卷 …… 102
聖武記十四卷 …… 102
聖哲畫像記附傳畧二卷 …… 121
聖學入門四卷 …… 198
聖諭像解二十卷 …… 200
聖諭廣訓一卷 …… 200
戡定新疆記八卷 …… 102
戡定新疆記八卷 …… 102
蓮齋賦評二卷附險韻虛字 …… 322
夢中緣四卷十五回 …… 211
夢陔堂詩集三十五卷 …… 306
夢痕錄餘一卷 …… 235
夢筆山房藹甕集八卷續編一卷閒雲詞一卷 …… 319
蒼霞草詩八卷 …… 304
蓬山課試詩賦合編不分卷 …… 319
蓬山課試詩賦合編不分卷 …… 319
蒿庵集三卷附錄一卷閒話二卷 …… 383
[乾隆]蒲州府志二十四卷圖一卷 …… 145
[乾隆]蒲城縣志十五卷 …… 149
蒙古史二卷 …… 188
蒙古西域諸國錢譜四卷 …… 129
蒙古遊牧記十六卷 …… 157
蒙古遊牧記十六卷 …… 157
蒙古遊牧記十六卷 …… 157
蒙壆續供一卷 …… 177
楚北水利隄防紀要二卷 …… 160
楚北江漢宣防備覽二卷江漢紀程一卷 …… 161
楚遊小紀一卷魚丘雜著一卷玉臺雜著一卷 …… 366
楚辭十七卷 …… 290
楚辭十七卷 …… 290
楚辭十七卷 …… 290
楚辭十七卷 …… 290
楚辭十七卷 …… 290
楚辭十七卷 …… 290
楚辭十七卷 …… 290
楚辭十七卷 …… 290
楚辭十七卷 …… 290
楚辭八卷附覽二卷辯證二卷後語八卷 …… 289
楚辭通釋十四卷 …… 289
楚辭集注八卷 …… 289
楚辭集注八卷 …… 289
楚辭集注八卷 …… 289
楚辭集注八卷 …… 289
楚辭集注八卷 …… 289
楚辭集注八卷 …… 289
楚辭集注八卷辯證二卷後語六卷 …… 290
楚辭集注八卷辯證二卷後語六卷 …… 290
楚辭燈四卷 …… 290
楚寶四十卷外篇五卷 …… 121
楚寶四十卷外篇五卷 …… 121
楊升菴先生批點文心雕龍十卷 …… 275
楊文節公全集八十五卷首一卷 …… 365
楊忠愍公全集四卷 …… 269
楊忠愍公全集四卷 …… 269
楊忠愍公全集四卷 …… 269
楊忠愍公全集四卷 …… 269
楊忠愍公全集四卷 …… 269
楊忠愍公全集四卷 …… 270
楊忠愍公集四卷 …… 269
楊忠愍公集四卷 …… 269
楊忠愍公集四卷 …… 269

楊忠愍公集四卷 …… 269
楊園先生全集五十四卷首一卷 …… 276
楊園先生備忘四卷 …… 199
楊龜山先生集四十二卷首一卷 …… 267
楊龜山先生集四十二卷首一卷 …… 267
槐西雜志四卷 …… 206
槐蔭堂第六才子書八卷六才西廂文一卷 …… 326
槐蔭堂稿不分卷 …… 337
槐廳載筆二十卷 …… 107
槐廳載筆二十卷 …… 107
[乾隆]榆次縣志十四卷首一卷 …… 145
[道光]榆林府志五十卷首一卷 …… 150
榆園叢刻 …… 360
榆園叢刻 …… 360
楹聯錄存五卷附錄一卷 …… 240
楹聯叢話十二卷 …… 240
楹聯叢話十二卷續話四卷 …… 240
楹聯叢話十二卷續話四卷 …… 240
賈子十六卷 …… 193
蜃中樓傳奇二卷 …… 327
感應篇贅言一卷 …… 246
揅經室一集十四卷二集八卷三集五卷四集二卷詩十一卷續集十一卷再續集六卷外集五卷 …… 369
揅經室詩錄五卷 …… 308
揅經堂詩錄五卷 …… 308
碑版文廣例十卷 …… 130
雷刻四種 …… 54
督師紀畧十六卷 …… 115
虞初新志二十卷 …… 215
虞初新志二十卷 …… 215
虞初新志二十卷 …… 215
愚魯堂時文發蒙不分卷 …… 335
愚魯堂論一卷策一卷 …… 279
路史四十七卷 …… 113
路史四十七卷 …… 113
路史四十七卷 …… 113
農工商部奏定推廣農林簡明章程一卷 …… 162
農政全書六十卷 …… 226
農政全書六十卷 …… 226
農政全書六十卷 …… 226
農政全書六十卷 …… 226
農政全書六十卷 …… 226
農書十五卷 …… 226
農桑輯要七卷 …… 226
農桑輯要七卷蠶事要略一卷 …… 226
農桑輯要七卷蠶事要略一卷 …… 226
農學報 …… 403
農學叢書第二集 …… 227
農學叢書第二集 …… 227
蜀中草一卷 …… 267
蜀水考四卷 …… 131
蜀碑記十卷首一卷 …… 364
蜀碧四卷附記一卷 …… 116
蜀碧四卷附記一卷 …… 116
蜀輶日記四卷(清嘉慶十五年五月至十一月) …… 279
嵩厓尊生書十五卷 …… 219
嵩厓尊生書十五卷 …… 219
圓錐曲綫說三卷 …… 243
稗海七十種 …… 347
筠翹書屋試律存二卷 …… 323
筤墅說書四種 …… 45
傳奇節選 …… 325
傳奇節選 …… 326
傳家寶四集八卷 …… 235
傳經堂集不分卷 …… 364
傳經堂詩鈔十二卷 …… 310
傷寒瘟疫條辨六卷 …… 221
傷寒論六卷 …… 221
粵東金石略九卷首一卷附二卷 …… 128
粵東金石略九卷首一卷附二卷 …… 128
粵軺隨筆一卷 …… 171
粵雅堂叢書三編一百八十五種 …… 348
粵雅堂叢書三編一百八十五種 …… 348
粵雅堂叢書三編一百八十五種 …… 348
粵雅堂叢書三編一百八十五種 …… 348
會奏遵設專科考核議院未開以前逐年應行籌備事宜酌擬章程摺附清單一卷 …… 177
會試闈墨不分卷(清光緒二十九年補行二十七年至二十八年) …… 180

會議詳定整頓命盜案及清理詞訟功過罰銀章程一卷 …… 168
會議詳定整頓命盜案及清理詞訟功過罰銀章程一卷 …… 168
會議詳定整頓命盜案及清理詞訟功過罰銀章程一卷 …… 168
愛日堂類稿 …… 282
愛鼎堂遺集前集十卷後集二十卷首一卷 …… 367
飴山文集十二卷附錄一卷 …… 280
[乾隆]解州平陸縣志十六卷首一卷 …… 146
[乾隆]解州安邑縣運城志十六卷首一卷 …… 146
試帖欣賞集不分卷 …… 321
試帖秋香八卷 …… 402
試帖紫雲仙琯讀本八卷 …… 321
試帖紫雲仙琯讀本八卷 …… 321
試帖詩品 …… 323
試帖詩鏡不分卷 …… 323
試帖箋林八卷 …… 331
試律大觀三十二卷 …… 320
試律大觀三十二卷 …… 320
試律五卷 …… 289
試律青雲集四卷 …… 313
試律青雲集四卷 …… 313
試律青雲集四卷 …… 313
試律青雲集四卷 …… 313
試律註釋青雲集四卷 …… 313
試律彎文集四卷 …… 323
試畯堂詩集十二卷 …… 310
試策珍珠船不分卷 …… 339
詩八卷 …… 19
詩八卷 …… 19
詩八卷 …… 19
詩八卷 …… 19
詩八卷 …… 20
詩八卷 …… 20
詩八卷 …… 20
詩八卷 …… 20
詩八卷 …… 20
詩八卷 …… 20
詩八卷 …… 20
詩八卷 …… 20
詩八卷 …… 20
詩八卷 …… 20
詩八卷 …… 20
詩八卷圖說一卷句辨一卷字考一卷 …… 19
詩毛氏傳疏三十卷 …… 24
詩毛氏傳疏三十卷 …… 24
詩毛氏傳疏三十卷 …… 25
詩古微十五卷首一卷 …… 23
詩古微十五卷首一卷 …… 24
詩本義十五卷鄭氏詩譜補亡一卷 …… 24
詩句題解韻編六卷 …… 402
詩材類對纂要四卷 …… 398
詩帖錦機六卷 …… 324
詩所八卷 …… 24
詩法入門四卷 …… 289
詩法入門四卷 …… 289
詩法入門四卷詩韻五卷 …… 289
詩料英華十四卷 …… 400
詩料英華十四卷 …… 400
詩料英華十四卷 …… 400
詩料英華十四卷 …… 400
詩貫十四卷首三卷 …… 24
詩經八卷 …… 19
詩經八卷 …… 19
詩經八卷 …… 19
詩經八卷 …… 19
詩經八卷 …… 19
詩經八卷 …… 19
詩經八卷 …… 19
詩經八卷 …… 19
詩經八卷 …… 19
詩經八卷 …… 19
詩經八卷 …… 19
詩經八卷 …… 20
詩經八卷 …… 20
詩經八卷 …… 20
詩經八卷 …… 20
詩經八卷 …… 20
詩經八卷 …… 20

詩經八卷…… 20
詩經八卷…… 20
詩經八卷…… 20
詩經八卷…… 20
詩經不分卷…… 24
詩經比義述八卷…… 24
詩經去疑八卷…… 24
詩經去疑八卷…… 24
詩經喈鳳詳解八卷首一卷…… 22
詩經喈鳳詳解八卷圖說一卷…… 21
詩經喈鳳詳解八卷圖說一卷…… 21
詩經喈鳳詳解八卷圖說一卷…… 21
詩經喈鳳詳解八卷圖說一卷…… 21
詩經喈鳳詳解八卷圖說一卷…… 21
詩經喈鳳詳解八卷圖說一卷…… 22
詩經喈鳳詳解八卷圖說一卷…… 22
詩經喈鳳詳解八卷圖說一卷…… 22
詩經集成三十一卷圖考一卷…… 23
詩經集成三十一卷圖考一卷…… 23
詩經集成三十一卷圖考一卷…… 23
詩經說鈴十二卷…… 23
詩經說鈴十二卷…… 23
詩經精華十卷…… 22
詩經精華十卷…… 22
詩經精華十卷…… 22
詩經增訂旁訓四卷首一卷…… 23
詩經融註大全體要八卷…… 22
詩經融註大全體要八卷…… 22
詩經融註大全體要八卷…… 22
詩經融註大全體要八卷…… 22
詩經融註大全體要八卷…… 23
詩經融註大全體要八卷…… 23
詩經融註大全體要八卷…… 23
詩經融註大全體要八卷…… 23
詩經融註大全體要八卷…… 23
詩經體註大全合叅八卷…… 22
詩經體註大全體要八卷…… 23
詩經體註大全體要八卷…… 23
詩經體註大全體要八卷…… 23
詩經體註大全體要八卷…… 23
詩經體註圖考大全八卷…… 23
詩賦駢字類珠八卷 …… 402
詩賦雜鈔 …… 289
詩禮堂古文五卷 …… 275
詩韻合璧五卷…… 62
詩韻合璧五卷…… 62
詩韻合璧五卷…… 62
詩韻合璧五卷…… 63
詩韻合璧五卷…… 63
詩韻合璧五卷…… 63
詩韻合璧五卷分韻文選題解擇要一卷…… 62
詩韻合璧五卷分韻文選題解擇要一卷…… 62
詩韻含英題解十卷…… 63
詩韻典要一卷…… 63
詩韻珠璣五卷…… 61
詩韻集成十卷…… 63
詩韻集成十卷…… 63
詩韻集成十卷…… 63
詩韻集成十卷…… 63
詩韻集成十卷…… 63
詩韻集成十卷…… 63
詩韻集成十卷…… 63
詩觸十五種 …… 341
誠齋易傳二十卷…… 13
詳批近科同館賦四卷 …… 318
詳批律賦標準二集四卷 …… 319
詳批律賦標準二集四卷 …… 320
詳批律賦標準二集四卷 …… 320
詳批律賦標準二集四卷 …… 320
詳批律賦標準二集四卷 …… 320
詳批律賦標準四卷 …… 319
詳批律賦標準四卷 …… 319
詳批註釋松秀山房試帖四卷次集四卷 … 323
詳注成均課士錄全編不分卷 …… 332
詳注成均課士錄全編不分卷 …… 332
詳注初學所珍不分卷 …… 336
詳注嚶求集二卷 …… 402
詳定修改原訂湖北省土膏牌照捐及續增
藥土公棧各章程一卷 …… 178
詳註五經酌雅詩鈔二卷 …… 322
詳註分類飲香尺牘四卷首一卷 …… 400
詳註分類飲香尺牘四卷首一卷 …… 400

詳註訓蒙草一卷 …………………………… 330
詳註訓蒙草一卷 …………………………… 330
詳註聊齋志異圖詠十六卷首一卷 ……… 205
詳註聊齋志異圖詠十六卷首一卷 ……… 205
詳註聊齋志異圖詠十六卷首一卷 ……… 205
稟啟零紈四卷 ……………………………… 403
廉吏傳三卷 ………………………………… 120
廉吏傳續編一卷 …………………………… 120
靖康要錄十六卷………………………………… 95
靖節先生集十卷首一卷諸本評陶彙集一卷年譜考異二卷 ………………………… 290
新刊五百家註音辯昌黎先生文集四十卷 ……………………………………………… 263
新刊五百家註音辯昌黎先生文集四十卷 ……………………………………………… 263
新刊五百家註音辯昌黎先生文集四十卷 ……………………………………………… 263
新刊五百家註音辯昌黎先生文集四十卷 ……………………………………………… 263
新刊五百家註音辯昌黎先生文集四十卷 ……………………………………………… 263
新刊五百家註音辯昌黎先生文集四十卷 ……………………………………………… 263
新刊文選批評前集十四卷 ………………… 254
新刊古列女傳八卷 ………………………… 122
新刊古列女傳八卷 ………………………… 122
新刊性理彙解大全合衾六卷 …………… 199
[正德]新刊康對山先生武功縣志三卷首一卷 ………………………………………… 150
新刊繡像彭公案二十三卷一百回 ……… 213
新刊纂圖元亨療馬集六卷圖像水黃牛經合併大全二卷駝經一卷 ………………… 226
新刊纂圖元亨療馬集六卷圖像水黃牛經合併大全二卷駝經一卷 ………………… 226
新刊纂圖元亨療馬集六卷圖像水黃牛經合併大全二卷駝經一卷 ………………… 226
新刊纂圖元亨療馬集六卷圖像水黃牛經合併大全二卷駝經一卷 ………………… 226
新刊纂圖元亨療馬集六卷圖像水黃牛經合併大全二卷駝經一卷 ………………… 226
新刊纂圖元亨療馬集六卷療牛集二卷 … 226
新民叢報彙編 ……………………………… 404
新出張文襄公[之洞]事畧十九節 ……… 128
新序十卷 …………………………………… 193
新刻三蘇論策選粹八卷 ………………… 264
新刻玉釧緣全傳 ………………………… 212
新刻古今玄屑八卷 ……………………… 388
新刻出像增補搜神記六卷 ……………… 205
新刻全圖續小五義一百二十四回 ……… 211
新刻批評繡像後西遊記八卷四十回 …… 210
新刻來瞿唐先生易註十五卷圖一卷首一卷末一卷……………………………………… 14
新刻東海王先生纂輯陽宅十書四卷 …… 250
新刻性理大全書七十卷 ………………… 197
新刻官板補遺珍珠囊藥性賦三卷 ……… 225
新刻重校增補圓機活法詩學全書二十四卷 ……………………………………… 389
新刻重校增補圓機活法詩學全書二十四卷新刊校正增補圓機詩韻活法全書十四卷 ……………………………………… 388
新刻重校增補圓機活法詩學全書二十四卷新刊校正增補圓機詩韻活法全書十四卷 ……………………………………… 388
新刻重校增補圓機活法詩學全書二十四卷新刊校正增補圓機詩韻活法全書十四卷 ……………………………………… 388
新刻重校增補圓機活法詩學全書二十四卷新刊校正增補圓機詩韻活法全書十四卷 ……………………………………… 388
新刻重校增補圓機活法詩學全書二十四卷新刊校正增補圓機詩韻活法全書十四卷 ……………………………………… 388
新刻重校增補圓機活法詩學全書二十四卷新刊校正增補圓機詩韻活法全書十四卷 ……………………………………… 388
新刻校正音釋詞家便覽蕭曹遺筆四卷 … 162
新刻書經備旨善本輯要六卷………………… 17
新刻書經備旨善本輯要六卷………………… 17
新刻書經備旨善本輯要六卷………………… 17
新刻書經備旨善本輯要六卷………………… 17
新刻書經備旨善本輯要六卷………………… 17
新刻書經備旨善本輯要六卷………………… 17

新刻書經備旨善本輯要六卷……………… 17
新刻逸田叟女仙外史大奇書一百回 …… 212
新刻逸田叟女仙外史大奇書一百回 …… 212
新刻張太岳先生文集四十六卷行實一卷
……………………………………… 366
新刻萬法歸宗五卷 …………………… 250
新刻註釋故事白眉十卷 ……………… 399
新刻註釋故事白眉十卷 ……………… 399
新刻楊家府世代忠勇演義志傳六卷 …… 211
新刻楊清銀論一卷 …………………… 129
新刻增定邵康節先生梅花觀梅拆字數全
集五卷 ……………………………… 250
新刻增訂太史仇滄柱先生家傳周易備旨
四卷……………………………………… 16
新刻諸葛宗岳史四公文集三十一卷 …… 260
新刻鍾伯敬先生批評封神演義二十卷一
百回 ………………………………… 211
新刻鍾伯敬先生批評封神演義十九卷一
百回 ………………………………… 211
新刻顧隣初先生批點四書大文五卷……… 45
新注二度梅奇說全集六卷附繪像 ……… 210
新定三禮圖二十卷………………………… 25
新政真詮六編不分卷 ………………… 204
[宣統]新修固原直隸州志十一卷 ……… 154
[光緒]新修清水河廳志二十卷首一卷 … 148
新訂四書補註附攷備旨十卷…………… 42
新訂四書補註備旨十卷………………… 41
新訂四書補註備旨十卷………………… 41
新訂四書補註備旨十卷………………… 41
新訂四書補註備旨十卷………………… 41
新訂四書補註備旨十卷………………… 41
新訂四書補註備旨十卷………………… 41
新訂四書補註備旨十卷………………… 41
新訂四書補註備旨十卷………………… 41
新訂四書補註備旨十卷………………… 41
新訂四書補註備旨十卷………………… 41
新訂四書補註備旨十卷………………… 42
新訂四書補註備旨十卷………………… 42
新訂四書補註備旨十卷………………… 42
新訂四書補註備旨十卷………………… 42
新訂四書補註備旨十卷………………… 42
新訂四書補註備旨十卷………………… 42
新訂四書補註備旨十卷………………… 42
新訂四書補註備旨十卷………………… 42
新訂四書補註備旨十卷………………… 42
新訂四書補註備旨十卷………………… 42
新訂四書補註備旨十卷………………… 42
新書十卷 …………………………… 193
新書十卷 …………………………… 193
新集古文四聲韻五卷附錄一卷…………… 63
[嘉慶]新集華亭縣志七卷 …………… 153
新斠注地理志十六卷 ………………… 131
新聞學三十六章 ……………………… 187
新說西遊記一百回 …………………… 210
新說西遊記一百回 …………………… 210
新齊諧二十四卷續十卷 ……………… 206
新增士材三書八卷 …………………… 219
新增刑案匯覽十六卷 ………………… 166
新增刑案匯覽十六卷首一卷 ………… 166
新增典故四書便蒙十九卷……………… 39
新增典故四書章句十九卷……………… 39
新增都門紀略七卷 …………………… 156
新增格古要論十三卷 ………………… 230
新增詩經補註附考備旨八卷…………… 22
新增詩經補註附考備旨八卷…………… 22
新增詩經補註附考備旨八卷…………… 22
新增詩經補註附考備旨八卷…………… 22
新增詩經補註附考備旨八卷…………… 22
新增詩經補註附考備旨八卷…………… 22
新增說文韻府羣玉二十卷 …………… 387
新增說文韻府羣玉二十卷 …………… 387
新增說文韻府羣玉二十卷 …………… 387
新增說文韻府羣玉二十卷 …………… 387
新增說文韻府羣玉二十卷 …………… 387
新增說文韻府羣玉二十卷 …………… 387
新增說文韻府羣玉二十卷 …………… 387
新增說文韻府羣玉二十卷 …………… 387
新增說文韻府羣玉二十卷 …………… 388
新鋟葛稚川內篇四卷外篇四卷 ……… 246
新編三國志鼓詞八部 ………………… 207
新編女科指掌五卷 …………………… 223
新編批評繡像後七國樂田演義四卷十八

回 …………………………………………… 213
新編直指筭法統宗十二卷首一卷 ……… 241
新編直指筭法統宗十二卷首一卷 ……… 241
新編直指算法統宗十二卷首一卷 ……… 241
新編直指算法統宗十二卷首一卷 ……… 241
新編直指算法統宗十二卷首一卷 ……… 241
新編東亞三國地志二卷 ………………… 188
新編繪圖三國志鼓詞八卷 ……………… 207
新輯分類史論大成十九卷 ……………… 117
新雕徂徠石先生文集二十卷末一卷補遺
一卷校勘一卷 …………………………… 266
新鍥全補發微曆正通書大全三十卷 …… 250
[宣統]新疆山脈志六卷 ………………… 153
[宣統]新疆山脈志六卷 ………………… 153
[宣統]新疆山脈圖志六卷 ……………… 153
[宣統]新疆物候志一卷 ………………… 153
[宣統]新疆國界圖志八卷 ……………… 153
[宣統]新疆國界圖志五卷 ……………… 153
[宣統]新疆圖志一百十六卷首一卷 …… 154
新纂綠牡丹全傳十一卷六十四回 ……… 213
新鐫千家詩五言絕句二卷 ……………… 288
新鐫五言千家詩會義直解二卷 ………… 288
新鐫分類評註文武合編百子金丹十卷 … 189
新鐫分類評註文武合編百子金丹十卷 … 189
新鐫分類評註文武合編百子金丹十卷 … 189
新鐫古文覺斯新編八卷 ………………… 261
新鐫外科活人定本四卷 ………………… 222
新鐫全像東西兩晉演義誌傳十二卷 …… 212
新鐫批評出像通俗演義禪真後史十集十
卷六十回 ………………………………… 212
新鐫重訂出像西晉志傳通俗演義四卷東
晉志傳八卷 ……………………………… 211
新鐫校正評註分類百子金丹十卷 ……… 189
新鐫校正評註分類百子金丹全書十卷 … 189
新鐫校正評註分類百子金丹全書十卷 … 189
新鐫夏小正不分卷 ……………………… 193
新鐫孫龐演義四卷二十回 ……………… 213
新鐫許真君玉匣記增補諸家選擇日用通
書四卷 …………………………………… 250
新鐫銀經發秘二卷 ……………………… 129
新鐫增補周易備旨一見能解六卷………… 14
新鐫增補周易備旨一見能解六卷………… 14
新鐫增補周易備旨一見能解六卷………… 14
新鐫增補周易備旨一見能解六卷………… 14
新鐫增補周易備旨一見能解六卷………… 14
新鐫增補周易備旨一見能解六卷………… 14
新鐫增補周易備旨一見能解六卷………… 14
新鐫雜錦羣芳尺牘 ……………………… 402
新鐫繡像描金鳳十二卷四十六回 ……… 213
新譯日本法規大全二十五類 …………… 188
新譯日本教育法規二十七編 …………… 187
意苕山館詩稿十六卷 …………………… 306
雍正上諭八十九卷 ……………………… 173
雍正上諭八十九卷 ……………………… 173
雍正上諭八十九卷 ……………………… 173
慎莽古近體詩五卷 ……………………… 320
義門先生集十二卷 ……………………… 232
義門先生集十二卷附錄一卷 …………… 232
義門讀書記五十八卷 …………………… 232
義門讀書記五十八卷 …………………… 232
義門讀書記五十八卷 …………………… 232
慈禧懿旨不分卷 ………………………… 174
煙霞萬古樓文集六卷 …………………… 279
資治通鑑二百九十四卷…………………… 87
資治通鑑二百九十四卷…………………… 87
資治通鑑二百九十四卷…………………… 87
資治通鑑二百九十四卷…………………… 88
資治通鑑二百九十四卷…………………… 88
資治通鑑二百九十四卷…………………… 88
資治通鑑二百九十四卷…………………… 88
資治通鑑二百九十四卷…………………… 88
資治通鑑二百九十四卷…………………… 88
資治通鑑二百九十四卷目錄三十卷……… 86
資治通鑑二百九十四卷目錄三十卷……… 88
資治通鑑二百九十四卷目錄三十卷……… 88
資治通鑑二百九十四卷目錄三十卷……… 88
資治通鑑二百九十四卷新校資治通鑑敘
錄三卷…………………………………… 86
資治通鑑目錄三十卷……………………… 87
資治通鑑目錄三十卷……………………… 88
資治通鑑目錄三十卷……………………… 89
資治通鑑外紀十卷………………………… 87

資治通鑑外紀十卷…………………………… 87
資治通鑑外紀十卷目錄五卷………………… 86
資治通鑑外紀十卷目錄五卷………………… 86
資治通鑑外紀十卷目錄五卷………………… 86
資治通鑑考異三十卷………………………… 89
資治通鑑地理今釋十六卷…………………… 87
資治通鑑地理今釋十六卷…………………… 87
資治通鑑地理今釋十六卷…………………… 87
資治通鑑地理今釋十六卷…………………… 87
資治通鑑問疑一卷…………………………… 89
資治通鑑補二百九十四卷…………………… 89
資治通鑑綱目五十九卷……………………… 91
資治通鑑綱目五十九卷……………………… 91
資治通鑑綱目正編五十九卷………………… 92
資治通鑑綱目正編五十九卷………………… 92
資治通鑑綱目正編五十九卷………………… 92
資治通鑑綱目前編二十五卷正編五十九卷首一卷續編二十七卷末一卷………… 91
資治通鑑綱目前編二十五卷正編五十九卷續編二十七卷……………………… 91
資治通鑑綱目前編二十五卷正編五十九卷續編二十七卷……………………… 92
資治通鑑綱目前編二十五卷正編五十九卷續編二十七卷……………………… 92
資治通鑑綱目前編二十五卷正編五十九卷續編二十七卷……………………… 92
資治通鑑綱目前編二十五卷正編五十九卷續編二十七卷末一卷……………… 91
資治通鑑綱目前編二十五卷正編五十九卷續編二十七卷末一卷……………… 91
資治通鑑綱目前編二十五卷正編五十九卷續編二十七卷末一卷……………… 91
資治通鑑綱目集說五十九卷前編二卷…… 91
資治通鑑綱目編年錄一百卷………………… 92
資治通鑑釋文三十卷………………………… 89
資治通鑑釋例一卷…………………………… 89
資治新書二集二十卷 ……………………402
資治新書二集二十卷 ……………………402
資治新書十四卷首一卷 …………………402
資治新書十四卷首一卷 …………………402
滇南銅說三編 ……………………………158
溫飛卿詩集九卷 ………………………… 298
溫飛卿詩集九卷 ………………………… 298
溫病條辨六卷首一卷 …………………… 222
溫病條辨六卷首一卷 …………………… 222
滄城殉難錄四卷 ………………………… 115
滄浪詩話一卷 …………………………… 342
滄溟先生集三十卷附錄一卷 …………… 270
滂喜齋叢書五十四種 …………………… 350
[乾隆]福建通志七十八卷 ……………… 155
福惠全書三十二卷 ……………………… 235
福惠全書三十二卷 ……………………… 235
福惠全書三十二卷 ……………………… 235
福惠全書三十二卷 ……………………… 235
[乾隆]肅寧縣志十卷 …………………… 137
群經義證八卷……………………………… 10
群學肄言十六篇 ………………………… 228
羣書拾補初編三十九卷 ………………… 348
羣龍館手授四書主意鞭影二十卷……… 46
彙纂詩法度鋮三十三卷首一卷 ………… 344
彙纂詩法度鋮三集十卷首一卷 ………… 344
經心書院輿地學課程不分卷附戊戌遊記……………………………………132
經史百家雜鈔二十六卷 ………………… 261
經史百家雜鈔二十六卷 ………………… 261
經史百家雜鈔二十六卷 ………………… 261
經史百家雜鈔二十六卷 ………………… 261
經史百家雜鈔二十六卷 ………………… 377
經史慧解六卷 …………………………… 232
經史辨體不分卷 ………………………… 343
經史辨體不分卷 ………………………… 343
經字辨體八卷首一卷……………………… 55
經苑二十五種……………………………… 10
經典釋文三十卷附考證 ……………………9
經典釋文三十卷附考證 ……………………9
經典釋文三十卷附考證 ……………………9
經訓約編不分卷…………………………… 11
經訓書院文集六卷 ……………………… 364
經訓堂叢書二十一種 …………………… 351
經訓堂叢書二十一種 …………………… 351
經略復國要編十四卷圖說一卷朝鮮國乞援疏一卷後附一卷 ………………… 162

經畬堂課孫草不分卷 ······ 337
經傳禘祀通考一卷 ······ 118
經傳釋詞十卷 ······ 50
經傳釋詞十卷 ······ 50
經傳釋詞十卷 ······ 50
經義考補正十二卷 ······ 9
經義述聞三十二卷 ······ 9
經義述聞三十二卷 ······ 9
經義述聞三十二卷 ······ 9
經義述聞三十二卷 ······ 9
經餘必讀八卷 ······ 395
經餘必讀八卷 ······ 395
經餘必讀八卷 ······ 395
經餘必讀八卷 ······ 395
經餘必讀八卷 ······ 395
經餘必讀八卷 ······ 395
經餘必讀三集四卷 ······ 396
經餘必讀初編二卷續編二卷三編二卷 ··· 395
經餘必讀續編八卷 ······ 395
經餘必讀續編八卷 ······ 395
經餘必讀續編八卷 ······ 395
經餘必讀續編八卷 ······ 395
經餘必讀續編八卷 ······ 395
經餘必讀續編八卷 ······ 396
經餘必讀續編八卷 ······ 396
經學輯要二十四卷 ······ 10
經學叢書初編十三種 ······ 8
經濟類考約編二卷 ······ 394
經籍訪古志六卷補遺一卷 ······ 183
經籍纂詁一百六卷附補遺 ······ 51
經籍纂詁一百六卷首一卷附補遺 ······ 51
經籍纂詁一百六卷首一卷附補遺 ······ 51
經籍纂詁一百六卷首一卷附補遺 ······ 51
經籍纂詁一百六卷首一卷附補遺 ······ 51
綏服紀畧圖詩一卷 ······ 154
綏服紀畧圖詩一卷 ······ 154
綏寇紀略十二卷 ······ 101
綏寇紀略十二卷 ······ 101
綏寇紀略十二卷 ······ 101
綏寇紀略十二卷 ······ 101
綏寇紀略十二卷 ······ 101
[光緒]綏遠志十卷首一卷 ······ 148
[光緒]綏遠志十卷首一卷 ······ 148
[光緒]綏遠志十卷首一卷 ······ 148
[光緒]綏遠志十卷首一卷 ······ 148
[光緒]綏遠志十卷首一卷 ······ 148
[光緒]綏遠志十卷首一卷 ······ 148
[光緒]綏遠志十卷首一卷 ······ 148
彙刻書目二十卷 ······ 183
彙刻書目二十卷 ······ 183
彙刻書目二十卷 ······ 183
彙刻書目十卷 ······ 183

十四畫

駁呂留良四書講義八卷 ······ 43
駁呂留良四書講義八卷 ······ 43
駁案新編三十二卷續編七卷 ······ 166
駁案新編三十二卷續編七卷 ······ 166
駁案新編三十二卷續編七卷 ······ 166
駁案新編三十二卷續編七卷 ······ 166
駁案彙編新編三十二卷續編七卷秋審實緩比較彙案二卷 ······ 166
駁案彙編新編三十二卷續編七卷秋審實緩比較彙案二卷 ······ 166
瑣事閒錄二卷續編二卷 ······ 215
静志居詩話二十四卷 ······ 342
静修先生文集二十二卷 ······ 269
静修先生文集二十二卷 ······ 269
碧山堂全稿不分卷 ······ 337
碧山學士傳稿不分卷 ······ 270
碧琳琅館叢書四十五種 ······ 350
碧聲吟館叢書附五種 ······ 384
[光緒]趙州屬邑志八卷 ······ 141
[光緒]趙州屬邑志八卷 ······ 141
[光緒]趙州屬邑志八卷 ······ 141
趙忠毅公閒居擇言一卷 ······ 200
[道光]趙城縣志三十七卷首一卷 ······ 146
趙恭毅公自治官書類集二十四卷 ······ 173
趙恭毅公賸藁八卷 ······ 173
趙註孫子四卷 ······ 217
趙註孫子四卷 ······ 217

趙甌北全集七種 …………………………… 374
嘉定秦狀元稿不分卷 ……………………… 337
嘉定錢氏潛研堂全書二十二種 ………… 375
嘉定錢氏潛研堂全書二十二種 ………… 375
嘉定錢氏潛研堂全書二十二種 ………… 375
嘉蔭簃論泉截句二卷 ……………………… 129
[嘉靖]九邊圖論一卷 ……………………… 133
[嘉慶十二年]條例不分卷 ……………… 169
[嘉慶十三年]條例不分卷 ……………… 169
[嘉慶十五年]條例不分卷 ……………… 169
[嘉慶十四年]條例不分卷 ……………… 169
[嘉慶]戊辰科直省鄉墨選不分卷 ……… 339
嘉樹山房文集六卷 ………………………… 373
嘉樹堂吟卷一卷 …………………………… 323
臺海使槎錄八卷 …………………………… 157
臺海使槎錄八卷 …………………………… 358
臺海使槎錄八卷 …………………………… 358
臺海使槎錄八卷 …………………………… 358
臺海使槎錄八卷 …………………………… 358
臺海使槎錄八卷 …………………………… 358
臺海使槎錄八卷 …………………………… 359
臺海使槎錄八卷 …………………………… 359
臺海使槎錄八卷 …………………………… 359
臺海使槎錄八卷 …………………………… 359
臺海使槎錄八卷 …………………………… 359
臺海使槎錄八卷 …………………………… 359
臺海使槎錄八卷 …………………………… 359
臺海使槎錄八卷 …………………………… 359
臺海使槎錄八卷 …………………………… 359
臺海使槎錄八卷 …………………………… 359
臺海使槎錄八卷 …………………………… 359
臺海使槎錄八卷 …………………………… 359
臺海使槎錄八卷 …………………………… 359
臺灣外紀三十卷 …………………………… 116
壽山堂易說二卷圖解一卷繫辭一卷……… 15
[光緒]壽陽縣志十三卷首一卷 ………… 146
壽親養老新書四卷 ………………………… 220
聚文堂精刻增新四書體註十九卷……… 48
慕虞軒駢體尺牘不分卷 ………………… 402
蔡中郎文集十卷外傳一卷 ……………… 262
蔡中郎集十卷外紀一卷外集四卷列傳一
卷年表一卷 ………………………………… 262
蔡中郎集十卷外紀一卷外集四卷列傳一
卷年表一卷 ………………………………… 262
熙朝人鑑上集四卷下集四卷 ………… 215
熙朝人鑑上集四卷下集四卷 ………… 216
熙朝紀政六卷 ……………………………… 107
熙朝紀政六卷 ……………………………… 107
熙朝紀政四卷 ……………………………… 107
熙朝紀政四卷 ……………………………… 107
熙朝新語十六卷 …………………………… 115
熙朝新語十六卷 …………………………… 115
熙朝新語十六卷 …………………………… 115
[光緒]蔚州志二十卷首一卷 …………… 139
[光緒]蔚州志二十卷首一卷 …………… 139
[光緒]蔚州志二十卷首一卷 …………… 139
[光緒]蔚州志二十卷首一卷 …………… 139
[光緒]蔚州志二十卷首一卷 …………… 139
[光緒]蔚州志二十卷首一卷 …………… 139
[光緒]蔚州志二十卷首一卷 …………… 139
[光緒]蔚州志二十卷首一卷 …………… 139
[乾隆]蔚州志補十二卷首一卷 ………… 139
[乾隆]蔚州志補十二卷首一卷 ………… 139
[乾隆]蔚縣志三十一卷 ………………… 139
榕村全書三十二種 ………………………… 385
輕世金書便覽四卷 ………………………… 248
監本四書二十二卷………………………… 39
監本四書十九卷…………………………… 39
監本四書十九卷…………………………… 39
監本四書十九卷…………………………… 40
監本附音春秋公羊注疏二十八卷校勘記
二十八卷 ……………………………………… 3
酸棗課士錄不分卷 ………………………… 340
碣陽書院課卷 ……………………………… 340
[康熙]磁州志十八卷 ……………………… 138
[同治]磁州續志六卷首一卷 …………… 138
爾雅三卷……………………………………… 50
爾雅三卷……………………………………… 50
爾雅三卷……………………………………… 51
爾雅三卷……………………………………… 51
爾雅三卷……………………………………… 51
爾雅三卷……………………………………… 51

爾雅古義十二種……………………………… 50
爾雅直音二卷……………………………… 51
爾雅郭注佚存補訂二十卷………………… 50
爾雅郭注義疏十九卷……………………… 51
爾雅郭注義疏十九卷……………………… 51
爾雅註疏十一卷…………………………… 50
爾雅註疏十一卷…………………………… 50
爾雅註疏十一卷…………………………… 50
爾雅註疏十一卷…………………………… 50
爾雅註疏十一卷…………………………… 50
爾雅註疏十一卷…………………………… 50
爾雅註疏十一卷…………………………… 50
爾雅註疏十一卷…………………………… 50
爾雅註疏十一卷…………………………… 50
摘星樓治痘全書十八卷 ………………… 221
對影閒吟草十二卷 ……………………… 308
對數表 …………………………………… 242
對聯匯海十四卷 ………………………… 240
賑紀八卷 ………………………………… 173
賑務彙紀 ………………………………… 109
聞式堂明文小題傳薪不分卷 …………… 340
[乾隆]聞喜縣志十二卷圖考一卷 ……… 145
[光緒]聞喜縣志斠三卷首一卷補四卷續
四卷 ……………………………………… 145
閩都記三十三卷 ………………………… 157
鳴鳳記二卷 ……………………………… 327
圖註八十一難經四卷 …………………… 220
圖註八十一難經辨真四卷 ……………… 220
圖註八十一難經辨真四卷 ……………… 220
圖註八十一難經辨真四卷 ……………… 221
圖註八十一難經辨真四卷難經彙攷一卷
……………………………………………… 220
圖註脉訣辨真四卷 ……………………… 220
圖註脉訣辨真四卷 ……………………… 221
圖註喉科指掌四卷附集驗良方 ………… 222
圖畫見聞誌六卷 ………………………… 236
鄦齋叢書二十種 ………………………… 363
種福堂續選臨證指南四卷 ……………… 224
算學課藝四卷 …………………………… 241
管子一卷 ………………………………… 202
管子二十四卷 …………………………… 202
管子二十四卷 …………………………… 202
管子二十四卷 …………………………… 202
管子二十四卷 …………………………… 202
管子二十四卷 …………………………… 202
管子二十四卷 …………………………… 202
管子二十四卷 …………………………… 202
管窺輯要八十卷總目一卷 ……………… 248
管窺輯要八十卷總目一卷 ……………… 248
毓秀堂畫傳四卷 ………………………… 237
銅鼓書堂遺稾三十二卷 ………………… 279
遯庵存稿一卷 …………………………… 278
[乾隆]鳳臺縣志二十卷 ………………… 144
[光緒]鳳臺縣志續志四卷 ……………… 144
[光緒]鳳縣志十卷 ……………………… 151
[乾隆]雒南縣志十二卷 ………………… 149
語石十卷 ………………………………… 130
語石十卷 ………………………………… 130
說文引經攷證八卷………………………… 54
說文古籀疏證六卷………………………… 54
說文句讀三十卷補正三十卷……………… 53
說文句讀三十卷補正三十卷……………… 53
說文通訓定聲十八卷……………………… 54
說文通訓定聲十八卷分部檢韻一卷說雅
一卷古今韻準一卷………………………… 53
說文通訓定聲十八卷分部檢韻一卷說雅
一卷古今韻準一卷………………………… 53
說文通訓定聲十八卷分部檢韻一卷說雅
一卷古今韻準一卷………………………… 53
說文通訓定聲十八卷分部檢韻一卷說雅
一卷古今韻準一卷………………………… 54
說文通訓定聲十八卷分部檢韻一卷說雅
一卷古今韻準一卷………………………… 54
說文通檢十四卷首一卷末一卷…………… 52
說文通檢十四卷首一卷末一卷…………… 54
說文解字三十卷…………………………… 52
說文解字三十卷…………………………… 52
說文解字三十卷…………………………… 52
說文解字句讀三十卷……………………… 53
說文解字注三十卷………………………… 52
說文解字注三十卷六書音均表二卷……… 52
說文解字注三十卷六書音均表二卷……… 52

說文解字注三十卷六書音均表二卷附汲古閣說文訂…… 52
說文解字注三十卷六書音均表二卷附汲古閣說文訂…… 52
說文解字注三十卷六書音均表二卷…… 52
說文解字注三十卷六書音均表二卷…… 52
說文解字徐氏繫傳四十卷…… 53
說文解字徐氏繫傳四十卷…… 53
說文解字義證五十卷…… 52
說文解字義證五十卷…… 52
說文解字義證五十卷…… 52
說文解字義證五十卷…… 53
說文解字義證五十卷…… 53
說文解字義證五十卷…… 53
說文解字斠詮十四卷…… 52
說文新附攷六卷續攷一卷…… 54
說文新附攷六卷續攷一卷…… 54
說文辨字正俗八卷…… 61
說文辨疑不分卷…… 54
說文繫傳校錄三十卷…… 53
說文繫傳校錄三十卷…… 53
說文釋例二十卷…… 53
說文釋例二十卷…… 53
說文釋例二十卷補正二十卷…… 53
說苑二十卷新序十卷…… 193
說帖…… 168
說帖…… 168
說郛一百二十卷…… 345
說郛續四十六卷…… 345
說鈴…… 354
說鈴…… 354
說鈴…… 354
說鈴後集十七種…… 354
說鈴前集三十三種…… 354
說詩晬語二卷…… 343
說詩樂趣類編二十卷偶詠草續集一卷… 343
誦荻齋曲二種…… 328
塾課小題分編八集…… 330
塾課小題分編八集…… 330
塾課小題分編八集…… 331
塾課小題分編註釋八集…… 331
塾課小題分編註釋八集…… 331
塾課小題分編註釋八集…… 331
塾課小題分編續編八集…… 331
塾課小題正鵠全集…… 333
塾課小題正鵠全集附訓蒙草…… 333
塾課小題正鵠全集附訓蒙草養正草…… 333
塾課小題正鵠全集附訓蒙草養正草…… 333
廣文選六十卷…… 254
[乾隆]廣平府志二十四卷…… 137
[道光]廣東通志三百三十四卷…… 155
[雍正]廣東通志六十四卷…… 155
廣事類賦四十卷…… 397
廣事類賦四十卷…… 397
廣事類賦四十卷…… 397
廣事類賦四十卷…… 397
廣事類賦四十卷…… 397
廣事類賦四十卷…… 397
廣治平畧三十六卷…… 400
廣治平畧三十六卷續八卷…… 400
廣治平畧三十六卷續八卷…… 400
[同治]廣宗縣志十二卷…… 138
廣陵思古編二十九卷…… 364
廣陵通典十卷…… 157
廣陵詩事十卷…… 343
廣博物志五十卷…… 389
廣博物志五十卷…… 389
[乾隆]廣雁蕩山志二十八卷首一卷末一卷…… 161
廣雅書局叢書…… 352
廣雅補疏四卷…… 51
廣雅疏證十卷博雅音十卷…… 51
廣雅疏證十卷博雅音十卷…… 51
廣雅疏證十卷博雅音十卷…… 51
廣廣事類賦三十二卷…… 397
廣廣事類賦三十二卷…… 397
廣廣事類賦三十二卷…… 397
廣漢魏叢書四集八十種…… 346
廣漢魏叢書四集八十種…… 346
廣漢魏叢書四集八十種…… 347
廣輿記二十四卷…… 131
廣輿記二十四卷…… 131

廣輿記二十四卷 …… 131
廣輿記二十四卷 …… 131
[乾隆]廣靈縣志十卷首一卷末一卷 …… 143
[乾隆]廣靈縣志十卷首一卷末一卷 …… 143
[乾隆]廣靈縣志十卷首一卷末一卷 …… 143
[光緒]廣靈縣補志十卷 …… 143
瘍醫大全四十卷 …… 221
塵海妙品十四卷 …… 216
適軒尺牘八卷 …… 401
齊民要術十卷雜說一卷 …… 226
齊民要術十卷雜說一卷 …… 226
齊民要術十卷雜說一卷 …… 226
齊民要術十卷雜說一卷 …… 226
齊乘六卷 …… 158
精刻古今女史二十卷 …… 118
精義彙選六卷 …… 11
精選名儒草堂詩餘三卷 …… 324
精選黄眉故事十卷 …… 386
精選截搭 …… 340
鄭氏爻辰補六卷 …… 14
鄭氏佚書二十三種 …… 8
鄭氏箋攷徵一卷 …… 24
鄭氏箋攷徵一卷 …… 25
鄭司農[玄]年譜一卷 …… 124
鄭板橋全集六編 …… 315
漢口山陝西會館志二卷 …… 158
漢文歸二十卷 …… 259
漢西域圖考七卷首一卷 …… 184
漢名臣傳三十二卷 …… 123
漢名臣傳三十二卷 …… 124
漢事會最人物志三卷 …… 124
[嘉慶]漢南續修郡志三十二卷首一卷 …… 151
漢唐事箋前集十二卷後集八卷 …… 229
漢書一百卷 …… 65
漢書一百卷 …… 65
漢書一百卷 …… 66
漢書一百卷 …… 71
漢書一百卷 …… 74
漢書一百卷 …… 80
漢書一百卷 …… 80
漢書一百卷 …… 80
漢書一百卷 …… 80
漢書一百卷 …… 80
漢書一百卷 …… 80
漢書一百卷 …… 81
漢書一百卷 …… 81
漢書一百卷 …… 81
漢書一百卷 …… 81
漢書一百卷 …… 81
漢書一百卷 …… 81
漢書一百卷 …… 81
漢書一百卷 …… 81
漢書一百卷 …… 81
漢書一百卷 …… 81
漢書一百卷 …… 81
漢書地理志校本二卷 …… 82
漢書評林一百卷 …… 81
漢書評注一百卷 …… 81
漢書蒙拾三卷 …… 80
[嘉慶]漢陰廳志十卷首一卷 …… 151
漢溪書法通解八卷 …… 238
漢學商兑三卷 …… 199
漢學商兑贅言四卷 …… 200
漢隸字源五卷碑目一卷 …… 59
漢隸字源五卷碑目一卷附字一卷 …… 59
漢隸辨體四卷 …… 60
漢魏二十一家易注 …… 15
漢魏六朝百三名家集 …… 258
漢魏六朝百三名家集 …… 258
漢魏六朝百三名家集 …… 258
漢魏名文乘不分卷 …… 262
漢魏遺書鈔一百二十卷 …… 353
漢簡三卷 …… 55
漢簡三卷 …… 55
滿蒙新藏述畧四卷 …… 134
滿蒙新藏述畧四卷 …… 134
滿漢名臣傳八十卷 …… 128
漸學廬叢書第一集十六種 …… 363
漕運則例纂二十卷 …… 109
漕運則例纂二十卷 …… 109
漱芳軒合纂四書體註十九卷 …… 48
漱芳軒合纂四書體註十九卷 …… 48

漱芳軒合纂禮記體註四卷…………………… 30
漱芳軒合纂禮記體註四卷…………………… 30
漱芳軒合纂禮記體註四卷…………………… 30
漱芳軒合纂禮記體註四卷…………………… 30
漱芳軒合纂禮記體註四卷…………………… 30
漱芳軒合纂禮記體註四卷…………………… 30
漱芳軒合纂禮記體註四卷…………………… 30
漱芳軒合纂禮記體註四卷…………………… 30
漱芳軒合纂禮記體註四卷…………………… 30
漱琴室存稿四種 ………………………… 379
漁山詩草二卷 …………………………… 316
漁古軒詩韻八卷 ………………………… 398
漁古軒詩韻八卷 ………………………… 398
漁古軒詩韻八卷 ………………………… 399
漁洋山人文略十四卷 …………………… 275
漁洋山人古詩選五言詩十七卷七言詩十五卷 ……………………………… 287
漁洋山人古詩選五言詩十七卷七言詩十五卷 ……………………………… 287
漁洋山人古詩選五言詩十七卷七言詩十五卷 ……………………………… 287
漁洋山人詩集二十二卷 ………………… 309
漁洋山人詩集二十二卷 ………………… 310
漁洋山人詩集二十二卷 ………………… 310
漁洋山人詩集續集十六卷 ……………… 310
漁洋山人詩集續集十六卷 ……………… 310
漁洋山人詩集續集十六卷 ……………… 310
漁洋山人詩集續集十六卷 ……………… 310
漁洋山人詩集續集十六卷南海集二卷 … 310
漁洋山人精華錄十卷 …………………… 309
漁洋山人精華錄十卷 …………………… 310
漁洋山人精華錄訓纂十卷目錄二卷 …… 309
漁洋山人精華錄訓纂十卷目錄二卷 …… 309
漁洋山人精華錄訓纂十卷目錄二卷 …… 309
漁洋山人精華錄訓纂十卷目錄二卷 …… 309
漁洋山人精華錄訓纂十卷目錄二卷 …… 309
漁洋山人精華錄箋注十二卷 …………… 309
漁洋山人精華錄箋注十二卷補一卷年譜一卷 ……………………………… 309
漁洋山人精華錄箋注十二卷補一卷年譜一卷 ……………………………… 309
漁洋山人精華錄箋注十二卷補一卷年譜一卷 ……………………………… 309
漁洋詩話二卷 …………………………… 343
漁洋詩話三卷 …………………………… 343
漁隱叢話前集六十卷後集四十卷 ……… 342
漁磯漫鈔十卷 …………………………… 215
漁磯漫鈔十卷 …………………………… 215
寧都三魏全集七十三卷 ………………… 281
寧都三魏全集六種 ……………………… 364
寧致堂增訂武經體註不分卷 …………… 216
[康熙]寧遠縣志六卷 …………………… 153
實政錄七卷 ……………………………… 108
實政錄七卷 ……………………………… 366
實修館遺訓前集二卷 …………………… 236
肇論略注六卷 …………………………… 245
隨月山房試帖一卷 ……………………… 315
隨村先生遺集六卷 ……………………… 383
隨軒金石文字九種 ……………………… 128
隨園二十八種 …………………………… 379
隨園二十八種 …………………………… 379
隨園二十八種 …………………………… 379
隨園三十種 ……………………………… 379
隨園三十種 ……………………………… 379
隨園三十種 ……………………………… 379
隨園文集二卷 …………………………… 282
隨園全集四十種 ………………………… 379
隨園全集四十種 ………………………… 379
隨園詩草八卷附禪家公案頌 …………… 321
隨園詩話十六卷 ………………………… 342
隨園詩話十六卷 ………………………… 342
隨園詩話十六卷 ………………………… 343
隨園詩話十六卷 ………………………… 343
隨園詩話十六卷 ………………………… 343
隨園詩話十六卷 ………………………… 343
隨園詩話十六卷補遺十卷 ……………… 342
隨園詩話十六卷補遺十卷 ……………… 342
隨園詩話十六卷補遺十卷 ……………… 342
隨園詩話十六卷補遺十卷 ……………… 342
隨園詩話十六卷補遺十卷 ……………… 343
隨園詩話十六卷補遺十卷 ……………… 379
隨園續同人集十五卷 …………………… 320

隨盦徐氏叢書十種 …………………………… 363
翠琅玕館叢書四集五十一種 ……………… 353
翠微山房數學十二種 ……………………… 242
綱鑑正史約三十六卷…………………………… 95
綱鑑合纂三十九卷首一卷………………… 93
綱鑑合纂三十九卷首一卷………………… 93
綱鑑會纂三十九卷………………………… 93
綱鑑擇言十卷……………………………… 94
綱鑑擇言十卷……………………………… 94
綱鑑擇言十卷……………………………… 94
綱鑑擇言十卷……………………………… 94
綱鑑擇言十卷……………………………… 94
綱鑑擇言十卷……………………………… 94
綱鑑擇言十卷……………………………… 95
綱鑑總論二卷 ……………………………… 117
網師園唐詩箋十八卷 ……………………… 299
綠野仙蹤一百回 …………………………… 212
綠窗吟草一卷 ……………………………… 321

十五畫

增刊校正王狀元集註分類東坡先生詩二十五卷 ……………………………………… 302
增刊校正王狀元集註分類東坡先生詩二十五卷 ……………………………………… 302
增批古文觀止六卷 ………………………… 258
增批古文觀止六卷 ………………………… 258
增批輯註東萊博議四卷…………………… 37
增批輯註東萊博議四卷…………………… 37
增批輯註東萊博議四卷…………………… 37
增批輯註東萊博議四卷…………………… 37
增批輯註東萊博議四卷…………………… 37
增刪四書朱子大全精言四十一卷………… 47
增刪四書朱子大全精言四十一卷………… 47
增刪四書朱子大全精言四十一卷………… 47
增定國朝館課經世宏辭十五卷 ………… 305
[光緒]增修甘泉縣志二十四卷首一卷 … 154
增修現行常例不分卷 ……………………… 170
增訂二三場群書備考四卷 ……………… 388
增訂二三場群書備考四卷 ……………… 388
增訂五經體註大全四十二卷……………… 10
增訂太上感應篇圖說一卷 ……………… 246
增訂本草備要十一卷醫方集解三卷 …… 219
增訂本草備要十一卷醫方集解三卷 …… 219
增訂本草備要六卷醫方集解六卷 ……… 219
增訂本草備要四卷附醫方湯頭歌訣經絡圖說經絡歌訣瀕湖二十七脉歌 …… 225
增訂本草備要四卷附醫方湯頭歌訣經絡圖說經絡歌訣瀕湖二十七脉歌 ……… 225
增訂四書析疑………………………………… 48
增訂四書析疑………………………………… 48
增訂四書析疑………………………………… 48
增訂四書通典人物備考十二卷…………… 44
增訂周犢山全稿不分卷 ………………… 330
增訂河間試律矩八卷 …………………… 317
增訂格物入門七卷 ……………………… 243
增訂徐文定公集六卷首二卷 …………… 270
增訂寄嶽雲齋試體詩選四卷 …………… 322
增訂敬信錄附達生編遂生編海上方慈幼編福幼編雜症良方 …………………… 243
增訂註釋塾課分編不分卷 ……………… 330
增訂精忠演義說本全傳二十卷八十回 … 210
增訂漢魏叢書子餘二十六種 …………… 346
增訂漢魏叢書四集八十六種 …………… 345
增訂漢魏叢書四集八十六種 …………… 345
增訂漢魏叢書四集八十六種 …………… 345
增訂漢魏叢書四集八十六種 …………… 346
增訂漢魏叢書四集八十六種 …………… 346
增訂漢魏叢書四集八十六種 …………… 346
增訂漢魏叢書四集八十六種 …………… 346
增訂漢魏叢書四集八十六種 …………… 346
增訂讀墨一隅不分卷 …………………… 337
增訂讀墨一隅不分卷 …………………… 337
增評加批金玉緣圖說十二卷一百二十回首一卷 …………………………………… 207
增評加批金玉緣圖說十六卷一百二十回首一卷 …………………………………… 207
增評補像全圖金玉緣一百二十回首一卷 ………………………………………… 207
增評補像全圖金玉緣十五卷一百二十回首一卷 …………………………………… 207
增評補圖石頭記一百二十卷首一卷 …… 207

增評補圖石頭記一百二十卷首一卷 …… 207
增註二雲約選四卷 …………………………… 311
增註四書人物類典串珠四十卷…………… 44
增補千家詩 ………………………………… 288
增補五經備旨精萃四十五卷……………… 10
增補五經備旨精萃四十五卷……………… 11
增補五經備旨精萃四十五卷……………… 11
增補古文合評十二卷 ……………………… 261
增補四書人物聚考………………………… 46
增補四書精繡圖像人物備考十二卷……… 44
增補四書精繡圖像人物備考十二卷……… 44
增補四書精繡圖像人物備考十二卷圖一卷……………………………………… 44
增補四書精繡圖像人物備考十二卷圖一卷……………………………………… 44
增補地理直指原真大全三卷首一卷 …… 250
增補如面談新集十卷首一卷 …………… 399
增補事類統編九十三卷 ………………… 396
增補事類統編九十三卷 ………………… 397
增補事類統編九十三卷 ………………… 397
增補事類統編九十三卷首一卷 ………… 396
增補事類統編九十三卷首一卷 ………… 396
增補事類統編九十三卷首一卷 ………… 396
增補事類統編九十三卷首一卷 ………… 396
增補事類統編九十三卷首一卷 ………… 396
增補事類統編九十三卷首一卷 ………… 396
增補事類統編九十三卷首一卷 ………… 396
增補事類統編九十三卷首一卷 ………… 396
增補事類統編九十三卷首一卷 ………… 397
增補事類統編九十三卷首一卷 ………… 397
增補星平會海命學全書十卷首一卷 …… 250
增補重訂千家詩註解四卷 ……………… 288
增補都門紀略八卷 ……………………… 156
增補都門紀略八卷 ……………………… 156
增補清史攬要八卷………………………… 98
增補詩句題解彙編二十二卷 …………… 402
增補詩經衍義體註大全合枀八卷………… 23
增補詩經衍義體註大全合枀八卷………… 23
增補綱鑑輯要四十卷……………………… 93
增補綱鑑輯要四十卷……………………… 93
增補諏吉寶鏡圖 ………………………… 250
增補蘇批孟子二卷孟子年譜一卷………… 49
增廣五經備旨四十五卷…………………… 11
增廣四書五經典林十二卷 ……………… 228
增廣字學舉隅四卷………………………… 55
增廣字學舉隅四卷………………………… 55
增廣尚友錄統編二十二卷 ……………… 122
增廣智囊補二十八卷 …………………… 234
增廣試帖玉芙蓉五卷目錄一卷續編二卷……………………………………… 400
增廣詩句題解彙編四卷 ………………… 402
增廣新訂四書補註備旨十卷……………… 41
增廣新訂四書補註備旨十卷……………… 42
增廣新訂四書補註備旨十卷……………… 42
增廣新訂四書補註備旨十卷……………… 42
增廣箋註簡齋詩集三十卷無住詞一卷外集一卷 ……………………………… 302
增廣賦海大全三十卷首一卷 …………… 287
增潤小題拆字三卷續編一卷 …………… 332
[同治]穀城縣志八卷 …………………… 155
邁堂文畧一卷前漢書細讀四卷後漢書贅語二卷讀三國志書後一卷讀明史雜著一卷 ……………………………………… 280
邁堂文畧一卷前漢書細讀四卷後漢書贅語二卷讀三國志書後一卷讀明史雜著一卷 ……………………………………… 280
蕉林詩集十八卷 ………………………… 320
蕉庵琴譜四卷 …………………………… 238
樊山判牘四卷 …………………………… 176
樊山政書二十卷 ………………………… 176
樊南文集詳註八卷 ……………………… 365
樊榭山房集十卷續集十卷文集八卷 …… 383
樊榭山房集十卷續集十卷文集八卷 …… 383
樊榭山房集十卷續集十卷文集八卷集外詩三卷集外詞四卷 ……………………… 383
樊榭山房集十卷續集十卷文集八卷集外詩三卷集外詞四卷 ……………………… 383
輟耕錄三十卷 …………………………… 229
輟耕錄三十卷 …………………………… 229
輟耕錄三十卷 …………………………… 229
甌北全集七種 …………………………… 374
甌北全集七種 …………………………… 374

甌北全集七種 …………………………… 374
甌北全集七種 …………………………… 374
甌北全集七種 …………………………… 375
甌北全集七種 …………………………… 375
甌北集五十三卷 ………………………… 375
甌北詩鈔五種 …………………………… 307
甌北詩話十二卷 ………………………… 343
甌香館四書說十卷……………………… 46
甌鉢羅室書畫過目攷四卷 …………… 237
甌鉢羅室書畫過目攷四卷 …………… 237
歐蟲燃犀錄不分卷 ……………………… 223
歐美各國憲法一卷 ……………………… 187
歐洲列國戰事本末二十二卷 ………… 188
歐洲列國戰事本末二十二卷 ………… 188
歐洲族類源流略五卷 ………………… 188
歐陽文公圭齋集十五卷首一卷附錄一卷
………………………………………… 269
歐陽文忠公全集一百五十三卷首一卷附
錄五卷 ……………………………… 266
歐陽文忠公全集一百五十三卷首一卷附
錄五卷 ……………………………… 266
歐陽文忠公全集一百五十三卷首一卷附
錄五卷 ……………………………… 266
歐陽文忠公全集一百五十三卷首一卷附
錄五卷 ……………………………… 266
歐陽文忠公全集一百五十三卷首一卷附
錄五卷 ……………………………… 266
歐陽文忠公全集一百五十三卷首一卷附
錄五卷 ……………………………… 266
歐陽文忠公集一百五十三卷 ………… 266
[同治]遷安縣志十八卷首一卷末一卷 … 137
遼史一百十五卷附考證……………… 67
遼史一百十五卷附考證……………… 67
遼史一百十五卷附考證……………… 67
遼史拾遺二十四卷…………………… 72
遼史拾遺二十四卷…………………… 72
遼史拾遺二十四卷…………………… 72
遼史拾遺補五卷……………………… 72
遼史拾遺補五卷……………………… 72
遼史拾遺補五卷……………………… 72
遼史紀事本末四十卷首一卷末一卷 …… 100
震川大全集三十卷補集八卷別集十卷餘
集八卷復刻一卷 …………………… 270
震川先生文集二十卷 ………………… 270
震川先生集三十卷補編一卷別集十卷 … 270
震川先生集三十卷補編一卷別集十卷附
錄一卷 ……………………………… 270
震川先生集三十卷補編一卷別集十卷附
錄一卷 ……………………………… 270
撫郡農產考略二卷 …………………… 227
[光緒]撫寧縣志十六卷首一卷 ………… 141
賦則四卷首一卷 ……………………… 288
賦海大觀三十二卷目錄一卷 ………… 287
賦鈔箋畧十五卷 ……………………… 288
賦彙錄要二十八卷 …………………… 288
賦彙題注八卷目錄一卷 ……………… 287
賦學正鵠集釋十一卷 ………………… 318
賦學正鵠集釋十一卷 ………………… 318
賦學正鵠集釋十一卷 ………………… 318
賦學正鵠集釋十一卷 ………………… 318
賦學法程不分卷 ……………………… 398
賦學指南十六卷 ……………………… 334
賦學指南十六卷 ……………………… 334
賦學指南十六卷 ……………………… 334
賦學指南十六卷 ……………………… 334
賜葛堂文集六卷遺藁一卷 …………… 275
賜葛堂文集六卷遺藁一卷 …………… 275
閱微草堂筆記二十四卷 ……………… 206
閱微草堂筆記二十四卷 ……………… 206
閱微草堂筆記五種 …………………… 206
閱微草堂筆記五種 …………………… 206
閱微草堂筆記五種 …………………… 206
閱藏知津四十四卷 …………………… 245
閱藏隨筆二卷 ………………………… 244
遺山先生集四十卷首一卷附錄一卷增補
一卷新樂府四卷續夷堅志四卷年譜三
種四卷 ……………………………… 269
遺山先生詩集二十卷 ………………… 304
遺山先生詩集二十卷補遺一卷 ……… 304
遺事一卷 ……………………………… 266
遺說一卷 ……………………………… 216
遺說一卷 ……………………………… 216

遺說一卷 …… 216
遺說一卷 …… 217
遺說一卷 …… 217
遺篇一卷 …… 220
遺篇一卷 …… 220
遺篇一卷 …… 220
遺篇一卷 …… 220
數書九章十八卷 …… 243
數學上編十三卷答數一卷 …… 241
數學精詳十一卷首一卷末一卷 …… 241
墨子十六卷 …… 202
墨子十六卷 …… 202
墨子六卷 …… 202
墨子閒詁十五卷目錄一卷附錄一卷後語二卷 …… 202
墨林今話十八卷續編一卷 …… 236
墨林今話十八卷續編一卷 …… 236
墨林今話十八卷續編一卷 …… 236
墨卷脫穎合編不分卷 …… 335
墨標不分卷 …… 338
墨選 …… 340
墨選十則 …… 339
墨選觀止不分卷舉業要言三卷 …… 336
墨蘭譜一卷 …… 238
[同治]稷山縣志十卷 …… 146
稿墨彙鈔 …… 340
篋中詞六卷續二卷池上小集五集附非見齋審定六朝正書碑目 …… 325
篆字彙十二卷 …… 59
篆學瑣著三十種 …… 240
儀鄭堂文二卷 …… 282
儀衛軒文集十二卷外集一卷附錄一卷詩集五卷遺著三卷 …… 380
儀禮十七卷 …… 27
儀禮十七卷 …… 27
儀禮十七卷校錄一卷 …… 27
儀禮十七卷監本正誤一卷石本誤字一卷 …… 27
儀禮古今文疏義十七卷 …… 27
儀禮彙說十七卷 …… 27
儀禮經傳内編二十三卷外編五卷 …… 28
儀禮圖十七卷旁通圖一卷 …… 27
儀禮圖六卷 …… 27
儀禮圖六卷 …… 27
儀禮鄭註句讀十七卷監本正誤一卷石本誤字一卷 …… 27
儀禮鄭註句讀十七卷監本正誤一卷石本誤字一卷 …… 27
儀禮鄭註句讀十七卷監本正誤一卷石本誤字一卷 …… 27
儀禮鄭註句讀十七卷監本正誤一卷石本誤字一卷 …… 27
質學叢書初集三十種 …… 361
德州田氏叢書十三種 …… 364
衛生學問答九章 …… 220
[嘉慶]衛藏通志十六卷首一卷 …… 156
[嘉慶]衛藏通志十四卷首一卷 …… 156
衛藏圖識五卷 …… 158
徵君孫先生[奇逢]年譜二卷 …… 128
[康熙]盤山志十卷補遺四卷 …… 161
[康熙]盤山志十卷補遺四卷 …… 161
鋤經堂四書聯珠十九卷 …… 48
鋤經堂四書聯珠十九卷 …… 48
劍南詩鈔不分卷 …… 303
劍南詩鈔不分卷 …… 303
劍南詩稾八十五卷 …… 303
劍南詩稾八十五卷逸稾二卷家世舊聞一卷齋居紀事一卷 …… 303
劍虹居三十藝不分卷 …… 329
劍虹居三十藝不分卷 …… 329
餘墨偶談八卷 …… 216
餘墨偶談四集八卷 …… 216
魯氏遺著七種 …… 364
劉文莊公奏議八卷 …… 176
劉仲肩遺書二種 …… 9
劉忠介公[宗周]年譜二卷 …… 125
劉秉恬詩稿六種 …… 309
劉河間傷寒三書二十卷 …… 219
劉河間傷寒三書二十卷 …… 219
劉河間傷寒六書六種 …… 219
劉雲麓集五卷 …… 366
劉註七家詩十二卷 …… 314

劉註七家詩十二卷 …… 314
劉註七家詩十二卷 …… 314
劉註七家詩十二卷 …… 314
劉端臨先生遺書四卷 …… 378
劉蕺山先生集二十四卷首一卷 …… 271
諸子平議十五種 …… 191
諸子品節五十卷 …… 189
諸子彙函二十六卷 …… 190
諸史考異十八卷 …… 118
諸史藝文志六種 …… 181
諸葛忠武侯兵法十七卷 …… 217
課子隨筆十卷 …… 199
課兒史略四卷 …… 331
論文集鈔二卷 …… 344
論曲一卷 …… 326
論策萃新一卷 …… 281
論語古注集箋十卷論語考一卷 …… 49
論語朱子全義三十卷 …… 48
論語集註本義匯叅二十卷 …… 49
論語經正錄二十卷 …… 49
論語經正錄二十卷 …… 49
論衡三十卷 …… 190
談藝珠叢二十七種 …… 341
瘡瘍經驗全書六卷 …… 221
憐香伴傳奇二卷 …… 327
憐香伴傳奇四卷 …… 327
養一齋文集二十卷 …… 380
養性閒筆語錄摘要一卷偶吟摘要一卷 …… 235
養性齋賦存二卷 …… 322
養雲山館試帖四卷 …… 311
養雲山館試帖四卷 …… 311
養雲山館試帖四卷 …… 311
養雲山館試帖四卷 …… 311
養雲山館試帖四卷 …… 312
遵註義釋詩經離句襯解八卷首一卷 …… 19
遵巖先生文集四十一卷 …… 272
潛夫論十卷 …… 193
潛研堂全書十七種 …… 375
潛研堂詩集十卷續集十卷 …… 313
潛室劄記二卷 …… 200
潛菴先生遺稿五卷疏稿一卷志學會約一卷家書一卷困學錄一卷乾坤兩卦解一卷 …… 378
潛菴先生遺稿五卷疏稿一卷家書一卷 …… 378
潛菴先生擬明史稿二十卷 …… 86
潛確居類書一百二十卷 …… 388
[乾隆]澳門紀略二卷首一卷末一卷 …… 157
[乾隆]澳門紀略二卷首一卷末一卷 …… 157
潘方伯公遺稿六卷 …… 276
[康熙]潼關衛志三卷 …… 149
[乾隆]澄城縣志二十卷 …… 149
澄衷蒙學堂字課圖說四卷 …… 235
澄懷主人自訂年譜六卷 …… 199
澄懷園詩選十二卷 …… 311
澄懷園語四卷 …… 199
澄懷園語四卷 …… 199
寫信必讀十卷附攷正字彙書契便蒙 …… 403
審看擬式四卷首一卷末一卷 …… 166
選舉資格淺說一卷選舉等級淺解一卷 …… 162
豫省前烈考二卷 …… 123
豫軍紀略十二卷 …… 102
豫軍紀略十二卷 …… 102
豫變紀略八卷 …… 103
樂府詩集一百卷目錄二卷 …… 282
樂府詩集一百卷目錄二卷 …… 282
樂府詩集一百卷目錄二卷 …… 282
樂府詩集一百卷目錄二卷 …… 282
樂育堂藁不分卷 …… 337
樂律表微八卷 …… 240
樂律表微八卷 …… 240
[光緒]樂亭縣志十五卷首一卷末一卷 …… 137
[光緒]樂亭縣志十五卷首一卷末一卷 …… 137
[光緒]樂亭縣志十五卷首一卷末一卷 …… 137
[光緒]樂亭縣志十五卷首一卷末一卷 …… 137
樂善堂全集四十卷日知薈說四卷 …… 378
緯文堂綱鑑易知錄九十二卷明鑑易知錄十五卷 …… 94
緯文堂綱鑑易知錄九十二卷明鑑易知錄十五卷 …… 94
緯攟十四卷 …… 200
編注醫學入門七卷首一卷 …… 220
畿輔人物考八卷 …… 124

畿輔水利議一卷本傳一卷 …………………… 173
畿輔弍家四書講義三十六卷…………………… 47
畿輔河道水利叢書八種附一種 ………… 160
畿輔河道水利叢書八種附一種 ………… 160
畿輔河道水利叢書八種附一種 ………… 160
[雍正]畿輔通志一百二十卷 ……………… 135
[雍正]畿輔通志一百二十卷 ……………… 135
[雍正]畿輔通志一百二十卷 ……………… 135
[同治]畿輔通志三百卷首一卷 …………… 135
[同治]畿輔通志三百卷首一卷 …………… 135
[同治]畿輔通志三百卷首一卷 …………… 135
[同治]畿輔通志三百卷首一卷 …………… 135
[同治]畿輔通志三百卷首一卷 …………… 135
[同治]畿輔通志三百卷首一卷 …………… 135
畿輔試牘不分卷 ……………………………… 337
畿輔輿地全圖 ………………………………… 134
畿輔叢書 ……………………………………… 354
畿輔叢書 ……………………………………… 355
畿輔叢書 ……………………………………… 355
畿輔叢書 ……………………………………… 355
畿輔叢書 ……………………………………… 355
畿輔叢書 ……………………………………… 355
畿輔叢書 ……………………………………… 355
畿輔叢書 ……………………………………… 355
畿輔叢書 ……………………………………… 355
畿輔叢書 ……………………………………… 355
畿輔叢書 ……………………………………… 356
畿輔叢書 ……………………………………… 356
畿輔叢書 ……………………………………… 356
畿輔叢書 ……………………………………… 356
畿輔叢書 ……………………………………… 356
畿輔叢書 ……………………………………… 356
畿輔叢書二編 ………………………………… 357
畿輔叢書二編 ………………………………… 357
畿輔叢書二編 ………………………………… 357
畿輔叢書二編 ………………………………… 357
畿輔叢書二編 ………………………………… 357
畿輔叢書二編 ………………………………… 357
畿輔叢書二編 ………………………………… 357
畿輔叢書三編 ………………………………… 358
畿輔叢書三編 ………………………………… 358
畿輔叢書三編 ………………………………… 358
畿輔叢書初編 ………………………………… 356
畿輔叢書初編 ………………………………… 356
畿輔叢書初編 ………………………………… 356
畿輔叢書初編 ………………………………… 357
畿輔叢書初編 ………………………………… 357
畿輔叢書初編 ………………………………… 357
畿輔叢書初編 ………………………………… 357
畿輔叢書初編 ………………………………… 357
畿輔叢書初編 ………………………………… 357
畿輔叢書初編 ………………………………… 357
畿輔叢書初編 ………………………………… 357

十六畫

駱文忠公奏議十六卷附國史列傳 ……… 176
駱賓王文集十卷 ……………………………… 262
擇抄前後漢書………………………………… 81
擔峰詩四卷 …………………………………… 309
擔峰詩四卷 …………………………………… 309
擔峰詩四卷 …………………………………… 309
壇經一卷六祖大師事略一卷 ……………… 245
燕京開教略三卷 ……………………………… 247
燕京開教略三卷 ……………………………… 247
燕京開教略三卷 ……………………………… 247
燕南趙北詩鈔四卷 …………………………… 310
薛子條貫篇十三卷續篇十三卷 …………… 197
薛氏醫按二十四種 …………………………… 224
薛氏醫按二十四種 …………………………… 224
薛文清公從政名言不分卷 ………………… 198
蕭嫖挺時文稿不分卷 ……………………… 337
翰海十二卷 …………………………………… 389
翰馨書屋賦餘二卷 …………………………… 316
樾樹齋偶鈔 …………………………………… 289
樹廬文鈔十卷 ………………………………… 378
機法合編二刻不分卷 ………………………… 338
機法合編初刻不分卷 ………………………… 338
輶軒語一卷 …………………………………… 364
輶軒語七卷 …………………………………… 199
融堂書解二十卷……………………………… 19
醒世姻緣傳一百回 …………………………… 212

醒睡錄初集十卷 …………………………… 215
歷代大家古文講授談上下編 …………… 260
歷代史表五十九卷 ……………………… 110
歷代史要三卷………………………………… 79
歷代史論十二卷 ………………………… 116
歷代史論十二卷 ………………………… 116
歷代史論十二卷 ………………………… 117
歷代史論十二卷 ………………………… 117
歷代史纂左編一百三十九卷 …………… 110
歷代史纂左編一百四十二卷 …………… 110
歷代地理沿革表四十七卷 ……………… 131
歷代名人年譜十卷 ……………………… 121
歷代名人姓氏全編三十二卷 …………… 121
歷代名臣言行錄二十四卷 ……………… 119
歷代名臣言行錄二十四卷 ……………… 119
歷代名臣言行錄二十四卷 ……………… 119
歷代名臣言行錄二十四卷 ……………… 119
歷代名臣言行錄二十四卷 ……………… 120
歷代名臣言行錄二十四卷 ……………… 120
歷代名臣言行錄二十四卷 ……………… 120
歷代名臣言行錄二十四卷 ……………… 120
歷代名臣言行錄二十四卷 ……………… 120
歷代名臣言行錄二十四卷 ……………… 120
歷代名臣言行錄二十四卷 ……………… 120
歷代名臣言行錄二十四卷 ……………… 120
歷代名臣言行錄二十四卷 ……………… 120
歷代名臣言行錄二十四卷 ……………… 120
歷代名臣言行錄二十四卷 ……………… 120
歷代名臣言行錄二十四卷 ……………… 120
歷代名臣傳節錄三十卷 ………………… 119
歷代名臣傳節錄三十卷 ………………… 119
歷代名臣傳續編五卷 …………………… 119
歷代名畫記十卷 ………………………… 236
歷代名賢列女氏姓譜一百五十七卷 …… 123
歷代帝王年表三卷 ……………………… 107
歷代神仙通鑑二十二卷序目一卷神仙鑑像一卷 …………………………………… 247
歷代紀事年表一百卷……………………… 95
歷代陵寢備考五十卷歷代宗廟附考八卷 ………………………………………… 158
歷代黃河變遷圖考四卷 ………………… 160
歷代黃河變遷圖考四卷 ………………… 160
歷代循良能吏列傳彙鈔二十卷 ………… 121
歷代詞綜一百六卷 ……………………… 324
歷代畫史彙傳七十二卷總目三卷首一卷引證書目一卷附錄二卷 ……………… 236
歷代畫史彙傳七十二卷總目三卷首一卷引證書目一卷附錄二卷 ……………… 236
歷代畫史彙傳七十二卷總目三卷首一卷引證書目一卷附錄二卷 ……………… 236
歷代輿地沿革險要圖一卷 ……………… 132
歷代職官表六卷 ………………………… 108
歷代職官表六卷 ………………………… 108
歷代鐘鼎彝器款識二十卷 ……………… 129
歷代鐘鼎彝器款識二十卷 ……………… 129
歷科名墨簡摩集不分卷 ………………… 335
歷科鄉會元魁大成不分卷 ……………… 332
歷科朝元卷不分卷(同治至光緒) ……… 277
歷科鼎甲策不分卷 ……………………… 162
歷朝二十五家詩錄三十七卷首一卷 …… 283
歷朝紀事本末九種 ……………………… 101
歷朝紀事本末九種 ……………………… 101
歷朝詩約選九十二卷 …………………… 283
霍亂轉筋絞腸痧症吊腳痧症合刻二卷 … 222
戰國策 …………………………………… 113
戰國策十二卷 …………………………… 113
戰國策十卷 ……………………………… 113
戰國策十卷 ……………………………… 113
戰國策三十三卷 ………………………… 112
戰國策三十三卷 ………………………… 112
戰國策三十三卷 ………………………… 112
戰國策三十三卷 ………………………… 112
戰國策三十三卷 ………………………… 112
戰國策三十三卷 ………………………… 112
戰國策三十三卷 ………………………… 112
戰國策三十三卷 ………………………… 112
戰國策三十三卷 ………………………… 112
戰國策三十三卷 ………………………… 113
戰國策三十三卷 ………………………… 113
戰國策三十三卷 ………………………… 113
戰國策三十三卷 ………………………… 113
戰國策三十三卷 ………………………… 113

戰國策三十三卷 …………………………… 113
戰國策校註十卷 …………………………… 113
嘯古堂詩集八卷 …………………………… 308
嘯亭雜錄八卷續錄二卷 …………………… 115
嘯亭雜錄八卷續錄二卷 …………………… 115
嶼舫詩集六卷 ……………………………… 307
黔陽從軍紀畧一卷從軍草一卷 ………… 116
積古齋鐘鼎彝器款識十卷 ……………… 129
積古齋鐘鼎彝器款識十卷 ……………… 129
積古齋鐘鼎彝器款識十卷 ……………… 129
積學齋叢書二十種 ………………………… 364
穆堂別稿五十卷初稿五十卷 …………… 372
篤素堂文集十六卷詩集七卷 …………… 367
篤素堂文集四卷 …………………………… 199
篤素堂文集四卷 …………………………… 199
[嘉靖]興濟縣志二卷 ……………………… 136
學古堂文集二卷 …………………………… 282
學仕遺規四卷補四卷 ……………………… 200
學林就正四卷 ……………………………… 388
學易集八卷 ………………………………… 268
學易集八卷 ………………………………… 268
學易集八卷 ………………………………… 268
學易集八卷 ………………………………… 268
學治臆說二卷續說一卷重刻附記一卷 … 351
學校管理法十章 …………………………… 187
學部奏定各學堂徵收學費章程一卷 …… 178
學部奏定師範獎勵義務章程一卷 ……… 178
學部奏酌量變通初等小學堂章程摺一卷 ………………………………………… 178
學部奏請明定教育宗旨摺一卷 ………… 178
學部奏請將教育宗旨宣示天下摺一卷 … 177
學部奏請管理遊學日本學生章程摺一卷 ………………………………………… 177
學部奏請管理遊學日本學生章程摺一卷 ………………………………………… 178
學部奏議一卷 ……………………………… 177
學部審定滿蒙新藏述畧二卷 …………… 158
學部審定滿蒙新藏述畧二卷 …………… 158
學海堂初集十六卷二集二十二卷三集二十四卷四集二十八卷 ………………… 361
學宮備考十卷首一卷末一卷 …………… 110
學案小識十四卷首一卷末一卷 ………… 121
學案小識十四卷首一卷末一卷 ………… 121
學源堂古文十二卷 ………………………… 257
儒宗理要二十一卷 ………………………… 196
儒酸福傳奇二卷 …………………………… 328
[乾隆]衡水縣志十四卷 …………………… 141
錢太史稿不分卷 …………………………… 337
錢辛楣先生年譜一卷 ……………………… 233
[萬曆]錢塘縣志不分卷 …………………… 154
錦上花四十八回 …………………………… 212
錦上花四十八回 …………………………… 212
錦字箋四卷 ………………………………… 395
錦囊佳話 …………………………………… 289
餞別詩鈔一卷 ……………………………… 323
館律分韻初編六卷 ………………………… 317
館律萃珍三十二卷 ………………………… 400
館閣試律說注釋二卷 ……………………… 320
館閣試律說注釋二卷 ……………………… 320
館賦鴛鍼四卷 ……………………………… 321
館課賦鈔 …………………………………… 317
館課賦鈔續集 ……………………………… 317
[光緒]獲鹿縣志十四卷首一卷末一卷 … 141
[光緒]獲鹿縣志十四卷首一卷末一卷 … 141
[光緒]獲鹿縣志十四卷首一卷末一卷 … 141
鴛鴦鏡不分卷 ……………………………… 328
諧鐸十二卷 ………………………………… 216
諭摺彙存一百四十九卷(光緒丙申二月至六月) ……………………………………… 174
諮議局議員選舉章程不分卷附則 ……… 168
憑山閣留青集選 …………………………… 399
憑山閣增定留青全集二十四卷 ………… 399
憑山閣增輯留青新集三十卷 …………… 399
憑山閣增輯留青新集三十卷 …………… 399
憑山閣增輯留青新集三十卷 …………… 399
憑山閣增輯留青新集三十卷 …………… 399
親征平定朔漠方略四十八卷 …………… 172
龍川文集三十卷 …………………………… 267
龍川文集三十卷首一卷末一卷 ………… 267
龍川文集三十卷首一卷附錄二卷 ……… 267
龍文鞭影二卷 ……………………………… 230
龍文鞭影二卷 ……………………………… 230

龍文鞭影二卷 ……………………………… 230
龍文鞭影二卷 ……………………………… 230
龍文鞭影二卷 ……………………………… 230
龍文鞭影二卷 ……………………………… 230
龍文鞭影二集二卷 ………………………… 231
龍文鞭影二集二卷 ………………………… 231
龍文鞭影二集二卷 ………………………… 231
龍文鞭影三集三卷 ………………………… 231
龍文鞭影三集三卷 ………………………… 231
龍文鞭影四卷 ……………………………… 230
龍文鞭影全集二卷 ………………………… 230
龍文鞭影初集二卷 ………………………… 230
龍門綱鑑要箋四卷正編二十卷………………… 95
龍門綱鑑要箋四卷正編二十卷………………… 95
龍岡山人詩鈔十五卷 ……………………… 317
龍城書院課藝不分卷 ……………………… 335
龍威秘書十集 ……………………………… 362
龍威秘書十集 ……………………………… 362
龍威秘書十集 ……………………………… 362
龍莊遺書十五卷 …………………………… 380
憺園全集三十六卷 ………………………… 275
營壘圖說 …………………………………… 217
澧陽書院學約 ……………………………… 162
澤存堂五種…………………………………… 50
澤存堂五種 ………………………………… 359
澹香齋試帖一卷 …………………………… 323
澹香齋試帖詳註二卷 ……………………… 322
澹餘詩集四卷 ……………………………… 320
濂亭文集八卷 ……………………………… 280
憲法綱要四章 ……………………………… 170
憲政編查館奏辦民政財政統計原摺并例要解說各件五卷 ………………………… 179
憲政編查館會同學部具奏核訂遊學畢業生廷試錄用章程一摺一卷會奏限制京外各衙門調用人員及遊學畢業生辦法一摺一卷 ……………………………… 178
憲政編查館會奏各省諮議局章程及案語並議員選舉章程摺單一卷 ………………… 168
禪林寶訓筆說三卷 ………………………… 244
閻潛丘先生[若璩]年譜一卷 ……………… 127

十七畫

環遊地球新錄四卷 ………………………… 185
環遊地球新錄四卷 ………………………… 185
戴氏集十二卷 ……………………………… 269
戴東原先生[震]年譜一卷 ………………… 127
戴東原集十二卷 …………………………… 373
戴段合刻二十四卷首一卷 ………………… 354
聲說二卷…………………………………… 61
聲調三譜四卷 ……………………………… 342
聲調三譜四卷 ……………………………… 342
聲調三譜四卷 ……………………………… 342
聲調譜說二卷纂例一卷蠡說一卷 ………… 344
聲學揭要六章 ……………………………… 240
聲譜二卷…………………………………… 61
聰山集五種 ………………………………… 381
聰山集五種 ………………………………… 381
藏書紀事詩六卷 …………………………… 181
藏雲山房杜律詳解五律六卷七律二卷 … 296
藏園九種曲 ………………………………… 327
藏園詩鈔一卷 ……………………………… 317
舊五代史一百五十卷……………………… 66
舊五代史一百五十卷……………………… 66
舊五代史一百五十卷……………………… 66
舊五代史一百五十卷……………………… 67
舊五代史一百五十卷……………………… 85
舊五代史一百五十卷……………………… 85
舊五代史一百五十卷……………………… 85
舊雨草堂所選墨不分卷 …………………… 336
舊唐書二百卷……………………………… 70
舊唐書二百卷……………………………… 84
舊唐書二百卷……………………………… 84
韓子二十卷附錄一卷 ……………………… 203
韓內翰列傳一卷別集一卷補遺一卷 …… 299
韓文起十二卷 ……………………………… 263
韓文起十二卷 ……………………………… 264
韓非子二十卷 ……………………………… 202
韓非子二十卷 ……………………………… 202
韓非子二十卷 ……………………………… 203
韓非子集解二十卷 ………………………… 203

韓昌黎全集五十六卷 …………………… 263
韓昌黎全集五十六卷 …………………… 263
韓昌黎全集五十六卷 …………………… 263
韓昌黎全集五十六卷 …………………… 263
韓柳歐蘇四大家集選四十四卷 ………… 260
韓集點勘四卷 ………………………… 343
韓集點勘四卷 ………………………… 344
韓詩外傳十卷…………………………… 24
隸篇十五卷續十五卷再續十五卷………… 59
隸辨八卷………………………………… 60
隸辨八卷………………………………… 60
隸釋二十七卷 ………………………… 130
隸續二十一卷 ………………………… 130
隸續二十一卷 ………………………… 130
樫花館試帖輯註二卷 ………………… 313
樫華館試帖彙鈔輯注十卷 …………… 312
樫華館試帖彙鈔輯注十卷 …………… 312
樫華館試帖彙鈔輯注十卷 …………… 313
樫華館試帖彙鈔輯注十卷 …………… 313
樫華館試帖彙鈔輯注十卷 …………… 313
樫華館試帖彙鈔輯注十卷 …………… 313
樫華館試帖彙鈔輯注十卷 …………… 313
樫華館試帖彙鈔輯注十卷 …………… 313
樫華館試帖彙鈔輯注十卷 …………… 313
檢驗詳說六卷 ………………………… 203
檀几叢書一百五十七種 ……………… 348
臨川先生全集錄四卷 ………………… 345
臨文便覽不分卷………………………… 55
[同治]臨漳縣志畧備攷四卷 …………… 137
[同治]臨漳縣志畧備攷四卷 …………… 137
[乾隆]臨潼縣志九卷 ………………… 150
臨證指南醫案十卷 …………………… 223
臨證指南醫案十卷種福堂公選溫熱論醫案四卷 …………………………… 223
臨證指南醫案十卷種福堂公選溫熱論醫案四卷 …………………………… 224
臨證經驗方摘錄經驗方二編合訂 ……… 224
霜紅龕集四十卷附錄三卷年譜一卷 …… 380
擬預備立憲階級請旨飭議施行摺一卷 … 177
魏季子文集十六卷 …………………… 280
魏書校勘記一卷………………………… 84
[道光]繁峙縣志六卷 ………………… 145
輿地廣記三十八卷校勘札記二卷 ……… 130
輿地廣記三十八卷校勘札記二卷 ……… 131
輿地廣記三十八卷校勘札記二卷 ……… 131
優古堂詩話一卷 ……………………… 342
儲選七種古文 ………………………… 259
儲選七種古文 ………………………… 259
儲選七種古文 ………………………… 259
[嘉慶]徽縣志八卷 …………………… 152
鍥旁註事類捷錄十五卷 ……………… 389
鍼灸大成十二卷 ……………………… 225
鍼灸大成十二卷 ……………………… 226
鍼灸大成十二卷 ……………………… 226
鍼灸大成十卷 ………………………… 225
鍼灸大成十卷 ………………………… 225
鮚埼亭集三十八卷首一卷經史問答十卷 ……………………………………… 370
鮚埼亭集三十八卷首一卷經史問答十卷 ……………………………………… 370
謝華啟秀四卷 ………………………… 389
謝華啟秀集八卷 ……………………… 321
謝疊山先生文章軌範七卷 …………… 260
[乾隆]襄陽府志四十卷首一卷 ………… 155
應制五言排律類選八卷 ……………… 289
應制詩賦題解四卷 …………………… 323
應制體排律四卷 ……………………… 300
應酬匯選新集八卷 …………………… 401
應酬彙選新集八卷 …………………… 398
應酬彙選新集八卷 …………………… 398
應酬彙選新集八卷 …………………… 398
應酬彙選新集八卷 …………………… 398
應酬彙選新集八卷 …………………… 398
應酬彙選新集八卷應酬帖式二卷 ……… 398
應試分月詩賦註釋十二卷 …………… 324
應試唐詩類釋十九卷 ………………… 300
應試唐詩類釋十九卷 ………………… 300
應試唐詩類釋十九卷 ………………… 300
應試模範一卷…………………………… 10
應驗簡便良方二卷 …………………… 223
甕牖閒評八卷 ………………………… 204
鴻雪因緣圖記三集六卷 ……………… 235

鴻雪因緣圖記三集六卷 …………………… 235
鴻雪因緣圖記三集六卷 …………………… 235
[道光]濟南府志七十二卷首一卷 ……… 143
[道光]濟南府志七十二卷首一卷 ……… 143
濟陰綱目十四卷 …………………………… 223
濟陰綱目十四卷附保生碎事 …………… 223
濟衆錄二種附蠱脹腳氣兩症良方 ……… 224
濟衆錄二種附蠱脹腳氣兩症良方 ……… 224
襍鈔彙存 …………………………………… 340
禮記十卷………………………………………… 28
禮記十卷………………………………………… 28
禮記十卷………………………………………… 28
禮記十卷………………………………………… 28
禮記十卷………………………………………… 28
禮記十卷………………………………………… 28
禮記十卷………………………………………… 28
禮記十卷………………………………………… 28
禮記十卷………………………………………… 28
禮記十卷………………………………………… 28
禮記十卷………………………………………… 28
禮記十卷………………………………………… 28
禮記十卷………………………………………… 28
禮記十卷………………………………………… 28
禮記十卷………………………………………… 28
禮記十卷………………………………………… 28
禮記十卷………………………………………… 28
禮記十卷………………………………………… 28
禮記十卷………………………………………… 28
禮記六十一卷尚書顧命解一卷…………… 28
禮記心典傳本三卷…………………………… 30
禮記心典傳本三卷…………………………… 30
禮記心典傳本四卷…………………………… 30
禮記易讀二卷………………………………… 29
禮記易讀二卷………………………………… 29
禮記易讀二卷………………………………… 29
禮記易讀二卷………………………………… 29
禮記易讀二卷………………………………… 29
禮記易讀二卷………………………………… 29
禮記易讀二卷………………………………… 29
禮記易讀二卷………………………………… 29
禮記易讀二卷………………………………… 29
禮記省度四卷………………………………… 31
禮記省度四卷………………………………… 31
禮記省度四卷………………………………… 31
禮記衷要三十卷……………………………… 29
禮記旁訓辨體合訂六卷…………………… 30
禮記旁訓辨體合訂六卷…………………… 30
禮記旁訓辨體合訂六卷…………………… 30
禮記旁訓辨體合訂六卷…………………… 30
禮記增訂旁訓六卷…………………………… 28
禮記輯宜一卷………………………………… 25
禮部具奏酌議修飾文廟工程並改造祭器款式請旨一摺一卷 ………………………… 177
禮部具奏禮學開館奏派提調進呈凡例一摺一卷 ……………………………………… 178
禮部奏遵旨設立禮學館籌辦大概情形一摺附清單一卷 ………………………………… 177
禮部奏議續增變通科舉章程一卷 ……… 177
禮部政務處會奏變通科舉章程一卷 …… 176
禮部政務處會奏變通科舉章程一卷 …… 177
禮部政務處會奏變通科舉章程一卷 …… 177
禮部政務處會奏變通科舉章程一卷 …… 177
禮部政務處禮部會奏續奏變通科舉章程一卷 ………………………………………… 176
禮部會奏詳議本部職掌員缺一摺附清單一卷 ………………………………………… 177
禮部諮覆奏遵議先師孔子升爲大祀典禮事宜摺一卷 …………………………………… 178
禮部謹奏文廟祀典次序摺一卷 ………… 178
禮部韻略五卷………………………………… 62
彌撒祭義二卷 ……………………………… 248
[光緒]翼城縣志二十八卷 ……………… 144
翼駉稗編八卷 ……………………………… 206
繆武烈公遺集六卷首一卷 ……………… 373
繆武烈公遺集六卷首一卷 ……………… 373

十八畫

藕香零拾三十九種 ………………………… 363
藝文備覽十二集一百二十卷檢字一卷 … 400
藝文類聚一百卷 …………………………… 386
藝苑名言八卷首一卷 ……………………… 344

藝海珠塵八集 …………………………… 362
藝海珠塵八集 …………………………… 362
藤塢詩集不分卷 ………………………… 323
藤蓋軒詩集二卷 ………………………… 317
藥品化義十三卷 ………………………… 225
藥會圖十回 ……………………………… 224
檮杌閒評五十卷五十回 ………………… 213
醫方集解三卷 …………………………… 223
醫方論四卷 ……………………………… 224
醫宗必讀十卷 …………………………… 218
醫宗必讀十卷 …………………………… 218
醫醇賸義四卷 …………………………… 219
醫學初階四卷 …………………………… 220
豐川全集十卷外五卷 …………………… 380
豐鎬考信錄八卷 ………………………… 118
豐鎬考信錄八卷 ………………………… 358
叢碧山房文集八卷雜著三卷 …………… 282
叢碧山房詩初集十四卷二集六卷三集十一卷四集十卷五集六卷 ………… 311
叢碧山房詩初集十四卷二集六卷三集十一卷四集十卷五集六卷 ………… 311
闕里文獻考一百卷首一卷末一卷 ……… 111
闕里文獻考一百卷首一卷末一卷 ……… 111
蟫史二十卷繡像二卷 …………………… 210
韞山堂時文三集 ………………………… 329
韞山堂時文三集 ………………………… 329
韞山堂時文三集 ………………………… 330
韞山堂時文三集 ………………………… 330
韞山堂時文三集 ………………………… 330
簡學齋詩存四卷詩刪四卷館課賦存一卷試律存一卷賦續鈔一卷試律續鈔一卷 ………………………………………… 316
簡齋先生文選四卷詩選十一卷 ………… 366
簡齋先生文選四卷詩選十一卷 ………… 366
簡齋先生文選四卷詩選十卷附劉大司空簡齋先生傳劉小善先生孝烈傳劉公墓誌銘 ……………………………… 366
簡齋集十六卷 …………………………… 302
雙鳳奇緣傳二十卷八十回 ……………… 213
雙鳳奇緣傳八十卷八十回 ……………… 213
雙鯉堂易明尺牘句解初集五卷 ………… 403
邊事彙鈔十二卷續鈔八卷 ……………… 119
邊華泉集稿六卷詩八卷 ………………… 366
歸田瑣記八卷 …………………………… 233
歸田瑣記八卷 …………………………… 233
[光緒]歸州志十七卷 …………………… 155
歸黃合稿不分卷 ………………………… 337
[乾隆]鎮安府志八卷首一卷 …………… 155
翻刻第七才子書六卷 …………………… 326
翻譯名義集選一卷 ……………………… 244
顏李遺書 ………………………………… 201
顏李遺書 ………………………………… 201
雜選隨錄 ………………………………… 340
離騷注一卷 ……………………………… 290
離騷草木疏四卷 ………………………… 290
癖談六卷 ………………………………… 129
濼源課藝 ………………………………… 339
[嘉慶]璧山縣志四卷 …………………… 156
[康熙]隴州志八卷首一卷 ……………… 149

十九畫

難經經釋二卷 …………………………… 221
勸發菩提心文一卷 ……………………… 244
勸發菩提心文一卷 ……………………… 244
勸發菩提心文一卷 ……………………… 244
勸發菩提心文一卷 ……………………… 244
勸農八法一卷 …………………………… 227
勸漢人婦女勿再纏足說不分卷 ………… 174
勸學篇二卷 ……………………………… 199
勸學篇二卷 ……………………………… 199
勸學篇二卷 ……………………………… 199
蘇子瞻集選二十卷 ……………………… 260
蘇文忠公詩集五十卷 …………………… 301
蘇文忠公詩集五十卷 …………………… 301
蘇文忠公詩集五十卷 …………………… 301
蘇文忠公詩集五十卷 …………………… 301
蘇文忠公詩編注集成十八種 …………… 302
蘇文忠公詩編注集成十八種 …………… 302
蘇文忠公詩編注集成十八種 …………… 302
蘇文忠詩合註五十卷首一卷 …………… 302
蘇文忠詩合註五十卷首一卷 …………… 302

蘇文忠詩合註五十卷首一卷 …………… 302
蘇文忠詩合註五十卷首一卷 …………… 302
蘇文忠詩合註五十卷首一卷 …………… 302
蘇東坡尺牘八卷 ……………………… 363
蘇黃尺牘合刊十八卷 ………………… 363
蘇詩續補遺二卷補遺總目一卷 ………… 301
蘇詩續補遺二卷補遺總目一卷 ………… 301
蘇詩續補遺二卷補遺總目一卷 ………… 301
蘇詩續補遺二卷補遺總目一卷 ………… 301
蘇詩續補遺二卷補遺總目一卷 ………… 301
蘇詩續補遺二卷補遺總目一卷 ………… 301
蘇齋叢書二十四種 …………………… 381
攀古樓彝器款識二卷 ………………… 129
攀古樓彝器款識二卷 ………………… 129
麗奇軒文集四卷 ……………………… 270
礦務叢鈔十二卷 ……………………… 243
願學堂課藝六卷續編四卷 …………… 330
願學堂課藝六卷續編四卷 …………… 330
曝書亭集二十三卷 …………………… 315
曝書亭集八十卷 ……………………… 369
曝書亭集八十卷 ……………………… 369
曝書亭集八十卷附錄一卷 …………… 369
曝書亭集八十卷附錄一卷 …………… 369
曝書亭集八十卷附錄一卷 …………… 369
曝書亭集詩註二十二卷朱竹垞先生年譜
　一卷總目一卷原序一卷 …………… 310
曝書亭詩錄十二卷 …………………… 310
關中金石記八卷 ……………………… 129
關中書院詩課一卷 …………………… 322
關中書院課士詩不分卷 ……………… 314
關中書院課士詩不分卷 ……………… 314
關中書院課士詩不分卷 ……………… 314
關中書院課士詩不分卷 ……………… 314
關中書院課士詩不分卷 ……………… 314
關中書院課士詩不分卷 ……………… 314
關中書院課士詩四卷 ………………… 313
關中書院課士詩四卷 ………………… 313
關中書院課藝不分卷 ………………… 336
關帝寶訓像注四卷 …………………… 244
關學原編四卷首一卷 ………………… 123
嚴永思先生通鑑補正略三卷 ………… 119
鏡花緣二十卷一百回 ………………… 211
鏡香園毛聲山評第七才子書十二卷首一
　卷 ………………………………… 326
鏡煙堂十種 ………………………… 348
鏡影簫聲初集不分卷 ………………… 238
廬陵宋丞相信國公文忠烈先生全集十六
　卷 ………………………………… 268
廬陵宋丞相信國公文忠烈先生全集十六
　卷 ………………………………… 268
廬陵宋丞相信國公文忠烈先生全集十六
　卷 ………………………………… 268
韻史二卷……………………………… 98
韻歧五卷……………………………… 62
韻歧五卷……………………………… 62
韻府拾遺一百六卷 …………………… 389
韻府拾遺一百六卷 …………………… 391
韻府拾遺一百六卷 …………………… 391
韻府拾遺一百六卷 …………………… 391
韻府拾遺一百六卷 …………………… 391
韻府拾遺一百六卷 …………………… 391
韻府拾遺一百六卷 …………………… 391
韻府羣玉二十卷輯要一卷 …………… 388
韻府精華五卷 ………………………… 398
韻海鴛鴦十六卷 ……………………… 401
韻海鴛鴦仄聲四十二卷 ……………… 401
韻辨附文五卷………………………… 63
韻蘭集賦鈔二卷 ……………………… 317
韻蘭集賦鈔不分卷 …………………… 317
韻蘭集賦鈔六卷 ……………………… 317
韻蘭集賦鈔六卷 ……………………… 317
[乾隆]懷安縣志二十四卷 …………… 139
[光緒]懷來縣志十八卷首一卷 ……… 139
類林新咏三十六卷 …………………… 399
類林新咏三十六卷 …………………… 399
類林新咏三十六卷 …………………… 399
類腋五十五卷 ………………………… 398
類腋五十五卷 ………………………… 398
類腋五十五卷 ………………………… 398
類腋不分卷 …………………………… 398
類經三十二卷類經圖翼十一卷附翼四卷
　…………………………………… 220

類篇十五卷 …… 60
類篇十五卷 …… 60
類類聯珠六卷 …… 403
瀛舟筆談十二卷首一卷 …… 203
瀛奎律髓刊誤四十九卷 …… 283
瀛奎律髓四十九卷 …… 283
瀛奎律髓四十九卷 …… 283
瀛奎律髓四十九卷 …… 283
瀛海探驪集八卷 …… 401
瀛海探驪集八卷 …… 401
瀛海探驪集八卷 …… 401
瀛海探驪集八卷 …… 401
瀛海探驪集八卷 …… 401
瀛環志略十卷 …… 184
瀛環志略十卷 …… 184
瀛環志略十卷 …… 184
瀛環志略十卷 …… 184
繹史一百六十卷 …… 100
繹史一百六十卷 …… 100
繹史一百六十卷 …… 100
繹史一百六十卷 …… 100
繹史一百六十卷 …… 100
繹志十九卷 …… 198
繹志十九卷 …… 198
繪像第六才子書西廂記八卷 …… 326
繪像第六才子書西廂記八卷 …… 326
繪圖施公案 …… 212
繪圖施公案 …… 212
繪圖情史二十四卷 …… 206
繪圖說岳全傳八卷八十回 …… 210
繪圖綴白裘十二集四十八卷 …… 325
繪圖綴白裘十二集四十八卷 …… 325
繪圖增像西遊記一百回 …… 210
繪圖增像西遊記一百回 …… 210
繪圖增像第五才子書水滸全傳七十回 … 208
繡像永慶昇平四卷九十七回 …… 211
繡像全圖西漢演義八卷一百回 …… 212
繡像全圖西漢演義四卷一百回 …… 212
繡像東周列國志二十七卷首一卷 …… 209
繡像後三國演義十卷 …… 211
繡像後三國演義十卷 …… 211
繡像後三國演義十卷 …… 211
繡像義俠九絲絛全傳十二卷 …… 210
繡像漢宋奇書 …… 212
繡像醒世姻緣傳一百回 …… 212
繡像繪圖花月痕十六卷五十二回 …… 213

二十畫

[道光]蘭州府志十二卷首一卷 …… 152
[道光]蘭州府志十二卷首一卷 …… 152
蘭言詩鈔四卷 …… 312
蘭言詩鈔四卷 …… 312
蘭言詩鈔四卷 …… 312
蘭言詩鈔四卷 …… 312
蘭言詩鈔四卷 …… 312
蘭言詩鈔四卷 …… 312
蘭言詩鈔四卷 …… 312
蘭言詩鈔四卷 …… 312
蘭言詩鈔四卷 …… 312
蘭言詩鈔四卷 …… 312
蘭雪堂古事苑定本十二卷 …… 388
蘭雪齋稿不分卷 …… 332
蘭雪齋稿不分卷 …… 332
蘭雪齋稿不分卷 …… 332
[乾隆]醴泉縣志十四卷 …… 149
[乾隆]醴泉縣志十四卷 …… 149
闡化彙編一卷 …… 247
鶡冠子三卷 …… 202
蠕範八卷 …… 228
籌洋芻議一卷 …… 234
籌設直隸師範學堂暨小學堂暫行章程四章 …… 178
籌設直隸師範學堂暨小學堂暫行章程四章 …… 178
籌蒙芻議二卷 …… 177
籌餉事例不分卷 …… 173
籌餉事例不分卷續籌餉事例不分卷 …… 173
籌辦湖北廳州縣地方自治事務清單四章 …… 170
籌藏芻言一卷 …… 236
籌藏芻議一卷表一卷 …… 177

籌藏芻議一卷表一卷 …… 177
籌濟編三十二卷首一卷 …… 227
籌濟編三十二卷首一卷 …… 227
籌濟編三十二卷首一卷 …… 227
纂補四書大全二十卷 …… 47
鐫玉茗堂批點殘唐五代史演義傳二卷六十回 …… 211
鐘鼎字源五卷 …… 54
釋毛詩音四卷 …… 24
釋毛詩音四卷 …… 24
釋名疏證補八卷疏證補附一卷續釋名釋名補遺一卷 …… 51
釋迦如來應化事蹟一卷 …… 245
釋迦如來應化事蹟一卷 …… 245
釋穀四卷 …… 52
[乾隆]饒陽縣志二卷首一卷末一卷 …… 142
灌香草堂初稿一卷 …… 317
竇刻類編八卷 …… 130
[乾隆]寶華山志十五卷首一卷 …… 161
寶興新訂四書補註備旨十卷 …… 42
寶藏興焉十二卷 …… 218
寶顏堂秘笈 …… 347
寶存四卷 …… 215

二十一畫

權衡一書四十一卷 …… 281
羼軒孔氏所著書七種 …… 361
羼軒孔氏所著書七種 …… 361
鐵厓三種 …… 304
鐵冠圖全傳八卷五十回 …… 213
鐵華館叢書六種 …… 361
鐵瓶詩鈔九卷雜存二卷首一卷 …… 317
鐵笛僊館從戎草二卷後從戎草二卷宦遊草六卷 …… 310
鐵琴銅劍樓藏宋元本書目四卷 …… 181
辯論三十篇一卷 …… 249
顧太史時文稿三種 …… 338
顧氏明朝四十家小說四十一種 …… 347
顧亭林先生[炎武]年譜一卷 …… 127
顧亭林先生遺書十種 …… 367
顧亭林先生遺書十種 …… 368
顧亭林先生遺書十種 …… 368
顧端文公遺書六十五卷 …… 367
續二十家文稿不分卷 …… 333
[同治]續天津縣志二十卷首一卷 …… 143
[光緒]續太原縣志二卷 …… 145
續文章正宗復刻十二卷 …… 255
續文獻通考二百五十四卷 …… 105
續古文苑二十卷 …… 254
續古文辭類纂二十八卷 …… 255
續古文辭類纂十卷 …… 255
續古文辭類纂三十四卷 …… 255
續古文辭類纂三十四卷 …… 255
續古文辭類纂三十四卷 …… 255
續古文辭類纂三十四卷 …… 255
續古文辭類纂三十四卷 …… 255
續古文辭類纂三十四卷 …… 255
續古文辭類纂三十四卷 …… 255
續名醫類案三十六卷 …… 224
續垂棘編六卷二集十卷三集十卷四集九卷 …… 364
續刻小試分類文準不分卷 …… 337
[乾隆]續河南通志八十卷首四卷 …… 147
[光緒]續修平山縣志六卷 …… 141
[光緒]續修平利縣志十卷 …… 151
[光緒]續修曲沃縣志三十二卷 …… 146
[光緒]續修崞縣志八卷 …… 146
[乾隆]續修臺灣府志二十六卷首一卷 …… 155
[光緒]續修稷山縣志二卷 …… 146
續訂直省管制原奏清單一卷 …… 179
續施公案 …… 212
續紅樓夢三十卷 …… 208
[康熙]續華州志四卷 …… 148
[光緒]續猗氏縣志二卷 …… 147
[乾隆]續商州志十卷 …… 151
續策學淵萃六卷 …… 395
續復古編四卷 …… 59
續詞選二卷附錄一卷 …… 288
續淵藪 …… 340
續富國策四卷 …… 187
續資治通鑑二百二十卷 …… 86

續資治通鑑二百二十卷……………………86
續資治通鑑二百二十卷……………………87
續資治通鑑二百二十卷……………………87
續資治通鑑二百二十卷……………………87
續資治通鑑二百二十卷……………………87
續資治通鑑二百二十卷……………………87
續資治通鑑二百二十卷……………………88
續資治通鑑二百二十卷……………………88
續資治通鑑二百二十卷……………………88
續資治通鑑二百二十卷……………………88
續資治通鑑二百二十卷……………………88
續廣事類賦三十卷……………………397
續漢書八志三十卷……………………79
續增刑案匯覽十六卷……………………166
[嘉慶]續潼關廳志三卷……………………149
[光緒]續輯咸寧縣志八卷首一卷……………………155
續灤陽消夏錄六卷……………………206

二十二畫

聽月樓二十回……………………213
聽雨樓制藝不分卷……………………337
聽黃鸝館詩賦讀本不分卷……………………324
聽園西疆雜述詩四卷……………………321
聽彝堂試體詩選二卷二集二卷……………………323
聽鐘樓詩稿十卷補遺一卷……………………308
鷗堂詩三卷遺稿三卷……………………383
鷗堂詩三卷遺稿三卷……………………383
疊雅十三卷雙名錄一卷……………………51
疊雅十三卷雙名錄一卷……………………51
體微齋遺編四種……………………384
鑄史駢言十二卷……………………396
鑄史駢言十二卷……………………396
鑄史駢言十二卷……………………396
鑄鐵硯齋試帖二卷……………………323
鑑史輯要六卷……………………117
鑑語經世編二十七卷……………………371
鑑撮四卷讀史論略一卷……………………95
鑑撮四卷讀史論略一卷……………………95
讀左補義五十卷首一卷……………………37
讀左補義五十卷首一卷……………………37
讀左補義五十卷首一卷……………………37
讀左補義五十卷首一卷……………………37
讀左補義五十卷首一卷……………………37
讀左補義五十卷首一卷……………………37
讀左補義五十卷首一卷……………………37
讀左補義五十卷首一卷……………………38
讀左補義五十卷首一卷……………………38
讀史大畧六十卷小沙子史畧一卷樂府一則……………………117
讀史大畧六十卷小沙子史畧一卷樂府一則……………………117
讀史方輿紀要一百三十卷……………………133
讀史方輿紀要一百三十卷……………………134
讀史方輿紀要一百三十卷……………………134
讀史方輿紀要一百三十卷方輿全圖總說五卷……………………133
讀史方輿紀要一百三十卷方輿全圖總說五卷……………………133
讀史方輿紀要一百三十卷方輿全圖總說四卷……………………134
讀史方輿紀要一百三十卷輿圖要覽四卷……………………133
讀史方輿紀要一百三十卷輿圖要覽四卷……………………133
讀史方輿紀要一百三十卷輿圖要覽四卷……………………134
讀史方輿紀要九卷摘錄一卷……………………134
讀史兵略四十六卷……………………217
讀史兵略四十六卷……………………217
讀史記十表十卷……………………117
讀史漫錄十四卷……………………116
讀史鏡古編三十二卷……………………79
讀史鏡古編三十二卷……………………79
讀杜小箋三卷二箋二卷……………………295
讀杜心解六卷首二卷……………………295
讀杜心解六卷首二卷……………………295
讀杜心解六卷首二卷……………………295
讀杜心解六卷首二卷……………………295
讀宋鑑論三卷……………………119
讀易錄十八卷……………………13
讀易錄十八卷……………………13

讀易錄十八卷 …… 13
讀法圖存四卷 …… 165
讀書作文譜十二卷父師善誘法二卷 …… 235
讀書紀數略五十四卷 …… 395
讀書堂杜工部文集注解二卷 …… 296
讀書堂杜工部文集註解二卷 …… 296
讀書堂集十卷 …… 374
讀書隨筆四卷 …… 200
讀書錄十一卷續錄十二卷 …… 197
讀書錄十一卷續錄十二卷 …… 197
讀書錄十一卷續錄十二卷 …… 197
讀書錄十一卷續錄十二卷 …… 197
讀書錄十一卷續錄十二卷 …… 231
讀書雜志八十二卷餘編二卷 …… 233
讀書雜志八十二卷餘編二卷 …… 233
讀書雜志八十二卷餘編二卷 …… 233
讀書雜志八十二卷餘編二卷 …… 233
讀書雜志八十二卷餘編二卷 …… 233
讀通鑑綱目劄記二十卷 …… 117
讀通鑑論十六卷宋論十五卷 …… 117
讀通鑑論十六卷宋論十五卷 …… 117
讀通鑑論十卷末一卷 …… 117
讀通鑑論十卷末一卷 …… 117
讀雪山房唐詩三十四卷 …… 300
讀畫齋重刻南宋群賢小集一百二十七卷 … 345
讀畫齋叢書八集 …… 359
讀說文雜識不分卷 …… 54
讀禮通考一百二十卷 …… 25
讀禮通考一百二十卷 …… 25
讀禮通考一百二十卷 …… 25
讀禮通考一百二十卷 …… 25
龔畏齋集四種 …… 384
龔端毅公奏疏八卷附一卷 …… 173

二十三畫

驗方新編十六卷 …… 224
驗方新編十六卷 …… 224
驗方新編八卷首一卷續刻驗方新編一卷 … 224
[同治]欒城縣志十四卷首一卷末一卷 … 140
[同治]欒城縣志十四卷首一卷末一卷 … 140
[同治]欒城縣志十四卷首一卷末一卷 … 140
[同治]欒城縣志十四卷首一卷末一卷 … 140
[同治]欒城縣志十四卷首一卷末一卷 … 140
[道光]欒城縣志十卷首一卷末一卷 …… 140
變法奏議叢鈔不分卷 …… 174
變雅堂遺集十八卷附錄二卷 …… 382

二十四畫

觀始集十二卷 …… 324
觀善堂課藝四集 …… 330
觀劇絕句三卷附賈鳧西鼓詞 …… 321
[同治]鹽山縣志十六卷首一卷末一卷 … 136
鹽鐵論十卷考證一卷 …… 193
[嘉慶]靈州志蹟四卷 …… 154
[康熙]靈邱縣志四卷 …… 143
靈性學一卷 …… 248
[同治]靈壽縣志十卷末一卷 …… 141
[康熙]靈壽縣志十卷末一卷 …… 141
[康熙]靈壽縣志十卷末一卷 …… 141
[康熙]靈壽縣志十卷末一卷 …… 141
靈樞經九卷 …… 220
靈鶼閣叢書第四集六種 …… 351
蠶尾集十卷續集二卷後集二卷 …… 381
蠶尾集十卷續集二卷後集二卷 …… 381
籬棘草堂詩 …… 289
黌宮敬事錄六卷 …… 110
[同治]贛州府志七十八卷首一卷 …… 155

二十六畫

[光緒]灤州志十八卷首一卷 …… 141

二十八畫

豔雪堂詩集四卷 …… 310

三十畫

鸞簫集一卷補編一卷 …… 316